Kommunaler Einfluß in Europa

SCHRIFTEN ZUM STAATS- UND VÖLKERRECHT

Herausgegeben von Prof. Dr. Dieter Blumenwitz

Band 109

Peter Lang

Frankfurt am Main · Berlin · Bern · Bruxelles · New York · Oxford · Wien

Matthias Werner Schneider

Kommunaler Einfluß in Europa

Die Einflußnahme der Kommunen beim Europarat als Modell für die Europäische Union

KGRE, AdR und EKC als Säulen eines europäischen Kommunalschutzes

Peter Lang
Europäischer Verlag der Wissenschaften

Bibliografische Information Der Deutschen Bibliothek
Die Deutsche Bibliothek verzeichnet diese Publikation in der Deutschen Nationalbibliografie; detaillierte bibliografische Daten sind im Internet über <http://dnb.ddb.de> abrufbar.

Zugl.: Würzburg, Univ., Diss., 2003

D 20
ISSN 0172-7796
ISBN 3-631-52048-4

www.peterlang.de

Meinen Eltern

Vorwort

Die vorliegende Arbeit soll vor dem Hintergrund der Demokratie- und Bürgerferne der europäischen Institutionen und der gleichzeitigen Betroffenheit der Kommunen durch die EU-Rechtsetzung einen Beitrag leisten, wie das Verhältnis zwischen den kommunalen Gebietskörperschaften und Europa in Zukunft gestaltet sein soll und muß, um das europäische Haus auf ein tragfähiges Fundament zu bauen. Sie wurde im Sommersemester 2003 von der Juristischen Fakultät der Bayerischen Julius-Maximilians-Universität Universität Würzburg als Dissertation angenommen. Die Arbeiten des Konvents zur Zukunft Europas wurden weitestgehend berücksichtigt.

Viele Menschen, gleich ob Europaminister, Kommunalpolitiker, Abgeordnete des Europäischen Parlaments, Beamte der Europäischen Kommission oder der Bayerischen Staatskanzlei, Mitarbeiter der kommunalen Vertretungsbüros, des KGRE, des AdR, des RGRE, Bibliothekare, Lehrstuhlkollegen, Lehrende, Herr Duden, Verlagsmitarbeiter, Drucker, und viele andere, gleich ob in Brüssel, Straßburg, Wien, Paris, Speyer, München, Frankfurt oder Würzburg, haben dazu beigetragen, daß in nur gut einem Jahr die Erstellung des Manuskripts abgeschlossen werden konnte.

Mein Dank gilt zunächst meinen verehrten Doktorvater, Herrn Prof. Dr. Franz-Ludwig Knemeyer, der die Arbeit mit wissenschaftlichem Fingerspitzengefühl begleitet hat und mir durch die Möglichkeit der Mitarbeit in seinem Lehrstuhlteam ein optimales Umfeld bereitgestellt hat. Er war jederzeit für Fraugen und Bitten erreichbar und hat mich auch sonst in jeder Hinsicht gefördert.

Dank gebührt auch Prof. Dr. Blumenwitz für die rasche Erstellung des Zweitgutachtens und die Aufnahme in seine Reihe. Für die geduldige Durchsicht des Manuskripts danke ich Herrn Rektor a.D. Hugo Schäfer, meinem Rechtschreibspezialisten, der lediglich dieses Vorwort nicht gelesen hat.

Die Drucklegung wurde durch einen großzügigen Zuschuß des Europarats ermöglicht. Stellvertretend hierfür gilt mein Dank dem Exekutivdirektor, Herrn Ulrich Bohner. Die Promotionszeit wurde durch ein Stipendium der Hanns-Seidel-Stiftung gefördert, die mich seit Beginn meiner Studienzeit begleitet.

Gewidmet ist die Arbeit meinen Eltern, für ihre Unterstützung seit meiner Geburt vor einem viertel Jahrhundert.

Ganz am Ende des Beginns möchte ich für die Liebe und Zuneigung, die Geduld und Rücksichtnahme meiner Verlobten Margarete danken. Ohne sie wäre ich nichts.

Würzburg, im Herbst 2003

Matthias Werner Schneider

Inhaltsübersicht

Inhaltsverzeichnis

Abkürzungsverzeichnis

a. E.	am Ende
a. F.	alte Fassung
a. M.	am Main
a.A.	andere Ansicht
a.a.O.	am anderen Ort
ABl.	Gemeinsames Amtsblatt der Europäischen Gemeinschaften
Abs.	Absatz
ADL	*Agence de démocratie locale*
AdR	Ausschuß der regionalen und kommunalen Gebietskörperschaften der EG
AdRK	Ausschuß der Regionen und Kommunen der EU [nach dem entwickelten Modell]
AEM	Europäische Vereinigung der gewählten Vertreter der Bergregionen
AFDI	*Annuaire Français de Droit International*
AfK	Archiv für Kommunalpolitik
AG	Aktiengesetz (nach deutschem Recht)
AKM	Kosovarischer Gemeindebund
Alt.	Alternative
AMF	*Association des Maires de France*
AN	Arbeitnehmer
AO	Abgabenordnung
AöR	Archiv des öffentlichen Rechts
APUZ	Aus Politik und Zeitgeschichte – Beilage zur Wochenzeitung „Das Parlament“
ARE	*Assemblée des Régions d'Europe*
ARGRE ALP	Arbeitsgemeinschaft der Alpenregionen
Art.	Artikel
Aufl.	Auflage
AV	Amsterdamer Vertrag
B	Belgien
BayGO	Bayerische Gemeindeordnung
BayGTZ	Zeitung des Bayerischen Gemeindetags
BayLKrO	Bayerische Landkreisordnung
BaySparkG	Bayerisches Sparkassengesetz
BayVBl.	Bayerische Verwaltungsblätter
BayVGH	Bayerischer Verwaltungsgerichtshof
BBG	Bundesbeamtengesetz

BbgVerf	Verfassung des Landes Brandenburg
BBRG	Bundesbeamtenrechtsrahmengesetz
Bd.	Band
BezO	Bezirksordnung des Freistaats Bayern
BGBl.	Bundesgesetzblatt der Bundesrepublik Deutschland
BLD	Botschaften der lokalen Demokratie
BR-Drs.	Drucksache des Bundesrats
Bsp.	Beispiel
bspw.	Beispielsweise
BT-Drs.	Drucksache des Bundestags
BullEG	Bulletin EG
BV	Verfassung des Freistaats Bayern
BVerfG	Bundesverfassungsgericht
BVerfGE	Entscheidungen des Bundesverfassungsgerichts
BVerwG	Bundesverwaltungsgericht
BWGZ	Baden-württembergische Gemeindezeitung
BWVerf	Verfassung des Landes Baden-Württemberg
CCRE	*Conseil des Communes et Régions d'Europe*
CDLR	Lenkungsausschuß für lokale und regionale Demokratie des Ministerkomitees des Europarats
CdR	*Comité des Régions*
CDU	Christlich-demokratische Union Deutschlands
CEMR	*Council of European Municipalities and Regions*
CEN	*The European Comittee for Standardization*
CENELEC	*Comité Européen de Normalisation Electrotechnique*
CES	*Comité économique et social de la communauté européenne*
CG	Kongreß der Gemeinden und Regionen Europas (Plenarversammlung)
CG/Inst	Kongreß der Gemeinden und Regionen Europas, Institutioneller Ausschuß
CH	Charta sowie: Schweiz
CLAIR	Vereinigung der kommunalen Gebietskörperschaften für Internationale Beziehungen
COE	*Conseil de l'Europe*
CONST	Fachkommission für konstitutionelle Fragen und Regieren in Europa des Ausschusses der Regionen der Europäischen Gemeinschaft
CONV	Veröffentlichte Dokumente des Konvents zur Zukunft Europas

CoR	*Committee of the Regions*
COTER	Fachkommission für Kohäsionspolitik des Ausschusses der Regionen der EG
CPL	*Congrès des Pouvoirs Locaux* [Kammer der Gemeinden des Kongresses der Gemeinden und Regionen Europas beim Europarat
CPLRE	*Congrès des pouvoirs locaux et régionaux de l'Europe*
CPMR	*Conference of Peripheral Maritime Regions of Europe* – Konferenz der maritimen Grenzregionen
D	Bundesrepublik Deutschland
DAR	Deutsches Autorecht (Zeitschrift)
ders.,	*derselbe*
DEVE	Fachkommission für nachhaltige Entwicklung des Ausschusses der Regionen
DLT	Deutscher Landkreistag
Doc.	Document
Dok.	Dokument
DÖV	Die Öffentliche Verwaltung
DST	Deutscher Städtetag
DStGB	Deutscher Städte- und Gemeindebund
DVBl.	Deutsche Verwaltungsblätter
EA	Europa-Archiv sowie: Europäische Allianz
EAG	Europäische Atomgemeinschaft
EAGF	Europäische Ausrichtungs- und Garantiefonds
EC	Eurocities
ECOS	Fachkommission für Wirtschafts- und Sozialfragen des Ausschusses der Regionen
ECU	*European Currency Unit*
EDF	*Eléctricité de France*
EDUC	Fachkommission für Kultur und Bildung des Ausschusses der Regionen
EEA	Einheitliche Europäische Akte
EFRE	Europäische Fonds für regionale Entwicklung
EG	Europäische Gemeinschaft
EG	Vertrag über die Gründung der Europäischen Gemeinschaft in der Amsterdamer Fassung
EGKS	Europäische Gemeinschaft für Kohle und Stahl
EGMR	Europäischer Menschenrechtsgerichtshof
EGV	Vertrag über die Gründung der Europäischen Gemeinschaft

EIBR	Richtlinie betreffend gemeinsame Vorschriften für den Energiebinnenmarkt
EKC	Europäische Charta der kommunalen Selbstverwaltung
ELR	*European Law Review*
EMK	Europaministerkomitee
EMRK	Europäische Menschenrechtskonvention
EN	Euronorm
endg.	endgültig
ENTO	*European Network of Training Organisations for local and regional authorities*
EP	Europäisches Parlament
EPP	*Europeans People's Party*
EPZ	Europäische Politische Zusammenarbeit
ERC	Europäische Regionalcharta
ESC	Europäische Sozialcharta
ESF	Europäische Sozialfonds
ET	*European transactions on electrical power* (Zeitschrift)
ETS	*European Treaty Series*
ETSI	*European Telecommunications Standards Institute*
EU	Europäische Union
EuG	Europäisches Gericht erster Instanz
EuGH	Europäischer Gerichtshof
EuGRZ	Europäische Grundrechtezeitschrift
EuR	Europarecht (Zeitschrift)
EuRH	Europäischer Rechnungshof
EUV	Vertrag über die Europäische Union
EUZBLG	Gesetz über die Zusammenarbeit des Bundes und der Länder in Angelegenheiten der Europäischen Union
EuZW	Europäische Zeitschrift für Wirtschaftsrecht
EVP	Europäische Volkspartei
EWG	Europäische Wirtschaftgemeinschaft
EWS	Europäisches Wirtschafts- und Steuerrecht
EZ	Europäische Zeitung
EZB	Europäische Zentralbank
F	Frankreich
FEDRE	Stiftung für Wirtschaft und dauerhafte Entwicklung
ff.	fortfolgende

FIAF	Finanzinstrument für die Anpassung der Fischerei
fin	*final* [endgültige Fassung]
FN	Fußnote
FS	Festschrift
GASP	Gemeinsame Außen- und Sicherheitspolitik
GB	Großbritannien
GG	Grundgesetz der Bundesrepublik Deutschland vom 23.5.1949
GmbH	Gesellschaft mit beschränkter Haftung (nach deutschem Recht)
GO	Geschäftsordnung
GO-AdR	Geschäftsordnung des Ausschusses der Regionen
GO-KdG	Geschäftsordnung der Kammer der Gemeinden des Kongresses der Gemeinden und Regionen Europas beim Europarat
GO-KdG	Geschäftsordnung der Kammer der Regionen des Kongresses der Gemeinden und Regionen Europas beim Europarat
GO-KGRE	Geschäftsordnung des Kongresses der Gemeinden und Regionen Europas
GO-WSA	Geschäftsordnung des Wirtschafts- und Sozialausschusses
GYIL	*German Yearbook for International Law*
h. M.	herrschende Meinung
HbdStR	Handbuch des Staatsrechts
HessVerf	Verfassung des Landes Hessen
HKWP	Handbuch für kommunalwissenschaftliche Praxis
Hrsg.	Herausgeber
Hs.	Halbsatz
I	Italien
i.d.F	in der Fassung
i.e.S.	im engeren Sinn
i.V.m.	in Verbindung mit
i.w.S	im weiteren Sinne
IBU	Internationale Bürgermeisterunion
IEAP-CER	Regionalzentrum des Europäischen Instituts für Öffentliches Recht
IGH	Internationaler Gerichtshof
Integration	Die Integration (Zeitschrift)
IntPol	Internationale Politik (Zeitschrift)
InvWoBauG	Investitionserleichterungs- und Wohnbaulandgesetz

IULA	*International Union of Local Authorities* – Internationaler Gemeindeverband
JEEP	*Journal of European Public Policy* (Zeitschrift)
JIR	Jahrbuch des internationalen Rechts
JöR	Jahrbuch des öffentlichen Rechts
JuS	Juristische Schulung
JZ	Juristenzeitung
KdGem	Kammer der Gemeinden des Kongresses der Gemeinden und Regionen Europas
KdReg	Kammer der Regionen des Kongresses der Gemeinden und Regionen Europas
KGRE	Kongreß der Gemeinden und Regionen Europas beim Europarat
KMU	Kleine und mittlere Unternehmen
KOM	Entscheidung der Europäischen Kommission
LDA	*Local Democraty Agency*
LKrO	Landkreisordnung
m.w.N.	mit weiteren Nachweisen
MCL	*Ministres responsables des collectivités locales*
Mio.	Millionen
MOE-Staaten	Mittel- und Osteuropäische Staaten
Mrd.	Milliarde
NdsLKrO	Landkreisordnung des Landes Niedersachsen
NdsVBl.	Niedersächsische Verwaltungsblätter
NGO	*Non Governmental Organisation*
NJ	Neue Justiz
NJW	Neue Juristische Wochenschrift
NLT	Mitteilungen des Niedersächsischen Landkreistags
Nr.	Nummer
Nrn.	Nummern
NRO	Nichtregierungsorganisation
NUTS	Systematik der Gebietseinheiten für die Statistik
NVwZ	Neue Zeitschrift für Verwaltungsrecht
NWVBl.	Nordrhein-westfälische Verwaltungsblätter
NWVerf	Verfassung des Landes Nordrhein-Westfalen
NZBau	Neue Zeitschrift für Baurecht
ÖJZ	Österreichische Juristenzeitung
O-ÖGZ	Oberösterreichische Gemeindezeitung
ÖPNV	Öffentlicher Personennahverkehr
OSZE	Organisation für Sicherheit und Zusammenarbeit in Europa

PDS	Partei des demokratischen Sozialismus
PES	*La Partie européenne socialiste*
PZjS	Polizeiliche Zusammenarbeit in Justiz und Strafsachen
RdE	Recht der Energiewirtschaft
RdJ	Recht der Jugend und des Bildungswesens
RdSchrb.DGStB	Rundschreiben des Deutschen Städte- und Gemeindebundes
RELEX	Fachkommission für Außenbeziehungen des Ausschusses der Regionen
Res	Resolution
rev.	*revisted*
RGE	Rat der Gemeinden Europas
RGRE	Rat der Gemeinden und Regionen Europas
RiA	Recht im Amt
RIW	Recht der internationalen Wirtschaft
RL	Richtlinie
Rn.	Randnummer
Rs.	Rechtssache
RTDE	*Revue Trimestrielle du Droit Européen*
Rz.	Randzahl
S.	Seite
s.	siehe
SaarlVerf	Verfassung des Landes Saarland
SächsVerf	Verfassung des Freistaats Sachsen
Slg.	Entscheidungssammlung des Europäischen Gerichtshofs
SN	*Session note*
SPD	Sozialdemokratische Partei Deutschlands
SPE	Sozialdemokratische Partei Europas
STE	*Série des traités européens*
StRes	Statuarische Resolution des Kongresses der Gemeinden und Regionen Europas beim Europarat
StWiss und StPraxis	Staatswissenschaft und Staatspraxis (Zeitschrift)
ThürVerf	Verfassung des Freistaats Thüringen
TzBfG	Teilzeit und Befristungsgesetz
u.a.	unter anderem
UA	Unterabsatz
UNMIK	UN-Mission im Kosovo
UNO	*United Nations Organizations*
UPR	Umwelt- und Planungsrecht (Zeitschrift)

UTO	*United Town Organizations*
UVP	Umweltverträglichkeitsprüfung
VBlBW	Baden-württembergische Verwaltungsblätter
VerfM-V	Verfassung des Landes Mecklenburg-Vorpommern
VerfO-EGMR	Verfahrensordnung des Europäischen Gerichtshofs für Menschenrechte
VerfO-IGH	Verfahrensordnung des Internationalen Gerichtshofs
VerfR-P	Verfassung des Landes Rheinland-Pfalz
VerfS-A	Verfassung des Landes Sachsen-Anhalt
VerwArch	Verwaltungsarchiv
Vgl.	Vergleiche
VO	Verordnung
VR	Verwaltungsrundschau
VRE	Versammlung der Regionen Europas
vs.	versus
VVDStRL	Veröffentlichungen der Vereinigung der deutschen Staatsrechtslehrer
VVO	Verordnung über besondere Vorschriften für die Anwendung des Art. 93 des EG-Vertrages – Verfahrensverordnung, ABl. 1999 L 83/1
VR	Verwaltungsrundschau (Zeitschrift)
VwVfG	Verwaltungsverfahrensgesetz
WiVerw	Wirtschaft und Verwaltung (Zeitschrift)
WM	Wertpapier-Mitteilungen (Zeitschrift)
WPS	Weltbund der Partnerstädte
WSA	Wirtschafts- und Sozialausschuß der Europäischen Gemeinschaft
WVK	Wiener Vertragsrechtskonvention
www	*world wide web*
z.B.	zum Beispiel
ZaöRVR	Zeitschrift für ausländisches öffentliches Recht und Völkerrecht
ZAR	Zeitschrift für Arbeitsrecht
ZBl.	Schweizer Zentralblatt für Staats- und Verwaltungsrecht
ZG	Zeitschrift für Gesetzgebung
ZHR	Zeitschrift für Handelsrecht
ZRP	Zeitschrift für Rechtspolitik

„Erträumen wir also Europa!

Lassen wir uns leiten von dem Bild eines befriedeten Kontinents, dessen Schranken und Hindernisse gefallen sind und in dem Geschichte und Geografie endlich miteinander versöhnt sind, so dass alle Staaten Europas, nachdem sie im Westen und im Osten getrennte Wege gegangen sind, gemeinsam ihre Zukunft aufbauen können.

Eines Raums der Freiheit und der Chancen, in dem jeder sich bewegen kann, wie er es möchte, um zu lernen, zu arbeiten, unternehmerisch tätig zu werden und seine Bildung zu vervollkommnen.

Eines Raums, der gekennzeichnet ist durch die erfolgreiche Synthese von schöpferischer Dynamik, dem Erfordernis der Solidarität sowie dem Schutz der Schwächsten und der am stärksten Benachteiligten.

Aber auch eines Raums, in dem ausgeprägte kulturelle Identitäten fortbestehen und sich weiterentwickeln, wo man sich seiner Wurzeln bewusst und zugleich offen ist für gegenseitigen Austausch, der befruchtend sein kann."

Valérie Giscard d'Estaing,
Präsident des Konvents zur Zukunft Europas
am 26.2.2002 in Brüssel*

---

* SN 1565/02; im Internet unter http://european-convention.eu.int/docs/speeches/3.pdf, Stand: April 2003.

Ziel und Gang der Untersuchung

All zu logisch erscheint in demokratisch geordneten Gemeinwesen die Aussage, daß derjenige, der von einer Entscheidung betroffen ist, auch auf die inhaltliche Ausgestaltung dieser Entscheidung Einfluß ausüben kann. Um so erstaunlicher ist es, daß sich auf europäischer Ebene eine Vielzahl von Rechtsakten an die kommunale Ebene richtet, ihnen aber im EU-Entscheidungsprozeß nur eine untergeordnete Rolle zugestanden wird.

Es ist daher nicht verwunderlich, daß die EU-Organe als „kommunalblind“[1] bezeichnet werden oder von den Kommunen als „wehrlose Verwalter der EU“[2] gesprochen wird. Die deutschen Kommunen befinden sich hier in einem besonderen Spannungsfeld, dessen Rahmen die verfassungsrechtliche Verankerung des kommunalen Selbstverwaltungsrechts bildet. Sie stoßen zudem auf konkurrierende Interessen der Bundesländer, mit denen sie um den Einfluß als „Dritte Ebene“ in der EU buhlen.

Bis Mitte der 80er Jahre zeigte insbesondere die EG-Kommission ein nur spärliches Interesse an der Regional- und Kommunalebene.[3] Mag sich die Situation seit dem Maastricht-Vertrag verbessert haben, so ist der Weg zu einem „Europa der Kommunen“ noch weit.

Trotzdem soll der Versuch gewagt werden, einen Beitrag in die Diskussion einzubringen, der die Arbeit einer anderen Institution in den Mittelpunkt stellt: Des Europarats. Inwieweit dessen Vorstellungen über die Beteiligung und Schutz der Kommunen Vorbildcharakter für eine Verbesserung der Stellung der Kommunen in Brüssel haben können, soll Ziel dieser Untersuchung sein. Daran schließen sich folgende elf Fragen an, auf die eine Antwort gegeben werden soll:

- ⇒ Wie sieht die Beteiligung der Kommunen beim Europarat aus?
- ⇒ Welche Rechtsakte des Europarats sind für die Kommunen besonders relevant?
- ⇒ Welche institutionellen und sonstigen Interessenvertretungen existieren bei der EU?

1 Vgl. *Faber,* Die Zukunft der kommunalen Selbstverwaltung und der Gedanke der Subsidiarität in den Europäischen Gemeinschaften, DVBl. 1991, 1132.

2 *Knemeyer,* Kommunale Selbstverwaltung in Europa – Die Schutzfunktion des Europarats, BayVBl. 2000, 449.

3 Vgl. *Thränhardt,* Die Kommunen und die Europäische Union, in: Wollmann/Roth (Hrsg.), Kommunalpolitik, S. 375.

- ⇒ Bringt die inhaltliche Arbeit dieser Vertretungen den erwünschten Erfolg?
- ⇒ Inwieweit brauchen die Kommunen überhaupt Einfluß auf den internationalen oder supranationalen Entscheidungsprozeß?
- ⇒ Welche Rückschlüsse können aus den historischen Entwicklungen gezogen werden?
- ⇒ Ist der institutionelle Rahmen des Europarats auf die EU übertragbar?
- ⇒ Bedarf es einer getrennten Einflußnahme von Kommunen und Regionen?
- ⇒ Können mangelnde institutionelle Einwirkungsmöglichkeiten durch die Arbeit von außerinstitutionellen Interessensvertretungen ausgeglichen werden?
- ⇒ Wieweit können inhaltliche Errungenschaften des Europarats zum Schutz der Kommunen im EU-Reformprozeß dienlich sein?
- ⇒ Wie passen sich die Vorschläge in die gegenwärtige und insbesondere die zukünftige Struktur der Europäischen Union ein?

Um diese Fragen zu beantworten zu können, ist zunächst eine Klärung grundlegender Begrifflichkeiten nötig. Die Bezeichnungen Kommunen, kommunale Gebietskörperschaften und Gemeinden werden häufig synonym verwendet und stehen alle für eine Gebietseinheit, die im europäischen Vergleich vielschichtige Gestalten annimmt. Eine Übersicht über die kommunale Landschaft einer Reihe von Staaten soll den (verengten) nationalen Blickwinkel weiten. Ein weiterer Definitionsversuch soll dem zentralen Stichwort der Einflußnahme gelten, insbesondere eine Kategorisierung verschiedener Möglichkeiten der Einflußnahme herausgearbeitet werden.

Daran anschließend werden in drei Kapiteln die im Titel als *„Säulen"* eines europäischen Kommunalschutzes beschriebenen Mechanismen kommunaler Einflußnahme beschrieben.[4] Der *Ausschuß der Regionen (AdR)* und der *Kongreß*

---

4 Dabei ist es als Zufall zu bezeichnen, daß die Einordnung kommunalschützender Organisationen und inhaltlicher Direktiven in ein *„Drei-Säulen-Modell"* erfolgt. Allzu ähnlich klingt das häufig beschrieben Säulenmodell der Europäischen Union, bestehend aus der Europäischen Gemeinschaft (1. Säule), der Gemeinsamen Außen- und Sicherheitspolitik (2. Säule) und der polizeilichen und justiziellen Zusammenarbeit in Strafsachen (3. Säule). Die im 5. Kapitel mit *„hinkende Vergleichsstruktur"* (S. 371) beschriebene Trias von EKC, KGRE und AdR, die auf der einen Seite zwei Instrumente des Europarats und nur eine Einrichtung der Europäischen Gemeinschaft umfaßt, soll sich nach dem zu formulierenden Modell gerade auflösen, indem auch in der zukünftigen Europäischen Union ein inhaltlicher Kommunalschutz durch einen Normenkatalog von kommunalen Selbstverwaltungsrechten gewährleistet wird. Dann könnte eine sprachliche Erweiterung auf *„Vier Säulen"* erfolgen.

der Gemeinden und Regionen Europas (KGRE) sollen dabei zunächst nebeneinander stehen und in den Kontext der jeweiligen inter- bzw. supranationalen Organisation eingeordnet werden. Gleiches gilt auch für den bedeutendsten internationalen kommunalschützenden Rechtstext, der im Rahmen der rein zwischenstaatlichen Zusammenarbeit des Europarats erarbeiteten *Europäischen Charta der kommunalen Selbstverwaltung (EKC)*, deren wesentliche Inhalte und Wirkung auf die nationalen Rechtsordnungen analysiert werden sollen. Hierdurch soll eine Vergleichsbasis geschaffen werden, welche den Besonderheiten des Europarats und der Europäischen Union Gerecht wird.

Im Rahmen des Vergleichs besteht die begründete Gefahr, über das Ziel hinaus zu schießen, also ein Modell aufzustellen, das entweder unangemessen ist, indem es kommunale Interessen gleichwertigen Schutzgütern bevorzugt, oder die sich herausbildenden Strukturen mißachtet. Um dies zu vermeiden, soll die Betroffenheit der Kommunen durch Entscheidungen der europäischen Ebene als Richtmaß für eine notwendige Einflußnahme dienen. Hier können auch, beispielsweise bei der Einbindung der lobbyistischen Interessenvertretung, politische Erwägungen eine Rolle spielen und in die Betrachtung einfließen.[5]

Erst im Anschluß daran können auf der Grundlage der bestehenden Ansätze Vorschläge erarbeitet werden, welche ein Modell der Einflußnahme kommunaler Gebietskörperschaften in der zukünftigen Europäischen Union entwickeln. Die Ergebnisse sollen in Formulierungsvorschlägen zusammengefaßt werden.

Ein abschließendes 6. Kapitel soll in Form von Thesen die *„Säulen des europäischen Kommunalschutzes"* und die daraus für die Europäische Union gezogenen Schlüsse abschließend beschreiben.

5 Davon zu trennen ist die politische Erwägung der Realisierbarkeit von kommunalen Schutzmechanismen. Die momentane, schwankende politische Stimmungslage ist nicht geeignet, das optimale Maß kommunaler Einflußnahme zu beschreiben. Dennoch können solche Aspekte, insbesondere im historischen Kontext, nicht außen vor bleiben, um Strategien einer zielgerichteten Vorgehensweise der Kommunalinteressenvertreter zu entwickeln. Vgl. zum Zusammenhang kommunaler Forderungen und deren Realisierung das Modell im 5. Kapitel.

1. Kapitel: Grundlagen und Begriffsklärungen

I. Einführung

Der Staat ist *„die Vereinigung einer Menge von Menschen unter Rechtsgesetzen"*.[6] Dieser Gedanke *Immanuel Kants* geht von der Idee aus, daß der einzelne Mensch einen Teil seiner Freiheit aufgibt und diese unter ein allgemeines Gesetz stellt. Der ideale Staat garantiert daher seinen Bürgern Freiheit und Gleichheit. Nur wonach richtet sich der Inhalt eines solchen Gesetzes? Für *Kant* ist die Antwort klar: Die Gesetze müssen den *„vereinigten Willen des Volkes"*[7] in sich tragen, können also nur von denjenigen stammen, die ihre natürliche Freiheit dafür aufgegeben haben, dem einzelnen also selbst. Maßstab für den Volkswillen ist anders als noch bei *Jean-Jacques Rousseau* nicht das zu berücksichtigende Gesamtinteresse, der sogenannte *Contrat social*, sondern das Vernunftprinzip.[8] Der vernünftige, in einem allgemeinen Gesetz zum Ausdruck gebrachte Wille des Gesetzgebers stellt natürlich nur ein Idealbild gesetzgeberischen Wirkens dar. Nach *Kant* ist dieser Widerspruch mit den realen Vorgängen nicht alleine durch eine vernünftige Staatenordnung einzelner Menschen zu lösen. Vielmehr ist Voraussetzung, daß auch die Staaten untereinander in Beziehung treten, um ihre *„Freiheit aufzugeben und in einer gesetzmäßigen Verfassung (...) Ruhe und Sicherheit zu suchen"*.[9]

Die Frage, ob ein politisch zusammenwachsendes Europa solchen Anforderungen genügen kann, wurde oft gestellt und blieb meist unbeantwortet. Viel zu schnell schreitet der Prozeß der Integration voran, als daß die politische Elite faktische Begebenheiten, die sich als einmalige Chance darstellen, hinter manch vernünftiger Überlegung im Sinne *Kants* anstellen würde und könnte. Doch zwei Aspekte sollen zu Beginn dieser Arbeit festgehalten werden, welche die Gedanken *Kants* übertragen auf das europäische Einigungswerk zeitlos erscheinen lassen.

Zum einen ist die Notwendigkeit des Zusammenrückens der Staaten zur dauerhaften Friedenserhaltung und -sicherung unumstritten. Ohne Kooperation

6 *Kant,* Metaphysik der Sitten (1797), I § 45.
7 *Kant,* Metaphysik der Sitten (1797), I, § 46.
8 *Zippelius,* Geschichte der Staatsideen, S. 154.
9 Siebter Satz zur „Idee einer allgemeinen Geschichte in weltbürgerlicher Absicht" (1784), vgl. den 2. Definitivartikel in: „Zum ewigen Frieden", hierzu *Zippelius,* Geschichte der Staatsideen, S. 157.

in Internationalen Organisationen[10] ist ein friedliches Zusammenleben der Völker nicht denkbar. Ausschlaggebend für diese fatalistische Entwicklung können die verschiedensten Gründe sein. Denkbar sind die Verfolgung wirtschaftlicher Interessen, zu der Staaten im Zeitalter globalisierter Strukturen gezwungen sind, oder auch das gemeinsame Vorgehen zum Aufbau einer Infrastruktur, Maßnahmen zum Schutz der Umwelt sowie die Rohstoffknappheit.[11] Die seit 150 Jahren andauernde Entwicklung der Internationalen Organisationen resultiert aus der häufigen Wirkungslosigkeit bloßer Verpflichtungen, mit deren Ausführung die Mitgliedstaaten selbst durch ihre eigenen Organe betraut sind. Auf diesem Grundgedanken basieren der Europarat und die Europäische Union.

Zum zweiten wird auch für ein solches Zusammenwirken gefordert, daß es „vernünftigen Gesetzen“ folgt. Hierbei ist erst recht zu verlangen, daß sich in den internationalen Gesetzen der Volkswille – also der des Souveräns – widerspiegelt. Der einzelne gibt hier ja noch ein größeres Stück vom Freiheitskuchen ab. Auf der anderen Seite kann ihm aber auch nur so viel Freiheit abverlangt werden, wie unbedingt nötig. Eine Organisation wie die EU bedarf daher einer Rechtfertigung gegenüber den Bürgern der Mitgliedstaaten. Viele sehen in der EU aufgrund ihrer zweifellos vorhandenen Bürgerferne und Demokratiedefizite den Volkswillen nicht mehr verwirklicht: Die Europäische Union hat ein Legitimationsdefizit.[12] Im Rahmen der Legitimation von unten nach oben kommt den Kommunen eine besondere Bedeutung zu, um der EU die Bürgernähe zu geben, die Art. 1 EUV[13] fordert. Die Kommunen tragen im europäischen Entscheidungsprozeß eine wichtige Last als Ort der Konfrontation von nationalem Recht mit europäischen Rechtsakten.[14] Sie können der europäischen Ebene als Mittler dienen.

Der schon angedeuteten Betroffenheit der kommunalen Gebietskörperschaften durch Entscheidungen der supranationalen Gemeinschaft stehen zahlreiche Forderungen nach einem gewichtigen Mitspracherecht bei der Willensbildung der EU-Organe gegenüber. Doch wie können solche Mitwirkungsrechte aussehen? Sicherlich müssen Gewicht und Umfang der Mitsprache den zu machen-

10 Zur Definition der Internationalen Organisation *Seidl-Hohenveldern/Loibl,* Das Recht der Internationalen Organisationen einschließlich der supranationalen Gemeinschaften, Rn. 0101, insbesondere zu den Europäischen Gemeinschaften als Internationale Organisation, Rn. 0113.

11 *Seidl-Hohenveldern/Loibl,* Das Recht der Internationalen Organisationen einschließlich der supranationalen Gemeinschaften, Rn. 0101, 2101 ff.

12 *Thränhardt,* Die Kommunen und die Europäische Union, in: Wollmann/Roth (Hrsg.), Kommunalpolitik, S. 375.

13 ABl. 2000 C 325/1 vom 24. Dezember 2002.

14 Vgl. *Knemeyer,* Kommunale Selbstverwaltung in Europa – Die Schutzfunktion des Europarats –, BayVBl. 2000, 449 ff.

den Einschnitten Rechnung tragen. Es bietet sich an, vor einem umfassenden Vergleich[15] zunächst eine Bestandsaufnahme vorzunehmen. Zu untersuchen ist, welche Einflußmöglichkeiten die Kommunen bislang überhaupt wahrgenomen haben. Hierbei sind sowohl institutionelle als auch außerinstitutionelle Interessenvertretungen zu berücksichtigen. Daneben ist auch zu fragen, inwieweit kommunale Belange derzeit im Gemeinschaftsrecht geschützt werden. Dies muß als Ausgangsszenario für die weiteren Reformüberlegungen dienen.

Bei der Aufstellung neuer Modelle schießt man leicht über das Ziel hinaus. Letztlich wird die Diskussion nur durch Gedanken weitergebracht, die – wenn auch in ferner Zukunft – politisch realisierbar erscheinen. Daher liegt es nahe, zu schauen, ob denkbare Lösungsansätze hin zu einem stärkeren kommunalen Mitwirkungsrecht im EU-Rechtsetzungsprozeß bereits existieren. Bei der Suche nach solchen Mechanismen landet man unverweigerlich beim Europarat. Dort gibt es bereits Strukturen, die auch für die EU-Ebene von Interesse sind. In zahlreichen Gesprächen mit kommunalen Interessenvertretern ergab sich, daß Argumente, die zur Beeinflussung der EU-Organe geführt haben, häufig aus der Feder des Europarats und dessen Einrichtungen stammen. Dort wurden zahlreiche Konzepte und Ideen auf diesem Gebiet diskutiert und rechtswirksam verabschiedet. Inwieweit diese in ein EU-Reformkonzept eingearbeitet werden können, wird Gegenstand dieser Arbeit sein. Das Wichtigste an den institutionellen Garantien und der inhaltlichen Arbeit des Europarats ist, daß bereits in Straßburg eine Einigung in vielerlei Hinsicht erzielt worden ist. Bedenkt man, daß alle Mitgliedstaaten der Europäischen Union auch dem Europarat angehören, so drängt sich die Untersuchung der Errungenschaften des Europarats geradezu auf. In einem weiteren Schritt geht es dann um die Verwertbarkeit der Erkenntnisse auf EU-Ebene. Ziel ist es, die Einflußnahme der kommunalen Gebietskörperschaften und den Schutz der kommunalen Selbstverwaltung in der Europäischen Union herauszuarbeiten. Darauf aufbauend soll anhand einer Bestandsaufnahme und eines Vergleichs mit der Situation in der EU gezeigt werden, daß die Realisierung solcher Projekte auch für die EU gangbar ist, um dem Ziel eines *Europas der Kommunen* näher zu kommen.

Am Ende dieses Abschnitts soll noch einmal der Zusammenhang mit *Kant* hergestellt werden. Der Philosoph wurde nicht von ungefähr herangezogen. Die Staats- und Regierungschefs der Europaratsstaaten haben sich im Schlußdokument zum ersten Gipfeltreffen 1993 in Wien, das wesentliche strukturelle Reformen des Europarats einleitete, ausdrücklich auf die Schrift *Kants* „Zum ewigen Frieden" berufen. Diese Gedanken eignen sich also als philosophische Untermauerung der europäischen Integration. So kann auch mit *Kant* der

15 Siehe S. 367.

Wunsch ausgesprochen werden, den die Staats- und Regierungschefs des Europarats gehegt haben, und der auch dieser Dissertation überschrieben sein soll:

> *„Wenn es Pflicht, wenn zugleich gegründete Hoffnung da ist, den Zustand eines öffentlichen Rechts (...) wirklich zu machen, so ist der ewige Friede (...) keine leere Idee, sondern eine Aufgabe, die nach und nach aufgelöst, ihrem Ziele (weil die Zeiten, in denen gleiche Fortschritte geschehen, hoffentlich immer kürzer werden) beständig näher kommt.“*[16]

II. Die kommunalen Gebietskörperschaften als europarechtliche Kategorie

1. Kommunale Strukturen im europäischen Kontext

a) Einführung

Zu klären ist grundlegend der Begriff der kommunalen Gebietskörperschaft, der im Folgenden unzählige Male wie selbstverständlich gebraucht werden soll. Die kommunale Gebietskörperschaft ist in einen europäischen Kontext zu setzen. Dabei kommt man nicht um einen Vergleich der mitgliedstaatlichen Staatsaufbauten herum.[17] Der Begriff der kommunalen Gebietskörperschaften, Kommunen und Gemeinden[18] wird in der Arbeit Synonym verwendet. Die flexible Begriffsgestaltung entspricht der kommunaleuropäischen Praxis, im Rahmen derer der Charakter der Teileinheit im Vordergrund steht und nicht die exakte staatstheoretische und kommunalrechtliche Einteilung.[19] Nur im Rahmen der Untersuchung städtespezifischer Besonderheiten wird zwischen den Städten im Sinne einer größeren Agglomeration – also unabhängig von der Verleihung

16 *Immanuel Kant,* Zum ewigen Frieden. Ein philosophischer Entwurf, Ersttext.

17 *Seele,* Der Kreis aus europäischer Sicht, S. 201 ff.

18 Vgl. zur exakten Unterscheidung Gemeinde – kommunale Gebietskörperschaft *Gern,* Deutsches Kommunalrecht, Rn. 124: Die Gemeinde ist eine kommunale Gebietskörperschaft, nicht alle kommunale Gebietskörperschaften sind im Umkehrschluß aber Gemeinden.

19 So wird vom Rat der Gemeinden und Regionen Europas (RGRE) gesprochen, der die kommunalen Gebietskörperschaften vertritt, gleiches gilt auch für den Kongreß der Gemeinden und Regionen Europas, in dem alle kommunalen Gebietskörperschaften der Mitgliedsstaaten des Europarats zusammenkommen. Anders der Ausschuß der Regionen (AdR), der offiziell „Ausschuß der regionalen und lokalen Gebietskörperschaften“ heißt. Die Bezeichnung als lokal wird dabei synonym für die in der Bundesrepublik übliche Bezeichnung des Kommunalen verwendet.

von Stadtrechten nach mitgliedstaatlichem Recht, die ohnehin meist gegeben sein wird – und den kleineren Gemeinden unterschieden werden.[20] Darüber hinaus kann auf die in diesem Abschnitt vorgegebene Kommunalstruktur in den EU-Mitgliedstaaten und den Beitrittskandidaten zurückgegriffen werden.

Nur wenn die Kommunen eine in den Mitgliedstaaten vorkommende Kategorie des Staatsaufbaus sind, ist eine europäische Betrachtungsweise angebracht. Ein singuläres Phänomen eines Einzelstaates wird in nur unzureichendem Maße geeignet sein, die Gemeinschaftsstruktur nachhaltig zu prägen. Es könnte aber als Teil der von den Unionsorganen zu achtenden nationalen Identität europarechtliche Bedeutung erlangen, vgl. Art. 6 Abs. 3 EG.[21] Nicht zu fordern wäre aber die Existenz dieser Erscheinungsform in jedem der Mitgliedstaaten. So existieren möglicherweise in einzelnen Mitgliedsländern so starke Strukturen, ohne deren Beachtung ein Funktionieren der Union nicht gewährleistbar wäre. Umgekehrt ließe sich dann natürlich fragen, ob eine Beachtung nur dann sinnvoll wäre, wenn die Funktionalität der Integration betroffen ist oder ob nicht auch politische und – wie sich zeigen wird – faktische Gründe für eine Anerkennung des territorialen Staatsaufbaus sprechen können.

Vielleicht kann diese Frage ohnehin offen bleiben, sofern alle Mitgliedstaaten über eine vergleichbare Einheit verfügen. Was kann aber Vergleichbarkeit überhaupt bedeuten? Reichen ähnliche Strukturen bereits aus, um sie in einen europaweiten Topf zu werfen? Auf solche Modelle wird erst in späterem Zusammenhang einzugehen sein. Dabei – soviel kann vorweggenommen werden – wird es mehr um die partnerschaftliche Einflußnahme der kommunalen Gebietskörperschaften und der Regionen als um Probleme der kommunalen Gebietskörperschaften an sich gehen. Sie sind insoweit in einen Kontext der dezentralen staatlichen Einheit einzuordnen. Dennoch läßt sich die kommunale Vielfalt der europäischen Staaten nicht leugnen[22], die im Mittelpunkt der folgenden Darstellung stehen soll. Diese zu untersuchende Diversität kann Anhaltspunkte für das einheitliche Vorgehen der Kommunen mit und in Europa liefern. Ein Vergleich in diesem Sinne kann zunächst nur bedeuten, daß die unterschiedlichen Erscheinungsformen in der Definition auf einen Nenner gebracht werden. Dies wäre auch für den europäischen Sprachgebrauch wünschenswert.[23]

20 Vgl. S. 60.

21 ABl. 2000 C 325/1 vom 24. Dezember 2002.

22 *Blair,* Die Gestaltung der kommunalen Selbstverwaltung in den europäischen Staaten, DÖV 1988, 1002.

23 *Seele,* Der Kreis aus europäischer Sicht, S. 138.

Die hier vorsichtig zitierte Beachtung der Kommunen seitens der Gemeinschaft greift nach dem bisher erreichten Stand der europäischen Integration zu kurz. Unter Umständen ist hier eine solche Perspektive schon verfehlt. In einem demokratisch konstituierten Europa könnten die bloße Anerkennung der Existenz und die damit einhergehende passive Teilnahme der Kommunen am Integrationsprozeß nicht ausreichen. Zu denken ist an weitgehende Mitwirkungsrechte, die die traditionelle außenpolitische Dominanz der zentralstaatlichen Ebene im supranationalen Kontext konsequent durchbrechen. Sie könnten sich als allzu logische Folge der europäischen Einigung darstellen. Fraglich ist, ob eine solche Beteiligung – in welcher Form auch immer – nötig ist. Voraussetzung ist aber in jedem Fall, daß es überhaupt etwas zum Anerkennen oder Mitwirken lassen gibt.

b) Einteilung kommunaler Strukturen

Die kommunale Gebietskörperschaft mag ein vielschichtiger Begriff sein, der in den unterschiedlichsten Erscheinungsformen auftritt. Dennoch wird er auf europäischer Ebene einheitlich verstanden[24], gleich ob er eine kommunale Institution beschreibt oder Bestandteil eines kommunalbezogenen Rechtsakts ist. Beim Europarat ist dies im Gegensatz zum Gemeinschaftsrecht schwerer festzumachen, da häufig keine offizielle deutsche Sprachfassung existiert.[25] Diese Feststellung sei an den Anfang gestellt, um einer allzu häufig vollzogenen „Verdeutschung" des Kommunalverständnisses vorzubeugen.

Insofern ist zu unterscheiden, ob es um die Anpassung eines deutschen Begriffs – unabhängig von dessen Charakterisierung als deutsche Eigenheit oder allgemeingültiger Formel – an die europäischen Begebenheiten unter Berücksichtigung der Feinheiten und Traditionen anderer Mitgliedstaaten und deren Sprachen geht, oder die Überbetonung der deutschen Kommunalrechtstradition, die so den anderen Staaten fremd ist. Es geht hier zunächst darum, die kommunalen Gebietskörperschaften zu definieren und abzugrenzen, um im Anschluß daran die Begriffsfindung unter die Kommunen der europäischen Staaten zu subsumieren. Häufig wird dieser Begriff auch vorausgesetzt[26], oder er geht im Zusammenhang mit der Einteilung der Regionen der Mitgliedstaaten unter: Die Definition eines einheitlichen Regionenbegriffs bereitet (noch) viel größere

---

24 Vgl. im Französischen *„collectivité locale"* oder im Englischen *„local bodies"*.

25 Zum eingeschränkten Sprachenregime des Europarats S. 230.

26 Vgl. *Blair,* Die Gestaltung der kommunalen Selbstverwaltung in den europäischen Staaten, DÖV 1988, 1002 ff.

Schwierigkeiten.[27] Am einfachsten wäre es, zwischen der kommunalen Eigenschaft und der Typisierung einer Gebietskörperschaft zu unterscheiden.

aa) Gebietskörperschaft

Bei den hier zu erörternden Einheiten soll es sich um Gebietskörperschaften handeln. Die Zuordnung als Gebietskörperschaft betrifft die Frage der inneren Struktur.[28] Im Gegensatz dazu geht es bei der Frage nach der Rechtssubjektivität um die Zurechenbarkeit von Rechten und Pflichten. Die Gebietskörperschaften sind juristische Personen des öffentlichen Rechts und genießen als solche rechtliche Selbständigkeit.

Das Prinzip der Körperschaft bezeichnet das grundlegende Strukturprinzip der Kommunen. Träger der Körperschaft ist ein sich in seiner Zusammensetzung ständig verändernder Mitgliederstamm (*Domizilprinzip*).[29] Dieser Mitgliederstamm besteht aus den Bürgern der Körperschaft, wobei die Bürgereigenschaft an den Wohnsitz anknüpft.[30] Bürger ist, wer Einwohner der Gebietskörperschaft ist, also seinen Wohnsitz auf dem Territorium hat und darüber hinaus weitere politische Gestaltungsrechte innerhalb der Gemeinde wahrnehmen kann, vor allem die Wahlberechtigung innehat.[31] Die Bürger legitimieren die Organe in Wahlen und Abstimmungen.

Die Körperschaft wird zur Gebietskörperschaft, indem sie sich über ein bestimmtes ihr zugewiesenes Territorium definiert.[32] Aus dem vornehmlichen Territorialbezug ergeben sich beispielsweise Besonderheiten bei der Änderung der Gebietsgrenzen.[33]

---

27 Dazu *Seele,* Europa der Regionen – ein Holzweg, Der Landkreis 1992, 364; *Knemeyer,* in: Knemeyer (Hrsg.), Europa der Regionen – Europa der Kommunen, S. 25; *Schoch,* Regionen Europas und kommunale Selbstverwaltung, NLT 1992 (2), 25.

28 *Waechter,* Kommunalrecht, Rn. 022.

29 *Waechter,* Kommunalrecht, Rn. 023.

30 Der Begriff des Bürgers ist nicht deckungsgleich mit dem des Einwohners. Von europarechtlicher Relevanz ist dies wegen des Rechts von Einwohnern anderer EU-Mitgliedstaaten, in dem jeweiligen Mitgliedstaat an Kommunalwahlen teilzunehmen, vgl. S. 390 ff. Einwohner aus Nicht-EU-Staaten sind weiterhin nicht wahlberechtigt, mithin keine Bürger der Gebietskörperschaft; vgl. *Waechter,* Kommunalrecht, Rn. 028 ff.

31 Auf die Mitgliedschaft kann auch nicht verzichtet werden.

32 Im Gegensatz dazu die Personalkörperschaft (Universitäten, Rechtsanwaltskammern), die sich über die Eigenschaft ihrer Mitglieder definiert.

33 Vgl. Art. 5 der Europäischen Charta der kommunalen Selbstverwaltung (EKC).

bb) Kommunale Gebietskörperschaften

Die Gewohnheit verleitet hier zu einer vorschnellen Projektion des deutschen Modells der kommunalen Verwaltungsgliederung. Die deutsche kommunale Landschaft[34] wird durch die Gemeinden und die Kreise[35] repräsentiert. In Bayern kommt mit den Bezirken eine dritte Ebene hinzu.[36] Jedes Stück Land in Deutschland ist prinzipiell einer Gemeinde zugeordnet. Ein Landkreis umfaßt grundsätzlich das Territorium mehrerer Gemeinden. Eine Ausnahme besteht bei den sogenannten kreisfreien Städten, die keinem Kreis angehören und sowohl die Aufgaben des Kreises als auch der Gemeinden auf ihrem Gebiet wahrnehmen. Zum kommunalen Bereich zählen auch die Einrichtungen, die von den kommunalen Gebietskörperschaften selbst zur Erfüllung ihrer Aufgaben gebildet werden, wie Verwaltungsgemeinschaften oder Zweckverbände. Die deutsche Kommunaleinteilung ist daher nach dem Grundmodell schon durch eine ausgeprägte Diversität gekennzeichnet. Im europäischen Zusammenhang sind 15 und bald 25 bzw. 27 dieser Kommunalrechtsordnungen unter einen Hut zu bringen. Hinzu kommen die Schwierigkeiten der Bestimmung regionaler Gliederungen. Das allzu naheliegende deutsche Beispiel zeigt die Komplexität der einheitlichen Begriffsbestimmung. Als mehrschichtiges Modell kann es zur weiteren Veranschaulichung dienen.[37]

Die hier zu umschreibenden Einheiten unterscheiden sich von allen Gebietskörperschaften dadurch, daß sie kommunal sind. In Anlehnung an *Galette*[38] könnten als kommunal oder lokal solche territorialen Einheiten bezeichnet

---

34 *Müller,* Zur Geschichte des Wortes Landschaft; *Petri,* Die Funktion der Landschaft in der Geschichte.

35 Vgl. *von der Heide,* Stellung und Funktion der Kreise, in: Wollmann/Roth (Hrsg.), Kommunalpolitik, S. 123 ff.

36 Die zunächst rein verwaltungsorganisatorischen Aufgaben der alten bayerischen Kreise – der heutigen Bezirke –, im Bereich bestimmter Schulzweige und Krankenanstalten, reichen bis Anfang des 19. Jahrhunderts zurück. Erst hundert Jahre später wurde die Selbstverwaltung der Kreise durch ein demokratisches Wahlrecht hergestellt das zu den Kreiswahlen 1919 und 1928 führte. Die wesentlichen Zuständigkeiten der Kreise blieben unverändert. Im Nationalsozialismus erhielten die Kreise die Bezeichnung Bezirksverbände. Nach dem 2. Weltkrieg wurde eine gesetzliche Neuregelung des Rechts der Bezirke erst mit Gesetz vom 27. Juli 1953 (GVBl. S. 107) durch die neue Bezirksordnung geschaffen. Am 28. November 1954 fanden die ersten Bezirkswahlen statt. Vgl. zur Entwicklung der Bayerischen Bezirke *Probst,* Regionale Selbstverwaltung: die bayerischen Bezirke als Modell für ein bürgernahes Europa, S. 63 ff.

37 Gleiches gilt für die mehrschichtigen Kommunalmodelle in England, Dänemark, Norwegen, Belgien, und Schweden, vgl. *Seele,* Der Kreis aus europäischer Sicht, S. 130.

38 *Galette,* Bericht über regionale Institutionen in Europa, in: Europakonferenz der Gemeinden und Regionen, CPL (15) 5, S. 5.

werden, die nicht in weitere selbständige Einheiten gegliedert sind. Dies setzt voraus, daß die kommunale Gebietskörperschaft selbst rechtlich selbständig ist.[39] Dagegen spricht, daß die kommunale Landschaft Europas auch kommunale Einheiten kennt, die nicht selbständig sind, sondern verlängerter Arm der staatlichen Verwaltungsstruktur.[40] Genauso gibt es staatliche Glieder, die traditionell den kommunalen Gebietskörperschaften zugerechnet werden, letztlich sich aber in weitere selbständige Einheiten gliedern. Die Umschreibung hilft also nicht direkt weiter.

Allen kommunalen Einheiten ist gemeinsam, daß eine gewisse Ortsgebundenheit gegeben ist und sie einen engen Bezug zwischen den Bürgern und Einwohnern der Körperschaft und der Verwaltungsstruktur aufweisen. Die kommunalen Gebietskörperschaften zeichnen sich im Gegensatz zu den anderen dezentralen staatlichen Einheiten durch ihre Bürger- und Sachnähe aus.

Von der grundsätzlichen Einteilung zu unterscheiden ist die tatsächliche Aufgabenwahrnehmung. Art. 3 Abs. 1 EKC als grundsätzliche Definitionsnorm kommunaler Selbstverwaltung lehnt den örtlichen Bezug der gemeindlichen Kompetenzen ab und fordert eine weitreichende Zuständigkeit der Kommunen. Dies ändert aber nichts an der örtlichen Verbundenheit des Aufgabenträgers zu den der Verwaltungs- und Gestaltungskraft Unterworfenen. Zugegebenermaßen ist das Kriterium der Örtlichkeit wenig konkretisierend. Mit *Seele* soll daher ein pragmatisches Verständnis gewählt werden[41], das den einzelnen Mitgliedstaat betrachtet und danach über eine Zuordnung entscheidet. Hierbei ist das grundlegende Verständnis des einzelnen Staates zu berücksichtigen. In Hinblick auf die erstmals zitierte, noch auseinanderzunehmende Europäische Kommunalcharta des Europarats wird ein starkes Indiz die Erstreckung der kommunalen Selbstverwaltungsgarantie – sofern existent – auf die Gebietseinheit sein.

2. Kommunale Strukturen in den EU-Mitgliedstaaten

Anhand der erarbeiteten Kategorien zur Bestimmung lokaler Gebietskörperschaften soll nun die Existenz und Stellung solcher Einheiten vornehmlich in den Mitgliedstaaten der Europäischen Union sowie beispielhaft in einzelnen Beitrittskandidaten zur Europäischen Union erläutert werden. Zunächst ist festzuhalten, daß alle zu untersuchenden Staaten kommunale Gebietskörperschaften

39 *Seele,* Der Kreis aus europäischer Sicht, S. 130.

40 Dazu sogleich.

41 *Seele,* Der Kreis aus europäischer Sicht, S. 131.

kennen.[42] Die begriffliche Eingliedrigkeit im staatlichen Aufbau trügt: Die tatsächlichen Erscheinungsformen sind vielfältig. Die meisten Mitgliedstaaten der EU kennen mehrere kommunale Ebenen in den unterschiedlichsten Ausprägungen. *Die* kommunale Gebietskörperschaft oder *die* kommunale Landschaft Europas gibt es also nicht. Aus der Vielfältigkeit lassen sich nicht zugleich Schlüsse in Hinblick auf die Einflußnahme am europäischen Rechtsetzungsprozeß ziehen, wie dies von Zeit zu Zeit getan wird. Auch die Mitgliedstaaten divergieren selbst in Größe und Entscheidungsstruktur, ohne daß die Vereinigung zu einem gemeinsamen Ganzen im Vergemeinschaftungsprozeß anzuzweifeln wäre.

Daher ist das Gemeinsame herauszufiltern, der Nenner, der den kommunalen Gebietskörperschaften ihr Gepräge gibt. Dieser staatstheoretische Ansatz, der den mitgliedstaatlichen Aufbau und dessen Organisation in den Vordergrund stellt, wird später überschnitten vom passiven Ansatz, der die Betroffenheit einer bestimmten staatlichen Teileinheit herausstellt. Die kommunale Gebietskörperschaft definiert sich hier also über die Einordnung in ein vorgegebenes Grundsystem. Das Kriterium der Kommunalbetroffenheit eignet sich aber nicht zur Klassifizierung einer bestimmten staatlichen Ebene, da je nach staatsorganisatorischer Ausgestaltung in den einzelnen Staaten dieselbe Aufgabe von unterschiedlichen Einheiten wahrgenommen werden kann und so ein einziger Rechtsakt je nach Wirkungsziel die zentralstaatliche, regionale oder kommunale Ebene treffen kann. Die Eigenart kommunaler Strukturen macht aber gerade aus, daß eine solche Streuwirkung die rühmliche Ausnahme ist, vielmehr durch die Herausbildung gemeineuropäischer Staatsorganisation – in den darzustellenden Nuancen – die Gemeinsamkeiten überwiegen. Dennoch soll hier auf eine organisatorische Einordnung als der Grundlage der kommunalen Einheit in Europa nicht verzichtet werden. Am Anfang der Einheit steht in diesem Fall die Vielfalt.

a) Historische Betrachtung

Die gerade angedeuteten Unterschiede und Gemeinsamkeiten haben in erster Linie historische Wurzeln. Die zuvor fränkische Gaugrafschaftsverfassung war bis in die Neuzeit an den Stammeszugehörigkeiten und den natürlichen Landschaftsausprägungen orientiert.[43] Sie prägte bis dahin die unterschiedlichen Gliederungen der europäischen politischen Landschaft. Die Landes- und Territorialgrenzen stimmten meist auch mit den Konfessionsgrenzen überein. Ausgangspunkt der Entwicklungen im 19. und 20. Jahrhundert ist der Einfluß des zentra-

42 Vgl. *Deubert/Liegmann,* Rechtsgrundlagen kommunaler Selbstverwaltung und regionale Strukturen in Europa, S. 17 ff.

43 *Petri,* Die Funktion der Landschaft in der Geschichte, S. 75.

listischen napoleonischen Systems, das über die napoleonische Sphäre auch Einfluß auf die südeuropäischen Staaten hatte und von diesen weitgehend übernommen wurde.[44] Insbesondere seit dieser Reformzeit nahm die kontinentaleuropäische Entwicklung einen differenzierten Verlauf, der insbesondere vom Zeitpunkt der Nationalstaatenbildung abhing.

b) Kommunale Grundstrukturen in Europa

Trotz der historisch gewachsenen Besonderheiten existieren in den europäischen Staaten kommunale Grundstrukturen, die es rechtfertigen, von kommunalen Gebietskörperschaften zu sprechen. Die Notwendigkeit einer verwaltungsmäßigen Basis ergibt sich schon aus der Natur der Sache einer örtlichen Gebundenheit des Gesetzesvollzugs. Aus diesem Blickwinkel ist die Bildung eigenständiger, verselbständigter oder zumindest zum Teil mit Verantwortung oder Spielräumen ausgestatteter Teileinheiten nicht selbstverständlich. Trotzdem finden sich solche Strukturen im gemeineuropäischen Raum.

Bereits oben wurde der Bezug zur mitgliedstaatlichen Organisation hergestellt. Die kommunale Landschaft ist dabei so vielfältig in ihren Erscheinungen und Ausprägungen wie die mitgliedstaatliche Ebene, die am Beginn der Überlegungen stehen soll. In der Europäischen Union lassen sich zwar keine eindeutigen Gruppen bilden, wohl aber die großen Mitgliedstaaten Großbritannien, Frankreich, Spanien, Italien und Deutschland von den hier nicht notwendigerweise aufzuzählenden mittleren Mitgliedstaaten und Luxemburg als Kleinstaat unterscheiden.[45] Bei den größeren Staaten ergibt sich die Notwendigkeit einer Untergliederung aus der Größe der zentralstaatlichen Einheit.

Unterschiedlicher Ausprägung ist so auch die staatsorganisatorische Mittelstufe, die Region.[46] Mittlerweile verfügt der Großteil der europäischen Staaten über derartige staatsnahe – im Gegensatz zur ortsnahen Kommunalstruktur –, dezentrale Einheiten unterschiedlicher Qualität. Die rechtliche und politische Qualität, vor allem die Frage nach legislatorischen Kompetenzen, ist dabei entscheidend für die Abgrenzung von der kommunalen mitgliedstaatlichen Struk-

44 *Blair,* Die Gestaltung der kommunalen Selbstverwaltung in den europäischen Staaten, DÖV 1988, 1002.

45 Anders die Unterscheidung im Rahmen der 45 Mitgliedstaaten des Europarats, wo eine noch größere Variation über den kontinentaleuropäischen Raum sichtbar wird, vgl. beispielsweise nur die Mitgliedschaften Rußlands und San Marinos; dazu *Seele,* Der Kreis aus europäischer Sicht, S. 131 f.

46 Zur Regionenqualität und den Regionalismustendenzen in Europa sogleich.

tur. So verfügen föderalistisch geprägte Staaten wie Deutschland, Österreich[47] und mit Abstrichen auch Spanien[48], Belgien[49] und Italien[50] über starke Regionen mit eigenständigen Regelungsbefugnissen, während die französischen Regionen trotz reformatorischer Bestrebungen eher verwaltungstechnischen Charakter haben.[51] Griechenland, Irland und Finnland ist die Bildung solcher regionaler Einheiten fremd[52], was sich nicht ausschließlich mit der territorialen Größe der Staaten, sondern eher historisch begründen läßt.

Die Abgrenzung von regionalen und kommunalen Gebietskörperschaften[53] wird dadurch erschwert, daß die meisten Mitgliedstaaten über mehrere Kommunalebenen verfügen. Es geht also darum, die höchste kommunale Ebene von der regionalen Ebene zu unterscheiden. Sicherlich gibt es hier Überschneidungen und Doppeldeutigkeiten. Ziel ist es an dieser Stelle aber nur, einen Überblick über die kommunale Landschaft zu geben, was die Übergehung von Zweideutigkeiten nicht ausschließt. Wichtig und entscheidend ist allein die Definition der staatsorganisatorischen Ausgangsbasis, die mit der Einteilung der kommunalen mitgliedschaftlichen Struktur einhergehen soll.

aa) Kommunale Grundebene

Die kommunale Grundebene ist sicherlich abhängig vom jeweiligen kommunalphilosophischen Standpunkt. Hier soll vom deutschen Verständnis der Gemeinde ausgegangen werden, also der untersten deutschen gebietskörperschaft-

---

47 *Schambeck*, Landesbericht Österreich, in: Ossenbühl (Hrsg.), Föderalismus und Regionalismus in Europa, S. 167 ff.

48 *Chiner*, Landesbericht Spanien, in: Ossenbühl (Hrsg.), Föderalismus und Regionalismus in Europa, S. 167 ff.; *Borrás*, Die Mitgliedschaft Spaniens in der EG in ihrer Auswirkung auf die Autonomen Gemeinschaften, in: Merten (Hrsg.), Föderalismus und Europäischen Gemeinschaften, S. 47 ff.

49 *Suetens*, Landesbericht Belgien, in: Ossenbühl (Hrsg.), Föderalismus und Regionalismus in Europa, S. 263 ff.; *Esterbauer*, Regionalismus. Phänomen – Planungsmittel – Herausforderung für Europa, S. 48.

50 *Onida*, Landesbericht Italien, in: Ossenbühl (Hrsg.), Föderalismus und Regionalismus in Europa, S. 239 ff.

51 Der föderale Charakter trotz mittlerer Staatsgröße in Österreich läßt sich mit historischen Erwägungen (*Seele*, Der Kreis aus europäischer Sicht, Kreis, S. 132, der diese Erwägungen auch auf die Schweiz bezieht) und auf landsmannschaftlichen Zugeständnissen (dazu *Eichenberger*, Landesbericht Schweiz, in: Ossenbühl (Hrsg.), Föderalismus und Regionalismus in Europa, S. 17 ff.) in Belgien begründen.

52 Zu den Konsequenzen für die Besetzung des Ausschusses der Regionen als Regional- und Kommunalvertretungsgremium S. 99 ff.

53 Vgl. *Deubert/Liegmann*, Rechtsgrundlagen kommunaler Selbstverwaltung und regionale Strukturen in Europa, S. 923 f.

lichen Einheit. Im Vergleich aller europäischen Staaten fällt die unterschiedliche Größe der lokalen Gliederungen auf.[54] So haben einige Länder eine weit unterdurchschnittliche Einwohnerzahl pro Gemeinde. Die durchschnittliche Gemeinde in Frankreich[55], Griechenland hat um die 1.500 Einwohner. Im Gegensatz dazu hat die schwedische Durchschnittsgemeinde 30.000 Einwohner, viermal so viele wie in der Bundesrepublik oder in Italien[56].

Mißt man den britischen *districts* Gemeindequalität bei, fallen diese mit weit über 90.000 Einwohnern pro Einheit – ungefähr halb so viel wie der durchschnittliche deutsche Landkreis – völlig aus dem Rahmen, wobei die weitere Untergliederung in sogenannte *parishes* nicht außen vor bleiben kann.[57] Gleiches gilt auch für Portugal mit den gemeindeunteren *freguesias*. In beiden Ländern gibt es unterhalb der Gemeindeebene örtliche Einrichtungen, die zum Gesamtbild kommunaler Selbstverwaltung gehören.[58] Aufgrund ihrer verkümmerten Kompetenzstruktur unterhalb der *district councils* zählen die *parishes* nicht als gemeindeähnliche Selbstverwaltungskörperschaften. Zwar haben die *freguesias* eine zuständigkeitsbegründende Generalklausel, mangels zugewiesener Finanzmittel sind sie aber nicht in der Lage, diese mit Leben zu füllen.

Soweit sich der Charakter der kommunalen Gebietskörperschaften nach deren Orts- und Bürgernähe bemißt, ist er beispielsweise in den Fällen der schwedischen Gemeinden kritisch zu betrachten. Der größenmäßigen Betrachtung ist entgegenzuhalten, daß sich die kommunale Struktur nicht alleine an der Einwohneranzahl im Verhältnis zur Gesamtzahl der kommunalen Gebietskörperschaften messen läßt. Vielmehr kommt ein weiterer Faktor ins Spiel, der die historische Dimension solcher Kategorisierung weiter aufschlüsselt: Im ausgehenden 20. Jahrhundert hat sich der Anspruch an die kommunale Aufgabenwahrnehmung völlig verändert. Zum einen ist die Größe derart entscheidend, daß die kleinere Einheit der größeren nach den aufgestellten Kriterien, insbesondere des örtlichen Bezugs, vorzuziehen ist. Andererseits ist die Bedeutung der technischen und organisatorischen wie auch der effizienten Ausfüllung der kommunalen Zuständigkeiten gewachsen. Die moderne Dienstleistungskom-

54 Vgl. *Blair,* Die Gestaltung der kommunalen Selbstverwaltung in den europäischen Staaten, DÖV 1988, 1003.

55 Grundlegend *Auby, J.-B./Auby J.-F.,* Droit des collectivités locales, 1990; *Roux,* Droit constitutionnel local, 1995; *Joyau,* De l'autonomie des collectivités territoriales françaises, 1998; *Bourdon/Pontier/Ricci,* Droit des collectivités territoriales, 1998; *Becet,* Les institutions administratives, 1997; *Chauvin,* Administration de l'Etat, 1998.

56 Vgl. zur kommunalen Selbstverwaltung in Italien *Groß,* Selbstverwaltung angesichts von Europäisierung und Ökonomisierung, DVBl. 2002, 1185.

57 *Trossen,* Staat und Gemeinden in England, S. 29 ff.

58 *Blair,* Die Gestaltung der kommunalen Selbstverwaltung in den europäischen Staaten, DÖV 1988, 1003.

mune bedarf einer dem Rechnung tragenden entsprechenden Struktur. Bestimmte Vorgaben eines Interventions- und Vorsorgestaats[59] erfordern den Zusammenschluß bzw. die Bildung größerer Einheiten. In diesem Spannungsfeld bewegen sich die Kommunen aller europäischen Staaten.

Auf diese Entwicklung haben viele Staaten durch sogenannte Gebietsreformen, also die Neuordnung ihrer territorialen Staatsstruktur reagiert, vor allem bis in die 80er Jahre des vergangenen Jahrhunderts hinein. Diese Staaten, allen voran Schweden, Dänemark, die Bundesrepublik, Belgien und Großbritannien haben systematisch die kleinsten Einheiten neuorganisiert und zusammengefaßt. Andere Staaten wiederum haben in derselben Zeit die Zahl der kleineren Einheiten noch vergrößert, z. B. Italien[60], Frankreich und Griechenland, was zu der Einstufung der Gebietsreformbestrebungen als ein nordeuropäisches Phänomen verleitet.[61] Die Bemühungen um eine strukturelle Reform sind dennoch wenig aussagekräftig für die Einstufung des derzeitigen kommunalen europäischen Bildes. So haben die Schweden die Zahl ihrer Gemeinden um 89 % verringert; dennoch ist die Größe der einzelnen Einheit immer noch beträchtlich. Die kommunale Landschaft ist nach wie vor von einer weit in ihrer Größe divergierenden kommunalen Grundstufe geprägt.

bb) Höhere kommunale Ebenen

Bis hierher scheint die Abgrenzung der kommunalen Grundstufe von den Gebietskörperschaften mit Regionenqualität eindeutig zu sein. Dies ändert sich, wenn man die höheren Kommunalstufen berücksichtigt, die in den meisten europäischen Staaten existieren. Die Unterscheidung muß mangels europaweit einheitlichen Sprachgebrauchs losgelöst von sprachlichen Gewohnheiten erfolgen. Beispielsweise kann die Differenzierung zwischen den Provinzen, Kreisen oder Départements als zweiter Kommunalstufe und den Regionen Probleme bereiten.

Die übergemeindliche Verwaltung spielt insbesondere in Staaten eine bedeutende Rolle, die selbst über keine Regionen verfügen.[62] Hierzu können

59 *Blair,* Die Gestaltung der kommunalen Selbstverwaltung in den europäischen Staaten, DÖV 1988, 1004.

60 Vgl. zum italienischen Kommunalrecht *Ferrari,* in: Erichsen/Hoppe/Leidinger (Hrsg.), Kommunalverfassungen in Europa, S. 65 ff.; auch *Paladin,* Diritto constituzionale, 1998 und *Giannini,* Diritto administratio, Bd. 1, 1993.

61 Vgl. *Blair,* Die Gestaltung der kommunalen Selbstverwaltung in den europäischen Staaten, DÖV 1988, 1004.

62 *Blair,* Die Gestaltung der kommunalen Selbstverwaltung in den europäischen Staaten, DÖV 1988, 1005.

außerhalb der metropolitanischen Gebiete die irischen und britischen[63] *counties* gezählt werden, die schwedischem *lanstingskommuner*, die dänischen *amtkommuner* (Grafschaftsräte) und die niederländischen Provinzen. Einzig der griechische Staatsaufbau kennt weder Regionen, noch eine zweite kommunale Stufe neben den *koinotetes* (Landgemeinden) und *demoi* (Stadtgemeinden). Probleme der Kategorisierung ergeben sich bei Existenz von Regionen. Häufig gehen anhaltende Regionalisierungsprozesse zu Lasten der höheren Kommunalstufen. Als Beispiel kann Belgien dienen, wo die Einschränkung der provinzialischen Kompetenzen zur Stärkung der Regionen (*régions/ gewesten*) und Kulturgemeinschaften (*communautés culturelles/ kultuurgemeenschappen*) in Kauf genommen wurde.

Die Unterscheidung könnte schon deshalb schwierig sein, weil durch die Zusammenfassung mehrerer Gemeinden der Grundstufe der Charakter einer kommunalen Gebietskörperschaft verloren gehen könnte. Sie könnte aufgrund ihrer Ortsferne und damit einhergehenden Zwischenlage im Staatsaufbau mit den Regionen zu vergleichen sein. Dabei ist aber zu beachten, daß die kommunalen Strukturen einschließlich der höheren Kommunalverbände typischerweise gemeindenah angelegt sind. In der Praxis äußert sich dies durch die Wahrnehmung von Gemeindeaufgaben, zum Teil sogar die Aufgabenteilung mit der unteren Stufe in einer Art Funktionsteilung.[64] Im Gegensatz dazu üben die Regionen je nach Nationalstaatsverständnis staatsnahe zentral angelegte Tätigkeiten aus.

Trotz der scheinbar eindeutigen Abgrenzungskriterien ergeben sich in Einzelfällen Schwierigkeiten. Zwar gehören die spanischen *provincias* und die portugiesischen *distritos* der kommunalen Ebene an. Sie sind aber nach obiger Einteilung nicht körperschaftlich organisiert und daher als bloße Gemeindeverbände einzuordnen. Mangels ausreichender Finanzausstattung ist ihre Bedeutung ohnehin zu vernachlässigen. Funktional lassen sich insbesondere in den skandinavischen Ländern die höheren kommunalen Stufen definieren, die vor allem Aufgaben der Daseinsvorsorge wahrnehmen.[65] Nicht unerwähnt bleiben sollen die französischen Départements, die angesichts der schwachen Regionalebene in Frankreich[66] von den laufenden Dezentralisierungsbestrebungen profitieren.

---

63 Vgl. *Johnson,* Länderbericht Großbritannien, in: Knemeyer (Hrsg.), Die Europäische Charta der kommunalen Selbstverwaltung, S. 126.

64 *Seele,* Der Kreis aus europäischer Sicht, S. 133.

65 Zur begrifflichen Einordnung der Daseinsvorsorge ausführlich S. 416 ff.

66 Vgl. *Treffer,* Frankreich strebt dezentrale Verwaltung an, Der Städtetag 2002, 38 ff.; *ders.,* Mehr Macht den Regionen, Europa kommunal 2003, 8 ff.

Die deutschen höheren Kommunalverbände werden in Deutschland durch die Kreise und die höheren Kommunalverbände als kommunale Gebietskörperschaften repräsentiert.[67] Während die Bezirke von regionalen Strukturen abzugrenzen sind, ergibt sich der kommunale Charakter der Landkreise aus ihrem gemeindeorientierten Aufgabenkreis, der in der Übertragung von hoheitsrechtlichen Generalklauseln seinen Ausdruck findet.[68] Das Tätigkeitsfeld findet eine Absicherung in der verfassungsrechtlichen Garantie des Art. 28 Abs. 2 GG, der ausdrücklich die Kreise neben den Ländern und Gemeinden erwähnt. Die 323 Kreise sind als kommunale Gebietskörperschaften ausgestaltet, deren Funktion sich auf das Hoheitsgebiet und die Kreisbevölkerung erstreckt.[69] Sie sind Teil des deutschen Selbstverwaltungsprinzips, das sie neben den Gemeinden ausüben.

Höhere Kommunalverbände existieren dagegen nicht flächendeckend. Als Körperschaften des öffentlichen Rechts sind hier der Bezirksverband Pfalz, die Landschaftsverbände Nordrhein-Westfalens, Rheinland und Westfalen-Lippe, die Landeswohlfahrtsverbände Baden und Württemberg-Hohenzollern, der hessische Wohlfahrtsverband, der Raumordnungsverband Rhein-Neckar und der Kommunalverband Ruhrgebiet anzuführen. Deren Aufgabenbereich ist nicht durch eine Generalklausel abgesichert, sondern durch eine enumerative Aufzählung.[70] Anders die bayerischen Bezirke als Gebietskörperschaften, die generell zur Wahrnehmung der Aufgaben befugt sind, die auf überkreislicher Ebene angesiedelt sind.[71] Die existierende Bezeichnung als *„regionale Kommunalverbände"* zeigt hierbei die Schwierigkeit der Abgrenzung zur regionalen Einordnung im europäisch-vergleichenden Kontext.

cc) Divergieren der Stadt- und Landstrukturierung

Kennzeichnend für die Kommunalstruktur einiger europäischer Länder ist die Differenzierung nach Stadt- und Landgebieten, das heißt, eine bestimmte

---

67 Vgl. zu den Bezirken in Bayern *Probst,* Regionale Selbstverwaltung: die bayerischen Bezirke als Modell für ein bürgernahes Europa, S. 98 ff.; vgl. *Draf,* Die bayerischen Bezirke: Aufgaben und Perspektiven für die Zukunft.

68 Vgl. bspw. Art. 2 Abs. 1 NdsLKrO.

69 Art. 1 der bayerischen Landkreisordnung (LkrO).

70 Hierzu gehört z. B. bei den Landschaftsverbänden die landschaftliche Kulturpflege. In Nordrhein-Westfalen gehört auch die überörtliche Sozialhilfe oder die übergemeindliche Straßenverwaltung zum umfassenderen Aufgabenkreis. Sie sind zudem an Wirtschaftsunternehmen beteiligt, wie der Landesbank, des Versicherungswesens, der Energieversorgung sowie des Wohnungsbaus.

71 Vgl. Art. 4 der bayerischen Bezirksordnung (BezO). Zum Aufgabenkreis zählen vor allem Tätigkeiten im sozialen Bereich, der Kulturförderung und der Landschaftspflege.

Kommunalkategorie ist nicht flächendeckend installiert, sondern je nach Raum unterschiedlich besetzt, um den divergierenden Anforderung von Land- und Stadtgebieten gerecht zu werden. Zu nennen sind beispielsweise die deutschen kreisfreien Städte, die als kommunale Grundstufe den Aufgabenkreis der Gemeinden und Landkreise erledigen. Eine unterschiedliche Behandlung erfahren Städte und Gemeinden inner- und außerhalb der britischen Großstädte durch die Einrichtung von sogenannten *metropolitan* und *non-metropolitan districts*. Hier hat die kommunale Grundstufe je nach Lage innerhalb oder außerhalb eines solchen Distrikts von vornherein eine unterschiedliche rechtliche Qualität. Die großstädtischen Gebiete zeichnen sich nun durch eine einstufige kommunale Verwaltung aus, während darüber hinaus eine Unterteilung in die *counties* als obere kommunale Stufe und darunter in *parishes*[72] erfolgt. Eine Anpassung an unterschiedliche Gemeinde- und Stadtstrukturen existiert auch in Griechenland, wo die *demoi* (Stadtgemeinden) den *koinotetes* (Landgemeinden) gegenüberstehen. In Irland genießen fünf große Städte den Status eines grafschaftsfreien Distrikts, die unterhalb der *countie*-Ebene keine weitere Untergliederung kennen. Andere Gemeinden unterteilen sich in *urban districts* oder relativ dazu in unselbständige *town commissioners*.[73]

Darüber hinaus kennen die anderen europäischen Staaten eine solche differenzierte Struktur nicht. Dort haben alle kommunalen Einheiten der Grundstufe denselben rechtlichen Status, gleich ob sie ein kleineres Dorf markieren oder die Hauptstadt mit mehreren Millionen Einwohnern, wie dies für Italien oder Frankreich gilt. Der rechtlichen Gleichstellung sind aber faktische Gegebenheiten entgegenzustellen. Oft scheitert eine gleichberechtigte Ausgestaltung der Kommunalsphäre an den finanziellen Möglichkeiten ländlich geprägter Gebiete. Auch hier ergibt sich eine sehr differenzierte Kommunalstruktur.

c) Ausgestaltung der kommunalen Rechtssphäre

Damit wird auch der entscheidende Punkt angesprochen. Über die staatsorganisatorische Ausgestaltung als kommunale Gebietskörperschaften ist deren rechtliche Ausgestaltung, also deren Kompetenzen, Finanzmittel und besonders auch die Freiheit, fern von jeglicher staatlicher Bevormundung agieren zu können, festgelegt. Alle drei Kategorien sind der strukturellen Zuordnung gegenüber zu stellen. Nur so kann ein Gesamtbild der kommunalen europäischen Landschaft nachgezeichnet werden. Dennoch soll die Darstellung nicht einmal den Ansatz eines Anspruchs der Vollständigkeit erheben. Es gilt, die kommu-

72 In Wales sogenannte *communities*.

73 Vgl. auch die Situation in der Türkei, deren Kommunalrechtsordnung die Unterscheidung in *belediye* (Stadtgemeinden) und *köy* (Dörfer) trifft.

nale Grundstufe als Basis zu setzen und darüber und darunter Abweichungen zu untersuchen. In Hinblick auf den späteren Verlauf ist im übrigen nicht entscheidend, daß eine einheitliche kommunale Struktur in allen Mitgliedstaaten der Europäischen Union vorherrscht. Vielmehr soll das einheitliche Interesse im Vordergrund stehen, die noch zu erörternde kommunale Selbstverwaltung auch im europäischen Kontext ausüben zu können und zu müssen.

aa) Kommunale Aufgaben

Die kommunalen Aufgaben sind überwiegend mit dem sich aus der Natur der Sache ergebenden örtlichen Bezug verknüpft. Sie bestehen danach darin, alle in die örtliche Gemeinschaft fallenden Tätigkeiten zu verrichten. Dies gilt unabhängig davon, ob eine bestimmte Kompetenz vorher durch staatliche Stellen übertragen wurde. Neue Aufgaben lokalen Charakters fallen so zunächst in den kommunalen Aufgabenkreis. Die Gemeinden können Initiativen ergreifen und das Feld der kommunalen Selbstverwaltung selbstgestalterisch ausfüllen. So der Idealfall.

Die Realität sieht etwas nüchterner aus. Scheitern kann diese klare Einordnung zugunsten der kommunalen Gebietskörperschaften zum Beispiel an der schwierigen Festlegung des örtlichen Rahmens, also welche Tätigkeiten tatsächlich dem lokalen Privileg unterstehen. So ist die Ausgestaltung in den europäischen Ländern durchaus differenziert. In manchen Staaten erfolgt eine ausdrückliche Beschreibung des kommunalen Aufgabenkreises durch eine neumerative, abschließende Kompetenzenaufzählung[74], so z. B. die *ultra-vires*-Rechtsdoktrin in Großbritannien.[75] Ohne die Zuweisung eines genau umschriebenen Kompetenztitels ist ein kommunales Aktivwerden undenkbar. Andere Staaten wiederum kennen eine solche Aufteilung der Zuständigkeitsbereiche nicht. Dies birgt die Gefahr, daß die Kommunen zwar tätig werden können, zugleich aber in Konkurrenz zu anderen Körperschaften treten, die über die kommunale Aufgabenwahrnehmung entscheiden. Unter Umständen kann es danach für die Kommunen vorteilhafter sein, genaue Aufgaben zur eigenverantwortlichen Wahrnehmung übertragen zu bekommen, anstatt der staatlichen Entscheidungskraft ausgesetzt zu sein. Selbst wenn dies aber nicht der Fall sein sollte, ist Voraussetzung für ein initiatives Tätigwerden die finanzielle und personelle Ausstattung der kommunalen Gebietskörperschaften.[76]

---

74 *Blair,* Die Gestaltung der kommunalen Selbstverwaltung in den europäischen Staaten, DÖV 1988, 1006.

75 Vgl. *Craig,* Administrative Law, 1999, S. 60.

76 *Blair,* Die Gestaltung der kommunalen Selbstverwaltung in den europäischen Staaten, DÖV 1988, 1006.

Die katalogisierte Einzelzuständigkeit ist in der europäischen kommunalen Landschaft die Ausnahme. Meist finden sich breite Aufgabenzuweisungen.[77] Problematisch ist die Aufgabenteilung mit anderen – staatlichen – Ebenen. Hier kann es zu Kompetenzkonflikten kommen, die zu Lasten der unteren Ebene entschieden werden. Im Blickpunkt müssen daher die ausschließlichen kommunalen Zuständigkeiten stehen.

Beispielsweise hat sich der generell umschriebene Aufgabenkreis der französischen Départements – wie auch der Gemeinden – erst im Laufe der Zeit praktisch herausgebildet. Der Schwerpunkt liegt im Bereich der Daseinsvorsorge, des Schulwesens, der sozialen Fürsorge und des Straßenbaus.[78] Ein ähnlicher Wirkkreis obliegt auch den britischen *counties*[79], nur unter anderen Vorzeichen, da dieser ausdrücklich umschrieben ist und staatlichen Reglementierungen unterliegt.[80] Gleiches gilt auch für die ortsnäheren *districts*. Eine ausdrückliche gesetzliche Kompetenzverteilung zwischen dem Staat, den *amtskommuner* und den *primaerkommuner* existiert auch in Dänemark, wo jedoch die einzelnen Aufzählungen nicht erschöpfend sind. Maßgebend hierfür ist die Leistungsfähigkeit der Gemeinde. So ist die dänische kommunale Landschaft vor allem durch eine Aufgabenteilung der verschiedenen Ebenen geprägt. Ein traditionelles Aufgabenfindungsrecht steht den finnischen Kommunen zu, die mangels höherer Verwaltungseinheiten neben einem komplexen System von Zeckverbänden ihre Zuständigkeiten wahrnehmen.

Auch an dieser Stelle zeigen die ausschnittsweisen Darstellungen die Existenz unterschiedlichster Strukturen in der Ausgestaltung der unteren staatlichen Teileinheiten.

bb) Finanzausstattung der Kommunen

Die Klammer der Probleme, die die allermeisten kommunalen Gebietskörperschaften vereint, ist das kommunale Finanzsystem. Von ihm hängt maßgeblich die Gestaltungskraft der einzelnen Kommune ab. Der kommunale Finanz-

---

77 *COE,* Allocation of powers to the local and regional levels of government in the member States ofe the Coucil of Europe, 1988.

78 *Gallette,* Frankreich, in: Regionalverwaltung in Europa, S. 131 ff.

79 *Johnson,* Die kommunale Selbstverwaltung in England, in: Erichsen/Hoppe/Leidinger (Hrsg.), Kommunalverfassungen in Europa, S. 19 ff.; zur mangelnden Absicherung *Johnson,* Länderbericht Großbritannien, in: Knemeyer (Hrsg.), Die Europäische Charta der kommunalen Selbstverwaltung, S. 122.

80 Träger der öffentlichen Aufgaben ist traditionell nicht das *countie* selbst, sondern die in den *counties* gewählten Körperschaften, vgl. *Seele,* Der Kreis aus europäischer Sicht, S. 252.

rahmen ist der Knackpunkt, der selbst die großzügigste Einräumung kommunaler Selbstverwaltung zunichte machen kann.[81] Er divergiert deutlich in den europäischen Staaten. Neben dem Gesamtvolumen des Budgets ist die Herkunft der Gelder von Bedeutung.[82] Stehen den Gemeinden große Finanzmittel zur Verfügung, sind diese aber mit staatlichen Auflagen und Bedingungen verbunden, so wird das kommunale Gestaltungsrecht gleichermaßen geschmälert wie durch das Fehlen jeglicher Eigenmittel. Gerade die Abhängigkeit von staatlichen Finanzmitteln macht die Unterschiede zwischen den europäischen Staaten deutlich. Aus diesen Gedanken heraus können die Eigenmittel aus Steuern und Abgaben[83] sowie sonstigen Mitteln als Maßstab für die kommunale Selbständigkeit und Eigenverantwortlichkeit gesehen werden.

Problematisch sind beispielsweise geteilte Steuern, also solche, deren Aufkommen der zentralstaatlichen Ebene und den Gebietskörperschaften gemeinsam, aufgeteilt nach einem bestimmten Schlüssel, zustehen.[84] Sie schmälern die kommunale Gestaltungskraft insofern, als daß die Kommunen auf den Steuertatbestand und den Hebesatz selbst keinen Einfluß haben. Hierzu gehört die Freiheit, eigenverantwortlich neue Einkommensquellen durch die Erhebung bestimmter Abgaben einzuführen.

Ohne auf die Quoten einzelner Staaten eingehen zu wollen, sei gesagt, daß wesentliche Einnahmequellen der Kommunen in Skandinavien[85] die Beteiligung an der Einkommenssteuer sind, in Deutschland überwiegen die Gewerbesteuereinkünfte durch die im Gemeindegebiet angesiedelten Unternehmen.[86] Die britischen Kommunen speisen ihren Finanzhaushalt durch Steuern vom Grund-

81 Zur Garantie ausreichender Finanzmittel nach Art. 9 EKC und den daran zu stellenden Anforderungen als Teil des kommunalen Selbstverwaltungsrechts, S. 319; insofern könnte auch vertreten werden, daß schon begrifflich nicht von kommunaler Selbstverwaltung gesprochen werden kann, wenn es an Finanzmitteln zur Deckung kommunaler Aufgaben völlig fehlt. Angesichts der mehr als angespannten Finanzlage der deutschen Kommunen und Art. 28 Abs. 2 GG eine gute Frage.

82 *Blair,* Die Gestaltung der kommunalen Selbstverwaltung in den europäischen Staaten, DÖV 1988, 1007.

83 Vgl. Art. 9 Abs. 3 EKC.

84 Sogenannte Gemeinschaftssteuer, als Beispiel kann die Beteiligung der kommunalen Gebietskörperschaften an der Einkommenssteuer in Dänemark oder Deutschland dienen, wobei die Kommunen auf die Höhe des Einkommensteuersatzes keinen Einfluß haben. Anders in Schweden, wo die kommunalen Gebietskörperschaften in Abstimmung mit den staatlichen Stellen Einfluß auf die Höhe des Einkommenssteuerzuflusses nehmen.

85 *Modeen,* Länderbericht Nordische Staaten, in: Knemeyer (Hrsg.), Die Europäische Charta der kommunalen Selbstverwaltung, S. 174 ff.; *Johnson,* Länderbericht Großbritannien, in: Knemeyer (Hrsg.), ebd., S. 179 ff.

86 Vgl. *Blair,* Die Gestaltung der kommunalen Selbstverwaltung in den europäischen Staaten, DÖV 1988, S. 1008.

besitz und einer *community charge*[87], einer Steuer, die an den bloßen Wohnsitz des Bürgers in der Gemeinde anknüpft, also eine Art *„Kopfsteuer“* darstellt. In anderen Ländern, vor allem Frankreich[88] und Spanien[89], aber auch Luxemburg, werden diese Modelle miteinander kombiniert. Die Vor- und Nachteile einzelner Eigenmittelbeschaffungsmechanismen liegen auf der Hand. Die Steuern auf Unternehmen belasten die örtliche Wirtschaft und können Investoren abschrecken, also sogar kontraproduktiv sein. Außerdem sind sie von konjunkturellen Schwankungen abhängig.[90] Die Grundbesitzsteuern sind wenig flexibel, um in finanzschwachen Zeiten einen wirksamen Ausgleich zu sichern.[91] Wünschenswert wäre daher ein Mix an Eigenmitteln, die den kommunalen Gebietskörperschaften je nach deren Lage zur Verfügung stehen.

Die Kommunen werden in den seltensten Fällen ohne staatliche Finanzzuweisungen auskommen. So haben die Niederlande mit weit über 90 % eine sehr hohe Transferquote, auch in Irland und Italien sind die Kommunen von den staatlichen Geldern weitestgehend abhängig, während in Luxemburg die staatlichen Zuschüsse einen verschwindend geringen Teil der kommunalen Einnahmen ausmachen. Solche Transfers sind nicht von vornherein abzuqualifizieren. Auch sie können kommunale Selbstverwaltung durch die Steigerung der kommunalen Quote an den Staatsausgaben ermöglichen. Entscheidend ist, ob die Zuweisungen einer Zweckbindung unterliegen und deren Zuteilung im Belieben der staatlichen Stellen steht. Besteht eine Zweckbindung von staatlicher Seite, kann so die lokale Tätigkeit gesteuert und damit der Bereich der Selbstverwaltung eingeschränkt werden. Es ist darauf zu achten, ob durch die Bindung ein legitimer Zweck verfolgt wird und diese verhältnismäßig ist. Kommunale Selbstverwaltung und staatliche Finanzzuweisungen schließen sich also nicht unbedingt aus, sofern die transferierten Gelder in den allgemeinen kommunalen Haushalt fließen.

Die theoretische Kategorisierung darf nicht darüber hinwegtäuschen, daß der Großteil der europäischen kommunalen Ebene nicht vom Geldsegen überschüttet wird. Unter dem Kostendruck leiden vor allem die freiwilligen Aufgaben der

87 Eingeführt 1989 durch die Regierung *Thatcher*.

88 Zur Finanzsituation der französischen Kommunen *Groß*, Selbstverwaltung angesichts von Europäisierung und Ökonomisierung, DVBl. 2002, 1185.

89 Vgl. *Sosa Wagner*, Erster Länderbericht Spanien, in: Knemeyer (Hrsg.), Die Europäische Charta der kommunalen Selbstverwaltung, S. 91 ff.; *Johnson*, Länderbericht Großbritannien, in: Knemeyer (Hrsg.), ebd., S. 93.

90 *Blair*, Die Gestaltung der kommunalen Selbstverwaltung in den europäischen Staaten, DÖV 1988, S. 1008.

91 *Blair*, Die Gestaltung der kommunalen Selbstverwaltung in den europäischen Staaten, DÖV 1988, S. 1008.

örtlichen Gemeinschaft, die weiterhin von den kommunalen Gebietskörperschaften getragen werden müssen. Angesichts knapper öffentlicher Kassen stehen in allen europäischen Staaten Reformen der Finanzierungssysteme an.

cc) Innere Kommunalverfassung

Im Rahmen der inneren Kommunalstrukturen finden sich in den europäischen Staaten zahlreiche Gemeinsamkeiten. Sie verfügen über mindestens ein politisches Organ, das unmittelbar von den Bürgern legitimiert wird. Die Unterschiede im Verwaltungssystem erinnern an die monistischen und dualistischen Unternehmenssysteme von Aktiengesellschaften, mit denen sich das europäische Gesellschaftsrecht auseinandersetzen muß. Einerseits existieren Länder, in denen eine politische Exekutive fehlt und deren Verwaltung direkt einem gewählten Rat, gleich ob dieser sich Grafschafts- oder Gemeinderat nennt, untersteht („Ratsprinzip“).[92] Im Gegensatz dazu kennen andere Staaten eine politische Exekutive, die ihrerseits dem Rat gegenübersteht. Je nach Ausgestaltung ist die Exekutivspitze selbst direkt gewählt, wie der Bürgermeister im süddeutschen Raum, in Portugal oder auch in der Schweiz. In allen anderen Ländern wählen die Räte den Bürgermeister, der dadurch nur indirekt legitimiert wird. Die unrühmliche Ausnahme bilden die Niederlande, wo der Bürgermeister von der Königin, also der Repräsentanz der Staatsebene, ausgesucht wird.[93]

Die Qualität der politischen Mandate kann in unterschiedlichen Ländern weit auseinandergehen. Insbesondere in Frankreich und Italien[94] steht ein starker Bürgermeister, der zugleich die staatliche Ebene repräsentiert, einem schwachen Rat gegenüber. In Frankreich wird dieses Phänomen durch die praktizierte Ämterhäufung, die in Italien verboten ist, verstärkt. Dagegen nehmen die Kommunalpolitiker in Großbritannien eine relativ schwache Stellung ein.[95] Dieselben Mandate können daher in unterschiedlichen Staaten unterschiedliche Bedeutung erlangen.

Im Ratssystem fallen die Exekutive und die Legislative in einem Organ zusammen. Zwar können auch hier repräsentative Spitzen wie der englische *mayor*

92 *Blair,* Die Gestaltung der kommunalen Selbstverwaltung in den europäischen Staaten, DÖV 1988, 1009.

93 Probleme wirft dies bei der Besetzung der Kommunalinteressenvertretungen auf, vgl. dazu S. 202. Nicht übersehen werden sollen Reformbestrebungen, die dieses System ändern wollen, bis jetzt aber keine durchschlagenden Ergebnisse geliefert haben.

94 *Groß,* Selbstverwaltung angesichts von Europäisierung und Ökonomisierung, DVBl. 2002, 1185.

95 *Groß,* Selbstverwaltung angesichts von Europäisierung und Ökonomisierung, DVBl. 2002, 1186.

auftreten. Die verwaltungsmäßige Führung kommt aber den Räten zu. Politische Konsequenz dieser Aufgabenfusion ist das Bestehen eines ausgeprägten Ausschußsystems, wobei die Ausschüsse spezialisiert auf einen Fachbereich die Exekutivfunktionen wahrnehmen. Abgemildert wird diese Führungsstruktur beispielsweise in Dänemark durch eine Aufgabenteilung zwischen Bürgermeister und Rat.[96] Darin wird auch der Nachteil des Ratssytems, das Fehlen einer klaren Verwaltungsführung, deutlich. Hierin lag auch die Einführung des früheren deutschen Stadtdirektors (im norddeutschen Raum) oder des britischen *county managers* begründet.

Trotz dieser Spezifikationen und unterschiedlichen Traditionen zeigt sich in der Ausgestaltung der inneren Kommunalverfassung eine deutliche demokratische Tendenz, die sich durch alle europäischen Staaten zieht und ihnen ein gut vergleichbares Gefüge verleiht.

dd) Staatliches Eingreifen in die kommunale Rechtssphäre

Ein staatlicher Eingriff in die kommunale Rechtssphäre wurde bereits genannt: Die ungerechtfertigte Zweckbindung staatlicher Finanzzuweisungen. Darüber hinaus steht das staatliche Aufsichtswesen über die Kommunen im Mittelpunkt. Es geht um die Frage, ob und wie die zur Aufsicht berufenen staatlichen Stellen kommunale Entscheidungen beeinflussen, korrigieren bzw. revidieren können.

In der Summe ist eine Kommunalaufsicht in allen europäischen Staaten die Praxis. Großbritannien fällt insofern aus dem Rahmen, als der britischen kommunalen Selbstverwaltung ein staatliches Einschreiten bei kommunalem Wirken fremd ist. Tatsächlich existieren auch hier – insbesondere im finanziellen Sektor[97] – zahlreiche Reglementierungen. Mag dies früher anders gewesen sein[98], so ist heute in den meisten Fällen das aufsichtliche staatliche Tätigwerden auf eine Rechtmäßigkeitskontrolle beschränkt. Die Kommunen verfügen gegenüber den staatlichen Stellen also über einen vor staatlichen Übergriffen geschützten Bereich der kommunalen Selbstverwaltung.

---

96 In Norwegen setzt der Rat einen die Verwaltung überwachenden Exekutivausschuß ein, vgl. *Blair,* Die Gestaltung der kommunalen Selbstverwaltung in den europäischen Staaten, DÖV 1988, 1009.

97 *Blair,* Die Gestaltung der kommunalen Selbstverwaltung in den europäischen Staaten, DÖV 1988, 1011.

98 Vgl. insbesondere den früheren Aufgabenkreis des französischen Präfekten, der nach der Bezeichnung „*tutuel*“ (vormundschaftlich) tätig werden konnte, also eine weitgehende Genehmigungsbefugnis der kommunalen Handlungen hatte.

3. Kommunale und regionale Strukturen

Konsequenz aus dem pragmatischen Unterscheidungsansatz der Zugehörigkeit zum Kreis der kommunalen Gebietskörperschaften eines Mitgliedstaats ist zwangsläufig die Abgrenzung zu anderen dezentralen Einheiten, sprich: Den Regionen.[99] Das Beispiel des französischen Départements zeigt, daß es Gebietskörperschaften gibt, die sich weder in die eine noch in die andere Kategorie einfügen. Die institutionelle Zusammenfassung im Ausschuß der regionalen und lokalen Gebietskörperschaften – bekannt unter dem verfälschenden, dafür einprägsamen Kürzel AdR – in der Europäischen Gemeinschaft und dem Kongreß der Gemeinden und Regionen Europas (KGRE) beim Europarat mag auf den ersten Blick eine derartige Differenzierung obsolet erscheinen lassen. Bei genauerem Hinsehen ist auch in der politischen Realität beim AdR und beim KGRE für die Zuordnung zu einer der Kammern[100] ein differenziertes Vorgehen nötig. Ein wichtiger Punkt ist die Geltung der Europäischen Charta der kommunalen Selbstverwaltung auf die eine oder andere Verwaltungseinheit. Aus diesem Grund und aus Gründen der Klarheit soll daher knapp die vielschichtige und komplexe[101] Erscheinungsform der Region im europäischen Zusammenhang dargestellt werden.

a) Begriff der politischen Region

Region und Kommune haben gemeinsam, daß sie einen territorialen Ausschnitt aus einer Gesamtheit bezeichnen.[102] In diesem Sinne ist bei Koexistenz kommunaler und regionaler Gebietskörperschaften im Staatsaufbau die Region

---

99 Allgemein *Knemeyer,* Die Region – Europa-Raum des Rechts, FS Würzburger Juristenfakultät, S. 87 ff.

100 Vgl. auch S. 207.

101 *Voß,* Regionen und Regionalismus im Recht der Mitgliedstaaten der europäischen Gemeinschaft, Strukturelemente einer Europäischen Verfassungsordnung, S. 8; *Knemeyer,* Region – Regionalismus. Ein schillernder Begriff – ein facettenreiches politisches Prinzip, in: Knemeyer (Hrsg.), Europa der Regionen – Europa der Kommunen, S. 25; *Esterbauer,* Grundzüge der Formen und Funktionen regionaler Gliederung im politischen System, in: Esterbauer (Hrsg.), Regionalismus, Phänomen, Planungsmittel, Herausforderung, S. 43; *Möckl,* Der Regionalismus und seine geschichtlichen Grundlagen, in: Esterbauer (Hrsg.), Regionalismus, Phänomen, Planungsmittel, Herausforderung, S. 17; *Haneklaus,* Zur Frage der funktionsgerechten Regionalisierung in einer föderal verfaßten Europäischen Union, DVBl. 1991, 295 ff.

102 *Knemeyer,* Region – Regionalismus. Ein schillernder Begriff – ein facettenreiches politisches Prinzip, in: Knemeyer (Hrsg.), Europa der Regionen – Europa der Kommunen, S. 25; *Voß,* Regionen und Regionalismus im Recht der Mitgliedstaaten der europäischen Gemeinschaft, Strukturelemente einer Europäischen Verfassungsordnung, S. 8.

über den Kommunen anzusiedeln.[103] Insofern beschreibt sie eine innerstaatliche Gliederungsebene[104], die unterhalb der zentralen mitgliedstaatlichen Ebene steht, andererseits aber über der lokalen Ebene.[105] Hierin steckt ein nicht selbstverständliches Verständnis einer politischen Region, die lange Zeit von anderen Regionalauffassungen überlagert wurde. Neben dieser politischen Region kursieren im europarechtlichen Zusammenhang weitere Kategorien, die sich nach Aufgabe und Funktion bestimmen lassen, wie beispielsweise die Planungs- oder Förderungsregionen, die zunächst den regionalen Bezugsrahmen für sich in Anspruch nahmen.[106]

b) Impulse für ein europäisches Regionenverständnis

Anhaltspunkte für einen neuen Begriff der Region im Sinne der demokratisch-politischen Zuordnung[107] gibt die „Gemeinschaftscharta der Regionalisierung“[108] der Europäischen Gemeinschaft.[109] In Art. 1 Abs. 1 ERC wird die Region definiert als ein *„Gebiet, das aus geographischer Sicht eine deutliche Einheit bildet“*, oder aber als ein gleichartiger *„Komplex von Gebieten, die ein in sich geschlossenes Gefüge darstellen und deren Bevölkerung durch bestimmte gemeinsame Elemente gekennzeichnet ist“*. Die Charta[110] versucht, durch

---

103 Darüber hinaus läßt sich die Region viel umfangreicher nach der bezugnehmenden Gesamtheit definieren. So kennt das Völkerrecht bspw. Weltregionen.

104 *Knemeyer,* Region – Regionalismus. Ein schillernder Begriff – ein facettenreiches politisches Prinzip, in: Knemeyer (Hrsg.), Europa der Regionen – Europa der Kommunen, S. 26.

105 *Hrbek,* Bundesländer und Regionalismus in der EG, in: Magiera/Merten (Hrsg.), Bundesländer und Europäische Gemeinschaft, S. 127; *Knemeyer,* Region – Regionalismus. Ein schillernder Begriff – ein facettenreiches politisches Prinzip, in: Knemeyer (Hrsg.), Europa der Regionen – Europa der Kommunen, S. 26; *Voigt,* Europäischer Regionalismus und föderalistische Staatsstruktur, Aus Politik und Zeitgeschichte 1989, S. 3 ff.

106 *Esterbauer,* Der europäische Regionalismus, BayVBl. 1979, 328 ff.; *Knemeyer,* Rechtliche Rahmenbedingungen und Aspekte räumlicher Planung in einem Europa der Regionen, in: Schliephake (Hrsg.), Kleinräumliche Planung im Europa der Regionen, Würzburger Geographische Arbeiten 85 (1992), 19 ff.

107 Vgl. *Knemeyer,* Die Region – Europa-Raum des Rechts, in: FS Würzburger Juristenfakultät, S. 90 ff.

108 Europäische Regionalcharta (ERC).

109 ABl. 1988 C 326/289/296 vom 19.12.1988; dazu *Knemeyer,* Die Europäische Regionalcharta – ein Meilenstein auf dem Weg zu einem Europa der Regionen, in: Knemeyer (Hrsg.), Europa der Regionen – Europa der Kommunen, S. 71; vgl. auch *Seele,* Der Kreis aus europäischer Sicht, S. 348 ff.

110 Zur Bezeichnung als Charta im Verhältnis zu anderen Charten *Knemeyer,* Die Europäische Regionalcharta – ein Meilenstein auf dem Weg zu einem Europa der Regionen, in: Knemeyer (Hrsg.), Europa der Regionen – Europa der Kommunen, S. 69 ff.

ein eigenständiges Bild der Region, losgelöst von bisherigen regional (förderungs-)politischen Einteilungen[111], den Begriff der Region zu strukturieren.[112] Solche gemeinsame Elemente sind nach Art. 1 Abs. 2 ERC die historische und kulturelle Zusammengehörigkeit und die gemeinsame Sprache. Für die Einteilung als Region nicht entscheidend ist die rechtlich-politische Stellung innerhalb der Mitgliedstaaten (Art. 1 Abs. 3 ERC). In Achtung der innerstaatlichen Strukturen enthält sich die Gemeinschaftscharta einer Institutionalisierung entsprechender dezentraler Regionen mit eigener Rechtspersönlichkeit, enthält aber in Art. 3 zugleich eine entsprechende Forderung und mögliche Vorgaben für eine Binnenstruktur (Art. 6 ff. ERC) und Finanzausstattung (Art. 17 ff. ERC) der Regionen. Den hehren Zielen wird die Charta mangels Rechtsverbindlichkeit nicht gerecht.[113] Dennoch „formuliert sie erstmals in formalisierter Form die Verknüpfung von Regionalismus mit dem Zusammenwachsen Europas."[114] Als solche versucht sie, einen kräftigen Impuls zugunsten der regionalen Ebene im Integrationsprozeß zu geben[115] und so die Richtung für die Gestalt der zukünftigen Europäischen Union vorzugeben.[116]

Auch der Kongreß der Gemeinden und Regionen Europas (KGRE) bzw. dessen Vorgängerorganisationen haben sich in diversen Resolutionen für ein einheitliches politisches Regionenverständnis in Europa eingesetzt. Nach der *„Resolution von Bordeaux"*[117] wird die Region wie folgt definiert:[118]

---

111 Vgl. die Unterscheidung von drei regionalen Ebenen nach der „Systematik der Gebietseinheiten für die Statistik (NUTS)" *Schink,* Die europäische Regionalisierung, DÖV 1992, 388 f.; *Spiekermann/von Malchus/Ortmeyer,* Europäische Regionalpolitik, Empfehlungen zur Weiterentwicklung, S. 2 ff.

112 *Knemeyer,* Die Europäische Regionalcharta – ein Meilenstein auf dem Weg zu einem Europa der Regionen, in: Knemeyer (Hrsg.), Europa der Regionen – Europa der Kommunen, S. 77.

113 *Knemeyer,* Die Europäische Regionalcharta – ein Meilenstein auf dem Weg zu einem Europa der Regionen, in: Knemeyer (Hrsg.), Europa der Regionen – Europa der Kommunen, 73; *Seele,* Der Kreis aus europäischer Sicht, S. 351 ff.; vgl. Nr. 31 der Entschließung zur „Rolle der Regionen beim Aufbau eines demokratischen Europas – Ergebnisse der Konferenz der Regionen", ABl. 1984 C 127/240 vom 14.5.1984.

114 *Knemeyer,* Die Europäische Regionalcharta – ein Meilenstein auf dem Weg zu einem Europa der Regionen, in: Knemeyer (Hrsg.), Europa der Regionen – Europa der Kommunen, S. 80; *Böttcher,* Europafähigkeit durch Regionalisierung, ZRP 1990, 329 ff.

115 Vgl. *Kalbfleisch-Kottsieper,* Fortentwicklung des Föderalismus in Europa – vom Provinzialismus zur stabilen politischen Perspektive?, DÖV 1993, 544.

116 *Von Unruh,* Regionalismus in Europa, BayVBl. 1993, 10 f.; *Wiedmann,* Föderalismus als Utopie. Die Rolle der Regionen aus rechtsvergleichender Sicht. Das Beispiel Deutschland und Frankreichs, AöR 1992, 46 ff.

117 Vom 30.1./1.2.1978; vgl. auch Resolution 67 (1970).

118 Vgl. auch die Resolution 117 (1980).

„Der Begriff der Region (...) bedeutet im allgemeinen eine menschliche Gemeinschaft, die innerhalb der 'größten, gebietsmäßigen Einheit eines Landes' lebt. Eine solche Gemeinschaft ist gekennzeichnet durch eine geschichtliche oder kulturelle, geographische oder wirtschaftliche Homogenität oder eine Kombination dieser Kennzeichen, die der Bevölkerung eine Einheit verleiht in der Verfolgung gemeinsamer Ziele und Interessen".

In der Resolution 117 (1980) werden auch Vorschläge für eine strukturelle und organisatorische Ausgestaltung der Regionalebene gemacht, die schon damals den Vorgaben der Regionalcharta[119] entsprachen, indem den Regionen eigene gesetzgeberische Kompetenzen, ein gewähltes Repräsentationsgremium und eine ausreichende Finanzausstattung zuteil werden sollten.[120] Daran knüpft die an das Vorbild der Europäischen Charta der kommunalen Selbstverwaltung angelehnte Europäische Charta der regionalen Selbstverwaltung an[121], die derzeit dem Ministerkomitee des Europarats zur Annahme vorliegt.[122] Sie soll einen einheitlichen Standard der regionalautonomen Ausgestaltung der mitgliedstaatlichen Strukturen voranbringen.[123]

Zuletzt kann die Satzung der Versammlung der Regionen Europas (VRE) als einer der großen unabhängigen Regionalinteressenvertretungen[124] zitiert werden. Art. 2 Nr. 2 ihrer Satzung definiert die Region als eine unmittelbar unterhalb der zentralstaatlichen Ebene bestehende Gebietskörperschaft mit einer politischen Vertretung, die durch eine gewählte Versammlung wahrgenommen wird. Nach diesen drei angeführten Umschreibungen der Zugehörigkeit einer staatlichen Ebene zum Kreis der Regionen lassen sich folgende drei Merkmale herausarbeiten:[125]

---

119 Dazu *Klepsch/Schleicher*, Europa der Regionen – Die Position des Europäischen Parlaments, in: Knemeyer (Hrsg.), Europa der Regionen – Europa der Kommunen, S. 120 f.

120 Nr. 10 der Resolution 117 (1980).

121 Der erste Vorschlag des KGRE datiert auf den 5.6.1997, vgl. die Stellungnahme des Ausschusses der Regionen vom 16.5.2001.

122 Der Entwurf ist abgedruckt bei *Knemeyer*, Kommunale Selbstverwaltung in Ost und West, S. 211 ff.

123 Vgl. zu den Anforderungen an die Regionalvertreter im KGRE auch Art. 2 Abs. 4 der Charta des Kongresses im Anhang zur Statuarischen Resolution (2000) 1.

124 *Schmitt-Egner*, Handbuch der Regionalorganisationen, S. 471 ff.

125 Vgl. *Schink*, Die Europäische Regionalisierung, DÖV 1992, 289 f.; *Blanke*, in Grabitz/Hilf, EU-Kommentar, Art. 263 EGV, Rn. 13; *Calliess*, Subsidiaritäts- und Solidaritätsprinzip in der Europäischen Union, S. 144; *Caliess*, Das gemeinschaftsrechtliche Subsidiaritätsprinzip als „Grundsatz der größtmöglichen Berücksichtigung der Regionen", AöR 1996, 514 ff.

Merkmale des Regionenbegriffs

- In der Staatshierarchie ist die Region unmittelbar unter der zentralstaatlichen Ebene anzusiedeln.
- Grundsätzlich unterliegt die strukturelle und organisatorische Ausgestaltung der Region dem nationalstaatlichen Vorbehalt. Die einschlägigen Dokumente sehen aber Regierungs- und Parlamentselemente, legislative und administrative Kompetenzen und finanzielle Ausstattung als Mindestvoraussetzungen an.
- Die Region ist gekennzeichnet durch ein geographisch abgrenzbares und zusammenhängendes Gebiet, das die darin lebenden Menschen in kultureller, historischer, traditioneller oder sprachlicher Hinsicht verbindet.

c) Regionalstruktur der Mitgliedstaaten

Die Begriffsklärung wird gekennzeichnet durch das gezwungen anmutende Setzen von Mindeststandards an homogenen Grundstrukturen[126], das mit der tatsächlichen vielschichtigen Regionalstruktur nur im weitesten Sinne zu tun hat.[127] Aufgrund dieser Basis soll eine Charakterisierung der Regionalebenen der EU-Mitgliedstaaten erfolgen.

Den hohen Anforderungen entsprechend kann den deutschen und österreichischen Bundesländern wie den belgischen Regionen, unter Umständen noch den italienischen Regionen und den autonomen Gemeinschaften Spaniens, ein föderativer Staatsaufbau zugesprochen werden. Sie überspringen – außer bei den deutschen, österreichischen und belgischen Regionen mehr oder weniger – die Hürden hinsichtlich der Qualität der Gesetzgebungs- und Verwaltungsautonomie. Bei allen anderen Mitgliedstaaten sind Abstriche zu machen und große Ausgestaltungsdifferenzen festzustellen.[128]

---

126 *Blanke,* in Grabitz/Hilf, Das Recht der Europäischen Union, Art. 263 EGV, Rn. 13.

127 *Häberle,* Das Prinzip der Subsidiarität aus der Sicht der vergleichenden Verfassungslehre, AöR 1993, 21 ff.; *Engel,* Regionen in der EG, S. 185; *Waechter,* Kommunalrecht, Rn. 012.

128 *Schmidhuber,* Europa der Regionen – Die Position der EG-Kommission, in: Knemeyer (Hrsg.), Europa der Regionen – Europa der Kommunen, S. 125, der von den Regionen als eine eine „diffuse Größe“ spricht.

Läßt man den Status einer Gebietskörperschaft, die Existenz eines politisch verantwortlichen Gremiums sowie eines autonomen Aufgabenkreises genügen[129], so können zumindest Schweden, Niederlande, Portugal und Frankreich als regionalisiert bezeichnet werden.[130] Während sich in den Niederlanden[131] eine verfassungsrechtliche Garantie der Regionen als Teil des Staatsaufbaus findet, ist in Finnland, Dänemark, Irland, Großbritannien und Frankreich die Existenz der Regionalebene nur einfachgesetzlich gewährleistet. Hinsichtlich der Ausgestaltung und der rechtlichen Absicherung der dem aufgestellten Regionenbegriff unterfallenden Staatsglieder sind daher große Unterschiede zwischen den einzelnen EU-Mitgliedstaaten festzustellen.[132]

d) Regionalismus – Kommunalismus?

Die regionalen Strukturen sind durch die Ansiedelung unterhalb der zentralstaatlichen Ebene mit eigenständigen, autonomen Regelungsbefugnissen gekennzeichnet. Die Tendenz der Bildung solcher politischer Regionen nennt man Regionalismus.[133] Die dezentrale Ebene wird durch den Ausbau der Strukturen und die Stärkung der Kompetenzen gestärkt.[134] Vormalig bloße Verwaltungseinheiten werden zu echten Mitentscheidungsebenen ausgebaut und von staatlicher Seite gefördert.[135] Durch die Vereinheitlichung der mitgliedstaatlichen Regionalorganisation wird der Weg zu einem Europa der Regionen geebnet. Aber zu wessen Lasten? Und warum?

---

129 *Engel,* Regionen in der Europäischen Gemeinschaft: Eine integrationspolitische Rollensuche, Integration 1991, 13 f.

130 *Blanke,* in Grabitz/Hilf, Das Recht der Europäischen Union, Art. 263 EGV, Rn. 13.

131 Art. 123/124 der Verfassung der Niederlande.

132 *Schmidhuber,* Europa der Regionen – Die Position der EG-Kommission, in: Knemeyer (Hrsg.), Europa der Regionen – Europa der Kommunen, S. 125.

133 Vgl. auch *Knemeyer,* Die Region – Europa-Raum des Rechts, in: FS Würzburger Juristenfakultät, S. 90 ff.; *Esterbauer,* Regionalismus. Phänomen – Planungsmittel – Herausforderung für Europa, S. 43 ff.

134 Vgl. *Schink,* Die europäische Regionaliserung, DÖV 1992, 385 ff.; *Häberle,* Föderalismus, Regionalismus, Kleinstaaten – in Europa, Die Verwaltung 1992, 1 ff.

135 Vgl. *Hummer/Bohr,* Die Rolle der Regionen im Europa der Zukunft – Subsidiarität – Föderalismus – Regionalismus in vergleichender Betrachtung, in: Eisenmann/Rill (Hrsg.), Das Europa der Zukunft. Subsidiarität, Föderalismus, Regionalismus, S. 65 ff.

III. Einflußnahme der kommunalen Gebietskörperschaften

Subsumiert man den der Arbeit vorangestellten Titel, so liest man wie selbstverständlich über das Wort „Einflußnahme“ hinweg. Genauere Überlegungen führen zu einem sehr vielschichtigen Begriff, der in seinem teleologischen Kontext gar nicht so zwingend zu sein scheint. Keineswegs soll eine solche vorausgesetzt werden. Das Vorliegen der Bedingungen für die Existenz von Einflußnahme soll gerade herausgearbeitet werden. Trotzdem impliziert die Formulierung des Titels zumindest für den Europarat ein hervorgehobenes, präskriptives Ergebnis. Die denkbare Einflußnahme der Kommunen in der EU bleibt dagegen im Unklaren. Offen bleibt, ob ein bereits existentes, möglicherweise sogar funktionierendes – oder überkommenes? – System verbessert werden kann oder es in Zukunft einer Neuinstallation bedarf. Nicht denkbar im Rahmen des EU-Einigungsprozesses und gänzlich unwahrscheinlich ist die Alternative, daß es früher eine wieder aufgegebene Einflußmöglichkeit gab.

Setzt – wie es eben angeklungen ist – Einflußnahme ein System voraus im Sinne einer zusammenhängenden Ordnung? Fraglich. Doch ist der Begriff für die versuchten Ausführungen zu zentral, um ihn im luftleeren Raum zu belassen und ihn der trügerischen Selbstverständlichkeit preiszugeben. Es bedarf daher einer Begriffsklärung.

Nach dem Duden ist Einflußnahme schlicht das Ausüben eines Einflusses, eine Einflußmöglichkeit, die Möglichkeit, auf jemanden Einfluß zu nehmen.[136] Der lateinische Ursprung *influxus* kann dabei behilflich sein. „Einfluß“ kann sowohl die finale Wirkung auf jemanden, als auch den Zustand des Ansehens und der politischen, sozialen oder andersgearteten Geltung umschreiben.[137] Einflußnahme hängt daher sprachlich auch mit dem Innehaben von Macht zusammen. Das mittelhochdeutsche *invluz* hatte zunächst eine mythische Bedeutung als das Einfließen göttlicher Kräfte[138], erst später auch als Einfluß der Gestirne auf das Weltgeschehen.[139] Schließlich verallgemeinerte sich der Gebrauch auf Einfluß als das Wirken auf jemanden oder etwas.[140]

136 *Drosdowski* (Hrsg.), Duden. Das große Wörterbuch der deutschen Sprache in sechs Bänden, Band 2, S. 630.

137 *Drosdowski* (Hrsg.), Duden. Das große Wörterbuch der deutschen Sprache in sechs Bänden, Band 2, S. 629.

138 *Kluge,* Ethymologisches Wörterbuch der deutschen Sprache, S. 170.

139 Ab dem 14. Jahrhundert, *Paul,* Deutsches Wörterbuch, Bedeutungsgeschichte und Aufbau unseres Wortschatzes, S. 256.

140 *Lohenstein* (1680), zitiert in Jacob und Wihelm *Grimm,* Deutsches Wörterbuch, Neubearbeitung durch die Berlin-Brandenburgische Akademie der Wissenschaften (Hrsg.).

Einfach wäre es, wenn vorhandene Mechanismen auf eine unmittelbare Kausalität zwischen dem Handeln durch positives Tun oder auch Unterlassen hindeuteten. Eine Einflußnahme durch Unterlassen geschieht beispielsweise durch die Nichtabgabe einer für die Subventionierung eines Dritten erforderlichen Stellungnahme durch die kommunale Gebietskörperschaft. Hierin zeigt sich die Vielschichtigkeit des Begriffs der Einflußnahme. Für die „globale" Einordnung in den Zusammenhang der Arbeit ist das Beispiel aber nicht brauchbar: Gegenstand der Untersuchung soll nicht die einzelne Kommune und deren Möglichkeit sein, die europäische Ebene individuell-konkret zu beeinflussen[141], sondern die Sicht aller Kommunen als Träger der kommunalen Selbstverwaltung im kontinuierlichen Entscheidungsprozeß.

Die Einflußnahme hängt stark mit Beeinflussung zusammen. Darunter ist der erfolgreiche Versuch zu verstehen, bestimmte Sachverhalte zu seinen Gunsten oder eines Dritten zu gestalten. Abzustellen ist auf das Ergebnis des Meinungsbildungsprozesses. Erfolgloses Bemühen ohne Auswirkung auf das Resultat ist keine Beeinflussung: Es muß sich etwas ändern. An eine Einflußnahme sind dagegen geringere Anforderungen zu stellen. Sie ist auch dann schon als solche denkbar, wenn nur auf den Meinungsbildungsprozeß eingewirkt wird, ohne daß eine sichtbare Beeinflussung im Ergebnis nachgewiesen werden kann. Auf den Titel übertragen bedeutet dies, daß schon dann von einer Einflußnahme gesprochen werden kann, wenn der Versuch, ein Ergebnis zugunsten der kommunalen Gebietskörperschaften zu verändern, von den europäischen Entscheidungsträgern als entsprechende Absicht wahrgenommen wird. Entscheidend ist, daß es sich hierbei um Mindestanforderungen handelt.

1. Kategorien der Einflußnahme

Betrachtet man die vorhandenen Strukturen, so lassen sich zwei Kategorien der Einflußnahme unterscheiden:

a) Institutionelle Einflußnahme

Sie charakterisiert die kontinuierlichen Beeinflussungsversuche durch Organe oder Einrichtungen, denen als Zusammenschluß von Kommunalvertretern gegenüber den zu beeinflussenden Organisationen ein besonderes Gewicht zukommt. Je nachdem, ob die Einrichtung selbst Teil der europäischen Organisation, die im Ergebnis beeinflußt werden soll, ist, läßt sie sich weiter untergliedern: Diejenigen Zusammenschlüsse, die zur Organisation selbst ge-

141 Zum Begriff des Beeinflussens sogleich.

hören, sind Bestandteile einer (internen) institutionellen Einflußnahme. Auf den ersten Blick scheint dies die wirksamste Form der Einflußnahme zu sein, sind doch die Kommunalvertreter an den Entscheidungsgremien „dicht dran“ und haben die Chance, direkt und unmittelbar Einfluß zu nehmen. Zudem könnten die Entscheidungswege so institutionalisiert sein, daß die kommunalen Beteiligungsrechte über die Institution verfahrensmäßig abgesichert und kontinuierlich gewährleistet sind. Vielleicht gehen feste Strukturen, das heißt die starre Einbindung in ein institutionelles Gesamtgefüge, aber auch zu Lasten einer optimalen und effektiven Interessenwahrnehmung. Auf diese Fragen wird noch einzugehen sein. Festzuhalten sind aber schon jetzt die maßgeblich zu untersuchenden Entscheidungsträger. Sowohl auf der Europarats- als auch der EU-Schiene existieren kommunale Vertretungseinrichtungen. In Kapitel 3 wird genauestens auf den Kongreß der Gemeinden und Regionen Europas (KGRE) beim Europarat einzugehen sein. Das 2. Kapitel behandelt ausführlich den Ausschuß der Regionen (AdR) bei der EU. Beide – soviel kann vorweggenommen werden – haben u. a. die Wahrung kommunaler Interessen zum Ziel. In diesem Zusammenhang wird Gegenstand des Diskurses sein, welche Möglichkeiten der Einflußnahme beiden Einrichtungen zur Verfügung stehen, und schwerpunktmäßig, wie die Einflußnahme in der EU verbessert werden kann (Kapitel 5).

Ist die entsprechende Organisation nicht in das Gefüge einer internationalen oder supranationalen Organisation eingebunden, so läßt sich von außerinstitutioneller Einflußnahme sprechen. Hierzu gehören die Nichtregierungsorganisationen, die sich der Wahrnehmung kommunaler Interessen verschrieben haben. Sie leiten ihren Auftrag mittelbar oder unmittelbar von den kommunalen Gebietskörperschaften selbst ab und verfügen daher über eine breite Legitimationsbasis.

Hieraus ergibt sich ein den organisatorisch und rechtlich eingebundenen Einrichtungen ähnlicher institutioneller Charakter, der auch die Kategorisierung als externe institutionelle – im Gegensatz zu den Einrichtungen der zu beeinflussenden Stellen gehörenden internen institutionellen – Einflußnahme rechtfertigen würde. Durch ihre satzungsmäßige Organisation sind sie in ihrem Bestehen nicht vom Willen der kommunalen Gebietskörperschaften abhängig oder diesen unmittelbar verantwortlich. Ebenso fehlt es an einer direkten formalen Einflußmöglichkeit. Die einzelne zu vertretende Körperschaft als juristische Person kann ihre mitgliedschaftlichen Rechte nur als Mitglied der juristischen Person selbst geltend machen, nicht aber aus ihrem Charakter als kommunale Gebietskörperschaft als solche. Diese Begründung rechtfertigt es auch, von Nichtregierungsorganisationen (NRO)[142] zu sprechen, die unabhängig jeglicher staatlicher Verantwortlichkeit agieren können. Die wichtigsten Verbände dieser Art seien kurz genannt: Der Rat der Gemeinden und Regionen Europas (RGRE)[143], der auf europäischer Ebene zugleich die europäische Sektion des Internationalen Gemeindeverbands IULA[144] darstellt, die Versammlung der Regionen Europas (VRE)[145] und EUROCITIES[146] als großer Städteverband. Daneben existieren zahlreiche weitere Interessenvereinigungen.[147]

b) Lobbyistische Tätigkeit

Hiervon sind die außerinstitutionellen kommunalen Lobbyisten zu unterscheiden. Sie zeichnen sich durch teilweise lose Zusammenschlüsse zur Wahrung kommunaler Interessen auf europäischer Ebene aus. Lobbyisten mögen national verbandlich-institutionell organisiert sein, in Brüssel[148] oder Straßburg unterhalten sie aber lediglich Büros oder Depondancen, die den nationalen Stellen unmittelbar verantwortlich und in ihrem Bestehen von diesen abhängig sind. Zu ihren Aufgaben zählen neben der generellen Interessenwahrnehmung auch die Informationsbeschaffung und -weiterleitung aus allen denkbaren Quellen, aus offiziellen und inoffiziellen Stellen an die nationalen Gremien. Beispielhaft seien hier die kommunalen Informationsbüros der kommunalen Spitzenverbände Sachsens, Baden-Württembergs und Bayerns genannt, auf deren Einflußnahmeversuche noch wertend einzugehen sein wird.

Freilich können hier die Übergänge zwischen der externen institutionellen Einflußnahme und der Lobbyarbeit fließend sein. Beide sollen daher im folgenden unter dem Begriff der außerinstitutionellen Einflußnahme als Antagonismus zu den bestehenden Kommunalvertretungsorganen, den institutionellen oder institutionalisierten Einflußnehmern, zusammengefaßt werden. Bezüglich des Grads der Einflußnahme läßt sich in jedem Fall aus der Katalogisierung nichts ableiten. Dagegen lassen sich aber wünschenswerte weil effektivere Konsequenzen zur Weiterentwicklung und Vertiefung kommunaler Einflußnahme folgern.

---

142 Üblich ist auch der Anglizismus der *Non Governmental Organisation* (NGO).
143 Im Internet unter http://www.rgre.de, die europäische Sektion unter http://www.ccre.org.
144 *International Union of Local Authorities*: http://www.iula.org.
145 http://www.are-regions-europe.org.
146 http://www.eurocities.org.
147 Vgl. die Übersicht bei *Schmitt-Egner,* Handbuch der Regionalorganisationen.
148 Wo es Schätzungen zufolge 50.000 Lobbyisten geben soll; nach *Heberlein,* Europa der Kommunen, S. 34, gibt es 3.000 Verbindungsbüros von Verbänden und Vereinigungen. Die Zahlen werden laufend ansteigen.

c) Rechtssätzliche Einflußnahme

aa) Überblick

Die folgende Überlegung stellt einen klaren Gedankensprung dar. Die bisherige Einordnung der Einflußnahme basierte auf einem zielgerichteten bewußten Eingriffsakt in den Entscheidungsprozeß. Gleichermaßen kann eine Einflußnahme und bindenderweise eine Beeinflussung auch auf andere Art und Weise erreicht werden: Durch die Schaffung verbindlicher Rechtsnormen, die kommunale Positionen gegenüber den Entscheidungsträgern absichern. In der Regel wird es sich bei den Rechtssätzen um die zweite Stufe kommunalen Einflusses handeln. Der normativen Ausgestaltung kommunalen Schutzes werden unzählige Bemühungen von Kommunalpolitikern im weitesten Sinne vorausgegangen sein, ohne deren Anstrengung ist eine kommunalfreundliche Gesetzgebung wohl auch in Europa nicht erreichbar. Die rechtssätzliche Einflußnahme ist daher Ergebnis der institutionellen oder außerinstitutionellen Arbeit. Ohne persönliche Einflußnahme durch menschliches Tun gibt es keine kommunalfreundlichen Regelungen.

Andererseits darf hieraus nicht der Rückschluß gezogen werden, daß die rechtssätzliche Einflußnahme alleiniges Ziel der institutionellen Einflußnahme ist. Ohne dem Facettenreichtum an dieser Stelle auch nur andeutungsweise Ausdruck verleihen zu wollen, seien die konkreten Hilfsmaßnahmen des KGRE beim Europarat beim Aufbau lokaler Demokratien in den Mittel- und Osteuropäischen Staaten genannt.[149]

Die Formen der Ausgestaltung dieser Rechtssätze können nicht eingegrenzt werden. Hierunter fallen alle auf europäischer Ebene erlassenen Rechtsakte. Im Rahmen des Europarats können dies multilaterale Abkommen, Konventionen, Empfehlungen, Entschließungen, Resolutionen und Stellungnahmen der Europaratsorgane sein. Bei der EU genügt es nicht, auf den Handlungsformenkatalog des Art. 249 EG zu verweisen. Nicht nur die dort genannten gemeinschaftsrechtlichen Instrumente der Verordnung, der Richtlinie, Entscheidung oder Empfehlung können kommunalrelevante Bezüge enthalten, sondern darüber hinaus auch alle nationalen Bestimmungen, die mittelbar oder unmittelbar auf die Umsetzung europarechtlicher Vorgaben zurückzuführen sind. Gleiches muß natürlich auch für die Umsetzung der europaratsrechtlichen Konventions- oder sonstige Akte gelten.

---

149 Vgl. dazu ausführlich unten S. 265 ff.

Der maßgebliche Unterschied zum Gemeinschaftsrecht liegt darin, daß dem Europarat die unmittelbare Rechtsetzungskompetenz in den Mitgliedstaaten nicht zusteht. Wie bei der EG-Richtlinie[150] bedarf es im Rahmen des Europaratsrechts stets eines nationalen Umsetzungsakts, um dem Recht innerstaatlich Geltung zu verleihen. Hinter beiden Konzepten steht das Prinzip der Harmonisierung. Nationale Rechtsvorschriften sollen sich so an einem gemeinschaftlich erarbeiteten Standard messen lassen und den Mitgliedern bzw. Vertragsunterzeichnern ein Spielraum für nationale Besonderheiten bei der Umsetzung europarechtlicher Vorgaben belassen werden.[151] In der EU kann sich die Wahl der Richtlinie als das in die mitgliedstaatliche Rechtsordnung weniger eingreifende Mittel gegenüber der Verordnung aus dem Subsidiaritätsgebot ergeben; beim Europarat ergibt sich die Umsetzungs- oder Ratifikationsmaxime aus seinem Völkerrechtscharakter. Die Ausgestaltung der Verträge ist auf allgemeine Rechtsprinzipien, zu deren Wahrung sich der Europarat verpflichtet hat, zurückzuführen. Diese sind zu Beginn des Rechtstextes vermerkt und geben die grobe Richtung bzw. den Rahmen des Inhalts vor. Daher ähneln sie einem allgemein formulierten Kompetenztitel, der zugleich die völkerrechtliche Natur des Europarats hervorhebt.[152]

bb) Europäische Handlungsinstrumente

All diesen europarats- und gemeinschaftsrechtlich[153] beeinflußten Normen ist gemeinsam, daß sie auf den Schutz der kommunalen Rechtssphäre abzielen und hierdurch zugunsten der kommunalen Gebietskörperschaften Einfluß aus-

---

150 Der Vergleich hinkt insofern, als unter bestimmten Voraussetzungen auch europäische gemeinschaftliche Richtlinienvorgaben unmittelbar angewandt werden können.

151 Vgl. die beiden Harmonisierungsvarianten: Die Totalharmonisierung als der seltenere Fall macht bezüglich der Regelungsmaterie so genaue Angaben, daß der auszufüllende Spielraum der Mitgliedstaaten gleich null ist. Praktiziert wird dieses Konzept z. B. bei EG-Richtlinien zu Umweltstandards, bei denen genaue technische Vorgaben erfolgen. Zum anderen der „Normalfall“ der Mindestharmonisierung, der es den Mitgliedstaaten erlaubt, über vorgegebene Mindestanforderungen hinauszugehen. Beispiel aus dem Europaratsrecht ist die in Deutschland umstrittene – zugegebenermaßen wenig kommunalrechtsrelevante – Bioethikkonvention.

152 Vgl. bspw. die Einleitungssätze der Europäischen Kommunalcharta.

153 Insofern ist der hier gebrauchte Begriff des Europarechts eng und weit zugleich. Weit, weil er sowohl Europarats- als auch EU-Rechtsakte umfaßt. Eng insofern, als er streng zwischen der europäischen und nationalen Ebene unterscheidet und hier primär auf die europäischen Rechtsakte als solche, die von Organen der beiden europäischen Organisationen erlassen wurden, abstellt. Häufig findet sich fälschlicher- bzw. verkürzenderweise der Begriff des Europarechts als Synonym für das EU- und Gemeinschaftsrecht; als differenzierende Beispiele in der Literatur seien *Streinz,* Europarecht, Rn. 1, und *Oppermann,* Europarecht, Rn. 1 ff., genannt.

üben. Zusammenfassend soll eine systematische Einordnung der europäischen Handlungsinstrumente in Hinblick auf einen Kommunalbezug erfolgen:

Fraglich ist, ob sich im gemeinschaftlichen Primärrecht Vorschriften finden, die unmittelbar dem kommunalen Schutz dienen. In Betracht kommen hier insbesondere ein allgemeiner Rechtsgrundsatz der kommunalen Selbstverwaltung oder der Subsidiaritätsgedanke. Sie würden die Gemeinschaftsorgane gleichermaßen binden wie die EG-Recht umsetzenden Mitgliedstaaten.

Nach dem völkerrechtlichen Umsetzungserfordernis durch einen Ratifizierungsakt in innerstaatliches Recht ist eine unmittelbare Wirkung im Rahmen der rein zwischenstaatlichen Arbeit des Europarats von vornherein ausgeschlossen. Alle Handlungsformen des Europarats sind daher nur geeignet, mittelbar auf die Mitgliedstaaten einzuwirken.[154] Nach der Ratifikation hängt die unmittelbare Anwendbarkeit von der jeweiligen völkerrechtlich-autonomen Auslegung der jeweiligen Bestimmung ab. Unmittelbar anwendbar bedeutet, daß sich die jeweilige Kommune auf diese Norm nach innerstaatlichem Recht berufen kann. Davon unterscheidet sich die objektive Wirkung des Ratifikationsakts, der bei der Anwendung nationalen Rechts berücksichtigt werden muß.

Parallel hierzu bedarf auch die bis zum Ablauf der Umsetzungsfrist innerstaatlich keine Wirkung entfaltende Richtlinie der Europäischen Gemeinschaft eines Umsetzungsakts. Eine kommunale Schutzrichtlinie existiert nicht und kann mangels Gemeinschaftskompetenz auch nicht entstehen. Sie wäre auch hypothetisch nicht eigentliches Ziel des hier verwendeten Schutzprinzips. Es geht zunächst nicht um die Sicherung kommunaler Rechte in den Mitgliedstaaten und diesbezüglich die Schaffung eines einheitlichen Schutzniveaus im Sinne der Kommunalcharta des Europarats. Es geht vielmehr um die Bindung der Gemeinschaftsorgane bei der Schaffung gemeinschaftlichen Sekundärrechts an kommunalschützende Vorgaben. Insofern soll dieser Ansatz auch nicht weiter vertieft werden. Vielmehr hat der Gemeinschaftsrechtsgeber mit dem Erlaß von kommunalrelevantem Sekundärrecht Normen geschaffen, die eine verstärkte Mitsprache nach dem Grad der Betroffenheit bedürfen, nicht aber Rechtsnormen, die die Kommunen selbst in ihrer Rechtssphäre schützen. Es ist allein das zitierte Primärrecht auf seine Wirksamkeit zum Schutz kommunaler Interessen zu untersuchen.

Schon jetzt erscheint hier ein ausreichender Schutz, ohne auf die inhaltliche Ausgestaltung näher einzugehen, angesichts der zu erwartenden hohen Abstrak-

---

154 Die mittelbare Wirkung ist aber von der rechtlichen oder politischen Bindung zu unterscheiden.

tion der Primärrechtsvorschriften (nationale Identität, Subsidiarität, Verhältnismäßigkeit, Gemeinschaftstreue, etc.) mehr als fraglich.

Anders beim Europarat, wo mit der EKC ein eigenständiger Normenkomplex zum Schutz kommunaler Interessen neben einer Reihe von weiteren Übereinkommen mit ähnlichem Schutzzweck entwickelt wurde.

Diese Überlegungen sollen entsprechend der Gliederung den Einstieg in die europakommunale Rechtsmaterie erleichtern. Zudem lenken sie den Blick auf die unterschiedlichen Regelungsmechanismen von EU und Europarat, deren Auswirkungen auf die hier aufgeworfenen Fragen noch zu erörtern sein werden.

2. Möglichkeiten einer kommunalen Einflußnahme

Wie muß der Schutz kommunaler Interessen konkret aussehen?

An mehreren Stellen war die Rede von autonomer Auslegung und allgemeinen Prinzipien, die die inhaltliche Ausgestaltung der Schutznormen betreffen. Damit ist aber noch nichts darüber gesagt, wie der kommunale Einfluß konkret aussehen muß, um überhaupt von einem solchen sprechen zu können. Nach der oben erarbeiteten Definition von Einflußnahme ist die Frage schnell beantwortet: Danach kommt jede die Position der kommunalen Gebietskörperschaften berücksichtigende Norm in Betracht, die der Rechtsanwender zum Schutz kommunaler Interessen zu beachten hat.

Trotzdem soll nicht darauf verzichtet werden, mögliche Schutzmechanismen aufzuzählen. Drei unterschiedliche Aspekte können hier von entscheidender Bedeutung sein, die einen Einfluß der kommunalen Selbstverwaltung zwangsläufig nach sich ziehen.

a) Kommunale Beteiligungsrechte

Hierunter versteht man alle Mitwirkungs- und Mitentscheidungsrechte der kommunalen Gebietskörperschaften bei sie treffenden Entscheidungen.[155] Die Mitentscheidung unterscheidet sich von der Mitwirkung durch den Grad der Einwirkungsmöglichkeit auf die entsprechende Entscheidung. Bei der Mitentscheidung hat der Beteiligte eine Möglichkeit, das endgültige Zustandekommen der Entscheidung zu beeinflussen, während die Mitwirkung eine solche Letzt-

155 Vgl. *Henrich,* Kommunale Beteiligung in der Raumordnung und Landesplanung, Band 1, S. 16.

entscheidungsbefugnis nicht voraussetzt. Nach dem hier geforderten Mindestmaß für die Existenz einer Einflußnahme kann hier also bereits die Mitwirkung ausreichend sein.[156]

Voraussetzung ist nicht, daß die kommunale Gebietskörperschaft Adressat der ergehenden Maßnahme ist oder der Hauptregelungszweck in den kommunalen Rechtskreis eingreift. Die kommunale Betroffenheit in diesem Sinne ist weit auszulegen, um so zu erreichen, daß die kommunalen Gebietskörperschaften bei allen für sie relevanten Angelegenheiten beteiligt werden. Mitwirken bedeutet allgemein, daß den Kommunen die Chance gegeben wird, sich zu einem bestimmten Sachverhalt zu äußern und ihre Position darzulegen. Nicht notwendigerweise muß den einzelnen Gemeinden das Beteiligungsrecht selbst zustehen.

Vielmehr – und das wird auf europäischer Ebene der Regelfall sein – können auch Institutionen die kommunalen Interessen wahrnehmen, gleich ob sie Organ (intern) oder Nichtregierungsorganisation (extern) oder sonstiger Verband oder Interessenvereinigung sind. Aus der Natur der Sache heraus muß das Recht, um von einem Beteiligungsrecht sprechen zu können, in irgendeiner Weise verfahrensmäßig abgesichert sein. Problemfelder wie die gerichtliche Durchsetzbarkeit solcher Rechte und deren Reichweite können an dieser Stelle (noch) aussen vor bleiben.

Aus dem Verwaltungsrecht sind verschiedene Formen der Beteiligung in der Unterform der Mitwirkung bekannt.

aa) Initiativrecht

Unproblematisch sind den kommunalen Gebietskörperschaften bzw. ihren kommunalen Vertretern und Sachwaltern Initiativrechte zuzubilligen. Hierunter ist das Recht des Mitwirkenden zu verstehen, in jedem Verfahrensstadium seine Position darzulegen, ohne daß er sich hierbei auf eine spezielle Befugnis stützen können muß.[157] Dies wird auch von den europäischen Stellen so praktiziert.

156 Die Mitentscheidung kann im Folgenden daher außer Betracht gelassen werden, vgl. zur weiteren Untergliederung in gemeinsame und einverständliche/einvernehmliche Entscheidung *Schmitt Glaeser,* Partizipation an Verwaltungsentscheidungen, VVDStRL 31 (1973), 184 ff.; *Wolff/Bachof,* Verwaltungsrecht, Band II, 977 V b, c.

157 Vgl. *Henrich,* Kommunale Beteiligung in der Raumordnung und Landesplanung, Band 1, S. 31.

bb) Stellungnahmerecht

Voraussetzung für die Wahrnehmung eines Stellungnahmerechts ist die Existenz eines Dokuments, zu dem sich die kommunalen Gebietskörperschaften äußern können. Dieser Entwurf muß bereits ausgearbeitet und ausformuliert sein.[158] Problematisch an dieser Beteiligungsform ist, daß eine Einwirkung auf grundsätzliche Fragestellungen kaum mehr möglich sein wird angesichts des fortgeschrittenen Verfahrensstadiums.[159] Trotzdem ist das Stellungnahmerecht weit verbreitet.

cc) Negotiation und Mediation

Negotiation – aus dem Englischen: Verhandlung – ist das Streben nach einer einverständlichen Lösung zwischen Staat und Kommunen als Verhandlungspartnern.[160] Diese bisher selten angewandte Form der Kooperation entspricht begrifflich weitgehend der Mitwirkung, stellt jedoch das zweckorientierte Zusammenspiel der Hoheitsträger noch in den Vordergrund.[161] Die Negotiation birgt die Chance, im Gegenseitigkeitsverhältnis rasch und effektiv ein Ergebnis zu erzielen.[162] Sie scheint aber nur da sinnvoll handhabbar, wo tatsächlich eine gemeinsame Ergebnisfindung im gegenseitigen Nachgeben sinnvoll erscheint. Angesichts der Konfliktpotentiale der Europa-, Staats- und Kommunalebene kann hierin eine erfolgsversprechende Lösung liegen, da den genannten Stellen gemeinsam die öffentliche Aufgabe der Ergebnisfindung obliegt und zugleich gemeinsame Anstrengungen vonnöten sind.

---

158 *Henrich,* Kommunale Beteiligung in der Raumordnung und Landesplanung, Band 1, S. 31; *Wolff/Bachof,* Verwaltungsrecht, Band II, 977 V e; *Roters,* Kommunale Mitwirkung an höherstufigen Entscheidungsprozessen, S. 74.

159 *Schaffarzik,* Handbuch der Europäischen Charta der kommunalen Selbstverwaltung, S. 454.

160 *Passavant,* Mittlerunterstützte Kooperation in komplexen Verwaltungsprojekten, DÖV 1987, 517; *Bohne,* Informales Verwaltungs- und Regierungshandeln als Instrument des Umweltschutzes, VerwArch 75 (1984), 344; *Kunig/Rublack,* Aushandeln statt entscheiden?, Jura 1990, 1; *Brohm,* Beschleunigung der Verwaltungsverfahren – Straffung oder konsensuales Verwaltungshandeln?, NVwZ 1991, 1029; vgl. auch *Schmidt-Aßmann,* Der Umweltschutz im Spannungsfeld zwischen Staat und Selbstverwaltung, NVwZ 1987, 269.

161 Für eine völlige Gleichsetzung *Hoffmann-Riem,* Konfliktmittler in Verwaltungsverhandlungen; *Schaffarzik,* Handbuch der EKC, S. 446.

162 *Benz,* Kooperative Verwaltung, S. 118 ff.; *Holznagel,* Der Einsatz von Konfliktmittlern und Verfahrenswaltern im amerikanischen Umweltrecht, Die Verwaltung 1989, 422 f.; *Bohne,* Informales Verwaltungs- und Regierungshandeln als Instrument des Umweltschutzes, VerwArch 75 (1984), 344.

Ist eine Einigung nicht ohne weiteres zu erzielen, so könnte die Negotiation unter Zuhilfenahme eines Mediators oder Faciliators erfolgen.[163] Letzterer hat im Gegensatz zum Mediator keinen Einfluß auf die inhaltliche Ausgestaltung der Regelungsmaterie und ist somit nur Begleiter.[164] Von ihnen erhofft man sich eine neutrale Impulsgebung zur Konfliktbewältigung durch das Aufzeigen neuer Wege im beiderseitigen Einverständnis.[165] Im öffentlichen Sektor ist fraglich, wer eine solche Rolle des Streitschlichters übernehmen kann.[166] Bedenken bestehen hier gleichermaßen gegenüber einer Privatperson zur Schlichtung öffentlicher Konfliktfelder und der Neutralität eines geeigneten Beamten.[167] Die Probleme lassen sich letztlich durch die Möglichkeit der richterlichen Streitbeilegung ausräumen.[168] Angesichts des neuen, aber gleichfalls intensiven wissenschaftlichen Diskurses ist die US-amerikanische Tradition der Verhandlungsführung im öffentlichen Sektor auch für das Kooperationsverhältnis im europäischen Rechtsraum vermehrt zu beachten.

dd) Abstimmung und Abwägung

Reicht bereits der Versuch der Konfliktbeilegung ohne das Bemühen nach Erfolg aus, so spricht man von einer (materiellen) Abstimmung.[169] Den zur Entscheidung berufenen staatlichen Stellen obliegt trotzdem die Pflicht, eine gemeinsame Lösung zusammen mit den kommunalen Gebietskörperschaften zu finden. Ziel ist die Berücksichtigung beidseitiger Interessen und deren Harmonisierung. Im Gegensatz hierzu dient die Abwägung der einseitigen Vorrangermittlung.[170] Während bei der Abwägung kommunale Positionen auf der Strek-

---

163 Vgl. zum Begriff grundlegend *Haft,* Verhandlung und Mediation, S. 244.

164 *Benz,* Kooperative Verwaltung, S. 328 f.

165 *Schrader,* Das Kooperationsprinzip – ein Rechtsprinzip?, DÖV 1990, 336; *Schneider,* Kooperative Verwaltungsverfahren, VerwArch 87 (1996), 43 ff.; *Passavant,* Mittlerunterstützte Kooperation in komplexen Verwaltungsprojekten, DÖV 987, 519 ff.; *Hoffmann-Riem,* Konfliktmittler in Verwaltungsverhandlungen, S. 20 ff.; *Holznagel,* Der Einsatz von Konfliktmittlern und Verfahrenswaltern im amerikanischen Umweltrecht, Die Verwaltung 1989, 432 ff.

166 Zur Situation in Staaten, wo diese Aufgabe angesehene Persönlichkeiten übernehmen *Hoffmann-Riem,* Konfliktmittler in Verwaltungsverhandlungen, S. 26 ff.; *Passavant,* Mittlerunterstützte Kooperation in komplexen Verwaltungsprojekten, DÖV 1987, 521.

167 *Schaffarzik,* Handbuch der EKC, S. 453; vgl. *Brohm,* Beschleunigung der Verwaltungsverfahren – Straffung oder konsensuales Verwaltungshandeln?, NVwZ 1991, 1029.

168 vgl. *Hoffmann-Riem,* Konfliktmittler in Verwaltungsverhandlungen, S. 29.

169 *Passavant,* Mittlerunterstützte Kooperation in komplexen Verwaltungsprojekten, DÖV 1987, 517 f.; *Henrich,* Kommunale Beteiligung in der Raumordnung und Landesplanung, Band 1, S. 30.

170 *Schaffarzik,* Handbuch der EKC, S. 449; *Henrich,* Kommunale Beteiligung in der Raumordnung und Landesplanung, Band 1, S. 146.

ke bleiben können, kommt es bei der Abstimmung zum Interessenausgleich. Letztere stellt daher in der Regel die kommunalgünstigere Einflußmöglichkeit dar.[171]

ee) Anhörungsrechte und Beratung

Anhörungsrechte sind insbesondere im deutschen Verwaltungsrecht weit verbreitet. Sie sollen dem Betroffenen die Möglichkeit geben, seinen Standpunkt zu erörtern und eventuelle Änderungswünsche darzulegen. Es obliegt den zur Entscheidung berufenen Stellen, ob sie die eingebrachte Position berücksichtigen.[172] Die Anhörung bringt den Kommunen zwar eine Chance, mehr aber auch nicht. Sie dient dem präventiven Schutz subjektiver Rechte und sichert diese verfahrensmäßig ab. Ob die Kommunen die Möglichkeit wahrnehmen, hängt von ihrer Überzeugungskraft oder der Aufnahmebereitschaft des Gegenübers ab. Dort, wo das verfahrensmäßige Recht zu einem formellen Rechtmäßigkeitskriterium verkommen ist, bietet es nur einen unzureichenden Schutz. Für die Anhörung spricht dagegen ihre verpflichtende Durchführung.

Genau hierin unterscheidet sie sich von der Beratung. Der im deutschen Verwaltungsrecht selten gebrauchte Handlungsmodus zielt auf eine beratende Entscheidungshilfe der kommunalen Gebietskörperschaften ab.[173] Das Interesse an solchen Beratungen liegt vornehmlich im Interesse des Staates, der auf den vorhandenen Erfahrungsschatz der Kommunen zurückgreifen will.[174] Durch ihren Wissensvorsprung hat die untere Einheit einen großen Einfluß auf die Entscheidungsfindung.[175]

Letztlich sind auch hier die Übergänge fließend. Eine Anhörung als verpflichtend zu gewährleistende Äußerungsmöglichkeit kann gleichermaßen den Grad einer beratenden Entscheidungshilfe erreichen. Alleine die Absicherung des Beteiligungsverfahrens zum präventiven Schutz[176] vermag noch nichts über

---

171 Vgl. zu dem für die Abstimmung bedeutenden Rechtsgebiet des Landesplanungsrechts *Hoppe/Menke,* Landesplanungsrecht, Rn. 742 ff.

172 Vgl. *Weyreuther,* Einflußnahme durch Anhörung, in: Franßen/Redeker/Schlichter/Wilke (Hrsg.), Bürger – Richter – Staat, FS Sendler, S. 186 ff.

173 *Gebecke,* Beratung durch Behörden, DVBl. 1994, 147 ff.; *Leidinger,* Die Mitwirkung der kommunalen Spitzenverbände an der Gesetzgebung im Bund und in den Ländern, in: Jekewitz/Melzer/Zeh (Hrsg.), Politik als gelebte Verfassung, FS Schäfer, S. 162.

174 *Gebecke,* Beratung durch Behörden, DVBl. 1994, 147 ff.

175 *Brohm,* HbdStR II, § 36 Rn. 1 ff.

176 Vgl. weiterführend hierzu die deutsche Rechtsprechung BVerwG DVBl. 69, 362 ff.; BVerfGE 9, 95.

die tatsächliche Einflußmöglichkeit auszusagen.[177] In beiden Situationen existiert der dargelegte Wissensvorsprung. Die staatlichen Stellen haben so oder so die kommunale Rechtsposition zu berücksichtigen. Allenfalls in der Rechtstheorie stellt das Anhörungsrecht nach dem hier Ausgeführten gegenüber der Beratung das schwächere Recht dar. Kommt es aber zu einer materiellen Absicherung eines Beratungsmechanismus, führt der höhere Grad der Beeinflussungsmöglichkeit zu einem „mehr" an Einflußnahme.

ff) Erörterung

Zwischen Anhörung und Abstimmung ist die Erörterung einzuordnen.[178] Hier geht es um die gemeinsame Diskussion des staatlichen Standpunkts gegenüber einer bloßen Auffassungskundgabe. Die kommunalen Gebietskörperschaften werden hier als gleichberechtigte Partner am „runden Tisch"[179] in die Entscheidungsfindung einbezogen. Je nach Sichtweise kann die Erörterung mit der Beratung gleichgesetzt werden.[180] In beiden Varianten steht das gemeinsame Interesse im Vordergrund, das dem kommunalen Einfluß in ausreichendem Maße genügen kann.

b) Schutz der kommunalen Selbstverwaltung

Durch die Beteiligungsrechte der kommunalen Gebietskörperschaften sollen deren Rechte durch eine Mitwirkung an der Entscheidungsfindung garantiert werden. Hierdurch können sie ihre kommunale Rechtsposition verteidigen. Die Beteiligung zielt aber in der Regel auf einzelne Betroffenheitsfelder ab. Sie kann keinen Schutz der Kommunen im Sinne einer generellen Berücksichtigung ermöglichen. Daher ist anzudenken, dort wo die Mitwirkung an ihre Grenzen stößt, rechtssätzlich die kommunale Grundgarantie der kommunalen Selbstverwaltung zu verankern. Fraglich ist natürlich, ob dies stets so differenziert, wie in der Europäischen Charta der kommunalen Selbstverwaltung gezeigt, ausgestaltet sein kann.[181] Dies kann an dieser Stelle offenbleiben. Die Dimension der kommunalen Selbstverwaltung wie auch die derzeitige Absicherung in der EKC wer-

177 Zur Einordnung der Anhörung *Schmidt-Aßmann,* Verfassungsrechtliche und verwaltungspolitische Fragen einer kommunalen Beteiligung an der Landesplanung, AöR 101 (1976), 524 und *Thürer,* Bund und Gemeinden, S. 98.

178 Zur Begrifflichkeit *Schmitt Glaeser,* Partizipation an Verwaltungsentscheidungen, VVDStRL 31 (1973), 179 ff.; *Voigt,* Kommunale Partizipation am staatlichen Entscheidungsprozeß, S. 62

179 *Schaffarzik,* Handbuch der EKC, S. 449.

180 So *Brohm,* HbdStR II, § 36 Rn. 31.

181 Siehe S. 285 ff.

den noch ausführlich erörtert. Schon jetzt ist aber festzuhalten, daß auch eine noch so umfängliche und grundlegende Beteiligung einen weitgehenden kontinuierlichen Schutz der kommunalen Rechtssphäre nicht ersetzen kann.

c) Subsidiaritätsprinzip

Häufig wird zur Stärkung des kommunalen Einflusses das Stichwort der Subsidiarität herangezogen, das vielgebraucht und versinnbildlicht für eine Demokratisierung der Europäischen Union steht.[182] Inwieweit es geeignet ist, die kommunalen Gebietskörperschaften zu schützen, wird ebenfalls zu diskutieren sein. Im Rahmen des EU-Reformprozesses ist es auch in Hinblick auf politische Durchsetzbarkeiten ratsam, gleich zu Beginn eine Verbindung der Subsidiarität und der kommunalen Selbstverwaltung herzustellen. Natürlich ist zu fragen, welche Schutzqualität einer kommunalschützenden neuformulierten Subsidiaritätsklausel beizumessen ist. Bereits an dieser Stelle soll aber ohne nähere Ausführungen das Subsidiaritätsprinzip in den Mittelpunkt der Betrachtung gestellt werden.[183]

3. Zusammenfassung

Das Kapitel soll einen Überblick über die Vielschichtigkeit kommunaler Einflußnahme geben. Insbesondere die Differenzierung zwischen institutioneller bzw. außerinstitutioneller und rechtssätzlicher Mitwirkungsmöglichkeit wird die systematische Vorgehensweise der Arbeit prägen. Deutlich wird auch das Zusammenspiel beider: Ohne institutionelle keine rechtssätzliche Einflußnahme, nicht nur, was die kommunalen Beteiligungsrechte angeht. Viele der Ausführungen sind in ihren spezifisch-europäischen Ausgestaltungen aus dem allgemeinen Verwaltungsrecht bekannt bzw. umgekehrt auf das allgemeine Verwaltungsrecht übertragbar.

---

182 Vgl. das Weißbuch „Europäisches Regieren" der Europäischen Kommission, KOM (2001) 428 endg., ABl. 2001 C 287/1.

183 Ausführlich dazu, S. 567 ff.

2. Kapitel: Kommunale Interessen in der EU, vertreten durch den AdR?

I. Entwicklung des kommunalen Einflusses in der Gemeinschaft

Zunächst stellt sich die berechtigte Frage, warum es überhaupt einer historischen Darstellung bedarf. Ausreichend könnte auch eine Aufzählung des Ist-Zustandes sein. Bei genauerem Hinsehen ist die Entwicklung für die folgende Arbeit aus dreierlei Gesichtspunkten heraus bedeutsam. Zum einen kann es wichtig sein, der Stellung der Kommunen in Europa einen zeitlichen Rahmen zu geben. Aus der Veränderung des kommunalen Einflusses können Rückschlüsse gezogen werden, wie sich die Interessenlage im europäischen Einigungsprozeß verändert hat und – aus welchen Beweggründen – sich eine Änderung oder Anpassung vollzogen hat. Die herausgestellte zeitliche Dimension schreckt zudem vom trügerischen Blickwinkel der Tagespolitik und von aktuellen Prioritäten ab. Dabei ist das europäische Haus seit über 50 Jahren im Entstehen, durch einen voranschreitenden Prozeß und nicht in wenigen Sekunden und durch wenige Personen. Dies wäre eine allzu wackelige Grundlage ohne echtes Fundament.

Zum anderen ist für die Charakterisierung des momentanen Zustandes wichtig, wer die treibenden Kräfte in der entsprechenden Entwicklung waren. Unter Umständen erklärt sich daraus ein bestimmender Wettstreit um den bestmöglichen Einfluß. Solche Abgrenzungen gilt es auch für die kommunalen Gebietskörperschaften, zum Beispiel gegenüber den Regionen, zu ziehen.[1] Möglicherweise hat der stärkere Einflußnehmer zeitweise so die Oberhand gewonnen, daß sich im Laufe der Zeit ein Mißstand ergibt, der bestimmte Entscheidungswege nicht rechtfertigt, während andere völlig unterbewertet sind. Auf die Schwierigkeit der Bestimmung des optimalen Grades von Einflußnahme, der an dem Grad der Betroffenheit zu messen und in Relation konkurrierender Vergleichsstrukturen zu bestimmen ist, sei bereits hier hingewiesen. Solche Verschiebungen gilt es im Auge zu behalten und deren Gründe zu untersuchen. So wird eine ungerechtfertigte singuläre Betrachtungsweise, die ausschließlich die kommunale Seite betrachtet, vermieden.

Drittens bleibt eine Reihe – wenn nicht gar die überwiegende Zahl – von Forderungen unerfüllt. Die nicht durchgesetzten Wünsche bestimmter Interessenvertreter sind die Grundlage künftiger Forderungen. Sie können bei der Neuformulierung von Thesen zur Fortentwicklung des Integrationsprozesses genutzt werden. Interessant sind zudem die Gründe für die Ablehnung. Die Wiederauf-

1 Vgl. *Heberlein,* Europa der Kommunen, S. 47.

lebung alter Vorstellungen kann durch eine Akzentverschiebung in der politischen Meinungsbildung hervorgerufen sein. Genauso wäre denkbar, daß im Zuge der fortschreitenden Integration eine bis dato utopische Forderung wieder Einzug auf die Tagesordnung erhalten kann. In bezug auf die kommunale Situation in der EU werden hier zunächst zwei Schlagworte angeführt, die im weiteren Verlauf des Diskurses noch im Zentrum der Ausführungen stehen werden: Das „europäische kommunale Selbstverwaltungsrecht" und das neuinterpretierte Prinzip der Subsidiarität. Auf der institutionellen Seite betrifft dies vor allem den Ausschuß der Regionen[2] (AdR).[3]

Im Rahmen der Bestandsaufnahme soll daher zunächst die historische Entwicklung dargestellt werden, auf die später Bezug zur Rechtfertigung der institutionellen Weiterbildung der kommunalen Einflußnahme genommen wird.

1. Erste Gedanken einer institutionellen Einflußnahme

Der Unerfüllbarkeit einiger Wünsche gingen zunächst Forderungen voraus. Solche finden sich bereits lange vor ihrer Realisierung durch die – wie auch immer geartete – institutionelle Ausgestaltung einer Kommunalvertretung in den 70er Jahren. Hier wurden erstmals Gedanken einer Einbindung der dezentralen Körperschaften in den supranationalen Entscheidungsprozeß aufgegriffen.[4] Dies waren zunächst auf die Regionen beschränkte Gedanken, die zum Teil in der Theorie als Grundlage anstelle der Nationalstaaten im fortschreitenden Integrationsprozeß gesehen wurden.[5] Von kommunaler Mitwirkung war nicht die Rede.

Anders der 1983 vorgelegte Verfassungsentwurf für eine Europäische Union.[6] Dieser enthielt die Forderung nach einer fortschreitenden Regionalisierung. Ziel sollte nach Art. 45 Abs. 1 des Entwurfs auch die Sicherung der Gemeindeautonomie sein. Zur Absicherung der lokalen Rechte sollte ein „Unionsregionalrat" gebildet werden, in dem die „Regionalverbände" vertreten sein sollten. In Art. 45 Abs. 2 des Entwurfs wurde erläuternd klargestellt, daß es sich

2 Vgl. *Geiger,* EG-Vertrag, Art. 198c EGV, Rn. 1, der mißverständlicherweise und wohl auch fälschlicherweise vom *„Rat der Regionen"* spricht.

3 Zur Begrifflichkeit siehe unten.

4 *Blanke,* in: Grabitz/Hilf, Das Recht der Europäischen Union, Vor Art. 263-265 EGV, Rn. 8.

5 *Esterbauer,* Europa der Regionalstaaten und Regionen, in: Esterbauer/Heraud/Pernthaler, Föderalismus als Mittel permanenter Konfliktregelung, S. 223 ff.; der Begriff des Regionalstaates findet sich erläutert bei *Knemeyer (Hrsg.),* Europa der Regionen – Europa der Kommunen, S. 16 ff.

6 Vgl. *Rudolf Luster,* Bundesstaat Europäische Union. Ein Verfassungsentwurf, S. 23 ff., der zusammen mit *Friedrich Fugmann* den Verfassungsentwurf am 26.9.83 vorlegte.

hierbei nicht um die Regionalvertreter im Sinne des heute vorherrschenden Regionenverständnisses in der Europäischen Union handelt, sondern um Regionalverbände als Gemeindezusammenschlüsse, also letztlich Vertreter der lokalen Ebene. Diese Ansätze lagen aber bereits zur Zeit ihrer Entstehung im Bereich des Utopischen und wurden deshalb auch nicht weiter aufgegriffen, geschweige denn auch nur rudimentär in die Praxis umgesetzt.

Erste Indizien, wie eine solche Mitwirkung ausgestaltet sein könnte, lieferte der Verfassungsentwurf zur Europäischen Union vom 14.2.1984.[7] Im Unterschied zum ersten Entwurf handelte es sich dabei um die Entschließung eines EG-Organs, namentlich des Europäischen Parlaments, was dem Dokument von vornherein mehr Beachtung schenken sollte. Bereits in der Präambel des Textes wurde die „Notwendigkeit, die Mitwirkung der kommunalen und regionalen Körperschaften am Aufbauwerk" zu beteiligen, formuliert. In der Entschließung zur Regionalpolitik der Gemeinschaft und zur Rolle der Regionen[8] wurde seitens des Parlaments erneut betont, daß eine Fortentwicklung der Europäischen Gemeinschaft nicht ohne eine Beteiligung der Regional- und Lokalbehörden möglich sei. An dieser Stelle schien eine Institutionalisierung zwar noch sehr fernliegend; dennoch rückte zum Ende der 80er Jahre die Notwendigkeit einer intensiven Beteiligung der kommunalen Gebietskörperschaften in das Bewußtsein der Entscheidungsträger.[9] Dabei ist erstaunlich, daß gerade vom Europäischen Parlament, das zeitlebens um die Ausweitung seiner eigenen Einflußsphäre kämpfte als Motor die „Regionalblindheit" des EG-Vertrages zu überwinden, zahlreiche Impulse ausgingen.[10]

2. Der Beirat der regionalen und lokalen Gebietskörperschaften bei der EG

Die anfänglich stockenden und aussichtslosen Bemühungen trugen ihre ersten Früchte mit der Einrichtung des Beirats der regionalen und lokalen Gebietskörperschaften. Ausschlaggebend war die Beteiligung eines weiteren Organs der Gemeinschaft, welches in einer gemeinsamen Entschließung[11] die Vorstöße des Europäischen Parlaments unterstützte: Die EG-Kommission. Der Bei-

7 Entwurf eines Vertrags zur Gründung der Europäischen Union vom 14.2.1984, ABl. 1984 C 77/33; *Weidenfeld/Wessels,* Wege zur Europäischen Union; *Schwarze/Bieber,* Eine Verfassung für Europa. Von der Europäischen Gemeinschaft zur Europäischen Union. Vom Vertrag zur Verfassung?.

8 Vom 18.11.1988, ABl. 1988 C 326/289.

9 Vgl. *Hoffschulte,* Kommunale und regionale Selbstverwaltung im Europa der Regionen, in: Knemeyer (Hrsg.), Europa der Regionen – Europa der Kommunen, S. 157.

10 *Blanke,* in: Grabitz/Hilf, Das Recht der Europäischen Union, Vor Art. 263-265 EGV, Rn. 9.

11 ABl. 1985 C 72/59.

rat war auch bei der Kommission verortet und in seiner Zusammensetzung und seinem Wirkkreis von der Kommission abhängig.[12] Die 42 Vertreter im Beirat[13] wurden von der Kommission je zur Hälfte aus den kommunalen und regionalen Gebietskörperschaften bestellt.[14]

Ihre Aufgabe lag darin, bei Fragen der Kommission zu ihrer kommunal- und regionalrelevanten Tätigkeit Stellung zu nehmen, wobei es sich um ein reines Anhörungsrecht handelte. Der Beirat konnte von sich aus nicht selbständig tätig werden und seine Rechte bei Nichtbeachtung auch nicht durchsetzen, was seine Bedeutung wesentlich schwächte. Folglich wurde er lediglich zur Regionalpolitik als spezifische Gemeinschaftsaufgabe gehört. Eine darüber hinausgehende Position kam ihm nicht zu.[15] Verglichen mit den oben erörterten Vorstellungen des Europäischen Parlaments war der Beitrat in seiner Ausgestaltung nicht geeignet, im erhofften Maße integrationsfördernd zu wirken. Dem ist grundlegend entgegenzuhalten, daß – wenn auch zugegebenermaßen in beschränktem Umfang – die bloße Existenz einer spezifischen Interessenvertretung an der gemeinschaftlichen Rechtsetzung einen nicht zu verachtenden Fortschritt darstellt. Der erste Schritt hin zu einer echten Repräsentanz der kommunalen Gebietskörperschaften war vollbracht.

Die unbefriedigende Ausgestaltung, die sich an der Dominanz der Kommission leicht festmachen läßt, führte recht schnell dazu, daß Forderungen nach einem unabhängigen Beratungsorgan laut wurden.

3. Der Weg zum AdR

Wie es noch aufzuzeigen gilt, erfolgt die kommunale Interessenvertretung in der Europäischen Union weit heterogener als dies beispielsweise beim Europarat der Fall ist. Sie gliedert sich auf in verschiedene Wahrnehmungsebenen. Die bis zum Maastrichter Vertragswerk und darüber hinaus bis in die Gegenwart unzulängliche Repräsentanz hat zur Etablierung einer außerhalb der Institutionen liegenden organisatorischen Struktur geführt, die sich bereits in der Entstehung des AdR etabliert hatte und auf die Entwicklung des Kommunalvertretungs-

12 *Kaufmann-Bühler,* Die Entstehung der Vertragsartikel über den Ausschuß der Regionen, in: Tomuschat (Hrsg.), Mitsprache der dritten Ebene in der Europäischen Integration, S. 24.

13 Darunter sechs deutsche Vertreter.

14 Vgl. *Kaiser,* in: GTE, Vor Art. 198a bis 198c EGV, Fn. 5.

15 *Kaufmann-Bühler,* Die Entstehung der Vertragsartikel über den Ausschuß der Regionen, in: Tomuschat (Hrsg.), Mitsprache der dritten Ebene in der Europäischen Integration, S. 24.

organs Einfluß genommen hat. Hinzu kamen die nationalen Regionen selbst, die vermehrt ein Regionalvertretungsorgan forderten.

a) Impulse durch regionale Interessenvertretung

Die Installation des Beirats hatte ein zunehmendes Engagement zahlreicher Interessengruppierungen zur Folge, die sich für eine vertiefte Einbindung der dezentralen Körperschaften stark machten. Die Dämme waren gebrochen. So gingen auch im Vorfeld der Maastrichter Regierungskonferenz zahlreiche Initiativen von den betroffenen Kommunal- und Regionalverbänden aus.[16] An der Spitze der Regionalisierungsbefürworter befanden sich insbesondere die deutschen Bundesländer. Die Entwicklung soll kurz skizziert werden, weil sie ein nicht zu unterschätzendes Konfliktpotential birgt, nämlich das hegemoniale Vertretungsbedürfnis der Regionen gegenüber den Ansprüchen der kommunalen Gebietskörperschaften.

Die Vorstellungen der deutschen Bundesländer wurden erstmals in den „10 Münchener Thesen zur Europapolitik" formuliert, die aber noch keine Initiative für ein Regionalvertretungsorgan enthielten.[17] Diese Forderung fand sich ein Jahr später in der Entschließung zu einer *„Gemeinschaftscharta der Regionalisierung"* des Europäischen Parlaments[18], in der postuliert wird, „daß auch eine wirksame Beteiligung der Regionen am Rechtsetzungsprozeß der EG institutionalisiert" werden sollte.[19] Die Andeutungen konkretisierten sich im Bericht „Europa der Regionen" vom Mai 1990, der von einer durch die Ministerpräsidentenkonferenz eingesetzten Arbeitsgruppe vorgelegt wurde.[20] Demzufolge standen aus der Sicht der deutschen Bundesländer zwei Lösungen zur Auswahl: Die Schaffung eines kurzfristig realisierbaren *„Regionalrates"* mit eigenen Anhörungsbefugnissen oder einer *„Regionalkammer"* als „Dritte Kammer" im EG-Rechtsetzungsprozeß, die den anderen EG-Organen gleichgestellt ist. Bereits die Formulierung zweier Alternativen zeigt die politischen Chancen einer tatsächlichen Durchsetzbarkeit einer *„Dritten Kammer"* auf. Die Ministerpräsidenten beugten sich den politischen Realitäten und zeitlichen

16 Zu den maßgeblichen Verbänden S. 507 ff.

17 Vgl. den Abdruck bei *Bauer,* Europa der Regionen: aktuelle Dokumente zur Rolle und Zukunft der deutschen Länder im europäischen Integrationsprozeß, S. 13.

18 ABl. 1988 C 326/296.

19 Vgl. dazu die Forderung der Länder in BR-Drs. 279/89 und die erneute Bekräftigung im Vorfeld der Regierungskonferenz von Dublin, abgedruckt bei *Bauer,* Europa der Regionen: aktuelle Dokumente zur Rolle und Zukunft der deutschen Länder im europäischen Integrationsprozeß, S. 92 ff.

20 Abgedruckt bei *Bauer,* Europa der Regionen: aktuelle Dokumente zur Rolle und Zukunft der deutschen Länder im europäischen Integrationsprozeß, S. 41.

Möglichkeiten und votierten für einen Regionalrat.[21] Dies wurde in der *„Münchener Erklärung zum Föderalismus in Europa"* vom 7.6.1990 festgehalten.[22] Kernpunkte der Erklärung sind:

- Die Schaffung eines Regionalrates mit 152 Mitgliedern nach dem Schlüssel des Art. 148 Abs. 2 EGV a.F.[23],
- Das Recht dieses Rats, Stellungnahmen zu Gemeinschaftsvorhaben abgeben zu können,
- Die Gewährung dieser Rechte und die Einhaltung des Subsidiaritätsprinzips durch den Rat vor dem EuGH einklagen zu können.

Über den Bundesrat wurden diese Forderungen der Bundesregierung zu ihrer Realisierung im Zuge der Regierungskonferenzen vorgelegt.[24] Schon jetzt ist ersichtlich, daß wesentliche Impulse auf dem Weg zur Schaffung eines mit über den Beirat hinausgehenden Befugnissen ausgestatteten Vertretungsorgans von den deutschen Ländern ausgingen. Klar ist aber auch, daß die Ministerpräsidenten nur mittelbar über die Bundesregierung Einfluß auf die Verhandlungen um die Neufassung der Europäischen Verträge hatten.

So versuchten sie, durch europaweite Initiativen den politischen Druck zu verstärken. Hierzu gehört die Konferenz über ein „Europa der Regionen" [25], die seit 1989 regelmäßig stattfand und an der 36 Regionen aus neun EG-Mitgliedsländern teilnahmen.[26] Während die erste Konferenz noch zurückhaltend ein Mitwirkungsrecht forderte[27], konnte die dritte Konferenz im Oktober 1990 in Riva/Italien konkrete Vorschläge für die Ausgestaltung des neu zu schaffenden Gremiums unterbreiten.[28]

---

21 *Blanke,* in: Grabitz/Hilf, Das Recht der Europäischen Union, Vor Art. 263-265 EGV, Rn. 12.

22 *Bauer,* Europa der Regionen: aktuelle Dokumente zur Rolle und Zukunft der deutschen Länder im europäischen Integrationsprozeß, S. 110 ff.; vgl. auch *Bauer,* Europa der Regionen – zwischen Anspruch und Wirklichkeit.

23 Dies entspricht genau der doppelten Stimmzahl des Ministerrates.

24 BR-Drs. 550/90.

25 Vgl. zum Begriff *Knemeyer,* Europa der Regionen – Europa der Kommunen, S. 1.

26 *Blanke,* in: Grabitz/Hilf, Das Recht der Europäischen Union, Vor Art. 263-265 EGV, Rn. 11.

27 Vgl. *Knemeyer,* Subsidiarität – Föderalismus – Dezentralisation – Initiativen zu einem Europa der Regionen, DVBl. 1990, 413.

28 Vgl. *Petersen,* Zur Rolle der Regionen im künftigen Europa, DÖV 1991, 285.

Parallel hierzu brachte auch die Versammlung der Regionen Europas (VRE) als Nichtregierungsorganisation ihre Vorstellungen ein.[29]

Die Initiativen zugunsten einer gewichtigen Regionalinteressenvertretung in der Gemeinschaft lassen sich ohne weiteres auf eine entsprechende Regionalvertretung übertragen. Bezeichnend ist dennoch, daß sie alleine zugunsten der Regionalebene formuliert wurden. Im weiteren Verlauf zeichnete sich ein konkurrierendes Denken der beiden dezentralen Ebenen ab, das dem eigentlich gemeinsamen Interesse widerspricht. Für die Kommunen, die weit weniger Einflußmöglichkeiten als zum Beispiel die deutschen Länder über den Bundesrat hatten, bedeutete dies eine besondere Herausforderung, die so bis heute noch nicht endgültig bewältigt wurde. Gleich wie ein späteres Ergebnis aussah, in jedem Fall sollte das starke regionale Engagement auch seinen Niederschlag in der späteren Ausgestaltung finden, so daß die kommunale Seite bereits in der Entstehungsphase in der Defensive war. Der hier nur anzudeutende Konflikt soll an späterer Stelle aufgegriffen und in die Thematisierung der institutionellen Weiterentwicklung eingearbeitet werden.

b) Positionierung des Europäischen Parlaments

Über den anfänglichen Einsatz hinaus brachte das Europäische Parlament in der Folgezeit seine Forderungen durch mehrere Entschließungen zum Ausdruck.[30] Nicht ohne Hintergedanken und Widersprüche setzte sich das Parlament für eine beratende Mitwirkung der Regionen in einem „Zwei-Kammer"-System mit Europäischem Rat und dem Parlament ein.[31] Der „Regionalrat" sollte dabei vom Rat, der Kommission und dem Europäischen Parlament zu allen regionalrelevanten Maßnahmen gehört werden. Zudem sollte nach der Ansicht des Europäischen Parlaments das Recht, eigene Initiativen zu ergreifen, verankert werden.[32]

c) Regierungskonferenzen zum Maastricht-Vertragswerk

In mehreren Stufen vollzog sich die Einbeziehung der erarbeiteten und erörterten Konzepte. Bei der Formulierung des Mandats für die Regierungskonfe-

---

29 *Borkenhagen u. a. (Hrsg.),* Die deutschen Länder in Europa: Abdruck der Resolution vom 5.12.1990, S. 251 ff.

30 ABl. 1990 C 231/97; ABl. C 324/219; ABl. 1990 C 231/163; ABl. 1990 C 324/167.

31 *Schoo,* in: Hesse/Renzsch, Föderalstaatliche Entwicklung in Europa, 158 ff. und *Blanke,* in: Grabitz/Hilf, Das Recht der Europäischen Union, Vor Art. 263-265 EGV, Rn. 13.

32 ABl. 1990 C 324/219.

renz zur Politischen Union[33] ordneten die Regierungsvertreter die Anliegen der demokratischen Legitimation der Gemeinschaft zu.[34] Die Konferenz nahm zur Kenntnis, daß

> *„einige Mitgliedstaaten besonderen Wert auf (...) die Annahme von Bestimmungen [legen], die den besonderen Befugnissen regionaler und lokaler Institutionen in bezug auf bestimmte Gemeinschaftspolitiken Rechnung tragen".*[35]

Auf der ersten Regierungskonferenz wurde das deutsche Modell eines beratenden Ausschusses von der deutschen Delegation eingebracht, welches zunächst nur bei Belgien, Italien und Schweden Anklang fand. Zuvor hatten die deutschen Bundesländer mit der Bundesregierung einen Kompromiß ausgehandelt. Insbesondere sollte die „Bildung von Regionen" den Mitgliedstaaten überlassen bleiben.[36] Im konsolidierten Entwurf, der am 18.6.1991 vorgelegt wurde, wurde ein Konzept vorgestellt, das sich an der Stellung des Wirtschafts- und Sozialausschusses orientierte und dort auch angesiedelt sein sollte. Die 189 Mitglieder des Regionalgremiums sollten weisungsfrei sein und ein umfassendes Anhörungs- und Stellungnahmerecht erhalten. Sie sollten Vertreter der lokalen und regionalen Gebietskörperschaften sein, die durch einstimmigen Ratsbeschluß ernannt werden. Im Gegensatz hierzu stand der deutsche Vorschlag, der von der Konzeption mit ausschließlichen Regionalvertretern und einem mitgliedstaatlichen Entsenderecht ausging.[37] Von der Beteiligung sowohl lokaler als auch regionaler Vertreter rückte auch die niederländische Ratspräsidentschaft nicht ab. Die Regionen forderten, die Mitgliedschaft kommunaler Mandatsträger auf die Mitgliedstaaten zu beschränken, die über keine regionale Ebene verfügen.[38]

Auf dem Gipfel in Maastricht 1991 wurde die gefundene Fassung nicht mehr geändert. Verabschiedet wurde der *„Ausschuß der regionalen und lokalen Gebietskörperschaften"* als ein Kompromiß zwischen den dezentral und zentral

---

33 Am 14./15.12.1990 in Rom.

34 *Blanke,* in: Grabitz/Hilf, Das Recht der Europäischen Union, Vor Art, 263-265 EGV, Rn. 14.

35 EA 1990, D 27/28.

36 *Blanke,* in: Grabitz/Hilf, Das Recht der Europäischen Union, Vor Art. 263-265 EGV, Rn. 14; so auch die Vorschläge der Kommission, die aber bei den Beratungen keine große Rolle spielten, dazu *Kaiser,* in: GTE, Vorbemerkung Art. 198a-198c EGV, Rn. 11.

37 *Kaiser,* in: GTE, Vorbemerkung Art. 198a-198c EGV, Rn. 11.

38 *Benz/Benz,* Der Ausschuß der Regionen der Europäischen Union: Entstehung und Organisation in: Hesse (Hrsg.), Regionen in Europa, Band 1: Die Institutionalisierung des Regionalausschusses, S. 245 f.

organisierten Mitgliedstaaten, für die die Notwendigkeit der Beteiligung dezentraler Elemente nur schwer einzusehen war.[39] In seiner Grundkonzeption blieb der Ausschuß – trotz gegenläufiger Forderungen der dort versammelten (zentralen) Ebenen – durch den Amsterdamer Vertrag[40] unberührt.

4. Zusammenfassung

Mit der Schaffung des Ausschusses der regionalen und lokalen Gebietskörperschaften im EG-Vertrag wurde mit dem Inkrafttreten des Maastrichter Vertragswerks Neuland betreten. Zwar existierte seit 1988 der Beirat der regionalen und lokalen Gebietskörperschaften, dieser ist als Anhängsel der Kommission aber in Stellung und Befugnis nicht mit dem Ausschuß vergleichbar. Hierfür spricht die Formulierung des Art. 263 EG in der Amsterdamer Fassung[41], der von der Errichtung des Ausschusses der Regionen spricht, also offensichtlich davon ausgeht, daß ein solches Institut bis dato nicht existierte.

Auch die Regionen und Kommunen haben mit dem AdR Neuland betreten. Wie bei jeder Innovation ist auch der Ausschuß unter dem Gesichtspunkt der praktischen Erfahrungen verbesserungsfähig.[42] Die Bildung des Ausschusses ist der erste Schritt, dem notwendigerweise auch ein zweiter folgen muß. Die intensivere Einbindung des AdR in das institutionelle System der Europäischen Union bringt unverweigerlich die Stärkung der dezentralen Ebene in den Mitgliedstaaten mit sich. Andererseits können strukturelle Verbesserungen die Arbeitsweise des Ausschusses erleichtern, ohne daß damit zwangsläufig eine Vergrößerung des Einflusses einhergeht, wodurch natürlich etwaige politische Bedenken und Zielsetzungen beiseite geschoben werden können. Diese darüber hinausgehende Weiterbildung ist auch mit den Amsterdamer Verträgen nicht grundlegend geschehen.[43]

Festzuhalten ist, daß der AdR weitgehend eine deutsche Erfindung ist, allen voran die Länder Bayern und Nordrhein-Westfalen. In der Entstehungsphase gingen maßgebliche Impulse von den deutschen Bundesländern als Regionen

---

39 *Wuermeling,* Das Ende der „Länderblindheit“: Der Ausschuß der Regionen nach dem neuen EG-Vertrag, EuR 1993, 199; *Petersen,* Zur Rolle der Regionen im künftigen Europa, DÖV 1991, 283.

40 ABl. C 340/1 vom 10. November 1997.

41 Art. 198a EGV a.F. in der Maastrichter Fassung.

42 *Chabert,* Europa braucht ein festes Fundament, Der Städtetag 12/2000, 34.

43 *Wiedmann,* Der Ausschuß der Regionen nach dem Vertrag von Amsterdam, EuR 1999, 67.

aus.[44] „Bündnispartner“ fanden die Länder in den anderen dezentralisierten Staaten. Für alle anderen Staaten war das Bemühen um eine Regionalvertretung ein schwer vermittelbares Anliegen. In der Konsequenz des erfolgreichen deutschen Anstoßes können auch die Weiterentwicklungsansätze von deutscher Seite kommen. Hilfreiche Partner in der Bildung des Ausschusses waren das Europäische Parlament, aber auch europaweite Zusammenschlüsse der Regionen in Interessenverbänden wie beispielsweise die Versammlung der Regionen Europas (VRE) als Interessenverband.

Dabei spielten die kommunalen Gebietskörperschaften zu weiten Teilen eine nur untergeordnete Rolle. Sie konnten aus dem Schatten der mächtigen Regionen nicht heraustreten. Andererseits gelang es den Regionen nicht, trotz dieser Überlegenheit die kommunale Seite völlig zu verdrängen, was vor allem darauf zurückzuführen ist, daß eine Reihe von Mitgliedstaaten die regionale Einheit überhaupt nicht kennt. Eine geteilte Repräsentanz mit einerseits nur regionalen Vertretern und – bei Nichtexistenz einer Regionalebene – mit kommunalen Vertretern wäre nicht praktikabel und den Zielen eher hinderlich gewesen. Eine gleichmäßige Besetzung mit Vertretern beider Körperschaften aus allen Mitgliedstaaten ist schon aus diesem Grund erstrebenswert.[45]

Damit noch nicht beantwortet ist die Frage, wie sich der starke Einfluß der regionalen Gebietskörperschaften auf die letztendliche Besetzung ausgewirkt hat. Durchaus vertretbar erscheint es zunächst, das maßgebliche Engagement der Regionen mit einer entsprechenden Schwerpunktsetzung im Ausschuß zu vergelten. Diese Auffassung verkennt aber die zeitliche Dimension des Integrationsprozesses. Sofern sich der Ausschuß in seiner geteilten Zusammensetzung bewährt hat, muß auch dieses Konzept zu Ende geführt werden. Der einmalige Einsatz der Bundesländer und der damit einhergehende Altruismus können nicht mit einem alle Zeiten überdauernden Geltungsanspruch einhergehen. Vielmehr ist die stete Fortentwicklung des europäischen Einigungswerks schwerpunktmäßig ins Auge zu fassen.

Die Lehre aus der Entstehungsgeschichte – und nur das rechtfertigt die überblicksmäßige Darstellung – kann darin gesehen werden, daß der kontinuierliche politische Einsatz für ein Mitspracherecht der dezentralen Ebenen trotz der schwierigen Ausgangslage angesichts der Dominanz der Mitgliedstaaten lohnend ist. Auf die zeitliche Dimension des Integrationsprozesses bezogen ist der Fortschritt auch nicht planbar oder abzusehen. Vielmehr ist Kontinuität und Überzeugungsarbeit nötig, um den erwünschten Zielen zum Erfolg zu verhelfen.

---

44 *Hofmann,* Maastricht ein Erfolg für die kommunale Selbstverwaltung, Der Landkreis 1992, 373 ff.

45 Dazu sogleich.

II. Zusammensetzung des Ausschusses der Regionen

Grundlage für die Zusammensetzung des Ausschusses der Regionen ist Art. 263 EG, der neben einem genauen zahlenmäßigen Aufteilungsschlüssel in Abs. 2 in Abs. 1 grundlegend bestimmt:

> *„Es wird ein beratender Ausschuß aus Vertretern der regionalen und lokalen Gebietskörperschaften, nachstehend „Ausschuß der Regionen" genannt, errichtet."*

1. Zusammensetzung aus lokalen und regionalen Vertretern

Der Ausschuß der Regionen besteht aus 222 Mitgliedern[46] der kommunalen und regionalen Gebietskörperschaften. Was unter kommunalen und regionalen Gebietskörperschaften zu verstehen ist, richtet sich nach mitgliedstaatlichem Recht. Einzig der Begriff der Gebietskörperschaft fordert, schon dem wortgetreuen Begriffsverständnis nach, einen territorialen Bezug.[47] Ausgeschlossen sind daher die Personalkörperschaften und sonstige Körperschaften des öffentlichen Rechts. Im Übrigen haben die Mitgliedstaaten einen „nicht unerheblichen Spielraum des Selbstdefinitionsrechts".[48] Die Regelung trägt den unterschiedlichsten Formen der Gebietskörperschaften in den Mitgliedstaaten Rechnung. Eine Bestimmung, die die territorialen Einheiten und Untergliederungen in all ihren Facetten erfaßt, wäre nicht ohne weiteres praktikabel. Zudem ist der Umstand zu berücksichtigen, daß nicht alle Mitgliedsländer über regionale Gebietskörperschaften verfügen. Keinesfalls fehlte es hier am Regelungswillen der Vertragsgeber.

Davon zu unterscheiden ist die Frage, wie die Vertreter innerhalb der Mitgliedstaaten auf die dezentralen Körperschaften aufzuteilen sind. In diesem Bereich ist der erste grundlegende Streit verortet, der zuerst in der deutschen Umsetzung der gemeinschaftlichen Vorgaben und infolgedessen in der wissenschaftlichen Kontroverse ausführlich thematisiert wurde.

---

46 Ursprünglich waren es 189 Mitglieder, hinzu kamen durch Ratsbeschluß am 23.1.1995 (ABl. 1995 L 25/29) die Vertreter Finnlands (9), Österreichs (12) und Schwedens (12).

47 So *Streinz,* Europarechtliche Bewertung, in: Tomuschat, (Hrsg.), Mitsprache der dritten Ebene in der Europäischen Integration, S. 58.

48 *Blanke,* in: Grabitz/Hilf, Das Recht der Europäischen Union, Art. 263 EGV, Rn. 6.

a) Und oder oder?

Der Wortlaut des Art. 263 EG erscheint eindeutig: Der AdR besteht aus Vertretern der lokalen und kommunalen Gebietskörperschaften. Nach einem natürlichen Sprachverständnis bedeutet dies, daß beide Körperschaften Mitglieder in den Ausschuß entsenden. Die additive Verknüpfung stellt zudem klar, daß diese Aufteilung jeden Mitgliedstaat betrifft, in dem sich beide Strukturen vorfinden. Daraus leitet sich die Pflicht der Mitgliedsländer ab, solche Vertreter auch zu entsenden.[49]

Erscheint dies im ersten Moment allzu logisch, so ist diese Feststellung, die sich unmittelbar dem EGV entnehmen läßt, Gegenstand eines seit der Schaffung des Ausschusses währenden Streits, der insbesondere von Interessenvertretern der deutschen Bundesländer genährt wird.

aa) AdR ohne lokale Vertreter?

Fraglich ist, ob es genügt, daß im AdR in seiner gesamten Betrachtung überhaupt Vertreter beider Ebenen vorhanden sein müssen oder ob die „und"-Formulierung von jedem einzelnen Mitgliedstaat zu beachten ist. Vornehmlich von Regionalvertretern wird vorgebracht, der Zusatz der lokalen Gebietskörperschaften betreffe alleine die Mitgliedstaaten, in denen Regionalstrukturen nicht eindeutig vorhanden sind und die lokalen Vertreter ersatzweise einspringen.[50]

Demzufolge lassen sich drei Ansichten vertreten:

(1) Jeder Mitgliedstaat muß sowohl Kommunal- als auch Regionalvertreter entsenden.

(2) Es genügt, wenn überhaupt kommunale und regionale Vertreter Mitglieder im AdR sind, oder – daran anlehnend –:

(3) Im AdR sitzen grundsätzlich nur regionale Vertreter; lokale Vertreter werden nur dann entsandt, wenn keine regionale Ebene zur Entsendung entsprechender Vertreter vorhanden ist.[51]

---

49 *Kaufmann-Bühler,* in: Lenz, EG-Kommentar, Art. 263 EGV, Rn. 4.; *von Zimmermann-Wienhues,* Kommunale Selbstverwaltung in der Europäischen Union, S. 316.

50 So *Reich,* Kommunen auf dem Weg nach Europa, Integration 1993, 179 ff.; vgl. zu den Vorstellungen der deutschen Bundesländer bei der Schaffung des AdR *Hofmann,* Maastricht ein Erfolg für die kommunale Selbstverwaltung, Der Landkreis 1992, 373 ff.

51 Vgl. *Clement,* Politische Bewertung, in: Tomuschat, (Hrsg.), Mitsprache der dritten Ebene in der Europäischen Integration, S. 23 f.; *ders.,* Der Regionalausschuß - mehr als ein Alibi?, Staatswissenschaft und Praxis, 1993, 164 f.; *Wuermeling,* Das Ende der „Län-

(1) Wortlautauslegung

Die richtige Lösung kann sich nur durch Auslegung des Vertrags selbst ergeben, der *„buchstabengetreu"*[52] auszulegen ist. Hierbei ist zunächst festzuhalten, daß es ein leichtes gewesen wäre, durch eine alternative „oder"-Verknüpfung einen gegenteiligen Willen zu äußern, der ein Wahlrecht der Mitgliedstaaten konstituiert hätte. Damit ist aber noch nicht beantwortet, ob im Umkehrschluß gefolgert werden kann, daß durch die Vermeidung einer „oder"-Bestimmung der Vertrag in dieser oder jener Hinsicht zu interpretieren ist. Ein solcher Schluß erscheint zweifelhaft:[53] Der Wortlaut ist insofern nicht eindeutig.

Zumindest die Ansicht (3) läßt sich leicht entkräften. Die Formulierung und gleichberechtigte Nennung der lokalen Gebietskörperschaften muß in allen Mitgliedstaaten gleichermaßen Wirkung entfalten.[54] Für eine Anpassung in den meisten Mitgliedstaaten, die beide Ebenen aufweisen, gibt der Vertrag nichts her. Entkräftet werden kann gleichermaßen das Argument von *Wuermeling*[55], der das „der" vor „regionalen" als Indiz dafür sieht, daß lokale Gebietskörperschaften nur hilfsweise in den Ausschuß gehören. Anders hätte es der Vertragsgeber gelöst, wenn nur von *„regionalen und lokalen (...)"* gesprochen werden würde. Hieraus schließt er die Notwendigkeit einer flächendeckenden Repräsentanz der Regionen.

Dem ist entgegenzuhalten, daß sich das „der" auch auf die lokalen Gebietskörperschaften bezieht. Aus der Tatsache, daß zunächst die regionalen Gebietskörperschaften genannt werden, läßt sich diese These aber nicht ableiten.[56] Eine solche sprachliche Feinheit läßt sich mit anderen Sprachfassungen, derer sich der Rechtsanwender bei Auslegung internationaler Verträge bewußt sein muß, nicht vereinbaren. Dies müßte sich aus der Entstehungsgeschichte positiv nachweisen lassen. Es ist zu offensichtlich, daß hier Regionalvertreter gescheiterte Bemühungen in den Vertragsverhandlungen kompensieren wollen.

---

derblindheit": Der Ausschuß der Regionen nach dem neuen EG-Vertrag, EuR 1993, 200; offen bei: *Benz,* Regionen als Machtfaktor in Europa?, VerwArch 1993, 305.

52 *Tomuschat,* Die Vertretung lokaler Gebietskörperschaften nach Art. 198a EGV, unveröffentlichtes Rechtsgutachten, S. 12.

53 Unklar *Blanke,* in: Grabitz/Hilf, Das Recht der Europäischen Union, Art. 263 EGV, Rn. 17.

54 *Blanke,* in: Grabitz/Hilf, Das Recht der Europäischen Union, Art. 263 EGV, Rn. 17.

55 *Wuermeling,* Das Ende der „Länderblindheit": Der Ausschuß der Regionen nach dem neuen EG-Vertrag, EuR 1993, 200.

56 So auch *Kaiser,* in: GTE, Art. 198a EGV, Fn. 11 zu Rn. 3.

(2) Systematik

Auch in systematischer Hinsicht ergeben sich keine Anhaltspunkte für die eine oder andere Lösung. Zwar wird Art. 265 Abs. 3 S. 2 EG angeführt, in dem von „spezifisch regionalen"[57] und gerade nicht von lokalen Interessen gesprochen wird. Hieraus könnte von der Aufgabe auf die Zusammensetzung geschlossen werden. Dem ist aber entgegenzuhalten, daß weitgehend davon ausgegangen wird, daß in Parallele zu der verkürzenden Namensbezeichnung des AdR hier ein Redaktionsfehler vorliegt. Im Übrigen wäre eine lokale Repräsentanz auch bei Äußerung in dem speziellen Fall zu regionalen Fragen denkbar. Dies ist beispielsweise im Kongreß der Gemeinden und Regionen Europas notwendigerweise so vorgegeben.[58] Aus dem systematischen Zusammenhang läßt sich daher kein Rückschluß auf die Zusammensetzung des Ausschusses ziehen.

(3) Teleologische Auslegung

Fraglich ist, ob sich aus dem Sinn und Zweck der Art. 263 ff. EG etwas anderes ergeben kann. Der AdR ist das Sprachrohr der dezentralen Gebietskörperschaften unterhalb der mitgliedstaatlichen Ebene. In ihm sollen lokale und regionale Vertreter die sie betreffenden europäischen Rechtsakte kommentieren und so Einfluß auf den Entscheidungsprozeß nehmen können. Dabei sollte der Ausschuß ein Schritt zu mehr Bürgernähe sein,[59] vgl. Art. 1 Abs. 2 EUV, und damit die Demokratisierung der EU vorantreiben.[60] Es wäre geradezu sinnwidrig, die unterste Ebene, die die größte Bürgernähe aufweist, von vornherein aus dem Gremium auszuschließen, das gerade diese Lücke schließen soll, jedenfalls dann, wenn daneben keine regionale Ebene existiert.[61]

Zum selben Ergebnis kommt man, wenn man den AdR als verkörpertes Subsidiaritätsprinzip auffaßt.[62] An dieser Stelle sei vorweggenommen, daß sich die genannte Garantie zunächst auf das Verhältnis der Gemeinschaft zu den EU-Mitgliedstaaten bezieht, die dezentralen Körperschaften also nicht erfaßt wer-

---

57 Vgl. Art. 38c) GO-AdR.

58 Dazu unten.

59 *Baltsch,* AdR schließt demokratische Lücke, Europa kommunal 1994, 112.

60 So der ehemalige Ratspräsident und griechische Außenminister *Tschocharzopoulou,* in: Baltsch, AdR schließt demokratische Lücke, Europa kommunal 1994, 112.

61 *Sreinz,* Die Stellung des Ausschusses der Regionen im institutionellen Gefüge der EU – eine Europarechtliche Bewertung, in: Tomuschat (Hrsg.), Mitsprache der dritten Ebene in der Europäischen Integration, S. 59.

62 *Tschocharzopoulou,* in: Baltsch, AdR schließt demokratische Lücke, Europa kommunal 1994, 112.

den.[63] Daß aber bei grundsätzlicher Betrachtung das Subsidiaritätsprinzip bzw. der AdR als dessen Träger bei den regionalen Gebietskörperschaften enden soll unter Mißachtung der kommunalen Gebietskörperschaften, erscheint nicht überzeugend. Ein schlagkräftiges Argument kann sich hieraus nicht ergeben.[64]

(4) Historische Auslegung

Die Normen des EG-Vertrages können hilfsweise auch in ihrer geschichtlichen Dimension betrachtet werden. Der AdR löste – wie dargestellt – den Beirat der lokalen und regionalen Gebietskörperschaften bei der EG-Kommission ab. Dieser war mit Vertretern beider Ebenen besetzt. Dieses Argument der organisatorischen Kontinuität zwischen Beirat und Ausschuß ist mit Vorsicht zu genießen. Der AdR ist gerade nicht Nachfolger des Beirats, sondern ausdrücklich etwas neu Geschaffenes. Hieraus lassen sich weder Argumente noch Gegenargumente ableiten. Das Grundkonzept des Beirats wurde gerade nicht übernommen, zum Beispiel die Ansiedelung bei der Kommission.

Entgegen *Clement*[65] ergibt sich auch nicht aus den Vertragsverhandlungen zum Maastrichter Vertragswerk ein anderes. Vielmehr konnten sich die regionalen Vertreter gerade nicht mit ihrer Forderung durchsetzen, die kommunale Ebene außen vor zu lassen. Vom vehementen politischen Einsatz der regionalen Vertreter bei der Schaffung des AdR kann daher nicht auf eine ausschließliche Besetzung mit Regionalvertretern geschlossen werden. Außerdem gibt es keine genauen Anhaltspunkte dafür, daß die lokale Ebene nur deshalb aufgenommen worden ist, weil die regionale Ebene in manchen Mitgliedstaaten nicht existiert.[66]

(5) Ergebnis

Der AdR ist eine Einrichtung der lokalen und regionalen Gebietskörperschaften. Dies ergibt sich aus dem Verständnis des Wortlauts, gestützt auf Sinn und Zweck der Schaffung des AdR, und den Entwicklungen im Vorfeld der Maastrichter Regierungskonferenz im Wege der teleologischen Auslegung. Je-

---

63 Vgl. unten und *Martini/Müller,* Zum Schutz der kommunalen Selbstverwaltung in der europäischen Integration durch nationales Verfassungsrecht und gemeinschaftsrechtliche allgemeine Rechtsgrundsätze, BayVBl. 1993, 161.

64 Anders wohl *Streinz,* Europarechtliche Bewertung, in: Tomuschat (Hrsg.), Mitsprache der dritten Ebene in der europäischen Integration, S. 59; *Kaiser,* in: GTE, Art. 198a EGV, Rn. 3.

65 *Clement,* Der Regionalausschuß - mehr als ein Alibi?, StWiss und StPraxis 1993, 164 f.

66 Dazu bereits oben.

der Mitgliedstaat muß der Forderung des Art. 263 EG nachkommen und lokale und regionale Vertreter vorschlagen, sofern beide Ebenen vorhanden sind. Dies entspricht auch dem praktischen Verständnis aller dreistufig aufgebauten Mitgliedstaaten, die mit Ausnahme von Belgien, Vertreter beider dezentraler Ebenen entsandt haben.[67]

bb) Lokale Alibi-Vertreter ausreichend?

Dieses Ergebnis ist Ausgangspunkt für eine weitere Frage, die stetig im Mittelpunkt eines Diskurses steht, der insbesondere in der ersten Mandatsperiode für die Besetzung des AdR entscheidend war. Die positivrechtlichen Weichenstellungen haben unverändert Auswirkungen bis in die gegenwärtige Gestalt des AdR: In welchem Verhältnis müssen die lokalen und regionalen Vertreter aus dem einzelnen Mitgliedstaat benannt werden? Erfolgte die Besetzung des Beirats paritätisch, so wird beim AdR teilweise angenommen, daß er nach dem EG-Vertrag schwerpunktmäßig mit regionalen Vertretern zu besetzen ist. Hierzu wird angeführt, daß aus der Bezeichnung als „Ausschuß der Regionen" eine regionalgünstige Zusammensetzung resultiere.[68] Dies ist aber nicht einleuchtend. Der Ausschuß der Regionen ist eine Kürzelbezeichnung, die aus Zweckmäßigkeitserwägungen Aufnahme in den Vertrag gefunden hat. Die schlagwortartige Nennung birgt die Chance des Ausschusses, sich in den Köpfen der maßgeblichen Entscheidungsträger und der öffentlichen Diskussion festzusetzen, mit der Gefahr, daß die kommunalen Gebietskörperschaften außen vor bleiben. Ein Rückschluß auf ein grundsätzlich regionaldominiertes Nebenorgan in der vornehmlichen Besetzung mit „regionalen und kommunalen Vertretern" läßt sich hieraus aber nicht ableiten, vgl. Art. 263 Abs. 1 EG.

Hierfür spricht auch die Parallele mit dem Wirtschafts- und Sozialausschuß (WSA), bei dem sich eine ähnliche Problematik stellt.[69] Dem WSA ist vorgegeben, daß er in seiner Besetzung seinem weiten Aufgabenspektrum Rechnung tragen muß.[70] Ob es ein solches gemeinschaftsweites Prinzip der „Repräsentativität von Aufgabe und Vertretung"[71] für den AdR anzuerkennen gilt, ist frag-

---

67 *Blanke,* in: Grabitz/Hilf, Das Recht der Europäischen Union, Art. 263 EGV, Rn. 17.

68 *Streinz,* Europarechtliche Bewertung, in: Tomuschat (Hrsg.), Mitsprache der dritten Ebene in der europäischen Integration, S. 60.

69 Der WSA sieht sich selbst als „beratende Versammlung zur Vertretung von Wirtschaft und Gesellschaft".

70 Vgl. *Geiger,* EG-Vertrag, Art. 193 EGV, Rn. 1.

71 *Bahlmann,* Zur Notwendigkeit einer Beteiligung der lokalen Gebietskörperschaften im „Ausschuß der Regionen", nicht veröffentlichte gutachterliche Stellungnahme, Juli 1992.

lich. Es spricht aber vieles dafür, das Prinzip auch auf den AdR anzuwenden und so eine seinen Aufgaben entsprechende Zusammensetzung zu gewährleisten.[72]

Hiergegen könnte eingewendet werden, die Benennung eines AdR-Mitglieds sei ausschließlich den Mitgliedstaaten überlassen, was konsequenterweise auch auf die Herkunft aus einer kommunalen oder regionalen Gebietskörperschaft gelten muß. Folglich wäre die Annahme einer derartigen Vorgabe der gemeinschaftlichen Kontrolle entzogen.

Jedoch unterliegt ein solches Verfahren trotz des mitgliedstaatlichen Freiraumes den gemeinschaftsrechtlichen Anforderungen. Hierbei ist insbesondere der Grundsatz des *„effet utile"*, der effektiven Wirksamkeit des Gemeinschaftsrechts, zu beachten. Danach muß das Vertragsrecht so ausgelegt werden, daß primär die Funktionsfähigkeit der Gemeinschaft und deren Rechtsordnung garantiert werden.[73] Zu dieser Funktionsfähigkeit gehört die Erfüllung aller der Gemeinschaft und deren Einrichtungen übertragenen Aufgaben. Diese kann der AdR aber nur erfüllen, wenn in ihm alle Ebenen „nach ihrem anerkannten Stellenwert im institutionellen Gefüge der Mitgliedstaaten"[74] eine gleichberechtigte Position einnehmen.[75] Das Gemeinschaftswohl kann nur dann wirksam gefördert werden, wenn die Vertreter im Ausschuß aus allen relevanten Bereichen entsandt werden, so auch aus der kommunalpolitischen Ebene.[76]

Ansonsten ist ein „repräsentativer Gemeinschaftsquerschnitt"[77] nicht gegeben, der notwendige Voraussetzung für eine effektive Wahrnehmung der Beratungsaufgaben ist. Dabei reicht es nicht aus, daß sich die Vertreter beider Ebenen in etwa die Waage halten.[78] Das Instrument des *„effet utile"* richtet sich nicht an den AdR als Ganzes, sondern an die einzelnen Mitgliedstaaten, die sich mit der Unterzeichnung der Gemeinschaftsverträge zur Erfüllung der völker-

---

72 So auch *Blanke,* in: Grabitz/Hilf, Das Recht der Europäischen Union, Art. 263 EGV, Rn. 17.

73 *Zuleeg,* in: GTE, Art. 1 EGV, Rn. 38 ff.

74 Vgl. die Entschließung des Europäischen Parlaments vom 18.11.1993, ABl. 1993 C 329/281.

75 *Blanke,* in: Grabitz/Hilf, Das Recht der Europäischen Union, Art. 263 EGV, Rn. 18.

76 *Bahlmann,* Zur Notwendigkeit einer Beteiligung der lokalen Gebietskörperschaften im „Ausschuß der Regionen", nicht veröffentlichte gutachterliche Stellungnahme, Juli 1992, S. 17 f.; *von Zimmermann-Wienhues,* Kommunale Selbstverwaltung in der Europäischen Union, S. 319.

77 *Blanke,* in: Grabitz/Hilf, Das Recht der Europäischen Union, Art. 263 EGV, Rn. 18.

78 Wobei zu berücksichtigen ist, daß die Gesamtzahl der Sitze schon deshalb verschoben ist, weil mehrere Mitgliedstaaten über keine Regionalebene verfügen. Dies ist im Vergleich mit dem Kongreß der Gemeinden und Regionen Europas zu sehen, wo eine solche Parität besteht, dazu unten S. 490 ff.

rechtlichen, systemimmanenten Klauseln verpflichtet haben. Dieser Schluß ist auch folgerichtig, da eine ausreichende Umsetzung des Gemeinschaftsrechts nur dann gegeben ist, wenn im AdR sowohl regionale als auch kommunale Gebietskörperschaften – soweit vorhanden – repräsentiert werden.

Entscheidend ist also die Repräsentativität der dezentralen Körperschaften im Ausschuß, durch die gemeinschaftsrechtlich gegen einen Alleinvertretungsanspruch der Kommunen oder Regionen mit Bindung für alle Mitgliedstaaten entgegengewirkt wird. Sofern beide Gebietskörperschaften in einem Mitgliedstaat existieren, ist von einer gleichberechtigten Entsendungspflicht der Mitgliedstaaten auszugehen. Innerhalb dieser Grenzen sind die Benennung und die verfahrensmäßige Abwicklung der mitgliedstaatlichen Willensbildung überlassen. Ein *„mathematisch exakter Proporz“*[79] ist den gemeinschaftsrechtlichen Vorgaben aber nicht zu entnehmen.[80]

b) Zusammensetzung aus deutscher Sicht

Fraglich ist daher, ob die derzeitige Besetzung des Ausschusses aus deutscher Sicht mit 21 Regional- und drei Kommunalvertretern den gemeinschaftlichen Grundsätzen entspricht. Eine Gemeinschaftsrechtswidrigkeit läßt sich nicht alleine aus der Tatsache ableiten, daß die Aufteilung nicht in zwölf zu zwölf Mitgliedern zwischen den regionalen und kommunalen Gebietskörperschaften erfolgt ist. Gleichermaßen obliegt die innerstaatliche Auswahl wie dargestellt nicht politischen Zweckmäßigkeitsüberlegungen.[81] Eine solche Auffassung verstößt gegen das konstitutionelle Prinzip der Repräsentativität des Art. 263 EG als gemeinschaftsrechtliche Umsetzungsvorgabe.[82]

Spielräume ergeben sich beispielsweise bei der Festlegung und Ausfüllung des Begriffes der Regionen, die alleine der nationalstaatlichen Ebene überlassen

79 So *Blanke,* in: Grabitz/Hilf, Das Recht der Europäischen Union, Art. 263 EGV, Rn. 23.

80 Anders *Bahlmann,* Zur Notwendigkeit einer Beteiligung der lokalen Gebietskörperschaften im „Ausschuß der Regionen“, nicht veröffentlichte gutachterliche Stellungnahme, Juli 1992, S. 16 f.; *Tomuschat,* Die Vertretung lokaler Gebietskörperschaften nach Art. 198a EGV, Rechtsgutachten, 1992, S. 25, beide unveröffentlicht.

81 Vgl. *Heberlein,* Maastricht – ein Erfolg für die kommunale Selbstverwaltung?, DVBl. 1994, 1215 f.; *Kleffner-Riedel,* Regionalausschuß und Subsidiaritätsprinzip, S. 187 f., *Heberlein,* Der Schutz der kommunalen Selbstverwaltung in der europäischen Integration – eine Replik, BayVBl. 1993, 678.

82 Zu dessen Bedeutung vgl. *Blanke,* in: Grabitz/Hilf, Das Recht der Europäischen Union, Art. 263 EGV, Rn. 22.

bleiben.[83] In der Bundesrepublik übernahmen die Bundesländer die regionale Initiative und stellen nach innerstaatlicher Festlegung die regionalen Gebietskörperschaften im Sinne des Art. 263 EG dar.[84] Mit ihnen konkurrieren Kreise, Städte und Gemeinden und die höheren Kommunalverbände um die Sitze im AdR. Bezüglich der 21 Sitze der Länder bestehen bei gleichmäßiger Besetzung durch alle Länder keine Bedenken.[85]

Anders in Hinblick auf die drei für die kommunalen Gebietskörperschaften reservierten Sitze. Nicht entscheidend für diese Betrachtung ist, ob ein angemessenes Verhältnis zwischen regionalen und kommunalen Gebietskörperschaften besteht. Zwar kann das deutliche Überwiegen der einen oder anderen Seite ein Indiz für die mangelnde Repräsentativität sein, hier soll aber die Prämisse des mitgliedstaatlichen Entscheidungsspielraums gesetzt werden. Aus Art. 263 EG ergibt sich nach oben Gesagtem in jedem Fall, daß die dezentralen Gebietskörperschaften der Mitgliedstaaten angemessen vertreten sein müssen. Insofern ist eine Einschränkung des mitgliedstaatlichen Handlungsermessens zwingend zu berücksichtigen.

Die deutschen kommunalen Gebietskörperschaften teilen sich in die Bezirke bzw. die anderen flächendeckend installierten höheren Kommunalverbände, Landkreise und Gemeinden. Die Gemeinden wiederum kommen in den unterschiedlichsten „Formen" vor: Den kleinen kreisangehörigen Gemeinden, den kreisfreien Gemeinden, großen Kreisstädten sowie Zusammenschlüssen in Verwaltungsgemeinschaften, Zweckverbänden u.ä.[86] Die kommunale Landschaft ist also von einer Vielfalt unterschiedlicher Gebietskörperschaften und territorialer Organisationsformen geprägt.[87] Alle zusammen nehmen nebeneinander und miteinander Aufgaben der kommunalen Selbstverwaltung wahr. Sie werden in ihrem Wirkungsbereich von Art. 28 Abs. 2 GG verfassungsrechtlich geschützt. Im Ausschuß der Regionen werden sie durch drei Vertreter repräsentiert, bei der die kommunalen Spitzenverbände – der Deutsche Landkreistag (DLT)[88], der

---

83 *Engel,* Regionen in der Europäischen Gemeinschaft: Eine integrationspolitische Rollensuche, Integration 1991, 15, mit der Forderung, gemeinschaftsweit eine einheitliche Definition festzulegen; ähnlich auch *Rengeling,* Europa der Regionen, in: Becker/Bull/Seewald, FS Thieme, S. 453.

84 Zur Forderung nach einer Anerkennung der Bezirke als europäische Regionen *Probst,* Regionale Selbstverwaltung: die bayerischen Bezirke als Modell für ein bürgernahes Europa, S. 163 ff.

85 Die Besetzung erfolgt folgendermaßen: jedes Bundesland verfügt zunächst über einen Sitz, die restlichen fünf Mandate werden in abwechselnden Turnus nach der größenmäßigen Einordnung nach der Einwohnerzahl der Bundesländer vergeben.

86 Vgl. *von Mutius,* Kommunalrecht, Rn. 327 ff.

87 Vgl. *Delors,* in: Hesse, Bd. 1: Die Institutionalisierung des Regionalausschusses, S. 284.

88 Im Internet unter http://www.landkreistag.de/.

deutsche Städtetag (DST)[89] und der Deutsche Städte- und Gemeindebund (DStGB)[90] – je einen Vertreter benennen.[91] Vereinfacht könnte davon gesprochen werden, daß der DGStB die kleinen und mittleren Gemeinden, der DST die großen Städte und der DLT die Landkreise vertreten.

Im Vergleich mit der oben dargestellten Organisation kommunaler Selbstverwaltung stellt diese Reduktion sehr deutlich fest, daß die deutsche kommunale Vielfalt durch die drei Vertreter nicht darstellbar ist.[92] Der „Gemeindevertreter" kann nicht die Interessen aller Gemeinden in ländlich geprägten Räumen mit nur wenigen Einwohnern bis hin zu mittleren Städten in strukturell völlig differierenden Räumen wahrnehmen.[93] Genauso fraglich ist die Vertretung der deutschen Großstädte wie München, Frankfurt, Stuttgart oder Leipzig mit nur einem Mitglied, das zugleich auch urbane Mittelzentren vertritt.[94] Die Bezirke, Landschafts- und Wohlfahrtsverbände werden überhaupt nicht berücksichtigt.

Zu bedenken ist, daß die Aufnahme aller Gebietskörperschaften eines Staates an faktischen Grenzen scheitern kann. Dies gilt insbesondere für die kleinen Mitgliedstaaten, denen nur eine geringe Anzahl von Plätzen im Ausschuß zusteht. Anders bei den deutschen kommunalen Gebietskörperschaften bei insgesamt 24 Mitgliedern, von denen theoretisch eine größere Zahl mit kommunalen Vertretern besetzt werden könnte.

Abzulehnen wäre eine solche Lösung dann, wenn die Neubesetzung mit Kommunalvertretern grundsatzwidrig zu Lasten der Regionen gehen würde. Dies ist im Fall der deutschen Länder nicht zu befürchten, da eine angemessene

89 http://www.staedtetag.de/.

90 http://www.dstgb.de/.

91 Zu den Grundlagen des Ernennungsverfahrens im einzelnen unten S. 111.

92 Insofern ist auch dem Argument zu begegnen, daß für eine Repräsentanz im AdR die Qualität der Sacharbeit ausschlaggebend sei, die maßgeblich von der Persönlichkeit des Ausschußmitglieds abhänge und nicht die quantitativ zu bemessende Zahl der Sitze. Art. 263 EG geht zunächst von der zahlenmäßigen Besetzung des AdR aus, der durch die mitgliedstaatlichen Auswahlverfahren Rechnung zu tragen ist. Mit diesem Argument würden auch ein kommunales und ein regionales Mandat pro Mitgliedstaat genügen, mit der Maßgabe, die Qualität bei der Personenwahl sicherzustellen.

93 Zu denken ist insbesondere an die strukturellen Unterschiede zwischen West- und Ostdeutschland, die ja europarechtlich in den Strukturförderungsfonds und städtebaulichen Fördermaßnahmen Ausdruck finden.

94 Dagegen läßt sich auch nicht anführen, daß die deutschen Großstädte auch durch die mindestens drei AdR-Vertreter der Stadtstaaten Bremen, Berlin und Hamburg mitvertreten werden. Sie nehmen in erster Linie die regionalen Interessen der deutschen Bundesländer wahr. Die mangelnde Repräsentanz der deutschen Großstädte zeigt sich beispielsweise im europaweiten Zusammenschluß im außerinstitutionellen Verband Eurocities, dessen Vizepräsident der Leipziger Oberbürgermeister *Tiefensee* ist.

Repräsentanz mit 16 Vertretern, d. h. mit jeweils einem Mitglied pro Bundesland gewährleistbar wäre. Begründbar wäre dies nur mit der Notwendigkeit einer Doppelvertretung der großen Bundesländer, nicht aber mit dem gegenwärtigen Rotationsprinzip, das regelmäßig dazu führt, daß Länder wie Bremen und Hamburg (jeweils) zwei Mandate im AdR innehaben. Insofern wäre die Reduktion der deutschen Regionalsitze gemeinschaftsrechtlich unbedenklich, was zugleich bedeutet, daß die jetzige Regelung gemeinschaftsrechtlich nicht geboten ist. Nach diesem Lösungsansatz würden den deutschen kommunalen Gebietskörperschaften acht, den Bundesländern 16 Sitze zustehen.[95]

Entscheidend ist aber an dieser Stelle, daß den kommunalen Gebietskörperschaften durch das in der Bundesrepublik praktizierte Auswahlverfahren keine angemessene Repräsentanz zukommt. Die deutschen kommunalen Gebietskörperschaften sind demnach gemeinschaftsrechtswidrig unterrepräsentiert. Dies stellt einen Verstoß gegen Art. 263 EG dar, das im Lichte der allgemeinen Prinzipien des Gemeinschaftsrechts auszulegen ist. Die drei deutschen kommunalen Sitze im AdR genügen den Anforderungen des aktuellen Gemeinschaftsrechts nicht.[96]

2. Benennungsverfahren der Mitglieder

a) Grundlage: Verteilungsschlüssel

Die Zahl der Mitglieder des AdR beträgt 222. Bei seiner Konstituierung 1994 waren es lediglich 189 Mitglieder.[97] Durch Ratsbeschluß vom 23.1.1995 wurde die Zahl um die Vertreter Österreichs, Schwedens und Finnlands erhöht.[98] Auch nach der Osterweiterung wird er eine Gesamtzahl von 350 Mitgliedern nicht überschreiten, Art. 263 Abs. 2 EG.[99]

---

95 Vgl. dazu die unveröffentlichten Gutachten von *Bahlmann* [FN 71] und *Tomuschat* [Fn. 52], die beide eine Vertretung von mindestens acht deutschen Kommunalvertretern als angemessen erachten; es sei darauf hingewiesen, daß es sich um Gutachten im Auftrag der Bundesvereinigung der kommunalen Spitzenverbände handelt.

96 Vgl. zur Zusammensetzung der einzelnen nationalen Delegationen in der 1. Amtsperiode des AdR *Schöbel,* in: Europäisches Zentrum für Föderalismusforschung (Hrsg.), Der Ausschuß der Regionen – eine erste Bilanz, S. 29 ff.

97 Der deutsche Bundesrat schlug ursprünglich 152 Mitglieder vor, die auf die Mitgliedstaaten entsprechend Art. 148 Abs. 2 a.F. EGV aufgeteilt werden sollten (BR-Drs. 5507/90). Im Gespräch war auch eine Übernahme der Mitgliederzahl von 42 des Beirats der regionalen und lokalen Gebietskörperschaften bei der Kommission; dazu oben S. 91.

98 ABl. 1995 L 25/20.

99 Vgl. die Erklärung Nr. 20 zum Gipfel von Nizza (ABl. 2001 C 80 vom 10. März 2001), die bei einer Erweiterung um 12 Mitgliedstaaten in zwei Stufen von zunächst zehn Staa-

Die Aufteilung auf die Mitgliedstaaten erfolgt nach einem in Art. 263 Abs. 1 EG festgelegten Schlüssel. Danach erhalten

Deutschland, Frankreich, Großbritannien und Italien	24
Spanien	21
Belgien, Griechenland, die Niederlande, Österreich, Portugal, Spanien und Schweden	12
Finnland, Irland und Dänemark	9
Luxemburg	6

Sitze im Ausschuß der Regionen. Der Aufteilungsschlüssel entspricht dem des Wirtschafts- und Sozialausschusses.[100] Er bevorteilt die kleinen Mitgliedstaaten überproportional.[101] Nach der Osterweiterung kommen die folgenden Delegierten hinzu:

Bulgarien	12
Tschechische Republik	12
Estland	7
Zypern	6
Lettland	7
Litauen	9
Ungarn	12
Malta	5
Polen	21
Rumänien	15
Slowakei	9
Slowenien	7

ten (Polen, die Slowakei, Tschechien, die drei baltischen Staaten, Slowenien, Ungarn, Malta und Zypern) und später zwei weiteren Staaten (Rumänien und Bulgarien) – die Aufnahme von Beitrittsverhandlungen mit der Türkei wird nach dem Europäischen Rat (vgl. Art. 4 EUV) von Kopenhagen im Dezember 2002 noch auf sich warten lassen – eine Gesamtzahl von 344 vorsieht.

100 Weshalb alle Länderquoten auch entsprechend den drei im WSA vertretenen Gruppen (Gruppe der Arbeitnehmer, Gruppe der Arbeitgeber und sonstiger Bereiche des wirtschaftlichen und sozialen Lebens, vgl. dazu *Geiger,* Art. 194 EG, Rn. 4) durch drei teilbar sind, vgl. Art. 258 EG.

101 Zur Kritik an dieser Festlegung *Alber,* zitiert bei Kaiser, in: GTE, Art. 198a EGV, Fn. 4 zu Rn. 1; *Hasselbach,* Der Ausschuss der Regionen in der Europäischen Union, S. 111.

b) Ernennungsverfahren im einzelnen

Bei der Benennung der Mitglieder haben die Mitgliedstaaten ein Vorschlagsrecht, Art. 263 Abs. 4 S. 1 EG. Über eine von den Mitgliedstaaten zu erstellende Liste entscheidet gemäß Art. 263 Abs. 4 S. 2 EG der Rat mit qualifizierter Mehrheit.[102]

Ob dem Rat dabei ein formelles oder sogar ein materielles Prüfungsrecht zukommt, wird kontrovers diskutiert. Zum Teil wird das Ernennungsverfahren im Rat als symbolischer Akt gesehen.[103] Die Zustimmung bedeutet dann nicht mehr als eine Zurkenntnisnahme der mitgliedstaatlichen Auswahl.[104] Dieser Auffassung war in der ersten Amtsperiode auch der Rat selbst, der jedem Mitgliedstaat zubilligte,

> *„die Kandidaten vorzuschlagen, die seines Erachtens in der Lage sind, die regionalen und lokalen Gebietskörperschaften angemessen und ordentlich zu vertreten".*[105]

Diese Ansicht ist jedenfalls bezüglich eines formellen Vorschlagsrechts der Mitgliedstaaten abzulehnen. Kommt es beispielsweise zur Benennung einer falschen Anzahl von Mitgliedern durch den Mitgliedstaat, so muß dem Rat ein Einschreiten möglich sein. Zwar sind solche Verstöße nahezu ausgeschlossen; dennoch würde die Ablehnung eines Prüfungsrechtes des Rats hier zu absurden Ergebnissen führen und das Zustimmungserfordernis des Rats als Ganzes in Frage stellen. In den meisten Fällen wird die Abstimmung im Rat ohnehin einer Formalie gleichkommen.[106]

---

102 Vor dem Amsterdamer Vertrag war ein einstimmiges Votum erforderlich, vgl. *Kaiser,* in: GTE, Art. 198a EGV, Rn. 8.

103 *Benz,* Regionen als Machtfaktor in Europa?, VerwArch 1993, 335.

104 *Tomuschat,* Die Vertretung lokaler Gebietskörperschaften nach Art. 198a EGV, unveröffentlichtes Rechtsgutachten, 1992, S.15; *Hrbek,* Der Ertrag der „Verfassungsdebatte" von Maastricht, FS Börner, S. 140; *Blanke,* in: Grabitz/Hilf, Das Recht der Europäischen Union, Art. 263 EGV, Rn. 21.

105 So der Rat auf der Anfragen der Abgeordneten des Europäischen Parlaments *Alvanos* und *Crampton,* ABl. 1993 C 132/34 und ABl. 1993 C 81/24. Der Antwort läßt sich eine weitere Aussage entnehmen, die oben angeführte These der Ausgewogenheit nationaler Delegationen im Ausschuß stützt: Der Rat geht offensichtlich ebenso vom Prinzip der Repräsentativität aus, indem er im Zusammenhang mit der mitgliedstaatlichen Besetzung der AdR-Sitze die Angemessenheit der Aufteilung auf die Gebietskörperschaften voraussetzt.

106 *Theissen,* Der Ausschuß der Regionen (Artikel 198 a - c EG-Vertrag): Einstieg der Europäischen Union in einen kooperativen Regionalismus?, S. 189.

Zur Begründung einer materiellen Prüfungspflicht[107], z. B., ob ein bestimmter Kandidat die Voraussetzungen für eine Mitgliedschaft im Ausschuß erfüllt, kann folgende Überlegung dienen: grundsätzlich ist es Aufgabe der Kommission (vgl. Art. 155 EG), die Einhaltung der Gemeinschaftsverträge zu überwachen. Im Fall eines offensichtlichen Verstoßes gegen das Gemeinschaftsrecht kann jedoch der Rat nicht gezwungen werden, einen gemeinschaftswidrigen Beschluß zu fassen, gegen den sodann die Kommission oder ein Mitgliedstaat als privilegierte Klagebefugte mit der Nichtigkeitsklage vorgehen können (Art. 230 Abs. 1, 2 EG).[108] Demzufolge muß der Rat also das Vorliegen der Voraussetzungen des Art. 263 EG prüfen können.

Hiergegen spricht nicht, daß gemäß Art. 6 Abs. 1 EUV die EU die nationale Identität der Mitgliedstaaten zu achten hat. Erfolgt die Auswahl der Vorschlagsliste gemeinschaftsrechtskonform, hat der Rat keinen Ermessensspielraum. Anders, wenn sich der Mitgliedstaat gemeinschaftsrechtswidrig verhält, z. B. wenn eine angemessene Repräsentanz von kommunalen und regionalen Vertretern offensichtlich nicht gegeben ist. Dann muß der Rat durch die Verweigerung der Zustimmung den Verstoß ahnden können. Der Rat bekommt hierdurch kein eigenes Auswahlermessen, das er an die Stelle der Mitgliedstaaten setzen könnte.[109] Der nationale Auswahlspielraum wird somit nicht beeinträchtigt.[110]

c) Ausgestaltung des Vorschlagsrechts in den Mitgliedstaaten

Die nähere Ausgestaltung des Vorschlagsrechts obliegt den Mitgliedstaaten, das heißt Art. 263 EG richtet sich unmittelbar an den Mitgliedstaat, der von außen in seiner Gesamtheit betroffen wird.[111] Folglich obliegt es ihm selbst, wie

107 Es ist davon auszugehen, das ein entsprechendes Recht des Rats auch mit einer diesbezüglichen Pflicht korrespondiert.

108 Vgl. *Theissen,* Der Ausschuß der Regionen (Artikel 198 a - c EG-Vertrag): Einstieg der Europäischen Union in einen kooperativen Regionalismus?, S. 189 f.

109 Anders beim WSA, wo der Rat ein weites Auswahlermessen hat, vgl. EuGH, Rs. C-297/86, Slg. 1988, I-3554 Rz. 18; dies ergibt sich aus der Regelung des Art. 259 Abs. 1 EG, nach dem der Rat aus einer Liste mit doppelt so vielen Vorschlägen wie zu besetzende Sitze auszuwählen hat. Die Rspr. des EuGH kann daher nicht widerspruchslos auf den AdR übertragen werden, vgl. *Suhr,* in: Calliess/Ruffert, EUV/EGV, Art. 263 EGV, Rn. 26, a.A. *Blanke,* in: Grabitz/Hilf, Das Recht der Europäischen Union, Art. 263 EGV, Rn. 21.

110 So auch *Theissen,* Der Ausschuß der Regionen (Artikel 198 a - c EG-Vertrag): Einstieg der Europäischen Union in einen kooperativen Regionalismus?, S. 190.

111 *Blanke,* in: Grabitz/Hilf, Das Recht der Europäischen Union, Art. 263 EGV, Rn. 22.

und durch welche Organe er die gemeinschaftsrechtlichen Vorgaben erfüllt.[112] Einschränkungen ergeben sich auch nicht aus dem Demokratieprinzip.[113]

aa) Deutsches Auswahlverfahren

Der Bundesgesetzgeber hat den Vorschlagsentwurf für die Mitglieder des AdR in § 24 des Gesetzes über die Zusammenarbeit der Bundes und der Länder in Angelegenheiten der Europäischen Union[114] geregelt.[115] Die Länder habe sich in einem Abkommen[116] auf die Verteilung der 24 Sitze geeinigt:

- Die 16 Bundesländer erhalten zunächst ein Mitglied, Art. 1 Abs. 1 des Abkommens;
- Auf die kommunalen Spitzenverbände DLT, DST und DStGB entfällt je ein weiteres Mitglied (3); die Benennung erfolgt über die Ministerpräsidenten der Bundesländer, so daß den kommunalen Gebietskörperschaften nur ein vermitteltes Benennungsrecht gegenüber der Bundesregierung bleibt, Art. 1 Abs. 2 des Abkommens;
- Die restlichen fünf Sitze werden durch die Bundesländer in der Reihenfolge ihrer Einwohnerzahl über weitere Amtsperioden verteilt, Art. 1 Abs. 3 des Abkommens.

Es ergibt sich hieraus das bereits aus gemeinschaftsrechtlicher Sicht betrachtete Ergebnis von 21 Vertretern der Bundesländer und drei Vertretern der kommunalen Gebietskörperschaften.[117] Es ist nach dem gebotenen Repräsentativprinzip mit Art. 263 EG unvereinbar.[118]

---

112 *Kössinger,* Die Durchführung des Europäischen Gemeinschaftsrechts im Bundesstaat, S. 166; *Kleffner-Riedel,* Regionalausschuß und Subsidiaritätsprinzip, S. 166.

113 *Streinz,* Europarechtliche Bewertung, in: Tomuschat (Hrsg.), Mitsprache der dritten Ebene in der europäischen Integration, S. 61.

114 BGBl. 1993 I, 313 ff.; Text abgedruckt bei: *Kaiser,* in: GTE, Art. 198a EGV, Rn. 5.

115 Zu § 14 EUZBLG kam es erst nach Anrufung des Vermittlungsausschusses durch den Bundesrat (BR-Drs. 911/92), nach dessen Auffassung es alleine Sache der Länder ist, über die Besetzung mit kommunalen Vertretern zu befinden und er von einer diesbezügliche Gesetzgebungskompetenz der Länder ausgeht.

116 Dieses ist abgedruckt im Gemeinsamen Amtsblatt des Landes Baden-Württemberg vom 27.8.1993, Nr. 23.

117 Das Ergebnis könnte insofern aus staatsrechtlicher Sicht anders dargestellt werden, als daß die kommunalen Gebietskörperschaften im staatsorganisationsrechtlichen Sinn den Ländern zugeordnet werden können. Anders aber hier, wo es um die Wahrnehmung divergierender Interessen gegenüber der übergeordneten EU-Rechtsordnung geht.

118 Dazu ausführlich S. 106.

Die deutsche Zusammensetzung stellt sich aus einem weiteren Gesichtspunkt als problematisch dar. Die Pflicht zur Benennung der deutschen Vertreter durch lokale und regionale Gebietskörperschaften ergibt sich nach innerstaatlichem Verfassungsrecht aus Art. 20 Abs. 1 GG (Bundesstaatlichkeit) und Art. 28 Abs. 2 GG.[119] § 14 EUZBLG ist letztlich Ausfluß dieser verfassungsrechtlichen Garantien. Die Bundesregierung als vorschlagendes Organ hat das kommunale Selbstverwaltungsrecht bei seinem Vorschlag in Umsetzung der Vorgaben der Gemeinschaft zu berücksichtigen. Hierzu gehört auch, durch die Einräumung von Mitwirkungsrechten Eingriffe in den kommunalen Wirkungskreis auszugleichen.[120]

Hiergegen wird eingewandt, daß nach Art. 70, 83 GG die Ausgestaltung der kommunalen Selbstverwaltung Teil der Landeskompetenzen ist.[121] Nicht überzeugend ist die daraus abgeleitete Folgerung, daß die Besetzung des AdR alleine Ländersache ist.[122] Eine ausreichende Anzahl an kommunalen Vertretern entspricht dem bundesrechtlich verankerten Grundsatz, im fortschreitenden Prozeß der europäischen Einigung den Grundsatz der kommunalen Selbstverwaltung zu schützen und in einen angemessenen Ausgleich mit den von den Kommunen hinzunehmenden Einbußen zu bringen.[123] Hierfür spricht auch das Subsidiaritätsprinzip des Art. 23 Abs. 1 S. 1 GG, das den staatlichen Entscheidungsträgern aufträgt, die Kontinuität des verfassungsrechtlichen Instituts der kommunalen Selbstverwaltung zu gewährleisten.[124] Daß die Vertretung der kommunalen Gebietskörperschaften das *„verfassungsrechtliche Minimum"* unterschreitet,

119 *Von Zimmermann-Wienhues,* Kommunale Selbstverwaltung in der Europäischen Union, S. 326; *Blanke,* in: Grabitz/Hilf, Das Recht der Europäischen Union, Art. 263 EGV, Rn. 23; a. A. *Hasselbach,* Der Ausschuss der Regionen in der Europäischen Union, S. 139.

120 *Magiera,* Kommunale Selbstverwaltung in der Europäischen Union, in: Grupp/ Ronellenfitsch, Kommunale Selbstverwaltung in Deutschland und Europa; a. A. *Heberlein,* Aktuelle Rechtsprobleme „kommunaler Außenpolitik", Die Verwaltung 1993, 229 f.; *ders.,* Der Schutz der kommunalen Selbstverwaltung in der europäischen Integration – eine Replik, BayVBl. 1993, 679; *Kleffner-Riedel,* Regionalausschuß und Subsidiaritätsprinzip, S. 189 ff.

121 *Stern,* in: Bonner Kommentar, Art. 28 GG, Rn. 116.

122 Zu den Forderungen der Länder *Hofmann,* Maastricht ein Erfolg für die kommunale Selbstverwaltung, Der Landkreis 1992, 373 ff.

123 Vgl. *Blanke,* Die kommunale Selbstverwaltung im Zuge fortschreitender Integration – Aspekte internationaler und supranationaler Verfassungsentwicklung, DVBl. 1993, 824; *Knemeyer,* Europa der Regionen – Europa der Kommunen, S. 94 ff.; *Heberlein,* Der Schutz der kommunalen Selbstverwaltung in der europäischen Integration – eine Replik, BayVBl. 1993, 679; a. A. *Dästner,* Zur Aufgabenverteilung zwischen Bundesrat, Landesregierungen und Landesparlamenten in Angelegenheiten der Europäischen Union, NWVBl. 1994, 1 ff.

124 *Blanke,* in: Grabitz/Hilf, Das Recht der Europäischen Union, Art. 263 EGV, Rn. 23.

wurde bereits festgestellt.[125] Es bestehen erhebliche Zweifel, die seit dem Erscheinen des AdR auf der europäischen Bühne nicht ausgeräumt wurden[126] und über dessen Konstituierung hinausgegangen sind.

bb) Andere EU-Mitgliedstaaten[127]

Auch wenn sich die Anforderungen des Art. 263 EG an jeden Mitgliedstaat richten, soll abschließend ein Blick auf die Auswahlverfahren anderer Mitgliedstaaten und so ein Gesamtbild der kommunalen Vertretung im Ausschuß gegebene werden.

Von den 15 Mitgliedstaaten verfügen lediglich zehn über zwei oder drei dezentrale Ebenen. Diese haben ihr Vorschlagsrecht auf die kommunalen und regionalen Gebietskörperschaften erstreckt.

Das Königreich Schweden entsendet fünf Vertreter der Provinzen und sieben Kommunalvertreter,

die Niederlande genau umgekehrt,

die 24 italienischen Vertreter teilen sich in zehn Regional-, sieben Provinz- und sieben Kommunalvertreter,

die portugiesische Delegation umfaßt zwei Regional- und zehn Kommunaldelegierte,

die französische zwölf Vertreter der Regionen, sechs der Départements und sechs der Kommunen.

Parallelen ergeben sich zum deutschen Verfahren in der Aufteilung der spanischen und österreichischen Sitze. Österreich entsendet zehn Vertreter der Bundesländer und zwei kommunale Vertreter, Spanien 17 kommunale bzw. vier regionale Vertreter.

Finnland ist hingegen mit acht Kommunal- und einem Regionaldelegierten im AdR vertreten.

---

125 Nur sehr schwer vertretbar erscheint die Auffassung von *Kleffner-Riedel,* Regionalausschuß und Subsidiaritätsprinzip, S. 192, die eine inhaltliche Beteiligung der kommunalen Gebietskörperschaften vor den Sitzungen des AdR genügen läßt. Daß dies dem Geist des Ausschusses im allgemeinen und Art. 263 Abs. 1 EG im besonderen widerspricht, ist allzu offensichtlich.

126 Eine Beschwerde der RGRE gegen die Gewichtung der Entsendung aus deutschen, belgischen und britischen Vertretern vor der Europäischen Kommission wurde aus formellen Gründen zurückgewiesen, Stadt und Gemeinde 1994, 83; vgl. die Mitteilung der Kommission, KOM [95], 594.

127 Vgl. *Onestini,* in: Hesse, Regionen in Europa, Band 2: Das regionale Potential, S. 219 ff.; *Blanke,* in: Grabitz/Hilf, Das Recht der Europäischen Union, Art. 263 EGV, Rn. 24; zudem das Vademecum des Ausschusses, 2002.

Belgien bildet als einziges Land, das keine kommunalen Vertreter in den Ausschuß entsendet, eine Ausnahme.

Zu den aufgezählten Mitgliedern kommen die Vertreter Luxemburgs, Dänemarks, Griechenlands, Irlands und Großbritanniens.

Problematisch gestaltet sich die Einordnung der „intermediären Gebietskörperschaften“, die zwischen Kommunen und Regionen stehen. Hierzu gehören die dänischen *Kreisgemeinders* (5 Delegierte), die schwedischen *Län* (5), die griechischen *Nomoi* (6), die französischen *Départements* (6), die irischen *Counties* (8), die niederländischen (7) und italienischen (7) Provinzen wie auch der Vertreter des deutschen Landkreistages.[128] Diese Körperschaften werden weitgehend der kommunalen Seite zugeordnet.[129].

d) Stellvertreterregelung

Jeder Mitgliedstaat ernennt zugleich mit den Mitgliedern des Ausschusses eine gleiche Anzahl an Stellvertretern, Art. 263 EG. Diese haben wegen der ausdrücklichen Festlegung im Vertrag ein offizielles Mandat.[130] Diese Stellvertreterregelung ist unter zwei Gesichtspunkten vorteilhaft:

Zum einen wird eine ständige Anwesenheit der nationalen Delegationen gewährleistet, was einer regen Beteiligung im AdR nur förderlich sein kann. Die hochrangigen Mandatsträger, beispielsweise die im Ausschuß vertretenen Minister, werden daher – insbesondere in den Fachkommissionen – vertreten.[131] Zudem dürfen die Mitglieder sich nicht durch Beamte, Referenten oder andere Personen vertreten lassen[132], so daß den Stellvertretern eine große Bedeutung in der „Alltagsarbeit“ zukommt. Sie können zusammen mit den ordentlichen Mitgliedern das hohe Arbeitspensum bewältigen. Die Vertretung erfolgt aber nur innerhalb der nationalen Delegationen, denen insofern eine erste Bedeutung zu-

---

128 Ähnliche Probleme werden nach der EU-Osterweiterung auftreten, z. B. bei der Einordnung der polnischen *Wojewodschaften*.

129 Vgl. *Engel,* Regionen in der EG, S. 20 ff.; vgl. auch für das französische Département Art. 72 der französischen Verfassung; *Blanke,* in: Grabitz/Hilf, Das Recht der Europäischen Union, Art. 263 EGV, Rn. 24, merkt hierzu an, daß sich deren Verhalten bei Abstimmungen eher an dem der Regionen orientiert.

130 *Blanke,* in: Grabitz/Hilf, Das Recht der Europäischen Union, Art. 263 EGV, Rn. 20.

131 *Kalbfleisch-Kottsieber,* Fortentwicklung des Föderalismus in Europa – vom Provinzialismus zur stabilen politischen Perspektive, DÖV 1993, 548.

132 *Hrbek/Weyand,* betrifft: Das Europa der Regionen, S. 142; *Hoppe/Schulz,* Der Ausschuß der Regionen, in: Borkenhagen u.a. (Hrsg.), Die deutschen Länder in Europa, S. 32; dies scheiterte am Widerstand Frankreichs, Großbritanniens und Spaniens.

kommt, vgl. Art. 5 der Geschäftordnung des Ausschusses der Regionen[133], wobei die Zuordnung innerhalb der Delegation irrelevant ist (sogenannte „poolbezogene Lösung“[134]). Zum zweiten können hierdurch Benachteiligungen bei der innerstaatlichen Sitzverteilung verhindert werden.[135]

Festzuhalten ist, daß die Stellvertreterregelung in sinnvoller Art und Weise eine kontinuierliche und effektive Arbeit ermöglicht.

3. Stellung der Ausschußmitglieder

Welche Stellung benötigen die Repräsentanten zur Ausübung ihres Mandats und welchen Status räumt ihnen der EG-Vertrag ein? Art. 263 Abs. 2 EG gibt darauf eine pauschale Antwort:

> *„Die Mitglieder des Ausschusses sind an keine Weisungen gebunden. Sie üben ihre Tätigkeit in voller Unabhängigkeit zum allgemeinen Wohl der Gemeinschaft aus.“*

Diese auf den ersten Blick stark anmutende Stellung wirft eine Reihe von Fragen auf. Viele davon lassen sich über die Begründung der Weisungsfreiheit und Unabhängigkeit selbst beantworten (a). In diesem Zusammenhang ergeben sich Folgeprobleme, wie sich die Mandatsausübung mit anderen ausgeübten Ämtern verträgt (c) und welche Position sich daraus im Verhältnis zu den entsendeten Körperschaften und den EU-Organen ergibt (b). Zuletzt soll auch auf eine Mandatsbeendigung eingegangen werden (d).

Die Beantwortung der Fragen weist also zwei Dimensionen auf. Einerseits den Standpunkt innerhalb des institutionellen Gemeinschaftsgefüges und andererseits gegenüber den entsendenden Mitgliedstaaten, was vornehmlich im Verhältnis des einzelnen Mitglieds gegenüber der nationalen Delegation des Entsendestaates und der (Gesamt-) Delegation zu betrachten ist.

Die zu untersuchende Außenstellung ist daher wiederum differenziert aufzufassen.[136] Im Vordergrund steht aber die Sicht des einzelnen Delegierten im

---

133 Abgekürzt im Folgenden mit GO-AdR.

134 *Blanke,* in: Grabitz/Hilf, Das Recht der Europäischen Union, Art. 263 EGV, Rn. 20.

135 *Wuermeling,* Das Ende der „Länderblindheit“: Der Ausschuß der Regionen nach dem neuen EG-Vertrag, EuR 1993, 201, spricht von *„zusätzlicher Manövriermasse“.*

136 Bereits hier soll dafür sensibilisiert werden, daß die unabhängige Ausübung eines europäischen Mandats und die Wahrnehmung nationaler Interessen kollidieren können. Frag-

Ausschuß, die sich unmittelbar mit dem EG-Vertrag begründen läßt. Eine Einbettung in das politische Gesamtsystem der nationalen und (partei-) politischen Strukturen soll an späterer Stelle im Rahmen der binnenorganisatorischen Ausgestaltung des Nebenorgans erfolgen.[137]

a) (Weisungs-) Unabhängigkeit der Mitglieder

Zunächst zur Frage, welchen Umfang die Vertragsbestimmungen der Weisungsfreiheit und Unabhängigkeit der Mandatsausübung annehmen.

aa) Grundsatz des freien Mandats

Die Mitglieder des AdR üben ihr Amt weisungsfrei und in voller Unabhängigkeit aus. Sie sind dabei ausschließlich dem Gemeinwohl verpflichtet. Eine solch umfängliche Mandatsfreiheit bedarf einer Begründung. Zu bedenken ist, daß mit dem Amsterdamer Vertrag die Voraussetzung in den Vertrag aufgenommen wurde, daß die Mitglieder des Ausschusses ein nationales Wahlmandat innehaben müssen. Es handelt sich also bei den Ausschußmitgliedern um demokratisch legitimierte Vertreter der Mitgliedstaaten. Aus dieser Legitimation heraus erklärt sich die abgeordnetenähnliche Stellung der Vertreter im Nebenorgan. Ohne eine solche Ableitung des Mandats von den Unionsbürgern[138] wäre eine derartige Stellung nicht nachvollziehbar.[139] Das freie Mandat ist „traditionelles Erbgut" eines demokratischen Systems und damit auch der

---

lich ist demzufolge, inwieweit die Stellung des AdR-Mitglieds nach dem Idealbild des EG-Vertrags solche Positionierungen zuläßt.
Dabei soll insbesondere auf die Stellung der Kommissionsmitglieder verwiesen werden, deren vornehmlichste Aufgabe die Wahrnehmung des Gemeinschaftsinteresses ist. Sie stehen also als Hüter der Gemeinschaftsordnung über den Mitgliedstaaten, vgl. Art. 213 ff. EG. Nichts desto trotz sind sie zugleich aus einem Mitgliedstaat abgeordert und unterliegen der Versuchung nationalen Denkens. Davon zu unterscheiden ist die Integrationswirkung eine Kommissionsmitglieds als „Mitbestimmung" und Repräsentanz im europäischen Institutionensystem; als Beispiel kann hier das österreichische Kommissionsmitglied, Agrarkommissar *Franz Fischler*, angeführt werden, das beim österreichischen Beitritt als nationale Repräsentations- und damit auch als Identifikationsfigur als Zeichen der Mitsprache von Bedeutung war. Gerade hier liegt auch das Spannungsfeld zwischen Repräsentanz und funktionellen Grenzen einer großen Anzahl von Mitgliedstaaten nach der EU-Osterweiterung, das gleichermaßen auf die Zusammensetzung des Ausschusses der Regionen als repräsentativer Querschnitt der kommunalen Vielfalt in der EU Auswirkungen hat.

137 Dazu unten S. 133 ff.

138 Vgl. zur Unionsbürgerschaft Art. 17 EG.

139 *Konow*, Überlegungen zum AdR, in: Tomuschat (Hrsg.), Mitsprache der dritten Ebene in der europäischen Integration, S. 87.

Ausgestaltung der Gemeinschaftseinrichtungen. Die Position der Mitglieder entspricht daher etwa der der Mitglieder des Bundesrats.[140]

Dies bleibt auch nicht ohne Auswirkungen auf die Stellung des Ausschusses und dessen Arbeit selbst. Hierdurch wird eine übergreifende Repräsentanz der Mitglieder für alle kommunalen und regionalen Gebietskörperschaften geschaffen, die unabdingbare Voraussetzung für die breite Akzeptanz des Gremiums ist. Zum anderen fordert die unumschränkte Mandatsfreiheit den Mitgliedern ein nicht zu vernachlässigendes Bewußtsein der sachorientierten Erfüllung ihres Mandats ab.[141]

bb) Gemeinwohlverpflichtung

Die Maxime des Handelns der Mitglieder sollte alleine das allgemeine Wohl der Gemeinschaft sein, das den Partikularinteressen überzuordnen ist.[142] Diese Verpflichtung ist die logische Konsequenz aus der Weisungsunabhängigkeit. Der Vertrag geht davon aus, daß die Vertreter – einmal ernannt – sich ausschließlich dem übergeordneten Ganzen verpflichtet fühlen und widmen.[143] Diese Regelung entspricht letztlich der für die Mitglieder des Wirtschafts- und Sozialausschusses (Art. 258 Abs. 2 EG), der Kommission (Art. 213 Abs. 2 EG) und des Rechnungshofs (Art. 247 Abs. 4 EG).[144]

Praktisch werden die entsendenden Gebietskörperschaften versuchen, über die Mitglieder ihre Interessen zu vertreten und auf die Beratung und Abstimmung im Ausschuß Einfluß zu nehmen. Dies ist auch unproblematisch, solange es sich dabei nicht um gemeinschaftswidrige – da der Weisungsfreiheit des EG-Vertrags widersprechende – bindende Weisungen handelt.[145] Eine andere An-

---

140 Vgl. *Tomuschat,* Die Vertretung lokaler Gebietskörperschaften nach Art. 198a EGV, unveröffentlichtes Rechtsgutachten, 1992, S. 19, der den AdR mit dem französischen Senat vergleicht.

141 *Blanke,* in: Grabitz/Hilf, Das Recht der Europäischen Union, Art. 263 EGV, Rn. 27.

142 Zum Verhältnis beim WSA *Schwaiger-Siebeke,* in: GTE, Art. 194 EGV, Rn. 10 f.

143 Vgl. *Kleffner-Riedel,* Regionalausschuß und Subsidiaritätsprinzip, S. 204, die die Unterordnung unter das Gemeinwohl mit dem Grundsatz der Gemeinschaftstreue vergleicht; hierzu *Lücke,* Die Gemeinschaftstreue als allgemeines Rechtsprinzip, S. 25 ff.

144 Zu beachten ist aber, daß sich das Verbot von Kommissions- und Rechnungshofsmitgliedern, keine Weisungen anzufordern oder entgegenzunehmen, nicht wiederfindet. Beide haben im Vergleich mit dem AdR eine darüber hinausgehende Verpflichtung zur Wahrung der Unabhängigkeit; vgl. *Streinz,* Europarechtliche Bewertung, in: Tomuschat (Hrsg.), Mitsprache der dritten Ebene in der europäischen Integration, S. 61 f.

145 Dementsprechend ist die bloße Entgegennahme einer nicht bindenden Weisung unschädlich, vgl. *Theissen,* Der Ausschuß der Regionen (Artikel 198 a - c EG-Vertrag): Einstieg der Europäischen Union in einen kooperativen Regionalismus?, S. 192.

sicht, die ein weites und ausnahmsloses Verbot annimmt, müßte unverweigerlich als „realitätsfern" bezeichnet werden.[146] In der Gemeinwohlverpflichtung zeigt sich das Spannungsfeld zwischen den hohen Anforderungen des Vertrags und der politischen Realität[147], auf das noch weiter einzugehen sein wird.

b) Verhältnis zu den entsendenden Gebietskörperschaften und den EU-Organen

Die Weisungsfreiheit und Unabhängigkeit beschreibt das äußere Verhältnis der Mitglieder zu den entsendenden Körperschaften. Daß es eine zweite *„innere"* Ebene, die im Vertrag nicht näher beschrieben ist, geben muß, läßt sich aus dem Wort *„entsenden"* folgern. Selbst nach der Ernennung zum Mitglied des Nebenorgans sind die Vertreter nicht losgelöst von den Gebietskörperschaften. Das interne Verhältnis bestimmen die Mitgliedstaaten selbst. Eine unterschiedliche Ausgestaltung kann sich beispielsweise aus der Natur der Gebietskörperschaft oder Organisation ergeben, je nachdem, ob dies eine Regionalregierung, ein Regionalparlament oder eine lokale Vertretungskörperschaft ist.

Eine Besonderheit ergibt sich bei der Auswahl durch Verbände, zum Beispiel im Fall der *Association de Maires de France (AMF)* oder den deutschen kommunalen Spitzenverbänden.[148] Die deutschen Vertreter müssen gemäß Art. 2 des Länderabkommens[149] „Vertreter der Gemeinden und Gemeindeverbände" sein, stehen also sowohl mit den lokalen Gebietskörperschaften als auch dem Verband in einem „Auftragverhältnis".[150] Die Doppelstellung begründet sich durch die zusätzliche Einflußnahme des Spitzenverbands, dessen Aufgabe sich nicht nur auf die Koordinierung der Körperschaften erstreckt, sondern in der Durchsetzung der eigenen Ziele, die sich im Einzelfall nicht zwangsläufig mit

---

146 So auch *Streinz,* Europarechtliche Bewertung, in: Tomuschat (Hrsg.), Mitsprache der dritten Ebene in der europäischen Integration, S. 62, mit Hinweis auf die gängige Praxis im AdR; *Kaufmann-Bühler,* in: Lenz, EG-Vertrag, Kommentar, Art. 198b Rn. 8; Kaiser, in: GTE, Art. 198a EGV, Rn. 10, der darauf hinweist, daß der AdR ja gerade keine politische Vertretung der Regionen und Kommunen sein soll.

147 Vgl. *Kleffner-Riedel,* Regionalausschuß und Subsidiaritätsprinzip, S. 202 f., die das Problem zu Lasten der Unabhängigkeit löst.

148 Es sei darauf hingewiesen, daß die eigentliche Entsendung durch die Mitgliedstaaten selbst, in diesem Sinne also der Zentralebene erfolgt. Die Beteiligung von Interessenverbänden oder Gruppen ist Teil des innerstaatlichen, aber dennoch den gemeinschaftsrechtlichen Vorgaben (z. B. das Repräsentationsprinzip des Art. 263 EG) unterworfenen mitgliedstaatlichen Auswahlverfahrens.

149 Vgl. den Abdruck [FN 116].

150 *Blanke,* in: Grabitz/Hilf, Das Recht der Europäischen Union, Art. 263 EGV, Rn. 26.

denen der Gebietskörperschaften decken müssen. Unangetastet bleibt aber stets die freie Ausübung des Mandats im Ausschuß.

Gegenüber den Gemeinschaftsinstitutionen sind die Vertreter „Organwalter" einer Verfassungsinstitution.[151] Gemeinsam mit den anderen Organen und Einrichtungen wirken sie am gemeinschaftlichen Rechtsetzungsprozeß mit. Insoweit kommt eine Verpflichtung hinzu, die mit dem Entsendeverhältnis zum Mitgliedstaat zur Folge hat, daß jeder Vertreter eine doppelte Organstellung einnimmt. Im übrigen gilt, daß die EU-Organe die noch zu erörternden Rechte des AdR nach dem EG-Vertrag zu achten und eine vertragsgemäße Beteiligung sicherzustellen haben.

c) Inkompatibilität

Jedes AdR-Mitglied übt ein Mandat im Ausschuß im Nebenamt aus. Fraglich ist, wie sich die Mitgliedschaft im AdR mit der Übernahme anderer Ämter verträgt. Der Vertrag und die Geschäftsordnung des AdR enthalten keine einschlägigen Regelungen.[152] Bei der Untersuchung kann auf die oben angeführte Doppelstellung der Mitglieder zurückgegriffen werden.

Bedenken bestehen hinsichtlich einer Vereinbarkeit einer Mitgliedschaft im AdR mit der Mitgliedschaft im Europäischen Parlament. Mangels ausdrücklicher Regelung ist eine Unvereinbarkeit nicht ohne weiteres anzunehmen[153], wenn auch der mögliche Interessenkonflikt augenscheinig ist.

Fraglich ist auch eine gleichzeitige Wahrnehmung einer Verhandlungsführung durch einen Staatsminister eines Bundeslandes als Vertreter der Bundesregierung im Rat (Art. 203 Abs. 1 EG, Art. 23 Abs. 6 GG, § 6 Abs. 2 EUZBLG) und eines Mandats im AdR.[154] Auf die denkbaren Konfliktfelder sei lediglich hingewiesen.[155] Tendenziell wird man aus der Sicht der Unabhängigkeitsklausel

---

151 *Blanke,* in: Grabitz/Hilf, Das Recht der Europäischen Union, Art. 263 EGV, Rn. 26.

152 Anders Art. 59 der Geschäftsordnung des Wirtschafts- und Sozialausschusses (GO-WSA), der eine Inkompatibilitätsregelung von gleichzeitiger Mitgliedstaaten im WSA und im AdR festlegt; Bedenken gegenüber dieser Regelung wegen fehlender Ermächtigung im Vertrag bei *Kaiser,* in: GTE, Art. 198a EGV, Rn. 23.

153 Zur Übertragbarkeit auf den WSA vgl. ABl. 1976 L 278/5.

154 Vgl. hierzu *Kaufmann-Bühler,* in: Lenz, EG-Vertrag, Kommentar, Art. 263 EGV, Rn. 9; ablehnend *Kaiser,* in: GTE, Art. 198a EGV, Rn. 24.

155 Auf die Konflikte Ratsmitgliedschaft – AdR-Mitgliedschaft sei hier nur hingewiesen. Bei Überlegungen zur Stärkung des AdR als Ganzen – und damit auch der kommunalen Einflußnahme – sind solche Probleme mit einzubeziehen, welche in ein Reformkonzept einzuarbeiten sind, hier aber nur andeutungsweise Gegenstand sein können, da sie die

für eine eingeschränkte Inkompatibilitätsregelung plädieren müssen, um das gemeinschaftliche Mandat auch institutionell frei ausüben zu können.

d) Mandatsbeendigung

Nach Art. 263 EG werden die Mitglieder des Ausschusses auf vier Jahre ernannt. Maßgeblich für den Mandatsbeginn ist der Ratsbeschluß zur Ernennung. Grundsätzlich endet das Amt mit dem Ende der Mandatsdauer, das heißt der Ernennung der Mitglieder der nächsten Periode.

Für ein vorzeitiges Ende des Ausschußmandats nennt Art. 14 Abs. 3 GO-AdR drei Gründe: Rücktritt, Tod oder höhere Gewalt. Ein freiwilliger Rücktritt ist jederzeit denkbar. Höhere Gewalt liegt dann vor, wenn ein Mitglied das Amt wegen geistiger oder körperlicher Erkrankung nicht ausüben kann.[156]

Ein Mitglied scheidet auch dann aus, wenn das Grundmandat beendet wird.[157] Problematisch ist hierbei die Auswahl von Mitgliedern durch Verbände, wie in der Bundesrepublik durch die kommunalen Spitzenverbände. Fraglich ist, ob sich die Beendigung eines – nicht notwendigerweise vorhandenen – Verbandsmandats auf die Mitgliedschaft in der Gemeinschaftsinstitution auswirkt. Zu beachten ist hierbei, daß § 14 EUZBLG den kommunalen Spitzenverbänden lediglich ein Vorschlagsrecht unterbreitet. Aus einem solchen Mitwirkungsrecht kann sich keinesfalls ein Abberufungsgrund ergeben.[158] Das kommunale Spitzenmandat ist daher strikt von dem lokalen Wahlmandat des Art. 263 EG zu unterscheiden.

Eine Abberufung durch den Mitgliedstaat bzw. durch die entsendende Körperschaft widerspricht dem Grundsatz der Unabhängigkeit des Mandats und ist daher nicht möglich. Dagegen ist eine einmal erfolgte Wiederwahl nach Art. 263 Abs. 4 S. 2 EG kraft ausdrücklicher Anordnung zulässig.[159]

---

regionale Seite betreffen. Der Problemkreis ist also nur relevant, soweit die kommunale Einflußnahme tangiert wird.

156 *Kaiser,* in: GTE, Art. 198a EGV, Rn. 20.

157 Dieser Passus wurde erst mit dem Vertrag von Nizza in den EG-Vertrag eingefügt; zu dem vorher herrschenden Streit *Kaufmann-Bühler,* in: Lenz, EG-Vertrag, Kommentar, Art. 198a EGV, Rn. 5.

158 Anders *Dästner,* Zur Aufgabenverteilung zwischen Bundesrat, Landesregierungen und Landesparlamenten in Angelegenheiten der Europäischen Union, NWVBl. 1994, 8.

159 Vgl. die Parallelvorschriften für die Kommission (Art. 214 Abs. 1 UA 2 EG), den EuGH (Art. 223 Abs. 4 EG, den EuRH (Art. 247 Abs. 3 UA 1 S. 3 EG) und den WSA (Art. 259 Abs. 1 S. 3 EG).

III. Innere Organisation des AdR

1. Geschäftsordnung als Grundlage der Arbeit

Die Grundlage der inneren Organisation enthält Art. 264 EG:

> *„Der Ausschuß der Regionen wählt aus seiner Mitte seinen Präsidenten und sein Präsidium auf zwei Jahre. Er gibt sich eine Geschäftsordnung."*

a) Grundsatz der Geschäftsordnungsautonomie

Von Bedeutung ist Art. 264 Abs. 2 EG, der dem AdR ein umfassendes Selbstorganisationsrecht einräumt. Das Erfordernis der einstimmigen Genehmigung der Geschäftsordnung durch den Rat ist mit dem Amsterdamer Vertrag entfallen.[160] Bis auf die Rahmenregeln in Abs. 2 und Abs. 3 ist der AdR bei der Gestaltung seiner Organisation also völlig frei. Die Geschäftsordnungsautonomie spricht für eine eigenständige Stellung, die dem AdR mit dem Amsterdamer Vertrag gegeben wurde und Ausdruck des Willens der Vertragsgeber ist, die Einflußnahme der kommunalen und regionalen Gebietskörperschaften im Entscheidungsprozeß zu stärken.

Ob die Vertragsänderung dem Nebenorgan tatsächlich eine gefestigtere Position gibt, soll noch ausführlich geprüft werden. Wichtig ist hier alleine, daß der AdR von seinem Recht in der geltenden Geschäftsordnung vom 23.1.2000 Gebrauch gemacht hat.[161] Die erste Geschäftsordnung des Ausschusses trat nach der Ratsgenehmigung vom 25.5.1994 in Kraft; eine Änderung erfolgte lediglich mit den Beitritten Finnlands, Österreichs und Schwedens zur Europäischen Union.[162]

---

160 Vgl. die entsprechende Forderung des AdR CdR 136/95; die Ratsgenehmigung ist beim WSA bereits mit dem Maastricht-Vertrag gestrichen worden. Zuvor war streitig, inwieweit dem Rat eine Kontroll- und damit auch eine inhaltliche Einflußnahmemöglichkeit zukam – vgl. die Diskussion im Rahmen des mitgliedstaatlichen Auswahlverfahren der Delegierten des Ausschusses und *Kaiser,* in: GTE, Art. 198b EGV, Rn. 39, der für eine reine Rechtmäßigkeitskontrolle und argumentiert, die Geschäftsordnung sei [schon vor dem Amsterdamer Vertrag] eine interne Angelegenheit des Nebenorgans.

161 ABl. 2000 L 18/22 ff.; obwohl Art. 68 der Geschäftsordnung bestimmt, daß diese am Tag nach ihrer Veröffentlichung im Amtsblatt der Europäischen Gemeinschaften in Kraft tritt, ist sie in demselbigen unter „nichtveröffentlichungsbedürftiger Rechtsakt" erschienen. Der Begriff der Veröffentlichung ist in diesem Zusammenhang wohl untechnisch zu verstehen; abzustellen ist auf den Tag des Abdrucks.

162 Zur Erhöhung der Zahl der Präsidiumsmitglieder ABl. 1995 L 69/47.

b) Gliederung der Geschäftsordnung

Zum Verständnis der Arbeitsweise des AdR bedarf es einer umfassenden Kenntnis seiner Geschäftsordnung. Sie ist Grundlage der Arbeit des Ausschusses und daher Instrument des Willensbildungsprozesses, in dem sich die kommunalen Gebietskörperschaften behaupten müssen. Sie ergänzt die kurz gehaltenen Vorgaben des EG-Vertrages und ist damit neben den Art. 263 – 265 EG grundlegender Normkomplex für den AdR. Aufgrund der Selbstgestaltungsautonomie sagt die Geschäftsordnung zudem etwas über das Selbstverständnis des Nebenorgans aus, wie es in den auf der Grundlage der Geschäftsordnung erlassenen Rechtsakten zum Ausdruck kommen soll. Das Augenmerk soll dabei auf die schwerpunktmäßige Ausrichtung der lokalen Seite gerichtet werden. Möglicherweise ergeben sich hieraus bereits Indizien für die eine oder andere Tendenz des Ausschusses. Wie anhand des Kongresses der Gemeinden und Regionen Europas noch gezeigt werden soll, ist besonders eine akribische Genauigkeit Ausdruck des Willens, eine ausgeglichene Arbeitsweise sicherzustellen, während große Lücken Flexibilität andeuten, zugleich aber auch Spielräume für eine politische Gewichtung lassen.

Die Geschäftsordnung des AdR in ihrer geltenden Fassung gliedert sich in drei Titel:

- Titel I: Mitglieder und Organe des Ausschusses
- Titel II: Organisation und Arbeitsweise des Ausschusses
- Titel III: Allgemeine Bestimmungen

Die Titel sind in neun Kapitel und 68 Artikel untergliedert, vorangestellt ist eine kurze Einleitung mit dem Verweis auf die Rechtsgrundlage und eine Vorbemerkung, die lediglich einen Hinweis auf die Geschlechtsneutralität der Amts- und Funktionsbezeichnungen enthält, wie sie in der Geschäftsordnung verwendet werden.[163]

In Titel I enthält das erste Kapitel einen einzigen Artikel, der die Organe des Ausschusses aufzählt, derer er sich zur Erfüllung seiner Aufgaben bedient. Art. 2 ff. GO-AdR (Kapitel 2) verweist auf Art. 263 EG und wiederholt die sich aus dem Vertrag ergebende Stellung der Mitglieder. Dagegen präzisiert Art. 3 GO-AdR die Vertragsbestimmungen bezüglich der Dauer des Mandats und dessen Beendigung. Nach Art. 4 genießen die ernannten Delegierten die Vorrechte und Befreiungen der Europäischen Gemeinschaften. Von der Bindung des Stimm-

163 ABl. 1995 L 18/25.

rechts an die Mitgliedschaft im AdR existieren zwei Ausnahmen (Art. 6 GO-AdR): Art. 5 GO-AdR, der die praktisch bedeutende Vertretungsmöglichkeit durch gewählte Stellvertreter konstituiert, und eine ähnliche Regelung für Präsidiumsmitglieder (Art. 29 GO-AdR).

Der erste Titel der Geschäftordnung konkretisiert weitestgehend die sich aus Art. 263 EG ergebenden Regelungen in Hinblick auf die Mitgliedschaft im AdR. In Titel II über die Organisation und Arbeitsweise des Ausschusses werden hingegen – mit Ausnahme der Notwendigkeit eines Präsidiums – vom Vertrag nicht vorgegebene Entscheidungen hinsichtlich der verfahrensmäßigen Ausrichtung des Ausschusses getroffen, welche die Effektivität des Nebenorgans ermöglichen und fördern sollen. Es handelt sich dabei sowohl um binnenorganisatorische als auch prozedurale Bestimmungen.[164]

Zu den prozeduralen Regelungen zählen die Vorschriften über die erste Einberufung des Ausschusses (Kapitel 1, Art. 11 GO-AdR), die Konstituierung (Art. 12 GO-AdR) und die Durchführung der Plenarversammlung (Kapitel 2, Art. 13 ff. GO-AdR). In organisatorischer Hinsicht finden sich Bestimmungen zum Präsidium (Kapitel 3, Art. 28 ff. GO-AdR), zu den Fachkommissionen (Kapitel 4, Art. 44 GO-AdR) und der Verwaltung des Ausschusses (Kapitel 5, Art. 59 ff. GO-AdR).

In den allgemeinen Bestimmungen des Titel III finden sich Regelungen über die Zusammenarbeit mit anderen Institutionen (Kapitel 1, Art. 64 f. GO-AdR). Der AdR hält sich die Möglichkeit offen, durch institutionelle Kooperationsabkommen besondere Beziehungen zu anderen Institutionen der EU zu unterhalten, Art. 64 GO-AdR. Voraussetzung hierfür ist ein Vorschlag des Generalsekretärs, der vom Präsidium angenommen werden kann. Unter Institution im Sinne des Art. 64 GO-AdR sind dabei Organe, Nebenorgane und Hilfsorgane zu verstehen.

Abschließend werden in Kapitel 2 Geschäftsordnungsfragen geklärt. Gemäß Art. 66 GO-AdR ist für eine Revision der Geschäftsordnung die Mehrheit der AdR-Mitglieder in der Plenarversammlung nötig, wobei die Geschäftordnung zum Teil oder auch ganz neu beschlossen werden kann, Art. 66 Abs. 1 GO-AdR. Zuvor soll ein Ad-hoc-Ausschuß zur Ausarbeitung eines Textentwurfs einberufen werden, Art. 66 Abs. 2 S. 2 GO-AdR.[165] Dem Präsidium obliegt es gemäß

---

164 *Blanke,* in: Grabitz/Hilf, Das Recht der Europäischen Union, Art. 264 EGV, Rn. 12.

165 Die Formulierung „soll“ drückt hierbei aus, daß es sich keinesfalls um eine Pflichtbestimmung handelt. Vielmehr ist eine Änderung auch ohne Einberufung eines Ad-hoc-Ausschusses möglich, wie sie im ersten Fall der Revision anläßlich der EU-Erweiterung erfolgt ist. Hier lag lediglich ein Vorschlag des Präsidiums vor; vgl. *Kaiser,* in: GTE,

Art. 67 GO-AdR, durch Anweisung die Geschäftsordnung näher auszugestalten. Dies ist insofern unabdingbar, als die Aufgabenverteilung zwischen den Organen und Einrichtungen des Ausschusses in nur sehr allgemeiner Form dargestellt wird.[166] Trotzdem enthält sie eine übersichtliche Regelung der wesentlichen Punkte, die als Arbeitsgrundlage dienen.

2. Organe des Ausschusses

Der AdR bedient sich zu seiner Aufgabenerfüllung vier Organen, Art. 1 GO-AdR:

Organe des AdR

- Plenarversammlung
- Präsident
- Präsidium
- Fachkommissionen

Im Gegensatz zum Wirtschafts- und Sozialausschuß in Art. 261 EG enthalten die Art. 263 ff. EG keine Vorgabe für die Untergliederung des AdR in Fachgruppen oder ähnliche Einrichtungen. Die Fachkommissionen sind daher durch die Geschäftsordnung geschaffene „Organteile“[167] der Plenarversammlung des AdR.

a) Die Plenarversammlung

Für die Meinungsbildung und Beschlußfassung wichtigstes Organ ist die Plenarversammlung des AdR. In ihr kommen die Mitglieder zusammen, um den dem Ausschuß zugewiesenen Aufgaben nachzukommen. Zu den Aufgaben gehören nach Art. 13 GO-AdR:

Art. 198b EGV, Rn. 40, der die GO-Bestimmung entsprechend entstehungsgeschichtlich interpretiert.

166 Anders beim Wirtschafts- und Sozialausschuß, dessen Geschäftsordnung detaillierte bzw. detailliertere Regelungen enthält.

167 Vgl. *Hilf,* Die Organisationsstruktur der Europäischen Gemeinschaften: rechtliche Gestaltungsmöglichkeiten und Grenzen, S. 26.

Aufgaben der Plenarversammlung des AdR

- Verabschiedung von Stellungnahmen, Berichten und Entwürfen
- Wahl des Präsidiums
- Einsetzung der Fachkommissionen
- Verabschiedung und Revision der Geschäftsordnung
- Annahme des vom Präsidium eingebrachten Haushaltsentwurfs

Die Plenarversammlung kann nach Art. 264 Abs. 3 S. 1 EG auf Antrag des Rats oder der Kommission einberufen werden. Der Normalfall wird aber die Einberufung durch den Präsidenten des Ausschusses selbst sein (Art. 264 Abs. 3 S. 2 EG), der gemäß Art. 14 Abs. 1 GO-AdR die Versammlung mindestens einmal pro Quartal einzuberufen hat. In der ersten und zweiten Mandatsperiode fanden ca. fünf Sitzungen jährlich statt, die jeweils zwei Sitzungstage umfaßten. Die Sitzungen finden grundsätzlich öffentlich (Art. 17 GO-AdR) statt. Die Plenarversammlung ist beschlußfähig, wenn die Mehrheit der Mitglieder anwesend ist, Art. 21 Abs. 1 GO-AdR. Eine Überprüfung der Beschlußfähigkeit findet auf Antrag von zehn Mitgliedern statt. Solange die Beschlußfähigkeit nicht festgestellt wird, gelten die bis dahin gefaßten Abstimmungen und Beschlüsse als gültig, Art. 21 Abs. 1 S. 2 GO-AdR.[168]

Grundsätzlich entscheidet die Versammlung mit der Mehrheit der abgegebenen Stimmen, Art. 22 GO-AdR. Eine Beschlußfassung im Plenum ist dann nicht nötig, wenn ein Stellungnahmeentwurf von der zuständigen Fachkommission einstimmig angenommen wurde (sogenanntes einfaches Verfahren).[169] Der Entwurf gilt dann als beschlossen, wenn kein Änderungsvorschlag von mindestens 32 Mitgliedern (Art. 23 Abs. 3 GO-AdR) eingebracht wurde.

An der Plenarversammlung können gemäß Art. 17 Abs. 2 auch Vertreter des Rats, des Europäischen Parlaments und der Kommission teilnehmen. Die Teilnahme steht auf Einladung des Präsidenten auch außenstehenden Personen offen, Art. 17 Abs. 3 GO-AdR.

---

168 Streitig waren zuvor in der ersten Fassung der Geschäftsordnung die Folgen der Beschlußunfähigkeit: Bei der Feststellung der Beschlußunfähigkeit mußte die Abstimmung auf die folgende Sitzung verschoben werden. Fraglich ist, ob darunter der nächste Sitzungstag oder die nächste Plenarversammlung zu verstehen war. Nun wurde nun klargestellt, daß darunter der nächste *„Sitzungstag"* (Art. 16 Abs. 2 GO-AdR) zu verstehen ist.

169 Vgl. das einfache Verfahren im Rahmen der Plenarsitzungen des KGRE, S. 223.

Die Vorschriften über die Sitzungen des Plenums sind nach ihrer Gliederung und den verbürgten Grundsätzen eher unspektakulär. Sie enthalten in kurz gehaltener Form die wichtigsten Vorschriften eines parlamentarischen Regeln folgenden demokratischen Gremiums. Eine verfahrensmäßige Unterscheidung zwischen den kommunalen und regionalen Anliegen findet sich darin nicht. Die Geschäftsordnung geht von der Gesamtheit aller Vertreter dezentraler Körperschaften unabhängig von ihrer Entsendung aus. Auf die politischen Konsequenzen dieses Gesamtmodells im Vergleich mit möglichen Alternativvarianten in der Alltagsarbeit des Nebenorgans soll noch an späterer Stelle eingegangen werden.

b) Präsident und Präsidium

An der Spitze des AdR steht der Präsident, der dem Präsidium vorsteht. Er wird auf zwei Jahre gewählt, auf eine Mandatsperiode des Ausschusses von vier Jahren fallen also zwei Wahlperioden des Präsidiums, Art. 30 GO-AdR.

Das Präsidium besteht aus dem Präsidenten, dem ersten[170] und weiteren 14 Vizepräsidenten[171], 20 weiteren Mitgliedern[172], sowie den Fraktionsvorsitzenden[173] der im AdR vertretenen politischen Gruppierungen. Sie werden – mit Ausnahme der Fraktionsvorsitzenden – in geheimer Wahl mit absoluter Mehrheit der abgegebenen Stimmen gewählt, wobei mindestens zwei Drittel der Mitglieder des AdR anwesend sein müssen, Art. 31, 32 GO-AdR.[174] Die Wahl der

---

170 Der Präsident und der erste Vizepräsident werden nach einer internen Absprache abwechselnd von den beiden „Gruppen" gestellt, *Leitermann,* Sprachrohr der europäischen Kommunen und Regionen, Europa kommunal 1996, 277, wobei im Zuge der Politisierung des Ausschusses der Regionen auch die Fraktionszugehörigkeit eine Rolle spielt, was für die weiteren Präsidiumsposten von (noch) größerer Bedeutung ist.

171 Mit der Erweiterung um Finnland, Österreich und Schweden hat sich die Zahl von zwölf auf 15 Vizepräsidenten erhöht, vgl. ABl. 1995 L 69/47.

172 Ursprünglich (1. Mandatsperiode, GO vom 27.5.1994, ABl. 1995 L 69/47) bis zur Erweiterung bestand das Präsidium aus 30 Mitgliedern, die Zahl wurde dann auf 36 Mitglieder erhöht.

173 Eine Zugehörigkeit und damit einer Mitsprache der politischen Gruppierungen zum Präsidium wurde erst in der 2. Mandatsperiode in die Geschäftsordnung aufgenommen. Seiner Struktur nach erinnert das erweiterte Präsidium des AdR an das Präsidium des Parlaments, vgl. zur Fraktionsbildung und der Bedeutung politischer Gruppierungen unten S. 135.

174 Fraglich ist mangels Regelung die Konsequenz, wenn der Präsident oder einer der Vizepräsidenten in einer der Abstimmungen die erforderliche Mehrheit nicht erreicht. Hier könnte davon ausgegangen werden, daß die Normierung neuer Kandidaten nötig wird. Es ist aber nicht einsichtig, warum in weiteren Wahlgängen nicht nochmals die selben Kandidaten antreten können.

weiteren 35 Präsidiumsmitglieder[175] kann durch eine Kandidatenliste erfolgen, Art. 32 Abs. 1 GO-AdR; ansonsten sind einzelne Wahlgänge durchzuführen.

Die wesentliche Aufgabe des Präsidiums liegt in der Gewährleistung der kontinuierlichen Arbeit des Ausschusses.[176] Schwerpunktmäßig obliegt ihm die Vorbereitung der Plenarversammlung und die Koordination der Fachkommissionen, Art. 35 b) GO-AdR. Hierzu gehört unter anderem die Erstellung der Tagesordnung, Art. 15 Abs. 1 GO-AdR, welche den Mitgliedern sodann vom Präsidenten übermittelt wird, Art. 15 Abs. 2 GO-AdR. Dem Präsidium obliegt zudem die Aufstellung eines politischen Programms zu Beginn der Mandatsperiode und eine jährliche Bewertung seiner Umsetzung. Hinzu kommen die organisatorischen, finanziellen und administrativen Angelegenheiten der Mitglieder, die Vorlage eines Haushaltsentwurfs und die Einstellung eines Generalsekretärs und weiterer Beamter des Sekretariats, vgl. Art. 62 GO-AdR.[177]

Über die Ergebnisse der Umsetzung der gefaßten Beschlüsse, insbesondere der Stellungnahmen, hat das Präsidium der Plenarversammlung zu berichten.

Der Präsident leitet das Präsidium bei der Erfüllung seiner Aufgaben (Art. 37 Abs. 1 GO-AdR) und vertritt den AdR nach außen (Art. 37 Abs. 2 GO-AdR). Er ist zudem für die Ausführung des Haushaltsplans zuständig, Art. 63 Abs. 3 S. 2 GO-AdR. Festzuhalten ist, daß das Präsidium und der Präsident eine starke Stellung einnehmen.[178] Sie profitieren vom Fehlen einer genauen Verteilung der Aufgaben zwischen den Organen in der Geschäftsordnung.

c) Fachkommissionen

Trotz der oben vorgenommenen Klassifizierung der Fachkommissionen als Hilfsorgane der Plenarversammlung sind auch die Fachkommissionen nach Art.

175 Auffällig ist die große Anzahl an Präsidiumsmitgliedern: Dies ist wohl auf politische Erwägungen zurückzuführen und beruht nicht auf binnenorganisatorischen Gründe der Effektivität. Hier soll einer möglichst großen Anzahl von Delegierten die Annahme eines prestigekräftigen Präsidiumspostens ermöglicht werden.

176 *Schöbel,* in: Europäisches Zentrum für Föderalismusforschung (Hrsg.), Der Ausschuß der Regionen – eine erste Bilanz, S. 19 ff.

177 Hierzu gehören auf Vorschlag des Generalsekretärs nach dem Statut der Beamten der Europäischen Gemeinschaften die Beamten der höheren Besoldungsgruppen (A1-A5 und L/A3-L/A5 für den Sprachendienst).

178 *Clement,* Politische Bewertung, in: Tomuschat (Hrsg.), Mitsprache der dritten Ebene in der europäischen Integration, S. 102 f.; insbesondere der erste Präsident des AdR, *Jacques Blanc,* maßte sich eine überaus dominante Stellung ein und profitierte von den „Freiheiten", die ihm die Geschäftsordnung ließ.

1 GO-AdR eigenständige Organe des Nebenorgans. Die Einteilung kommt aber im Wesentlichen ihrer Aufgabe und Bedeutung nahe. Nach Art. 46 GO-AdR sollen sie die Entwürfe der Stellungnahmen und Entschließungen zur Verabschiedung der Plenarversammlung vorlegen. Sie nehmen damit wesentliche Aufgaben des AdR wahr und können daher als „Lastenträger" des Ausschusses bezeichnet werden.[179] In den Fachkommissionen finden die wesentlichen inhaltlichen Diskussionen statt. So orientieren sich die Ausrichtungen der Fachkommissionen an den Arbeitsfeldern des AdR. In der dritten Mandatsperiode 2002/2006 wurden folgende Kommissionen gebildet, die umseitig aufgeführt sind:

Die Fachkommissionen tagen ca. fünfmal im Jahr. Der prozedurale Ablauf orientiert sich an dem an der Plenarversammlung, vgl. Art. 45 ff. GO-AdR. Die Ausarbeitung einer Stellungnahme dauert ca. fünf Monate. Angesichts des Strebens nach einem möglichst frühzeitigen Eingreifen in den Entscheidungsprozeß der EU wird hier insbesondere an eine Beschleunigung des Verfahrens gedacht. Hierin liegt auch der Grund für das erwähnte vereinfachte Annahmeverfahren nach Art. 26 GO-AdR. Zudem wird die Möglichkeit eines Berichterstatters gemäß Art. 40 GO-AdR vielfach genutzt. Danach kann das Präsidium zu einem bestimmten Thema einen Hauptberichterstatter bestellen, der dann der Plenarversammlung unmittelbar einen Stellungnahmeentwurf vorlegt. Voraussetzung hierfür ist, daß ansonsten eine vom Rat, dem Parlament oder der (EG-) Kommission gesetzte Frist nicht eingehalten werden könnte.[180]

Fraglich ist, ob hierdurch nicht die eigentliche inhaltliche Auseinandersetzung in den Fachkommissionen umgangen wird. Dem Hauptberichterstatter gibt das Verfahren die Chance, im Alleingang die Stellungnahme vorzuformulieren und sich im Ausschuß und gegenüber den entsendenden Körperschaften zu profilieren. Bei der Bestellung des Berichterstatters werden natürlich politische Gründe für die entsprechende Auswahl maßgeblich sein. Zu berücksichtigen ist auch, daß die Zahl der Anfragen nach Stellungnahmen anwächst. Daher ist zu befürchten, daß dieses Verfahren sich weiter zu Lasten der Fachkommissionen ausbreitet. Abfedern kann diese Entwicklung höchstens Art. 40 Abs. 3 GO-AdR, der fordert (*„sollte"*), daß zum Zwecke einer *„allgemeinen Orientierungsdebatte"* die betroffene Fachkommission zusammentritt.

179 *Schöbel,* in: Europäisches Zentrum für Föderalismusforschung (Hrsg.), Der Ausschuß der Regionen – eine erste Bilanz, S. 22.

180 Für den Fall, daß selbst die Einsetzung eines Hauptberichterstatters durch die Plenarversammlung zu lange dauern würde, kann das Präsidium den Hauptberichterstatter bestellen, Art. 40 Abs. 2 GO-AdR; hiervon muß die Plenarversammlung auf ihrer nächsten Sitzung in Kenntnis gesetzt werden.

Fachkommissionen des AdR

1. Fachkommission für Kohäsionspolitik („COTER“)[181]
2. Fachkommission für Wirtschafts- und Sozialpolitik („ECOS“)[182]
3. Fachkommission für nachhaltige Entwicklung („DEVE“)[183]
4. Fachkommission für Kultur und Bildung („EDUC“)[184]
5. Fachkommission für konstitutionelle Fragen und Regieren in Europa („CONST“)
6. Fachkommission für Außenbeziehungen („RELEX“)

d) Weitere Einrichtungen ohne Organqualität

aa) Ad-hoc-Ausschüsse

Schon mehrmals war die Rede von den sogenannten Ad-hoc-Ausschüssen. Sie können aus besonderen Anlässen als Arbeitsgruppen von der Plenarversammlung gebildet werden. Sie erledigen alle im Rahmen des Aufgabenbereichs des AdR liegende Zwecke, für die keine Zuständigkeit eines der Organe gegeben ist. Sie sind lose Zusammenschlüsse, die mit dem Einsetzungsbeschluß gebildet werden und nach Erledigung der im Beschluß formulierten Aufgabe aufgelöst werden. Zu ihrer Begründung bedarf es keiner entsprechenden Rechtsgrundlage, wodurch sie sich durch eine besondere Flexibilität auszeichnen, zugleich das Mandat aber eine kontinuierliche Arbeit verwehrt. In Konflikt können

181 Zuständig für wirtschaftlichen, sozialen und territorialen Zusammenhalt, Strukturfonds, Interregionale und grenzüberschreitende Zusammenarbeit, Verkehr und Transeuropäische Netze im Verkehrsbereich, Raumordnung, Städtepolitik, Fremdenverkehr.

182 Beschäftigung, Sozialpolitik und sozialer Schutz, Chancengleichheit, Volksgesundheit, Unternehmens-, Wettbewerbs- und Steuerpolitik, Wirtschafts- und Währungspolitik, Binnenmarkt

183 Umwelt und natürliche Ressourcen, Gemeinsame Agrarpolitik und ländliche Entwicklung, Fischerei, Energie und Transeuropäische Netze im Energiebereich, Verbraucherpolitik, Katastrophenschutz.

184 Kultur und kulturelle Vielfalt, Förderung von (weniger gebräuchlichen) Minderheitensprachen, Jugend, Sport, Bildung, Spracherlernung und -verbreitung, Forschung und Technologie, einschließlich ethische Fragen, Informationsgesellschaft und Transeuropäische Netze im Telekommunikationsbereich, Kommunikationstechnologien und –märkte, audiovisuelle Industrie und Medien.

sie insbesondere mit den Fachkommissionen treten, die zwar auch zu einem bestimmten Zweck gebildet, aber allgemein umschrieben und inhaltlich ausgerichtet sind. Die materielle Vorbereitung der Stellungnahmedokumente obliegt ihnen. Nur für darüber hinausgehende Arbeitsaufträge können daher Ad-hoc-Ausschüsse gebildet werden.

bb) Generalsekretariat

Eine lediglich unterstützende Funktion[185] nimmt das Generalsekretariat des Nebenorgans ein. An dessen Spitze steht der Generalsekretär (Art. 59 Abs. 2, 60 f. GO-AdR).[186] Zunächst war der administrative Unterbau des Ausschusses mit dem des WSA verbunden.[187] Erst mit dem Amsterdamer Vertrag hat der AdR eine Verwaltungsautonomie erlangt.[188] Dieser Eigenständigkeit waren eindringliche Forderungen der Ausschußmitglieder vorangegangen.[189] Trotzdem arbeiten WSA und AdR weiter organisatorisch unterstützend zusammen.[190]

Wesentliche Aufgabe des Generalsekretariats ist die Durchführung der Beschlüsse des Präsidiums, Art. 60 Abs. 1 GO-AdR. Dem Generalsekretär obliegt zudem die Einstellung des Personals, soweit nicht dem Präsidium diese Aufgabe obliegt[191], und die Vorlage des Haushaltsentwurfs.[192] An seinem Amtssitz Brüssel[193] stehen ihm 217 feste und 19 befristete Bedienstete zur Erfüllung seiner Aufgaben zur Verfügung.[194] Der AdR verfügt damit über einen leistungsfähigen Verwaltungsunterbau, der eine durchgängige Betreuung und Unterstützung des Präsidiums gewährleistet.

---

185 Vgl. den Wortlaut des Art. 59 Abs. 1 GO-AdR.

186 Derzeit der Italiener *Vicenzo Falcone.*

187 Protokoll Nr. 16 zum Maastricht-Vertrag betreffend den Wirtschafts- und Sozialausschuß und den Ausschuß der Regionen.

188 *Blanke,* in: Grabitz/Hilf, Das Recht der Europäischen Union, Art. 264 EGV, Rn. 7.

189 *Clement,* Der Regionalausschuß – mehr als ein Alibi?, Staatswissenschaft und Staatspraxis, StWiss und StPraxis 1993, 168; *Hoppe-Schulz,* Der Ausschuß der Regionen, in: Borkenhagen u.a. (Hrsg.), Die deutschen Länder in Europa, S. 32.

190 CES-CdR 3/99.

191 Vgl *Kaiser,* in: GTE, Art. 198b EGV, Rn. 37.

192 Der Haushalt betrug 2002 rund 36,3 Mio. €, während für das Jahr 2003 nach dem Haushaltsplan rund 39 Mio. € veranschlagt sind.

193 Vgl. ABl. 1992 C 341/14.

194 ABl. 2001 L 565/66.

3. Nationales und politisches Konfliktpotential im AdR

Für die alltägliche politische Sacharbeit geben die Organe des AdR nur einen Rahmen für die inhaltliche Auseinandersetzung vor. In der inneren Organisation gibt es über die „offiziellen" Vorgaben hinaus weitere das Nebenorgan prägende Formationen und Gruppierungen, die in paralleler Art und Weise die realpolitischen Verhältnisse der Gesamt-EU widerspiegeln.[195] Sie machen den AdR zu einem politischen Organ und geben ihm eine Struktur, wie sie beispielsweise auch im Parlament zu finden ist. Hierzu gehören die politischen Gruppen und die nationalen Delegationen. Im weiteren Kontext bilden auch die Regionen mit legislativen Kompetenzen innerhalb des AdR zur Verfolgung eigener politischer Interessen eine Gruppe in diesem Sinne. Gleichermaßen könnte man hierzu die sonstigen, auch außerhalb des Ausschusses befindlichen Netzwerke, beispielsweise der großen europäischen Städte oder der alpenländischen Regionen zählen. Eine Ebene höher läßt sich auch ein vermehrter Nord-Süd-Konflikt zwischen den nördlichen und südlichen EU-Mitgliedstaaten beschreiben. Solche Zusammenschlüsse prägen in besonderem Maße die Arbeit des AdR.[196]

Die politischen Fraktionen haben mittlerweile sogar Eingang in die Geschäftsordnung gefunden. Inwieweit die Fraktionsbildung zu einer Politisierung des kommunalen und regionalen Interessengremiums geführt hat, soll im folgenden dargestellt werden. Genauso durchschaubar soll die Bildung nationaler Delegationen gemacht werden, die sich im Vorfeld der AdR-Sitzungen konstituieren und einen Teil der Koordinationsarbeit erledigen.

a) Nationale Delegationen

Der Zusammenschluß und -halt der Vertreter eines bestimmten Mitgliedstaats ergibt sich aus der Natur der Sache, aus der gleichgerichteten mitgliedstaatlichen Interessenlage, der aus den mitgliedstaatlichen Erfahrungen heraus resultierenden politischen Mentalität oder den fehlenden Sprachbarrieren.[197] Im AdR finden sich zahlreiche Regional- und Kommunalpolitiker, denen die

---

195 Vgl. aber Art. 10 GO-AdR, der die Bildung interregionaler Gruppen ausdrücklich vorsieht. Voraussetzung für deren Bildung ist die Erklärung gegenüber dem Präsidium. Weitere Anforderungen stellt die Bestimmung ebenso wenig wie die Aufführung etwaiger Folgen der Anerkennung als interregionale Gruppe.

196 *Bocklet,* Der Ausschuß der Regionen – Ein parlamentarisches Gremium mit wechselnden Mehrheiten, in: Hierl (Hrsg.), Europa der Regionen, S. 134.

197 Vgl. *Wiedmann,* Der Ausschuß der Regionen nach dem Vertrag von Amsterdam, EuR 1999, 79.

internationale Bühne in ihrem Alltag eher fremd ist. Auf dem Brüsseler Parkett gilt es auch, die nationale Identität zu wahren. So waren die nationalen Delegationen seit Bestehen des Ausschusses das stärkste Element politischer Willensbildung im AdR.[198] Dies ist schon deshalb nachvollziehbar, als die Auswahl der Delegierten auf der Ebene der Mitgliedstaaten erfolgt, die Delegierten also von der nationalen Ebene ihr Mandat ableiten, was die ihnen nach dem Vertrag zugesicherte Unabhängigkeit und Weisungsfreiheit aber nicht beeinträchtigen darf. Im Vorfeld der Plenarversammlungen versammeln sich zunächst die nationalen Delegationen zur Koordination ihres Abstimmungsverhaltens. Insbesondere in Personalfragen, aber auch in Haushalts- und Geschäftsordnungsfragen, dominieren nationale Gedankenspiele.

Die Leitung der deutschen „Koordinierungssitzungen" obliegt dem Vorsitzenden der Europaministerkonferenz (EMK). Als solcher nimmt der Landesminister die Rolle des Sprechers der deutschen Vertreter gegenüber dem Präsidium wahr. Eine darüber hinausgehende, insbesondere eine sachpolitische Funktion, kommt ihm nicht zu.[199] Keinesfalls besitzt er ein Weisungsrecht gegenüber den nationalen Delegierten.

Angesichts des Gewichts der nationalen Delegationen ist es nicht verwunderlich, daß intensiv die Frage diskutiert wurde, wie man dieser Bedeutung auch organisatorisch gerecht werden könne. Eine solche Unterstützung wurde in Form von Personalstellen im Generalsekretariat angedacht.[200] Hierdurch sollte dem Widerspruch zwischen politischem Einfluß und inoffizieller Stellung abgeholfen werden.

Letztlich konnten sich diese Forderungen angesichts der allgemeinpolitischen Ausrichtung nach den Vertragsstatuten aber nicht durchsetzen.[201] Die Verleihung eines offiziellen Status wäre dem Sinn und Zweck zuwider gelaufen, regionale und kommunale Anliegen als Einrichtung der EU zu verfolgen. Daher beschloß das Präsidium 1995, den politischen Gruppen den Vorzug in der Unterstützung durch das Generalsekretariat zu geben.[202]

---

198 *Kaiser,* in: GTE, Art. 198b EGV, Rn. 41.

199 *Kaiser,* in: GTE, Art. 198b EGV, Rn. 41.

200 Vgl. *Wiedmann,* Der Ausschuß der Regionen nach dem Vertrag von Amsterdam, EuR 1999, 78.

201 Daher obliegt die Betreuung der nationalen Delegationen den Mitgliedstaaten, in der Bundesrepublik den Büros der deutschen Bundesländer in Brüssel.

202 *Wiedmann,* Der Ausschuß der Regionen nach dem Vertrag von Amsterdam, EuR 1999, 78.

b) *Fraktionsbildung*

Bereits im Zuge der Plenarsitzung vom 15./16.11.1994 schlossen sich Abgeordnete zu zwei großen Fraktionen im AdR zusammen. Zum einen die Fraktion der sozialdemokratischen Partei Europas (SPE) und zum anderen die der Europäischen Volkspartei (EVP).[203] In der Plenarversammlung vom 1.2. 1995 konstituierten sich zwei weitere politische Gruppen: Die „Liberale Fraktion" und die auch die deutschen Bündnisgrünen[204] – sofern diese Delegierte stellen – umfassende „Radikale Fraktion", die sich später in „Europäische Allianz" (EA) umbenannte.

Ihnen kam nun die organisatorische Hilfe des Generalsekretariats zugute. Infolge dessen wurden Befürchtungen einer Handlungsunfähigkeit des Ausschusses durch parteipolitische Zersplitterung durch den Erlaß von Anweisungen über die *„Anerkennung und Arbeitsweise der politischen Gruppen"*[205] durch das Präsidium entgegengewirkt.[206] Hierin waren Mindestanforderungen für die Anerkennung des Fraktionsstatus enthalten, die nunmehr in die Geschäftsordnung aufgenommen wurden. Gemäß Art. 9 Abs. 1, 2 GO-AdR setzt die Bildung einer Fraktion den Zusammenschluß von mindestens 20 Mitgliedern und/oder Stellvertretern voraus, die aus mindestens zwei Mitgliedstaaten stammen. Art. 9 Abs. 2 GO-AdR enthält eine Staffelung. Schließen sich Mitglieder aus mindestens vier Mitgliedstaaten zusammen, so genügen 16 Fraktionsmitglieder, bei mindestens 3 Mitgliedstaaten 18 Vertreter. In jedem Fall müssen die Hälfte der Mitglieder der politischen Gruppierung ordentliche Mitglieder des Nebenorgans sein. Durch die fraktionsinterne Willensbildung treten nationale Interessen zugunsten der transnationalen Bestrebungen im AdR in den Hintergrund.[207] Ob damit zugleich die politische Zugehörigkeit das tragende Organisationsprinzip des Ausschusses wird, bleibt fraglich und der künftigen Entwicklung vorbehalten. Zu Beginn der 3. Mandatsperiode fand eine parteipolitische Absprache unter anderem in Personalentscheidungen statt.[208]

---

203 Genauso gebräuchlich sind die englischen Abkürzungen PES (*The Party of European Socialists*) und EEP (*European People's Party*).

204 Wie auch die Delegierten der französischen Grünen (*„Les Verts"*).

205 CdR 37/95.

206 Der Erlaß dieser Anweisungen erfolgte auf der Grundlage von Art. 22 Abs. 3 a.F. GO-AdR; die grundsätzliche Zulässigkeit einer Fraktionsbildung im AdR ergab sich aus Art. 6 Abs. 3 a.F. GO-AdR.

207 *Blanke,* in: Grabitz/Hilf, Das Recht der Europäischen Union, Vor Art. 263-265 EGV, Rn. 22; offen bei *Bocklet,* Der Ausschuß der Regionen – Ein parlamentarisches Gremium mit wechselnden Mehrheiten, in: Hierl (Hrsg.), Europa der Regionen, S. 134.

208 A.A. *Hrbek,* Der Ausschuß der Regionen, in: Weidenfeld/Wessels (Hrsg.), Jahrbuch der Europäischen Integration 1997/98, 105 und 1998/99, 108; hierfür spricht beispielsweise

Die Frage, ob diese letztendlich Entwicklung begrüßenswert ist, kann durchaus differenziert beantwortet werden.[209]

Einerseits ist die Konzentration der Fraktionsarbeit auf Personalfragen in der Tendenz – jedenfalls teilweise – vorgezeichnet. Eine *„Gruppenidentität"*[210] nach dem herkömmlichen Parteiverständnis setzt gemeinsame politische Richtlinien voraus, für die die Fraktionsmitglieder sich dem Interesse eines übergeordneten Ganzen, also dem Fraktions- oder Parteizweck, unterordnen. Solche Themen müssen sich schließlich unter anderem gegen geographische oder kommunal-regional bedingte Gedanken durchsetzen. Momentan ist daher noch weitgehend offen, wo der *„parteipolitische Stachel"* anzusetzen ist.[211]

Andererseits birgt die Bildung politischer Gruppierungen große Chancen für den AdR, die nationalen Denkweisen zu überwinden oder zumindest zu überdecken. So kann der Ausschuß seiner Zielsetzung entsprechend umfassend regionale und lokale Themen aufgreifen und diese transnational – europäisch – angehen. Die Fraktionsbildung, führt zudem zu einer Annäherung an das Europäische Parlament, in dem nahezu parallele fraktionspolitische Strukturen vorherrschen.[212] Die damit einhergehende Positionierung kann letztlich über den parteipolitischen Stachel zu einer Stärkung in der europäischen Verfassungsdebatte führen.[213]

c) Netzwerkbildung

Der weiteren Ausbreitung des Fraktionswesens leisten andere Tendenzen erheblichen Widerstand. Allen voran sind die sogenannten Netzwerke zu betrachten. Eine allgemeine Definition hierfür existiert nicht. Im Gegensatz zu den Fraktionen orientieren sich diese nicht an einer parteipolitischen Ausrichtung der Mitglieder, sondern an sachpolitischen Gemeininteressen. Die Suche nach Gleichgesinnten zur unmittelbaren oder mittelbaren Durchsetzung politischer

---

die Abwechslung in bezug auf die Posten des Präsidenten/Vizepräsidenten zwischen den großen Fraktionen SPE/EVP.

209 Vgl. *Mietzsch,* Institutionalisierte Interessenvertretung der Regionen und Kommunen in Europa – Eine Bilanz des Ausschusses der Regionen, Aus Politik und Zeitgeschichte 1998, 37.

210 *Wiedmann,* Der Ausschuß der Regionen nach dem Vertrag von Amsterdam, EuR 1999, 79.

211 *Wiedmann,* Der Ausschuß der Regionen nach dem Vertrag von Amsterdam, EuR 1999, 79.

212 Vgl. zur parlamentarischen Struktur des AdR, S. 155.

213 *McCarthy,* The Committee of the Regions: an advisory body's tortuous path to influence, JEEP 1997, 449.

Ziele ist ein in der gesamten EU zu findendes Phänomen, gleich ob im Rat oder im Europäischen Parlament.[214] Im AdR dominiert der Interessengegensatz der südlichen EU-Länder gegenüber den „Nordländern", der sogenannte Nord-Süd-Konflikt.[215]

Ausdruck dieses Konflikts ist die interfraktionelle Zusammenarbeit von Mitgliedern aus Spanien, Portugal, Griechenland, Italien und Frankreich in der Gruppe „Mittelmeerraum".[216] Eine intensive geopolitische Zusammenarbeit findet beispielsweise traditionell zwischen den skandinavischen Ländern Schweden, Dänemark und Finnland statt. Solche Netzwerke, die in vielfacher Ausprägung je nach Zweckbindung vorzufinden sind, können die fraktionsinterne Willensbildung kolportieren.[217] Letztlich sind sie Ausdruck einer Rückbesinnung auf nationale, nicht gezwungenermaßen einseitige Interessen.[218] Zugleich sind sie Sinnbild für die gleichermaßen im Europäischen Rat oder im Rat schwelenden Konfliktpotentiale in der EU, die mit der Erweiterung noch zunehmen werden.[219]

Aus diesen netzwerkartigen Gruppierungen soll eine Tendenz herausgegriffen werden, welche die politische Diskussion im Ausschuß zunehmend dominiert: Die Abgrenzungsbestrebungen der Regionen mit legislativer Kompetenz[220], die durch die Gesetzgebung über eigene Zuständigkeitsbereiche ver-

---

214 Auch bei den außerinstitutionellen Interessensgruppierungen fehlt es meist an einer generellen Ausrichtung zugunsten einer dezentralen Körperschaft als solche. Positive Ausnahme ist z. B. der Rat der Gemeinden und Regionen Europas (RGRE), der alle Gemeinden und Städte sowie Regionen ohne Gesetzgebungskompetenzen vertritt. Ansonsten finden sich meist spezialisierte Zusammenschlüsse wie die Arbeitsgemeinschaft der Alpenregionen (ARGE ALP) – http://www.argealp.org/ –, die Mittelmeeranrainerregionen oder die Konferenz der peripheren Küstenregionen – http://www.crpm.org/ – .

215 Vgl. *Wiedmann,* Der Ausschuß der Regionen nach dem Vertrag von Amsterdam, EuR 1999, 80; *Bocklet,* Der Ausschuß der Regionen – Ein parlamentarisches Gremium mit wechselnden Mehrheiten, in: Hierl (Hrsg.), Europa der Regionen, S. 134; *Mietsch,* Die erste Amtszeit des Ausschusses der Regionen – eine Bilanz, Der Städtetag 1998, 294.

216 Seit 1995.

217 Diese Kontakte im AdR basieren zum Teil auf ausgeprägten außerinstitutionellen Strukturen.

218 Für das Beispiel der Landwirtschaft und der Strukturfonds *Mietsch,* Die erste Amtszeit des Ausschusses der Regionen – eine Bilanz, Der Städtetag 1998, 294.

219 Vgl. beispielsweise die Kontroverse im Rahmen der Beitrittsverhandlungen im Rahmen des Europäischen Rats in Kopenhagen im Dezember 2002, Schlußfolgerungen des Vorsitzes.

220 Als Regionen mit legislativer Kompetenz – auch konstitutionelle Regionen genannt – verstehen sich solche Regionen, die über eigenständige Gesetzgebungskompetenzen verfügen. Auf der zweiten Ministerpräsidentenkonferenz der konstitutionellen Regionen, die auf Einladung des wallonischen Ministerpräsidenten im November 2001 stattfand,

fügen und einen selbständigen Willen bilden können.[221] Sie versuchen in besonderem Maße ihre Interessen gegen die kommunalen Gebietskörperschaften und die Regionen ohne Gesetzgebungskompetenzen durchzusetzen.[222] Aus dem Blickwinkel der lokalen Repräsentanz im Ausschuß ist dies äußerst kritisch zu beleuchten. Hier besteht die Gefahr, daß das Nebenorgan sich von einer institutionellen Interessenvertretung aller dezentralen mitgliedstaatlichen Körperschaften fortentwickelt. Dabei ist zu berücksichtigen, daß besonders die mächtigen Regionen[223] erhebliche finanzielle und personelle Mittel in die europäische Interessenwahrnehmung investieren. Daher rühren auch Diskussionen um eine separate Kammer der Regionen mit legislativen Kompetenzen oder eine verstärkte Beteiligung im Rat.

d) Kommunale contra regionale Mitglieder?

Gleichermaßen konfliktträchtig scheint das Aufeinandertreffen kommunaler und regionaler Vertreter im AdR. Unabhängig von der zahlenmäßigen Aufteilung der Delegierten gilt es, in der Sacharbeit im institutionellen Gefüge der EU eine *„polyphone Einheit"* darzustellen und die *„Summe der Polaritäten und das Wechselspiel von Antagonismen"* abzufangen.[224] Es existieren im Ausschuß keine Sammelbecken der lokalen und regionalen Mitglieder. Organisatorisch kennt der AdR keine Trennung zwischen beiden Repräsentanzen. So müssen sich die unterschiedlichen Interessenvertreter in gemeinsamen Einrichtungen über die Ausrichtung des Nebenorgans im Einzelfall einigen. Diese Auseinandersetzung birgt die Chance einer gemeinsamen Vorgehensweise, zugleich aber auch ein

---

zählten sich hierzu 52 europäische Regionen: Abruzzo, Aland, Aragón, Baden-Württemberg, Bayern, Berlin, Bolzano-Südtirol, Brandenburg, Bremen, Bruxelles-Capitale, Calabria, Canarias, Catalunya, Communauté Française de Belgique, Comunidad Foral de Navarra, Deutschsprachige Gemeinschaft, Emilia-Romagna, Euskadi, Extremadura, Galicia, Hessen, Islas Baleares, Lazio, Lombardia, Madeira, Marche, Mecklenburg-Vorpommern, Niederösterreich, Niedersachsen, Nordrhein-Westfalen, Piemonte, Principado de Asturias, Provincia, Trento, Puglia, Rheinland-Pfalz, Saarland, Sachsen-Anhalt, Salzburg, Sardegna, Schleswig-Holstein, Scotland, Sicilia, Tirol, Toscana, Trentino-Alto Adige / Südtirol, Umbria, Veneto, Vlaanderen, Vorarlberg, Wales, Wallonie und Wien.

221 Zum synonymen Begriff der autonomen Region *Esterbauer,* Regionalismus. Phänomen – Planungsmittel – Herausforderung für Europa, S. 48 f.

222 Auch außerhalb des AdR bestehen zahlreiche Kontakte zwischen den Regionen mit legislativer Kompetenzen. Sie haben auch ein gemeinsames Positionspapier „Towards the reinforced role of the Regions with legislative power within the European Union" in den Konvent zur Zukunft Europas eingebracht.

223 Vgl. *Würtenberger,* Auf dem Weg zu lokaler und regionale Autonomie in Europa, in: Geis/Lorenz (Hrsg.), Staat, Kirche, Verwaltung, FS Maurer, S. 1053 ff.

224 *Blanke,* in: Grabitz/Hilf, Das Recht der Europäischen Union, Vor Art. 263-265 EGV, Rn. 21.

nicht zu verachtendes Spannungsfeld, das sich zugunsten oder zu Lasten der einen oder anderen Seite auswirken kann.[225]

Angesichts der starken Bestrebungen der Regionen mit Gesetzgebungskompetenzen besteht hier die Gefahr, daß kommunale Anliegen außen vor bleiben.[226] Aufgrund der Glaubwürdigkeit werden in der Außenwirkung solche Konfliktpunkte eher verdeckt bleiben. Auch geht es nicht um das quantitative Gewicht der kommunalen und regionalen Stellungnahmen.

Entscheidend ist vielmehr die Wahrnehmbarkeit lokaler Interessen im Entscheidungsprozeß, die unabdingbare Voraussetzung für die hier verfolgte Untersuchung der effektiven Interessenvertretung ist. Die kommunalen Gebietskörperschaften waren im Ausschuß von Anfang an dadurch benachteiligt, daß der AdR eben begrifflich ein „Ausschuß der Regionen" war.[227] Es bedurfte also besonderer Bemühungen, sich gegen die Regionen durchzusetzen. Hinzu kommen zahlreiche andere Ausrichtungen, seien es nationale, parteipolitische oder netzwerkartige Zusammenschlüsse, die im AdR als Kommunalvertretungsorgan berücksichtigt werden müssen.[228]

Die Ausgangsfrage ist daher in einen globaleren Kontext einzuordnen, der in Relation zu den vorstehenden Ausführungen zu setzen ist. Es geht also keinesfalls um Reibungspunkte im Einzelfall, die genauso zwischen den Regionalmitgliedern auftreten.

IV. Einflußnahme auf den EU-Rechtsetzungsprozeß

Die immer wieder umschriebenen Einflußnahmemöglichkeiten auf den EU-Rechtsetzungsprozeß bedürfen einer detaillierten Beschreibung. Bisher standen die strukturellen und organisatorischen Voraussetzungen für eine solche Beeinflussung im Vordergrund. Nun gilt es, die dem AdR durch den Gemeinschaftsvertrag zugewiesenen Aufgaben darzustellen und auf ihre Wirksamkeit, insbesondere in Hinblick auf die kommunalen Gebietskörperschaften, zu überprüfen. Die diesbezüglichen Kompetenzen des Nebenorgans sind der Grund für die

---

225 *Mietsch,* Die erste Amtszeit des Ausschusses der Regionen – eine Bilanz, Der Städtetag 1998, 294.

226 Zu den (seltenen) Reibungspunkte innerhalb der deutschen Delegation *Mietsch,* Die erste Amtszeit des Ausschusses der Regionen – eine Bilanz, Der Städtetag 1998, 294.

227 Dazu ausführlich S. 476.

228 Dazu *Mietsch,* Die erste Amtszeit des Ausschusses der Regionen – eine Bilanz, Der Städtetag 1998, 294.

Schaffung und Beibehaltung des Ausschusses, wobei impliziert wird, daß er die gegebenen Möglichkeiten, den EU-Rechtsetzungsprozeß im Sinne seines Auftrags zu beeinflussen, auch ausnutzt. Nicht umsonst waren die Befugnisse des AdR seit seiner Konstituierung immerwährender Streitpunkt der Kommunal- und Regionalebene im Verhältnis zu den Mitgliedstaaten.[229] Zum ganz wesentlichen Teil beschränken sich die Rechte auf die in Art. 265 EG genannten Anhörungsrechte und das Selbstbefassungsrecht[230]:

> *„Der Ausschuß der Regionen wird vom Rat oder von der Kommission in den in diesem Vertrag vorgesehenen Fällen und in allen anderen Fällen gehört, in denen eines dieser beiden Organe dies für zweckmäßig erachtet, insbesondere in Fällen, welche die grenzüberschreitende Zusammenarbeit betreffen. (...) Er kann, wenn er dies für zweckdienlich erachtet, von sich aus eine Stellungnahme abgeben. “*

1. Formen der Anhörung

Die Anhörungsmöglichkeiten des AdR sollen einer genauen Betrachtung unterzogen werden. Sie sind die ureigensten Möglichkeiten, wie die EU-Organe das Nebenorgan in den Rechtsetzungsprozeß einbinden können bzw. müssen. Von ihrer Reichweite hängt die erfolgte oder mißerfolgte Einflußnahme ab. Dabei ist nach den verschiedenen Motivationen für die Abgabe einer Stellungnahme zu unterscheiden: Die obligatorische, die fakultative, die akzessorische Stellungnahme sowie die Initiativstellungnahme.[231]

a) Obligatorische Anhörung

Nach Art. 265 Abs. 1, 1. Alt. EG wird der AdR vom Rat und von der EU-Kommission in den im Vertrag vorgesehenen Fällen gehört. Solche Fälle der ausdrücklichen Anhörungspflicht finden sich in 14 Vertragsartikeln quer über die Politiken des EG-Vertrags verstreut. Art. 265 EG wiederholt bezüglich der

229 Vgl. auch die Forderungen des AdR nach Ausweitung seiner Befugnisse im Vorfeld der Amsterdamer Vertragsrevision in der „Stellungnahme zu der Revision des Vertrags über die Europäische Union und des Vertrages zur Gründung der Europäischen Gemeinschaft“, ABl. 1996 C 100/1; vgl. CdR 136/95; hierzu auch *Wiedmann,* Der AdR nach dem Vertrag von Amsterdam, EuR 1999, 52.

230 Vgl. *Geiger,* EG-Vertrag, Art. 198 EGV, Rn. 4.

231 Vgl. *Streinz,* Europarechtliche Bewertung, in: Tomuschat (Hrsg.), Mitsprache der dritten Ebene in der europäischen Integration, S. 65 ff.; *Theissen,* Der Ausschuß der Regionen (Artikel 198 a - c EG-Vertrag): Einstieg der Europäischen Union in einen kooperativen Regionalismus?, S. 106 ff.

obligatorischen Anhörung also nur die im Dritten Teil des Vertrags („Die Politiken der Gemeinschaft") ohnehin angeordneten Rechte. Eine solche Anhörung ist in folgenden Fällen vorgesehen:

Fälle der obligatorischen Anhörung nach dem Amsterdamer Vertrag

(1) Fördermaßnahmen auf dem Gebiet der allgemeinen Bildung und des Jugendaustausches, Art. 149 Abs. 4 EG
(2) Kultur, Art. 151 Abs. 5 EG
(3) Gesundheitswesen, Art. 152 Abs. 4 EG
(4) Festlegung von Leitlinien und Maßnahmen zum Ausbau transeuropäischer Netze, Art. 156 EG
(5) Spezifische Aktionen zur Stärkung des wirtschaftlichen und sozialen Zusammenhalts außerhalb der Gemeinschaftsfonds, Art. 159 Abs. 3 EG
(6) Festlegung von Aufgaben, Zielen und Organisation der Strukturfonds, Art. 161 Abs. 1 EG
(7) Durchführungsbeschlüsse des Europäische Fonds für regionale Entwicklung, Art. 162 Abs. 1 EG
(8) Verkehrspolitik, Art. 71 Abs. 1 EG
(9) Fördermaßnahmen der beruflichen Bildung, Art. 150 Abs. 4 EG
(10) Leitlinien für die Beschäftigungspolitik, Art. 128 Abs. 2 EG
(11) Förderung der Zusammenarbeit der Mitgliedstaaten und zur Unterstützung von Beschäftigungsmaßnahmen, Art. 129 Abs. 1 EG
(12) Verbesserung und Angleichung der Arbeits- und Lebensbedingungen, Art. 137 Abs. 2 EG
(13) Errichtung der Europäischen Sozialfonds, Art. 148 EG
(14) Umweltpolitik, Art. 175 EG

Die Anhörung als Verfahrensmodalität findet sich unmittelbar bei der Formulierung der Ziele des Vertrags und der Handlungsermächtigung an die EU-Organe.[232] Die grundsätzliche Einflußnahmemöglichkeit im Bereich der obliga-

232 *Wiedmann,* Der Ausschuß der Regionen nach dem Vertrag von Amsterdam, EuR 1999, 55.

torischen Anhörung erstreckt sich insbesondere auf die Frage des wirtschaftlichen und sozialen Zusammenhalts, der Bildungs-, Berufs- und Beschäftigungspolitik und der Umwelt-, Verkehrs- und Gesundheitspolitik. Die sieben letztgenannten Anhörungsfälle (8) – (14) sind erst mit dem Amsterdamer Vertrag in den Gemeinschaftsvertrag aufgenommen worden.

Trotz dessen existiert eine Reihe von Politikfeldern, die von der obligatorischen Anhörung ausgenommen sind, obwohl sie für den Ausschuß der Regionen interessant sind.[233] Hierzu gehören die Agrarpolitik (Art. 32 ff. EG), die Forschung und technische Entwicklung (Art. 166 EG) und die Industriepolitik (Art. 157 Abs. 3 EG).[234] Gerade Agrarfragen greifen nicht nur in das Kompetenzfeld der deutschen Bundesländer ein, sondern auch in die Kompetenzen anderer europäischer Regionen.[235] Ein rechtes System hinter den Beteiligungsvorschriften mag einem nicht ins Auge springen. Eine Antwort auf die Auswahl der obligatorischen Anhörungsfelder erklärt sich alleine aus der politischen Motivation heraus, die letztlich Ausdruck eines Kompromisses ist: Dem AdR sollten Befugnisse gegeben werden, aber nicht allzu viele.[236] Zurecht wird darauf hingewiesen, daß die defizitäre Ausgestaltung der obligatorischen Anhörung durch andere Einflußnahmemöglichkeiten gemildert wird.[237]

Die Anhörung in den aufgeführten Fällen ist zwingend durchzuführen, und zwar durch das den Rechtsakt erlassende Organ.[238] Unterbleibt die Anhörung, so stellt dies die Verletzung einer wesentlichen Formvorschrift im Sinne des Art. 230 Abs. 2 EG dar.[239] Dies kann aus einem Umkehrschluß aus Art. 265 Abs. 3 S. 3 EG entnommen werden, nachdem Stellungnahmen grundsätzlich zu berücksichtigen sind.[240] In der Rechtsfolge führt dies zur Nichtigkeit des betroffenen Rechtsakts[241], was auch folgerichtig ist, da alleine die Nichtigkeit adäquate Folge der grundsätzlichen, verfahrensmäßigen Anerkennung der kommunalen und regionalen Gebietskörperschaften ist.[242] Hier kann auch die Parallele

233 *Blanke,* in: Grabitz/Hilf, Das Recht der Europäischen Union, Vor Art. 265 EGV, Rn. 3.

234 Vgl. *Hrbek,* Der Ertrag der „Verfassungsdebatte" vom Maastricht, in: Baur u.a. (Hrsg.), Europarecht, Energierecht, Wirtschaftsrecht, FS Börner, S. 141 f.

235 Vgl. *Streinz,* Europarechtliche Bewertung, in: Tomuschat (Hrsg.), Mitsprache der dritten Ebene in der Europäischen Integration, S. 66.

236 *Streinz,* Europarechtliche Bewertung, in: Tomuschat (Hrsg.), Mitsprache der dritten Ebene in der europäischen Integration, S. 66.

237 Dazu sogleich.

238 *Blanke,* in: Grabitz/Hilf, Das Recht der Europäischen Union, Vor Art. 265 EGV, Rn. 3.

239 Zur Begrifflichkeit *Krück,* in: GTE, Art. 173 EGV, Rn. 77 ff.

240 *Wiedmann,* Der Ausschuß der Regionen nach dem Vertrag von Amsterdam, EuR 1999, 56.

241 *Bieber,* in: BBPS, S. 154; *Schwaiger,* in: GTE, Art. 198 EGV, Rn. 2.

242 *Wiedmann,* in: Schwarze, EU-Kommentar, Art. 265 EG, Rn. 21.

zum Wirtschafts- und Sozialausschuß gezogen werden, wo der EuGH bei der Unterlassung einer vorgeschriebenen Anhörung ebenfalls die Nichtigkeit annimmt.[243] Diese Rechtsprechung ist hierauf analog anzuwenden[244], mit der Einschränkung, daß es sich um eine konkrete Rechtssache handeln muß und nicht nur um eine vorbereitende Maßnahme.[245] Eine andere Frage ist, inwieweit der Ausschuß eine Verletzung seiner Anhörungsrechte auf dem Klageweg rügen kann.[246]

b) Fakultative Anhörung

Die fakultative Anhörung (Art. 265 Abs. 1, 2. Alt. EG) steht – soweit der Vertrag keine obligatorische Anhörung vorsieht – im Ermessen des Rats und der Kommission. Die Einschätzung der Zweckmäßigkeit der Anhörung obliegt alleine den EU-Organen. Nicht erforderlich ist, daß regionale oder kommunale Interessen betroffen sind[247], auch wenn dies praktisch im Rahmen der Zweckmäßigkeitserwägungen das ausschlaggebende Argument für die Einbringung einer Stellungnahme sein wird. Selbst für den Fall, daß solche spezifischen Interessen betroffen wären, ist eine Anhörung nicht zwingend durchzuführen.

Der Vertrag bestimmt in Art. 265 Abs. 1 a.E., daß eine fakultative Anhörung insbesondere im Rahmen der grenzüberschreitenden Zusammenarbeit *„zweckmäßig"* sein kann.[248] So können die anhörenden EU-Organe vom Erfahrungsschatz der kommunalen und regionalen Vertreter auf diesem Gebiet profitieren.[249] Ein Zwang zur Einholung einer Stellungnahme ergibt sich daraus aber nicht.

Soll der Ausschuß (fakultativ) angehört werden, setzen der Rat bzw. die Kommission ihm eine mindestens einmonatige Frist, Art. 265 Abs. 2 S. 1, 2. Hs. EG. Beginn der Frist ist die Mitteilung des Ersuchens gegenüber dem Präsi-

---

243 Beispielsweise EuGH, Rs. Roquette, Slg. 1980 I, 3360 f., Rn. 32 ff.; Rs. Deutschland gegen Kommission Slg. 1987 I, 3245, 3255 f., Rn. 37 ff.

244 *Wuermeling,* Das Ende der „Länderblindheit": Der Ausschuß der Regionen nach dem neuen EG-Vertrag, EuR 1993, 204.

245 So *Blanke,* in: Grabitz/Hilf, Das Recht der Europäischen Union, Vor Art. 265 EGV, Rn. 3; zur entsprechenden Jurisprudenz des EuGH Rs. Deutschland gegen Kommission, Slg. 1987 I, 3256, Rn. 39.

246 Dazu S. 148.

247 *Kaiser,* in: GTE, Art. 198c EGV, Rn. 4.

248 Vgl. das Beispiel bei *Kottmann,* Modell fürs Europa von morgen, Europa kommunal 2002, 9 ff.

249 *Beyerlin,* in: Thürer/Weber/Zäch (Hrsg.), Schweiz und Europa, S. 131 ff.

denten des AdR.[250] Äußert sich das Nebenorgan nicht innerhalb dieser Frist, so bleibt die Nichtabgabe der Stellungnahme ohne Folgen, Art. 265 Abs. 2 S. 1, 2. Hs. EG. Eine gesetzte Frist ist aber bis zu deren Ablauf zwingend abzuwarten.[251] Im Rahmen der Fristsetzung – gleich welcher Stellungnahmeform – genießen Rat und Kommission einen weiten, aber nicht unbegrenzten Ermessensspielraum. Sie haben hierbei die Dringlichkeit des Stellungnahmezwecks mit den zeitlichen Möglichkeiten des AdR, eine Stellungnahme vorzubereiten, abzuwägen.[252] Eine willkürlich zu knapp bemessene Frist kann gegen den Grundsatz der Organtreue verstoßen.[253] Um die oft knapp bemessenen Fristen einhalten zu können, hat der AdR in seiner Geschäftsordnung mehrere Instrumente der Verfahrensbeschleunigung geschaffen.[254]

Ob und wie weit der Rat und die Kommission von dieser Anhörungsmöglichkeit Gebrauch machen, hängt maßgeblich von der Qualität der Stellungnahmen ab. Nur bei gewinnbringender Arbeit und damit einhergehendem politischen Gewicht des Kommunal- und Regionalvertretungsorgans wird sein Einfluß in Form der fakultativen Anhörung im Rechtsetzungsprozeß vergrößert.[255]

c) Akzessorische Anhörung

Art. 265 Abs. 3 EG enthält mit der akzessorischen Anhörung eine weitere Möglichkeit des AdR, sich in den EU-Entscheidungsprozeß einzubringen. Akzessorietät in diesem Sinne bedeutet eine Bindung an ein Anhörungsrecht des Wirtschafts- und Sozialausschusses nach Art. 262 EG. Die Systematik der Anhörungsrechte des WSA entspricht der des AdR.

Insoweit ist fraglich, ob das akzessorische Stellungnahmerecht des AdR sich auf das obligatorische (Art. 261 Abs. 1 S. 1 EG), das fakultative (Art. 261 Abs. 1 S. 2 EG) und das Selbstbefassungsrecht des WSA bezieht. Ein Lösungsansatz

---

250 Zur Fristsetzung *Blanke,* in: Grabitz/Hilf, Das Recht der Europäischen Union, Art. 265 EGV, Rn. 9.

251 *Wuermeling,* Das Ende der „Länderblindheit": Der Ausschuß der Regionen nach dem neuen EG-Vertrag, EuR 1993, 204.

252 Vgl. *Schwaiger,* in: GTE, Art. 198 EGV, Rn. 5; *Wiedmann,* in: Schwarze, EU-Kommentar, Art. 265 EG, Rn. 17.

253 *Blanke,* in: Grabitz/Hilf, Das Recht der Europäischen Union, Art. 265 EGV, Rn. 9, der hierbei den Umfang und die Komplexität des Vorhabens berücksichtigt sehen will.

254 Zu den Problemen mit der Einhaltung der Frist und den damit verbundenen ausschußinternen Verfahrenskonsequenzen für die Ernennung eines Berichterstatters S. 129.

255 Schon an dieser Stelle sei darauf hingewiesen, daß die Qualität der Stellungnahmen angesichts der kurzen Zeiträume der Berichtsverfassung maßgeblich vom jeweiligen Berichterstatter abhängt.

kann sich nur aus dem Vertrag selbst ergeben. Der Ausschuß wird im Fall des Ersuchens einer Stellungnahme an den WSA durch den Rat oder die Kommission unterrichtet, Art. 265 Abs. 3 EG. Ein „Ersuchen" liegt aber dann nicht vor, wenn der WSA von sich aus – initiativ – tätig wird. Daher ist davon auszugehen, daß sich das akzessorische Anhörungsrecht des AdR ausschließlich auf Art. 261 Abs. 1 S.1 und S. 2 EG bezieht, also im Fall einer Selbstbefassung des WSA eine Mitteilung an den AdR nicht zu erfolgen hat.[256] Eine weitere Einschränkung ist hinsichtlich der Spezifikation der Anhörungsfälle zu machen. Das Stellungnahmerecht bezieht sich nach Art. 262 EG nur auf solche, die sich unmittelbar aus dem EG-Vertrag ableiten lassen, und nicht auf sonstige Anhörungsrechte des WSA, z. B. aus Art. 2 des völkerrechtlichen Abkommens[257] über Sozialpolitik.[258]

Die Unterrichtung durch den Rat oder die Kommission ist ein verpflichtend einzuhaltendes Formgebot. Erfolgt sie nicht, stellt dies – wie die unterlassene obligatorische Anhörung[259] – eine Verletzung einer wesentlichen Formvorschrift dar, Art. 230 Abs. 2 EG.[260] Auf der anderen Seite steht es dem AdR frei, eine Stellungnahme abzugeben oder nicht.[261] Er tut dies nach dem Wortlaut des Art. 265 Abs. 3 S. 2 EG jedenfalls dann, wenn *„spezifisch regionale Interessen"*[262] berührt werden.[263] Der Wortlaut greift aber zu kurz.

Seiner Zusammensetzung und Aufgabe wird das Kommunal- und Regionalvertretungsorgan nur gerecht, wenn eine Ergänzung über den Wortlaus hinaus erfolgt. Es ist daher eine Korrektur dahingehend vorzunehmen, daß *„lokale und*

---

256 Für eine enge Auffassung auch *Kaiser,* in: GTE, 198c EGV, Rn. 5; *Blanke,* in: Grabitz/Hilf, Das Recht der Europäischen Union, Vor Art. 265 EGV, Rn. 5; *Wuermeling,* Das Ende der „Länderblindheit": Der Ausschuß der Regionen nach dem neuen EG-Vertrag, EuR 1993, 202 f.; a. A. *Hasselbach,* Der Ausschuss der Regionen in der Europäischen Union, S. 147.

257 Zur Einordnung völkerrechtlicher Abkommen in das Gemeinschaftsrechtsgefüge *Oppermann,* Europarecht, Rn. 592 ff.

258 Zustimmend *Kaiser,* in: GTE, Art. 198c EGV, Rn. 26; a. A. noch in der Vorauflage *Blanke,* in: Grabitz/Hilf, EU-Kommentar, Art. 198c EGV, Rn. 5, der von einem redaktionellen Verweisungsfehler ausging.

259 Dazu oben, S. 140.

260 *Von Zimmermann-Wienhues,* Kommunale Selbstverwaltung in der Europäischen Union, S. 309; *Kaiser,* in: GTE, Art. 198c EGV, Rn. 9.

261 *Bassot,* Le Comité des Régions. Régions Françaises et Länder Allemands face à un nouvel organ communautaire, Revue du marché commun et de l'Union européenne 1993, 738.

262 Vgl. Art. 38 c) GO-AdR der gleichermaßen von spezifischen regionalen Interessen spricht.

263 *Hoffschulte,* Kommunale und regionale Selbstverwaltung im Europa der Regionen, in: Knemeyer (Hrsg.), Europa der Regionen – Europa der Kommunen, S. 161.

regionale Interessen" tangiert sein können.[264] Nur so ist es dem AdR möglich, als ein repräsentatives Sprachrohr der dezentralen Körperschaften zu fungieren. Dogmatisch läßt sich dies damit begründen, daß der Wortlaut des Art. 265 EG die regionalen Interessen beispielhaft nennt, während er sich ansonsten, dem Selbstverständnis des Nebenorgans entsprechend, auf beide Ebenen bezieht.

Bei der Beurteilung, ob lokale und regionale Interessen berührt werden, ist alleine die Auffassung des AdR maßgebend. Die Bestimmung des Kriteriums kann ihn an den Rand seines Selbstverständnisses bringen.[265] Es reicht aber grundsätzlich aus, daß überhaupt eine Gemeinde oder Region betroffen sein kann. Daraus kann geschlossen werden, daß ein von der mitgliedstaatlichen Ebene abgrenzbarer Wirkungskreis berührt sein muß.

Für die Abgabe der Stellungnahme ist akzessorisch die Frist zu beachten, die dem WSA gesetzt wurde.[266]

Praktisch spielt die akzessorische Anhörung nur eine nachrangige Rolle, da weitgehend von der fakultativen Anhörung Gebrauch gemacht wird. Sinn und Zweck dieser Erweiterung der Beteiligungsrechte kann angesichts des Fehlens einer Parallelvorschrift für den WSA nicht ohne weiteres erschlossen werden. Trotzdem stellt das Recht eine nicht zu verachtende Ausbreitung des Tätigkeitsfeldes auf Gebiete dar, die nicht Teil der obligatorischen Anhörung sind und die dem AdR unabhängig von auf ihn bezogenen Zweckmäßigkeitserwägungen der EU-Organe eigene Rechte geben. Abschließend sollen diese Politikbereiche überblicksmäßig aufgezählt werden.

Zu den bereits im Rahmen der obligatorischen Anhörung bereits genannten Feldern kommt insbesondere der eminent wichtige Bereich der Agrarpolitik. Zu beachten ist aber stets, daß es sich hierbei nicht um ein originäres, sondern ein abgeleitetes, von einem Stellungnahmegesuch an den Wirtschafts- und Sozialausschuß abhängiges Mitspracherecht handelt.

264 So auch *Kaiser,* in: GTE, Art. 198c EGV, Rn. 7.

265 *Blanke,* in: Grabitz/Hilf, Das Recht der Europäischen Union, Art. 265 EGV, Rn. 6.

266 *Streinz,* Europarechtliche Bewertung, in: Tomuschat (Hrsg.), Mitsprache der dritten Ebene in der europäischen Integration, S. 69; zur Fristsetzung beim akzessorischen Anhörungsrecht auch *Wuermeling,* Das Ende der „Länderblindheit": Der Ausschuß der Regionen nach dem neuen EG-Vertrag, EuR 1993, 204.

Erweiterung der Rechte durch die akzessorische Anhörung

(1) Agrarpolitik, Art. 37 Abs. 3 EG
(2) Herstellung der Freizügigkeit, Art. 40 EG
(3) Niederlassungsfreiheit, Art. 44 EG
(4) Freiheit des Dienstleistungsverkehrs, Art. 52 EG
(5) Verkehrspolitik, Art. 75 Abs. 3 EG[267]
(6) Harmonisierung der indirekten Steuern, Art. 95 EG
(7) Angleichung der Rechtsvorschriften, Art. 94, 95 EG
(8) Verbraucherschutz, Art. 153 Abs. 4 EG
(9) Industriepolitik, Art. 157 Abs. 3 EG
(10) Forschung und technologische Entwicklung, Art. 172 EG

d) Selbstbefassungsrecht des AdR

Ein in seiner Wirkung nicht zu unterschätzendes Instrumentarium der Einflußnahme stellt das sogenannte Selbstbefassungsrecht oder das Recht zur Initiativstellungnahme dar.[268] Nach Art. 265 Abs. 5 EG kann der AdR Stellungnahmen abgeben, die er für zweckdienlich erachtet. Er ist dabei in sachlicher Hinsicht unbeschränkt, so daß er sich zu Themen äußern kann, die nicht die regionale und kommunale Ebene betreffen.[269] Hierdurch wird es dem AdR ermöglicht, den Erfahrungsschatz der regionalen und kommunalen Vertreter in die gesamte Bandbreite der EG-Politiken einzubringen.[270] Das Selbstbefassungsrecht obliegt ihm aber nur im Rahmen des Gemeinschaftsvertrags und der in ihm geregelten Bereiche.

---

267 Vgl. die obligatorische Anhörung nach Art. 71 Abs. 1 EG.

268 Zur Begrifflichkeit *Schwaiger-Siebeke,* in: GTE, Vor Art. 193-198 EGV, Rn. 10 ff.; *Bassot,* Le Comité des Régions. Régions française et Länder Allemands face à un nouvel organe communautaire, Revue due Marché commun et de l'Union européenne 1993, 738.

269 *Hasselbach,* Der Ausschuss der Regionen in der Europäischen Union, S. 141; vgl. auch *Wuermeling,* Das Ende der „Länderblindheit“: Der Ausschuß der Regionen nach dem neuen EG-Vertrag, EuR 1993, 203.

270 Vgl. *Kaufmann-Bühler,* Die Entstehung der Vertragsartikel über den Ausschuß der Regionen, in: Tomuschat (Hrsg.), Mitsprache der dritten Ebene in der europäischen Integration, S. 32.

Weitere Rechte, z. B. die Äußerung zu den im EGKS-Vertrag und im EAG-Vertrag geregelten Materien, stehen ihm als Nebenorgan der Gemeinschaft nicht zu. Gleiches gilt auch für die zwei „EU-Säulen“ der Gemeinsamen Außen- und Sicherheitspolitik (GASP) und der polizeilichen Zusammenarbeit in Justiz und Strafsachen (PjZS).

Gemäß Art. 41 GO-AdR können Vorschläge zur Auswahl von Initiativstellungnahmen dem Präsidenten von drei Mitgliedern des Präsidiums, einer Fachkommission oder 32 Mitgliedern des AdR vorgelegt werden. Über die endgültige Ausarbeitung beschließt dann mehrheitlich das Präsidium, Art. 41 Abs. 1 S. 1 GO-AdR. Hierin ist ein gewisser „Filter“ zu sehen.[271] Ein solcher ist notwendig angesichts der *„Gefahr, als konturenloses Gremium im Institutionengefüge der EG unterzugehen“*.[272] Der AdR muß sich also auf seine spezifische Rolle besinnen und so die qualitative Überzeugungskraft seines Wirkens sichern. Um dieses Ziel eines *„Self-restraint“* zu erreichen, wurden die Grundsätze seit der zweiten Mandatsperiode[273] in Leitlinien niedergelegt.[274]

In jedem Fall stellt das Selbstbefassungsrecht eine wirksame Äußerungsmöglichkeit dar, die gleichermaßen der politischen Orientierung und ausschußeigenen Schwerpunktsetzung dient.

3. Durchsetzbarkeit der Mitwirkungsrechte

Bereits mehrfach wurde darauf hingewiesen, daß die Mißachtung der Anhörungsrechte des AdR aus dem EG-Vertrag eine Mißachtung einer wesentlichen Formvorschrift darstellen kann. Zu beachten ist, daß die Rechte dann nicht ihre volle Wirkung entfalten können, wenn sie von Seiten des AdR nicht durchsetzbar sind, also notfalls nicht auf dem Klageweg geltend gemacht werden können.

Bei Verletzung einer wesentlichen Formvorschrift kommt grundsätzlich die Erhebung einer Nichtigkeitsklage vor dem EuGH nach Art. 230 Abs. 3 EG in Betracht. In diesem Zusammenhang stellen sich zwei Fragen: Zum einen, ob der AdR selbst seine Mitwirkung einklagen kann und, hilfsweise, ob ein „Umweg“ über die mitgliedstaatliche Ebene möglich ist.

271 *Blanke,* in: Grabitz/Hilf, Das Recht der Europäischen Union, Art. 265 EGV, Rn. 13.
272 *Blanke,* in: Grabitz/Hilf, Das Recht der Europäischen Union, Art. 265 EGV, Rn. 13.
273 1998 – 2002.
274 Hierzu *Hrbek,* Der Ausschuß der Regionen, in: Weidenfeld/Wessels (Hrsg.), Jahrbuch der Europäischen Integration 1997/98, 106.

a) Nichtigkeitsklage

aa) Aktivlegitimation

Im Rahmen der Nichtigkeitsklage gemäß Art. 230 EG ist nach verschiedenen Klägern zu unterscheiden. Während die Mitgliedstaaten[275] und die Kommission unabhängig von einem besonderen Rechtschutzinteresse Klage erheben können und damit privilegierte Kläger sind, Art. 230 Abs. 2 EG, müssen das Parlament, der Rechnungshof und die Europäische Zentralbank (EZB)[276] eine mögliche Rechtsverletzung schlüssig darlegen, Art. 230 Abs. 3 EG.[277] Der AdR fällt weder unter die eine, noch unter die andere Bestimmung. Mit dem Wortlautargument verbietet sich auch eine Analogie zugunsten des AdR.[278]

Denkbar ist daher nur eine Klage nach Art. 230 Abs. 4 EG, die jeder natürlichen und juristischen Person eine Klagemöglichkeit vor dem AdR einräumt, die durch eine Entscheidung eines EU-Organs unmittelbar und individuell betroffen ist.[279] Folglich müßte sich die Aktivlegitimation des gemeinschaftlichen Nebenorgans aus seiner Eigenschaft als juristischer Person ergeben. Der Begriff der juristischen Person ist nach der Rechtsprechung des EuGH weit auszulegen.[280] Es handelt sich um eine eigenständige Definition, die nicht notwendigerweise mit der der Mitgliedstaaten übereinstimmen muß.[281] Deshalb können alle Verbände. Kapitalgesellschaften des öffentlichen oder privaten Rechts wie auch die nach nationalem Recht partei- und prozeßfähigen Gebietskörperschaften die Klägereigenschaft besitzen.[282] Eine Feststellung, ob auch der AdR eine juristische Person im beschriebenen Sinne des Art. 230 Abs. 4 EG ist, hat der EuGH bisher nicht getroffen. Angesichts der weiten Auslegung des insoweit offenen Wortlauts und der weit auslegenden Rechtsprechung des Gerichtshofs ist anzunehmen, daß der Ausschuß grundsätzlich eine juristische Person darstellt.

---

275 Der Begriff des Mitgliedstaat kann wegen des eindeutigen Wortlauts nicht als „Mitgliedstaaten und Regionen“ gelesen werden; so aber *Bleckmann,* Der Vertrag über die Europäische Union, Eine Einführung, DVBl. 1992, DVBl. 1992, 338.

276 Vgl. die Aufzählung der Gemeinschaftsorgane in Art. 7 EG.

277 Vgl. EuGH Rs. C-187/93.

278 A.A. *Theissen,* Der Ausschuß der Regionen (Artikel 198 a - c EG-Vertrag): Einstieg der Europäischen Union in einen kooperativen Regionalismus?, S. 275.

279 Dazu ausführlich *Oppermann,* Europarecht, Rn. 754.

280 *Borchardt,* in: Lenz, EG-Kommentar, Art. 173 EGV, Rn. 27; *Krück,* in: GTE, Art. 173 EGV, Rn. 39.

281 EuGH Slg. 1982, 3799, Rs. 135/81 (Fall Agences de Voyages gegen Kommission).

282 Vgl. EuGH Rs. 72/87, Slg. 1988 I, 1573, 1592 (Fall Exécutif régional wallon gegen Kommission).

Zwingende Gründe, die ihm die Eigenschaft als Kläger versagen würden, sind nicht ersichtlich.

bb) Klagebefugnis

Problematisch ist dagegen, ob der AdR durch die Mißachtung seiner Mitwirkungsrechte in seinen Rechten unmittelbar und individuell betroffen sein kann. Zum Teil wird ihm die Befugnis zur Klageerhebung mit einem Hinweis auf die Rechtssache Region Wallonien gegen Kommission[283] zugesprochen.[284] Dort hat der EuGH eine Klage der belgischen Region Wallonien für zulässig erklärt, die sich gegen die Aufhebung einer von der belgischen Regierung bewilligten Beihilfe durch die Kommission wendete. Jedoch geschah dies nicht aufgrund einer eingehenden Prüfung der Zulässigkeitsvoraussetzungen durch den EuGH, sondern mangels Einreden seitens der Kommission. Der EuGH sah sich nicht veranlaßt, diese von Amts wegen zu prüfen. Hieraus den Schluß auf die Klagebefugnis des AdR zu schließen, erscheint angesichts der doppelten Analogie[285] mehr als gewagt.

Gegen dieses Klagerecht des AdR bestehen unabhängig von der Subsumtion des unmittelbaren und individuellen Betroffenseins grundsätzliche Bedenken.

Der Vertrag nennt ausdrücklich die klagebefugten Einrichtungen der EG in den Absätzen 2 und 3 des Art. 230 EG. Zwar ist diese Aufzählung nicht zwangsläufig abschließend. Nun aber über das „Hintertürchen" des Art. 230 Abs. 4 EG ein Klagerecht des AdR als Nebenorgan zu konstruieren, erscheint mehr als fragwürdig. Hierdurch würde die in Art. 7 EG getroffene Unterscheidung zwischen den Organen und Nebenorganen der Gemeinschaft in vertragswidriger Weise umgangen. Im Gegenteil, die Vertragsgeber haben ihm durch die fehlende Nennung dieses Recht gerade nicht zubilligen wollen[286], auch nicht nach der Vertragsrevision des Amsterdamer Vertrags.[287] Ansonsten würde das vorgegebene empfindliche Gleichgeweicht der vorhandenen EU-Einrichtungen empfindlich gestört.[288] In der Ausstattung mit unterschiedlicher Kompetenzenfülle liegt gerade die *„institutionelle Balance"* der Gemeinschaft.[289]

---

283 EuGH Rs. 72/87, Slg. 1988 I, 1573, 1592 (Fall Exécutif régional wallon gegen Kommission).

284 *Kaufmann-Bühler,* in: Lenz, EG-Kommentar, Art. 265 EG, Rn. 8.

285 *Blanke,* in: Grabitz/Hilf, Das Recht der Europäischen Union, Art. 265 EGV, Rn. 11.

286 *Wiedmann,* in: Schwarze, EU-Kommentar, Art. 265 EG, Rn. 24.

287 *Wiedmann,* Der Ausschuß der Regionen nach dem Vertrag von Amsterdam, EuR 1999, 67.

288 So der Generalstaatsanwalt in: Rs. 70/88, Slg. 1990 I-2052, 2057.

289 *Blanke,* in: Grabitz/Hilf, Das Recht der Europäischen Union, Art. 265 EGV, Rn. 11.

Aus denselben Gründen fehlt auch den einzelnen Mitgliedern des AdR als dessen Teile die Klagebefugnis.[290]

b) Wahrung der Rechte durch die Kommission

Unstreitig ist die Position der Kommission als *„Hüterin der Verträge"*. Als solcher obliegt ihr auch die Sicherstellung der Einhaltung der verfahrensmäßigen Rechte des AdR.[291] Zu beachten ist, daß der Kommission im Rahmen ihrer Aufgabe ein weiter Ermessenspielraum zukommt.[292]

Aufgrund der möglichen Interessengegensätze und der unterschiedlichen Rechtsansichten zwischen AdR und Kommission ist aber nicht stets davon auszugehen, daß die Kommission als *„Sachwalter"* des Ausschusses einschreiten wird.[293] Eine endgültige und effektive Durchsetzungsmöglichkeit ist hierin nicht zu sehen, wohl aber eine gewisse, wenn auch nur sekundäre Absicherung der Mitwirkungsrechte im Entscheidungsprozeß, die sich zugleich an die Kommission selbst richtet.

c) Umweg über die Mitgliedstaaten?

Mangels eigenständiger Möglichkeiten der Geltendmachung ihrer Rechte könnten die mitgliedstaatlichen Regelungen den im Ausschuß vertretenen Regionen und Kommunen ein Klagerecht vermitteln. Der Mitgliedstaat tritt dann als *„Prozeßstandschafter"*[294] für die betroffene dezentrale Einheit auf.

Eine solche Vereinbarung soll am Beispiel des EUZBLG erörtert werden.[295] Gemäß § 7 EUBLZG macht die Bundesregierung auf Verlangen des Bundesrats von ihrem Klagerecht der Bundesrepublik als Mitgliedstaat Gebrauch. Voraussetzung ist, daß die Bundesländer in ihren Gesetzgebungskompetenzen durch ein Handeln oder Unterlassen der EU-Organe beeinträchtigt werden und dem Bund

---

290 *Blanke,* in: Grabitz/Hilf, Das Recht der Europäischen Union, Art. 265 EGV, Rn. 11.

291 *Theissen,* Der Ausschuß der Regionen (Artikel 198 a - c EG-Vertrag): Einstieg der Europäischen Union in einen kooperativen Regionalismus?, S. 244, der zugleich auf eine fehlende Pflicht der Kommission zum Einschreiten hinweist.

292 *Schmitt von Sydow,* in: GTE, Art. 155 EGV, Rn. 21; EuGH Rs. 302/87, Slg. 1988, 5615 (Fall Parlament gegen Kommission).

293 *Wiedmann,* Der Ausschuß der Regionen nach dem Vertrag von Amsterdam, EuR 1999, 67.

294 So auch *Blanke,* in: Grabitz/Hilf, Das Recht der Europäischen Union, Art. 265 EGV, Rn. 12.

295 Dazu schon S. 113.

das entsprechende Gesetzgebungsrecht fehlt.[296] An einem solchen Bezug zur Gesetzgebungskompetenz der Länder fehlt es aber im Fall der Mißachtung der Rechte des AdR. Dann geht es um die Sicherstellung der Mitwirkung der Regionen über das gemeinschaftliche Vertretungsorgan im europäischen Rechtsetzungsprozeß. Art. 7 EUZBLG zielt aber auf die deutsche, innerstaatliche Gesetzgebungskompetenzenregelung ab.

Zudem betrifft die Vereinbarung ausschließlich die Bundesländer als Regionen. Kommunale Rechte lassen sich hieraus ohnehin nicht ableiten.[297]

d) Zwischenergebnis

Somit hat der AdR keine Möglichkeit, seine Rechte vor dem EuGH klageweise geltend zu machen. Ein gerichtlicher Schutz ist im Gemeinschaftsvertrag nicht vorgesehen. Darüber hinweg helfen auch nicht künstliche Konstruktionen oder mittelbare Klagealternativen oder Analogien, die dem EG-Vertrag in systematischer Hinsicht widersprechen.

V. Abschließende Betrachtung des AdR: Stellung im institutionellen Gemeinschaftsgefüge

Neben der unter III. betrachteten Binnenorganisation als Voraussetzung einer effizienten Wahrnehmung der unter IV. dargestellten Rechte durch den wie unter II. beschrieben zusammengesetzten AdR soll nun abschließend der Versuch gewagt werden, den Ausschuß in die Struktur der EU-Einrichtungen einzufügen. Dies erfordert eine Abgrenzung zu den bisher genannten und für den Ausschuß bedeutenden anderen Einrichtungen. Im Mittelpunkt soll dabei zunächst die vom Vertrag vorgegebene Unterscheidung zwischen Organen und Nebenorganen der Gemeinschaft stehen. Anschließend sollen einige Charakteristika angeführt werden, die beispielsweise die Funktionsweise in Relation zum Europäischen Parlament setzen, wobei die aufgabenspezifische Betrachtungs-

296 Eine ähnliche Regelung findet sich in Art. 10 der österreichischen Vereinbarung zwischen dem Bund und den Ländern, vgl. *Schäffer,* Europa und die österreichische Bundesstaatlichkeit, DÖV 1994, 181 ff.

297 Dies gilt unabhängig von der staatsrechtlichen Zuordnung der kommunalen Gebietskörperschaften zu den Bundesländern. Im Fall des Klagerechts nach § 7 EUZBLG stehen die Gesetzgebungskompetenzen der Länder auf dem Spiel, die die Kommunen nicht betreffen.

weise aufgegriffen werden soll.[298] Der Wirkung der dem Ausschuß zugebilligten Rechte soll eine abschließende wertende Betrachtung folgen.

1. Gemeinschaftsrechtliche Einordnung des AdR

a) Begriff des Nebenorgans

Begrifflich läßt sich der AdR als Nebenorgan der Europäischen Gemeinschaft einordnen. Aus dieser zunächst nur beschränkt aussagekräftigen Bezeichnung, die im Vertrag selbst nicht auftaucht, können alleine keine Schlüsse auf die Stellung des AdR im Gemeinschaftssystem gezogen werden. Vielmehr ist die Unterscheidung des „Nebenorgans“ in Relation mit der Einordnung der Gemeinschaftsorgane – auch als Hauptorgane bezeichnet – zu setzen und diese sind einander gegenüberzustellen.

Gemäß Art. 7 Abs. 1 EG sind Organe der Gemeinschaft der Rat der Europäischen Gemeinschaften[299], die Kommission, das Europäische Parlament, der Europäische Rechnungshof und der Europäische Gerichtshof.

Die in Art. 7 Abs. 2 EG aufgezählten Einrichtungen des Wirtschafts- und Sozialausschusses und des Ausschusses der Regionen sollen die Organe des Abs. 1 beratend unterstützen. Aus dem Vergleich der in beiden Absätzen aufgezählten Institutionen ergibt sich, daß der AdR und der WSA zwar in spezifisch vertraglich gestalteter Weise am Rechtsetzungsprozeß der Gemeinschaft mitwirken, aber selbst nicht imstande sind, außenwirksames, die Unionsbürger verpflichtendes Recht zu setzen.[300] Sie nehmen nur indirekt ohne Außenwirkung an der Gestaltung der Gemeinschaftsrechtsordnung teil.

In Anbetracht dieser Einschränkungen hat auch der AdR nur die Qualität eines gemeinschaftlichen Nebenorgans.[301] Anderslautende Forderungen seitens des Ausschusses blieben unerhört.[302] Hierdurch kommt zum Ausdruck, daß dem

298 Dazu schon oben, S. 139 ff.

299 Nicht zu verwechseln mit dem Europäischen Rat als Gipfeltreffen der europäischen Staats- und Regierungschefs, zusammen mit den mitgliedstaatlichen Außenministern und dem Kommissionspräsidenten nach Art. 4 Abs. 2 EUV.

300 *Nettesheim,* in: Grabitz/Hilf, Das Recht der Europäischen Union, Art. 4 EGV, Rn. 30.

301 Zum Begriff des Nebenorgans *Schwaiger-Siebeke,* in: GTE, Art. 193-198 EGV, Rn. 7 und *Schweitzer/Hummer,* Europarecht, § 4 D X 1a; zur Ablehnung der Organstellung des WSA EuGH, Rs. 828/79, Slg. 1982 I, 269, 290 f. (Fall Adam).

302 Vgl. CdR 136/95.

AdR eine Nebenrolle zugedacht ist[303], wenn auch die tatsächliche Stellung innerhalb der Gemeinschaft nur angedeutet wird.[304] Jedenfalls zeigt sich an der Aufnahme der Bestimmungen über den AdR in ein eigenes Kapitel des EG-Vertrags dessen gegenüber dem vormaligen Beirat der lokalen und regionalen Gebietskörperschaften[305] herausgehobene Stellung.

b) Folgen aus der Nebenorganstellung

Fraglich sind die gemeinschaftsrechtlichen Folgen dieser Einordnung. Eine davon wurde bereits in anderem Zusammenhang erwähnt. Der AdR hat bezüglich seiner beratenden Tätigkeit kein eigenständiges Klagerecht zur Durchsetzung seiner Mitwirkungsrechte. Auch nach Art. 232 EG (Untätigkeitsklage) können neben den Organen im engeren Sinne[306] nur die Europäische Zentralbank (Art. 232 Abs. 4[307]) und der Europäische Rechnungshof (Art. 232 Abs. 1 EG) klagen, denen im EU-System eine eigenständige Bedeutung außerhalb des Rechtsetzungsprozesses zukommt.

Hinzu kommt, daß nur bei einer Einrichtung als Organ (im engeren Sinne) eine Zurechnung einer Entscheidung eines Organs an andere Organe über die juristische Person „Europäische Gemeinschaft" gegenüber Drittstaaten, Mitgliedstaaten und den Unionsbürgern erfolgt.[308] Bei Einrichtungen ohne Organqualität findet keine Zurechnung statt. Trotz dieses Grundsatzes wird für das Handeln des AdR eine Haftung der Gemeinschaft gefordert.[309] Dies folgt alleine aus der Funktion des Art. 288 Abs. 2 EG. Angesichts des Wortlauts des Art. 288 („Organe") erscheint dies zumindest fraglich. Auf der anderen Seite ist zuzuge-

303 Vgl. *Hilf,* Die Organisationsstruktur der Europäischen Gemeinschaften, S. 22.

304 *Blanke,* in: Grabitz/Hilf, Das Recht der Europäischen Union, Art. 263 EGV, Rn. 1.

305 Dazu S. 91.

306 Häufig findet sich auch eine (ungenaue) Subsumtion aller Einrichtungen der Gemeinschaft als Organe, was über den Wortlaut des Art. 7 Abs. 1 EG hinausgeht und im Rahmen der Untersuchung des AdR nicht brauchbar erscheint.

307 Zur EZB *Studt,* Rechtsfragen einer Europäischen Zentralbank, 1993; *Roth,* Der rechtliche Rahmen der Wirtschafts- und Währungsunion, EuR 1994 (Beiheft 1), 45 ff.; *Weber,* Das Europäische System der Zentralbanken, WM 1998, 1465 ff.; *Heun,* Die EZB in der EWG, JZ 1998, 86 ff.; *Möschel,* An der Schwelle zur Europäischen Währungsunion, JZ 1998, 217 ff.

308 *Nettesheim,* in: Grabitz/Hilf, Das Recht der Europäischen Union, Art. 4 EGV, Rn. 3.

309 *Wiedmann,* in: Schwarze, Art. 263 EG, Rn. 21; *Blanke,* in: Grabitz/Hilf, Das Recht der Europäischen Union, Vor Art. 263 EGV, Rn. 4; vgl. *Gilsdorf-Oliver,* in: GTE Art. 215 EGV, Rn. 17, *Hilf,* Die Organisationsstruktur der Europäischen Gemeinschaften, S. 345 f; a.A. *Theissen,* Der Ausschuß der Regionen (Artikel 198 a - c EG-Vertrag): Einstieg der Europäischen Union in einen kooperativen Regionalismus?.

ben, daß alleine die erweiternde Auslegung für eine Haftung auch für den AdR zuzurechnende Handlungen interessengerecht erscheint.[310]

Als Nebenorgan erhält der AdR seine Rechte aus dem Vertrag selbst. Dies gilt insbesondere für die Zusammensetzung, die weder im Belieben der Mitgliedstaaten noch des Rates steht. Gleichermaßen können hier die erörterte Geschäftsordnungsautonomie oder die Weisungsfreiheit und Unabhängigkeit seiner Mitglieder bei der Mandatsausübung angeführt werden. Art. 7 Abs. 2 EG verleiht dem AdR also auch einen besonderen Status, der unabdingbar für die Erfüllung seiner Aufgaben ist. Nur so kann er seiner konstitutiven Bedeutung gerecht werden.[311]

Letztlich ist zuzugeben, daß der AdR zum momentanen Zeitpunkt gegenüber den klassischen Vollorganen der Gemeinschaft klare Defizite in Hinblick auf die Ausstattung, die Kompetenzen und politische Schlagkraft aufweist.[312] So entspricht auch sein Erscheinungsbild dem typischen Verständnis eines Nebenorgans:[313] Er dient der Informationsbeschaffung, bündelt bestimmte Interessen und wirkt für die Gemeinschaft vermittelnd gegenüber den vertretenden Gebietskörperschaften. Die Frage, die sich hier stellt, ist aber, was letztlich zuerst da war, der politische Wille einer institutionellen Aufwertung des AdR oder die ihm zugebilligte gemeinschaftsrechtliche und gemeinschaftspolitische Stellung als Nebenorgan.[314]

c) Der AdR als parlamentarische Versammlung

Der Ausgangspunkt für die Frage nach der Qualität des Ausschusses der lokalen und regionalen Gebietskörperschaften ist eng verbunden mit der gelegent-

---

310 Eine solche Erweiterung findet kraft ausdrücklicher Anordnung bspw. in Art. 1 Abs. 2 des EU-Beamten-Statuts statt, was zur Folge hat, daß arbeitsrechtliche Fragen vor dem EuGH auszutragen sind, vgl. *Blanke,* in: Grabitz/Hilf, Das Recht der Europäischen Union, Vor Art. 263 EGV, Rn. 4.

311 *Bahlmann,* Zur Notwendigkeit einer Beteiligung der lokalen Gebietskörperschaften im „Ausschuß der Regionen", nicht veröffentlichte gutachterliche Stellungnahme, Juli 1992, S. 14.

312 *Wiedmann,* Der Ausschuß der Regionen nach dem Vertrag von Amsterdam, EuR 1999, 61.

313 Vgl. *Wiedmann,* Der Ausschuß der Regionen nach dem Vertrag von Amsterdam, EuR 1999, 61; *Nettesheim,* in: Grabitz/Hilf, Das Recht der Europäischen Union, Art. 4 EGV, Rn. 4.

314 Vgl. den Bericht des Ausschusses der Regionen „Die regionalen und lokalen Gebietskörperschaften als Akteure der politischen Union Europas", CdR 282/96 (Berichterstatter: *Jacques Blanc*).

lich aufgeworfenen Fragestellung nach einer parlamentarischen Repräsentanz der dezentralen Staatseinheiten. Ohne Zweifel würde eine solche Einordnung eine enorme Aufwertung verbunden mit einem verstärkten politischen Einflußnahmeanspruch auf den gemeinschaftlichen Entscheidungsprozeß bedeuten.[315] Dies würde aber voraussetzen, daß es sich um eine parlamentarische Vertretung der mitgliedstaatlichen Völker handelt. Hieraus könnte man eine demokratische Größe ableiten, die den bloßen Beratungsstatus des Nebenorgans in Frage stellen würde.

Eine Repräsentation ist mehr als ein bloßer Querschnitt. Im AdR müßten daher die Unionsvölker durch die regionalen und kommunalen Gebietskörperschaften vertreten sein. Um diesem Anspruch zu genügen, müßte der Ausschuß mehr als ein Querschnitt durch die mitgliedstaatliche Gliederungsstruktur sein. Davon läßt sich aber angesichts der momentanen Zusammensetzung nicht sprechen. Beispielhaft soll hier die Verteilung der deutschen Delegierten auf die Bundesländer und die kommunalen Gebietskörperschaften genannt werden.[316] Die quotenmäßige Aufteilung geht einher mit der Zuständigkeit der Mitgliedstaaten für die Auswahl der Ausschußmitglieder. Daran ändert auch nichts die Einschränkung des Bewerberkreises durch die Bindung an ein kommunales oder regionales Wahlmandat, wie sie mit dem Amsterdamer Vertrag eingeführt wurde.[317]

Zwar sind die Forderungen des Ausschusses nach einem damit einhergehenden größeren politischen Gewicht erhört worden.[318] Das Wahlmandat war aber auch schon zuvor die Regel, so daß die Änderung politisch gesehen weitgehend ins Leere lief.[319] Nach wie vor dominieren die Mitgliedstaaten die Besetzungsfrage des AdR. Kennzeichnend für eine parlamentarische Versammlung[320] ist in Bezug auf die zu repräsentierende politische Ebene die Rückkopplung auf die zu repräsentierende Einheit. Dies gelingt nicht, wenn die Mitgliedstaaten als „Dritter“ maßgeblich in die Legitimationskette eingreifen.

---

315 Bejahend *Bocklet,* Der Ausschuß der Regionen – Ein parlamentarisches Gremium mit wechselnden Mehrheiten, in: Hierl (Hrsg.), Europa der Regionen, S. 136, der als Begründung angibt, daß der Ausschuß der Regionen *„wie ein echtes Parlament“* arbeite und sich eine parlamentarische Geschäftsordnung gegeben habe.

316 Oben S. 113.

317 *Wiedmann,* Der Ausschuß der Regionen nach dem Vertrag von Amsterdam, EuR 1999, 6.

318 Vgl. die Stellungnahme des AdR (sogenannter *Pujol-Bericht*), ABl. 1996 C 100/4.

319 *Wiedmann,* Der Ausschuß der Regionen nach dem Vertrag von Amsterdam, EuR 1999, 6.

320 Davon zu unterscheiden ist der Eigenname für das Europaratsorgan der Parlamentarischen Versammlung.

Auf der anderen Seite ist der AdR durch die festgelegte Herkunft und die garantierte Weisungsfreiheit seiner Mitglieder nicht nur eine bloße *„Repräsentation organisierter Interessen“*.[321] Er ist erkennbar durch den Willen gekennzeichnet, repräsentativ einer bestimmten Anzahl von mitgliedstaatlichen Hoheitsträgern querschnittsartig, aber nach den getroffenen Feststellungen nicht summarisch[322], die Möglichkeit einer spezifischen Interessenwahrnehmung in einer beratenden Versammlung zu geben.[323]

2. Verhältnis zu den Gemeinschaftsorganen und -einrichtungen

Die Stellung des Ausschusses der Regionen im Gemeinschaftsrechtsgefüge ergibt sich nicht nur aus seiner gemeinschaftsrechtstheoretischen Einordnung in das institutionelle Gemeinschaftsgefüge, sondern darüber hinaus auch aus dem Verhältnis zu anderen EU-Einrichtungen. Dabei sollen der Rat und die Kommission als die beiden wichtigsten Organe, der Wirtschafts- und Sozialausschuß als das zweite Nebenorgan, die parlamentarische Versammlung des Europäischen Parlaments und der Europäische Rechnungshof im Mittelpunkt stehen. Das Verhältnis kann unter zwei verschiedenen Perspektiven betrachtet werden. Zum einen wiederum die theoretische Klassifizierung beider Einrichtungen unter Vergleich der strukturellen und kompetenzbegründenden Tatsachen.

Zum anderen auch die normative Untersuchung der realpolitischen Gegebenheiten, also wie sich das Zusammenspiel der Kräfte in seiner tatsächlichen Gestalt darstellt. Besonders letztere Ansicht setzt die Beachtung normativer Aspekte voraus, die alle Vor- und Nachteile des derzeitigen Systems berücksichtigen. Eine solche soll als Ausgangspunkt für die schwerpunktmäßige Modellbildung dieser Arbeit dienen und daher erst an späterer Stelle erörtert werden. Daher geht es hier um die grundsätzliche Auseinandersetzung mit einer vergleichenden institutionellen Organisationsstruktur.

a) Wirtschafts- und Sozialausschuß

Als zweites Nebenorgan im Sinne des Art. 7 Abs. 2 EG wurde der Wirtschafts- und Sozialausschuß (WSA) mit seiner rechtlichen Absicherung in den

321 Ohne Zweifel anders ist dies beim Europäischen Parlament, das in seiner Zusammensetzung seit 1979 aus gemeinschaftsweiten Direktwahlen hervorgeht.

322 *Blanke,* in: Grabitz/Hilf, Das Recht der Europäischen Union, Art. 263 EGV, Rn. 3.

323 A.A. *Hasselbach,* Der Ausschuss der Regionen in der Europäischen Union: die Institutionalisierung der Regionalbeteiligung in der Europäischen Union unter besonderer Berücksichtigung der regionalen und dezentralen Verwaltungsstrukturen in den EU-Mitgliedstaaten, S. 112.

Art. 257 ff. EG[324] mehrmals am Rande vergleichend angeführt. Tatsächlich stimmen einige strukturelle Bedingungen überein, z. B. die Geschäftsordnungsautonomie. Zu Beginn ihres Wirkens waren beide Nebenorgane schon insofern miteinander verbunden, als sie sich ein gemeinsames Sekretariat teilen mußten.

Es gibt aber auch generelle Unterschiede, die hier herausgearbeitet werden sollen. Grundlegend vertritt der Ausschuß der regionalen und lokalen Gebietskörperschaften die Interessen aller dezentralen Körperschaften, unabhängig von einer bestimmten spezialisierten inhaltlichen Materie. Im AdR äußert sich der erkennbare Wille, Vertreter aller regionalen und kommunalen Gebietskörperschaften zusammenzufassen.[325]

Demgegenüber ist der Wirtschafts- und Sozialausschuß zur Vertretung partikularer wirtschaftlicher und sozialer Interessen berufen.[326] Durch die Vermengung von verbandlich organisierten Gruppeninteressen mit hoheitlichen Trägern verwischt das gemeinschaftliche Organgefüge die in der allgemeinen Staatslehre[327] gezogene Grenze zwischen Staatsgewalt und nicht staatlichen Verbänden.[328]

Diese Klassifizierung wurde in Hinblick auf die kommunalen Gebietskörperschaften im *Konvent zur Zukunft Europas* – so konsequent – weitergeführt, und diese den Gruppen der Zivilgesellschaft angegliedert.[329] Hier soll ein Hinweis auf die herkunftsmäßige Zusammensetzung des Ausschusses mit gewählten Vertretern hoheitlich agierender mitgliedstaatlicher Subjekte genügen, um diese fragwürdige Gleichsetzung zu verdeutlichen.

---

324 Art. 193 ff. EGV a. F.

325 Vgl. *Wuermeling,* Das Ende der „Länderblindheit“: Der Ausschuß der Regionen nach dem neuen EG-Vertrag, EuR 1993, 200.

326 *Wuermeling,* Das Ende der „Länderblindheit“: Der Ausschuß der Regionen nach dem neuen EG-Vertrag, EuR 1993, 199 f.; a. A. *Fischer,* Der Ausschuß der Regionen nach den neuen EG-Vertrag, NWVBl. 1994, 162; vgl. auch *Schwaiger-Siebeke,* in: GTE, Vorbem. zu Art. 193 bis 198 EGV, Rn. 14 f.; *Bocklet,* Der Ausschuß der Regionen – Ein parlamentarisches Gremium mit wechselnden Mehrheiten, in: Hierl (Hrsg.), Europa der Regionen, S. 135.

327 Vgl. *Doehring,* Allgemeine Staatslehre, S. 242 ff.

328 *Wiedmann,* Der Ausschuß der Regionen nach dem Vertrag von Amsterdam, EuR 1999, 62.

329 Die erste Anhörung der „Zivilgesellschaft“ fand anläßlich der Plenartagung des Konvents am 24./25.6.2002 statt, vgl. dazu *Lindner,* Der Konvent zur Zukunft Europas - Ein Überblick über die aktuelle europäische Reformagenda BayVBl. 2002, 513 ff.

b) Rechnungshof

Der Europäische Rechnungshof[330] ist hier zu erwähnen, da er gegenüber dem AdR – nicht unbedingt in demselben Zusammenhang kritisierte – Privilegien hat. So wurde ihm mit dem Vertrag vom Amsterdam die Organeigenschaft zugesprochen, vgl. Art. 7 Abs. 1 EG, obwohl er zwingend zu fordernde Kriterien des herrschenden Organbegriffs nicht erfüllt.[331] Er besitzt weder eine Leitungs- und Gestaltungsfunktion noch kann er für die Gemeinschaft verbindlich mit Außenwirkung handeln.[332]

Daher wurde die Zubilligung der Organstellung kritisiert.[333] Sicher erklärt sich die Aufwertung des Rechnungshofs – die hier nicht weiter Gegenstand der Untersuchung sein kann – mit dem politischen Willen, durch die Stärkung der institutionellen Stellung dessen Unabhängigkeit zu sichern[334]. Dennoch ist fraglich, warum dem Ausschuß der Regionen diese Stellung angesichts seiner politischen Legitimität verwehrt blieb.[335]

c) Rat und Kommission

Die Darstellung der Beziehungen des Rats und der Kommission einerseits und dem Ausschuß der Regionen andererseits kann trotz der wesentlichen Bedeutung der beiden Hauptorgane der Gemeinschaft zusammen erfolgen. Sie sind beide primärer Adressat der – gleich in welchem Verfahren – Dokumente des Ausschusses und damit die wichtigsten Dialogpartner.[336] Während sich der Austausch mit dem Rat auf die verfahrensmäßigen Beteiligungsrechte beschränkt[337], existieren zahlreiche Verbindungen im Verhältnis zur Kommission. Ein erster Schritt hierzu war eine Mitteilung der Kommission über *„Beziehung zum Aus-*

---

330 Art. 46 ff. EG; vgl. auch *Isensee,* Außenvertretung der deutschen Rechnungshöfe in der Europäischen Union: bundesstaatliche Fragen der Mitwirkung in informellen Gremien der zwischen- und überstaatlichen Zusammenarbeit, 2001.

331 Dazu siehe S. 153.

332 *Nettesheim,* in: Grabitz/Hilf, Das Recht der Europäischen Union, Art. 4 EGV, Rn. 3.

333 Vgl. *Nettesheim,* in: Grabitz/Hilf, Das Recht der Europäischen Union, Art. 4 EGV, Rn. 3.

334 Vgl. die Erklärung Nr. 21 zum EUV.

335 Bericht des Ausschusses der Regionen „Die regionalen und lokalen Gebietskörperschaften als Akteure der politischen Union Europas“, CdR 282/96, S. 5 f. (Berichterstatter: *Jacques Blanc*).

336 Vgl. dem sogenannten *Stoiber/Gomez*-Bericht, Regionen und Städte – Säulen Europas, CdR 23/97.

337 So *Blanke,* in: Grabitz/Hilf, Das Recht der Europäischen Union, Vor Art. 263-265 EGV, Rn. 18.

schuß der Regionen"[338]. Darin werden die regionalen und kommunalen Gebietskörperschaften seitens der Kommission als notwendiger Partner einer „Zweckgemeinschaft" bezeichnet und deren Aufgaben bei der Umsetzung des Gemeinschaftsrechts und deren Mittlerrolle gegenüber den Unionsbürgern betont.[339]

In diesem Sinne erfolgte die Aufforderung zur vertieften Zusammenarbeit.[340] Seitens des Ausschusses wird im Verhältnis zur Europäischen Kommission immer wieder der sogenannte *„Stoiber/Gomez-Bericht"* zitiert[341], der noch über die von der ehemaligen EU-Kommissarin *Wulf-Mathies* angebotene Kooperation hinausgeht. Darin wird eine weitgehende Beteiligung und Mitarbeit der regionalen und kommunalen Mandatsträger bereits bei den vorbereitenden gesetzgeberischen Akten, den Grün- und Weißbüchern, verlangt.[342]

Infolgedessen haben sich zahlreiche Kontakte über den förmlichen Rahmen hinaus gebildet. Die Pflege der Beziehungen beruht aber in erster Linie auf einem nicht erzwingbarem Entgegenkommen der Kommission, das in deren alleinigem Interesse liegt.[343] Ein Regelwerk hierfür existiert nicht. Eine Ausnahme hiervon bildet Art. 159 Abs. 2 EG, nach dem die Kommission auch dem Ausschuß der Regionen über die Fortschritte bei der „Verwirklichung des wirtschaftlichen und sozialen Zusammenhalts" in jährlichem Turnus berichten muß.[344] An den Sitzungen des AdR nehmen regelmäßig Vertreter der Kommission zum gemeinsamen Gedankenaustausch teil[345], die jedoch eher den Anschein einer die gegenseitige Achtung ausdrückenden Höflichkeit unter Bezugnahme auf die offiziellen Verlautbarungen verbreiten.[346]

---

338 KOM (95) 594.

339 Zuständig für den AdR im allgemeinen und die Mitteilung im besonderen war die EU-Kommissarin für Regionalpolitik *Monika Wulf-Mathies*; vgl. *Mietsch,* Die erste Amtszeit des Ausschusses der Regionen – eine Bilanz, Der Städtetag 1998, 294.

340 Vgl. *Theissen,* Der Ausschuß der Regionen (Artikel 198 a - c EG-Vertrag): Einstieg der Europäischen Union in einen kooperativen Regionalismus?, S. 210.

341 Regionen und Städte – Säulen Europas, CdR 23/97.

342 Vgl. *Wiedmann,* Der Ausschuß der Regionen nach dem Vertrag von Amsterdam, EuR 1999, 65 f.

343 *Wiedmann,* Der Ausschuß der Regionen nach dem Vertrag von Amsterdam, EuR 1999, 66.

344 Weitere Adressaten sind das Europäische Parlament, der Rat und der WSA.

345 Die Möglichkeit ist in Art. 17 Abs. 2 GO-AdR vorgesehen, der dieselbe Möglichkeit auch für Vertreter des Rats und des Parlaments vorsieht.

346 Der Verfasser hatte die Ehre, einer Einladung des Ausschusses der Regionen an den Vizepräsidenten der Europäischen Kommission, *Neil Kinnock*, anläßlich der Plenarversammlung des AdR im Februar 2002 beizuwohnen.

d) Europäisches Parlament

Weit auseinander gehen die Meinungen über das Verhältnis des Ausschusses der Regionen zum Europäischen Parlament.[347] Die Stellung des Europäischen Parlaments gegenüber dem Nebenorgan wurde mit dem Amsterdamer Vertrag präzisiert, indem nach Art. 265 EG der AdR durch das EP gehört werden kann. Hierdurch wurden Forderungen des Parlaments erhört, die eine formelle Gleichstellung mit dem Rat und der Kommission erreichen wollten.[348] Dem Ausschuß ging es vor allem darum, bestehendes Mißtrauen endgültig auszuräumen.[349] Ein solches System der inoffiziellen Weiterleitung der Dokumente, auch auf Ebene der Fachausschüsse und Arbeitsgruppen, entsprach schon zuvor der Praxis.[350] Dem stand kein rechtliches Hindernis entgegen.[351]

Eine Pflicht des Ausschusses, dem Wunsch des Parlaments zur Ausarbeitung einer Stellungnahme nachzukommen, besteht nach wie vor nicht[352]: Aus Sinn und Zweck einer Anhörung ergibt sich, daß hierzu auch stets die Freiheit des Anzuhörenden gehört.[353] Eine weitere gemeinschaftsrechtliche Querverbindung ist die Inkompatibilitätsregelung einer gleichzeitigen Mitgliedschaft im AdR und im EP, Art. 263 Abs. 3 S. 2 EG. Damit wurde eine gemeinsame Forderung erfüllt, den AdR durch das Verbot paralleler Mitgliedschaft zu stärken.[354] Wie die Kommission auch, hat sich das Europäische Parlament sehr frühzeitig zum Ausschuß positioniert. Insbesondere eine Reihe von Entschließungen zur Regionalpolitik bezogen regionalfreundliche Ansichten.[355] Die Verabschiedung der Do-

---

347 Vgl. *Mietsch,* Die erste Amtszeit des Ausschusses der Regionen – eine Bilanz, Der Städtetag 1998, 294.

348 Vgl. die Entschließung des EP „zur Beteiligung der Regionen am europäischen Aufbauwerk und zu ihrer Vertretung – der Ausschuß der Regionen“, ABl. 1993 C 329/281, nach dem gefordert wird, daß *„die Berichte dieses Ausschuß auch ihm offiziell übermittelt und nicht nur Rat und Kommission zur Verfügung gestellt werden“.*

349 *Wiedmann,* Der Ausschuß der Regionen nach dem Vertrag von Amsterdam, EuR 1999, 66.

350 *Theissen,* Der Ausschuß der Regionen (Artikel 198 a - c EG-Vertrag): Einstieg der Europäischen Union in einen kooperativen Regionalismus?, S. 213.

351 *Kaufmann-Bühler,* in: Lenz, EG-Vertrag, Art. 265 EGV, Rn. 6.

352 *Blanke,* in: Grabitz/Hilf, Das Recht der Europäischen Union, Vor Art. 263-265 EGV, Rn. 18 a. E.

353 *Wiedmann,* Der Ausschuß der Regionen nach dem Vertrag von Amsterdam, EuR 1999, 63 f.

354 So das Schlußdokument der Konferenz „Das Europäischen Parlament und die regionalen und lokalen Gebietskörperschaften für ein demokratisches und solidarisches Europa“ im Oktober 1996.

355 *Blanke,* in: Grabitz/Hilf, Das Recht der Europäischen Union, Vor Art. 263-265 EGV, Rn. 19.

kumente ging einher mit einer organisatorischen Neuausrichtung des Parlaments durch die Bildung eines *„Ausschusses für Regionalpolitik"* und einer *interfraktionellen Gruppe lokaler und regionaler Mandatsträger.*[356] Zugleich ist zu berücksichtigen, daß neben dieser Positionierung das EP sich von Anfang an gegen eine institutionelle Stärkung des AdR ausgesprochen hat.[357]

Hieraus erklärt sich die Schwierigkeit der letztendlichen Einordnung. Innerhalb des Parlaments gibt es keine einheitliche Auffassung zum Ausschuß der Regionen. Möglicherweise liegt der Weisheit letzter Schluß in der Aufteilung in verschiedene Zeitperioden. Standen dem Nebenorgan viele Abgeordnete lange kritisch gegenüber, sahen ihn andere – wie der Ausschuß für Regionalpolitik – als Bereicherung im gemeinsamen Ansinnen der Kontrolle des Rats und der Kommission.[358] Aus diesem Gesichtspunkt wurden beide als *„natürliche Verbündete"* zur Durchsetzung inhaltlicher Anliegen oder *„Streithelfer"*[359] bezeichnet.[360]

Macht man aber die Auffassung des Parlaments an den offiziellen Stellungnahmen fest, so bedeutete die Konferenz „Das Europäischen Parlament und die regionalen und lokalen Gebietskörperschaften für ein demokratisches und solidarisches Europa" 1996 einen Stimmungsumschwung, in dessen gemeinsamem Schlußdokument erstmals eine Aufwertung des Ausschusses gefordert wurde. Kurz danach stimmte das Europäische Parlament aber wiederum gegen die beabsichtigte Aufstockung des Budgets des Nebenorgans. Dies ändert aber nichts daran, daß, im Falle einer weiteren Stärkung der institutionellen Ausrichtung, der AdR gegenüber dem Parlament *„in seinem Kampf um die volle Anerkennung als demokratische Vertretung"* eine nicht zu verachtende Konkurrenz darstellen kann.[361] Hier bleibt die weitere Entwicklung abzuwarten.[362]

---

356 Seit dem Amsterdamer Vertrag ist freilich der eben besprochene Art. 263 Abs. 3 S. 2 EG zu beachten.

357 Vgl. die Betonung der beratenden Mitwirkung in der Entschließung vom 18.11.1993, ABl. 1993 C 329/279, Nr. 5; *Schoo,* in: Hesse/Renzsch, Föderalstaatliche Entwicklung in Europa, S. 158 ff.

358 *McCarthy,* The Committee of the Regions: an advisory body's tortuous path to influence, JEEP 1997, 449.

359 *Blanke,* in: Grabitz/Hilf, Das Recht der Europäischen Union, Vor Art. 263-265 EGV, Rn. 19.

360 Kritisch *Hrbek,* Der Ertrag der „Verfassungsdebatte" vom Masstricht, in: Baur u.a. (Hrsg.), Europarecht, Energierrecht, Wirtschaftsrecht, FS Börner, S. 147.

361 *Mietsch,* Die erste Amtszeit des Ausschusses der Regionen – eine Bilanz, Der Städtetag 1998, 294; *Wiedmann,* Der Ausschuß der Regionen nach dem Vertrag von Amsterdam, EuR 1999, 64.

362 *Dammeyer,* Das Verhältnis zwischen Nationalstaaten und Regionen in der (erweiterten) Europäischen Union, S. 61.

3. Der AdR als Ausformung der „Dritte Ebene“[363] in der Gemeinschaft

Nachdem der AdR in seiner organisatorischen und politischen Arbeitsweise dargestellt wurde, soll nun sein gemeinpolitischer Zweck im gemeinschaftsrechtlichen Gesamtgefüge betrachtet werden.[364] Die Einordnung in ein übergeordnetes Ganzes erfordert auch eine Auseinandersetzung mit der regionalen und kommunalen Gebietskörperschaften und ihrer Repräsentanz im Ausschuß der Regionen.[365] Davon ist die Frage zu unterscheiden, warum es überhaupt eines Ausschusses der Regionen bedarf, die mit der Frage der grundsätzlichen Einflußnahme dezentraler mitgliedstaatlicher Strukturen auf den gemeinschaftlichen Rechtsetzungsprozeß einhergeht.[366]

Es geht also nicht grundlegend um die eigentliche Existenzberechtigung des AdR, sondern darum, wie der Ausschuß die ihm vorgegebene Rolle ausfüllt, also wie er sich in das Gesamtsystem auf dem derzeitigen Stand einfügt.[367]

a) Die Dritte Ebene in der Gemeinschaft

aa) Dreistufigkeit als Gestaltungsprinzip

Europäische Union
Mitgliedstaaten
dezentrale territoriale Einheiten

In diesem Zusammenhang wird der Ausschuß der Regionen immer wieder als die Einfügung der *„Dritten Ebene“* bezeichnet.[368] Was an sich selbstverständlich klingt, da ja in der Tat die dezentralen Staatseinheiten ein Mitsprache-

---

363 Vgl. *Bocklet,* Der Ausschuß der Regionen – Ein parlamentarisches Gremium mit wechselnden Mehrheiten, in: Hierl (Hrsg.), Europa der Regionen, S. 136.

364 Vgl. *Becker,* Zusammenfassung der Diskussion, in: Tomuschat (Hrsg.), Mitsprache der dritten Ebene in der europäischen Integration, S. 119 ff.

365 Zu diesem Zusammenhang auch *Becker,* Zusammenfassung der Diskussion, in: Tomuschat (Hrsg.), Mitsprache der dritten Ebene in der europäischen Integration, S. 120.

366 Dazu ausführlich im 5. Kapitel, S. 326 ff.

367 Die Weiterentwicklung wird im 5. Kapitel Gegenstand des Diskurses sein.

368 *Hoffschulte,* Kommunale Selbstverwaltung im „Europa der Kommunen“, Der Städtetag 1995, 244 spricht von der regionalen *„dritten“* und der kommunalen *„vierten Ebene“*, vgl. *ders.,* Kommunale und regionale Selbstverwaltung im Europa der Regionen, in: Knemeyer (Hrsg.), Europa der Regionen – Europa der Kommunen, S. 160.

recht am supranationalen Rechtsetzungsprozeß erhalten, ist bei genauerem Hinsehen gar nicht so klar. Die Wortwahl der Dritten Ebene[369] geht von einem dreistufigen Aufbau aus.[370]

Was hier unter dezentralen mitgliedstaatlichen Strukturen zu verstehen ist, ist Gegenstand einer lang andauernden Auseinandersetzung, die vor allem durch einen Alleinvertretungsanspruch[371] der Regionen geprägt wird.[372] Im Zentrum der Diskussion steht die Ausgestaltung der Dritten Ebene in der europäischen Integration.[373] Insofern bedarf es auch einer genauen Differenzierung. Insbesondere die deutschen Bundesländer verbinden entsprechende Forderungen nach einem föderativen Charakter[374] mit einem weitgehenden Mitspracherecht für die durch die Vergemeinschaftung verlorengegangenen Regelungszuständigkeiten.[375] Ein solcher Ansatz geht an den territorialen und strukturellen Voraussetzungen der dezentralen Gliederung der Mitgliedstaaten der Europäischen Union vorbei.

Diese Gedanken sollten ihre Realisierung in der Installation einer institutionellen Basis finden. Daß ein solches Wunschdenken, wie das der deutschen Bundesländer, zurückzuweisen ist, ergibt sich aus der unterschiedlichen Regionalstruktur in den Mitgliedstaaten, die an Vorstößen der Regionen mit legislativen Kompetenzen deutlich wird, soweit eine Regionalebene vorhanden ist, und aus der Existenz der kommunalen Gebietskörperschaften.[376] Die dezentralen

369 Vgl. *Becker,* Zusammenfassung der Diskussion, in: Tomuschat (Hrsg.), Mitsprache der dritten Ebene in der europäischen Integration, S. 119.

370 Vgl. die weitere Aufschlüsselung bei: *Hoffschulte,* Kommunale und regionale Selbstverwaltung im Europa der Regionen, in: Knemeyer (Hrsg.), Europa der Regionen – Europa der Kommunen, S. 160 f.

371 *Gensler,* Mit dem Ausschuß der Regionen ins Europa der Regionen, Europa kommunal 1994, 108.

372 Vgl. *Engel,* Regionen in der Europäischen Gemeinschaft – eine integrationspolitische Rollensuche, in: Borkenhagen u.a. (Hrsg.), Die deutschen Länder in Europa, S. 183 ff.

373 *Klepsch/Schleicher,* Europa der Regionen – Die Position des Europäischen Parlaments, in: Knemeyer (Hrsg.), Europa der Regionen – Europa der Kommunen, S. 122.

374 Vgl. die Einleitung der Herausgeber in: *Borkenhagen u.a.* (Hrsg.), Die deutschen Länder in Europa, S. I; vgl. auch den Appell der Ministerpräsidentenkonferenz vom Dezember 1990 in München, die sogenannte „Münchener Erklärung zum Föderalismus in Europa“, abgedruckt bei: Borkenhagen u.a. (Hrsg.), Die deutschen Länder in Europa, S. 236 ff. und *Oschatz,* Exportartikel Föderalismus. Zur Mitsprache und Mitgestaltung der deutschen Länder auf EG-Ebene, Der Landkreis 1992, 370 ff.

375 Zu beachten ist die Mitwirkung an der EU-Gesetzgebung durch die Länder im Rahmen des Art. 203 Abs. 1 EG, nachdem auch Minister der deutschen Bundesländer zur Vertretung der Bundesrepublik im Rat berufen sein können, vgl. Art. 23 Abs. 6 GG i.V.m. § 6 EUZBLG.

376 Zur mitgliedstaatlichen Struktur, S. 53 ff.

Einheiten lassen sich angesichts ihrer Qualität in unterschiedliche Kategorien einordnen, die allesamt im Ausschuß der regionalen und kommunalen Gebietskörperschaften Berücksichtigung gefunden haben. Ein Föderalismusverständnis im Sinne einer Polarisierung zwischen der EU-Ebene und den regionalen Teileinheiten wird daher den komplexen Anforderungen nicht gerecht.[377] Eine Lösung ist vielmehr unter Berücksichtigung aller dezentralen Ebenen – der Grundkonzeption des Ausschusses – zu suchen.

Ziel dieser Einbindung ist die Reaktion auf die zunehmende Verflechtung der supranationalen Gesetzgebung.[378] Die weitgehende Bipolarität zwischen Mitgliedstaaten und Gemeinschaftsebene weicht mehr und mehr einer mehrdimensionalen Orientierung.[379] Dies geschieht ausdrücklich auch unter Einbeziehung der kommunalen Gebietskörperschaften. Die Gefahr hierbei liegt in einer unüberblickbaren Vielschichtigkeit. Um einer solchen entgegenzuwirken, werden die gemeinsamen Interessen in einer Einrichtung – dem Ausschuß der Regionen – gebündelt.

bb) Europa der Regionen – Europa der Kommunen

Die Überschrift dieses Absatzes ist einer Publikation *Knemeyers* aus dem Jahr 1994 zu entnehmen[380], der nicht verschiedene Konzepte eines föderativen, dezentralen Aufbaus des politischen Integrationsprozesses darstellt, sondern die grundsätzliche integrative Bedeutung eines Mehrstufigkeitsprinzips herausarbeitet.[381] Aus heutiger Sicht bietet sich die Zusammenfassung zu einem Europa der Regionen *und* Kommunen – in Anlehnung an *Leonardy*[382] ein „Europa *mit*

377 Vgl. die ersten Forderungen der deutschen Bundesländer, BR-Drs. 780/90, II.: *„Eine nach föderativen Grundsätzen errichte europäische politische Union muß die europäische Ebene als Feld einer künftigen politischen Ordnungs- und Strukturpolitik zur Lösung übergreifenden Aufgaben, die nationalstaatliche Ebene als den Bereich der nationalen Gesetzgebung und Ordnung, die regionale Ebene als Bereich für die Gestaltung der vielfältigen und differenzierten Lebensbedingungen unserer Bürger klar unterscheiden"*; vgl. auch *Böhm,* Europa der Regionen – Bausteine einer Europäischen Union, in: Knemeyer (Hrsg.), Europa der Regionen – Europa der Regionen, S. 109.

378 *Hrbek,* Der Ertrag der „Verfassungsdebatte" von Maastricht, in: Baur/Müller-Graf/Zuleeg (Hrsg.), Europarecht, Energierecht, Wirtschaftsrecht, FS Börner, S. 148.

379 *Magiera,* in: Schneider/Wessels, Föderale Union – Europas Zukunft?, S. 72.

380 Vgl. auch *Hrbek/Weyand,* Betrifft: Das Europa der Regionen. Fakten, Probleme, Perspektiven, 1994; *Borkenhagen,* Aufgaben und Perspektiven der Regionen in Europa, in: ders. u.a. (Hrsg.), Die deutschen Länder in Europa, S. 227.

381 *Knemeyer,* Europa der Regionen – Europa der Kommunen, 1994.

382 *Leonardy,* Angelegenheiten im Bund/Länder-Verhältnis, in: Evers, Chancen des Föderalismus in Deutschland und Europa, S. 156 f.

den Regionen und Kommunen“ – an, wie es im Ausschuß der regionalen und kommunalen Gebietskörperschaften zum Ausdruck kommt.[383]

Die Berücksichtigung beider Elemente dezentraler Strukturen, die mehr als nur eine Kooperation dieser Teileinheiten betrifft[384], muß daher im Vordergrund stehen. Andere Modelle, wie die Auflösung der Nationalstaaten zugunsten der Regionen[385], wären nicht fähig, das Gleichgewicht der Kräfte zwischen der Union und den Mitgliedsländern aufrechtzuerhalten.[386] Auf Dauer wäre so ein freiheitlich-demokratisches Gedeihen im Widerspruch zu allen historischen Entwicklungen und politkulturellen Traditionen[387] nicht gewährleistbar.[388] Für die Lebendigkeit eines Europas der Regionen und Kommunen kann ein mit effektiven und adäquaten Instrumenten ausgestattetes Vertretungsorgan im Mechanismus gemeinschaftsrechtlicher Gesetzgebung eine gewichtige(re) Rolle einnehmen.[389]

cc) Rechtliche Grundlagen des Mehrstufigkeitsprinzips

Neben dem dezentralen Umdenken muß sich der Prozeß hin zu einem Europa der Regionen und Kommunen[390] in den einschlägigen Rechtsgrundlagen

383 Verkürzend daher *Blanke,* in: Grabitz/Hilf, Das Recht der Europäischen Union, Vor Art. 263-265 EGV, Rn. 1, der den AdR als politisches Leitbild eines „Europas der Regionen“ einstuft, so auch *Gensler,* Mit dem Ausschuß der Regionen ins Europa der Regionen, Europa kommunal 1994, 106.

384 *Groß/Schmitt-Egner,* Europas konkurrierende Regionen, 1994; übergreifend *Lübbe,* Abschied vom Superstaat, S. 65.

385 *Clement,* The Comittee of the Regions – More than an Alibi?, in: Hesse/Renzsch, Regionen in Europa – Regions in Europe – Régions en Europe, S. 20.

386 *Borchmann,* Regierungskonferenz 1996 – das Positionspapier der deutschen Länder, EuZW 1993, 553; vgl. auch *Lepsius,* Zwischen Nationalstaatlichkeit und westeuro-päischer Integration, in: Kohler-Koch (Hrsg.), Staat und Demokratie in Europa, S. 180 ff.

387 *Borkenhagen,* Aufgaben und Perspektiven der Regionen in Europa, in: Borkenhagen, in: Borkenhagen, 1992, S. 227; *Ward,* All power to the Regions, New Statesmen und Society 1991, S. 30 ff.; *Blanke,* in: Grabitz/Hilf, Das Recht der Europäischen Union, vor Art. 263-265 EGV, Rn. 1.

388 *Kirchhof,* HbdStR VII, § 183 Rn. 30 ff.; *Blanke,* in: Grabitz/Hilf, Das Recht der Europäischen Union, Vor Art. 263-265 EGV, Rn. 6; *Badura,* „Die Kunst der föderalen Form“, Der Bundesstaat in Europa und die europäische Förderation, FS Lerche, S. 383; *Kisker,* in: Hesse/Renzsch, Föderalstaatliche Entwicklung in Europa, S. 129; *Konow,* Überlegungen zum AdR, in: Tomuschat (Hrsg.), Mitsprache der dritten Ebene in der Europäischen Integration, S. 90 (*„abwegig“, „irreal“*).

389 Vgl. *Knemeyer,* Die Region – Europa-Raum des Rechts, in: FS Würzburger Juristenfakultät, S. 98.

390 Zum Europa der Städte, *Leitermann,* Ein Europa der Städte, Europa kommunal 1995,

niederschlagen. Diese Überlegung geht über die Statuten des Ausschusses der Regionen in den Art. 263 bis 265 EG hinaus. Sie geht einher mit weiteren Belegen, die eine starke Mitsprache der Regionen und Kommunen im Fortschreiten des Integrationsprozesses begründen.

Der AdR ist nach seiner Konzeption Ausdruck der in der Präambel des EU-Vertrags und Art. 1 Abs. 2, Art. 2 Abs. 2, Art. 6 Abs. 3 EUV und Art. 5 Abs. 2 EG festgelegten Ziele und Grundsätze.[391]

- Die Präambel spricht in der 12. Erwägung von der Schaffung einer engeren Union der Völker, in der Entscheidungen entsprechend dem Subsidiaritätsprinzip möglichst bürgernah getroffen werden.
- Art. 1 Abs. 2 EUV wiederholt diese Absichtserklärung, ergänzt um die Transparenz der europäischen Entscheidungen.
- In Art. 2 Abs. 2 EUV wird die Bedeutung des Subsidiaritätsprinzips für die Verwirklichung der gesetzten Ziele betont.
- Zudem verpflichtet sich die Europäischen Union zur Achtung der nationalen mitgliedstaatlichen Identität, woraus sich eventuell Aussagen über die Pflicht zur Berücksichtigung nationaler dezentraler Strukturen ergeben könnten.
- Die Formulierung des Subsidiaritätsprinzips in Art. 5 Abs. 2 EG.[392]

Die aufgeführten Vertragsbestimmungen des Gemeinschaftsvertrags und des Vertrags über die Europäische Union enthalten allesamt Anhaltspunkte, welche die Existenz des Ausschusses der Regionen stützen. Sie sind Ausdruck eines über die bloße Interessenvertretung hinausgehenden Prinzips, das näher erläutert werden soll.

dd) Der Ausschuß und die demokratische Rückkopplung im Integrationsprozeß

Die Mitsprache kommunaler und regionaler Repräsentanten im Ausschuß der Regionen an der europäischen Rechtsetzung bedarf aus der Sicht des Gemeinschaftsgefüges einer Rechtfertigung. Die Aufzählung der Normen zeigt, daß es Aufgabe der dezentralen Einheiten im mitgliedstaatlichen Staatsaufbau

59 ff.

391 Vgl. *Blanke,* in: Grabitz/Hilf, Das Recht der Europäischen Union, Vor Art. 263-265 EGV, Rn. 2.

392 Dazu ausführlich im 5. Kapitel.

sein kann, *„im institutionellen Rahmen des EG-Vertrags Eigenheit, Vielfalt und Wettbewerb"* zu garantieren und so *„ein wirksames Gegengewicht gegen Zentralisierungstendenzen"* zu schaffen. Gerade die Europäische Union sieht sich immer wieder dem Vorwurf der Bürgerferne und der mangelnden Legitimation seiner Organe ausgesetzt. Zu bemerken ist, daß dies vor dem Hintergrund eines weitgreifenden Regelungs- und Regulierungsfeldes in alle Lebensbereiche hinein[393] geschieht.

Die Einbindung der Regionen und Kommunen ist daher ein Schritt, der Integration zur allseitigen Akzeptanz und Legitimität zu verhelfen.[394] Er kann so die institutionalisierte Klammer zwischen den Unionsbürgern und den fernen, zentralistischen[395] Brüsseler Behörden[396] sein.[397] Aus der allgemeinpolitischen Rolle der kommunalen und regionalen Demokratie wird die organisierte Interessenvertretung im gemeinschaftlichen Rechtsetzungsprozeß.[398]

b) Politische Bedeutung des Ausschusses

Im Rahmen der Untersuchung der politischen Bedeutung ist wiederum zu differenzieren. Einerseits kann der Erfolg des Ausschusses der Regionen an der Berücksichtigung seiner Stellungnahmen im Rechtsetzungsprozeß und seiner Initiativen nach Art. 265 Abs. 4 EG festgemacht werden. Dies entspricht seiner ihm zugeteilten Aufgabe der Teilnahme am Entscheidungsprozeß. Andererseits fordert der eben erörterte Anspruch als Legitimationsgeber und Vermittler eines bürgernahen Europamodells eine darüber hinausgehende Betrachtung, welche der allgemeinpolitischen Bedeutung, der Wahrnehmbarkeit auf europäischer Ebene und der europäischen – sofern eine solche überhaupt existiert – und nationalen Öffentlichkeit Rechnung trägt.

---

393 *Blanke,* in: Grabitz/Hilf, Das Recht der Europäischen Union, Vor Art. 263-265 EGV, Rn. 2.

394 *Blanke,* in: Grabitz/Hilf, Das Recht der Europäischen Union, Vor Art. 263-265 EGV, Rn. 2.

395 Vgl. *Bohr,* Europa auf dem Weg zum bürokratischen Zentralismus, 1991.

396 *Clement,* Der Regionalausschuß - mehr als ein Alibi?, StWiss und StPraxis 1993, 167, vgl. *Mayntz,* Föderalismus und die Gesellschaft, AöR 1990, 237.

397 Vgl. *Gerdes,* Aufstand der Provinz. Regionalismus in Westeuropa; *Allemann,* Aufstand der Regionen, in: Hennis/Graf Kielmannsegg/Matz (Hrsg.), Regierbarkeit, Band. 2, S. 279 ff.; Zur soziologischen Einordnung des Dezentralismus als Reaktion auf die übergreifenden und unüberblickbaren Strukturen *Lübbe,* in: Kaltenbrunner, Was anders werden muß, S. 75.

398 Vgl. auch *Maier,* Der Föderalismus – Ursprung und Wandlungen, AöR 1990, 226 und *Isensee,* Der Föderalismus und der Verfassungsstaat der Gegenwart, AöR 1990, 48 ff.

aa) Wirkung der Stellungnahmen

Durch das Recht, zu ausgewählten Bereichen Stellungnahmen abzugeben, ist alleine an Einfluß nichts gewonnen. Daher stellt sich die Frage, welche Bedeutung den auf diesem Wege formulierten Beiträgen des AdR im Rechtsetzungsprozeß zukommt. Erst dann läßt sich letztlich die Frage nach der Einflußnahme im engeren Sinn beantworten. Je größer die rechtliche und politische Bindung der EU-Einrichtungen an die Beschlüsse des Nebenorgans ist, desto größer auch die Beeinflussung des Meinungsbildungsprozesses. Vom Begriff der Einflußnahme, wie er im ersten Kapitel definiert wird[399], ausgehend, muß es sich hierbei um ein Mindestmaß an politischer Einflußnahmemöglichkeit handeln. Beeinflussung bedeutet eine Änderung der Entscheidungsträger im Ergebnis ihrer Willensbildung. Konsequenterweise muß diese Einflußnahme auch durchsetzbar sein. Bleibt eine Mißachtung folgenlos, kann nur in Ansätzen von wirkungsvoller, kontinuierlicher Einflußnahme gesprochen werden. Es geht hier aber zunächst nur um die Beeinflussung selbst und nur in einem zweiten Schritt um deren Erfolgswirksamkeit. Zu beachten ist, daß diese Aussagen zum Großteil wertenden Ursprungs sind und sich nicht letztendlich wissenschaftlich nachweisen lassen. Hier sei die Prämisse einer weitgehenden Beschränkung auf die juristischen Grundlagen gesetzt.

Freilich ist denkbar, daß sich auch eine juristisch nicht durchsetzbare Chance der Einflußnahme beeinflussend auswirkt. Dies hängt stark mit der Qualität der eingebrachten Dokumente zusammen. Ein von der strukturellen Grundkonstitution her schwacher AdR kann in der Theorie durch seine herausragende Sacharbeit überzeugen. Praktisch ist dem aber entgegenzuhalten, daß die tatsächliche Bedeutung mit dem vorgegebenen Instrumentarium korreliert. Hier soll daher die maximale Obergrenze im Rahmen der rechtlichen Möglichkeiten gesucht werden, was so wohl auch den wahrnehmbaren Erfahrungen der vergangenen Mandatsperioden entspricht.

(1) Bindungswirkung der Stellungnahmen

(a) Rechtliche Bindungswirkung

Das Ergebnis kann vorweggenommen werden: Die Stellungnahmen des AdR haben gegenüber den Gemeinschaftsorganen keinerlei rechtliche Bindungswirkung. Die Berücksichtigung in inhaltlicher Hinsicht liegt alleine im Ermessen des Rats und der Kommission. Selbst die deutschen Bundesländer konn-

---

399 Vgl. S. 74 ff.

ten sich mit ihrer Forderung nach einer Mitteilung der tragenden Gründe im Fall der Nichtberücksichtigung nicht durchsetzen.[400] Weder der Rat noch die Kommission haben diesbezüglich eine Mitteilungspflicht.[401] Aus dem Grundsatz der Organtreue ergibt sich jedoch die Pflicht zur Information der Gemeinschaftsorgane[402], wozu nach einem allgemeinen Begriff auch die Nebenorgane des AdR und des WSA zählen. Die Kommission trägt dem insofern Rechnung, als sie dem Ausschuß über den Verbleib seiner Stellungnahmen in regelmäßigen Abständen berichtet. Binnenorganisatorisch obliegt es dem Präsidium, für die Verbreitung der Stellungnahmen und Entschließungen Sorge zu tragen (Art. 43 S. 1 GO-AdR). Aus diesem Grund hat der Präsident einmal jährlich sowie am Ende der Mandatsperiode dem Ausschuß über die hervorgerufene Resonanz Bericht zu erstatten, Art. 43 S. 2 GO-AdR.

(b) Moralische Bindungswirkung

Ob den Stellungnahmen eine moralische Bindungswirkung in dem Sinne zuzusprechen ist, daß sich die EU-Organe[403] verpflichtet fühlen, ihnen besondere Aufmerksamkeit zu schenken, kann hier letztlich nicht abschließend beantwortet werden. Klar ist, daß der AdR sich in eine Reihe von Konkurrenten, die gleichfalls um Einflußnahme auf den Rechtsetzungsprozeß buhlen, einfügen muß. Dabei handelt es sich tatsächlich um Konkurrenten, sofern sie völlig konträre Ziele verwirklicht sehen wollen. So verstanden setzt Einflußnahme nämlich die eigene Stärke im Organisationsgeflecht voraus. Innerhalb des Gemeinschaftsinstitutionensystems können dies beispielsweise bei der akzessorischen Stellungnahme der WSA, wenn beide Nebenorgane sich zu ein und demselben Thema äußern, oder das Europäische Parlament sein.

Im übrigen versuchen kommunale und regionale Mitstreiter außerhalb des AdR ihre Positionen durchzusetzen, über die sie vertretenden Nichtregierungsorganisationen und Interessenverbände.[404]

Angesichts des zentral-mitgliedstaatlich geprägten EU-Systems und der großen Zahl an divergierenden Einflußnehmern erscheint es fraglich, ob der Berücksichtigung kommunaler und regionaler Belange eine besondere moralische Bindungswirkung zugesprochen werden kann. Daß der AdR hier eine von vorn-

400 BR-Drs. 550/90 Nr. I 3; vgl. die Mitteilung der Kommission KOM 90/600.

401 *Wiedmann,* in: Schwarze, EU-Kommentar, Art. 263 EG, Rn. 19.

402 *Blanke,* in: Grabitz/Hilf, Das Recht der Europäischen Union, Art. 265 EGV, Rn. 7.

403 Der Begriff kann hier weiter gezogen werden als auf die Kommission und den Rat; eine moralische Wirkung ist auch gegenüber dem Parlament denkbar.

404 Dazu ausführlich unten.

herein dominierende Stellung einnimmt, ist zurückzuweisen. Nachweisen läßt sich dies höchstens in Einzelfällen.

(c) Politische Bindungswirkung

Hiervon zu unterscheiden ist die politische Bindungswirkung. Eine solche setzt eine entsprechende Stärke und Überzeugungskraft voraus, die es dem AdR ermöglicht, seine Stellungnahme als anerkannte Vertretung der Dritten Ebene der Gemeinschaft einzubringen. Während die moralische Seite eher die Empfängersicht betrachtet, ist im Rahmen der Untersuchung des politischen Gewichts des AdR eine Gesamtschau seines Wirkens nötig. Maßgeblich ist hier sicherlich die kontinuierliche Qualität seiner Stellungnahmen. Hieran könnte unter Umständen eine positive Beantwortung der Ausgangsfrage scheitern. Die Qualität der inhaltlichen Arbeit hängt sehr stark vom individuellen Engagement des jeweiligen Berichterstatters ab[405], oft auch davon, inwiefern sich das aufgegebene Thema zur Profilierung als Kommunal- oder Regionalvertretungsorgan eignet. Daher ist kein abschließendes Gesamtbild zeichenbar. Der politische Einfluß hängt vom Einzelfall ab. Wie bei Betrachtung der moralischen Ebene auch, ist festzustellen, daß dem AdR aber keine prädestinierte Position gegenüber den politischen „Konkurrenten“ – gleich ob institutionell oder außerinstitutionell – zukommt.

(2) Formelle Bezugnahme in den EU-Rechtsakten

Aus einer mangelnden politischen, moralischen oder rechtlichen Bindungswirkung kann aber nicht geschlossen werden, daß die EU-Entscheidungsträger die Dokumente des AdR gänzlich außer acht lassen. Nach Art. 253 EG ist eine Bezugnahme auf die Stellungnahmen des Ausschusses bei der obligatorischen Anhörung in dem jeweiligen Rechtsakt zwingend.

Voraussetzung hierfür ist, daß die Richtlinie, Verordnung oder Entscheidung vom Rat im Zusammenwirken mit dem Europäischen Parlament oder vom Rat und der Kommission verabschiedet wurde. Bezugnahme heißt nicht, daß irgendeine inhaltliche Auseinandersetzung mit der Stellungnahme erfolgt sein muß, sondern lediglich, daß das Anhörungsverfahren durchgeführt wurde.[406] Es handelt sich um ein formelles Erfordernis, das nicht zugleich für die akzessorische

---

405 Vgl. Art. 52 GO-AdR.

406 *Fischer,* Der Ausschuß der Regionen nach den neuen EG-Vertrag, NWVBl. 1994, 163.

oder fakultative Anhörung gilt. Es hebt in seiner Bedeutung die Arbeit des AdR genauso wenig, wie sie sie schmälert.[407]

(3) Lokale Interessen in den Stellungnahmen

Eine quantitative Abschätzung der Einflußnahme der kommunalen Gebietskörperschaften im AdR und hierdurch auch in den Dokumenten des Ausschusses kann nur schwer vorgenommen werden. Es könnte zum einen unterschieden werden zwischen der ausschließlichen Darstellung kommunaler Interessen, also einer Berücksichtigung solcher Themen, die eine typische Reaktion auf die Kommunalbetroffenheit darstellen, und solchen Themen, die sowohl regionale als auch kommunale Anliegen berühren und in einer gemeinsamen Initiative verortet werden. Hingewiesen werden könnte wiederum auf den teilweise allgemeinen Vertretungsanspruch der Regionen mit legislativer Kompetenz. Insbesondere in Hinblick auf die Repräsentanz deutscher Kommunen ließe sich ohne Zweifel fragen, ob, angesichts der schwachen personellen Vertretung der deutschen kommunalen Gebietskörperschaften, die Möglichkeit besteht, mit den Regionaldelegierten Schritt zu halten.[408] Tatsächlich ist eine solche gemeinschaftswidrige Einseitigkeit – wie dargestellt – nicht flächendeckend installiert worden.

Dagegen scheint die Breite der dem Ausschuß der Regionen zugewiesenen Politiken zu sprechen. Aufgrund des dem AdR nach dem Gemeinschaftsvertrag zugewiesenen Themenspektrums ist eine inhaltliche Einschränkung von vornherein ausgeschlossen.[409] Diese Chance nutzt der AdR.[410] Ob hierbei gleichermaßen regionale und lokale Anliegen eingebracht werden, ist fraglich. Insbesondere bei gemeinsamen Stellungnahmen grundsätzlicher Art ist genau darauf zu achten, welche Ausrichtung die politischen Mehrheitsverhältnisse im Ausschuß widerspiegelt. Ein genereller Ausschluß oder eine bewußte Benachteiligung ist keinesfalls erkennbar, was ohnehin dem Leitbild des Ausschusses der Regionen widersprechen würde. Hierfür sprechen auch die verschiedensten poli-

---

407 Trotz dessen ist die fehlende Bezugnahme die Verletzung einer wesentlichen Formvorschrift, vgl. *Krück,* in: GTE, Art. 173 EGV, Rn. 8.

408 Hier ist auch zu berücksichtigen, daß die regionalen Vertreter im Minister- oder Abgeordnetenrang über viel größere personelle Kapazitäten an Fachreferenten etc. verfügen, während ein Großteil der kommunalen Vertreter ohne diese Möglichkeit auskommen muß.

409 Vgl. *Wiedmann,* Idee und Gestalt der Region in Europa, Rechtsvergleichende Untersuchung zu Unitarismus und Föderalismus, unter besonderer Berücksichtigung des Vereinigten Königreichs, Frankreichs, Spaniens und Deutschland, S. 335 ff.

410 Vgl. *von Ameln,* Benennung der Mitglieder, in: Tomuschat (Hrsg.), Mitsprache der dritten Ebene in der Europäischen Integration, S. 54.

tischen Strömungen im AdR neben den Konflikten regionaler und kommunaler Delegierter, wie der Zusammenschluß in Fraktionen oder der Nord-Süd-Konflikt, besonders aber die Auseinandersetzung mit den Regionen mit gesetzgeberischen Befugnissen.

Daher existieren durchaus auch kommunale Berichterstatter, die immer wieder kommunale Vorstöße wagen. Auch im übrigen hängt die Beachtung einer bestimmten Stellungnahme von deren Brauchbarkeit ab. Die Qualität hängt wiederum vom Fachwissen und vom Engagement des jeweiligen Berichterstatters ab. Die Auswahl eines Berichterstatters erfolgt in erster Linie nach politischen Gesichtpunkten, der Zugehörigkeit zu einer bestimmten nationalen Delegation, einer bestimmten Fraktion und der persönlichen Bereitschaft. Letztere wird dann als gegeben anzusehen sein, wenn das Thema zur eigenen Profilierung gegenüber den entsendenden Gebietskörperschaften, denen er trotz seiner Unabhängigkeit in der Mandatsausübung letztlich Rechenschaft schuldet, dient. Bei der Auswahl der Verantwortlichen für einen Bericht kommt also ein ganzes Bündel von Gründen zum Tragen. Dabei kann – muß aber nicht – die persönliche Fachkenntnis auf den teils sehr speziellen Gebieten quer durch die Gemeinschaftspolitiken eines Delegierten die erste Rolle spielen.

Dies ändert aber nichts an der Tatsache, daß die an sich gleichberechtigten kommunalen Gebietskörperschaften strukturell den regionalen Einheiten, die häufig über eigene Repräsentanzen in Brüssel verfügen, die ihnen eine kontinuierliche Arbeit „vor Ort" ermöglichen, unterlegen sind.[411] Der enorme Einsatz einiger Regionen an Sach- und personellen Mitteln wirkt sich zweifellos auf die Arbeitsergebnisse aus.[412] Es gelingt dem AdR so nicht, die Einheitlichkeit der dezentralen Einheiten im übergreifenden Erscheinungsbild zu durchbrechen, was möglicherweise überhaupt auch nur partiell beabsichtigt wird.

bb) Wahrnehmbarkeit als kommunale und regionale Interessenvertretung

Von den materiellen Stellungnahmen zu unterscheiden ist die generelle Wahrnehmbarkeit, die unverweigerlich mit einer allgemeinpolitischen Einordnung des Ausschusses der Regionen im institutionellen Gemeinschaftsrechtsgefüge einhergeht. Die hier zunächst verfolgte vornehmlich quantitative Be-

---

411 *Saller,* Möglichkeiten und Grenzen der Beteiligung der Kommunen und Regionen an den Entscheidungen der Europäischen Union, S. 206.

412 Eine Mitgliedschaft im AdR erfordert für einen Delegierten eine Mindestanwesenheit in Brüssel von 20 Arbeitstagen, vgl. *Schöbel,* in: Europäisches Zentrum für Föderalismusforschung (Hrsg.), Der Ausschuß der Regionen – eine erste Bilanz, S. 37; *Saller,* Möglichkeiten und Grenzen der Beteiligung der Kommunen und Regionen an den Entscheidungen der Europäischen Union, S. 220.

trachtungsweise birgt die Gefahr, vorschnell aus der Anzahl der Stellungnahmen und der darin enthaltenen Positionierung auf ein bestimmtes politisches Gewicht zu schließen. Dies greift aber zu kurz. Mit dem Hinweis auf den persönlichen Einsatz des einzelnen Delegierten ist noch nichts an Einfluß gewonnen.

Im Hinblick auf die Wahrnehmbarkeit des kommunalen und regionalen Vertretungsorgans ist festzuhalten, daß der AdR wohl wahrgenommen wird. Teilweise beruht dies auf der Grundlage seiner ihm nach dem EG-Vertrag zugewiesenen Zuständigkeiten, teils auch auf der Einsicht der Betonung einer Notwendigkeit einer Beteiligung der dezentralen Einheiten. Gerade vom Rat und der Kommission wird landläufig die wichtige Rolle lokaler und regionaler Rückkopplung europäischer Entscheidungen betont.[413] Dahinter stecken der häufig zitierte Gedanke der Legitimation der Union und die demokratische Ausgestaltung des Integrationsprozesses.

Daher rührt auch die Tatsache, daß die Stellungnahmen des Ausschusse besonders dann auf Resonanz stoßen, wenn die darin gemachten Aussagen von allgemeiner Tragweite oder von nicht widerspruchsfähigem Inhalt sind, welche die „Schlüsselrolle" der in ihm vertretenen Körperschaften betonen.[414] So ist es nicht verwunderlich, daß insofern die EU-Organe und der Ausschuß übereinstimmen. Dem widerspricht aber das dem AdR nach dem Vertrag übertragene Kompetenzspektrum. Danach ist der AdR zur umfassenden Vertretung kommunaler und regionaler Interessen berufen. Dies schließt grundsätzliche Richtungsbestimmungen nicht aus, impliziert sogleich aber eine klare, auch gegenpolige Meinungsbildung zugunsten dezentraler Anliegen. Nur wenn auch solche Dokumente im Einzelfall tatsächlich Berücksichtigung finden, können die Forderungen nach einer einflußreichen Vertretungseinrichtung als erfüllt angesehen werden. Nicht ausschlaggebend hierfür dürfen die eigenen Einschätzungen des Ausschusses selbst sein, in denen eher verkürzt und verschleiert auf die denkbaren Erfolge verwiesen wird.[415]

Je mehr es also ins Detail geht, desto fragwürdiger scheint die praktische Einflußnahme der vertretenen Körperschaften, vermittelt durch den AdR, zu sein. Zu bedenken ist der späte Zeitpunkt der Beteiligung am Rechtsetzungsprozeß, mit der häufig eine relativ kurze Äußerungsfrist einhergeht und die teil-

---

413 Vgl. das Weißbuch „Europäisches Regieren" der Kommission, KOM (2001) 428 endg., ABl. 2001 C 287/1.

414 So auch *Wiedmann,* Der Ausschuß der Regionen nach dem Vertrag von Amsterdam, EuR 1999, 73.

415 *Wiedmann,* Der Ausschuß der Regionen nach dem Vertrag von Amsterdam, EuR 1999, 72.

weise keine andere Äußerung als die Beschränkung auf grundsätzliche Bemerkungen zuläßt.[416] Dies gilt für kommunale wie regionale Anliegen.

Es ist daher über eine grundsätzliche strukturelle Neuorientierung und eine Umgestaltung des Konsultationsmechanismus nachzudenken, die der tatsächlichen Bedeutung der kommunalen und regionalen Gebietskörperschaften für das europäische Einigungswerk institutionell Rechnung tragen.[417]

---

416 Vgl. *Schöbel,* in: Europäisches Zentrum für Föderalismusforschung (Hrsg.), Der Ausschuß der Regionen – eine erste Bilanz, 1995, S. 23.

417 Ausführlich S. 367 ff.

3. Kapitel: Vertretung kommunaler Interessen beim Europarat durch den KGRE

Am Beispiel der EU konnte aufgezeigt werden, daß kommunale Interessenvertretung auf internationaler Ebene keine Selbstverständlichkeit ist. Dabei erläßt die supranationale Gemeinschaft die Kommunen unmittelbar in ihrer Rechtssphäre treffende Rechtsakte. Noch ferner scheint eine angemessene Vertretung im Rahmen der rein zwischenstaatlichen Zusammenarbeit zu liegen.

Trotz dessen war es der Europarat, der über Jahrzehnte den Kommunen kontinuierlich Beachtung schenkte.[1] Klarer und logischer erscheint dieses Engagement, wenn man sich die eingangs formulierten Ziele des Europarats vor Augen führt. Bei der Stärkung der mitgliedsstaatlichen Demokratien nehmen die kommunalen Gebietskörperschaften eine besondere Rolle ein. Die Frage, warum gerade im Europarat dieses Bewußtsein besonders stark ausgeprägt war, läßt sich nur vermuten und nicht abschließend klären. Möglicherweise waren es engagierte Mitglieder der Parlamentarischen Versammlung, die als Abgeordnete nationaler Parlamente zugleich einen Bezug zur kommunalen Ebene hatten. Der Hauptgrund wird wohl in folgenden Gedanken enthalten sein: Es waren die Kommunalvertreter selbst, die sich über Generationen für ihre Belange einsetzten.[2] Gerade für die Vertreter der über Grenzen hinweg unterschiedlich ausgeprägten Kommunalstruktur war es von Beginn an wichtig, die gemeinsamen Interessen in einer Institution zu bündeln. Diese historische Entwicklung soll dem Kapitel vorangestellt werden (I.).

Dem Titel der Arbeit entsprechend soll der jetzigen Europarats-Einrichtung, dem Kongreß der Gemeinden und Regionen Europas (KGRE), das Hauptaugenmerk gelten. Der KGRE hat es bisher nicht geschafft, einer breiten Öffentlichkeit bekannt zu werden.[3] Mit dem Fortschreiten der politischen Union als weiteres Ziel der Gemeinschaft neben der Verwirklichung eines gemeinsamen Marktes in der EU der 15 ist die Arbeit des Europarates noch mehr aus dem Rampenlicht gerückt, was dem KGRE jede Chance der Steigerung des Bekanntheitsgrads genommen hat. Trotzdem bzw. gerade deshalb wird dessen Struktur, Zusammensetzung und Arbeitsweise eingehend dargestellt (II.). Nicht zu verwechseln mit dem mangelnden Bekanntheitsgrad ist die Außenwirkung,

---

1 Vgl. Conseil de l'Europe, The Conference of Local an Regional Authorities, Strasbourg 1980.

2 Vgl. vor allem das Engagement *Adolf Gassers*, dazu S. 274.

3 Zu dieser Beurteilung über die Vorgängereinrichtung der Ständigen Konferenz bereits *Fiedler*, 25 Jahre Europakonferenz der Gemeinden und Regionen, Der Städtetag 1982, 321.

die der KGRE angesichts seines Einsatzes für die jungen Demokratien in Mittel- und Osteuropa hat. Im Einklang mit der einleitenden Definition von Einflußnahme hat Öffentlichkeitswahrnehmung zunächst nichts mit der Bedeutung einer Institution zu tun. Im Rahmen des KGRE bestehen zahlreiche Verbindungen zu Nichtregierungsorganisationen[4], die in die Arbeit des KGRE eingebunden sind und daher ebenso unter die Vertretung kommunaler Interessen beim Europarat subsumiert werden können.

In den Ausführungen soll die Ausgangsfrage, also welche Strukturen und Verfahrensweisen des Europarats für die EU von Bedeutung sein können, Berücksichtigung finden. Trotzdem empfiehlt sich eine umfassende Auseinandersetzung, da diese Seite des Europarats noch völlig unterbelichtet ist, und eine zusammenhängende ausführliche wissenschaftliche Darstellung des KGRE und dessen Wirken im deutschsprachigen Raum fehlt.[5]

I. Historische Entwicklung

1. Überblick

Der Europarat war die erste internationale Organisation, die kommunale Interessen expressis verbis in ihre Arbeit einbezogen und den Kommunen eine institutionelle Mitsprache im Rechtsetzungsprozeß eröffnet hat.[6]

Die Initiative kam hierbei nicht vom Europarat selbst, sondern vom 1950 von Gemeindevertretern gegründeten Rat der Gemeinden Europas (RGE). Als Wortführer trug der bordelaiser Bürgermeister *Jacques Chabeau-Dehmas* im Namen der RGE an die Parlamentarische Versammlung den Wunsch der Bildung eines *„Ausschusses für kommunale und regionale Angelegenheiten"* heran.[7] Der Ausschuß sollte einen Zwischenschritt auf dem Weg zu einem eigenständigen Kommunalvertretungsorgan darstellen. Er wurde am 27.9.1952 erstmals eingesetzt und bestand wie die Parlamentarischen Versammlung aus nationalen

---

4 *Non-Governmental Organizations – NGOs.*

5 Publikationen existieren lediglich in den einschlägigen Zeitschriften der kommunalen Spitzenverbände sowie in (politikwissenschaftlichen) Handbüchern, welche die rechtlichen Grundlagen völlig vernachlässigen; vgl. die zitierte Literatur in diesem Kapitel.

6 *Schaffarzik*, Handbuch der EKC, S. 55.

7 *Fiedler*, 25 Jahre Europakonferenz der Gemeinden und Regionen, Der Städtetag 1982, 322.

Parlamentsabgeordneten.[8] Dem Ausschuß ist es zu verdanken, daß durch Beschluß der Parlamentarischen Versammlung vom 14.10.1955[9] eine *„Europäische Kommunalkammer"* geschaffen wurde, die in jährlichem Turnus zusammenkam.[10] Die Konferenz trat erstmals im Januar 1957 und zu weiteren Sitzungen im Oktober 1958 und Januar 1960 zusammen.[11] Sie profitierte maßgeblich von der vorherrschenden *„Zeit der Europainitiativen"*.[12]

Die Begeisterung für das zusammenwachsende Europa[13] konnte aber nicht über die vorhandenen strukturellen Probleme hinwegtäuschen. Die mangelnde rechtliche Bestandssicherung führte zu einer finanziellen Abhängigkeit vom Ministerkomitee, das im Einzelfall über die Bewilligung der Finanzmittel für die Konferenz entschied.[14] Damit einher ging mangels eigenen Sekretariats eine organisatorische Schwäche, die eine kontinuierliche Arbeit weitgehend vereitelte. In der Struktur des Europarats blieb die Konferenz eng mit dem Kommunalausschuß der Beratenden Versammlung verwoben. Als solchem kam dem Ausschuß eine Mittlerfunktion zu.[15] Zum Nachteil der Konferenz war er zudem für die Auswahl der Tagungsthemen und die Benennung der Berichterstatter zuständig, die der Ausschuß aus seinen eigenen Reihen rekrutierte.[16] Die Geschäftsordnung wurde vom Ausschuß beschlossen. In der Folgezeit galt es, die strukturellen Defizite auszugleichen.

Einen bedeutenden Schritt der Anerkennung erfuhr die Konferenz mit der Erhebung zur ständigen Einrichtung des Europarats. Das Ministerkomitee machte nach anfänglichem Zögern[17] von seinem Recht nach Art. 17 ER-Satzung Ge-

---

8 *Fiedler*, 25 Jahre Europakonferenz der Gemeinden und Regionen, Der Städtetag 1982, 322.

9 Nach *Grom*, Regionalgrenzüberschreitende Zusammenarbeit als Beitrag zur Förderung der Europäischen Integration, S. 85 ein *„Markstein in der Geschichte des Völkerrechts"*.

10 *Fiedler*, 25 Jahre Europakonferenz der Gemeinden und Regionen, Der Städtetag 1982, 322; *Galette*, Europäische Aspekte der kommunalen Selbstverwaltung. Zum Entwurf einer Europäischen Kommunalcharta der Europakonferenz der Gemeinden und Regionen, in: von Mutius (Hrsg.), Selbstverwaltung im Staat der Industriegesellschaft, Festgabe von Unruh, S. 1077.

11 Vgl. den Bericht über die 2. Europäische Gemeindekonferenz, Der Städtetag 1958, 563 ff.

12 *Weinberger*, Das Europa der Gemeinden, Der Städtetag 1976, 241.

13 Vgl. aus der großen Anzahl an Initiativen die Übersicht in: Der Städtetag 1982, 329 ff.

14 *Keßler*, Die Europäische Gemeindekonferenz, Rückblick und Ausblick, Der Landkreis 1961, 111.

15 *Keßler*, Die Europäische Gemeindekonferenz, Rückblick und Ausblick, Der Landkreis 1961, 111.

16 *Keßler*, Die vierte Sitzung der Europäischen Kommunalkonferenz in Straßburg, Der Landkreis 1962, 187.

17 *Schaffarzik*, Handbuch der EKC, S. 55.

brauch, eine permanente Institution zu bilden.[18] Danach steht es dem Ministerkomitee frei, zu von ihm wichtig gehaltenen Zwecken beratende Ausschüsse einzusetzen.[19] Hierdurch wurde die Konferenz zum Unterorgan des Europarats und nicht mehr bloß der Parlamentarischen Versammlung.[20] Durch die Charta stand nun die Arbeit der Konferenz auf einer *„festen Rechtsbasis"*.[21] Für die Konferenz hatte die Verabschiedung der Charta Vor- und Nachteile.[22]

Echter Fortschritt war die organisatorisch klare Form, welche die Konferenz erhielt. Ihre Ausgaben wurden nunmehr aus dem laufenden Haushalt des Europarats gedeckt. Für die Bestimmung der Tagesordnung war ein ständiger Ausschuß der Konferenz anstelle der Beratenden Versammlung zuständig.[23] Die Gestaltung der Geschäftsordnung oblag der Konferenz ohne Genehmigungspflicht weitgehend selbst.[24] Mit der Aufwertung wurde aber auch zugleich der Aufgabenkreis der Konferenz beschnitten.[25] Besonders nachteilig aus der Sicht der Gemeindevertreter war die Ablehnung der sogenannten „Kleinen Gemeindekonferenz". Der noch im Entwurf vorgesehene *„Sechser-Ausschuß"* sollte nach deren Auffassung Repräsentativaufgaben gegenüber anderen internationalen Organisationen wahrnehmen. Andernfalls befürchteten die Kommunalpolitiker eine Abkapselung der Vertreter der *„Sechsergemeinschaft"*, also der damals sechs Mitgliedstaaten der Europäischen Gemeinschaft.[26] Durch den Ausschuß sollte einer Lähmung der Arbeit der Konferenz angesichts der Anzahl von 16 Mitgliedstaaten des Europarats vorgebeugt werden.[27] Dennoch war mit der Ver-

---

18 Die Annahme der Charta erfolgte durch die Resolution (61) 20 des Ministerkomitees vom 13.9.1961.

19 Vgl. Art. 1 der Charta, der die angestrebten Ziele zum Ausdruck bringt, und *Schneider,* La réforme de la C.P.L.R.E. du Conseil de l'Europe ou l'irruption du principe de legitimité transposé aux collectivités infraétatiques dans le droit des organisaitions internationales, AFDI 40 (1994), 599.

20 Unzutreffend daher *Seele,* Der Kreis aus europäischer Sicht, S. 36.

21 *Keßler,* Die vierte Sitzung der Europäischen Kommunalkonferenz in Straßburg, Der Landkreis 1962, 187.

22 Vgl. den Bericht der Konferenz CPL (4) 1, S. 16 und *Keßler,* Die vierte Sitzung der Europäischen Kommunalkonferenz in Straßburg, Der Landkreis 1962, 187.

23 Vgl. Art. 3 der Charta.

24 Vgl. Art. 8 der Charta.

25 Vgl. den Bericht der Konferenz CPL (3) 7, S. 2.

26 Vgl. die Berichte CPL (3) 7 S. 2; CPL (4) 1, S. 11 sowie *Keßler,* Die vierte Sitzung der Europäischen Kommunalkonferenz in Straßburg, Der Landkreis 1962, 188.

27 Ein Szenario, das angesichts von 45 Mitgliedstaaten des Europarats im Jahr 2003 und 15 Mitgliedstaaten der EU noch viel greifbarer erscheint. In der EU zeigt sich ein solcher Abspaltungsprozeß beispielsweise im Rahmen der 2. Säule der EU, der Gemeinsamen Außen- und Sicherheitspolitik (GASP), an der sich Dänemark nicht beteiligt und das Vereinigte Königreich und Irland lediglich im Einzelfall optieren können. Reduzieren läßt sich diese Problematik auf die Fragen, wie weit der europäische Integrationsprozeß fort-

selbständigung die Basis für eine kontinuierliche und effektive kommunale Interessenvertretung im europäischen Integrationsprozeß gelegt.

In materieller Hinsicht beriet die Konferenz mit Hilfe ihrer Unterausschüsse Kommunalkredit, Montanunion, Europa-Fragen, Gemeindefreiheit und später auch Fragen der Gemeindeverbände zu allen kommunalrelevanten Fragen, gab Stellungnahmen ab und verabschiedete Berichte.[28] Durch internationale Appelle wandte sie sich an die Gemeinden in Europa.[29]

Nachfolgende Seite: *Die Struktur der Europäischen Kommunalkonferenz 1961 und des Kommunalausschusses der Beratenden Versammlung*[30]

---

schreiten soll und ob sich nicht nach Erweiterung der EU auf über 20 Mitgliedstaaten ein Kern herausbildet, letztlich –wie hier – auf Dauer eine Abspaltung einzelner Mitglieder zu befürchten ist.

28 Vgl. die ausschnittsweise Übersicht in: Der Städtetag 1998, 329 ff.

29 Vgl. den Europaaufruf, der beispielsweise die Aufforderung an alle Städte und Gemeinden enthielt, Straßen, Plätze, Schulen und Einrichtungen nach „Europa" zu benennen, in: Der Städtetag 1957, 544.

30 *Keßler,* Die vierte Sitzung der Europäischen Kommunalkonferenz in Straßburg, Der Landkreis 1962, 189.

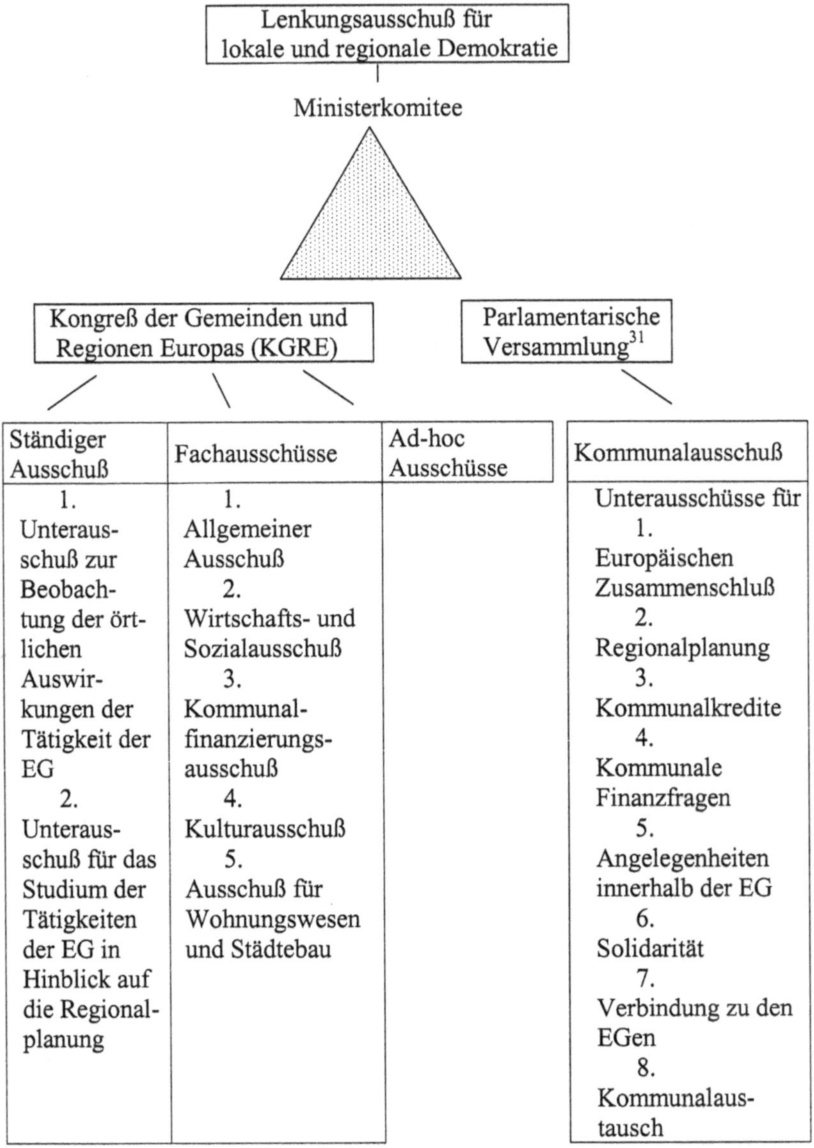

31 Zur Rolle der Parlamentarischen Versammlung *Lappenküper,* Rolle und Zusammenwirken der Organe des Europarats, in: Schmuck (Hrsg.), Vierzig Jahre Europarat, S. 84 ff.

2. Die Konferenz der Gemeinden und Regionen Europas

Trotz der Besetzung mit Kommunalvertretern nutzten Regionalvertreter die Kommunalkonferenz als Sprachrohr für ihre Anliegen, indem sich die Konferenz mehrfach mit Fragen der Regionalentwicklung befaßte.[32] So wurde es unumgänglich, daß die Konferenz für Vertreter der europäischen Regionen – sofern man einen einheitlichen Begriff überhaupt voraussetzen kann[33] – geöffnet wurde.

Eine grundlegende Erweiterung erfolgte durch die Chartaänderung von 1975.[34] Der umbenannten *„Konferenz der Gemeinden und Regionen Europas"* gehörten nun auch Regionalvertreter an. Der damalige Regionenbegriff führte dazu, daß die deutschen Bundesländer die Konferenz mieden.[35] Die Repräsentanz in einem die dezentralen Gebietskörperschaften vertretenden Gremium wurde aus ihrem Selbstverständnis heraus als Region mit Staatsqualität für nicht vereinbar gehalten.[36]

1983 erfolgte eine weitere Umbenennung in *„Ständige Konferenz der Gemeinden und Regionen Europas"*[37], die nicht mit einer Änderung der strukturellen und inhaltlichen Änderung verbunden war.[38]

---

32 COE Doc. 4877, 8; *Seele,* Der Kreis aus europäischer Sicht, S. 415; *Galette,* Europäische Aspekte der kommunalen Selbstverwaltung, in: von Mutius (Hrsg.), Selbstverwaltung im Staat der Industriegesellschaft, Festgabe von Unruh, S. 1078; unklar *Lwowski,* Der Kongreß in Straßburg, Der Städtetag 1995, 837.

33 Dazu oben S. 68 ff.

34 Resolution 75 (4).

35 Zur Situation der Bundesländer *Seele,* Europa der Regionen – ein Holzweg?, Der Landkreis 1992, 368.

36 Vgl. *Lwowski,* Der Kongreß in Straßburg, Der Städtetag 1995, 837; das neuerliche Europaengagement der Bundesländer geht mit einem Umdenken der – so definierten – deutschen Regionalebene einher, die im Integrationsprozeß nicht ohne politische Plattform dastehen will. Paradoxerweise waren es gerade die deutschen Bundesländer, die bei der Bildung des Ausschusses der Regionen (AdR) die Gesamtzahl der deutschen Sitze für sich reklamierten, während beim Europarat die Kommunen auf die Hälfte ihrer Sitze verzichteten.

37 Im folgenden „Ständige Konferenz"; zur inhaltlichen Arbeit *Rengeling,* Die Zusammensetzung der Ständigen Konferenz der Gemeinden und Regionen des Europarats, insbesondere aus deutscher Sicht, DVBl. 1985, 602.

38 Auf eine detaillierte Darstellung der Zusammensetzung und Arbeitsweise soll hier verzichtet werden; statt dessen sollen wesentliche Punkte im Vergleich mit dem KGRE erörtert werden.

3. Entwicklung des KGRE

Die Überschrift deutet bereits an, daß die Reform der Ständigen Konferenz zum KGRE eine Weiterentwicklung darstellt, die mehr als eine „kosmetische Namensänderung" ist.[39] Mit ihr gingen schwerwiegende Änderungen in der Organisation der Kommunal- und Regionalvertretung einher.[40]

Im Mittelpunkt der lange Zeit vorausgehenden Diskussionen stand die gewichtigere Vertretung des regionalen Elements in der ursprünglichen Kommunalkonferenz. Über die Jahre hatte sich der Anteil der Regionen in der Konferenz kontinuierlich gesteigert.[41] Zunächst war eine vermehrte Einbindung der Regionen durch Anpassung der inneren Strukturen ohne Satzungsänderung angedacht, z.B. durch die Bildung einer Regionalkammer oder einen Ausschuß für Regionalpolitik.[42]

Den Delegierten der Konferenz gingen diese Vorschläge nicht weit genug.[43] Auf Grundlage des vom britischen Kongreßdelegierten *John Morgan* verfaßten *„Morgan-Reports"* forderten sie die institutionelle Aufwertung der Ständigen Konferenz.[44] Problematisch gestaltete sich die Bestimmung der Regionen.[45] Regionen mit Gesetzgebungskompetenzen sollten nach dem Report ein eigenständiges Gremium *(Special Body)* zur Wahrung ihrer Interessen erhalten. Diese Differenzierung *(for levels of government, corresponding to federal states or regions with legislative authority)* scheiterte im Ministerkomitee am deutschen Widerstand.[46]

Eine Chance nach der harten politischen Auseinandersetzung witterte die Konferenz erst mit Bekanntwerden des Gipfels der Staats- und Regierungschefs

---

39 *Leitermann,* Stadt und Region im Europarat, Der Städtetag 1994, 273.

40 A.A. *Baltsch,* Hüter der Menschenrechte, Europa kommunal 1999, 57, die lediglich eine Aufwertung der Ständigen Konferenz verbunden mit einer Namensänderung annimmt.

41 *Leitermann,* Stadt und Region im Europarat, Der Städtetag 1994, 273.

42 Letzter wurde auch tatsächlich eingesetzt, konnte aber die Erwartungen nicht erfüllen, vgl. die Empfehlung der Parlamentarischen Versammlung Nr. 1021.

43 *Leitermann,* Stadt und Region im Europarat, Der Städtetag 1994, 273, weist darauf hin, daß im Gegensatz zu früheren Reformprozessen die Initiative nicht von außerhalb der Konferenz ausging, z.B. der Parlamentarischen Versammlung oder der Nichtregierungsorganisation Versammlung der Regionen Europas (VRE), sondern aus den Reihen der Konferenz selbst kam.

44 Resolution 224.

45 *Zahn,* Sprachrohr der regionalen und lokalen Gebietskörperschaften, Europa kommunal 1999, 64.

46 *Leitermann,* Stadt und Region im Europarat, Der Städtetag 1994, 274.

des Europarats 1993 in Wien. In der Folgezeit wurde von der Parlamentarischen Versammlung unter Enthaltung der Stimmen der deutschen Delegation ein Reformmodell verabschiedet, das zentral die Aufspaltung der Konferenz in eine regionale und eine kommunale Kammer vorsah. Die Ablehnung der deutschen Delegierten gründete sich auf die zuvor bei der Aufteilung der Mandate im AdR gemachten Erfahrungen.[47] Auch im übrigen ist fraglich, welchen Einfluß die Entwicklungen in der EU nach dem Vertragswerk von Maastricht, besonders die Konstituierungsphase des AdR auf den Reformprozeß des Europarats hatten.[48] Hierauf soll an späterer – und geeigneterer – Stelle noch eingegangen werden.

Kritisch begleitet wurden von deutscher kommunaler Seite[49] die ersten Entwürfe der *„Gruppe der Berichterstatter Umwelt und Kommunalvertretung"* des Ministerkomitees.[50] Die kommunalen Spitzenverbände wollten unter Vermeidung einer Aufspaltung das einheitliche Gesamtbild der Konferenz gewahrt wissen. Zudem bestand in einem „Zwei-Kammer"-System ihrer Ansicht nach die Gefahr einer Abkopplung der regionalen Seite. So setzten sich die Verbände für einen gemeinsamen Tagungsrhythmus beider Kammern und ein übergeordnetes repräsentatives Gesamtpräsidium ein. Den Kammern sollte kein Beschlußfassungsrecht zukommen. Vor der Verabschiedung einer Stellungnahme war nach Ansicht der deutschen kommunalen Seite der Gesamtkongreß anzurufen.[51]

Ein weiterer Streitpunkt war die künftige Finanzierung der Konferenz, wobei die entsendenden Gebietskörperschaften keinesfalls die für die nationalen Delegationen anfallenden Kosten übernehmen wollten. Bisher trug der allgemeine Haushalt des Europarats das nötige Aufkommen.[52] Dagegen scheint die Frage nach der künftigen Bezeichnung geradezu marginal. Die neue Bezeich-

---

47 *Leitermann,* Stadt und Region im Europarat, Der Städtetag 1994, 274; dort auch die nachweisliche Unterstützung der deutschen Delegierten durch die deutschen kommunalen Spitzenverbände und deren Appelle an das Bundesinnenministerium.

48 Zu den Reformen des Europarats vgl. *Kusche,* Ausschuß der Weisen legte Empfehlungen vor, Europa kommunal 1999, 60 ff.; der „Ausschuß der Weisen" war eine zehnköpfige Reformkommission unter Leitung des ehemaligen portugiesischen Staatspräsidenten *Mário Soares,* der – initiiert durch das Gipfeltreffen der Staats- und Regierungschefs der Europaratsstaaten 1997 – Reformvorschläge zur Anpassung der Internationalen Organisation an die gewachsene Mitgliederzahl unterbreitete.

49 Das Augenmerk soll sich in dieser Arbeit bewußt nur auf die Darstellung der kommunalen Seite konzentrieren.

50 Vom 29.6., 28.7., 6.9. und 2.12.1993.

51 *Leitermann,* Stadt und Region im Europarat, Der Städtetag 1994, 275.

52 Fraglich war nun, ob Art. 38 der Charta des Europarats, nach dem die Mitgliedstaaten die Kosten ihrer Vertretungen selbst zu tragen haben, künftig auf dem Kongreß Anwendung findet.

nung als Kongreß stieß insofern auf Widerstand, als sie dem kontinuierlichen Charakter der Einrichtung nicht Rechnung tragen würde.[53]

Die Darstellung der Konfliktfelder zeigt, wie weit die Vorstellungen über die zukünftige Vertretung der kommunalen Gebietskörperschaften auseinander gingen. Auf die Position der deutschen Bundesländer, die lange Zeit auf eine Teilnahme an der Konferenz verzichteten und später vehement für eine Zweiteilung der Konferenz eintraten, soll hier nicht weiter eingegangen werden. Mit der „Wiener Erklärung“ der Staats- und Regierungschefs vom 9.10.1993 wurde das Reformvorhaben besiegelt, in der Absicht, *„daß ein Beratungsorgan geschaffen werden soll, das die lokalen und regionalen Stellen Europas konkret vertritt.“*[54] Das ausgearbeitete Konzept wurde endgültig vom Ministerkomitee am 14.1. 1994 verabschiedet.

II. Rechtsgrundlagen und Status des KGRE

Einer eingehenden Erörterung der Rechtsgrundlagen bedurfte es beim AdR nicht: Er entnimmt seine Stellung im Gemeinschaftsrechtsgefüge unmittelbar dem EG-Vertrag (Art. 263 bis 265 EG). Hinzu kommt lediglich noch die aufgrund der Geschäftordnungsautonomie erlassene Geschäftordnung für das interne Verfahren. Nach Art. 7 Abs. 2 EG ist der AdR kraft ausdrücklicher Normierung ein Nebenorgan der Gemeinschaft.

Anders gestaltet sich die Einordnung beim KGRE. In der Literatur existieren zahlreiche Definitionsversuche, die mehr oder weniger aussagekräftig sind: Der KGRE als Organ[55], Organisationselement[56], *„Dritter Pfeiler“*[57], *„Dritte Säule des Europarats“*[58] oder schlicht als repräsentative Einrichtung der kommunalen und regionalen Gebietskörperschaften. So wünschenswert eine exakte Klärung der *„Statusfrage“*[59] ist, so schwierig stellt sich die Beantwortung aus rein juristischer Perspektive dar. Freilich ergibt sich die Einordnung auch beim AdR

53 Vgl. *Zahn,* Sprachrohr der regionalen und lokalen Gebietskörperschaften, Europa kommunal 1999, 64; *Leitermann,* Stadt und Region im Europarat, Der Städtetag 1994, 275.

54 Vgl. dem Abdruck der Erklärung in: Holtz (Hrsg.), 50 Jahre Europarat, S. 317 ff.

55 *Schmitt-Egner,* Handbuch der Regionalorganisationen, S. 86.

56 *Lwowski,* Der Kongreß in Straßburg, Der Städtetag 1995, 837.

57 Vgl. *Blanke* in: Grabitz/Hilf, Kommentar zum EUV/EGV, vor Art. 263-265 EG, Rn. 27.

58 *Hofmann,* Gemeinden und Regionen „Dritte Säule“ im Europarat, Stadt- und Gemeinderat 1999, 11.

59 *Leitermann,* Stadt und Region im Europarat, Der Städtetag 1994, 277.

erst unter Zuhilfenahme der Organisationsstatuten. Letztlich ist der momentane Staus des AdR aber unstreitig.

Beim Europarat geht die Frage nach der rechtlichen Einordnung innerhalb der internationalen Organisation einher mit der Untersuchung und Unterscheidung der rechtlichen Grundlagen, auf die der KGRE seine Struktur und Arbeit stützt. Daher sollen zunächst die Rechtsgrundlagen und damit notwendigerweise verbunden die rechtliche Stellung innerhalb des Europarats dargestellt werden. Eine solche Differenzierung ist für das weitere Verständnis unabdingbar. Davon zu trennen ist die Frage nach der Bedeutung des KGRE. Diese Betrachtungsweise soll sich vor allem auf das Erscheinungsbild und – soweit möglich – auf den Umfang und die Qualität der Arbeit stützen.[60]

1. Vertragliche Grundlagen

Rechtsgrundlage des Europarats ist die Satzung vom 5.5.1949 (ER-Satzung).[61] In ihr wird weder eine institutionelle Vertretung der kommunalen und regionalen Interessen noch der KGRE selbst genannt. Der Gründungsvertrag selbst nennt in Art. 10 der Satzung die beiden Organe des Europarats: Das Ministerkomitee und die Parlamentarischen Versammlung.[62] Der KGRE kann daher im Umkehrschluß keine Organstellung innerhalb des Europarats einnehmen.[63] Er ist nicht *„Drittes Hauptorgan"* des Europarats.[64] Eine Änderung des Art. 10 ER-Satzung erfolgte im Rahmen des entscheidenden Wiener Gipfels der Staats- und Regierungschefs nicht.[65]

An dieser Stelle läßt sich mit gleicher Argumentation das immer wieder auftauchende Schlagwort der *„Dritten Säule"* im Europarat in rechtlicher Hinsicht entkräften. Eine Spezifizierung dieser *„Säulentheorie"* findet sich nicht.

---

60 Dazu unten S. 243 ff.

61 Nummern 1, 6, 7, 8 und 11 in der Serie Europäischer Verträge (*Série des traités européens – STE*).

62 Vgl. die parallele Aufzählung in Art. 7 Abs. 1 EG; vgl. *Fastenrath,* Die Struktur der erweiterten EU, EuR 1994 (Beiheft 1), 101 ff., *Winter,* Institutionelle Strukturen in der EU, DÖV 1993, 173 ff.; *Oppermann,* Europarecht, Rn. 237 ff.

63 A.A. ohne weitere Begründung *Schmitt-Egner,* Handbuch der Regionalorganisationen, S. 86; zustimmend *Leitermann,* Stadt und Region im Europarat, Der Städtetag 1994, 275; wohl auch *Schaffarzik,* Handbuch der EKC, S. 56.

64 *Woyke,* Europäische Organisationen, S. 124.

65 Vgl. zu den Reformen der Europaratssatzung *Klebes,* Die Rechtsstruktur des Europarats und insbesondere der Parlamentarischen Versammlung, S. 17; zu den Reformvorhaben Ende der 90er Jahre nach dem Zweiten Gipfeltreffen im Oktober 1997 in Straßburg *Kusche,* Ausschuß der Weisen legte Empfehlungen vor, Europa kommunal 1999, 60 ff.

Offensichtlich zielt sie darauf ab, eine statusrechtliche Gleichstellung des KGRE mit dem Ministerkomitee und der Parlamentarischen Versammlung sprachlich zu bewirken. Eine solche Aufwertung hat aber ausweislich der nicht geänderten Europarats-Satzung nicht stattfinden sollen und stattgefunden[66] – trotz anderweitiger Forderungen der Kommunalvertreter.[67] Ob der KGRE durch entsprechende Arbeit sich faktisch den Status einer *„Dritten Säule"* erarbeitet hat, muß an dieser Stelle nicht entschieden werden.

Trotz fehlender ausdrücklicher Normierung gründet sich der KGRE auf die Satzung des Europarats. In der Resolution des Ministerkomitees[68], die dem KGRE seine satzungsgemäßen Rechte verleiht *(„Résolution Statuaire")*[69], stützt das Ministerkomitee seine Ermächtigung zur Bildung des Kongresses auf Art. 15a und 16 ER-Satzung *(„en vertu des Articles 15a et 16")*. Nach Art. 15a ER-Satzung kann das Ministerkomitee Maßnahmen ergreifen, die *„zur Erfüllung der Aufgaben des Europarats geeignet sind"*. Hierzu gehören der Abschluß von Abkommen und die Annahme einer gemeinsamen Politik der Regierungen in bestimmten Fragen. Nach Art. 16 ER-Satzung kann das Ministerkomitee *„mit bindender Wirkung alle Fragen der Organisation und des inneren Dienstes"* des Europarats festlegen. Im Zusammenspiel beider Normen können Rückschlüsse auf den Status des KGRE gezogen werden. Eine originäre Statuszuweisung ergibt sich daraus aber nicht.[70]

Ein eingehenderes Verständnis setzt den Vergleich mit der Vorgängereinrichtung der Ständigen Konferenz voraus. Bis dahin wurde die rechtliche Daseinsberechtigung einer kommunalen Interessenvertretung auf Art. 17 ER-Satzung gestützt. Danach kann das Ministerkomitee *„zu den von ihm wünschenswert erachteten Zielen Komitees oder Ausschüsse beratenden oder technischen Charakters bilden"*. Auf den ersten Blick erscheint dies als die naheliegendste Ermächtigungsgrundlage für den Kongreß. Bei genauerem Hinsehen läßt sich hieraus eine klare Aufwertung gegenüber der Ständigen Konferenz ableiten. Der KGRE soll nicht mehr bloß eine beratende Hilfseinrichtung sein,

66 So auch *Lwowski,* Der Kongreß in Straßburg, Der Städtetag 1995, 837 und *Leitermann,* Stadt und Region im Europarat, Der Städtetag 1994, 277.

67 Vgl. *Lwowski,* Der Kongreß in Straßburg , Der Städtetag 1995, 837.

68 COE (2000) 1, in der Nachfolge von COE (94) 3.

69 Im folgenden Statuarische Resolution (StRes); die Übersetzungen wirken meist etwas schwerfällig. Dies rührt daher, daß keine deutschen Sprachfassungen der (binnenorganisatorischen) Dokumente des Europarats existieren; daher soll auch auf die offizielle Sprachfassung, vornehmlich der französischen, verwiesen werden, um eine exakte Subsumtion der einschlägigen Normen zu ermöglichen. Zum Sprachenregime und der Sprachenpolitik des Europarats und des KGRE unten S. 260.

70 So auch *Lwowski,* Der Kongreß in Straßburg, Der Städtetag 1995, 837 und *Leitermann,* Stadt und Region im Europarat, Der Städtetag 1994, 277.

sondern ein grundlegendes Instrument, dessen sich der Europarat zur Erfüllung der ihm zugewiesenen Aufgaben bedient.[71] Dieser umfassende Vertretungsauftrag wird an dem Wegfall der Zweckbindung des Art. 17 ER-Satzung deutlich. Damit einher geht die Erweiterung der Einflußmöglichkeiten, wie z.B. eine „außenpolitische" Handlungszuständigkeit oder die verpflichtende Konsultation durch die Parlamentarische Versammlung und das Ministerkomitee.[72]

2. Europaratsrechtliches Sekundärrecht

Entsprechend der allgemein üblichen Einteilung in die auf völkerrechtlichen Vereinbarungen basierenden vertraglichen Grundlagen einer internationalen Organisation und aufgrund von darin enthaltenen Ermächtigungen für die Institutionen, den Organen im weiteren Sinne, zum Erlaß von Rechtsakten[73], läßt sich auch beim Europarat eine Differenzierung zwischen Primär- und Sekundärrecht vornehmen. Das Primärrecht entspricht völkerrechtlich den Gründungsverträgen, das Sekundärrecht dem abgeleiteten *„internen Staatsgemeinschaftsrecht"*.[74] Ziel und Gestalt des KGRE ergeben sich aus mehreren Normtexten, die es zu untersuchen gilt.

a) Statuarische Resolution

Bereits erwähnt wurde die Statuarische Resolution *(Résolution Statuaire)* des Ministerkomitees.[75] Sie ist die Grundlage des Kongresses und besteht aus zwei Teilen.

Der erste Teil – die eigentliche Resolution – stellt zunächst in der üblichen Form einer aufzählenden Präambel Anlaß und Anstöße für den Erlaß des Rechtsaktes dar. Das Ministerkomitee beruft sich hierbei auf das Drängen der Parlamentarischen Versammlung nach institutionellen Reformen innerhalb des Europarats und die durch die Ständige Konferenz eingebrachten Vorschläge.[76] Zudem wurden nach der Resolution auch ausdrücklich die Nichtregierungsorganisationen Rat der Gemeinden und Regionen Europas (RGRE) und Versammlung der Regionen Europas (VRE) in den Rechsetzungsprozeß einbe-

71 *Leitermann,* Stadt und Region im Europarat, Der Städtetag 1994, 278.

72 Dazu unten ausführlich.

73 Vgl. *Oppermann,* Europarecht, Rn. 473 ff., 510 ff.

74 *Oppermann,* Europarecht, Rn. 473.

75 Im folgenden werden die Artikel der Resolution mit StRes zitiert.

76 Vgl. insbesondere die Empfehlung der Ständigen Konferenz 56 (1999) sowie die Empfehlungen der Parlamentarischen Versammlung 1409 (1999), 1188 (1999) und 1363 (1999).

zogen. Teil der einleitenden Aufzählung ist auch ein grober Umriß der mit dem Reformvorhaben verbundenen Zielsetzungen. Das Ministerkomitee erinnert an die Bekundung der Wiener Erklärung durch die Staats- und Regierungschefs, die einen Auftrag zur Aufwertung der Stellung der Gemeinden und Regionen im Europarat enthält.[77] In materieller Hinsicht wird Bezug auf das Subsidiaritätsprinzip, wie es in der EKC Niederschlag gefunden hat, genommen.[78]

Der Hauptteil des Rechtstextes gliedert sich in sechs Artikel mit 17 Abschnitten und ist relativ knapp verfaßt. Er umreißt die Aufgaben (Repräsentation der kommunalen und regionalen Gebietskörperschaften, Art. 1 S. 1 StRes), Ziele (Art. 2 StRes), Zusammensetzung (Art. 3 StRes) und die innere Organisation (Art. 4 Abs. 2, 5 StRes). Dabei handelt es sich um allgemeine Grundsätze und Vorgaben, die einer eindringlichen Konkretisierung bedürfen. Im Vergleich mit dem AdR – ginge man davon aus, die Bestimmungen der Resolution seien die einzigen Rechtsgrundlagen – wäre die Resolution eine ebenso ungenaue Vorgabe mit gleicher Ausfüllungsbedürftigkeit wie die Normen de EG-Vertrags.

Am Ende der Resolution finden sich zwei Absätze über die Ablösung der bisherigen Normtexte durch das neue Statut.

b) Charta des Kongresses

Der zweite Teil der Resolution enthält den Chartatext, der als Anhang an den ersten Teil deklariert ist.[79] Beide Teile wurden am 15.3.2000 in getrennten Abstimmungen vom Ministerkomitee anläßlich seiner 702. Versammlung angenommen. Die Charta verleiht dem Kongreß seine satzungsgemäßen Rechte.[80]

Während der erste Teil die grundsätzliche Erklärung der Umbildung des KGRE darstellt und in der üblichen Form einer Resolution die formaljuristische Grundlage des Vorhabens schafft, ist die Charta das konkretisierende rechtssätzliche Statut des KGRE. Die Trennung ist nur aus formellen Gesichtspunkten zu rechtfertigen. Dennoch können beide inhaltlich nur gemeinsam betrachtet werden: Sie bedingen sich gegenseitig. So werden z.B. die Ziele, die mit dem KGRE verfolgt werden, nicht nochmals wiederholt. Art. 1 CH verweist schlicht auf Art. 2 StRes. Im Gegenzug überläßt die knappe Resolution verschiedene Fragen der Charta, z.B. Art. 3 StRes: *„(...) sauf exception prévue par sa*

---

77 Dazu schon die Einführung S. 45 ff.

78 Zum Subsidiaritätsverständnis der EKC s. S. 303 und S. 610 ff.

79 Zitate von Chartabestimmungen erfolgen abgekürzt als CH.

80 *Von Lennep,* Gemeinsames Erbe in Leitsätze gegossen, Städte- und Gemeinderat 1999, 8.

Charte". Dies entspricht auch der Konzeption des Art. 1 S. 2 StRes. Danach regeln die Zusammensetzung und Arbeitsweise des Kongresses die dem Artikel folgenden Bestimmungen und die vom Ministerkomitee zu verabschiedende Charta.

Eine vollständige Darstellung der Grundlagen unter teilweiser Wiederholung der Resolution läßt sich aber nur der Charta entnehmen. Diese enthält 16 Artikel plus Übergangsregelungen. Die in Art. 3 StRes grob umrissene Zusammensetzung und Organisation wird in Art. 2 ff. und 14 f. CH ergänzt. Gleiches gilt für die Organe (Art. 4 Abs. 2 StRes und Art. 6 ff. CH). Die Bildung der Untergliederungen steht unter der Prämisse ausreichender Finanzmittel (Art. 2 Abs. 2 S. 2 StRes), die nach Art. 16 CH veranschlagt und bewilligt werden.

Die als Zielbestimmungen formulierten Handlungsformen des Kongresses (Art. 1 StRes) werden in Art. 11 f. CH wiederholt und präzisiert. Damit enthält der Kongreß einen eng gefaßten Handlungsrahmen, der im Vergleich mit dem AdR weitaus präziser ist. Dies sagt aber noch nichts über die tatsächliche Handlungsfähigkeit des KGRE aus. Vielmehr bringt die genaue Vorgabe durch das Ministerkomitee den Willen zum Ausdruck, den Kongreß in rechtlicher Hinsicht auf ein breites Fundament zu stellen und dessen Mitwirkung dauerhaft zu sichern.

c) Geschäftordnungen

aa) Regelungssystem

Entsprechend der inneren Organisation des KGRE mit der noch zu erörternden Zweiteilung in Kammern existieren drei Geschäftsordnungen (*Règlements intérieurs*): die sehr umfangreiche Geschäftsordnung des Kongresses[81], sowie die Geschäftsordnungen der Kammer der Gemeinden[82] und der Kammer der Regionen[83].

Auch sie stehen in einem systematischen Wechselspiel mit der Statuarischen Resolution und der Charta. So wird an verschiedenen Stellen unmittelbar auf die grundlegenderen Dokumente Bezug genommen, z. B.[84] anläßlich des Benennungsverfahrens der Mitglieder (Art. 2 und 3 CH und Art. 2 GO-KGRE), eines Mandatsverlustes im KGRE (Art. 2 Abs. 1 CH und Art. 4 GO-KGRE), der

81 Im folgenden zitiert als GO-KGRE.
82 Im folgenden zitiert als GO-KdG.
83 Im folgenden zitiert als GO-KdR.
84 Eine ausführliche Erörterung der inhaltlichen Vorgaben erfolgt unten.

Verleihung eines Gästestatus an Staaten, die nicht Europaratsmitglieder sind[85], der Aussprache von Empfehlungen (Art. 11 Abs. 2 CH und Art. 14 Abs. 7 GO-KGRE) oder der Chartarevision (Art. 56 GO-KGRE).

Einen ausdrücklichen Verweis auf Art. 2 StRes enthält Art. 18 GO-KGRE. Danach können auf die Tagesordnung der Sitzungen des Kongresses alle Gegenstände gesetzt werden, die von den Zielbestimmungen des Art. 2 StRes erfaßt werden. Art. 18 GO-KGRE spricht hierbei von Kompetenzen des Kongresses.

Noch deutlicher wird die Systematik an der Geschäftsordnung der Kammer der Gemeinden, die an mehreren Stellen Bezug auf die Charta und die Geschäftsordnung des Kongresses nimmt. Die kurze Fassung der Geschäftsordnung der Kammer der Gemeinden und parallel hierzu der Kammer der Regionen erklärt sich gerade daraus, daß ganze Bestimmungen oder Regelungskomplexe (z.B. Art. 15 Abs. 1 GO-KdG, der Art. 21, 22, 24, 25, 26, 27 (außer Abs. 3), 28, 29 (außer Abs. 2), 30 und 31 GO-KGRE) auf die Kammer der Gemeinden für anwendbar erklärt werden. Auf die wenigen Besonderheiten soll später eingegangen werden. Die Dreiteilung der Geschäftsordnungen ergibt sich aus der bin-

---

85 Exkurs: Der Europarat und die EU-Osterweiterung
Nach dem Beitritt Bosnien-Herzegowinas und Jugoslawiens und dem damit verbundenen Anwachsen des Europarats auf 45 Mitgliedstaaten hat dieser Passus seine Bedeutung verloren. Mittlerweile gehören dem Europarat bis auf Weißrußland, dem Heiligen Stuhl und Monaco alle europäischen Staaten an. Diese Aussage setzt einen feststehenden Europabegriff voraus. Die Frage nach den historischen, kulturellen oder religiösen Wurzeln der Europazugehörigkeit wird sich der Europarat in den nächsten Jahren stellen müssen. Beispielhaft für die angehende Diskussion soll die *Eurovision* genannt werden, zu der auch wie selbstverständlich Israel gehört. Vgl. grundlegend *Prunskiene/Habsburg* (Hrsg.), Europa: Ein Kontinent gewinnt gestalt, 1992; *Weidenfeld,* Europas neues Gesicht, IntPol 1997, 1 ff.
Der Europarat muß sich dieser Auseinandersetzung schon deshalb annehmen, weil mit der EU-Erweiterung auf weit über 20 Staaten die Integrations- und Vorreiterrolle, die der Europarat in den 90er Jahre für die Mittel- und Osteuropäischen Staaten (MOE-Staaten) in Hinblick an die Heranführung an die westliche Demokratie- und Gesellschaftsordnung wahrgenommen hat, geschwächt wird und damit zwangsläufig ein Bedeutungsverlust einhergehen wird. Nicht umsonst wird der Europarat teilweise – unberechtigterweise spöttisch – als Vorhof der EU bezeichnet; hiermit läßt sich auch das Engagement der kleineren und jüngeren Nicht-EU-Staaten im Europarat begründen, während sich die „Großen" EU-Mitglieder eher auf die Gemeinschaft konzentrieren.
Die Neuorientierung nach der EU-Erweiterung kann für den Europarat Scheideweg und Chance zugleich sein, war die rein quantitative Betrachtung (und die dennoch mögliche qualitativ-inhaltliche Arbeit) der Mitglieder doch in der Vergangenheit die große Stärke und Existenzgrundlage des Europarats.

nenorganisatorischen Struktur des KGRE und kann ohne eine Darstellung des Kammersystems nicht erfaßt werden.[86]

bb) Eingeschränkte Geschäftsordnungsautonomie

Genauso wichtig wie die Bezugnahme der Geschäftsordnungen auf die Charta und das Statut ist die Relation untereinander. Grundlegende Norm hierfür ist Art. 13 CH. Danach obliegt es dem Kongreß und jeder seiner beiden Kammern, sich eine Geschäftsordnung zu geben, Art. 13 Abs. 1 S. 1 CH. Grundsätzlich besitzen damit der Kongreß und seine Kammern Geschäftsordnungsautonomie. Von diesem Grundsatz gibt es zwar keine Ausnahmen, wohl aber Einschränkungen bezüglich der inhaltlichen Ausgestaltung. Die Freiheit der inneren Organisation ist an die Erfüllung bestimmter Vorgaben geknüpft. Einleitend wird betont, daß es sich hierbei um Mindestanforderungen handelt, Art. 13 Abs. 1 S. 2, 1. Hs.: *„Chaque règlement fixe notamment (...)"*. Hierzu gehören nach Art. 13 Abs. 1 S. 2 die Beschlußfähigkeit, das Abstimmungsrecht und die erforderlichen Mehrheiten, die Wahl des Präsidenten und der Präsidiumsmitglieder, Regelungen über die Tagesordnung und deren Bekanntmachung sowie die Organisation der von der Satzung vorgegebenen Kommissionen und Arbeitsgruppen.

Es bleibt daher bei der Geschäftsordnungsautonomie. Diese ist nur insofern eingeschränkt, als daß Art. 13 CH Mindestanforderungen zur Ausgestaltung vorgibt. Die am 23. Mai 2000 (siebte Plenarversammlung) vom Kongreß verabschiedete Geschäftsordnung erfüllt diese Kriterien, ohne ausdrücklich auf die Charta Bezug zu nehmen. Gleiches gilt auch für die am gleichen Tag verabschiedeten Geschäftsordnungen der Kammern.

Ferner gehört es zur Pflicht des KGRE, ein Verfahren zur Sicherstellung der Mandatsberechtigung der benannten Mitglieder nach Art. 2 und 7 CH einzuführen, Art. 13 Abs. 2 CH. Bei der Ausgestaltung der verfahrensrechtlichen Kontrolle wird dem Kongreß ein Ermessensspielraum zugebilligt. Über die Wahl des Umsetzungsaktes hinaus richtet sich Abs. 2 im Unterschied zu Abs. 1 ausdrücklich an den Kongreß und nicht auch an die beiden Kammern. Es handelt sich um eine über die drei Geschäftsordnungen hinausgehende Regelung, die deshalb in einem eigenen Absatz aufgeführt wird.

Erstaunlich ist, daß Art. 13 Abs. 2 im Gegensatz zu Abs. 1 nicht von *‚Règlement intérieur'* spricht, sondern nur von *‚Règlement'*. Fraglich ist, ob es einer Aufnahme in die Geschäftsordnung durch den Kongreß bedarf oder Art. 13 Abs.

86 Vgl. dazu ausführlich S. 213 ff.

2 eine eigenständige Ermächtigung zum Erlaß weiterer Regelungen darstellt. Dagegen spricht aber, daß eine Bezugnahme auf Abs. 1 durch das einleitende *„en outre“* (außerdem) in Abs. 2 erfolgt, die Bestimmung also Abs. 1 ergänzen soll. Die dogmatische Auseinandersetzung verliert in der praktischen Umsetzung ihr Gewicht. Die geforderten Verfahrensmodalitäten sind vom Kongreß in die Geschäftsordnung (Art. 2 ff. GO-KGRE) aufgenommen worden. Die Vorgaben des Art. 13 CH sind daher in jedem Fall vom Kongreß erfüllt worden.

Daher läßt sich von einer eingeschränkten Geschäftsordnungsautonomie oder einer Geschäftsordnungsautonomie mit gebundener Marschrichtung sprechen. Praktisch ist zu beachten, daß es sich bei den Vorgaben um Regelungspunkte handelt, die sich auf die Arbeitsweise, vorbehaltlich der Regelungen in der Geschäftsordnung, nur unmerklich auswirken. Vielmehr sind die Einschränkungen selbst ausfüllungsbedürftig, da sie den Regelungsrahmen nur grob aufzeigen. Angesichts der Selbstverständlichkeit der Bestimmungen nach Art. 13 Abs. 1 S. 2 CH läßt sich an dem Sinn der besonderen Hervorhebung in der Charta zweifeln.

d) Zusammenfassende Folgerungen

Das Prinzip des Vor-die-Klammer-Ziehens wird von der Statuarischen Resolution über die Charta, die Geschäftsordnung des Kongresses bis hin zu den Geschäftsordnungen der Kammern konsequent praktiziert. Hierdurch werden Doppelregelungen vermieden.

Mit der Resolution einschließlich der Charta werden durch das Ministerkomitee als Legislativorgan des Europarats recht genaue Vorgaben für die Gestalt und die Wirkungsweise des KGRE gemacht. Die Geschäftsordnungen sind nicht ohne diese Regelungen zu betrachten. Dennoch enthalten sie wichtige Voraussetzungen für ein formal reibungsloses Funktionieren des Kongresses. Dies scheint schon deshalb notwendig zu sein, weil beim Zusammentreffen von Kommunalpolitikern aus 45 verschiedenen Nationen die einheitliche Arbeitsgrundlage aus einer traditionellen Sichtweise nicht vorhanden ist. Durch die (eingeschränkte) Geschäftsordnungsautonomie wird erreicht, daß die Mitglieder die binnenorganisatorische Ausgestaltung innerhalb eines vorgegebenen Rahmens selbst gestalten können. Der Rahmen in Form der Resolution des Ministerkomitees stellt den KGRE auf eine rechtliche Basis, die mit der geforderten Aufwertung einhergeht.

Hierdurch ist es gelungen, das Spannungsfeld der Legitimation durch eine breite Rechtsgrundlage einerseits und die auf Effizienz ausgerichtete weitestmögliche Autonomie des Kongresses andererseits in formaler Hinsicht durch die Schaffung der aufgeführten Normtexte zu lösen. Das Ausbalancieren der scheinbar widerstreitenden Zielrichtungen erinnert an das noch zu erörternde Subsidiaritätsprinzip: Die rechtlichen Vorgaben für den Kongreß, die Kammern und die Kommissionen und die Arbeitsgruppen als den kleinsten Einheiten dürfen nur im Rahmen der Notwendigkeit bzw. Einheitlichkeit gemacht werden. Die binnenorganisatorische Ausgestaltung soll, soweit wie möglich, den unteren Einheiten eigenverantwortlich übertragen werden.

Freilich hinkt dieser Vergleich mit der angeführten Argumentation. Weder hat der Kongreß (anders als die Kommunen) einen Anspruch auf das eigene Tätigwerden, noch läßt sich die Notwendigkeit schlüssig begründen. Vielmehr leitet der Kongreß seine Daseinsberechtigung von den politischen Entscheidungen des Ministerkomitees und damit der Mitgliedstaaten innerhalb der internationalen Zusammenarbeit ab. Bereits die Existenz einer solchen formalen Subsidiarität ist daher zweifelhaft. Dennoch lassen sich hierdurch die Gedankengänge und die Regelungsmechanismen bei der Schaffung der Institution besser nachvollziehen.

III. Zusammensetzung des KGRE

Nach dem eingehenden weil wichtigen Studium der Rechtsgrundlagen des KGRE ist fraglich, ob daran anschließend eine Kenntnis der Zusammensetzung oder wahlweise der inneren Organisation für das bessere Verständnis vorteilhaft ist. Es genügt nicht, nur das Gerüst der Institutionen einordnen zu können, ohne zu wissen, wer es zusammenhält. Für die hier gewählte Darstellung, zunächst die Grundlage des Kongresses – die Mitglieder – zu erläutern, spricht, daß sich die Mitgliederstruktur auf den Gesamtkongreß bezieht, eine Einordnung in die einzelnen Teilelemente nicht nötig ist. Erst unter IV. wird auf die innere Organisation einzugehen sein.

Die Zusammensetzung des Kongresses betrifft die Frage, wer unter welchen Voraussetzungen Mitglied des KGRE werden kann. Zu definieren ist also der Mitgliederbegriff als solcher in Beziehung auf den einzelnen Mandatsträger.[87] Damit verbunden ist die Komposition des KGRE, der sich entsprechend seinem Titel aus kommunalen und regionalen Vertretern zusammensetzt. Es ist daher auch auf die Einteilung und Aufteilung nach den entsendenden Gebietskörperschaften einzugehen. Hierzu gehört das Nominierungs- und Ernennungsverfah-

87 Die Begriffe Mitglied, Vertreter oder Delegierter werden synonym verwendet.

ren, wobei ein besonderes Augenmerk auf die Sicherstellung der Einhaltung der Ernennungsmodalitäten und die Mandatsberechtigung zu richten ist. Einschlägige Bestimmungen finden sich ausschließlich in den vorgestellten Rechtstexten. Der Schwerpunkt der Untersuchung soll auf der Umsetzung auf nationaler Ebene durch die Bundesrepublik liegen.[88]

1. Mandatsberechtigung und Aufteilung der Mandate auf die Mitgliedstaaten

Die Frage nach der Anzahl der Mandate des KGRE läßt sich nicht ohne wieteres beantworten. Die Mitgliederzahl des Europarats wächst ständig. Damit verbunden ist stets ein Anwachsen der Vertreterzahl im Kongreß und nicht etwa ein quotenmäßiger Mandatsverlust der bisherigen Mitgliedstaaten.

a) Mandatsberechtigung

Zunächst ist festzuhalten, daß jedes Mitgliedsland des Europarats auch die Mandatsberechtigung im KGRE hat und auch wahrnimmt.[89] Dies hängt mit der Akzessorietät zur Mandatszahl in der Parlamentarischen Versammlung zusammen.[90] Nach Art. 3 Abs. 2 S. 1 StRes und Art. 2 Abs. 3 CH hat jeder Mitgliedstaat das Recht auf Entsendung einer Anzahl von Vertretern in den KGRE, die der Anzahl der Sitze des jeweiligen Mitgliedstaates in der Parlamentarischen Versammlung entspricht. Ausweislich des Wortlauts handelt es sich hierbei um eine im Ermessen stehende Disposition der Mitgliedstaaten, keinesfalls um eine Pflicht, die mit der Mitgliedschaft im KGRE verbunden ist.

Natürlich ist ein Verzicht auf die Mandatsberechtigung praktisch nur schwer vorstellbar. Alle Mitgliedstaaten verfügen über kommunale Gebietskörperschaf-

88 Hier zeigt sich wieder die Besonderheit des internationalen Zusammenschlusses. Adressat der europaratsrechtlichen Rechtsakte ist stets die mitgliedsstaatliche Ebene.

89 Davon zu unterscheiden ist die Frage, ob ein Staat regionale und kommunale Vertreter in den KGRE entsendet. Bis zur Reform der Ständigen Konferenz 1994 haben bspw. die deutschen Bundesländer verzichtet, so daß die deutsche Delegation trotz der Möglichkeit der regionalen Vertretung ausschließlich aus Kommunalvertretern bestand, vgl. hierzu *Zahn,* Sprachrohr der regionalen und kommunalen Gebietskörperschaften, Europa kommunal 1999, 64 f.; auf die regionale Seite kommt es hier nicht an, weil für die grundsätzliche Wahrnehmung der institutionellen Vertretung im Kongreß ja die Entsendung von kommunalen Vertretern ausreicht, was auch alle Mitgliedstaaten tun.

90 Zur Zusammensetzung der Parlamentarischen Versammlung nach Art. 25 ER-Satzung *Klebes,* Die Rechtsstruktur des Europarats und insbesondere der Parlamentarischen Versammlung, S. 20 ff.

ten.[91] Voraussetzung für einen Beitritt zum Europarat ist seit den 90er Jahren neben der Unterzeichnung der Europäischen Menschenrechtskonvention (EMRK)[92] auch die der Europäischen Kommunalcharta, was deren besonderen Stellenwert hervorhebt. [93] In der Vielzahl der Fälle wird gerade ein Bedürfnis der Kommunen bestehen, ihre Rechte durch die Beteiligung auf internationaler Ebene zu stärken und politisch einklagbar zu machen. Die Mitgliedstaaten werden den mit den Rechten der EKC ausgestatteten Kommunen eine Wahrnehmung ihrer Interessen nicht verwehren können. Der theoretische Ausnahmefall wäre der kollusive Verzicht der kommunalen Vertretungsorgane aus politischen Gründen. Ein entsprechendes Votum hat unmittelbar nur innenpolitische Auswirkungen. Das in Art. 3 Abs. 2 S. 1 StRes genannte Recht steht nur der mitgliedstaatlichen Ebene zu, die zur völkerrechtlichen Vertretung berufen ist. Die Entsendung bleibt daher zunächst Aufgabe der Mitgliedstaaten, auf deren Entscheidung die kommunalen und regionalen Gebietskörperschaften nur mittelbar und politisch Einfluß nehmen können.[94]

Unzulässig ist dagegen eine Nichtteilnahme am Organ der Parlamentarischen Versammlung, welche die Mitgliedschaft im Europarat wegen ihrer existentiellen Bedeutung als Ganzes in Frage stellen würde, unter gleichzeitiger Mandatswahrnehmung im KGRE. Ein fehlendes Mandat im Kongreß läßt sich also nicht damit begründen, daß der Mitgliedstaat nicht an der Parlamentarischen Versammlung teilnimmt.

Ein Verlust der generellen Mandatsberechtigung ist dann denkbar, wenn ein Mitgliedstaat aus dem Europarat ausscheidet, vgl. Art. 7 und 8 ER-Satzung.[95]

---

91 Nicht alle aber über eine regionale Ebene, z.B. Andorra, San Marino, Griechenland (dazu *Spyropoulos,* Länderbericht Griechenland, in: Knemeyer (Hrsg.), Europäische Charta der kommunalen Selbstverwaltung, S. 137 ff.); zur Regionalstruktur – insbesondere von Großbritannien, Irland und den Niederlanden *Knemeyer,* Europa der Regionen – Bestandsaufnahme, in: Knemeyer (Hrsg.), Europa der Regionen – Europa der Kommunen, S. 59 ff.

92 Grundlegend *Sommermann,* Das System des Europäischen Menschenrechtsschutzes, in: Schmuck (Hrsg.), Vierzig Jahre Europarat, S. 221 ff.

93 Trotz dessen sind nicht alle Kommunen mit den Rechten der EKC ausgestattet; mittlerweile haben aber 41 von 45 Mitgliedstaaten des Europarates die Charta unterzeichnet, darunter alle jüngeren Staaten Mittel- und Osteuropas; zu den Staaten, die sich weiterhin weigern gehören die Schweiz und Belgien, die mit innerstaatlichen Kompetenzkonflikten zu kämpfen haben sowie Frankreich.

94 Zum innerstaatlichen Auswahlverfahren und dessen Bezug zur völkerrechtlichen Verpflichtungsebene sogleich.

95 Im Gegensatz zur EU ist ein Ausscheiden aus dem Europarat im grundlegenden Rechtsakt der Satzung geregelt. Ein zwangsweises Ausscheiden aus dem Europarat ist in der über 50-jährigen Geschichte der Institution nicht vorgekommen; Griechenland ist 1967 diesem Schritt nach einer Staatenbeschwerde der skandinavischen Länder nach Art. 24

Eines Rückgriffs auf den Akzessorietätsgrundsatz bedarf es für diesen Schluß nicht. Der Mandatsverlust im KGRE ergibt sich dann schon aus seiner Eigenschaft als Organisationselement des Europarats.

b) Anzahl der Sitze im KGRE[96]

Die sich aus Akzessorietätsgründen ergebende Anzahl der Sitze der Mitgliedstaaten im KGRE ist weder im Statut noch in der Charta selbst erwähnt. Im Anhang 2 der Geschäftsordnung des Kongresses wird der Aufteilungsschlüssel erwähnt und als selbstverständlich gegeben vorausgesetzt. Der Anhang 2 betrifft die Besetzung der in der Satzung verankerten Kommissionen entsprechend der Gesamtzahl der Sitze im KGRE. Auszugehen ist grundsätzlich von Art. 26 der Europaratssatzung. Daraus ergibt sich folgende Sitzaufteilung auf die nationalen Delegationen (ohne Jugoslawien):[97]

Albanien	4	Irland	4	Portugal	7
Andorra	2	Island	3	Rumänien	10
Armenien	4	Italien	18	Rußland	18
Aserbaidschan	6	Kroatien	5	San Marino	2
Belgien	7	Liechtenstein	2	Slowakei	5
Bosnien-Herzegowina	5	Lettland	2	Slowenien	3

EMRK durch einen freiwilligen Austritt zuvorgekommen; vgl. *Villiger,* Handbuch der Europäischen Menschenrechtskonvention (EMRK), Rn. 183. Zu einem Beinahe-Ausschluß nach einem Urteil des EGMR kam es erneut 1994 gegen Griechenland, das dann auf Druck der durch den Gerichtshof verhängten Entschädigungsverpflichtung nachkam, vgl. Art. 50 EMRK.
Dennoch ist ein solcher Fall denkbar, insbesondere bei schwerwiegenden Menschenrechtsverletzungen, z.B. der vorsätzlichen dauerhaften Nichtabstellung eines schweren Menschenrechtsverstoßes nach einem Feststellungsurteil des EGMR, vgl. *Oppermann,* Europarecht, Rn. 87 ff. (*„moralischer Pranger"*).
Fraglich ist, ob ein solcher Schritt auch bei grober Mißachtung der in der EKC verankerten Garantien möglich wäre. Entsprechend der noch zu erörternden Bedeutung der EKC für die europaratsrechtliche Wertebasis ist das wohl unter dem Vorbehalt der Dauerhaftigkeit, Vorsätzlichkeit und Verhältnismäßigkeit ohne weiteres zu bejahen. Dagegen spricht nicht, daß mehrere Staaten die EKC noch nicht ratifiziert haben: Die Nichteinhaltung der Grundsätze der Kommunalcharta ist von ihrer Ratifizierung zu trennen; so wird z. B. niemand ernsthafte Zweifel erwägen, daß dem demokratischen Musterland der Schweiz, das die Charta zwar unterzeichnet, nicht aber ratifiziert hat, hier schwerwiegende Verstöße vorzuwerfen sind.

96 Die Begriffe des Mandats und des Sitzes im KGRE werden hier als Synonym gebraucht.

97 Die Besetzung der Mandate ist dem Jahrbuch des Kongresses zu entnehmen.

Bulgarien	6	Litauen	3	Spanien	12
Dänemark	5	Luxemburg	4	Schweden	6
Deutschland	18	Malta	3	Schweiz	6
Estland	3	Moldawien	3	Türkei	12
Finnland	5	Mazedonien	5	Tschechien	12
Frankreich	18	Niederlande	3	Ungarn	7
Georgien	5	Norwegen	7	Ukraine	12
Griechenland	7	Österreich	6	Zypern	3
Großbritannien	18	Polen	5		

Auf die Relation der Sitzanzahl zur Bevölkerung der jeweiligen Mitgliedstaaten und die damit unverweigerlich einhergehenden demokratietheoretischen Problemfelder soll an dieser Stelle nicht eingegangen werden.[98] Der KGRE umfaßt daher unter Heranziehung der Bestimmungen der Parlamentarischen Versammlung 306 ordentliche Mitglieder.[99]

c) Stellvertreterregelung

Zu den Kongreßmitgliedern zählen neben den ordentlichen Mitgliedern auch eine gleiche Anzahl von Stellvertretern, Art. 3 StRes und Art. 2 Abs. 3 S. 2 CH. Sie genießen innerhalb der jeweiligen Kammer den gleichen Status wie die ordentlichen Delegierten. Im Umkehrschluß bedeutet dies, daß die Stellvertreter zwar einer Kammer, nicht aber dem Kongreß als solchem angehören. Die grundlegende Statusbestimmung ist dahingehend zu interpretieren, daß die Mitgliedstaaten zwar eine den ordentlichen Mitgliedern entsprechende Anzahl von Delegierten als Stellvertreter entsenden können, damit die Verleihung eines be-

98 Bspw. vertritt ein Liechtensteiner Delegierter 9.000 Staatsbürger, während ein deutscher Mandatsträger im KGRE unabhängig von der Zugehörigkeit zu einer Gebietskörperschaft 4,4 Mio. Bürger vertritt; der Liechtensteiner wird daher quantitativ 493 mal stärker repräsentiert, vgl. *Klebes,* Die Rechtsstruktur des Europarats und insbesondere der Parlamentarischen Versammlung, S. 22. Dieselbe Problematik stellt sich beim Europaparlament. Daß neben der Existenz von Wahlen zur demokratischen Legitimation auch in einem vertretbaren Rahmen gehaltener Erfolgswert des Votums jedes einzelnen gehört, wird häufig – unbewußt oder mangels alternativer, insbesondere politisch nicht durchsetzbarer Lösungsvorschläge bewußt – übersehen.
Für den Europarat im allgemeinen und den KGRE im besonderen ist auf die demokratische Verwurzelung zu achten, die alle Mitgliedstaaten auf die Beachtung dieser Legitimationsgrundsätze verpflichtet. Freilich hat der KGRE als solcher keine parlamentarischen Aufgaben und Befugnisse, weshalb die Fragestellungen nur grundsätzlich zu vergleichen sind.

99 Ohne Berücksichtigung der Mitglieder Jugoslawiens.

stimmten Status aber nicht verbunden sein soll. Es handelt sich wie bei dem Recht, ordentliche Vertreter zu ernennen, auch hier um eine „Kann“-Bestimmung. Konsequenterweise wird es zu einer Nichtausnutzung der vorgegebenen Möglichkeiten aus den oben genannten Gründen in Parallele zur allgemeinen Mandatsberechtigung nicht kommen.

Im allgemeinen sind Stellvertreter als Ersatz bei Verhinderung des Substituts vorgesehen. Sie werden daher meist nur im Verhinderungsfall in die zu vertretende Position einrücken. Eine Situation, in der auch dem Stellvertreter unabhängig vom Vorliegen der Vorraussetzungen ein vollwertiges *(„au même titre que les représentants“)* Mitgliedsrecht zusteht, ist der Ausnahmefall. Im KGRE – besser gesagt: In den Kammern – haben die Stellvertreter von vornherein einen besonderen Status. Natürlich hat die Stellung in der Kammer als Untereinheit des Kongresses unmittelbare Auswirkungen auf die Zusammensetzung des KGRE.

Nicht beantwortet wird hiermit die Frage, welche Aufgaben den Stellvertretern zukommen. Folgerichtig müßte die hervorgehobene Stellung auch mit der Verleihung über die reine Substitutionsfunktion hinausgehender Rechte verbunden sein.

Im Kongreß selbst ist dies zu verneinen. Lediglich bei Verhinderung eines ordentlichen Mitglieds kann der anwesende Stellvertreter nach schriftlicher Anzeige gegenüber dem Kongreßsekretariat (Art. 5 Abs. 1 S. 2 GO-KGRE) in dessen Mandat einrücken. Vorraussetzung ist, daß er derselben nationalen Delegation angehört. Der Stellvertreter kann jeden beliebigen Delegierten seines Mitgliedstaates vertreten; nach Art. 5 Abs. 2 GO-KGRE ist die Ausübung der Stellvertretung keiner Bindung an einen einzelnen Vertreter unterworfen, wobei eine Mehrfachvertretung ausgeschlossen ist. Im Vertretungsfall wird er dann wie ein ordentliches Mitglied behandelt, was Art. 5 Abs. 3 GO-KGRE ausdrücklich klarstellt.

Hiervon zu unterscheiden ist die Stellvertreterregelung der Kammern. Wie oben erwähnt sind die Stellvertreter Mitglieder der jeweiligen Kammer, in die sie berufen wurden (Art. 2 Abs. 2 GO-KdG bzw. die Parallelvorschrift der GO-KdR). Die Vorraussetzungen für den Vertretungsfall nach Art. 5 GO-KGRE werden durch Art. 2 Abs. 2 GO-KdG für nicht anwendbar erklärt. Sie können an allen Abstimmungen der Kammer teilnehmen. Denkbar ist auch eine Mitwirkung in den Kommissionen (Art. 19 GO-KdG) und Arbeitsgruppen (Art. 20 GO-KdG) der Kammer, nicht aber in den Ausschüssen und Kommissionen des Kongresses.

Durch die Differenzierung soll verschiedenen Interessen Rechnung getragen werden. Hierdurch soll eine möglichst große Anzahl von Kommunal- und Regionalpolitikern in die Kammern eingebunden werden. Damit verbunden sind eine größere Außenwirkung und die Repräsentanz einer größeren Anzahl der 200.000 Kommunen und zahlreichen Regionen.[100] Je mehr Vertreter eingeschaltet werden, einen um so größeren Nutzen kann man sich für die lokalen und regionalen Demokratien erhoffen. Durch eine ständige Einbindung der Stellvertreter wird zudem die Kontinuität der Kammerarbeit gewährleistet. Im Verhinderungsfall können sachkundige Vertreter in die Position der ordentlichen Delegierten einrücken.

Schließlich ist auch verständlich, daß die Anzahl der Mitglieder des Kongresses nicht bis ins Unermeßliche gesteigert werden kann. Die Beibehaltung der Delegiertenzahl des Kongresses ohne „ordentliche Stellvertreterbeteiligung" und die Einbindung der Stellvertreter in die Kammern ist daher ein geschickter Schachzug, der die personellen Voraussetzungen für ein möglichst breit angelegtes Wirken des KGRE schafft.

2. Vorgaben für das innerstaatliche Auswahlverfahren

Mit der Aufteilung der Sitze auf die Mitgliedstaaten geht die Frage nach den Auswahlkriterien für die einzelnen Vertreter einher. Die Rechtsakte des Europarats machen hierzu nur allgemeine Vorgaben, die von den Mitgliedstaaten zu beachten sind, ohne in die innerstaatliche Ordnung einzugreifen. Das Auswahlverfahren bleibt weitgehend den Mitgliedstaaten überlassen. Den Europaratseinrichtungen obliegt die Überwachung der Einhaltung der Vorraussetzungen für den Erwerb der Delegierteneigenschaft.

Zu untersuchen sind zunächst die Vorgaben des Europarats. Im Anschluß daran soll der Überprüfungsmechanismus nach der Geschäftsordnung des Kongresses auf Grundlage des Statuts und der Charta dargestellt werden.

a) Anforderungen an die Kommunal- und Regionalvertreter

Scheinbar einfach formuliert sind die Kriterien, die personell an die Ernennung zum Mitglied des KGRE geknüpft sind. Nach Art. 3 Abs. 1 StRes sind vorbehaltlich anderweitiger Regelungen der Charta nur Vertreter in den KGRE zu berufen, die über ein kommunales oder regionales Wahlmandat verfügen.

100 Vgl. *Baltsch,* Hüter der Menschenrechte, Europa kommunal 1999, 57; *Von Lennep,* Gemeinsames Erbe in Leitsätze gegossen, Städte- und Gemeinderat 1999, 8.

Ohne hiervon eine Ausnahme zu machen, stellt Art. 2 Abs. 1 CH dieselben Vorraussetzungen auf. Besonderheiten ergeben sich nur aus einer an Art. 16 CH angefügten Übergangsregelung. Entscheidend ist, ob der Vertreter gewählt wurde, also in irgendeiner Weise demokratisch legitimiert ist, gleich ob es sich um eine direkte Volkswahl oder eine mittelbare Legitimation, z.B. durch die Wahl eines Rats, der selbst gewählt wurde, handelt. In Frage kommen Bürgermeister, Stadt- und Gemeinderäte, Landräte und Abgeordnete von Landtagen, Kantons- oder Regionalräten. Im Umkehrschluß zur Übergangsregelung reicht es nicht aus, daß der Vertreter einem solchen Organ – ob individuell oder als Mitglied eines Gremiums, das als Ganzes eingesetzt wird – verantwortlich ist. Er muß von diesem Organ in jedem Fall gewählt worden sein. Dies ist insofern bemerkenswert, als vor der Chartarevision eine *„Verbände-Klausel"* existierte, die eine Möglichkeit der Mitgliedschaft im KGRE auch ohne ein entsprechendes gewähltes Mandat über die Kommunal- und Regionalverbände eröffnete.[101]

Nunmehr wurden die Bedingungen für den Erwerb der Mitgliedschaft im KGRE strenger gefaßt. Diese Verschärfung zeugt von einer vertieft gewachsenen demokratischen Rückkopplung. Notwendig wurde sie wegen zahlreicher bestehender Unklarheiten, die Gegenstand erheblicher Diskussionen im Kongreß waren.

In Frage standen verschiedene lokale und regionale Positionen, die an einer Mandatsberechtigung zweifeln ließen. Hierzu gehört der niederländische Bürgermeister, der in einem komplizierten Verfahren von der niederländischen Königin ernannt wird. Faktisch wurden in der Praxis jedoch nur solche Kandidaten ausgewählt, die nach der Ernennung durch die Monarchin auch im Rat mehrheitsfähig waren. Die Bedenken führten trotzdem nicht zu einem Ausschluß des niederländischen Bürgermeisters *„aus der Vertretung europäischer Kollegen"*[102]. Offensichtlich spielte bei der Entscheidung für eine Beteiligung die Bezeichnung „Bürgermeister" eine große Rolle.

Nicht akzeptiert dagegen wurde der britische Stadtdirektor, weil er nicht ausnahmslos vom Stadtrat gewählt wurde. Mit der Anhebung der Kriterien wurden die Bedenken keinesfalls ausgeräumt. Dennoch gibt die klare Vorraussetzung der Bindung an ein kommunales oder regionales Wahlmandat eine Vorgabe für die Gestaltung kommunaler Verantwortungsstrukturen durch den Kongreß. Zu-

---

101 Diese Änderung vollzog sich vor allem auf Druck des Generalsekretariats des Europarats und des Sekretariats der Ständigen Konferenz, denen die Präsenz von reinen Funktionären *„ein Dorn im Auge war"*, *Leitermann,* Stadt und Region im Europarat, Der Städtetag 1994, 276.

102 *Zahn,* Sprachrohr der regionalen und lokalen Gebietskörperschaften, Europa kommunal 1999, 64.

dem wird sichergestellt, daß nur bürgernah wirkende – da gewählte – Vertreter in den KGRE entsandt werden. Der rein verwaltenden, bürokratischen Ebene, z.B. dem nicht über ein Landtagsmandat verfügenden deutschen Staatssekretär, bleibt der Zutritt verwehrt.

b) Allgemeine Kriterien für die Zusammensetzung der nationalen Delegationen

Die Rechtsgrundlagen des Europarats für den KGRE machen nur allgemeine Vorgaben bezüglich der Zusammensetzung des Kongresses. Die Auswahl der einzelnen Delegierten obliegt den Mitgliedstaaten. In erster Linie sind sie es, die den Anforderungen Genüge tragen müssen. Die Verpflichtung ergibt sich aus allgemein-völkerrechtlichen Regeln, welche die Bundesrepublik mit der Unterzeichnung der Satzung des Europarats eingegangen ist. Zudem beruhen die Statuarische Resolution und die Charta auf Beschlüssen des Ministerkomitees, an denen die Bundesrepublik nicht nur mitgewirkt hat, sondern denen sie auch zugestimmt hat.

Bei der Strukturierung der Kriterien kann zwischen allgemeinen und besonderen Anforderungen unterschieden werden. Die besonderen Voraussetzungen betreffen die Regionen und die Problematik der schwierigen weil sehr differenziert ausgestalteten Regionalstrukturen der Mitgliedstaaten des Europarats. Allgemeine Vorgaben, auf die zunächst eingegangen werden soll, werden in materieller Hinsicht bezüglich der Zusammensetzung der nationalen Delegationen und in formeller Hinsicht bezüglich der verfahrensrechtlichen Abwicklung gemacht.

aa) Allgemeine Vorgaben in materieller Hinsicht: „Spiegelbildprinzip"

(1) Vorgaben

Oben genannte Gründe des Auswahlermessens der Mitgliedstaaten würden unterlaufen, wenn die Charta die Grenzen der Vorgaben zu eng ziehen würde. Dennoch soll eine mitgliedstaatliche Beliebigkeit, besonders in Form des alleinigen Bestimmungsrechts der personellen Auswahl durch die staatlichen Stellen, ausgeschlossen werden. Dies wird praktisch vor allem die Aufteilung der vorhandenen Mandate zwischen kommunalen und regionalen Mandaten betreffen. Bei der Bildung der nationalen Delegationen ist nach Art. 2 Abs. 2 CH sicherzustellen:

- eine ausgeglichene geographische Verteilung der Delegationen auf das Staatsgebiet;
- eine gleichmäßige *(„équitable“)* Vertretung der verschiedenen Arten von kommunalen und regionalen Gebietskörperschaften, die im jeweiligen Mitgliedstaat existieren;
- eine ausgewogene Repräsentanz der verschiedenen politischen Strömungen, die in den Organen der Gebietskörperschaften vertreten sind;
- eine ausgewogene Verteilung der Mandate auf Frauen und Männer, die der Verteilung in den Organen der Gebietskörperschaften entspricht.[103]

Hinter den genannten Leitsätzen steckt nichts anderes als ein Spiegelbildprinzip: Unabhängig von der Ausübung des mitgliedstaatlichen Ermessens soll der KGRE ein Spiegelbild aller kommunalen und regionalen Gebietskörperschaften sein. Das Repräsentationsprinzip der Charta soll einer einseitigen Interessenswahrnehmung entgegenwirken.[104] Mit *Schmitt-Egner* läßt sich daher von *„qualitativen Kriterien“* sprechen.[105]

Entscheidend ist Spiegelstrich 2 (Art. 2 Abs. 2 b) CH), wonach sich Kommunen und Regionen anteilsmäßig gleichberechtigt gegenüberstehen. Das Ministerkomitee hat sich für das *„equitable-representation“*-Prinzip, das Prinzip der gerechten Verteilung aller Mandate zwischen beiden Gebietskörperschaften, entschieden.[106] Einem Alleinvertretungsanspruch soll von vornherein der Riegel vorgeschoben werden.[107] Beiden Gebietskörperschaften steht die Hälfte der zur Verfügung stehenden Mandate zu. So wird gewährleistet, daß ausreichend kommunale und regionale Vertreter im Kongreß vertreten sind. Die Regelung gilt gleichermaßen für die Stellvertreter, Art. 2 Abs. 5 CH.

(2) Projektion auf die deutsche Delegation

Wie beim AdR auch sollen die Vorgaben exkursartig auf die tatsächliche Zusammensetzung der deutschen Delegation angewandt werden.

---

103 Vgl. *Schmitt-Egner*, Handbuch der Regionalorganisationen, S. 88.

104 Als unrühmliches Beispiel eines solchen Vorgehens läßt sich die Aufteilung der Mandate beim AdR zugunsten der Bundesländer vorbringen, vgl. dazu S. 113.

105 *Schmitt-Egner,* Handbuch der Regionalorganisationen, S. 88.

106 *Leitermann,* Stadt und Region im Europarat, Der Städtetag 1994, 277; *Lwowski,* Der Kongreß in Straßburg, Der Städtetag 1995, 838.

107 *Leitermann,* Stadt und Region im Europarat, Der Städtetag 1994, 277.

Die deutsche Delegation umfaßt 18 Mitglieder. Entsprechend teilt sie sich in neun kommunale und neun regionale Mitglieder auf. Die regionalen Mandate werden von den 16 Bundesländern im Rotationsverfahren wahrgenommen.[108] Die neun kommunalen Mandate besetzen im Verhältnis 3:3:3 die kommunalen Spitzenverbände: Der Deutsche Städtetag, der Deutsche Städte- und Gemeindebund und der Deutsche Landkreistag.[109] Diese melden die Mitglieder über das Auswärtige Amt an den Europarat weiter: *„Europa gehört zur Außenpolitik"*[110]. Der Außenminister ist zwar nicht rechtlich an diese Vorschläge gebunden, faktisch kommt aber den Gebietskörperschaften das alleinige Ernennungsrecht zu. Eine Einflußnahme der Regierungsebene mit Ausnahme möglicher parteipolitischer Bindungen ist damit ausgeschlossen. Innerhalb der kommunalen Gebietskörperschaften ist eine Rücksichtnahme auf die verschiedenen Erscheinungsformen der deutschen kommunalen Selbstverwaltung von der kleinen Gemeinde über die große Stadt und den Landkreis gesichert.

bb) Verfahrensrechtliche Anforderungen

Über die Einhaltung der Vorgaben für die innerstaatliche Auswahl der Kongreßdelegierten trifft Art. 3 Abs. 1 S. 2 CH eine Aussage. Danach muß das Verfahren die kommunalen und regionalen Interessenverbände und Vereinigungen einschließen. Die Kommunal- und Regionalverbände erhalten hierdurch zwar kein einklagbares Mitspracherecht, wohl ist die Beteiligung aber notwendigerweise in die nach derselben Bestimmung aufzulistenden Auswahlkriterien aufzunehmen. Nach Art. 3 Abs. 1 S. 3 CH sind die innerstaatlichen Regeln dem Generalsekretär des Europarats zu übermitteln.[111] Hierdurch sollen Transparenz und Kontrolle der 45 unterschiedlichen Auswahlverfahren gewährleistet werden.

Darüber hinaus soll das Verfahren sicherstellen, daß die kommunalen und regionalen Gebietskörperschaften sowie die politischen Parteien mit den Aus-

---

108 *Lwowski,* Der Kongreß in Straßburg, Der Städtetag 1995, 838.

109 *Lwowski,* Der Kongreß in Straßburg, Der Städtetag 1995, 838.

110 *Zahn,* Sprachrohr der regionalen und lokalen Gebietskörperschaften, Europa kommunal 1999, 64.

111 Zu beachten ist, daß die Anforderungen an den innerstaatlichen Auswahlkatalog in Art. 2 GO-KGRE wiederholt werden; dort ist lediglich die Rede von einer Übermittlung an den Generalsekretär (des Kongresses?). Es handelt sich dabei nicht um ein Mißverständnis – personelle Verwechslung der Generalsekretäre –, sondern um eine sprachliche Feinheit, da der Generalsekretär des KGRE als *„Directeur exécutif"* bezeichnet wird. Von der Wortbedeutung her könnte im Deutschen jeweils vom Generalsekretär gesprochen werden. Art. 2 Abs. 1 UA 1 S. 2 GO-KGRE meint daher in Parallele zur Charta den Generalsekretär des Europarats.

wahlkriterien insofern einverstanden sind, als daß sie eine bestmögliche Vertretung ihrer selbst garantieren, Art. 2 Abs. 1 UA 2 S. 4 GO-KGRE.

Das offizielle Verfahren bedarf der Zustimmung des Kongreßpräsidiums. Vor dessen erstmaliger Anwendung auf die Zusammenstellung einer nationalen Delegation muß das Genehmigungserfordernis zwei Monate vor der Versammlung eingeholt werden. Das Präsidium überprüft die Übereinstimmung mit den Anforderungen der Art. 2, 3 CH.[112] Verwehrt es die Zustimmung, so werden die abgelehnten Vertreter nicht Mitglieder des KGRE. Sowohl die Annahme als auch die Zurückweisung der Verfahrensregeln werden dem Kongreß mitgeteilt. Die Mitteilungspflicht des Präsidiums macht die innerstaatlichen Verfahren jedem Delegierten zugänglich, was der Verwirklichung der Ziele in Hinblick auf eine transparente Vorgehensweise nur förderlich sein kann.

Daß auch die repräsentative Verteilung der Mandate zwischen weiblichen und männlichen Mandatsträgern nicht nur ein unverbindlicher Hinweis oder ein Programmsatz bleibt, soll der Verfahrensmodus des Art. 2 Abs. 3 GO-KGRE gewährleisten. Um eine Ausgewogenheit der Repräsentanz überprüfen zu können, ist es Pflicht der Mitgliedstaaten, das Präsidium über die tatsächlichen Prozentanteile von Frauen und Männern in den Organen der Gebietskörperschaften in Kenntnis zu setzen. Gleiches gilt auch für die Präsenz von Frauen in den kommunalen und regionalen Vereinigungen, die bei der Auswahl zu konsultieren sind.

Durch die Mitteilung der politischen Ausrichtung soll die repräsentative politische Zusammensetzung der nationalen Delegationen und damit das Kräfteverhältnis der politischen Parteien in den Mitgliedstaaten überprüfbar gemacht werden.

Zusammenfassend läßt sich von einem transparenten und nachvollziehbaren Verfahren sprechen. Durch die Möglichkeit des Ausschlusses aus dem Kongreß, ist dem Präsidium ein wirksames Mittel bei Verstößen gegen die aufgestellten Pflichten zur Hand gegeben worden. Durch die Einbeziehung der Interessenverbände ist eine breite Diskussion über die Besetzung der nationalen Delegation verfahrensmäßig abgesichert.

---

112 Eine entsprechende Regelung findet sich in der bereits erwähnten Übergangsregelung der Charta: Sofern ein Mitgliedstaat in Übereinstimmung mit der Übergangsregelung nicht gewählte Vertreter in den KGRE entsenden will, muß ausdrücklich begründet werden, in welcher Funktion der zu ernennende Delegierte tätig ist und unter welchen Bedingungen er aus seinem Amt entlassen werden kann, Art. 2 Abs. 1 UA 3 GO-KGRE; die Zwei-Monats-Frist des Art. 2 Abs. 2 UA 1 GO-KGRE gilt entsprechend.

c) Besonderheiten für Regionen

aa) Chartaspezifische Definition der Region

Vergeblich wird man in den Statuten des KGRE nach einer Definition der kommunalen Gebietskörperschaft suchen. Offensichtlich bedarf es bei der Festlegung der unteren, mit besonderen Rechten ausgestatteten Einheit, keiner Diskussion.[113] Über derartige Strukturen verfügen alle 45 Europaratsstaaten.

Anders verhält es sich bei den Regionen. Die Verschiedenheit der Regionalebene zwingt zu einer einheitlichen Festlegung von Kriterien für die Aufnahme einer regionalen Gebietskörperschaft in den KGRE. Die Gefahr besteht in einer Beeinträchtigung der Funktionsfähigkeit des Kongresses bei zu großer Diversität. Andererseits verbietet es sich, bestimmte regionale Organisationseinheiten von vornherein aus dem KGRE auszuschließen. Gerade die Unterschiedlichkeit scheint den transnationalen Dialog der Regionalvertreter zu beflügeln. Die Schöpfer des KGRE haben sich für die erste Variante unter Berücksichtigung der aufgeführten Bedenken entschieden. In Art. 2 Abs. 4 CH findet sich eine solche Spezifizierung der Anforderungen an die Regionalqualität, die, losgelöst von der simplifizierenden Einteilung nach bloßen Verwaltungseinheiten, zwischen Regionen mit besonderen Rechten und solchen mit Staatsqualität eine Lösung sucht.

Von einer Region kann dann gesprochen werden, wenn es sich um eine Einheit handelt, die zwischen dem Staat und der kommunalen Ebene angesiedelt ist und die in ihren eigenen Angelegenheiten, die einen wichtigen Anteil der öffentlichen Aufgaben ausmachen müssen, im Interesse der Bevölkerung selbständig und eigenverantwortlich tätig werden kann. Existieren Gebietskörperschaften, die in einem größeren Gebiet sowohl Gemeinde- als auch Regionalaufgaben wahrnehmen, so können Vertreter in die Kommunalkammer entsandt werden.

Dieser eigenständige Begriff findet sich im Entwurf zur Europäischen Charta der regionalen Selbstverwaltung wieder. Der KGRE setzt Maßstäbe für die Region mit selbstverwaltenden Aufgaben weg von der reinen Staatsverwaltungsebene. Hierdurch soll der in vielen Staaten voranschreitende Dezentralisierungsprozeß unter dem Stichwort Subsidiarität unterstützt und vorangetrieben werden. Wohlwissend, daß nicht alle Mitgliedstaaten über eine den Anforderungen der Charta entsprechende Regionalebene verfügen, dürfen sonstige

113 Vgl. *Blanke* in: Grabitz/Hilf, Kommentar zum EUV/EGV, Art. 263 EG, Rn. 5 ff., insbesondere 14.

Regionalvertreter mit beratender Stimme an den Sitzungen der Kammer der Regionen und deren Gliederungen teilnehmen, Art. 2 Abs. 4 S. 4 CH. Davon zu unterscheiden sind Staaten, die aufgrund ihrer Größe oder Struktur überhaupt keine Regionalebene haben.

bb) Sonderfall: Deutsche Bundesländer

Es ist bereits angeklungen, daß die deutschen Länder sich zunächst mit ihrer Rolle als Regionen nicht anfreunden konnten.[114] Bedenken bestanden hinsichtlich ihrer Staatsqualität und der damit einhergehenden Unterrepräsentanz in der Klassifizierung als Region.[115] Die Bundesländer stellten im Europarat insofern einen Sonderfall dar. Einen derart ausgeprägten Föderalismus gibt es in Europa in keinem anderen staatlichen System.[116] Daher nahmen auch in der kommunale und regionale Vertreter umfassenden Ständigen Konferenz die deutschen Mandate ausschließlich kommunale Delegierte wahr.[117]

Mit der zunehmenden Betroffenheit von europäischen Entscheidungen wuchs das Bewußtsein für die Notwendigkeit einer Einflußnahme auf den europäischen Entscheidungsprozeß.[118] Natürlich betraf und betrifft dies vornehmlich gemeinschafts- und nicht europaratsrechtliche Rechtsakte; doch auch beim Europarat wollte man nicht außen vor bleiben. So ging man, kraft der der Charta der Ständigen Konferenz zustehenden Definitionsmacht der Mitgliedstaaten, auf die auch bisher gängige, aber bis dato abgelehnte Definition als größte Einheiten unterhalb der Zentralregierung über.[119] Eine angemessene Mitsprache unter den Staaten, und damit der deutschen Ministerpräsidenten neben den anderen europäischen Staats- und Regierungschefs, war geradezu illusionär, so daß die Repräsentanz über die Regionalgremien die einzig gangbare Alternative dar-

114 Vgl. *Seele,* Europa der Regionen – ein Holzweg?, Der Landkreis 1992, 369.

115 *Seele,* Europa der Regionen – ein Holzweg?, Der Landkreis 1992, 369.

116 *Zahn,* Sprachrohr der regionalen und lokalen Gebietskörperschaften, Europa kommunal 1999, 64; zum deutschen Föderalismus in der EU *Kalbfleisch-Kottsieber,* Fortentwicklung des Föderalismus in Europa – vom Provinzialismus zur stabilen politischen Perspektive?, DÖV 1993, 541 f.

117 Im Gegensatz zu den Schweizer Kantonen und den österreichischen Bundesländern, die schon zuvor als Regionen vertreten waren, vgl. *Seele,* Der Kreis aus europäischer Sicht, S. 415, *Galette,* The Draft European Charter of Local Self-Government Submitted by the Conference of Local and Regional Authorities of Europe, GYIL 25 (1982), 310.

118 *Leitermann,* Stadt und Region im Europarat, Der Städtetag 1994, 277.

119 *Schaffarzik,* Handbuch der EKC, S. 57; *Seele,* Der Kreis aus europäischer Sicht, S. 415; *Rengeling,* Die Zusammensetzung der Ständigen Konferenz der Gemeinden und Regionen des Europarats, insbesondere aus deutscher Sicht, DVBl. 1985, 604.

stellte.[120] Dennoch nehmen die deutschen Bundesländer – zumindest sprachlich – im Kongreß eine Sonderrolle ein. Bis heute wird entgegen der Einteilung als Region nicht von den deutschen Bundesländern als Regionen gesprochen, sondern von den „Ländern".[121]

3. Überwachung der Mandatsberechtigung und Mandatbeendigung

a) Verfahrensrechtliche Überwachung

Während die verfahrensrechtlichen Anforderungen an das mitgliedstaatliche Auswahlverfahren die Pflichten der Mitgliedstaaten zur Anzeige und zum Nachweis bestimmter Daten betraf, geht es nun um die Überwachung der Einhaltung der Vorgaben auf der Grundlage der übermittelten Dokumente. Es handelt sich quasi um eine Fortsetzung in verfahrensrechtlicher Hinsicht, wobei eine Prüfungspflicht des Kongresses besteht. Binnenorganisatorisch obliegt es dem Präsidium, die eingehenden Notifizierungen auf ihre Übereinstimmung mit den dargestellten Kriterien zu überprüfen, Art. 4 S. 1 CH.

Den Abschluß des Prüfungsverfahrens bildet eine Abstimmung im Kongreß bzw. zwischen den Plenarversammlungen im Ständigen Ausschuß. Bei ablehnendem Votum – also bei Nichteinhaltung der Voraussetzungen – können Strafen verhängt werden, die von einer Nichtzahlung der Auslagen und Sitzungsgelder bis zum Ausschluß reichen. Möglich ist eine Zurückweisung eines einzelnen Mitglieds der nationalen Delegation gleichermaßen wie der gesamten vorgeschlagenen Delegationsmitglieder *„en bloc"* (*„exclusion pure et simple"*). Um Verstöße gegen das Reglement ahnden zu können, hat sich das hierfür zuständige Präsidium rechtzeitig vor den Kongreßsitzungen, zu denen eine neue nationale Delegation stößt, zu versammeln.

Hierbei handelt es sich um ein formelles Verfahren, das die Einhaltung der strengen Voraussetzungen sichern soll. Das System stößt aber dann an seine Grenzen, wenn materielle Unklarheiten und Auslegungsfragen auftauchen. Insbesondere die (fragwürdige) Annahme des niederländischen Bürgermeisters macht die politische Dimension der Subsumtion unter die Voraussetzungen der Charta deutlich. Dem Verfahren kommt damit bis zu einem gewissen Grad eine

---

120 *Zahn*, Sprachrohr der regionalen und lokalen Gebietskörperschaften, Europa kommunal 1999, 64.

121 *Zahn*, Sprachrohr der regionalen und lokalen Gebietskörperschaften, Europa kommunal 1999, 65: Eine Übersetzung des Begriffs der Länder erfolgt nicht, es bleibt bei dem ungewöhnlichen Ausdruck *„the lander"*.

symbolische Funktion zu, in der das Bemühen um eine demokratische Verwurzelung des Kongresses zum Ausdruck kommt. Will man dem Präsidium nicht jede praktische Kompetenz absprechen, so wird man das Verfahren als Evidenzkontrolle bezeichnen, was insofern schlüssig ist, als die eigentliche politische Diskussion dem Kongreß selbst überlassen sein soll.

In jedem Fall ist es gelungen, die Anforderungen an die Kongreßmitgliedschaft nicht nur abstrakt zu formulieren, sondern deren Einhaltung auch verfahrensrechtlich durchsetzbar zu sichern.

b) Ausscheiden aus dem KGRE

aa) Ablauf der Mandatsperiode

Zur Untersuchung der Zusammensetzung gehört auch die Darstellung des Zeitraums, in dem die Mitglieder dem KGRE angehören. Die Frage des Mandatsverlustes hängt kongruent mit der des Erwerbs – und dessen Voraussetzungen – zusammen.

Grundsätzlich werden die Delegierten gemäß Art. 3 Abs. 3 StRes für die Dauer von zwei Plenarversammlungen entsandt. Zu beachten ist, daß die Mitglieder nicht mit dem Ende der zweiten Plenarversammlung ausscheiden, sondern erst mit dem Beginn der darauf folgenden Sitzung. Hierdurch wird personell eine kontinuierliche Arbeit gewährleistet.

bb) Weitere Beendigungsgründe

Die weiteren Ausscheidungsgründe neben dem Zeitablauf nennt Art. 2 Abs. 4 CH:

- Tod („*dèces*", Fall 1)
- Rücktritt („*Démission*"; Fall 2) und
- Verlust des kommunalen oder regionalen Wahlmandats (Fall 3).

Von den drei Alternativen ist lediglich der dritte Spiegelstrich interessant. Das Akzessorietätsprinzip bei Mandatserwerb wird konsequent auf den Mandatsverlust angewandt. Problemlos wäre es möglich gewesen, daß ein kommunaler oder regionaler Vertreter auch nach Verlust der demokratischen Rückkopplung noch für die verbleibende Dauer der gewöhnlichen Entsendung im KGRE verbleibt, zumal er wegen der vergangenen Zugehörigkeit als gewähltes

Organ die erworbene Sachkenntnis durchaus hätte einbringen können. Anders jedoch die hier gefundene Lösung: Im KGRE sitzen ausnahmslos Vertreter, die ein kommunales oder regionales Wahlmandat innehaben.[122] Wichtig erscheint, daß bereits mit Verlust des kommunalen und regionalen Mandats die Mitgliedschaft im KGRE endet, unabhängig von einer Kenntnis oder Erklärung als verfahrensrechtliche Feststellung eines Organs des Kongresses.

Die Verpflichtungen der Mitgliedstaaten bei der Zusammenstellung der nationalen Delegationen, insbesondere die Anzeige- und Mitteilungspflichten sind hier entsprechend heranzuziehen. Dies ergibt sich trotz fehlender Regelung aus dem übergreifenden Kontext der Chartaregelungen, die gerade auf eine mitgliedstaatliche Kooperationspflicht angelegt sind.

Für das ausscheidende Mitglied wird nach dem ursprünglichen Verfahren ein Ersatzmitglied – gleich ob ordentlicher Vertreter oder Stellvertreter – bestimmt. Ein Nachrücken eines Stellvertreters in die Position eines ordentlichen Delegierten ist nicht vorgesehen. Der Ersatzvertreter nimmt dann mit den gleichen Rechten und Pflichten die Aufgaben des ersetzten Mitglieds bis zu dessen ursprünglicher Mandatsbeendigung wahr. Der Zeitraum der Mitgliedschaft ist also an den verbleibenden Zeitraum geknüpft und beginnt nicht wie beim originären Erwerb von neuem zu laufen.

Bei der Bestimmung eines Nachfolgers können Neuwahlen auf kommunaler oder regionaler Ebene bis einen Monat vor der Plenarversammlung berücksichtigt werden, Art. 2 Abs. 6 S. 3 GO-KGRE. Es kann deshalb innerhalb einer Mandatsperiode Verschiebungen in der parteipolitischen Zusammensetzung des Kongresses geben. Hierdurch wird gewährleistet, daß die kommunale und regionale Repräsentanz sich auch in politischer Hinsicht im Kongreß widerspiegelt. Es wird in Kauf genommen, daß sich möglicherweise die parteipolitischen Mehrheitsverhältnisse ständig ändern.[123] Die Kopplung an politische Mehrheiten im jeweiligen Mitgliedstaat wird offensichtlich höher gewichtet als das „Recht" zur Besitzstandswahrung der betroffenen Gruppe oder Partei.[124]

---

122 Vgl. die Ausnahme der Übergangsregelung S. 201.

123 Zur Bedeutung der Fraktionsbildung siehe S. 243.

124 Eine solche parteipolitische Verschiebung während der laufenden Mandatsperiode stellt wohl ein Novum dar. In demokratischen Parlamenten und Versammlungen – eine diesbezügliche Qualifikation des KGRE muß an dieser Stelle nicht vorgenommen werden – sind folgende Varianten denkbar:
- entweder der Vertreter wird gewählt oder ersetzt durch einen gewählten oder bestimmten Vertreter seiner Partei;
- es erfolgt ein demokratischer Meinungsbildungsprozeß, bei dem es gleichermaßen zu Verschiebungen kommen kann (partielle oder totale Neuwahl) oder

c) Zusammenfassung

Wie an anderer Stelle auch wird nach dem Statut und der Charta aus dem Jahr 2000 der kommunalen und regionalen Mandatsrückbindung oberste Priorität eingeräumt und die demokratische Rückbindung der Delegierten gesichert. Dieses Prinzip, das auch in der Parlamentarischen Versammlung Berücksichtung gefunden hat[125], durchzieht alle Rechtsgrundlagen des KGRE und ist das dominierende Gestaltungsprinzip seiner Zusammensetzung. Für die Einhaltung der Voraussetzungen steht ein Handlungsinstrumentarium zur Verfügung, das die mitgliedstaatliche Entscheidung stützt und nicht untergräbt. Das Überwachungsverfahren findet sowohl bei Mandatserwerb als auch bei dessen Ausübung und Beendigung Anwendung. Die streng anmutende Vorgehensweise verleiht der Arbeit des KGRE a priori ein besonderes Gewicht, auch wenn es alleine noch keinerlei inhaltliche Qualität besitzt. Es entspricht abstrakt formuliert dem Zulässigkeitsteil einer Klage oder vielleicht dem formellen Teil der Begründetheit. Was der KGRE aus dieser Legitimationsbasis macht, kann mit der materiellen Begründetheit verglichen werden. Beides ist für ein erfolgreiches Wirken im Sinne des noch zu erörternden Auftrags erforderlich.

IV. Innere Organisation

Eine ganze Reihe von kongreßspezifischen Begrifflichkeiten sind im Hinblick auf die organisatorische Struktur des KGRE bereits genannt worden. Vor allem handelt es sich hierbei um die Organe und Einrichtungen des Kongresses. Diese sollen nun in den Gesamtzusammenhang eingeordnet werden. Hierzu gehört die Vorstellung der einzelnen Einheiten als solche wie auch das organisatorische Zusammenspiel untereinander. Ausgelassen wird an dieser Stelle das Nach-Außen-Wirken des Kongresses gegenüber den anderen Europaratsorganen und darüber hinaus (vgl. Abschnitt V).

Zur Klarstellung soll folgende Unterscheidung vorangestellt werden. Bis dato wurde das Kürzel KGRE sowohl für den Gesamtkongreß samt seiner Untergliederungen als auch für das Organ der Plenarversammlung verwandt. Im folgenden wird zwischen dem weiten Begriff der ersten Alternative als „Kongreß“

- es erfolgt überhaupt keine Ersetzung, folglich können sich die Mehrheitsverhältnisse verschieben.

125 Vgl. *Stegen,* Die Rolle der Parlamentarischen Versammlung als Motor des Europarats, in: Holtz (Hrsg.), 50 Jahre Europarat, S. 79 ff.

im weiteren Sinne und der Plenarversammlung als KGRE im engeren Sinne unterschieden.[126]

Den Einstieg in ein umfassendes Verständnis der inneren Organisation soll die Skizze auf der folgenden Seite erleichtern, welche die Struktur des KGRE beschreibt.

1. Das Kammersystem

a) Einführung

Im Zentrum des organisatorischen Aufbaus steht die Differenzierung zwischen den kommunalen und regionalen Gebietskörperschaften und deren Aufteilung in zwei „Säulen"[127], der Kammer der Gemeinden und der Kammer der Regionen. Eine derartige Aufspaltung stellt ein Novum dar.[128] Der KGRE untergliedert sich daher zunächst in drei große Einheiten, der Plenarversammlung, der Kammer der Gemeinden und der Kammer der Regionen. Die Plenarversammlung ist die Tagung aller ordentlichen Kongreßmitglieder. Zugleich sind alle Delegierten Mitglieder einer der beiden Kammern, je nachdem, von welchen Gebietskörperschaften sie entsandt wurden.

Beide Kammern haben jeweils gleich viele Mitglieder wie die Plenarversammlung. Dies ergibt sich daraus, daß die Stellvertreter zwar nicht Delegierte im Kongreß sind, wohl aber der Kammer angehören, für die sie als Stellvertreter berufen wurden und deren Interessen sie im Vertretungsfall im Kongreß wahrnehmen. Die Ausgangssituation der zunächst unübersichtlichen Arbeitsteilung der Organe gilt es, näher darzustellen.

126 Selbst der KGRE unterscheidet nicht konsequent zwischen der engeren Sprachfassung; sie ist daher lediglich für die binnenorganisatorische Ausgestaltung des KGRE (im weiteren Sinne) von Bedeutung. Vgl. zu dieser verwirrenden Begrifflichkeit die Publikation des *KGRE,* Der Kongreß der Gemeinden und Regionen Europas, 2001.

127 *Knemeyer,* Kommunalrecht, Rn. 57.

128 *Lwowski,* Der Kongreß in Straßburg, Der Städtetag 1995, 837.

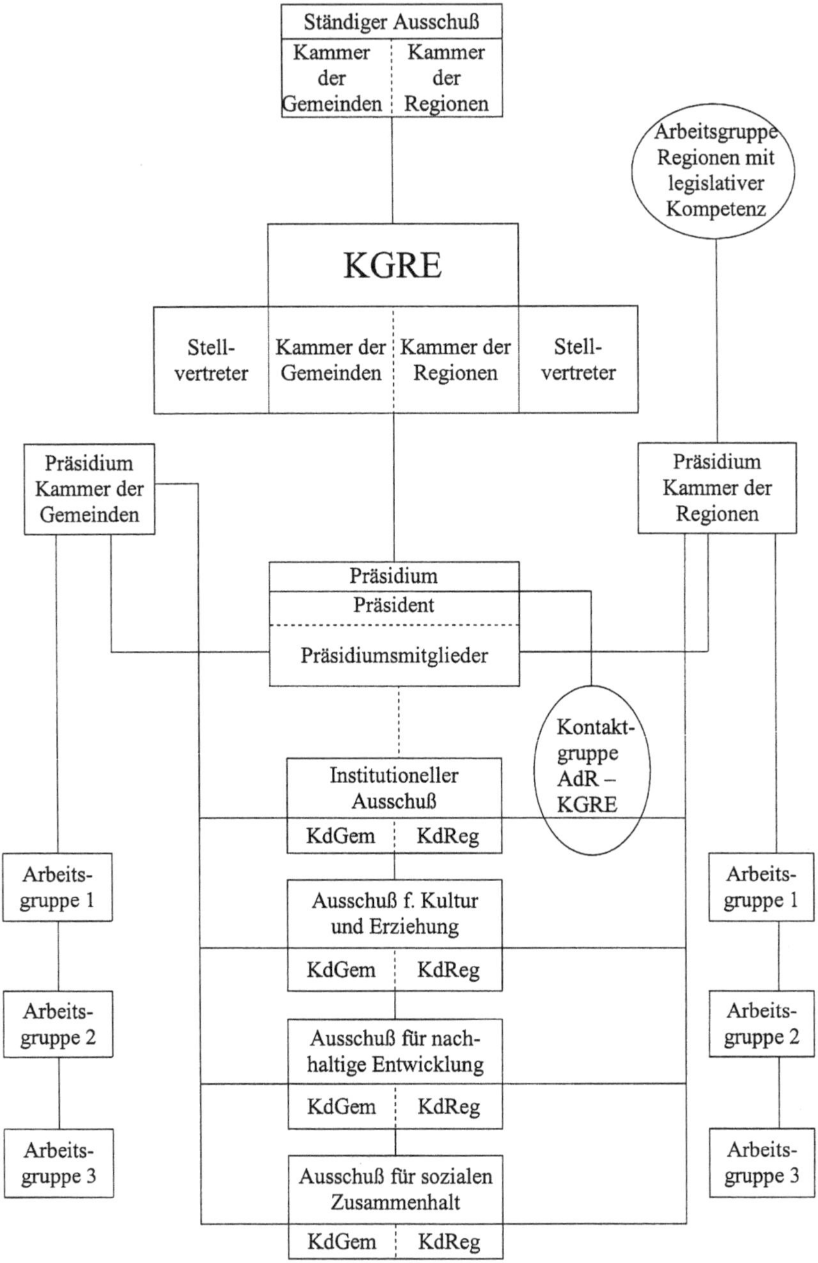

Ständiger Ausschuß
Kammer der Gemeinden
Kammer der Regionen
Arbeitsgruppe Regionen mit legislativer Kompetenz
KGRE
Stell-vertreter
Kammer der Gemeinden
Kammer der Regionen
Stell-vertreter
Präsidium Kammer der Gemeinden
Präsidium Kammer der Regionen
Präsidium
Präsident
Präsidiumsmitglieder
Kontakt-gruppe AdR – KGRE
Institutioneller Ausschuß
KdGem
KdReg
Ausschuß f. Kultur und Erziehung
KdGem
KdReg
Ausschuß für nach-haltige Entwicklung
KdGem
KdReg
Ausschuß für sozialen Zusammenhalt
KdGem
KdReg
Arbeits-gruppe 1
Arbeits-gruppe 2
Arbeits-gruppe 3
Arbeits-gruppe 1
Arbeits-gruppe 2
Arbeits-gruppe 3

b) Nichtexistenz von Regionen

Noch komplexer wird es, wenn man bedenkt, daß manche Mitgliedstaaten des Europarats über keine regionale Ebene verfügen.[129] Es wurde bereits erwähnt, daß die Kammer der Gemeinden und die Kammer der Regionen jeweils eine gleiche Anzahl von Mitgliedern hat, die auch mit der der Parlamentarischen Versammlung übereinstimmt. Fraglich ist daher, wie solche nicht besetzbare Regionalmandate mangels vorhandener staatlicher Untergliederung aufgefüllt bzw. zu einem Ausgleich mit der Kammer der Gemeinden gebracht werden können.[130]

Bisher nicht vorgekommen ist der Fall, daß die Regionen oder Gemeinden eines Staates auf die Entsendung in den KGRE verzichtet haben, die Sitze der einen oder anderen Seite also aus diesem Grund alleine beansprucht wurden. Eine solche einseitige („hinkende") nationale Delegation dürfte mit den Statuten des KGRE, insbesondere Art. 2 Abs. 2 CH, nicht vereinbar sein.[131] Ein solcher Vorstoß eines Mitgliedstaats könnte die Zurückweisung der gesamten nationalen Delegation zur Folge haben.

Aus allen vorstellbaren Möglichkeiten haben die Schöpfer des KGRE zur Lösung der Ausgangsfrage entschieden, daß statt der regionalen Vertreter kommunale Vertreter in die Kammer der Regionen entsandt werden können. Im Ergebnis handelt es sich um eine Aufstockung der kommunalen Mandate, durch die das gewünschte Ergebnis einer numerisch ausgeglichenen Besetzung in den Kammern erreicht wird. Die Kammer der Regionen hat daher dieselbe Anzahl von Mitgliedern wie die Kammer der Gemeinden. Tatsächlich überwiegt in der Gesamtschau aber die Zahl der Kommunalvertreter.[132] Genau diese Betrachtung

129 Bei der Festlegung der Regionalzugehörigkeit ist die Definition des Art. 2 Abs. 4 CH zu achten, die von einem eigenständigen, engen Regionenbegriff ausgeht, vgl. dazu oben S. 207 f.

130 Der umgekehrte Fall, daß nur die regionale Seite eine nationale Delegation besetzen kann, ist schon deshalb nicht möglich, weil alle Mitgliedstaaten über eine Kommunalebene verfügen.

131 Art. 2 Abs. 2 CH lautet:

> *„La compostion de la délégation de chaque Etat membre du CPLRE devrait assurer (...) une représentation équitable des différentes catégories de collectivités locales et régionales existant dans l'Etat membre*".

132 Damit nicht zu verwechseln ist das Prinzip der *„equitable representation"*, das sich ausschließlich auf die ausgeglichene Zusammensetzung der nationalen Delegationen mit einer gleichen Anzahl von kommunalen und regionalen Vertretern bezieht. Freilich ist angreifbar, daß das wichtige Gestaltungsprinzip nicht auch auf den Gesamtkongreß angewandt wird. Für die Ausnahmeregelung sprechen die angeführten Argumente, insbesondere das grundlegende Akzessorietätsprinzip.

entspricht der der Plenarversammlung. Hierdurch wird das Argument abgeschnitten, die Anwesenheit von kommunalen Vertretern in der Kammer der Regionen befruchte die Diskussion in der Regionalkammer: Diese ist gerade dem Gesamtkongreß vorbehalten, wie noch aufgezeigt wird. Vielmehr steckt dahinter die Überlegung, daß den Staaten ohne Regionalebene keine Sitze „weggenommen" werden sollen, eine „Quasi-Bestrafung" vermieden wird. Nur so wird der in Art. 3 Abs. 2 S. 1 StRes verankerten Akzessorietät Rechnung getragen.

So kommt man zu dem Ergebnis, daß in der Kammer der Gemeinden neben Vertretern der deutschen Bundesländer, den spanischen, italienischen und französischen Regionen und den polnischen *Wojewodschaften* auch Vertreter der schwedischen *Landstings*, der dänischen *Amtskommuner* und der britischen *Counties* sitzen.[133]

c) Organisatorisches Zusammenspiel des Gesamtkongresses und der Kammern

Der KGRE hat zwei getrennte Kammern.[134] Die organisatorische Trennung bedeutet nicht automatisch eine strikte Trennung der Delegierten nach kommunaler und regionaler Herkunft.[135] Die Wahrnehmung eines Mandats in der eigentlich unzutreffenden Kammer der Regionen ist die Ausnahme und lediglich Konsequenz der strukturellen und administrativen Besonderheiten einiger Mitgliedstaaten. Grundsätzlich bleibt es aber beim in Art. 4 Abs. 2 S. 1 StRes aufgestellten Prinzip:

> *„Le CPLRE exerce ses attributions avec le concours de deux chambres: l'une représentative des autorités locales (ci-après dénommée „Chambre des pouvoir locaux"), l'autre représentative des autorités régionales (ci-après dénommée „Chambre des régions")."*

Beide Kammern sollen ihre jeweiligen Gebietskörperschaften vertreten, also deren Interessen wahrnehmen. Angesichts der interessenspezifischen Aufspaltung im Kammersystem stellt sich das Problem der Einheitlichkeit des Kongres-

---

133 *Lwowski,* Der Kongreß in Straßburg, Der Städtetag 1995, 838; allgemein zur Einteilung der kommunalen und regionalen Gebietskörperschaften *Blair,* Die Gestaltung der kommunalen Selbstverwaltung in den europäischen Staaten, DÖV 1988, 1002 ff.

134 Vgl. *Hoffschulte,* Kommunale Selbstverwaltung im Europa der Kommunen, Der Städtetag 1995, 245.

135 *Lwowski,* Der Kongreß in Straßburg, Der Städtetag 1995, 838.

ses zur Gestaltung der ihm übertragenen Aufgaben.[136] Dieses Problemfeld ist untrennbar verbunden mit der materiellen Aufgabenverteilung im KGRE. Aus dem Wortlaut der eben zitierten Norm *„avec le concours de"* ergibt sich, daß den Kammern eine Zuarbeitungsfunktion im Verhältnis zum Gesamtkongreß zukommt.[137] Die beiden Kammern sind daher nicht autonom, sondern unterstützen den Kongreß bei der Ausarbeitung und Vorbereitung von Dokumenten und bei den weiteren Projekten, die in den kommunalen oder regionalen Zuständigkeitsbereich fallen. Dies läßt sich in formeller und materieller Hinsicht belegen:

aa) Formelles Einheitlichkeitsprinzip

Die beiden Kammern sind in der terminlichen Ausgestaltung ihrer Sitzungen nicht frei. Im Grundsatz ist das Zusammenkommen der Kammern an die Abhaltung einer Plenarversammlung gebunden. Nach Art. 6 Abs. 2 S. 1 CH finden die Sitzungen der Kammern entweder unmittelbar vor oder nach der Plenarversammlung statt. In Ausnahmefällen sind weitere Versammlungen der Kammern möglich. Vorraussetzung hierfür ist ein Vorschlag des Kongreßpräsidiums, dem das Ministerkomitee zustimmen muß. Eine solche außerordentliche Sitzung bedarf daher eines besonderen Grundes. In formeller Hinsicht sind die Hürden hoch gesteckt. Zu bedenken ist, daß der Vorschlag vom Präsidium des KGRE kommen muß. Formal muß also ein Konsens über die Notwendigkeit der außerordentlichen Maßnahme im KGRE herrschen. Politisch gilt es, das Ministerkomitee zu überzeugen, welches wohl nur aus besonderen Anlässen, die vom Präsidium schlüssig darzulegen sind, seine erforderliche Genehmigung erteilen wird. Ansonsten ist das formal einheitliche Auftreten des Kongresses durch die terminliche Auseinanderlegung der Sitzungen gefährdet. Das Regel-Ausnahme-Prinzip bei der Festlegung der Tagungstermine sichert daher die Einheitlichkeit des Kongresses formell.

bb) Materielles Einheitlichkeitsprinzip

Das hier „materielles Einheitlichkeitsprinzip" genannte System dient der Gewährleistung der geschlossenen Außenwirkung des KGRE. Ein Auftreten in der Öffentlichkeit mit den Namen der drei Untereinrichtungen kann offensichtlich der Sache nicht dienlich sein. Die materiellen Errungenschaften des KGRE könnten durch die Begriffsverwirrung bei der Urheberschaft geschmälert wer-

---

136 Zu den entsprechenden Bedenken der Bundesvereinigung der deutschen kommunalen Spitzenverbände bei der Schaffung des KGRE *Leitermann,* Stadt und Region im Europarat, Der Städtetag 1994, 276.

137 *Lwowski,* Der Kongreß in Straßburg, Der Städtetag 1995, 838.

den. Außerdem könnte die Möglichkeit eines schnellen Handelns einer Kammer ohne inhaltliche Abstimmung mit der anderen Kammer zu internen Zwistigkeiten führen und so der KGRE dauerhaft in seinem gemeinsamen Wirken Schaden davontragen. Darüber hinaus widerspricht eine differenzierte Außenwirkung dem Grundgedanken der Väter (und Mütter) des Kongresses sowie dessen Grundkonstellation: Es soll ein einheitliches beratendes Organ zur Repräsentation der kommunalen und regionalen Gebietskörperschaften geschaffen werden. Sie sollen sich als dezentrale Einheiten im Kongreß zusammen positionieren.

Aus diesem Grund werden alle Dokumente mit Außenwirkung ausschließlich vom Kongreß im engeren Sinne verabschiedet:

> *„Toutes les recommendations et tous les avis à adresser au Comité des Ministres et/ou à l'Assemblée parlementaire ainsi que les resolutions qui s'adressent à l'ensemble des collectivités locales et régionales sont adoptés par le CPLRE ont séance plénaire ou par la Commission permanente" (Art. 11 Abs. 1 CH).*

Dies gilt unabhängig davon, ob ein bestimmtes Sujet in den alleinigen Zuständigkeitsbereich einer Kammer fällt.

Die vorbereitende Arbeit leistet allein die jeweilige Kammer. Beide Kammern mit ihren Untergliederungen sind inhaltlicher Motor des KGRE. In ihnen finden wesentliche Diskussionen statt, welche die kommunalen oder regionalen Belange betreffen. Trotzdem wird durch die Entscheidung des Kongresses die Arbeit nach außen zum Resultat des Gesamtkongresses. Die Rolle der einzelnen Kammer bleibt dabei außer Belang. So wird die Einheitlichkeit auch in materieller Hinsicht gewährleistet.

cc) Kompetenzverteilung zwischen den Kammern

Von der Letztentscheidungsbefugnis des Kongresses läßt sich noch nicht auf die Kompetenz der beiden Kammern im Verhältnis zueinander schließen. Die Zuordnung einer bestimmten Materie zu einer der beiden Kammern (oder zu beiden?) ist schließlich häufig ausschlaggebend für die inhaltliche Ausgestaltung. Die Entscheidung hierüber obliegt dem Präsidium des Kongresses, Art. 11 Abs. 2 CH, 15 Abs. 2 GO-KGRE. Hierdurch können sowohl regionale als auch kommunale Delegierte über die Zuteilung beraten und entscheiden. Aus der Natur der Sache ergibt sich die Faustformel:

Kommunale Betroffenheit	⇒	Kammer der Kommunen
Regionale Betroffenheit	⇒	Kammer der Regionen

Ein und derselbe Sachverhalt kann nie gleichzeitig Gegenstand beider Kammern sein. Geht das Präsidium davon aus, daß ein bestimmtes Unterfangen in das Betätigungsfeld einer Kammer gehört, geht die Kompetenz der Kammer weiter als eine bloße Einrichtung zur Vorbereitung der (letztlich entscheidenden) Abstimmung im Plenum des Kongresses. Die entsprechende Entscheidung durchläuft zwar den Kongreß bzw. dessen Ständigen Ausschuß. Ihnen ist aber die inhaltliche Befassung mit der behandelten Materie verwehrt. Dem Kongreß verbleibt die Möglichkeit, das Unterfangen als Ganzes anzunehmen oder abzulehnen. Die Auffassung des KGRE leitet sich alleine von der jeweiligen Kammer ab, was aus zweierlei Gründen einsichtig ist.

Zum einen ist bei nicht widersprochener Entscheidung des Präsidiums nur eine Kammer in tatsächlicher Hinsicht betroffen. Ihr alleine soll die inhaltliche Auseinandersetzung überlassen bleiben. Denkbar ist es aber auch, daß die Vorschläge der einen Kammer für die andere Kammer inakzeptabel sind. Sie ist zwar in der Sache nicht betroffen, hat jedoch ein besonderes Bedürfnis, Einwände zu erheben. In solchen Ausnahmefällen sieht Art. 11 Abs. 2a S. 2 GO-KGRE vor, daß das Kongreßpräsidium die andere Kammer dazu ermächtigen kann, zu den entsprechenden Entwürfen Stellung zu nehmen. Aus der Formulierung *„cas exceptionnel“* ergibt sich, daß eine Ausnahmegenehmigung nur in Sonderfällen erteilt werden darf.

Hiernach hat das Präsidium in einer Art Beweislastumkehr gewichtige Gründe darzulegen. Ist das Kongreßpräsidium der Ansicht, daß eine Stellungnahme der anderen Kammer zu einer Empfehlung oder einer Stellungnahme einzuholen ist, so fordert es das Präsidium der betroffenen Kammer auf, einen Beobachter zu benennen. Der Beobachter verfolgt die Meinungsbildung der anderen Kammer und legt seiner Kammer am Ende seine Auffassung in einem Bericht zur Annahme vor. Die Stellungnahme ist dann gleichzeitig mit dem eigentlichen Bericht und allen Änderungsvorschlägen dem Ständigen Ausschuß zu übermitteln, vgl. Art. 45 Abs. 3 GO-KGRE.

Zum anderen ermöglicht das zeitsparende Verfahren im Kongreß die Konzentration der Diskussion auf die zwischen den Kammern streitigen Sachfragen. Liegt nämlich eine solche eindeutige Zugehörigkeit zur Kammer der Gemeinden oder der Kammer der Regionen nicht vor, beschäftigt sich der Kongreß mit der

Frage. Freilich wird er Berichterstatter, in strittigen Fällen aus beiden Kammern, bestimmen, welche die Entscheidung vorbereiten und beeinflussen. Im Kongreß selbst bleibt dann die Möglichkeit, Änderungen vorzunehmen. Konsequenterweise können die Kammern ein vorläufiges Meinungsbild in den Kongreß einbringen. Auch in diesem Fall dienen die Kammern der Vorbereitung der Entscheidung. Nicht ausgeschlossen ist, daß bei der endgültigen Beschlußfassung weitere Faktoren wie die Zugehörigkeit zu einer politischen Ausrichtung oder nationalen Delegation eine Rolle spielen. In der Praxis werden solche Konflikte innerhalb der Kammern ausgetragen und wiegen weit schwerer als die Entsendung durch eine kommunale Gebietskörperschaft oder Region.

2. Organe des KGRE

Die Organe des KGRE sind kurz und knapp in Art. 4 Abs. 2 StRes aufgezählt:

Organe des KGRE

- Präsidium,
- Ständiger Ausschuß,
- Statuarische Ausschüsse und
- Ad hoc Arbeitsgruppen.[138]

Die Bildung dieser Organe ist Aufgabe des KGRE unter Berücksichtigung der finanziellen Möglichkeiten und der allgemeinen Zielsetzungen des Europarats. Zur Funktionsfähigkeit des Kongresses ist mindestens das Präsidium als Leitungs- und Koordinationsorgan zu fordern. Das Problem erübrigt sich insoweit, als daß der KGRE von der Ermächtigung umfassend Gebrauch gemacht hat.

Aus Gründen der Übersichtlichkeit soll im gleichen Abschnitt auch die Plenarversammlung, also der KGRE i.e.S. besprochen werden. Trotzdem soll die Grundkonstellation nicht aus den Augen verloren werden. Danach ist der KGRE i.e.S. die Versammlung aller ordentlichen Delegierten. Alle anderen Attributionen, gleich ob die beiden Kammern oder die Hilfsorgane, dienen der Unterstützung des Kongresses und der Aufrechtehrhaltung der Arbeit zwischen den Plenarversammlungen. Sie alle machen den KGRE (i.w.S.) aus und sind aus

138 Zur Übersetzung vgl. KGRE, Der Kongreß der Gemeinden und Regionen Europas, 2001.

den praktischen Erfahrungen heraus unabdingbare Elemente eines leistungsfähigen Kommunal- und Regionalvertretungsorgans beim Europarat. All diese Einzelteile sollen näher durchleuchtet werden.

a) Die Plenarversammlung als KGRE i.e.S.

Die Plenarversammlung ist die Versammlung aller Mitglieder des KGRE. Sie findet einmal jährlich statt. Tagungsort ist bis zur gegenläufigen Entscheidung des Kongresses und des Ministerkomitees Straßburg als Sitz des Europarats (Art. 4 Abs. 1 StRes, Art. 6 Abs. 1 CH). Im folgenden sollen die Arbeitsprinzipien, welche die Tagungen kennzeichnen, herausgearbeitet werden. In vielerlei Hinsicht entsprechen sie den Traditionen demokratisch-parlamentarischer Gremien. Auffällig ist die Ausführlichkeit und Genauigkeit, mit der der formale Ablauf der Sitzungen beschrieben wird. Einerseits handelt es sich teilweise um Selbstverständlichkeiten, was wahrscheinlich nicht in allen Mitgliedstaaten so unbestreitbar ist. Vielfach erinnern die Regelungen auch an die Geschäftsordnung der Parlamentarischen Versammlung. Andererseits sichert die genaue Festlegung des Reglementariums die Unabhängigkeit des KGRE und ist Voraussetzung für die geordnete inhaltliche Auseinandersetzung. Letztlich wollte man wohl den in den 90er Jahren neu integrierten Demokratien eine Hilfestellung im Sinne eines Vorbilds für die innere Ausgestaltung eines demokratischen Vertretungsorgans geben.

aa) Ladung und Tagesordnung

Die Bestimmung der Tagungstermine erfolgt in Koordination mit den anderen Organen des Europarats. Nach Festlegung eines bestimmten Datums hat daher das Präsidium des KGRE den Präsidenten des Ministerkomitees und den Präsidenten der Parlamentarischen Versammlung zu informieren, Art. 1 Abs. 3 GO-KGRE.[139] Das Vorschlagsrecht für außerordentliche, also außerhalb des jährlichen Tagungsrhythmus liegende Plenarversammlungen hat der Ständige Ausschuß. Für diesen Fall ist die Zustimmung des Ministerkomitees einzuholen (Art. 1 Abs. 4 GO-KGRE).

Die Ausarbeitung der Tagesordnung für die Sitzungen obliegt dem Präsidium des KGRE. Aufgenommen werden alle Punkte, die sich im Rahmen der Ziele und Aufgaben des Kongresses bewegen. Die Tagesordnung enthält alle Themen, die Gegenstände der Tagung werden sollen, unabhängig von einer

139 Ein Treffen der drei Präsidenten der Parlamentarischen Versammlung, des Ministerkomitees und des KGRE findet regelmäßig statt.

eventuellen Zuteilung zu einer Kammer oder zu einer bestimmten Sitzung der Plenarversammlung. Sie ist eine verbindliche Festlegung. Eine Änderung oder die Hinzufügung weiterer Punkte kann aber im Rahmen einer *„procédure d'durgence"* erfolgen. Voraussetzung hierfür ist ein Antrag einer der Kammern, des Ständigen Ausschusses oder mindestens 10 Delegierter aus mindestens zwei verschiedenen nationalen Delegationen (Art. 19 GO-KGRE). Der Antrag ist mindestens zwei Tage vor der Versammlung einzureichen. Zuvor ist die Ansicht des Präsidiums einzuholen.

Auf Grundlage der Tagesordnung erstellt das Präsidium einen Arbeitsplan für die einzelnen Sitzungen. Dieser umfaßt die Zuteilung zu einer Kammer oder dem Kongreß sowie eine Festlegung der Sitzung, in der das Thema behandelt werden soll. Der geplante Ablauf wird durch den Kongreß bestätigt, indem er am Ende einer Sitzung den nächsten Sitzungstermin und dessen Tagesordnung beschließt.

bb) Beschlußfähigkeit

Nicht überraschend und daher nur der (angestrebten) Vollständigkeit halber erwähnt sind die Bestimmungen über die Beschlußfähigkeit des Kongresses. Unabhängig von der Zahl der anwesenden Kongreßmitglieder ist stets eine Diskussion und eine Regelung der Tagesordnung möglich (Art. 32 Abs. 1 GO-KGRE). Im übrigen bedarf es für eine Entscheidung des Kongresses die Anwesenheit der Mehrheit der Kongreßmitglieder. Ist diese nicht präsent, so bleibt die Abstimmung trotzdem gültig, es sei denn, die Beschlußunfähigkeit wurde vor der Abstimmung von zehn Delegierten aus mindestens zwei nationalen Delegationen gegenüber dem Tagungspräsidium gerügt, Art. 32 Abs. 3 GO-KGRE. Eine Ausnahme bilden namentliche Abstimmungen, bei denen die Gültigkeit und die Bekanntgabe des Abstimmungsergebnisses die Teilnahme der Hälfte der Delegierten voraussetzt.

Ist der Kongreß beschlußunfähig, so wird die Abstimmung auf die nächste Sitzung oder, auf Vorschlag des Präsidiums, auf eine spätere Sitzung verschoben.

cc) Diskussion und Beratung im Kongreß

In der Plenarversammlung findet in der Regel eine umfassende Diskussion der festgelegten Themenbereiche statt. Grundlage der Beratung bilden die durch einen kompetenten Berichterstatter vorgefertigten Berichte. Zur Vorbereitung erhalten die Kongreßmitglieder – die erwähnten Eilanträge ausgenommen – spätestens 20 Tage vor Eröffnung der Plenarversammlung, auf der die Beiträge erörtert werden, eine Ausfertigung aller Dokumente zugesandt, vgl. Art. 24 Abs. 2 GO-KGRE.

(1) Annahmeverfahren ohne vorherige Aussprache

Bei der Festlegung der Beratungsgegenstände kann das Präsidium bestimmen, daß einzelne Berichte in einem gesonderten Verfahren ohne Vorstellung im Kongreß und Beratung angenommen werden können. Voraussetzung hierfür ist, daß der Berichterstatter, eine Statuarische Kommission oder eine gemischte Arbeitsgruppe[140] ist. In diesen Gremien hat bereits eine Beratung und eine Beschlußfassung stattgefunden, an der Vertreter beider Kammern mitgewirkt haben. Es soll gesichert werden, daß eine erneute Diskussion andere wichtige Streitpunkte zwischen den Kammern nicht verdrängt. Eine unnötige Doppeldiskussion wird vermieden und die vorhandene begrenzte Zeit für Wesentliches reserviert.

Entschließt sich das Präsidium für das in Art. 25 GO-KGRE festgelegte Verfahren, werden die Dokumente mit einem entsprechenden Vermerk spätestens einen Monat vor Tagungseröffnung unter den Delegierten verteilt. Zu Beginn der ersten Sitzung gibt der Tagungspräsident die ohne Beratung zu verabschiedenden Berichte erneut bekannt, nachdem sie bereits in der Tagesordnung aufgeführt wurden. Sie sind daher hinreichend bekannt. Der Gefahr sich einschleichender nicht mehrheitsfähiger Beschlüsse wird also in doppelter Hinsicht vorgebeugt: Mit der Begrenzung auf wenige auf eine kammerseitige Konsensbildung angelegte Organe und den weitreichenden Bekanntmachungsvorschriften.

Konsequenterweise besteht auch ein Widerspruchsrecht der Delegierten. Erklärt sich ein Vertreter mit der Fassung eines Berichts nicht einverstanden, so wird das Thema in einer der folgenden Sitzungen Gegenstand der Tagesordnung und der Beratung im Kongreß.

Eine weitere Ausnahme von der Annahme nach Beratung stellen – wie schon angeklungen – die Dokumente der Kammern in ihrem ausschließlichen Tätigkeitsbereich dar. Die Beschlußfassung im Kongreß erfolgt dann ohne inhaltliche Auseinandersetzung. Von dem stillschweigenden Annahmeverfahren unterscheidet sich die Verabschiedung der Kammerdokumente wesentlich im Zustandekommen der Beschlüsse, da ja in zweiterem Fall eine Abstimmung er-

140 Eine gemischte Arbeitsgruppe besteht aus Vertretern beider Kammern, also kommunalen und regionalen Delegierten.

forderlich bleibt. Sie sind nur bedingt vergleichbar, beruhen aber auf demselben Prinzip, nämlich, daß die Dokumente nicht zeitraubend Gegenstand der Plenarversammlung werden, obwohl ein Konsens bereits erzielt wurde (1. Fall) bzw. die andere Kammer vom jeweiligen Thema nicht berührt wird (2. Fall). Letztere Alternative wurde bis jetzt als Garant des einheitlichen Auftretens dargestellt (Einheitlichkeitsprinzip).

Zudem ermöglichen beide Verfahren ein effektives Arbeiten des Kongresses. So können im jährlichen Zusammenkommen eine Vielzahl von inhaltlichen Vorstößen diskutiert und verabschiedet werden. Auf das Effektivitätsprinzip in der Vertretung kommunaler und regionaler Gebietskörperschaften wird später noch im Vergleich mit dem Ausschuß der Regionen einzugehen sein.

(2) Einflußnahme auf die Beratungsgegenstände

Findet eine Debatte über einen Beratungsgegenstand statt, hat der einzelne Delegierte, der nicht selbst Berichterstatter oder Mitglied des vorschlagenden Gremiums ist, verschiedene Möglichkeiten, auf die endgültige Beschlußfassung des Kongresses Einfluß zu nehmen. Diese Rechte stehen ihm unabhängig von der Zugehörigkeit zu der einen oder anderen Kammer zu.

(a) Änderungen von Dokumenten

Nach Art. 26 GO-KGRE hat jeder Delegierte das Recht, Änderungen, Streichungen und Anfügungen, an den Beratungsgegenständen vorzunehmen. Dieses Reglementarium der Geschäftsordnung enthält genaue Anforderungen an die Textänderungen. Sie müssen Bezug zu einer bestimmten Textstelle aufweisen und bei Streichungen dürfen keine Widersprüche zur bisherigen Fassung entstehen. Art. 26 Abs. 6 GO-KGRE enthält eine Auslegungsregel für sich widersprechende Änderungsvorschläge innerhalb einer Textpassage. Zunächst ist der Änderungswunsch zu berücksichtigen, der sich am besten in den Text einfügt. Wird dieser zurückgewiesen, wird der Vorschlag diskutiert, der am ehesten dringlich erscheint. Herrscht Uneinigkeit über die prioritäre Beratung der einen oder anderen Hinzufügung, so entscheidet hierüber das Präsidium nach Befragung des Präsidenten des betroffenen Statuarischen Ausschusses bzw. des Vorsitzenden der Arbeitsgruppe. Entsprechend gilt das Verfahren für Textstreichungen und bei Änderungsanträgen, die zugleich Streichungen und Hinzufügungen beabsichtigen.

Im Rahmen der Beratung über Änderungsanträge sind über den Gegenstand bis zur gegenteiligen Entscheidung des Kongresses nur der Anträger oder ein ihn vertretender Delegierter, der ursprüngliche Berichterstatter oder der Präsident des Statuarischen Ausschusses sowie ein Gegenredner zu hören.

In jedem Fall obliegt es zunächst dem Kongreßpräsidium, über die Annahme eines Vorschlages zu urteilen. Zudem bedarf es der Unterzeichnung durch den Autor des Berichts und der Bekanntmachung des Vorschlags rechtzeitig zur Vorbereitung auf die Diskussion. Anfügungen müssen bis spätestens um 16.00 Uhr des Vortags der Debatte vorliegen, um berücksichtigt werden zu können. Danach sind Änderungsanträge nur noch mit Zustimmung des Präsidiums oder nach Befragung des Berichterstatters, des Statuarischen Ausschusses oder der Arbeitsgruppe möglich. Solche Anträge müssen der Klarstellung, der Berücksichtung neuer Tatsachen oder der Streitschlichtung dienen, unter der Voraussetzung, daß gegen die Befassung mit dem Antrag keine Einwände bestehen.

An dieser Stelle finden sich detaillierte Verfahrensvorschriften, die eine geordnete Beratung garantieren sollen, zugleich aber dem einzelnen Delegierten eine möglichst große und weitgehende Einflußnahme geben sollen.

(b) Rederecht der Delegierten

Ein weiteres Konfliktpotential birgt das Rederecht der Delegierten im Kongreß (Art. 27 GO-KGRE). Eine geordnete Antragsberatung im vorhandenen Zeitrahmen konkurriert mit dem Beteiligungsrecht eines jeden Mitglieds im Kongreß. Dabei ist von vornherein zu berücksichtigen, daß Äußerungsmöglichkeiten über den Kongreß hinaus in den Ausschüssen, den Arbeitsgruppen und den Kammern bestehen.

Trotzdem kann der einzelne Delegierte sich zu Beginn jeder Debatte in eine Rednerliste eintragen. Das Präsidium kann im Interesse der Diskussion von der festgelegten Reihenfolge der Redner abweichen. Es ist gleichermaßen für die Erteilung des Rederechts zuständig. Bis ins Detail ist geregelt (Art. 27 Abs. 2 GO-KGRE), daß der Sprecher sich von seinem Platz aus an das Präsidium zu wenden hat und nur mit Genehmigung vom Rednerpult aus seine Anliegen vortragen kann. Während der Vorträge darf der Redner nur unterbrochen werden, wenn er gegen das Reglement verstößt oder vom eigentlichen Beratungsthema abkommt. In letzterem Fall hat der Präsident ihn aufzufordern, zum Gegenstand der Diskussion zu sprechen. Im zweifachen Wiederholungsfall besteht im Ermessen des Präsidiums die Möglichkeit, dem Redner das Wort zu entziehen.

Ein ständiges Rederecht haben die betroffenen Berichterstatter sowie die Vertreter des Ministerkomitees und der Parlamentarischen Versammlung, sofern eine Anfrage der Organe beraten wird. Stellvertreter können sich nur dann zu Wort melden, wenn sie Berichterstatter sind oder für das Präsidium, einen Ausschuß oder einer Arbeitsgruppe sprechen.

Die einzelnen Redebeiträge sind zeitlich begrenzt, vgl. Art. 27 Abs. 6 GO-KGRE. Die Vorstellung der Dokumente durch den Berichterstatter dauert maximal zehn Minuten bzw. zweimal sechs Minuten bei zwei Berichterstattern. Die Debatte schließt mit einem fünfminütigen Statement durch den Berichterstatter und einem dreiminütigem Schlußwort durch die Zweitberichterstatter und den Ausschußpräsidenten. In der Generaldebatte hat jeder Teilnehmer fünf Minuten; dem Redner stehen für Personalfragen (*„faits personnels"*), Anmerkungen zur Debatte in der folgenden Sitzung, die Festlegung der Tagesordnung einer Sitzung, Verfahrensfragen und die Diskussion von Änderungsanträgen zwei Minuten zur Verfügung.

Das Präsidium kann in seinem Ermessen die Rednerliste schließen und/oder die Diskussion unterbrechen. Gegebenenfalls kommt es zu einer Beratung des Präsidiums mit dem Ausschußpräsidenten oder dem Vorsitzenden der Arbeitsgruppe über das weitere Vorgehen. Über dessen Vorschläge entscheidet der Kongreß ohne Aussprache. Die Debatte wird dann fortgesetzt oder abgebrochen. In letzterem Fall haben die bis dahin auf der Rednerliste eingetragenen Vertreter die Möglichkeit, ihren Beitrag in schriftlicher Form in den Anhang der veröffentlichten Tagungsprotokolle einzustellen. Voraussetzung hierfür ist, daß die Länge des Schriftsatzes der maximalen Dauer des Redebeitrags entspricht. Der Delegierte kann so unabhängig von der Länge der Debatte seine Meinung öffentlich äußern.[141] Eine Einflußnahme auf die Beschlußfassung ist dann natürlich nicht mehr denkbar.

(3) Geschäftsordnungsanträge

In folgenden Fällen können die Vertreter im Kongreß ohne Rücksicht auf die Rednerliste das Wort ergreifen, sogenannte Geschäftsordnungsanträge stellen (Art. 28 Abs. 1 GO-KGRE):

- um eine Vorfrage, insbesondere ob sich der Beratungsgegenstand im Rahmen der Aufgaben des KGRE bewegt, einen Antrag auf Zurückstellung bis zum Eintreten weiterer relevanter Tatsachen zu stellen; beide Vorschläge müssen bis spätestens

141 Vgl. Art. 51 GO-KGRE, der die öffentlich zu machenden Dokumente des KGRE aufführt. Art. 27 Abs. 8 S. 3 GO-KGRE macht hiervon eine Ausnahme.

eine Stunde vor Eröffnung der Beratung in schriftlicher Form eingebracht worden sein.

- um die Vertagung der Debatte,
- um das Ende der Debatte,
- um die Schließung der Rednerliste, oder
- um die Zurückweisung in den Ausschuß oder die Arbeitsgruppe zu beantragen, wobei jeder Antrag nur einmal pro Debatte gestellt werden kann. Zu diesem Geschäftsordnungsantrag können sich der Berichterstatter oder der Präsident des Ausschusses oder der Vorsitzende der Arbeitsgruppe sowie ein Gegenredner äußern. Ein entsprechendes Verfahren findet bei Vorbringen eines Verstoßes gegen die Geschäftsordnung statt. Die endgültige Entscheidung fällt nach einminütigem Äußerungsrecht durch den Tagungspräsidenten. Sofern dieser ein mißbräuchliches Gebrauchmachen der Rechte feststellt, kann er dem Vertreter für den Rest der Debatte das Wort entziehen. Der Befürchtung der Ausnutzung der detailliert verbürgten Rechte wird auf diese Weise grundlegend entgegengewirkt.

dd) Beschlußfassung im Kongreß

An die Beratung der Antragsgegenstände schließt sich eine Beschlußfassung im Kongreß an. Dabei hat jeder Delegierte eine Stimme. Das Abstimmungsrecht ist ein persönliches, nicht übertragbares Recht, Art. 29 GO-KGRE. Nur unter den Voraussetzungen des Art. 16 Abs. 2 GO-KGRE[142] darf ein Stellvertreter an der Abstimmung teilnehmen.

(1) Abstimmungsmodus, Art. 30 GO-KGRE

Die Art und Weise der Abstimmung unterscheidet sich nur unwesentlich von den üblichen demokratischen Gepflogenheiten in vergleichbaren Gremien wie dem KGRE.

In der Regel wird durch Handheben entschieden. Im Zweifelsfall erfolgt die Abstimmung durch Aufstehen und Sitzenbleiben der Vertreter. Auf Verlangen von zehn Delegierten aus mindestens zwei nationalen Delegationen oder des Präsidiums findet eine namentliche Abstimmung statt, sofern nicht ein anderer Abstimmungsmodus ausdrücklich festgelegt ist. Letzteres findet sich beispiels-

142 Dazu bereits oben S. 199.

weise in Art. 28 Abs. 4: Über Geschäftsordnungsfragen wird durch Aufstehen und Sitzenbleiben entschieden.

Bei namentlicher Abstimmung, die fünf Minuten nach Aufforderung beginnt, teilen alle Delegierten in alphabetischer Reihenfolge, beginnend bei einem zufällig ausgewählten Vertreter, ihre Entscheidung laut dem Präsidenten mit. Eine Enthaltung ist möglich, fließt aber nicht in das Ergebnis mit ein. Die Namen werden mit dem entsprechenden Votum in das Sitzungsprotokoll aufgenommen. Bei nicht namentlicher Abstimmung hingegen wird lediglich die Annahme bzw. die Ablehnung festgestellt.

Im Gegensatz zu Abstimmungen finden Wahlen geheim statt, vgl. Art. 30 Abs. 4 GO-KGRE. Gültig sind nur die Stimmzettel mit den vorgeschlagenen Kandidaten. Ein solches Procedere und die Unterscheidung zwischen Wahlen und Abstimmungen gehören wohl zum Standard einer Verfahrensordnung.

(2) Mehrheitserfordernisse

Art. 31 GO-KGRE unterscheidet bezüglich der Mehrheitserfordernisse für die Annahme einer Entscheidung zwischen verschiedenen Handlungsformen und inhaltlichen Zielrichtungen des Kongresses:[143]

- für eine Stellungnahme oder eine Empfehlung gegenüber dem Ministerkomitee oder der Parlamentarischen Versammlung, für die Vertagung von Beratungsgegenständen, zur Behandlung von Eilanträgen, für Entscheidungen über die Verleihung eines Gaststatus und die Bildung eines Statuarischen Ausschusses die 2/3-Mehrheit der abgegebenen Stimmen;
- für Wahlen die Mehrheit der abgegebenen Stimmen, wobei nach dem zweiten Wahlgang bei Stimmengleichheit, in dem die relative Mehrheit genügt, das Losglück entscheidet;[144]
- für die Annahme von Resolutionen und sonstigen Entscheidungen ist die Mehrheit der abgegebenen Stimmen erforderlich.

143 Zu den Handlungsformen und ihrer Bedeutung im einzelnen s. unten 253.

144 Bei der Wahl des Präsidenten ist die absolute Mehrheit der Kongreßdelegierten in den ersten beiden Wahlgängen erforderlich. Der Präsident wird nach Vereinbarung abwechselnd von den Kammern gestellt; *Zahn,* Sprachrohr der regionalen und lokalen Gebietskörperschaften, Europa kommunal 1999, 64.

Überraschend sind bei den Mehrheitsvoten die strengen Anforderungen an die Verabschiedung von Empfehlungen und Stellungnahmen. Offensichtlich ist hier der Wille zur Konsensbildung stark ausgeprägt. Hierdurch wird sichergestellt, daß der Kongreß mit einer breiten Mehrheit über alle nationalen Delegationen oder politischen Gruppierungen hinaus hinter den verabschiedeten Dokumenten steht. Bedenkt man, daß die kommunale Seite durch die Auffüllung in der Kammer der Regionen über die absolute Mehrheit der Sitze verfügt, so wird zumindest dem theoretischen Fall der Überstimmung und der Einseitigkeit entgegengewirkt.

Eine Besonderheit besteht für das Verfahren ohne Aussprache. Nach Art. 25 Abs. 4 GO-KGRE ist für die Annahme solcher Dokumente überhaupt keine Abstimmung nötig. Sie gelten als positiv verabschiedet, wenn bis zum Tag nach der ersten Sitzung, in der die Liste mit den Vorhaben verlesen wurde, bis 12 Uhr mittags kein Widerspruch erfolgt ist. Die Annahme entspricht also einer Willenserklärung durch Schweigen der Vertreter. Erhebt sich gegen einen Text Widerstand, so wird eine Beratung in einer der folgenden Sitzungen derselben Versammlung angesetzt.

ee) Zusammenfassung

Die Genauigkeit der Regelungen über den Willensbildungsprozeß im KGRE rechtfertigt eine ausführliche Darstellung der verfahrensmäßigen Abläufe. Die Frage, die sich daran anschließt, ist die Frage nach den Beweggründen einer so detaillierten Darstellung.

Die entscheidende Antwort dürfte wohl in der Struktur des KGRE selbst liegen. Unter den 45 Mitgliedstaaten, deren kommunale und regionale Vertreter im Kongreß zusammenkommen, befinden sich zahlreiche junge Staaten, die über keine derartige demokratische Tradition verfügen wie die 15 EU-Mitgliedstaaten. Selbst dort, wo solche Wurzeln existieren, sind Verfahrensabläufe in unterschiedlichen Ausprägungen entwickelt worden. Es besteht daher aus Gründen der Klarheit und der Einheitlichkeit das Bedürfnis nach einer detaillierten Regelung. Nur so kann durch eine Vermeidung von Streitigkeiten über Verfahrensfragen der Schwerpunkt der Arbeit auf die inhaltliche Auseinandersetzung konzentriert werden.

Andererseits verstehen sich der Europarat und besonders der KGRE als Förderer und Wegbereiter der lokalen und regionalen Demokratie. Die in weiten Teilen übertragbaren und analogiefähigen Rechtstexte der Geschäftsordnungen können so Richtschnur und Vorbild eines demokratisch organisierten Gremiums sein, an dem sich die neu aufgebauten und noch aufzubauenden Demokratien der MOE-Länder orientieren können.

Zu beachten ist ferner, daß die Abläufe in den anderen Organen des KGRE denen der Plenarversammlung entsprechen. Weite Teile der Geschäftsordnungen der Kammern verweisen ausdrücklich auf die Geschäftsordnung des Kongresses. Auf eine Darstellung der Nuancen soll daher verzichtet werden. Wichtig ist vielmehr das grundlegende Prinzip einer ausführlichen Festlegung aller Verfahrensregeln in der Geschäftsordnung des KGRE.

b) Präsidien des Kongresses und der Kammern

aa) Organisationsprinzip

Aus dem Organigramm des KGRE ist ersichtlich, daß der KGRE genau genommen nicht über ein einziges, sondern über drei Präsidien verfügt. Der Aufbau erfolgt dabei folgendermaßen:

Zunächst wählt jede der beiden Kammern ihr eigenes Präsidium *(„Bureau")*.[145] Es besteht aus dem Präsidenten der Kammer und sieben weiteren Mitgliedern.[146] Bei der Bildung der Kammerpräsidien ist nach Art. 7 Abs. 2 CH auf eine ausgewogene Repräsentanz der Mitgliedstaaten zu achten. Mehrere Delegierte eines Mitgliedstaats können nicht Mitglieder eines der beiden Präsidien werden. Beide Kammerpräsidien zusammen bilden das Kongreßpräsidium (Art. 9 Abs. 1 CH).

Um die Kammern gegenüber dem Gesamtkongreß nicht zu überhöhen und ihnen ihre zugewiesene Rolle als Vorbreiter für den Kongreß zukommen zu lassen, wird zusätzlich zu diesem Präsidium vom Kongreß eigenständig ein Kongreßpräsident gewählt[147], der neben den beiden Kammerpräsidenten fungiert. Er wird abwechselnd von der Kammer der Gemeinden und der Kammer der Regionen gestellt.

---

145 Entsprechend der französischen Übersetzung wird häufig von einem „Büro" im Deutschen gesprochen; die Bezeichnung als Präsidium entspricht den noch darzustellenden Aufgaben der Untereinrichtungen des KGRE.

146 Bei der Schaffung des KGRE war streitig, ob die Kammerspitzen nicht mit einem Präsidenten, sondern mit einem Vorsitzenden zu besetzten seien, um deren „Macht" und damit die der Kammern nicht von vornherein zu weit auszudehnen, vgl. *Leitermann,* Stadt und Region im Europarat, Der Städtetag 1994, 276.

147 Für die Wahl des Kongreßpräsidenten existiert in Anhang 1 zur GO-KGRE ein eigenständiges, nicht leicht durchschaubares Verfahren, welches aufgrund seiner Länge und Komplexität wohl am Rande des Vertretbaren bzw. Wünschenswerten liegt.

Jeder Kammerpräsident verfügt über sieben Vizepräsidenten (vgl. Art. 9 GO-KdG). Die acht gewählten Delegierten bilden das Kammerpräsidium und sind zugleich Mitglieder des Kongreßpräsidiums.

Schema: Präsidium des KGRE

	Kongreßpräsident		Präsident
Kammerpräsidien	**Kammerpräsident** Kammer der Gemeinden	**Kammerpräsident** Kammer der Regionen	Vizepräsidenten
	7 Vizepräsidenten	**7 Vizepräsidenten**	Weitere Mitglieder

Das Kongreßpräsidium besteht aus 17 Mitgliedern, von denen nur ein Mitglied vom Kongreß gewählt wird, nämlich der Präsident. Die beiden Kammerpräsidenten sind die beiden ersten Vizepräsidenten. Erster Vizepräsident ist der Kammerpräsident, dessen Kammer nicht den Kongreßpräsidenten stellt, der andere zweiter Vizepräsident.

Durch die Verwobenheit der beiden Kammerspitzen mit der Kongreßführung wird eine ausgewogene Teilung der Verantwortung herbeigeführt. Die Präsidiumsmitglieder werden gleichzeitig leitend im Gesamtkongreß in die Pflicht genommen. Dadurch wird eine Konkurrenzlage zwischen den drei Präsidien und den beiden Kammern im Verhältnis zum Kongreß vermieden, was der erwünschten Einheitlichkeit des KGRE nur förderlich ist. Zudem ermöglicht die Personaleinheit einen optimalen Informationsfluß, so daß Kammer- und Kongreßführung in Personaleinheit stets über das Geschehen in den Einrichtungen Bescheid wissen.

bb) Aufgaben

An der Spitze des Kongresses nimmt das Präsidium wichtige Organisationsfunktionen wahr, die ein effektives und kontinuierliches Arbeiten ermöglichen sollen. Der Aspekt der zeitlichen Kontinuität steht dabei zunächst im Vordergrund. In erster Linie ist es Aufgabe des Präsidiums, zwischen den Zusammenkünften der anderen Einrichtungen den Fortlauf der Arbeiten des Kongresses zu sichern und damit wesentlich zum Erfolg des KGRE – wie der sich auch immer messen läßt – beizutragen (vgl. Art. 9 Abs. 1 CH). Organisation und Aufgabe korrespondieren somit untereinander. In den Pausen zwischen den Sitzungen des Ständigen Ausschusses und der Plenarversammlung arbeiten die Präsidien weiter.[148] Dies zeigt sich auch daran, daß, entsprechend dem System der zeitlichen Abstimmung der Kammersitzungen, vor und/oder nach den Plenarsitzungen die Kammerpräsidien zeitgleich mit dem Kongreßpräsidium tagen (vgl. Art. 4 Abs. 2 StRes und Art. 9 Abs. 4 GO-KGRE).

Weitere Aufgaben des Präsidiums sind:

- Vorbereitung der Plenarversammlungen;
- Vorbereitung der Arbeit beider Kammern, insbesondere die Aufteilung der zu behandelnden Sachfragen;
- Koordination der Arbeit der Statuarischen Ausschüsse;
- Vorbereitung des Budgets sowie der ausgeglichenen Verteilung der Finanzmittel zwischen dem Kongreß und den beiden Kammern.

Neben der Kontinuität steht bei diesen Aufgaben die Koordination des KGRE im Vordergrund. Der Kongreßpräsident vertritt den KGRE zudem gegenüber den anderen Europaratsorganen, denen er in Ausführung der vom Kongreß gefaßten Beschlüsse die Dokumente übermittelt. Er pflegt die Kontakte mit anderen internationalen Organisationen im Rahmen der allgemeinen Grundsätze und Politiken des Europarats und dessen Außenbeziehungen, vgl. Art. 16 Abs. 3 GO-KGRE. Er nimmt daher eine wichtige Repräsentationsrolle ein. Im übrigen ist er die Exekutive des KGRE und sorgt so für die Umsetzung der Beschlüsse des KGRE, über die er dem Kongreß und seinen Organen regelmäßig berichtet.

Die Kammerpräsidenten wirken gleichermaßen nach innen und außen. Sie bereiten die Sitzungen des Kongreßpräsidiums und die Plenarsitzungen vor, klären Verfahrensfragen, beraten die ihnen übermittelten Dokumente und setzen Arbeitsgruppen ein. In gleichem Umfang wie der Kongreßpräsident unterhalten sie Kontakte mit anderen (die Kommunen bzw. Regionen vertretenden) zwischenstaatlichen Einrichtungen.

Alle drei Präsidenten haben wichtige Aufgaben in der Pflege der Außenbeziehungen. Nach innen nehmen sie wichtige Koordinations- und Organisationsfunktionen wahr.

148 Sie treffen sich mindestens fünfmal jährlich.

c) Ständiger Ausschuß des KGRE

aa) Organisationsprinzip

Der Ständige Ausschuß des KGRE handelt während der Pause zwischen zwei Plenarversammlungen für den Kongreß (Art. 9 Abs. 1 CH). Er tritt an dessen Stelle und soll bestimmte Aufgaben des Kongresses wahrnehmen. Um dies bewerkstelligen zu können, besteht er aus je zwei Mitgliedern der nationalen Delegationen, einschließlich der Präsidiumsmitglieder. Mitgliedstaaten, deren Vertreter nur einer Kammer angehören, steht lediglich ein Sitz zu.

Die Sitzverteilung ergibt sich aus Anhang 2 zur GO-KGRE. Danach haben Andorra, Liechtenstein, San Marino, Zypern, Estland, Island, Lettland, Luxemburg, Malta, Slowenien, Mazedonien nur einen Sitz im Ständigen Ausschuß. Die beiden Sitze der restlichen Mitgliedstaaten teilen sich jeweils auf einen Kommunal- und einen Regionalvertreter auf. Der Ständige Ausschuß hat daher 77 Mitglieder. Die nationalen Delegationen bestimmen zudem Stellvertreter für den Verhinderungsfall eines Mitglieds im Ständigen Ausschuß.

Wie der Kongreß auch, untergliedert sich der Ständige Ausschuß in zwei Kammern, die nur zeitgleich mit dem Ausschuß tagen dürfen. Hierdurch wird zugleich die Kontinuität der Arbeit der Kammern sichergestellt.

Um dem Ziel eines verkleinerten Spiegelbilds nachzukommen, soll der Ständige Ausschuß alle politischen Gruppierungen und Strömungen ausgewogen repräsentieren. Ändert sich die Zusammensetzung des Präsidiums, so sind auch die Sitze des Ständigen Ausschusses anzupassen. Die jeweiligen Fraktions- und Ausschußvorsitzenden können jederzeit mir beratender Stimme hinzugezogen werden.

bb) Aufgaben

Der Ständige Ausschuß ist das Organ, das zwischen den Plenarversammlungen die inhaltliche Arbeit des Kongresses voranbringen soll. Zum einen zeigt sich hierin, daß die Reichweite des Kongresses selbst beschränkt ist. Häufig ist es nicht möglich, alle kommunal- und regionalrelevanten Fragen in den wenigen Sitzungstagen einmal jährlich zu diskutieren. Trotzdem muß der Gefahr vorgebeugt werden, daß der Ständige Ausschuß durch die Übertragung zu weitreichender Kompetenzen den Kongreß völlig ersetzen kann. Andererseits müssen die Aufgaben so verteilt werden, daß er seiner Aufgabe gerecht werden kann. Keinesfalls ist er mit den Statuarischen Ausschüssen und Arbeitsgruppen zu verwechseln, die eine rein inhaltsbezogene Arbeit leisten und nicht – wie der Ständige Ausschuß – die Handlungsfähigkeit im Sinne einer verbindlichen Beschlußfassungsfähigkeit gewährleisten.

Entsprechend den geäußerten Bedenken und in Abstimmung mit den Aufgaben des Präsidiums ist der Aufgabenkatalog eingeschränkt. Der Ständige Ausschuß zeichnet sich zuständig für die Verabschiedung der Dokumente, die in den ausschließlichen Aufgabenbereich einer der Kammern fallen. Dies wäre insofern bescheiden, als bei der Entscheidung über die Annahme eines solchen Dokuments eine Aussprache nicht erfolgt. Zudem tagen die Kammern ohnehin mit der Plenarversammlung, die ja die Texte selbst verabschieden kann. Etwas klarer wird die Regelung unter Einbeziehung des Kammersystems des Ständigen Ausschusses. Beide Kammern im Ausschuß können auch inhaltlich vorstoßen, indem sie im Namen der Kammer Resolutionen, Empfehlungen und Stellungnahmen abgeben (Art. 8 Abs. 2 GO-KGRE). So können im Rahmen der Sitzungen des Ständigen Ausschusses wichtige Entscheidungen fallen.

Dem Ständigen Ausschuß bleibt es unbenommen, über weitere Themen zu beraten, ohne den Willensbildungsprozeß durch eine Abstimmung abzuschließen. Er kann jederzeit durch den Kongreß mit weiteren Aufgaben betraut werden, so daß er auch als kurzfristiges Mittel zur Erreichung weiterer Zwecke fungieren kann.

d) Statuarische Ausschüsse

Im Gegensatz zum Ständigen Ausschuß kann in den Statuarischen Ausschüssen nur die inhaltliche Arbeit vorangebracht werden. Sie haben kein Beschlußrecht gegenüber dem Gesamtkongreß, also keine verbindliche Außenwirkung. Ihnen ist gemeinsam, daß ihre Bildung in der Charta zwingend vorgeschrieben ist, Art. 4 Abs. 2 CH.

aa) Bildung der Ausschüsse

Nicht festgelegt ist die Bildung bestimmter Ausschüsse. Herauskristallisiert haben sich folgende vier Ausschüsse, die der Kongreß entsprechend den Mandatsperioden alle zwei Jahre neu konstituiert:[149]

149 Zur deutschsprachigen Fassung der Ausschußbezeichnungen siehe KGRE; Der Kongreß der Gemeinden und Regionen Europas, 2001.

Ausschüsse des KGRE

- Ausschuß für Institutionelle Fragen
- Ausschuß für Kultur und Erziehung
- Ausschuß für nachhaltige Entwicklung
- Ausschuß für sozialen Zusammenhalt

Die Festlegung auf vorgegebene Ausschüsse war zunächst bei der Schaffung des Kongresses nicht vorgesehen. Erst mit der Revision der Rechtsgrundlagen wurde die Entscheidung pro lose und flexible Kommissionen revidiert. Der Kongreß hat nunmehr die Möglichkeit, wichtige Themengebiete kontinuierlich in den Ausschüssen zu diskutieren.[150] Dem Kongreß steht es frei, im Rahmen der allgemeinen Aufgabenzuweisung weitere Statuarische Ausschüsse zu bilden. Über den Einsetzungsbeschluß ist das Ministerkomitee zu informieren. [151]

bb) Zusammensetzung

Die Besetzung der vier Ausschüsse erfolgt in Parallele zu der des Ständigen Ausschusses nach einem in der GO-KGRE festgelegten Schlüssel.[152] Die Anzahl der Mitglieder, die einzelne nationale Delegationen in die Ausschüsse entsenden dürfen, hängt von der Gesamtgröße der Delegation ab. Die kleineren Delegationen bis zu sechs Delegierte haben einen Sitz in einem Ausschuß ihrer Wahl. Die Delegationen mittlerer Größe können ebenfalls wählen, haben aber zusätzlich einen Sitz im Institutionellen Ausschuß fest. Die großen Mitgliedstaaten mit 18 Sitzen haben jeweils vier Sitze in den Ausschüssen. Der Erwerb der Mitgliedschaft in einem der Ausschüsse ist unabhängig von der Eigenschaft als ordentlicher Delegierter oder Stellvertreter. Sofern zwei Vertreter in einen Ausschuß berufen werden, teilen sich beide Sitze in einen Regional- und einen Kommunalvertreter. Die Gesamtzahl der Sitze in den Ausschüssen entspricht der Anzahl der Mitglieder der nationalen Delegation.[153]

---

150 *Leitermann,* Stadt und Region im Europarat, Der Städtetag 1994, 276.

151 Die Ermächtigung des Art. 35 Abs. 5 GO-KGRE ist insofern überflüssig, als daß der Kongreß seine Geschäftsordnung mit der erforderlichen Mehrheit ohnehin ändern kann (Art. 57 GO-KGRE). Außerdem läßt die Charta Anzahl und inhaltliche Ausrichtung der Ausschüsse ausdrücklich offen.

152 Vgl. Anhang 1 zur GO-KGRE.

153 Z.B. Liechtenstein: zwei Mitglieder im Kongreß: ein Mitglied im Ständigen Ausschuß, ein Mitglied nach Wahl in einem der vier Ausschüsse; Tschechien gesamt sieben Sitze: zwei im Ständigen Ausschuß, zwei im Institutionellen Ausschuß (1 Regionalvertreter +

Durch das ausgeklügelte System wird gewährleistet, daß möglichst viele nationale Delegationen in den Ausschüssen vertreten sind, die Ausschüsse aber nicht zu groß werden, um die inhaltliche Auseinandersetzung durch eine personelle Überfrachtung nicht von vornherein zu erschweren. Außerdem ist ein Ausgleich gefunden worden zwischen der Größe der nationalen Delegation und der Ausschußmitgliedschaft.

cc) Beschäftigungsfelder

(1) Ausschuß für Institutionelle Fragen

Der Institutionelle Ausschuß beschäftigt sich mit grundlegenden Fragen der regionalen und lokalen Demokratie. Er verfaßt Berichte über die Situation in den Mitgliedstaaten und Beitrittskandidaten, über Regionalisierungstendenzen und alle spezifischen Fragen der lokalen und regionalen Strukturen, vgl. Art. 36 GO-KGRE. Zusammen mit ausgewiesenen Experten obliegt den kommunalen Vertretern im Ausschuß die Überwachung der Einführung und Einhaltung der Europäischen Charta der kommunalen Selbstverwaltung.[154] Die regionalen Vertreter beobachten die Entwicklung der Regionen anhand der vom Kongreß verabschiedeten Dokumente, also vor allem der Charta für regionale Minderheitssprachen und in Zukunft auch der Europäischen Regionalcharta.[155] Mit seinem weitreichenden Beschäftigungsauftrag stellt der Institutionelle Ausschuß das Kernstück der inhaltlichen Arbeit außerhalb des Kongresses dar.

(2) Ausschuß für Kultur und Erziehung

Der Ausschuß für Kultur und Erziehung ist zugleich für die Bereiche Medien, Jugend, Sport und Kommunikation zuständig.

---

1 Kommunalvertreter) und ein Mitglied in den anderen drei Ausschüssen; Rußland: 18 Sitze: zwei im Ständigen Ausschuß, jeweils vier (2 Regionalvertreter + 2 Kommunalvertreter) in den verbleibenden Ausschüssen.

154 Vgl. *Steenbrecker,* Politisches Monitoring im Europarat, in: Holtz (Hrsg.), 50 Jahre Europarat, S. 178 f.; zum Monitoring-Prozeß der EKC vgl. *Engel,* Fundament und Meßlatte für echte Demokratie, Europa kommunal 1999, 67 ff.; allgemein zum Monitoring im Europarat *Klebes,* Demokratieförderung durch den Europarat, in: Holtz (Hrsg.), 50 Jahre Europarat, S. 119 f. und *Steenbrecker,* Politisches Monitoring im Europarat, in: Holtz (Hrsg.), 50 Jahre Europarat, S. 171 ff.

155 Die Charta der regionalen Selbstverwaltung (ERC) als Gegenstück zu EKC, vgl. KGRE, Der Kongreß der Gemeinden und Regionen Europas, 2001; die ERC liegt derzeit dem Ministerkomitee zur Annahme vor; sie soll die Rechte der Regionen im Regionalisierungsprozeß schützen und sichern.

(3) Ausschuß für nachhaltige Entwicklung

Zum Aufgabenbereich des Ausschusses für nachhaltige Entwicklung zählen auch Umweltangelegenheiten und die Raum- und Städteplanung.

(4) Ausschuß für soziale Zusammenarbeit

Der Ausschuß für soziale Zusammenarbeit zeichnet sich verantwortlich für alle sozialen Fragen, die Beschäftigungspolitik, Fragen der Bürgergesellschaft, der interkommunalen Zusammenarbeit, des Gesundheitswesens und der Gleichberechtigung zwischen Frau und Mann.[156]

dd) Wirkungsweise

Die Statuarischen Ausschüsse können keine Beschlüsse mit Außenwirkung für den KGRE verbindlich fassen. Sie sind Hilfsorgane des Kongresses und der Kammern, welche die zu verabschiedenden Dokumente vorbereiten sollen. Als „Vorbereiter" sind sie wichtiger Bestandteil der inhaltlichen Arbeit und Ausrichtung des KGRE, faktisch zusammen mit den Arbeitsgruppen der „Motor der inhaltlichen Arbeit". Sie können sich darüber hinaus im Rahmen ihres Themenbereichs mit allen Fragen ohne vorherigen Auftrag zur Ausarbeitung eines konkreten Projekts beschäftigen, Art. 36 Abs. 2 GO-KGRE.

Für jedes Themengebiet beruft der Ausschuß einen Berichterstatter, der den Bericht ausarbeitet und ihn später dem Kongreß vorstellt. Die Berichte bestehen aus einem Vorschlag zur Annahme und sind mit einer Begründung versehen. Bei der Berichterstattung sind wesentliche abweichende Meinungen zwingend zu berücksichtigen. Nach der Annahme durch die Mehrheit der Ausschußmitglieder (Art. 40 Abs. 2 GO-KGRE)[157] werden die Vorschläge im Kongreß oder in den Kammern diskutiert, und entsprechend Art. 25 GO-KGRE ohne Beratung dem Ständigen Ausschuß vorgelegt. In letzterem Fall kann der Ständige Ausschuß die Überweisung an die Plenarversammlung verlangen.[158]

---

156 Zu dieser Einteilung siehe Art. 36 Abs. 1 GO-KGRE und KGRE, Der Kongreß der Gemeinden und Regionen Europas, 2001.

157 Im übrigen gelten die allgemeinen Grundsätze der Verfahrensregeln der Plenarversammlung, Art. 40 Abs. 1 GO-KGRE.

158 Zu den hierfür geltenden Fristen, insbesondere bei Eilanträgen, vgl. Art. 41 Abs. 6 f. GO-KGRE.

Wesentlicher Bestandteil der Arbeit in den Ausschüssen ist die Überwachung der Umsetzung und die Verfolgung der Wirkung der bereits durch den Kongreß verabschiedeten Texte. In beiden Fällen legen die Ausschüsse dem Kongreß Berichte mit Vorschlägen zur Annahme durch die Delegierten vor. Erklärt sich ein Ausschuß für nicht zuständig oder ergeben sich Zuständigkeitskonflikte zwischen den Ausschüssen, entscheidet das Präsidium des Kongresses.

Das Kammersystem des KGRE, des Präsidiums und des Ständigen Ausschusses wird in den Ausschüssen konsequent fortgeführt. Sie unterteilen sich jeweils in eine Kammer der regionalen und der kommunalen Vertreter des Kongresses. Die Ausschüsse sind gleichzeitig solche des Kongresses wie der Kammern. Die Ausschußkammern verabschieden die in den ausschließlichen Kompetenzbereich einer der Kammern fallenden Texte zur Empfehlung an die Kammern. Die Ausschüsse stellen organisatorisch ein verkleinertes Abbild des Gesamtkongresses dar. Ziel ist die effektive Vorbereitung der Tätigkeit der Kammern wie des Kongresses.

An der Spitze des Ausschusses steht jeweils ein zu wählender Vorsitzender. Ihnen zur Seite steht ein Sekretär des Sekretariats des Kongresses. Die Vorsitzenden der Kammerausschüsse sind kraft Amtes Vizepräsidenten des Kongreßausschusses. Den Präsidenten obliegt vor allem die Koordination der Arbeiten der Ausschüsse (Art. 38 Abs. 6 GO-KGRE).

e) Arbeitsgruppen

Ursprünglich waren die Arbeitsgruppen maßgeblicher Träger der vorbereitenden inhaltlichen Auseinandersetzung des KGRE.[159] Mit der Einführung von Statuarischen Ausschüssen haben sie ihre ursprüngliche Funktion und Bedeutung verloren, können aber dennoch wichtige Aufgaben übernehmen.

aa) Einrichtung von Arbeitsgruppen durch die Kammern

Die Überschrift deutet bereits an, daß es sich bei den Arbeitsgruppen um Einrichtungen der beiden Kammern handelt. Trotzdem sind sie expressis verbis Organe des Kongresses. Eine weitere Besonderheit ergibt sich im Modus der Einsetzung. Nach Aufteilung der Themen zwischen den beiden Kammern durch

159 Arbeitsgruppen existierten zu aktuellen Themen wie Erziehung, Wohnung, Arbeitslosigkeit, Innenstadtproblematik, Entwicklung des ländlichen Raums, lokale und regionale Strukturen, vgl. *Von Lennep,* Gemeinsames Erbe in Leitsätze gegossen, Städte- und Gemeinderat 1999, 8.

das Kongreßpräsidium kann das betroffene Kammerpräsidium nach seinem Ermessen eine Arbeitsgruppe einberufen. Die Arbeitsgruppe befaßt sich dann ausschließlich mit dem im Einsetzungsauftrag formulierten Themenbereich. Im Rahmen dessen kann die Vorbereitung eines Berichts, die Organisation von Fachkonferenzen und die Betreuung eines zwischenstaatlichen Projekts des Europarats Gegenstand der Arbeitsgruppenarbeit sein, Art. 42 Abs. 1 GO-KGRE. Für Fragen, die beide Kammern berühren, können gemischte Arbeitsgruppen mit kommunalen und regionalen Vertretern einberufen werden. Hierfür zuständig ist das Kongreßpräsidium. In jedem Fall bestehen die Arbeitsgruppen aus maximal elf Delegierten und elf Stellvertretern.

Die Existenz der Arbeitsgruppen ist an den entsprechenden, genau festgelegten Antrag gebunden. Sobald das Mandat erfüllt ist, löst sich die Arbeitsgruppe auf. Es handelt sich daher um sogenannte ad hoc Arbeitsgruppen. Ausnahmsweise kann eine Arbeitsgruppe – so z.B. bei zwischenstaatlichen Projekten – auf einen längeren Zeitraum angelegt sein. Dann ist der Einsetzungsbeschluß in der ersten Sitzung des Kongresses zu Beginn einer Mandatsperiode zu erneuern.

bb) Arbeitsweise

Bezüglich der Zusammenkünfte der Arbeitsgemeinschaften stellt Art. 43 Abs. 1 GO-KGRE schlicht fest:

> *„(...) les réunions des groupes de travail sont convoquées conformément à la répartition des ressources budgétaires decidées par le Bureau du CPLRE".*

Offensichtlich hängt die Bildung von Arbeitsgruppen von der Zuteilung ausreichender Finanzmittel durch das Kongreßpräsidium ab. Fraglich ist, inwieweit die Kammerpräsidien durch das Bewilligungserfordernis in ihrem Ermessen eingeschränkt werden. Jedenfalls ergibt sich aus der grundsätzlichen Existenz der Vorschriften über die Arbeitsgruppen, daß eine bestimmte Anzahl eingerichtet werden können muß. Das Zusammentreten der eingerichteten Arbeitsgruppen muß seinerseits die effektive Erfüllung des Auftrags ermöglichen. Das vertretbare Maß im Rahmen der Kostenaufstellung ist daher in Abstimmung mit dem Kongreßpräsidium zu bestimmen. Zu beachten ist natürlich, daß die Kammerpräsidien in Gänze im Kongreßpräsidium aufgehen. Die Frage der finanziellen Grenzen ist deshalb vornehmlich ein Abstimmungsproblem zwischen beiden Kammern bzw. deren Führungsorganen.

Mit wenigen Ausnahmen gelten die Verfahrensregeln des Kongresses auch für die Arbeitsgruppen. Beispielsweise endet die Amtszeit des Ausschußvorsitzenden mit dem Wegfall des Ausschußmandats, Art. 43 Abs. 3a) GO-KGRE. Für die Berichte der gemischten Arbeitsgruppen finden die Regeln über die statuarischen Ausschüsse mutatis mutandis Anwendung.

cc) Exkurs: Arbeitsgruppe „Regionen mit legislativer Kompetenz"

Hervorgehoben ist eine besondere Arbeitsgruppe der Kammer der Regionen. Die Arbeitsgruppe „Regionen mit Gesetzgebungskompetenz" ist eine dauerhafte Einrichtung, die sich mit der besonderen Problematik der Regionen mit legislativen Kompetenzen, also solchen Regionen, denen man durchaus Staatsqualität beimessen könnte, beschäftigt.[160] Ihr Verbleib im KGRE war besonders in den Anfangszeiten umstritten. Es waren zum Teil die betroffenen Regionen selbst, die ihre Mitarbeit im KGRE in Frage stellten.[161]

Nunmehr sollen ihre Anliegen Gegenstand der Arbeit einer besonderen Arbeitsgruppe sein. Dabei ist aufmerksam zu verfolgen, wie sich diese Regionen mit Staatsqualität positionieren. Eine ähnliche Tendenz des Anspruchsdenkens existiert auch im AdR, wo das Konfliktpotential noch stärker zum Tragen kommt. Dem wird durch die Herausnahme in eine extra geschaffene Arbeitsgruppe vorgebeugt. Der schleichenden Bildung einer „Kammer in der Kammer" ist entgegenzuwirken. Dies ist im KGRE eine Frage der regionalen Ausrichtung der Kammer der Regionen, die hier nicht im Mittelpunkt der Darstellung steht.

3. Weitere Einrichtungen des KGRE

a) Mini-Sessions

Vergeblich wird man in den Statuten der KGRE nach Vorschriften über die sogenannten Mini-Sessions suchen. Die zweimal im Jahr tagende organähnliche Einrichtung ist eine Geburt der Not. Aus finanziellen Gründen ist es dem Kongreß nicht möglich, mehrmals jährlich zusammen zu kommen.[162]

---

160 Vor allem den belgischen, spanischen und italienischen Regionen, den deutschen Bundesländern und den schweizerischen Kantonen.

161 Vgl. zu der sich wandelnden Auffassung der deutschen Bundesländer S. 183.

162 Vgl. die Auslagenerstattung und Sitzungsgelder für die ordentlichen Delegierten; anders die Stellvertreter, die auf eigene Kosten an den Sitzungen teilnehmen und daher in der Regel nur im echten Vertretungsfall und der damit einhergehenden finanziellen Unterstützung von ihrem Recht gebrauch machen. Die Stellvertreterregelung ist daher nur

Trotzdem besteht aus Kontinuitätsgründen ein Bedürfnis, über die Ausschußarbeit hinaus auf einer breiten Basis zu diskutieren. Dieser Aufgabe soll in erster Linie der Ständige Ausschuß Rechnung tragen. Problematisch ist, daß im Ständigen Ausschuß bei der Annahme eines durch einen der vier Ausschüsse herrührenden Berichts keine Beratung erfolgen darf. Der Ständige Ausschuß nimmt also nur auf der Grundlage des Berichtstextes eine Annahme bzw. Zurückweisung vor. Um vor der Verabschiedung eines Dokuments eine gemeinsame Auseinandersetzung zu ermöglichen, tagen in den Mini-Sessions der Ständige Ausschuß und der Institutionelle Ausschuß des Kongresses zusammen. Anschließend, nach der gemeinsamen Erörterung, stimmt der Ständige Ausschuß in einer eigenen Sitzung über die Projekte ab.

Die Mini-Sessions sind also in zweierlei Hinsicht von Bedeutung: Einerseits ermöglichen sie das Zusammenkommen ungefähr der Hälfte der Kongreßdelegierten außerhalb der Plenarversammlung mit entsprechender Außenwirkung[163] und dadurch eine Verbesserung der Kontinuität der Kongreßaktivitäten, und andererseits die gemeinsame Beratung der Entscheidungsträger vor der Beschlußfassung über einen Bericht.

b) Das Sekretariat

Zur Bewältigung seiner Aufgaben steht dem KGRE ein Sekretariat zur Verfügung. Es koordiniert die organisatorischen Abläufe und ist mit allen verwaltungstechnischen Abläufen des Kongresses und seiner Einrichtungen betraut. An der Spitze steht ein vom Kongreß gewählter Exekutivdirektor, der dem Kongreß direkt verantwortlich ist und zugleich dem Generalsekretär des Europarates untersteht.[164] Der Exekutivdirektor seinerseits bestimmt seinen Stellvertreter.[165] Er wird auf fünf Jahre gewählt und ist wiederwählbar, sofern er die allgemeine Altersgrenze für Europaratsbeamte nicht überschreitet. Ihm unterstehen die wieteren Beamten und Mitarbeiter des Sekretariats.

---

praktisch zu begründen, mit der Absicht, die tendenziell finanzkräftigere Regionalebene im Kongreß zu stärken.

163 Die Außenwirkung wird nach Ansicht vieler Beobachter dadurch geschmälert, daß die Bezeichnung als Mini-Session sprachlich der Bedeutung der Zusammenkünfte nicht gerecht wird. Daher wird über eine Umbenennung – möglicherweise verbunden mit einer offiziellen Anerkennung – der nachträglichen „Erfindung“ nachgedacht.

164 Derzeit. der Deutsche *Ulrich Bohner*, der *Rinaldo Locatelli* nachgefolgt ist.

165 Derzeit *Antonella Cagnolati.*

c) *Kontaktgruppe AdR – KGRE*[166]

Über die bisherige organisatorische Teilung hinaus geht die Kontaktgruppe AdR –KGRE. Sie soll den ständigen Kontakt mit dem „EU-Pendant" gewährleisten. Die Zusammenarbeit – sofern von einer solchen angesichts der Intensität der Kontakte gesprochen werden kann – in der geschaffenen Einrichtung dient dem gegenseitigen Erfahrungsaustausch. Für den KGRE birgt sie die Chance, seine Arbeit in die übermächtige EU einzubringen.[167] Zu bedenken ist, daß die Beschlüsse des KGRE einen Kompromiß von 45 europäischen Staaten einschließlich aller 15 EU-Staaten und aller EU-Beitrittskandidaten darstellen. Insofern kommt den Impulsen des KGRE hier eine besondere Bedeutung zu. Letztlich ist die institutionelle Querverbindung die konsequente Fortsetzung der personellen Verflechtung: Eine Reihe von Mitgliedern des KGRE sind zugleich Vertreter ihrer Gemeinde bzw. Region im AdR, was von den mitgliedstaatlichen Benennungsverfahren abhängt.[168] Für beide Seiten kann die Koordination nur befruchtend sein.

d) *Nationale Delegationen*

Eine wichtige politische Funktion im organisatorischen Zusammenspiel des Kongresses kommt den nationalen Delegationen zu. Genaugenommen existieren wiederum drei Delegationen pro Mitgliedsstaat: Die nationalen Zusammenschlüsse der beiden Kammern und eine gemeinsame Gesamtdelegation. Die grundsätzliche Zulässigkeit der Bildung nationaler Delegationen ergibt sich aus Art. 6 GO-KGRE, der jedoch keine Aussagen zu deren Aufgaben trifft. Diese

---

166 Zur Zusammenarbeit zwischen Europarat und EG *Link,* Europarat und EG – Arbeitsteilung oder Konkurrenz?, in: Schmuck (Hrsg.), Vierzig Jahre Europarat, S. 99 ff.

167 Vgl. zur Zusammenarbeit Europarat – EU *Kusche,* Ausschuß der Weisen legte Empfehlungen vor, Europa kommunal 1999, 61 f.

168 In der Bundesrepublik teilen sich die drei AdR-Sitze auf die kommunalen Spitzenverbände auf; dasselbe gilt für die neun Sitze im KGRE. Trotz dessen werden im kommunalen Bereich Doppelvertretungen womöglich aus personaltaktischen Gründen angesichts der spannenden und für kommunale Akteure reizvollen internationalen Ebene vermieden. Anders zunächst bei der regionalen Seite; die Wahrnehmung europäischer Interessen durch die Bundesländer war mit der Torschlußpanik anfang der 90er Jahre hierfür spezifisch zuständigen Riege der Europaminister sowohl im AdR als auch im KGRE besetzt. Beim AdR sind bis heute weitgehend Exekutivvertreter (Minister, Staatssekretäre) delegiert, während beim KGRE sich die Mandatsträgerschaft auf der Ebene der Landtagsabgeordneten oder Landtagspräsidenten, also der Legislativorgane, einpendelte (zu letzterem Punkt vgl. *Zahn,* Sprachrohr der regionalen und lokalen Gebietskörperschaften, Europa kommunal 1999, 65). Die Minister konzentrieren sich demnach auf die auswirkungsvollere Europäische Gemeinschaft.

nehmen daher lediglich allgemeinpolitische Funktionen wahr. Als solche sind sie Ansprechpartner für alle die Mitgliedstaaten betreffenden Fragen.

Die Delegationen treffen sich im Umfeld der Plenarversammlungen und sprechen ihr Abstimmungsverhalten im Hinblick auf eine nationale Ausrichtung ab. Gerade bei den sehr unterschiedlich ausgeprägten Regionalstrukturen kommt es immer wieder zu Meinungsverschiedenheiten zwischen den Mitgliedstaaten. Diese gründen aber mehr auf strukturellen Fragen als auf rein nationale Vorbehalte. Die Zugehörigkeit zu einer nationalen Delegation ist daher grundsätzlich eine organisatorische Existenzberechtigung, weniger eine dominierende Stellung im inhaltlichen Diskurs des Kongresses. In diesen Zusammenhang fällt auch die Ausschußbesetzung durch die nationalen Delegationen, deren Bedeutung nicht zu unterschätzen ist.

e) Fraktionsbildung

Mindestens 15 Delegierte aus mindestens drei Mitgliedstaaten werden vom Präsidium als politische Gruppe/Fraktion im KGRE anerkannt (Art. 7 GO-KGRE). Die Gruppen im KGRE entsprechen den politischen Tendenzen der Parlamentarischen Versammlung:[169] Demokraten, Sozialisten, Liberale. Wie den nationalen Delegationen kommt ihnen eine allgemeinpolitische Funktion zu. Die kommunalen Vertreter im KGRE sind drei Einteilungen untergeordnet. Der Zugehörigkeit zu einer kommunalen Gebietskörperschaft, einer nationalen Delegation und einer politischen Gruppierung. All diese politischen Differenzierungen gilt es, im Kongreß miteinander in Einklang zu bringen.

V. Aufgaben, Wirkungsweise und Bedeutung des KGRE

Bisher ist an wenigen Stellen angeklungen, welche Aufgaben der KGRE wie wahrnimmt. Am einfachsten erschließt sich das Ziel des KGRE durch die Interpretation seines Titels:[170] Der KGRE soll die *„umfassende Vertretung aller parlamentarisch kontrollierten exekutiven Einheiten unterhalb der Staatsebene sein“*.[171] Die entscheidende Frage in diesem Zusammenhang ist aber, wie er

---

169 Zur Fraktionsbildung im Europarat *Schieder,* Die Rolle der Fraktionen im Europarat, in: Holtz (Hrsg.), 50 Jahre Europarat, S. 101 ff. und *Steger,* Die Rolle der Parlamentarischen Versammlung als Motor der Europarats, in: Holtz (Hrsg.), 50 Jahre Europarat, S. 82.

170 Zur Problematik um die Benennung s. S. 184.

171 *Zahn,* Sprachrohr der regionalen und lokalen Gebietskörperschaften, Europa kommunal 1999, 64.

diesen Auftrag erfüllt und welche Mittel dem Kongreß und seinen Untergliederungen dafür zur Verfügung stehen. Daß der KGRE über ein organisatorisch ausgeklügeltes System verfügt, wurde soeben dargestellt. Nun gilt es, die vorgegebenen Strukturen mit Leben zu füllen. Dabei wird sich zeigen, daß die allgemeine Umschreibung der kommunalen und regionalen Interessenvertretung lange nicht ausreicht, um die Facetten des KGRE in ihrer ganzen Dimension aufzuzeigen.

1. Ausgangslage

Hierfür soll zunächst die Ausgangslage verdeutlicht werden, indem die bisher nur bedingt aufgeführten Zielsetzungen des KGRE erläutert werden. Schon an der allgemeinsten, verkürzenden Formulierung der Aufgaben des Kongresses wird deutlich, daß für deren Erfüllung ein Zusammenspiel mit anderen Organen und Einrichtungen des Europarats unabdingbar ist. Für die spätere Untersuchung soll der KGRE in das Europaratssystem eingeordnet werden. Die formale Stellung, die man ihm zuteil werden läßt, wird maßgeblichen Einfluß auf den potentiellen Grad der Einflußnahme haben. Der Umfang der leistbaren Arbeit hängt von den finanziellen Spielräumen ab. Einerseits kostet die Tätigkeit einer internationalen Organisation Geld. Andererseits sind eventuell von dem Anteil der Ressourcen des Kongresses, gemessen am Gesamtbudget des Europarats, Rückschlüsse auf die Beimessung eines bestimmten Grades an Bedeutung zu ziehen. Die letzten beiden Punkte sind – kumulativ mit den vorgenannten strukturellen – Voraussetzungen für ein effektives Wirken, die dem KGRE überhaupt die Chance geben, den Zielen des ersten Punktes nachzugehen. Erst im Anschluß daran ist überhaupt eine Wertung möglich.

a) Ziele und Aufgaben

aa) Überblick

„Der Kongreß ist die Stimme der Regionen und Gemeinden Europas."[172]

Diese Selbstdarstellung des KGRE bzw. dessen Referats für Öffentlichkeitsarbeit formuliert das politische Ziel. In Art. 2 Abs. 1 StRes werden die Aufgaben des KGRE aufgezählt:

---

172 KGRE, Der Kongreß der Gemeinden und Regionen Europas, 2001.

Aufgaben des KGRE

- die Beteiligung der kommunalen und regionalen Gebietskörperschaften an der Verwirklichung des Ideals eines einheitlichen Europas sicherzustellen, in der von Art. 1 der Europaratssatzung formulierten Form;[173]
- dem Ministerkomitee Vorschläge zu unterbreiten, welche die kommunale und regionale Demokratie stärken und fördern;
- im Rahmen seiner Kompetenzen und der allgemeinen Politiken des Europarats Kontakte zu anderen internationalen Organisationen zu pflegen;
- eng mit den nationalen, kommunalen und regionalen (Spitzen-) Verbänden und Organisationen, sowie mit den europäischen Gemeinde- und Regionalzusammenschlüssen zusammenzuarbeiten.[174]

bb) Arbeitsebenen

Die Arbeit des KGRE erfordert demzufolge ein Tätigwerden auf mehreren Ebenen, sowohl ein Engagement innerhalb des Kongresses, im Rahmen des Europarats, auf zwischenstaatlicher Ebene gegenüber anderen internationalen Strukturen, mit den Nichtregierungsorganisationen auf nationaler wie internationaler Ebene, mit den gemeindlichen und regionalen Zusammenschlüssen, den einzelnen Gemeinden und Regionen und deren Bewohnern. Nimmt man letzteres, so vertritt der KGRE über 800.000.000 Menschen aus 45 Staaten Europas. Auf die internationale Arbeit im Lichte der geographischen Ausbreitung und nationalen Vielfalt wird an späterer Stelle noch einzugehen sein.

---

173 Art. 1a ER-Satzung als zentrale Norm lautet:
„Le but du Conseil de l'Europe est de réaliser une union plus étroite entre ses membres afin de sauvegarder et de promouvoir les idéaux et les principes qui sont leur patrimoine commun et de favoriser leur progrès économique et social".

174 Dies gilt vor allem in Hinblick auf die neuen Demokratien Mittel- und Osteuropas, vgl. *Von Lennep*, Gemeinsames Erbe in Leitsätze gegossen, Städte- und Gemeinderat 1999, 8.

Innerhalb des Kongresses haben die Kommunal- und Regionalvertreter[175] die Möglichkeit, die Begegnungen zum gegenseitigen Erfahrungsaustausch zu nutzen.[176] Er ist *„Sprachrohr"*[177] der jeweiligen Gebietskörperschaft gegenüber der mitgliedstaatlichen Regierungsebene und sonstigen staatlichen Stellen. Die Art der Aufgabe und das Aufgabenspektrum haben sich von der Ständigen Konferenz zum KGRE hin verändert.

Das Anwachsen des Europarats von 21 auf 45 Staaten seit Beginn der 90er Jahre des vergangenen Jahrhunderts hat auch in der zielpolitischen Ausrichtung des Kongresses seine Spuren hinterlassen. Seitdem steht der Aufbau effizienter dezentraler Strukturen in den neuen Demokratien der MOE-Staaten im Vordergrund.[178] Hier galt und gilt es, die Entwicklungen zu beobachten und – sofern nötig – Hilfestellung gegenüber Regierungen, Regionen und Kommunen wie gegenüber Regional- und Gemeindeverbänden zu leisten.

In bezug auf die Kontaktpflege zu anderen internationalen Organisationen liegt der Schwerpunkt auf dem Verhältnis zur EU, insbesondere zum AdR. Die explizit zu diesem Zwecke ins Leben gerufene Kontaktgruppe wurde bereits vorgestellt. Dabei geht es in der Wahrnehmung kommunaler und regionaler Interessen nicht um die Profilierung gegenüber der übermächtigen EU. Vielmehr besteht ein reges Interesse der EU-Organe über den AdR hinaus an der Arbeit des KGRE. Dies rührt vor allem von der anstehenden EU-Erweiterung her. Die Verantwortlichen der EU-Organe verfolgen mit besonderer Aufmerksamkeit die Demokratisierungsprozesse der Beitrittskandidaten. Eine Kooperation mit dem KGRE drängt sich hier geradezu auf. Festzuhalten ist, daß es sich hierbei um einen beiderseitig befruchtenden Informations- und Erfahrungsaustausch handelt, bei dem dem KGRE eine besondere Aufgabe zukommt.

Ebenso auf einem Gegenseitigkeitsverhältnis beruht die Kooperation mit den europäischen und außereuropäischen Gemeindeverbänden. Zu bedenken ist, daß die heutige Gestalt des Kongresses dem vielseitigen Einsatz von mehreren Nichtregierungsorganisationen wie dem Rat der Gemeinden und Regionen Europas (RGRE) oder der Versammlung der Regionen Europas mit zu verdanken

175 Häufig wird im Rahmen des KGRE zwischen Landtags-, Kantons- und sonstigen Regionalpolitikern unterschieden, vgl. KGRE, Der Kongreß der Gemeinden und Regionen Europas, 2001.

176 *Von Lennep,* Gemeinsames Erbe in Leitsätze gegossen, Städte- und Gemeinderat 1999, 8.

177 *Zahn,* Sprachrohr der regionalen und lokalen Gebietskörperschaften, Europa kommunal 1999, 64.

178 Vgl. zur Außenwirkung des Kongresses unten S. 265 ff.

ist. Die Integration der NRO in die Kongreßarbeit durch die Verleihung eines Beraterstatus gehört daher zu den Aufgaben des KGRE.[179]

cc) Umfangspezifische Problematik

Die Darstellung des gesamten Aufgabenspektrums des KGRE deutet in ihrem Umfang die Problematik der Verwirklichung aller Ziele bereits an. Inwieweit dem Kongreß die Bewältigung der Aufgaben gelingt, und welche Mittel ihm über die organisatorischen Grundlagen hinaus zur Verfügung stehen, soll Gegenstand der weiteren Untersuchung sein. Trotzdem ist jetzt schon klar, daß eine geeignete Schwerpunktsetzung und Abgrenzung der Kongreßarbeit unabdingbar ist. Bei allen „außenpolitischen" Herausforderungen darf die Rückbesinnung auf die ursprüngliche Zielsetzung nie aus den Augen verloren werden: Die Vertretung der kommunalen und regionalen Interessen beim Europarat. In erster Linie hat der KGRE europaratsrechtlich eine binnenorganisatorische Funktion. Das Wirken darüber hinaus wird stets nur die zweite Rolle einnehmen können. Meist werden sich beide Zielsetzungen wohl ergänzen, zumal diese Kompetenzen Teil der allgemeinen auswärtigen Beziehungen *(„as part of the general external relations policy")* des Europarats sind.[180] Zu beachten ist, daß dieses Recht in der Satzung der Ständigen Konferenz nur in Beziehung zur Europäischen Gemeinschaft verankert war.[181]

Die zusätzliche Pflege von *„Außenkontakten"* zu außerhalb des Europarats stehenden Rechtssubjekten ist zwar als Aufwertung zu verstehen[182], eine radikale Verschiebung der Schwerpunktsetzung – auch was den Einsatz finanzieller Mittel angeht – sollte damit aber nicht verbunden sein. Die originäre Aufgabe des KGRE bleibt die Beratung des Ministerkomitees und der Parlamentarischen Versammlung in allen Fragen der Kommunal- und Regionalpolitik.[183] In diesen Rahmen fällt auch die Ausarbeitung von internationalen Abkommen zur Förderung der gemeinsamen Werte der Europaratsmitgliedstaaten, was einen nicht unwesentlichen Teil der Arbeit des Kongresses ausmacht.[184]

179 Zu den kooptierten Verbänden s. o. S. 254 ff.

180 *Leitermann,* Stadt und Region im Europarat, Der Städtetag 1994, 278.

181 *Leitermann,* Stadt und Region im Europarat, Der Städtetag 1994, 278.

182 *Leitermann,* Stadt und Region im Europarat, Der Städtetag 1994, 278.

183 Anders zum Teil die Selbstdarstellung des KGRE, die vor allem auf die konkreten Projekte außerhalb des Europarats abstellt, vgl. KGRE, Der Kongreß der Gemeinden und Regionen Europas, 2001.

184 Vgl. insbesondere die Bemühungen um die Europäische Regionalcharta.

b) Stellung des Kongresses innerhalb des Europarats

aa) Der KGRE als beratendes Nebenorgan

Entsprechend der vornehmlichen Aufgabe des KGRE ist dessen Stellung innerhalb des Gesamtkongresses zu untersuchen. Von ihr wird maßgeblich die Einflußnahme auf die Organe des Europarats abhängen.[185] Bei der Qualifizierung der chartaspezifischen Rechtsgrundlagen wurde vom Kongreß als beratendem Nebenorgan gesprochen. Die Einordnung als Organ im Sinne der Satzung des Europarats ist nicht möglich, da dort die beiden Organe des Europarats – das Ministerkomitee und die Parlamentarische Versammlung – ausdrücklich aufgeführt sind.[186]

Der Wortlaut der Satzung erwähnt den KGRE mit keiner Silbe. Er stützt sich auf Art. 15a und 16 der Satzung. Zu der generellen Möglichkeit der Schaffung weiterer Einrichtungen war zur Bildung des KGRE ein Willensakt des Ministerkomitees Vorraussetzung. Die uneingeschränkte Bezeichnung als Organ wäre damit eine nicht gerechtfertigte Gleichstellung mit dem Ministerkomitee und der Parlamentarischen Versammlung.[187] Der Kongreß soll kraft seines Auftrags in Hinblick auf kommunale und regionale Fragen beide Organe beraten. Zugleich soll er mehr sein als eine bloße Hilfseinrichtung, vergleichbar mit einem Ausschuß oder einer Arbeitsgruppe. Dies zeigt sich am Wechsel der Rechtsgrundlage von der Ständigen Konferenz zum Kongreß.[188]

Hierdurch erfuhr der KGRE eine Aufwertung zum Organisationselement des Europarats[189], die mit dem bisherigen Status als beratender Fachausschuß nicht vergleichbar ist. Treffend läßt er sich – in Parallele zum AdR – als Nebenorgan bezeichnen, das eine hervorgehobene Rolle neben den Organen einnimmt, ohne mit ihnen gleichgestellt zu sein.[190]

---

185 Zum Willensbildungsprozeß innerhalb des Europarats *Lappenküper,* Rolle und Zusammenwirken der Organe des Europarats, in: Schmuck (Hrsg.), Vierzig Jahre Europarat, S. 81 ff.

186 Vgl. *Woyke,* Europäische Organisationen, S. 124.

187 Der Organbegriff ist hierbei autonom aus den europaratsrechtlichen Rechtsgrundlagen zu bestimmen. Sicher ließe sich ohne weiteres von einem Organ im weiteren Sinne, einer Einrichtung, derer sich der Europarat zur Erfüllung seiner Aufgaben bedient, sprechen. Eine solche Vermengung bzw. Ungenauigkeit ist für die exakte rechtliche Qualifikation aber zu vermeiden.

188 Zu den Rechtsgrundlagen des Kongresses s. oben S. 186.

189 *Lwowski,* Der Kongreß in Straßburg, Der Städtetag 1995, 837.

190 Der Begriff des Nebenorgans ist dabei autonom aus dem Recht des Europarats zu bestimmen und im Vergleich mit der EG nur strukturell aufzufassen.

Quantitativ ergibt sich ein Bedeutungsunterschied zum AdR schon daraus, daß der KGRE die einzig vergleichbare organisatorische Einheit des Europarats ist und der AdR sich seine formale Position mit dem Wirtschafts- und Sozialausschuß teilen muß. Entsprechend der vielschichtigeren und weitreichenderen Auswirkungen der Gemeinschaftsrechtsakte buhlt auch eine größere Anzahl von Interessenträgern um die Einflußnahme auf den Entscheidungsprozeß zu Lasten des Nebenorgans. Es differieren im Vergleich mit dem AdR von vornherein die Ausgangsbedingungen in faktischer Hinsicht, was nicht ohne Konsequenzen auf die rechtliche Einordnung bleiben kann.

bb) Faktische Bedeutung des KGRE

Alleine die Schaffung eines ausgefeilten Gebildes wie des KGRE zeigt, welche Bedeutung der Europarat der kommunalen und regionalen Ebene beimißt. Der Kongreß ist nicht nur eine Alibieinrichtung zur Vortäuschung einer basisdemokratischen Rückkopplung. Dies zeigt sich am ständigen Dialog mit Verantwortlichen innerhalb und außerhalb des Europarats.[191] Dessen Verpflichtung zur Wahrung von Demokratie und Rechtsstaatlichkeit bedarf der Berücksichtigung aller öffentlichen Ebenen.[192] In zahlreichen Dokumenten gegenseitiger Konsultation zeigt sich eine hervorgehobene Stellung des KGRE. Innerhalb des Europarats bestehen daher keine Zweifel, daß er die ihm zugewiesene Rolle und die geschaffenen strukturellen Vorraussetzungen im Sinne seiner Urväter ausnutzt.

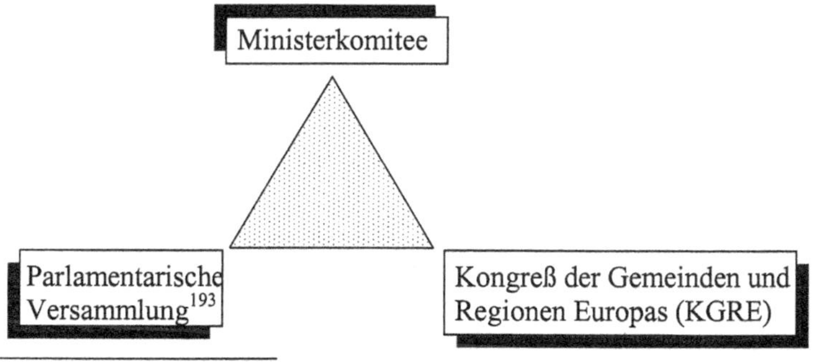

191 Zur Bewertung der Arbeit s. S. 269.

192 Der Demokratiebegriff des Europarats umfaßt die *„Kriterien einer echten pluralistischen Demokratie, die Rechtsstaatlichkeit und die Achtung der (...) Menschenrechte und Grundfreiheiten"*, *Klebes,* Demokratieförderung durch den Europarat, in: Holtz (Hrsg.), 50 Jahre Europarat, S. 113 ff; vgl. *Tarschys,* Wandel in Mittel- und Osteuropa und die Stellung des Europarats, S. 10 ff.

193 Zur Rolle der Parlamentarischen Versammlung *Lappenküper,* Rolle und Zusammenwirken der Organe des Europarats, in: Schmuck (Hrsg.), Vierzig Jahre Europarat, S. 84 ff.

Freilich muß zugegeben werden, daß eine solche faktische Stellung eine wertende Betrachtungsweise beinhaltet, die nicht ohne weiteres anhand konkreter Beispiele belegt werden kann. Zumindest in der ersten Phase nach dessen Einrichtung gab es angesichts der komplexen Verfahrensmodalitäten Eingewöhnungsschwierigkeiten, die schnell überwunden wurden.[194] Die Arbeit des Kongresses wird als „aktuell" und „lebendig" bezeichnet.[195] Die Nähe der Bürgermeister, Landräte und Regionalabgeordneten zu den Alltagsproblemen[196] der Bevölkerung durchzieht die gesamte Arbeit.[197] Die eigentliche Bedeutung des Kongresses liegt aber darin, daß er *„zwischen den untersten Ebenen öffentlich-rechtlicher Personengemeinschaften und der größten allgemeinpolitisch ausgerichteten europäischen Staatenorganisation eine direkte Verbindung her-[stellt]"*.[198] Der Europarat kommt also gar nicht umhin, den kommunalen und regionalen Gebietskörperschaften samt deren Vertretung im KGRE – die er ja selbst in diesem Umfang ins Leben gerufen hat – eine große Bedeutung zu schenken. Diese Verantwortungsübertragung rechtfertigt der KGRE durch seinen ständigen Einsatz für die lokale und regionale Demokratie.

Zuletzt ist zu beachten, daß der KGRE in der Erfüllung seiner „außenpolitischen" Funktion die Arbeit des Europarats nach außen trägt, sich entsprechend seines Selbstverständnisses als *„Botschafter der lokalen und regionalen Demokratie"* präsentiert. Er trägt damit wesentlich zum Erscheinungsbild des Europarats bei. Die Bedeutung bzw. Stellung des Kongresses ergibt sich wiederum aus dem dahinterstehenden Gegenseitigkeitsverhältnis: Der Europarat hat dem KGRE diese Aufgabe übertragen, um über die Organisation hinaus wirken zu können, und der KGRE nimmt diese Rolle faktisch so wahr, daß ihm eine besondere Funktion innerhalb des Europarats zukommt.

Nicht übersehen werden soll dabei die grundsätzliche Problematik um die Öffentlichkeitswirksamkeit des Europarats[199] wie auch des KGRE.[200] Diese sind

---

194 *Lwowski,* Der Kongreß in Straßburg, Der Städtetag 1995, 840.

195 *Zahn,* Sprachrohr der regionalen und lokalen Gebietskörperschaften, Europa kommunal 1999, 66.

196 *Zahn,* Sprachrohr der regionalen und lokalen Gebietskörperschaften, Europa kommunal 1999, 66.

197 Vgl. schon zur Konferenz der Gemeinden und Regionen Europas *Baloup,* Le représetation de l'Europe des régions et des communes aus Conseil de l'Europe, Annuaire européen 1978, 71.

198 *Schaffarzik,* Handbuch der EKC, S. 58.

199 Vgl. *Kusche,* Ausschuß der Weisen legte Empfehlungen vor, Europa kommunal 1999, 60.

200 Vgl. zur Öffentlichkeitswirkung der kommunalen Vertretung im Europarat *Knemeyer,* Kommunalrecht, Rn. 57; *Knemeyer,* Kommunale Selbstverwaltung in Europa – Die Schutzfunktion des Europarats –, BayVBl. 2000, 449; zur EKC *Schultze,* Die deutschen

eher strukturell bedingt – vergleiche das Verhältnis zur übermächtigen EU – und weniger Ausdruck fehlenden Engagements.[201]

cc) Ergebnis

Festzuhalten ist, daß der KGRE innerhalb des Europarats eine eminente Rolle einnimmt,[202] was auf die tatsächliche Ausfüllung einer rechtlich umfangreich eingeräumten Stellung zurückzuführen ist.

c) Finanzielle Möglichkeiten zur Umsetzung der Ziele

Die Verwirklichung zahlreicher Projekte hängt von der Zurverfügungstellung ausreichender Finanzmittel ab.[203] Nur wenn eine Finanzierung sichergestellt ist, kann auch der KGRE handeln.

Der Europarat finanziert sich klassisch-völkerrechtlich durch die Beiträge seiner Mitglieder.[204] Der KGRE wird versuchen, von diesem „Kuchen" zur Deckung seiner Ausgaben etwas abzubekommen. Der gesamte Finanzrahmen des Europarats betrug 2003 175.000.000 Euro[205], im Gegensatz zum EU-Haushalt mit rund 1 Mrd. Euro ein eher bescheidenes Auskommen.[206] Von den Gesamteinnahmen bekam der KGRE 6,8 Mio. Euro. Zuständig für die Bewilligung des Budgets des Kongresses ist das Ministerkomitee, Art. 16 Abs. 1 CH. Die benötigten Gelder sind jährlich dem Generalsekretär des Europarats mitzuteilen, der diese im Gesamthaushalt des Europarats berücksichtigt.

Von diesen Geldern hat der KGRE die Kosten für die Durchführung der Plenarversammlungen, der beiden Kammern, der weiteren Organe und sonstige

Kommunen in der europäischen Union, S. 143 und *Schmitt-Egner,* Handbuch der Regionalorganisationen, S. 99.

201 Vgl. zu dieser These den Internetauftritt des Europarats [www.coe.int] und des KGRE [www.coe.int/cplre], der jedoch die Informationen weitgehend nur in Englisch und Französisch – also den beiden Arbeitssprachen (zum Sprachenregime des Europarats sogleich) – zur Verfügung stellt, was den Adressatenkreis a priori einschränkt.

202 So auch *Schaffarzik,* Handbuch der EKC, S. 58.

203 Zur Finanzsituation des Europarats *Schmuck,* Vierzig Jahre Europarat: Was wurde erreicht? Wie geht es weiter?, in: Schmuck (Hrsg.), Vierzig Jahre Europarat, S. 249 f.

204 Vgl. *Woyke,* Europäische Organisationen, S. 126.

205 2003 sind 175 Mio. € festgelegt. Die Bundesrepublik steuert davon ca. 22 Mio. € bei.

206 Zum Haushalt des Europarats und die Beitragszahlung der Europaratsmitglieder nach einem festgelegten Schlüssel aus Bevölkerungszahl und Bruttosozialprodukt *Vorbeck,* Der Beitrag des Generalsekretariats zur europäischen Einigung, in: Schmuck (Hrsg.), Vierzig Jahre Europarat, S. 58 f.

Aufwendungen zu bestreiten. Hierzu gehören grundsätzlich auch die Aufwandsentschädigungen der Delegierten.[207] Für die Bewilligung dieser Mittel ist aber ein separater Beschluß des Ministerkomitees erforderlich (Art. 16 Abs. 5 GO-KGRE). Hintergrund ist ein seit der Schaffung des KGRE währender Streit, wer die Auslagen der Delegierten zu tragen hat.[208]

Das Personal des Kongreßsekretariats wird aus der Verwaltung des Ministerkomitees rekrutiert, so daß im Haushalt kein diesbezüglicher Posten bereitgestellt werden muß. Der Finanzrahmen hält sich angesichts der strukturellen Größe in bescheidenem Rahmen, der in der Relation dem des gesamten Europarats entspricht. Viele der Projekte stehen damit unter dem Damoklesschwert der ausreichenden Finanzierung.

Dies erfordert häufig eine Rückbesinnung auf die Konstitution als Wertegemeinschaft gegenüber der EU als Wirtschaftsgemeinschaft[209] mit großem Spielraum.[210] Daß es dem KGRE trotzdem gelingt, zahlreiche Dokumente zu verabschieden und Hilfsmaßnahmen durchzuführen, ist auf das Engagement der Kongreßmitglieder zurückzuführen. Demnach soll nicht übersehen werden, daß die Zukunft des KGRE eng von der künftigen Rolle und der künftigen Gestalt des Europarats abhängt. Auch auf den KGRE werden daher in Zukunft Veränderungen zukommen.

---

207 *Leitermann,* Stadt und Region im Europarat, Der Städtetag 1994, 276; *Lwowski,* Der Kongreß in Straßburg, Der Städtetag 1995, 841 f.

208 Zunächst wurde eine dreijährige Übergangsregelung getroffen, die die Kosten dem Haushalt des Europarats aufbürdet und die so bis heute Bestand hat. Die Bestrebungen gehen dahin, daß die Auslagen durch die entsendenden Mitgliedstaaten zu tragen sind. Dieses Modell würde auch der Kostenregelung beim Ministerkomitee und der Parlamentarischen Versammlung entsprechen (vgl. *Lwowski,* Der Kongreß in Straßburg, Der Städtetag 1995, 841). Fraglich ist natürlich, ob diese zu einer Übernahme bereit sind (In Deutschland spricht nach wie vor alles dafür, daß die Bundesregierung sich weigern würde; gleiches gilt auch für die kommunalen Spitzenverbände (vgl. zur Situation 1995 *Lwowski,* Der Kongreß in Straßburg, Der Städtetag 1995, 841)).

209 Zu deren Entwicklung *Badura,* Wandlungen der europäischen Wirtschaftsverfassung, in: Schwarze/Müller-Graff, Europäische Verfassungsentwicklung, EuR Beiheft 1/2000, 45 ff.

210 *Zahn,* Sprachrohr der regionalen und lokalen Gebietskörperschaften, Europa kommunal 1999, 65; *Klebes,* Die Rechtsstruktur des Europarats und insbesondere der Parlamentarischen Versammlung, S. 31.

2. Arbeitsweise des Kongresses gegenüber anderen Organen und Einrichtungen

a) Handlungsformen

Bei der Untersuchung der Arbeitsweise sollen zunächst die Handlungsformen des KGRE im Mittelpunkt stehen. Die Zusammenarbeit im Europarat und darüber hinaus ist an feste Regeln gebunden, die einem geordneten Miteinander nur förderlich sein können. Es geht dabei vorwiegend um die formale Einkleidung der inhaltlichen Direktiven. Die richtige Wahl der Handlungsform entscheidet häufig über Erfolg oder Scheitern einer Aktion. Oft richtet sich die Auswahl aber nach dem Adressaten. Dem KGRE stehen folgende Formen zur Verfügung: Stellungnahmen *(„avis")*, Empfehlungen *(„recommendations")* und Resolutionen *(„résolutions")*. Allen ist gemeinsam, daß sie sich an außerhalb des Rechtskreises des KGRE stehende Organe oder Einrichtungen wenden.[211]

aa) Stellungnahmen und Empfehlungen

Die Empfehlung und die Stellungnahme sind gemäß Art. 2 Abs. 4 S. 1 StRes statthaftes Handlungsmittel gegenüber der Parlamentarischen Versammlung und dem Ministerkomitee. Der KGRE verfaßt die Dokumente in eigener Verantwortung. Ein rechtlicher Anspruch auf eine Empfehlung oder Stellungnahme der Organe bezüglich eines bestimmten Themas erscheint zweifelhaft. Generell wird der KGRE einem Auskunftsersuchen aber nachkommen. Ansonsten würde sein vornehmlicher Zweck als beratendes Nebenorgan in Frage gestellt.

Im Gegensatz zur Empfehlung setzt die Stellungnahme einen Bezug zu einem bereits aufgegriffenen Sachthema voraus. Denkbar ist, daß die Parlamentarische Versammlung oder das Ministerkomitee den Kongreß auffordert, zu einem bestimmten Sujet seine Auffassung kundzutun. Gleichermaßen kann der KGRE von sich aus tätig werden, sofern er zu einem bestimmten Punkt auf eine kommunal- oder regionalrelevante Frage eingehen will. Einschränkend wird man stets in den Stellungnahmen – wie auch in den Empfehlungen – einen Bezug zu den kommunalen oder regionalen Gebietskörperschaften fordern müssen. Eine allgemeinpolitische Aussage außerhalb dieses Zusammenhangs übersteigt die Kompetenzen des Nebenorgans.

---

211 Eine Ausnahme bildet das Mittel der Stellungnahme, die auch im organisatorischen Zusammenspiel zwischen beiden Kammern im Verfahren nach Art. 11 Abs. 2a CH, 45 GO-KGRE abgegeben werden kann; in diesem Zusammenhang ließe sich bei der internen Meinungskundgabe auch lediglich von einer „Ansicht" sprechen.

Eine Empfehlung kann der KGRE jederzeit nach eigenem Ermessen abgeben. Sie zielt auf eine Beeinflussung des Meinungsbildungsprozesses ab und fordert eine Entscheidung im Sinne des Dokuments. Häufig wird das auch bei der Stellungnahme der Fall sein. Eine solche ist beispielsweise aber auch möglich, wenn überhaupt keine Entscheidung des Ministerkomitees oder der Parlamentarischen Versammlung zur Debatte steht.

Beide Handlungsmittel sind an das Ministerkomitee, an die Parlamentarische Versammlung oder an beide gleichzeitig zu richten. Insofern hat der Kongreß ein flexibles Instrumentarium, dessen er sich je nach Anlaß bedienen kann. Angesichts des beratenden Hauptauftrags sind sie wichtige Formen der Meinungskundgabe.[212]

bb) Resolutionen

Die Resolution unterscheidet sich von der Stellungnahme und der Empfehlung dadurch, daß sie sich an ein außerhalb des Europarats stehendes Subjekt richtet, also Adressat weder das Ministerkomitee, noch die Parlamentarische Versammlung ist. Vielmehr liegt es alleine im Ermessen des Kongresses, eine Resolution zu verabschieden. Er ist dabei weder bezüglich des Adressaten noch des Themas festgelegt. Der KGRE kann unabhängig von der Behandlung eines Problems im Europarat einen entsprechenden Entschluß fassen.[213] Ebensowenig braucht er einen Bezugspunkt in personeller Hinsicht, sofern eine Resolution lediglich die Kommunen oder Regionen im allgemeinen ansprechen will.[214] In der Ausgestaltung seines außenpolitischen Handlungsmittels ist der KGRE weitgehend frei. Alle Dokumente müssen aber Berührungspunkte zu kommunal- oder regionalpolitischen Fragestellungen aufweisen.

b) Einbindung internationaler Vereinigungen, Beobachterstaaten und Experten

aa) Internationale Gemeinde- und Regionalverbände

Der KGRE hat ein nachvollziehbares Interesse an der Beteiligung möglichst vieler Gruppen und Vereinigungen. Aufgrund seines Status als Organisationseinheit einer internationalen Organisation ist ohne weiteres die lose Kontakt-

---

212 Eine entsprechende Anzahl von Empfehlungen und Stellungnahmen hat der KGRE auch abgegeben.

213 Dies war in der Ständigen Konferenz nicht möglich; dort konnten Resolutionen nur dann verabschiedet werden, wenn sie dem Ministerkomitee oder der Parlamentarischen Versammlung vorgelegt wurden, Art. 1b der Charta der Ständigen Konferenz.

214 *Schaffarzik*, Handbuch der EKC, S. 58.

aufnahme und Zusammenarbeit mit den einschlägigen Institutionen denkbar. Auf zwischenstaatlicher Ebene sind die Gemeinden und Regionen in besonderem Maße auf die institutionelle Repräsentanz angewiesen, die in der Bildung von internationalen Verbänden zum Ausdruck kommt. Grundsätzlich ist davon auszugehen, daß die unmittelbare Einflußnahme bei entsprechender Ausgestaltung die wünschenswertere und auch effektivere Alternative der Interessenwahrnehmung darstellt.[215] Häufig scheitert der Versuch einer direkten Mitwirkung der kommunalen und regionalen Gruppierungen in der jeweiligen Organisation an den institutionellen Gegebenheiten.[216]

Im Rahmen des KGRE ist eine solche Einbindung in Art. 5 CH vorgesehen. Einschränkend besteht das Recht grundsätzlich nur akzessorisch zu den internationalen Vereinigungen mit Beraterstatus beim Europarat.[217] Der KGRE kann sich die hinzuzuziehenden Organisationen nicht selbst aussuchen. Genau genommen steht dem KGRE dieses Recht überhaupt nicht zu. Vielmehr haben die Vereinigungen kraft der Charta das Recht, im Kongreß einen Beobachterstatus eingeräumt zu bekommen („*jouissent*"). Aus dem Beobachterstatus beim Europarat wird ein Beobachterstatus beim KGRE. Eine Einschränkung findet insofern statt, als daß Art. 5 Abs. 1 CH nur die Vereinigungen mit Bezug zu den kommunalen Gebietskörperschaften betrifft. Dies sind der Rat der Gemeinden und Regionen Europas (RGRE)[218], die Versammlung der Regionen Europas (VRE)[219], Eurocities[220], die Arabische Städtevereinigung, die Vereinigung der Europäischen Grenzregionen, die Arbeitsgemeinschaft der Alpenregionen (ARGE ALP), die Konferenz der maritimen Grenzregionen (CPMR), die Vereinigung der kommunalen Gebietskörperschaften für Internationale Beziehungen (CLAIR, Japan), die Europäische Vereinigung der gewählten Vertreter der

215 Zu den verschiedenen Facetten des Begriffs der Einflußnahme s.o. S. 75.

216 Daher beschränkt sich das Engagement häufig zwangsläufig auf die sogenannte Lobbyarbeit, vgl. *von Ameln,* Nur Nadelstreifen und Moneten?, Europa kommunal 1998, 55 ff.; zur Situation in der EU als Beispiel eines Ausgleichsversuchs zur schwachen Repräsentanz des AdR, ausführlich, S. 516 ff. und *Leitermann,* Kommunen müssen vor Ort und in Brüssel präsent sein, Europa kommunal 1998, 58 ff.

217 Vgl. die Statuarische Entschließung (93) 26; eine Einbindung nichtstaatlicher Organisationen mit Konsultativstatus wird im Europarat seit 1951 praktiziert, vgl. *Tarschys,* Wandel in Mittel- und Osteuropa und die Stellung des Europarats, S. 5; er ist in dieser Form auch in anderen internationalen Organisationen üblich, *Klebes,* Die Rechtsstruktur des Europarats und insbesondere der Parlamentarischen Versammlung, S. 16.

218 Vgl. *Dieckmann,* Zur Organisation kommunaler Spitzenorganisationen, DÖV 2000, 458; *Gateau,* Interessen bündeln auf europäischer Ebene, Europa kommunal 1998, 62 ff.; *Schmitt-Egner,* Handbuch der Regionalorganisationen, S. 413 ff.

219 Vgl. *Schmitt-Egner,* Handbuch der Regionalorganisationen, S. 471 ff.

220 Vgl. *Schmitt-Egner,* Handbuch der Regionalorganisationen, S. 315 ff; *Dieckmann,* Zur Organisation kommunaler Spitzenorganisationen, DÖV 2000, 460.

Bergregionen (AEM), die Stiftung für Wirtschaft und dauerhafte Entwicklung (FEDRE), der Internationale Gemeindeverband (IULA)[221], die Union der israelischen Gemeinden, die Vereinigung baltischer Städte, der Weltbund der Partnerstädte (WPS/UTO)[222], Netzwerk der Schulungszentren ENTO[223], das Europäische Regionalzentrum des Europäischen Instituts für Öffentliches Recht (IEAP-CER) und der kosovarische Gemeindebund (AKM).

Klar ist, daß diese Organisationen aufgrund ihrer Spezialität nicht alle in die Arbeit des Europarats eingebunden sind. Der KGRE muß daher die Möglichkeit haben, weitere Verbände hinzuzuziehen, die seiner spezifischen Ausrichtung entsprechen. Ansonsten wäre er in seiner Kooperationspolitik von den zuständigen Europaratsorganen abhängig, welche die kommunale und regionale Landschaft weit weniger überblicken.

Alle genannten Institutionen genießen nach ihrem Schwerpunkt den Beobachterstatus gleichzeitig auch in den Kammern. Dies ergibt sich aus dem Umkehrschluß aus Art. 5 Abs. 1 S. 2 CH, wo unter den Bedingungen für die Aufnahme weiterer Organisationen auch das Reglement für die Kammern genannt wird. Der Wortlaut geht in S. 1 offensichtlich von einem weiten, zugleich die Kammern umfassenden KGRE-Begriff aus. Die Einbeziehung weiterer Verbände und Vereinigungen liegt im Ermessen des Kongresses oder der Kammern.

Zuständig ist binnenorganisatorisch für den Kongreß der Ständige Ausschuß. Verleiht er einen Beraterstatus, so werden zugleich auch die Kammern erfaßt. Dieses Recht steht für die Kammern der 2/3-Mehrheit der Delegierten einer Kammer zu, Art. 3 Abs. 3 S. 3 GO-KGRE.

Im Gegensatz zu Art. 8 GO-KGRE unterscheidet Art. 8 CH zwischen *„les autres collectivités et organisations"*. Der Kreis der assoziierbaren Verbände, Körperschaften und Vereinigungen sollte möglichst groß gehalten werden. Erfaßt sind daher auch Gebietskörperschaften, die nicht in einer der beiden Kammern repräsentiert sind.

bb) Verleihung eines Gaststatus

In Anlehnung an die Institution eines Gaststatus *(„le statut d'invité special")* bei der Parlamentarischen Versammlung steht es dem KGRE nach Art. 5

221 *Dieckmann,* Zur Organisation kommunaler Spitzenorganisationen, DÖV 2000, 460; *Weinberger,* Internationale Gemeindeverbände und Städtepartnerschaften, in: Püttner (Hrsg.), Handbuch der kommunalen Wissenschaft und Praxis, S. 506 ff.

222 *Dieckmann,* Zur Organisation kommunaler Spitzenorganisationen, DÖV 2000, 460.

223 Dazu unten S. 267.

Abs. 2 CH offen, Delegationen kommunaler und regionaler Gebietskörperschaften anderer Staaten, die nicht Mitglied des Europarats sind, einen Gaststatus zu verleihen.[224] Die Annahme eines solchen Status liegt im Ermessen des Kongresses. Voraussetzung ist, daß der Nichtmitgliedstaat den Gaststatus in der Parlamentarischen Versammlung innehat. Denkbar ist, daß ein Staat trotz Assoziierung als Gast in der Parlamentarischen Versammlung aus dem KGRE ausgeschlossen bleibt.

Der hier erneut zum Tragen kommende Akzessorietätsgrundsatz hat unmittelbare Auswirkung auf die Anzahl der dem Gast zuzusprechenden Sitze. Die Vertreter der kommunalen und regionalen Gebietskörperschaften müssen – losgelöst von den Bedingungen der Parlamentarischen Versammlung – dieselben Voraussetzungen wie die anderen nationalen Delegationen im KGRE haben, Art. 5 Abs. 2 S. 3 CH i. V. m Art. 2 f. CH. Mit der Aufnahme Bosnien-Herzegowinas als 44. Mitgliedstaat[225] und Jugoslawiens als 45. Staat in den Europarat hat der Beobachterstatus seine Bedeutung verloren.[226] Zuvor war dieses Institut bei der Osterweiterung des Europarats zur Heranführung der MOE-Staaten an die westlichen Demokratiestandards und der Vorbereitung auf die Aufnahme in den Europarat ein wichtiges politisches Mittel.[227]

---

224 Zum Gaststatus als Kooperationsinstrument des Europarats vgl. die Resolution 920 der Parlamentarischen Versammlung und *Lippert,* Der Europarat und Osteuropa: Brücken bilden für Gesamteuropa, in: Schmuck (Hrsg.), Vierzig Jahre Europarat, S. 131 ff.

225 *Behrendt,* Signal an gesamte Balkanregion, Europa kommunal 2002, 106.

226 Bis zu seiner Aufnahme stellte Jugoslawien die einzige Gastdelegation mit sieben Mitgliedern, von denen vier in die Kammer der Gemeinden und drei in die Kammer der Regionen entsandt wurden.

227 Die Problematik, die sich zu dieser Zeit stellte, war vor allem durch die Entscheidung zwischen schneller Aufnahme in den Europarat oder strengen Aufnahmekriterien geprägt. Von einer zügigen Eingliederung erhoffte man eine den Demokratisierungsprozeß beschleunigende Wirkung, ohne daß im Zeitpunkt der Aufnahme die bisherigen Standards in all ihren Erscheinungsformen erfüllt wurden. Umgekehrt wurden Stimmen laut, die vor einer Aufweichung der Aufnahmebedingungen warnten; die Befürworter dieser These sahen die Aufnahme in den Europarat als Anreiz, die staatlichen Entscheidungsprozesse rasch zu reformieren, die Eingliederung in den Europarat als „Belohnung" für die Bemühungen. Letztlich entschied man sich für eine schnelle Eingliederung, was der sprunghafte Anstieg der Mitglieder des Europarats in den 90er Jahren beweist; zu dieser Entwicklung ausführlich *Tarschys,* Wandel in Mittel- und Osteuropa und die Stellung des Europarats, S. 9, 15 ff. der auch die Gefahr einer Verwässerung der Grundwerte des Europarats diskutiert; *Dieckmann,* Zur Organisation kommunaler Spitzenorganisationen, DÖV 2000, 458.
Die EU hat sich tendenziell in die andere Richtung bewegt: Mit der Aufstellung der Kopenhagener Kriterien ist klar, welche Meßlatte von potentiellen Beitrittskandidaten zunächst für die Aufnahme von Verhandlungen und dann für die endgültige Aufnahme erfüllt werden muß. Die Arbeit des Europarats kann hierfür insofern herangezogen wer-

Die Modalitäten der Aufnahme und Eingliederung in den KGRE regelt umfangreich Art. 9 GO-KGRE. Hintergrund ist die Tatsache, daß für die Gäste die gleichen Kriterien wie für die anderen Mitglieder gelten. Das Prüfungsverfahren mit einer Drei-Monats-Frist für den schriftlichen Antrag auf die grundsätzliche Verleihung des Gaststatus im Rahmen einer Plenarversammlung (Art. 9 Abs. 1 UA 2 S. 1 GO-KGRE) und des Ständigen Ausschusses (Art. 9 Abs. 1 UA 2 S. 2 GO-KGRE) und die Monatsfrist für die Benennung der Delegierten einer Plenarversammlung (Art. 9 Abs. 3 GO-KGRE) sollen die Einhaltung der Voraussetzungen sichern.

Die GO-KGRE nennt über die Charta hinaus auch die Möglichkeit der Aussetzung und des Verlustes des Gaststatus. Zu einer vorübergehenden Suspendierung des Status oder einem Ausschluß aus dem KGRE kann es auf Antrag von mindestens zehn Delegierten aus mindestens zwei nationalen Delegationen durch Beschluß mit 2/3-Mehrheit durch den Kongreß oder den Ständigen Ausschuß kommen, Art. 9 Abs. 4 GO-KGRE. Nach dem Verlust ist ein erneuter Antrag nach Art. 9 Abs. 5 GO-KGRE möglich. Konsequenterweise ist ein Verlust auch gegeben, wenn der akzessorische Gaststatus in der Parlamentarischen Versammlung entzogen wird.

cc) Folgen des Beobachter- und Gaststatus

Die Beobachter und Gastvertreter beteiligen sich an der Arbeit des KGRE und dessen Gliederungen, Art. 5 Abs. 3 CH. Unter Vorbehalt der Erlaubnis durch das Präsidium haben sie im KGRE und den Kammern Rede- und Äußerungsrecht. Sie haben aber kein Stimmrecht, vgl. Art. 5 Abs. 3 und Art. 8 Abs. 3 S. 1, 9 Abs. 2 UA 1 GO-KGRE. Beide haben das Recht, Gutachten in den Kongreß einzubringen, sofern die Problematik auf die Tagesordnung einer Plenarversammlung gesetzt wurde. Die hierbei anfallenden Kosten haben die Organisationen mit Beobachterstatus selbst zu tragen.

Der Ständige Ausschuß, das Präsidium, die Statuarischen Ausschüsse und die ad hoc Arbeitsgruppen können die Vertreter zu ihren Sitzungen hinzuziehen, vgl. Art. 8 Abs. 4 GO-KGRE.

Durch das Rederecht haben die Beobachter und Gäste ein adäquates Mittel, ihre Interessen deutlich zu machen und an der Arbeit des KGRE mitzuwirken. Andererseits profitiert der KGRE vom breitgefächerten Sachverstand der Interessenverbände und Organisationen und den Erfahrungen der Nichtmitglied-

---

den, als daß die rechts- und demokratiestaatliche Ausrichtung unabdingbare Voraussetzung für die Aufnahme von Beitrittsverhandlungen ist.

staaten des Europarats. Die weitgehende Öffnung des KGRE für Interessensgruppen ist konstitutive Voraussetzung für einen konstruktiven Dialog zwischen kommunalen und regionalen Gebietskörperschaften. Dem KGRE ermöglicht sie, seine Vorstellungen über lokale und regionale Demokratie über den Kreis seiner Mitglieder und deren Einflußsphäre hinauszutragen und seine Ansichten zur Diskussion zu stellen.

dd) Hinzuziehung weiterer Experten

Während der Beobachter- und Gaststatus auf eine dauerhafte Zusammenarbeit angelegt ist, können vom Ständigen Ausschuß weitere unabhängige Experten und Vertreter nicht assoziierter Organisationen zu einem bestimmten Thema hinzugezogen werden. Vorschläge hierfür können von jedem Mitglied des Ausschusses kommen, der dann die Einladung mit 2/3-Mehrheit beschließt, vgl. Art. 46 Abs. 1 GO-KGRE. Der KGRE erhält hierdurch die Chance, soweit nötig, sich zusätzliches Fachwissen zu besorgen und den Meinungsbildungsprozeß auf eine breite Basis zu stellen. Solche Anhörungen finden im Rahmen der Tagungen des Ständigen Ausschusses statt.

c) Abgestuftes Sprachenregime

Die angedeutete Lebendigkeit und Spontaneität einer internationalen Organisation lebt maßgeblich von den Möglichkeiten der mitgliedstaatlichen Vertreter, sich in den Sitzungen der Organe in ihrer Muttersprache ausdrücken zu können. Eine Diskussion wird in den seltensten Fällen auf gleichem Niveau mit ähnlichem Verlauf zu führen sein wie in der Muttersprache. Zudem begünstigt es das Mitglied aus dem jeweiligen Land, dessen Sprache zur offiziellen Arbeitssprache erhoben wird. Daher herrscht Einigkeit darüber, daß das Vollsprachenregime, also die Arbeit der Organisation in allen Sprachen der Mitglieder bzw. Mitgliedstaaten, die Idealvorstellung ist.

Dennoch ist klar, daß die Übersetzungsmöglichkeiten – gleich ob simultan oder nicht – aus historischen und finanziellen Gründen schnell an ihre Grenzen stoßen.[228] Dies gilt um so mehr, wenn wie beim Europarat, 45 Mitgliedstaaten aufeinandertreffen. Eine Übersetzung aller Reden, Debatten und Dokumente in die Landessprachen und womöglich in regionale Minderheitssprachen[229] ist dann nicht mehr denkbar, sowohl aus organisatorischen wie aus finanziellen

228 *Vorbeck*, Der Beitrag des Generalsekretariats zur europäischen Einigung, in: Schmuck (Hrsg.), Vierzig Jahre Europarat, S. 58.
229 Die der Europarat mit einer eigenen Konvention schützt.

Gründen.[230] Eine Reduktion auf konsensfähige Sprachen wird unvermeidlich. Kompromißfähig in diesem Sinne werden Sprachen sein, die als Kernsprachen allgemein akzeptiert sind und von möglichst vielen gesprochen werden.[231] Beim KGRE spitzt sich die Situation noch zu: Hier agieren gerade kommunale und regionale Vertreter, für die die Arbeit auf zwischenstaatlichem Parkett außerhalb der Pflege von Städtepartnerschaften nicht zum alltäglichem Geschäft gehört. Fremdsprachenkenntnisse sollen für die Kongreßdelegierten keinesfalls zum Vorauswahlkriterium werden.

Trotzdem hat sich der KGRE an den allgemeinen Statuten des Europarats zu orientieren. Arbeitssprachen des KGRE sind daher Englisch und Französisch, Art. 48 Abs. 1 GO-KGRE.[232] In diesen beiden Sprachen erscheinen alle offiziellen Dokumente.[233] Der jeweilige Verfasser bzw. Berichterstatter hat eine der beiden Sprachen zu wählen.

Bezüglich der Simultanübersetzung der Plenardebatten der Plenarversammlungen und der Kammern besteht eine Auflockerung des strengen Sprachen-

---

230 Vgl. das Europaparlament, deren weitaus größter Etatposten der Sprachendienst ist; das Europaparlament hat dennoch als erstes Organ der EU angekündigt, auch nach der Osterweiterung das Vollsprachenregime beizubehalten. Wie dieses Vorhaben praktisch umgesetzt werden soll, wird derzeit geprüft. So lehnen Simultandolmetscher eine Übersetzung ohne persönliche Anwesenheit im Saal in den Sprecherkabinen ab, weil die Qualität des Ergebnisses darunter leide. Gleiches Argument gilt auch für die Einführung von sogenannten Relaissprachen, also z.B. der Übersetzung vom Lettischen ins Englische und vom Englischen ins Griechische. In dieser Hinsicht ist vieles noch offen; es gilt vielmehr, sich der anstehenden Probleme bewußt zu machen. Sie betreffen freilich nicht nur die Kommunal- und Regionalvertretungen, sondern die Organisationen als Ganze. Das Vorgehen beim Europarat soll daher schon jetzt als praktikables Modell für die EU im Auge behalten werden; vgl. hierzu *Schellhorn-Grupp,* Dienst am Aufbau Europas, Europa kommunal 2001, 48 f.: Die Ausgaben für den Übersetzungs- und Dolmetscherdienst macht 0,8% des gesamten EU-Haushalts aus.

231 Zu bemerken ist, daß das Deutsche die meistgesprochene Sprache in Kerneuropa ist; ansonsten dürfte das Russische in all seinen Nuancen eine quantitative Schlüsselrolle einnehmen.

232 Zu den Amtssprachen des Europarats *Vorbeck,* Der Beitrag des Generalsekretariats zur europäischen Einigung, in: Schmuck (Hrsg.), Vierzig Jahre Europarat, S. 58.

233 Vgl. zu den zu veröffentlichenden Dokumenten Art. 51 GO-KGRE: Tagesordnungen des Kongresses und der Kammern, Sitzungsprotokolle, -berichte, Empfehlungen, Stellungnahmen, Resolutionen, Vorschläge einzelner Delegierter einschließlich der Änderungsanträge, Dokumente der Beobachter und Gäste mit entsprechendem Status; Dokumente des Präsidiums, des Ständigen Ausschusses, der Statuarischen Ausschüsse und der Arbeitsgruppen sind dagegen in der Regel intern zu verwenden, vgl. Art. 52 und Art. 53 GO-KGRE zu vertraulichen Dokumenten. Auch hier erfolgte eine präzise Regelung mit dem Anspruch auf Vollständigkeit.

regimes.[234] Dort findet eine Übersetzung zusätzlich ins Deutsche, Russische und Italienische statt. Das Russische nimmt angesichts der großen Bedeutung für die slawischen Staaten eine wichtige Rolle ein. Eine solche Sprachenerweiterung soll, wenn nur irgend möglich, für die Sitzungen des Ständigen Ausschusses und des Präsidiums gelten, Art. 49 Abs. 1 GO-KGRE. Gleiches gilt auch für die Zusammenkünfte der anderen Untergliederungen.

Durch das abgestufte Sprachenregime wird versucht, oben genannten Befürchtungen hinsichtlich eines Authentizitätsverlustes und einer Benachteiligung bestimmter Mitgliedstaaten entgegenzuwirken. Trotzdem kann auch diese Lösung letztlich nur einen Kompromiß darstellen. Zu weiten Teilen erfolgt die Konversation auf Englisch und Französisch.

3. Bedeutung des KGRE

Die Beurteilung der Bedeutung des KGRE setzt eine wertende Untersuchung voraus. Bisher wurden zahlreiche rechtlich verbürgte Facetten des Kongresses und seiner Einrichtungen aufgezeigt. Im Mittelpunkt stand die organisatorische Konzeption als Bedingung für ein erfolgreiches Wirken. Es wurde versucht darzustellen, wie der KGRE sich innerhalb des Europarats positioniert und gegenüber der Parlamentarischen Versammlung und dem Ministerkomitee agiert. Darüber hinaus war mehrmals die Rede von einer „außenpolitischen" Funktion des Kongresses.

Beides – die innere Organisation wie das Wirken des KGRE über den Europarat hinaus – war bisher in seiner Gesamtheit im deutschen Sprachraum nicht Gegenstand der wissenschaftlichen Auseinandersetzung. Politische Bewertungen finden sich vereinzelt in den Zeitschriften der Interessensgruppierungen. Hiervon darf aber keinesfalls auf einen geringen integrativen Stellenwert für die europäischen Kommunen und Regionen geschlossen werden.

---

234 Vgl. in der Parallele die Auflockerung im Rahmen des Europarats beim Europäischen Gerichtshof für Menschenrechte (EGMR), wo die Erhebung einer Individualklage bei ratifiziertem Zusatzprotokoll zur Menschenrechtskonvention durch den Mitgliedstaat nach Art. 25 EMRK in allen Landessprachen des Europarats erhoben werden kann (Art. 34 Abs. 2 VerfO-EGMR); in der Praxis führt dies freilich zu erheblichen Verzögerungen wegen der anzufertigenden Übersetzungen aller klagebegründenden Dokumente. Vgl. *Villiger,* Handbuch der Europäischen Menschenrechtskonvention (EMRK), Rn. 199; zum Menschenrechtsschutz der EMRK und den Besonderheiten der Individualbeschwerde *Sommermann,* Das System des Europäischen Menschenrechtsschutzes, in: Schmuck (Hrsg.), Vierzig Jahre Europarat, S. 221 ff., insbesondere S. 228 ff.

Abschließend soll noch auf zwei Aspekte eingegangen werden, welche die Arbeit des KGRE wesentlich kennzeichnen und der Untermauerung der bisherigen Andeutungen zur Bedeutung des KGRE dienen sollen.

a) Der KGRE und die völkerrechtlichen Dokumente des Europarats

aa) Überblick

Unter maßgeblicher Beteiligung der Ständigen Konferenz und der Nachfolgeeinrichtung kam es zur Verabschiedung zahlreicher internationaler völkerrechtlicher Dokumente und deren Umsetzung in den Mitgliedstaaten des Europarats, die in ihrer Wirkung Teil *„europäischer Substanz"* geworden sind.[235]

Weitere kommunalschützende Dokumente des Europarats

- Die *Europäische Charta der kommunalen Selbstverwaltung*
- Die *Europäische Rahmenkonvention zur grenzüberschreitenden Zusammenarbeit* (1980) – sogenanntes Madrider Abkommen – einschließlich der beiden Zusatzprotokolle. Sie enthält das Recht der Kommunen und Regionen zur grenzüberschreitenden Zusammenarbeit mit anderen Kommunen und Regionen;
- Das *Europäische Übereinkommen über die Beteiligung von Ausländern am öffentlichen Leben in den Gemeinden* (1992), das sich vor allem für die Gewährung des Wahlrechts an ansässige ausländische Mitbürger[236] sowie weiterer Beteiligung im zivilen und

235 *Tarschys,* Wandel in Mittel- und Osteuropa und die Stellung des Europarats, S. 5.

236 Dessen Forderung ist mit Einführung eines an die Unionsbürgerschaft (vgl. Art. 18 EG) gekoppelten Kommunalwahlrechts zumindest in den EU-Staaten erfüllt worden, vgl. *Degen,* Die Unionsbürgerschaft nach dem Vertrag über die Europäische Union unter besonderer Berücksichtigung des Wahlrechts, DÖV 1993, 749; *Knemeyer,* Kommunalrecht, Rn. 197; *Wollenschläger/Schraml,* Kommunalwahlrecht, BayVBl. 1995, 385 ff.; seine Existenzberechtigung behält es aber insofern, als daß die Umsetzung noch nicht in allen Europaratsstaaten verwirklicht ist – ein Phänomen, daß häufig im Zusammenhang mit der Umsetzung von derartigen Abkommen auftritt. Anders die Europäische Kommunalcharta, die gerade von europäischen Kernstaaten wie Frankreich und Belgien, die zugleich EU-Mitglied sind, noch nicht ratifiziert wurde.

öffentlichen Leben einsetzt;[237]

- Die *Europäische Charta für Regional- und Minderheitssprachen* (1992, in Kraft getreten 1998)[238], die auf den Gebrauch von Minderheitssprachen zum Erhalt der Europäischen Sprachenkultur in allen Bereichen des öffentlichen Lebens setzt;[239]
- Die *Europäische Städtecharta* (1992) soll die Rechte der Stadtbewohner auf ein lebenswertes Umfeld sichern, indem Maßstäbe für die Berücksichtigung dieser Rechte des einzelnen gegenüber der Stadtverwaltung im Verkehr, der Energieversorgung, der Freizeit, der städtebaulichen Gestaltung und der Sicherheit gesetzt werden;[240]
- Die *Charta über die Beteiligung von Jugendlichen am Leben der Gemeinden und Regionen* (1992), die über eine stärkere Einbindung in das kommunale und regionale politische und gesellschaftliche unmittelbare Umfeld von jungen Menschen eine Stärkung des Verantwortungsbewußtseins und damit des Lebens in der Gemeinde und der Region zum Ziel hat;
- Die *Europäische Landschaftskonvention* (2000) soll den Landschaftsschutz auf allen Ebenen der Mitgliedstaaten des Europarats verbessern;
- Der Entwurf einer *Europäischen Rahmenkonvention über Bergregionen* mit Richtlinien für eine Politik der ausgewogenen Entwicklung und Erhaltung der Berggebiete;
- Der Entwurf einer Europäischen Charta der regionalen Selbstverwaltung.[241]

237 Vgl. nun auch die Empfehlung des Ministerkomitees zur Bürgerbeteiligung am kommunalen öffentlichen Leben und zur Stärkung kommunaler Selbstverwaltung, dazu *Zimmermann,* Appell für mehr Bürgerbeteiligung, Europa kommunal 2002, 107 ff. Zur Begründung gibt das Ministerkomittee die Orts- und Bürgernähe der Entscheidungsträger an. Das Dokument richtet sich durch einen Katalog von Handlungsempfehlungen auch unmittelbar an die kommunalen Gebietskörperschaften.

238 Dazu *Engel,* Fundament und Meßlatte für echte Demokratie, Europa kommunal 1999, 71.

239 Sie geht einher mit der Rahmenkonvention zum Schutz nationaler Minderheiten, die ebenfalls 1998 in Kraft getreten ist, *Tarschys,* 50 Jahre Europarat: Der Weg nach einem Europa ohne Trennungslinien, in: Holtz (Hrsg.), 50 Jahre Europarat, S. 43.

240 *Leitermann,* Europäische Städtecharta gebilligt, Der Städtetag 1982, 368 ff.

241 Vgl. *Engel,* Fundament und Meßlatte für echte Demokratie, Europa kommunal 1999, 77.

Die letzten beiden Projekte des KGRE liegen dem Ministerkomitee zur Entscheidung vor. Insbesondere der Europäischen Charta der regionalen Selbstverwaltung (ERC) wird ein großer Stellenwert beigemessen. Sie soll das regionale Pendant zur Europäischen Kommunalcharta werden.[242]

bb) Der KGRE und die Rolle der Regierungen beim Abschluß der Abkommen

Der große Zeitrahmen des Einsatzes über fast ein halbes Jahrhundert und die Anzahl einer Hand voll verabschiedeter Konventionen lassen aber keine Rückschlüsse auf die Effizienz der Kommunal- und Regionalvertretung zu. Vielmehr nehmen die kommunal- und regionalrelevanten Abkommen in Anbetracht der Gesamtzahl der entsprechenden Europaratsdokumente einen vorderen Rang ein. Dies ist ständig vor dem völkerrechtlichen Hintergrund des Europarats zu sehen. In den Europaratsstaaten gehört der Abschluß völkerrechtlicher Dokumente zur Aufgabe der Regierungen. Im Ministerkomitee, das die Entwürfe zunächst verabschiedet, treffen ausschließlich Vertreter der mitgliedstaatlichen Regierungen aufeinander. Es ist daher leicht nachvollziehbar, wie schwer es ist, Regierungsvertreter für kommunale und regionale Anliegen – möglicherweise auf Kosten der gesamtstaatlichen Ebene – zu begeistern.

Dagegen läßt sich auch nicht anführen, daß die Mitgliedstaaten über das Benennungsverfahren Einfluß auf die Zusammensetzung des KGRE nehmen können und so die Delegation im Kongreß ohnehin regierungsfreundlich besetzt sein wird.[243] Meist erfolgt die Ernennung der kommunalen Seite im Kongreß auf Vorschlag der kommunalen Spitzenverbände bzw. der regionalen Seite durch die Regionen, die ohnehin ein begrenztes Mitspracherecht in der verfahrensrechtlichen Abwicklung haben.

Der Einfluß der Regierung beschränkt sich auf eine rein organisatorische, internationalrechtlich begründete Rolle. Daß sich in den Beschlüssen des KGRE regierungsfreundliche Ansichten wiederfinden, läßt sich nicht nachweisen. Bei den Empfehlungen, Beratungen und Verhandlungen des KGRE handelt es sich um klare Positionierungen zugunsten der kommunalen und regionalen Gebiets-

---

242 Im bisherigen Wortlaut der Vorschläge sind augenscheinliche Parallelen mit dem Text der EKC zu erkennen. Dadurch wird suggeriert, daß es die regionale Struktur im Staatsaufbau überhaupt als solche gibt; zwar gibt es ebensowenig die kommunalen Gebietskörperschaften als solche. Bei den Regionen ist die Vielfalt in Größe und Struktur aber noch viel ausgeprägter, so daß Gemeinsamkeiten nur viel schwerer auszumachen sind (vgl. hierzu die Definition der Region in der Charta des KGRE, S. 207. Dennoch wird die ERC der wachsenden Bedeutung der Regionalisierung bzw. Dezentralisierung im Sinne des Subsidiaritätsprinzips gerecht.

243 Vgl. *Schmitt-Egner,* Handbuch der Regionalorganisationen, S. 98.

körperschaften. In diesem Zusammenhang liegt es nicht nur in der Natur der Sache, sondern ist geradezu wünschenswert, daß über alle Ebenen hinweg nationale Interessen zum Vorschein kommen, weil sie für die zwischenstaatliche Zusammenarbeit geradezu charakteristisch sind.[244]

Im kontinuierlichen Einbringen der Anliegen dezentraler Körperschaften in die Arbeit einer internationalen Organisation liegt der außerordentliche Erfolg des KGRE, dem es gelungen ist, im Rahmen des allgemeinen Auftrags des Europarats zur Wahrung und Stärkung der mitgliedstaatlichen Demokratien, seine Projekte in den Mittelpunkt der Diskussion zu rücken. Die nur rudimentär vorhandene Literatur, die sich meist auf kurze Beiträge beschränkt, stellt das außer Frage.[245] Bedenken im Hinblick auf die völkerrechtliche Bindungswirkung der Abkommen sind eher allgemeiner Natur und richten sich nicht gegen die Arbeit des KGRE als Einrichtung bzw. dessen Beitrag zum jeweiligen Dokument.[246]

b) Außenpolitische Handlungsfelder des KGRE

Die außenpolitischen Handlungsfelder des KGRE unterteilen sich in konkrete Hilfsprogramme, in die Mitarbeit am Stabilitätspakt und – herausgehoben – die Rolle des KGRE im Kosovo. Darüber hinaus ist der Kongreß mit dem Ziel beauftragt, *„die öffentliche Meinung in seine Bemühungen um eine lebendige und bürgernahe Demokratie einzubinden"*.[247]

---

244 Diese Auffassung in bezug auf den KGRE nicht teilend *Schmitt-Egner,* Handbuch der Regionalorganisationen, S. 98, der aus der Nichtunterstützung von Resolutionen und Rügen des KGRE gegen die eigene nationale Regierung in Einzelfällen durch eine nationale Delegation im KGRE die Einflußnahme der Regierungen auf die Besetzung dieser Mandate im KGRE ableitet.

245 Vgl. die zitierten Beiträge von *Hofmann,* Gemeinden und Regionen „Dritte Säule" im Europarat, Stadt- und Gemeinderat 1999, 11 ff.; *Knemeyer,* Kommunale Selbstverwaltung in Europa – Die Schutzfunktion des Europarats, BayVBl. 2000, 449 ff.; *Leitermann,* Stadt und Region im Europarat, Der Städtetag 1994, 276 ff.; *Lwowski,* Der Kongreß in Straßburg, Der Städtetag 1995, 837 ff.; *Zahn,* Sprachrohr der regionalen und lokalen Gebietskörperschaften, Europa kommunal 1999, 64 ff.

246 Vgl. *Beyerlein,* Neuere rechtliche Entwicklungen der regionalen und lokalen grenzüberschreitenden Zusammenarbeit, in: Brunn/Schmitt-Egner, Grenzüberschreitende Zusammenarbeit in Europa. Theorie, Empirie, Praxis, S. 121; zur Rahmenkonvention zur grenzüberschreitenden Zusammenarbeit, *Schultze,* Die deutschen Kommunen in der Europäischen Union, S. 142 f., *Schmitt-Egner,* Handbuch der Regionalorganisationen, S. 98.

247 KGRE, Der Kongreß der Gemeinden und Regionen Europas, 2001.

aa) Hilfsprogramme

Die Zahl der Hilfsprogramme des KGRE oder des Europarats unter Beteiligung des Kongresses ist in den 90er Jahren rapide angestiegen. Die meisten Maßnahmen richten sich an die neuen Demokratien in den MOE-Staaten zum Aufbau demokratischer Strukturen und zur Heranführung an die Standards des Europarats. Schwerpunktmäßig engagiert sich der Kongreß in den jugoslawischen Nachfolgestaaten.

(1) Botschaften der lokalen Demokratie (BLD)

Seit 1993 existiert das Programm „Botschaften der lokalen Demokratie" *(„Agences de la démocratie locale (ADL)"*[248] *– „Local Democracy Agencies" (LDA))*. Ziel ist es, die kommunalen Gebietskörperschaften in Ex-Jugoslawien durch die Anregung eines Dialogs zwischen den Verantwortlichen der Region und Gemeinden und den Bürgern zu stärken.[249] Überwacht wird die Auswahl und Durchführung der Projekte durch eine neunköpfige Arbeitsgruppe des Kongresses *(„Comité des ADL")*. Der lokale Beauftragte wird durch einen Partner vor Ort – die lokalen Verantwortlichen und Interessenverbände und weitere Gruppierungen – bestimmt. Er koordiniert mit seinem Team alle zu erledigenden Aufgaben:[250]

- Einhaltung der Menschenrechte, insbesondere der Meinungsfreiheit
- Pressefreiheit
- Verbesserung der öffentlichen Daseinsvorsorge
- Hilfe für das kommunale Wirtschaftsleben
- Austausch zwischen den lokalen und regionalen Interessengruppen.

Die BLDs nehmen ein breites inhaltliches Spektrum wahr, sollen aber keinesfalls bevormundend gegenüber den eigentlichen Verantwortlichen wirken. Ihre Aktivität beschränkt sich auf die Leistung von Hilfestellungen jeglicher Art. Im Vordergrund steht der Dialog.

248 Ursprünglich *Ambassades* statt *Agences*, vgl. Res (73) 1998.

249 Res 73 (1998).

250 Diese ersten beiden demokratischen Grundfreiheiten finden sich auch in der Wiener Erklärung der Regierungschefs der Europaratsstaaten aus dem Jahr 1993 wieder, die dort als unabdingbare Voraussetzungen für eine Mitgliedschaft im Europarat formuliert sind, *Tarschys,* Wandel in Mittel- und Osteuropa und die Stellung des Europarats, S. 12.

Botschaften können nur auf Wunsch der Kommunen, Region und Nichtregierungsorganisationen eingerichtet werden. Sie haben unter Unterstützung durch den Europarat und die EU die finanziellen Aufwendungen zu tragen.[251]

Die Botschaften sind Teil des Friedensprogramms für die Balkanregion.[252] Das Netz der Botschaften ermöglicht eine gemeindeüberschreitende Koordination zur Bewältigung der Nachkriegsprobleme. In dieser Funktion können sie einen wichtigen Beitrag zum Aufbau der Zivilgesellschaft und der Vertrauensbildung in den Bevölkerungsgruppen darstellen.[253]

(2) Sonderhilfsprogramme in den Mittel- und Osteuropäischen Staaten (MOE-Staaten)

Über die Hilfe in Ex-Jugoslawien hinaus bietet der KGRE Sonderhilfsprogramme für alle MOE-Staaten an. Im Mittelpunkt steht die Nutzbarmachung des kommunalrechtlichen und -politischen Potentials des KGRE für den Aufbau der Gemeindedemokratien. Der Kongreß unterstützt Regierungen und alle anderen Verantwortungsebenen bei der Formulierung von Gemeindegesetzen und anderen kommunalrelevanten Rechtstexten. Teil des Programms ist die Aus- und Fortbildung der Entscheidungsträger durch Seminare, Studienbesuche und sonstige Beratung auf allen Gebieten des Kommunalrechts.

(3) Europäische Schulungszentren (ENTO)

Ein weiteres Hilfsprojekt wurde 1995 ins Leben gerufen: Das Europäische Netzwerk von Schulungszentren *(„European Network of Training Organizations (ENTO)")* für kommunale Gebietskörperschaften. Die Palette der Ausbildungszwecke für den öffentlichen Sektor reicht vom kommunalen Management bis zur technischen Aus- und Weiterbildung.[254] Das ENTO-Programm ist ein nichtstaatlicher, gemeinnütziger Verein nach französischem Privatrecht, der vom KGRE unterstützt wird. Die Philosophie des Netzwerks rührt aus dem Mangel an qualifizierten Fach- und Führungskräften für den Aufbau lokaler Demokratien. Durch die Verknüpfung der Ausbildungszentren soll ein transnationaler Erfahrungsaustausch ins Leben gerufen werden. Von den grenz-

---

251 Mit dieser Hilfe wurden bisher folgende Einrichtungen geschaffen: Lokale Botschaften in Subtocia (Jugoslawien), Osijek/Vukovac (Kroatien), Tuzla (Bosnien-Herzegowina), Sisak (Kroatien), Istrien (Kroatien), Zavidovice (Bosnien-Herzegowina), Ohrid (Mazedonien), Prijedor (Bosnien-Herzegowina).

252 KGRE, Der Kongreß der Gemeinden und Regionen Europas, 2001.

253 KGRE, Der Kongreß der Gemeinden und Regionen Europas, 2001.

254 KGRE, Der Kongreß der Gemeinden und Regionen Europas, 2001.

überschreitenden Querverbindungen erhofft man sich positive Effekte für das Ausbildungsniveau der beteiligten Schulungsinstitute. Letztlich beruht ENTO auf den Grundgedanken, denen sich der KGRE verpflichtet fühlt:[255]

> *„la décentralisation et le dévelopment d'un système moderne de gouvernement local ont été les fondaments de la transition opérée dans les pays d'Europe centrale et orientale vers la démocratie et l'économie de marché.“*[256]

bb) Teilnahme im Stabilitätspakt

Der KGRE arbeitet an dem vom Europarat aufgelegten Programm zur Stärkung der Demokratien in Süd-Ost-Europa (Stabilitätspakt) mit. Er soll entsprechend den im Dayton-Abkommen zugewiesenen Aufgaben den Schutz der Menschenrechte, die Sicherung der Medienfreiheit, und den Schutz von Minderheiten fördern.[257]

Der Stabilitätspakt ist in bezug auf den KGRE der Oberbegriff für alle Aktionen, welche die Soforthilfe für Kommunen, deren grenzüberschreitende Zusammenarbeit und Partnerschaften beinhalten. Erster großer Startpunkt war das Forum *„Dezentralisation, Demokratie und Stabilität in Südosteuropa“* im Februar 2000 in Bukarest. Teil dieses Programms sind Reformen in den betroffenen Staaten mit dem Ziel einer Politik, die die Grundsätze der EKC verwirklicht. Der KGRE spielt im Konsultationsprozeß, nicht zuletzt wegen des engen Kontakts zu den dezentralen Körperschaften, eine tragende Rolle.

cc) Europa-Preis

Der KGRE engagiert sich auf dem kulturellen Sektor durch die Unterstützung des Europa-Preises für grenzüberschreitende Produktion und Emission von Fernsehprogrammen.[258]

---

255 Zur Zusammenarbeit ENTO Bulletin 2000/1 S. 1 f.

256 ENTO Bulletin 2001/2 S. 1.

257 *Dohmes,* Die Bedeutung des Europarats für Deutschland, in: Holtz (Hrsg.), 50 Jahre Europarat, S. 195.

258 KGRE, Der Kongreß der Gemeinden und Regionen Europas, 2001.

dd) Engagement des Kongresses im Kosovo

Über die Mitarbeit am Stabilitätspakt und einzelnen Hilfsprojekten hinaus engagiert sich der KGRE im Kosovo. Er leistet im Rahmen der Internationalen Einsatztruppe umfassende Hilfestellungen beim Aufbau von 30 Gemeinden im Kosovo.[259] Die Bewältigung der anfallenden Probleme ist nur in Absprache mit den anderen dort tätigen Hilfsorganisationen möglich.[260] Der Kongreß steht in ständigem Kontakt mit der Organisation für Sicherheit und Zusammenarbeit in Europa (OSZE), den Vertretern der UN-Mission im Kosovo (UNMIK), der EU[261] und weiteren Organisationen, wie auch dem eben vorgestellten ENTO-Programm.[262]

Seine Hilfe erstreckt sich auf die Unterstützung bei der Einstellung von Verwaltungskräften, bei der Abfassung von kommunalrelevanten Gesetzestexten, insbesondere zu Wahlen und bei Partnerschaftsprojekten und Wahlbeobachtungen. Zur Prüfung des provisorischen Status des Kosovo arbeitet der KGRE eng mit der UN-Venedig-Kommission[263] zusammen.[264] Voraussetzung für eine erfolgreiche Tätigkeit ist die laufende Kontaktpflege mit den lokalen serbischen und albanischen Parteien und Gruppierungen.

Der Präsident des KGRE informiert sich regelmäßig über den Fortschritt der Mission im Kosovo.[265]

c) Zusammenfassung: Der KGRE als Vorreiter für lokale und regionale Demokratie

An den dargestellten Hilfsprojekten zeigt sich eine stark kommunal ausgeprägte Schwerpunktsetzung des KGRE. Das ihm vom Europarat auferlegte Mandat erlaubt es ihm, über die binnenorganisatorischen Aufgabenstellungen hinaus zu wirken. Der Kongreß hat im Rahmen dessen eine Reihe von Projekten initiiert und durchgeführt. Aufgrund der geringen Finanzmittel sind aber auch

---

259 KGRE, Der Kongreß der Gemeinden und Regionen Europas, 2001.

260 *Tarschys,* Wandel in Mittel- und Osteuropa und die Stellung des Europarats, S. 19.

261 Dazu *Tarschys,* Wandel in Mittel- und Osteuropa und die Stellung des Europarats, S. 21.

262 Vgl. *Dohmes,* Die Bedeutung des Europarats für Deutschland, in: Holtz (Hrsg.), 50 Jahre Europarat, S. 195.

263 Vgl. Entschluß des UN-Sicherheitsrats 1244.

264 Vgl. *Kusche,* Ausschuß der Weisen legte Empfehlungen vor, Europa kommunal 1999, 60 ff.

265 KGRE, Der Kongreß der Gemeinden und Regionen Europas, 2001.

diese Aktionen begrenzt und auf einen *„politisch-psychologischen Beitrag"* beschränkt.[266]

Konkrete Hilfe kann daher auch auf politischem Weg geleistet werden. Zu diesem Zweck hat der KGRE in Kooperation mit allen Ebenen der Mitgliedstaaten Berichte über die Situation der lokalen und regionalen Demokratie erarbeitet.

Die „außenpolitischen" Zielsetzungen lenken von der Beratungsfunktion der Einrichtung als vornehmliche Aufgabe[267] im Europarat ab. Auch hier läßt sich an Beispielen nachweisen, daß es dem KGRE gelungen ist, die kommunalen und regionalen Themen in die Arbeit des Europarats einzubringen und seine Positionen durchzusetzen.

Beispielhaft seien hier die verabschiedeten Konventionen als das wichtigste politische Mittel des Europarats genannt. Freilich läßt sich hier leicht auf eine *„geringe Bindungswirkung"* der völkerrechtlichen Dokumente hinweisen.[268] Die Anerkennung kommunaler und regionaler Rechte durch die Mitgliedstaaten, angesichts der hohen Ratifizierungsquote der EKC und der Madrider Rahmenkonvention, ist dennoch nicht zu unterschätzen. Ein regionales Pendant zur EKC ist nach jahrelangen Vorbereitungen auf den Weg gebracht. Bei der Umsetzung und Überwachung der Konventionen wirkt der Institutionelle Ausschuß des Kongresses maßgeblich mit, wodurch dem KGRE eine weitere wichtige Aufgabe übertragen wurde.

Daher ist festzuhalten, daß „der Europarat, obwohl er keinerlei Befugnisse hat, die entsprechenden Konventionen nationalstaatlich durchzusetzen, doch einen wesentlichen Rahmen darstellt, der geeignet ist, *„europaweit Maßstäbe (...) für eine effiziente kommunale Selbstverwaltung zu setzen und die Beachtung dieser Grundsätze zumindest politisch einzufordern."*[269] Gleich ob man ihn als *„Sprachrohr"*[270] oder *„Stimme"*[271] der kommunalen und regionalen Gebietskör-

---

266 *Tarschys,* Wandel in Mittel- und Osteuropa und die Stellung des Europarats, S. 23.

267 Vgl. *Von Lennep,* Gemeinsames Erbe in Leitsätze gegossen, Städte- und Gemeinderat 1999, 8.

268 *Beyerlin,* Neuere rechtliche Entwicklungen der regionalen und lokalen grenzüberschreitenden Zusammenarbeit, in: Brunn/Schmitt-Egner, Grenzüberschreitende Zusammenarbeit in Europa. Theorie, Empirie, Praxis, S. 121.

269 *Mombaur,* Kommunalpolitik in der Europäischen Union, S. 14.

270 *Zahn,* Sprachrohr der regionalen und lokalen Gebietskörperschaften, Europa kommunal 1999, 64.

271 *Holtz,* 50 Jahre Europarat – Eine Einführung, in: Holtz (Hrsg.), 50 Jahre Europarat, S. 19.

perschaften bezeichnet, vertritt er in vielfacher Schattierung die Interessen der Gemeinden und Regionen Europas.

Angesichts der international nur unzureichend ausgeprägten Repräsentanz dezentraler Ebenen und der durch die Regierungsvertreter klassisch-dominierten völkerrechtlichen Zusammenarbeit läßt sich der KGRE in seinem umfassenden Wirken als

„Vorreiter für lokale und regionale Demokratie"

bezeichnen.

4. Kapitel: Die Europäische Kommunalcharta als kommunalschützendes Instrument

Die kommunale rechtssätzliche Einflußnahme im Rahmen des Europarats wird dominiert von einem Rechtsakt, der als das bedeutendste internationale kommunalschützende Dokument eingeordnet werden kann: Die Europäische Charta der kommunalen Selbstverwaltung (EKC)[1]. Ihre herausragende Stellung könnte alleine damit begründet werden, daß neben der Charta weitere Schutzinstrumente zugunsten der kommunalen Gebietskörperschaften nicht existieren. Tatsächlich hat der Europarat aber weitere Übereinkommen mit Kommunalbezug initiiert, so daß dies nicht die einzige Erklärung sein kann. Die Reichweite der Europäischen Kommunalcharta ist an ihrem wesensmäßigen Umfang, dem grundlegenden Schutz kommunaler Selbstverwaltung, zu messen. Die EKC soll vor diesem Hintergrund aus dem Reigen internationaler Rechtstexte herausgegriffen werden. Es geht darum, den überstaatlichen Schutz der kommunalen Rechtssphäre und dessen Auswirkungen auf die nationalen Schutzmechanismen darzustellen. In diesem Zusammenhang sollen die wesensmäßigen Züge des chartaeigenen Kontrollsystems der Einhaltung der Chartarechte nicht außen vor bleiben. Dies muß immer vor dem Hintergrund des völkerrechtlichen Charakters der zwischenstaatlichen Zusammenarbeit im Rahmen des Europarats[2] geschehen, der selbst über keine unmittelbare Rechtsetzungsbefugnis in den Mitgliedstaaten verfügt.

I. Der historische Hintergrund der Europäischen Kommunalcharta

Eine historische Darstellung empfiehlt sich nur dann in aller Ausführlichkeit, wenn daraus Lehren für die Zukunft gezogen werden können. Anders als die institutionellen Gegebenheiten in der EU sollen die Errungenschaften der Europäischen Kommunalcharta nicht in ihrer Substanz weiterentwickelt werden, sondern lediglich ihre integrative Kraft für das Gemeinschaftsrecht nutzbar gemacht werden. Eine ausführliche Auseinandersetzung mit den Entstehungsvoraussetzungen der EKC würde sich demnach verbieten. Trotzdem ist es wichtig, ein solches Dokument in sein zeithistorisches Umfeld einzuordnen. Aus diesem Grund werden die wesentlichen Schritte nachvollzogen, die zur Unterzeichnung der Europäischen Kommunalcharta geführt haben.

---

1 Europäische Charta der kommunalen Selbstverwaltung [ETS Nr. 122] vom 15.10.1988.

2 Vgl. *Holtz,* 50 Jahre Europarat: Eine Einführung, in: Holtz (Hrsg.), 50 Jahre Europarat, S. 26 ff.

Hierbei ist zu unterscheiden zwischen den ersten Gedanken einer europaweiten Sicherung der kommunalen Selbstverwaltung und dem Entstehungsprozeß des kommunalschützenden Dokuments. Als erster Meilenstein auf diesem Weg ist hier die Europäische Charta der Gemeindefreiheiten aus dem Jahr 1953 anzuführen.[3] Daß weitere Anschübe bis zur Unterzeichnung der EKC 1985 nötig waren, ergibt sich aus dem teils zähen, aber immer fließenden Prozeß des europäischen Zusammenwachsens in der zweiten Hälfte des 20. Jahrhunderts. Daraus darf aber nicht geschlossen werden, daß der Kommunalschutz in seiner europäischen Gestalt ein Selbstläufer war und ist. Die Entwicklungsgeschichte gleicht einer Auseinandersetzung, in der immer wieder einzelne Vorreiter die kommunale Initiative ergriffen und die nötige Überzeugungsarbeit geleistet haben. In diesem Zusammenhang soll die Entwicklung des Schutzes kommunaler Rechte aus der Sicht des Europarats dargestellt werden. Angesichts der zentralen Aufgabe neben dem Menschenrechtsschutz[4], Demokratie[5] und Rechtsstaatlichkeit in den Mitgliedsländern zu sichern und voranzubringen[6], stellt der Europarat das vermeintlich ideale Umfeld zur Förderung kommunalschützender Gedanken dar. Vor diesem Hintergrund einer demokratietheoretischen Rückkopplung soll die Einbindung der kommunalen Gebietskörperschaften in das Wirken einer internationalen Organisation gesehen werden.

1. Erste Gedanken einer „Europäischen kommunalen Selbstverwaltung"

a) Modell der Gemeindefreiheit nach Gasser

Erstaunlich ist, daß in den jüngsten Nachkriegsjahren die kommunale Selbstverwaltung in eine europäische Dimension gestellt wurde: In Betrachtung dieser Anfänge stößt man unverweigerlich auf den Namen des Historikers *Adolf Gasser*. Mit seinem Werk *„Gemeindefreiheit als Rettung Europas"* setzte er Maßstäbe für die künftige Entwicklung.[7] Darin forderte er eine *„umfassende kommunale Ermessensfreiheit als unabdingbare Voraussetzung für jede politische, soziale, moralische Gesundung Europas"*.[8] Infolge dessen setzte er zahl-

3 Vgl. *Seele,* Der Kreis aus europäischer Sicht, S. 336..
4 *Breucking,* Schutz der Menschenrechte und der sozialen Grundrechte, in: Holtz (Hrsg.), 50 Jahre Europarat, S. 139 ff.
5 *Klebes,* Demokratieförderung durch den Europarat, in: Holtz (Hrsg.), 50 Jahre Europarat, S. 111 ff; *ders.,* Der Einsatz des Europarats für die Demokratie, in: Schmuck (Hrsg.), 40 Jahre Europarat, S. 179 ff.
6 Vgl. Art. 1 der Satzung des Europarats [ETS Nr. 1].
7 In der Erstauflage ist das Werk 1943 erschienen, die zweite, vielbeachtete Auflage datiert auf das Jahr 1947.
8 *Gasser,* Gemeindefreiheit als Rettung Europas, 2. Auflage 1947, S. 6.

reiche weitreichende und -wirkende Prozesse in Gang, die wesentlicher Anstoß zur Stärkung der kommunalen Selbstverwaltung in Europa waren.[9]

Teil dieser Entwicklung waren europaweite Zusammenkünfte von Kommunalpolitkern.[10] Ergebnis war unter anderem die Bildung einer „Internationalen Bürgermeisterunion (IBU)" 1948 durch sechs französische und neun deutsche Bürgermeister.[11] Der Grundgedanke war zunächst – wie sich an den Gründungsmitgliedern erkennen läßt – die deutsch-französische Aussöhnung. In der Folgezeit nahm die IBU den Status einer beratenden Organisation beim Europarat ein, löste sich aber 1988 selbst auf und ging im Rat der Gemeinden und Regionen Europas (RGRE) auf.[12] Zudem kam es zur Gründung des Rates der Gemeinden Europas (RGE) 1951 als kommunalvertretende unabhängige Interessenvertretung.[13]

b) Die Europäische Charta der Gemeindefreiheiten

Die vielseitigen Kontakte auf europäischer Ebene führten zur Verabschiedung der Europäischen Charta der Gemeindefreiheiten[14] auf dem ersten Europäischen Gemeindetag in Versailles, einer Versammlung von mehr als 1000 Kommunalpolitikern.[15] Auch in der Folgezeit fanden alle zwei bis drei Jahre auf Einladung des Rates der Gemeinden Europas Europäische Gemeindetage[16] statt.[17]

---

9 *Knemeyer*, Die Vorgeschichte der Europäischen Kommunalcharta, in: Knemeyer (Hrsg.), Europäische Charta der kommunalen Selbstverwaltung, S. 39; vgl. auch *Weinberger*, Internationale Gemeindeverbände und Städtepartnerschaften, in: Püttner (Hrsg.), Handbuch der kommunalen Wissenschaft und Praxis, Band 2, S. 508 f.

10 *Schaffarzik*, Handbuch der EKC, S. 23.

11 *Knemeyer*, Die Vorgeschichte der Europäischen Kommunalcharta, in: Knemeyer (Hrsg.), Europäische Charta der kommunalen Selbstverwaltung, S. 39; vgl. *Weinberger*, Internationale Gemeindeverbände und Städtepartnerschaften, in: Püttner (Hrsg.), Handbuch der kommunalen Wissenschaft und Praxis, Band 2, S. 509; *von Lennep*, Die Gemeinden und die Europäischen Gemeinschaften, S. 16 ff.

12 Hierzu *Meyberg*, Auslandsrelevantes Verhalten auf Gemeindeebene, S. 45 ff.; *Mayer*, Auslandsbeziehungen deutscher Gemeinden, S. 103 ff.

13 Der RGE wurde 1984 zum Rat der Gemeinden und Regionen Europas (RGRE).

14 Siehe den Anhang bei Knemeyer (Hrsg.), Europäische Charta der kommunalen Selbstverwaltung.

15 Zum Zusammenhang mit der Europäischen Charta der kommunalen Selbstverwaltung *Engel*, Fundament und Meßlatte für echte Demokratie, Europa kommunal 1999, 67.

16 Mit der Umbenennung des RGE zum RGRE heißt auch der Europäische Gemeindetag Europatag der Gemeinden und Regionen, vgl. *Schaffarzik*, Handbuch der EKC, S. 24

17 Hans *Körner*, Rat der Gemeinden Europas – Internationale Organisation, S. 11 ff.; *Seele*, Der Kreis aus europäischer Sicht, S. 404.

Strukturell untergliedert sich die knapp verfaßte Charta in drei Teile: Einer Einleitung, der Grundsätze der Gemeindefreiheit und diesbezügliche Erläuterungen.

aa) Grundsätze

Die Rolle der Gemeinden im Europamodell der Charta der Gemeindefreiheiten formulieren drei thesenartige Grundsätze. Hierin wird pathetisch[18] die Bedeutung der Gemeinden als Grundpfeiler jeder staatlichen Ordnung betont. Der Begriff der Gemeindefreiheit wird nicht eigens definiert, vielmehr als ein durch Jahrtausende geheiligtes Recht[19] vorausgesetzt. Problematisch erscheint hierbei die Gleichsetzung mit dem heute gängigen Verständnis von kommunaler Selbstverwaltung. Der Begriff der Gemeindefreiheit wird als Grundrecht der Gemeinde gegenüber den staatlichen übergeordneten Ebenen verstanden, was in der Einleitung zum Ausdruck kommt, wo die Gemeindefreiheit als Fundament der Menschenfreiheit bezeichnet wird.[20]

Aus den Gründen 1 und 2 zur Charta ergibt sich aber, daß Gemeindefreiheit verstanden wird als ein Zusammenschluß von Bürgern zur Gewährleistung eines Gemeindelebens. Freiheit der Gemeinden bedeutet den ureigensten Schutz der gemeindlichen Rechtssphäre vor staatlicher Bevormundung. Voraussetzung hierfür ist die zwanglose Bereitschaft (*„aus eigener Verantwortung"*) der Gemeindebürger zur aktiven Ausgestaltung des Freiheitsraums.[21] Erfolgversprechend ist das gemeindliche Modell nur bei individueller oder kollektiver Resistenz gegenüber jeglichem *„Zwang von oben, bei gleichzeitiger eigenverantwortlicher Bindung an die Gesetze"*.[22]

Die Europäische Charta der Gemeindefreiheiten, die sich ausdrücklich gegen ein nicht näher definiertes Befehlsprinzip wendet[23], proklamiert mit ihren Vorstellungen von gemeindlicher Selbstverwaltung ein Freiheitsprinzip, das hohe Ansprüche an die Einsatzbereitschaft des einzelnen Bürgers für die Gemeinschaft stellt. Um diese zu ermöglichen und auch zu fördern, sollen die Rechte

---

18 *Schaffarzik,* Handbuch der EKC, S. 24.

19 So die Einleitung der Charta der Gemeindefreiheiten.

20 Vgl. die heutige Auffassung von kommunaler Selbstverwaltung entsprechend den Grundsätzen der EKC, hinten S. 287 ff.; zur deutschen Auslegung vgl. ausführlich *Knemeyer,* Kommunalrecht, Rn. 4 ff.

21 Grundsätze 1 und 2.

22 These 2 S. 2, 2. Hs.

23 These 2, S. 2, 1. Hs.

des Bürgers gegenüber den Gemeinden genauso geschützt werden wie die Rechte der Gemeinde gegen staatliche Eingriffe.[24]

Die Europäische Charta der Gemeindefreiheiten wendet sich also auch an die Gemeinden selbst. Sie müssen den nötigen Einrichtungen schaffen, um eine florierende Selbstverwaltung im Sinne einer aktiven Selbstgestaltung zu ermöglichen.[25]

bb) Erläuterungen

Angesichts der Allgemeinheit und Unbestimmtheit der grundsätzlichen Thesen stellt sich die Frage nach inhaltlichen Präzisierungen. Eine Antwort hierauf geben die im 3. Teil formulierten Erläuterungen. Sie enthalten neun Punkte, die für die wirksame Gewährleistung gemeindlicher Freiheit unabdingbar sind. Danach hat die Gemeinde in ihrem universalen lokalen verfassungsrechtlich abgesicherten und notfalls höchstrichterlich durchsetzbaren Wirkungskreis[26] die Befugnisse zum Normerlaß[27] und zur Deckung ihres Finanzbedarfs:[28] Beim Erlaß der allgemeinen Gemeindegesetze haben die Gemeinden im parlamentarischen Gesetzgebungsverfahren ein Mitspracherecht.[29]

Innerhalb der Gemeinde erfolgt die Willensbildung durch die Bürger selbst oder durch Vertretungsorgane.[30] Diesen ist die Gemeindeverwaltung als Leitung der gegenüber aufsichtlichen staatlichen Eingriffen beschränkten Gemeindegeschäfte[31] verantwortlich.[32] Das Gemeindegebiet[33] wird ebenso geschützt wie die Bildung von internationalen Gemeindeverbänden.[34]

Trotz der kurzen thesenartigen Fassungen finden sich in den Erläuterungen konkrete Forderungen zur Verwirklichung der Gemeindefreiheit. Dies darf aber nicht darüber hinwegtäuschen, daß die Gemeindecharta eine politische Willens-

24 These 3.
25 These 1, S. 2.
26 Erläuterung 3, S. 1.
27 Erläuterung 3, S. 2.
28 Erläuterung 4.
29 Erläuterung 2.
30 Erläuterung 5.
31 Erläuterung 7.
32 Erläuterung 6.
33 Erläuterung 8.
34 Erläuterung 9.

bekundung der Gemeindevertreter war.[35] Sie sollte eine Erklärung der Gemeinden für die Gemeinden sein.[36] Die Gemeindefreiheit sollte als Bekenntnis zum dezentralen Staatsaufbau von unten nach oben als Keimzelle gegen totalitäre Bestrebungen angeführt werden.[37] Zugleich sollten kommunale Rechte gegen einen staatlichen Zentralismus geschützt werden.[38] Verwunderlich scheint es, daß in der Folgezeit keine erkennbaren Versuche gestartet wurden, die Charta der Gemeindefreiheiten in verbindliches Recht umzusetzen, sei es als innerstaatliches Gesetz oder völkerrechtlicher Vertrag.[39] Entscheidend ist daher die symbolische Wirkung der Charta für die weitere Entwicklung einer europaweiten Sicherung kommunaler Rechte.

2. Ansätze zur Schaffung einer europaweiten Garantie der kommunalen Selbstverwaltung durch den Europarat

a) Erste Anstöße auf Grundlage der Charta der Gemeindefreiheiten

Man braucht wenig politischen Feinsinn zu haben, um einer realen Umsetzung der Inhalte der Charta nur wenige Chancen zu geben. Zu betrachten sind deshalb einzelne Initiativen aus dem Umfeld des Europarats zum Schutz kommunaler Selbstverwaltung, die letztlich Teil der stetigen Entwicklung hin zur EKC waren. Schon jetzt sei gesagt, daß all diese Vorstöße nur von Minimalerfolgen gekrönt wurden. Dies erscheint um so erstaunlicher, als der Europarat schon sehr früh die institutionellen Voraussetzungen einer kommunalen Beteiligung an der Entscheidungsfindung geschaffen hat. So klingt es folgerichtig, wesentliche Impulse der Europäischen Gemeindekonferenz und ihren Nachfolgern zuzurechnen.

Tatsächlich gingen erste Bestrebungen zum Schutz kommunaler Rechte durch die Schaffung eines europaweiten Dokuments in erster Linie aber von der Beratenden Versammlung des Europarats aus, die sich in einer Reihe von Empfehlungen und Resolutionen dieses Vorhabens annahm.[40] Ziel war die Schaf-

---

35 *Akkermans,* The European Charter of Local Self-Government, in: Institut du fédéralisme de l'Université de Fribourg (Hrsg.), The Territorial Distribution of Power in Europe, S. 273.

36 *Knemeyer,* Die Vorgeschichte der Europäischen Kommunalcharta, in: Knemeyer (Hrsg.), Europäische Charta der kommunalen Selbstverwaltung, S. 40.

37 Vgl. *Schaffarzik,* Handbuch der EKC, S. 24.

38 *Knemeyer,* Die Vorgeschichte der Europäischen Kommunalcharta, in: Knemeyer (Hrsg.), Europäische Charta der kommunalen Selbstverwaltung, S. 40.

39 *Schaffarzik,* Handbuch der EKC, S. 25.

40 *Schaffarzik,* Handbuch der EKC, S. 27.

fung eines völkerrechtlichen Vertrags mit Bindungswirkung für die angeschlossenen Vertragsstaaten als einzig wirksamer Schutz der kommunalen Selbstverwaltung. Allzu nachvollziehbar erscheint der Weg, den die Versammlung gehen wollte. Ein grundlegender Schutz sollte durch die Aufnahme des kommunalen Selbstverwaltungsrechts in die EMRK gewährleistet werden. Es galt, den Grundsatz als unabdingbaren Bestandteil eines demokratischen Gemeinwesens darzustellen.[41] Entsprechende Versuche der Aufnahme in das 2. Zusatzprotokoll zur EMRK[42] scheiterten.[43] Die Ablehnung durch das Ministerkomitee erfolgte ohne Angabe von Gründen.[44]

b) Gemeinsamer Entwurf der Beratenden Versammlung und der Gemeindekonferenz

Nunmehr besannen sich die Kommunalinteressenvertreter auf die Forderung nach einer eigenständigen Konvention zum Schutz kommunaler Rechte[45], die sich auf einen Vorschlag der Europäischen Gemeindekonferenz bezog. Das Ministerkomitee lehnte ein solches Dokument zwar nicht grundsätzlich, wohl aber zu dem gegebenen Zeitpunkt, ab.[46] Die Gemeindekonferenz unterbreitete hierzu eine Erklärung, die in neun Abschnitten die in der Charta der Gemeindefreiheiten vorgestellten Grundsätze weitgehend wiederholte.[47]

Auf Wunsch der Beratenden Versammlung, die nicht außen vor bleiben wollte[48], kam es zu einer gemeinsamen Ausarbeitung eines Konventionstextes.[49] Dieser unterscheidet sich nur in einem Punkt wesentlich vom ursprünglichen Entwurf der Gemeindevertreter. Abgeschwächt findet sich das im Rahmen der Europäischen Charta der Gemeindefreiheiten betonte kommunale Mitwirkungsrecht bei staatlichen Entscheidungen. Angesichts der Zusammensetzung der Be-

---

41 Vgl. hierzu die Empfehlung 295 vom 26.9.1961.

42 ETS Nr. 44 vom 6.5.1963.

43 Was angesichts des in der EMRK verankerten Menschenrechtssystems auch nachvollziehbar scheint. Die kommunale Selbstverwaltung ist kein mit den Rechten der Menschenrechtskonvention vergleichbares Recht. So steht den Gemeinden als juristische Person des öffentlichen Rechts auch kein Klagerecht im Individualbeschwerdeverfahren nach Art. 25 EMRK unter Berufung auf die Verletzung eines Konventionsrechts zu, vgl. *Meyer-Ladewig,* Konvention zum Schutz der Menschenrechte und Grundfreiheiten, Art. 34 EMRK, Rn. 7.

44 COE Doc. 5.

45 Vgl. Die Entschließung der Beratenden Versammlung 234 vom 20.9.1962.

46 Ministerkomitee, COE Doc. 5012, S. 5.

47 Resolution 64 vom 31.10.1968.

48 Vgl. Resolution 410 vom 14.10.1969.

49 Eingebracht über die Empfehlung 615 vom 25.9.1970.

ratenden Versammlung mit nationalen Parlamentarien ist diese Beschränkung der gemeindlichen Machtfülle verständlich.[50] Entscheidend ist letztlich die Resonanz des Entwurfs. Das Ministerkomitee lehnte den Entwurf wie zuvor die Schaffung einer europäischen Konvention auf diesem Gebiet ab.[51] Nach dessen Auffassung war wegen der unterschiedlichen Ausgestaltung kommunaler Strukturen in den Vertragsstaaten des Europarats eine einheitliche Akzeptanz nicht zu erwarten. Hierbei überwogen weniger die inhaltlichen Diskrepanzen mit den Grundaussagen der Empfehlung als vielmehr Bedenken gegenüber der Kürze und der dadurch fehlenden differenzierten Textfassung.[52]

Die ablehnende Haltung wurde mit Enttäuschung aufgenommen und substantiell aufgrund der nicht überzeugenden Argumente des Ministerkomitees kritisiert.[53] Es wäre den Mitgliedstaaten ohne weiteres möglich gewesen, den mit einem hohen Abstraktionsgrad[54] dargelegten Forderungen innerstaatlich Geltung zu verschaffen. Zu beachten ist ferner, daß sich die Vorschläge ausschließlich an das Ministerkomitee richteten, eine Umsetzung in ein völkerrechtliches Abkommen daher nicht zwingend geboten und auch nicht Bestandteil der ursprünglichen Empfehlung war.[55]

c) Zwischenergebnis

Festzuhalten ist, daß es eine Reihe von Initiativen gab, die durchaus hartnäckig verfolgt wurden, zählbare Erfolge aber am politischen Durchsetzungswillen im Ministerkomitee scheiterten. Die Fehlschläge anfang der 70er Jahre führten zur Ernüchterung unter den Kommunalvertretern. Das inhaltliche Vorbringen blieb auf dem Stand der Europäischen Gemeindecharta. Es zeigte sich, daß zwischen idealistischen Wunschvorstellungen und politischer Wirklichkeit eine große Lücke klaffte.

---

50 *Schaffarzik,* Handbuch der EKC, S. 29.

51 COE Doc. 2934.

52 *Knemeyer,* Die Vorgeschichte der Europäischen Kommunalcharta, in: Knemeyer (Hrsg.), Europäische Charta der kommunalen Selbstverwaltung, S. 41.

53 Vgl. *Galette,* Europäische Aspekte der kommunalen Selbstverwaltung, in: von Mutius (Hrsg.), Selbstverwaltung im Staat der Industriegesellschaft, Festgabe von Unruh, S. 1091.

54 *Schaffarzik,* Handbuch der EKC, S. 29.

55 Vgl. Nr. 6 der Empfehlung 615 vom 25.9.1970: *„L'Assemblée, (...) 6. Recommande au Comité des Ministres d'adopter, au nom des gouvernements membres du Conseil de l'Europe, la Déclaration de principe sur l'autonomie locale".*

3. Entstehung der EKC

a) Konventionsbestrebungen in einem veränderten Umfeld

Mehrere Punkte waren ausschlaggebend für ein erneutes Aufgreifen der gereiften Forderungen. Wiederum war es die Europakonferenz der Gemeinden und Regionen[56], die den wesentlichen Anstoß gab und 1978 sich auf den Weg hin zu einem internationalen Dokument zur Absicherung kommunaler Rechte machte.[57]

aa) Erkenntnis der Handlungsnotwendigkeit

Eine Rolle spielte sicherlich die Tatsache, daß Enttäuschungen über die geernteten Mißerfolge mit der Zeit hinter *„das Bewußtsein von der politisch-historischen Notwendigkeit (...), das Handeln der Kommunen in Europa auf das sichere Fundament eines rechtsverbindlichen Aktes zu stellen"*, in den Hintergrund traten.[58] Dieses Bewußtsein der Handlungsnotwendigkeit wurde durch europaweite Zentralisierungstendenzen zu Lasten der dezentralen Gebietskörperschaften verstärkt. Hierdurch wuchs in den betroffenen Staaten[59] die Befürchtung, die ihnen eigenen Aufgaben zugunsten zentralstaatlicher Einrichtungen zu verlieren.[60]

bb) Personelle und organisatorische Voraussetzungen

Wie zu Beginn des Entwicklungsprozesses in der unmittelbaren Nachkriegszeit wurde der weitere Verlauf von Persönlichkeiten geprägt, denen es gelang, die kommunalen Forderungen politisch zu plazieren. Bedeutend war dabei der belgische Innenminister *Lucien Harmegnies*, der zugleich Bürgermeister von Charleroi war und von der Gemeindekonferenz mit der Ausarbeitung eines Ent-

---

56 *Leitermann*, Europäische Charta der kommunalen Selbstverwaltung in Kraft, Der Städtetag 1988, 678.

57 Vgl. die Stellungnahmen 6 (1957) zum Schutz und zur Entwicklung der Autonomie der Gemeinden, die Stellungnahme 15 (1962) zu Maßnahmen des Europarats zugunsten der Autonomie der Gemeinden, und die Stellungnahme 126 (1981) über die Prinzipien der kommunalen Selbstverwaltung.

58 *Schaffarzik*, Handbuch der EKC, S. 31.

59 Vor allem Schweden, Dänemark, Großbritannien, Belgien und Deutschland.

60 Vgl. *Galette*, Europäische Aspekte der kommunalen Selbstverwaltung, in: von Mutius (Hrsg.), Selbstverwaltung im Staat der Industriegesellschaft, Festgabe von Unruh, S. 1085 f.

wurfs betraut wurde.[61] Als Vorsitzender des Ausschusses für kommunale Strukturen und Finanzen der Europakonferenz war er derjenige, der die Idee einer Konvention aufgegriffen hat. Unterstützt wurde er von einer namhaften Expertengruppe[62], die sich unter seiner Führung mehrmals in Straßburg zusammenfand.[63]

Bei der Formulierung von Zielsetzungen und Forderungen holten sich die Expertengruppe und die Gemeindekonferenz die Unterstützung der Internationalen Gemeindeverbände.[64] So war es möglich, die Realisierung eines Dokuments auf eine breite Basis zu stellen und möglichst viele zur Verfügung stehende Quellen zu nutzen. Die Kommunalvertreter außerhalb des Europarats wurden in verschiedenen Stadien der Ausarbeitung beteiligt.[65]

b) Grundlegende Fragestellungen

Aufgrund der früheren Ablehnung der Bestrebungen durch das Ministerkomitee ergaben sich beim erneuten Aufgreifen Fragestellungen, die es zunächst grundlegend zu klären galt.

aa) Rechtsnatur einer Konvention

Fraglich war zunächst die Wahl der Form, die eine auszuarbeitende Charta haben sollte. Einigkeit herrschte darüber, daß ein deklaratorisches Werk wie die Europäische Charta der Gemeindefreiheiten nicht weitreichend genug ist.[66] Eine

---

61 Vgl. den hierzu verfaßten „*Harmegnies-Bericht*“ über die Grundsätze der kommunalen Selbstverwaltung auf der Europäischen Gemeindekonferenz der Gemeinden und Regionen, abgedruckt in: CPL (16) 6, II.; vgl. *Knemeyer,* Die Vorgeschichte der Europäischen Kommunalcharta, in: Knemeyer (Hrsg.), Europäische Charta der kommunalen Selbstverwaltung, S. 41.

62 Die Mitglieder waren *J. Burmeister* (D), *B. Keith-Lucas* (GB), *J. Meylan* (CH), *A. Galette* (D), *J. Sarot* (B), *D. Sorace* (I) und *J. Woehrling* (F).

63 *Galette,* Europäische Aspekte der kommunalen Selbstverwaltung, in: von Mutius (Hrsg.), Selbstverwaltung im Staat der Industriegesellschaft, Festgabe von Unruh, S. 1092; Harmegnies-Bericht, in: CPL (16) 6, II., S. 8.

64 *Knemeyer,* Die Vorgeschichte der Europäischen Kommunalcharta, in: Knemeyer (Hrsg.), Europäische Charta der kommunalen Selbstverwaltung, S. 41.

65 *Seele,* Der Kreis aus europäischer Sicht, S. 417; Harmegnies-Bericht, in: CPL (16) 6, II., S. 8 f.; Bericht von *Sergent* über die kommunale Finanzausstattung, CPL (14) 2 und *Galette* über die regionalen europäischen Einrichtungen, CPL (15) 5.

66 Harmegnies-Bericht, in: CPL (16) 6, II., S. 9; *Akkermans,* The European Charter of Local Self-Government, in: Institut du fédéralisme de l'Université de Fribourg (Hrsg.), The Territorial Distribution of Power in Europe, S. 276 und *Blair,* Vorbereitung der Charta im

Eingliederung in das Menschenrechtssystem der EMRK wurde ebenso verworfen.[67] Als optimal zufriedenstellende Lösung wurde daher die Aufnahme der kommunalen Selbstverwaltungsgarantie in einen eigenständigen völkerrechtlichen Vertrag angesehen.[68] Die Wahl der Rechtsnatur war als Zielvorgabe ein bedeutender Schritt auf dem Weg zur Europäischen Kommunalcharta.[69]

bb) Flexible Konventionsbindung

Angesichts des Scheiterns bisheriger Bemühungen im Ministerkomitee stellte sich zwangsläufig die Frage nach den Erfolgsaussichten eines solchen Konventionsvertrags. Es boten sich zwei Alternativen: Entweder die Wahl von Mindeststandards, die den Anforderungen der beteiligten Kommunalvertreter nicht genügt hätten – obwohl möglicherweise im Ministerkomitee mehrheitsfähig – oder eine weitgehende und fordernde, möglicherweise politisch nicht durchsetzbare Gewährleistung kommunaler Autonomie.

Die Väter der EKC wollten auf konkrete Zielsetzungen im Gegensatz zur Bekundung allgemeiner Grundsätze nicht verzichten.[70] Um diesem *„Dilemma“*[71] zu entgehen, wurde der Vorschlag einer flexiblen Gestaltung der Bindungswirkung einzelner Bestimmungen der Konvention aufgegriffen. Den Vertragsstaaten wurde die Möglichkeit zugebilligt, in einem „à la carte“-System[72] aus einem Kern von Vertragsbestimmungen nur einen Teil als für sich bindend auszuwählen.

Zum Vorbild nahm man sich die *„abgestufte Auswahlmöglichkeit“*[73] des Art. 20 der Europäischen Sozialcharta.[74]

Rahmen des Europarats und gegenwärtiger Stand der Unterzeichnung und Ratifikation, in: Knemeyer (Hrsg.), Europäische Charta der kommunalen Selbstverwaltung, S. 43.

67 Zu den Gründen *Akkermans,* The European Charter of Local Self-Government, in: Institut du fédéralisme de l'Université de Fribourg (Hrsg.), The Territorial Distribution of Power in Europe, S. 276, *Knemeyer,* Die Vorgeschichte der Europäischen Kommunalcharta, in: Knemeyer (Hrsg.), Europäische Charta der kommunalen Selbstverwaltung, S. 42.

68 *Schaffarzik,* Handbuch der EKC, S. 33.

69 *Knemeyer,* Die Vorgeschichte der Europäischen Kommunalcharta, in: Knemeyer (Hrsg.), Europäische Charta der kommunalen Selbstverwaltung, S. 41 f.

70 Harmegnies-Bericht, in: CPL (16) 6, II., S. 11.

71 *Schaffarzik,* Handbuch der EKC, S. 34.

72 *Engel,* Struktur und Umsetzung der EKC in den Mitgliedsstaaten des Europarats und die Kontrolle durch den Kongreß der Gemeinden und Regionen Europas, in: Knemeyer (Hrsg.), Kommunale Selbstverwaltung in Ost und West, S. 45.

73 *Schaffarzik,* Handbuch der EKC, S. 34.

Hierdurch wurde es möglich, daß zum einen die Gewährleistungen aus politischen Gründen nicht abgespeckt werden mußten, andererseits aber die Wahrscheinlichkeit einer Realisierung des Projekts um ein Vielfaches erhöht wurde.[75]

cc) Kontrollsystem

Denkt man an das Schutzsystem der EMRK mit eigens geschaffenen Einrichtungen der in der EMRK verbürgten Rechte, stellt sich das Problem, welches internationale Kontrollsystem für die auszuarbeitende Konvention einzurichten sei. Es wurde der langwierige, zeitraubende Aufbau eines Rechtsschutzsystems gefürchtet, der die Wirkung der Rechte weit hinauszögern könnte.[76] Ein gerichtlicher oder gerichtsähnlicher Kontrollmechanismus, wie der der EMRK hätte höchstwahrscheinlich einige Staaten von der Ratifizierung der Konvention abgehalten.

Daher entschied man sich nach dem Vorbild der Europäischen Sozialcharta für das sogenannte Berichtsverfahren.[77] Nach Art. 21 ff. ESC verpflichten sich die Vertragstaaten, im zweijährigen Rhythmus Berichte über die Einhaltung und Anwendung der Chartabestimmungen zu verfassen. Die Dokumente werden zunächst von einem Sachverständigenrat (Art. 25 ESC), anschließend von der Parlamentarischen Versammlung (Art. 28 ESC) und dem Ministerkomitee (Art. 29 ESC) geprüft, das über Empfehlungen beschließt.[78]

Für die Auswertung der Berichte ist ein eigens geschaffenes Expertengremium zuständig, das die Prüfungsergebnisse dem Ministerkomitee zuleitet.[79] Die nationalen Berichte sollen durch Stellungnahmen der Ständigen Konferenz

---

74 ETS Nr. 35 vom 18.10.1961, BGBl. 1964 II, 1262; revidierte Fassung ETS Nr. 163; vgl. *Oppermann,* Europarecht, Rn. 66.

75 Vgl. Harmegnies-Bericht, in: CPL (16) 6, II., S. 11; zum System der flexiblen vertraglichen Bindung und dessen Vorteilen, *Thürer,* Schweizerische Gemeindeautonomie und die Europäische Charta der kommunalen Selbstverwaltung, in: Cagianut/Geiger/Hangartner/Höhn (Hrsg.), Aktuelle Probleme des Staats- und Verwaltungsrechts, FS Kaufmann, S. 225; *Blair,* Vorbereitung der Charta im Rahmen des Europarats und gegenwärtiger Stand der Unterzeichnung und Ratifikation, in: Knemeyer (Hrsg.), Europäische Charta der kommunalen Selbstverwaltung, S. 43 f.

76 *Schaffarzik,* Handbuch der EKC, S. 34.

77 Vgl. *Knemeyer,* Die Vorgeschichte der Europäischen Kommunalcharta, in: Knemeyer (Hrsg.), Europäische Charta der kommunalen Selbstverwaltung, S. 42.

78 Seit 1995 wird der Schutzmechanismus durch ein Beschwerdeprotokoll ergänzt, vgl. *Lörcher,* Anforderungen, Defizite und Durchsetzungsmöglichkeiten bei der Umsetzung der Euro-Betriebsräte Richtlinie 94/45/EWG in innerstaatliches Recht, ArbuR 1996, 48 ff.

79 *Dicke,* Menschenrechte und europäische Integration, S. 125.

der Gemeinden und Regionen Europas[80] und der Parlamentarischen Versammlung ergänzt werden.[81] Im Ganzen handelt es sich um ein politisches Kontrollverfahren.[82]

c) Rezeption des Entwurfs

In der Folgezeit bis zur Verabschiedung der EKC beschäftigten sich verschiedene Einrichtungen des Europarats mit dem Entwurf, der grundsätzlich auf eine positive Resonanz stieß.[83] Zunächst diskutierten die für die Kommunen zuständigen nationalen Minister, die angesichts der glücklichen Sachnähe ihre Unterstützung bekundeten.[84] Die Fachminister eröffneten der Charta die Chance, eine weitere Säule des Europarats neben der EMRK, der ESC und der Kulturcharta[85] zu werden, unterschieden jedoch zwischen der grundsätzlichen Bedeutung der kommunalen Selbstverwaltung für die Vertragsstaaten und der inhaltlichen[86] und äußeren Ausgestaltung als völkerrechtlicher Vertrag.[87] Ein abschließendes Votum erfolgte daher nicht.

So lag die Entscheidung über das weitere Vorgehen in den Händen des Ministerkomitees, das seine Einrichtungen 1983 mit der Ausarbeitung einer EKC beauftragte. Namentlich gehört hierzu der Lenkungsausschuß für regionale

80 Dazu ausführlich oben S. 183 ff.

81 *Knemeyer,* Die Vorgeschichte der Europäischen Kommunalcharta, in: Knemeyer (Hrsg.), Europäische Charta der kommunalen Selbstverwaltung, S. 42.

82 *Blair,* Vorbereitung der Charta im Rahmen des Europarats und gegenwärtiger Stand der Unterzeichnung und Ratifikation, in: Knemeyer (Hrsg.), Europäische Charta der kommunalen Selbstverwaltung, S. 45.

83 Resolution 126 der Ständigen Konferenz.

84 COE Doc. 5012, 12; vgl. *Schaffarzik,* Handbuch der EKC, S. 37, der darauf hinweist, daß die Minister als Repräsentanten ihres Staates nicht selbstverständlicherweise und von vornherein den kommunalfreundlichen Forderungen aufgeschlossen gegenüber stehen hätten müßte; dem weiteren Fortkommen des Projekts kam aber zugute, daß die Berichterstatter der Europäischen Kommunalministerkonferenz aus der traditionell kommunaloffenen und -verwurzelten Schweiz kamen, vgl. COE Doc. 5012, S. 6 ff.; aus heutiger Sicht kann dem auch nicht entgegengehalten werden, daß die Schweiz die EKC immer noch nicht ratifiziert hat; dies ist auf die innerstaatliche Kompetenzverteilung bei Umsetzung internationaler Vorgaben der Kommunalgesetzgebung zurückzuführen.

85 *Spautz,* Die Stellung der Kommunen im europäischen Einigungswerk, in: Knemeyer (Hrsg.), Europäische Charta der kommunalen Selbstverwaltung, S. 12; *Seele,* Der Kreis aus europäischer Sicht, S. 37.

86 COE Doc. 5012, S. 13.

87 COE Doc. 5012, S. 5.

und lokale Fragen und der damit personell identische[88] Ausschuß für lokale und regionale Strukturen.[89] Wie zuvor die Fachminister legten sich beide Ausschüsse nicht auf eine bestimmte Rechtsform des Dokuments fest.[90] Letztlich konnten sich die Befürworter einer Konvention gegen die Befürworter einer bloßen Empfehlung auf der Fachministerkonferenz vom Oktober 1984 durchsetzen.[91]

Erstaunlich ist, daß der ausgearbeitete Entwurf der Europakonferenz lediglich eine Arbeitsgrundlage, nicht aber den Gegenstand der Beratungen selbst bildete.[92] Die erarbeiteten Vorschläge waren sodann auch abgeschwächter, mithin mehrheitsfähiger verfaßt.[93] Häufig fanden sich Zusätze wie *„nach Möglichkeit"* oder *„in der Regel"*.[94]

Die an den Ausschußsitzungen beteiligten Vertreter der Ständigen Konferenz der Gemeinden und Regionen konnten zahlreiche Teilerfolge erringen, unter anderem die Beibehaltung der grundlegenden Struktur und der zentralen Inhalte.[95] Wegen des angeblich zu erwartenden Verwaltungsaufwands wurde die ursprüngliche vorgesehene Berichtspflicht durch ein – noch zu erläuterndes – Informationsverfahren ersetzt.[96]

---

88 *Hyltoft,* Die Arbeit des Europarats-Ausschusses für lokale Strukturen, in: Knemeyer (Hrsg.), Europäische Charta der kommunalen Selbstverwaltung, S. 49.

89 Vgl. hierzu die Befürchtungen der Parlamentarischen Versammlung angesichts der zuvor geäußerten Auffassungen des Ministerkomitees und der deshalb verabschiedeten Empfehlung 960 vom 25.1.1983.

90 *Blair,* Vorbereitung der Charta im Rahmen des Europarats und gegenwärtiger Stand der Unterzeichnung und Ratifikation, in: Knemeyer (Hrsg.), Europäische Charta der kommunalen Selbstverwaltung, S. 46.

91 COE Doc. 5338, S. 64 ff.

92 COE Doc. 5109, S. 8; *Schaffarzik,* Handbuch der EKC, S. 39.

93 *Blair,* Vorbereitung der Charta im Rahmen des Europarats und gegenwärtiger Stand der Unterzeichnung und Ratifikation, in: Knemeyer (Hrsg.), Europäische Charta der kommunalen Selbstverwaltung, S. 44 ff.

94 Vgl. zur Rolle der Briten den Widerspruch bei *Stoker,* La réponse aux principes définis dans la Charte européenne de l'autonomie locale de la part des Etats membres qui ne l'ont pas ratifiée. L'experience des pays d'Europe occidentale, in: COE, Conférence à l'occasion du 10e anniversaire de la Charte de l'autonomie locale, S. 88, die einerseits in vielen Punkten auf eine Textänderung bestanden und sich in vielen Details durchsetzen konnten, schließlich aber die Charta erst 1997 unter der Regierung *Blair* ratifiziert haben.

95 *Schaffarzik,* Handbuch der EKC, S. 40.

96 Man beachte aber die im Entwurf vorgesehene Berichtspflicht im Rhythmus von zwei Jahren, die das Argument einer tatsächlichen Erhöhung des Verwaltungsaufwand mehr als in Frage stellt, vgl. die Resolution 126 der Gemeindekonferenz; die Argumente der Kommunalministerkonferenz finden sich wieder bei COE Doc. MCL [*Ministres responsables des collectivités locales*] 6 (84) 2, S. 3; der Text des Entwurfs des Ausschusses für lokale und regionale Strukturen ist abgedruckt in demselben Dokument, COE, ebd., S. 4 ff.

Das Modell des Ausschusses wurde am 27.6.1985 mit der Europäischen Kommunalcharta als „*Europäischer Vertrag*"[97] positiv verabschiedet, wobei nur marginale Änderungen vorgenommen wurden.[98]

4. Zwischenergebnis

Eine positive Begründung für die Darstellung der historischen Entwicklung bis zur Verabschiedung der Europäischen Charta der kommunalen Selbstverwaltung ergibt sich aus dem darin aufgezeigten Spannungsfeld zwischen den Forderungen der kommunalen Seite und den politisch durchsetzbaren Realitäten. Trotz dessen haben sich die Kommunalvertreter in einem zähen Ringen gegen zahlreiche Widerstände, insbesondere der nationalen Regierungen, durchsetzen können. Schon jetzt wird deutlich, daß die Charta mehr als der unbefriedigende Minimalkonsens ist.

Der Prozeß der politischen Durchsetzbarkeit kommunaler Forderungen könnte so gesehen auf den Integrationsprozeß in den Europäischen Gemeinschaften übertragen werden. Daher wird er noch hilfreich sein, sensibel das Machbare in der Gemeinschaft herauszuarbeiten. Als Hintergrund dient hierbei der zeitliche Rahmen der Entstehungsgeschichte der EKC, von den ersten Bemühungen mit der Europäischen Charta der Gemeindefreiheiten bis zur Annahme der Europäischen Charta der kommunalen Selbstverwaltung durch das Ministerkomitee des Europarats.

II. Aufbau und wesentlicher Inhalt der EKC

1. Grundsätzliches zur Betrachtung der EKC

Aufbau und Inhalt bedingen sich zum umfassenden Verständnis gegenseitig. Die einzelnen Regelungsgehalte erschließen sich erst durch das Einfügen in einen Gesamtzusammenhang. Klar sind dies nicht die alleinigen Interpretationsinstrumente des Normanwenders. Gleich hilfreich können häufig auch entste-

---

97 *Blair,* Vorbereitung der Charta im Rahmen des Europarats und gegenwärtiger Stand der Unterzeichnung und Ratifikation, in: Knemeyer (Hrsg.), Europäische Charta der kommunalen Selbstverwaltung, S. 46.

98 *Akkermans,* The European Charter of Local Self-Government, in: Institut du fédéralisme de l'Université de Fribourg (Hrsg.), The Territorial Distribution of Power in Europe, S. 275.

hungsgeschichtliche und teleologische Aspekte sein, ohne die ein Erschließen des Wortlauts nicht möglich sein wird. All das ist nicht neu. Zudem entstehen bei der Auslegung internationaler Verträge Sprachprobleme als Folge von Übersetzungsungenauigkeiten. Auch das überrascht nicht.

Die hier zuerst genannte, überbetont anmutende Nennung systematischer Auslegungsmethoden rührt aus der Tatsache, daß die bisherigen Interpretatoren der Europäischen Kommunalcharta meist dem Zwang unterlagen, die Charta durch das Aufspüren neuer Normzusammenhänge und Regelungstechniken zu verkomplizieren. Dem Anspruch rechtswissenschaftlicher Forschung kann nur genügen, wer etwas „Neues" bringt. Zu einer Überinterpretation des Textes und der Absichten des Chartagebers darf dies nicht führen.

Im Rahmen der EKC wurde eine ganze Reihe von Normgruppierungen gefunden (oder erfunden), die den einzelnen Inhalten der Chartaartikel nicht gerecht werden. So wird Art. 2 EKC systematisch Art. 4 Abs. 1 EKC zugeordnet, wodurch natürlich zu rechtfertigen ist, warum der so bedeutende Art. 3 EKC zwischen beiden Bestimmungen steht.[99] Die Inhalte der Art. 4 Abs. 2 bis Art. 11 EKC werden in materielle und formelle Garantien unterteilt; bei den materiellen Gewährleistungen werden Funktions- und Organisationsgarantien unterschieden.[100] Hierbei finden sich in der Charta allgemeine und besondere Funktionsgarantien wie auch allgemeine und besondere Organisationsgarantien. Dies führt zu einer Aufspaltung der Absätze 2 bis 4 des Art. 6 EKC in Art. 4 Abs. 2 bis 4 EKC in allgemeine Funktionsgarantien, Art. 4 Ab. 6 als besondere Funktionsgarantie und Art. 4 Abs. 5 als allgemeine Organisationsgarantie.[101]

Der Sinn und Zweck einer solchen rechtstechnischen Einordnung erscheint mehr als fraglich. Letztlich soll es doch darum gehen, die Charta anwenden zu können, mithin die abstrakt-generelle Darstellung des Textes zu erläutern und subsumierend auszulegen. Wie die Europäische Charta der Gemeindefreiheiten ist die Europäische Kommunalcharta ein Dokument für die Kommunen, was zugleich die Forderung beinhaltet, dessen umfassende Verständlichkeit der Charta nicht auf einige wenige Kommunalrechtsexperten zu reduzieren. Verstärkt wird

---

99 Vgl. *Galette,* Europäische Aspekte der kommunalen Selbstverwaltung, in: von Mutius (Hrsg.), Selbstverwaltung im Staat der Industriegesellschaft, Festgabe von Unruh, S. 1077; *Schaffarzik,* Handbuch der EKC, S. 85 und 87 f.

100 Vgl. *Parejo,* La Charte européenne de l'autonomie locale dans l'ordre juridique espagnol, in: COE, Conférence sur la Charte européenne de l'autonomie locale, S. 58 ff. und *Schaffarzik,* Handbuch der EKC, S. 103.

101 Vgl. *Schaffarzik,* Handbuch der EKC, S. 103 f.

dieses Postulat der selbstbeschränkenden und schlichten Chartainterpretation durch die Existenz unterschiedlicher Sprachfassungen.[102]

Hier kann der Kreis zu den obigen Überlegungen der grundsätzlichen chartaspezifischen Auslegung geschlossen werden. Ziel kann nur sein, eine allgemeingültige Anweisung zu beschreiben, die, unabhängig von kommunalkulturellen und linguistischen Besonderheiten, zu demselben Ergebnis führt. Der hier gefundene Ansatz wird daher versuchen, unter dem Gesichtspunkt der praktischen Vereinfachung wesentliche Inhalte der Kommunalcharta darzustellen und Anhaltspunkte für deren Auslegung zu geben.[103]

2. Die Präambel und der vorangestellte Art. 1 EKC

Der in drei Teile gegliederten Charta sind die Präambel und der Art. 1 EKC vorangestellt.

Die unspektakuläre Präambel entspricht der gewöhnlichen Form der Europaratskonventionen.[104] Zunächst wird der Bezug zu den grundlegenden Zielen des Europarats hergestellt. Der Europarat verbindet den Abschluß spezieller Konventionen mit Hinweis auf die gemeinsame Basis der Vertragsstaaten.[105] Ziel ist die enge Verbindung zwischen den Mitgliedstaaten zur Wahrung und Förderung des gemeinsamen Erbes.[106] Um dies zu erreichen, ist der Abschluß von Abkommen ein mögliches Mittel.[107] Auf dieser Grundlage erfolgt ein Bekenntnis zu den kommunalen Gebietskörperschaften als Grundlage der demokratischen Staatsform[108], gefolgt von weiteren Präzisierungen. Letztere erwecken den Anschein einer vorgezogenen Bearbeitung der Inhalte, die im folgenden erläutert werden. Bereits an dieser Stelle wird klar, daß die Vertrags-

---

102 Chartafassungen existieren wohl in allen Amtsprachen der Mitgliedstaaten des Europarats, verbindlich sind aber lediglich die offiziellen beiden Amtssprachen des Europarats – Englisch und Französisch.

103 Vgl. die Darstellung im Länderbericht Frankreich, *Fromont,* Länderbericht Frankreich, in: Knemeyer (Hrsg.), Europäische Charta der kommunalen Selbstverwaltung, S. 97 ff., der nur die Wirksamkeit in Frankreich der Chartabestimmungen in Frankreich untersucht.

104 Zum Vergleich beispielsweise der einleitende Text der ESC [FN. 74].

105 Vgl. die Parallele zur Weltcharta, *Schneider,* Die Vorbildfunktion der EKC für eine Weltcharta der kommunalen Selbstverwaltung, in: Knemeyer (Hrsg.), Kommunale Selbstverwaltung in Ost und West, S. 125 ff.; dazu auch *Hoffschulte,* Demokratie globalisieren, Europa kommunal 2001, 124 f., *ders.,* Trotz Widerstände auch viele Fortschritte, Europa kommunal 2001, 130 ff.

106 Präambel, 1. Spiegelstrich.

107 Präambel, 2. Spiegelstrich.

108 Präambel, 3. Spiegelstrich.

staaten des Europarats gewillt sind, sich umfassend zu den unabdingbaren Voraussetzungen der kommunalen Selbstverwaltung zu bekennen, natürlich ohne dies näher auszuführen.

Art. 1 EKC statuiert vor die Klammer gezogen als Portalartikel[109] die wechselseitige Bindung der vertragsschließenden Parteien an die chartaeigenen Rechte, im nach Art. 12 EKC vorgeschriebenen Umfang.

Es stellt sich die Frage nach dem Sinn und Zweck einer solchen selbstverständlich anmutenden Regelung. Daß nach Unterzeichnung der völkerrechtliche Vertrag zwischen den Parteien Bindungswirkung entfaltet, ergibt sich schon aus allgemeinen völkerrechtlichen Regeln, vgl. Art. 26 WVK.[110] Daher wäre es nicht notwendig gewesen, die *„wechselseitige Verpflichtung der Vertragsparteien zur Realisierung der Charta"*[111] eigens zu betonen. Folglich wäre der Vertrag je nach dem gewählten Umfang bindend. Hier soll aber für die Aufnahme des Art. 1 EKC in die Konvention *Schaffarzik* gefolgt werden:

> *„Die generell unübliche Zulassung einer flexiblen Übernahme der vertraglichen Verpflichtungen rechtfertigt (...) durchaus eine diesbezügliche Hervorhebung zu Beginn des Vertragstextes."*[112]

Auf diesem Weg wird Mißverständnissen über die Bindungswirkung vorgebeugt.

3. Grundlage, Begriff und Umfang der kommunalen Selbstverwaltung (Art. 2 bis 4 EKC)

Als allgemeine Bestimmungen erfolgt zu Beginn des 1. Teils der Kommunalcharta eine Statuierung der Voraussetzungen für die Geltung der kommunalen Selbstverwaltung in den Vertragsstaaten (Art. 2 EKC), eine Definition der kommunalen Selbstverwaltung (Art. 3 EKC) und eine Bestimmung ihres Umfangs.

---

109 *Schaffarzik,* Handbuch der EKC, S. 84.

110 Wiener Übereinkommen über das Recht der Verträge vom 23.5.1969.

111 *Knemeyer,* Inhalt und allgemeine Bedeutung der Europäischen Kommunalcharta, in: Knemeyer (Hrsg.), Europäische Charta der kommunalen Selbstverwaltung, S. 59.

112 *Schaffarzik,* Handbuch der EKC, S. 84; ohne Bedenken *Knemeyer,* Inhalt und allgemeine Bedeutung der Europäischen Kommunalcharta, in: Knemeyer (Hrsg.), Europäische Charta der kommunalen Selbstverwaltung, S. 59.

a) Verfassungsmäßige und rechtliche Grundlage der kommunalen Selbstverwaltung[113]

Nach Art. 2 EKC ist der Grundsatz der kommunalen Selbstverwaltung in den innerstaatlichen Rechtsvorschriften und nach Möglichkeit in der Verfassung durch die Vertragsstaaten anzuerkennen. Als Voraussetzung für die Geltung des kommunalen Selbstverwaltungsrechts ist also eine faktische Gewährleistung nicht ausreichend.[114] Im Gegensatz zu den ursprünglichen Entwürfen spricht sich Art. 2 EKC nicht ausdrücklich für eine verfassungsmäßige Verankerung des Selbstverwaltungsrechts aus.

Es könnte daher den Vertragsstaaten freigestellt sein, die Garantie einfachgesetzlich oder verfassungsrechtlich auszugestalten. Eine Auflösung dieses Problems ergibt sich aus der Entstehungsgeschichte der Bestimmung. Durch eine einfachgesetzliche Regelungsmöglichkeit sollten die Staaten berücksichtigt werden, die über keine geschriebene Verfassung verfügen[115], namentlich also das Vereinigte Königreich.[116] Außerdem sollte Staaten entgegengekommen werden, in denen eine Änderung der Verfassung nicht ohne weiteres realisierbar gewesen wäre.[117] Anzufügen ist das Beispiel der Schweiz, der eine Regelung der kommunalen Selbstverwaltung in der Bundesverfassung traditionell verwehrt ist, im Unterschied zu den Verfassungen der einzelnen Kantone.[118] Hier wurde dem Prinzip der weitestmöglichen Anerkennung der EKC durch die vertragsschließenden Länder vor einem Nichtbeitritt der Staaten, denen eine Umsetzung im

113 Vgl. zu den gewählten Überschriften mit der Kennzeichnung des Regelungsgehalts die amtlichen Überschriften der einzelnen Chartabestimmungen.

114 *Schaffarzik,* Handbuch der EKC, S. 85.

115 COE Rapport explicatif, S. 10; *Blair,* Vorbereitung der Charta im Rahmen des Europarats und gegenwärtiger Stand der Unterzeichnung und Ratifikation, in: Knemeyer (Hrsg.), Europäische Charta der kommunalen Selbstverwaltung, 423 ff.

116 *Johnson,* Länderbericht Großbritannien, in: Knemeyer (Hrsg.), Europäische Charta der kommunalen Selbstverwaltung, S. 125, der die britische kommunale Selbstverwaltung *„als eine ungeschriebene faktische Voraussetzung für ein effektives System (...) betrachtet, der in den konkreten Bestimmungen über die Rechte der Kommunen seinen Niederschlag findet."*.

117 COE, Rapport explicatif, S. 10; *Blair,* Vorbereitung der Charta im Rahmen des Europarats und gegenwärtiger Stand der Unterzeichnung und Ratifikation, in: Knemeyer (Hrsg.), Europäische Charta der kommunalen Selbstverwaltung, S. 43 ff.

118 Vgl. hierzu *Thürer,* Schweizerische Gemeindeautonomie und die Europäische Charta der kommunalen Selbstverwaltung, in: Cagianut/Geiger/Hangartner/Höhn (Hrsg.), Aktuelle Probleme des Staats- und Verwaltungsrechts, FS Kaufmann, S. 228; *Thürer,* Erster Länderbericht Schweiz, in: Knemeyer (Hrsg.), Europäische Charta der kommunalen Selbstverwaltung, S. 79 f.; vgl. *Streinz/Fixson,* Subsidiarität und Regionalismus in der Europäischen Gemeinschaft, JURA 1992, 579 ff.; *Bothe,* Die Kompetenzstruktur des modernen Bundesstaates in rechtsvergleichender Sicht, S. 128.

Verfassungsrecht nicht möglich ist, Vorrang gegeben, gleich auf welchen Grund das Unvermögen zurückzuführen ist.

Die alternative Nennung der verfassungsmäßigen und einfachgesetzlichen Umsetzung impliziert daher nicht zugleich ein Wahlrecht der Konventionsstaaten hinsichtlich der Regelungsweise. Dem Ausdruck *„nach Möglichkeit“*[119] ist klar zu entnehmen, daß zwischen beiden Alternativen ein Regel-Ausnahme-Prinzip besteht. Die Ausnahme liegt dabei in den entstehungsgeschichtlich belegten Fällen der subjektiven Unmöglichkeit und steht daher nicht im Belieben der Mitgliedstaaten.[120] Nur so können die kommunalen Gebietskörperschaften vor staatlichen Übergriffen geschützt und die besondere Stellung der Kommunen im demokratischen Staatsaufbau hervorgehoben werden.[121]

In föderativ geordneten Staaten eröffnet sich zudem das Problem des Verhältnisses von Art. 2 EKC und einer entsprechenden Gewährleistung in den Verfassungen der Gliedstaaten. Aus dem Sinn und Zweck der Verfassungsklausel – Sicherung kommunaler Rechte – kann sich nur ergeben, daß alleine eine Absicherung in der Bundesverfassung einen effektiven Schutz bietet, da landesverfassungsrechtliche Normen in der Regel unter – auch einfachrechtlichen – bundesrechtlichen Gesetzgebungsakten stehen.[122]

b) Begriffsdefinition des Art. 3 EKC

Zentral ist die Definition der kommunalen Selbstverwaltung in Art. 3 Abs. 1 EKC:

> *„Kommunale Selbstverwaltung bedeutet das Recht und die tatsächliche Fähigkeit der kommunalen Gebietskörperschaften, im Rahmen der Gesetze einen wesentlichen Teil der öffentlichen Angelegenheiten in eigener Verantwortung zum Wohl ihrer Einwohner zu regeln und zu gestalten.“*

---

119 Im Französischen *„autant que possible“*, im Englischen *„where practicable“*.

120 So auch *Schaffarzik,* Handbuch der EKC, S. 87.

121 Harmegnies-Bericht, in: CPL (16) 6, II., S. 12.

122 *Thürer,* Schweizerische Gemeindeautonomie und die Europäische Charta der kommunalen Selbstverwaltung, in: Cagianut/Geiger/ Hangartner/Höhn (Hrsg.), Aktuelle Probleme des Staats- und Verwaltungsrechts, FS Kaufmann, S. 229; hierzu auch *Schaffarzik,* Handbuch der EKC, S. 86 mit den Verweisen auf die österreichische (*Walter/Mayer,* Grundriß des österreichischen Bundesverfassungsrechts, S. 101) und die schweizerische (*Hangartner,* Grundzüge des schweizerischen Staatsrechts, I. Band: Organisation, S. 67 ff.) Rechtslage; vgl. auch die Ansicht *Buschors,* Die europäische Charta der kommunalen Selbstverwaltung, ZBl. 1983, 105.

aa) Recht und tatsächliche Fähigkeit

Bei der Subsumtion der Wesensmerkmale kommunaler Selbstverwaltung fällt die Unterscheidung zwischen dem Recht und der tatsächlichen Gewährleistung der Garantie ins Auge. Die EKC spaltet die kommunale Selbstverwaltung in ein kommunales Selbstverwaltungsrecht und zugleich in eine davon zu trennende tatsächliche Fähigkeit der Ausübung als Voraussetzungen für deren Existenz. Genau genommen ist das Phänomen ‚Kommunale Selbstverwaltung' also mehr als das oft umschriebene Recht. Ein praktiziertes Recht impliziert wechselseitig aber gerade die Möglichkeit, das Recht auch auszuüben. Wird die Ausübung durch den Normgeber vereitelt, so kann nicht mehr von der realen Existenz eines solchen – ineffektiven – Rechts gesprochen werden. Die Betonung der faktischen Gegebenheiten ist zur Begriffsausfüllung daher nicht zwingend nötig. Vielmehr kann das erwünschte Ergebnis aus dem kommunalen Selbstverwaltungsrecht selbst abgeleitet werden.[123]

Hierdurch wird jedoch die staatliche Verpflichtung, kommunale Selbstverwaltung in der praktischen Umsetzung auszufüllen, eigens herausgehoben. Sie wird als Forderungen an die zentral-vertragsstaatliche Ebene formuliert. Fraglich bleibt aber, wie diese Pflicht in der tagespolitischen Realität auszusehen hat, also welche Konsequenzen der Ausdruck der tatsächlichen Fähigkeit nach sich ziehen kann.

Nicht gemeint sein kann wiederum sicherlich die Existenz und die Einrichtung kommunaler Gebietskörperschaften, welche sich unmittelbar aus demokratietheoretischen Gesichtspunkten ergibt[124] und somit – unabhängig von ihrer verfassungsrechtlich oder einfachgesetzlich geregelten Gewährleistung – vorausgesetzt wird.[125]

Art. 3 Abs. 1 EKC wendet sich aber an die Chartastaaten, über die reine Existenz kommunaler Selbstverwaltung hinaus die kommunalen Gebietskörperschaften auch mit den zur Ausfüllung dieses Rechts nötigen Mitteln auszustatten.[126] In erster Linie betrifft dies natürlich die kommunale Finanzsituation, so-

---

123 *Schmidt-Jortzig/Makswit,* Handbuch des kommunalen Finanz- und Haushaltsrechts, Rn. 10 ff.

124 Vgl. *Knemeyer,* Kommunalrecht, Rn. 15 ff.

125 Fraglich bleibt natürlich, welche Bedeutung die EKC für einen Vertragsstaat haben könnte, der über keine kommunalen Gebietskörperschaften verfügt.

126 Harmegnies-Bericht, in: CPL (16) 6, II., S. 13; *Galette,* Europäische Aspekte der kommunalen Selbstverwaltung, in: von Mutius (Hrsg.), Selbstverwaltung im Staat der Industriegesellschaft, Festgabe von Unruh, S. 1096 f.; *Balducci,* La Charte européenne de l'autonomie locale et le principe de subsidiarité: une nouvelle philosophie dans la relation entre l'Etat et les collectivités territoriales, in: COE, Conférence à l'occasion du

fern die Kommunen nicht imstande sind, ihr eigenes Aufkommen zu tragen, was so gut wie nie der Fall sein wird.[127] Diese Pflicht ist unabdingbare Voraussetzung für die Existenz kommunaler Selbstverwaltung nach der EKC.[128]

bb) Wesentlichkeitsgrundsatz

Nach der Definition umfaßt die kommunale Selbstverwaltung die Wahrnehmung eines wesentlichen Teils der öffentlichen Angelegenheiten durch die kommunalen Gebietskörperschaften. Eine solch umfassende Gewährleistung ist insofern erstaunlich, als die meisten Vertragsstaaten dazu eine Einschränkung vornehmen. Art. 3 Abs. 1 EKC enthält keinen Bezug zu den örtlichen Gegebenheiten oder lokalen Regelungsnotwendigkeiten.[129]

Den Kommunen obliegt danach grundsätzlich die Wahrnehmung eines Großteils der öffentlichen Aufgaben. Fraglich ist, ob die potentielle Möglichkeit („*können*") der kommunalen Gebietskörperschaften ausreicht, den geforderten Teil der öffentlichen Aufgaben zu tragen. [130] Dem ist zuzugeben, daß dies den realpolitischen Gegebenheiten angesichts einer weitgehenden Überforderung der Kommunen entspricht, ändert aber nichts am grundsätzlichen Modell der EKC. Dies ergibt sich aus der Präambel[131], nach der aus demokratischen Grundsätzen öffentliche Angelegenheiten in den kommunalen Gebietskörperschaften als der unmittelbaren Ebene am Wirkungsvollsten und Bürgernahsten ausgeübt werden können.

10e anniversaire de la Charte de l'autonomie locale, S. 40; *Schaffarzik,* Handbuch der EKC, S. 89; *Schaffarzik,* Die Tätigkeit des Europarats im Jahr 1985, GYIL 29 (1986), 488; *Galette,* The Draft European Charter of Local Self-Government Submittes by the Conference of Local an Regional Authorities of Europe, GYIL 25 (1982), 323.

127 Vgl. zu diesem Problemkreis der mangelnden Finanzsituation den „Frécon-Bericht" des Kongresses der Gemeinden und Regionen Europas vom Juni 1999, CPL (7) 2; dazu RdSchrb.DStGB Nr. 45 vom 12.11.1999; vgl. *Henneke,* Öffentliches Finanzwesen, Finanzverfassung, S. 847; *Burgi,* Kommunale Alleingänge in der Umwelt- und Sozialpolitik, VerwArch 90 (1999), 93 f.; *Dreher,* Steuereinnahmen für die Kreise, S. 84 ff.

128 Vgl. die Ausführung zur Finanzgarantie nach Art. 9 EKC, S. 319 ff.

129 So z. B. Art. 102 Abs. 1 S. 1 der griechischen Verfassung, der die kommunalen Aufgaben auf die örtlichen Angelegenheiten beschränkt; vgl. auch Art. 28 Abs. 2 GG; *Knemeyer,* in: Knemeyer (Hrsg.), Europäische Charta der kommunalen Selbstverwaltung, S. 137 f.

130 Einschränkend *Schaffarzik,* Handbuch der EKC, S. 88.

131 5. Spiegelstrich.

cc) Regelungs- und Gestaltungsfunktion

Die ihnen zur eigenverantwortlichen Erledigung[132] obliegenden Aufgaben können die Gemeinden regeln und gestalten (Art. 3 Abs. 1 EKC a. E.). Zum einen gehört hierzu ein selbständiges Recht zum Erlaß von Rechtsnormen, also abstrakt-genereller Regelungen, im Rahmen ihrer Zuständigkeiten. Neben der Regelungsbefugnis haben die Kommunen auch eine Gestaltungsfunktion. Sie müssen die gemeindlichen Angelegenheiten unabhängig von staatlicher Bevormundung und Weisung ausfüllen können. Ihnen kommt ein Gestaltungsspielraum zu. Natürlich bedeutet eine Regelung meist auch eine Gestaltung des Rechtskreises. Die kommunale Aufgabe erschöpft sich aber nicht in der Setzung der Normen, sondern geht darüber hinaus in eigenem Ermessen der Gemeinden, ausgeübt zum Wohle der Bürger.

Einer weiteren Interpretation der Regelungs- und Gestaltungsfunktion braucht es nicht, da diese grundlegenden Prinzipien sich in konkretisierenden Einzelbestimmungen wiederfinden werden.

dd) Repräsentationsprinzip, Art. 3 Abs. 2 EKC

Grundlage der kommunalen Selbstverwaltung im Sinne des Art. 3 Abs. 1 EKC ist eine demokratische Rückkopplung der mit der Wahrnehmung der kommunalen Aufgaben betrauten Organe an einen Gemeinderat oder eine Gemeindeversammlung, Art. 3 Abs. 2 S. 1 EKC. Die Räte oder Versammlungen müssen aus freien, geheimen, gleichen und unmittelbaren allgemeinen Wahlen hervorgegangen sein. Hierin kommt die Bindung des Europarats an das Demokratieprinzip in der Charta – wie auch in der einleitenden Präambel – zum Ausdruck.[133] Worin der Unterschied zwischen einem Rat und einer Versammlung in der Gemeinde liegen soll, wird nicht deutlich.

Jedenfalls handelt es sich bei der genannten Gemeindeversammlung nicht um eine Bürgerversammlung, also die Zusammenkunft aller wahlberechtigten Bürger zur Entscheidungsfindung. Dies folgt aus dem Umkehrschluß zu Art. 3 Abs. 2 S. 2 EKC, der ausdrücklich die direkte Bürgerbeteiligung[134] als mögliche

---

132 Zur Eigenverantwortlichkeit nach der deutschen Garantie des Art. 28 Abs. 2 GG *Knemeyer/Wehr,* Die Garantie der kommunalen Selbstverwaltung nach Art. 28 Abs. 2 GG in der Rechtsprechung des Bundesverfassungsgerichts, VerwArch 2001, 339 ff.

133 *Schaffarzik,* Handbuch der EKC, S. 90.

134 Vgl. auch die Empfehlung über Bürgerbeteiligung des Ministerkomitees *Zimmermann,* Appell für mehr Bürgerbeteiligung, Europa kommunal 2002, 107.

Alternative zu repräsentativen Modellen billigt.[135] Aus den Formulierungen („*sofern dies rechtlich zulässig ist" / „wird dadurch nicht berührt"*) ergibt sich jedoch die Ausübung des Willens der Gemeindebürger indirekt über Räte oder Versammlungen als den Regelfall kommunaler Willensbildung.[136] Hier wollten die Väter der Charta auf gestandene plebiszitäre Traditionen in den unterzeichnenden Staaten Rücksicht nehmen.[137]

ee) Abschließende Beurteilung des Art. 3 Abs. 1 EKC

Angesichts der weiten Formulierung des Begriffs der kommunalen Selbstverwaltung in Art. 3 EKC fragt man sich, welchen Gestaltungswert die Definition für die weiteren Bestimmungen der EKC beansprucht. Die weiteren Gewährleistungen sollen die kommunale Selbstverwaltung ausfüllen und nicht die grundlegende Norm nur einschränkend konkretisieren.

Aufgrund der folgenden detaillierten Einzelregelung soll Art. 3 EKC das Wesen der kommunalen Selbstverwaltung definieren und so Auslegungshilfe für jede einzelne Bestimmung sein.[138] Er ist daher als bloße Definitionsnorm[139] nur in Verbindung mit anderen Chartabestimmungen wirksam.[140]

Eine Besonderheit besteht insofern zu Art. 2 EKC. Die verfassungsrechtliche Garantie als Forderung des Art. 2 EKC wird durch Art. 3 Abs. 1 EKC gerade ausgefüllt. Nach der Vorstellung der Kommunalcharta sollen die Vertragsstaaten die grundsätzliche Vorgabe der kommunalen Selbstverwaltung in dieser Form und diesem Inhalt gewährleisten. Wie diese Inhalte dann in Zuständigkeit und Umfang auszusehen haben, ergibt sich aus den Art. 4 ff. EKC. So verstanden hat Art. 3 Abs. 1 EKC als Vorgabe für das nationale Verfassungsrecht eine eigenständige Bedeutung. Aus dieser Funktion heraus ergibt sich auch seine systematische Stellung.

---

135 Anders der Entwurf einer Weltcharta der Vereinten Nationen, vgl. *Schneider,* Die Vorbildfunktion der EKC für eine Weltcharta der kommunalen Selbstverwaltung, in: Knemeyer (Hrsg.), Kommunale Selbstverwaltung in Ost und West, S. 125 ff.

136 *Akkermans,* The European Charter of Local Self-Government, in: Institut du fédéralisme de l'Université de Fribourg (Hrsg.), The Territorial Distribution of Power in Europe, S. 278.

137 *Knemeyer/Jung,* Im Blickpunkt: Direkte Demokratie, 2001.

138 COE, Rapport explicatif, S. 11.

139 *Schaffarzik,* Handbuch der EKC, S. 87.

140 Vgl. insbesondere zum Verhältnis zu Art. 4 EKC (Umfang der kommunalen Selbstverwaltung) *Galette,* Europäische Aspekte der kommunalen Selbstverwaltung, in: von Mutius (Hrsg.), Selbstverwaltung im Staat der Industriegesellschaft, Festgabe von Unruh, S. 1096.

c) Umfang kommunaler Selbstverwaltung

Während Art. 3 Abs. 1 EKC eine grundlegende Definition enthält, versucht Art. 4 EKC den Umfang der kommunalen Selbstverwaltung einzugrenzen. Er steht zwischen dem Umriß nach Art. 3 EKC und den Einzelbestimmungen. Der Umfang der kommunalen Selbstverwaltung ist in diesem Sinne zu verstehen als eine abstrakte Darstellung der Voraussetzungen für eine optimale Geltung kommunaler Selbstverwaltung. Die allgemeinen Rahmenbedingungen werden dann in den Art. 5 ff. EKC konkretisiert, das Prinzip des Vor-die-Klammer-Ziehens[141] wird also konsequent fortgeführt. Detaillierte Festlegungen des kommunalen Zuständigkeitsbereichs zur Abgrenzung des wesentlichen Teils der öffentlichen Aufgaben finden sich darin aber nicht.

aa) Festlegung der Zuständigkeiten (Gesetzesvorbehalt[142])

(1) Grundlegende Zuständigkeiten

> *„Die grundlegenden Zuständigkeiten der kommunalen Gebietskörperschaften werden durch die Verfassung oder durch Gesetz festgelegt. Diese Bestimmung schließt jedoch nicht aus, daß den kommunalen Gebietskörperschaften im Einklang mit dem Gesetz Zuständigkeiten zu bestimmten Zwekken übertragen werden."*

Nach Art. 4 Abs. 1 S. 1 EKC sind die vertragsschließenden Staaten verpflichtet, die grundlegenden Zuständigkeiten[143] der kommunalen Gebietskörperschaften durch Verfassung oder Gesetz festzulegen. Offensichtlich werden hier Gesetz und Verfassung – anders als in Art. 2 EKC (*„nach Möglichkeit"*) – als gleichwertig nebeneinandergestellt. Die Wahl der Festlegung obliegt den Chartastaaten nach deren politischen Willen, unabhängig von den verfassungsrechtlichen Möglichkeiten. Der Grund hierfür dürfte wohl in praktischen Erwägungen liegen. Eine ausführliche Darstellung der kommunalen Zuständigkeiten in der Verfassung widerspricht dem Abstraktionsgrad der allgemeinen und

141 Vgl. Art. 1 EKC.

142 Zur Begrifflichkeit *Fromont,* Länderbericht Frankreich, in: Knemeyer (Hrsg.), Europäische Charta der kommunalen Selbstverwaltung, S. 100.

143 Zur Unterscheidung vom Begriff der Kompetenz als anvertraute Sachaufgabe im Gegensatz zur Zuständigkeit als Beziehung zum Träger der Aufgabe *Schaffarzik,* Handbuch der EKC, S. 91 und *Wolff/Bachof,* Verwaltungsrecht, Band II, § 72 I b; auf eine ausführliche Darstellung kann hier verzichtet werden, da die EKC ohnehin diesbezüglich sprachlich nicht unterscheidet, vgl. den französischen Ausdruck der *„compétence"*, englisch *„power"*.

grundsätzlich verfaßten Verfassungsartikel der meisten Mitgliedstaaten des Europarats.

(2) Übertragene und delegierte Zuständigkeiten

Die Festlegung der grundlegenden Zuständigkeiten schließt die Übertragung weiterer Zuständigkeiten zu bestimmten Zwecken nicht aus, Art. 4 Abs. 1 S. 2 EKC. Von den weiteren übertragenen Zuständigkeiten zu unterscheiden sind solche *„Aufgaben, deren Durchführung den kommunalen Gebietskörperschaften übertragen"* (Art. 8 Abs. 2 S. 2 EKC) werden. Solche Aufgaben, die die Kommunen lediglich durchführen, gehören nicht zum eigenen Wirkungskreis der Gemeinden. Im Gegensatz dazu sind die nicht mehr grundlegenden, weiteren Zuständigkeiten im Sinne des Art. 4 Abs. 1 S. 2 EKC eigene Aufgaben der Kommunen.

Nach diesem Verständnis kann einer mißverständlichen Auslegung nach eigenen und übertragenen (staatlichen) Aufgabenkreisen der deutschen Gemeindeordnungen vorgebeugt werden. Die weiteren Zuständigkeiten sind gerade keine übertragenen Aufgaben im deutschen Sinne.[144] Entscheidend ist dies für den Umfang der aufsichtlichen staatlichen Befugnisse. Während die delegierten staatlichen Aufgaben der fachaufsichtlichen Kontrolle und damit einer Zweckmäßigkeitsprüfung unterworfen sind, bleibt die staatliche Einflußnahme bei den grundlegenden und weiteren Aufgaben auf eine Rechtmäßigkeitskontrolle beschränkt, vgl. Art. 8 Abs. 2 EKC. Die eigenverantwortliche Aufgabenwahrnehmung schließt eine zweckgerichtete staatliche Einflußnahme aus.

(3) Gesetz im formellen oder materiellen Sinn?

Nach der grundsätzlichen Abgrenzung der Zuständigkeitsbereiche stellt sich die Frage, welche Anforderungen an die zuständigkeitsabgrenzenden Rechtsakte nach Art. 4 Abs. 1 EKC zu stellen sind. Dabei ist der Vergleich zwischen Art. 4 Abs. 1 S. 1 und S. 2 zu ziehen.

Unproblematisch scheint die Einordnung für die Festlegung der weiteren übertragenen Zuständigkeiten. *„Im Einklang mit dem Gesetz"* kann hier nur bedeuten, daß auch eine untergesetzliche Rechtsnorm, eine Verwaltungsverordnung der Exekutive, als abstrakte generelle Regelung zu einem bestimmten Zweck den Anforderungen genügt. Es ist aber nicht ersichtlich, daß nicht auch

144 Deutlich wird dies in der englischen (*„delegated"*) und französischen (*„déléguée"*) Textfassung des Art. 8 Abs. 2 S. 2 EKC.

im Rahmen des Art. 4 Abs. 1 S. 2 EKC die Übertragung durch ein formelles Gesetz erfolgen kann. So wäre der Einklang am Übertragungsgesetz nach Abs. 1 S. 1 zu messen.

Fraglich wäre dies, wenn einem formellen Übertragungsgesetz eine Verordnung als materielles Gesetz im Sinne des Art. 4 Abs. 1 S. 1 EKC gegenüberstehen würde. Folglich kann ein Gesetz nur ein Gesetz im formellen Sinne, also ein Parlamentsgesetz, sein. Möglicherweise könnte für die Auslegung zugunsten eines formellen Gesetzes auch die Alternativität mit der verfassungsrechtlichen Garantie sprechen. Jedoch kann aus der Tatsache, daß den Vertragsstaaten ein Wahlrecht zwischen verfassungsrechtlicher oder einfachgesetzlicher Verbürgung der Chartarechte eingeräumt wird, nicht zugleich auf ein Parlamentsgesetz geschlossen werden.

Einer Gewährleistung der Rechte durch jedes materielle Gesetz stehen letztlich auch Rechtssicherheitsgründe entgegen, die oben gefundenes Ergebnis stützen. Nur durch eine parlamentsgesetzliche Festlegung werden die kommunalen Rechte in sachlicher und zeitlicher Hinsicht gewährt.

bb) Allzuständigkeit im Rahmen der Kompetenzen

> *„Die kommunalen Gebietskörperschaften haben im Rahmen der Gesetze das Recht, sich mit allen Angelegenheiten zu befassen, die nicht von ihrer Zuständigkeit ausgeschlossen oder einer anderen Stelle übertragen sind.“*

Art. 4 Abs. 2 postuliert die Allzuständigkeit der kommunalen Gebietskörperschaften im Rahmen der ihr zugewiesenen Zuständigkeiten. Art. 4 EKC folgt also bis hierhin einem Schachtelprinzip. Während Art. 4 Abs. 1 S. 1 EKC aus dem gesamten Aufgabenkatalog öffentlicher Aufgaben diejenigen der Kommunen aussondert, regelt Art. 4 Abs. 2 EKC die Freiheit der kommunalen Gebietskörperschaften, sich innerhalb dieser Zuständigkeiten mit allen damit zusammenhängenden Aufgaben zu befassen (allgemeine Selbstverwaltungskompetenz). Ziel dieses Modells ist es, die häufigen Abgrenzungsprobleme und die hierfür aufzustellenden Kriterien wie die vorprogrammierten Zuständigkeitskonflikte zugunsten der Kommunen vorzuentscheiden und damit eine klare Regelung zu schaffen.

(1) Umfang der Aufgaben

Trotz dieses weitgreifenden Grundsatzes ist zu prüfen, welche Angelegenheiten Art. 4 Abs. 2 EKC meint, und wie diese in den gesamten denkbaren Tätigkeitsbereich einzustellen sind, also was unter das *„Befassen"* zu subsumieren ist. Die Bezeichnung der Angelegenheiten ist dabei weit auszulegen. Darunter können alle tatsächlichen und rechtlichen Vorgänge fallen, deren sich die Kommune annehmen will. Bei der Auslegung des Merkmals kann auf die Bestimmung des Art. 1 EKC zurückgegriffen werden, der auch bei den Einzelgewährleistungen zu berücksichtigen ist. Daher ist ein örtlicher Bezug der Angelegenheiten nicht zwingend notwendig. Solange die kommunale Gebietskörperschaft die Zuständigkeit hat, darf sie sich des Bereichs ohne Einschränkungen annehmen.

Aus Art. 3 Abs. 1 EKC ergibt sich aber, daß die Aufgaben des Art. 4 Abs. 2 EKC nur öffentliche Aufgaben umfassen. Hierunter fallen alle hoheitlichen Maßnahmen vom Erlaß von Rechtsvorschriften bis zum konkreten Verwaltungsakt. Ausgenommen ist daher der geschützte private Lebensbereich der Einwohner. Diesen Aufgaben können sie sich umfassend annehmen und eigene Initiativen ergreifen. Insofern wird die Gestaltungsfunktion des Art. 3 Abs. 1 EKC aufgegriffen, der den Handlungsrahmen in seiner Wortwahl (*„gestalten"* statt *„befassen"*) klarer deutlich macht. Eine Besonderheit ergibt sich bei neu entstehenden Aufgaben. Folgerichtig müssen diese zunächst in den gemeindlichen Aufgabenkreis fallen. Ohne legislatorischen entziehenden Akt bleiben auch hier die kommunalen Gebietskörperschaften umfassend zuständig.

(2) Begrenzung der Zuständigkeit durch staatliches Tätigwerden

Aus den empirisch erlangten Erfahrungswerten gängiger Staats- und Verwaltungsstrukturen ergibt sich, daß die kommunalen Gebietskörperschaften nur einen Teil der öffentlichen Aufgaben wahrnehmen und bewältigen können. Eine unbegrenzte Erfüllung aller öffentlichen Angelegenheiten wäre schlicht unmöglich. Daher muß das kommunale Befassungsrecht Grenzen haben. Fraglich ist, welchen Umfang solche Schranken haben dürfen und wer diese Schranken festlegt. Art. 4 Abs. 1 EKC gibt hierfür bereits einen Anhaltspunkt, indem er den Gesetzgeber, das heißt die Legislative, mit der Festlegung der Zuständigkeiten der kommunalen Gebietskörperschaften betraut.[145]

145 Nochmals soll darauf hingewiesen werden, daß Art. 4 Abs. 1 EKC tatsächlich nur ein Anhaltspunkt sein kann, da es hier ja nicht um die Festlegung der Zuständigkeit geht, sondern den Umfang der wahrzunehmenden Aufgaben innerhalb einer nach Art. 4 Abs. 1 EKC festgelegten Zuständigkeit.

(a) Befassungsrecht im Rahmen der Gesetze

Die Befassung der kommunalen Gebietskörperschaften mit öffentlichen Angelegenheiten kann nur *„im Rahmen der Gesetze“* erfolgen. Die Gemeinden haben bei der Ausübung ihrer Tätigkeiten den staatlich vorgegebenen Gesetzesrahmen zu befolgen. Dies kann zweierlei bedeuten:

Hierin könnte ein Verweis auf die durch Gesetz festgelegte Zuständigkeitsbegrenzung zu sehen sein, was bedeuten würde, daß die Kommunen die Zuweisung nach Art. 4 Abs. 1 EKC zu beachten hätten. Die Begrenzung hätte danach keine eigenständige Bedeutung, wäre auch zur Betonung im unmittelbar folgenden Absatz unnötig.

Möglicherweise bezieht sich der Verweis auf den Gesetzesrahmen auf eine Beschränkungsmöglichkeit der eigenverantwortlichen Wahrnehmung der kommunalen Aufgaben. Dem ist aber entgegenzuhalten, daß diese nur in Art. 3 Abs. 1 EKC enthaltene Garantie bereits dem dortigen Gesetzesvorbehalt unterliegt, es der Ermächtigung des Art. 4 Abs. 2 EKC also nicht bedarf.[146]

Letztlich ist daher festzuhalten, daß es sich bei dem in der Diskussion stehenden Vorbehalt um einen deklaratorischen Verweis handelt. Eine solche Beachtung staatlicher Vorgaben ergibt sich ohnehin aus dem Prinzip des Vorrangs des Gesetzes.

(b) Ausschluß und Übertragung der Zuständigkeiten

Die kommunalen Gebietskörperschaften haben nach Art. 4 Abs. 2 EKC a. E. für diejenigen Angelegenheiten nicht die Allzuständigkeit, die von ihrer Zuständigkeit ausgeschlossen sind oder anderen Stellen übertragen wurden. Die EKC ermöglicht also dem Gesetzgeber, durch Gesetz Zuständigkeiten dem kommunalen Wirkungskreis zu entziehen, also ein kommunales Handeln zu verhindern (1. Alt.). Zugleich kann er den Zuständigkeitsbereich einem anderen Träger übertragen (2. Alt.). Beide Alternativen ergänzen sich, so daß die weitere

146 Ausführlich hierzu *Schaffarzik*, Handbuch der EKC, S. 331 ff., insbesondere S. 332, der Art. 3 Abs. 1 EKC dahingehend auslegen will, daß das „im Rahmen der Gesetze“ nur auf eine Beschränkung der Eigenverantwortlichkeit abzielt, nicht dagegen auf eine Einengung der wesentlichen Aufgaben; ansonsten bestünde die Gefahr, daß der Staat zu Lasten der Kommunen auch diese Aufgaben an sich reißen könnte. Für die Einordnung in Art. 4 Abs. 2 EKC ist aber nur entscheidend, daß durch den Vorbehalt in Art. 3 Abs. 1 EKC auf Art. 4 Abs. 2 EKC nicht zurückgegriffen werden muß.

Übertragung einen Sonderfall des Zusammenschlusses darstellt.[147] Nötig für eine Begrenzung der kommunalen Selbstverwaltung ist ein förmliches Gesetz oder ein sich auf ein solches Gesetz gründender Rechtsakt.[148]

(3) Grenzen der Zuständigkeitseinschränkung

Der Zuständigkeitsbeschränkung im Sinne des Art. 4 EKC sind ihrerseits Grenzen gesetzt. Dies ergibt sich aus dem Zusammenwirken der Normtexte der EKC, vor allem der Garantien des Art. 4 EKC und der Definition des Art. 3 EKC. Danach wird den kommunalen Gebietskörperschaften die Wahrnehmung eines wesentlichen Teils der öffentlichen Aufgaben zugedacht. Es wurde bereits darauf hingewiesen, daß sich die Kommunalcharta selbst einer inhaltsgenauen Bestimmung der essentialia negotii kommunaler Selbstverwaltung enthält. An dieser Stelle wäre eigentlich eine Klärung notwendig. So könnte der Umfang in dem Maße bestimmt werden, wie er nicht ohne den Vorwurf einer Verletzung des Art. 3 Abs. 1 EKC eingeschränkt werden könnte. Tatsächlich kann Art. 3 Abs. 1 EKC für eine solche Festlegung herangezogen werden: Trotz seiner definitorischen Natur enthält er objektiv-rechtliche Vorgaben für die Verankerung und damit für die Qualität der kommunalen Selbstverwaltung in den Vertragsstaaten. Der zu bestimmende wesentliche Teil der öffentlichen Angelegenheiten ist daher zur chartakonformen Gewährleistung der Selbstverwaltung nicht einschränkbar.

Davon zu unterscheiden ist der Kernbereich der kommunalen Selbstverwaltung. Dieser läßt sich umschreiben als all diejenigen Bestandteile des Rechts, die nicht hinwegzudenken wären, ohne daß das Recht als solches entfiele. Im Gegensatz zu der eben betrachteten Wesentlichkeitsdoktrin steckt der Kernbereich nicht den wesensmäßigen Umfang der kommunalen Selbstverwaltung ab, sondern darüber hinaus alle damit verbundenen funktionellen Gewährleistungen. Der Kernbereichsschutz kommt im Aushöhlungsverbot des Art. 4 Abs. 4 S. 2, 2. Hs. EKC zum Tragen.[149] Gleiches gilt für die Schranke des Art. 4 Abs. 3 S. 1 EKC, der eine grundsätzliche Zuständigkeitsvermutung zugunsten der untersten Ebene enthält.

---

147 *Schaffarzik*, Handbuch der EKC, S. 331; vgl. auch *Schmitt-Jortzig*, Der Kreis als Funktionsträger im sozialen Rechtsstaat, Der Landkreis 1980, 388 ff.; *ders.*, Die Selbstverwaltungsbereiche von Kreisen und kreisangehörigen Gemeinden nach der Verfassung, DÖV 1984, 828.

148 Hierzu bereits oben.

149 Der auch dort besprochen werden soll.

Hierin wird deutlich, daß das Normensystem der Charta dem Gesetzgeber eindeutige Schranken für die Einschränkung der kommunalen Allzuständigkeit setzt. Darüber hinaus gelten diese Schutzmechanismen für alle sich an die Legislative wendenden Schrankenvorbehalte der Charta.

cc) Wahrnehmungsebene von öffentlichen Aufgaben, Art. 4 Abs. 3 EKC

Für die Zuständigkeitsverteilung aller öffentlichen Aufgaben enthält Art. 4 Abs. 3 S. 1 EKC eine klare Aussage:[150]

> *„Die Wahrnehmung öffentlicher Aufgaben obliegt im allgemeinen vorzugsweise den Behörden, die den Bürgern am nächsten sind. Bei der Aufgabenzuweisung an andere Stellen sollte Umfang und Art der Aufgabe sowie den Erfordernissen der Wirksamkeit und Wirtschaftlichkeit Rechnung getragen werden."*

(1) Grundsatz und Ausnahmen

Im Idealfall nimmt die unterste staatliche Stelle alle ihr möglichen öffentlichen Aufgaben wahr. Es handelt sich dabei nicht lediglich um eine Aufforderung an die zentralstaatliche Gewalt. Vielmehr enthält Art. 4 Abs. 3 S. 1 EKC eine konkrete Handlungsanweisung an den Gesetzgeber, die er im Rahmen des Zuständigkeitsausschlusses nach Art. 4 Abs. 2 EKC a. E. zu berücksichtigen hat und die für ihn Vorgabe für die staatliche Kompetenzverteilung ist.[151] Die Charta bekennt sich damit klar zum Grundsatz der dezentralen Aufgabenwahrnehmung.[152] Sie formuliert damit ein grundlegendes Subsidiaritätsverständnis[153], ohne daß der Begriff der Subsidiarität eigens verwandt wird.[154] Die Verfasser der Charta waren sich der Tragweite dieser Garantie wohl bewußt, weshalb sie die Vermutung an verschiedenen Stellen abgeschwächt haben. Beispielsweise fällt auf, daß abweichend von den anderen Chartabestimmungen hier nicht von

---

150 Vgl. *Johnson,* Länderbericht Großbritannien, in: Knemeyer (Hrsg.), Die Europäische Charta der kommunalen Selbstverwaltung, S. 126.

151 Vgl. *Schaffarzik,* Handbuch der EKC, S. 335.

152 Harmegnies-Bericht, in: CPL (16) 6, II., S. 15; COE, Rapport explicatif, S. 13.

153 Zur Einordnung des Art. 4 Abs. 3 S. 1 EKC als Subsidiaritätsprinzip ausführlich unten, S. 610.

154 Anders der Entwurf einer Weltcharta der kommunalen Selbstverwaltung, siehe *Schneider,* Die Vorbildfunktion der EKC für eine Weltcharta der kommunalen Selbstverwaltung, in: Knemeyer (Hrsg.), Kommunale Selbstverwaltung in Ost und West, S. 125 ff.

kommunalen Gebietskörperschaften, sondern von bürgernahen Behörden gesprochen wird.

Aus der Natur der Sache ergibt sich, daß die Wahrnehmung öffentlicher Ausgaben nicht stets den untersten Behörden obliegen kann. Die Formulierung des Art. 4 Abs. 3 S. 1 EKC selbst relativiert die angeführten Grundsätze. Die Kompetenz liegt nur im allgemeinen bei der untersten Ebene. Ausnahmen sind nach der Konzeption der EKC ausdrücklich vorgesehen. „Vorzugsweise" bleibt es aber bei der Zuständigkeit der unteren Ebene. Für den Gesetzgeber enthält dieser Ausdruck keinen weiteren Entscheidungsspielraum, den er ausfüllen könnte.[155] Vielmehr soll entsprechend der Chartakonzeption die Präferenz einer Aufgabenerledigung zugunsten des unteren Aufgabenträgers zum Ausdruck gebracht werden.

Wichtig ist, daß die Entscheidung der Charta über Art. 4 Abs. 3 S. 1 EKC hinaus auf eine Begrenzung des Zuständigkeitsausschlusses oder einer Übertragung nach Art. 4 Abs. 2 EKC a. E. Einfluß hat. Ein Ausschluß in diesem Sinne bedarf daher einer besonderen Rechtfertigung in Hinblick auf eine zentrale Aufgabenwahrnehmung.

(2) Anforderungen an die Aufgabenzuweisung

Sollen öffentliche Aufgaben nicht von der bürgernächsten Behörde erledigt werden, sind die diesbezüglichen Gründe darzulegen, Art. 4 Abs. 3 S. 2 EKC. Zu berücksichtigen ist die Art und Weise sowie der Umfang der Aufgabe. Den Erfordernissen der Wirksamkeit und Wirtschaftlichkeit ist dabei Rechnung zu tragen.

Unklar ist, wann Art und Umfang der Aufgabe eine solche Übernahme der Angelegenheit erfordern. Dies ist unter anderem der Fall, wenn *„der Gegenstand nach seinem Zuschnitt oder seiner Tragweite ein über die einzelnen Territorien hinausgehendes Gebiet betrifft und daher von vornherein nur durch den Staat oder seine Regionen sinnvollerweise in Angriff genommen werden kann."*[156] Indirekt wird hier doch wieder der eigentlich abgelehnte Bezug zu den örtlichen Gegebenheiten hergestellt. Gerade die überörtlichen Aufgaben werden diese Voraussetzungen erfüllen und einer Prüfung der Anforderungen standhalten. Zugleich ist zu beachten, daß die Verfasser des kommunalschützenden Dokuments auf die herkömmliche Einteilung örtlich/überörtlich verzichten wollten. Eine Zentralisierung kann somit darauf gestützt werden, daß aufgrund des

155 So auch *Schaffarzik*, Handbuch der EKC, S. 336.

156 *Schaffarzik*, Handbuch der EKC, S. 337.

überörtlichen Bezugs eine effektivere Erfüllung der Angelegenheit gewährleistet wird, nicht aber alleine darauf, daß es an einem örtlichen Bezug fehlt.

Nach Art. 4 Abs. 3 S. 2, 2. Alt. EKC müssen zur Rechtfertigung einer zentraleren Aufgabenerledigung Gesichtspunkte der Wirksamkeit und Wirtschaftlichkeit berücksichtigt werden. Dies scheint für den Zentralismus zu sprechen, kann doch eine zusammenfassende Übernahme von Geschäften zu einem nicht zu verachtenden Einsparungspotential und zu Synergieeffekten führen. Eine solche Ansicht verkennt aber, daß ein Großteil der Aufgaben durch die kommunalen Gebietskörperschaften wegen ihrer Bürger- und Sachnähe besser erfüllt werden kann als durch staatliche Verwaltungsapparate.[157] Die Rechtfertigung muß sich also aus einer Gesamtschau aller Argumente ergeben, um eine effektivere und wirtschaftlichere Wahrnehmung zu begründen. In jedem Fall besteht hier eine Vermutung zugunsten der bürgernahen Behörde.[158]

Um nicht doch „durch die Hintertür" die festgelegte Kompetenzverteilung der Charta unterlaufen zu können, ist die Ausnahmevorschrift des Art. 4 Abs. 3 S. 2 EKC restriktiv auszulegen. Daher müssen zwingende Gründe für eine zentrale Ausübung sprechen.[159] Zu den bereits aufgezeigten Hürden ist eine weitere abschließende Abwägung unter Berücksichtung der normativen Grundaussagen der Kommunalcharta durchzuführen. Nur wenn gewichtige Gründe gegen eine kommunale Aufgabenwahrnehmung sprechen, ist eine Ausnahme zu machen.

Nach einer strengeren Ansicht[160] ist eine Ausnahme nur möglich, falls die kommunale Gebietskörperschaft völlig außerstande ist, die entsprechende Aufgabe zu erfüllen, z. B. die kommunale Tätigkeit aus ökonomischen Gründen nicht zu rechtfertigen ist. Solche Kriterien sind der EKC aber nicht zu entnehmen. Die vorhandenen Instrumente reichen vielmehr aus, um staatliche Übergriffe seitens der Kommunen abzuwehren. Die Charta sieht ja gerade – und alles andere wäre utopisch – die staatliche Aufgabenwahrnehmung vor. Ein absoluter Schutz der kommunalen Rechte ist zwar im Sinne der Initiatoren der

157 Harmegnies-Bericht, in: CPL (16) 6, II., S. 3; so auch *Akkermans,* The European Charter of Local Self-Government, in: Institut du fédéralisme de l'Université de Fribourg (Hrsg.), The Territorial Distribution of Power in Europe, S. 288; *Galette,* Europäische Aspekte der kommunalen Selbstverwaltung, in: von Mutius (Hrsg.), Selbstverwaltung im Staat der Industriegesellschaft, Festgabe von Unruh, S. 1082; *Weiß,* Einführung und Umsetzung der Europäischen Charta der kommunalen Selbstverwaltung in Deutschland, S. 150 f.; vgl. *Ullrich,* Kritik am sogenannten funktionalen Selbstverwaltungsverständnis, DÖV 1978, 76.

158 Vgl. *Schaffarzik,* Handbuch der EKC, S. 337.

159 COE, Rapport explicatif, S. 13.

160 *Schaffarzik,* Handbuch der EKC, S. 338.

EKC, läßt sich aber in dieser Form nicht dem Wortlaut und dem Regelungszusammenhang entnehmen.[161]

dd) Grundsatz der umfassenden und ausschließlichen Zuständigkeit, Art. 4 Abs. 4 S. 1 EKC

> *„Die den kommunalen Gebietskörperschaften übertragenen Zuständigkeiten sind in der Regel umfassend und ausschließlich."*

Art. 4 Abs. 2 EKC befaßt sich mit den den kommunalen Gebietskörperschaften obliegenden Zuständigkeiten. Im Rahmen dieser Zuständigkeiten bestimmt Art. 4 Abs.4 S. 1 EKC, daß diese ausschließlich und umfassend sind.

(1) Bezug zu wesentlichen und übertragenen Zuständigkeiten?

Klarstellend sollte die vermeintlich mißverständliche Formulierung des Artikels erwähnt werden, der von übertragenen Zuständigkeiten spricht. Wie dargestellt, versteht die EKC unter übertragenen Zuständigkeiten nicht solche des übertragenen Wirkungskreises im Sinne des deutschen Kommunalrechts, d.h. staatliche Aufgaben, die den Kommunen zur Erfüllung übertragen wurden, sondern solche des eigenen Wirkungskreises, die nicht grundlegende Zuständigkeiten (Art. 4 Abs. 1 S. 1 EKC) sind. Übertragene Aufgaben im Sinne von Fremdverwaltungsaufgaben finden sich als delegierte Aufgaben beispielsweise in Art. 8 Abs. 2 S. 2 EKC.[162]

Die deutsche Fassung spricht hier wie in Art. 4 Abs. 1 S. 2 EKC von übertragenen Aufgaben. So könnte nach dem scheinbar klaren Wortlaut des Art. 4 Abs. 4 S. 1 EKC nur auf diesen Passus Bezug genommen werden. Dies müßte nicht zwingend bedeuten, daß die dann ausgenommenen grundlegenden Zuständigkeiten nicht umfassend und ausschließlich sind. Vielmehr könnte vertreten werden, daß diese schon durch ihre regelmäßig verfassungsmäßige Verankerung den Anforderungen genügen oder eine grundlegende Zuständigkeit nicht umfassender Art sich aus dem Kontext der Charta heraus per se verbietet.

161 Vgl. die Entstehungsgeschichte, S. 278 ff.

162 Vgl. aber wiederum den in der deutschen Fassung mißverständlichen Wortlaut, der auch von übertragenen Aufgaben spricht; stichhaltiges Argument auch in der deutschen Fassung dürfte aber die Betonung der Übertragung nur zur Durchführung sein. Gegebenenfalls hilft hier der Wortlaut der englischen und französischen Fassung weiter *(„déléguée" / „delegated")*, der ins Deutsche übersetzt wohl delegierte Aufgaben heißen müßte.

Nötig ist an dieser Stelle ein Rückgriff auf die englische und französische Sprachfassung, die allgemein von *„given powers“* und *„compétences confiées“* spricht. Hieraus ergibt sich eine klare Aussage, daß Art. 4 Abs. 4 EKC auf alle kommunalen Zuständigkeiten zu beziehen ist.

(2) Umfassende und ausschließliche Zuständigkeit

Zu prüfen ist, was unter der in Art. 4 Abs. 4 EKC postulierten umfassenden und ausschließlichen Zuständigkeit zu verstehen ist. Festzuhalten ist zunächst, daß Art. 4 Abs. 4 EKC den kommunalen Gebietskörperschaften keine neuen Aufgaben zuweist, sondern sich ausschließlich auf die Zuständigkeit des Art. 4 Abs. 1 EKC bezieht. Die Funktion des Abs. 4 besteht also darin, die der Gemeinde zugeteilten Kompetenzen zu schützen. Er bezieht sich auf jede Einzelzuständigkeit, da ein Schutz des kommunalen Wirkungskreises als solcher bereits ausreichend durch Art. 4 Abs. 2 EKC gewährleistet wird, der genauso wie Art. 4 Abs. 4 EKC dem Gesetzesvorbehalt unterliegt.

Die einzelne Kompetenzverteilung kann daher nicht durch eine staatliche Co-Kompetenz eingeschränkt werden. Soweit den Kommunen die Aufgabe zugedacht ist, obliegt deren Wahrnehmung im Ganzen den kommunalen Gebietskörperschaften. Andererseits bedeutet dies für die Kommunen, daß sie die Aufgabe vollumfänglich abzudecken haben. Im Einzelfall besteht hier die begründete Gefahr einer potentiellen Überforderung der kommunalen Träger, die möglicherweise nicht imstande sind, die ihnen obliegenden Aufgaben zu erfüllen.

Trotzdem macht die vollumfängliche Verantwortlichkeit der kommunalen Gebietskörperschaften Sinn. So werden Kompetenzüberschreitungen vermieden und es wird zugunsten der Kommunen entschieden, was unter Beachtung des Art. 4 Abs. 3 EKC allzu konsequent erscheint.

Problematisch könnte aber die Definition einer Einzelzuständigkeit als solche sein, die von anderen Zuständigkeiten abzugrenzen ist. Hierdurch könnten staatliche Stellen durch eine Umdefinition der Festlegung einer umgrenzten eigenständigen Aufgabe die ausschließliche Wahrnehmung der Kommunen unterlaufen. Dem Gesetzgeber obliegt tatsächlich die Bildung solcher Tätigkeitsfelder bei der Schaffung des gesetzlichen Rahmens. Solchen Tendenzen ließe sich durch eine Anwendung der Vorgaben des Art. 4 Abs. 4 EKC wie auch des Art. 4 Abs. 2 EKC entgegenwirken, die insoweit ausreichenden Schutz gewähren.

(3) Aushöhlungsverbot und Einschränkungsmöglichkeiten

Der Sinn und Zweck des Ausschließlichkeitsprinzips ergibt sich zudem aus Art. 4 Abs. 4 S. 2 EKC:

> *„Sie [die Zuständigkeiten der kommunalen Gebietskörperschaften] sollen von einer anderen zentralen oder regionalen Stelle nicht ausgehöhlt oder eingeschränkt werden, es sei denn, daß dies gesetzlich vorgesehen ist".*

Wie Art. 4 Abs. 2 EKC enthält auch Art. 4 Abs. 4 S. 2 EKC eine gesetzliche Beschränkungsmöglichkeit. Art. 4 Abs. 4 S. 2, 1. Hs., 1. Alt. EKC greift zunächst die Garantie des Art. 4 Abs. 4 S. 1 auf und sieht die Gefahr, daß die Gewährleistung ausgehöhlt werden könnte. Zugleich wird aber dem Gesetzgeber erlaubt, die Garantie des S. 1 einzuschränken. Der Relativsatz kann folglich nur Bezug auf die Einschränkungsformel, nicht auf das Aushöhlungsverbot nehmen. Sonst bliebe von der Gewährleistung nichts übrig.

Trotzdem kommt dem Aushöhlungsverbot eine eigenständige Bedeutung zu: Es ist Grenze der Einschränkungsmöglichkeit. Dem Gesetzgeber soll es mit Blick auf die eben genannte Gefahr verwehrt bleiben, das Ausschließlichkeitsgebot zu unterlaufen. Ein gleiches Ergebnis ließe sich auch unter Verweis auf den Kernbereich kommunaler Selbstverwaltung erzielen. Das Aushöhlungsverbot ist gerade speziell geregelter Ausdruck des in der Charta verankerten Kernbereichschutzes, der über den Art. 4 Abs. 4 EKC hinaus wirkt.

ee) Anhörungsrechte der kommunalen Gebietskörperschaften[163]

> *„Die kommunalen Gebietskörperschaften werden soweit wie möglich bei Planungs- und Entscheidungsprozessen für alle Angelegenheiten, die sie unmittelbar betreffen, rechtzeitig und in geeigneter Weise angehört."*

Unabhängig von den im einzelnen zum gemeindlichen Wirkungskreis gehörenden Zuständigkeiten in grundlegende, übertragene und delegierte Aufgaben betrifft Art. 4 Abs. 6 EKC alle Fragen der kommunalen Selbstverwaltung. Er stellt darauf ab, ob die kommunalen Gebietskörperschaften von staatlichen Planungs- und Entscheidungsprozessen unmittelbar in ihrer Rechtssphäre tangiert werden.[164]

---

163 Zu dem an dieser Stelle ausgesparten Art. 4 Abs. 5 EKC siehe die Ausführungen zu Art. 6 EKC, dem der Art. 4 Abs. 5 EKC systematisch zugeordnet werden kann.

164 COE, Rapport explicatif, S. 13.

(1) Betroffenheit in der kommunalen Selbstverwaltung?

Was hier wie selbstverständlich formuliert wurde, ergibt sich nicht unmittelbar aus dem Wortlaut der Chartabestimmung. Art. 4 Abs. 6 EKC setzt allgemein die Betroffenheit der kommunalen Gebietskörperschaften voraus, unabhängig von der Berührung der kommunalen Selbstverwaltungsgarantie. Bei einer weiten Auslegung wären unter anderem auch Maßnahmen im Rahmen der staatlichen Aufgabendelegation erfaßt, die auch nach Übertragung staatliche Aufgaben blieben.[165] Dies widerspräche aber der Systematik des Art. 4 EKC, der sich auf den Umfang der kommunalen Selbstverwaltung bezieht. Ein generelles gemeindliches Mitspracherecht kann daraus nicht abgeleitet werden. Daher ist ein Selbstverwaltungsbezug zu fordern.[166]

(2) Unmittelbarkeitserfordernis

Fraglich ist, welche Anforderungen Art. 4 Abs. 6 EKC in Hinblick auf die Unmittelbarkeit der Betroffenheit stellt. Grundsätzlich ist eine Kommune dann durch eine staatliche Maßnahme betroffen, wenn sie direkt in ihrem eigenen Recht auf kommunale Selbstverwaltung berührt ist.[167] Maßgeblich hierfür ist nicht der kommunal-geographische Bezug, sondern eine wertende Betrachtung. Dem Schutzzweck des Art. 4 EKC wird also Genüge getan, wenn hier nicht die Absichten des Gesetzgebers, sondern alleine die Berührungspunkte mit der gemeindlichen Sphäre betrachtet werden.[168]

(3) Anforderungen an die Anhörung

In solchen Fällen der Betroffenheit im kommunalen Selbstverwaltungsrecht sollen die Kommunen rechtzeitig und in geeigneter Weise gehört werden. Das Erfordernis entfällt, soweit eine Anhörung unmöglich ist (*„soweit wie möglich“*), beispielsweise wenn sie zeitlich nicht durchführbar ist.[169] In allen anderen Fällen muß die Anhörung rechtzeitig erfolgen. Voraussetzung für eine Erfüllung dieses Kriteriums ist, daß die von der Kommune vorgebrachten Ar-

---

165 *Schaffarzik*, Handbuch der EKC, S. 435 f.

166 *Weiß*, Einführung und Umsetzung der EKC, S. 157; *Schaffarzik*, Handbuch der EKC, S. 435; zu den Auswirkungen im Rechtsschutz, S. 436 ff.

167 *Schaffarzik*, Handbuch der EKC, S. 436.

168 Anders *Schaffarzik*, Handbuch der EKC, S. 438.

169 COE, Rapport explicatif, S. 13; dazu auch *Weiß*, Einführung und Umsetzung der EKC, S. 157, der darauf hinweist, daß solche Fälle insbesondere bei mittel- und langfristigen Planungsverfahren kaum vorstellbar sind.

gumente gebührend berücksichtigt werden können.[170] *„In geeigneter Weise"* impliziert, daß verschiedene Arten der Anhörung möglich sind, so auch die Meinungskundgabe durch kommunale Spitzenverbände und Vereinigungen.[171]

3. Die materiellen Garantien der Art. 5 – 10 EKC

Art. 5 ff. EKC enthalten im Anschluß an die allgemeinen Regeln konkrete Gewährleistungen bestimmter Inhalte kommunaler Selbstverwaltung nach der Kommunalcharta. Sie sind konkrete Ausprägungen der erörterten Grundsätze und sollen diese ergänzen. Aufgrund der allgemeinen Formulierung bedarf es einer Konkretisierung als Voraussetzung für einen effektiven Schutz kommunaler Rechte und der einheitlichen Anwendung der Charta in den Vertragsstaaten. Zugleich bedingt dies aber auch einen Rückgriff auf die grundlegenden Prinzipien, dort, wo die Bestimmungen lückenhaft und auslegungsbedürftig sind. Der niedrige Abstraktionsgrad bringt in Hinblick auf die inhaltliche Schwerpunktsetzung eine klarere und unmißverständlichere Festlegung mit sich, weshalb das Normzitat an den Beginn der Ausführungen gestellt werden soll. Darauf hingewiesen werden muß, daß es sich bei der Unterscheidung zwischen allgemeinen und speziellen materiellen Garantien um eine Einteilung handelt, die strukturell von der Kommunalcharta nicht vorgegeben ist. Die Zäsur in der Regelungssystematik ergibt sich aber augenscheinlich bereits aus den Überschriften der einzelnen Artikel.

a) Schutz der Grenzen der kommunalen Gebietskörperschaften (Art. 5 EKC)

> *„Bei Änderungen der Grenzen kommunaler Gebietskörperschaften sind die betroffenen Gebietskörperschaften vorher anzuhören, gegebenenfalls im Weg der Volksabstimmung, sofern es gesetzlich zulässig ist."*

Offensichtlich bezieht sich Art. 5 EKC auf den vorstehenden Art. 4 Abs. 6 EKC. Es handelt sich hierbei um einen speziellen Fall der Anhörung. Insoweit kann bezüglich der Qualität der Anhörung auf die dortigen Ausführungen verwiesen werden. Zwischen beiden Normen bestehen jedoch Unterschiede und Besonderheiten.

---

170 *Weiß,* Einführung und Umsetzung der EKC, S. 157.

171 COE, Rapport explicatif, S. 13; *Weiß,* Einführung und Umsetzung der EKC, S. 157; vgl. den sogenannten Delcamp-Bericht, *Delcamp,* Synthèse des rapports nationaux, in: Kongreß der Gemeinden und Regionen Europas, CG (1) 3, II., S. 36.

Im Gegensatz zu Art. 4 Abs. 6 EKC gewährt Art. 5 EKC das Anhörungsrecht nicht nach Möglichkeit, sondern stets. Es ist kein Fall vorstellbar, in dem von diesem Recht nicht Gebrauch zu machen ist. Als „Extremfall" erfaßt die Änderung der Gebietsgrenzen auch die Verschmelzung mehrerer Gebietskörperschaften zu einer größeren Einheit.[172]

Kontrovers diskutieren läßt sich das Problemfeld des kommunalen Bestandsschutzes als subjektives Recht der kommunalen Gebietskörperschaften, das über die verfahrensmäßige Beteiligung hinausgeht. Ein solches Bestandsschutzinteresse wäre dann der grundsätzlichen Möglichkeit staatlicher Stellen zur Änderung der Gebietsgrenzen entgegenzustellen. Im Ergebnis könnte dies durch einen Rückgriff auf grundlegende Normen der Charta zu bejahen sein.[173] Letztlich korrespondiert das Recht auf Anhörung mit dem Recht auf Respektierung der territorialen Grenzen. Ein Anhaltspunkt für die Existenz eines solchen Integritätsinteresses ergibt sich aus der Betonung des Territoriums der Gebietskörperschaft. Wesentliches Element der kommunalen Gebietskörperschaften ist das Erstreckungsgebiet, im Rahmen dessen das Wohl der Einwohner im Sinne des Art. 3 Abs. 1 EKC maßgebend ist, also derjenigen Personen, die innerhalb des umgrenzten, meist auch historisch gewachsenen Gebiets leben. Nach dem grundlegenden Prinzip zur Gestaltung kommunaler Selbstverwaltung bedarf es eines besonderen Schutzes, der zwar nicht in Art. 5 EKC, wohl aber in Art. 4 Abs. 2 EKC und Art. 3 Abs. 1 EKC zum Ausdruck kommt.

Gegen einen Bestandsschutz spricht aber, daß die EKC über die territoriale nationale Ausgestaltung nichts aussagt. Die EKC verzichtet gerade auf eine Vorgabe einer bestimmten Größenordnung[174], angesichts der vielfältigen Erscheinungsformen kommunaler Gebietskörperschaften in den Mitgliedstaaten des Europarats.[175] Den obigen Argumenten ist daher die völkerrechtliche Grundkonzeption der Charta, welche die kommunale Selbstverwaltung und nicht die Integrität der Gebietskörperschaften schützen will, entgegenzuhalten.[176] Daher ist davon auszugehen, daß der Kommunalcharta ein subjektives Recht der Kommunen auf Integrität ihrer Gebietsgrenzen nicht zu entnehmen ist.

---

172 *Weiß,* Einführung und Umsetzung der EKC, S. 266; COE, Rapport explicatif, S. 14, *Delcamp,* Synthèse des rapports nationaux, in: Kongreß der Gemeinden und Regionen Europas, CG (1) 3, II. (sog. Delcamp-Bericht), S. 37.

173 So auch *Schaffarzik,* Handbuch der EKC, S. 487 ff.

174 *Weiß,* Einführung und Umsetzung der EKC, S. 167.

175 *Blair,* Die Gestaltung der kommunalen Selbstverwaltung in den europäischen Staaten, DÖV 1988, 1002 ff.

176 *Weiß,* Einführung und Umsetzung der EKC, S. 167.

Aus dem Wortlaut des Art. 5 EKC ergibt sich die Möglichkeit einer Volksabstimmung über die Änderung der Gebietsgrenzen, deren nähere Ausgestaltung dem nationalen Gesetzgeber überlassen ist.

b) Angemessene Struktur und Ausgestaltung der kommunalen Gebietskörperschaften

aa) Kommunale Organisationshoheit

> *„Unbeschadet allgemeiner gesetzlicher Bestimmungen müssen die kommunalen Gebietskörperschaften in der Lage sein, ihre interne Verwaltungsstruktur selbst zu bestimmen, um sie den öffentlichen Bedürfnissen anzupassen und eine wirksame Geschäftsabwicklung gewährleisten zu können." (Art. 6 Abs. 1 EKC)*

Die Garantie der angemessenen Verwaltungsstruktur und Ausgestaltung der kommunalen Gebietskörperschaften zur Erledigung der ihnen obliegenden Aufgaben ist eng verknüpft mit der Garantie des Art. 4 Abs. 5 EKC. Letztere bezieht sich auf die auf die Kommunen delegierten staatlichen Aufgaben, für die eine Anpassungsmöglichkeit an die örtlichen Gegebenheiten gewährleistet sein muß. Art. 6 Abs. 1 EKC erfaßt damit den spezielleren Art. 4 Abs. 5 EKC voll und ganz.[177] Beide Regelungen haben eine optimale Erfüllung der öffentlichen Aufgaben durch eine bürgernahe und damit demokratiefreundliche Verwaltung[178] zum Ziel. Die Garantie der Organisationshoheit ist nach allgemeiner Meinung auch Teil der deutschen Selbstverwaltungsgarantie des Art. 28 Abs. 2 GG.[179] So entspricht die Regelung der Verwaltungsorganisationsfreiheit der EKC dem deutschen System.

Erstmals wird der bis dahin streng vermiedene Bezug zu den örtlichen Gegebenheiten hergestellt. Die Örtlichkeit sollte im Rahmen der Zuständigkeitsabgrenzung zwischen kommunalen Gebietskörperschaften und Staat den kommunalen Wirkungskreis nicht von vornherein einschränken. Ansonsten wäre eine Allzuständigkeitsdoktrin, wie sie Art. 4 Abs. 2 EKC beschreibt, nicht haltbar gewesen. Hier geht es dagegen um die nähere Ausgestaltung einer den Kommunen obliegenden Aufgabe. Dabei ist es unerheblich, ob die Kommunen sich

177 So auch *Schaffarzik,* Handbuch der EKC, S. 467.

178 Vgl. insoweit Art. 6 Abs. 1 EKC a. E. sowie die Präambel.

179 *Schmidt-Jortzig,* Kommunale Organisationshoheit, S. 168 ff.; *Knemeyer,* Kommunalrecht, Rn. 17; vgl. auch *Knemeyer/Wehr,* Die Garantie der kommunalen Selbstverwaltung nach Art. 28 Abs. 2 GG in der Rechtsprechung des Bundesverfassungsgerichts, VerwArch 2001, 332 ff.

im Bereich der grundlegenden oder übertragenen Zuständigkeiten bewegen.[180] Entsprechend parallel läuft die Regelung des Art. 4 Abs. 2 EKC für die delegierten Zuständigkeiten.

Die Kommunalcharta trifft hier entsprechend ihrer Konzeption eine Entscheidung für die Selbstverwaltung der Gemeinden. Trotzdem ist die Garantie der Selbstbestimmung interner Verwaltungsstrukturen nicht schrankenlos gewährleistbar. Ihr ist das legitime staatliche – rechtsstaatlich auch geforderte – Interesse einer einheitlichen Rechtsanwendung entgegenzustellen. Den staatlichen Stellen bleibt es folgerichtig unbenommen, die Verwaltung in organisatorischer Hinsicht aus ordnungspolitischen Gründen zu beeinflussen. Im Rahmen des Art. 4 Abs. 5 EKC findet sich eine solche Beschränkung nicht. Unterläge die interne Verwaltungsorganisation im Bereich der delegierten Zuständigkeiten nicht der gesetzlichen Beschränkung, so gingen die staatlichen Eingriffsmöglichkeiten in die kommunalen Aufgaben weiter als in die – auch nach der Delegation an die kommunalen Gebietskörperschaften – staatlichen Aufgaben.[181] Daß solche Eingriffe praktisch denkbar sind, zeigt auch die Formulierung *„soweit wie möglich“*.[182]

Machen staatliche Stellen von der Ermächtigung Gebrauch, so haben sie das Postulat der eigenverantwortlichen Aufgabenwahrnehmung durch die kommunalen Gebietskörperschaften zu beachten. Insoweit unterliegt der Gesetzgeber den schon oben formulierten allgemeinen Schranken zur Gewährleistung kommunaler Selbstverwaltung im Sinne des Art. 3 Abs. 1 EKC.

bb) Personelle Ausstattung

Eine spezielle Regelung enthält Art. 6 Abs. 2, 1. Hs. EKC, nach dem die Beschäftigungsbedingungen für die Bediensteten der kommunalen Gebietskörperschaften so gestaltet sein müssen, daß die Gewinnung von qualifiziertem Personal ermöglicht wird. Von dieser Chartabestimmung ist die sogenannte Personalhoheit zu unterscheiden. Sie ist als solche bereits Teil der Organisationshoheit des Art. 6 Abs. 1 EKC.

In erster Linie richtet sich Art. 6 Abs. 2 EKC an den Gesetzgeber, dem eine Rahmengesetzgebung zur Regelung der öffentlichen Dienstverhältnissen angetragen wird. Dabei hat er die kommunalen Bedürfnisse nach qualifiziertem Personal zu berücksichtigen. Die Bestimmung des Art. 6 Abs. 2 EKC ist somit

180 Vgl. *Schaffarzik,* Handbuch der EKC, S. 467.
181 *Schaffarzik,* Handbuch der EKC, S. 468.
182 Vgl. *Seele,* Der Kreis aus europäischer Sicht, S. 339.

logische Konsequenz und auch Voraussetzung für eine optimale Geltung des Art. 6 Abs. 1 EKC. Nur bei entsprechender Personaldecke sind die Gebietskörperschaften überhaupt in der Lage, ihre Kompetenzen entsprechend auszuüben.

Andererseits soll Art. 6 Abs. 2 EKC die Kommunen schützen, indem er einheitliche personelle Rahmenbedingungen setzt. Nicht zutreffend ist die Aussage, daß die Bestimmung die kommunale Ebene vor Wirtschaftlichkeitserwägungen und Sparzwängen des zentralen Gesetzgebers schützen will.[183] Die Pflicht des Staates zur angemessenen Ausstattung an Personal- und Sachmitteln durch die Zurverfügungstellung finanzieller Mittel ergibt sich aus der Finanzgarantie des Art. 9 EKC.[184] Art. 6 Abs. 2 EKC kann aber dahingehend interpretiert werden, daß ein Wettbewerb unter den Kommunen um das beste Personal durch finanzielle Individualregelungen verhindert werden soll. Die einheitlich staatlich vorgegebenen Voraussetzungen sichern eine flächendeckend vergleichbare Personalqualität unabhängig von den finanziellen Spielräumen der kommunalen Gebietskörperschaften. Er enthält somit eine spezielle Handlungsanweisung an den Gesetzgeber zur Spezifizierung des Art. 6 Abs. 1 EKC.

c) Rechtsstellung der Kommunalvertreter, Art. 7 Abs. 1 EKC

> *„Die Rechtsstellung der gewählten Kommunalvertreter muß die freie Ausübung ihres Amtes gewährleisten." (Art. 7 Abs. 1 EKC)*

aa) Grundsatz der freien Ausübung eines kommunalen Wahlmandats

Inhaltlich erinnert Art. 7 Abs. 1 EKC an die Rechstellung der Ausschußmitglieder im Ausschuß der Regionen, wie sie der EG-Vertrag konstituiert.[185] Dort wurde die freie Mandatswahrnehmung als demokratische Grundvoraussetzung einer unabhängigen Ausübung eines Amtes dargestellt.[186] In letzter Konsequenz ist dies Folge der Präferenz einer Ausübung der kommunalen Selbstverwaltung durch unmittelbar legitimierte Räte, Art. 3 Abs. 2 S. 1 EKC. Eine gegenüber staatlichen oder sonst denkbaren Stellen, z. B. Verbänden, Vereinen oder Unternehmen, gegebene Abhängigkeit stünde im diametralen Gegensatz zum Mitwirkungsrecht der Bürger nach der Präambel.[187] Die

183 So *Schaffarzik*, Handbuch der EKC, S. 496.
184 Dazu unten S. 319 ff.
185 Dazu S. 153 ff.
186 Vgl. COE, Rapport explicatif, S. 14.
187 4. Spiegelstrich.

Kommunalvertreter stehen deshalb unter der demokratischen Kontrolle der Wähler.

bb) Grundsatz der finanziellen Unabhängigkeit

> *„Sie muß eine angemessene Entschädigung für Kosten, die durch die Amtsausübung entstehen, und gegebenenfalls eine Entschädigung für Verdienstausfälle oder ein Entgelt für geleistete Arbeit mit entsprechender sozialer Sicherung ermöglichen."*

Voraussetzung für eine unabhängige Mandatsausübung ist ferner auch die finanzielle Unabhängigkeit der gewählten Vertreter, vgl. Art. 7 Abs. 2 EKC. Dieser hat zugleich im Auge, der ganzen Bevölkerung die Übernahme eines kommunalen Mandats zu ermöglichen und nicht von vornherein Teile auszuschließen.[188] Außerdem sollen mögliche Vertreter nicht aus finanziellen Gründen von einer Kandidatur absehen müssen.[189] Daher sieht die EKC vor, den Kommunalvertretern die ihnen zustehenden Kosten und Dienstausfälle zu ersetzen. Letztere umfassen im Falle abhängiger Beschäftigung auch die Beiträge zur Sozialversicherung, also sowohl den Arbeitgeber-, als auch den Arbeitnehmeranteil.[190] Nur so wird dem Zweck des Art. 7 Abs. 2 EKC entsprochen, die gewählten Räte umfassend zu entschädigen.[191]

cc) Voraussetzungen für eine Inkompatibilitätsregelung

> *„Ämter und Tätigkeiten, die mit dem Amt eines gewählten Kommunalvertreters unvereinbar sind, können nur durch Gesetz oder grundlegende Rechtsprinzipien bestimmt werden."*

Eine weitere Bedingung zur Ausübung des kommunalen Mandats außerhalb des finanziellen Rahmens setzt Art. 7 Abs. 3 EKC. Danach können Inkompatibilitätsregelungen, das heißt solche Bestimmungen, die verschiedene Mandate

---

188 COE, Rapport explicatif, S. 14; *Weiß*, Einführung und Umsetzung der EKC, S. 177.

189 Vgl. *Akkermans*, The European Charter of Local Self-Government, in: Institut du fédéralisme de l'Université de Fribourg (Hrsg.), The Territorial Distribution of Power in Europe, S. 295.

190 *Schaffarzik*, Handbuch der EKC, S. 498.

191 Vgl. *Weiß*, Einführung und Umsetzung der EKC, S. 179, der die sozialversicherungsrechtliche Entschädigungspflicht auf hauptberufliche Kommunalvertreter bezieht, unter Verweis auf COE, Rapport explicatif, S. 15; für eine einschränkende Auslegung gibt Art. 7 Abs. 2 EKC aber keine zwingenden Gründe angesichts seines weitreichenden Schutzzwecks.

miteinander für unvereinbar erklären, nur durch Gesetz oder durch allgemeine Rechtsprinzipien festgelegt werden. Schon in der Entstehungsphase der EKC war klar, daß eine enge Auffassung des Artikels einen effektiven Schutz alleine nicht gewährleisten kann.[192] Daher ist unter Art. 7 Abs. 3 EKC auch der Fall zu subsumieren, daß es zu internen Interessenskonflikten im Rat oder der Versammlung kommt. Art. 7 Abs. 3 EKC enthält auch ein Vertretungsverbot[193] oder das Verbot einer Entscheidungsmitwirkung bei Interessenkollisionen[194], wie ein Verbot der Wahrnehmung eines Mandats durch kommunale Beschäftigte.[195]

Im vertikalen Rechtskreis zu den Staatsorganen können Konflikte mit dem Gewaltenteilungsgrundsatz der kommunalen Selbstverwaltung entgegenstehen[196], generelle, also alle Inkompatibilitäten zum Schutz des einzelnen kommunalen Vertreters, wie auch zum Schutz der Selbstverwaltungsgarantie. Daß die Kommunalcharta hier keine umfassenden Vorgaben macht, zeigt sich an der Aufnahme der „grundlegenden Rechtsprinzipien" als eines der Wahrnehmung eines kommunalen Wahlmandats entgegenstehenden Rechtsgrundes. Daher ist stets auf den Einzelfall abzustellen.

d) Aufsichtsrechtliche Tätigkeit gegenüber den kommunalen Gebietskörperschaften

> *„Jede Verwaltungsaufsicht über die Tätigkeit der kommunalen Gebietskörperschaften darf in der Regel nur bezwecken, die Einhaltung der Gesetze und Verfassungsgrundsätze sicherzustellen. Die Verwaltungsaufsicht kann jedoch bei Aufgaben, deren Durchführung den kommunalen Gebietskörperschaften übertragen wurde, eine Kontrolle der Zweckmäßigkeit durch die übergeordneten Behörden umfassen."*

Art. 8 EKC sieht grundsätzlich die Möglichkeit einer staatlichen Aufsicht über die Verwaltungstätigkeit der kommunalen Gebietskörperschaften vor. Da staatliche Eingriffe eine Einschränkung der kommunalen Selbstverwaltung, wie sie in Art. 3 Abs. 1 EKC beschrieben wird, darstellt, bedarf es für diese einer besonderen Rechtfertigung. Die Kommunalaufsicht geht – um die Eingriffsqualität

---

192 Harmegnies-Bericht, in: CPL (16) 6, II., S. 18.

193 Vgl. beispielsweise Art. 50 BayGO und entsprechende Parallelregelungen der anderen Bundesländer der deutschen Kommunalrechtsordnung.

194 *Schaffarzik,* Handbuch der EKC, S. 498 f.

195 *Weiß,* Einführung und Umsetzung der EKC, S. 179.

196 *Weiß,* Einführung und Umsetzung der EKC, S. 178.

zu prüfen – zu Lasten der eigenverantwortlichen Aufgabenwahrnehmung[197], die eine weisungsfreie, von staatlicher Bevormundung freie Tätigkeit voraussetzt.

Hieraus ergeben sich mehrere Konsequenzen, die skizziert werden sollen:

aa) Rechtsgrundlage für ein aufsichtliches Tätigwerden, Art. 8 Abs. 1 EKC

Voraussetzung für die Ausübung einer Verwaltungsaufsicht nach der EKC ist die verfassungsmäßige oder gesetzmäßige Verankerung der Befugnisse. Die Regelung muß sich qualitativ auf die vorgesehenen Eingriffsfälle wie auch die Eingriffsmodalitäten beziehen, Art. 8 Abs. 1 EKC. Der Gesetzesvorbehalt gilt dabei nach Wortlaut und binnensystematischer Stellung des Abs. 1 für alle Arten kommunaler Aktivität, auch für die delegierten – staatlichen – Aufgaben, da diese ebenso wie alle anderen Aufgaben von den kommunalen Gebietskörperschaften eigenverantwortlich erledigt werden sollen und daher oben geschildertes Konfliktfeld auftreten kann.[198] Nach einer anderen Ansicht sollen die delegierten Aufgaben wegen ihrer Staatsnähe und der daraus resultierenden wesensmäßigen Prägung durch exekutive Organe nicht unter den Gesetzesvorbehalt fallen. Diese Auffassung verkennt aber, daß auch die delegierten Aufgaben grundsätzlich den Regeln der kommunalen Selbstverwaltung unterfallen, vgl. Art. 3 Abs. 1, 4 Abs. 4 EKC. Ansonsten wäre überhaupt keine Begrenzung der staatlichen Aufsicht in diesem Bereich zu fordern, weil – mit der angeführten Argumentation – die staatliche Seite in diesem Bereich ohnehin dominiert.

bb) Rechts- und Zweckmäßigkeitskontrolle

In Anlehnung an das in Deutschland gewohnte und praktizierte System der Fach- und Rechtsaufsicht ist im Rahmen der Prüfung des Art. 8 Abs. 2 EKC zu unterscheiden. Die der kommunalen Gebietskörperschaft eigenen Aufgaben nach Art. 4 Abs. 1 S. 1 und 2 EKC dürfen nur von staatlicher Seite beaufsichtigt werden, soweit es um eine Kontrolle der Einhaltung der Gesetzes- und Verfassungsgrundsätze geht, Art. 8 Abs. 2 S. 1 EKC. Welcher Mittel sich die staatlichen Stellen im Rahmen der aufsichtlichen Befugnisse bedienen dürfen, läßt Art. 8 Abs. 2 EKC offen.[199] Die bloße Rechtmäßigkeitskontrolle ist dabei die

197 Zu diesem Zusammenhang *Weiß*, Einführung und Umsetzung der EKC, S. 186.

198 A.A. *Schaffarzik*, Handbuch der EKC, S. 502.

199 Insbesondere die Frage, ob eine präventive oder nachträgliche Aufsicht möglich ist, *Delcamp*, Synthèse des rapports nationaux, in: Kongreß der Gemeinden und Regionen Europas, CG (1) 3, II. (sog. Delcamp-Bericht), S. 42; *Weiß*, Einführung und Umsetzung der EKC, S. 187; gleichermaßen aber auch, ob das Recht auf eine Ersatzvornahme, eine Informationspflicht oder eine Beanstandung denkbar sind.

Regel (*„in der Regel"*, Art. 8 Abs. 2 S. 1 EKC). Fraglich ist, inwieweit von diesem Grundsatz Ausnahmen zu machen sind.

Eine solche Ausnahme findet sich in Art. 8 Abs. 2 S. 2 EKC für die delegierten Aufgaben, deren Aufsicht auch eine Zweckmäßigkeitskontrolle durch die übergeordnete Behörde umfaßt. In dem Verweis auf die nächsthöhere Verwaltungseinheit findet sich zugleich ein versteckter Wink auf das Subsidiaritätsprinzip: Die Wahrnehmung der Zuständigkeit soll den kommunalen Gebietskörperschaften als der dem Bürger und den Sachproblemen nähesten Stelle obliegen, die Aufsicht hierbei den direkt darüber geschalteten, „zweitnähesten" Behörden. Unter weiterer Berücksichtigung des Stellenwerts der Grundsätze des Art. 3 Abs. 1 EKC kann dies die einzig denkbare Ausnahme bleiben.[200]

cc) Verhältnismäßigkeitsprinzip, Art. 8 Abs. 3 EKC

Bei der Erwähnung des Verhältnismäßigkeitsprinzips neigt man dazu, das deutsche Prüfungsmuster zugrunde zu legen. Tatsächlich ist auch im Rahmen der EKC nach der Geeignetheit, der Erforderlichkeit zur Auffindung des mildesten Mittels, und nach der Angemessenheit als Abwägung zwischen Garantie und Eingriffszweck zu fragen.[201] Bei der Abwägung nach Art. 8 Abs. 3 EKC sind konkret dem Gewicht der Aufsichtsmaßnahme die von ihr zu schützenden Interessen gegenüberzustellen.

Auch andere Vorschriften der Kommunalcharta, die gesetzliche Einschränkungen der Garantien vorsehen, sind einer solchen Abwägung zu unterwerfen, die letztlich die zu machende Ausnahme rechtfertigen soll und muß. Daher kann man dazu geneigt sein, dem Proportionalgrundsatz[202] nur deklaratorischen Wert beizumessen.[203] In ihm zeigt sich die besonders zu schützende Eingriffssensibilität, die staatliche Maßnahmen gegenüber der kommunalen Selbstverwaltung haben können.

---

200 So auch *Weiß,* Einführung und Umsetzung der EKC, S. 187; a. A. COE, Rapport explicatif, S. 15.

201 COE, Rapport explicatif, S. 16.

202 Vgl. insoweit die französische Sprachfassung des Art. 8 Abs. 3 EKC:
„Le contrôle administratif des collectivités locales doit être exercé dans le respect d'une proportionnalité entre l'ampleur de l'intervention de l'autorité de contrôle et l'importance des intérêts qu'elle entend préserver."

203 *Schaffarzik,* Handbuch der EKC, S. 502.

Dem vorzubeugen und zugleich die Konfliktlage für die betroffenen Exekutivbehörden augenscheinlich zu machen[204], hebt Art. 8 Abs. 3 EKC die Beachtung des Verhältnismäßigkeitsgrundsatzes eigens hervor. Aufgrund der fehlenden Nennung der staatlichen Eingriffsbefugnisse ist er alleinige Richtschnur, die die staatlichen Stellen zur Mäßigung anhält.[205] Zugleich ist Art. 8 Abs. 3 EKC allgemeingültiger, über den Art. 8 EKC hinauswirkender Grundsatz der Anerkennung der Verhältnismäßigkeit als eines der Leitprinzipien der Kommunalcharta.

e) Finanzmittel der kommunalen Gebietskörperschaften, Art. 9 EKC

Bereits im Rahmen des Art. 3 Abs. 1 EKC, der grundlegenden Definition kommunaler Selbstverwaltung, wurde die angemessene finanzielle Ausstattung der kommunalen Gebietskörperschaften als unabdingbare Voraussetzung für die Existenz kommunaler Selbstverwaltung nach der EKC erwähnt. Ohne einen ausreichenden budgetairen Unterbau ist kommunale Selbstverwaltung nicht realisierbar.[206] Maßgeblich zielt die Charta auf einen ausreichenden Schutz der Kommunen vor finanziellem Raubbau im Verhältnis zur geforderten umfangreichen Aufgabenwahrnehmung ab. Offensichtlich wird die Schwerpunktsetzung in der rein quantitativen Plazierung des Chartaartikels über die Finanzmittel der kommunalen Gebietskörperschaften, Art. 9 EKC. Mit acht Absätzen ist er die längste, durch seine systematische Stellung zudem die zentrale Vorschrift der Charta.

Im Gegensatz dazu soll der hier gemachte Versuch stehen, lediglich einen ersten Einblick in das Finanzsystem nach der Kommunalcharta zu geben. Nicht aus dem Auge verloren werden soll bei der Untersuchung das Ziel einer Gangbarmachung europaratsrechtlicher bzw. durch den Europarat eingebrachter Rechtsregeln für die EU. Da wie gezeigt die finanziellen Möglichkeiten der kommunalen Gebietskörperschaften eng mit der Gewährleistung kommunaler Selbstverwaltung überhaupt verbunden sind, soll der Schwerpunkt auf die Grundlagenfindung gelegt werden. Andere Chartabestimmungen hingegen sind nicht nur spezieller, sondern auch weniger selbstverständlich mit kommunaler Selbstverwaltung nach herkömmlichem Verständnis verknüpft, besser gesagt, sie erschließen sich nicht auf den ersten Blick.[207]

---

204 *Schaffarzik,* Handbuch der EKC, S. 403 f.

205 Vgl. *Weiß,* Einführung und Umsetzung der EKC, S. 188.

206 Vgl. COE, Rapport explicatif, S. 16; *Weiß,* Einführung und Umsetzung der EKC, S. 195.

207 Solche grundsätzliche Gedanken seien vor der Erläuterung einer grundlegenden Garantie erlaubt, insbesondere der Hinweis, daß auch aus denselben Gedankenströmen heraus eine ausführliche Bezugnahme auf die deutschen Regelungsmechanismen, dem Grund-

Jetzt zur Struktur des Art. 9 EKC. Es lassen sich drei verschiedene inhaltliche Blöcke unterscheiden:[208] Das Recht auf eigene Finanzmittel und ihre Natur (Abs. 1 bis 4), die Regelung des Finanzausgleichs (Abs. 5 bis 7) und der Zugang der Kommunen zum Kapitalmarkt (Abs. 8). Davon zu trennen ist die Einteilung nach der Ausrichtung der Bestimmungen zur Beschreibung eines bestimmten Ziels.[209] Ein Teil der Gewährleistungen ist qualitativ ausgerichtet und betrifft das Volumen der den kommunalen Gebietskörperschaften zustehenden Finanzmittel. Zudem ist aber auch die quantitative Ausrichtung der Mittel umschrieben, namentlich, welcher Teil den kommunalen Gebietskörperschaften selbst zusteht und eigenverantwortlich vereinnahmt und verausgabt werden kann. Letzte Frage betrifft die kommunale Finanzhoheit.[210]

aa) Recht auf eigene Finanzmittel

Das Recht auf eigene Finanzmittel umfaßt die ersten vier Absätze des Art. 9 EKC.

(1) Grundsatz der angemessenen Finanzausstattung

Der Grundsatz der kommunalen Finanzausstattung findet sich dabei in Art. 9 Abs. 2 EKC, nach dem die finanziellen Ressourcen der kommunalen Gebietskörperschaften in einem angemessenen Verhältnis zu den durch die Verfassung oder das Gesetz vorgesehenen Zuständigkeiten stehen sollen. Dabei wird zweierlei Grundsätzen Rechnung getragen:

Der Grundsatz der kommunalen Allzuständigkeit (Art. 4 Abs. 2 EKC) läßt sich nur halten, wenn die Kommunen die ihr obliegenden Kompetenzen auch wahrnehmen können. Nur so kann ein Ausbluten kommunaler Aufgabenzuteilung durch faktische Barrieren verhindert werden.[211] Art. 9 Abs. 2 EKC ist daher

---

gesetz, den Gemeinde- und Landkreisordnungen der Bundesländer, bewußt so weit wie irgend möglich unterbleibt; es soll ein europäisches Verständnis von kommunalbezogener Rechtsetzung entwickelt werden, die europaweite Ansätze entwickelt; z. T. schadet sogar der Zugang über die deutsche Rechtsordnung einer Rezeption der dargestellten Regeln. Ein Beispiel: Niemand käme auf die Idee, die europäischen Wettbewerbsregeln anhand der einschlägigen deutschen Gesetze zu erläutern. Vielleicht hat hier das Kommunalrecht gerade seinen größten Nachholbedarf, als daß sich eine europarechtliche Betrachtungsweise eines „neuen“ Rechtsgebiets namens *„Europäisches Kommunalrecht“* erst mit der Zeit durchsetzen muß.

208 Nach *Weiß,* Einführung und Umsetzung der EKC, S. 196.

209 *Schaffarzik,* Handbuch der EKC, S. 505.

210 Vgl. *Schaffarzik,* Handbuch der EKC, S. 505.

211 *Weiß,* Einführung und Umsetzung der EKC, S. 197.

nicht nur logische Konsequenz der durch die Art. 3, 4 EKC aufgestellten Forderungen, sondern zugleich eine nicht überraschende Selbstverständlichkeit. Trotzdem findet sich in der jetzigen Fassung eine Abschwächung gegenüber ursprünglichen Plänen, insbesondere dem RGRE-Entwurf, der eine Parallelität von Aufgabenzuweisung und Finanzmittelausstattung vorsah.[212] Zwar enthält die jetzige Form eine Abschwächung, doch wird letztlich die Auslegung des Art. 9 Abs. 2 EKC zum gleichen Ergebnis führen.

Dieses Recht läßt sich auch unmittelbar aus dem Subsidiaritätsprinzip ableiten (Art. 4 Abs. 3 EKC). Die Ansiedelung von Zuständigkeiten auf kommunaler Ebene setzt gerade die finanzielle Erfüllbarkeit der Anforderungen seitens der Kommunen voraus.

Alles in allem trägt Art. 9 Abs. 2 EKC dazu bei, daß die kommunalen Gebietskörperschaften einen wesentlichen Teil der öffentlichen Aufgaben wahrnehmen können, wobei sich das Postulat auf alle kommunalen Aufgaben erstreckt. Eine Differenzierung in grundlegende und übertragene Kompetenzen ist an dieser Stelle unnötig.[213] In den Finanzbedarf fallen alle in angemessenem Rahmen benötigten Mittel, gleich welche Zuständigkeit wahrgenommen wird.[214] Eine Zweckausgabe im delegierten Wirkungskreis ist eine unmittelbare Staatsaufgabe und bleibt bei dieser Betrachtung ohnehin außen vor[215], wird also nie ein Finanzmittel im Sinne des Art. 9 Abs. 2 EKC. Der Begriff der Zuständigkeit ist also in einen engen Zusammenhang mit dem Mittelbedarf zu stellen.

Über die Herkunft der Finanzressourcen von staatlicher Seite oder aus eigenen kommunalen Mitteln sagt Art. 9 Abs. 2 EKC nichts aus.[216] Da unter die Zuständigkeiten auch solche des ureigensten – örtlichen – Wirkungskreises fallen, könnte ein gestalterisches Tätigwerden mit hohem Finanzbedarf zu Lasten des verpflichteten Staates gehen. Daher müssen die kommunalen Ausgaben aus fiskalischen Gründen Grenzen unterliegen. Hier greift der Grundsatz der Angemessenheit. Leicht wäre es, wenn man das angemessene Aufkommen der kommunalen Gebietskörperschaften an den Pflichtaufgaben des Hoheitsträgers mes-

---

212 *Hyltoff,* Die Arbeit des Europarats-Ausschusses für lokale Strukturen, in: Knemeyer (Hrsg.), Europäische Charta der kommunalen Selbstverwaltung, S. 51; vgl. auch *Akkermans,* The European Charter of Local Self-Government, in: Institut du fédéralisme de l'Université de Fribourg (Hrsg.), The Territorial Distribution of Power in Europe, S. 296.

213 So aber *Schaffarzik,* Handbuch der EKC, S. 506.

214 Zur Angemessenheit in diesem Sinne sogleich.

215 Vgl. *Schaffarzik,* Handbuch der EKC, S. 507.

216 Anders *Schaffarzik,* Handbuch der EKC, S. 506, der angesichts der folgenden Absätze von einer ungeschriebenen Voraussetzung der Existenz kommunaler Eigenmittel ausgeht.

sen würde.[217] Eine optimale Gewährleistung kommunaler Selbstverwaltung – die kommunale Gestaltungsfreiheit mit einbegriffen – würde dann aber im Widerspruch zum bisher Gesagten von vornherein verhindert, in weniger präzisierenden Fällen der staatlichen Willkür unterworfen sein. Die freiwilligen Aufgaben werden daher in gleichem Maße von Art. 9 Abs. 2 EKC erfaßt.[218]

Die Höhe des oft nur schwerlich kalkulierbaren tatsächlichen Finanzbedarfs ist anhand einer Gesamtschau der zu erfüllenden Aufgaben unter Zuhilfenahme vergleichender Erfahrungswerte zu ermitteln[219] und so ein bedarfsgerechtes, fiskalische Interessen berücksichtigendes Finanzmodell zu ermitteln.[220]

(2) Angemessene Eigenmittel, Art. 9 Abs. 1 EKC

> *„Die kommunalen Gebietskörperschaften haben im Rahmen der nationalen Wirtschaftspolitik Anspruch auf angemessene Eigenmittel, über die sie in Ausübung ihrer Zuständigkeiten frei verfügen können."*

(Nicht nur) Sprachlich unterscheidet sich Art. 9 Abs. 1 EKC von anderen Chartabestimmungen. So ist die Rede von nationaler Wirtschaftspolitik als Maßstab des kommunalen Finanzrahmens. Anders als Abs. 2 ist die Rede von Eigenmitteln im Gegensatz des sonst gebrauchten Topos der Finanzmittel. Beide Begriffe können voneinander abgegrenzt werden. Im Gegensatz zur allgemeinen Finanzgarantie des Abs. 2 ist Art. 9 Abs. 1 EKC die speziellere Vorschrift, die einen Teil der kommunalen Finanzmittel betrifft.[221] Damit ist aber noch nicht der Begriff selbst definiert, ja noch nicht einmal umschrieben.

Klar ist, daß es sich bei den Eigenmitteln um Finanzmittel handelt. Die semantische Einordnung deutet auf eine enge Verknüpfung mit der eigenverantwortlichen Aufgabenwahrnehmung hin. Über diese Gelder sollen die Kommunen „frei", also fern jeder staatlichen Weisung, Bevormundung oder Einflußnahme verfügen können. Dies ist nur dann der Fall, wenn der Zufluß an die

217 *Akkermans,* The European Charter of Local Self-Government, in: Institut du fédéralisme de l'Université de Fribourg (Hrsg.), The Territorial Distribution of Power in Europe, S. 296.

218 *Schaffarzik,* Handbuch der EKC, S. 509.

219 COE, Rapport explicatif, S. 16.

220 Zur Frage, was die Angemessenheitsformel ausmacht, nicht näher eingehend *Schaffarzik,* Handbuch der EKC, S. 509; *Weiß,* Einführung und Umsetzung der EKC, S. 196.

221 *Weiß,* Einführung und Umsetzung der EKC, S. 197.

Kommunen vor staatlichem Zugriff geschützt ist.[222] Voraussetzung hierfür ist die alleinige Ertragshoheit der kommunalen Gebietskörperschaften.[223] Zwar ist der Wortlaut des Art. 9 Abs. 1 EKC offen, so daß auch ganz besonders geschützte Zuweisungen von staatlicher Seite erfaßt sein könnten[224], eine Trennung zum Begriff der Finanzmittel wäre so aber unscharf und deshalb nur schwer vorzunehmen. Die finanziellen Mittel müssen den Kommunen zufallen und nicht über einen Umweg mittelbar aus staatlichen Kassen zufließen.[225] Hierunter fallen im wesentlichen kommunale Steuereinnahmen.[226]

Voraussetzung ist die freie Verfügbarkeit der kommunalen Gebietskörperschaften über die finanziellen Mittel. Am Beispiel der gegenleistungsbezogenen Gebühren und Beiträge[227] wird deutlich, daß Ertragshoheit und Disponibilität durchaus divergieren können.[228] Sie müssen den Kommunen ungebunden zur Verfügung stehen und unbeschränkt einsetzbar sein.

Die Eigenmittel müssen angemessen sein. Voraussetzung hierfür ist, daß ein angemessener Teil der kommunalen Finanzmittel den Eigenmitteln zuzuordnen ist. Nach Art. 9 Abs. 2 EKC muß das Verhältnis zwischen Zuständigkeit und finanzieller Ausstattung angemessen sein. Zu untersuchen ist hier das Verhältnis zwischen dem Anteil an Eigenmitteln zum gesamten Finanzrahmen. Nur dann kann die finanzielle Unabhängigkeit der kommunalen Gebietskörperschaften als gestärkt betrachtet werden.[229]

(3) Inhaltliche Vorgaben kommunaler Finanzierung

In den Art. 9 Abs. 3 und 4 EKC finden sich nähere Vorgaben für die inhaltliche Ausgestaltung des kommunalen Finanzierungssystems. Art. 9 Abs. 2 EKC lautet:

---

222 CPLRE, Bericht CPL (5) 4, S. 21.

223 *Schaffarzik,* Handbuch der EKC, S. 510; *Weiß,* Einführung und Umsetzung der EKC, S. 196; CPLRE, a.a.O.

224 *Delcamp,* Synthèse des rapports nationaux, in: Kongreß der Gemeinden und Regionen Europas, CG (1) 3, II. (sog. Delcamp-Bericht), S. 44.

225 *Weiß,* Einführung und Umsetzung der EKC, S. 196.

226 Vgl. *Schaffarzik,* Handbuch der EKC, S. 511 ff. mit ausführlicher Aufschlüsselung der denkbaren kommunalen Steuern, Gebühren, Beiträge und Finanzzuweisungen, Umlagen und privaten Finanzierungsmittel.

227 Vgl. *Fromont,* Länderbericht Frankreich, in: Knemeyer (Hrsg.), Europäische Charta der kommunalen Selbstverwaltung, S. 108.

228 Vgl. *Schaffarzik,* Handbuch der EKC, S. 511 ff.

229 CPLRE, Bericht CPL (5) 4, S. 21.

> *„Die Finanzmittel der kommunalen Gebietskörperschaften müssen zumindest teilweise aus kommunalen Steuern und Gebühren stammen, bei denen sie das Recht haben, den Hebesatz im gesetzlichen Rahmen festzusetzen."*

Zunächst findet sich entgegen *Schaffarzik*[230] erstmals eine Spezifizierung, daß sich die kommunalen Mittel unter anderem aus Steuern und Gebühren zusammensetzen. Der Steuerbegriff wird sich hierbei im Rahmen des deutschen Begriffsverständnisses halten, nach dem sich die Qualität eines Mittelzuflusses als Steuer aus ihrer Erhebung zur allgemeinen öffentlichen Mittelbeschaffung von all denjenigen, auf die der jeweilige Steuertatbestand zutrifft, bestimmt.[231] Die Steuern und Gebühren müssen in ihrer Höhe durch die autonome Veränderung des Hebesatzes von den Kommunen beeinflußbar sein. Ziel dieser Regelung ist, daß die kommunalen Gebietskörperschaften das (Steuer-) Aufkommen selbst regulieren.[232] Sie ist Ausfluß der Einsicht, daß „vor Ort" die Abwägung zwischen Kosten und Nutzen am wirkungsvollsten möglich ist.[233] Art. 9 Abs. 3 ist daher eng mit dem Grundsatz der eigenverantwortlichen Aufgabenwahrnehmung verknüpft.[234] Vor diesem Hintergrund erschließt sich die Vorschrift von selbst.

Hinzuweisen ist aber auf den einschränkenden Passus des gesetzlichen Rahmens. Den Kommunen ist es verwehrt, den Hebesatz bis ins Erdrosselnde nach oben zu schrauben. Daher müssen gesetzliche Rahmenbedingungen eingehalten werden. Diese Schrankenregelungen müssen wiederum der Bedeutung des kommunalen Steuer- und Gebührenwesens gerecht werden. Fraglich ist, ob bei angemessener Eigenmittelausstattung, die sich ja nicht notwendigerweise in der kommunalen Steuer- und Gebührenerhebung erschöpfen muß, das Hebesatzrecht einen wesentlichen Teil der kommunalen Steuern erfassen muß.[235] Zweifellos ist dieser Aspekt kommunaler Selbstverwaltung wichtig.[236] Statt auf die Kernbereichsbetrachtung[237] abzustellen, sollte hier lieber eine Gesamtschau der freien kommunalen Finanzmittel erfolgen, die eine optimale kommunale Selbstverwaltung gewährleisten müssen.

---

230 *Schaffarzik,* Handbuch der EKC, S. 515.

231 Vgl. Art. 3 Abs. 1 der deutschen Abgabenordnung (AO) 1977, BGBl. 1976 I, 613.

232 *Schaffarzik,* Handbuch der EKC, S. 515.

233 COE, Rapport explicatif, S. 16.

234 *Weiß,* Einführung und Umsetzung der EKC, S. 198.

235 So *Schaffarzik,* Handbuch der EKC, S. 516 m. w. N. auf das deutsche Kommunalfinanzierungssystem.

236 COE, Rapport explicatif, S. 17; Harmegnies-Bericht, in: CPL (16) 6, II., S. 22.

237 *Schaffarzik,* Handbuch der EKC, S. 516.

Einen ähnlichen Ansatz verfolgt Art. 9 Abs. 4 EKC. Danach müssen die Finanzierungssysteme der kommunalen Gebietskörperschaften eine ausreichende Dynamik und Flexibilität aufweisen, die die praktische Möglichkeit bieten, mit den tatsächlichen Entwicklungen der Kosten Schritt zu halten.

(a) Vielfältigkeit

Den Kommunen muß eine Reihe von Finanzierungsmöglichkeiten zur Verfügung stehen, nicht nur eine singuläre Quelle. So kann eine finanzielle Versorgung der kommunalen Gebietskörperschaften auch garantiert werden, wenn aus den unterschiedlichsten Gründen eine Steuerquelle ausfällt oder abschwächt.

(b) Flexibilität

Zudem muß das Finanzierungssystem flexibel gestaltet sein, um zu verhindern, daß die fehlende Reaktion auf tatsächliche Veränderungen seitens des Gesetzgebers zu Lasten der Kommunen geht[238], seien es inflationäre oder andere wirtschaftliche Entwicklungen.[239] Die Vorschriften richten sich unmittelbar an den Staat, der notwendige Vorkehrungen treffen muß. Über die qualitative Ausgestaltung des Anpassungssystems an die erörterten Grundsätze schweigt die Charta.

Idealerweise wird es sich um selbstkorrigierende Mechanismen handeln, die im Änderungsfall eine Anpassung ohne gesonderte Handlung des Normgebers nach sich ziehen. Eine Präferenz zur Herstellung des geforderten Zusammenhangs zwischen Einnahme- und Kostenentwicklung ergibt sich aus der Charta nicht.[240] Nach einer anderen Ansicht werden die Forderungen des Art. 9 Abs. 4 EKC nur dann erfüllt, wenn Einnahmequellen zur Verfügung stehen, die ohne weiteres Zutun eine Einnahmeerhöhung nach sich ziehen.[241]

Dem ist entgegenzuhalten, daß nach der EKC lediglich eine kontinuierliche, sichere Finanzausstattung durch den Staat sowie eine Einnahmesicherung im Sinne des Abs. 3 gegeben sein muß.

---

238 Vgl. *Delcamp,* Synthèse des rapports nationaux, in: Kongreß der Gemeinden und Regionen Europas, CG (1) 3, II. (sog. Delcamp-Bericht); COE, Rapport explicatif, S. 16.

239 *Weiß,* Einführung und Umsetzung der EKC, S. 198.

240 Wie hier COE, Rapport explicatif, S. 16; *Weiß,* Einführung und Umsetzung der EKC, S. 198.

241 *Schaffarzik,* Handbuch der EKC, S. 517.

bb) Kommunaler Finanzausgleich, Art. 9 Abs. 5 – Abs. 7 EKC

Im Rahmen der anderen Vorschriften wurde häufig die Frage nach dem Sinn und Regelungszweck aufgeworfen. In bezug auf den kommunalen Finanzausgleich gibt Art. 9 Abs. 5 S. 1 EKC gleich zu Beginn selbst die Antwort:

> *„Der Schutz der finanziell schwächeren kommunalen Gebietskörperschaft erfordert die Einführung von Finanzausgleichsverfahren oder gleichwertigen Maßnahmen, die zum Ausgleich der Auswirkungen ungleicher Verteilung der möglichen Finanzierungsquellen und der Kostenlasten bestimmt sind."*

Mit der finanziellen Schwäche wird ein wesentlicher Konfliktpunkt zwischen staatlichen Stellen und kommunalen Gebietskörperschaften offen zur Sprache gebracht – abweichend von der bisherigen Regelungssystematik der Charta. Zum einen soll die finanzielle Lage der Kommunen in allen Vertragsstaaten deutlich gemacht werden, zugleich aber auch die Notwendigkeit einer Korrektur des Finanzverteilungssystems.[242]

(1) Anknüpfungspunkt

Anknüpfungspunkt für das Ausgleichsverfahren ist dabei die Betrachtung möglicher Finanzierungskosten und der Kostenlast. Die potentielle Finanzierungsmöglichkeit anstatt der tatsächlichen Finanzzuflüsse führt zu einer hypothetischen Überlegung: Was hätten die Kommunen einnehmen können? Hierdurch wird verhindert, daß verschwenderische Kommunen gegenüber sparsamen bevorzugt werden und diese trotz der übermäßigen Ausgaben ihr Defizit zu Lasten des Staates und der anderen Körperschaften ausgeglichen bekommen.[243]

(2) Grenzen

Freilich klingt das für die staatlichen Stellen allzu verlockend, zunächst die Kommunen übermäßig zu belasten. Doch auch hierfür findet sich in der Charta eine Schutzklausel. Nach Art. 9 Abs. 5 S. 2 EKC darf ein Verfahren im Sinne des S. 1 die Entscheidungsfreiheit der kommunalen Gebietkörperschaften in ih-

---

242 *Schaffarzik,* Handbuch der EKC, S. 521.

243 *Schaffarzik,* Handbuch der EKC, S. 521, m. w. N. auf die deutsche Rechtsprechung zum Finanzausgleichssystem.

rem eigenen Verantwortungsbereich nicht schmälern.[244] Einer bloßen Umverteilung unter Mißachtung des Schutzzwecks des Ausgleichsverfahrens wird eine klare Absage erteilt. Ohne staatliche Unterstützung wäre ein die Entscheidungsfreiheit der stärkeren Kommunen schützendes System nicht denkbar. Der eigene Verantwortungsbereich wird auch dadurch gewahrt, daß den *„goldenen Zügeln"*[245] des Staates, der bei der Verteilung der Finanzmittel nicht nach Belieben agieren kann, von vornherein Grenzen gesetzt sind.

(3) Anhörungsrecht im Rahmen der Zuteilung

Darüber hinaus wird durch Art. 9 Abs. 6 EKC den kommunalen Gebietskörperschaften bei der Zuteilung der umverteilten Mittel ein Anhörungsrecht gewährt. Umverteilte Mittel sind dabei sowohl die an die Kommunen ausgeschütteten Staatsgelder als auch die Transfergelder im Rahmen des horizontalen Finanzausgleichs. Das System könnte auch insofern einzuschränken sein, als damit nur die *„ursprünglich dem Staat zugeordnete[n] (...) Ressourcen, (...) an denen er die Kommunen in Rahmen des Finanzausgleichs partizipieren läßt"*, gemeint sein könnten.[246] Diese Formulierung greift aber zu kurz, da sie den horizontalen Finanzausgleich genauso verkennt wie die Tatsache, daß sich die transferierten Gelder nicht als einseitige Gewährung darstellen – insoweit die Wortwahl *„partizipieren lassen"* –, sondern als ein Anspruch der kommunalen Gebietskörperschaften und zugleich eine Pflicht des Staates, kommunale Selbstverwaltung im Sinne des Art. 3 Abs. 1 EKC zu gewährleisten.

Fraglich ist die nötige Qualität der kommunalen Partizipation. Wie der allgemeine Art. 4 Abs. 4 EKC spricht auch Art. 9 Abs. 6 EKC von einem Anhörungsrecht. Dessen Ausgestaltung überläßt die Charta den Vertragsstaaten.[247] In Frankreich beispielsweise erfolgte die Regelung durch eine eingerichtete *Commission consultative de l'évolution des charges résultant des transfers de compétences* mit Vertretern der Gebietskörperschaften, jedoch ohne eine Anhö-

244 Zur Abgrenzung zu Art. 9 Abs. 7 S. 2 EKC siehe unten.

245 *Weiß,* Einführung und Umsetzung der EKC, S. 216.

246 *Schaffarzik,* Handbuch der EKC, S. 530.

247 Zur Ausgestaltung in Großbritannien *Galette,* Europäische Aspekte der kommunalen Selbstverwaltung, in: von Mutius (Hrsg.), Selbstverwaltung im Staat der Industriegesellschaft, Festgabe von Unruh, S. 1090; Österreich, *Kotzmann,* Erster Länderbericht Österreich, in: Knemeyer (Hrsg.), Europäische Charta der kommunalen Selbstverwaltung, S. 74; vgl. auch *Haller,* Grundsätze der Finanzverfassung in Österreich, VVDStRL 52 (1993), 119 ff. sowie den nordischen Staaten *Blair,* Die Gestaltung der kommunalen Selbstverwaltung in den europäischen Staaten, DÖV 1988, 1007.

rung der jeweiligen betroffenen Kommune.[248] Es genügt, wenn die Gemeinden in irgendeiner Weise beteiligt werden, möglicherweise im Gesetzgebungsverfahren.[249]

(4) Zweckbindung staatlicher Zuweisungen

Die den kommunalen Gebietskörperschaften zugewiesenen Gelder sollen weitestgehend frei von einer Koppelung an bestimmte Zwecke sein, Art. 9 Abs. 7 S. 1 EKC. Hintergrund dieser Bestimmung ist die Gefahr, daß zweckgebundene Mittel zu einer weitgehenden Einschränkung eigenverantwortlicher Aufgabenwahrnehmung führen können, indem sie die Schwerpunktsetzung der kommunalen Aufgaben beeinflussen.[250] Die Vorschrift wendet sich unmittelbar an staatliche Stellen, die ihr *„soweit wie möglich"* Beachtung schenken müssen.[251] Dabei ist nicht auf eine bestimmte Quote abzustellen, sondern auf eine Gesamtbetrachtung des kommunalen Finanzierungssystems.[252] Entspricht dies den Vorstellungen der Charta mit einer entsprechenden Eigenmittelquote und nehmen die Zuweisungsgelder dementsprechend eine eher untergeordnete Rolle ein, so ist eine höhere Quote zweckgebundener Gelder hinnehmbar.[253]

Diese Ansicht verkennt jedoch, daß Art. 9 Abs. 7 EKC alleine auf die Quote der zweckgebundenen Mittel abstellt. Um den Anforderungen der Vorschrift gerecht zu werden, ist ausschließlich auf die zugewiesenen Gelder abzustellen.[254] Zu berücksichtigen ist hier natürlich auch die reale Situation der Finanzierungssysteme in den Chartastaaten, in denen die Eigenmittelquote auf niedrigem Niveau stagniert.[255] Zwangsläufig muß die zweckgebundene Zuweisung wegen des prozessualen Anteils an der Gemeindefinanzierung den Großteil aller zugewiesenen Mittel ausmachen. Insoweit entsprechen sich Praxis und Forderung der Charta weitgehend in Hinblick auf die Aufteilung der Eigenmittel und Finanzzuweisungsmittel. Anders wird dies sicherlich bei der Quote zugewiesener Gelder

---

248 Vgl. *Fromont,* Länderbericht Frankreich, in: Knemeyer (Hrsg.), Europäische Charta der kommunalen Selbstverwaltung, S. 111.

249 COE, Rapport explicatif, S. 17; *Weiß,* Einführung und Umsetzung der EKC, S. 216.

250 *Weiß,* Einführung und Umsetzung der EKC, S. 216; vgl. COE, Rapport explicatif, S. 17.

251 Vgl. Harmegnies-Bericht, in: CPL (16) 6, II., S. 23.

252 COE, Rapport explicatif, S. 17.

253 Vgl. *Blair,* Die Gestaltung der kommunalen Selbstverwaltung in den europäischen Staaten, DÖV 1988, 1002; *Modeen,* Länderbericht Nordische Staaten, in: Knemeyer (Hrsg.), Europäische Charta der kommunalen Selbstverwaltung, S. 180 f.; *Seele,* Der Kreis aus europäischer Sicht, S. 357.

254 So auch *Schaffarzik,* Handbuch der EKC, S. 527.

255 Vgl. *Blair,* Die Gestaltung der kommunalen Selbstverwaltung in den europäischen Staaten, DÖV 1988, 1002.

sein. Oft erfolgt keine Zuweisung zu bestimmten konkreten Ausgaben, doch häufig eine sachliche Bindung an das Aufgabenfeld oder sogar das Projekt. Dieser grundsätzlichen Tendenz versucht die Charta entgegenzuwirken.

Gemäß Art. 9 Abs. 7 S. 2 EKC darf durch die Zuweisung von Geldern die freie Gestaltung der kommunalen Politik[256] in ihrem Zuständigkeitsbereich nicht beeinträchtigt werden. Die Grenze des Unterlaufens kommunaler Eigenverantwortlichkeit[257] wird wiederum ausdrücklich gesichert. Dies gilt selbst dann, wenn die Kommune für ein bestimmtes Projekt Finanzmittel angefordert hat und sich so einem staatlichen Reglement – zum Beispiel Bedingungen – unterworfen hat. Hierin liegt kein Verzicht auf die kommunale Selbstverwaltung.[258] Solche Bedingungen oder Auflagen können zum Beispiel die Übernahme der vielleicht beträchtlichen Folgekosten sein.

Die „Vereinbarungen" mit staatlichen Stellen vor der Mittelvergabe können alleine die Unvereinbarkeit mit der Charta nicht ausmachen. Dies reicht nicht aus, um einen unzulässigen Eingriff in den Kernbereich der politischen Entscheidungsfreiheit und damit der kommunalen Selbstverwaltung zu konstatieren.[259] Es ist aber darauf zu achten, daß der kommunale Entscheidungsrahmen nicht durch eine Beschneidung der zweckgebundenen Finanzquellen unverhältnismäßig beschränkt wird. Wann ein solcher unzulässiger Eingriff vorliegt, ist schwer zu bestimmen. Dies wird jedenfalls dann der Fall sein, wenn die Kommunen keinen Spielraum bei der Verausgabung der Eigenmittel haben.

cc) Zugang zum Kapitalmarkt, Art. 9 Abs. 8 EKC

> *„Zur Finanzierung ihrer Investitionsausgaben haben die kommunalen Gebietskörperschaften im Rahmen der Gesetze Zugang zum nationalen Kapitalmarkt."*

Durch die Möglichkeit des Zugangs zum Kapitalmarkt wird die finanzielle Bewegungsfreiheit der Kommunen gestärkt.[260] Im Rahmen der Gesetze ist jedoch das gesamtwirtschaftliche Gleichgewicht einschließlich der öffentlichen

256 Zum Begriff der Kommunalpolitik in Abgrenzung zum Kommunalrecht, *Knemeyer,* Kommunalrecht, Rn. 1 f.
257 *Weiß,* Einführung und Umsetzung der EKC, S. 217.
258 *Schaffarzik,* Handbuch der EKC, S. 528.
259 A. A. *Schaffarzik,* Handbuch der EKC, S. 529.
260 *Weiß,* Einführung und Umsetzung der EKC, S. 221.

Haushalte zu berücksichtigen. In den allermeisten Fällen wird das Recht der kommunalen Gebietskörperschaften die Aufnahme von Krediten betreffen.[261]

dd) Ergebnis der Finanzgarantie

Die umfangreiche Regelung des die kommunale Leistungsfähigkeit schützenden Finanzsystems ist für die Gewährleistung kommunaler Selbstverwaltung unabdingbar. Die EKC greift dabei die kommunale Möglichkeit auf und garantiert ihnen die notwendige eigenverantwortliche Wahrnehmung. Wichtig ist die Unterscheidung der chartaeigenen Begrifflichkeiten (Eigenmittel – Finanzmittel – zugewiesene Mittel aus den Ausgleichsystemen) und deren autonome Auslegung. Das Grundsystem läßt sich auf das immer wieder zitierte Subsidiaritätsprinzip zurückzuführen. Dies resultiert aus der Erkenntnis, daß eine umfangreiche Aufgabenwahrnehmung nur bei entsprechender finanzieller Ausstattung garantiert werden kann. Auf die enge Verbindung der beiden Grundsätze wird später noch einzugehen sein.

f) Vereinigungsrecht der kommunalen Gebietskörperschaften, Art. 10 EKC

> *„(1) Die kommunalen Gebietskörperschaften sind bei der Ausübung ihrer Zuständigkeiten berechtigt, zusammenzuarbeiten und im Rahmen der Gesetze Verbände zu bilden, um Aufgaben von gemeinsamem Interesse durchzuführen.*
>
> *(2) Das Recht der kommunalen Gebietskörperschaften, einer Vereinigung zum Schutz und zur Förderung ihrer gemeinsamen Interessen anzugehören, und ihr Recht, einer internationalen Vereinigung kommunaler Gebietskörperschaften anzugehören, werden von jedem Staat anerkannt.*
>
> *(3) Die kommunalen Gebietskörperschaften sind berechtigt, im Rahmen der vom Gesetz vorgegebenen Bedingungen mit den kommunalen Gebietskörperschaften anderer Staaten zusammenzuarbeiten."*

Das Vereinigungsrecht nach der EKC umfaßt in seinen drei Absätzen des Art. 10 EKC drei Wirkrichtungen.

aa) Kommunale Zusammenarbeit

Abs. 1 betrifft die gemeinsame Ausübung der kommunalen Zuständigkeit durch mehrere kommunale Gebietskörperschaften.[262] Ihnen steht das Recht zu,

---

261 *Schaffarzik*, Handbuch der EKC, S. 530.

zusammenzuarbeiten und zu diesem Zweck Verbände zu gründen. Die EKC trifft an dieser Stelle eine klare Präferenz zugunsten des Subsidiaritätsprinzips: Bevor eine Aufgabe durch eine höhere Stelle wahrgenommen wird, soll zunächst die untere Ebene alle Möglichkeiten ausschöpfen.[263] Die Garantie schützt vor allem kleinere Gebietskörperschaften, deren Leistungsfähigkeit nicht ausreicht, im Rahmen einer bestimmten Zuständigkeit tätig zu werden, die trotzdem aber den entsprechenden Bereich eigenverantwortlich ausfüllen wollen.[264] Bei der Verbandsgründung sind die gesetzlichen Schranken zu beachten, die beispielsweise die Bildung zahlreicher verschiedener neuer Rechtssubjekte auf kommunaler Ebene verhindern sollen und daher allgemeine Vorgaben setzen.

bb) Beitritt zu nationalen und internationalen Interessenvereinigungen

Nach Art. 10 Abs. 2 EKC haben die kommunalen Gebietskörperschaften das Recht, zum Schutz und zur Förderung ihrer gemeinsamer Interessen nationalen und internationalen Verbänden anzugehören. Im Gegensatz zu Abs. 1 ist hier die generelle Interessenvertretung ohne Bezug zur konkreten Aufgabe erfaßt.[265] Dem Wortlaut nach beziehen sich der Schutz und die Förderung der Interessen im Umkehrschluß zur 2. Alternative auf die nationalen Vereinigungen.[266] Dieser Zweck des Zusammenschlusses muß aber gleichwohl auch für die 2. Alternative – den internationalen Vereinigungen – gelten.[267]

Erfaßt sind sowohl die nationalen kommunalen Spitzenverbände[268] als auch die internationalen[269] kommunalen Vertretungsverbände samt ihren Untergliederungen. Voraussetzung hierfür ist eine Anerkennung durch staatliche Stellen, vgl. Art. 10 Abs. 2 EKC a. E. Das Vereinigungsrecht steht den kommunalen Gebietskörperschaften also nicht mit der Ratifizierung der Charta zu.[270] Es

---

262 Vgl. *von Mutius*, Kommunalrecht, Rn. 327 ff.; *Schmidt-Jortzig*, Kommunalrecht, Rn. 329 ff.; *Rhein*, Interkommunale Zusammenarbeit, Der Städtetag 1994, 725 ff.; *Zielke*, Zwischengemeindliche Zusammenarbeit, 1993.

263 *Weiß*, Einführung und Umsetzung der EKC, S. 222.

264 COE, Rapport explicatif, S. 10; *Delcamp*, Synthèse des rapports nationaux, in: Kongreß der Gemeinden und Regionen Europas, CG (1) 3, II. (sog. Delcamp-Bericht), S. 50.

265 COE, Rapport explicatif, S. 18.

266 Weiteren Aufschluß ergeben sich auch nicht die englischen und französischen Sprachfassungen, die der deutschen syntaktisch entsprechen.

267 So auch *Schaffarzik*, Handbuch der EKC, S. 548.

268 Wie auch sonstige nationale Interessenvertretungen, z. B. das Kommunalwissenschaftliche Forschungszentrum Würzburg e.V.

269 Der internationale Bezug entspricht der Üblichkeit bei Verträgen im Rahmen des Europarats, COE, Rapport explicatif, S. 18.

270 Vgl. *Weiß*, Einführung und Umsetzung der EKC, S. 223.

bedarf vielmehr eines Anerkennungsakts, dessen Form und Durchführung den Vertragsstaaten überlassen bleibt.[271]

Problematisch sind dagegen die kommunalen Vertretungen des Europarats und der EU, also des KGRE und des AdR.[272] Zu beachten ist, daß diese zwar die kommunalen Gebietskörperschaften im jeweiligen institutionellen Gefüge repräsentieren, diese aber den Teilinstitutionen der inter- und supranationalen Organisationen nicht selbst angehören. Art. 10 Abs. 2, 2. Alt. EKC bezieht sich gerade auf das Recht zur Gründung und zum Beitritt von Vereinigungen. Auf die Konstituierung des AdR und des KGRE haben die Gemeinden keinen Einfluß. Die eigenverantwortliche Entsendung der Kommunalvertreter ist ihnen entzogen und bestenfalls durch Vereinbarungen mit den staatlichen Organen garantiert.

cc) Internationale Zusammenarbeit

Wie Art. 10 Abs. 1 EKC betrifft auch Art. 10 Abs. 3 EKC die konkrete Zusammenarbeit zwischen den Gebietskörperschaften.[273] Diese soll auch grenzüberschreitend möglich sein, sofern einschränkende gesetzliche Bedingungen beachtet werden. Betroffen sind vor allem die grenzanliegenden Gebietskörperschaften. Häufiges Anwendungsfeld werden Städte- und Gemeindepartnerschaften sein.[274]

Folglich stehen den kommunalen Gebietskörperschaften nach der Vereinigungsgarantie der EKC zahlreiche Alternativen der interkommunalen Zusammenarbeit und Interessenvertretung offen. Hinzuweisen ist auf den allgemeinen gesetzlichen Rahmen, der der Bedeutung des kommunalen Vereinigungsrechts für die kommunale Selbstverwaltung gerecht werden muß.

4. Rechtschutz der kommunalen Gebietskörperschaften

Die bisherigen Fragestellungen im Rahmen des Abschnitts II beschäftigen sich mit den materiellen Gewährleistungen für das Vorliegen kommunaler Selbstverwaltung in den Vertragsstaaten, also mit der Frage, welche Inhalte kommunale Selbstverwaltung ausmachen und welche Mindeststandards vor-

---

271 COE, Rapport explicatif, S. 18.

272 Hierzu ausführlich S. 89 ff. und 177 ff.

273 COE, Rapport explicatif, S. 18.

274 *Delcamp,* Synthèse des rapports nationaux, in: Kongreß der Gemeinden und Regionen Europas, CG (1) 3, II. (sog. Delcamp-Bericht), S. 51; *Jorgensen,* Länderbericht Dänemark zur Umsetzung der EKC, S. 15; *Weiß,* Einführung und Umsetzung der EKC, S. 223.

handen sein müssen, um von der Existenz kommunaler Selbstverwaltung sprechen zu können. Hieran knüpft Art. 11 EKC als letzte Bestimmung des Teils I der EKC an:

> *„Den kommunalen Gebietskörperschaften muß der Rechtsweg offenstehen, um die freie Ausübung ihrer Zuständigkeiten und die Achtung derjenigen Grundsätze der kommunalen Selbstverwaltung sicherzustellen, die in der Verfassung oder den innerstaatlichen Rechtsvorschriften niedergelegt sind."*

Zunächst stand die Überlegung im Raum, die prozessuale Gewährleistung im nächsten Kapitel der EKC zu erörtern mit dem Grundtenor: Bedeutung kann der EKC als völkerrechtlichem Vertrag nur dann zukommen, wenn ihre Rechte auch durchsetzbar sind.[275] Eine solche Ansicht verkennt die Funktion des Art. 11 EKC. Es handelt sich gerade nicht um eine unmittelbar anwendbare Norm, mit deren Hilfe die kommunalen Gebietskörperschaften die in der Charta verbürgten Rechte gerichtlich durchsetzen können. Vielmehr verpflichten sich die Vertragsstaaten, ein Rechtschutzsystem einzurichten, dessen Umfang und Qualität sich nach den nationalen Möglichkeiten richtet. Dabei sind folgende Voraussetzungen zu berücksichtigen:

a) Rechtsweg

Den kommunalen Gebietskörperschaften muß der Rechtsweg offenstehen (*„right of recourse to judicial remedy" / „droit de recours juridictionel"*). Hierunter ist der Zugang zu staatlichen Gerichten und sonstigen unabhängigen, gesetzlich eingesetzten Spruchkörpern zu verstehen.[276] Den Spruchkörpern muß es möglich sein, aufgrund ihrer unabhängigen Position und Kompetenzen *„in bezug auf ein streitiges Rechtsverhältnis auf der Grundlage juristischer Normen in einem geordneten Verfahren eine verbindliche Entscheidung zu treffen"*.[277] Daher bedarf es einer verfahrensrechtlichen Absicherung.

Von Rechtschutz kann nur dann gesprochen werden, wenn der Staat Zuständigkeits- und Verfahrensregeln bereitstellt, die den Zugang zu den Spruchkörpern ermöglichen. Um der Chartagarantie zu optimaler Wirksamkeit zu ver-

275 Freilich könnte auch eine politische oder symbolische Bedeutung geprüft werden.
276 *Weiß*, Einführung und Umsetzung der EKC, S. 227.
277 *Schaffarzik*, Handbuch der EKC, S. 551 und der Verweis auf die EMRK bei *Frowein/Peukert*, EMRK-Kommentar, Art. 13 EMRK, Rn. 3 f.

helfen, müssen die staatlichen, unterschiedlich weitgehenden Alternativen zur Sicherung der Rechte ausgeschöpft werden.[278]

b) Geltung im innerstaatlichen Recht

Bereits aus dem Wortlaut ergibt sich, daß sich die Überprüfungsmöglichkeit im Rahmen des Rechtschutzsystems des Vertragsstaats nicht grundlegend auf alle materiellen Gewährleistungen bezieht. Lediglich die Zuständigkeiten und Grundsätze, die im innerstaatlichen Verfassungs- und einfachen Recht anerkannt sind, werden durch Art. 11 EKC rügefähig gemacht. Es scheint, als bezöge sich der Relativsatz a. E. nur auf die Grundsätze (*„diejenigen (...), die“*) und nicht zugleich auf die Zuständigkeiten, so daß diese stets auf dem Rechtsweg geltend gemacht werden könnten. Aus dem Vergleich mit den amtlichen französischen und englischen Textfassungen ergibt sich jedoch der Bezug auf beide Alternativen (*„qui sont consacré“ / „as are enshrined“*); so – richtig, wenn auch nicht absolut eindeutig – übersetzt, müßte Art. 11 EKC lauten: *„die freie Ausübung ihrer Zuständigkeiten und die Achtung der Grundsätze (...), die in (...)“*.

Nur so wird dem Ziel entsprochen, die Garantien justiziabel zu gestalten, an deren Einhaltung der jeweilige Vertragsstaat gebunden ist.[279] Voraussetzung ist stets, daß die Chartaverbürgungen ins innerstaatliche Recht übernommen worden sind.

c) Geschützte Rechtsakte

Wie selbstverständlich geht der Erläuterungsbericht des Europarats zur EKC davon aus, daß der Rechtsweg im Sinne des Art. 11 EKC der Überprüfung von Exekutivakten vorbehalten ist.[280] Dies bedarf jedoch einer genaueren Untersuchung. Art. 11 EKC schweigt diesbezüglich. Allzu logisch erscheint es jedenfalls die Überprüfbarkeit von Judikativakten zu verneinen. Die Beschreibung des Rechtswegs soll gerade die gerichtliche Prüfung ermöglichen. Die Gerichte sollen die Einhaltung der Grundsätze kommunaler Selbstverwaltung gewährleisten. Als solche können sie nicht Zielobjekt der Rechtschutzgarantie sein.[281]

278 *Weiß*, Einführung und Umsetzung der EKC, S. 227.

279 Zum Vertragsbindungssystem der Charta siehe unten S. 336 ff.

280 COE, Rapport explicatif, S. 18.

281 Vgl. *Schaffarzik*, Handbuch der EKC, S. 553 mit Verweis auf die Rechtsprechung des BVerfG zu Art. 19 Abs. 4 GG, Rechtschutz durch den Richter, nicht gegen den Richter, BVerfGE 49, 340.

Problematisch sind Legislativorgane. An verschiedenen Stellen der Charta wird der Gesetzgeber ermächtigt, die kommunale Selbstverwaltung einschränkende Maßnahmen zu ergreifen. Als solche ergibt sich seine Eingriffsmöglichkeit in den kommunalen Rechtskreis bereits aus der Charta selbst. Auf der anderen Seite existieren Gegenschranken, die Grenzen des gesetzgeberischen Eingriffsrechts formulieren. Aus der besonderen Gefährdungslage heraus scheint es folgerichtig, auch Legislativakte dem Rechtschutz kommunaler Gebietskörperschaften zu unterwerfen. Der Gegenansicht[282] ist zuzubilligen, daß die gesetzgeberische Einschränkungsmöglichkeit nicht automatisch auch die Justiziabilität der Eingriffe nach sich zieht. Jedoch führt die Offenheit des Wortlauts nicht notwendigerweise zu dem Schluß, daß eine ausdrückliche Regelung erforderlich gewesen wäre, ausweislich der Kenntnis der Väter der Charta vom möglichen Konfliktfeld. Genau umgekehrt: Die Charta soll die Kommunen und deren Betätigungsbereich schützen und nicht den Gesetzgeber, der seinen vorgegebenen Rahmen überschreitet.[283] Nicht haltbar ist das Argument, die einfachgesetzliche Ausgestaltungsmöglichkeit der kommunalen Selbstverwaltung nach Art. 2 und 4 Abs. 1 EKC entziehe wegen der ständigen einfachgesetzlichen Änderungsmöglichkeit der kommunalen Befugnisse den Kommunen die Garantie als Maßstab der gerichtlichen Geltendmachung.[284]

Grundlage der innerstaatlichen Geltung muß aber gerade die EKC sein. Die Überprüfung erfolgt dann an dem Gesetz, das die Außerkraftsetzung bewirkt. Was eine *„zulässige Außerkraftsetzung“*[285] ist und was nicht, muß gerichtlich entschieden werden können.

Durch die Unterwerfung unter die Kommunalcharta bekennen sich die Mitgliedstaaten zu den Grundsätzen kommunaler Selbstverwaltung. Wenn sie diese verlassen – sei es durch exekutive oder legislative Maßnahmen – muß den Kommunen das Recht zustehen, den unzulässigen Eingriff gerichtlich geltend zu machen. Zu beachten ist, daß sich dieses Überprüfungsrecht nur auf die freie Ausübung ihrer Zuständigkeit und die Grundsätze kommunaler Selbstverwaltung in dem beschriebenen Sinne bezieht.

---

282 *Schaffarzik*, Handbuch der EKC, S. 552 f.

283 Dagegen spricht nicht, daß bestimmte Vertragsstaaten die Möglichkeit der gerichtlichen Entscheidung über ein Parlamentsgesetz ablehnen. Jedenfalls in den Staaten, wo eine Überprüfung möglich ist, soll der Schutz den kommunalen Gebietskörperschaften auch zu Teil werden.

284 So *Schaffarzik*, Handbuch der EKC, S. 553.

285 *Schaffarzik*, Handbuch der EKC, S. 553.

III. Bedeutung und Wirkung der Europäischen Kommunalcharta

Die Untersuchung der Bedeutung und Wirkung der EKC in den vertragsschließenden Staaten und darüber hinaus kann verschiedene Aspekte beinhalten. Zunächst ist zu prüfen, wer überhaupt an die EKC gebunden ist. Außerdem kann der Maßstab, an dem die EKC zu messen ist, an ihrem Anwendungsbereich festzumachen sein. Dem liegt die Prüfung des häufig gebrauchten Begriffs der kommunalen Gebietskörperschaft nach der Charta zugrunde. Damit nicht zu verwechseln ist die grundsätzliche, sich aus allgemeinen völkervertraglichen Bestimmungen ergebende Bindungswirkung zwischen den Vertragstaaten. Es ist schon angeklungen, daß der Umfang der zu beachtenden Normen nicht dem gesamten Chartafundus entsprechen muß. Auch aus der Umsetzung der Charta in den involvierten Staaten können möglicherweise Rückschlüsse auf die Bedeutung der EKC gezogen werden.

Die bisherige Betrachtung zielte vor allem auf das Verhältnis der kommunalen Gebietskörperschaften gegenüber dem Vertragsstaat ab, das heißt, welche Rechte die Kommunen haben und wie sie sich nötigenfalls durchsetzen lassen. Was aber, wenn ein Vertragsstaat sich weigert, die Chartagrundsätze in der tatsächlichen Umsetzung anzuerkennen oder auch nur einzelne Garantien mißachtet? Hierfür existiert ein chartaeigenes Monitoring-System, das einer näheren Betrachtung bedarf, unterscheidet es sich doch grundlegend vom System der Menschenrechtskonvention mit einem eigenen Durchsetzungsorgan. Schließlich sollen in einer Gesamtschau die Errungenschaften der Charta nochmals herausgestellt und gewürdigt werden, zugleich aber auch Schwächen angedeutet werden, die im Verhältnis zum Gemeinschaftsrecht von Relevanz sein können.

1. Anwendungsbereich und Reichweite der Charta

Die Beeinflussung der inneren Kommunalverfassung durch die Absicherung von Mindestgarantien in internationalen Verträgen war zum Zeitpunkt der Verabschiedung der Europäischen Charta der kommunalen Selbstverwaltung keine Selbstverständlichkeit. Die innere Ausgestaltung des Staatswesens wurde als Domäne der Staaten angesehen. So wurden Souveränitätsskrupel[286] laut, die mit der Diskussion um die Rechtsnatur eines kommunalschützenden Dokuments

286 *Bohner,* Entstehung und Bedeutung der Europäischen Charta der kommunalen Selbstverwaltung unter besonderer Berücksichtigung ihrer Rezeption in den Reformstaaten Mittel- und Osteuropas in: Knemeyer (Hrsg.), Kommunale Selbstverwaltung in Ost und West, S. 24.

einhergingen.[287] Diesen Zweifeln sind die Väter der Charta durch ein ausgeklügeltes System der Bindung und Überwachung der Chartabestimmungen entgegengetreten. Dieses System – häufig „à la carte“-System bezeichnet – soll zunächst im Mittelpunkt der Ausführungen stehen.

a) Reichweite der Verpflichtungen

aa) Installation eines Systems „à la carte“

Das „à la carte“- System wird besonders an der Auswahl der bindend zu beachtenden Chartabestimmungen deutlich.[288] Ziel ist es, den unterschiedlichen Bedürfnissen der facetten- und traditionsreichen Mitgliedstaaten des Europarats, die nach Art. 15 Abs. 1 EKC Adressat der Charta sind, Rechnung zu tragen. Nur so wird sie der staatsrechtlichen Struktur, den kulturellen und territorialen Gegebenheiten gerecht.[289] Darüber hinaus ist das flexible Bindungssystem Teil eines Kompromisses, ohne den die Realisierung der Kommunalcharta mangels Akzeptanz durch die zentralstaatlichen Vertreter der Mitgliedstaaten des Europarats nicht denkbar gewesen wäre. Zugleich ist es exzellentes Beispiel, wie aus einer solchen Verlegenheitssituation ein mehr als gangbares Modell internationaler Vertragsschließung resultieren kann, oder, wie *Engel* dies ausdrückt:

> *„So haben die Verfasser der Charta ein realistisches Gleichgewicht geschaffen zwischen dem Schutz wesentlicher Grundsätze lokaler Demokratie und ausreichender Flexibilität für die Berücksichtigung rechtlicher und institutioneller Besonderheiten in den Mitgliedsländern des Europarats.“*[290]

Grundlage dieses Systems ist Art. 12 EKC. Danach geht mit der Unterzeichnung der Charta die Vertragspartei die Verpflichtung ein, sich an eine Mindestanzahl von Vertragsbestimmungen zu binden. Es muß sich um 20 Absätze des ersten Teils der Charta, also den Art. 2 bis 11 EKC mit seinen insgesamt 30 Absätzen handeln. Um zu verhindern, daß systematisch wesentliche Bestimmungen von vornherein ausgeklammert werden und so der wesentliche Grundgehalt der Charta umgangen werden kann, sowie eine in Grundzügen einheit-

---

287 Dazu schon oben S. 282.

288 Vgl. *Engel,* Struktur und Umsetzung der EKC, in: Knemeyer (Hrsg.), Kommunale Selbstverwaltung in Ost und West, S. 45 f.; *Bohner,* Entstehung und Bedeutung der EKC, in: Knemeyer (Hrsg.), Kommunale Selbstverwaltung in Ost und West, S. 25.

289 *Engel,* Struktur und Umsetzung der EKC, in: Knemeyer (Hrsg.), Kommunale Selbstverwaltung in Ost und West, S. 45.

290 *Engel,* Struktur und Umsetzung der EKC, in: Knemeyer (Hrsg.), Kommunale Selbstverwaltung in Ost und West, S. 45 f.

liche Geltung zu gewährleisten, ist die Vorgabe beschränkt, indem zehn der 20 auszuwählenden Absätze aus einer Gruppe von vorgegebenen, in Art. 12 Abs. EKC aufgeführten, 14 Absätzen auszuwählen sind. Die restlichen zehn Absätze können frei ausgesucht, also entweder den vier restlichen Absätzen oder den anderen Absätzen der Chartagarantien entnommen werden. Diese Auswahlmöglichkeit besteht aus folgenden Garantien:

- Art. 2 EKC – Verfassungsmäßige und rechtliche Grundlage der kommunalen Selbstverwaltung
- Art. 3 Abs. 1 EKC – Begriff der kommunalen Selbstverwaltung
- Art. 3 Abs. 2 EKC – Ausübung der kommunalen Selbstverwaltung durch gewählte Organe oder Elemente direkter Demokratie
- Art. 4 Abs. 1 EKC – Festlegung der grundlegenden Zuständigkeiten der kommunalen Gebietskörperschaften
- Art. 4 Abs. 2 EKC – Grundsatz der kommunalen Allzuständigkeit
- Art. 4 Abs. 4 EKC – Gesetzliche Einschränkungen der kommunalen Zuständigkeiten
- Art. 5 EKC – Schutz der Grenzen der kommunalen Gebietskörperschaften
- Art. 7 Abs. 1 EKC – Rechtsstellung der gewählten Vertreter
- Art. 8 Abs. 2 EKC – Beschränkung der Verwaltungsaufsicht
- Art. 9 Abs. 1 EKC – Anspruch auf angemessene Eigenmittel
- Art. 9 Abs. 2 EKC – Verhältnis zwischen Zuständigkeiten und Finanzmitteln
- Art. 9 Abs. 3 EKC – Hebesatzrecht
- Art. 10 Abs. 1 EKC – Koalitionsfreiheit
- Art. 11 EKC – Rechtsschutz der kommunalen Gebietskörperschaften.

Die ausgewählten Absätze sind bei der Hinterlegung der Ratifikations-, Annahme- oder Genehmigungsurkunde dem Generalsekretär des Europarats zu notifizieren, Art. 12 Abs. 2 EKC.

bb) Notifikation und Änderungen a posteriori

Verschiedene Staaten haben mehrere Erklärungen abgegeben, die einzelne ausgeschlossene Teile betreffen.[291] Ein solcher Ausschluß, eine Erweiterung

291 So Spanien, die Bundesrepublik, Irland, die Niederlande, Rumänien und die Slowakei.

oder Ergänzung des Anwendungsbereichs ist jederzeit möglich, Art. 12 Abs. 3 EKC. Die späteren Verpflichtungen gelten dann als Bestandteil der Ratifikation, Annahme oder Genehmigung. In zeitlicher Hinsicht entfalten sie ihre Wirkung mit Ablauf einer Frist, die mit dem ersten Tag des Monats beginnt, der drei Monate nach Eingang der Notifikation beim Generalsekretär des Europarats folgt, Art. 12 Abs. 3 S. 2 EKC. Die vollständige Ratifikation einer Vertragspartei ohne Vorbehaltserklärung im Sinne des Abs. 1 gereicht also keinem Staat zu dessen Nachteil. Damit werden die Parteien ermuntert, grundsätzlich eine weitestmögliche Bindung einzugehen.

cc) Praktische Resonanz der Flexibilitätsklausel

Erstaunlich ist, daß es trotz der Flexibilität möglich ist, Bestimmungen wie die grundlegende Definition des Art. 3 Abs. 1 EKC oder den generellen Umfang nach Art. 4 EKC auszuschließen. Eine solche Betrachtungsweise geht vom grundlegenden Mißtrauen gegenüber den Vertragsunterzeichnern aus.

In der realen Umsetzung hat sich in der Historie der EKC genau das Gegenteil bewahrheitet. Insbesondere viele der neueren Staaten des Europarats in Mittel- und Osteuropa haben die Charta als Ganzes angenommen bzw. nur in wenigen Fällen Vorbehalte nach Art. 12 EKC erklärt. Sie sind damit an die Charta mit ihrem ganzen Wortlaut gebunden.[292] In der Praxis sieht das so aus, daß beispielsweise Estland bei der Unterzeichnung der Charta lediglich eine kurze Erklärung[293] abgegeben hat: *„La République d'Estonie se considre lié par tous les articles de la Charte dans le territoire sous sa juridiction."*[294] Andere Staaten, wie Bulgarien oder Zypern[295], haben die Formulierung um ein oder zwei ausgeschlossene Absätze ergänzt, während die „älteren" Europaratsstaaten mit der Unterzeichnung einen Katalog unter Nennung der für sie bindenden Chartanormen abgegeben haben. Spanien[296] hat die Anwendung des Art. 3 Abs. 2 EKC über die direkte Wahl von Gremien für die obere Kommunalstufe – den Provinzen – abgedungen. Eher selten ist die inhaltliche Auslegung eines Artikels im Geltungsbereicht, wie im Fall der Niederlande[297], die ausdrücklich erklärt haben, daß Art. 6 Abs. 2 EKC keinen Anspruch der kommunalen Gebietskörperschaften in Hinblick auf den finanziellen Personalaufwand gegen den Staat

---

292 *Engel,* Struktur und Umsetzung der EKC, in: Knemeyer (Hrsg.), Kommunale Selbstverwaltung in Ost und West, S. 47.

293 Dasselbe gilt auch für Slowenien; das Vereinigte Königreich in Hinblick auf Wales und Schottland und Dänemark, was die grundsätzliche Verpflichtung angeht, und Italien.

294 Erklärung vom 16.12.1994.

295 Gleiches gilt auch für Rumänien.

296 Erklärung vom 8.11.1988.

297 Erklärung vom 20. 3.1991.

begründet, da ausschließlich Art. 9 EKC die Finanzsituation der kommunalen Gebietskörperschaften betreffe.

Generell läßt sich keine Tendenz zum Ausschluß bestimmter Normkomplexe der Kommunalcharta feststellen. Einzig der eher unscheinbare Art. 7 Abs. 2 EKC fällt aus dem Rahmen. Er ging einigen Vertragsstaaten zu weit[298], die ihrerseits durch die Verpflichtung der angemessenen Entschädigung und den Verdienstausfall von Kommunalvertretern erhebliche finanzielle Konsequenzen befürchteten.[299]

b) Sachlicher Anwendungsbereich

In sachlicher Hinsicht kann der Anwendungsbereich ebenfalls beschränkt werden. Dies gilt zum einen für die betroffenen kommunalen Gebietskörperschaften in einem Vertragsstaat und zum anderen für die territoriale Erstreckung auf das Staatsgebiet. Einschlägige Normen hierzu sind Art. 13 und Art. 16 EKC. Bevor auf die Ausnahmen eingegangen wird, soll zunächst der positive Anwendungsbereich bestimmt werden.

aa) Betroffene Gebietskörperschaften, Art. 13 EKC

(1) Geltungsbereich

Grundsätzlich gilt die Europäische Kommunalcharta in den Unterzeichnerstaaten für alle Arten von kommunalen Gebietskörperschaften, die im Hoheitsgebiet des Vertragsstaats existieren, Art. 13 EKC. Problematisch ist, daß die Charta selbst den Begriff der kommunalen Gebietskörperschaft nicht definiert, sondern ihn voraussetzt. Grundsätzlich sind danach zwei Varianten denkbar: Entweder ist die Bestimmung der kommunalen Gebietskörperschaften den Mitgliedstaaten überlassen, in denen die Charta Anwendung findet, oder der sachliche Umriß kommunaler Gebietskörperschaften ist autonom dem Kontext der Charta zu entnehmen.[300]

---

298 *Engel,* Struktur und Umsetzung der EKC, in: Knemeyer (Hrsg.), Kommunale Selbstverwaltung in Ost und West, S. 47.

299 Die Chartagarantie wurde durch Armenien, Österreich, Aserbaidschan, Bulgarien, Zypern, Tschechien, Griechenland, dem Fürstentum Liechtenstein und den Niederlanden ausgeschlossen.

300 Zu den allgemeinen völkerrechtlichen Auslegungsgrundsätzen *Seidl-Hohenveldern,* Völkerrecht, Rn 332 ff.; *Ipsen,* Völkerrecht, S. 120; *Weiß,* Einführung und Umsetzung der EKC, S. 81 ff.; insbesondere zu den Art. 31 – 33 WVK *Köck,* Vertragsrechtskonvention.

Für letztere Alternative spricht, daß die Autoren der Charta einheitliche Mindeststandards für alle kommunalen Gebietskörperschaften setzen wollten. Eine solche Einheitlichkeit ist nur durch eine chartaweit einheitliche Interpretation des Rechtstextes zu gewährleisten. Außerdem ist aus der Entstehungsgeschichte nicht ersichtlich, daß die Frage explizit zur vertragsstaatlichen Disposition stehen sollte. Vielmehr setzt die Charta die Existenz kommunaler Gebietskörperschaften voraus. Wo im Einzelfall Konfliktfelder auftreten können, ist für oder gegen die Erstreckung auf die bestimmte Gebietseinheit zu entscheiden. Abgemildert wird die Problematik durch den weit zu ziehenden Anwendungsbereich in Hinblick auf die regionalen Gebietskörperschaften.[301]

Die Europäische Kommunalcharta setzt die Existenz von kommunalen Gebietskörperschaften voraus, was angesichts der Strukturen in den Mitgliedstaaten des Europarats auch nicht fernliegt. Mangels ausdrücklicher Definition ist auf die allgemeinen völkerrechtlichen Auslegungsinstrumente zurückzugreifen. Im Vordergrund steht daher das natürliche Wortverständnis, darüber hinaus auch der Sinn und Zweck eines Wortgebrauchs. Es ist derjenigen Lösung Vorrang zu gewähren, die eine optimale Geltung des Vertragstextes ermöglicht.[302] Der Sinn und Zweck ist insoweit maßgebend, als es den Parteien verwehrt ist, durch ihr Verhalten das Vertragsziel zu gefährden.[303]

Umgekehrt ist aber im Völkerrecht dem Souveränitätsgedanken der Staaten Rechnung zu tragen und eine Auslegung zu wählen, die unter mehreren Alternativen die weniger einschneidende ist (Prinzip der restriktiven Vertragsauslegung).[304]

Im Falle der EKC kann dies nicht dazu führen, wesentliche Gebietskörperschaften vom Anwendungsbereich auszuschließen. Vielmehr ist nach dem allgemeinen Wortgebrauch der Sprachfassungen zu fragen. Hier kann auf oben genannte Charakteristika der kommunalen Gebietskörperschaften, des Ortsbezugs und der Bürgernähe zurückgegriffen werden. Letztlich birgt die bis auf wenige Ausnahmen klare Abgrenzung in den europäischen Staaten kein sonderliches Konfliktpotential. Es kann dabei auch auf den Gesamtzusammenhang verwiesen werden. So formuliert die Präambel der Charta im Zusammenhang mit den grundlegenden Zielen, daß die demokratische Rückkopplung öffent-

301 Dazu sogleich.

302 *„Effet utile"*, *Bernhardt,* Vertragsauslegung, in: *Seidl-Hohenveldern* (Hrsg.), Lexikon des Rechts, S. 387.

303 *Blumenwitz,* Ostverträge, S. 23.

304 *Bernhardt,* Vertragsauslegung, in: *Seidl-Hohenveldern* (Hrsg.), Lexikon, S. 387; *Weiß,* Einführung und Umsetzung der EKC, S. 84; *Blumenwitz,* Ostverträge, S. 21.

licher Einheiten es gebietet, ein bestimmtes Recht möglichst unmittelbar – kommunal – auszuüben.[305]

Im Vordergrund steht die kommunale Selbstverwaltung. Die kommunalen Gebietskörperschaften sind der Ort, wo die kommunale Selbstverwaltung verwirklicht wird und ihre Entfaltung findet. Ohne kommunale Gebietskörperschaften keine kommunale Selbstverwaltung. Diesem Argument ist aber mit Bedenken entgegenzutreten, da sich die Frage stellt, was zuerst da war, die Henne oder das Ei. Umgekehrt könnte vorgebracht werden, daß die kommunale Selbstverwaltung logische Konsequenz aus der vorherigen Bildung kommunaler Gebietskörperschaften ist, die die Selbstverwaltung deshalb ausüben, weil sie Teil demokratietheoretischer und gewachsener Strukturen sind. Festzuhalten ist in Hinblick auf die Einteilung der unterfallenden territorialen Einheiten, daß beide – Selbstverwaltung und Gebietskörperschaften – einander natürlicherweise bedingen, hinsichtlich der Anwendung auf eine entsprechende Qualität und Quantität von Körperschaften also keine Aussage gefolgert werden kann.

(2) Ausschluß von Gebietskörperschaften

Auch ist ein weites Verständnis hier ohnehin unproblematisch, da die Vertragsstaaten diesbezüglich den Anwendungsbereich der Charta einschränken können. Nach Art. 13 S. 2 EKC, der mit dem Titel ‚Gebietskörperschaften, auf welche die Charta Anwendung findet', überschrieben ist, können die Vertragsparteien, entsprechend den Regeln für die Einschränkung der Geltung der materiellen Garantien, die Art der kommunalen oder regionalen Gebietskörperschaften bezeichnen. Dies kann geschehen, indem die Staaten erklären, daß bestimmte Gebietskörperschaften vom Anwendungsbereich der Charta erfaßt werden oder ausgeschlossen sind.

Daß eine Reduzierung des Geltungsbereichs nicht nur für bestimmte Gebietskörperschaften, sondern auch für einzelne Bestimmungen bestimmter kommunaler Gebietskörperschaften möglich ist, zeigt das deutsche Beispiel der Vorbehaltserstreckung auf Art. 9 Abs. 3 EKC für die Kreise bzw. für die Kreise und Verbandsgemeinden in Rheinland-Pfalz.[306]

Überraschend ist die Erstreckungsklausel in Hinblick auf die Einbeziehung regionaler Gebietskörperschaften. Die von den Charta-Autoren in Hinblick auf

305 Spiegelstrich 3, 4 und 5 der Präambel.

306 BGBl. 1988 II, 653; zu den Gründen und zu den Diskussion im rheinland-pfälzischen Landtag *Leitermann,* Europäische Charta der kommunalen Selbstverwaltung in Kraft, Der Städtetag 1988, 680.

den Schutz dezentraler Gebietskörperschaften gut gemeinte Ergänzung führte zu Unstimmigkeiten im Rahmen der Begründung der Notwendigkeit einer Europäischen Charta der regionalen Selbstverwaltung. Warum eine neue Charta schaffen, wenn eine bereits bestehende Charta die Rechte der betroffenen Regionen mitumfassen kann?[307]

Die Frage beantwortet sich schon durch den Hinweis auf das Selbstverständnis der regionalen Gebietskörperschaften und ihre ergänzende Einbeziehung in die Kommunalcharta.[308] Mit der Verabschiedung der Europäischen Regionalcharta, die momentan in der vom Kongreß verabschiedeten Entwurfsfassung dem Ministerkomitee zur Entscheidung vorliegt[309], wird sich dieser Passus der EKC überlebt haben.

bb) Gebietserstreckung, Art. 16 EKC

Flexibilität herrscht nicht nur in Hinblick auf die Arten der kommunalen Gebietskörperschaften, sondern auch hinsichtlich der Gebietserstreckung der Charta. Der Anwendungsbereich kann daher reduziert werden auf bestimmte Territorien bzw. bestimmte Gebiete können vom Anwendungsbereich der Charta ausgenommen werden, Art. 16 EKC. Die Modalitäten der Vorbehaltserklärung laufen dabei zu den in Art. 13 EKC gemachten Ausführungen parallel (Art. 16 Abs. 2 und 3 EKC).

In der Praxis wurde auch von dieser Ausnahmeregelung zu Art. 13 Abs. 1 EKC, der grundsätzlich an das Hoheitsgebiet des Vertragsstaats anknüpft, Gebrauch gemacht. So hat beispielsweise Dänemark[310] die Hauptstadt Kopenhagen und ihren Hauptstadtrat (*Hovestadsradet*), Grönland und die Färöer-Inseln ausgenommen.

---

307 Dazu *Bohner,* Entstehung und Bedeutung der EKC, in: Knemeyer (Hrsg.), Kommunale Selbstverwaltung in Ost und West, S. 32 f.

308 Vgl. die Resolution des KGRE 34 (1997), vgl. zur Rolle des Ministerkomitees und dessen Lenkungsausschuß für kommunale und regionale Demokratie (CDLR), *Bohner,* Entstehung und Bedeutung der EKC, in: Knemeyer (Hrsg.), Kommunale Selbstverwaltung in Ost und West, S. 32; auch *Fiedler,* 25 Jahre Europakonferenz der Gemeinden und Regionen, Der Städtetag 1982, 324.

309 Entwurfsfassung abgedruckt bei *Knemeyer,* Kommunale Selbstverwaltung in Ost und West, S. 211 ff.

310 Erklärungen vom 4.2.1988.

2. Überwachung der Einhaltung der Chartagarantien

a) Informationspflicht, Art. 14 EKC

Ausgehend vom Text der Charta ist in Art. 14 EKC lediglich festgelegt, daß für den einzelnen Vertragsstaat der EKC eine Pflicht besteht, dem Generalsekretär des Europarats *„alle einschlägigen Informationen über Rechtsvorschriften und sonstige Maßnahmen, die sie erläßt oder trifft, um die Bestimmungen dieser Charta einzuhalten"*, zu übermitteln. Nicht mehr oder weniger sagt die Charta über die Kontrolle der Umsetzung der Garantien aus. Die EKC enthält also selbst keine speziellen Verfahrensmodalitäten zur Überwachung der Chartagewährleistungen, wie zum Beispiel das System des Menschenrechtsgerichtshofs mit der Möglichkeit der Individual- und Staatenbeschwerde.[311]

Zu beachten ist, daß Art. 14 EKC selbst keine Konsequenzen bei Nichtbeachtung der Berichtspflicht androht und nach sich zieht. Durch die eingehenden Berichte werden die Europaratsorgane lediglich über den Stand der Umsetzung informiert, den sie vertragsstaatsübergreifend beobachten können.[312] Ein zeitlicher Rahmen für die Übermittlung der Informationen wird nicht vorgegeben[313], zu den inhaltlichen Anforderungen schweigt Art. 14 EKC gleichermaßen.[314]

Nur durch Veröffentlichung können die einschlägigen Dokumente den anderen Chartastaaten zugeleitet werden, die daraufhin ihrerseits politisch auf das Mitgliedsland einwirken können.[315] Eine Institutionalisierung dieses Überwa-

---

311 Vgl. Art. 25 und 26 EMRK.

312 COE, Rapport explicatif, S. 20.

313 *Thürer,* Schweizerische Gemeindeautonomie und die Europäische Charta der kommunalen Selbstverwaltung, in: Cagianut/Geiger/ Hangartner/Höhn (Hrsg.), Aktuelle Probleme des Staats- und Verwaltungsrechts, FS Kaufmann, S. 225.

314 Vgl. die Anforderungen an die Berichtspflicht nach Art. 40 des Internationalen Pakts für bürgerliche und politische Rechte sowie Art. 9 der Internationalen Konvention zur Beseitigung aller Formen der Rassendiskrimminierungen (Anti-Rassismuskonvention). Auch *Valticos,* Des parallèles qui devraient se rejoindre: les méthodes de contrôle international concernant les conventions sur les droits de l'homme, in: Beyerlin/Bothe/ Hofmann/Petersmann (Hrsg.), Recht zwischen Umbruch und Bewahrung, FS Bernhardt, S. 651 und *Schaffarzik,* Handbuch der EKC, S. 114.

315 Vgl. *Schaffarzik,* Handbuch der EKC, S. 113; *Bartsch,* The Implementation of Treaties Concluded within the Council of Europe, in: Jacobs/Roberts, The Effect of Treaties in Domestic Law, S. 218.

chungssystems ist darin aber nicht zu sehen.[316] Die an das Generalsekretariat adressierten Berichte haben daher nur politische Funktion, wobei eine Bewertung durch eines der Europaratsorgane erfolgen muß, das Generalsekretariat also nur zur Gegennahme der Informationen angehalten ist.[317]

Auch findet sich kein Ausschuß von Sachverständigen, der gemäß Art. 24 der Europäischen Sozialcharta (ESC)[318] deren Einhaltung überwacht. Gleiches gilt für ein in verschiedenen Konventionen zur Beilegung von Vertragsstreitigkeiten installiertes *Comité pour les problèmes criminels*.[319] Zunächst sind Überlegungen angestellt worden, einen eigenen Gerichtshofs zu schaffen oder den Aufgabenkreis des EGMRs zu erweitern. Solche Erwägungen sind aber angesichts deren politischer Realisierbarkeit schnell im Sand verlaufen.[320]

b) Institutionelle Voraussetzungen des chartaeigenen Monitoring-Prozesses

Möglicherweise liegt der gangbare Weg zur Verbesserung der Situation auch gar nicht in einem institutionalisierten System einer gerichtlichen Kontrolle, in

---

316 *Akkermans,* The European Charter of Local Self-Government, in: Institut du fédéralisme de l'Université de Fribourg (Hrsg.), The Territorial Distribution of Power in Europe, S. 277; *Schaffarzik,* Handbuch der EKC, S. 113; *Tornos,* Pour un meilleur système de contrôle de la Charte européenne de l'autonomie locale, in: COE, Conférence sur la Charte européenne de l'autonomie locale, S. 186.

317 Vgl. auch die Resolution 126 (1981) der Europakonferenz der Gemeinden und Regionen.

318 ETS Nr. 35 vom 18.10.1961.

319 Das Komitee wurde mit der Resolution 89 (40) des Ministerkomitees ins Leben gerufen und nimmt Aufgaben nach Art. 28 des Europäischen Übereinkommens über die Ahndung von Zuwiderhandlungen im Straßenverkehr [ETS Nr. 52], Art. 65 des Europäischen Übereinkommens über die internationale Geltung von Strafurteilen [ETS Nr. 70], Art. 28 des Europäischen Übereinkommens über die Rückführung Minderjähriger [ETS Nr. 71], Art. 44 des Europäischen Übereinkommens über die Übertragung der Strafverfolgung [ETS Nr. 73], Art. 9 des Europäischen Übereinkommens zur Bekämpfung des Terrorismus [ETS Nr. 90], Art. 17 des Europäischen Übereinkommens über die Kontrolle des Erwerbs und des Besitzes von Schußwaffen durch Einzelpersonen [ETS Nr. 101], Art. 23 des Übereinkommens über die Überstellung verurteilter Personen [ETS Nr. 112], Art. 13 des Europäischen Übereinkommens über die Entschädigung für Opfer von Gewalttaten [ETS Nr. 116], Art. 31 des Europäischen Übereinkommens über Straftaten im Zusammenhang mit Kulturgut [ETS Nr. 119], und Art. 42 des Übereinkommens über Geldwäsche sowie Ermittlung, Beschlagnahme und Einziehung von Erträgen aus Straftaten [ETS Nr. 141] wahr.

320 Dazu *Engel,* Struktur und Umsetzung der EKC, in: Knemeyer (Hrsg.), Kommunale Selbstverwaltung in Ost und West, S. 48, mit dem Hinweis, daß eventuellen Vertragsänderungen dasselbe politische Schicksal widerfährt angesichts der Prioritätenliste internationaler und nationaler Agenden.

der ein entsprechendes Urteil die Wirkung eines Zwangsmittels hat. Im Laufe der Entwicklung hat sich über den Art. 14 EKC hinaus – maßgeblich durch die Initiative des KGRE – ein wirksames Kontrollsystem herausgebildet, das allgemein eine Kooperation der überwachenden Stellen mit den verantwortlichen Staaten in den Mittelpunkt der Untersuchungen stellt.[321] Diese Mechanismen sollen in ihrer Entstehung und Praxis vorgestellt werden.

aa) Entstehung und rechtliche Grundlagen

(1) Erste Ansätze einer Überwachung durch die Ständige Konferenz

Die institutionellen Voraussetzungen des Überwachungsverfahrens sind maßgeblich auf die Initiativen der Ständigen Konferenz und deren Nachfolgeeinrichtung, den Kongreß der Gemeinden und Regionen Europas, zurückzuführen.[322] Nach der Verabschiedung der Europäischen Kommunalcharta stellte sie die Forderung nach einem chartaeigenen Kontrollsystem auf.[323]

Die entsprechenden Wünsche wurden in der bedeutenden Erklärung von Barcelona (Januar 1992) wiederholt. Kurze Zeit später finden sich erste Gedanken einer spezifischen Ausgestaltung[324], nach denen der Ausschuß der Ständigen Konferenz für Strukturen, Finanzen und Verwaltung vorschlug, die Informationsbeschaffung jährlich auf einzelne Chartagarantien zu reduzieren, die eine vergleichende Beobachtung der Einhaltung der EKC ermöglichen soll.[325]

Mit der Parlamentarischen Versammlung und dem Lenkungsausschuß für lokale und regionale Demokratie des Ministerkomitees befaßten sich erstmals die beiden großen Organe des Europarats mit der Frage der Ausgestaltung eines Kontrollmechanismus. Insbesondere letzterer gab die geringen Chancen der politischen Realisierbarkeit eines Zusatzprotokolls oder einer dem gleichkommenden Vertragsänderung zu bedenken, äußerte sich inhaltlich aber nicht weiter und beschränkte sich auf eine Kenntnisnahme der Konferenzbestrebungen.

---

321 *Engel,* Fundament und Meßlatte für echte Demokratie, Europa kommunal 1999, 67.

322 *Engel,* Fundament und Meßlatte für echte Demokratie, Europa kommunal 1999, 67.

323 Die erste Forderung findet sich in der Entschließung 223 (20.3.1991), die sich eigentlich mit der kommunalen Selbstverwaltung und Integrationsfragen nach dem Fall des Eisernen Vorhangs beschäftigte.

324 Entschließung 233 (1992).

325 *Engel,* Struktur und Umsetzung der EKC, in: Knemeyer (Hrsg.), Kommunale Selbstverwaltung in Ost und West, S. 49.

(2) Bildung einer Kontroll-Arbeitgruppe durch den Kongreß

Das System der Fachausschüsse hatte sich mit der Neubildung des Kongresses in seiner heutigen Form überlebt, was angesichts der immer größer werdenden Teileinheiten nach zahlreichen Staatenbeitritten in den 90er Jahren auch aus Effektivitätsgründen geboten war.[326] Statt dessen übernahm den Aufgabenkreis im KGRE – unterstützt von drei Sachverständigen – eine *„Arbeitsgruppe des Kongresses der Lokalen und Regionalen Gebietskörperschaften für die Kontrolle der Umsetzung der Europäischen Charta der Kommunalen Selbstverwaltung"*.[327] Diese bestand aus elf Mitgliedern und konnte dem Kongreß im Juli 1996 einen ersten Bericht zur Lage der kommunalen Selbstverwaltung in den Mitgliedstaaten des Europarats vorlegen.[328] Die Festlegung der Tätigkeit wurde in zwei Dokumenten erneut umschrieben, womit die erwünschte Kontrolle institutionalisiert war.[329]

(3) Nachträglich Anpassungen des Kontrollsystems

In der Praxis des Überwachungssystems hat es in den vergangenen Jahren Anpassungen des Systems der Kontrolle durch die Arbeitsgruppe gegeben. Um eine größere Zahl von Delegierten in die Überwachungsarbeit einzubeziehen, obliegt organisatorisch die Erstellung der Berichte dem Institutionellen Ausschuß des Kongresses.[330] Zeitraubend war das bisher praktizierte Abwarten einer Stellungnahme des Ministerkomitees, auch zu Fragen der Vorgehensweise.[331] Mit dem Ziel einer politischen Absicherung werden nun, je nach Lage des Einzelfalls, die Vorlagen an den Lenkungsausschuß für lokale und regionale Demokratie verwiesen und mit diesem abgestimmt.[332]

Seit der Entschließung 34 (1996) ist es dem Kongreß möglich, bei Beschwerden aus den Mitgliedstaaten sich direkt an die innerstaatlich zustän-

---

326 *Engel,* Struktur und Umsetzung der EKC, in: Knemeyer (Hrsg.), Kommunale Selbstverwaltung in Ost und West, S. 49 f.

327 Vgl. *Rabe/Semmelroggen,* Der Kongreß der Gemeinden und Regionen Europas und seine „Europäische Charta der kommunalen Selbstverwaltung", NdsVBl. 1998, 106.

328 *Engel,* Struktur und Umsetzung der EKC, in: Knemeyer (Hrsg.), Kommunale Selbstverwaltung in Ost und West, S. 49.

329 Empfehlung 20 (1996) und Entschließung 34 (1996).

330 Siehe die Geschäftsordnung des Kongresses.

331 *Engel,* Struktur und Umsetzung der EKC, in: Knemeyer (Hrsg.), Kommunale Selbstverwaltung in Ost und West, S. 50.

332 *Engel,* Struktur und Umsetzung der EKC, in: Knemeyer (Hrsg.), Kommunale Selbstverwaltung in Ost und West, S. 50.

digen Stellen zu wenden, ohne den umständlichen Weg über die offizielle Vertretung beim Europarat gehen zu müssen.

bb) Gruppe unabhängiger Experten[333]

Unterstützt werden die Delegierten des Kongresses im Institutionellen Ausschuß von einer Gruppe unabhängiger Experten unter dem Vorsitz des Franzosen *Alain Delcamp*.[334] Darüber hinaus soll aus jedem Vertragsstaat der Charta ein Experte zur Verfügung stehen (Art. 2 S. 1 des Statuts). Sie sollen ausgewählte Experten aus einem wissenschaftlichen Umfeld mit ausgewiesenem Wissen und Erfahrung auf dem Gebiet lokaler oder regionaler Selbstverwaltung (Art. 3 des Statuts) sein. In dieser Zusammensetzung partizipiert die Gruppe unabhängiger Experten an drei wesentlichen Aufgaben des Kongresses (vgl. Art. 7 des Statuts)[335]:

- Das Anhäufen von Informationen über kommunale und regionale Selbstverwaltung und deren Bearbeitung in einer möglichst klaren Art und Weise, um das Verständnis der verschiedenen Systeme zu fördern und eine Ausgangsbasis für eine vergleichende Betrachtung zu schaffen.
- Die Unterstützung gewählter Repräsentanten in allen technischen Fragen, vornehmlich aber nicht ausschließlich in Rechtsfragen, bei den Verhandlungen mit ihren eigenen Regierungen und den Vertretern ihres Landes in den Europaratsorganen.
- Hilfestellung bei der Auslegung und Verbreitung der Inhalte der Vorschriften der EKC. Hier hat die Gruppe unabhängiger Experten vor allem Anerkennung bei der Ausarbeitung von *„Generalberichten“*[336] zur allgemeinen Umsetzung der wesent-

---

333 Vgl. das Statut der Gruppe unabhängigen Experten zur Europäischen Charta der kommunalen Selbstverwaltung und den dazugehörigen Kommentar, angenommen vom Institutionellen Ausschuß des KGRE am 27.4.2001, abgedruckt bei: *Knemeyer,* Kommunale Selbstverwaltung in Ost und West, S. 203 ff.; zu beachten ist auch der Zusatz zum Dokument:

> *„Further to the experimental implementation of two years of its provisions, this document will be forwarded to the Congress with a view to its final adoption, as a resolution, together with an explanatory memorandum, under the responsibility of a rapporteur appointed by the Committee.“*

334 Vgl. *Delcamp,* Le Contrôle de l'application de la Charte par le Congrès des pouvoirs locaux et régionaux de l'Europe, in: COE, Conférence sur la Charte européenne de l'autonomie locale. L'application de la Charte par les Cours de Justice, S. 18 ff.

335 Dazu sogleich.

336 *Bohner,* Entstehung und Bedeutung der EKC, in: Knemeyer (Hrsg.), Kommunale Selbstverwaltung in Ost und West, S. 30.

lichen Grundprinzipien der Charta in den Vertragsstaaten erlangt. Bisher sind fünf solcher Berichte erschienen und ein weiterer in Planung:[337]

Im Mittelpunkt der Arbeit steht letztendlich die Absicht, die teilweise juristischen Laien bei der Erfassung der verfassungs- und kommunalrechtlichen Hintergründe zu unterstützen. Die Experten bilden das juristische Rückgrat für die politischen Forderungen des Kongresses.[338] Die Sachverständigen werden vom Institutionellen Ausschuß des Kongresses, der auch den Vorsitzenden bestimmt (Art. 5 des Statuts)[339], auf zwei Jahre gewählt und sind von ihren nationalen Regierungen, privaten oder öffentlichen Organisationen weisungsunabhängig (Art. 4 des Statuts). Entscheidend ist, daß die Experten nur unterstützend tätig werden. Die Rolle liegt in der technischen und der rechtlichen Hilfeleistung. Die Hauptverantwortung bleibt bei den Delegierten des Kongresses, die letztendlich die Berichte und Dokumente verabschieden und dabei auf ihre Erfahrung in der Kommunalpolitik zurückgreifen können.[340]

c) Arten des Monitoring

Am Beginn der Einrichtung eines Kontrollsystems herrschte Unklarheit über die Formen der Überwachung, wobei zwei gegensätzliche Auffassungen die Diskussion dominierten[341], die vornehmlich den Ansatz für ein untersuchendes Tätigwerden des Kongresses betrafen. Einerseits könnte sich eine Kontrolle des Kongresses auf Fälle beschränken, denen eine Beschwerde aus einem Vertragsstaat vorausging. Dies hätte den Nachteil, daß ein Verfahren, an dessen Ende eine Art „förmliche Entscheidung" stünde, von den Mitgliedsländern nur schwer zu akzeptieren gewesen wäre. Hinzu kommt das Problem der sich stellenden Vorfragen, wie die Ausschöpfung des nationalen Rechtswegs oder einer Parteivernehmung.[342] Als Alternative stellte sich das nun praktizierte System der Grundsatzberichte über die generelle Anwendung der Europäischen Charta der kommunalen Selbstverwaltung in den Vertragsstaaten. Dieses hat den Vorteil, daß alle Staaten an die Reihe kommen und durch ein System der Kooperation

---

337 Vgl. Die Erklärung zum Statut der unabhängigen Experten, I. [FN. 333].

338 *Engel,* Struktur und Umsetzung der EKC, in: Knemeyer (Hrsg.), Kommunale Selbstverwaltung in Ost und West, S. 59.

339 Siehe den Kommentar zum Statut, II. [FN. 333].

340 Vgl. *Engel,* Struktur und Umsetzung der EKC, in: Knemeyer (Hrsg.), Kommunale Selbstverwaltung in Ost und West, S. 59.

341 *Engel,* Struktur und Umsetzung der EKC, in: Knemeyer (Hrsg.), Kommunale Selbstverwaltung in Ost und West, S. 51.

342 *Engel,* Struktur und Umsetzung der EKC, in: Knemeyer (Hrsg.), Kommunale Selbstverwaltung in Ost und West, S. 51.

alle verantwortlichen Stellen eines Landes – über einen Beschwerdeführer und -gegner hinaus – einbezogen werden können.[343]

Trotz der Entscheidung für ein grundsätzliches Berichtssystem schloß der Kongreß ein Tätigwerden darüber hinaus aufgrund von Einzelbeschwerden nicht aus, so daß sich nun ein flexibles System der Kontrolle vorstellen läßt.[344]

aa) Staatenberichte

(1) Grundsätze der Staatenberichterstattung

Die Staatenberichterstattung – monitoring ex officio – nimmt den Großteil der Überwachungsarbeit des KGRE ein. Der Kongreß wählt dabei einen Vertragsstaat der Charta aus und untersucht in diesem Land die Umsetzung der Charta, also die Etablierung kommunaler Selbstverwaltungsstrukturen. Im Blickpunkt der Berichterstatter stehen grundsätzlich alle Mitgliedsländer. Die bisher verfaßten und durch den Kongreß verabschiedeten Berichte zeigen, daß eine Fokussierung auf die neuen Demokratien in den Mittel- und Osteuropäischen Ländern nicht stattgefunden hat. Vielmehr müssen sich auch die westlichen Demokratien einer Kontrolle unterziehen.[345]

Unverkennbar ist aber, daß in letzter Zeit eine Schwerpunktsetzung auf die Beitrittskandidaten zur EU zu beobachten ist.[346] Der Europarat orientiert sich hier an den integrativen Vorgängen der EU-Osterweiterung[347] und versucht angesichts der Bedeutung des Europarats für die jüngeren Demokratien einen Beitrag zu leisten.[348] Die EU hat hier ein besonderes Interesse an den basisdemokratischen Strukturen der neu aufzunehmenden Mitglieder, ohne daß damit in irgendeiner Weise das Verhältnis des Gemeinschaftsrechts zur EKC angesprochen wird oder sogar eine Übernahme der Europäischen Charta der kommunalen Selbstverwaltung im Raum steht. Hierauf wird später noch ausführlich

---

343 *Engel,* Struktur und Umsetzung der EKC, in: Knemeyer (Hrsg.), Kommunale Selbstverwaltung in Ost und West, S. 51.

344 *Engel,* Fundament und Meßlatte für echte Demokratie, Europa kommunal 1999, 69 f.

345 Vgl. den Bericht über die regionale und kommunale Selbstverwaltung in Deutschland, den nach seinem Berichterstatter benannten *„Frécon-Bericht"*, des Kongresses der Gemeinden und Regionen Europas vom Juni 1999, CPL (7) 2, der besonders die finanzielle Ausstattung deutscher Kommunen ankreidete.

346 *Engel,* Struktur und Umsetzung der EKC, in: Knemeyer (Hrsg.), Kommunale Selbstverwaltung in Ost und West, S. 51 f.

347 Zu den spezifischen Auswirkungen der EU-Osterweiterung auf die Kommunen *Baltsch,* Mehr Rechtssicherheit und weniger Bürokratie, Europa kommunal, 2002, 3.

348 Vgl. die Berichte in den FN 344, 355, 350, 356, 354, 352, 357.

einzugehen sein.[349] In institutioneller Hinsicht bestehen ständige Kontakte des KGRE zum AdR durch eine eigens dafür eingerichtete Kontaktgruppe.

In einer Entschließung einigte sich der Kongreß 1994 über Fragen der organisatorischen Vorgehensweise bei der Berichterstattung[350], insbesondere der Reihenfolge der Mitgliedstaaten bei der Abfassung der Berichte. Danach soll jeder Vertragsstaat spätestens innerhalb eines Zeitraums von zehn Jahren einem Bericht unterzogen werden. Neben Reformstaaten sollten vor allem die (potentiellen) Beitrittskandidaten zur EU berücksichtigt werden. Die einzelnen Dokumente der Berichterstatter können im Kongreß bzw. in einem seiner Kammern Grundlage von Feststellungen oder auch weitgehenden Forderungen zur Abstellung von vertragswidrigem Verhalten sein, das hierdurch einer breiten Öffentlichkeit präsentiert wird. Dies darf nicht darüber hinwegtäuschen, daß das chartaspezifische Kontrollsystem in erster Linie auf eine Kooperation mit den mitgliedstaatlichen Verantwortungsträgern setzt und hieraus auch sein Selbstverständnis ableitet. Dennoch stellen die Staatenberichte ein politisches Druckmittel dar, das die betroffenen Regierungen zum Einlenken bewegen und so der Umsetzung der Ziele der Charta dienen kann.[351]

Auf diese Weise entstanden bisher Empfehlungen, Resolutionen und Berichte über die Einführung und Umsetzung der Charta in Albanien[352], der Türkei[353], Rußland[354], Italien[355], Moldawien[356], Bulgarien[357], Kroatien[358], Lettland[359], Ukraine[360], dem Vereinigten Königreich[361], Niederlande[362], San Marino[363], der Bundesrepublik[364], Tschechien[365], Frankreich[366], Estland[367],

---

349 Zur Wirkung der EKC im Europäischen Gemeinschaftsrecht, S. 563 ff.
350 Entschließung 3 (1994).
351 *Engel,* Fundament und Meßlatte für echte Demokratie, Europa kommunal 1999, 69.
352 Bericht CG (3) 15; Resolution 45 (1997); Empfehlung 28 (1997).
353 Bericht CG (4) 3; Resolution 50 (1997); Empfehlung 29 (1997).
354 Bericht CG (4) 4; Resolution 51 (1997); Empfehlung 30 (1997).
355 Bericht CPL (4) 4; Empfehlung 35 (1997).
356 Bericht CG (4) 20; Empfehlung 38 (1998); Resolution 59 (1998).
357 Bericht CG (5) 3; Empfehlung 45 (1998); Resolution 66 (1998).
358 Bericht CG (5) 4;Empfehlung 46 (1998); Resolution 67 (1998).
359 Bericht CG (5) 5; Empfehlung 47 (1998).
360 Bericht CG (5) 6; Empfehlung 48 (1998); Resolution 68 (1998).
361 Bericht CG (5) 7; Empfehlung 49 (1998).
362 Bericht CG (6) 4; Empfehlung 55 (1999); Resolution 77 (1999).
363 Bericht CPL (6) 4.Empfehlung 63 (1999); Resolution 82 (1999).
364 Bericht CG (6) 3; Empfehlung 64 (1999).
365 Bericht CG (7) 4; Empfehlung 77 (2000); Resolution 93 (2000).
366 Bericht CG (7) 7; Empfehlung 78 (2000); Resolution 94 (2000).
367 Bericht CPL (7) 7; Empfehlung 81 (2000).

Mazedonien[368], Litauen[369], Slowakei[370], Slowenien[371], Zypern[372] und Irland[373], die allesamt nicht davor zurückscheuen, offen Mißstände in den einzelnen Vertragsstaaten anzusprechen und entsprechende Forderungen zu formulieren. Keine Berichte existieren über die Situation in Andorra, Belgien, Dänemark, Island, Liechtenstein, Luxemburg, Malta, Norwegen, Portugal, Schweden und der Schweiz, wobei darauf hinzuweisen ist, daß weder die Europaratsmitgliedschaft[374] noch die Ratifikation der EKC Voraussetzung für die Teilnahme am Ex-officio-Verfahren sind, soweit die mitgliedstaatlichen Regierungen Kooperationsbereitschaft signalisieren. So entstanden die Dokumente über Albanien[375], Irland[376], Kroatien[377] und Tschechien[378] vor deren Beitritt zur Kommunalcharta.

(2) Verfahrensmäßiger Ablauf

Zur Erstellung der einzelnen Berichte durch die Berichterstatter hat der Kongreß Richtlinien verabschiedet, in denen Ziele und Vorgehensweise näher beschrieben sind.[379] Der empfohlene Ablauf einer solchen Berichterstattung vom Ergreifen der Initiative bis hin zur Verabschiedung der Dokumente im Kongreß oder einer seiner beiden Kammern, wie er sich aus den in den 20 verfaßten Berichten von 1997 bis 2000 herausgebildet hat, soll kurz nachgezeichnet werden.[380]

Für das Berichtsverfahren werden ein oder zwei Berichterstatter durch den Institutionellen Ausschuß aus dessen Reihen ernannt, je nachdem, ob aus-

---

368 Bericht CG (7) 8; Empfehlung 82 (2000); Resolution 100 (2000).

369 Bericht CG (8) 4; Empfehlung 87 (2001).

370 Bericht CG (8) 5; Empfehlung 88 (2001); Resolution 109 (2001).

371 Bericht CG (8) 6; Empfehlung 89 (2001).

372 Bericht CPL (8) 3; Empfehlung 96 (2001).

373 Bericht CPL (8) 4; Empfehlung 97 (2001); Resolution 117 (2001).

374 Vgl. den Zusatz: *„This document was approved by the Institutional Committee on 30 May 2001. Mutatis mutandis, it can also be used for the preparation of reports on States which are Candidates for membership to the Council of Europe."*

375 Bericht CG (3) 15.

376 Bericht CPL (8) 4.

377 Bericht CG (5) 4.

378 Bericht CG (7) 4.

379 Guidelines on the preparation of reports on the situation of Local and Regional Democracy in Council of Europe member States, CG/Inst (7) 31 rev 1, abgedruckt bei *Knemeyer,* Kommunale Selbstverwaltung in Ost und West, S. 165 ff.

380 CG/Inst (7) 31 rev 1, I.

schließlich kommunale oder regionale Fragen oder beide behandelt werden.[381] Ihr oder ihm wird bzw. ihnen werden ein Mitglied der Gruppe der unabhängigen Experten und ein oder mehrere Mitglieder des Kongreßsekretariats zur Seite gestellt.[382] Ihre Aufgabe besteht zunächst darin, die Berichterstatter mit allen rechtlichen und politischen Hintergrundinformationen zu versorgen, die für einen ersten Besuch nötig sind.[383] Ein vorab erarbeiteter Fragenkatalog, der an alle Gesprächspartner vor Ort zur Vorbereitung versandt wird, bezieht sich – je nach Vertragsstaat – beispielsweise auf die staatliche Zuständigkeitsverteilung, die geographische Aufteilung des Landes, Fragen des kommunalen Finanzierungs- und Personalsystems, die demokratische Ausgestaltung der Räte und Versammlungen, öffentliche Dienstleistungen oder das kommunale Vereinigungsrecht.[384]

Entscheidend für die Besuche[385] im jeweiligen Vertragsstaat ist die sorgfältige Auswahl der Gesprächspartner. Diese soll alle für die kommunale Struktur und Organisation zuständigen und darüber hinaus kommunalkundigen Stellen aus allen repräsentativen Teilen des Landes umfassen, um ein möglichst breites Bild der Situation kommunaler Selbstverwaltung zu erhalten. Dies umfaßt Gespräche mit Regierungsverantwortlichen, Nichtregierungsorganisationen, Parteienvertretern, Kommunalpolitikern, Funktionären der kommunalen Spitzenverbände, Verwaltungsrichtern, nationalen Minderheiten und anderen geeigneten Informanten, auch Wissenschaftlern der Universitäten.[386]

(3) Erstellung der Berichte

Nach den nötigen Besuchen verfaßt der Berichterstatter in Kooperation mit den unabhängigen Sachverständigen ein erstes Entwurfsdokument zur Diskussion mit dem zuständigen Kongreßorgan und den nationalen Delegierten, das dann den nationalen Verantwortungsträgern zugeleitet wird. Nach der Verabschiedung im Ausschuß entscheidet der Kongreß über die Annahme einer Empfehlung oder Stellungnahme auf Grundlage des Berichts.[387]

---

381 Zur Auswahl der Berichterstatter existieren ebenfalls Richtlinien, abgedruckt im Anhang 2 zu CG/Inst (7) 31 rev 1: *„Principles for appointing rapporteurs"*.

382 Vgl. *Engel,* Fundament und Meßlatte für echte Demokratie, Europa kommunal 1999, 70.

383 CG/Inst (7) 31 rev 1, II.5.

384 *Engel,* Struktur und Umsetzung der EKC, in: Knemeyer (Hrsg.), Kommunale Selbstverwaltung in Ost und West, S. 52.

385 Die Richtlinien schlagen zwei Besuche vor, wobei der zweite Besuch in einem Abstand von vier bis acht Wochen nach dem ersten erfolgen soll, CG/Inst (7) 31 rev 1, II.10.

386 CG/Inst (7) 31 rev 1, II.6.

387 CG/Inst (7) 31 rev 1, II.12 und 13.

Die Richtlinien enthalten auch genaue Vorgaben für die Grundstruktur der zu erstellenden Dokumente.[388] Danach bestehen die Berichte aus vier Teilen. Die Einleitung beschreibt die Motivation für die Kontrolle der Umsetzungsverpflichtungen des Kongresses, nennt die rechtlichen Grundlagen und die detaillierte Vorgehensweise im zu beobachtenden Staat. Ein folgender Teil beschreibt die vorgefundene Situation kommunaler Selbstverwaltung, während der dritte Teil des Berichts die wesentlichen Probleme aufwirft und Lösungsansätze erörtert. Die gewonnenen Erkenntnisse werden abschließend in den Schlußfolgerungen zusammengefaßt[389], die letztlich als weitere Arbeitsgrundlage für die Ausarbeitung der Resolution oder Stellungnahme dienen. Bemerkenswert ist, daß bisher keine Regierung – trotz der offenen Kritik und nur wenig moderat-diplomatischen Berichterstattung[390] – die Berichte zurückgewiesen hat oder sich diesbezüglich offen beschwert hat.[391]

bb) Einzelbeschwerden

Wie bereits erwähnt, existiert neben der Untersuchung eines ganzen Landes auch ein Kommunalbeschwerdeverfahren – *monitoring on request* –, bei dem fallbezogene Einzelbeschwerden an den Institutionellen Ausschuß des Kongresses gerichtet werden können. Voraussetzung hierfür ist die Ausschöpfung des nationalen Rechtswegs und der substantiierte Vortrag einer Chartaverletzung durch den kommunalen Spitzenverband des Landes oder die nationale Kongreßdelegation.[392]

Über die Zulassung einer Beschwerde entscheidet der Institutionelle Ausschuß. Bejaht er die grundsätzliche Bedeutung eines Beschwerdegegenstandes, so legen zwei Berichterstatter sowie ein ausgewählter Sachverständiger einen detaillierten Bericht vor. Das Beschwerdeverfahren soll also solche Eingaben herausfiltern, die nicht grundsätzliche Fragen der kommunalen Selbstverwaltung betreffen.[393] Solche Zulässigkeitsbegrenzungen im Kommunalbeschwerdeverfahren sind schon aufgrund der beschränkten organisatorischen und finanziellen Möglichkeiten des Kongresses einzuhalten.[394] In Zukunft könnte der Einzelbe-

388 III. der Richtlinien, CG/Inst (7) 31 rev 1.

389 CG/Inst (7) 31 rev 1, III. 15 ff.

390 So *Schaffarzik,* Handbuch der EKC, S. 135.

391 *Engel,* Struktur und Umsetzung der EKC, in: Knemeyer (Hrsg.), Kommunale Selbstverwaltung in Ost und West, S. 54.

392 *Engel,* Struktur und Umsetzung der EKC, in: Knemeyer (Hrsg.), Kommunale Selbstverwaltung in Ost und West, S. 57.

393 *Schaffarzik,* Handbuch der EKC, S. 136.

394 *Engel,* Struktur und Umsetzung der EKC, in: Knemeyer (Hrsg.), Kommunale Selbstverwaltung in Ost und West, S. 57.

schwerde aber nach Erstellung von Berichten über die Umsetzung der EKC in allen Vertragsstaaten eine größere Bedeutung als bisher zukommen.[395]

cc) Grundsatzberichte

Die Generalberichte zur Umsetzung der Charta haben zum Ziel, einen grundsätzlichen Überblick über die Lage kommunaler und regionaler Selbstverwaltung in den Mitgliedstaaten des Europarats zu geben. Sie gehen maßgeblich auf das Engagement der Sachverständigen in der Gruppe unabhängiger Experten zurück, welche zunächst die Situation kommunaler Selbstverwaltung in ihrem eigenen Land bewerteten.[396] Auf vergleichender Basis ermöglichen sie Anstrengungen und Defizite einzelner Staaten in einen umfangreicheren Kontext zu stellen. Bisher sind fünf solcher Berichte erschienen, ein weiterer ist in Planung.[397] Unter weiterer Berücksichtigung der Empfehlungen und Stellungnahmen läßt sich feststellen, daß sich der Kongreß schwerpunktmäßig einerseits mit der Eingliederung der Europäischen Charta der kommunalen Selbstverwaltung in die Rechtsordnungen der Mitgliedstaaten und dem gemeindlichen Rechtsschutz in Hinblick auf die Umsetzung der Anforderungen der Art. 2, 4 Abs. 1 und 11 EKC[398], andererseits auch mit der Finanzsituation der Kommunen und dem Konnexitätsprinzip (Art. 3 Abs. 1, 4 und 9 EKC)[399], dem staatlichen Aufsichtswesen (Art. 8 EKC)[400] und der inneren Ausgestaltung des Kommunalwesens (Art. 3 Abs. 2 und 6 Abs. 2 EKC) befaßt hat.[401]

---

395 Bisher gab es nur wenige Einzelbeschwerden on request: Die eine betraf eine Beschwerde des Gemeinderats (*guinta di castello*) der Kommune Acquaviva aus San Marino über den Bau einer Betonfabrik auf dem Gemeindegebiet, die aber deshalb abgelehnt werden mußte, weil der Staat der Charta im Zeitpunkt der Beschwerdeeinlegung noch nicht beigetreten war, vgl. *Delcamp,* Le Contrôle de l'application de la Charte par le Congrès des pouvoirs locaux et régionaux de l'Europe, in: COE, Conférence sur la Charte européenne de l'autonomie locale. L'application de la Charte par les Cours de Justice, S. 29. Gleiches Schicksal erfuhren zwei Beschwerden aus Polen und den Niederlanden, die die Bildung einer eigenen Stadtprovinz Rotterdam betraf, mangels Ausschöpfung des nationalen Rechtswegs, vgl. KGRE, Empfehlung 55 (1999).

396 *Engel,* Fundament und Meßlatte für echte Demokratie, Europa kommunal 1999, 69.

397 Vgl. Die Erklärung zum Statut der unabhängigen Experten, I. [FN. 333].

398 Vgl. neben den aufgeführten Berichten auch die Resolution 3 (1994) und die Berichte des Institutionellen Ausschusses CG (1) 3, und der Kammer der Kommunen CPL (4) 7.

399 Resolutionen 71 (1998) und 97 (2000); Berichte CPL (5) 4; (7) 3; besonders auch die Berichte über das kommunale Finanzwesen in der Bundesrepublik, Empfehlung 64 (1999) und Bericht CPL (6) 3.

400 Vgl. Resolution 34 (1996) und Bericht CPL (3) 7.

401 Die Auswahl der Themen erfolgte durch den Ausschuß für Strukturen, Finanzen und Verwaltung, später durch die Arbeitsgruppe und den Institutionellen Ausschuß.

dd) Zusammenfassung

Festzuhalten ist, daß sich im Laufe der Zeit ein funktionierendes chartaspezifisches Kontrollsystem entwickelt hat. Die erstellten Berichte enthalten, über ihren singulären Anlaß hinaus, ein etabliertes Instrument zur Interpretation und Weiterentwicklung der Chartagewährleistungen, die einer *„Sammlung von Präzedenzfällen“*[402] gleicht.

Grundsatzberichte zur Umsetzung der Charta

1. Bericht zur Umsetzung der Charta (Empfehlung 2 (1994)[403])
2.. Bericht über die Kommunalaufsicht (Empfehlung 20 (1996)[404])
3. Bericht zur Umsetzung der Charta in innerstaatliches Recht und rechtlicher Schutz der kommunalen Selbstverwaltung (Empfehlung 39 (1998)[405])
4. Bericht über die Finanzquellen der Gemeinden in Beziehung zu ihren Aufgaben, ein Lackmus-Test für Subsidiarität (Empfehlung 79 (2000)[406])
5. Bericht über die Beziehungen zwischen Bürgern, Rat und Exekutive – der institutionelle Rahmen der kommunalen Selbstverwaltung (Empfehlung 113 (2002))
6. Bericht über die Konsultierung der Kommunen (in Vorbereitung für 2003)[407]

---

402 *Engel,* Struktur und Umsetzung der EKC, in: Knemeyer (Hrsg.), Kommunale Selbstverwaltung in Ost und West, S. 56.

403 Berichterstatter: *J.-C. Van Cauwenberghe* (Belgien), *G. Doganoglu* (Türkei) und *A. Lloyd* (Vereinigtes Königreich), zu dieser Zeit hatten 19 Vertragsstaaten die Charta ratifiziert.

404 Berichterstatter *G. Sabbata* (Italien).

405 Berichterstatter *J.-P. Frécon* (Frankreich).

406 Berichterstatter *J.-P. Frécon* (Frankreich).

407 Der Bericht wird die Formen kommunalen Eigentums, die Direktwahl der Exekutive und die Teilnahme der Bevölkerung am kommunalen öffentlichen Leben in den Mitgliedstaaten des Europarats in Hinblick auf die Beachtung der Art. 4 Abs. 6, 5, 9 Abs. 6 und 10 Abs. 2 EKC durchleuchten, *Bohner,* Entstehung und Bedeutung der EKC, in: Knemeyer (Hrsg.), Kommunale Selbstverwaltung in Ost und West, S. 30 f.

3. Umsetzung der Charta in den Mitgliedstaaten des Europarats

Die theoretischen Grundlagen der Kommunalcharta erscheinen plausibel und in sich schlüssig. Voraussetzung für deren Erfolg ist aber über den Vertragstext und die Installation von Überwachungsmechanismen hinaus die Akzeptanz durch die Mitgliedstaaten des Europarats, nur dann hat die Charta den Geist ihrer Schöpfer verwirklicht, ein umfassendes kommunalschützendes Dokument zu sein. Es mag eine glückliche Fügung des Schicksals gewesen sein, daß die Charta unmittelbar vor dem Beginn einer Umbruchszeit verabschiedet wurde. Durch den Wandel in den mittel- und osteuropäischen Staaten und deren Integration in die europäische Staatengemeinschaft des Europarats hatte die EKC die einmalige Chance eines von ihren Autoren nicht zu erahndenden Siegeszugs. Um diese Erfolgsstory näher zu umschreiben, soll zunächst auf die Unterzeichung und Ratifikation durch die Mitgliedstaaten des Europarats eingegangen werden.[408] An einigen Beispielen soll auf derzeit noch auftretende Probleme der Umsetzung in einigen ausgewählten Vertragsländern eingegangen werden. Zuletzt wird abschließend eine Wertung vorgenommen werden, die die Europäische Kommunalcharta in einen Gesamtzusammenhang der europäischen Integration seit ihrer Verabschiedung stellt.

a) Stand der Unterzeichnung und Ratifikation

Einige Namen der Vertragsstaaten des Europarats, welche die Europäische Charta der kommunalen Selbstverwaltung unterzeichnet haben, wurden schon erwähnt. Angebrachter scheint es, die Mitgliedstaaten des Europarats auszugrenzen, die – aus welchen Gründen auch immer – nicht an der EKC partizipieren. Dabei ist nach den völkerrechtlichen Anforderungen der Unterzeichnung, der Ratifikation, also der Umsetzung in mitgliedstaatliches Recht, und dem Inkrafttreten zu differenzieren.[409]

aa) Unterzeichnung

Die Charta liegt seit 15.10.1985 zur Unterzeichnung auf. Zu den ersten Unterzeichnerstaaten gehörten Österreich[410], Frankreich und Belgien – die beide

408 Zur Ratifikation in der Bundesrepublik *Leitermann,* Europäische Charta der kommunalen Selbstverwaltung in Kraft, Der Städtetag 1988, 678.

409 Vgl. auch *Engel,* Fundament und Meßlatte für echte Demokratie, Europa kommunal 1999, 69.

410 *Kotzmann,* Zweiter Länderbericht Österreich, in: Knemeyer (Hrsg.), Die Europäische Charta der kommunalen Selbstverwaltung, S. 70.

aber bis heute nicht ratifiziert haben, – Dänemark, die Bundesrepublik (Ratifikation am 17.5.1988), Griechenland, Italien, Liechtenstein, Luxemburg, Portugal und Spanien. Von den derzeit 45 Mitgliedstaaten des Europarats[411] haben nur drei Staaten die Kommunalcharta nicht unterzeichnet:

- Andorra,
- San Marino und die
- Schweiz.

Nachvollziehbarerweise spielen in den Kleinstaaten Andorra und San Marino Fragen der Dezentralisierung und Kommunalisierung eine nicht allzu dominante Rolle. Untersuchenswerter ist die Eidgenossenschaft als eines der Mutterländer lokaler Demokratie.[412] Bei genauerem Hinsehen erklärt sich hier das scheinbar mißliche Ergebnis mit innerstaatlich verfassungsrechtlichen Problemen. Das innerstaatliche Abschlußverfahren völkerrechtlicher Verträge sieht vor, daß die Unterzeichnung eines internationalen Dokuments erst erfolgt, wenn die Ratifikation vorbereitet ist. Hier kommt es zu kompetenzrechtlichen Streitigkeiten, da den Kantonen die ausschließliche Kompetenz für das Kommunalverfassungsrecht obliegt, ihnen aber zugleich das Eingehen völkerrechtlicher Verpflichtungen verwehrt ist. Zu beachten ist, daß die Kantone es ohnehin mit Argwohn betrachten, wenn die Bundesebene zu ihren Lasten internationale Verpflichtungen eingeht.[413] Durch eventuelle Verfassungsänderungen könnte dieses Problem in naher Zukunft gelöst werden.[414]

bb) Ratifikation und Inkrafttreten

Als internationalrechtlicher Vertrag bedarf die völkerrechtliche Verpflichtung, welche die Vertragsstaaten mit der Unterzeichnung der Europäischen Charta der kommunalen Selbstverwaltung eingegangen sind, zur ihrer innerstaatlichen Geltung eines nationalen Umsetzungsakts, der sogenannten Ratifikation. Die Unterzeichnung selbst hat im Rahmen der innerstaatlichen Rechtsanwendung bei fehlender Ratifikation selbst keine Rechtswirkungen. Der nationale Umsetzungsakt ist daher von entscheidender Bedeutung.

---

411 Jugoslawien hat sich beim Beitritt zum Europarat zur umgehenden Annahme der EKC verpflichtet.

412 Vgl. *Engel,* Struktur und Umsetzung der EKC, in: Knemeyer (Hrsg.), Kommunale Selbstverwaltung in Ost und West, S. 46.

413 Vgl. *Engel,* Struktur und Umsetzung der EKC, in: Knemeyer (Hrsg.), Kommunale Selbstverwaltung in Ost und West, S. 46.

414 *Bohner,* Entstehung und Bedeutung der EKC, in: Knemeyer (Hrsg.), Kommunale Selbstverwaltung in Ost und West, S. 25.

Mit der Ratifikation hängt das Datum des Inkrafttretens der Kommunalcharta als solche zusammen. Voraussetzung für das Inkrafttreten war nach Art. 15 Abs. 2 EKC der Ablauf einer Frist nach Zustimmung von vier Europaratsstaaten. Die Zustimmung nach Art. 15 Abs. 1 EKC umfaßt die Ratifikation, Annahme oder Genehmigung, deren Urkunden beim Generalsekretariat des Europarats hinterlegt werden. Die Frist bemißt sich – wie bei den Vorbehaltserklärungen auch – nach dem ersten Tag des Monats, der drei Monate auf die Zustimmung der vier Staaten folgt. Zuerst hatten Österreich (Unterzeichung 15.10.1985, Ratifikation 23.9.1987) und Luxemburg (Unterzeichung 15.10.1985, Ratifikation 15.5.1987)[415] die Voraussetzungen erfüllt, danach Dänemark (Unterzeichung 15.10.1985, Ratifikation 3.2.1988) und Liechtenstein (Unterzeichung 15.10.1985, Ratifikation 11.5.1988). Der offizielle Tag des Inkrafttretens der Charta datiert also auf den 1.9.1988, obwohl sie bereits am 15.10.1985 zur Unterzeichnung aufgelegt wurde.[416] Angesichts der langen Zeiten zwischen der Unterzeichnung und der Ratifikation in einigen Vertragsstaaten und der nur vier nötigen Ratifikationen zum Inkrafttreten erwies sich der Umsetzungsprozeß zunächst als *„schwierig“*[417].

Von den 42 Staaten, welche die Charta bis jetzt unterzeichnet haben, haben drei Staaten bisher die Charta nicht ratifiziert:

- Frankreich
- Belgien
- Georgien.

Es ist davon auszugehen, daß Georgien, das die Kommunalcharta erst am 29.5.2002 unterzeichnet hat[418], seinen Verpflichtungen in nächster Zeit nachkommen wird. Die eigentlichen Problemfälle sind Frankreich und Belgien. Beide haben die EKC schnellstmöglich am Tag der Auflegung zur Unterzeichnung signiert, deren Vorgaben bis heute aber nicht in innerstaatliches Recht umgesetzt. Was die Gründe für dieses Verhalten angeht, ist zwischen beiden Staaten zu differenzieren:

In Belgien ergeben sich ähnlich verfassungsrechtliche Schwierigkeiten wie in der Schweiz. Das föderale belgische System erfordert die Zustimmung von

---

415 *Diederich,* Länderbericht Luxemburg, in: Knemeyer (Hrsg.), Die Europäische Charta der kommunalen Selbstverwaltung, S. 165.

416 *Leitermann,* Europäische Charta der kommunalen Selbstverwaltung in Kraft, Der Städtetag 1988, 678.

417 *Bohner,* Entstehung und Bedeutung der EKC, in: Knemeyer (Hrsg.), Kommunale Selbstverwaltung in Ost und West, S. 25.

418 Der Beitritt zum Europarat datiert auf den 27.4.1999.

sieben verschiedenen Ebenen.[419]. Auch hier sollen diese Probleme gelöst werden.

Auch in Frankreich ist die Ratifikation in näherer Zukunft zu erwarten. Nachdem sich der Französische Senat jahrelang quergestellt hat und Motor der Ablehnung des kommunalschützenden Dokuments war, zeigt sich seit einem gemeinsam vom Senat und dem Kongreß der Gemeinden und Regionen durchgeführten Seminar[420] eine Versachlichung der Diskussion. Die vormaligen und zum Teil immer noch vorherrschenden Bedenken beziehen sich auf die Vereinbarkeit einzelner Bestimmungen der EKC mit dem französischen Recht. Zu beachten ist, daß der Konvention nach der Ratifikation gemäß Art. 55 der französischen Verfassung[421] ein höherer Rang als ein einfaches Gesetz zukommt. Die Kritikpunkte betreffen die Vereinbarkeit einiger Chartagarantien mit dem französischen Recht, wie die Direktwahl der kommunalen Vertretungsorgane (Art. 3 Abs. 2 EKC) oder die Ausfüllung der Begrifflichkeiten *„wesentlicher Teil der öffentlichen Angelegenheiten"* (vgl. Art. 3 Abs. 1 EKC).[422]

In die Diskussion eingebracht wurden auch grundsätzliche Fragen der Terminologie, wie kommunale Selbstverwaltung – *„libre administration"*.[423] Schien das Niveau der Debatte lange Zeit so geführt worden zu sein, als *„stehe der Ausverkauf des französischen Nationalstaats vor der Tür"*[424], sind seit der gemeinsamen Veranstaltung des Kongresses und des Französischen Senats keine Hinderungsgründe[425], die gegen eine Ratifikation Frankreichs sprechen könnten, ersichtlich.[426]

419 *Bohner,* Entstehung und Bedeutung der EKC, in: Knemeyer (Hrsg.), Kommunale Selbstverwaltung in Ost und West, S. 26.

420 Vgl. den erschienen Tagungsband des Senats, La décentralisation française vue d'Europe, Paris 2001, einzusehen im Internet unter http://www.carrefourlocal.org/dossiers/colloques/europe.html (Stand: 2003).

421 Art. 55 der französischen Verfassung lautet: *„Nach ordnungsgemäßer Ratifizierung oder Zustimmung erlangen Verträge oder Abkommen mit ihrer Veröffentlichung höhere Rechtskraft als Gesetze unter dem Vorbehalt, daß das Abkommen oder der Vertrag von der anderen Vertragspartei ebenfalls angewandt wird."*

422 Weitere Beispiele bei *Bohner,* Entstehung und Bedeutung der EKC, in: Knemeyer (Hrsg.), Kommunale Selbstverwaltung in Ost und West, S. 34 ff.

423 Vgl. die Diskussionsbeiträge zu *„la France peut-elle ratifier la charte européenne de l'autonomie locale?"*, in: Französischer Senat, La décentralisation française vue d'Europe, Paris 2001, S. 85 ff.

424 *Bohner,* Entstehung und Bedeutung der EKC, in: Knemeyer (Hrsg.), Kommunale Selbstverwaltung in Ost und West, S. 26.

425 Vgl. auch *Treffer,* Frankreich strebt dezentrale Verwaltung an, Der Städtetag 2002, 38 ff.

426 *Engel,* Struktur und Umsetzung der EKC, in: Knemeyer (Hrsg.), Kommunale Selbstverwaltung in Ost und West, S. 46.

b) *Einzelbeispiele*[427]

Nachdem zwei Einzelbeispiele aufgezeigt wurden, in denen aus den genannten Gründen überhaupt keine Umsetzung erfolgt ist, sollen jetzt ausgewählte Einzelbeispiele zur Umsetzung der Charta in den Vertragsstaaten erörtert werden. Vorsichtshalber sei darauf hingewiesen, daß es sich nur um eine kleine Auswahl an Mitgliedsstaaten des Europarats, angesichts der unzähligen Berichte und Stellungnahmen der Europaratsorgane, allen voran des Kongresses der Gemeinden und Regionen Europas, handeln kann. Dabei sollen besonders bestehende Problempunkte herausgearbeitet werden. In vielen Fällen erfolgten Reformen zwar vor dem Hintergrund der Verpflichtungen aus der Kommunalcharta, ein unmittelbarer Zusammenhang der Umsetzung der Charta und der jeweiligen gesetzgeberischen Maßnahme wird aber nicht immer adäquat kausal nachweisbar sein. Häufig ist es die unterstützende Tätigkeit des Kongresses, die sich in der Beobachtung und Diskussion der Verantwortungsträger in den Vertragsstaaten ausdrückt. Hier ist eine Gesamtbetrachtung angebracht, in der all diese Faktoren eine Rolle spielen.

aa) Italien

In Italien wurden die Kommunalverfassungen in Hinblick auf die staatliche Aufsichtstätigkeit[428] geändert. Im Brennpunkt stand der sogenannte Kommunalsekretär, der dem Innenministerium unterstand und die kommunalen Rechtsakte kontrollierte. Er war ein aus der Zeit der Einigung Italiens im 19. Jahrhundert stammendes Relikt zur Bewahrung der rechtlichen Einheit des Landes.[429] Im Zuge der Anforderungen der EKC wurde auf Druck des KGRE das italienische System dahingehend geändert, daß die Kommunalsekretäre zwar zur Sicherstellung der Qualifikation des Gemeindepersonals zentral ausgebildet werden, aber anschließend dem Bürgermeister als Gemeindebedienstete unterstehen.[430] Entsprechend Art. 8 EKC ist nun die staatliche Aufsicht auf eine Rechtmäßigkeitskontrolle beschränkt.[431]

---

427 Vgl. hierzu auch die Probleme im Zusammenhang mit der Zusammensetzung des KGRE und den Anforderungen, die an die einzelnen Mitglieder bezüglich des Innehabens kommunaler Wahlmandate stellt, insbesondere das Beispiel des niederländischen Bürgermeisters.

428 Vgl. Art. 8 EKC.

429 *Engel,* Struktur und Umsetzung der EKC, in: Knemeyer (Hrsg.), Kommunale Selbstverwaltung in Ost und West, S. 60.

430 *Engel,* Struktur und Umsetzung der EKC, in: Knemeyer (Hrsg.), Kommunale Selbstverwaltung in Ost und West, S. 60.

431 Zur Zuständigkeit des Bürgermeisters *Groß,* Selbstverwaltung angesichts von Europäisierung und Ökonomisierung, DVBl. 2002, 1185.

bb) Slowenien

Die Europäische Charta der kommunalen Selbstverwaltung und das Engagement des KGRE spielten bei der Kommunalreform in Slowenien eine entscheidende Rolle. Hierbei ging es vor allem um Fragen der Bildung von Gemeindeverbänden, die Gemeindegröße, die Einrichtung einer Regionalebene und die kommunalen Finanzanzierungsmechanismen.[432] In den letzten Jahren haben die slowenischen verantwortlichen Regierungsstellen die Dezentralisierung zugunsten der kommunalen Gebietskörperschaften vorangetrieben. Trotz einer entgegenstehenden gesetzlichen Vorgabe sind Gemeinden mit weit weniger als 5.000 Einwohnern geschaffen worden.[433] Dieser Prozeß wurde dadurch verstärkt, daß kleinere Gemeinden bei der Vergabe staatlicher Finanzmittel bevorzugt werden. Insbesondere für leistungsschwache Gemeinden bedeutet dies eine weitgehende Abhängigkeit vom Staat. Dem soll mangels politischen Willens der Umkehrbarkeit nun durch die Bildung von Regionen[434] entgegengewirkt werden, hin zu einer weiteren Entscheidungsebene, und durch die Bildung von Gemeindeverbänden.[435]

cc) Rußland

Aufgrund seiner Größe und Struktur stellt Rußland in jeglicher Hinsicht einen Sonderfall dar. Derzeit laufen Projekte zur Anpassung der Kommunalverfassungen an rechtsstaatliche Ansprüche. Zugleich muß hierbei den traditionellen, ethnischen und geographischen Gegebenheiten Rechnung getragen werden. Voraussetzung hierfür ist neben den vorhandenen Gesetzgebungsbefugnissen des Zentralstaats als Ausgangspunkt der Reformen die Umsetzung der Vorgaben durch die Föderationssubjekte, besonders, weil diese nach ihrem Verständnis von Subsidiarität die Gliederung von unten nach oben als bei sich beginnend verstehen. Die Kommunalreform ist eingebettet in einen übergreifenden Reformprozeß einschließlich der Neuordnung der Kompetenzaufteilungen zwischen dem Zentralstaat, den Föderationssubjekten und den dezentra-

---

432 *Bohner,* Entstehung und Bedeutung der EKC, in: Knemeyer (Hrsg.), Kommunale Selbstverwaltung in Ost und West, S. 35.

433 *Engel,* Struktur und Umsetzung der EKC, in: Knemeyer (Hrsg.), Kommunale Selbstverwaltung in Ost und West, S. 62, der zugleich als Berichterstatter des entsprechenden Berichts des Kongresses der Gemeinden und Regionen Europas fungierte.

434 Die angesichts der gesamten Einwohnerzahl des Landes von 2.000.000 Einwohnern wohl eher den deutschen Landkreisen gleichen werden, so *Engel,* Struktur und Umsetzung der EKC, in: Knemeyer (Hrsg.), Kommunale Selbstverwaltung in Ost und West, S. 83.

435 *Engel,* Struktur und Umsetzung der EKC, in: Knemeyer (Hrsg.), Kommunale Selbstverwaltung in Ost und West, S. 62 f.

len Gebietskörperschaften. Verantwortlich ist eine von Präsident *Putin* eingesetzte Reformkommission, die sogenannte *„Kosak-Kommission“*[436], mit der die Stellen des Europarats in Kontakt stehen.[437] Diese Neuorganisation der Staatsstrukturen von unten nach oben bedarf der Erkenntnis, daß kommunale Selbstverwaltung eine notwendige Basis jeglichen demokratischen Selbstverständnisses ist.

Aus diesem Grund fanden in der russischen Föderation zahlreiche Konferenzen der russischen Kommunalverbände mit dem KGRE statt, auf denen Vorschläge einer Reform diskutiert wurden. Grundlage der Beratungen sind die Grundsätze der EKC, die Rußland am Tag seines Beitritts zum Europarat (28.2.1996) unterzeichnet und am 5.5.1998 ratifiziert hat. Das Umsetzungsgesetz ist am 1.9.1998 in Kraft getreten. Die Kommunalcharta gilt nach der russischen Verfassung seitdem vorrangig vor einfachgesetzlichen Regelungen.

Zentrales Problem der Umsetzung ist die Gemeindefinanzierung: Nur ungefähr 3.000 der 12.000 russischen Gemeinden verfügen über einen eigenen Haushalt.[438] Hier sind erhebliche Anstrengungen nötig. Für die kommunalschützenden Forderungen stellt die EKC eine sichere Grundlage dar, die flexibel gehandhabt werden muß. Es ist kaum vorstellbar, *„daß ein einziges Modell den Anforderungen einer Großstadt im Westen des Landes ebenso gerecht wird wie dem kaum besiedelten Raum einer Volksgruppe in der sibirischen Taiga.“*[439] Am russischen Beispiel zeigt sich, wie lange die Umsetzung der Chartabestimmungen in Reformstaaten dauern kann, zumal eine Verwirklichung der Garantien noch in weiter Ferne schwebt.

---

436 Die Kommission wird vom stellvertretenden Leiter der Präsidialverwaltung, *Dmitri Kosak,* geleitet. Der Kommission, die per Präsidialerlaß gebildet wurde, gehören 22 Personen an, darunter Vizepremier *Viktor Christenko,* Vertreter einer Reihe von Ministerien und Behörden, der Staatsduma und des Staatsrats. Analoge Kommissionen sollen in allen sieben Föderalen Bezirken gebildet werden; vgl. allgemein zur Reform der Kommunalverfassung in Rußland *Knemeyer,* Russland und die „Europäische Charta der kommunalen Selbstverwaltung“, in: Knemeyer (Hrsg.), Kommunale Selbstverwaltung in Ost und West, S. 73 ff.

437 *Bohner,* Entstehung und Bedeutung der EKC, in: Knemeyer (Hrsg.), Kommunale Selbstverwaltung in Ost und West, S. 34.

438 *Engel,* Struktur und Umsetzung der EKC, in: Knemeyer (Hrsg.), Kommunale Selbstverwaltung in Ost und West, S. 64.

439 *Engel,* Struktur und Umsetzung der EKC, in: Knemeyer (Hrsg.), Kommunale Selbstverwaltung in Ost und West, S. 64.

c) Zusammenfassung

Die punktuellen Beispiele zeigen, wie sich die Kommunalverfassungen der Mitgliedsländer des Europarats und der damit weitgehend übereinstimmenden Vertragsstaaten der Europäischen Charta der kommunalen Selbstverwaltung geändert haben und ändern. Damit gehen ständige unentwegte Bemühungen des Kongresses der Gemeinden und Regionen Europas (KGRE) einher, der Berichte verfaßt, Beobachter entsendet und durch Seminare und Veranstaltungen Überzeugungsarbeit leistet. Die Tätigkeit des Kongresses geschieht auf Grundlage der Kommunalcharta und der ihm diesbezüglich zugewiesenen Aufgaben. Die die Umsetzung der Charta betreffende Arbeit des KGRE ist damit unmittelbar der Wirkung der EKC zuzuschreiben.

Im Laufe der Zeit hat sich herauskristallisiert, daß beide Elemente des europaratsrechtlichen Kommunalschutzes miteinander Hand in Hand gehen. Auf die Problematik der exakten Kausalitätsbestimmung des Dokuments und diverser Bestrebungen wurde bereits hingewiesen. Selbst einige konkrete Fälle der Anpassung an die EKC würden aber genügen, ihr den verdienten Erfolg zuzusprechen. Unabhängig davon ist es der Kommunalcharta zu verdanken, daß durch sie die andauernden Reformen einen europaweiten, in 41 Staaten verbindlichen Rahmen erhalten haben.

Im Mittelpunkt steht aber nicht das völkerrechtliche Dokument, sondern dessen Inhalt. Den Autoren der EKC ist es mit Weitsicht gelungen, eine über 18 Jahre alte Charta zu breiter Akzeptanz und Annahme zu bringen. Noch einmal betont werden soll deren Hilfestellung beim Aufbau kommunaler Strukturen in den jungen Demokratien der Mittel- und Osteuropäischen Staaten, die sich den Errungenschaften der Charta verpflichtet fühlten und sie zum Leitbild der eigenen Kommunalverfassungen machten.

Als *„living instrument"*[440] konnte sie ausreichend flexibel an die unterschiedlichen Systeme angepaßt werden. Die Standards kommunaler Selbstverwaltung gelten hierdurch in nahezu allen europäischen Staaten.[441] Sie wurde von allen Mitgliedstaaten der Europäischen Union unterzeichnet und voraussichtlich auch bald ratifiziert. Als gemeineuropäischer Standard demokratischer Staats-

---

440 Diese Bezeichnung wird vom Europäischen Gerichtshof für Menschenrechte (EGMR) für die Europäische Menschenrechtskonvention benutzt, vgl. *Meyer-Ladewig,* Konvention zum Schutz der Menschenrechte und Grundfreiheiten, Einleitung, Rn. 30.

441 Was umgekehrt natürlich nicht heißen kann, daß die Standards nicht auch in Staaten gelten können, welche die Kommunalcharta nicht unterzeichnet und ratifiziert haben; bestes Beispiel hierfür ist die Schweiz.

organisation muß sie zwangsläufig auch auf ihre Wirkung im Europäischen Gemeinschaftsrecht überprüft werden.

Es ist daher nicht verwunderlich, daß die Wirkung der EKC nicht innerhalb der eigenen, kommunalschützenden Grenzen halt machte. Mittlerweile ist sie Vorbild geworden für die Entwürfe einer Europäischen Charta der regionalen Selbstverwaltung sowie einer Weltcharta der kommunalen Selbstverwaltung[442]. Durch letztere wird die Kommunalcharta zum Maßstab weltweiter lokaler Demokratie und ihren „Siegeszug" weiter fortsetzen, oder, wie *Engel* die EKC in den Gesamtzusammenhang einordnet:

> *„Die Charta fordert von den Staaten grundlegende Regeln, die die politische, administrative und finanzielle Unabhängigkeit der Gemeinden garantieren. Sie ist eine europäische Manifestation des politischen Willens, auf allen lokalen und regionalen Verwaltungsebenen die Grundsätze zur Durchsetzung zu bringen, die der Europarat seit seiner Gründung verteidigt hat: das demokratische Gewissen Europas zu bleiben und die Menschenrechte in ihrer umfassendsten Bedeutung zu verteidigen. Darum ist die Charta der gemeindlichen Selbstverwaltung eines der Fundamente im Aufbau von Recht und Demokratie (...).“*[443]

---

442 Dazu ausführlich *Schneider,* Die Vorbildfunktion der EKC für eine Weltcharta der kommunalen Selbstverwaltung, in: Knemeyer (Hrsg.), Kommunale Selbstverwaltung in Ost und West, S. 125 ff.; dazu auch *Hoffschulte,* Globalisierung der Lokalen Demokratie. Die Bedeutung Kommunaler Selbstverwaltung in der aktuellen Verfassungsdebatte der Europäischen Union, in der Globalisierungsdebatte und in der Debatte um eine „Weltcharta der Lokalen Selbstverwaltung" der UNO, in: Knemeyer (Hrsg.), Kommunale Selbstverwaltung in Ost und West, S. 100 ff.

443 *Engel,* Fundament und Meßlatte für echte Demokratie, Europa kommunal 1999, 68.

5. Kapitel: Die Kommunen beim Europarat als EU-Modell

Der wissenschaftliche Wert einer Dissertation bemißt sich unter anderem an dem Grad der neu gewonnenen Erkenntnisse. An die Darstellung der institutionellen und inhaltlichen Grundlagen – der Vergleichsbasis – soll sich nun eine Verwertung der bisherigen Darstellungen anschließen.

Um die Vergleichsbasis brauchbar zu machen, werden zunächst die Voraussetzungen einer Modellbildung erörtert. Fraglich ist in diesem Zusammenhang, ob das kommunalschützende Europaratsmodell so ohne weiteres auf die EU übertragen werden kann. Dabei geht es vor allem um den Einfluß politischer Mehrheitsfähigkeit und den Zeitfaktor im Europäischen Integrationsprozeß. Zudem gilt es zu berücksichtigen, daß sich die kommunale Interessenvertretung in der EU nicht alleine am AdR festmachen läßt, sondern außerinstitutionelle Faktoren – insbesondere die Lobbyarbeit – eine nicht zu vernachlässigende Rolle spielen.

Der erste Abschnitt schließt mit einem Bruch in der bisherigen Darstellung, indem der wechselseitige Zusammenhang von inhaltlicher und institutioneller Seite der Interessenvertretungen erläutert wird. Entgegen der bisherigen Trennung AdR/KGRE und EKC soll versucht werden, beide Determinanten miteinander in Relation zu setzen.

Auf der Ebene des Vergleichs gilt es, die Defizite der einen oder der anderen Seite aufzuzeigen. Entsprechend den oben angeführten Zielsetzungen dieser Arbeit wird darüber hinaus die Nutzbarmachung der Errungenschaften des Europarats im Mittelpunkt stehen, also über die reine Gegenüberstellung hinaus das Einbringen realisierbarer Vorschläge in eine laufende Diskussion angestrebt werden. Insofern kann es sich nicht um einen umfassenden Vergleich handeln. Er steht unter der Prämisse, daß solche Punkte herausgearbeitet werden, deren Übertragung auf die EU sinnvoll und erstrebenswert sind. Zugleich kommt man natürlich nicht umhin, neben Einzelbetrachtungen die Intensität und Qualität kommunaler Interessenvertretung als solche wertend zu betrachten. Das Gesamtergebnis wird thesenartig zusammenzufassen sein.

I. Prämissen einer interorganisatorischen Betrachtung

Nicht ohne weiteres lassen sich verschiedene Strukturen miteinander vergleichen. Im Rahmen der überstaatlichen und zwischenstaatlichen Zusammenarbeit ergeben sich eine Reihe von Besonderheiten, die vorab diskutiert werden sollen. Zugleich werden die bisherigen Kapitel systematisiert und die weitere Vorgehensweise und Zieldefinition erläutert. Der folgende Abschnitt dient insofern auch der Einführung in die tiefergehende Vergleichsstruktur. Das zweigliedrige Vorgehen mit der Unterscheidung zwischen den institutionellen und inhaltlichen Bedingungen wird dabei weiterhin aufrechterhalten. Die meisten Voraussetzungen einer Vergleichsbasis gelten aber gleichermaßen für beide Varianten. Zudem soll berücksichtigt werden, daß die institutionelle Vertretung und der inhaltliche Kommunalschutz nicht tatenlos nebeneinander stehen, sondern gegenseitig Wechselwirkungen erzeugen. Dem wechselseitigen Ineinandergreifen soll daher ein eigener Unterpunkt gewidmet werden.

1. Institutionelle Vergleichsbasis

a) Polarisierung institutioneller Gegebenheiten

Von den drei dargestellten Kapiteln bezogen sich zwei auf die institutionelle Seite. Der AdR wurde neben den KGRE gestellt und dabei wurde vereinzelt auf Überschneidungen bzw. Parallelen eingegangen, insbesondere dort, wo es im noch durchzuführenden Vergleich nicht darauf ankommen wird. Die anderen Überschneidungen werden im Rahmen des Vergleichs (3. Abschnitt) erörtert. Eine indirekte Analyse der Vor- und Nachteile des einen oder anderen Kommunalvertretungssystems hat aber schon insofern stattgefunden, als durch kritische Anmerkungen oder positive Wertungen Stärken und Schwächen herausgestellt wurden. Diese gilt es in den Gesamtzusammenhang einzuordnen.

Dabei ist freilich zuzugeben, daß die Überschrift des letzten großen Kapitels bereits eine wertende Betrachtung beinhaltet: Die vorbildhafte kommunale Interessenvertretung beim Europarat soll dem allzu bescheidenen – wenn nicht mangelhaften – Brüsseler Kommunalschutz übergestülpt werden. Ansonsten könnte ja von vornherein der wissenschaftliche Sinn der Auseinandersetzung in Frage gestellt werden – Nein! In diesem Sinn kann auch in Kauf genommen und als Ergebnis präsentiert werden, daß das Europaratsmodell gar nicht in das EU-System paßt, der rein zwischenstaatlich agierende Europarat aus rein strukturellen Gründen nicht als Vorbild der supranationalen, mit den in den Mitgliedstaaten zum Teil unmittelbar wirkenden Rechtsetzungsbefugnissen ausgestatteten Europäischen Union fungieren kann. Welche dieser Vorstellungen tatsächlich zutrifft, gilt es in den letzten beiden Abschnitten dieses Kapitels zu erörtern. Vorangestellt werden sollen aber folgende Gedanken:

Die hier eben angeführten Ansichten können nur der Stärkung des Problembewußtseins dienen. Als Extrempositionen können sie polarisieren. Entweder eine Übertragung der institutionellen Gegebenheiten wird in Gänze abgelehnt oder befürwortet. Entsprechend dem aristotelischen Prinzip wird wohl auch hier die Wahrheit in der Mitte liegen. Es gilt daher genau zu differenzieren, welche Mechanismen der Kommunalvertretung gerade auf den (idealtypischen) Strukturen der jeweiligen Organisation beruhen. Da diese Betrachtungsweise als alleinige Aufgabenstellung wieder eine parallele, monotone Untersuchung voraussetzt, also nur die jeweilige Herkunftsschiene betrachtet, soll zugleich erörtert werden, ob der bestimmte Aspekt kommunaler Interessenvertretung trotz seiner originären Eigenheiten in das andere System – hier das der EU – transferiert werden kann. So wird eine Zerlegung der Gesamtfragestellung auch im Vergleich unabdingbar sein. Am Ende soll ein Modellvorschlag entstehen, der als Ganzes unter Berücksichtigung aller Spezifitäten für die EU-Ebene wünschenswert wäre.

b) Einbeziehung politischer Entscheidungen und der Zeitfaktor im Integrationsprozeß

Fraglich ist, was für die EU wünschenswert ist. Nicht erstrebenswert wäre sicherlich ein theoretisches Gedankenhaus, das zur praktischen Umsetzung unfähig ist. Gleiches könnte man annehmen, wenn ein politischer Umsetzungswille offensichtlich fehlen würde. Als Maxime einer wissenschaftlichen europarechtlichen Auseinandersetzung kann die rein politische Betrachtung nicht taugen, weil sie einen Punkt vernachlässigt, der im Integrationsprozeß von entscheidender Bedeutung ist: Den Zeitfaktor. Ohne dabei zu grundsätzlich zu werden, läßt sich anmerken, daß über viele Jahre die bloße Existenz einer Kommunalvertretung in der Gemeinschaft, als eine Mitsprache kommunaler Entscheidungsträger im Rechtsetzungsprozeß – in welchem qualitativen Ausmaß auch immer –, eine Vorstellung im Bereich des Utopischen war. Gerade im integrativen Zusammenwachsen wächst der Grad der Intensität und Quantität der supranationalen Entscheidungen. Hier ist eine ständig neue Ausrichtung der inhaltlichen Schwerpunktsetzung vonnöten. Untermauert wird dies durch die genealogische Entwicklung beim Europarat, wo sich nach und nach eine Vertretung der kommunalen Gebietskörperschaften herauskristallisiert hat.

Andererseits sind politische Vorstöße der Motor des integrativen Fortschreitens der EU. Poltische Entscheidungsprozesse, die jeder institutionellen Neuausrichtung vorangehen, völlig außen vor zu lassen, würde die Darstellung rasch in phantasievolle Bahnen lenken. Die Einbeziehung politischer Direktiven führt daher zu einer Selbstbeschränkung. Verbunden mit dem Faktor Zeit können solche Fragestellungen dazu anhalten, die Stellung der Kommunen innerhalb des Gesamtzusammenhangs zu rekapitulieren. Die kommunalen Gebietskörperschaften sind neben anderen organisatorischen Einheiten zur Mitwirkung an der Entscheidungsfindung berufen. Ohne Zweifel ist der Weg hin zu einem Europa der Kommunen[1] und Regionen sehr weit.[2]

Die Existenz derartiger Forderungen als solche spricht bereits für eine zukunftsgewandte Vorgehensweise. Die schwerpunktmäßige Weiterentwicklung jenseits des Status Quo soll die vorliegende Arbeit auch von anderen Darstellungen unterscheiden, die lediglich in einem Ausblick ihre futuristischen Einschätzungen wiedergeben. Damit soll aber nicht der Eindruck entstehen, daß zur Untermauerung der Thesen nicht auch wertende Aspekte angeführt werden. Es wird versucht, unter Abwägung der Argumente der Forschung und unter Einbeziehung aktueller Entwicklungen – insbesondere des Konvents zur Zukunft Europas[3] – ein Modell zu beschreiten.

Im Rahmen der kommunalen EU-Interessenvertretung ist ein weiterer Gesichtspunkt, der eng mit dem Zeitfaktor der institutionellen Fortentwicklung verbunden ist, zu berücksichtigen. Die mangelhafte binnenorganisatorische Repräsentanz hat – ob unberechtigt oder berechtigt – dazu geführt, daß sich im Umfeld der EU-Organe eine Reihe von kommunalvertretenden Organisationen und Verbänden der kommunalspezifischen Interessenswahrnehmung verschrieben haben. Zum Teil handelt es sich um die traditionellen[4] Spitzenverbände, die ihre Lobbyarbeit europapolitisch ausgerichtet haben. Zum Teil auch um spezialisierte Vertretungen gleichgesinnter – oder: gleichbetroffener – Gebietskörperschaften, die europaweit ihre Positionen einbringen.

In diesem Zusammenhang stellt sich die Frage, ob die Lobbyarbeit eine mangelnde institutionelle Vertretung zu ersetzen vermag bzw. ein mehr oder weniger geordnetes Miteinander existieren kann. Dabei soll auf einzelne Organisationen und deren Versuch einer Einflußnahme eingegangen werden. Hält

1 *Gensler,* Mit dem Ausschuß der Regionen ins Europa der Regionen, Europa kommunal 1994, 109.

2 Vgl. bspw. den Titel der Publikation von *Knemeyer (Hrsg.),* Europa der Regionen – Europa der Kommunen.

3 Dazu ausführlich unten.

4 Vgl. *Heberlein*, Kommunale Europapoltik, BayVBl. 1992, 417 ff.

man eine solche geteilte Interessenvertretung für nicht wünschenswert, so muß die Frage beantwortet werden, wie diese Defizite durch eine Integration in die institutionelle Schiene ausgeglichen werden können. Andererseits, wenn man annimmt, daß eine doppelgleisige Interessenwahrnehmung den gewünschten Erfolg bringt, müssen die institutionellen Gegebenheiten diesen Strukturen angepaßt werden. Dieser Problematik soll angesichts ihrer Bedeutung ein eigener Abschnitt gewidmet werden.

2. Konsequenzen einer hinkenden inhaltlichen Vergleichsstruktur

Gleiche Prinzipien müssen für das dritte Kapitel gelten, das bisher im luftleeren Raum zu hängen scheint. Im Gegensatz zu den beiden institutionellen Kapiteln existiert kein EU-Pendant zur EKC. Damit soll aber nicht ohne weiteres zum Ausdruck kommen, daß das Fehlen einer Parallele auf keinerlei kommunalschützende EU-Rechtssetzung hindeutet. In jedem Fall – und das kann schon jetzt festgehalten werden – fehlt ein der EKC entsprechender umfassender Normenkomplex, der eine Absicherung kommunaler Rechte gegen das EU-Regelwerk beinhaltet.

Ob die tatsächlich existierenden, den Schutz der kommunalen Gebietskörperschaften bezweckenden Grundsätze in ihrer Wirksamkeit der wünschenswerten Intensität und Durchsetzbarkeit entsprechen, kann an dieser Stelle offen bleiben. Jedenfalls verfügt der Europarat über ein Instrument, das – alleine oder in Verbindung mit der Europäischen Regionalcharta[5] – auf dem Weg zu einem Europa der Regionen und Kommunen wertvolle Hilfestellungen geben kann. Insofern soll auf einen detaillierten Vergleich verzichtet und die europaratsrechtlichen Errungenschaften unmittelbar in die EU-rechtlichen Fragestellungen eingebaut werden.

Zum einen ist hier auf Aspekte der kommunalen Selbstverwaltung entsprechend dem Titel und dem zentralen Regelungsgehalt der EKC einzugehen, wobei der Schwerpunkt auf der Entwicklung einer europäischen kommunalen Selbstverwaltung liegen soll. Hilfsweise bzw. parallel hierzu wird die Frage aufgeworfen, inwieweit die chartaspezifischen Instrumente auf weitere, grundle-

---

5 Vgl. die Anwendbarkeit der EKC auf weitere Gebietskörperschaften außerhalb der kommunalen Ebene nach Art. 13 EKC; im Umkehrschluß bedeutet dies, daß auch ohne die Regionalcharta die anzuführenden Ziele, soweit sie übereinstimmen, verwirklicht werden können. Dies wiederum setzt voraus, daß eine Einbeziehung der Regionen überhaupt erfolgen soll. Trotz der vorsichtigen Betrachtung politischer Tendenzen nach oben angeführten Grundsätzen soll hier aber keine zieldefinierte Aufspaltung des Topos erfolgen.

gende Prinzipien reduziert werden können, die möglicherweise zukunftsträchtige Schutzmechanismen vorweisen. Im Mittelpunkt der Darstellung steht das vielseitig gebrauchte Stichwort der Subsidiarität. Dabei soll das Subsidiaritätsverständnis der EKC dem der EU gegenübergestellt werden, mithin der summarische Begriff der Subsidiarität in seine facettenreiche Dimensionen zerlegt werden.

Aus diesen Betrachtungen ergibt sich ein geschlossenes Bild der institutionellen und inhaltlichen Einflußnahme kommunaler Gebietskörperschaften in der EU, das zuletzt thesenartig in seiner gesamtheitlichen Ausprägung in Forderungen an die Entscheidungsträger zusammengefaßt werden soll.

3. Äußere Strukturen der Wahrnehmungsebenen

Im Rahmen einer Untersuchung ist eine strukturelle Trennung in unterschiedliche Wahrnehmungsebenen unvermeidbar. Die vielfältige Ausgestaltung des gemeinschaftlichen Meinungsbildungsprozesses, unter Berücksichtigung aller rechtlichen Prämissen und vorherrschenden Interessen, zeigt sich in besonderem Maß an kommunalrelevanten Entscheidungen. Grundlegend lassen sich zwei Schienen unterscheiden, welche die wissenschaftliche Auseinandersetzung kennzeichnen: Die personalisierte und die inhaltliche Gruppierung.

a) Personalisierte und inhaltliche Interessenwahrnehmung

aa) Spezifizierung der europäischen Kommunalinteressenvertretung

Unter die personalisierte kommunale Interessenbündelung fallen alle institutionellen und außerinstitutionellen Vertretungen, die über die Ausnutzung vorgegebener organisatorischer Strukturen oder den Einsatz persönlicher Kontakte – gleich ob sie auf eigenen Leistungen oder das Innehaben eines Amtes beruhen – versuchen, den Entscheidungsgang und das Ergebnis im Sinne der kommunalen Gebietskörperschaften zu beeinflussen. Letzterem Aspekt ist entgegenzuhalten, daß es *die* kommunalen Interessen oder *die* Meinung der kommunalen Gebietskörperschaften als solche nicht gibt. Hier soll es aber nicht darauf ankommen, ob die vorgebrachten Argumente am Ende einer abgeschlossenen Meinungsbildung – durch welches Organ auch immer – stehen, unabhängig von deren Nationalität oder Internationalität. Vielmehr ist die Einflußnahme danach zu untersuchen, ob es der jeweiligen Personalität gerade auf die kommunale Interessenwahrnehmung ankommt.

In diesem weiten Sinne verstanden wäre Bestandteil der personalisierten Einflußnahme jede natürliche oder juristische Person, die kommunale Interessen vertritt und wahrnimmt. Hierunter fielen gleichermaßen Mitglieder des Europaparlaments, die kommunale Anliegen unterstützen, oder Bürgermeister, die in Vertretung ihrer Gemeinde sich unmittelbar nach Brüssel wenden. Mag es sich hierbei auch um einen kommunalrechtlichen und nicht nur kommunalpolitisch bedeutenden Vorgang handeln, so spricht die Weite der Begriffsfindung und Unkonturiertheit des Subsumtionsergebnisses gegen die expandierende Auslegung.

Trotzdem kann diese wichtige Ebene, weil sie beispielsweise, wie im obigen Exempel erläutert, durch gewählte Volksvertreter und unmittelbar – im Fall des Bürgermeisters ohne die Dazwischenschaltung eines organisatorischen Apparats der Interessensbündelung – wahrgenommen wird, nicht ohne weiteres ausgespart werden. Entsprechend der Aufgabenstellung taugt sie aber nicht als Teil eines umfassenden Vergleichs, an dessen Ende ein weiterführendes Modell kommunaler Einflußnahme stehen soll.

So wünschenswert-theorethisch eine direkte Vertretung der Kommunen ohne Dazwischenschaltung weiterer Ebenen wäre, so wird sie wohl, angesichts der immensen Zahl an potentiellen Einflußnehmern, nicht nur auf dem Gebiet des europäischen Kommunalrechts scheitern.[6] In bezug auf die kommunalschützenden und -berücksichtigenden Äußerungen anderer Stellen, wie vornehmlich des europäischen Parlaments oder der Kommission, ist festzuhalten, daß diese Organe ohnehin bei der Mitwirkung an der EU-Gesetzgebung die Interessen aller Betroffenen zu berücksichtigen haben, ihre kommunale Interessenvertretung also notwendiger Teil der Meinungsbildung sein kann. Dies gilt sowohl für den einzelnen Abgeordneten oder Beamten, als auch für das Organ als ganzes.

---

6 Interessant ist in diesem Zusammenhang die Bildung von Europabüros der kommunalen Gebietskörperschaften Bayern, Sachsens und Baden Württembergs in Brüssel. Hier wird versucht, den Weg der Einflußnahme über die deutschen kommunalen Spitzenverbände abzukürzen. Träger der Büros sind die Landesverbände der kommunalen Spitzenverbände in den entsprechenden Bundesländern. Im Unterschied zu den anderen Lobbyistenvertretungen, z. B. dem inzwischen aufgelösten Büro der deutschen kommunalen Spitzenverbände als reinem Informationsbüro gegenüber den Spitzenorganen der entsendenden Verbände (DStGB, DLT, DST und der Bundesverband der deutschen kommunalen Spitzenverbände), können sich an die Kommunalbüros alle Mitgliedskörperschaften der Mitgliedsverbände mit ihren individuellen Anliegen wenden. Neben der organisatorischen Hilfestellung und Information dienen diese Vertretungen – die keinesfalls mit den Vertretungen der Bundesländer verwechselt werden dürfen – auch der angestrebten Bürgernähe Europas, vgl. das Weißbuch „Europäisches Regieren“ der Europäischen Kommission, KOM (2001) 428 endg., ABl. 2001 C 287/1.

Insoweit ist einzuschränken, daß nur solche Einrichtungen der personalisierten Einflußnahme im Sinne des weiteren Vorgehens zuzurechnen sind, die gerade darauf ausgerichtet sind, kommunale Interessen gegenüber europäischen Institutionen zu vertreten. Ihr Ziel muß in personeller und organisatorischer Hinsicht sein, den Meinungsbildungsprozeß einer oder mehrerer europäischer Organisationen im Sinne der kommunalen Gebietskörperschaften zu beeinflussen. Unschädlich ist dabei, daß neben dem Hauptzweck weitere Ziele verfolgt werden. Zu denken ist insbesondere an die gemeinsamen kommunalen und regionalen Vertretungseinrichtungen. Zu beachten ist in diesem Zusammenhang, daß die alleinige Kommunalvertretung tendenziell die Ausnahme, die Repräsentanz aller dezentralen Körperschaften der Mitgliedstaaten die Regel ist.

Ob dies zu Synergieeffekten oder einer unvorteilhaften Vermengung divergierender Interessen führt, muß an dieser Stelle nicht beantwortet werden.

bb) Inhaltliche Interessenwahrnehmung

Weit verzwickter als die institutionelle und die außerinstitutionelle Einflußnahme ist die Ausgestaltung des inhaltlichen Kommunalschutzes. Zwar wächst auch in diesem Bereich die Anzahl der kommunalvertretenden Organisationen und Interessenverbände mit dem Grad ihrer spezifizierenden Ausrichtung, dennoch sind sie nach ihren Zielen und der Art des Vorgehens in das Gesamtbild der personalisierten bzw. personalisierbaren Einrichtungen einzuordnen. In der Klassifizierung nach Wirksamkeitsmaßstäben – sofern ein solches Votum überhaupt abgegeben werden kann – findet eine solche Darstellung ihre Grenzen.

Genauso einfach könnte eine Aufzählung inhaltlicher Dispositionen mit kommunalschützendem Charakter erfolgen. Anders als bei der institutionellen Ebene würde im gleichen Moment die Frage nach deren Effektivität auftauchen. Die inhaltliche Einordnung ist viel enger mit Wirksamkeitsgesichtspunkten verknüpft als der institutionelle Rahmen. Offensichtlich führt unbewußt die bloße Existenz einer Institution zu dem Schluß der ausreichenden Ausnutzung der vorhandenen Organisationsressourcen, obwohl auch hier der Gesamtzusammenhang darzulegen ist. Im Gegensatz dazu reicht die deklaratorische Verabschiedung eines kommunalschützenden Dokuments alleine nicht. Viel entscheidender ist die inhaltliche Ausrichtung, der Verpflichtetenkreis, die rechtliche Durchsetzbarkeit und der Grad der Verpflichtung als Ausdruck der Stellung im Normensystem. Hier ist eine viel differenziertere Vorgehensweise angebracht.

Der Europarat hat eine Reihe von kommunalrelevanten Rechtstexten hervorgebracht. Auf die Untersuchung bezogen können dies nicht alle Dokumente sein, die überhaupt mit der kommunalen Ebene verknüpft sind, also einen spezifischen Bezug zu den kommunalen Gebietskörperschaften aufweisen, sondern nur solche, die einen Schutz kommunaler Interessen, insbesondere gegenüber der Staatsmacht bezwecken.

In Betracht kommen hier in erster Linie die vom Europarat verabschiedeten Konventionen und die Resolutionen, Empfehlungen und Stellungnahmen des KGRE. Bei letzteren sind aber insofern Abstriche zu machen, als es den Dokumenten an Rechtsverbindlichkeit fehlt. Dennoch sollen sie nicht außen vor bleiben, weil auch sie Möglichkeiten einer Einflußnahme sein können.

Das Hauptaugenmerk gilt der EKC als dem wichtigsten kommunalschützenden Dokument des Europarats. An ihr sind die Grundstrukturen kommunaler Regelungsmechanismen darlegbar und im Lichte der EU-Rechtsordnung darzulegen. Sie enthält detaillierte Prinzipien als Ausfluß kommunaler Selbstverwaltung, deren Tauglichkeit als Richtschnur für den gemeinschaftsrechtlichen Gesetzgeber zu untersuchen ist.

Die Gemeinschaft kennt einen solchen kommunalschützenden Normtext nicht. Die gemeinschaftsrechtlichen Schutzmechanismen – auf die noch eingegangen wird – müssen daher aus allgemeinen Prinzipien und Rechtsgrundsätzen hergeleitet werden. Fraglich ist dann lediglich deren Effektivität. Die Übertragbarkeit der EKC bzw. deren Inhalte als Ausdruck einer wirksamen Berücksichtigung kommunaler Interessen in der Gemeinschaft wird im weiteren Vorgehen erläutert. Der Grad der Einflußnahme ist in Relation zu den hinzunehmenden Einwirkungen auf den Rechtskreis der kommunalen Gebietskörperschaften zu setzen.

cc) Zusammenfassender Überblick

Die Struktur der kommunalen Interessenwahrnehmung soll zusammenfassend anhand folgender Übersicht verdeutlicht werden:[7]

7 Die grau unterlegten Felder bilden den Schwerpunkt des letzten Kapitels in vergleichender Betrachtungsweise.

<table>
<tr><th colspan="5">Struktur des kommunalen Interessenschutzes</th></tr>
<tr><th colspan="3">Personalisiert</th><th colspan="2">Inhaltlich</th></tr>
<tr><td>institutionell</td><td colspan="2">außerinstitutionell</td><td rowspan="3">EKC</td><td rowspan="3">Allgemeine Rechtsgrundsätze
Subsidiarität
Kommunale Selbstverwaltung</td></tr>
<tr><td>AdR</td><td>national</td><td>international</td></tr>
<tr><td>KGRE</td><td>Kommunale Spitzenverbände</td><td>IULA
RGRE
EC
usw.</td></tr>
</table>

b) Wechselwirkung zwischen inhaltlicher und personalisierter Wahrnehmungsebene

Welche Gedanken lassen sich gegen eine bisher verfolgte monotone Vorgehensweise anführen? Bisher wurde strikt getrennt zwischen der personalisierten Wahrnehmungsebene samt der sie garantierenden rechtlichen Grundlagen einerseits und den inhaltlichen Errungenschaften andererseits. Es stellt sich die Frage, in welchem wechselseitigen Zusammenhang die institutionellen und materiellen europakommunalen Seiten stehen. Nur eine intraspezifische Betrachtungsweise läßt Rückschlüsse auf den notwendigen Grad der Einflußnahme zu. Eine parallele Darstellung der Leiterstruktur eignet sich zwar zur Erläuterung des Ist-Zustandes, ein weiterführendes Gesamtmodell im symbiotischen Zusammenschluß aller erforderlichen Merkmale der effektiven Kommunalvertretung ist damit aber nicht möglich.

aa) Beispiel zur außerinstitutionellen Einflußnahme

Der Gedankengang soll anhand eines Beispiels geführt werden:

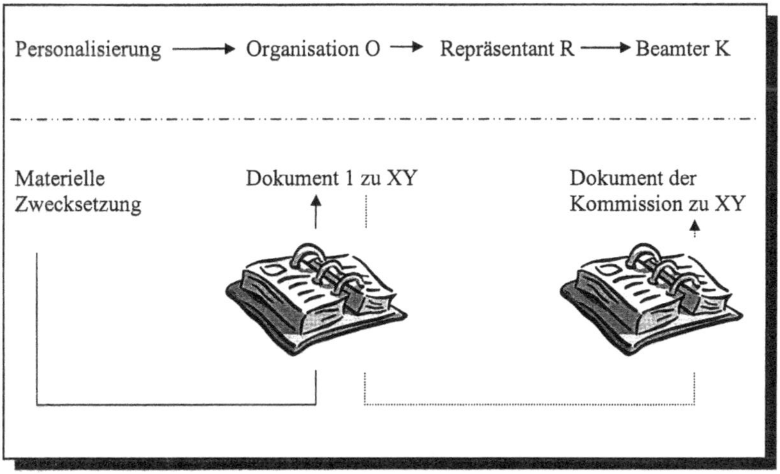

Die kommunalvertretende Organisation O versucht, den Meinungsbildungsprozeß im Rahmen einer Kommissionsvorlage an den Rat in ihrem kommunalschützenden Sinn zu beeinflussen. Dies versucht sie, indem sie ihren Repräsentanten R der Brüsseler Vertretung mit der persönlichen Kontaktaufnahme des verantwortlichen Kommissionsbeamten betraut.

Hier zeigt sich deutlich die Personalisierung im Einflußnahmeprozeß in der Form der außerinstitutionellen Interessenvertretung. R wird die persönliche Schiene nutzen, um das Dokument 1 zu XY in den Meinungsbildungsprozeß einzubringen. Von der Qualität der Inhalte wird es abhängen, inwieweit die Ideen von O Berücksichtigung finden. Sind sie von der erwünschten Überzeugungskraft, werden die Argumente in die Entscheidung mit einbezogen und es kommt zu einer materiellen Beeinflussung der Kommissionsvorlage.

Dieses Ergebnis ist wenig überraschend, solange die O und R als deren Vertreter in den Hintergrund treten, beide also jederzeit austauschbar wären und deren Informationen in Dokument 1 für sich stehen würden. Allzu nachvollziehbar erscheint es, daß Inhalte stets einen personalisierten Ursprung haben. Welche juristische oder natürliche Person dabei die materiellen Anregungen einbringt, ist völlig unerheblich. In einem solchen Fall könnten beide Ebenen in Parallelität zueinander koexistieren. Lediglich der Übermittlungsautomatismus deutet auf eine Durchbrechung des Nebeneinanders hin.

Anders, wenn die Inhalte gerade mit der O verbunden sind. Dabei ist es gleich, ob der O diese Stellung aufgrund des Dokuments 1 zu XY bzw. dessen Qualität oder aufgrund einer anderweitig erworbenen Machtposition zukommt. Genauso vorstellbar ist, daß R wegen seiner Kompetenz oder sonstiger Ursachen ein persönlich gutes Verhältnis zu K hat, das es ihm erlaubt, über diesen Kontaktweg Informationen – Direktiven der O – zu übermitteln. In einem solchen Fall dienen die Positionen von O und R dazu, kontinuierlich auf den Entscheidungsprozeß einzuwirken. Ist K von der Arbeit überzeugt, so wird er durch Rückfragen, Besprechungen oder andere Kontaktaufnahme die Beziehungen zu R intensivieren.

Folglich sind die Inhalte der O mit der Person des R untrennbar verbunden und identifizierbar. Es besteht ein Zusammenhang mit den materiellen Vorgaben der O und den von ihr verfaßten Dokumenten in bezug auf den entscheidenden Beamten K. Der Entscheidungsträger ist sich der Einflußnahme gerade der O bewußt und wird möglicherweise über das singuläre Projekt hinaus auf dessen Interessen hören und diese einbeziehen.

bb) Inhaltliche und institutionelle Einflußnahme als Spiegelbild

Treffend ließen sich an dieser Stelle Vor- und Nachteile des außerinstitutionellen Einflußnahmemodells erörtern. Dies soll aber erst an späterer Stelle geschehen.[8] Vielmehr soll das Grundmodell auf die institutionelle Seite in Hinblick auf die obige Fragestellung übertragen werden.

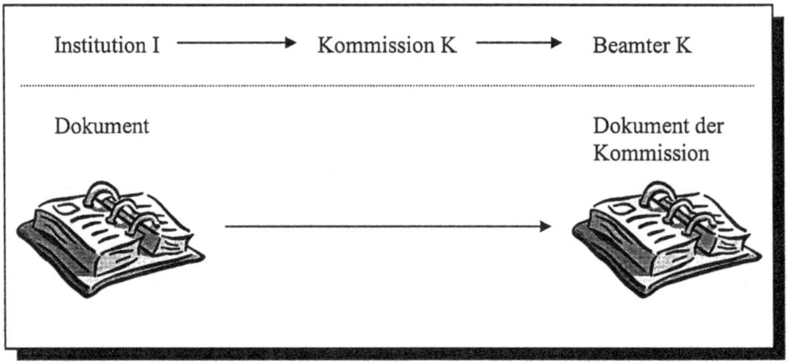

Freilich ist auffallend, daß auf Seiten des Einflußnehmers ein Repräsentant wegfällt – die Berichterstatter im Ausschuß der Regionen haben keine Übermitt-

8 Vgl. S. 508 ff.

lungsfunktion wie R für O, sondern eine Vorbereitungsfunktion für die maßgeblichen Organe, in erster Linie also die Plenarversammlung. Letztlich nimmt aber auch hier nur der AdR oder allgemein die Institution I kommunalschützende Interessen durch die Einflußnahme auf den Entscheidungsträger wahr. Auch hier gilt: Je besser die Argumente, desto größer die Wahrscheinlichkeit einer Rezeption. Offiziell richten sich die Dokumente nicht an den Beamten selbst[9], sondern an das Organ der Kommission.

Der institutionelle Entscheidungsweg unterscheidet sich von der Aktivität der Organisation O dadurch, daß die Beziehung des Dokuments auf den Urheber bei der Institution I von vornherein ausgeprägter ist.[10] So wird bei der Aussprache stets vom Dokument der I gesprochen werden. Die I als solche verleiht entsprechend ihrem Status der inhaltlichen Aussage ein bestimmtes Gewicht. Je stärker also die formalrechtliche Stellung der Institution, desto optimaler die Einflußnahmevoraussetzungen und desto stärker die inhaltlichen Auswirkungen. Hier besteht auf die absolute Dauer ihrer Existenz durch die Institution ein unmittelbarer Zusammenhang zwischen institutioneller Ausgestaltung und inhaltlicher Einflußnahme. Diese Annahme geschieht unter der Prämisse der idealen Ausnutzung der Einflußnahmevoraussetzungen. Dazu gehört, daß die entsprechende Einrichtung organisatorisch auf die gestellten Anforderungen eingerichtet ist.

Der Grad der Einflußnahme läßt sich folglich auf zwei Wegen erhöhen, die miteinander Hand in Hand gehen:

Zum einen durch die inhaltliche Weiterentwicklung der interessenschützenden Normkomplexe. Nach den Regelungsmechanismen einer zwingend zu berücksichtigenden Norm werden die Kommunen in ihrer Rechtssphäre ohne weiteres Zutun geschützt. Häufig werden diese Positionen in Abwägung mit anderen schützenswerten Interessen in einen verhältnismäßigen Ausgleich zu bringen sein. Dennoch stellen sie die stärkste Einflußnahmemöglichkeit dar, weil inhaltliche Direktiven in den meisten Fällen unverweigerlich zu einer Beeinflussung des Ergebnisses führen werden.

Zum anderen – und das ist hier entscheidend – durch eine Verbesserung der institutionellen Rahmenbedingungen. Durch den Ausbau der vorhandenen Strukturen läßt sich die Quantität und Qualität der inhaltlichen Arbeit steigern.

---

9 Das sogenannte Inside-Lobbying-

10 Daher auch die gestrichelte Linie zwischen der institutionellen und der materiellen Ebene, im Gegensatz zum ersten Beispielsmodell, wo nur eine teilweise Durchlässigkeit, d h. eine Verknüpfung inhaltlicher Positionen mit der Person oder Organisation des Einflußnehmers, angenommen werden kann.

Die Verknüpfung von materieller und organisatorischer Seite ergibt sich hier aus der Natur der Sache. Beide stehen sich spiegelbildlich gegenüber, wobei die institutionellen Einflußnahmeversuche den Ausgangspunkt darstellen. Im theoretischen Modell schraubt sich mit der Optimierung der institutionellen Gegebenheiten die inhaltliche Repräsentanz bis zum Grad der Notwendigkeit. Letzterer bemißt sich an der Betroffenheit der Gemeinden als solche, sowie im Verhältnis zu anderen Körperschaften und Interessensgruppen.

Durch die damit einhergehende Verbesserung des materiellen Schutzes wird diese Spirale also zum Selbstläufer. Dabei geht es nicht nur um eine Beeinflussung im Einzelfall, wie im obigen Beispiel, sondern auch um die inhaltliche Berücksichtigung kommunaler Interessen im Primärrecht. Im Extremfall geht der zwingend zu achtende Schutz inhaltlicher Notwendigkeit so weit, daß er eine Institution überflüssig macht. Hierin zeigt sich, daß es sich um ein reines Idealmodell handelt. In seiner praktischen Umsetzung sollen diese Grundsätze als Leitlinie der zu erörternden Vorschläge dienen.

cc) Weitere Modelle

Der wechselseitige Zusammenhang unter dem eben genannten Blickwinkel wird in der Literatur nur andeutungsweise dargestellt. Entweder wird das Problem überhaupt nicht gesehen, oder die Fragestellung ist dahingehend formuliert, daß es einer solchen Problematisierung überhaupt nicht bedarf. Dies gilt vor allem für rein deskriptive Darstellungen, die ohne weiteres die institutionellen und die inhaltlichen Vorgaben nebeneinander stellen können.

Die kürzeren Bearbeitungen oder Aufsätze konzentrieren sich ohnehin aus praktischen Gründen auf wenige Aspekte ohne dezidiertes Eingehen auf den Gesamtzusammenhang.

Ein vom Ausgangspunkt her vergleichbares Modell findet sich bei *Schaffarzik.*[11] Dort wird mit der Prämisse der inhaltlichen Zielvorgabe argumentiert: Dem Schutz kommunaler Selbstverwaltung in den Europäischen Verträgen. Davon ausgehend wird untersucht, inwieweit Schutzmechanismen im Gemeinschaftsrecht existieren, welche eine Betroffenheit des gemeindlichen Rechtskreises kompensieren können. Der AdR – in unserem Sinne als institutionelle Vertretung der kommunalen Gebietskörperschaften – wird als ein kleines Mosaiksteinchen der umfassenden Einflußnahme aufgefaßt und den inhaltlichen Vorgaben gleichgestellt. *Schaffarzik* geht also offensichtlich davon aus, daß die institutionelle Einflußnahme lediglich unterstützend neben anderen Instrumenten,

11 Vgl. *Schaffarzik,* Handbuch der EKC.

gleich welcher Natur auch immer, wirkt und diesen gleich- oder sogar unterzuordnen ist. Ein wechselseitiger Bedingungszusammenhang findet sich nicht. Zur Verdeutlichung ist hervorzuheben, daß die Perspektive mit dem kommunalen Selbstverwaltungsrecht nach der Europäischen Kommunalcharta unter weitgehender Vernachlässigung der personalisierten Einflußnahme eine völlig andere ist.

Schäfer[12] verfolgt denselben Ansatz, indem er untersucht, ob im institutionellen Gemeinschaftsgefüge spezifische kommunale Schutzmechanismen bestehen und ob die unzureichende Absicherung einer Selbstverwaltungsgarantie zumindest teilweise „kompensiert" werden kann.[13] Er geht von der Notwendigkeit eines Ausgleichs der inhaltlichen Einbußen aus und stellt dabei sowohl die institutionelle als auch die außerinstitutionelle[14] Ebene dar. Ebenso wie bei *Schaffarzik* steht diese Form der Einflußnahme neben anderen so getauften Schutzmechanismen aus allgemeinen Prinzipien wie dem Verhältnismäßigkeitsprinzip, dem Subsidiaritäts- und Rechtschutzgedanken.[15] Entsprechend dem Titel seiner Auseinandersetzung dominiert hier gleichermaßen das (deutsche) kommunale Selbstverwaltungsrecht die inhaltlichen Ausführungen.

Aus diesem Blickwinkel ist die Einordnung der institutionellen Ebene als einer von mehreren Schutzmechanismen zwar verkürzend, aber nachvollziehbar. Bei der weiteren Darstellung soll entsprechend dem Untersuchungsgegenstand von der Nebeneinanderordnung und dem wechselseitigen Bedingungszusammenhang von personalisierter und inhaltlicher Wahrnehmungsebene ausgegangen werden.

dd) Zusammenfassung

Festzuhalten ist, daß institutionelle und inhaltliche Einflußnahme nicht ohne Wechselbeziehung nebeneinander stehen. Die personalisierte Einflußnahme ist Voraussetzung für einen effektiven Kommunalschutz. Je besser die institutionellen Strukturen, desto besser die Möglichkeiten der Beeinflussung der kommunalrelevanten Entscheidungen. Dies gilt sowohl für die einzelne Entscheidung als auch für die Positionierung der gemeindlichen Anliegen im gesamten Gemeinschaftsrechtssystem. Daher soll der Schwerpunkt der Erörterungen auf die Verbesserung der institutionellen Einflußnahme als Voraussetzung für eine

---

12 Siehe *Schäfer,* Die deutsche kommunale Selbstverwaltung in der Europäischen Union, S. 311 ff.

13 *Schäfer,* Die deutsche kommunale Selbstverwaltung, S. 311.

14 *„informelle"*: *Schäfer,* Die deutsche kommunale Selbstverwaltung, S. 311.

15 *Schäfer,* Die deutsche kommunale Selbstverwaltung, S. 262 ff., 299 ff.

effektive inhaltliche Arbeit gesetzt werden. Wie die inhaltlichen Schutzmechanismen, die über die personalisierten Einflußnahmestrukturen eingebracht werden, aussehen können, kann in diesem Zusammenhang nicht außen vor bleiben.

II. Notwendigkeit der Einflußnahme der Kommunen auf den EU-Rechtsetzungsprozeß

In der bisherigen Arbeit wurde scheinbar wie selbstverständlich von der Existenzberechtigung einer Mitwirkung der kommunalen Gebietskörperschaften an der supranationalen Entscheidungsfindung ausgegangen. Führt man sich vor Augen, daß die Vertretung in der Europäischen Union Teil der zwischenstaatlichen Zusammenarbeit ist, liegt die Beteiligung der Kommunen am supranationalen Entscheidungsprozeß zunächst fern.[16] Wohlgemerkt, es geht hierbei um die Mitsprache auf europäischer Ebene bei der Konstituierung von EU-Rechtsakten.

1. Ausreichende innerstaatliche Mitwirkung ?

Davon strikt zu unterschieden ist die innerstaatliche Beteiligung an der Umsetzung von bereits erlassenem EU-Recht. Ein solches Mitwirkungsrecht ist in vielen Mitgliedstaaten für die regionalen Gebietskörperschaften insbesondere dort gegeben, wo diese mit gesetzgebenden Kompetenzen ausgestattet sind. Das innerstaatliche Mitgestaltungsrecht ist insofern Ausgleich für die zu Lasten der Regionen der Gemeinschaft übertragenen Gesetzgebungsbefugnisse. Zu untersuchen ist, ob solche Mechanismen auch für die kommunalen Gebietskörperschaften existieren und – sofern vorhanden – Eingriffe in den geschützten Bereich kommunaler Selbstverwaltung kompensieren können.

a) Kommunale Gebietskörperschaften als verlängerter Arm der Regionen?

Insofern kommt eine Beteiligung der kommunalen Gebietskörperschaften über die den Regionen zuteil werdenden Mechanismen in Betracht. Diese Frage hängt eng mit der kommunalphilosophischen Sichtweise von kommunalen Gebietskörperschaften und kommunaler Selbstverwaltung zusammen. Faßt man die Gemeinden ausschließlich als Teil des Staats bzw. dessen aus administrativen Zwecken verlängerten Arm auf, so können diese beispielsweise in der Bun-

---

16 *Schäfer*, Die deutsche kommunale Selbstverwaltung, S. 235.

desrepublik als staatsrechtlich den Bundesländern als Teil der Staatsverwaltung zugeordnet werden. Sie werden dann auf dem innerstaatlichen Weg mit dem Beteiligungsverfahren der deutschen Bundesländer an der Willensbildung beteiligt.[17] Die Länder vertreten dann ihre eigenen wie in Vertretung kommunale Interessen. Dagegen sprechen aber grundlegende Bedenken, die über die rein staatsrechtliche Argumentationsschiene näher auszuführen sind.

Zu verweisen ist hier zunächst – unabhängig von den innerstaatlichen Strukturen der EU-Mitgliedsländer – auf die Ausführungen zu Art. 3 Abs. 1 EKC. Fraglich ist, ob eine derartige Stellung der Kommunen als regionale Spezifizierung den Anforderungen der EKC genügen kann. Möglicherweise kann diese Frage offen bleiben, wenn selbst eine innerstaatliche eigenständige verfahrensmäßige Beteiligung als ungenügend zu qualifizieren wäre. Als paralleles Beispiel ist hier auf das andeutungsweise dargestellte Europaengagement der deutschen Bundesländer zu verweisen. Sie sind gerade wesentliche Initiatoren und Nutznießer des Bundesratsbeteiligungsverfahrens nach Art. 23 Abs. 4 bis 7 GG.[18]

Trotz dieser Absicherungsmechanismen, die besonders mit den Länderbesonderheiten – den angesprochenen Kompetenzverlusten – einhergehen, konzentrieren sich die Länder seit Ende der 90er Jahre vehement auf eine offensive Europapolitik durch eine direkte Einflußnahme als angestrebtes Ergebnis regionaler Präsenz in Brüssel.[19] Hierfür spricht auch das gewachsene Regionalengagement seit der Konstituierung des AdR, der insoweit eine wesentliche Plattform der Regionalinteressen darstellen sollte.[20]

Konsequenterweise müßten den kommunalen Gebietskörperschaften noch weitergehendere Mitwirkungsrechte als den Regionen zustehen. Dies ergibt sich daraus, daß die Regionen auf eine innerstaatliche Beteiligung zurückgreifen können, während die kommunalen Gebietskörperschaften vermeintlich schutzlos gestellt sind, wenn innerstaatliche Schutzmechanismen kommunaler Selbstverwaltung versagen. Allein die Ausdrucksweise *„kommunale Bundesratsmitwirkung"* widerspricht dem gewohnten kommunalphilosophischen Ansatz, der der

17 Vgl. das EUZBLG.

18 Vgl. *Oschatz,* EG-Rechtsetzung und deutscher Föderalismus, in: Merten (Hrsg.), Föderalismus und Europäischen Gemeinschaften, S. 63 ff., 73 ff.; zur vormaligen Situation *Oschatz/Risse,* Bundesrat und Europäische Gemeinschaften, DÖV 1989, 509 ff.

19 Zu den regionalen Vertretungsbüros S. 519.

20 Dagegen aber die strukturellen Defizite; die Länderbüros in Brüssel sind unter anderem Resultat von enttäuschten Erwartungen hinsichtlich des Kommunal- und Regionalvertretungsorgans, *Fastenrath,* Länderbüros in Brüssel, DÖV 1990, 127; *Benz,* Regionen als Machtfaktor in Europa?, VerwArch (84) 1993, 340 f.

eigenständigen, verfassungsrechtlich geschützten Position der kommunalen Gebietskörperschaften im Staat nicht gerecht wird. Mit Blick auf die Europäische Charta der kommunalen Selbstverwaltung und auf die von den EU-Mitgliedstaaten übernommenen Grundsätze läßt sich dieses grundlegende Bild durchaus verallgemeinern, also auf die anderen Mitgliedsländer übertragen.

Im Rahmen dieser defizitären innerstaatlichen Mitsprache bedarf es eines Ausgleichs durch gemeinschaftsweite Schutzmechanismen oder alternativ einer verbesserten, eigenständigen innerstaatlichen Beteiligung der Kommunen. Dieser Ansatz ist aber schon deshalb nicht haltbar, weil er von dem hier verfolgten Untersuchungsziel abweicht und daher nicht weiter verfolgt wird. Er geht von der Prämisse aus, daß Länder/Regionen und kommunale Gebietskörperschaften nicht gleichermaßen die Berechtigung haben, in gleicher oder ähnlicher Intensität an den Entscheidungsprozessen mitzuwirken. Hier soll eine singuläre Betrachtung „aus eigenem Recht“ bzw. eigener Berechtigung im Mittelpunkt stehen.

Dennoch sensibilisieren die Überlegungen für das Spannungsfeld, in dem sich die Kommunen beim Buhlen um die europäische Interessenvertretung bewegen.

b) Innerstaatliche institutionelle und außerinstitutionelle Einflußnahme

In diesem Zusammenhang ist die Frage zu klären, die gleichermaßen alle dezentralen Körperschaften betrifft. Selbst wenn man eine Einflußnahme der kommunalen Gebietskörperschaften befürwortet, ist offen, wie diese ausgestaltet sein kann. Unabhängig von allen Diskussionen um institutionelle Beteiligungsrechte, könnte diese Mitwirkung anstelle einer gemeinschaftsweiten Repräsentanz den innerstaatlichen Strukturen überlassen bleiben.

Die entsprechenden Positionen wären dann über die Regierungen – die ja grundsätzlich zur Außenrepräsentanz berufen sind – an die europäischen Entscheidungsträger heranzutragen. Dies würde dem klassisch-internationalrechtlichen Rahmen entsprechen, dem ja prinzipiell auch die EU angepaßt ist.[21] Fraglich ist, ob dies der Zielsetzung des Integrationsprozesses und den strukturellen Gegebenheiten der EU gerecht wird. Der bisher gebrauchte Begriff der Einflußnahme würde hierdurch gesprengt. Im innerstaatlichen Verfahren könnte

21 Vgl. z. B. den Rat als Legislativorgan, in dem die jeweiligen Fachminister Gemeinschaftsrecht setzen, vgl. *Wuermeling,* Streicht die Räte und rettet den Rat! Überlegungen zur Reform des Ministerrats, EuR 1996, 167 ff.; aufgrund des supranationalen Charakters sind hier freilich Abstriche zu machen.

es sich um eine institutionelle wie außerinstitutionelle Einflußnahme handeln. Dort bliebe es im Rahmen einer Verhältnismäßigkeitsprüfung den entsprechenden innerstaatlichen Stellen überlassen, den geeigneten, erforderlichen und angemessenen Modus der Mitsprache festzulegen. Dies könnte über die kommunalen Zusammenschlüsse in Form von öffentlichen Körperschaften oder sonstigen Vereinigungen geschehen. Natürlich werden die kommunalen Gebietskörperschaften immer versuchen, ihre Positionen im Staat und gegen den Staat zu verteidigen. Die hier angestellte Überlegung geht aber dahin, daß dieser Entscheidungsfluß an die Stelle einer Interessenvertretung gleich welcher Art auf europäischer Ebene tritt.

c) Bundesratsbeteiligung, innerstaatliche Mitwirkung, Demokratiedefizit und kommunale Beteiligung

Die innerstaatliche Beteiligung der Bundesländer ist in Art. 23 Abs. 4 bis 7 GG festgelegt.[22] Die Einfügung des *„Europa-Artikels"* war Teil der Ratifizierung des Maastricht-Vertrags vom 7. Februar 1992[23] und eine von acht Änderungen des Grundgesetzes. Bereits zuvor war eine Übertragung von Hoheitsrechten auf die supranationale Gemeinschaft möglich.[24] Durch die Neufassung des Art. 23 GG sollte vor allem die Ländermitwirkung an der Gestaltung und Umsetzung der EU-Entscheidungen garantiert werden[25], die ihrerseits eine solche Beteiligung zur Voraussetzung der Zustimmung im Bundesrat zum Maastricht-Ratifizierungsakt machten.[26] Ordnet man die kommunalen Gebietskörperschaften staatsorganisationsrechtlich den Ländern zu, so könnte einer europäischen Mitwirkung in Deutschland durch Art. 23 GG genüge getan sein.

Solche Mitwirkungsmöglichkeiten müßten dann in ähnlicher Weise in allen Mitgliedstaaten festgelegt sein, um von einem gemeinschaftsweiten Prinzip

22 Art. 23 GG wurde mit der Änderung vom 21.12.1992 (BGBl. 1993 I, 2086) in das GG eingefügt; vgl. *Clostermeyer,* Die Mitwirkung der Länder in EG-Angelegenheiten, in: Borkenhagen u.a. (Hrsg.), Die deutschen Länder in Europa, S. 179 f.

23 BGBl. 1992 II, 1253.

24 Vgl. *Schäfer,* Die deutsche kommunale Selbstverwaltung, S. 235.

25 *Kalbfleisch-Kottsieper,* Die Europakommission der Länder und die Verhandlungen in Brüssel – auf dem Weg zu einer neuen Staatspraxis, in: Borkenhagen u.a. (Hrsg.), Die deutschen Länder in Europa, S. 9 ff.; *Oschatz,* Exportartikel Föderalismus. Zur Mitsprache und Mitgestaltung der deutschen Länder auf EG-Ebene, Der Landkreis 1992, 370 ff.

26 Vgl. *Kalbfleisch-Kottsieper,* Geburtswehen einer dritten Kammer, EG-Magazin 1993, 30 ff.

sprechen zu können.[27] Die rein innerstaatliche Mitwirkung tritt aber in jedem Fall zu kurz, was sich aus zwei Gesichtspunkten ergibt:

Was über die mitgliedstaatlichen Regierungen in den Rat eingebracht oder an die anderen EU-Organe herangetragen wird, mag im Einzelfall kommunalrelevante Inhalte enthalten. Zumeist werden im Kontext widerstreitender Interessen aber solche der kommunalen Gebietskörperschaften eher in den Hintergrund treten. Im deutschen Beispiel würde eine anderweitige Vorgehensweise bedeuten, daß die Bundesländer, die in vielen Angelegenheiten konkurristisch den Kommunen gegenüberstehen, als Anwalt kommunaler Anliegen fungieren müßten.[28] Ob eine solche Problemlösung der Sache dienlich sein kann, erscheint äußerst fraglich. Allgemeiner formuliert gäbe es in der EU 15 verschiedene Verfahren der Beteiligung kommunaler Gebietskörperschaften, die sich als solche nicht formieren und einen gemeinsamen Willen bilden könnten. Vom deutschen System im starken Föderalismus abgesehen, ist eine bloße innerstaatliche Beteiligung aller dezentralen Körperschaften abzulehnen.[29] Solchen Entwicklungen sollte in den vergangenen Jahren unter den Stichworten Demokratiedefizit[30], Subsidiarität und Bürgernähe[31] vehement entgegengewirkt werden.[32]

Die Tendenz in der EU geht gerade dahin, die europäische Rechtsetzung allein der Dominanz des Rats und der Kommission zu überlassen.[33] Insbesondere im Legislativorgan des Rats sitzen grundsätzlich Regierungsvertreter der Bundesregierung, nach Art. 23 Abs. 6 GG[34] aber auch Vertreter der Landesregierung.[35] In diesem schleichenden Prozeß der Entparlamentarisierung[36] und Zentralisierung des Entscheidungsprozesses wird mit fortschreitender Integration eine Demokratisierung[37] unabdingbar. Zu einer solchen gehört es zweifellos, die

---

27 Vgl. *Dockter,* Die innerstaatliche Ratifikation – Mitwirkungsmöglichkeiten der dritten Ebene, in: Borkenhagen u.a. (Hrsg.), Die deutschen Länder in Europa, S. 161 ff.

28 Vgl. *Thallmayer,* Keine Beteiligung der Kommunen an den Beratungen des Bundesrates, BayGTZ 1999, 157 f.

29 Vgl. *Knemeyer,* Entwicklungslinie zu einem Europa der Regionen, in: Knemeyer, Europa der Regionen – Europa der Kommunen, S. 21.

30 Vgl. *Fischer/Köck,* Europarecht, S. 405.

31 *Thränhardt,* Die Kommunen und die Europäische Union, in: Wollmann/Roth (Hrsg.), Kommunalpolitik, S. 373 ff.

32 Vgl. KOM (2001) 428 endg., ABl. 2001 C 287/1.

33 *Pfetsch,* Die Europäische Union, S. 255; *Thun-Hohenstein/Cede,* Europarecht, S. 101.

34 Vgl. Art. 203 Abs. 1 EG.

35 *Fischer/Köck,* Europarecht, S. 405.

36 Zur Situation vor Maastricht *Volkert,* Landesparlamentarismus im Prozeß der europäischen Einigung, in: Merten (Hrsg.), Föderalismus und Europäischen Gemeinschaften, S. 251 ff.

37 *Neukum,* Die Erwartungshaltung der Kreise an Maastricht, Der Landkreis 1995, 491.

Beteiligung möglichst vieler Interessengruppen zu garantieren.[38] Für dieses Defizit läßt sich das Lobbyismus-Argument anführen. Die Beschreitung informeller Wege der Einflußnahme ist ja gerade das Resultat mangelnder institutioneller Mitsprache. Wäre eine Beteiligung ausreichend institutionell und rechtssätzlich garantiert, so würde den außerinstitutionell agierenden Trägern ihre Existenzgrundlage entzogen.

Dem ist nochmals hinzuzufügen, daß zwar auch die innerstaatliche Mitwirkung unter das Stichwort Demokratisierung subsumiert werden kann, dies aber an den verfolgten Zwecken auf europäischer Ebene nichts ändert. Zu fordern ist daher eine europäische Repräsentanz aller dezentralen Strukturen, die in jedem Fall einer Reduzierung auf die innerstaatliche Einflußnahme vorzuziehen ist.

2. Betroffenheit der Gemeinden von EU-Entscheidungen

Woher nehmen die Gemeinden die Berechtigung einer Mitsprache bei den EU-Entscheidungen – oder besser gesagt[39], bei den sie betreffenden EU-Entscheidungen? Maßgebliches Kriterium kann die Betroffenheit der Gemeinden sein.[40] EU-Entscheidungen im allgemeinen Sinn tangieren die kommunale Rechtsphäre, so daß eine Mitwirkung der Kommunen gerechtfertigt ist.[41] Durch die Übertragung mitgliedstaatlicher Kompetenzen hat die EU weitreichende Regelungszuständigkeiten, deren Wahrnehmung die Mitgliedstaaten in all ihren Ebenen trifft. Europa macht nicht vor den kommunalen Gebietskörperschaften halt.[42] In vielen Bereichen werden sie mit der europäischen Rechtsmaterie konfrontiert, unabhängig davon, ob sich der kommunale Rechtsanwender des Ursprungs der Regelung überhaupt bewußt ist. Angesichts der Undurchsichtigkeit, mit der Rechtsnormen auf europäischer Ebene kreiert werden, wird das mangelnde Bewußtsein der Herkunft der Rechtsmaterie der Normalfall sein. Dies gilt um so mehr, als sehr häufig Beschlüsse der Mitgliedstaaten oder deren regionale Untergliederungen in Umsetzung der Brüsseler Vorgaben gefaßt wer-

38 Zur Unterrichtung der Landtage *Clostermeyer,* Die Mitwirkung der Länder in EG-Angelegenheiten, in: Borkenhagen u.a. (Hrsg.), Die deutschen Länder in Europa, S. 176 f.

39 Vgl. *Köhler/Becker-Birk,* Die Kommunen nehmen in legitimer Weise Einfluß auf das europäische Geschehen, Der Landkreis 1992, 351.

40 Vgl. die Übersicht bei: *Mombaur/von Lennep,* Fortentwicklung des EG-Rechts, Europa kommunal, Sonderheft 1992, S. 13 ff.

41 *Schoch,* Kommunale Selbstverwaltung, in: Henneke (Hrsg.), Kommunen und Europa: Herausforderungen und Chancen, S. 19 ff.; vgl. *Knemeyer,* Kommunale Selbstverwaltung in Deutschland unter europäischem Einfluß, in: Pitschas/Kisa (Hrsg.), Internationalisierung von Staat und Verfassung, S. 252.

42 *Knemeyer,* Kommunale Selbstverwaltung in Deutschland unter europäischem Einfluß, in: Pitschas/Kisa (Hrsg.), Internationalisierung von Staat und Verfassung, S. 252.

den, der nationale Gesetzgeber also nur in Ausnutzung eines ihm überlassenen Spielraums handelt.[43]

Von der tatsächlichen Rezeption des Anwenders auf kommunaler Ebene ist das Recht zu unterscheiden, in legitimer Weise auf die Entscheidungsfindung Einfluß zu nehmen. Eine Beteiligung ist schon dann anzudenken, wenn überhaupt eine europäische Regelung – in welcher Form auch immer – zugrunde liegt. So haben sie die Möglichkeit, die an die Mitgliedstaaten gerichtete Richtlinie oder Verordnung in ihrer Entstehung zu beeinflussen und – bei umsetzungsbedürftigen Rechtsakten – die Vorgaben so zu gestalten, daß in der Umsetzung kommunale Interessen zwingend zu berücksichtigen sind.

Von der kommunalen Betroffenheit hängt in Beantwortung der Ausgangsfrage ab, wie groß der gemeindliche Einfluß sein muß. Je größer die Beeinträchtigung der kommunalen Rechtssphäre, desto nötiger eine umfassende Beteiligung der kommunalen Gebietskörperschaften. In erster Linie ist also nach dem Grad der Betroffenheit als Richtmaß der berechtigterweise wahrzunehmenden Einflußnahme zu fragen. Beide Kategorien stehen in einem Abhängigkeitsverhältnis zueinander, wobei sich ein Rückschluß von der Einflußnahme auf die Betroffenheit angesichts des sich ständig im Fluß befindlichen Rechtsetzungsprozesses verwehrt. Gerade der allgemeine Subsidiaritätsgedanke verpflichtet die Europäische Union zu ihrer allseitigen Akzeptanz und Effektivität zur Einbindung dezentraler Entscheidungsträger.

Zunächst ist demzufolge der Grad der materiellen Betroffenheit zu untersuchen. Darunter fallen alle Berührungspunkte kommunalrechtlicher Art zwischen den kommunalen Gebietskörperschaften und der EU. Eine lediglich kommunalpolitisch ausgerichtete Zusammenarbeit kommunaler Strukturen soll hier außen vor bleiben.[44] Solche kommunale Europaaktivitäten können schon von der Sichtweise her nicht unter den Betroffenheitsbegriff subsumiert werden. Sie

---

43 Dies gilt natürlich vor allem für das Handlungsmittel der Richtlinie (Art. 249 Abs. 3 EG). Im Gegensatz zur unmittelbar wirkenden Verordnung bedarf es hier eines nationalen Umsetzungsakts. Ziel ist hier nicht eine Gleichmachung des erfaßten Regelungsgegenstandes, sondern eine weitgehende Harmonisierung mitgliedstaatlicher Vorschriften. Die Anwendung der Verordnung oder Richtlinie ist letztlich eine Frage des Subsidiaritätsprinzips, inwieweit dem nationalen Gesetzgeber Raum für die eigenständige Ausgestaltung in der Umsetzung bleiben soll. Die Wahl des ein oder anderen Instruments wird aber relativiert, indem die Tendenz der europäischen Entscheidungsträger dahin geht, die nationalen Spielräume bei der Umsetzung durch detaillierte und umfassende Vorgaben, z.B. im Umweltrecht, zu minimieren.

44 Vgl. *Heberlein,* Kommunale Europapolitik, BayVBl. 1992, 417 ff.; *von Malchus,* Partnerschaft an europäischen Grenzen, S. 150 ff.; *Schlögel,* Grenzüberschreitende interkommunale Zusammenarbeit.

gehen von den Kommunen selbst aus, während hier Einbußen des gemeindlichen Rechtskreises durch ein außerhalb liegendes Rechtssubjekt Gegenstand der Untersuchung sind.

Im Rahmen der Darstellung soll auf jede dogmatische Einordnung verzichtet werden.[45] Es soll eine Aufzählung erfolgen, die, ohne Anspruch auf Vollständigkeit, wesentliche Schnittpunkte der EU und der kommunalen Gebietskörperschaften in den Mitgliedstaaten aufzeigt. Außen vor bleiben insbesondere Fragen der kommunalen Selbstverwaltung in der (deutschen) Diskussion um Angelegenheiten der örtlichen Gemeinschaft.[46] Die hier gewählte Darstellung eignet sich ausschließlich, entsprechend ihrem Zweck, zur Bestimmung des nötigen Grads einer kommunalen Einflußnahme. Sie ist aber auch deshalb notwendig, um das Bestehen vielseitiger Berührungspunkte nicht als gegeben voraussetzen zu müssen. Hierfür spricht die allenthalben formulierte *„Kommunalblindheit"*[47] europäischer Stellen, welche die mannigfaltigen Beziehungen häufig völlig außen vor lassen.

a) Kommunalrelevante EU-Gesetzgebung

Zunächst soll die kommunalrelevante EU-Gesetzgebung im Mittelpunkt der Betrachtung stehen. Hierunter sollen all die Rechtsakte gefaßt werden, die europäischen Ursprungs sind und die kommunalen Gebietskörperschaften beeinträchtigen. An späterer Stelle wird dann auf die Kommunen in ihrem Tätigkeitsfeld als mitgliedstaatliche Verwaltungsebene eingegangen. Eine Strukturierung wird dahingehend erfolgen, die einzelnen kommunalrelevanten Auswirkungen dem gemeinschaftsrechtlichen Politikbereich zuzuordnen, ohne zeitliche oder einwirkungsintensive Klassifizierung nach dem Grad oder Zeitpunkt der Einwirkung.

---

45 Beispielsweise die Unterscheidung nach unmittelbarem und umgesetzten Gemeinschaftsrecht bei *Martini,* Gemeinden in Europa, Kommunale Selbstverwaltung im Gemeinschaftsrecht, S. 7 ff.; nach Wirkungskreisen vgl. *von Ameln,* Auswirkungen des Europäischen Binnenmarktes auf Kommunalpolitik und Kommunalrecht der EG-Mitgliedstaaten, DVBl. 1992, 479.

46 Art. 28 Abs. 2 S. 1 GG, *Martini,* Gemeinden in Europa. Kommunale Selbstverwaltung und Gemeinschaftsrecht, S. 4 ff., S. 23 ff.

47 So z. B. *Knemeyer,* Kommunale Selbstverwaltung in Europa, – Die Schutzfunktion des Europarats –, BayVBl. 2000, 449 ff.; *Heberlein,* Europa der Kommunen, S. 45; *Faber,* Die Zukunft kommunaler Selbstverwaltung und der Gedanke der Subsidiarität in den Europäischen Gemeinschaften, DVBl. 1991, 1126.

aa) Kommunalwahlrecht

(1) Entwicklung

An der Grenze zwischen Kommunalpolitik und den hier zu erörternden kommunalrechtlichen Grundlagen der europäischen Integration bewegt sich das Wahlrecht für EG-Ausländer in den Mitgliedstaaten.[48] Es ist gekennzeichnet von „psychologischer Brisanz“ und hat unmittelbare Auswirkungen auf die untersten politischen kommunalen Gremien.[49]

Die Bestrebungen nach einer verstärkten politischen Einbindung ausländischer Mitbürger gingen bereits anfang der 70er Jahre insbesondere vom Europäischen Parlament aus.[50] Im sogenannten *Tindemanns*-Beschluß wurden Sonderrechte für Gemeinschaftsbürger ebenso gefordert[51] wie ein entsprechendes Wahlrecht.[52] Der Anlaß einer weitergehenden Initiative war der Richtlinienvorschlag der Kommission an den Rat über das Wahlrecht der Staatsangehörigen der Mitgliedstaaten bei den Kommunalwahlen im Aufenthaltsstaat[53], den jedoch der Rat angesichts der anstehenden Regierungskonferenzen in dieser Form nie beschloß.[54] Problematisch erwies sich auf Gemeinschaftsebene vor allem die fehlende Existenz einer ausreichenden Rechtsgrundlage zum Erlaß entspre-

48 Vgl. die Europäische Konvention über die Beteiligung von Ausländer am kommunalen öffentlichen Leben vom 5.2.1992 [ETS Nr. 144]; dazu *Engel,* Fundament und Meßlatte für echte Demokratie, Europa kommunal 1999, 75.

49 Vgl. *Madejczyk,* Das Selbstverwaltungsrecht der bayerischen kreisangehörigen Gemeinden, S. 120.

50 *Mombaur/von Lennep,* Fortentwicklung des EG-Rechts, Europa kommunal, Sonderheft 1992, S. 3.

51 Bulletin EG 1988, Beilage 2, S. 6 und *Schäfer,* Die deutsche kommunale Selbstverwaltung, S. 59.

52 ABl. 1984 C 345/85 durch die sogenannte *Adonnino*-Kommission.

53 Richtlinien-Entwurf vom 11.7.1988, ABl. 1988 C 246/3 i. d. F. vom 17.10.1989, ABl. 1989 C 290/4.

54 Dazu *Jahn/Riedel,* Der Vorschlag der Europäischen Kommission für ein Kommunalwahlrecht für EG-Ausländer und seine Auswirkungen auf das innerstaatliche Recht, ZAR 1989, 58 ff.; die Aktivität der Kommission löste insbesondere in Deutschland eine Lawine rechtwissenschaftlicher Darstellungen aus, vgl. *Lokowicz,* Ein europäisches Kommunalwahlrecht für alle EG-Bürger, DÖV 1989, 519 ff.; *Schink,* Kommunalwahlrecht für Ausländer?, DVBl. 1988, 417 ff.; *Kerpen,* Kommunalwahlrecht für Ausländer, NJW 1989, 1012 ff.; *Quaritsch,* Staatsangehörigkeit und Wahlrecht, DÖV 1983, 1 ff.; *Bryde,* Ausländerwahlrecht und grundgesetzliche Demokratie, JZ 1989, 257 ff.; *Liegmann,* Kommunales Wahlrecht für Ausländer in den Bundesländern und Europäischer Union; *Magiera,* Kommunalwahlrechte für nichtdeutsche Inländer, ZAR 1989, 51 ff.

chender gemeinschaftsweiter Vorschriften.[55] Das Kommunalwahlrecht hat endgültig mit dem Maastricht-Vertrag Einzug in das Gemeinschaftsrecht erhalten. Es wurde in Art. 8b EGV a.F. als Kernstück der Unionsbürgerschaft eingefügt.[56] Hierdurch erledigte sich der schwelende Streit um eine diesbezügliche Regelungskompetenz der Gemeinschaft.[57] Aufgrund der in Art. 8b S. 2 EGV a.F. enthaltenen Ermächtigung zum Erlaß sekundärer Ausgestaltungen wurde vom Rat eine Richtlinie verabschiedet[58], die die primärrechtlichen Vorgaben konkretisierte.[59] Offen bleiben kann an dieser Stelle die Frage nach dem Zeitpunkt der Einwirkung, da diese jedenfalls mit dem Richtlinien-Erlaß gegeben ist.[60]

(2) Inhalt

Art. 8b EGV a.F. ist Teil des Kapitels über die Unionsbürgerschaft:

> *„Jeder Unionsbürger mit Wohnsitz in einem Mitgliedstaat, dessen Staatsangehörigkeit er nicht besitzt, hat in dem Mitgliedstaat, in dem er seinen Wohnsitz hat, das aktive und passive Wahlrecht bei Kommunalwahlen, wobei für ihn dieselben Bedingungen gelten wie für die Angehörigen des betreffenden Mitgliedstaats."*

---

55 In Frage kam ausschließlich Art. 235 EGV a.F.; vgl. *Schrapper,* Die Richtlinie 94/80 EG zum aktiven und passiven Kommunalwahlrecht für Unionsbürger, DVBl. 1995, 1168; *Kuhn,* Kommunales Wahlrecht für EG-Ausländer?, Der Bayerische Bürgermeister 1989, 214.

56 *Fischer,* Die Unionsbürgerschaft, EuZW 1992, 568; *Degen,* Die Unionsbürgerschaft nach dem Vertrag über die Europäische Union unter besonderer Berücksichtigung des Wahlrechts, DÖV 1993, 753.

57 *Klein,* Der Verfassungsstaat als Glied einer europäischen Gemeinschaft, VVDStRL 50 (1991), 56, 64; *Jahn/Riedel,* Kommunales Wahlrecht für EG-Ausländer, NVwZ 1989, 719 f.; *Rengeling,* Die Garantie der kommunalen Selbstverwaltung in Zeichen der europäischen Integration, DVBl. 1990, 900.

58 RL 94/80 EG ABl. 1994 L 368/38 ff.

59 Vgl. *Schäfer,* Die deutsche kommunale Selbstverwaltung, S. 60.

60 Zuvor konnte wie folgt unterschieden werden: Mit dem Inkrafttreten des Maastricht-Vertrags wurden die entsprechenden Länderkompetenzen entzogen; das Recht des Art. 8b EGV a.F. stand den Unionsbürgern mit der Ratifizierung zu. Der hier relevante Zeitpunkt der kommunalen Einwirkung wird aber wohl erst mit dem Erlaß der konkretisierenden Richtlinie eingetreten sein. Gleichermaßen denkbar wäre auch ein späterer Zeitpunkt wie die erstmalige Teilnahme eines EU-„Ausländers" an den Kommunalwahlen. Nur schwer nachweisbar wird eine realpolitische Auswirkung auf die Zusammensetzung kommunaler Gremien infolge der geänderten Wahlrechts sein.

Neben das Primärrecht tritt der schon erwähnte Rechtsakt der Kommunalwahlrichtlinie. Die zentralen Regelungsbereiche gelten dem sachlichen Anwendungsbereich des Erwerbs des Kommunalwahlrechts entsprechend dem EG-Vertrag. Verfahrensrechtliche Bestimmungen des Art. 8b EGV finden danach auf alle kommunalen Gebietskörperschaften der Grundstufe Anwendung, Art. 2 der RL.[61] Was hierunter zu verstehen ist, erklärt sich wiederum aus der enumerativen Aufzählung im Anhang der Richtlinie.[62] Nach Art. 2 Abs. 1b) der RL erfordert eine Wahl im Sinne des Kommunalwahlrechts eine allgemeine und unmittelbare Entscheidung mit dem Ziel der Bestimmung eines Vertretungsorgans und eines eventuell daneben existierenden Exekutivorgans. Ausgeklammert wurden insoweit Abstimmungen, wobei streitig ist, ob der nationale Gesetzgeber den Regelungsbereich der Richtlinie ausdehnen kann.[63] Eine wichtige Ausnahme enthält Art. 5 Abs. 3 RL, nach dem das passive Wahlrecht bei der Wahl bestimmter Leitungsorgane auf inländische Bewerber eingeschränkt werden kann.[64] Optional kann zur Wahrnehmung die vorherige Eintragung in ein Wählerverzeichnis zur Bedingung gemacht werden. Der Grundsatz des Antragsverfahrens[65] ist von besonderer kommunalrechtlicher Bedeutung.

Abschließend läßt sich anführen, daß nach dem Wortlaut Art. 8b EGV a.F. den Unionsbürgern[66] ein Recht verleiht. Davon strikt zu unterscheiden ist der Streit, ob das Kommunalwahlrecht eine ausschließliche Gemeinschaftskompetenz begründet, mit der Folge, daß den Mitgliedstaaten ein diesbezügliches

61 Zur Anwendung im Bayerischen Kommunalwahlrecht *Wollenschläger/Schraml,* Kommunalwahlrecht für nichtdeutsche Unionsbürger. Die EG-Richtlinie 94/80 und ihre Umsetzung in Bayern, BayVBl. 1995, 386.

62 Zu den Problemen der höheren Kommunalverbände *Degen,* Die Unionsbürgerschaft nach dem Vertrag über die Europäische Union unter besonderer Berücksichtigung des Wahlrechts, DÖV 1993, 755 und *Schrapper,* Die Richtlinie 94/80 EG zum aktiven und passiven Kommunalwahlrecht für Unionsbürger, DVBl. 1995, 1169.

63 *Schäfer,* Die deutsche kommunale Selbstverwaltung, S. 61; *Schrapper,* Die Richtlinie 94/80 EG zum aktiven und passiven Kommunalwahlrecht für Unionsbürger, DVBl. 1995, 1170 m.w.N.

64 Zur Übereinstimmung mit der primärrechtlichen Grundlage *Wollenschläger/Schraml,* Kommunalwahlrecht für nichtdeutsche Unionsbürger. Die EG-Richtlinie 94/80 und ihre Umsetzung in Bayern, BayVBl. 1995, 387; *Degen,* Die Unionsbürgerschaft nach dem Vertrag über die Europäische Union unter besonderer Berücksichtigung des Wahlrechts, DÖV 1993, 757; vgl. auch *Güll,* Kommunalwahlrecht für Bürger der Mitgliedstaaten der Europäischen Gemeinschaft in der Bundesrepublik Deutschland – Die Auswirkungen des Richtlinienvorschlags der EG-Kommission sowie Bestimmungen des Vertrags über die Europäischen Union auf innerstaatliches Recht, S. 114.

65 *Schäfer,* Die deutsche kommunale Selbstverwaltung, S. 63.

66 Die Unionsbürgerschaft wird nicht im EGV eigens definiert, sondern ergibt sich aus der Zusammenfassung aller mitgliedstaatlichen Regelungen; es handelt sich daher um ein abgeleitetes Unionsbürgerschaftsrecht.

Tätigwerden verwehrt ist. Davon ist wohl mit Blickwinkel auf die Entstehungsgeschichte und die Begrifflichkeiten des EG-Vertrags, die losgelöst von national-deutschen Gebräuchen bestimmt werden müssen, auszugehen.[67] Hierfür spricht auch die ausdrückliche Ermächtigung an den Gemeinschaftsgesetzgeber zum Erlaß der entsprechenden Richtlinie 94/90.[68]

(3) Rückschlüsse auf die Kommunalbetroffenheit

Entsprechend den zahlreichen Streitpunkten im Zusammenhang mit dem Kommunalwahlrecht müßten die Auswirkungen auf die Kommunen tendenziell groß sein. Zugleich ist aber zu konstatieren, daß in der Literatur zum Kommunalwahlrecht sich eher eine Auseinandersetzung mit den soziologischen und politischen Auswirkungen als mit den rechtlichen Grundlagen findet.[69]

Kommunale Berührungspunkte könnte das Kommunalwahlrecht auch in rechtlicher Hinsicht haben. Durch die europäischen Vorgaben ändert sich zwar nichts an der organschaftlichen Gliederung der Gemeinde, wohl möglicherweise aber an der durch Wahlen ermittelten Zusammensetzung der gewählten kommunalen Gremien. Unabhängig von der politischen Bewertung in Statistiken, die den EG-Ausländern nur eine geringe Bedeutung zukommen lassen[70], könnten die Gemeinden in ihrer äußeren Organisationsfreiheit betroffen sein[71], die es ihnen ermöglicht, ihr organisatorisches Gefüge selbst zu bestimmen, vgl. Art. 4 EKC.[72]

Zu beachten ist aber, daß die Kommunalwahlordnungen der Mitgliedstaaten ebenso wie die Kommunalverfassungen von staatlicher Seite weitestgehend vorgegeben sind, so daß den Kommunen nur ein zwingend zu fordernder Gestaltungsspielraum bleibt.[73] Von der Vereinbarkeit dieser Vorgaben mit den An-

---

67 Vgl. *Pechstein,* Die Mitgliedstaaten der EG als „Sachwalter des gemeinschaftlichen Interesse" – Gesetzgebungsnotstand im Gemeinschaftsrecht, S. 48 f.

68 *Schäfer,* Die deutsche kommunale Selbstverwaltung, S. 59.

69 *Madejczyk,* Das Selbstverwaltungsrecht der bayerischen kreisangehörigen Gemeinden, S. 120; dazu *Eid,* Politische Partizipation ausländischer Mitbürger – Statement aus ethischer und auch theologischer Sicht, in: Sieverking/Baring/Lörcher, Das Kommunalwahlrecht für Ausländer, 1989, S. 13 ff.; *Pfeiffe,* Erwartungen an das Ausländerwahlrecht aus kommunaler Sicht, in: a.a.O., S. 175 f.

70 Vgl. bspw. die bei *Martini,* Gemeinden in Europa, S. 13 zitierte Studie der Stadt Oberhausen, Kommunale Konsequenzen des EG-Binnenmarktes, S. 25.

71 So *Vogelsang/Lübking/Jahn,* Kommunale Selbstverwaltung, Rn. 230.

72 Vgl. BVerfGE 91, 228 ff. zu Art. 28 Abs. 2 GG sowie *Knemeyer,* Kommunalrecht, Rn. 17 und *Schmidt-Jortzig,* Kommunale Organisationshoheit, S. 19 ff.

73 *„Mitverantwortung für die organisatorische Bewältigung"*, BVerfGE 91, 241.

forderungen der EKC ist auszugehen. So reduziert sich die kommunale Betroffenheit in erster Linie auf die veränderte personelle Zusammensetzung.[74]

Klarere Auswirkungen auf die kommunale Rechtsphäre ergeben sich im Rahmen des optionellen Antragsverfahrens, dessen verwaltungsmäßiger Ablauf den kommunalen Gebietskörperschaften obliegt, wobei die Kommunalwahlrichtlinie keine Vorgaben zum internen Verfahren macht und den Kommunen in diesem Sinne eine „Mitverantwortung" verbleibt.[75] Auf die kommunale Betroffenheit beim mitgliedstaatlichen Verwaltungsvollzug wird noch einzugehen sein.

Festzuhalten ist, daß das Kommunalwahlrecht als unabdingbarer Bestandteil der Unionsbürgerschaft[76] ein nicht zu unterschätzender Faktor der europäischen Integration ist, die Auswirkungen in der beschriebenen Tragweite die kommunalen Gebietskörperschaften treffen[77] und daher eher im staatsrechtlichen als im kommunalrechtlichen Bereich zu finden sind.[78] So standen die laut werdenden Forderungen nach dem Kommunalwahlrecht für EG-Ausländer vor der Verankerung im EG-Vertrag im Widerspruch zur deutschen Verfassungsordnung im Lichte des Art. 7 EGV a. F., nach dem jede Diskriminierung aus Gründen der Staatsangehörigkeit verboten war.[79] Erst mit der Einführung des Art. 28 Abs. 1 S. 3 GG[80] durch die Verfassungsänderung vom 21.12.1993 erledigte sich das Problem.

---

74 So auch *Schäfer,* Die deutsche kommunale Selbstverwaltung, S. 64.

75 *Schäfer,* Die deutsche kommunale Selbstverwaltung, S. 64.

76 Die keinesfalls wegen ihrer Ableitung aus nationalem Recht eine europäische Staatsbürgerschaft ist, vgl. aber die Vorstöße des Konvents zur Zukunft Europas nach dem ersten Entwurf eines Europäischen Verfassungsvertrags; vgl. auch *Knemeyer,* Kommunale Selbstverwaltung in Deutschland unter kommunalen Einfluß, in: Pitschas/Kisa (Hrsg.), Internationalisierung von Staat und Verfassung im Spiegel des deutschen und japanischen Staats- und Verwaltungsrechts, S. 251.

77 *Martini,* Gemeinden in Europa. Kommunale Selbstverwaltung und Gemeinschaftsrecht, S. 14.

78 BVerfG, Urteil vom 31.10.1990, E 83, 37 ff. = DVBl. 1990, 1397 ff. und *von Ameln,* Auswirkungen des Europäischen Binnenmarktes auf Kommunalpolitik und Kommunalrecht der EG-Mitgliedstaaten, DVBl. 1992, 483.

79 Vgl. *Gundel,* Probleme der Umsetzung des EG-Kommunalwahlrechts und ihre gerichtliche Kontrolle in Frankreich und Deutschland, DÖV 1999, 353 ff.

80 *„Bei Wahlen in Kreisen und Gemeinden sind auch Personen, die die Staatsangehörigkeit eines Mitgliedstaates der Europäischen Gemeinschaft besitzen, nach Maßgabe von Recht der Europäischen Gemeinschaften wahlberechtigt und wählbar".*

bb) Die kommunalen Gebietskörperschaften als Arbeitgeber

In den Bereich der Grundfreiheiten als dem elementaren Bestandteil des europäischen Binnenmarktes und damit des Gemeinschaftsrechts fließt die Betroffenheit der kommunalen Gebietskörperschaften als Arbeitgeber. Art. 48 ff. EG garantieren die Freiheit des Personenverkehrs allen Arbeitnehmern in der Gemeinschaft. Nach Art. 48 Abs. 2 EG wird *„die Abschaffung jeder auf der Staatsangehörigkeit beruhenden unterschiedlichen Behandlung der Arbeitnehmer der Mitgliedstaaten in bezug auf Beschäftigung, Entlohnung und sonstiger Arbeitsbedingungen"* garantiert. Es handelt sich hierbei um ein spezielles Diskriminierungsverbot, das sich primär an die Mitgliedstaaten und ihre Untergliederungen richtet und als ummittelbar geltendes Primärrecht wirkt.

Die Regelungen der Arbeitnehmerfreizügigkeit sind grundsätzlich von allen Verwaltungsträgern zu beachten, worunter auch die kommunalen Gebietskörperschaften als Arbeitgeber fallen.[81] In diesem Sinne müßten die Kommunen ihre Arbeitsverhältnisse weitgehend für EG-Ausländer öffnen. Sie sind hierdurch in ihrer Organisationsfreiheit – der Freiheit der inneren Ausgestaltung der Verwaltungsstrukturen – betroffen, zu der auch die kommunale Personalhoheit als grundlegendes Recht zur Gestaltung ihres Personalwesens gehört.[82]

(1) Einstellung von Arbeitnehmern in der öffentlichen Verwaltung

Im gleichen Atemzug ist mit dem Grundsatz die wichtige Ausnahme des Art. 39 Abs. 4 EG zu nennen, wonach der Art. 39 EG nicht auf Beschäftigungen in der öffentlichen Verwaltung anzuwenden ist. Scheinbar wird die oben angeführte Aussage zur kommunalen Betroffenheit durch die Ausnahmevorschrift völlig ins Gegenteil verkehrt.

Zu prüfen ist daher zunächst, welche Arbeitsverhältnisse unter Art. 39 Abs. 4 EG fallen. Bedenkt man die Bedeutung der AN-Freizügigkeit als Grundfreiheit, so ist zweierlei klar:

---

81 EuGH, Rs. 152/73 Slg. 1974 S 153 ff. (Fall Sotgin gegen Deutsche Bundespost) – in diesem Urteil findet sich neben dieser Konkretisierung auch die Beschränkung auf den Zugang zu einer Beschäftigung; *Schäfer,* Die deutsche kommunale Selbstverwaltung, S. 73; *Zuleeg,* Selbstverwaltung und Europäischen Gemeinschaften, in: von Mutius (Hrsg.), Festgabe für von Unruh, S. 95.

82 *Zuleeg,* Selbstverwaltung und Europäischen Gemeinschaften, in: von Mutius (Hrsg.), Festgabe für von Unruh, S. 95; *Leitermann,* Die Auswirkungen des Europäischen Binnenmarkts auf die Kommunen in der Bundesrepublik Deutschland, VR 1989, 187; *Kreiner,* Europarecht und Selbstverwaltungsrecht der Gemeinden, RiA 1989, 144 ff.

(a) Zum einen darf die Auslegung der Begrifflichkeit nicht den Mitgliedstaaten überlassen bleiben, die möglicherweise eine weitgehende Ausklammerung des Anwendungsbereichs für die „öffentliche Verwaltung" durch eine weite Auslegung vornehmen würden.[83] Die Funktionalität des Binnenmarktes erfordert gerade eine Rechtsanwendungsgleichheit in allen Mitgliedstaaten. Es bedarf einer einheitlichen Auslegung des Gemeinschaftsrechts.[84] Nur so kann eine gleichmäßige Geltung der Arbeitnehmerfreizügigkeit in allen Mitgliedstaaten gewährleistet werden.[85]

Danach kann von vornherein eine Bewerbung nicht deshalb abgelehnt werden, weil nationale Laufbahnvorschriften, z. B. für Beamte entgegenstehen.[86] Die nationalen Rechtsvorschriften sind insofern den europäischen Vorgaben anzupassen.[87]

(b) Zum anderen wird der Bedeutung der Freizügigkeit nur durch eine enge Auslegung des Begriffs der öffentlichen Verwaltung Rechnung getragen. Es wäre nicht mit Art. 39 EG vereinbar, per se alle öffentlichen Tätigkeiten aus dem Anwendungsbereich der Freizügigkeit auszuklammern. Unter den Begriff der öffentlichen Verwaltung fallen daher nach der Rechtsprechung des EuGH nur solche Tätigkeiten, die die Verrichtung einer hoheitlichen Tätigkeit berühren.[88]

---

83 *Schaffarzik,* Handbuch der EKC, S. 567.

84 Zum mittlerweile überholten Meinungsstreit um eine entsprechende Kompetenz der EG zur Vereinheitlichung des Rechts der öffentlichen Verwaltungen *Meyer,* Die europäische Integration und das deutsche Beamtenrecht, BayVBl. 1990, 97 ff.; *Dörr,* Das deutsche Beamtenrecht und das europäische Gemeinschaftsrecht, EuZW 1990, 568 ff.; *Lechler,* Öffentliche Verwaltung nach Maßgabe der „Dynamik der europäischen Integration", liegt die Kompetenz-Kompetenz bereits in Brüssel?, Die Verwaltung 1989, 37 ff.

85 *Everling,* Die Rechtsprechung des Europäischen Gerichtshofs zur Freizügigkeit im öffentlichen Dienst, in: Battis (Hrsg.), Europäischer Binnenmarkt und nationaler öffentlicher Dienst, S. 23 ff.

86 EuGH NVwZ 1987, 41.

87 Infolge dieser EuGH-Rspr. sind auch die deutschen Beamtengesetze geändert worden, die nun den Zugang zu Beamtenstellen allein EU-Bürgern ermöglicht (§ 7 BBG, § 4 BRRG), zugleich aber mögliche Einschränkungen nach Art. 39 Abs. 4 EG anführen, *Schäfer,* Die deutsche kommunale Selbstverwaltung, S. 74; *Schotten,* Der Zugang von Unionsbürgern zum deutschen Beamtenverhältnis, DVBl. 1994, 572.

88 EuGH Slg. 1982, 1851 f.; Slg. 1986, 1738; Slg. 1986, 2146; Slg. 1989, 1609; vgl. die Zusammenfassung der Rspr. bei *Schotten,* Die Auswirkungen der europäischen Gemeinschaftsrechts auf den Zugang zum öffentlichen Dienst in der Bundesrepublik Deutschland, S. 84.

Gerade die Zuordnung zu einer hoheitlichen Tätigkeit bereitet in der Praxis Schwierigkeiten. Grundsätzlich ist davon auszugehen, daß ein Großteil kommunaler Tätigkeiten sich nicht im Bereich der engeren Hoheitstätigkeit (Polizei, Justiz) bewegt, sondern im Bereich der allgemeinen Leistungsverwaltung.[89] Doch auch hier können spezifische Tätigkeiten mit hoheitlichen Eingriffen verbunden sein. Eine generelle Zuordnung ist daher nicht möglich. Insofern ist die Judikatur des EuGH gerade durch die Kommunalverwaltung zu beachten. In diesem Sinne haben die betroffenen Behörden ihr Handeln unmittelbar an den europäischen Entscheidungen auszurichten.

(2) Allgemeine Beschränkungen außerhalb des Diskriminierungsverbots

Die noch weitgehend ungeklärten Abgrenzungsfragen konnten seitens der Kommunen dadurch umgangen werden, daß sie, um den Zugang ausländischer Bewerber zu verhindern, weitere Kriterien außerhalb der Anknüpfung an die Staatsangehörigkeit aufzustellen. Eine solche im Rahmen der Personalhoheit gegebene Beschränkungsmöglichkeit[90] könnte in der Abforderung von Sprachkenntnissen liegen. Das Erfordernis des Nachweises von Sprachkenntnissen ist keine mittelbare Diskriminierung und im Hinblick auf die spezifischen Verwaltungsaufgaben gerechtfertigt.[91] Nach dem aufsehenerregenden *Bosman-Urteil*[92] des EuGH kann eine solche Beschränkung auch dann unzulässig sein, wenn es sich nicht um eine Diskriminierung handelt, sondern gleichermaßen auf alle In- und Ausländer Anwendung findet. Daher ist stets zu prüfen, ob das Verhalten des öffentlichen kommunalen Arbeitgebers dem Verhältnismäßigkeitsprinzip unterfällt.[93] Auch in bezug auf zusätzliche Anforderungen haben die kommunalen Einstellungsbehörden die europäische Entwicklung einschließlich der Rechtsprechung des Europäischen Gerichtshofs zu beachten.

(3) Sozialer und technischer Arbeitsschutz

Im Bereich der sozialen Arbeitsplatzgestaltung und des technischen Arbeitsschutzes sind zahlreiche Vorschriften durch den Gemeinschaftsgesetzgebers erlassen worden, die die Kommunen gleichermaßen wie private Arbeit-

---

89 *Schäfer,* Die deutsche kommunale Selbstverwaltung, S. 75.

90 *Madejczyk,* Das Selbstverwaltungsrecht der bayerischen kreisangehörigen Gemeinden, S. 116.

91 Vgl. *Schäfer,* Die deutsche kommunale Selbstverwaltung, S. 77; *Von Bogdany,* in: Grabitz/Hilf, Das Recht der Europäischen Union, Art. 6 EGV, Rn. 18 m.w.N.

92 EuGH Rs. C 415/93, Slg. 1995 I, 43921 ff.

93 *Schäfer,* Die deutsche kommunale Selbstverwaltung, S. 77.

geber verpflichten. Die einschlägigen in Form von Richtlinien erlassenen Regelungen seinen hier kurz aufgeführt:

(a) Technischer Arbeitsschutz

Den technischen Arbeitsschutz betreffen die folgenden, auf der Grundlage des Art. 118a EG a.F. erlassenen Richtlinien:

- Rahmenrichtlinie über die Durchführung von Maßnahmen zur Verbesserung der Sicherheit und des Gesundheitsschutzes der Arbeitnehmer bei der Arbeit[94]
- Richtlinie über die Mindestvorschriften für Sicherheit und Gesundheitsschutz bei der Benutzung persönlicher Schutzausrüstungen durch Arbeitnehmer bei der Arbeit[95]
- Richtlinie über Mindestvorschriften für Sicherheit und Gesundheitsschutz bei der manuellen Handhabung von Lasten, die für die Arbeitnehmer insbesondere eine Gefährdung der Lendenwirbelsäule mit sich bringt[96]
- Richtlinie über Mindestvorschriften für Sicherheit und Gesundheitsschutz bei der Arbeit an Bildschirmgeräten[97]

Hinzu kommen europäische Normungsvorschriften von Organisationen wie CEN, CENELEC und ETSI, auf die in verschiedenen Richtlinien immer wieder Bezug genommen wird, z. B. bei der Festlegung der Schutzausrüstung von Feuerwehren, und deren kommunale Auswirkung nach dem bundesdeutschen Brandschutzsystem offensichtlich ist.[98] Die weitere Erneuerung des Arbeitsschutzrechts wird auch in Zukunft nicht spurlos an den kommunalen Gebietskörperschaften vorüberziehen, die bisher schon von zahlreichen Bestimmungen betroffen sind.

---

94 ABl. 1989 L 183/1 ff.

95 ABl. 1989 L 393/18 ff.

96 ABl. 1990 L 156/9 ff.

97 ABl. 1990 L 156/14 ff.

98 Vgl. die EU-Norm EN 469 als Konkretisierung der Richtlinie zur Angleichung der Rechtsvorschriften der Mitgliedstaaten für persönliche Schutzausrüstungen, ABl. 1989 L 399, 18 ff.; ausführlich *Ott*, Europäische Normen: Aufgabe, Verbindlichkeit, Alternativen, Florian Hessen 1996, 10 f.

(b) Sozialer Arbeitsschutz

Auf dem Gebiet des sozialen Arbeitsschutzes ist besonders die Richtlinie 93/104 vom 23.11.1993 zu beachten[99], die im Rahmen von Vorschriften über die Arbeitszeitgestaltung Regelungen über die für öffentliche Träger besonders relevante Teilzeitarbeitsmodelle trifft. Die Kommunen müssen hier einen erheblichen Zeitbedarf für die Überprüfung der Arbeitsbedingungen und Umrüstungen aufwenden.[100] Zu beachten ist ferner, daß zahlreiche Festlegungen Mindestvorschriften enthalten, deren Standards zugunsten der Arbeitnehmer übertroffen werden können.[101]

Hinzu kommen die im gesamten Arbeitsrecht zu berücksichtigenden Gleichbehandlungsrichtlinien, z. B. die Richtlinie zur Verwirklichung des Grundsatzes der Gleichbehandlung von Männern und Frauen hinsichtlich des Zugangs zur Beschäftigung, zur Berufsausbildung und zum beruflichen Aufstieg sowie in bezug auf die Arbeitsbedingungen[102], die in zahlreichen Folgerichtlinien auch Einfluß auf die Besteuerung und Gestaltung öffentlich-rechtlicher Arbeitsverhältnisse hat.

cc) Auswirkungen auf wirtschaftlich relevante kommunale Tätigkeiten

Den in der Praxis häufigsten und intensivsten Kontakt der kommunalen Ebene mit der europäischen Rechtsmaterie haben die kommunalen Gebietskörperschaften im Bereich ihrer wirtschaftlich relevanten Tätigkeiten. Das erscheint allzu logisch, führt man sich die europäische Wirtschaftsgemeinschaft als ursprüngliche Idee und als Motor der europäischen Einigung vor Augen. Die vielseitigen Auswirkungen des Binnenmarktes gehen an den untersten mitgliedstaatlichen Einheiten nicht spurlos vorüber. In diesem Bereich treten sie entweder mit privaten Anbietern in Konkurrenz oder beeinflussen den wirtschaftlichen Verkehr in ihrem Einflußgebiet durch spezifische oder allgemeine Maßnahmen.

In jedem Fall soll durch die europäische Gesetzgebung verhindert werden, daß die kommunalen Gebietskörperschaften ihre öffentliche Stellung einseitig mißbrauchen.

---

99 Vgl. zu dessen Umsetzung im Deutschland das TzBfG.

100 *Schäfer,* Die deutsche kommunale Selbstverwaltung, S. 182 f.

101 *Mombaur/von Lennep,* Fortentwicklung des EG-Rechts, Europa kommunal, Sonderheft 1992, S. 3.

101 Bulletin EG 1988, Beilage 2, Sonderheft 1992, S. 3.

102 ABl. 1976 L 39/40 ff.

Die Kommunen werden in Hinblick auf wirtschaftliche Aktivitäten dann einerseits privaten Wirtschaftssubjekten gleichgestellt, andererseits – in Fällen, in denen dies nicht möglich ist – wird verhindert, daß ihre Aufgabenerfüllung den gemeinschaftlichen Zielen entgegenläuft. Dies ist immer dann der Fall, wenn es zu Verzerrungen oder Behinderungen des Wettbewerbs kommt. Solche Wettbewerbseinwirkungen, also der Stärkung des Binnenmarktes gegenläufige wirtschaftliche Aktivitäten oder sonstiges Eingreifen, können durch einheitliche Regelungen verhindert werden.

Allen hier zu erörternden Tätigkeiten ist gemeinsam, daß sie die öffentliche Hand in besonderem Maße treffen, Private also nicht unmittelbarer Adressat sein können. In diesem Sinn soll kein Unterschied gemacht werden, ob die öffentlichen Aufgaben in öffentlich-rechtlicher Form oder Privatrechtsform erfüllt werden.[103] Alleine entscheidend ist der öffentlich-rechtliche Hintergrund, der der die Aufgaben wahrnehmenden Körperschaft eine spezifische Position verleiht, deren Auswirkungen es entsprechend den gemeinschaftsrechtlichen Grundsätzen zu verhindern gilt. Die gesetzgeberische Aktivität der EG in diesem Spannungsfeld zwischen öffentlicher Aufgabenerfüllung und den Zielen des Binnenmarkts soll in vier Kernbereichen herausgegriffen werden:

- kommunale Wirtschaftsförderung (Beihilfenrecht)
- öffentliche Auftragsvergabe
- Bankrecht
- Kommunale Unternehmen im Binnenmarkt
- Daseinsvorsorge[104]

Sie treffen den Kern kommunalrechtlicher Betroffenheit, wie er sich in der politischen Diskussion widerspiegelt. Eine umfassende Erörterung der Problematik ist im Lichte des Untersuchungsgegenstandes zu vermeiden. Vielmehr ist auf den Grad der Auswirkungen auf die den Kommunen obliegenden Aufgaben einzugehen.[105]

---

103 Vgl. zum Beihilfenverbot *Dollinger,* Kommunalrecht, Sozialsachen und Wohngeldrecht, Städtebauförderung, in: Bergmann/Kenntner (Hrsg.), Deutsches Verwaltungsrecht unter europäischem Einfluß, S. 819.

104 Diesem wichtigsten Betroffenheitsfeld ist ein eigener Unterpunkt gewidmet.

105 In diesem Zusammenhang ist zu beachten, daß die Überschneidung wirtschaftlicher kommunaler Aktivität mit den europäischen Vorgaben eine der aktuellsten, aber auch komplexesten Bereiche des europäischen Kommunalrechts betrifft, in denen unzählige

(1) Kommunale Wirtschaftsförderung

Dem vertieften Europarechtler genügt ein Hinweis auf die hier in Frage stehende Anwendbarkeit der Beihilfevorschriften der Art. 87 ff. EG. Die Einordnung in den übergeordneten europarechtlichen Zusammenhang erklärt zudem die Bedeutung des Regelungsfeldes.

(a) Kommunale Wirtschaftsförderung und europäischer Beihilfenbegriff

Der zu definierende Beihilfenbegriff erfaßt alle unmittelbaren und mittelbaren Maßnahmen, die die Stellung eines einzelnen oder mehrerer Unternehmen im Markt verbessern.[106] Darunter fallen in erster Linie Subventionen, also die Gewährung finanzieller Vergünstigungen, aber auch die Vermittlung eines verbilligten Kredites oder ein verbilligter Grundstückserwerb.[107] Die staatliche Gewährung ist dabei weit zu interpretieren.[108] Sie umfaßt nicht nur die Subventionierung durch die nationale Ebene, sondern durch alle Hoheitsträger im Bereich der Mitgliedstaaten einschließlich der kommunalen Stellen.[109] Eine kommunale Beihilfe ist dann staatlich, wenn die Kommune die Vergünstigung selbst gewährt, gleich ob dies unmittelbar oder mittelbar durch ein von der Gemeinde kontrolliertes Privatrechtssubjekt geschieht.[110]

Regelungen erlassen wurden; zur weitergehenden Verfolgung ist auf die einschlägigen Literaturzitate zu verweisen.

106 *Bergmann,* Recht und Politik in der Europäischen Union, Rn. 520 f.; *Dollinger,* Kommunalrecht, Sozialsachen und Wohngeldrecht, Städtebauförderung, in: Bergmann/Kenntner (Hrsg.), Deutsches Verwaltungsrecht unter europäischem Einfluß, S. 818 f.

107 *Dollinger,* Kommunalrecht, Sozialsachen und Wohngeldrecht, Städtebauförderung, in: Bergmann/Kenntner (Hrsg.), Deutsches Verwaltungsrecht unter europäischem Einfluß, S. 819; *König/Kühling,* Grundstücksveräußerung der öffentlichen Hand, planerischer Wandel und EG-Beihilfenrecht, NZBau 2001, 409 ff.

108 EuGH Slg. 1961, 343; Slg. 1987, 924; Slg. 1994 I, 907; Slg. 1999 I, 3671; vgl. *Schwarze,* Europäisches Verwaltungsrecht, Band I, S. 369 ff.

109 EuGH Slg. 1987, 4031, 4041; *Bleckmann,* Die kommunale Leistungsverwaltung insbesondere die Subventionsvergabe im europäischen Binnenmarkt, in: Hoppe/Schink, Kommunale Selbstverwaltung und europäische Integration, S. 107; *Schaffarzik,* Handbuch der EKC, S. 573 m.w.N. und zum Verhältnis kommunale Wirtschaftsförderung – staatliche Mittelvergabe *Faber,* Europarechtliche Grenzen kommunaler Wirtschaftsförderung, S. 93; *Siedentopf,* Europa 1992, Traum oder Träume für die kommunale Selbstverwaltung?, S. 16; *Braconnier,* Politique culturelle locale française et principe communautaire de libre-concurrence, RTDE 31 (1995), 771 ff., 789.

110 EuGH Slg. 1987 I, 4041; Slg. 1995, 449; *Dollinger,* Kommunalrecht, Sozialsachen und Wohngeldrecht, Städtebauförderung, in: Bergmann/Kenntner (Hrsg.), Deutsches Verwaltungsrecht unter europäischem Einfluß, S. 819; *Wallenberger,* in: Grabitz/Hilf, Das Recht der Europäischen Union, Art. 92 EGV, Rn. 5.

Bereits an dieser Stelle – ohne ein weiteres rechtsfolgenorientiertes Vorgehen – läßt sich unschwer vermuten, daß die sehr weite Interpretation des Beihilfenbegriffs für die kommunalen Gebietskörperschaften eine tiefgreifende Betroffenheit nach sich zieht, die sich auf das gesamte Gebiet der kommunalen Wirtschaftsförderung bezieht. Zugleich bringen eine Reihe von offenen bzw. streitigen Auslegungsfragen Unsicherheiten und Unwägbarkeiten für die entscheidenden Stellen mit sich.

(b) Grundsatz des Beihilfenverbots

Entspricht eine staatliche Vergünstigung dem Beihilfenbegriff, so greift in der Rechtsfolge Art. 87 Abs. 1 EG: Solche Beihilfen sind grundsätzlich mit den Regeln des Binnenmarktes unvereinbar.[111] Voraussetzung hierfür ist, daß es sich um die Begünstigung eines Unternehmens oder Produktionszweigs handelt, unabhängig von dessen privat- oder öffentlichrechtlichem Charakter.[112] Zulässig bleiben daher solche Begünstigungen, die allen ortsansässigen Betrieben gleichermaßen zugute kommen.[113] Beispielhaft lassen sich hier infrastrukturelle Maßnahmen, wie z. B. die Senkung der Gewerbesteuerhebesätze[114], anführen.[115]

Problematischer erscheint die mit der Beihilfengewährung unabdingbar anklingende Wettbewerbsverfälschung und grenzüberschreitende Handelsbeein-

111 Art. 87 Abs. 1 EG lautet: „*Soweit in diesem Vertrag nicht etwas anderes bestimmt ist, sind staatliche oder aus staatlichen Mitteln gewährte Beihilfen gleich welcher Art, die durch die Begünstigung bestimmter Unternehmen oder Produktionszweige den Wettbewerb verfälschen oder zu verfälschen drohen, mit dem gemeinsamen Markt unvereinbar, soweit sie den Handel zwischen Mitgliedstaaten beeinträchtigen.*"

112 *Dollinger,* Kommunalrecht, Sozialsachen und Wohngeldrecht, Städtebauförderung, in: Bergmann/Kenntner (Hrsg.), Deutsches Verwaltungsrecht unter europäischem Einfluß, S. 819 und die RL 2000/52 der Kommission vom 26.7.2000 über die Transparenz der finanziellen Beteiligungen zwischen den Mitgliedstaaten und den öffentlichen Unternehmen (Transparenzrichtlinie), ABl. 2000 L 193/75 und deren Umsetzung durch das Transparenzgebot im deutschen Recht, vgl. dazu *Geiss,* Rechtsstaatliche Grundsätze im Beihilfenrecht der Europäischen Gemeinschaft, S. 277 ff.

113 *Schaffarzik,* Handbuch der EKC, S. 573.

114 *Thies,* Zur Situation gemeindlicher Selbstverwaltung im europäischen Einigungsprozeß, S. 132 f.; *Schaffarzik,* Handbuch der EKC, S. 573; *Spannowsky,* Der Einfluß europäischer Rechtsentwicklungen auf den kommunalen Handlungsrahmen, DVBl. 1991, 1125.

115 Fraglich bleibt, ob solche lokal begrenzten, einer ganz unbeschränkten Anzahl von Betrieben zugute kommenden Beihilfen nicht doch gemeinschaftsrechtlich relevant sind, weil sie in diesem Sinne „bestimmte" – die lokalen – Betriebe fördern, vgl. insbesondere *Große Siemer,* Die kommunale Wirtschaftsförderung und die Regionalpolitik der Europäischen Gemeinschaften, S. 133 ff. sowie *Ehlers,* Kommunale Wirtschaftsförderung und kommunale Selbstverwaltung, in: Ehlers (Hrsg.), Kommunale Wirtschaftsförderung, S. 121.

trächtigung. Diese sind dann anzunehmen, wenn die Marktstellung der geförderten Unternehmen im Vergleich zu den Mitbewerbern klar verbessert wird bzw. auf den Handel bezogen die Einfuhr erschwert oder die Ausfuhr künstlich erleichtert wird[116], was davon abhängt, ob sich der innergemeinschaftliche Handel anders entwickeln würde, sofern die Beihilfe unterbliebe. Ausreichend ist eine potentielle Beeinträchtigung.[117]

Für die kommunalen Gebietskörperschaften bedeutet dies, daß ein grenzüberschreitender Bezug gegeben sein muß, ein rein lokaler Sachverhalt also nicht ausreichend ist. Ein solcher wird sicher nur dann vorliegen, wenn für die geförderte Tätigkeit keinerlei ausländische Konkurrenz betroffen sein kann. Ist auch hier eine differenzierte Betrachtungsweise nach der Größenordnung des Unternehmens angebracht[118], so bedeutet die Berücksichtigung dieser Bedingungen für die kommunalen Gebietskörperschaften einen erheblichen Aufwand und erhebliches Fachwissen über die europäischen Vorgaben.

(c) Ausnahmen vom Beihilfenverbot

Gleiches gilt auch für die Ausnahmen vom Beihilfenverbot. Von kommunaler Relevanz ist die in Art. 87 EG nicht vorgesehene sogenannte „de minimis"-Regel, die dem Größenordnungsprinzip insofern Rechnung trägt, als daß Beihilfen an ein bestimmtes Unternehmen von weniger als 100.000 ECU innerhalb von drei Jahren freigestellt werden.[119] Die größenmäßige Begrenzung der unter das Verbot fallenden Beihilfen entlastet die kommunalen Aufgabenträger überdurchschnittlich für kleinere Förderungsprojekte.

Im Gegensatz zu dem wenig kommunalrelevanten Art. 87 Abs. 2 EG gelten die Ausnahmen nach Art. 87 Abs. 3 EG bei Vorliegen der Tatbestandsmerkmale nicht per se als mit dem EG-Recht unvereinbar, sondern können durch eine Ermessenentscheidung der Kommission für zulässig erklärt werden.[120] Hierzu sind

---

116 *Dollinger,* Kommunalrecht, Sozialsachen und Wohngeldrecht, Städtebauförderung, in: Bergmann/Kenntner (Hrsg.), Deutsches Verwaltungsrecht unter europäischem Einfluß, S. 820.

117 *Faber,* Europarechtliche Grenzen kommunaler Wirtschaftsförderung, S. 135.

118 *Große Siemer,* Die kommunale Wirtschaftsförderung und die Regionalpolitik der Europäischen Gemeinschaften, S. 134.

119 KOM 96/C 68/06, ABl. 1996 C 68/9 in der Fassung ABl. 1998 C 74/9; vgl. auch den Verordnungsentwurf der Kommission für eine de-minimis-Verordnung, ABl. 2000 C 89/6.

120 Zur Ermessenausübung *Dollinger,* Kommunalrecht, Sozialsachen und Wohngeldrecht, Städtebauförderung, in: Bergmann/Kenntner (Hrsg.), Deutsches Verwaltungsrecht unter europäischem Einfluß, S. 80 f.

Leitlinien der Kommission herausgegeben worden, die Beihilfengeber und -empfänger Orientierung für notifizierungspflichtige Vorhaben und deren Zulässigkeit geben.[121] Sie sind für die kommunalen Bediensteten aufgrund ihrer inhaltlichen Ausrichtung häufig von großer Wertschätzung, zum Beispiel:

- Leitlinien für staatliche Beihilfen mit regionaler Zielsetzung[122]
- Gemeinschaftsrahmen für staatliche Umweltschutzbeihilfen[123]
- Leitlinien für die Beurteilung staatlicher Beihilfen zur Rettung und Umstrukturierung von Unternehmen in Schwierigkeiten[124]
- Gemeinschaftsrahmen für staatliche Beihilfen an kleine und mittlere Unternehmen (KMU)[125]
- Leitlinien für Beschäftigungsbeihilfen[126]
- Gemeinschaftsrahmen für staatliche Beihilfen an Unternehmen in benachteiligten Stadtvierteln[127]

Die materiellen europäischen Vorgaben sind von den kommunalen Gebietskörperschaften ohne weiteres Zutun zu berücksichtigen. Bereits aus der Bezeichnung der Mitteilungen ergibt sich deren Relevanz für die Kommunen.

Damit ist aber noch nichts über die verfahrensmäßigen Abläufe, die es nachzuvollziehen und einzuhalten gilt, gesagt. Uneinigkeit herrscht darüber, welche geplanten Fördermaßnahmen anzumelden sind und ob bis zur Gewährung der Beihilfe der Abschluß der gemeinschaftsrechtlichen Prüfung abzuwarten ist.[128]

Klarheit verschafft die Verordnung über besondere Vorschriften für die Anwendung des Art. 93 des EG-Vertrages – Verfahrensverordnung (VVO) –[129], die

---

121 Zur Überprüfung und Auslegung EuGH Slg. 1994 I, 4103, Rn. 57; Slg. 1991 I, 1455, Rn. 36 f.

122 ABl. 1998 C 74/9.

123 ABl. 2001 C 37/3; vgl. *Rydelski,* Umweltschutzbeihilfen, EuZW 2001, 458 ff.

124 Die Verlängerung von ABl. 1994 C 368/12 findet sich in ABl. 1999 C 288/2.

125 ABl. 1996 C 213/4; dazu *Dollinger,* Kommunalrecht, Sozialsachen und Wohngeldrecht, Städtebauförderung, in: Bergmann/Kenntner (Hrsg.), Deutsches Verwaltungsrecht unter europäischem Einfluß, S. 821.

126 ABl. 1995 C 334/4.

127 ABl. 1996 C 146/67; vgl. *Schultze,* Die deutschen Kommunen in der Europäischen Union, S. 53.

128 Vgl. Art. 88 Abs. 3 EG; EuGH Slg. 1973, 1483; *Faber,* Europarechtliche Grenzen kommunaler Wirtschaftsförderung, S. 88; *Ehlers,* Kommunale Wirtschaftsförderung und kommunale Selbstverwaltung, in: Ehlers (Hrsg.), Kommunale Wirtschaftsförderung, S. 173.

129 ABl. 1999 L 83/1.

von einer generellen Notifizierungspflicht ausgeht. Die Kommunen haben von jeder Beihilfe die zuständigen Landesministerien zu unterrichten, die das Vorhaben dem Bundesministerium für Wirtschaft übermitteln. Die so informierte Kommission selbst hat ab der Anzeige zwei Monate zur Prüfung Zeit[130], 20 Tage weniger bei KMU.[131]

Unabhängig von den hier zu stellenden Anforderungen[132] sind die möglicherweise eingreifenden Verbotsvorschriften des EG-Vertrags von Seiten der Kommunen zu prüfen, die insoweit in ihrem Handlungsrahmen eingeschränkt werden.[133]

(d) Rückgewähr rechtswidrig gewährter Beihilfen

Zuletzt sind die Folgen gemeinschaftswidrig gewährter Beihilfen zu beachten. In ständiger Rechtsprechung fordert der EuGH die Rücknahme des rechtswidrig ergangenen Beihilfebescheids und die Rückgängigmachung geleisteter Vergünstigungen. Gegenüber dem Beihilfeempfänger kann das in Widerspruch zum Gemeinschaftsrecht stehende Erteilen einer Beihilfe als dem Mitgliedstaat zurechenbares Verhalten der kommunalen Gebietskörperschaften zu erheblichen Schadensersatzforderungen führen.[134] In diesem Zusammenhang wird vermehrt auf die verheerenden Auswirkungen auf die Kommunen hingewiesen.[135]

---

130 Art. 4 Abs. 5 S. 1 VVO; vgl. EuGH Slg. 1983, 2621, 2628.

131 Beschleunigtes Verfahren nach Art. 4 Abs. 2 S. 5 VVO i.V.m. der entsprechenden Mitteilung, ABl. 1992 C 213/10.

132 Während eine lockere Ansicht bei erlaubten Beihilfen (Art. 87 Abs. 2 EG) nicht von einer entsprechenden Anzeigepflicht ausgeht (*Bleckmann,* Europarecht, Rn. 2077), geht die Gegenansicht von einer generellen Notifizierungspflicht aus, mit Ausnahme von Fällen, die offensichtlich nicht unter das Verbot des Art. 87 Abs. 1 EG fallen (*Faber,* Europarechtliche Grenzen kommunaler Wirtschaftsförderung, S. 151 ff.; *Ehlers,* Kommunale Wirtschaftsförderung und kommunale Selbstverwaltung, in: Ehlers (Hrsg.), Kommunale Wirtschaftsförderung, S. 123).

133 Zur Frage, ob Art. 87 ff. EG zudem eine Einschränkung des kommunalen Kompetenzbereichs bedeuten zusammenfassend *Schaffarzik,* Handbuch der EKC, S. 575, bejahend *Cathaly-Sielkens,* Kommunale Selbstverwaltung und Ingerenz des Gemeinschaftsrechts, S. 111 ff.; *Martini,* Gemeinden in Europa. Kommunale Selbstverwaltung und Gemeinschaftsrecht, S. 59 ff.

134 Vgl. zur mitgliedstaatlichen Haftung die bekannte Rechtsprechung *Francovic* und *Brasserie des Pêcheurs*, Slg. 1991 I, 5357 und Slg. 1996 I, 1029.

135 *Schultze,* Die deutschen Kommunen in der Europäischen Union, S. 65 m.w.N.; *Dollinger,* Kommunalrecht, Sozialsachen und Wohngeldrecht, Städtebauförderung, in: Bergmann/Kenntner (Hrsg.), Deutsches Verwaltungsrecht unter europäischem Einfluß, S. 826 f.

(2) Öffentliche Auftragsvergabe

Angesichts der hohen Staatsquoten in allen EU-Mitgliedstaaten kommt dem öffentlichen Auftragswesen eine besondere Rolle zu. Der Anteil ausländischer Auftragnehmer dagegen ist im Vergleich zu den Auftragsvolumen verschwindend gering. Ein Wettbewerb zwischen Unternehmen unterschiedlicher Mitgliedstaaten findet nicht statt. Gerade im kommunalen Bereich besteht ein nachvollziehbares Interesse an der Beteiligung einheimischer Betriebe an den öffentlichen Aufträgen. Im Gegenzug – bei einem mitgliedstaatlichen Wettbewerbsszenario – sollen die kommunalen Gebietskörperschaften durch billigere Zuschläge erhebliche Kostensenkungen zu erwarten haben, die ihnen finanzielle Spielräume eröffnen.[136]

Um dieser Entwicklung in Hinblick auf die Tragweite im Binnenmarkt entgegenzutreten, hat die Gemeinschaft eine Reihe von Rechtsvorschriften erlassen, die sich auf Art. 57 Abs. 2, 66 und 100a EG stützen.[137]

(a) Europäische Vergaberichtlinien

Die einzelnen Richtlinien haben aufgrund ihrer Regelungsbreite und -tiefe erhebliche Auswirkungen auf die Investitionstätigkeit des öffentlichen Sektors. Die Einwirkungsintensität relativiert sich in Hinblick auf die Betroffenheit der kommunalen Gebietskörperschaften durch die Einführung von Schwellenwerten. Die Einschlägigkeit der Richtlinienvorgaben bzw. deren Umsetzungen im nationalen Recht ist geknüpft an das Vorliegen sachlicher Voraussetzungen, insbesondere eines bestimmten Auftragwerts, ab dem die Vergaberegelungen zu beachten sind.

(b) Begrenzung des sachlichen Anwendungsbereiches

Die Schwellenwerte für die Herstellung, Instandhaltung, Änderung oder Beseitigung einer baulichen Anlage liegen bei einem geschätzten Auftragswert von 500.000 ECU. Lieferaufträge, unter die entgeltliche und schriftliche Kauf-, Leasing-, Miet-, Pacht- und Ratenkaufverträge über Waren[138] fallen, ab einem ge-

136 *Stober,* Der Einfluß des europäischen Rechts auf die Vergabe öffentlicher Aufträge, in: Hoppe/Schink (Hrsg.), Kommunale Selbstverwaltung und europäische Integration, S. 124 ff.

137 Vgl. *Hailbronner,* Die Vergabe öffentlicher Aufträge nach europäischem Gemeinschaftsrecht, in: Wirtschaftsverwaltung 1994, 175.

138 *Schäfer,* Die deutsche kommunale Selbstverwaltung, S. 145.

Europäische Vergaberichtlinien

- Richtlinie zur Koordinierung der Rechts- und Verwaltungsvorschriften für die Anwendung der Nachprüfverfahren im Rahmen der Vergabe öffentlicher Bau- und Lieferaufträge (sogenannte Überwachungsrichtlinie)[139]
- Richtlinie zur Koordinierung der Rechts- und Verwaltungsvorschriften für die Anwendung der Gemeinschaftsvorschriften über die Auftragsvergabe durch Auftraggeber im Bereich der Wasser-, Energie-, und Verkehrsversorgung (sogenannte Sektorenüberwachungsrichtlinie)[140]
- Richtlinie zur Koordinierung der Verfahren über die Vergabe öffentlicher Dienstleistungsaufträge (sogenannte Dienstleistungsrichtlinie)[141]
- Richtlinie zur Koordinierung der Verfahren zur Vergabe öffentlicher Lieferaufträge (sogenannte Lieferkoordinierungsrichtlinie)[142]
- Richtlinie zur Koordinierung der Verfahren zur Vergabe öffentlicher Bauaufträge (sogenannten Baukoordinierungsrichtlinie)[143]
- Richtlinie zur Koordinierung der Auftragsaufgabe im Bereich der Wasser-, Energie-, Verkehrsaufgabe sowie im Telekommunikationssektor (sogenannte Sektorenrichtlinie);[144] durch die Sektorenrichtlinie wurden die zuvor ausgesparten Bereiche (Sektoren) in das Gemeinschaftsrecht eingegliedert.

139 Richtlinie 89/665 vom 21.12.1989.

140 Richtlinie 93/13 vom 25.2.1992.

141 Richtlinie 92/50, ABl. 1992 L 209/1 i.d.F der Richtlinie 97/52, ABl. 1997 L 328/1.

142 Richtlinie 93/36 vom 14.6.1993, ABl. 1993 L 199/1 i.d.F. der Richtlinie 97/52, ABl. 1997 L 328/1.

143 Richtlinie 93/37 vom 14.6.1993, ABl. 1993 L 199/54 i.d.F. der Richtlinie 97/52, ABl. 1997 L 328/1.

144 Richtlinie 93/38, ABl. 1993 L 199/84 i.d.F. der Richtlinie 98/4, ABl. 1998 L 101/1.

schätzten Wert von 200.000 ECU.[145] Öffentliche Investitionsvorhaben, die dem Bereich der Trinkwasserversorgung, Energieversorgung oder des Fernmeldewesens zuzuordnen sind, unterliegen diesen Anforderungen nur bei einem Volumen von über 5 Mio. ECU. Schließlich gilt bei Dienstleistungsaufträgen, die nicht von den Bau- oder Lieferungsvorschriften erfaßt werden, ein Schwellenwert von 200.000 ECU.

(c) Konsequenzen für die kommunale Auftragsvergabe

Im Mittelpunkt des gesamten Vergabeverfahrens steht der Transparenzgedanke im gemeinschaftsweiten Markt, dem sich die Verfahrensgrundsätze unterzuordnen haben.[146] Um eine *„gezielte Realförderung der heimischen Wirtschaft"*[147] zu verhindern, muß der Auftraggeber klare Eignungs- und Zuschlagskriterien aufstellen.[148] Hierbei kommen verschiedene Faktoren ins Spiel, z. B. der Preis oder das wirtschaftlich günstigste Angebot, in denen Kriterien wie Lieferfrist, Betriebskosten, Rentabilität, Ästhetik oder Kundendienst einbezogen werden können.[149] Hierdurch soll es allen Mitbewerbern ermöglicht werden, ihre Chancen im Bewerbungsverfahren abzuschätzen und einen fairen Wettbewerb zu führen.

In erster Linie richten sich die Vorgaben aber an die rechtsanwendenden öffentlichen Stellen, die durch das europäische Recht in ihrer Freiheit, Aufträge nach eigenen Einschätzungen zu vergeben, beschnitten sind. Die europaweite Ausschreibung der kommunalen Aufträge mag meist dennoch vergeblich sein, wenn aus logistischen Problemen der ausländische Anbieter mit den einheimischen oder inländischen nicht mithalten kann. Dies gilt besonders im Bereich der traditionell ortsgebundenen Bauunternehmungen.[150] In vielen Fällen kommt

---

145 Zu den Ausnahmen *Rittner,* Das deutsche öffentliche Auftragswesen im europäischen Kontext, NVwZ 1995, 317; vgl. auch *von Ameln,* Auswirkungen, Auswirkungen des Europäischen Binnenmarktes auf Kommunalpolitik und Kommunalrecht der EG-Mitgliedstaaten, DVBl. 1992, 480.

146 Vgl. *Kohlhepp,* Das europäische Recht des Auftragswesens, NVwZ 1989, 338 ff.

147 *Schaffarzik,* Handbuch der EKC, S. 578.

148 *Stober,* Der Einfluß des europäischen Rechts auf die Vergabe öffentlicher Aufträge, in: Hoppe/Schink (Hrsg.), Kommunale Selbstverwaltung und europäische Integration, S. 124 ff.

149 *Martini,* Gemeinden in Europa. Kommunale Selbstverwaltung und Gemeinschaftsrecht, S. 107; *von Ameln,* Öffentliche Auftragsvergabe im gemeinsamen Markt aus kommunaler Sicht, Der Städtetag 1989, 10 f.

150 *Schäfer,* Mehr Wettbewerb im Bereich des öffentlichen Auftragswesens nach Erlaß der europäischen Vergaberichtlinien?, in: Eberstein/Jank/Sacherer/Zdzieblo, Rechtliche und praktische Probleme der Richtlinienumsetzung, S. 163.

es dann von vornherein nicht zu einer das aufwendige Verfahren rechtfertigenden Anzahl von Bewerbern um das jeweilige Projekt.

In diese Überlegungen sind notwendigerweise die Schwellengrenzen einzubeziehen. Sie führen dazu, daß nur besondere kommunale Vorhaben dem umgesetzten Richtlinienrecht entsprechen müssen. Die Anzahl der Verfahren ist damit auf Großvorhaben reduziert. Solche Projekte treffen die Kommunen nach Schätzungen alle fünf bis zehn Jahre.[151] Daraus könnte abgeleitet werden, daß die kommunale Betroffenheit eher gering einzuschätzen ist und ausschließlich große Kommunen von den europäischen Bestimmungen tangiert werden. Dem ist aber entgegenzuhalten, daß gerade aus der temporären Beschäftigung mit dem europäischen Auftragswesen aufgrund des Fehlens eines relativen Spezialisierungsgrades der jeweilige Aufwand um so größer wird. Die umfangreichen Bekanntmachungsvorschriften ziehen a priori einen erhöhten Personal- und Verwaltungsaufwand nach sich.[152] Diese Zusatzkosten sind mit den zu erwartenden Einsparungen im Wettbewerb der Bieter in Relation zu setzen.[153]

So ist zu erwarten, daß die kommunalen Gebietskörperschaften nicht in ausreichendem Maße vom Preisdruck des Binnenmarktes profitieren, vielmehr Sprach-, Fristen-, Informations-, Form- und Standortprobleme die Kommunen benachteiligen.[154] Die mit der Bürokratisierung einhergehenden Zeitverzögerungen verschärfen zudem die Situation der kommunalen Auftraggeber.[155]

Wiederholt wurde deshalb darüber nachgedacht, ob sich der den Kommunen zugemutete Verwaltungsaufwand überhaupt mit den gemeinschaftsrechtlichen allgemeinen Rechtsgrundsätzen vereinbaren ließe[156], wobei besonders die Informations- und Mitteilungspflichten gegenüber der EU-Kommission in Frage gestellt werden. In diesem Zusammenhang ist die kommunale Betroffenheit unstreitig festzustellen.

---

151 *Martini,* Gemeinden in Europa. Kommunale Selbstverwaltung und Gemeinschaftsrecht, S. 110; *von Ameln,* Öffentliche Auftragsvergabe im Gemeinsamen Markt aus kommunaler Sicht, Der Städtetag 1989, 9.

152 *Schäfer,* Die deutsche kommunale Selbstverwaltung, S. 150.

153 *Von Ameln,* Öffentliche Auftragsvergabe im Gemeinsamen Markt aus kommunaler Sicht, Der Städtetag 1989, 9.

154 Vgl. *Eiermann,* Auswirkungen der EG-Richtlinie zum öffentlichen Auftragswesen – Bestandsaufnahmen und Verbesserungsvorschläge, Beiträge zur öffentlichen Wirtschaft, S. 15; *Martini,* Gemeinden in Europa. Kommunale Selbstverwaltung und Gemeinschaftsrecht, S. 110.

155 *Elverfeld,* Europarecht und kommunales öffentliches Auftragswesen, S. 181.

156 Zu dieser Diskussion allgemein siehe unten S. 551 ff.

(d) Verfahrensrechtliche Auswirkungen

Die gemeinschaftsrechtlichen Vorgaben und deren Umsetzung im nationalen Recht sind mit erheblichen Auswirkungen auf die verfahrensmäßigen Abläufe des Ausschreibungsverfahrens verbunden. Sie umfassen genaue Mitteilungs-, Informations-, und Bekanntmachungsvorschriften im Vorfeld der Auftragsvergabe, die kurz zusammengefaßt werden sollen:[157]

Zunächst hat der Auftraggeber im Rahmen der Lieferkoordinierungsrichtlinie eine Vorabinformationspflicht über geplante Beschaffungen[158], die ein Jahr im Voraus das Vorhaben publik gemacht werden sollen und im Amtsblatt der Gemeinschaften zu veröffentlichen sind.[159] Letzteres gilt auch für technische Details, die für den entsprechenden Auftrag von Bedeutung sind. Erst im Anschluß daran erfolgt die eigentliche Ausschreibungsbekanntmachung, was von der Entscheidung über das offene oder nicht offene Verfahren abhängt.

Beim nicht offenen Verfahren können sich nur solche Anbieter bewerben, die zuvor dazu aufgefordert wurden. Dies ist nur gestattet, wenn das zu erwartende Ergebnis – die Ordnungsgemäßheit und Verhältnismäßigkeit der Angebotsabgabe – dies rechtfertigt. Unabhängig davon müssen mindestens drei Angebote unterschiedlicher Unternehmen eingeholt werden. Im Gegensatz hierzu kann im offenen Verfahren jeder Bewerber ein Angebot abgeben.[160]

Die Verfahrenspflichten setzen sich auch nach der Entscheidung über die Vergabe fort. Entsprechend den Grundsätzen der ex-post-Transparenz sind abgelehnten Mitbewerbern die Ablehnungsgründe und der ausgewählte Auftragnehmer mitzuteilen und die Ergebnisse detailliert zu veröffentlichen. Die Informationen sind für die EU-Kommission auf Abfrage bereitzuhalten. In gleicher Genauigkeit gilt es seitens der Vergabestellen, die strengen Fristenregelungen zu beachten.

---

157 Zu den einzelnen Normen der einschlägigen Rechte im Vergleich zur entsprechenden Pflicht vgl. das Schema im Anhang bei *Schäfer,* Die deutsche kommunale Selbstverwaltung, S. 342.

158 *Von Ameln,* Auswirkungen, Auswirkungen des Europäischen Binnenmarktes auf Kommunalpolitik und Kommunalrecht der EG-Mitgliedstaaten, DVBl. 1992, 480.

159 Zu den Ausnahmen *Stober,* Der Einfluß des europäischen Rechts auf die Vergabe öffentlicher Aufträge, in: Hoppe/Schink (Hrsg.), Kommunale Selbstverwaltung und europäische Integration, S. 125.

160 *Martini,* Gemeinden in Europa. Kommunale Selbstverwaltung und Gemeinschaftsrecht, S. 105.

(3) Kommunale Betroffenheit im Sparkassenwesen

Ein aktuell sehr intensiv diskutiertes Thema[161] ist das kommunale Sparkassenwesen und dessen Zukunft im europäischen Binnenmarkt.[162] Konkret geht es hier um vier nicht miteinander zu verwechselnde, aber untereinander in unmittelbarem Zusammenhang stehende Stichworte:

- Gewährträgerhaftung
- Eigenkapitalisierung
- Solvabilität
- Regionalprinzip.

Zu klären ist zunächst der Zusammenhang mit der Betroffenheit der kommunalen Gebietskörperschaften durch EU-Entscheidungen. Dies rührt von der grundlegenden Struktur der kommunalen Sparkassen her. Sie sind zwar eigenständige, wettbewerbsorientierte Wirtschaftsunternehmen[163], zugleich aber als Anstalten des öffentlichen Rechts Teil der durch das kommunale Selbstverwaltungsrecht garantierten[164] kommunalen Betätigung.[165] Die enge Verbindung findet besonders in zwei traditionell gewachsenen Rechtsinstituten ihren Ausdruck:[166] Die Gewährträgerhaftung und die Anstaltslast, die die Kommunen verpflichten, einerseits wie ein unbeschränkt haftender Gesellschafter für die Verbindlichkeiten der Sparkasse einzustehen, andererseits die Funktionsfähigkeit der Sparkasse zu gewährleisten.[167] Im Gegenzug muß der Großteil der Sparkas-

161 Ältere Darstellungen bei: *Keßler,* Die Zukunft der Sparkassen, Städte- und Gemeinderat 1988, 239 ff.; *Heinrichs,* Grundprinzipien des Sparkassenwesens unverzichtbar, Städte- und Gemeinderat 1988, 111 ff.; *Fröhlings,* Auswirkungen des EG-Binnenmarktes auf die kommunalen Sparkassen, Städte- und Gemeinderat 1989, 106 ff.

162 Vgl. allgemein dazu *Henrichs,* Grundstrukturen des Sparkassenwesens, Städte- und Gemeinderat 1998, 111 ff.

163 Siehe § 1 Kreditwesengesetz und die entsprechenden Sparkassengesetze der Länder.

164 Vgl. zur h. M. *Nierhaus/Stern,* Regionalprinzip und Sparkassenhoheit im Europäischen Binnenmarkt, S. 227; *Schäfer,* Die deutsche kommunale Selbstverwaltung, S. 119; *Martini,* Gemeinden in Europa. Kommunale Selbstverwaltung und Gemeinschaftsrecht, S. 113; vgl. BayVGH BayVBl. 1986, 461. Zur Verdeutlichung die diese Ansicht rechtfertigende Zwecksetzung der Sparkassen am Beispiel des Art. 2 Abs. BaySparkG: Möglichkeit für die Bevölkerung zur sicheren und verzinslichen Anlegung von Ersparnissen, Befriedigung des öffentlichen Kreditbedürfnisses, Pflege des Sparsinnes, etc.

165 *Fischer,* Selbstverwaltung durch und in kommunalen Sparkassen, in: von Mutius (Hrsg.), Festgabe von Unruh, S. 835 ff.

166 *Schäfer,* Die deutsche kommunale Selbstverwaltung, S. 119.

167 *Aubach,* Die Auswirkungen des Binnenmarktes auf die Sparkassen und ihre öffentlich-rechtliche Verankerung. Zur Privatisierung der Sparkassen, S. 47 f.; *Stober,* Der Einfluß

sen einen Teil des Gewinns in die öffentlichen kommunalen Haushalte abführen.[168] In diesem Spannungsfeld zwischen Zweckbindung und praktischer wirtschaftlicher Betätigung hat die EU die Kommunen relativ betreffende Rechtsakte erlassen, die in unmittelbarem Zusammenhang mit der Aufgabenerfüllung der Sparkassen und deren Verhältnis zur jeweiligen kommunalen Gebietskörperschaft stehen.

(a) Gemeinschaftsrecht und Gewährträgerhaftung

Im Zentrum der Diskussion steht die Vereinbarkeit der Gewährträgerhaftung mit den Beihilfevorschriften der Art. 87 ff. EG.[169]

Durch die Gewährträgerhaftung, also das potentielle oder tatsächliche Einstehen der Trägerkommune für die Verbindlichkeiten der Sparkasse, entsteht den Sparkassen ein Wettbewerbsvorteil, der anderen Bankunternehmen nicht zusteht.[170] Zwar kommt es nur im absoluten Ausnahmefall zu einem tatsächlichen Einstehen der kommunalen Gebietskörperschaft, durch eine solche Risikoabdeckung entsteht jedoch ein währender Vorteil auf dem Kreditmarkt, der geeignet ist, in Anbetracht des weiten Beihilfebegriffs[171], als wirtschaftliche Begünstigung den Wettbewerb zu verfälschen.[172] Dem ist die über das gewöhnliche Bankwesen hinausgehende Zwecksetzung entgegenzuhalten.[173]

Einen Anhaltspunkt gibt die Erklärung 37 des Europäischen Gipfeltreffens von Amsterdam 1997[174], wonach die Staats- und Regierungschefs die Auffassung der Kommission zur Kenntnis nehmen, nach der der Feststellung der Wettbewerbswidrigkeit der Gewährträgerhaftung der allgemeine wirtschaftliche

---

des europäischen Rechts auf die Vergabe öffentlicher Aufträge, in: Hoppe/Schink (Hrsg.), Kommunale Selbstverwaltung und europäische Integration, S. 119; *Thodde,* Zur Gewährträgerhaftung und Anstaltslast bei Sparkassen und Landesbanken, Die Sparkasse 1994, 134 ff.

168 *Nierhaus,* Zur kommunalen Bindung und Aufgabenstellung der Sparkassen, DÖV 1984, 670.

169 Ungenau daher *Schaffarzik,* Handbuch der EKC, S. 569, der auf die Wettbewerbsvorschriften der Art. 81 ff. EG abstellt.

170 *Von Friesen,* Staatliche Haftungszusagen für öffentliche Kreditinstitute aus europarechtlicher Sicht, S. 568.

171 Dazu oben, S. 401 ff.

172 So *König,* Öffentlich-rechtliche Anstaltslast und Gewährträgerhaftung als staatliche Beihilfen gemäß Art. 92 EGV, EuZW 1995, 595 ff, 598.

173 Vgl. Art. 2 Abs. 1 BaySparkG und die entsprechenden Parallelvorschriften der anderen Ländergesetze; gleicher Auffassung *Schneider/Busch,* Anstaltslast und Gewährträgerhaftung als Beihilfen im Sinne von Art. 92 EGV, EuZW 1995, 602 ff.

174 ABl. 1997 C 340/138.

Zweck der Sparkassentätigkeit als schwererwiegend entgegenzuhalten ist. Nach der Schlußakte ist ein wettbewerbskonformes Verhalten immer dann anzunehmen, wenn und soweit den kommunalen Gebietskörperschaften ermöglicht wird, *„in ihren Regionen eine flächendeckende und leistungsfähige Finanzinfrastruktur zur Verfügung zu stellen."* Zu berücksichtigen ist bei den Aussagen der Kommission, daß sie lediglich *„Interpretationshilfen"*[175] mit allenfalls geringer Bindungswirkung sind.[176] Auf diesem Gebiet gilt es, die weiteren Entwicklungen abzuwarten.

(b) Eigenkapitalisierung

Auf europäisches Sekundärrecht gründet sich die Diskussion um die ausreichende Eigenkapitalisierung der Sparkassen. Nach der sogenannten zweiten Bankrechtskoordinierungsrichtlinie wird von Bankunternehmen ein Mindesteigenkapital in Höhe von 5 Mio. ECU gefordert.[177] Hierdurch soll eine ausreichende Finanzmasse dazu dienen, eventuelle Verluste auszugleichen und die Kunden zu schützen. Für die Sparkassen ist dies deshalb bedrückend, weil sie häufig über eine sehr dünne Eigenkapitaldecke verfügen[178] und gemäß Art. 4 Abs. 2 der Richtlinie die Gewährleistungen öffentlicher Träger bei der Berechnung des Eigenkapitals ausdrücklich außen vor bleiben.[179]

Ihrer Verantwortlichkeit hat sich die Gemeinschaft insofern entledigt, als Art. 4 Abs. 2 der Richtlinie die Mitgliedstaaten ermächtigt, bestimmte Gruppen von Kreditinstituten von den Anforderungen zu befreien. Nachdem der deutsche Gesetzgeber von dieser Möglichkeit noch keinen Gebrauch gemacht hat[180], bleibt den Sparkassen lediglich der Weg über die Ausgabe von Genußscheinen, durch Fusionen benachbarter Sparkassen[181] oder Privatisierungen[182]. Insbesondere letzteres vermehrt zu beobachtendes Phänomen bleibt freilich nicht ohne unmittelbare Auswirkungen auf die Trägergebietskörperschaften.

---

175 *Schäfer,* Die deutsche kommunale Selbstverwaltung, S. 119.

176 *Schaffarzik,* Handbuch der EKC, S. 569 f.

177 Richtlinie 89/64 vom 15.12.1989, ABl. 1989 L 386/1.

178 *Martini,* Gemeinden in Europa. Kommunale Selbstverwaltung und Gemeinschaftsrecht, S. 115.

179 Vgl. *Claussen,* Teilprivatisierung kommunaler Sparkassen?, S. 92 ff.

180 Vgl. das einschlägige am 7. Oktober 1996 in Kraft getretene Kreislaufwirtschafts- und Abfallgesetz.

181 Zur Möglichkeit solcher Fusionen *Schlierbach/Pittner,* Das Sparkassenrecht in der Bundesrepublik Deutschland, S. 76.

182 Dazu *Schäfer,* Die deutsche kommunale Selbstverwaltung, S. 123.

(c) Solvabilität

Unter das Stichwort Solvabilität faßt man das Verhältnis zwischen dem haftenden Eigenkapital des Kreditinstituts und den risikotragenden Aktiv- und außerbilanziellen Geschäften. Die hierzu erlassene Solvabilitätsrichtlinie enthält ähnlich strenge Anforderungen wie die Bankrechtskoordinierungsrichtlinie.[183] Der Solvabilitätskoeffizient von mindestens 8% fordert, daß die Ausleihungen je nach unterschiedlichen Risikobewertungen das 12,5-fache des Eigenkapitals nicht überschreiten dürfen.[184] Die Gewährträgerhaftung bleibt außer Betracht. Im übrigen stellen sich die gleichen Probleme wie bei der Eigenkapitalisierung, da sie ja ausschlaggebend für die Erfüllung des Koeffizienten ist.

(d) Regionalprinzip

Nicht unerwähnt bleiben soll im grenzüberschreitenden Kontext das Regionalprinzip des deutschen Sparkassenwesens, nach dem die Tätigkeit einer Sparkasse auf das Hoheitsgebiet ihres Gewährträgers beschränkt ist.[185] Dem könnte Art. 18 der Richtlinie 77/780[186] entgegenstehen. Dieser verpflichtet die Mitgliedstaaten, eine Abwicklung der banküblichen Geschäfte der in- und ausländischen Kreditinstitute zu ermöglichen.[187] Das Regionalprinzip wäre unabhängig von dem Streit um die Richtlinie dann mit dem Gemeinschaftsrecht unvereinbar, wenn die Dienstleistungs- oder Niederlassungsfreiheit entgegenstehen würde.[188] Dies hängt davon ab, ob man die Niederlassungsfreiheit über das Diskriminierungsverbot hinaus als allgemeines Beschränkungsverbot auffaßt. Der EuGH hat dies bis jetzt nur angedeutet.[189]

---

183 Richtlinie 89/299, ABl. 1989 L 124/19.

184 *Martini,* Gemeinden in Europa. Kommunale Selbstverwaltung und Gemeinschaftsrecht, S. 115.

185 *Schäfer,* Die deutsche kommunale Selbstverwaltung, S. 124.

186 ABl. 1977 L 322/30.

187 Zum Verstoß gegen die Richtlinie *Martini,* Gemeinden in Europa. Kommunale Selbstverwaltung und Gemeinschaftsrecht, S. 117 m.w.N.; *Nierhaus/Stern,* Regionalprinzip und Sparkassenhoheit im europäischen Binnenmarkt, S. 22; *Purbach,* Die Auswirkungen des Binnenmarktes auf die Sparkassen und ihre öffentlich-rechtliche Verankerung, Privatisierung der Sparkassen, S. 82 ff.

188 Zur Einschlägigkeit der Dienstleistungsfreiheit *Purbach,* Die Auswirkungen des Binnenmarktes auf die Sparkassen und ihre öffentlich-rechtliche Verankerung, Privatisierung der Sparkassen, S. 84 ff., der diese im Ergebnis verneint.

189 EuGH Slg. 1988, 5510 (Fall Daily Mail); zur Dienstleistungsfreiheit EuGH Rs. 110/78, Slg. 1979, 52 (Fall Ministère public und ASBL/ von Wesemael).

In Hinblick auf die Ausgangsfragestellung kann eine Darstellung des Konfliktpotentials genügen. Solange die Sparkassen von den in der Richtlinie und im Primärrecht verbürgten Rechten keinen Gebrauch machen, also auf ihre Rechte im Lichte ihrer traditionell begrenzten Geschäftstätigkeit verzichten[190], bleibt ein Gemeinschaftsrechtsverstoß für die kommunalen Gebietskörperschaften als Sparkassenträger ohne Folgen. Die vornehmliche Aufmerksamkeit ist daher auf die anderen (offenen) Fragen zu richten.

(4) Kommunales Unternehmensrecht

Über den Spezialbereich der kommunalen Sparkassen als Teil wirtschaftlicher Tätigkeit der kommunalen Gebietskörperschaften hat die EU-Gesetzgebung auch Auswirkungen auf die allgemeine unternehmerische Tätigkeit der Kommunen. Die kommunalen Unternehmen außerhalb der allgemeinen Verwaltung unterliegen unabhängig von ihrer Organisationsform als öffentlich-rechtlicher Eigen- oder Regiebetrieb oder als privatrechtliche GmbH oder AG[191] im allgemeinen Wirtschaftsverkehr den Regelungen des europäischen Wettbewerbs- und Gesellschaftsrechts. Ein spezifischer Bezug zu den kommunalen Gebietskörperschaften ist nicht gegeben.

dd) Daseinsvorsorge

Das weitaus größte Konfliktpotential[192] zwischen den europäischen Vorgaben und der kommunalen Rechtssphäre birgt der Sektor der kommunalen Daseinsvorsorge.[193] Diese bewegt sich in einem Spannungsfeld mit dem europäischen Binnenmarkt, der vor dem Hintergrund der Wirtschaftsgemeinschaft Hindernisse im freien Waren-, Personen-, Dienstleistungs- und Kapitalverkehr beseitigen will.[194] Dabei bleibt zunächst unberücksichtigt, daß es Leistungen gibt, die aus rein wirtschaftlichen Gesichtspunkten nicht zu erbringen sind, die aber dennoch erbracht werden müssen.

---

190 *Schäfer,* Die deutsche kommunale Selbstverwaltung, S. 126.

191 Vgl. *Schoch,* Der Beitrag des kommunalen Wirtschaftsrechts zur Privatisierung öffentlicher Aufgaben, DÖV 1993, 577 ff.

192 *Radwan,* Daseinsvorsorge aus der europäischen Perspektive, BayGTZ 2002, 175.

193 Zum Begriff *Knemeyer,* Kommunalrecht, Rn. 330; zur Situation in Bayern *Schulz,* Neue Entwicklungen im kommunalen Wirtschaftsrecht Bayerns, BayVBl. 1996, 97 ff.

194 Vgl. die Pressemitteilung des *DStGB,* Kommunale Selbstverwaltung in der europäischen Verfassung verankern – Leistungen der Daseinsvorsorge sichern, BWGZ 2002, 341.

(1) Begriffsdefinition und Regelungsproblematik im Gemeinschaftsrecht

(a) Begriff der Daseinsvorsorge

Genau an dieser Stelle setzt der Begriff der Daseinsvorsorge an. Vorsorglich sei darauf hingewiesen, daß eine feste Definition der Daseinsvorsorge nicht existiert bzw. eine allgemeingültige, alle Facetten beinhaltende Beschreibung im fortschreitenden Wandel nicht lieferbar ist.[195] In einem sehr allgemeinen Sinne lassen sich hierunter alle Tätigkeiten fassen, die die am Gemeinwohl orientierte Versorgung der Bevölkerung und der Wirtschaft mit essentiellen Gütern und Dienstleistungen betreffen.[196] Hierunter können nicht-wirtschaftliche wie wirtschaftliche Aufgaben fallen, wie z.B. die Strom-, Gas- und Wasserversorgung, die Abwasser- und Abfallentsorgung, die Telefon- und Finanzdienstleistungen, der Rundfunk, die Post, die Erziehungs- und Bildungseinrichtungen, die kulturellen und sozialen Einrichtungen, Museen, Theater oder Schwimmbäder.[197]

Die Daseinsvorsorge umfaßt auch wirtschaftliche Tätigkeiten, so daß es zu Überschneidungen mit obigem Abschnitt kommen kann. An dieser Stelle sollen aber Kernbereiche des typischerweise verwendeten Vorsorgebegriffs erörtert werden.[198]

Im Zentrum des Daseinsvorsorgebegriffs steht die Gemeinwohlverpflichtung, die umschreibt, daß unbeachtet jeder wirtschaftlichen Rentabilität die *„Versorgungssicherheit und Kontinuität, die flächendeckende Erbringung, der gleichberechtigte Zugang aller Bürger, eine bestimmte Qualität, die Berücksichtigung sonstiger Belange (z.B. sozialer, kultureller oder umweltpolitischer*

195 Der deutsche Sprachgebrauch leitet sich von *Ernst Forsthoff* ab, der diesen Begriff in seiner Schriften („Die Verwaltung als Leistungsträger" (1938) und „Rechtsfragen der leistenden Verwaltung" (1959) verwendet; vgl. auch *Püttner,* Daseinsvorsorge und service public im Vergleich, in: Cox (Hrsg.), Daseinsvorsorge und Dienstleistungen in der Europäischen Union, S. 49; *Ossenbühl,* Daseinsvorsorge und Verwaltungsprivatrecht, DÖV 1971, 515 ff.; *Göttrup,* Die kommunale Leistungsverwaltung, S. 68 ff.

196 *Bocklet,* Leistungen der Daseinsvorsorge im Verhältnis zum EG-Binnenmarkt- und Wettbewerbsrecht, Der Landkreis 2001, 427.

197 *Bocklet,* Leistungen der Daseinsvorsorge im Verhältnis zum EG-Binnenmarkt- und Wettbewerbsrecht, Der Landkreis 2001, 427; aufgrund der allgemeinen Begriffbildung lassen sich problemlos auch die kommunalen Sparkassendienstleistungen unter die Daseinsvorsorge subsumieren, deren Tätigkeit die Absicherung günstiger Kredite, wohnortnaher Versorgung und Sparmöglichkeiten für die Bevölkerung garantieren soll.

198 Entscheidend ist insofern die kommunale Betroffenheit, nicht die systematische Einordnung.

Art) und erschwingliche Preise gewährleistet sein müssen."[199] Sie sind damit Ausdruck des Sozialstaatsgedankens, wie er in allen EU-Mitgliedstaaten – natürlich in traditionell ganz unterschiedlichen Ausprägungen[200] – Niederschlag gefunden hat. Aus dieser Sicht bergen die Leistungen der Daseinsvorsorge nicht nur ein kommunal- sondern auch ein sozialpolitisches Konfliktpotential. Die Regelungen der Daseinsvorsorge prägen daher maßgeblich die Ausrichtung einer Gesellschaft und deren Bekenntnis zu Werten wie Solidarität und Zusammenhalt.[201]

(b) Daseinsvorsorge und europäisches Sozialmodell

Mit der Öffnung dieser bisher weitgehend öffentlich bestellten Märkte geht die Befürchtung der kommunalen Gebietskörperschaften einher[202], sie könnten auf den unrentablen Angeboten sitzen bleiben, während private Anbieter sich die *„Rosinen herauspicken"*.[203] Aus diesem Grund treten vermehrt Forderungen auf, die Aufgaben der Daseinsvorsorge als Ziel der Gemeinschaftspolitik aufzufassen und hierdurch deren Bedeutung im nationalen Kontext gerecht zu werden.[204] Die betroffenen öffentlichen Träger erhoffen sich hiervon eine vermehrte Berücksichtigung der über wirtschaftliche Interessen hinausgehenden Leistungen der Daseinsvorsorge im EU-Rechtsetzungsprozeß.

Seitens der EU erhofft man sich auf diesem Wege Kompetenzen im sozialpolitischen Bereich und damit eine weitere Ausdehnung der Regelungsbefugnis. Die Daseinsvorsorge soll als Teil des europäischen Sozialmodells ein weiterer integrativer Eckpfeiler der europäischen Einigung werden. Dies setzt freilich einen allseitigen Konsens über die Ausgestaltung eines solchen Modells voraus, der wegen der unterschiedlichen Ausprägungen in den Mitgliedstaaten eher in weiter Ferne zu liegen scheint. Gerade wegen der Reibungsflächen mit den Vorschriften des Binnenmarkts kann ein Fortschreiten nur auf gemeinsamer Basis

---

199 *Bocklet,* Leistungen der Daseinsvorsorge im Verhältnis zum EG-Binnenmarkt- und Wettbewerbsrecht, Der Landkreis 2001, 427.

200 Dazu sogleich.

201 *Wohltmann,* Europäisches Konzept zur Daseinsvorsorge nötig? Kommunale Daseinsvorsorge im Kontext des europäischen Wettbewerbsrecht, Der Landkreis 2001, 430.

202 Zum Zusammenhang von kommunaler Selbstverwaltung und Leistungen der Daseinsvorsorge die Pressemitteilung des DStGB, Kommunale Selbstverwaltung in der europäischen Verfassung verankern – Leistungen der Daseinsvorsorge sichern, BWGZ 2002, 341.

203 *Wohltmann,* Europäisches Konzept zur Daseinsvorsorge nötig? Kommunale Daseinsvorsorge im Kontext des europäischen Wettbewerbsrecht, Der Landkreis 2001, 430.

204 *Mestmäcker,* in: Ruland u.a. (Hrsg.), Verfassung, Theorie und Praxis des Sozialstaates, FS Zacher, S. 635.

vonstatten gehen. Diese Diskussion birgt aber zugleich die Chance, über eine Weiterentwicklung des Wirtschaftsmodells zum Gesellschaftsmodell das Zusammenwachsen Europas voranzubringen. In diesem Kontext ist dann zu klären, welchen Stellenwert die Leistungen der Daseinsvorsorge mit der Gemeinwohlorientierung als zentralem Ausfluß gegenüber dem Wettbewerbsgedanken einnehmen werden.[205] Derzeitige Regelungsgehalte stellen ausschließlich – und nur dort besteht im wesentlichen die grundlegende Zuständigkeit der Gemeinschaft – auf die Binnenmarktkomponente ab.

In dieser zukunftsgewandten Auseinandersetzung hat sich auch die EU-Kommission positioniert. In ihrer Mitteilung *„Leistungen der Daseinsvorsorge in Europa"*[206] betont die Kommission den Stellenwert der Daseinsvorsorge im sozialen Gefüge der Mitgliedstaaten. Zugleich deutet sie an, daß gleichrangig hohe Versorgungsstandards für die Unionsbürger nur bei europaweit einheitlichen Regelungen auf Dauer gewährleistet werden können. Dabei stellt die Aufgabenwahrnehmung durch die Kommission nur einen möglichen gangbaren Weg neben anderen dar. Der territoriale Ansatz der kommunalen Dienstleistungen hat sich angesichts der Entwicklungen in Technik und Verbraucherbedürfnissen weiterentwickelt.[207] Aus diesem Grund soll es genügen, europaweite Mindestanforderungen anstatt kommunales Besitzstandsdenken in den Vordergrund zu stellen. Bei genauerem Dafürhalten wird lediglich die oben genannte *„Rosinentheorie"* als Befürchtung der kommunalen Gebietskörperschaften verstärkt. Hier gilt es, die künftigen Entwicklungen abzuwarten.

(c) Daseinsvorsorge im europäischen Kontext

Exkursartig soll auf andere Gewährleistungen daseinsvorsorgebedingter Regelungen als Modelle der Gemeinwohlverpflichtung eingegangen werden. Hierdurch wird der Blick etwas von den deutschen Gewohn- und Eigenheiten abgelenkt, der leicht zu einer verengten Sichtweise verleitet und die Diskussion zu sehr verdeutscht.[208]

---

205 *Wohltmann*, Europäisches Konzept zur Daseinsvorsorge nötig? Kommunale Daseinsvorsorge im Kontext des europäischen Wettbewerbsrecht, Der Landkreis 2001, 431.

206 KOM (2000) 580 vom 20.9.2000.

207 Dazu *Schink/Kuhn/Rühl*, „Leistungen der Daseinsvorsorge" aus kommunaler Sicht, Der Landkreis 2001, S. 438.

208 Davon zu unterscheiden sind spezifisch deutsche Problemkreise, die auf die gewachsene Gemeinwohlstruktur in der Bundesrepublik zurückzuführen ist; solche nationale Besonderheiten bestimmen natürlich auch die nationalen wissenschaftlichen Diskurse, wodurch der Eindruck entstehen kann, die geschilderten Probleme seien auf der europäischen Bühne gleichermaßen gefragt. Diese Differenzierungen gehen nahtlos ineinander über. Für die großen Mitgliedstaaten sei daher die Behauptung aufgestellt, daß große na-

Die unterschiedlichen Systeme lassen sich anhand des Anteils der öffentlichen Wirtschaft an allen Transaktionen der Daseinsvorsorge anschaulich darstellen.[209] Während die Quote in Luxemburg, den Niederlanden, Spanien und Großbritannien niedrig ist, ist sie in Österreich, Belgien, Frankreich und Deutschland hoch und in Italien, Portugal und Dänemark im Mittelfeld anzusiedeln. Im Rahmen der innerstaatlichen Aufsplittung dieser Ausgaben ist in Deutschland, Spanien, Dänemark und Belgien der kommunale Anteil besonders groß, während er in Frankreich und Großbritannien deutlich schwächer ist.[210]

In Großbritannien hat sich der öffentliche Sektor nach einer Privatisierungswelle in den 80er Jahren weitgehend von den *„public services"* zurückgezogen. Die britische Landschaft ist geprägt von einer Dominanz von Privatunternehmen unter Abschaffung bestehender staatlicher Monopole und der Etablierung eines freien Wettbewerbs.[211] Im französischen Staats- und Verwaltungsrecht spielt der Gedanke der Daseinsvorsorge als öffentliche Aufgabe eine wichtige Rolle.[212] Unter *„service public"* fallen nach dem heutigen materiellen funktionalen Begriffsverständnis alle durch staatliche Verwaltungen, private oder öffentliche Unternehmen unter staatlicher Kontrolle wahrgenommenen Aufgaben, die unter Geltung des öffentlichen Rechts der Gemeinwohlverpflichtung unterliegen.[213] Die mit dieser Philosophie einhergehende Staatsdominanz zeigt sich insbesondere auf dem Telekommunikations- und Energieversorgungssektor.[214]

---

tionale Divergenzen auch stets von gemeinschaftsweiter Tragweite sind. Als Beispiele lassen sich die für die deutsche Automobilindustrie wichtige Gruppenfreistellungsverordnungen der Kommission nach Art. 87 Abs. 3 EG anführen, oder die Liberalisierung der Energieversorgung in Frankreich – Stichwort: EDF (*Eléctricité de France*), vgl. *Lecheler/Gundel,* Die Umsetzung der Elektrizitäts-Binnenrichtlinie in Frankreich: Hat der französische Gesetzgeber die gemeinschaftsrechtlichen Vorgaben erfüllt?, RdE 2000, 165.

209 Vgl. *Hellermann,* Mitgliedstaatliche Daseinsvorsorge im gemeinschaftlichen Binnenmarkt, Der Landkreis 2001, 434.

210 Vgl. *Ambrosius,* in: Cox (Hrsg.), Daseinsvorsorge und öffentlich-rechtliche Dienstleistungen in der Europäischen Union, S. 24; *Thiry,* Öffentliche Dienstleistungen – Konzepte und Realitäten, in: Cox (Hrsg.), Daseinsvorsorge und öffentlich-rechtliche Dienstleistungen in der Europäischen Union, S. 32; *Hellermann,* Mitgliedstaatliche Daseinsvorsorge im gemeinschaftlichen Binnenmarkt, Der Landkreis 2001, 434.

211 *Schneider,* Flexible Wirtschaftsregulierung durch unabhängige Behörden im deutschen und britischen Telekommunikationsrecht, ZHR 164 (2000), 527 ff.

212 *Lecheler,* Die Versorgung mit Strom und Gas als „service public" und die Bedeutung der „service public" Doktrin für Art. 90 Abs. 2 EGV, RdE 1996, 214.

213 *Hellermann,* Mitgliedstaatliche Daseinsvorsorge im gemeinschaftlichen Binnenmarkt, Der Landkreis 2001, S. 434.

214 Vgl. *Lecheler/Gundel,* Die Umsetzung der Elektrizitäts-Binnenrichtlinie in Frankreich, RDE 2000, 165.

Im Zuge dieser Polarisierung zwischen dem britischen und französischen System läßt sich das deutsche Modell der Daseinsvorsorge weder dem einen noch dem anderen Extrem zuordnen. Traditionell gewachsen findet sich in Deutschland ein gemischt-wirtschaftliches System aus öffentlicher und privatwirtschaftlicher Aufgabenwahrnehmung. Das geordnete Nebeneinander wird dokumentiert von staatlicher Regulierung zur Sicherstellung gemeinwohlorientierter Versorgung.[215] Das deutsche System als „Mittelweg" und das damit einhergehende Grundverständnis von Daseinsvorsorge eignet sich daher als Grundlage der gesamteuropäischen Auseinandersetzung.

(d) Schutzmechanismen im EG-Vertrag

(aa) Bedeutung des Art. 16 EG

Der an der Aufzählung der Bereiche der Daseinsvorsorge unschwer ablesbare Grad der kommunalen Betroffenheit und die angedeutete Gegensätzlichkeit mit den Prinzipien des freien Wettbewerbs im Binnenmarkt lassen nicht darauf schließen, daß im Gemeinschaftsrecht nicht auch Schutzmechanismen zugunsten der Gemeinwohlverpflichtung bestehen. Tatsächlich deuten mehrere Regelungen des Gemeinschaftsvertrags darauf hin, daß der europäische Primärrechtsgeber diese Konfliktfelder gesehen hat und entsprechend berücksichtigen wollte.[216] Diese Normen seien an dieser Stelle der geschilderten Gefährdungslage entgegengesetzt.

Mit dem Amsterdamer Vertrag hat in Art. 16 des EG-Vertrags die Daseinsvorsorge zumindest in ihren Essentialia Einzug in den Gemeinschaftsvertrag erhalten. Nach Art. 16 EG ist die Daseinsvorsorge eigenständige Komponente der Wirtschafts- und Sozialordnung der Gemeinschaft[217], indem die Gemeinschaft und die Mitgliedstaaten die Voraussetzungen für die Erfüllung von *„Diensten im allgemeinen wirtschaftlichen Interesse"* sicherzustellen haben. Als solche ist die Daseinsvorsorge zum Gemeinschaftszweck erhoben worden, so daß sie mit den in Art. 2 ff. EG genannten Zielsetzungen konkurriert.[218] Fraglich ist, ob mit der Aufnahme in den Gemeinschaftsvertrag funktional eine Änderung erfolgt ist, und welche tatsächlichen Auswirkungen die Einführung auf die Aufgabenwahr-

215 *Hellermann,* Mitgliedstaatliche Daseinsvorsorge im gemeinschaftlichen Binnenmarkt, Der Landkreis 2001, S. 435.

216 *Henneke,* Kommunale Perspektiven in einem zusammenwachsenden Europa, VBlBW 2002, 271 f.

217 *Hanes,* in: Brede (Hrsg.), Wettbewerb in Europa und die Erfüllung öffentlicher Aufgaben, 2000/2001, S. 27 f.

218 *Kämmerer,* Daseinsvorsorge als Gemeinschaftsziel oder: Europas soziales Gewissen, NVwZ 2002, 1042.

nehmung der Daseinsvorsorge in den Mitgliedstaaten hat.[219] In jedem Fall enthält Art. 16 EG keine Normsetzungsbefugnis und läßt die gegebenen Befugnisse und Zuständigkeiten unberührt.

Dennoch bestärkt er nach Ansicht der Kommission die Bestrebungen einer aktiv-regulatorischen[220] Legitimation, im Bereich der Daseinsvorsorge Recht zu setzen und regelnd einzugreifen.[221] Das EuG, unterstützt von den Mitgliedstaaten, setzt dagegen eher auf die Einschätzungsprärogative der mitgliedstaatlichen Ebene in Hinblick auf die Gestaltung der Daseinsvorsorge.[222] Insofern ist die europäische Bestimmung nicht geeignet, klare Grenzen einer Kompetenzabgrenzung zu ziehen.[223] Sie kann nach der beschränkenden Ansicht lediglich Auslegungshilfe im Rahmen der gemeinschaftsrechtlichen Rechtsanwendungspraxis sein[224] und so den Prinzipien der Marktöffnung um den freien Wettbewerb im Binnenmarkt entgegenstehen.[225]

(bb) Zuständigkeitsfragen und das Verhältnis zu den wettbewerbsrechtlichen Vorschriften

Mit der Aufnahme des Art. 16 EG bleibt weiterhin die Frage offen, wer über die Wahrnehmungen von Leistungen der Daseinsvorsorge zu entscheiden hat und in welchem Verhältnis sie zu den wettbewerbsrechtlichen Vorschriften stehen. Letztlich bleibt es beim aufgezeigten Konflikt zwischen den Mitgliedstaaten und den Gemeinschaftsstellen, insbesondere der initiativbe-

---

219 Eine funktionale Änderung verneinend: *Schwarze,* EuZW 2001, 334 ff., 336 f.; *Jung,* in: Calliess/Ruffert (Hrsg.), EUV und EGV, *Hatje,* in: Schwarze, EU-Kommentar, Art. 16 EG, Rn. 9 m.w.N.; *Badura,* in: Classen u.a. (Hrsg.), In einem vereinten Europa dem Frieden der Welt zu dienen, Liber amicorum Oppermann, S. 578; vgl. auch *Stober,* Neuregelung des Rechts der öffentlichen Unternehmen?, NJW 2002, 2361.

220 *Kämmerer,* Daseinsvorsorge als Gemeinschaftsziel oder: Europas soziales Gewissen, NVwZ 2002, 1043.

221 Europäische Kommission, Bericht für den Europäischen Rat in Laeken, *„Leistungen zur Daseinsvorsorge"* vom 17.10.2001, KOM (2001) 598, vgl. *Nettesheim,* Europäische Beihilfeaufsicht und mitgliedstaatliche Daseinsvorsorge, EWS 2002, 253; *Badura,* in: Classen u.a. (Hrsg.), In einem vereinten Europa dem Frieden der Welt zu dienen, Liber amicorum Oppermann, S. 578.

222 Vgl. EuGH Slg. 1997 II, 229; *Schweitzer,* Daseinsvorsorge, „service public", Universaldienst : Art. 86 Abs. 2 EG-Vertrag und die Liberalisierung in den Sektoren Telekommunikation, Energie und Post, S. 124.

223 *Kämmerer,* Daseinsvorsorge als Gemeinschaftsziel oder: Europas soziales Gewissen, NVwZ 2002, 1043.

224 Vgl. auch den für die Rechtsanwendung unverbindlichen Art. 36 der Grundrechtecharta, dazu *Bocklet,* Leistungen der Daseinsvorsorge im Verhältnis zum EG-Binnenmarkt- und Wettbewerbsrecht, Der Landkreis 2001, S. 429.

225 *Hellermann,* Örtliche Daseinsvorsorge und gemeindliche Selbstverwaltung, S. 435.

rechtigten Kommission. Die Problemstellung ist nur unter Zuhilfenahme anderer gemeinschaftsrechtlicher Primärrechtsvorschriften zu bewältigen.

Zunächst ist auf Art. 295 EG zu verweisen, der die mitgliedstaatliche Eigentumsordnung durch das Gemeinschaftsrecht unberührt läßt.[226] Danach bleibt es den Mitgliedstaaten überlassen, in welcher Form die Aufgaben der Daseinsvorsorge wahrgenommen werden, gleich ob öffentlich- oder privatrechtlich.[227] Ein Zwang zur Privatisierung ist von vornherein ausgeschlossen. Darüber hinaus bleiben der Gemeinschaft alle nichtwirtschaftlichen Tätigkeiten der Daseinsvorsorge entzogen, die als nichtwirtschaftlich dann gelten, wenn die Leistungen sozialen Charakter haben und nicht auf hoheitlichem Gebiet ablaufen.[228] Gleiches gilt für den für die kommunalen Gebietskörperschaften relevanten Bereich der mitgliedstaatlichen Sachverhalte, die rein lokalen Charakter aufweisen und denen jegliche Binnenmarktrelevanz fehlt.[229]

Alle anderen Fälle unterfallen den wettbewerbsrechtlichen Beschränkungen des EG-Vertrags. Nach Art. 86 Abs. 2 EG können die Mitgliedstaaten aber solchen öffentlichen oder privaten (vgl. Art. 86 Abs. 1 EG) Unternehmen trotz Kollision mit den übrigen Vertragsartikeln besondere oder ausschließliche Rechte verleihen, sofern die Unternehmen Dienstleistungen im allgemeinen wirtschaftlichen Interesse erbringen. Die gemeinschaftliche Regelungsbefugnis hängt also von der Auslegung der Tatbestandmerkmale des Art. 86 Abs. 2 EG ab. Die allgemeinen gemeinschaftlich-autonomen Auslegungskriterien des EuGH finden auch hier ihren Niederschlag. Der Grundsatz des allgemeinen wirtschaftlichen Interesses unterliegt einem weiten Auslegungsspielraum der nationalen Normgebung, so daß hierunter alle besonderen, von Partikularinteressen unterscheidbaren[230] Zwecke fallen können.[231] Die Darlegungslast bezüglich der entgegenstehenden Interessen obliegt der Kommission, die darüber hinaus lediglich ihre Kontrollbefugnisse nach Art. 86 Abs. 3 EG geltend machen kann.[232]

---

226 Gemeinschaftsrechtliches Neutralitätsgebot, dazu *Bocklet,* Leistungen der Daseinsvorsorge im Verhältnis zum EG-Binnenmarkt- und Wettbewerbsrecht, Der Landkreis 2001, 428.

227 *Henneke,* Kommunale Perspektiven in einem zusammenwachsenden Europa, VBlBW 2002, 269.

228 EuGH Slg. 1993 I, 63 (Fall Poncet); Slg. 1994 I, 43 (Fall Eurocontrol).

229 *Hellermann,* Örtliche Daseinsvorsorge und gemeindliche Selbstverwaltung, S. 436.

230 *Von Buchard,* in: Schwarze, EU-Kommentar, Art. 86 EG, Rn. 63 f.

231 EuGH Slg. 1994 I, 1477 (Fall Amelo) und Slg. 1997 I, 5815 (EDF); zum Verhältnis zu Art. 16 EG *Tettinger,* in: Cox (Hrsg.), Daseinsvorsorge und öffentlich-rechtliche Dienstleistungen in der Europäischen Union, S. 108.

232 Vgl. *Bocklet,* Leistungen der Daseinsvorsorge im Verhältnis zum EG-Binnenmarkt- und Wettbewerbsrecht, Der Landkreis 2001, S. 428.

(2) Kommunalgefährdende Eingriffe des Gemeinschaftsrechtsgebers

Trotz dieser tendenziell mitgliedstaatsfreundlichen und damit – in diesem Fall – kommunalfreundlichen Beschränkungen des Gemeinschaftsrechts lassen sich zahlreiche Fälle skizzieren, in denen die gemeinschaftliche Gesetzgebung im Bereich der Daseinsvorsorge über die allgemeinen Wirtschaftskompetenzen die kommunale Rechtssphäre durchdringt. Namentlich sind hier die Bereiche der leitungsgebundenen Energie, des Öffentlichen Personennahverkehrs (ÖPNV) und der Abfallwirtschaft anzuführen, deren Problematik aufgezeigt werden soll.

(a) Binnenmarktrechtliche Auswirkungen auf den ÖPNV

Die Zugehörigkeit des Öffentlichen Personennahverkehrs zu den Aufgaben der Daseinsvorsorge ergibt sich aus der Tatsache, daß eine flächendeckende Mobilität[233] für Menschen, denen eine Teilnahme am Individualverkehr verwehrt ist, sich alleine mit den Marktkräften nicht aufrecht erhalten läßt.[234] Im Sinne der Gemeinwohlverpflichtung bedarf es eines Eingreifens öffentlicher Aufgabenträger. Die öffentliche Hand kommt dieser Forderung nach, indem sie statt direkter Geldzuflüsse für unwirtschaftliche Strecken ihr Streckensystem „en bloc" an ein bestimmtes Unternehmen vergibt oder das Netz gleich selbst betreibt. In jedem Fall konnten bisher die kommunalen Gebietskörperschaften eigenverantwortlich entscheiden, wie sie ihren Verpflichtungen nachkommen.[235]

Diese Regelungsbefugnis wird nunmehr von den europäischen Vorgaben überlagert. Maßgebliches Dokument ist der Verordnungsvorschlag einer Marktöffnungsverordnung für den Personenverkehr auf der Schiene, der Straße und auf Binnenschiffahrtswegen.[236] Dies entspricht der in Art. 86 Abs. 2 EG zum Ausdruck kommenden Verantwortung für das auf dem Sektor der Daseinsvorsorge zu achtende Allgemeininteresse, das dort durch die Vermeidung einer

---

233 Allgemein zur Mobilität *Ronellenfitsch,* Die Verkehrsmobilität als Grund- und Menschenrecht, JöR 44 (1996), 168 ff.; *ders.,* Mobilität, Vom Grundbedürfnis zum Grundrecht?, DAR 1992, 321 ff.

234 In Deutschland gehört der ÖPNV traditionell zum Bereich der Daseinsvorsorge, vgl. *Ossenbühl,* in: Erichsen (Hrsg.), Allgemeines Verwaltungsrecht, § 9 Rn. 2; *Köttgen,* Deutsche Verwaltung, S. 172; vgl. auch BVerfGE 38, 258.

235 *Schink/Kuhn/Rühl,* „Leistungen der öffentlichen Daseinsvorsorge" aus deutscher kommunaler Sicht, Der Landkreis 2001, S. 442.

236 Vom 26.7.2000, KOM (2000) 7 endg.; vgl. auch den an demselben Tag beschlossenen Richtlinienvorschlag zur Veränderung der Rahmenrichtlinie für Infrastrukturbeihilfen sowie die Änderungsrichtlinie zur Transparenzrichtlinie 2000/52 vom 3.7.2000 und den Bericht der Kommission an den europäischen Rat von Laeken „Leistungen zur Daseinsvorsorge", KOM (2001) 598.

ungeregelten Marktöffnung deutlich wird. Das Konzept des geregelten Wettbewerbs soll mit dem Versprechen von Effizienzgewinnen und Einsparungen den kommunalen Entscheidungsträgern schmackhaft gemacht werden.[237] Den Kern der die Kommunen treffenden Neuordnung bilden die einheitlichen Forderungen nach einem Mindestmaß an Transparenz, nach einem angemessenen Gebrauch des Wettbewerbsprinzips und nach Chancengleichheit aller Anbieter.[238] Unverzichtbarer Bestandteil werden nach Ansicht der Kommunen auch in Zukunft öffentliche Beihilfen sein, um das zu fordernde hohe Niveau des ÖPNV halten zu können, das den Marktkräften nicht ohne weiteres entspringt.

Hier werden in naher Zukunft einschneidende Umwälzungen bevorstehen. Ein Anreiz für Marktverbesserungen und Sparsamkeit muß die unter dem Transparenzgebot zu fordernde wettbewerbsrechtlich gebotene Ausschreibung sein. An das grundsätzlich durchzuführende Vergabeverfahren sind stufenweise unterschiedliche Anforderungen zu stellen, je nach dem, ob der Vertrag zwischen dem Anbieter und der Gebietskörperschaft zusätzliche finanzielle Ausgleiche oder ausschließliche Rechte gewährt. Unter allen Mitbewerbern kommt der zuständigen Behörde ein weiter Ermessenspielraum hinsichtlich der zu stellenden und erfüllenden Anforderungen zu.[239] Den Interessen der für den ÖPNV zuständigen Stellen wird durch die Ausnahmeklausel vom Erfordernis des gemeinschaftsweiten Ausschreibungsverfahrens und durch Sicherungsbestimmungen, die als Mindestanforderungen an die Bewerber formuliert sein können, Rechnung getragen.[240]

Im Bereich des ÖPNV zeigt sich deutlich, wie die Kommission als EU-Organ gezwungen ist, in diesem wichtigen Regelungsbereich auf die Bedürfnisse der kommunalen Gebietskörperschaften einzugehen. Der ÖPNV ist ein Paradebeispiel für Konfliktfelder im Gleichgewicht zwischen den Bestimmungen des europäischen Regelwerks und demokratischen Entscheidungen auf lokaler Ebene.[241] Zugleich ist er Sinnbild für die tiefgreifende Kommunalbetroffenheit der untersten mitgliedstaatlichen Ebene in allen Mitgliedsländern im Zuge der fortschreitenden Integration.

---

237 Vgl. *Schink/Kuhn/Rühl,* „Leistungen der öffentlichen Daseinsvorsorge" aus deutscher kommunaler Sicht, Der Landkreis 2001, S. 441.

238 *Janik,* Entwicklungen im deutschen Verkehr: Ziele, Interessen und Politikansätze, Der Landkreis 2001, 508.

239 Vgl. den Katalog der Qualitätsmerkmale in Art. 4 des Verordnungsvorschlags.

240 Hierzu *Janik,* Entwicklungen im deutschen Verkehr: Ziele, Interessen und Politikansätze, Der Landkreis 2001, 510.

241 *Janik,* Entwicklungen im deutschen Verkehr: Ziele, Interessen und Politikansätze, Der Landkreis 2001, 510.

(b) Abfallwirtschaft

Zu den Dienstleistungen, die im Rahmen einer flächendeckenden Grundversorgung zu gewährleisten sind, gehört auch die kommunale Abfallwirtschaft. In diesen Bereich fließen zahlreiche umweltrechtliche Aspekte ein, welche die technischen Standards der Entsorgung betreffen.[242] Die Abfallwirtschaft gehört demzufolge nach der hier gewählten Struktur zu den wirtschaftlich relevanten Aufgaben der Daseinsvorsorge im Umweltsektor. Eine zwingende Einordnung ergibt sich hieraus nicht. Auch handelt es sich hierbei um einen Oberbegriff, der sich in die Teilbereiche Abfallvermeidung, Abfallverwertung und Abfallbeseitigung[243] gliedert. Die Übergänge in die eine oder andere Typisierung sind dabei genauso schwierig zu bestimmen wie die Begriffsdefinition des Abfalls überhaupt.[244] Die Darstellung soll sich auf die zwei entscheidendsten Brüsseler Regelungsvorgaben beschränken:

(aa) Die Richtlinie 91/689 über gefährliche Abfälle[245]

Kommunalrelevante Auswirkungen sind, trotz des weiten nationalen Umsetzungsspielraums durch die Aufnahme des Grundsatzes der Entsorgungsnähe, in die Richtlinie anzunehmen.[246] Eine Entsorgung der Abfälle hat nach den in der Richtlinie festgelegten Vorgaben des EuGH durch *„jede Region, Gemeinde oder andere Gebietskörperschaft"*[247] zu erfolgen, was aber nicht notwendigerweise die allernächste Entsorgungsstelle umfaßt.[248] Von gleicher Relevanz ist auch das

242 Vgl. *Lattmann,* Die Bürger zahlen drauf, Europa kommunal 2002, 13.

243 Vgl. zu den neuesten Entwicklungen *Brenner/Huber,* Europarecht und Europäisierung in den Jahren 2000/2001, DVBl. 2001, 1018 ff., 1019.

244 *Krings,* Der Abfallbegriff nach geltendem und künftigem Abfallrecht aus europäischer und deutscher Sicht, WiVerw 1995, 103 ff.; *Thies,* Zur Situation der gemeindlichen Selbstverwaltung im Europäischen Einigungsprozeß unter besonderer Berücksichtigung der Vorschriften des EG-Vertrags über staatliche Beihilfen und der EG-Umweltpolitik, S. 178.

245 Vom 12.12.1991, ABl. 1991 L 377/20; die Richtlinie wurde im Gesetz zur Vermeidung, Verwertung und Beseitigung von Abfällen (BGBl. 1994 I, 2705) umgesetzt, vgl. *Wendenburg,* Die Umsetzung des europäischen Abfallrechts, NVwZ 1995, 833 ff.; *Rehbinder,* Der europäische Binnenmarkt und das Umweltrecht, in: Hoppe/Schink (Hrsg.), Kommunale Selbstverwaltungn und europäische Integration, 1990, S. 17 ff; *Leiß,* Aktuelle Vorschriften und Maßnahmen der EU im Abfallbereich, BayVBl. 1994, 329 ff.

246 Dieser allgemeine Rechtsgrundsatz ist bereits zuvor vom EuGH angenommen worden, vgl. EuGH, Rs. C-2/90, Slg. 1992 I, 4431, 4480 (Fall Wallonien), vgl. *Dieckmann,* Das Abfallrecht der europäischen Gemeinschaft. Systematische Darstellung der gemeinschaftlichen Vorgaben für die nationale Rechtsetzung und Rechtspraxis, S. 138 f.

247 EuGH, Rs. C-2/90, Slg. 1992 I, 4431, 4480 (Fall Wallonien).

248 So Art. 5 Abs. 2 der Richtlinie; *Schäfer,* Die deutsche kommunale Selbstverwaltung, S. 163.

Verursacherprinzip, das eine Gebührenbemessung nach dem tatsächlich entstandenen Entsorgungsaufwand fordert.

(bb) Verordnung zur Überwachung und Kontrolle der Verbringung von Abfällen in der, in die und aus der Europäischen Gemeinschaft[249]

Die Verordnung trifft vor allem die Kommunen, die selbst über keine eigenen Entsorgungsanlagen verfügen[250], und daher auf den Abfalltransport, zum Teil ins Ausland, angewiesen sind. Insofern stellt die europäische Regelung strenge Kriterien zur Notifizierung und Überwachung der logistischen Dispositionen[251], welche die kommunalen Gebietskörperschaften in ihrem Handeln unmittelbar beeinflussen.[252]

(c) Wasserwirtschaft

Mit dem Ziel eines vorrangigen Schutzes des wichtigsten Lebensmittels für den Menschen ist die Gemeinschaft auch auf dem Gebiet des Wasserrechts nicht untätig geblieben. Im Gegensatz zu anderen Ressourcen ist Wasser kein austauschbares Wirtschaftsgut, das deshalb besonderen Anforderungen unterstehen muß. Maßgeblich hierfür sind die folgenden Richtlinien:[253]

Wie die älteren spezielleren Richtlinien versucht die neue Rahmenrichtlinie strenge Qualitätsmaßstäbe für den Gebrauch, die Entsorgung und den Schutz der natürlichen Lebensgrundlage zu setzen. Bereits zuvor waren die angegebenen Grenzwerte im allgemeinen hoch[254], im besonderen war das Qualitätsniveau der bundesrepublikanischen Wasserversorgung *„beispielhaft"* hinsichtlich Gewässergüte, Gewässerschutz, des Versorgungsgrades und der Versorgungssicherheit.[255] Viele der Schutzvorschriften haben als Adressat in ihrer nationalen Umsetzung die kommunale Ebene im Blick.

---

249 ABl. 1993 L 30/1 und ABl. 1995 L 18/38.

250 *Leiß,* Aktuelle Vorschriften und Maßnahmen der EU im Abfallbereich, BayVBl. 1994, 331.

251 Dazu *Winter,* Die neue Abfallverbringungsverordnung der EG, UPR 1994, 161 ff.; sowie *Konzak,* Abfallverbringungsverordnung, Abfallwirtschaft in Forschung und Praxis, 1994.

252 Zu den Folgen der EU-Osterweiterung *Lattmann,* Die Bürger zahlen drauf, Europa kommunal 2002, 13 f.

253 *Martini,* Gemeinden in Europa. Kommunale Selbstverwaltung und Gemeinschaftsrecht, S. 126; *Seele,* Der Kreis aus europäischer Sicht, S. 107 f.

254 *Breuer,* EG-Richtlinien und deutsches Wasserrecht, WiVerw 1990, 92.

255 *Schink/Kuhn/Rühl,* „Leistungen der öffentlichen Daseinsvorsorge" aus deutscher kommunaler Sicht, Der Landkreis 2001, 442.

Wasserrichtlinien

- Wasserrahmenrichtlinie[256],
- Richtlinie über die Behandlung kommunaler Abwasser (sogenannte Abwasserrichtlinie)[257]
- Richtlinie über die Qualität von Wasser für den menschlichen Gebrauch (sogenannte Trinkwasserrichtlinie)[258]
- Richtlinie über Qualitätsanforderungen an Oberflächenwasser für die Trinkwassergewinnung in den Mitgliedstaaten (sogenannte Rohwasserrichtlinie)[259]
- Richtlinie über den Schutz des Grundwassers gegen Verschmutzung durch bestimmte gefährliche Stoffe (sogenannte Grundwasserrichtlinie)[260]
- Richtlinie über die Verschmutzung infolge der Ableitung bestimmter gefährlicher Stoffe in die Gewässer (sogenannte Gewässerschutzrichtlinie)[261]

Die derzeitige Diskussion – auch über die Wasserrahmenrichtlinie – rankt sich um die Liberalisierung des Wasserrechtes mit all seinen Auswirkungen auf die kommunalen Wasserversorger. Wenn auch die Grenzen hier enger sind als bei der Energieversorgung, so wird sich auch der deutsche Wassersektor dem Zeitgeist nicht verschließen können[262], zumal andere Mitgliedstaaten ihr Leitungsnetz privatisiert haben und wettbewerbsorientierten Anbietern Durchleitungsrechte der Wasserwerke eingeräumt haben. Die damit einhergehende Problematik einer Beibehaltung des Qualitätsstandards und einer Oligopolbildung im liberalisierten Markt kann hier nur angedeutet werden.

---

256 Vom 22.12.2000, ABl. 2000, L 327/1; zu den Folgen für die Kommunen *Düsterdiek*, Mehrbelastungen befürchtet, Europa kommunal 2001, 231.

257 Richtlinie 91/271 vom 21.5.1991, ABl. 1991 L 135/40; vgl. *von Tiemann*, Richtlinien des Rates über die Behandlung kommunaler Abwässer, Europa kommunal 1990, 28 f.

258 Richtlinie 80/778 vom 15.7.1980, ABl. 1980 L 229/11.

259 Richtlinie 75/440 vom 16.6.1975, ABl. 1975 L 194/34.

260 Richtlinie 80/68 vom 13.12.1979, ABl. 1980 L 20/43.

261 Richtlinie 76/464 vom 4.5.1976, ABl. 1976 L 129/23.

262 Zu den Bedenken *Schink/Kuhn/Rühl*, „Leistungen der öffentlichen Daseinsvorsorge" aus deutscher kommunaler Sicht, Der Landkreis 2001, 442.

(d) Kommunale Energieversorgung

Seit Ende der 80er Jahre verfolgt die Europäische Gemeinschaft die Schaffung von Voraussetzungen eines Energiebinnenmarkts, die im Kern eine Liberalisierung der Energieversorgung beinhalten.[263] Nach mehreren Absichtserklärungen und Vorschlägen der Kommission, mit denen kompetenzrechtliche Streitigkeiten einhergingen[264], gelang mit der Richtlinie betreffend gemeinsame Vorschriften für den Energiebinnenmarkt (EIBR)[265] der Durchbruch. [266] Vornehmliches Ziel der Richtlinienvorgaben war die schrittweise Liberalisierung des Strommarktes.[267] Diese umfaßt die Abschaffung ausschließlicher Rechte im Bereich der Erzeugung elektrischer Energie und des Leitungsbaus, die Möglichkeit des Netzzugangs durch Dritte und die Differenzierung zwischen „Netz" und „Betrieb", also die Einrichtung unparteilicher Netzbetreiber.[268]

Unbedenk der ökonomischen Auswirkungen ist offensichtlich, daß der Wegfall des Ortsbezugs erhebliche Umstellungen der Organisationsstruktur der Energieversorgung fordert. Fraglich ist, ob es den bisherigen Anbietern in Zukunft gelingen wird, ausschließliche Konzessionsverträge abzuschließen, oder ob eine Mehrzahl von Anbietern die Elektrizität bereitstellt und vertreibt. Bedenken bestehen besonders hinsichtlich der Öffnung des Markts für Stromerzeuger.

Die kommunalen Gebietskörperschaften werden von den Vorschriften in der Struktur kommunaler Energieversorgung, unabhängig von der öffentlich-rechtlichen oder privatrechtlichen Ausgestaltung, die im Rahmen vertragsrechtlicher Absprachen die kommunale Energiebereitstellung gewährleistet, betroffen.

---

263 Startpunkt war das Weißbuch über den Energiebinnenmarkt der Kommission, KOM (1988) 238; vgl. *Metzenthin,* Kommunen und EG-Binnenmarkt für Energie, EuR 1990, 71 ff.

264 *Baur,* Normative Grundlagen für die europäische Politik im Energiebereich, in: Baur (Hrsg.), Die leitungsgebundene Energie und der gemeinsame Markt, 1990, S. 70 ff.; *ders.,* Die Europäische Gemeinschaft und das Recht der leitungsgebundenen Energie, S. 9.

265 Richtlinie 96/92 vom 19.12.1996, ABl. 1997 L 27/20.

266 Vgl. *Wieland/Hellermann,* Das Verbot ausschließlicher Konzessionsverträge und die kommunale Selbstverwaltung, DVBl. 1996, 401 ff.; *Pernice,* Umweltschutz und Energiepolitik, RdE 1993, 45 ff.

267 Zur Konzentration auf den Strommarkt *Michaelis,* Der Weg zu einem europäischen Binnenmarkt für Energie, ET 1996, 214 ff.; zum Erdgassektor *Eckert,* Die Gesetzgebungsvorschläge der EG-Kommission vom Juli 1989 für den Gassektor, in: Baur (Hrsg.), Die leitungsgebundene Energie und der gemeinsame Markt, S. 11 ff.; *Mestmäcker,* Durchleitungspflichten aus dem Binnenmarkt für Erdgas, in: Baur (Hrsg.), Die leitungsgebundene Energie und der gemeinsame Markt, S. 39 ff.

268 *Schäfer,* Die deutsche kommunale Selbstverwaltung, S. 132.

In diesem Zusammenhang stößt die folgende Arbeit quantitativ an ihre Grenzen. Es könnten zahlreiche weitere Richtlinien, Verordnungen und Mitteilungen in kommunalrelevanter Art und Weise aufbereitet werden. Es soll jedoch im Rahmen der Untersuchung eine Selbstbeschränkung auf das Wesentliche vollzogen werden. Zur weiterführenden Auseinandersetzung sei auf die einschlägigen Literaturangaben verwiesen. In vielen Fällen der kommunalrelevanten EU-Gesetzgebung – insbesondere im Bereich der Daseinsvorsorge – ergibt sich die kommunale Betroffenheit bereits aus den Regelungsüberschriften selbst. Eine detailgerechte Ausarbeitung sowie eine dogmatische Einordnung in die gewohnten Felder der Kommunalrechtswissenschaft oder der gemeinschaftsrechtlichen Gesetzgebungsarten und Kompetenzschlüssel sind aus Konzentrationsgesichtspunkten nicht möglich.

ee) Weitere EU-Tätigkeitsfelder mit Kommunalbezug

Abschließend sollen mehrere Bereiche nicht unerwähnt bleiben, in denen die EU in das kommunale Tätigkeitsfeld hinein Rechtsakte erläßt. Die Darstellung dient der Auffassung der Regelungsbreite, in der Kontakte zwischen den heranzuziehenden Ebenen existieren. Zugegebenermaßen gehen hier die Grenzen fließend ineinander über; doch auch hier kann ein Mitwirkungserfordernis beim Erlaß der Vorgaben – häufig im Kleid der mitgliedstaatlichen Umsetzung – entstehen.

(1) Umweltrechtliche Vorgaben

(a) Umweltschutz als oberbegriffliches Gemeinschaftsziel

Die umweltrechtlichen Auswirkungen sind in ihrer umfangreichen Ausbreitung bereits im Rahmen der abfallrechtlichen Problematik angedeutet worden. Die diesbezüglichen gemeinschaftsrechtlichen Kompetenzen fallen auch nicht vom Himmel. Wesentliches Ziel des Binnenmarkts ist die Vereinheitlichung bzw. Harmonisierung der Standortvoraussetzungen in den Mitgliedstaaten zur Schaffung einer gemeinsamen ökonomischen Ausgangsbasis – eines gemeinsamen Markts.[269] Wichtiges Element sind dabei ökologische Standards, die im jeweiligen Mitgliedsland zu berücksichtigen sind. Unterschiedliche Anforderungen können hier zu Wettbewerbsverzerrungen und die Dienstleistungs- und Niederlassungsfreiheit als klassische Prinzipien des Primärrechts ad absurdum führen. Das Umweltrecht hat auf europäischer Ebene also – historisch gesehen –

269 Vgl. die Gemeinschaftsaufgabe nach Art. 2 EG.

wirtschaftliche Ursprünge.[270] Dennoch kann es zu Verzerrungen kommen, wenn die europäischen Vorgaben es den Mitgliedstaaten offen lassen, strengere Anforderungen an die umweltrechtlichen Standards zu stellen, die dann als nationale Einwirkung aufzufassen sind.[271]

Mittlerweile kommen hier auch Aspekte der Nachhaltigkeit (*sustrainable development*) zum Zug.[272] Trotz der vielfältigen Ausgestaltung[273] findet sich auf diesem Gebiet eine einheitliche gemeinschaftsrechtliche Kompetenzgrundlage unter einem eigenen Titel Umweltschutz der Art. 174 ff. EG.[274] Auf diesem Normensystem wurde ein Netz von Bestimmungen erlassen, das nach dem System von *Hoppe* aufgeschlüsselt werden soll in:[275]

- Umweltvorsorge und -planung
- Umweltgestaltung durch die öffentlichen Träger
- Umweltschutz durch ordnungsbehördliches Tätigwerden sowie
- sonstige Aktivitäten.

Den kommunalen Gebietskörperschaften obliegt je nach Art des Handelns eine Vielzahl von Aufgaben, die hier nur angedeutet werden können. Die umweltschutzrechtlichen Vorgaben sollen in diesem Sinne als Oberbegriff stehen bleiben und nur beispielhaft im Rahmen anderer Kategorien erwähnt werden. Umweltschutz wird als Gemeinschaftsziel mit Auswirkungen in vielen Politikbereichen verstanden. Im übrigen ist anzumerken, daß eine erschöpfende Dar-

270 Zur Entwicklung und Umsetzung des europäischen Umweltrechts *Kloepfer,* Spannungslagen zwischen deutschem und europäischem Umweltrecht, NVwZ 2002, 645 ff.

271 *Schäfer,* Die deutsche kommunale Selbstverwaltung, S. 156.

272 Vgl. hier bspw. das Recht auf eine verträgliche Umwelt, das nach Auslegung des Europäischen Menschenrechtsgerichtshofs aus dem Allgemeinen Persönlichkeitsrecht der EMRK fließt. Die dritte Generation der Menschenrechte, zu der auch das Grundrecht auf eine lebenswerte Umwelt gehört, spielen eine immer größere Rolle und zeigen die ökologische Dimension der Grundrechte auf.

273 *Hoppe,* Umweltschutz in den Gemeinden, DVBl. 1990, 609 ff.

274 Hinzu kommen weitere spezielle Ermächtigungsgrundlagen, vgl. *Middecke,* Nationaler Umweltschutz im Binnenmarkt, 1994, S. 43 f.; *Weigand,* Umweltschutz als Aufgabe der Europäischen Gemeinschaften – Zur Bedeutung des Umweltschutzes für die europäische Integration, DVBl. 1993, 535.

275 *Hoppe,* Umweltschutz in den Gemeinden, DVBl. S. 1990, 600, übernommen von *Schäfer,* Die deutsche kommunale Selbstverwaltung, S. 154; vgl. auch *Fiedler,* Umweltmanagement der kommunalen Gebietskörperschaften, Der Landkreis 1993, 18 ff.; 163 ff.; 218 ff.

stellung weder geboten noch erforderlich ist, da alle Bereiche *„strukturelle Parallelen in materieller verfahrensrechtlicher Hinsicht"* aufweisen.[276]

(b) Recht auf Umweltinformation

Eine dieser Facetten ist beispielhaft das Recht auf Umweltinformation. Die Kommunen werden im Verwaltungsverfahren durch nationales Recht zu weitgehenden Informationen über umweltrelevante Verwaltungsvorgänge verpflichtet. Grundlage hierfür ist die sogenannte Umweltinformationsrichtlinie, die allen natürlichen und juristischen Personen ein nicht durch das Erfordernis einer persönlichen Betroffenheit beschränktes Zugangsrecht zu umweltrelevanten Informationen gewährt.[277]

Die Bandbreite kommunaler Umweltschutzaufgaben kommt hier zum Tragen, da entsprechend umfangreich auch die Auskunfts- und Einsichtsrechte der Bürger sind.[278] Für die kommunalen Gebietskörperschaften bedeutet dies in erster Linie einen hohen Verwaltungsaufwand, der neben der ohnehin anfallenden Aufgabenlast zu erbringen ist. Die tatsächliche Auslastung in Deutschland mit Pflichten nach dem UIG ist in nächster Zeit weiter zu beobachten. Zu erwarten ist insbesondere eine vermehrte Wahrnehmung der Beteiligungsrechte durch Umweltinitiativen und Verbänden.[279] In jedem Fall überlagert die Informationspflicht die allgemeine umweltrelevante Tätigkeit und hat daher Auswirkungen auf die kommunale Rechtssphäre.

276 *Schäfer,* Die deutsche kommunale Selbstverwaltung, S. 154; was besonders für Richtlinien gilt, die technische Anforderungen enthalten.

277 Richtlinie 90/313 in Bezug auf den freien Zugang zu Informationen über umweltrelevante Verwaltungsvorgänge vom 7.6.1990, ABl. 1990 L 158/56; umgesetzt im Umweltinformationsgesetz (UIG) vom 8.7.1994, BGBl. 1994 I, 1490, zu den Umsetzungsproblemen und -defiziten *Thies,* Zur Situation der gemeindlichen Selbstverwaltung im Europäischen Einigungsprozeß unter besonderer Berücksichtigung der Vorschriften des EG-Vertrages über staatliche Beihilfen und der EG-Umweltpolitik, S. 182 f.; *Turiaux,* Zugangsrechte zu Umweltinformationen nach der EG-Richtlinie 90/313 und dem deutschen Verwaltungsrecht, S. 227; jedoch war auch zuvor von einer unmittelbaren Anwendbarkeit entsprechend den vom EuGH aufgestellten Kriterien der Richtlinie auszugehen, vgl. *Roger,* Zum Begriff des „Vorverfahrens" im Sinne der Umweltinformationsrichtlinie, UPR 1994, 216 ff, 216; *von Schwanenflügel,* Die Richtlinie über den freien Zugang zu Umweltinformationen als Chance für den Umweltschutz, DÖV 1993, 102; *Rengeling,* Rechtsetzung der Europäischen Gemeinschaft und Kommunen, ZfG 1994, 277.

278 *Schäfer,* Die deutsche kommunale Selbstverwaltung, S. 167.

279 *Schäfer,* Die deutsche kommunale Selbstverwaltung, S. 167.

(2) Kommunales Planungsrecht, Raumordnung und Städtebau

(a) Bauplanungsrecht

Mit der eben erörterten Auswirkungsbreite der umweltschutzrechtlichen europäischen Vorgaben korreliert auch das Bauplanungsrecht. Bei einer Vielzahl von Bauvorhaben sind die kommunalen Stellen durch die sogenannte Umweltverträglichkeitsprüfung (UVP) befaßt. Danach müssen kommunale Gebietskörperschaften im Rahmen der Bauleitplanung – sofern der Plan ein Vorhaben mitumfaßt, das seinerseits den Anforderungen unterstellt ist – umweltrelevante Daten zusammentragen und in eine umfassende Abwägung einstellen, die eine Verbesserung des Umweltschutzes zum Ziel hat.[280]

Wurden zunächst Bedenken gegen die Verhältnismäßigkeit der Anforderungen und deren Ausgestaltung im nationalen Recht laut[281], so gehört die UVP mittlerweile zum Standard des Verwaltungsverfahrens.

Ihren Ursprung hat die umweltschutzrechtliche Vorgabe in der Umweltverträglichkeitsprüfungsrichtlinie (UVP-Richtlinie)[282] In erster Linie betrifft sie in ihrer Umsetzung die verfahrensrechtliche Abwicklung eines Vorhabens. Für die kommunalen Gebietskörperschaften hat die UVP Auswirkungen auf die Durchführung und Auswertung bauplanerischer Entscheidungen. Der erhöhte Begründungs- und Verwaltungsaufwand[283] kann dazu führen, daß sie sich in der Ermittlung, Beschreibung und Bewertung der Prüfungsvorhaben und -ergebnisse

---

280 *Martini,* Gemeinden in Europa. Kommunale Selbstverwaltung und Gemeinschaftsrecht, S. 119.

281 *Stich,* Probleme der Umsetzung der EG-Richtlinie über die Umweltverträglichkeitsprüfung in das Planungs-, Bau-, und Umweltschutzrecht des Bundes und der Länder, UVR 1990, 121 ff.; *Soell/Dirnberger,* Wieviel Umweltverträglichkeit garantiert die UVP? Bestandsaufnahme und Bewertung des Gesetzes zur Umsetzung der EG-Richtlinie über die UVP-Prüfung, NVwZ 1990, 705 ff.; *Weber/Hellmann,* Das Gesetz über die Umweltverträglichkeitsprüfung, NJW 1990, 1625 ff.; vgl. auch weiterführend *Erbguth/ Schink,* Das Gesetz zur Umweltverträglichkeitsprüfung, Allgemeine Konsequenzen für die Zulassung von Vorhaben, EuZW 1990, 531 ff.

282 Richtlinie 85/337 v. 27.6.1985 über die Unweltverträglichkeitsprüfung bei bestimmten öffentlichen und privaten Projekten, ABl. 1985 L 175/40, umgesetzt im Gesetz zur Umsetzung der Richtlinie des Rates vom 27.6.1985 über die Unweltverträglichkeitsprüfung bei bestimmten öffentlichen und privaten Projekten, BGBl. 1990 I, 205, geändert durch das InvWoBauG vom 22.4.1993, BGBl. 1993 I, 466.

283 *Schäfer,* Die deutsche kommunale Selbstverwaltung, S. 174.

mangels eigener fachlicher Kompetenz noch zusätzlicher Hilfe bedienen müssen.[284]

(b) Europäisches Raumordnungsrecht

Mittelbare Wechselwirkungen zwischen der Gemeinschaft und den kommunalen Gebietskörperschaften können auch durch die Bindung kommunaler Planungen an die staatliche Raumplanung entstehen.[285] Konsequenzen für die überörtliche Planung ergeben sich aus zahlreichen Politikbereichen der Gemeinschaft, beispielsweise der Verkehrspolitik.[286] Im Rahmen des Ausbaus der transeuropäischen Infrastruktur ist die Gemeinschaft frühzeitig tätig geworden, mit dem Versuch, ein ganzheitliches europäisches Verkehrskonzept zu kreieren, z. B. durch die Ausweitung von Hauptverkehrsachsen.[287] Bereits zu diesem Zeitpunkt existierten schon Überlegungen der Einbeziehung der kommunalen Gebietskörperschaften in den Entscheidungsprozeß.[288]

(c) Städtebauliche Entwicklung

Die Maßnahmen der Gemeinschaft, die die städtebauliche Entwicklung in den Mitgliedstaaten betreffen, sind eng mit den erörterten umweltschutzrechtlichen Einwirkungen verwoben.[289] Das Engagement für ein lebenswertes städtisches Umfeld wurde mit dem „*Grünbuch über die städtebauliche Zukunft*" der Kommission 1990 ins Licht gerückt und seitdem wurde immer wieder die Absicht bekräftigt, auf dem Gebiet des Stadtplanungsrechts Schwierigkeiten anzusprechen und Problemlösungen anzubieten.[290] Im Mittelpunkt der Betrach-

---

284 Vgl. *Hoppe/Grotefels*, Öffentliches Baurecht, § 5 Rn. 124; zu den praktischen Auswirkungen auch *Becker*, Einführung in künftige Rechts- und Vollzugsprobleme des neuen Bundesgesetzgebers über die Umweltverträglichkeitsprüfung, BayVBl. 1990, 353 ff.

285 *Köstering*, Kommunale Selbstverwaltung und kommunale Planung, DÖV 1981, 689 ff.; *Martini*, Gemeinden in Europa, S. 120; *Birk*, Kommunale Selbstverwaltungshoheit und überörtliche Planung, NVwZ 1989, 905 ff.

286 *Schmidhuber/Hitzler*, Die Planungskompetenz der Europäischen Gemeinschaft beim Ausbau der europäischen Infrastrukturen, DÖV 1991, 274.

287 Vgl. das Aktionsprogramm der Europäischen Kommission, Generaldirektion für Regionalpolitik, Europa 2000, Perspektiven der künftigen Raumordnung der Gemeinschaft, Vorläufiger Überblick, 1991.

288 Aktionsprogramm der Europäischen Kommission, Europa 2000, Perspektiven der künftigen Raumordnung der Gemeinschaft, Vorläufiger Überblick, S. 21.

289 *Krautzberger/Koncekicaritz*, Europäische Gemeinschaft und Städtebau, DÖV 1991, 617 ff.; *Krautzberger*, EG- Binnenmarkt und Städtebau, Städte- und Gemeinderat 1989, 111 ff.; *ders.*, EG-Binnenmarkt: Bedeutung für den Städtebau, AfK 1989, 201 ff.

290 Vgl. KOM (1990) 218, S. 3.

tungen stehen die *„weichen Standortfaktoren“*[291] wie das städtische Wohnumfeld, Verkehrsprobleme, Kultur, Freizeitwert sowie umweltspezifische Erwägungen.[292] Die Kommission versucht hier, die Gemeinschaftspolitik auf die besonderen Anforderungen der Städte auszurichten. Alles in allem ist hier festzuhalten, daß sich die Aktivitäten auf diesem Gebiet eher auf Hilfestellungen für die urbanen Räume beschränken als die Zentren in ihrer Gestaltungskraft einzuschränken.

Viel größere Einwirkungen haben die Städte mittelbar zu verkraften. Auf die großen Ballungszentren konzentrieren sich wettbewerblich gründende Binnenmarktvorgänge in viel intensiverem Maße als auf ländlich geprägte Gebiete.[293] Die Städte stehen im europaweiten Wettbewerb der standortungebundenen Ansiedelungen. Hinzu kommt die Verwurzelung der Menschen in ihrem unmittelbaren Lebensraum, dessen Gestaltung den kommunalen Entscheidungsträgern eine hohe Verantwortung abfordert.[294] Es gilt für die Städte also einerseits ihre identitätsvermittelnde Kultur zu wahren und sich andererseits zugleich den Anforderungen des Binnenmarktes zu stellen. Europarechtlich formuliert sind dies Auswirkungen der gewährleisteten Freizügigkeiten und der allgemeinen Wirtschafts- und Gesellschaftspolitik.[295]

Ob sich die Stadtbewohner ebenso *„europäisieren“* lassen mit unmittelbaren Folgen auf ihr Verhalten in ihrem Lebensumfeld und ihrer Lebensplanung, beispielsweise in Hinblick auf Mobilität und Flexibilität, kann in den Bereich der Spekulation gestellt werden.[296]

---

291 *Martini,* Gemeinden in Europa. Kommunale Selbstverwaltung und Gemeinschaftsrecht, S. 124.

292 Vgl. *Hoppe,* Der Einfluß des europäischen Binnenmarktes auf die kommunale Bauleitplanung und das Bauordnungsrecht, NVwZ 1990, 816 ff.

293 Die freilich alleine durch ihre periphäre Ansiedelung große Nachteile hinzunehmen haben, vgl. sogleich zur gemeinschaftlichen Strukturpolitik.

294 *Leitermann,* Rolle der Städte in einer globalisierten Welt. Chance auf Renaissance der kommunalen Selbstverwaltung, Der Städtetag 2002, 24 ff., 25.

295 *Hoppe,* Der Einfluß des europäischen Binnenmarktes auf die kommunale Bauleitplanung und das Bauordnungsrecht, NVwZ 1990, 819; *Martini,* Gemeinden in Europa. Kommunale Selbstverwaltung und Gemeinschaftsrecht, S. 124.

296 *Leitermann,* Rolle der Städte in einer globalisierten Welt. Chance auf Renaissance der kommunalen Selbstverwaltung, Der Städtetag 2002, 24 ff.; *Hoppe,* Der Einfluß des europäischen Binnenmarktes auf die kommunale Bauleitplanung und das Bauordnungsrecht, NVwZ 1990, 818; *Krautzberger/Koncekicaritz,* Europäische Gemeinschaft und Städtebau, DÖV 1991, 619.

(3) Strukturpolitik

Im Gegensatz zur punktuellen Betrachtung der Entwicklung städtischer Umwelt hat die Strukturpolitik der Gemeinschaft den wirtschaftlichen und sozialen Zusammenhalt als Ganzes zum Ziel.[297] Dabei geht es nach Art. 158 Abs. 2 EG um die Förderung sogenannter strukturschwacher Regionen, also solcher Gebiete, deren Entwicklung hinter der der anderen zurückbleibt. In erster Linie handelt es sich um wirtschaftliche Begünstigungen der Regionen. Die ausgeschütteten Finanzmittel kommen teilweise den Kommunen unmittelbar zugute. Als wichtigstes Mittel der Verteilung dienen sogenannte Strukturfonds (Art. 159 Abs. 1 EG), die für verschiedene Bereiche existieren.[298] Daneben kommen auch Darlehensgewährungen durch die Europäische Investitionsbank in Betracht, Art. 159 Abs. 1 EG.[299] Fonds wurden eingerichtet für:

Europäische Strukturfonds

- Europäische Sozialfonds (ESF)
- Europäische Ausrichtungs- und Garantiefonds (EAGF)
- Finanzinstrument für die Anpassung der Fischerei (FIAF)
- Europäische Fonds für regionale Entwicklung (EFRE)

Die Verteilung der europäischen Finanzmittel erfolgt im Rahmen sogenannter Förderkonzepte, an deren Ausarbeitung die kommunalen Gebietskörperschaften im gemeinschaftlichen Dialog teilweise beteiligt werden.[300] Im gegenseitigen Einvernehmen können die zuständigen europäischen Stellen von den

297 *Klepsch/Schleicher,* Europa der Regionen – Die Position des Europäischen Parlaments, in: Knemeyer (Hrsg.), Europa der Regionen – Europa der Kommunen, S. 17 f.

298 Vgl. *Derenbach,* Europäische Strukturpolitik und die kommunalen Handlungsfelder und Aktionsprogramme im Überblick, in: Bunz (Hrsg.), EU-kommunal, Handbuch zu europäischen Themen für Kommunalpolitiker und lokale Medien, S. 390 ff.

299 Weitere Programme bei *Derenbach,* Europäische Strukturpolitik und die kommunalen Handlungsfelder und Aktionsprogramme im Überblick, in: Bunz (Hrsg.), EU-kommunal, Handbuch zu europäischen Themen für Kommunalpolitiker und lokale Medien, S. 390 ff.

300 Vgl. *Wigger,* Förderprogramme der Gemeinschaft für Regionen und Gemeinden Europas, in: Ipsen/Rengeling (Hrsg.), Gemeinden und Kreise in einem vereinten Europa, S. 89 f.

Empfängern im Rahmen der strukturpolitischen Partnerschaft[301] bei der Zuteilung Beiträge verlangen, also Auflagen als Erfüllungsvoraussetzung einfordern.[302] Welche kommunale Gebietskörperschaft zum Zuge kommt, beurteilt sich nach der Betroffenheit in einem der Förderziele:

Förderziele

Ziel 1:	Förderung der Entwicklung und strukturelle Anpassungen der Regionen mit Entwicklungsrückstand
Ziel 2:	Unterstützung der wirtschaftlichen und sozialen Umstellung der Gebiete mit Strukturproblemen
Ziel 3:	Unterstützung der Anpassung und Koordinierung der Bildungs-, Ausbildungs- und Beschäftigungspolitiken und -systeme

Den örtlichen Problemen kann insofern Rechnung getragen werden, als sie unmittelbar förderungswürdig sein können, ohne daß die Region als solche eines der Förderziele erfüllt.[303] Ohne Zweifel stellen die Fördermittel der EU-Strukturfonds eine segensreiche Finanzspritze[304] für die kommunalen Haushalte dar.[305] Nicht zu vergessen ist dabei aber, daß die kommunalen Gebietskörperschaften zur Gewährung der Geldmittel häufig einen eigenen Beitrag leisten müssen.[306] Daher müssen die Kommunen von anfang an an der Erstellung der Förderkonzepte beteiligt werden und nicht erst im Anschluß an die bereits im Einvernehmen mit den Mitgliedstaaten erfolgte grundsätzliche Bewilligung der Fördergelder.

---

301 Zum Begriff der Partnerschaft *Hoffschulte,* Kommunale und regionale Selbstverwaltung im Europa der Regionen, in: Knemeyer (Hrsg.), Europa der Regionen – Europa der Kommunen, S. 151.

302 Art. 4 VO Nr. 2052/88, ABl. 1988 L 185/9; Art. 8 VO Nr. 1260/99, ABl. 1999 L 161/1.

303 *Schaffarzik,* Handbuch der EKC, S. 581.

304 Die Strukturbeihilfen werden daher auch als *„Goldene Zügel"* der Gemeinschaft bezeichnet.

305 Zur derzeitigen und zukünftigen Entwicklung *Tetsch,* Entwicklung von unten stärken, Europa kommunal 2002, 6 f.

306 *Heberlein,* Europa der Kommunen, S. 44.

Eine kommunale Einflußnahme ist nicht nur bei negativen Einwirkungen zu fordern, sondern generell bei kommunaler Betroffenheit. Letztlich darf sie nicht daran scheitern, daß eine – oft nur unzureichend durchführbare – Einteilung und Abgrenzung zwischen negativen und positiven Folgen schwierig ist. Auch hier können die beiderseitig zu erbringenden Leistungen im Synallagma stehen, wenn auch ein positiver Saldo für die kommunalen Gebietskörperschaften im Ergebnis gezogen werden kann. Die Gegenleistung bedeutet bei isolierter Betrachtung eine Belastung, über deren Tragweite den betroffenen Kommunen ein Mitsprachrecht eingeräumt werden muß.[307] Die Isolation der Leistungsströme rechtfertigt sich in diesem Beispiel durch die Gefahr des Scheiterns der Fondszahlung, sofern der Empfänger nicht imstande ist, die geforderte Gegenleistung zu erbringen.

(4) Steuerharmonisierung

Angesichts der angespannten öffentlichen Finanzlage in den EU-Mitgliedstaaten berührt die gemeinschaftsrechtliche Steuerharmonisierung einen besonders sensiblen Bereich der Gemeinschaftspolitiken. Eine Harmonisierung nationaler Vorschriften ist insoweit wünschenswert, da unterschiedliche Steuersätze einen Standortvorteil oder -nachteil begründen und zu Wettbewerbsverzerrungen führen. Zugleich betrifft die Steuerpolitik einen der Kernbereiche innerstaatlicher Souveränität, den es seitens der Gemeinschaft zu achten gilt.[308] Anpassungsvorgänge müssen daher mit Zurückhaltung bedacht werden.

Aus diesem Grund existieren nur vereinzelt gemeinschaftsrechtliche Harmonisierungsvorschriften, die gestützt auf den Ermächtigungen der Art. 93 (indirekte Steuern[309]) und Art. 94 (direkte Steuern[310] im Rahmen der allgemeinen Angleichungsvorschriften des Binnenmarkts) erlassen wurden.[311] Den Wettbewerb unberührt läßt die innerstaatliche Ertragsverteilung[312], so daß die kommunale Betroffenheit von der Beteiligung der Kommunen an den Steuererträgen

---

307 Zum Reformbedarf im Zuge der Osterweiterung *Baltsch,* Mehr Rechtssicherheit und weniger Bürokratie, Europa kommunal 2002, 3 f.

308 Vgl. aus deutscher Sicht *Stein,* Europäische Integration und nationale Reservate, in: Merten (Hrsg.), Föderalismus und Europäischen Gemeinschaften, S. 91 ff.

309 Steuerträger und Steuerschuldner fallen auseinander, d. h. derjenige für den die Steuer wirtschaftlich eine Belastung darstellt, ist nicht identisch mit der (natürlichen oder juristischen) Person, die letztlich den nach dem Steuertatbestand erfüllten Betrag (vgl. Art. 3 der deutschen Abgabenordnung (AO)) an die Finanzbehörde abzuführen hat.

310 Steuerträger und Steuerschuldner fallen in einer Person zusammen.

311 Vgl. *Hellmann,* Ade, harmonisierte Mehrwertsteuer, EZ 1996, 2; *Klein/Wolfgang,* in: Lenz, EG-Kommentar, Art. 99 EGV, Rn. 14, 27.

312 *Schaffarzik,* Handbuch der EKC, S. 576.

abhängt. Die Diversität der Steuersysteme zeigt sich in der Existenz unterschiedlicher Steuerarten in den Mitgliedstaaten. Im Bereich der direkten Steuern ist seit langem die deutsche Gewerbesteuer[313] umstritten, die einigen Mitgliedstaaten fremd ist.[314]

Eine Betroffenheit der kommunalen Gebietskörperschaften ist auch bei den indirekten Steuern nicht generell festzustellen. Nach der Steuersatzrichtlinie[315] liegt der Mindeststeuersatz der Umsatzsteuer[316] bei 15 %. Eine Auswirkung der Mindestvorgabe auf die Finanzsituation ist z. B. für die deutschen Kommunen anzunehmen, da sie am Steueraufkommen teilhaben (Art. 106 Abs. 7 GG). Im Zuge fortschreitender Integration sind hier weitere Maßnahmen zur Harmonisierung der mitgliedstaatlichen Steuersysteme abzuwarten.

(5) Bildung[317], Kultur und Verbraucherschutz

Kompetenzen der Gemeinschaft in den Bereichen Bildung und Kultur wurden von den EU-Rechtsetzungsorganen bereits wahrgenommen.[318] Sie beschränken sich vornehmlich auf Förderprogramme und Empfehlungen. Die auf diesem Gebiet erlassenen Rechtsakte werden mangels Regelungscharakters häufig als ungekennzeichnete Rechtsakte bezeichnet[319], sofern den Mitgliedstaaten keine Mitwirkungspflichten obliegen.[320] Beispielhaft und stichwortartig seien hier die Programme SOKRATES[321] als allgemeines Bildungsprogramm, KALEIDOSKOP[322] und RAPHAEL[323] als Kultur- und Denkmalschutzprogramme

313 Vgl. *Pünder,* Die Gemeinden und die europäische Integration, AfK 10 (1971), 112.

314 *Schaffarzik,* Handbuch der EKC, S. 576; *Madejczyk,* Das Selbstverwaltungsrecht der bayerischen kreisangehörigen Gemeinden, S. 120.

315 Richtlinie 77/388 zur Ergänzung des gemeinsamen Mehrwertsteuersystems und zur Änderung der Richtlinie 77/388, ABl. 1977 L 145/1, ABl. 1992 L 316/1.

316 Gebräuchlich ist in der Bundesrepublik auch die Bezeichnung als Mehrwertsteuer.

317 *Schweitzer,* EG-Kompetenzen im Bereich von Kultur und Bildung, in: Merten (Hrsg.), Föderalismus und Europäischen Gemeinschaften, S. 147 ff.

318 Vgl. Art. 149, 150, 151, 152, 153 EG.

319 *Engelhardt/Müller-Solger,* in: Lenz, EG-Kommentar, Art. 126 Rn. 5; *Ress,* Die neue Kulturkompetenz der EG, DÖV 1992, 944 ff.; *Schäfer,* Die deutsche kommunale Selbstverwaltung, S. 189.

320 *Staudenmayer,* Europäische Bildungspolitik – vor und nach Maastricht, BayVBl. 1995, 321 ff.; vgl. *Beckedorf/Henze,* Neuere Entwicklungen in der Bildungspolitik der Europäischen Gemeinschaft, NVwZ 1993, 125 ff.

321 Beschluß Nr. 818/95 vom 14.3.1995, ABl. 1995 L 87/10, vgl. dazu *Uebersohn,* Europarechtliche Einwirkungen im Bildungsrecht und in der Bildungspolitik, RdJ 1995, 100 ff.

322 Beschluß Nr. 719/96 vom 29.3.1995, ABl. 1996 L 99/20.

323 KOM (1995) 110 vom 29.3.1995, vgl. die Stellungnahme des AdR, ABl. 1996 C 100/119.

genannt, die denkbare Auswirkungen auf die kommunalen Gebietskörperschaften haben.[324]

b) Kommunale Gebietskörperschaften als wehrlose Verwalter der EU?

Immer wieder taucht der Topos der kommunalen Gebietskörperschaften als *„wehrlose Verwalter der EU"* auf.[325] Mit der Begriffsklärung soll im folgenden die Rolle der Kommunen bei der Verwaltung des EU-Rechts, also dessen Ausführung und Umsetzung, aufgeschlüsselt werden. In diesem Zusammenhang kursieren in der Literatur viele Zahlen, die auf eine weitläufige Kommunalbetroffenheit beim gemeinschaftsrechtlichen Vollzug hindeuten: So sind schätzungsweise 80 % aller nationaler Rechtsakte europäischen Ursprungs.[326] Bedenkt man, daß ungefähr 80 % aller Gesetze von den kommunalen Gebietskörperschaften ausgeführt werden[327], so lassen diese Zahlen unschwer erkennen, daß die Kommunen Hauptträger des Vollzugs des Gemeinschaftsrechts sind.[328] In ähnlichen Kategorien bewegt sich wohl auch das kommunale Investitionspotential.[329]

Häufig wird es sich dabei um Fälle handeln, in denen die Kommunen unbewußt europäisches Recht vollziehen.[330] Zunächst macht es keinen Unterschied, ob die betroffene Rechtsnorm europäischen oder nationalen Ursprungs ist.[331]

---

324 Zu den kommunalen Bezügen der Grün- und Weißbücher *Leitermann,* Europa kommunal 1996, 224.

325 Vgl. *Knemeyer,* Kommunale Selbstverwaltung in Europa, – Die Schutzfunktion des Europarats –, BayVBl. 2000, 449 ff.

326 Die Schätzung geht auf eine Aussage des ehemaligen Kommissionspräsidenten *Jacques Delors* vor dem Europaparlament zurück, EP, Sitzung vom 15.6.1988, Dok Nr. 2-366, 172; vgl. *Siedentopf,* Europäische Gemeinschaft und kommunale Beteiligung, DÖV 1988, 981 ff.; die Zahl wird seit 1988 wohl noch angestiegen sein.

327 *Knemeyer,* Kommunale Selbstverwaltung in Deutschland unter europäischem Einfluß, in: Pitschas/Kisa (Hrsg.), Internationalisierung von Staat und Verfassung, S. 253; *Stober,* Kommunalrecht, S. 5; *Seewald,* Kommunalrecht, in: Steiner (Hrsg.), Besonderes Verwaltungsrecht, S. 1 ff.

328 Vgl. auch *Bocklet,* Die Idee des Regionalismus an der Schwelle des 21. Jahrhunderts, in: Streinz (Hrsg.), 50 Jahre Europarat. Der Beitrag des Europarats zum Regionalismus, S. 89 ff., 103 ff., der in Abgrenzung zum Bund 70 % der Umsetzung der europarechtlichen Vorgaben den Ländern zurechnet.

329 *Knemeyer,* Kommunale Selbstverwaltung in Deutschland unter europäischem Einfluß, in: Pitschas/Kisa (Hrsg.), Internationalisierung von Staat und Verfassung, S. 252.

330 *Siedentopf,* Europäische Gemeinschaft und kommunale Beteiligung, DÖV 1988, 987.

331 *Martini,* Gemeinden in Europa, S. 8; *Rehbinder,* Der Europäische Binnenmarkt und das Umweltrecht, in: Hoppe/Schink, Kommunale Selbstverwaltung und Europäische Integration, S. 71.

Dennoch betrifft sie die europäische Rechtsmaterie in ihrer Rechtssphäre. Eine kommunale Einflußnahme ist gleichermaßen auch dort denkbar, wo unbewußt europäische Rechtsakte oder andere Normen europäischen Ursprungs angewandt werden. Dort ist die Einflußnahme um so schwerer zu gewichten, als die kommunalen Gebietskörperschaften die Grundsätze des europäischen verwaltungsmäßigen Vollzugs zu beachten haben.

Aus diesem Grund sollen zunächst die grundlegenden Regeln des gemeinschaftlichen Verwaltungsverfahrens in der die Kommunen treffenden Weise dargestellt werden. Hierzu gehört ein Verständnis der Struktur des Gemeinschaftsrechtsvollzugs – oder besser gesagt, des nationalen Vollzugs von Gemeinschaftsrechtsakten – gleichermaßen wie die Kenntnis der Vorgaben, die die kommunalen Gebietskörperschaften in ihrer Rolle als Verwaltungsträger zu berücksichtigen haben. Der Unterscheidung zwischen den in den Mitgliedstaaten mittelbar und unmittelbar wirkenden Rechtsakten wird dabei Rechnung getragen. Fraglich ist weiter, ob und gegebenenfalls wie es den Gemeinschaftsorganen möglich ist, nach Erlaß einer Rechtsnorm Einfluß auf deren Umsetzung zu nehmen, für den Fall, daß der Vollzug rechtmäßig, d. h. unter Beachtung der gemeinschaftlichen Grundsätze, vonstatten geht.[332]

aa) Das gemeinschaftsrechtliche Vollzugssystem

Dem gemeinschaftsrechtlichen Vollzugssystem als Grundlage der Umsetzung von erlassenen Gemeinschaftsrechtsakten mangelt es an einer eigenständigen Kompetenzgrundlage. Einzig Art. 5 EG ist zu entnehmen, daß die Umsetzung von Gemeinschaftsrecht gleichermaßen die Mitgliedstaaten trifft und sie deshalb den Vollzug der Rechtsakte zu gewährleisten haben.[333] Die nationalen Behörden sind verpflichtet, neben der „normalen" Umsetzung nationalen Rechts auch für die geeignete Umsetzung europäischen Rechts zu sorgen. Daraus läßt sich a priori eine enge Verzahnung der beiden Rechtsordnungen miteinander ableiten.[334] Daß das Gemeinschaftsrechtssystem in seiner verwaltungsorgani-

332 Ausgeblendet werden sollen daher Problemkreise, z. B. der unmittelbaren Anwendbarkeit von Richtlinienbestimmungen und den Sanktionsmöglichkeiten der Gemeinschaft bei nicht ordnungsgemäßer Umsetzung der Vorgaben nach dem Ablauf der Umsetzungsfrist, die an gemeinschaftswidriges Handeln geknüpft ist und ihren Ursprung im Gebot der Gemeinschaftstreue hat, vgl. Art. 10 EG. Zu diesen Fallgruppen gehört auch die Rückforderung rechtswidrig gewährter Beihilfen unter Verstoß gegen Art. 87 Abs. 1 EG und deren Auswirkungen auf das nationale Verwaltungsverfahrensrecht – Stichwort: gemeinschaftsrechtkonforme Auslegung des § 48 VwVfG.

333 *Von Bogdany,* in: Grabitz/Hilf, Das Recht der Europäischen Union, Art. 5 EGV, Rn. 43.

334 Vgl. *Streinz,* HbdStR VII, S. 817 ff., Rn. 6.

satorischen Ausprägung über die gemeinschaftliche Verwaltung hinausgeht, läßt sich folgendem Schema ableiten:

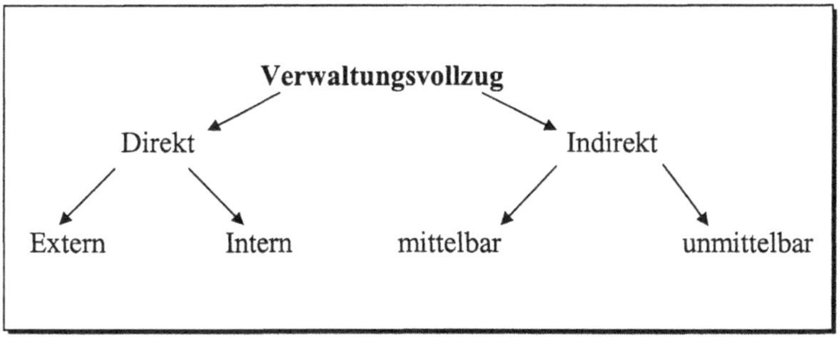

Von vornherein kann festgehalten werden, daß der indirekte Vollzug der Normalfall, der direkte Vollzug die Ausnahme ist. Der direkte Vollzug betrifft die Umsetzung von Rechtsakten durch die Organe der Europäischen Union. Die interne direkte Verwaltung umfaßt die innere Organisation der Gemeinschaft, vor allem Personal- und Haushaltsfragen[335], wo eine kommunale Mitwirkung bzw. Betroffenheit schon aus der Natur der Sache heraus ausscheidet. Verwaltungskompetenzen finden sich darüber hinaus in ausgewählten Fällen des sogenannten externen Gemeinschaftsrechtsvollzugs, vor allem der Kommission auf dem Gebiet des Wettbewerbs- und Handelsrechts.

Hier ist darauf hinzuweisen, daß dieser über die rein gemeinschaftlichen Internas hinausgehende Rahmen dort wieder gesprengt wird, wo die Kommision mangels verwaltungstechnischer Strukturen auf die mitgliedstaatliche Unterstützung angewiesen ist. Der Wirkungsbereich des direkten Vollzugs ist daher eng gefaßt.

In der Regel erfolgt die Umsetzung des Gemeinschaftsrechts indirekt durch die mitgliedstaatlichen Verwaltungen. Es ist danach zu unterscheiden, ob es sich um eine unmittelbare oder mittelbare Norm handelt, je nachdem, ob vor ihrer Anwendung ein nationaler Umsetzungsakt erforderlich ist, den es zu vollziehen gilt.[336]. Trotz der potentiellen Betroffenheit der Kommunen beim direkt-exter-

---

335 Weitere Beispiele bei *Streinz,* Europarecht, Rn. 465.

336 Im Rahmen dieser Ausführungen soll angemerkt werden, daß begrifflich eine Gleichsetzung zwischen Vollzug und Verwaltung erfolgt. Dem ist freilich zuzugeben, daß ein moderner Verwaltungsbegriff über die bloße Rechtsumsetzung (Vollzug) hinausgeht. Im

nen Vollzug soll das Augenmerk auf den weitaus häufigeren Fall des indirekten Vollzugs von Gemeinschaftsrecht gerichtet werden.

Grundsätzlich keinen Einfluß hat die Gemeinschaft auf die innerstaatliche Ausgestaltung des mitgliedstaatlichen Verwaltungsverfahrens, sofern die noch darzustellenden Grundsätze beachtet werden. Mangels Kompetenzgrundlage ist ein allgemeines Weisungsrecht der Kommission als Exekutivorgan der Gemeinschaft abzulehnen.[337]

Eine Ausnahme könnte allenfalls ein Weisungsrecht nach Art. 211 EG sein. Davon zu unterscheiden sind sogenannte faktische Weisungen[338], die eine Auslegungsfrage seitens der Kommission auf Anfrage einer nationalen Verwaltungsbehörde klären. Ein aufsichtliches Tätigwerden der Kommission ist aber dann zulässig, wenn solche Befugnisse im EG-Vertrag enthalten sind. Hierzu gehört z.B. das Rechnungsabschlußverfahren im Agrarrecht, die aus der Überwachungsrichtlinie fließenden Zuständigkeiten im Auftragswesen[339] oder im Beihilfenrecht[340] bei gemeinschaftsrechtswidrig erteilten Beihilfen.[341]

Es bleibt abzuwarten, ob es in Zukunft zu einer Ausweitung der Gemeinschaftsbefugnisse kommen wird.[342] Außerhalb der ausdrücklichen Kompetenzzuweisungen bleibt der Kommission ein aufsichtliches Einschreiten verwehrt. Ihre Möglichkeiten reduzieren sich auf die Erhebung eines Vertragsverletzungsverfahrens gegen den Mitgliedstaat, im Rahmen dessen die Gemeinschaftswidrigkeit des handelnden (oder unterlassenden) Mitgliedstaates gerügt werden

---

europarechtlichen Zusammenhang soll eine solche Verkürzung aber aus Übersichtlichkeitsgesichtspunkten heraus unter Beachtung der Darstellung der Grundzüge erfolgen.

337 *Streil,* in: Beutler/Bieber/Pipkorn/Streil, Die europäische Gemeinschaft, Raumordnung und Politik, S. 228; *Streinz,* Der Einfluß des europäischen Verwaltungsrechts auf das Verwaltungsrecht der Mitgliedstaaten, in: Schweitzer (Hrsg.), Europäisches Verwaltungsrecht, S. 262; vgl. *Schüller,* Weisungsrechte der EG nach dem EWG-Vertrag bei nationalem Verwaltungsvollzug von EG-Recht, RIW 1985, 36 ff.

338 *Schüller,* Weisungsrechte der EG nach dem EWG-Vertrag bei nationalem Verwaltungsvollzug von EG-Recht, RIW 1985, 37.

339 Dazu oben S. 406 ff.

340 Zum Beihilfenrecht und dessen Auswirkungen auf die kommunalen Gebietskörperschaften S. 401 ff.

341 Vgl. *Zuleeg,* Deutsches und europäisches Verwaltungsrecht – wechselseitige Einwirkungen, VVDStRL (53) 1994, 181.

342 Bejahend *Breuer,* EG-Richtlinien und deutsches Wasserrecht, WiVerw 1990, 79 ff.; *Zuleeg,* Deutsches und europäisches Verwaltungsrecht – wechselseitige Einwirkungen, VVDStRL (53) 1994, 181; *Schäfer,* Die deutsche kommunale Selbstverwaltung, S. 203; *Battis,* Europäische Integration und nationales Verfassungsrecht in der Bundesrepublik Deutschland, in: Battis/Tsatsos, Europäische Integration und nationales Verfassungsrecht, S. 120.

kann, wobei das Mitgliedsland für all seine Untergliederungen verantwortlich ist und sich deren Verhalten zurechnen lassen muß.

bb) Gemeinschaftsrechtliche Auswirkungen auf das Verwaltungsverfahren

Die gemeinschaftsrechtlichen Vorgaben des Verwaltungsvollzugs betreffen die Auswahl des beim Vollzug anzuwendenden materiellen Rechts und dessen Auslegung, während die o.a. Systematisierung die Zuständigkeit des jeweiligen Verwaltungsorgans bestimmt. Es ist grundsätzlich denkbar, daß die mitgliedstaatlichen Verwaltungen Parallel zwei verschiedene Verfahrensordnungen anzuwenden haben bzw. eine zur Verfügung stehende Verfahrensordnung unterschiedlich auslegen müssen, je nachdem, ob sie europäisches oder nationales Recht vollziehen. Dies stößt schon insofern an seine Grenzen als eine strikte Trennung der Rechtsmaterien überhaupt nicht praktikabel ist.

Eine Differenzierung nach dem originären Normgeber ist zudem schwierig, da der nationale Normgeber möglicherweise über die europäischen Vorgaben hinausgeht und diese zum Anlaß nimmt, tiefergehende Reformen nationaler Rechtsgebiete vorzunehmen.[343] Hier setzt eine klare Entscheidung eine tiefergehende Sachkenntnis voraus. Von Bedeutung wird für den Rechtsanwender die Erkenntnis des europäischen Ursprungs sein, da nur hier Modifikationen bei Abweichung vom allgemeinen mitgliedstaatlichen Verwaltungsverfahren in Frage kommen. Enthalten die Vorgaben konkrete, im Widerspruch zum nationalen Recht stehende Normen, so werden die nationalen Regelungen nach dem Anwendungsvorrang des europäischen Rechts verdrängt.[344] Erst dann kommt der supranationale Charakter der Rechtsnorm zum Vorschein: Der Anwender muß vorrangig unter Außer-Acht-Lassung der nationalen Verwaltungsverfahrensregeln die europäischen Grundsätze beachten.[345]

Andernfalls muß er beim Vollzug auf das nationale formelle und materielle Recht zurückgreifen, wobei die nationale Norm *„mit den Erfordernissen der einheitlichen Anwendung des Gemeinschaftsrechts in Einklang gebracht werden*

343 Berühmtes Beispiel der deutschen Rechtsordnung ist die Reform des Schuldrechts (sogenannte Schuldrechtsmodernisierung), wo der deutsche Gesetzgeber drei Richtlinien des Rats (Gewährleistungskaufrichtlinie, Zahlungsverzugsrichtlinie und E-commerce-Richtlinie) umsetzte und in seiner Regelungsbreite weit über die Bestimmungen der Richtlinien hinausging.

344 Zu diesem Problemkreis ausführlich *Pernice,* HbdStR VII, S. 767 ff.

345 *Scholz,* Zum Verhältnis von europäischem Gemeinschaftsrecht und nationalem Verwaltungsverfahrensrecht, DÖV 1998, 261 ff.

muß, die notwendig ist, um zu vermeiden, daß die Wirtschaftsteilnehmer ungleich behandelt werden.“[346]

(1) Grundzüge der gemeinschaftsrechtlichen Auslegung nationalen Rechts

(a) Problematik der einheitlichen Auslegung des Gemeinschaftsrechts

Im Mittelpunkt der Forderungen des EuGH steht das Ziel einer gemeinschaftsweit einheitlichen Auslegung des Gemeinschaftsrechts. Nur so kann dem überragenden Ziel einer einheitlichen Rechtsanwendung[347] Rechnung getragen werden, das im Binnenmarkt von elementarer Bedeutung ist. Ein und derselbe Begriff im europäischen Kontext darf also in verschiedenen Mitgliedstaaten nicht eine uneinheitliche Auslegung des Gemeinschaftsrechts erfahren und damit dürfen Wirtschaftsteilnehmer nicht unterschiedlichen rechtlichen Bedingungen unterworfen werden. Dies wäre nicht gewährleistet, wenn die Interpretation der Rechtstexte alleine den Mitgliedstaaten überlassen bliebe. Möglicherweise würden die Ziele der Normsetzung geradezu zunichte gemacht.[348] Daraus resultiert die Notwendigkeit von gemeinschaftsweit gleichen Anforderungen, die durch die Gemeinschaftsorgane festzusetzen sind. In der Rechtsprechung des EuGH wurden daher mehrere Rechtsinstitute entwickelt, die ein solches Idealbild in der Wirksamkeit der gemeinschaftsrechtlichen Umsetzung gewährleisten sollen. Diese Instrumente müssen aber ihrerseits so flexibel sein, daß sie in verschiedenen Übersetzungen und Rechtsordnungen dasselbe Ergebnis hervorbringen.

Auch an dieser Stelle spielt das häufig angeführte Sprachenproblem eine nicht zu verachtende Rolle. Berücksichtigt man zudem unterschiedliche Rechtstraditionen und Gewohnheiten, so wird ein System erforderlich, das unabhängig vom Wortlaut der Norm anwendbar ist. Genau aus diesem Grund ist die jeweilige Sprachfassung dem Sinn und Zweck der Regelung unterzuordnen. Im Extremfall ist es danach vorstellbar, daß eine Norm in contrario zu ihrem Wortlaut ausschließlich nach ihrem Sinn zu beurteilen ist.

---

346 EuGH Slg. 1983, 2366 (Fall Milchkontor).

347 *Kuntze,* Allgemeines Verwaltungsrecht, in: Bergmann/Kenntner (Hrsg.), Deutsches Verwaltungsrecht unter europäischem Einfluß, S. 153.

348 *Kuntze,* Allgemeines Verwaltungsrecht, in: Bergmann/Kenntner (Hrsg.), Deutsches Verwaltungsrecht unter europäischem Einfluß, S. 153.

(b) Grundsatz des „effet utile"

Nach dem wichtigen Grundsatz der praktischen Wirksamkeit des Gemeinschaftsrechts *(„effet utile")* darf durch die Anwendung einer Norm die Verwirklichung des Gemeinschaftsrechts nicht praktisch unmöglich gemacht werden.[349] Für den EuGH entscheidend ist demnach nicht das anzuwendende Verfahrensrecht, sondern allein das materielle Recht, dessen Wirkung es im nationalen Recht zu sichern gilt. An seine Grenzen stößt dieser Grundsatz infolge seiner Unkonturiertheit für den nationalen Rechtsanwender, die es durch weitere Präzisierungen auszugleichen gilt. Alleine die Orientierung an den integrativen Zielvorgaben[350] kann die einheitliche Rechtsanwendung im Europa der 15 nicht gewährleisten.

(c) Diskriminierungsverbot und gemeinschaftsrechtskonforme Auslegung

Als zweite Maxime der gemeinschaftsrechtskonformen Rechtsanwendung gilt das Diskriminierungsverbot, das besagt, daß Gemeinschaftsrecht und nationales Recht in gleichgelagerten Fällen unterschiedslos anzuwenden sind.[351] Überlagert werden das Effizienzgebot und das Diskriminierungsverbot von einem weiteren Grundsatz, der eine abweichende mitgliedstaatliche – auch mißbräuchliche – Interpretation ermöglichen soll. Nach dem Grundsatz der gemeinschaftsrechtskonformen Auslegung[352] muß nationales Recht so ausgelegt werden, daß es der Anwendung des Gemeinschaftsrechts nicht entgegensteht. Während der Grundsatz des *„effet utile"* die Ausübung von Gemeinschaftsrecht im nationalen Recht betrifft, ist hier jedes nationale Recht betroffen, womit nationale Besonderheiten verhindert werden sollen, die den Zielen der Gemeinschaft zuwiderlaufen. Bei der Anwendung des nationalen Rechts in gemeinschaftsrechtskonformer Weise dienen wiederum die beiden vorgenannten Prinzipien als Richtschnur.

In jedem Fall dominiert die Ausrichtung an den gemeinschaftlichen Zielvorgaben. Sie fordern in ihren erläuterten Ausprägungen vom Rechtsanwender eine genaue Kenntnis der Grundlagen und der EuGH-Rechtsprechung. Die Grundsätze sind bei der Anwendung eines jeden gemeinschaftlichen Rechtsakts zu beachten. Gleichermaßen spielen allgemeine Rechtsgrundsätze des Gemeinschafts-

---

349 EuGH Slg. 1983, 2633 (Fall Milchkontor); Slg. 1996 I, 5430 = DVBl. 1997, 40 (Fall Flußkanalisierung); Slg. 1997 I, 1591 = Slg. 1997 I, 1591 (Fall Alcan II).

350 Vgl. *Hirsch,* Europarechtliche Perspektiven der Verwaltungsgerichtsbarkeit, VBlBW 2000, 71 ff.

351 EuGH Slg. 1980, 1887 (Fall Dairy Foods).

352 Bei Richtlinien in der Spezifikation der richtlinienkonformen Auslegung.

rechts, wie z. B. der Grundsatz des Vertrauensschutzes, in ihrer europarechtlichen Gestalt eine wichtige Rolle, welche die Anwendung noch erschweren und zum Teil dem deutschen Recht unbekannt sind.[353]

Um eine gemeinschaftsrechtskonforme Auslegung[354] nationalen Rechts rankt sich die deutsche Diskussion um die Rückforderung gemeinschaftswidrig erteilter Beihilfen nach § 48 VwVfG[355]. Durch die europäischen Einflüsse werden die darin verankerten Grundsätze praktisch derogiert.[356] In seiner umstrittenen Alcan-II-Entscheidung hat der EuGH dem behördlichen Ermessen des § 48 VwVfG, dem Vertrauensschutz, der Jahresfrist und dem Entreicherungseinwand – bis dahin feste Grundsätze, die bei der Rücknahmeentscheidung zu berücksichtigen waren – eine Absage erteilt. Rechtswidrig gewährte Beihilfen sind grundsätzlich zurückzufordern, nur ausnahmsweise ist dem Vertrauensschutz[357] und dem Entreicherungseinwand[358] Vorrang einzuräumen. Die dem deutschen Verfahrensrecht erwachsenen Grundsätze sind dem Gemeinschaftsrecht als allgemeine Rechtsgrundsätze bekannt, aber in besonderer Weise – nämlich entsprechend dem Effektivitätsgrundsatz – anzuwenden.[359]

(2) Unmittelbare Anwendung von Gemeinschaftsrecht

Einen speziellen Fall der unmittelbaren Betroffenheit stellt die unmittelbare Anwendung von Gemeinschaftsrecht dar. Einer entsprechenden gemeinschaftsrechtskonformen Interpretation der Norm bedarf es hier nicht, da das nationale Recht verdrängt wird und an dessen Stelle die Gemeinschaftsrechtsnorm tritt. Die aus der Regelung resultierende Handlungs- oder Unterlassungspflicht trifft dann unabhängig von der nationalen Kompetenzverteilung bei der Umsetzung des supranationalen Rechts die kommunalen Gebietskörperschaften. Zudem muß die kommunale Verwaltungsbehörde entgegenstehendes und verdrängtes nationales Recht erkennen und beiseite lassen.[360]

---

353 Vgl. *Streinz,* Der Einfluß des europäischen Verwaltungsrechts auf das Verwaltungsrecht der Mitgliedstaaten, in: Schweitzer (Hrsg.), Europäisches Verwaltungsrecht, S. 252: „Ordnungsgemäße Verwaltung", „Guter Verwaltungsstil", „Zuteilende Gerechtigkeit".

354 Vgl. *Jarass,* Grundfragen der innerstaatlichen Bedeutung des EG-Rechts, S. 89 ff.

355 Und den entsprechenden Länderregelungen.

356 *Kuntze,* Allgemeines Verwaltungsrecht, in: Bergmann/Kenntner (Hrsg.), Deutsches Verwaltungsrecht unter europäischem Einfluß, S. 155.

357 EuGH Slg. 1998 I 2661 = EuZW 1998, 499 (Fall Landesbrugsministeriet).

358 EuGH Slg. 1998 I 4767 = EuZW 1998, 603 (Fall Ölmühle Hamburg).

359 Vgl. *von Wallenberg,* in: Grabitz/Hilf, Das Recht der Europäischen Union, Art. 93 EGV, Rn. 70 ff. zu den erörterten Grundsätzen.

360 Vgl. EuGH, Rs. 103/88, Slg. 1989, 1839 (Fall Fratelli Constanzo); *Gornig/Trüe,* Die Rechtsprechung des EuGH zum allgemeinen Verwaltungsrecht, Teil 1, JZ 1993, 938.

Dies tangiert vor allem die unmittelbare Anwendung einer Richtliniennorm. Unabhängig von den nicht hier zu erörternden Voraussetzungen nach der Rechtsprechung des Gerichtshofs, benötigt die Kommune Kenntnis der Gemeinschaftsaktivitäten im Bereich der Richtliniensetzung. Hierzu gehört das Wissen um den Zeitpunkt des Richtlinienerlasses aus dem Amtsblatt der Gemeinschaften genauso wie um den Stand der nationalen Umsetzung und um die Voraussetzungen der unmittelbaren Anwendbarkeit der in Frage stehenden Norm.[361] Kommt die kommunale Gebietskörperschaft der ihr obliegenden Pflicht – aus welchen Gründen auch immer – nicht nach, läuft sie Gefahr, Anspruchsgegner eines Schadensersatzanspruchs gegenüber demjenigen zu sein, der durch die Nichtanwendung einen Schaden erleidet.[362]

Die Kommunen stehen hier in einem Spannungsfeld der Auslegung gemeinschaftlicher Vorgaben, die insofern letztverbindlich – und nicht immer berechenbar – dem EuGH obliegt.[363] Dessen Rechtsprechung fordert von allen nationalen Vollzugsbehörden einschließlich der kommunalen Gebietskörperschaften eine Verwerfungskompetenz[364], ohne die der gemeinschaftsrechtliche Anwendungsvorrang leerliefe.[365] Die Anforderungen an die dezentralen Verwaltungseinheiten sind hoch gesteckt.[366] Der Grad der unmittelbaren Anwendbarkeit der Richtlinienvorgaben ist hier besonders groß, weil technische Normen, entgegen dem eigentlichen Sinn und Zweck der Harmonisierung unter Beibelassung eines nationalen Umsetzungsspielraums, zum Teil 1:1 in das nationale Recht übernommen werden müssen.

(3) Auswirkungen auf die Verwaltungsorganisation

Obliegen den kommunalen Gebietskörperschaften eine Fülle von verwaltungsmäßigen Abläufen auf dem Gebiet des Gemeinschaftsrechts, so muß dies faktische Konsequenzen für die Verwaltungsstruktur haben. Zunächst ist festzuhalten, daß der Arbeitsanfall in den betroffenen Verwaltungsbehörden mit dem

---

361 *Schäfer,* Die deutsche kommunale Selbstverwaltung, S. 212.

362 *Lenz,* Entwicklung und unmittelbare Geltung des Gemeinschaftsrechts, DVBl. 1990, 903 ff.; *Madejczyk,* Das Selbstverwaltungsrecht der bayerischen kreisangehörigen Gemeinden, S. 98.

363 Vgl. *Waechter,* Kommunalrecht, Rn. 015.

364 Dazu *Jarass,* Grundfragen der innerstaatlichen Bedeutung des EG-Rechts, S. 100 ff.

365 EuGH, Rs. 103/88, Slg. 1989, 1899 (Fall Fratelli Constanzo); vgl. *Streinz,* Der Vollzug des Europäischen Gemeinschaftsrechts durch deutsche Staatsorgane, HbdStR VII, S. 817 ff., Rn. 61 und *Schäfer,* Die deutsche kommunale Selbstverwaltung, S. 212, der statt von einer Verwerfungskompetenz von einer Nichtanwendbarkeit sprechen will.

366 Vor allem im Umweltrecht, vgl. *Schäfer,* Die deutsche kommunale Selbstverwaltung, S. 212.

Vollzug europäischer Regelungen wächst. Zwar hat die Gemeinschaft keine Kompetenzen zur Organisation der äußeren und inneren mitgliedstaatlichen Ausgestaltung der Behördenstruktur, die mit den materiellen Vorgaben einhergehende Beeinflussung des Verwaltungsverfahrens geht aber nicht spurlos an den Verwaltungsapparaten vorüber und erfordert eine innere Ausrichtung an die europäischen Gegebenheiten. Diese Anpassung wird sogar als Voraussetzung einer effektiven Umsetzung des Gemeinschaftsrechts durch die Mitgliedstaaten angesehen. Dies wird so vom Gerichtshof verlangt, ohne daß Organisationsprobleme ein Abweichen rechtfertigen könnten.[367]

Hierzu benötigen die Kommunen entsprechend ausgebildetes Fachpersonal, das die Verwirklichung der Anforderungen gewährleisten kann.[368] Dies setzt Grundkenntnisse im Hinblick auf Rechtsquellen, Rechtsetzung und den Vollzug der EU-Rechtsakte voraus. Ob die kommunalen Gebietskörperschaften diesen Anforderungen gerecht werden können, muß hier nicht abschließend geklärt werden.[369]

In der Rechtsanwendung bereitet die Auslegung des Gemeinschaftsrechts, dessen Verhältnis zum nationalen Recht und die Beachtung der einschlägigen Vorgaben gleichermaßen Probleme wie auch Mitteilungs- und Berücksichtigungspflichten.[370] Eine Lösungsmöglichkeit könnte die Konzentrierung dieses Aufgabenbereichs in der jeweiligen Behörde bei einem sogenannten Europabeauftragten[371] sein.[372] Der kommunalen Betroffenheit bei der Vollziehung von Gemeinschaftsrecht entsprechend ist die kommunale Organisationsstruktur auf die immer größer werdende Masse an gemeinschaftsrechtlichen Vorgaben und der damit einhergehenden Problembewältigungen auszurichten. An dieser Stelle genügt die Feststellung, daß die supranationale Entscheidungsebene nicht

---

367 EuGH Rs. 115 und 116/81, Slg. 1982, 1665, 1711 (Fall Periguia Adoni und Dominique Comnille gegen Belgien und Stadt Lüttich).

368 Zum Teil wurde dies bereits ausdrücklich in Richtlinien gefordert, vgl. bspw. die Richtlinie 93/99 vom 29.10.1993 über zusätzliche Maßnahmen im Bereich der amtlichen Lebensmittelüberwachung, ABl. 1993 L 290/14, in deren Art. 2 eine *„ausreichende Zahl qualifizierter und erfahrener Mitarbeiter"* der Vollzugsbehörden verlangt wird; gleichermaßen wird eine technische Gewachsenheit des Personals gefordert, vgl. die Erwägungsgründe zur Richtlinie.

369 Mit Zweifeln *Heiermann,* Rückzahlungsverpflichtungen bei gemeinschaftswidrig gewährten Beihilfen, EWS 1004, 145 ff.; *Ehlers,* Verwaltung und Verwaltungsrecht im demokratischen und sozialen Rechtsstaat, in: Ehlers (Hrsg.), Allgemeines Verwaltungsrecht, 10. Auflage 1995, § 3 Rn. 46.

370 *Schäfer,* Die deutsche kommunale Selbstverwaltung, S. 220.

371 Oder einer Europabeauftragten.

372 Vgl. die Beispiele bei *Lwowski,* Europa-Beauftrage für die Städte, Der Städtetag 1993, 778 ff.

ohne Auswirkungen auf die kommunale Verwaltungsorganisation einschließlich der Personalfragen bleibt.

c) Zusammenfassung und Folgerungen

In diesem Abschnitt konnte aufgezeigt werden, daß zwischen der europäischen Gemeinschaft und den kommunalen Gebietskörperschaften mannigfaltige Berührungspunkte existieren. In den meisten Fällen erschöpfen sich diese Überschneidungen in gemeinschaftsrechtlichen Vorgaben, also einseitigen Regelungen aus der bottom-down-Perspektive, meist zu Lasten der kommunalen Ebene, deren Rechtssphäre insoweit betroffen ist. Eine solche Betrachtung kann losgelöst von jeder dogmatischen Festlegung auf das kommunale Selbstverwaltungsrecht in den Mitgliedstaaten erfolgen. Die Kommunen haben durch die Überlagerung der zentralen Rechtsvorgaben mit supranationalen Regelungsgehalten Einschnitte hinzunehmen, die in irgendeiner Weise kompensiert werden müssen.

Damit ist schon die Frage aufgeworfen, wie diese Einbußen ausgeglichen werden können. Dabei soll nicht außer acht gelassen werden, daß auch europäische Regelungen getroffen werden, von denen die kommunalen Gebietskörperschaften begünstigt werden. Diese betreffen nicht ihre Stellung innerhalb des Staatsaufbaus[373], sondern Hilfen aus struktur- und sozialpolitischen Gründen. Auf die Einflußnahme im Entscheidungsprozeß muß dies nicht notwendigermaßen Auswirkungen haben. Im belastenden und im begünstigenden Fall ist dies angesichts des gebotenen sorgfältigen Umgangs mit den finanziellen Ressourcen der Gemeinschaft und eines Mitspracherechts des „Betroffenen“ geboten.

Im nationalen Finanzrecht wurzelt der Grundsatz des Konnexitätsprinzips – wer die Aufgabe hat, muß auch die Kosten tragen.[374] Gleichermaßen könnte in paralleler Weise hierzu gelten: Wer betroffen ist, muß bei der Entscheidungsfindung mitreden. Freilich existiert kein entsprechender Grundsatz mit generellem Geltungsanspruch. Ein solcher könnte sogar in der internationalen und supranationalen Struktur deshalb abzulehnen sein, weil zur Vertretung im Rahmen

373 Darauf wird unten noch einzugehen sein.

374 Oder plakativ mit *Hoffschulte* im Rahmen der Anhörung der Zivilgesellschaft vor dem Europäischen Konvent sowie im Beitrag Globalisierung der Lokalen Demokratie. Die Bedeutung kommunaler Selbstverwaltung in der aktuellen Verfassungsdebatte der Europäischen Union, in der Globalisierungsdebatte und in der Debatte um eine „Weltcharta der Lokalen Selbstverwaltung“ der UNO, in: Knemeyer (Hrsg.), Kommunale Selbstverwaltung in Ost und West, S. 93 ff.: *„Wer die Musik bestellt, muß sie auch bezahlen“*.

der internationalen Zusammenarbeit die zentrale mitgliedstaatliche Ebene berufen ist. Folglich sind die kommunalen Gebietskörperschaften „im Mitgliedstaat" betroffen und müssen sich innerstaatlich Gehör verschaffen, um über die mitgliedstaatliche Ebene für sich positive Entscheidungen zu erwirken. Daß ein solcher Ansatz zu kurz gegriffen ist – mag dies auch zu Beginn des Integrationsprozesses anders gewesen sein – zeigt bereits die Existenz eines Kommunalvertretungsorgans in der Gemeinschaft. Daher wird sein genereller Existenzberechtigungsanspruch nicht in Frage gestellt.

Die Notwendigkeit einer Kommunalvertretung steht außer Frage.[375] Bei vielen Entscheidungen bedarf es seitens der EU-Organe der kompetenten Mitsprache der dezentralen mitgliedstaatlichen Ebenen. Fraglich ist nur, wie diese Einflußnahme auszusehen hat. Insofern ist zu fordern, daß sie in einem ausgeglichenen Verhältnis zu den kommunalen Einbußen zu stehen hat. Wenn schon eine solche Vertretung als notwendig erachtet wird, gibt es keinen Grund, sie „künstlich", das heißt aus politischen Gründen, die den zentralstaatlichen Geltungsanspruch umschreiben, kleinzuhalten. Die Einflußnahme muß daher angesichts der vielfältigen Kommunalbetroffenheit über das bisherige Maß hinausgehen.[376] Hierfür sind die nicht in ihrer absoluten Gesamtheit darstellbaren Betroffenheitsfelder anschaulicher Beweis. Zudem wird dies schon deshalb unumgänglich, weil mit wachsender Integration nicht nur die Einwirkungen zunehmen, sondern auch die Bürgernähe[377] und Legitimation der EU[378] ins Spiel gebracht werden. Hier wird in Zukunft den dezentralen Ebenen eine besondere Rolle zukommen.

Zuletzt stellt sich die Frage, wie groß der Einfluß sein muß. Unabhängig von der politischen Bedeutung der Kommunen und Regionen in einer bürgernahen und demokratischen EU ist jedenfalls dann eine Mitsprache zu fordern, wenn eine kommunale Betroffenheit festgestellt werden kann. Dann muß das Gestaltungsrecht der kommunalen Gebietskörperschaften mehr als nur ein bloßes Äußerungsrecht sein. Schon an dieser Stelle kann die Frage der Verbindlichkeit und Einklagbarkeit kommunaler Beteiligungsrechte aufgeworfen werden. Die even-

---

375 Anders die Forderungen der deutschen Bundesländer, die die Kommunen im Ausschuß der Regionen bei dessen Bildung mit dem Maastrichter Vertragswerk als „Trittbrettfahrer" ansahen und zum Teil auch heute noch ansehen. Dies rührt aber aus einem einseitigen Konkurrenzdenken heraus, ohne dabei in der Sache gegen die generelle Mitsprache der untersten staatlichen Ebene zu argumentieren.

376 Der Beweis dieser These aus der Betrachtung des Ist-Zustandes und der Betroffenheit erfolgt an späterer Stelle, unten S. 532.

377 Vgl. die Position des Europäischen Parlaments in: *Leitermann,* Bürgernähe ohne Kommunen?, Europa kommunal 1995, 114.

378 *Thränhardt,* Die Kommunen und die Europäische Union, in: Wollmann/Roth (Hrsg.), Kommunalpolitik, S. 373 f.

tuellen Gestaltungsmöglichkeiten in institutioneller und inhaltlicher Form sollen Gegenstand der ausführlichen Untersuchung der letzten beiden Abschnitte sein.

III. Der Europarat als institutionelles kommunalschützendes Vorbild

Die Vorzeichen der Diskussion über das europäische Einigungswerk haben sich geändert. War in den 90er Jahren des vergangenen Jahrhunderts die Weiterführung und Intensivierung der gemeinsamen integrativen Schritte dominierend, so geht es zu Beginn des 21. Jahrhunderts um die Festigung und Überprüfung des erreichten Besitzstandes.

Die Karten werden also neu gemischt. Die Neuordnung der vertraglichen und realpolitischen Grundlagen der Europäischen Union ist aber kein Selbstzweck. Der Lauf der Zeit und der unbändige Schicksalsglauben der europäischen Vertragsgeber, also den Verantwortlichen der sich einenden Staaten, hat ein komplexes Gebilde namens „Europäische Union" hervorgebracht, das sich auf zahlreiche Rechtsakte und zwischen- und suprastaatliche Verbindlichkeiten gründet. Das Einhergehen unüberschaubarer Rechtsquellen einschließlich der Rechtsprechung des EuGH fordert eine Revision des bisher Erreichten.

Die Akzentverschiebung der Europäischen Union bringt auch Veränderungen für die europäischen Interessenvertreter mit sich. Im Rahmen der Generalüberholung der gemeinschaftlichen Rechtsordnung teilen die kommunalen Gebietskörperschaften ihren Einfluß mit zahlreichen, gleichermaßen unüberschaubaren Interessengruppierungen. Vor dem Hintergrund ihrer Stellung als Teil staatlicher Organisation und selbstverwalteter Körperschaften ergeben sich Besonderheiten, die nicht immer leicht zu vermitteln sind. Hierauf gründet sich aber auch ihre herausragende Position zur Verwirklichung der angestrebten Ziele.

Den zukünftigen Eckpfeilern europäischer Politik soll der folgende Abschnitt gewidmet sein, der sich vornehmlich auf die institutionelle Seite konzentriert. Es wird in erster Linie auf die Stellung und Arbeitsweise des AdR ankommen, wie sie im zweiten Kapitel erläutert wurde. Darauf aufbauend sollen die Möglichkeiten des Kommunal- und Regionalvertretungsorgans durchleuchtet werden. Diese Sichtweise unterscheidet sich von der zu Beginn dieses Kapitels gewählten Betrachtung, welche die Notwendigkeit des Kommunaleinflusses bereits geklärt hat.

Die kommunale Beteiligung am europäischen Aufbauwerk kann daher aus zweierlei Gesichtspunkten erklärt werden: Zum einen die spiegelbildliche Mitsprache als Korrelat einer hinzunehmenden Betroffenheit in eigenen, geschützten Rechten.[379] Für die rechtliche und daraus resultierende Betrachtungsweise europakommunaler Strukturen mag dies die ursprünglichere Variante kommunalgünstiger Interessenvertretung gewesen sein. Seitdem sich die europaweite Diskussion um die Demokratisierung und Bürgernähe der europäischen Integration rankt, wird zum anderen seitens der Kommunalvertreter zumeist die Bedeutung der Gemeinden und Städte als bürgernahe Keimzelle demokratischer Organisation und Mitgestaltung ins Feld geführt. So ließe sich die Argumentation spalten, was sich hier aber nicht fortsetzen wird. Maßstab kommunalen Einflusses in Europa bleibt die lokale Betroffenheit als Grad der zu suchenden Einflußnahme[380], sogenannte Kompensationstheorie.[381] Die Gedanken der noch vorzustellenden *„Governance-Philosophie"* dienen lediglich der Untermauerung der kommunalen Forderungen. Sie können helfen, kommunale Anliegen in das Bewußtsein der Entscheidungsträger zu rücken.

1. Die Neuordnung des europäischen Institutionensystems aus kommunaler Sicht

Ob mit den momentanen Bestrebungen der Ausarbeitung eines ersten Verfassungsentwurfs für die Europäische Union eine komplette Neuordnung des europäischen Institutionensystems einhergeht, erscheint fraglich.[382] Vielmehr werden sich die bisher bekannten Akteure neu positionieren, um ihre Ausgangsposition graduell zu verbessern. Die kommunalen Chancen hängen also von der Möglichkeit der kommunalen Gebietskörperschaften ab, auf die Entscheidungsträger einzuwirken, sofern sie solche nicht selbst stellen. Daher ist zu untersuchen, wer die maßgeblichen Akteure des Erneuerungsprozesses[383] sind und wie sich dieser in seiner realpolitischen Gestaltung vollzieht.

---

379 *Schoch,* Kommunale Selbstverwaltung, in: Henneke (Hrsg.), Kommunen und Europa: Herausforderungen und Chancen, S. 19 ff.

380 Vgl. *Nazarek,* Kommunale Selbstverwaltung und Europäische Integration, S. 41 ff.

381 *Blümel,* Gemeinden und Kreise vor den öffentlichen Aufgaben der Gegenwart, VVDStRL 36 (1978), 17 ff. m.w.N.

382 Vgl. Kommissionspräsident *Prodi* vor dem Ausschuß der Regionen am 20.9.2001, der eine grundlegende Reform bereits auf der Basis der bestehenden systemimmanenten Möglichkeiten anstrebte. Auf diesen Überlegungen gründet auch das Governance-Konzept, das sogleich in Hinblick auf seine kommunalrelevante Auswirkungen durchleuchtet werden soll, in: *Vontz,* Zusammenarbeit erweitert, Europa kommunal 2001, 228.

383 Gleichermaßen könnte statt von *„Erneuerung"* von *„Weiterführung"* der europäischen Integration gesprochen werden. Die Neuordnung der Unionsstruktur ist mit dem Ziel einer gemeinsamen Europäischen Verfassung wohl zugleich ein nächster integrativer

a) Kommunale Gebietskörperschaften, Europäisches Regieren und Konvent

Die Position der kommunalen Gebietskörperschaften ist einzubetten in die grundsatzphilosophischen Strömungen europäischer Vorgaben. Für reichlich Diskussionsstoff auf allen Ebenen der Europäischen Union und seiner Mitgliedstaaten hat in erster Linie das Weißbuch „*Governance*" der Europäischen Kommission[384], die damit eine Lawine von Konzepten für eine „neugestaltete Europäische Union" lostrat.[385]

Das Weißbuch ist insbesondere deshalb wichtig, weil dessen Grundsätze, verbunden mit den darauf basierenden weiteren Vorschlägen, auch als Grundlage in den Europäischen Konvent eingebracht wurden. Diese Zusammenhänge sind wechselseitig aufzudecken, um die nötigen kommunalen Konsequenzen zu ziehen. Hier zeigt sich ein weiteres Mal die Vernetzung europakommunalrechtlich gebotener Forderungen mit ihrer kommunalphilosophischen Einbettung einerseits und ihrem politischen Umfeld andererseits.[386]

Die Auswirkungen der jüngsten Entwicklungen in der Europäischen Union sollen zunächst grundlegend, anschließend aus Sicht des Ausschusses der Regionen erläutert werden. Im Anschluß daran, im nächsten Abschnitt, werden die rechtlichen Rahmenbedingungen in Hinblick auf die Geltung des kommunalen Selbstverwaltungsrechts, des Subsidiaritätsprinzips und des Achtensgebots der nationalen Identität erläutert.[387]

Der AdR ist für die weitere Diskussion unabhängig von seiner institutionellen Ausgestaltung deshalb von Interesse, weil er als institutionalisieren Kommunalinteressenvertretung über eine andere Ausgangsbasis verfügt, die es mit ihrer Einbettung in den Konvent darzustellen gilt. Auf ihn konzentrieren sich institutionell die Direktiven der kommunalen Europapolitik.

Schritt. Die identitätsstiftende (psychologische) Funktion eines Verfassungsdokuments ist dabei nicht zu unterschätzen.

384 KOM (2001) 428 endg., ABl. 2001 C 287/1.

385 Vgl. die Schlußerklärung zur ersten Konferenz der kommunalen und regionalen Gebietskörperschaften zur Bürgernähe, Salamanca Juni 2001, veranstaltet vom AdR, CdR 107/ 2001.

386 Zu diesen Zusammenhängen vgl. auch *Bore,* Die Europäische Union muß ein demokratische Netzwerk sein, Der Städtetag 2002, 16 ff.

387 IV. Abschnitt, S. 529 ff.

aa) Das Governance-Konzept der Europäischen Kommission

(1) Entstehung

Das Governance-Konzept[388] ist eines der wichtigsten Projekte von EU-Kommissionspräsident *Romano Prodi.*[389] Als er 1999 die Europäische Kommission von seinem zurückgetretenen Vorgänger *Jacques Santer* übernahm, befand sich die Behörde mit 16.000 Mitarbeitern in einer prekären Situation. Um die inneren Strukturen der Kommission zu überarbeiten und sie auf ihre Kernaufgaben[390] zurückzuführen, wurden die Verfahrensabläufe, das Personalstatut und der Umgang mit den Haushaltsmitteln und deren Kontrolle einer Überprüfung überzogen.[391] In einer Grundsatzrede vor dem Europäischen Parlament stellte *Romano Prodi* das Weißbuch *„Governance"* als eines der großen Ziele seiner Amtsperiode der europäischen Öffentlichkeit vor.[392]

Infolge dessen wurde das in einjähriger Vorbereitung erarbeitete Konzept, das Haus Europa zu „regieren" auf die gesamte Konzeption der Europäischen Union ausgedehnt.[393] Das Weißbuch avancierte mehr und mehr zu einem Leit-

---

388 Die deutsche Fassung des Weißbuchs ist übertitelt mit: Europäisches Regieren – Ein Weißbuch.

389 Vgl. *Vontz,* Zusammenarbeit erweitert, Europa kommunal 2001, 228.

390 *„Hüterin der Verträge"*, vgl. Art. 211 EG; *Jorna,* in: Schwarze, EU-Kommentar, Art. 211 EG, Rn, 1 ff.

391 Verantwortlich hierfür zeichnete sich Kommissionsvizepräsident *Neil Kinnock.*

392 Zur Herkunft des Begriffs Governance *Hayder,* Philosophie der Governance, in: Hennecke (Hrsg.), Kommunale Perspektiven in einem zusammenwachsenden Europa, S. 115:
Danach geht die Bezeichnung auf den amerikanischen Wirtschaftswissenschaftler *Ronald Coase* zurück, der 1937 in seinem Aufsatz *„The Firm"* eine Wirtschaftstheorie über die Unternehmensverwaltung und deren Auswirkungen auf die wirtschaftliche Transaktionsbasis des Unternehmens aufgestellt hat. In den 80er Jahren griff die britische Verwaltungswissenschaft den Begriff *„urban governance"* auf, um ihn angesichts der Zentralisierungstendenzen der Regierung *Thatcher* dem bisherigen *„local government"* entgegenzustellen. Im Zusammenhang internationaler Verflechtungen dient das Governance als Richtmaß der „guten" Verwaltungsstrukturen, die eine nachhaltige Teilnahme am Wirtschaftsverkehr ermöglichen. In diesem Sinne wird Governance der Überbegriff für die Weiterentwicklung von Regierungs- und Verwaltungsprozessen verwendet, die unter Effizienz und Wandelbarkeitsgesichtspunkten betrachtet werden.
Die deutsche Übersetzung von *Governance* mit *„Europäischem Regieren"* ist daher ungenau. Der Wortbedeutung nach könnte besser von *„gutem Regieren"* gesprochen werden.

393 *Vontz,* Zusammenarbeit erweitert, Europa kommunal 2001, 228.

bild der neuen Ausgestaltung einer zukünftigen Europäischen Union und verdient daher genauere Beachtung.[394]

(2) Leitbilder des guten Regierens

Nach der Europäischen Kommission umschreibt der Begriff *„Governance"* alle Regeln, Verfahren und Verhaltensweisen, welche die Art und Weise, wie auf europäischer Ebene Befugnisse ausgeübt werden, kennzeichnen, insbesondere in bezug auf Offenheit, Partizipation, Wirksamkeit und Kohärenz.[395] Dabei ist zu berücksichtigen, daß die Ausarbeitung des Weißbuchs auf der Grundlage der bestehenden Verträge vonstatten ging, die Grenze des bisher Erreichten also weder unter-, noch überschritten werden durfte. Hinter dem Konzept des Europäischen Regierens steht also kein Entwurf einer europäischen Verfassungskonzeption.

Dennoch hat der Versuch einer Ausrichtung der europäischen Institutionen nachhaltige Auswirkungen auf die Diskussion um ein zukünftiges Europa. Hier ist strikt zu unterscheiden zwischen den funktionalen Ideen der Kommission auf dem Stand des Status Quo und den – sicher seitens der Kommission nicht unerwünschten – Interpretationen als Leitbild der Integration. Letztlich laufen beide Ansätze auf eine Anpassung der europäischen Strukturen mit der Osterweiterung auf ein „Europa der 25" hinaus.

Im Kern geht es der Kommission um vier Grundsätze, die einführend skizziert werden:[396]

Governance - „Vorschläge für einen Wandel"

- Bessere Einbindung aller Akteure und Offenheit
- Eine bessere Politik, bessere Regeln und bessere Ergebnisse
- Global Governance
- Neuausrichtung der Institutionen.

394 Vgl. zum „Europa der Bürger" schon *Gensler*, Mit dem Ausschuß der Regionen ins Europa der Regionen, Europa kommunal 1994, 106.

395 KOM (2001) 428 endg., S. 10, FN. 1.

396 KOM (2001) 428 endg., S. 5; vgl. *Hochbaum*, Kohäsion und Subsidiarität, DÖV 1992, 285.

Damit einher geht die Betonung der Grundsätze der Verhältnismäßigkeit und der Subsidiarität.[397] Dem Grunde nach mutet die auferlegte Selbstbeschränkung nach jahrzehntlanger Ausdehnung der europäischen Befugnisse eher seltsam an. Der „Reinigungsprozeß" geht einher mit der Erkenntnis, daß das Innehaben politischen Einflusses und allseitiger Akzeptanz, insbesondere bei den Unionsbürgern, nur durch eine effektive Ausübung der Zuständigkeiten erreicht werden kann.

(a) Maßstäbe für zukünftiges Regierungshandeln

(aa) Grundsätze europäischen Regierens

Die Europäische Kommission nennt fünf Punkte, an denen sich europäisches Regierungshandeln zu messen ist. Sie stellen das Grundgerüst eines demokratischen Europas, das nach den Prinzipien der Subsidiarität und der Verhältnismäßigkeit regiert wird, dar. Sie sollen aus dem Weißbuch zitiert werden, um das Gespür zu vermitteln, mit welcher Allgemeinheit die Kommission sich vortastet, um den Eindruck eines Absolutheitsanspruchs ihrer Vorschläge als einzig gangbares Modell für die europäische Rechtswirklichkeit zu vermeiden. Aufgrund des Umfangs des Gesamtkonzepts können hier nur die Vorschläge herausgearbeitet werden, die für die europakommunale Betrachtung von Relevanz sind.

5 Kernpunkte des *Governance*-Konzepts

„• **Offenheit.** Die Organe sollten offener Arbeiten und gemeinsam mit den Mitgliedstaaten erklären, was die EU tut und wie Entscheidungen zustande kommen. Sie sollten eine Sprache verwenden, die jedermann verstehen kann. Offenheit ist deshalb so wichtig, weil sie helfen kann, das Vertrauen in komplexe Institutionen zu stärken.

- **Partizipation.** Wie gut, sachgemäß und wirksam die Politik der Union ist, hängt davon ab, inwieweit die Akteure in den Politikgestaltungsprozess – von der Konzipierung bis hin zur Durchführung – einbezogen werden. Verstärkte Teilhabe bewirkt größeres Vertrauen in das Endergebnis und die Politik der Institutionen. (...).

397 KOM (2001) 428 endg., S. 14.

- **Verantwortlichkeit.** Die Rollenverteilung bei Gesetzgebung und Durchführung muss klarer sein. Jede Institution der EU muß den Bürgern erklären, was sie in Europa tut, und dafür die Verantwortung übernehmen. Diese größere Klarheit und Zurechenbarkeit gilt auch für die Mitgliedstaaten und all jene, die, auf welcher Ebene auch immer, an der Entwicklung und Durchführung der EU-Politik mitwirken.

- **Effektivität.** Die Politik der EU muss wirksam sein, zur richtigen Zeit kommen, und auf der Grundlage von klaren Zielen, Folgenabschätzungen und gegebenenfalls Erfahrungswerten das Nötige vorsehen. Die Wirksamkeit bestimmt sich auch danach, ob die Politik in einer Weise durchgeführt wird, die im Verhältnis zu ihren Zielen angemessen ist, und ob die Entscheidungen auf der geeigneten Ebene ergriffen werden.[398]

- **Kohärenz.** Politik und konkretes Handeln müssen kohärent und leicht nachvollziehbar sein. (...) Herausforderungen wie Klimawandel und Bevölkerungsentwicklung machen nicht an den Grenzen der sektoralen Politiken halt, auf denen die Union beruht, die regionalen und lokalen Körperschaften werden immer stärker in die Politik der EU eingebunden. (...)"[399]

Zugleich gibt die Europäische Kommission auch ein Raster für die zukünftige institutionelle Balance der Gemeinschaftsinstitutionen vor. Der traditionelle Gewaltenteilungsgrundsatz soll eine genaue und durchschaubare Abgrenzung des Tätigwerdens der handelnden Organe ermöglichen. Die Struktur wird unter dem Stichwort der *„Gemeinschaftsmethode"* vorgegeben.[400] Dahinter verbirgt sich die Fortsetzung des Integrationsprozesses auf der institutionellen Basis der bisherigen Integration:[401]

398 Vgl. die Schlußerklärung zur ersten Konferenz zur Bürgernähe, in: Salamanca, CdR 107/2001.

399 KOM (2001) 428 endg., S. 13 f.

400 Vgl. die Mitteilung „Zukunft der Europäischen Union – Europäisches Regieren – Erneuerung der Gemeinschaftsmethode", KOM (2001) 727 endg.

401 KOM (2001) 428 endg., S. 11.

Was ist die Gemeinschaftsmethode?

Die Gemeinschaftsmethode ist der Garant der Vielfalt und Wirksamkeit der Union. Sie gewährleistet, daß alle Mitgliedstaaten, von den kleinsten bis zu den größten, gerecht behandelt werden. Sie erlaubt es, einen Ausgleich verschiedenster Interessen herbeizuführen, indem man sie zwei Filter passieren läßt: den des Allgemeininteresses auf Ebene der Kommission und den der demokratischen – europäischen und nationalen – Vertretung auf Ebene des Europäischen Parlaments und des Rates, die zusammen die Legislative der Union bilden.

(bb) Bürgernähe und Öffentlichkeitsferne

Auf dieser Grundlage wird die Transparenz der europäischen Rechtsetzung durch neue Modelle der Öffentlichkeitsarbeit vorangebracht. Die Bürger- und Öffentlichkeitsferne ist in großem Maße auf das Transparenzdefizit der europäischen Gesetzgebung zurückzuführen. Die Akzeptanz der Entscheidungsfindung wird daher auch von der Vermittlung des Vorgehens der europäischen Organe gegenüber den Unionsbürgern abhängen. Aus diesem Grund wendet sich die Europäische Union mit einem einheitlichen Internetportal für alle EU-Organe und einem weitläufigen Zugriffsystem auf alle relevante Dokumente[402] in allen Amtssprachen der Union.[403] Durch die Diskussionsseiten haben alle europäischen Bürger und Einrichtungen die Möglichkeit, sich über die Tätigkeit der Europäischen Union zu informieren und sich an die Organe und Einrichtungen zu wenden.[404]

(cc) Gesetzgebungstechnik

Die Qualität der Gesetzgebung[405] betrifft auch die Frage nach der richtigen Gesetzgebungstechnik. Die immer größere Regelungsdichte und die komplexere Ausdrucksweise laufen den oben aufgestellten Leitprinzipien zuwider. Daher bemüht sich die Kommission um klar verständliche, einheitliche Vorgaben der

402 Das sogenannte EURLEX-Portal.
403 www.europa.eu.int .
404 Vgl. *Lwowski*, e-Europe auf dem Vormarsch, Europa kommunal 2002, 83 ff.
405 *„better law-making"*.

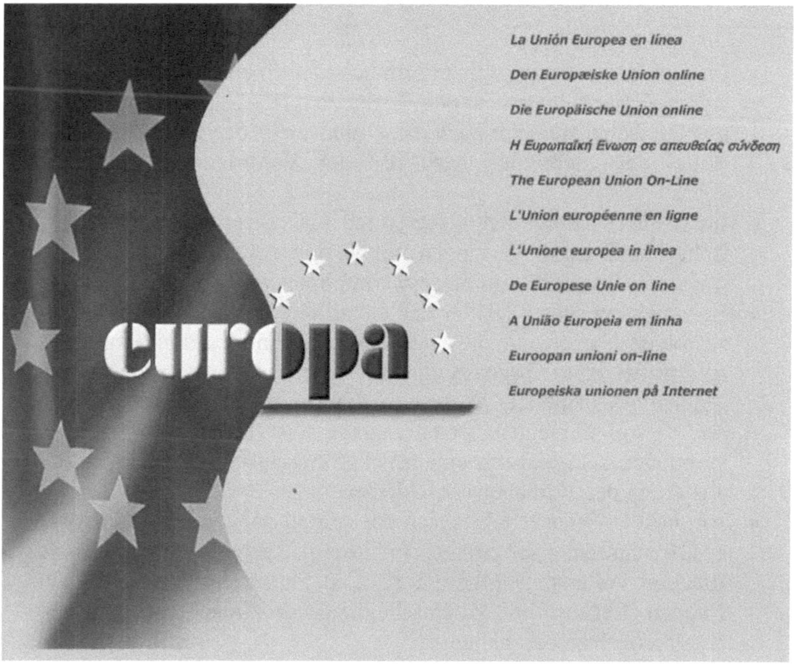

Eingangsseite des Internet-Portals der Europäischen Union

Rechtsetzung im Rahmen der bestehenden Kompetenzen. Aus diesem Grund hat sie einen sogenannten *„Sieben-Punkte-Plan"* ins Leben gerufen:

Sieben-Punkte-Plan der Europäischen Kommission

- Die Subsidiaritätsprüfung soll zunächst klären, ob für ein Handeln auf europäischer Ebene überhaupt ein Regelungsbedarf besteht.
- Im Anschluß daran ist nach der Verhältnismäßigkeit der angestrebten Maßnahme zu fragen, also insbesondere nach dem mildesten Mittel; ein solch milderes Mittel kann beispielsweise in der Initiierung von Selbstverpflichtungen oder der Beschränkung auf den Ausspruch von Empfehlungen liegen[406].

406 *Hayder,* Philosophie der Governance, in: Hennecke (Hrsg.), Kommunale Perspektiven in einem zusammenwachsenden Europa, S. 121.

- Im Fall der Bejahung einer förmlichen Gemeinschaftsmaßnahme ist die Entscheidung nach dem geeigneten Handlungsinstrument zu treffen, wobei sich hier nach den Grundsätzen der Subsidiarität das Mittel der Richtlinie gegen das der Verordnung durchsetzen kann.[407]
- Im (neuen) Koregulierungsverfahren sollen verbindliche europäische Handlungsanweisungen mit Handlungsverpflichtungen von privaten Wirtschaftsteilnehmern kombiniert werden.
- Erfolgversprechend scheint das einzuführende System der Gesetzesfolgenabschätzung, das von Beginn des Entscheidungsprozesses an parallel eine Abschätzung der Auswirkungen der potentiellen Maßnahme begleitet. Diese *„Evaluierungs- und Feedback-Kultur"*[408] soll mit einem freien Zugang aller Projektinformationen verbunden sein und mit einem Erfahrungsaustausch nach der Realisierung des Vorhabens abschließen.
- An die EU-Organe richtet sich der Appell nach einer Verkürzung des Rechtsetzungsprozesses. In diesem Zusammenhang werden Rat und Parlament aufgefordert, z. B. durch den Verzicht einer zweiten Lesung im Mitentscheidungsverfahren, den Entscheidungsprozeß zu beschleunigen.
- Eine Verbesserung der Rechtsetzung erhofft sich die Europäische Kommission auch durch die vermehrte Anwendung der sogenannten *„offene Methode der Koordinierung"*, in Bereichen, in denen eine Gemeinschaftszuständigkeit nicht besteht, die europäische Ebene aber eine Koordinationsfunktion einnimmt (Beispiel: Beschäftigungsförderung nach Art. 125 EG[409]) oder in denen die Zusammenarbeit in der Union rein zwischenstaatlich ausgelegt ist.[410]

In diesem Prozeß der Koordinierung sollen keine neuen Zuständigkeiten „schleichend" begründet werden, sondern eine Konvergenz nationaler Politiken erreicht werden. Die Kommission beschänkt

407 Vgl. dazu schon oben.

408 So *Lange,* Gesetzesfolgenabschätzung auf der Ebene der Europäischen Union, ZG 2001, 268.

409 Vgl. Mitteilung der Kommission „Die Beschäftigung vor Ort fördern – Eine lokale Dimension für die europäische Beschäftigungsstrategie", KOM (2000) 196 endg.

410 Vgl. die Mitteilung der Kommission „Offene Methode der Koordinierung der europäischen Einwanderungspolitik, KOM (2001) 387 endg.

sich auf unterstützende Maßnahmen und Hilfestellungen nach von den Mitgliedstaaten vorgegebenen Zielvorgaben. Dabei besteht die Koordinierung nach der *„Offene Methode"* aus verschiedenen Bestandteilen:[411]

- Die Mitgliedstaaten formulieren Leitziele, die sie in bestimmten, festzulegenden Zeiträumen erreichen wollen.
- Erfolgsindikatoren werden festgelegt, nach denen der Eintritt des Erfolgs qualitativ oder quantitativ individuell gemessen werden kann. Die Maßstäbe können auf nationaler oder dezentraler Ebene angelegt werden. Der Einbeziehung kommunaler oder regionaler Gebietskörperschaften hängt von der Definition der mitgliedstaatlichen Zielorientierung ab.
- Die auf Gemeinschaftsebene erarbeiteten Leitlinien als der nach Vergleichsmaßstäben erscheinende „beste" Vorschlag der Problemlösung wird den individuellen Bedürfnissen des Zielpartners angepaßt und in ein nationales Kleid gehüllt. Die gemeinschaftlichen Vorgaben sind dabei für die Adressaten rechtsunverbindlich.
- Durch eine freiwillige Berichtspflicht gegenüber der Gemeinschaft soll eine Erfolgsauswertung ermöglicht werden, die den Handlungsträgern eine übergreifende Erfolgseinschätzung ihrer Maßnahme liefert.

(b) Einbindung betroffener Akteure

(aa) Allgemeine Konsultationsregeln

Wichtiger Bestandteil der neuen *„Regierungsweise"*[412] ist die Einbeziehung zahlreicher Interessenvertreter in den Entscheidungsprozeß. Für die Kommunen von entscheidender Bedeutung ist die Anerkennung dezentraler Untergliederungen der Mitgliedstaaten als Konsultationspartner der Kommission. Damit einher geht die Anerkennung der kommunalen Gebietskörperschaften und Re-

411 *Hayder*, Philosophie der Governance, in: Hennecke (Hrsg.), Kommunale Perspektiven in einem zusammenwachsenden Europa, S. 119.
412 Der Begriff des Regierens ist hier im Sinne der *„Governance"* zu verstehen.

gionen[413] als Ausdruck der lokalen und regionalen Betroffenheit von europäischen Entscheidungen. Die Ausgestaltung der Selbstverwaltungsebenen in den Mitgliedstaaten bedingt eine frühzeitige Konsultation der Entscheidungsträger „vor Ort“[414], mit dem Ziel, *„die Durchführung des Gemeinschaftsrechts so flexibel [zu] gestalten, dass des regionalen und lokalen Verhältnissen Rechnung getra-gen werden kann“*[415]. Obwohl die Kommission zur Beachtung der mitgliedstaatlichen Gliederung gegenüber den Nationalstaaten verpflichtet ist und dies auch selbstbeschränkend formuliert, will sie die partnerschaftlichen Beziehungen zu den *„Regierungs-Ebenen“* ausbauen.[416] Zu diesem Zweck hat sie drei Vorschläge gemacht, die dem politischen Dezentralisierungsdruck abhelfen sollen. Um dieser Herausforderung zu begegnen, bedarf es verschiedener Ansätze, welche die Kommission in drei Aktionsplänen zusammenfaßt.[417]

Hierzu gehört zunächst der systematische Dialog mit den kommunalen und regionalen Entscheidungsträgern bzw. deren Interessenverbänden.

Darüber hinaus ist es Ziel der Kommission, bei der Rechtsetzung in Zukunft verstärkt die Auswirkungen europäischer Gesetzgebungsakte auf die dezentralen Körperschaften zu berücksichtigen und so den Regionen und Kommunen Anwendungsspielräume bei der Ausübung der ihnen eigenen Spielräume zu geben, wobei die finanzielle Betroffenheit ausdrücklich ausgeklammert wird. Für die Kommission ist die innerstaatliche Finanzverteilung daher irrelevant. Entsprechende Defizite im mitgliedstaatlichen Finanzausgleich – die Gebietskörperschaft hat nach der innerstaatlichen Kompetenzverteilung ja einen Entscheidungsspielraum – können nicht zu Lasten des Gemeinschaftshandelns gehen. Ausdrücklich sollen die Erfahrungen der Entscheidungsträger „vor Ort“ in die Meinungsbildung einbezogen werden und zu einer effektiveren Rechtsetzung beitragen. Darüber hinaus geht es auch um die Verbesserung der Durchführung von Gemeinschaftsrecht, die durch den Dialog mit den entscheidenden innerstaatlichen Stellen verbessert werden soll.

Für die Durchführung der geplanten Konsultation sollen Mindeststandards vereinbart werden, um den einbezogenen Organisationen eine Garantie der *„Of-*

---

413 Auf die deutsche Besonderheit der Stadtstaaten und ihre Doppelstellung wird hingewiesen.

414 Vgl. die Schlußerklärung zur ersten Konferenz zur Bürgernähe, CdR 107/2001.

415 KOM (2001) 428 endg., S. 5.

416 Vgl. *Hayder,* Philosophie der Governance, in: Hennecke (Hrsg.), Kommunale Perspektiven in einem zusammenwachsenden Europa, S. 117.

417 Dazu auch *Hayder,* Philosophie der Governance, in: Hennecke (Hrsg.), Kommunale Perspektiven in einem zusammenwachstenden Europa, S. 117 f.

fenheit und Repräsentativität" zu geben.[418] Solche Konsultation können auch durch den Abschluß mehrseitiger Abkommen verbindlich festgelegt werden.

Zum dritten beabsichtigt die Kommission in Zukunft, die Auswirkungen verschiedener Politikbereiche bei der Wahrnehmung spezifischer Zuständigkeiten zu berücksichtigen. Daher können beispielsweise Aspekte der Raumordnung oder des Umweltschutzes auch bei der Rechtsetzung im Bereich der Verkehrspolitik entscheidend sein (Gesamtkohärenz der Politik).[419]

(bb) Einbindung der Zivilgesellschaft

Unter den Schlagwörtern der Transparenz und der Partizipation wendet sich die Kommission in Zukunft vermehrt auch an Institutionen der sogenannten *„Zivilgesellschaft"*.[420] Dieses *„Modewort"*[421] wird im Weißbuch *Governance*[422] schlicht für alle Organisationen und Einrichtungen der öffentlichen und gesellschaftlichen Lebens verwendet, namentlich für die Kirchen und Religionsgemeinschaften, Arbeitgeberverbände, Gewerkschaften, Verbraucherverbände und alle weiteren Nichtregierungsorganisationen.[423] Die Kommission verweist dabei auf eine Stellungnahme des Wirtschafts- und Sozialausschusses *„Die Rolle und der Beitrag der organisierten Zivilgesellschaft*[424] *zum Europäischen Einigungswerk"*[425]. Ziel ist es, den europäischen Rechtsetzungsprozeß auf eine breitere Basis zu stellen und möglichst viele der in Brüssel zuhauf angesiedelten Lobbyisten offen einzubeziehen.

Für die kommunalen Gebietskörperschaften ist dies insofern von Relevanz, als daß die verbindlich organisierten Spitzen- und Interessenvertreter einen „offiziellen" Stellenwert zur Wahrnehmung ihrer Anliegen bekommen. Die Einbe-

---

418 KOM (2001) 428 eng., S. 5.

419 KOM (2001) 428 eng., S. 18.

420 *Henneke,* Kommunale Perspektiven in einem zusammenwachsenden Europa, VBlBW 2002, 278.

421 *Hayder,* Philosophie der Governance, in: Hennecke (Hrsg.), Kommunale Perspektiven in einem zusammenwachsenden Europa, S. 119 f.

422 KOM (2001) 428 eng.

423 Vgl. auch die kommunalrelevanten Nichtregierungsorganisationen auf S. 509 ff.

424 Die Formulierung weist auf eine zusätzliche Unterscheidung zwischen der Zivilgesellschaft an sich, zu der sich jedes private, von der öffentlichen Hand unterscheidbare Rechtssubjekt zählen darf, und der organisierten Zivilgesellschaft als organisatorische Zusammenschlüsse in Einrichtungen und Verbänden hin. Die Einbindung der Europäischen Kommission folgt also den pragmatischen Weg der kollektiven Beteiligung der ohnehin in Brüssel „vor Ort" verfügbaren Interessenvertreter, was aber die Konsultation weiterer Verbände und Einrichtungen ohne „lokalen Lobbyistenstatus" nicht ausschließt.

425 ABl. 1999 C 329/30.

ziehung soll vornehmlich über öffentliche Anhörungen erfolgen.[426] Zur Durchführung der zivilgesellschaftlichen Beteiligung wird seitens der Kommission ein Verhaltenskodex erarbeitet, der Mindeststandards zur Durchführung der Konsultationen formuliert. In geeigneten Fällen können sogenannte Konsultationspartnerschaften gebildet werden, die auf eine intensivere und längerfristigere Beteiligung abzielen.

(3) Zusammenfassung

Die Europäische Kommission hat mit dem Weißbuch Governance ein umfangreiches Konzept vorgelegt, welches die Art und Weise der Ausübung der Gemeinschaftsrechtssetzung revolutionieren soll. Die Notwendigkeit der Neugestaltung ergibt sich aus dem Demokratie-[427] und Transparenzdefizit, das der Europäischen Union gegenwärtig bescheinigt wird. Die Anerkennung der strukturellen Defizite durch das Initiativorgane der Gemeinschaft geht einher mit erkennbaren Bemühungen, die regionalen und kommunalen Gebietskörperschaften als bürgernahste öffentliche Ebene in den Rechtsetzungsprozeß einzubinden. Die Beteiligung dezentraler Einheiten geschieht in erster Linie über die Spitzen- und Interessenverbände. Die Konsultationen bergen die Chance, durch eine Einbringung kommunaler Positionen in die europäische Meinungsbildung die Einflußnahme zu erhöhen. Die Körperschaften sind dabei Teil eines umfassenden Konsultationsprozesses, in dem sie sich neben anderen Akteuren des gesamten öffentlichen und privaten Lebens behaupten müssen.

Die Projekte der Kommission sind Teil eines Gesamtkonzepts zur Neugestaltung der europäischen Zuständigkeitswahrnehmung. Aus diesem Grund haben auch zahlreiche Einrichtungen und Interessengruppierungen ihre Vorstellungen zum „Europäischen Regieren“ eingebracht.[428]

---

426 Zur Koordinierung der verbandlich organisierten Interessen soll ein Verzeichnis erstellt werden, in dem spezifische Beratergruppen aufgeführt werden.

427 Damit einher geht ein mangelndes Bürgerinteresse an der Mitgestaltung des europäischen Einigungswerks. 1999 lag die Wahlbeteiligung bei den Wahlen zum Europäischen Parlament erstmals unter der Schwelle von 50%.

428 Vgl. zum Ausschuß der Regionen *Vontz,* Zusammenarbeit erweitert, Europa kommunal 2001, 228 ff.; vgl. auch die Positionierung des Deutschen Städtetags in: Der Städtetag 11/2000, 53.

bb) Die kommunalen Gebietskörperschaften und der Konvent zur Zukunft Europas

> *„Unser Konvent ist seit der Konferenz von Messina 1955 die erste Gelegenheit, bei der sich europäische Verantwortungsträger die Mittel an die Hand geben, um – in angemessenen Zeitrahmen – gründliche Überlegungen über die Zukunft des europäischen Einigungswerks anzustellen."*

Mit diesen Worten der Eröffnungsrede *Valérie Giscard d'Estaings*[429] läßt sich die historische Dimension des zur Zeit laufenden Konvents zur Zukunft Europas beschreiben. Dem Grunde nach ist er auf die gleichen Wurzeln wie das Engagement der Europäischen Kommission um das „Europäische Regieren" zurückzuführen, mit dem Unterschied des gewaltigen Vorhabens, einen Verfassungsentwurf für die Europäische Union auszuarbeiten. Trotz oder gerade wegen der zeitlich beschränkten Dimension eines solchen Konvents dürfen hier die wesentlichen Eckpfeiler der Entwicklung aus kommunaler Sicht skizziert werden.

(1) Konstituierung und Struktur

(a) Entstehung

Der Konvent zur Zukunft Europas hat sich am 26.2.2002 im Plenarsaal des Europäischen Parlaments konstituiert. Mit dem Europäischen Ratstreffen von Laeken[430] am 14.12.2001 wurde er eingesetzt und beauftragt, einen umfassenden Fragenkatalog zur zukünftigen Gestalt der Europäischen Union zu beantworten.[431] Bereits anläßlich des Europäischen Rats von Nizza wurde in der 23. Erklärung zur Zukunft der Union die *„Aufnahme einer eingehenderen und breit angelegteren Diskussion über die Zukunft der Europäischen Union"* beschlossen.[432] Inspiriert wurden die Staats- und Regierungschefs sicher vom Engagement *Romano Prodis*, der ja kraft Amtes selbst Mitglied des Europäischen Rats

429 Am 26.2.2002 in Brüssel, SN 1565/02.

430 Vgl. die Entschließung zum des Ausschusses der Regionen zum Ergebnis der Regierungskonferenz CdR 430/2000.

431 Der Fragenkatalog besteht aus rund 60 Einzelfragen. Was erwarten die Bürger von der Europäischen Union? Wie soll die zukünftige Verteilung der Zuständigkeiten aussehen? Welche Organe sollen sich für die Unionsrechtsetzung verantwortlich zeigen? Welche außenpolitischen Handlungsinstrumente können die Gemeinsamkeit der Position der zukünftigen EU gewährleisten? Wie können Entscheidungsprozesse demokratisch legitimiert werden?

432 Erklärung Nr. 23 zum Schlußdokument des Europäischen Rats von Nizza.

ist[433], und dessen klare Positionierung mit der Fortsetzung der Gemeinschaftsmethode.[434] Die grundsätzliche Debatte um die Finalität des Einigungsprozesses wurde von Außenminister *Fischer* in seiner bekannten Berliner Rede 1998 angestoßen.

Die Form des Konvents geht zurück auf die positiven Erfahrungen des Konvents zur Ausarbeitung einer Grundrechtecharta unter dem Vorsitz von *Roman Herzog*.[435] Die Berufung auf historische Vorbilder verdeutlicht die geschichtliche Bedeutung der *„Zusammenkünfte zur Ausarbeitung politischer Direktiven"*, die ihrerseits gegenüber den Entscheidungsträgern, den Mitgliedstaaten der Europäischen Union, keine rechtsverbindliche Letztentscheidungsbefugnis beanspruchen können.[436] Dennoch ist absehbar, daß sich die Vertragsgeber der transparenten und breiten Basis, auf die die Gedanken des Konvents gestellt werden, nicht entziehen können.

Im Gegensatz zu den Regierungsverhandlungen unter Ausschluß der Öffentlichkeit wurde europäische Bevölkerung aufgefordert, ihrerseits ihre Vorstellung einzubringen[437] und den *„einschneidenden und revolutionären Schritt in Richtung auf eine europäische Verfassung mitzugehen."*[438]

(b) Zusammensetzung

Die breite Debatte unter Einbeziehung möglichst vieler Gruppierungen steht im scheinbaren Widerspruch zur Aufgabe, innerhalb eines relativ kurzen Zeitraums einen Vorschlag zu erarbeiten. Dem trägt aber die Zusammensetzung des Europäischen Konvents Rechnung, die mit 105 Mitgliedern ein zügiges Arbeiten verspricht.[439] Dem Konvent gehören alle wesentlichen Akteure an, die sich in der bisherigen Struktur der Europäischen Union am Entscheidungsprozeß be-

---

433 Siehe S. 456 ff.

434 Vgl. Art. 4 Abs. 2 EUV.

435 Von Zeit zu Zeit wird als historisches Beispiel der Konventsform der Verfassungskonvent von Herrenchiemsee zitiert, der gleichermaßen lediglich einen Vorschlag einer bundesdeutschen Verfassung unterbreitete, während die weitere Beratung und die letztendliche Verabschiedung den Ländervertretern im Parlamentarischen Rat oblag.

436 Zur sogenannten „Konventsmethode" *Hummer,* „Verfassungs-Konvent" und neue Konventsmethode, Politische Studien, Sonderheft 1/2003, 53 f.

437 Im Internet unter www.european-convention.eu.int , wo entsprechend den Forderungen der Erklärung des Europäischen Rats von Laeken alle Dokumente und Beiträge der Öffentlichkeit in einem sogenannten „Forum" zur Verfügung stehen.

438 So der Präsident des Europäischen Parlaments, *Pat Cox.*

439 Zur Zusammensetzung des Konvents *Blumenwitz,* Wer gibt die Verfassung Europas, Politische Studien, Sonderheft 1/2003, 44.

teiligt haben.[440] Neben dem Vorsitzenden und seinen beiden Stellvertretern sind dies die ernannten und nicht vom Unionsvolk gewählten[441]:

- 15 Vertreter der Staats- und Regierungschefs der Mitgliedstaaten[442]
  13 Vertreter der beitrittwilligen Staaten
- 30 Vertreter der nationalen Parlamente der Mitgliedstaaten[443]
  26 Vertreter der nationalen Parlamente der beitrittswilligen Parlamente der Beitrittkandidaten
- 16 Vertreter des Europäischen Parlaments[444]
- 2 Vertreter der Europäischen Kommission[445].

Die Beitrittsländer sowie die Türkei entsenden danach jeweils einen Regierungs- und zwei Parlamentsvertreter.[446] Sie können sich an den Beratungen beteiligen, haben jedoch kein Stimmrecht, können also keinen Konsens verhindern, der sich zwischen den Mitgliedern abzeichnet.[447] Gleiches gilt auch für die Mitglieder mit Beobachterstatus, von denen dem Ausschuß der Regionen sechs und dem Wirtschafts- und Sozialausschuß drei Vertreter zustehen. Hinzu kommt der Europäische Bürgerbeauftragte. Der Präsident des Europäischen Gerichtshofs und der Präsident des Rechnungshofs haben vor dem Konvent nach Einladung durch das Konventspräsidium ein Äußerungsrecht.[448]

---

440 So die offizielle Erläuterung auf der Webseite des Konvents.

441 *Blumenwitz,* Wer gibt die Verfassung Europas, Politische Studien, Sonderheft 1/2003, 44, der das Fehlen einer gewählten verfassungsgebenden Versammlung feststellt, worin auch der Grund liegt, daß lediglich ein von den Mitgliedstaaten zu unterzeichnender und zu ratifizierender Entwurf verabschiedet werden kann, was nach *Blumenwitz* nicht zugleich ein Votum der europäischen Bürger ausschließt. Als möglichen Zeitpunkt nennt er die Europawahlen 2004.

442 Für die Bundesrepublik der frühere parlamentarische Geschäftsführer der SPD, *Peter Glotz.*

443 Aus Deutschland *Jürgen Meyer* (SPD) und für den Bundesrat der Ministerpräsident Baden-Württembergs, *Erwin Teufel* (CDU).

444 Darunter die deutschen Abgeordneten des Europäischen Parlaments *Klaus Hänsch* (SPD), *Elmar Brok* (CDU) und *Sylvia-Yvonne Kaufmann* (PDS).

445 Die beiden EU-Kommissare für Justiz und Inneres *António Vitorino* und für Regionalpolitik, *Michael Barnier*, im Vertretungsfall ersetzt durch den Generalsekretär der Kommission *David O'Sullivan* für *M. Barnier* und den Direktor der Task Force „Zukunft der Union und institutionelle Fragen" im Generalsekretariat der Kommission, *Paolo Ponzano*, für *A. Vitorino.*

446 Vgl. die Erklärung von Laeken.

447 So die eben zitierte Erklärung.

448 Erklärung von Laeken, III.

(c) Präsidium

Das Präsidium des Konvents als Leitungs- und Koordinierungsorgan besteht aus dem Vorsitzenden, dem ehemaligen französischen Staatspräsidenten *Valérie Giscard d'Estaing*, seinen beiden Stellvertretern, den früheren Regierungschefs von Belgien und Italien, *Jean-Luc Dehaene* und *Guiliano Amato*, den Mitgliedern der Kommission, jeweils zwei Abgeordneten des europäischen Parlaments[449] und der nationalen Volksvertretungen[450] sowie jeweils einem Regierungsmitglied der Mitgliedstaaten, die während der Arbeiten des Konvents die Ratspräsidentschaft innehaben.[451]

Aufgabe des Präsidiums ist in erster Linie die Planung und Koordinierung der Arbeiten des Konvents sowie die Vorbereitung der Plenarsitzungen.[452] Die Vorbereitung beginnt mit einer Auswertung der öffentlichen Debatte durch den Vorsitzenden.

Inhaltlich ist das Präsidium befugt, Anstöße für die Ausgestaltung der Arbeitsgrundlagen zu geben. Es kann zu diesem Zweck das Präsidium Kommissionsbedienstete und weitere Experten zu allen technischen denkbaren Fragen konsultieren und Ad-hoc-Arbeitsgruppen einsetzen.

(d) Sekretariat

Die Tätigkeit des Konvents wird organisatorisch durch ein Sekretariat unterstützt, zu dessen Generalsekretär der britische Diplomat Sir John Kerr ernannt wurde. Das Konventssekretariat wird vom Generalsekretariat des Rats wahrgenommen, wobei Experten der Kommission und des Parlaments hinzugezogen werden können.[453]

---

449 Der deutsche SPD-EU-Abgeordnete und vormalige Parlamentspräsident *Klaus Hänsch* und der spanische Konservative *Ínigo Méndez de Vigo*, der bereits Mitglied des Konvents zur Erarbeitung der Grundrechtecharta war.

450 Der frühere irische Ministerpräsident *John Burton* und die britische Labour-Abgeordnete *Gisela Stuart*.

451 Dies sind für die spanische Ratspräsidentschaft die Abgeordnete des Europäischen Parlaments *Ana Palacio Vallelersundi*, für die Dänen der liberale Politiker und ehemalige Vizepräsident der Europäischen Kommission *Henning Christophersen*; die griechische Präsidentschaft entsendet den Europaabgeordneten *Giorgos Katiforis*.

452 Zu den Ansprüchen des Präsidiums und damit einhergehenden Unstimmigkeiten vgl. *Banks,* European Voice vom 13.3.2002, S. 1.

453 Erklärung von Laeken, III.

(2) Bisherige kommunalrelevante Arbeiten

Ein Verständnis der kommunalrelevanten Arbeit des Konvents bedingt eine grundlegende Kenntnis der Arbeitsstruktur des Konvents, die hier aber nur andeutungsweise nachgezeichnet werden kann.[454] Die Arbeiten des Konvents gliedern sich in drei Phasen, wobei die erste mit der ersten Plenarversammlung im März 2002 begonnen hat. Der Abschluß der Arbeiten ist nicht eigens festgelegt. Ein zu berücksichtigendes Datum ist die rechtzeitige Vorlage an die Regierungskonferenz, die 2004[455] geplant ist.[456] Bis zum nicht rechtsbindenden Entwurf einer Verfassung[457], in dem die Antworten auf die vom Europäischen Rat aufgeworfenen Fragen enthalten sind, gliedern sich die Beratungen in drei Phasen:

1. Phase	**Anhörung**
	⇓
2. Phase	**Analyse**
	⇓
3. Phase	**Synthese**

Zur Beschleunigung der Diskussionen wurden verschiedene Arbeitsgruppen gebildet, von denen vor allem die Arbeitsgruppe *„Subsidiarität II“* für die kommunale Seite von Bedeutung ist.[458]

---

454 Zur Organisation des Konvents *Blumenwitz,* Wer gibt die Verfassung Europas, Politische Studien, Sonderheft 1/2003, 46 f.

455 Vgl. die Planungen des Ausschusses der Regionen CdR 104/2001 fin.

456 Ursprünglich war die Rede von einer einjährigen Vorbereitungszeit, die angesichts der Wichtigkeit und des Umfangs des Auftrags von vornherein uneinhaltbar erschien. Für die längere Dauer spricht ein politisches Argument: Der Konvent kann der Regierungskonferenz lediglich einen Vorschlag unterbreiten, der für sie nicht bindend ist. Der EU-Konvent ist daher auf die Legitimation seiner Mitglieder einerseits und der Qualität und Überzeugungskraft der vorgelegten Ergebnisse angewiesen. Diese Wirkung ist aber dann um so schwächer, je größer der Zeitraum zwischen dem Abschluß der Arbeiten des Konvents und der beschließenden Regierungskonferenz ist. Es liegt daher schon im Sinne der Verantwortungsträger des Konvents, möglichst lange Zeit für die Verfassung des Entwurfs in Anspruch zu nehmen und den politischen Druck aufrechtzuerhalten.

457 Vgl. zum allerersten Vorentwurf des Präsidiums *Leitermann,* Konturen einer europäischen Verfassung nehmen Gestalt an, Der Städtetag 2003, 24 ff.

458 Vorsitzender der Arbeitsgruppe ist der Spanier *Méndez de Vigo.*

Die Bedeutung des europäischen Verfassungskonvents ist trotz seiner politischen Funktion und der der verabschiedeten Dokumente nicht groß genug einzuschätzen. Hier werden die Weichenstellungen für die zukünftige Gestalt der Europäischen Union gestellt. Daher war es für die europäischen kommunalen Gebietskörperschaften wichtig, sich im Vorfeld des Konvents zu positionieren – sowohl inhaltlich als auch organisatorisch-institutionell. Nur eine Einbindung in die Arbeiten des Konvents selbst kann eine Transposition der formulierten Ziele in die für die Kommunen entscheidenden Dokumente bringen.[459] Es soll deshalb ein kurzer – exkursartiger – Blick auf die Voraussetzungen einer kommunalen Einflußnahme im Europäischen Konvent gewagt werden, der möglicherweise Rückschlüsse auf die kommunale Gesamtsituation – und in vorsichtigem Maße – auch auf die zu erwartenden Ergebnisse zuläßt.

Aus der eben vorgenommenen Aufschlüsselung der Zusammensetzung läßt sich unschwer erkennen, daß den kommunalen Gebietskörperschaften im Konvent keine Sitze zugeteilt wurden. Lediglich dem Ausschuß der Regionen wurden sechs Mandate mit beratender Stimme zugeteilt.[460] Ansonsten erfolgte, den in den Eröffnungsworten seines Vorsitzenden genannten Zielen und Aufgaben widersprechend[461], die Zuteilung interessenorientiert, wobei eine Dominanz der mitgliedstaatlichen Parlamente unverkennbar ist, haben diese doch bisher bei der Gestaltung der europäischen Verträge eine nur untergeordnete Rolle gespielt.[462]

Für die Kommunen ist im Konvent kein Platz.

Diese These wird unter anderem gestützt durch die Besetzung der „zweitrangigen“ Mandate des Ausschusses der Regionen. Die Vertreter des Nebenorgans können sich an den Beratungen des Konvents beteiligen, haben aber kein Stimmrecht. Durch diese Abstufung gegenüber den übrigen Konventsteilnehmern waren die Ausschußvertreter von Beginn an mit dem Makel der „Zweitrangigkeit“ belastet, der einer optimalen Interessenwahrnehmung entgegensteht. Noch aufschlußreicher und entscheidender scheint die interne Ausfüllung der Sitze des Ausschusses sein. Unter den ordentlichen Mitgliedern befinden drei

459 Zum Verhältnis der inhaltlichen zur institutionellen Einflußnahme vgl. S. 378 ff.

460 Daneben erhielt der Wirtschafts- und Sozialausschuß drei Sitze mit beratender Funktion.

461 *Giscard* betonte am 26.2.2001 die übergreifende Aufgabe der Mitglieder des Konvents in deren Hand die Zukunft der europäischen Einigung abhinge:

> *„Auf der einen Seite klafft der Abgrund des Scheiterns. Auf der anderen Seite liegt das schmale Tor zum Erfolg.“, SN 1565/02.*

462 Davon zu unterscheiden ist die Funktion bei der Ratifikation der europäischen Verträge, die bereits von den dafür zuständigen Organen unterzeichnet wurden.

Regionalpräsidenten[463], ein Regionalminister[464], ein Regionalratsmitglied[465] und ein Landtagsabgeordneter[466], also ausschließlich Vertreter der Regionen. Diese augenscheinige Dominanz setzt sich bei der Besetzung der Stellvertretermandate fort, wo sich lediglich eine Oberbürgermeisterin[467] unter Regionalvertretern und -präsidenten[468] befindet. Unter den sechs beratenden Mitgliedern befindet sich damit eine einzige Kommunalvertreterin.

Dennoch galt es für die kommunalen Gebietskörperschaften, ihre berechtigten Anliegen einzubringen. So waren sie angesichts der sich (konsequent) im Konvent fortsetzenden Schwäche des AdR darauf angewiesen, ihre außerinstitutionellen Interessenvertreter zu positionieren. Diese Möglichkeit wurde mit der Ankündigung eröffnet, die Anhörungen im Konvent auf eine breite öffentliche Basis zu stellen. In diesem Kontext bildeten die kommunalen Gebietskörperschaften zunächst eine Gruppe der sogenannten „Zivilgesellschaft" neben zahlreichen anderen Verbänden des öffentlichen und privaten Lebens. Die „Zivilgesellschaft" bekam im Rahmen einer Anhörung die Chance, ihre Vorschläge einzubringen. Am 10.6.2002 fand eine Anhörung der Kommunalverbände statt, in der die Stellungnahmen u.a. des RGRE und Eurocities erörtert wurden. Diese mittelbare Interessenwahrnehmung wird der herausragenden Stellung der Kommunen angesichts ihrer Betroffenheit offensichtlich nicht gerecht.

Die Ausgangsposition war daher denkbar schlecht. Die Übernahme der einen oder anderen Forderung lag alleine in den Händen der Konventsdelegierten, die selbst durch die unterschiedliche Ausrichtung der Zusammensetzung gebunden sind. Eine Beeinflussung ist nur über eine Überzeugungsarbeit gegenüber einzelnen Mitgliedern zu erreichen, in erster Linie gegenüber den Verantwortlichen der Arbeitsgruppen. Für die kommunalen Gebietskörperschaften relevant ist hier insbesondere die Arbeitsgruppe I zum Subsidiaritätsprinzip[469], die

463 *Patrick Dewael,* Ministerpräsident von Flandern (B/ELDR); *Claudio Martini,* Präsident der Region Toskana (I/SPE); *Ramón Luis Valcárcel Siso,* Presidente de la Comunidad Autónoma Luis Valcárce de la Región de Murcia (E/EVP).

464 Der Präsident des AdR *Jos Chabert,* Minister für öffentliche Arbeiten, Verkehr, Brandschutz und notärztliche Versorgung der Regierung der Region Brüssel-Hauptstadt (B/EVP).

465 *Claude du Cranrut,* Mitglied des Regionalrates der Picardie und stellvertretende Bürgermeisterin von Senlis (F/EVP).

466 Der deutsche *Manfred Dammeyer,* Mitglied des Landtags Nordrhein-Westfalen (D/SPE).

467 *Eva Riita Siitonen,* Oberbürgermeisterin von Helsinki (FIN/EVP).

468 *Mercedes Bresso,* Präsidentin der Provinz Turin (I/SPE); *Keith Brown,* Vorsitzender des Rates von Clackmannanshire (UK/AE); *Manuel Chaves González,* Präsident der Regionalregierung von Andalusien (E/SPE); *Hasse Svensson,* Mitglied des Parlaments von Åland (FIN/ELDR); *Wendelin Weingartner,* Landeshauptmann von Tirol (A/EVP).

469 Unter Vorsitz des Spaniers *Mendez de Vigo.*

Vorschläge der künftigen Ausgestaltung und Anwendungspraxis des bisherigen Art. 5 EG erarbeitet.[470] Die Übernahme kommunalschützender Positionen steht zum momentanen Zeitpunkt noch aus.

b) Die kommunalen Gebietskörperschaften im institutionellen EU-System

Es gilt, die eben geschilderten kommunalrelevanten Vorgänge in ihrer Tragweite in das institutionelle System der Europäischen Union einzuordnen, um daraus die nötigen Schlüsse zur Verbesserung der institutionellen Einflußnahme der kommunalen Gebietskörperschaften zu ziehen. Die folgenden Überlegungen sollen als Basis für die sich daran anschließenden Vorschläge zur kommunalstärkenden Umstrukturierung des Ausschusses der regionalen und lokalen Gebietskörperschaften dienen.

Die Vorstellung des *Governance-Konzepts* mit der Frage, von wem und wie in Zukunft die Europäische Union regiert werden soll, und die aktuellen Bewegungen im Konvent belegen in eindrucksvoller Weise die Situation kommunaler Gebietskörperschaften in Europa.

Das Weißbuch der Europäischen Kommission betont vor allem den Stellenwert, den die lokalen Verantwortungsträger im Entscheidungsprozeß einnehmen müssen. Die kommunalen Gebietskörperschaften werden zum *„Partner"*[471] der Europäischen Union stilisiert, ohne die ein bürgernahes und transparentes Europa nicht vermittelbar ist. In diese Richtung gehen auch ernsthafte Bemühungen seitens der Kommission, durch unterschiedliche Konsultationsmechanismen eine Beteiligung in die Realität umzusetzen.[472] Hieraus und aus den bereits genannten Gründen gibt es die Bereitschaft, dezentrale Entscheidungsträger intensiver in den Meinungsbildungsprozeß einzubeziehen. Die Forderungen nach einer kommunalen Beteiligung sind längst nicht alleine das Steckenpferd einiger idealistischer Kommunalpolitiker. Die Europäische Kom-

---

470 Vgl. den für die kommunalen Gebietskörperschaften wichtigen Bericht über die Anwendung der Grundsätze der Subsidiarität, indem vornehmlich eine Beibehaltung des bisherigen zweigliedrigen Verständnisses propagiert wird. Änderungen könnten sich danach lediglich in der Anwendungspraxis ergeben, nicht jedoch in der eigentlichen Vertragsformulierung.

471 Vgl. zum System der Partnerschaft Art. 8 der allgemeinen Strukturfondsverordnung, VO 1260/1999 des Rats.

472 Darunter fällt auch die Schaffung von sogenannten „Begleitausschüssen" bei der Durchführung von Förderprogrammen, an denen neben den dezentralen Staatengliederungen weitere gesellschaftliche Gruppen partizipieren, z. B. die im Wirtschafts- und Sozialausschuß zusammengefaßten Gruppierungen.

mission liefert materielle Begründungen für die institutionelle Einbindung der kommunalen Interessenvertreter.[473]

Es zeigt sich, daß diese Mitsprache unabdingbarer Bestandteil der zukünftigen Gemeinschaftspraxis sein wird.[474] Logische Konsequenz müßte ein Überdenken und Überarbeiten der bisher geschaffenen Mechanismen sein. In der institutionellen Debatte wird keine Stimme laut, die dem AdR seine Existenzberechtigung abspricht. Die Frage, die es noch zu klären geben wird, ist, ob die schleichende Einbeziehung der zivilgesellschaftlichen Interessenverbände und -vereinigungen der internen formellen und verbindlichen Beteiligung vorzuziehen ist, oder ob esnicht ein klares Signal der – teilweise unter vorgehaltener Hand, teilweise offen – propagierten kommunalen Einbeziehung geben muß. Der Ausschuß der Regionen existiert und wird auch in Zukunft weiter existieren. Die institutionelle Mitsprache der kommunalen Gebietskörperschaften in der Europäischen Union hat durch die Einrichtung eines Nebenorgans ein Gesicht bekommen. Nun wird es darum gehen, diesem ersten Schritt weitere Schritte folgen zu lassen, mit dem Ziel, den Ausschuß mit adäquaten Mitteln auszustatten, welcher dem allseitig an die dezentralen staatlichen Gliederungen erhobenen Ansprüchen gerecht wird. Was in diesem Zusammenhang adäquat ist, läßt sich an dem zunehmenden Grad der Betroffenheit sowie an den von der Europäischen Kommission gestellten Anforderungen feststellen.

Neben wenig bedeutenden[475] und daher vernachlässigbaren kommunalorientierten Einrichtungen wie die *„interfraktionelle Gruppe der lokalen und regionalen Mandatsträger im Europäischen Parlament“*[476], die 1980 gegründet wurde und vom Präsidium des Parlaments anerkannt wird[477], ist der Ausschuß der Regionen die kommunalvertretende Institution in der Europäischen Union. Die Maßnahmen zur Verbesserung der kommunalen Beteiligung, die kontinuierlich und rechtsverbindlich gewährleistet sein muß, müssen sich in erster Linie auf das Nebenorgan konzentrieren, das in seinem Bestand unangetastet bleiben

473 Vgl. zur Entwicklung beim Europarat *Fiedler*, 25 Jahre Europakonferenz der Gemeinden und Regionen, Der Städtetag 1982, 325.

474 CdR 103/2001 rev. 2.

475 Vgl. *Nazarek,* Kommunale Selbstverwaltung und Europäische Integration, S. 160 ff.

476 Zur sogenannten „Intergruppe“ *Kleffner-Riedel,* Regionalausschuß und Subsidiaritätsprinzip, S. 138 ff.; *Schweitzer,* Beteiligung der Bundesländer an der europäischen Gesetzgebung, BayVBl. 1992, 612; *Mombaur,* Kommunalpolitik und Europäische Union, S. 12 f.; *Nazarek,* Kommunale Selbstverwaltung und Europäische Integration, S. 160 f.; *Mombaur/von Lennep,* Die deutsche kommunale Selbstverwaltung und das Europarecht, DÖV 1988. 995 f.; *Rengeling,* Rechtsetzung der Europäischen Gemeinschaft und Kommunen, ZG 1994, 295.

477 *Seele,* Der Kreis aus Europäischer Sicht, S. 420.

muß. Alle institutionellen Vorschläge können nur das Ziel haben, die Organisation und Struktur des AdR den an ihn gestellten Forderungen anzupassen.

In diesem Zusammenhang soll schon jetzt das Dogma der nationalen Identitätsgrenze erwähnt werden, die häufig als Gegenargument gegen eine Stärkung kommunaler Rechte vorgebracht wird.[478] Die Europäischen Verträge verpflichten die europäischen Organe zur Achtung der nationalen Identität[479] und der Souveränität der inneren Ausgestaltung innerstaatlicher Strukturen.[480]

Die klaffende Lücke zwischen Anspruch und Wirklichkeit, in der sich der EU-Rechtsetzungsprozeß im allgemeinen und der Ausschuß der Regionen im besonderen wiederfinden, zeigt sich auch in den derzeitigen Voraussetzungen einer Einflußnahme im Europäischen Konvent. Die kommunalen Gebietskörperschaften verfügen über keine institutionelle Repräsentanz. Durch ihre Zuordnung zu den Organisationen der Zivilgesellschaft werden sie trotz ihrer Bedeutung mit einer Reihe von anderen, bisher ungeachteten Einrichtungen des privaten und öffentlichen Lebens in einen Topf geworfen.

Die kommunale Beteiligung an den Arbeiten des Konvents über den Ausschuß der Regionen ist – betrachtet man die Aufteilung der Beobachtermandate – enttäuschend. Den kommunalen Vertretern im AdR ist es nicht gelungen, sich und damit die sie repräsentierenden Gebietskörperschaften zu positionieren. Für die Kommunen stellten die Bedingungen im Konvent also eine doppelte Niederlage dar. Zum einen ist es dem Ausschuß nicht gelungen, aus der institutionellen Einbindung als Nebenorgan der Gemeinschaft heraus ordentliche Delegierte im Konvent zu stellen, und zum anderen haben es die Kommunen nicht geschafft, von der Sitzzuteilung zu profitieren. Die Ausgangsposition war also denkbar schlecht.

Festzuhalten ist, daß die derzeitige Ausgestaltung der kommunalen Mitsprache im europäischen Meinungsbildungsprozeß der Bedeutung der kommunalen Gebietskörperschaften nicht gerecht wird. Es ist daher nach einem Modell zu suchen, das diese Defizite ausgleicht. Ansatzpunkt soll der Ausschuß der Regionen als institutionelle Instanz kommunaler Interessenwahrnehmung sein.

---

478 Ausführlich S. 617 ff.
479 Vgl. Art. 6 Abs. 3 EUV.
480 Vgl. CONV 518/03, S. 2.

2. Der KGRE als institutionelles Vorbild des AdR

Betrachtet man übergreifend die institutionelle Situation der kommunalen Gebietskörperschaften im Rechtsetzungsprozeß der Europäischen Union, so kommt man nicht umhin, die Stärken und Schwächen des Ausschusses der Regionen miteinander abzuwägen. Daß die kommunale Mitsprache im EU-Rechtsetzungsprozeß verbesserungswürdig ist, ist im zweiten Kapitel schon an verschiedenen Stellen angeklungen. Nun geht es um die Nennung dieser Defizite unter anschließender Diskussion verschiedener Vorschläge und deren Einbeziehung in ein zukunftsweisendes Modell der institutionellen kommunalen Einflußnahme in Europa. Entsprechend der Aufgabenstellung soll für die zu unterbreitenden Vorschläge der Kongreß der Gemeinden und Regionen Europas herangezogen werden. Im großen und ganzen werden die Kapitel 2 und 3 miteinander verglichen.[481] Keineswegs wird die Europaratseinrichtung als das non plus ultra europäischer Kommunalinteressenvertretung darzustellen sein. Klar für die Kommunen vorteilhafte Mechanismen des Europarats können sich als für die EU überhaupt nicht gangbar herausstellen, wobei auf die Erörterung der Spezifika der beiden großen europäischen Regionalorganisationen[482] verzichtet werden soll. Einführend nur einige wenige Gedanken:

Offensichtlich ist, daß der Europarat mit seinen 45 Mitgliedstaaten[483] rein organisatorisch die Mitgliedstaaten der Europäischen Union mitumfaßt. Der Europarat ist die weit größere Organisation, während die Europäische Union als supranationale Einrichtung mit weitgehenden, in den Mitgliedstaaten unmittelbar wirkenden Rechtsetzungsbefugnissen ausgestattet ist. Die wirtschaftlichen und mittlerweile auch die politischen Auswirkungen der EU sind um ein Vielfaches präsenter, weshalb der im Verhältnis dazu unbekanntere, obwohl ältere Europarat häufig im Schatten der Europäischen Union steht. Trotzdem nimmt der Europarat eine wichtige allgemeinpolitische Funktion zur Erreichung der in seiner Charta[484] formulierten Rechte der Demokratie, des Friedens und der Rechtsstaatlichkeit wahr, die auch für eine immer enger werdende Union der Völker Europas[485] von entscheidender Bedeutung sein können. Gerade die Notwendigkeit einer demokratischen Rückkopplung der europäischen Entscheidungsprozesse wird immer wieder angemahnt. Dahinter verbirgt sich das Be-

---

481 S. 89 ff. und S. 177 ff.

482 Zum Begriff *Seidl-Hohenveldern/Loibl,* Das Recht der internationalen Organisationen einschließlich der supranationalen Gemeinschaften, Rn. 2201.

483 Es laufen momentan Beitrittsverhandlungen mit Monaco, die Aufnahme Jugoslawiens erfolgte 2003.

484 ETS Nr. 1.

485 Vgl. Art. 1 EUV.

dürfnis einer bürgernahen Ordnung der supranationalen Gemeinschafts, ohne die eine dauerhafte Akzeptanz und damit ein dauerhafter Bestand nicht gewährleistet sein werden. Gerade auf dem Gebiet der Demokratievermittlung verfügt der Europarat über einen weitläufigen Erfahrungsschatz, aus dem nun ein Mosaikstein auf das EU-System projiziert werden soll.

a) Der Ausschuß der Regionen als kommunaler Schutzmechanismus

Aus den bereits gemachten Ausführungen zum AdR und zum KGRE ergeben sich Parallelen, die es rechtfertigen, einen Vergleich zu wagen. Diese Vergleichsbasis kann beispielsweise in der gemeinsamen Zielsetzung als Kommunalvertretungsorgane gesehen werden. Es handelt sich jeweils um die Vertretung kommunaler Gebietskörperschaften und – in den Überschneidungen der 15 hier relevanten Staaten – um dieselben staatlichen Glieder.[486] Zielvorstellung ist jeweils die Repräsentanz der Kommunen und die Vertretung ihrer Interessen gegenüber der jeweiligen Organisation, um für sie günstige Ergebnisse durch die Beeinflussung des Meinungsbildungsprozesses zu bewirken. Dennoch haben sich die beiden Einrichtungen völlig anders entwickelt, was mit den politischen Voraussetzungen zusammenhängt, unter denen sie in der jeweiligen internationalen Organisation entstanden sind und weitergebildet wurden. Unabhängig der historisch begründeten Differenzierungen in der kommunalen Interessenwahrnehmung werden zunächst die Eigenschaften des Ausschusses der Regionen als kommunaler Schutzmechanismus in der Europäischen Union erörtert. Unabdingbare Voraussetzung einer Modellbildung ist es, die strukturellen Defizite, aber auch die positiven Aspekte, herauszuarbeiten.

aa) Ausschuß der „Regionen" – ein mißverständlicher Geburtsfehler?

Die kommunale Seite im AdR[487] war von anfang durch die mißverständliche Bezeichnung[488] als Ausschuß der Regionen[489] benachteiligt. Einige Au-

486 Diese Aussage läßt sich auch nach der EU-Osterweiterung aufrechterhalten, da ja alle zukünftigen Staaten der Europäischen Union Mitglied des Europarats sind, weshalb der Europarat im EU-Aufnahmeprozeß eine nicht unerhebliche Rolle spielte.

487 Im Französischen *Comité des Régions*/ Englischen *Comittee of the Regions*.

488 *Knemeyer,* Die Region – Europa-Raum des Rechts, in: FS Würzburger Juristenfakultät, S. 98.

489 Häufig taucht auch die inoffizielle Bezeichnung als „Regionalausschuß" auf, bestes Beispiel ist die Publikation von *Kleffner-Riedel,* Regionalausschuß und Subsidiaritätsprinzip; *Baltsch,* Ausschuß der Regionen, Zusammensetzung und Aufgaben, Europa kommunal 1994, 120; *Clement,* Der Regionalausschuß - mehr als ein Alibi?, Staatswissenschaft und Staatspraxis, 1993, 164; vgl. *Schmidhuber,* Europa der Regionen – Die Posi-

toren haben hieraus den Schluß gezogen, aus der Namengebung ließe sich eine regionale Dominanz ableiten, woraus sich grundsätzlich eine Vertretung regionaler Interessen ergebe. Nur für den Fall der Nichtexistenz von regionalen Gebietskörperschaften treten die Kommunen an deren Stelle im Nebenorgan. Daß sich aus dem Titel der Art. 263 bis 265 EG keine materiellen Schlüsse auf die proportionale Besetzung ziehen lassen, wurde bereits festgestellt. Dennoch ist unverkennbar, daß der Ausschuß in bezug auf die kommunale Interessenvertretung im Rechtsetzungsprozeß mit einem anfänglichen Makel behaftet war, der bis heute insbesondere psychologische Konsequenzen hat. Gegenüber den Entscheidungsträgern mag die äußere Benennung vordergründig gleichgültig sein. Auf den zweiten Blick propagiert sie unterschwellig, daß das Nebenorgan die institutionelle Einrichtung der Regionen ist. Gleiches gilt auch, sobald der AdR die reine gemeinschaftsinterne Ebene verläßt. Dann besteht ein Rechtfertigungsbedarf in Hinblick auf die mitumfaßte, gleichberechtigte kommunale Mitsprache im Ausschuß.

Der Vorteil des Kürzels ist die einprägsame Form, welcher die mit dem Maastrichter Vertrag geschaffene Institution in den Köpfen der entscheidenden Stellen festsetzt. Ob eine den politischen Realitäten entsprechende längere Formulierung als *„Ausschuß der Regionen und Kommunen – AdRK“* diesen Behauptungsprozeß ohne weiteres untergraben hätte, erscheint äußerst fraglich. Feststeht, daß der europäische Vertragsgeber diese Benennung gewollt hat, weshalb auch der offizielle Titel des vierten Kapitels des EG-Vertrags so gewählt wurde. In Hinblick auf einen effektiven Kommunalschutz zur Verwirklichung eines bürgernahen Europas ist die mißverständliche Kurzform zu überdenken[490] und zu korrigieren.[491]

---

tion der EG-Kommission, in: Knemeyer (Hrsg.), Europa der Regionen – Europa der Kommunen, S. 123.

490 Fraglich ist wohl, warum solche Vorschläge seitens der wohl vorhandenen Kommunalvertreter im Ausschuß und seiner Beobachter nicht vermehrt auftauchen, beispielsweise in den Positionspapieren der kommunalen Spitzenverbände zu den „großen“ Vertragsänderungen oder aktuell auch zum Konvent.

491 Der wohlüberlegte Grund für die hier dennoch benutze Kurzfassung liegt in der offiziellen Bezeichnung nach dem EG-Vertrag, der sich auch der Verfasser nicht verschließen kann. Eine etwaige Änderung ist anzumahnen und abzuwarten. In den offiziellen Dokumenten, insbesondere des Ausschusses der Regionen zum Europäischen Verfassungskonvents, taucht diese Überlegung überhaupt nicht auf, was aus politischen Gründen angesichts der Prioritätenliste des Ausschusses durchaus nachvollziehbar wäre; die fehlende Diskussion ist sicher auch auf die sogleich zu erörternden Machtverhältnisse im Ausschuß zurückzuführen, die einem solchen Vorstoß jegliche Durchsetzungschance a priori verbauen.

Der Europarat hat die Ebenbürtigkeit der dezentralen Gliederungen mit der Konferenz der Gemeinden und Regionen Europas bis hin zum Kongreß der Gemeinden und Regionen Europas (KGRE) deutlich gemacht. Es ist klar, daß es sich um die gemeinsame Vertretung der kommunalen und regionalen Gebietskörperschaften der Mitgliedstaaten handelt.

Kritikpunkt 1:
Die einseitige, mißverständliche Benennung als Ausschuß der „Regionen" benachteiligt die kommunale Seite im Ausschuß.

bb) Regionen und Kommunen – erzwungene Solidarität oder Schicksalsgemeinschaft?

Der Ausschuß der Regionen ist die institutionelle Vertretung der kommunalen und regionalen Gebietskörperschaften in der Europäischen Union.

(1) Einheitliche Zusammenfassung unterschiedlicher Strukturen und Interessen

Erstaunlicherweise geht der EG-Vertrag in Art. 263 EG von einem einheitlichen Regionenbegriff aus, ist doch die regionale europäische Landschaft durch ein breitgefächertes Spektrum von Bundesländern mit Staatsqualität bis hin zu reinen Verwaltungsebenen gekennzeichnet.[492] Im Gegensatz dazu lassen sich die lokalen Gliederungen als die bürgernahste Ebene der Wahrnehmung öffentlicher Aufgaben definieren. Zwar nehmen sie in den Mitgliedstaaten – ähnlich der regionalen Einheiten – unterschiedlichste Funktionen wahr, die letztlich auch zur Verneinung eines allgemeinen Rechtsgrundsatzes der kommunalen Selbstverwaltung im Gemeinschaftsrecht geführt haben.[493] Sie sind aber durch gleichgelagerte Betroffenheiten gekennzeichnet, die notwendigerweise aus der Natur der Sache heraus die kommunalen Gebietskörperschaften treffen, z. B. die

492 Dazu schon S. 72 ff.

493 S. 557. Zur Verdeutlichung soll hier noch einmal die Differenzierung zwischen Annahme eines einheitlichen Standards kommunaler Selbstverwaltung und der Existenz kommunaler Gebietskörperschaften betont werden. Alle Mitgliedstaaten der Europäischen Union und darüber hinaus auch des Europarats verfügen naturgemäß über untere Einheiten der Ausgestaltung des Gemeinwesens. Nur sind diese mit höchst unterschiedlich weitgehenden Rechten und tatsächlichen Möglichkeiten (vgl. Art. 3 EKC) ausgestattet, die es ihnen ermöglichen, ihren Aufgabenkreis eigenverantwortlich wahrzunehmen.

Fülle von Aufgaben der Daseinsvorsorge.[494] Diese gleichgelagerten Interessen einen die Kommunen.

Anders die Regionen, deren strukturelle Bandbreite unmißverständlich in den Vorstößen der Regionen mit legislativer Kompetenz zum Ausdruck kommt. Die Ausübung der (neben-) organschaftlichen Rechte geschieht dabei aus ganz verschiedenen Gründen. Den mit eigenen Zuständigkeiten ausgestatteten Regionen geht es vor allem um den Schutz ihrer legislativen Rechte, den übrigen Regionen, die durch ihre Eigenschaft als staatsorganisatorische Verwaltungseinheiten hervortreten, um die Verteidigung ihrer Anliegen in allen Angelegenheiten der mittleren Staatsorganisation. Je nach mitgliedstaatlicher Regionalstruktur kommen die Wahrung eigenverantwortungsbetonender Selbstverwaltungselemente hinzu[495], welche ihre Mitsprache rechtfertigen.

Die Regionen haben also zunächst ein Problem mit sich selbst, das logische Konsequenz der unterschiedlichen Regionalstruktur und der daraus resultierenden unterschiedlichen Erwartungshaltung gegenüber der Arbeitsweise des Ausschusses ist. Dieses vorprogrammierte Konfliktfeld kann nicht, wie von regionaler Seite von Zeit zu Zeit gefordert, zu Lasten der kommunalen Gebietskörperschaften gehen. Dennoch sind nach wie vor Tendenzen im Ausschuß der Regionen erkennbar, das Nebenorgan als Bühne zum Ausgleich etwaiger Kompetenzverluste der Regionen mit interstaatlichen legislativen Zuständigkeiten zu mißbrauchen.[496] Die vordergründige Dominanz dieser regionalspezifischen Konstellation schadet der Akzeptanz des Ausschusses – sowohl der regionalen als auch der kommunalen Interessenwahrnehmung- und ist äußerst kritisch zu betrachten.

Kritikpunkt 2: Die höchst unterschiedliche europäische Regionalstruktur geht zu Lasten der eigenständigen kommunalen Mitsprache.

494 Die Aufgaben werden also stets von den kommunalen Gebietskörperschaften wahrgenommen. Die Unterscheidung ist also ausschließlich nach dem Grad zu treffen, der ichnen bei der Erfüllung der Aufgaben einen Gestaltungsspielraum garantiert, der notfalls gegenüber den staatlichen Stellen auch durchsetzbar ist.

495 Vgl. die aus diesem Grund im Rahmen des Europarats initiierte, momentan dem Ministerkomitee des Europarats vorliegende Europäische Charta der regionalen Selbstverwaltung, welche regionale Rechte in regionalisierten Staaten stärken will bzw. die Regionalisierungstendenzen einiger Europaratsstaaten voranbringen will; vgl. auch *Würtenberger,* Auf dem Weg zu lokaler und regionale Autonomie in Europa, in: Geis/Lorenz (Hrsg.), Staat, Kirche, Verwaltung, FS Maurer, 2001, S. 1053 ff.

496 Dem sollte durch die Bildung einer eigenständigen Arbeitsgruppe „Regionen mit legislativen Kompetenzen“ abgeholfen werden.

(2) Überlagerung der ureigensten Interessenausrichtung

Die interne Auseinandersetzung im Ausschuß der Regionen ist geprägt von einer Reihe von Konfliktfeldern, in denen die unterschiedlichen Positionen kommunaler und regionaler Gebietskörperschaften nur eines von mehreren Elementen ist.[497] Die mitgliedstaatliche Herkunft gewinnt dann an Bedeutung, wenn der die Diskussionen in der Europäischen Union von Zeit zu Zeit dominierende Nord-Süd-Konflikt der nördlichen und der südlicheren EU-Mitgliedstaaten zum Tragen kommt.[498] Die Zugehörigkeit zu einer nationalen Delegation wird auch an den üblichen Abstimmungstreffen aller Mitglieder vor den Plenarversammlungen deutlich. Nicht zuletzt birgt die parteilpolitische Zugehörigkeit zu einer der im AdR gebildeten politischen Fraktionen die Gefahr einer Überlagerung der eigentlichen Konfliktfelder. Die Sitzung der Fraktionen gehört gleichermaßen zum Tagungsrhythmus wie die nationalen Abstimmungstreffen.

Der einzelne Delegierte wird sich demzufolge einer Reihe von faktischen Zwängen beugen, die nur partiell im Einklang mit der nach Art. 263 EG garantieren unabhängigen Mandatsausübung stehen, wohl aber das Erscheinungsbild des Ausschusses prägen. Insbesondere die Fraktionsbildung ermöglicht es dem Nebenorgan, im Rechtsetzungsprozeß als politischer Ansprechpartner aufzutreten und sich insofern an das Europäische Parlament anzunähern. Dabei kann keinesfalls eine Gleichwertigkeit propagiert werden. Der AdR ist keine allgemeinpolitische Einrichtung, sondern die spezifische Anlaufstelle für alle Fragen der dezentralen mitgliedstaatlichen Gebietskörperschaften.[499] Die parteipolitische Ausrichtung kann aber helfen, die beratende Ebene einer reinen Hilfsfunktion zu verlassen.

Seinem originären Auftrag nach ist der Ausschuß der Regionen eine Interessenvertretung der kommunalen und regionalen Gebietskörperschaften, vgl. Art. 263 Abs. 1 EG. In seinen Stellungnahmen und Dokumenten muß vornehmlich die regionale und kommunale Dimension der Gemeinschaftsmaßnahmen zum Ausdruck kommen. Beide Ebenen dezentraler Ausübung öffentlicher Gewalt sind, wie eben festgestellt, in vielfacher Hinsicht von der Gemeinschaftsgesetzgebung unterschiedlich betroffen. Die durch die Mitsprache verfolgten Ziele divergieren gleichermaßen wie die vorgebrachten Dokumente. Einigkeit ist nur dort zu erzielen, wo die einheitliche Abgrenzung der dezentralen

497 Dazu schon S. 138 ff.

498 Davon strikt zu unterscheiden ist die entwicklungspolitische Umschreibung eines globalen Nord-Süd-Konflikts, dazu *Holtz,* Nord-Süd-Arbeit und Entwicklungspolitik im Europarat, in: Holtz (Hrsg.), 50 Jahre Europarat, S. 283 ff.

499 Vgl. *Knemeyer/Heberlein,* Der Ausschuß der Regionen, in: Knemeyer (Hrsg.), Europa der Regionen – Europa der Kommunen, S. 98.

mitgliedstaatlichen Gliederungen gegenüber der zentralstaatlichen Ebene im Raum steht, in erster Linie die Stärkung der ihnen zugebilligten Selbstverwaltungsbefugnisse. Die grundsätzliche Auseinandersetzung der regionalen und kommunalen Anliegen untereinander ist vornehmlich den parteipolitischen und national begründeten Konflikten überzuordnen.

> **Kritikpunkt 3:**
> Die Überlagerung der ursprünglichen Aufgabe der Vertretung regionaler und kommunaler Interessen durch parteipolitische und nationale Konfliktfelder hemmt die kommunale Interessenwahrnehmung und schadet dem Ausschuß als solchem.

(3) Vorprogrammierte Interessendivergenz?

Aufgabe des Ausschusses der Regionen ist es, die kommunalen und regionalen Interessen auch dann zu vertreten, wenn sie untereinander divergieren oder völlig unterschiedliche Ziele verfolgen. Dies betrifft zum einen Konstellationen, in denen Kommunen und Regionen unterschiedlicher Auffassung sind. Solche Konfliktlagen lassen sich nur dadurch lösen, daß beide Seiten zu einem tragfähigen Kompromiß bereit sind. Dies wird vornehmlich dann der Fall sein, wenn die in dem angestrebten Dokument getroffenen Aussagen von allgemeiner Tragweite sind, also die Rolle der regionalem und kommunalem Ebene allgemein umschreiben und sich vornehmlich gegen zentralstaatliche Tendenzen wehren.[500] Solche Entscheidungen erfordern zwangsläufig eine Einigung der dezentralen Einheiten im Ausschuß untereinander, die – je nach Ausrichtung – Ergebnis einer gleichberechtigten Mitsprache beider Seiten ist.

Hier von Interesse sind die Fälle, in denen ein abgrenzbar regionales oder kommunales Anliegen verfolgt wird. Nach der momentanen Organisation des Ausschusses haben sich trotz der einseitig relevanten inhaltlichen Positionierung die regionalen und kommunalen Delegierten mit dem rein lokalen bzw. regionalen Dokument auseinanderzusetzen, obwohl sie selbst überhaupt nicht betroffen sind. Der interne Arbeitsaufwand kann dabei nicht entscheidend sein. Es geht hier vielmehr um das grundsätzliche Mitspracherecht der einen oder anderen Gliederung. In extrem gelagerten Sachverhalten kann dies dazu führen,

500 In Anlehnung an die überspitzte, auf die Schicksalsgemeinschaft der Regionen und Kommunen nur äußerst vorsichtige und bedingt übertragbare Maxime *„Meines Feindes Feind ist mein Freund“*.

daß eventuelle „Mehrheiten“[501] oder einseitige Interessen zu einer „Blockade“ im Ausschuß führen.

Unabhängig von den realen „Machtverhältnissen“ im Ausschuß hindert die monolithe Struktur des AdR die Wahrnehmung der Interessen, die ausschließlich die regionale oder kommunale Seite betreffen. Eine solche polarisierte inhaltliche Auseinandersetzung ist notwendig, um den Auftrag des Ausschusses effektiv und flexibel erfüllen zu können. Die kommunalen Delegierten müssen sich gegen die regionalen Tendenzen mit einem eigenständigen Profil behaupten, das im Ergebnis die von ihren entsendenden Gebietskörperschaften hinzunehmenden Einbußen ausgleichen soll. Die Interessen der Regionen und Kommunen divergieren grundlegend, was auf die verschiedenen zu schützenden Einwirkungen zurückzuführen ist. Diese These soll als Grundlage des weiteren Diskurses vorausgesetzt werden.

Kritikpunkt 4:
Die derzeitige Gestalt des Ausschusses der Regionen hindert die Herausbildung eines eigenständigen Profils der kommunalen Gebietskörperschaften, trotz der abgrenzbaren, unterschiedlich gelagerten kommunalen Interessen.

(4) Heterogene Zusammensetzung des Ausschusses

In der Konsequenz müßten die höchst unterschiedlich auftretenden Strukturen der dezentralen Körperschaften in der Zusammensetzung des Ausschusses Niederschlag gefunden haben. Tatsächlich spielen aber bei der nationalen Besetzung der Ausschußmandate weniger geographische oder staatsorganisatorische Gesichtspunkte eine Rolle als die innerstaatliche Durchsetzungsfähigkeit. Die Auswahl der Vertreter erfolgt durch die mitgliedstaatliche Ebene, woran es aufgrund des nationalen Selbstorganisationsrechts auch nichts zu rütteln gilt. Die zentralstaatlichen Entscheidungsträger werden entsprechend der inner-

501 Die Existenz einer solchen Mehrheit vorausgesetzt. Eine klare Mehrheitsabgrenzung ist aber wegen der parteipolitischen und nationalen Überlagerung der Interessenwahrnehmung im Ausschuß gerade nicht möglich; eine Kategorisierung der Ausschußdelegierten nach regionalen und kommunalen Vertretern kann daher nur schwerlich vorgenommen werden, was durch die „Mittelstellung“ einiger Gliederungen (z. B. den französischen Départements) zwischen regionaler und kommunaler Ausrichtung noch erschwert wird, *Mietsch,* Die erste Amtszeit des Ausschusses der Regionen – eine Bilanz, Der Städtetag 1998, 291, der die Zahl der nur schwer einzuordnenden Mitglieder auf ein Drittel beziffert.

staatlichen Einflußnahme – sofern vorhanden – tendenziell die ihnen nähere regionale Ebene bevorzugen.[502] Im für die Besetzung der Mandate im AdR wichtigen Auswahlprozeß haben die Kommunen die schlechtere Ausgangssituation, was sich empirisch an den praktizierten Mechanismen mehrerer Mitgliedstaaten nachweisen läßt. Sie führt teilweise zu gemeinschaftswidrigen Ergebnissen.[503] Diese pro-regionale Auswahltendenz wird untermauert von zahlreichen Regionalisierungsprozessen, in denen die Kommunen sich gegen die höheren Regionen behaupten müssen.[504] Die momentane quantitative Aufteilung der Ausschußsitze auf regionale und kommunale Mandatsträger ist daher auf die Tatsache zurückzuführen, daß nicht alle Mitgliedstaaten regionale Einheiten kennen und nicht etwa auf die ausgeglichene Rücksichtnahme der Auswählenden.

Darüber hinaus gehen durch die Vermengung mit regionalen Delegierten die kommunalen Besonderheiten gänzlich verloren.[505] Keineswegs gehen nicht alle europäischen kommunalen Erscheinungsformen ohne weiteres in einem vereinenden Ausschuß auf, mit der Konsequenz ihres gemeinsamen Auftretens und der Einheitlichkeit ihrer Auffassungen. Seinem Auftrag nach soll der Ausschuß der Regionen die repräsentative Einrichtung der regionalen und kommunalen Gebietskörperschaften sein. Hieraus ergibt sich die Notwendigkeit, daß die Verschiedenartigkeit der Kommunen in Europa im AdR abgebildet werden soll. Daß es sich dabei vornehmlich um eine Forderung handelt, ergibt sich aus den faktischen Grenzen der Mandatsanzahl und den politischen Realitäten im Nebenorgan.

Das Phänomen der Balance zwischen Anspruch und Wirklichkeit läßt sich auch eine Ebene höher beschreiben. Betrachtet man die wesensmäßige Zusammensetzung des Ausschusses als ganzes, so erscheint dieser als äußerst heterogenes Gebilde. Durch die überproportionale, teils gemeinschaftswidrige Besetzung mit Regionalvertretern sind die regionalisierten Staaten meist mit allen re-

---

502 Dieses Phänomen läßt sich anschaulich auch an der kommunalen Finanzsituation beschreiben, die in allen Mitgliedstaaten denkbar schlecht ist.

503 Vgl. Das deutsche Beispiel, mit dem sich das hier gefundene Ergebnis exemplarisch stützen läßt, wobei hier auf die Besonderheit zu verweisen ist, daß bereits die Bildung des AdR maßgeblich auf die deutschen Bundesländer zurückzuführen ist, die deutschen kommunalen Gebietskörperschaften also bereits gegen solche scheinbaren „Vorrechte" anzukämpfen hatten, die nach Ansicht einiger Ländervertreter soweit gingen, daß den Kommunen eine Beteiligung völlig streitig gemacht werden sollte.

504 Den Zusammenhang mit der Regionalisierung stellt auch das Arbeitspapier des Konvents „Die regionale und lokale Dimension in Europa", CONV 518/03, S. 7 her.

505 Zu den Ansprüchen der deutschen Länder *Oschatz,* Exportartikel Föderalismus. Zur Mitsprache und Mitgestaltung der deutschen Länder auf EG-Ebene, Der Landkreis 1992, 370 ff.

gionalen Gebietskörperschaften vertreten. Die Repräsentanz besteht dann in territorialer Hinsicht flächendeckend, während die weniger regionalisierten Mitgliedstaaten nur schwer einen Querschnitt aller Ebenen darstellen können.[506] Auch dies geht zu Lasten der kommunalen Seite im AdR.

In bezug auf die Aufteilung der Ausschußmandate auf die einzelnen Mitglieder ist die Situation noch verheerender. Kommen auf einen deutschen Delegierten 3.418.000 Bundesbürger oder auf ein italienisches Mandat 2.400.500 Italiener, beträgt das Verhältnis für die luxemburger Delegation 1:71.500.[507]

Festzuhalten ist, daß die Heterogenität der Zusammensetzung des Ausschusses der Regionen in großem Maße zu Lasten der kommunalen Gebietskörperschaften geht. Es ist daher über eine Neuordnung der Mandatsaufteilung nachzudenken, mit der die Beteiligung einer ausreichend repräsentativen Anzahl an Kommunaldelegierten und die Betonung der kommunalen Vielfalt, die sich letztlich in der Betroffenheit widerspiegelt

Kritikpunkt 5:
Die mitgliedstaatliche Kommunalstruktur schlägt sich nicht in ausreichendem Maße in der Zusammensetzung des Ausschusses der Regionen nieder.

cc) Voraussetzungen der kommunalen Einflußnahme

(1) Stellung des AdR im institutionellen System

Auf Dauer wird die Einordnung des Ausschusses der Regionen als Nebenorgan seiner gemeinschaftsweiten Bedeutung als Repräsentant der für die Durchführung des Gemeinschaftsrechts unerläßlichen dezentralen mitgliedstaatlichen Einheiten, insbesondere der kommunalen Gebietskörperschaften, die darüber hinaus Garant der integrativen Bürgernähe europäischer Rechtsakte sind, nicht mehr gerecht.

Die herausragende Position bedarf der Anerkennung durch die Verleihung der Organstellung. In materieller Hinsicht betrifft dies Fragen der gerichtlichen Durchsetzbarkeit seiner Mitwirkungsrechte, der Verbindlichkeit seiner Stellungnahmen, deren Einwirkungsmöglichkeit neben anderen spezifischen Interessen-

506 Vgl. auch CONV 518/03, S. 7.
507 Vgl. CONV 518/03, S. 7.

vertretern und der Rechtfertigung der anderen Organe bei abweichenden Entscheidungen. Die Eigenschaft als Organ der Gemeinschaft bildet daher eher den Rahmen, mit dem die Zuerkennung weitergehender Beteiligungsrechte verbunden ist. Sie wäre logische Folge einer engeren Einbindung in den Rechtsetzungsprozeß. Damit könnte der herausragenden Bedeutung der Regionen und Kommunen Rechnung getragen werden.

Kritikpunkt 6:
Die Verweigerung der Organstellung behindert in unzulänglichem Maße die Wahrnehmung kommunaler Interessen im gemeinschaftlichen Meinungsbildungsprozeß und wird der Bedeutung der dezentralen mitgliedstaatlichen Einheiten bei der Umsetzung von Gemeinschaftsrechtsakten nicht gerecht.

(2) Umfang der institutionellen Beteiligungsrechte

Der Umfang der institutionellen Beteiligungsrechte betrifft vor allem die Forderung nach einer Ausweitung der Anhörungsrechte des Ausschusses. Maßstab für die mit dem Amsterdamer Vertrag bereits überarbeiteten Mitwirkungsfelder muß die Betroffenheit der dezentralen Gebietskörperschaften in dem ihr nach innerstaatlichem Recht eingeräumten Rechtskreis sein. Dort, wo die gemeinschaftliche Gesetzgebung die Regionen oder Kommunen betrifft, ist eine Mitsprache angebracht, nicht nur aus nachvollziehbaren Motiven der Betroffenen selbst, sondern auch aus Perspektive der gemeinschaftlichen Entscheidungsträger, die bereits bei der Meinungsfindung die späteren Rechtsanwender und deren Stellungnahmen einbeziehen müssen. Die Beteiligung ist mit den Leitsätzen der Transparenz und der immer mehr in den Entscheidungsprozeß eingreifenden Rechtsfolgenabschätzung materiell begründet und ist gerade kein Selbstzweck.

Aus diesem Grund verfügt der Ausschuß der Regionen bereits über eine Reihe von Politikfeldern, bei deren Verwirklichung der Vertrag seine institutionelle Mitwirkung vorsieht. In erster Linie sind hier die obligatorischen Anhörungsrechte zu betrachten, die dem AdR in jedem Fall die Abgabe einer Stellungnahme ermöglichen.[508]

An der Auswertung der erfaßten Politikbereiche fällt auf, daß mehrere für die Kommunen wichtige Felder von der obligatorischen Anhörung ausgenom-

508 Diese wurden auf S. 140 ff. im einzelnen aufgeführt.

men sind, während andere wesentliche Felder mit Regionenbezug einbezogen wurden. Diese Ungleichbehandlung steht im diametralen Gegensatz zur Notwendigkeit einer adäquaten Beteiligung der kommunalen Gebietskörperschaften.

Die eigenständige und wichtige Bedeutung läßt zudem Zweifel an der Rechtfertigung einer akzessorischen Anhörung bei Beteiligung des Wirtschafts- und Sozialausschusses aufkommen. Hinzu gesellt sich die bisher nicht erfolgte Korrektur der regionalspezifischen Interessenberührung des Art. 265 Abs. 3 S. 2 EG.

Kritikpunkt 7:
Die Beteiligung der kommunalen Gebietskörperschaften durch die organschaftlichen Rechte des AdR erstreckt sich nicht auf alle kommunalrelevanten Politikfelder und ist daher unzureichend.

dd) Wirkung der Beteiligung und Durchsetzbarkeit

(1) Rechtsunverbindlichkeit der Stellungnahmen

Die Beeinflussung des europäischen Meinungsbildungsprozesses wird im Ergebnis von der Wirkung der Stellungnahmen des Nebenorgans abhängen. Wie im 2. Kapitel festgestellt wurde, entfalten die Dokumente des Ausschusses keinerlei rechtliche Bindungswirkung gegenüber den Gemeinschaftsorganen.[509] Daß dieses Resultat einer notwendigen Einbindung widerspricht, ist offensichtlich. Nicht ausreichend ist der Verweis auf eine mit der Stärkung der Institution als solche einhergehende Erhöhung des Einflusses. Letztlich wird man konstatieren müssen, daß die Erweiterung des Bindungsgrads ein wesentliches Element der Weiterbildung eines zukünftigen Kommunal- und Regionalvertretungsorgans sein wird. Der AdR(K) kann eine noch so gute strukturelle Ausgangsposition haben, die ihm aber dann nichts nutzt, wenn ihm wesentliche Voraussetzungen einer verbindlichen Teilnahme am Rechtsetzungsprozeß fehlen.

Dem kann auch nicht entgegengehalten werden, daß die tatsächliche Beeinflussung der entscheidenden Organe von der Überzeugungskraft der vorgetragenen Sachargumente abhängen würde. Die mit der Kritik angedeuteten Maßnahmen gehen insoweit in einem Gesamtkonzept auf, an dessen Ende das

509 Ausführlich S. 169 ff.

Modell eines institutionell gestärkten Ausschusses der Regionen und Kommunen stehen soll.

> **Kritikpunkt 8:**
> Die mangelnde Rechtsverbindlichkeit der Stellungnahmen des Ausschusses der Regionen schmälert ungerechtfertigt die ihm im Rechtsetzungsprozeß zuzubilligende Rolle.

(2) Mangelnde Justiziabilität der Beteiligung

Wie bereits ausgeführt, hat der Ausschuß der Regionen keine Klagemöglichkeit vor dem EuGH, seine ihm nach dem Gemeinschaftsvertrag zugesicherten Rechte notfalls auch gerichtlich einfordern zu können. Der Fokus lenkt sich hier auf Art. 230 Abs. 2 und 3 EG, wo im Verfahren der Nichtigkeitsklage eine Nennung des Nebenorgans als Kläger[510] gerade nicht erfolgt. Der AdR ist demzufolge auf die Einhaltung der verfahrensrechtlichen Zusicherungen des Gemeinschaftsvertrags durch die beteiligten Organe angewiesen. Ansonsten ist er auf eine gleichlautende Beurteilung der Europäischen Kommission angewiesen, die dessen Rechte im Vertragsverletzungsverfahren (Art. 226 EG) geltend machen kann. Eine solche indirekte Klage der Vertragseinhaltung ist dem Vertrag fremd.

Mit der Stärkung der Rechte des AdR und seiner Stellung im Gemeinschaftsgefüge müssen daher Überlegungen einhergehen, welche Möglichkeiten ihm zuzubilligen sind, die Mitwirkung im Rechtsetzungsprozeß auch durchsetzen zu können. Auch über die Grenzen des Nebenorgans hinaus scheint es allzu konsequent, die Einräumung eines Rechts mit dessen gerichtlicher Einklagbarkeit zu verbinden. Ansonsten läßt sich der Anschein nicht ausräumen, es sei mit der Übertragung des Rechts nicht ganz so ernst gemeint.[511]

Davon zu unterscheiden sind Gedanken einer Subsidiaritätskontrolle, die dem AdR ein Klagerecht, welches die Einhaltung des Subsidiaritätsgrundsatzes

510 Art. 230 EG unterscheidet nach den Antragstellern: Einem Antrag von Rat oder Kommission oder eines Mitgliedstaates (privilegiert Klagebefugte, Art. 230 II EG), des Parlaments oder der Zentralbank bei einer Verletzung ihrer Rechte (Art. 230 III EG) oder natürlicher oder juristischer Personen (nicht privilegierte Klagebefugte, Art. 230 IV EGV).

511 Vgl. *Chabert,* Europa braucht ein festes Fundament, Der Städtetag 12/2000, 34 über die „Erklärung von Lille“ des Ausschusses der Regionen.

zum Ziel hat[512], einräumen wollen. Zunächst geht es ausschließlich um die justizielle Kontrolle der ihm nach dem EGV verliehenen Beteiligungsrechte.

Kritikpunkt 9: Es fehlt an effizienten Vorkehrungen, welche dem Ausschuß der Regionen die Durchsetzung seiner Rechte vor dem EuGH ermöglichen.

b) Die zukünftige Struktur und Stellung des Ausschusses der Regionen und Kommunen

Darauf aufbauend sind Vorschläge zu unterbreiten, welche die Mitsprache der Kommunen auf europäischer Ebene verbessern und den kommunalen Einfluß dauerhaft stärken. Die Kontinuität der Mitsprache spielt dabei eine entscheidende Rolle. Schlagworte wie das „Europa der Kommunen" sind häufig tagespolitisch angehauchte Konzepte, welche die ganzheitliche Position der kommunalen Gebietskörperschaften verkennen, wobei kommunale Vertreter nicht selten über das Ziel hinausschließen.

Das Modell einer institutionellen Weiterbildung kommunalschützender Strukturen geht in eine andere Richtung, die vornehmlich die Adäquanz und Effektivität auf der Basis bestehender Mitwirkungsrechte in den Mittelpunkt stellt. An der Adäquanz orientiert, weil die Bedeutung kommunaler Organisation weder über- noch unterschätzt wird. An der Effektivität, weil alle Mechanismen ausgeschöpft werden, um dieses Mindestmaß an kommunalem Einfluß zu erreichen. Möglich ist dies, weil politische Mehrheiten, in erster Linie repräsentiert im mitgliedstaatlichen Willen des Vertragsgebers, an dieser Stelle ausgeblendet werden können. Die neun Kritikpunkte sollen in sechs Leitlinien der Reform des kommunalschützenden Nebenorgans hin zu einer wirkungsvollen und einflußreichen Einrichtung entwickelt werden.

aa) Organstellung des AdRK

Der erste Vorschlag unterscheidet sich von den weiteren Vorschlägen durch die eher politische Zielsetzung. Würden alle weiteren Ideen realisiert, so wäre die weitere Anerkennung nur ein logisch-konsequenter Schritt.

---

512 Vgl. dazu S. 148 ff.

Ein zukünftiger Ausschuß der Regionen und Kommunen muß die Organstellung nach Art. 7 Abs. 1 EG im Rechtsetzungsprozeß neben dem Rat, der Kommission und dem Parlament eingeräumt bekommen. Die Organstellung in der Gemeinschaft[513] ist gekennzeichnet von der Befugnis, als eines der wichtigsten Gremien die Gemeinschaftsgesetzgebung zu gestalten. Dagegen nimmt der Ausschuß der Regionen als Nebenorgans eine nur untergeordnete Rolle ein. Die mit dem Governance-Konzept begonnene Debatte über die Einbindung dezentraler Entscheidungsträger in die Meinungsbildung hat die Bedeutung der Kommunen am europäischen Aufbauwerk von „neutraler" Seite der Kommission herausgestellt. Sie ist gegenüber der Einsetzung des AdR mit dem Maastrichter Vertrag der nächste Schritt einer basisdemokratischen und bürgernahen Einbeziehung kommunaler Mandatsträger, nachdem der bisherige Stand der erforderlichen Mitwirkung nicht entspricht.

Eine solche formelle Anerkennung ist beim KGRE des Europarats gerade fraglich. Zwar verleiht nach wie vor die Charta des Europarats dem Ministerkomitee und der Parlamentarischen Versammlung die Organstellung. Aufgrund der abschließenden Aufzählung blieb die interorganisatorische Position des Kongresses unklar. Die Meinungen tendieren zu einer beratenden Organstellung, die die Einrichtung in die kommunalrelevante Seite der europaratsspezifischen Rechtsschöpfung einbindet. In der Praxis kommt der KGRE in vielerlei Hinsicht den Organen nahe, was über die gemachte und gewollte Abstufung nicht hinwegtäuschen soll.

Daher könnte argumentiert werden, daß eine Änderung der Charta beim Europarat weit schwieriger zu initiieren ist als im immerwährenden Prozeß der Integration in der Europäischen Union. Letztlich ist dieses Manko aber bis zu einer korrigierenden Entscheidung des Europarats hinzunehmen. Die überschaubare Struktur des Europarats mit drei wesentlichen *„Säulen"*[514] vereinfacht die kommunale Einflußnahme ungemein, zumal die kommunale Institution mit weit weniger außerinstitutionellen Einrichtungen konkurriert. Daher nimmt der KGRE und damit die kommunale Mitsprache von vornherein einen wichtigen Platz ein, der ihr nicht so schnell streitig gemacht wird.

Anders in der Europäischen Union, wo eine Differenzierung nach der Organqualität dauerhaft nicht hinzunehmen ist. Die Komplexität der Rechtsetzungsmechanismen erfordert eine klare Abgrenzung der internen Zuständigkeiten, zu der auch die Unterscheidung zwischen Nebenorganen und Organen nach

---

513 Dazu schon S. 153.

514 Vgl. *Hofmann,* Maastricht ein Erfolg für die kommunale Selbstverwaltung, Der Landkreis 1992, 373 ff.

Art. 7 des EG-Vertrags gehört. Mit ihr ist realpolitisch ein großer Einflußnamevorsprung verbunden, aus dem Schatten der Nebenkriegschauplätze, zu denen auch die außerinstitutionellen Spielfelder gehören, zu treten. Mit der Bezeichnung als Nebenorgan ist eine präventive Geringschätzung gegenüber den Organen verbunden, die der den kommunalen Gebietskörperschaften beizumessenden Rolle widerspricht. Der Ausschuß wird dann gleichberechtigtes Organ, das zusammen mit den anderen Organen Gemeinschaftsrecht setzt. Die spezifische Aufgabe des Regional- und Kommunalausschusses besteht in der Begleitung des Rechtsetzungsprozesses in allen Fragen der kommunalen und regionalen Betroffenheit. Hierin ist eine legitimatorische und inhaltliche Schwerpunktsetzung zu erblicken, deren Tragweite angesichts der derzeitigen Defizite in der Ausgestaltung des Integrationsprozesses nicht zu unterschätzen ist.

Der Unterschied zum bisherigen System der rein beratenden Funktion des Ausschusses der Regionen liegt in der übergreifenden Zielsetzung einer Mitgestaltung als gleichberechtigtes Glied, das sich aufgrund der demokratischen Rückkopplung seiner gewählten Mandatsträger seinerseits von den rein lobbyistischen Organisationen abhebt.[515]

Welche Rechte mit der institutionellen Aufwertung verbunden sind, gilt es im folgenden zu prüfen.

bb) Initiierung eines Kammersystems

Kern der internen Neugestaltung des Ausschusses muß die Möglichkeit der Trennung kommunaler und regionaler Anliegen sein. Die derzeitige Situation der Vermengung unterschiedlicher Interessenströme verbunden mit einseitigen Dominanzansprüchen der Regionen mit gesetzgebenden Kompetenzen ist äußerst unbefriedigend.[516] Ziel muß die Wiedererstarkung eines durch die kommunale oder regionale Auseinandersetzung geprägten Systems sein. Lokale und regionale Interessen müssen abgrenzbar zutage treten. Nur bei divergierenden Zielsetzungen bedarf es einer übergreifenden Erörterung, an der alle Kongreßdelegierten partizipieren.

Diesem Ziel kann durch die Einführung eines Kammersystems näher gekommen werden. Der Ausschuß der Regionen und Kommunen gliedert sich dann in eine regionale und eine lokale Kammer. Entsprechend der inneren Organisation sind die Teileinheiten jeweils für die spezifische inhaltliche Be-

515 Zur Einordnung des WSA und dessen Abgrenzung vom AdR S. 157.

516 Vgl. *Gensler,* Mit dem Ausschuß der Regionen ins Europa der Regionen, Europa kommunal 1994, 109.

teiligung zuständig, während der Gesamtausschuß alle Angelegenheiten behandelt, die die Regionen und Kommunen zusammen betreffen oder über die Uneinigkeit herrschen. Voraussetzung für die gleichberechtigte Behandlung eines Gegenstands im Ausschuß ist dessen paritätische Besetzung.[517]

(1) Sicherung der Einheitlichkeit des Ausschusses

Was in jedem Fall verhindert werden muß, ist das Auseinanderbrechen der Einheitlichkeit des Ausschusses.[518] Der AdRK ist und bleibt die gemeinsame Einrichtung der dezentralen mitgliedstaatlichen Gliederungen.[519] Voraussetzung hierfür ist Schaffung notwendiger Vorrichtungen, welche die Geschlossenheit nach außen gewährleisten. Eine Spaltung mit der Konsequenz der geteilten Wahrnehmbarkeit wird der Einflußnahme nur hinderlich sein. Das Kammersystem ist folglich im Innenverhältnis, der Ausschuß im Außenverhältnis maßgebend. Um das Erscheinungsbild in dieser Form zu wahren, sollte die zeitlich zusammenhängende Tagung der beiden Kammern und des Plenums die Regel, die Zusammenkunft der Delegierten nur einer Kammer die Ausnahme sein.

Die Begründung einer solchen Trennung von Ausschuß und Kammern kann jedenfalls nicht darin liegen, daß eine gesetzte Fristeinhaltung nur durch die kurzfristige Einberufung einer Kammersitzung gewährleistbar ist. Ansonsten wird die Ausnahme zur Regel, da die Fristen für die Abgabe von Stellungnahmen und die schnelle Reaktion des AdRK sehr häufig kurz bemessen sein werden. Dem kann nur durch einen kurzen Rhythmus des Zusammentretens entgegnet werden.[520] Durch den gemeinsamen Tagungsplan bilden die Kammern, vereint im Gesamtausschuß, eine organisatorische Einheit.

Daher soll auch die Stellvertreterregelung des KGRE nicht übernommen werden, wo die Stellvertreter zwar Mitglied einer Kammer, nicht aber des Gesamtkongresses sind.[521] Die im Ausschuß für eine Kammer berufenen Vertreter

517 Dazu sogleich.

518 Vgl. zur Diskussion bei der Bildung des AdR *Bowring,* The Committee of the Regions: Europe and British Local Governement, European Public Law 1995, 411.

519 Vgl. *Hoffschulte,* Kommunale Selbstverwaltung im Europa der Kommunen, Der Städtetag 1995, 245.

520 Was freilich ein finanzielles Problem ist. Mit der Verleihung des Organstatus muß ohnehin eine Aufstockung des finanziellen Spielraums des Kongresses einhergehen. Entsprechend seiner Bedeutung darf eine schnelle und effektive Arbeit nicht am Finanzrahmen scheitern.

521 Zu beachten ist, daß die großzügige Regelung beim KGRE ein entgegenkommen an die Regionen darstellt. Dies hängt damit zusammen, daß die Stellvertreter zwar als Kammermitglieder an den Tagungen der Kammern teilnehmen können, aber keine Auslagen-

sind nur im echten Vertretungsfall Mitglieder der Kammer und des Ausschusses.[522] Hierdurch wird die personelle Einheit von Ausschuß und Kammern aufrechterhalten.

(2) Führung des Ausschusses der Regionen und Kommunen

Das Modell des Europarats soll an einem zweiten wichtigen Punkt modifiziert werden. An der Spitze des Unionsorgans weiterhin ein Präsident, unterstützt von weiteren Präsidiumsmitgliedern zur Koordination- und Leitung sowie der Außenvertretung stehen. Eher schädlich stellt sich die Ergänzung der Ausschußspitze durch weitere repräsentative Führungsorgane dar. Es scheint äußerst fraglich, ob ein *„Drei-Präsidenten"-System* der Einheitlichkeit des AdRK dienlich sein kann. Aus diesem Grund sind die Kammerspitzen mit Vorsitzenden und Stellvertretern zu besetzen, deren Aufgabe ausschließlich die Koordination der anfallenden Arbeiten ist. Ihnen obliegt zusammen mit dem Präsidium die Zuordnung einer bestimmten Materie zur kommunalen und regionalen Kammer. Die Führung des Ausschusses bilden damit sechs Köpfe: Der Präsident und sein Stellvertreter und die beiden Vorsitzenden der Kammern sowie deren Stellvertreter.[523]

(3) Kompetenzen der Kammern

Folglich beschränkt sich die Kompetenz der beiden Kammern auf die Erörterung inhaltlicher Sachfragen. Die Kammern nehmen keine eigenständigen Organisationsfunktionen wahr und sind als solche unselbständige Glieder des Gesamtausschusses. Ihrer sachlich ausgerichteten Natur wird dadurch entsprochen, daß sie ein für den Gesamtausschuß bindendes Entscheidungsrecht haben. Nur in begründeten Fällen soll nach der Abstimmung in der Kammer eine inhaltliche Diskussion im Gesamtkongreß geführt werden. Die Effektivität wird gesteigert, indem eine Kammerentscheidung als angenommen gilt, wenn aus den Reihen der Plenarversammlung des Ausschusses kein Widerspruch erfolgt. Die Elemente eines Eilverfahrens können je nach Bedarf verfeinert werden.

---

erstattung erhalten. Tendenziell wird die Möglichkeit daher von den finanzkräftigen Regionen wahrgenommen, um über die personelle Repräsentanz die Einflußnahme zu erhöhen. Im Kongreßplenum bleibt es aber bei der „echten" Stellvertretung nur im Ersatzfall für ein ordentliches Mitglied. Alles in allem machen nur eine geringe Anzahl von Stellvertretern von ihrem Teilnahmerecht gebrauch.

522 Vgl. die jetzige Regelung, S. 116.

523 Zur Ergänzung durch die Fraktionsvorsitzenden sogleich.

(4) Untergliederungen der Kammern

Für die weitere Arbeitsteilung bietet sich ein eher unspektakuläres Arbeitsgruppenmodell an, das mit permanenten und kurzfristig einzuberufenden Untergliederungen das Kammersystem weiterführt.[524] Es bedarf autonom von den Kammern einzuberufende Untereinheiten, welche die allgemeinpolitische Sacharbeit übernehmen. Für übergreifende Anliegen bedarf es der Einrichtung gemeinsamer Arbeitsgruppen, die die Stellungnahmen des Ausschusses vorbereiten. Auch sie müssen je zur Hälfte mit Regional- und Kommunalvertretern besetzt sein.

Das bisherige System der Berichterstatter ist dahingehend zu modifizieren, daß anstelle eines einzelnen Verantwortlichen sich ein Team herausbilden soll, dem bei Bedarf auch ein Beobachter der jeweils anderen Teileinheit angehören kann. Hierdurch wird die Effizienz der Arbeit durch die Beteiligung mehrerer Delegierte und die Ausgeglichenheit der Maßnahme erhöht. In erster Linie wird durch die Teambildung eine schnelle Reaktion auf die oft kurz bemessenen Stellungnahmefristen ermöglicht.

---

524 Die Berücksichtigung aller regionalen Ausformungen wird die größte Herausforderung für die regionale Kammer sein (Vgl. *Gensler,* Mit dem Ausschuß der Regionen ins Europa der Regionen, Europa kommunal 1994, 109). Von entscheidender Bedeutung kann hier die Einbindung der Regionen mit legislativen Kompetenzen sein. Denkbar ist die Einrichtung eines Ausschusses mit eigenen Entscheidungsbefugnissen, der deren Eigenständigkeit in der mitgliedstaatlichen Struktur herausstellt. Hier ist auf etwaige Kompetenzkonflikte hinzuweisen, die mit der gleichzeitigen Funktion als mitgliedstaatlicher Ratsvertreter einhergeht. In bestimmten Fällen, in denen nach der innerstaatlichen Zuständigkeitsordnung die Regionen gesetzgebungsbefugt wären, können Vertreter der Regionen in den Rat der Europäischen Gemeinschaft entsandt werden, vgl. Art. 203 Abs. 1 EG. Diese Mitsprache kollidiert mit der gleichzeitigen Wahrnehmung der Beteiligung im Ausschuß der Regionen und Kommunen. Zum Beispiel ist denkbar, daß ein deutscher Europaminister als Mitglied des Ausschusses eine Stellungnahme verabschiedet, über deren Verwertbarkeit er danach im Rat abstimmen soll. Ein und dieselbe Person ist an zwei verfahrensmäßigen Schritten in zwei unterschiedlichen Organen involviert. Der im Einzelfall auftretende Konflikt wird wohl dahingehend zu lösen sein, daß speziell in diesen Fällen eine derartige Doppelvertretung hinzunehmen ist. Davon zu unterscheiden ist die allgemeinpolitische Mandatswahrnehmung, wenn Ratsvertreter und Ausschußmitglied lediglich dem gleichen Regionalregierungsgremium angehören. Ansonsten müßte eine Mitsprache der Region mit legislativer Kompetenz in all den Fällen ausscheiden, in denen eine Ratsbeteiligung vorgesehen ist. Faktisch wäre mit einer gegenteiligen Argumentation die regionale Seite des AdR(K) an die Ketten der Mitsprache im Rat gelegt; vgl. *Borchmann,* Die Mitwirkung der Länder im EG-Ministerrat, in: Borkenhagen u.a. (Hrsg.), Die deutschen Länder in Europa, S. 36 ff.; vgl. auch *Gensler,* Mit dem Ausschuß der Regionen ins Europa der Regionen, Europa kommunal 1994, 109.

Die Vorsitzenden der Kammern und deren Stellvertreter werden von den Fraktionsvorsitzenden der beiden Kammern unterstützt. Diese allgemeinpolitische Klammer der Fraktionsbildung schlägt die notwendige Brücke zu den politischen Strömungen der dezentralen Gebietskörperschaften[525] einerseits und zu den anderen politischen Organen der Europäischen Union[526] andererseits.

> *„Politische Parteien auf europäischer Ebene sind wichtig als Faktor der Integration in der Union. Sie tragen dazu bei, ein europäisches Bewußtsein herauszubilden und den politischen Willen der Bürger der Union zum Ausdruck zu bringen."*[527]

An dieser Entwicklung muß auch der AdRK Anteil nehmen, was zugleich bedeutet, daß eine politische Gruppierung bis zu drei Fraktionen mit unterschiedlichen Strömungen haben kann: Die Fraktion in der regionalen und kommunalen Kammer sowie die Fraktion des Gesamtkongresses. Je nach Anzahl der Fraktionen steigt die Anzahl der Mitglieder der Kammervorstände.[528]

(5) Vorteile des Kammersystems

Abschließend sollen die Vorteile des Kammersystems in seiner unionsspezifischen Ausprägung schlagwortartig zusammengefaßt werden:[529]

Wesentliche Vorteile des Kammersystems

⇒ Konzentration der Sacharbeit auf die betroffenen Körperschaften

⇒ Steigerung der Effektivität durch die Reduzierung der Aufgaben des Gesamtausschusses auf Streitfragen und Fragen grundsätzlicher Bedeutung

525 Die schon bei der mitgliedstaatlichen Auswahl der Mitglieder berücksichtigt werden müssen.

526 Insbesondere zum Europäischen Parlament, aber auch zum Rat.

527 So Art. 191 EG aus dem ersten Abschnitt des ersten Kapitels des Titel I im fünften Teil des EG-Vertrags über das Europäische Parlament. Um so erstaunlicher ist es angesichts dieses klaren Bekenntnisses, daß sich bisher zwar europäische Fraktionen herausgebildet haben, die sich von mitgliedstaatlichen Parteien ableiten, eine gesamteuropäische Partei bisher aber nicht Fuß fassen konnte. So streben zu den Europawahlen nationale Parteien um die Gunst der Wähler.

528 Bei einer Anzahl von drei Fraktionen besteht das Präsidium also aus zwölf Mitgliedern.

529 Siehe auch die Darstellung des Kammersystems im Rahmen des KGRE, S. 213 ff.

⇒ Inhaltliche Abstimmung zwischen den Kammern durch Beobachter und gemeinsame Ausschüsse
⇒ Verbesserung der Spiegelbildlichkeit durch die paritätische Besetzung von Regionen und Kommunen
⇒ Erhalt der Einheitlichkeit durch Letztverantwortlichkeit des Ausschusses
⇒ Ermöglichung von Transparenz durch die Zuordnung zur betroffenen Kammer
⇒ Einheitliche Repräsentanz durch den Vorsitzenden, unterstützt durch die politischen Funktionsträger.

cc) Zusammensetzung

Die Zusammensetzung des Ausschusses der Regionen muß in zweierlei Hinsicht überdacht werden. Der erste Gedanke betrifft die generellen Entsendungsgrundsätze durch die Mitgliedstaaten und ihre Auswirkungen auf den Gesamtkongreß, während die der zweite Vorschlag als Konsequenz der Einführung eines Kammersystems die Aufteilung der kommunalen und regionalen Mandate im Verhältnis zu beiden Kammern untersucht.

(1) Konsequenzen für die mitgliedstaatliche Mandatsfindung

Betont sei zunächst, daß die Beachtung des Selbstbestimmungsrechts der mitgliedstaatlichen Struktur unangetastet unabdingbarer Bestandteil ist.

Dennoch hat man 1992 eine Einrichtung eingeführt, die der Betroffenheit und der Bedeutung der dezentralen Einheiten der Gemeinschaftsstaaten für die Umsetzung der europäischen Rechtsetzung Rechnung tragen soll. Insoweit nehmen die Regionen und Kommunen nach dem Willen der Vertragsgeber am gemeinschaftlichen institutionellen Willensbildungsprozeß teil. Es wurde eine Einrichtung geschaffen, welche die regionalen und kommunalen Gebietskörperschaften repräsentieren soll. Eine Reduzierung auf eine Auswahl von Gliederungen oder eine Mindestbestimmung der Aufteilung der vorgegebenen Gesamtzahl der Sitze pro Mitgliedstaat[530] wurde die nicht vorgenommen. Dies scheint insofern inkonsequent, als daß dem Staatsaufbau einiger Länder die regionale Ebene fremd ist.

530 Vgl. Art. 263 Abs. 2 EG.

Der EG-Vertrag stellt also Anforderungen, die so von einigen Mitgliedstaaten nicht erfüllt werden können. Es liegt ein Fall des aus dem Zivilrecht bekannten anfänglichen Unvermögens der Erfüllung einer vertraglichen Verpflichtung vor.[531] Natürlich hat diese „Leistungsstörung" nicht die Vertragsnichtigkeit des EG-Vertrags zur Folge[532], zumal ein übergeordnetes Interesse nach einer akzeptablen Lückenschließung besteht. Im Völkerrecht existieren hierfür verschiedene Ansätze der Vertragsinterpretation, von denen die teleologische Reduktion des in Frage stehenden Sachverhalts eine wichtige Ergänzungsmöglichkeit ist.[533] Daher wurde aus der Vertragsbestimmung des Art. 263 EG gefolgert, daß die Aufzählung zweier vom Zentralstaat unterscheidbarer sich nur an die Staaten richtet, die über entsprechende Einrichtungen verfügen. Die nicht regionalisierten Länder besetzen ihre Mandate ausschließlich mit kommunalen Mandatsträgern.

Dies führt dazu, daß in diesen Staaten die kommunalen Gebietskörperschaften stärker repräsentiert sind als in Staaten, welche eine Aufteilung der Mandate vornehmen. Der Repräsentativitätsklausel der jetzigen Vertragsbestimmung liegt der Gedanke zugrunde, daß die Mitsprache im Rechtsetzungsprozeß sich nur durch die übergreifende Zusammenfassung der regionalen und kommunalen Strukturen der Mitgliedsländer rechtfertigt. Eine solche Dimension der Legitimität läßt sich nur erreichen, wenn die dezentralen Einheiten möglichst in ihren ganzheitlichen Ausprägungen vertreten sind. Die Obergrenze müssen faktische und funktionale Begebenheiten sein. Darunter sind Anstrengungen nötig, um den hehren Ansprüchen zu genügen. Alleinvertretungsansprüche der regionalen zu Lasten der kommunalen Ebene sind dabei nicht nur hinderlich, sondern geradezu kontraproduktiv.

Um dem vorzubeugen, müssen die Vorgaben an die mitgliedstaatliche Auswahl präzisiert werden. Vorbildfunktion kann Art. 2 Abs. 2 der Charta des KGRE haben, der mehrere Kriterien nennt, welche die „Spiegelbildlichkeit" der Einrichtung sicherstellen sollen.

Vor der Aufzählung möglicher Auswahlvorgaben stellt sich die Frage nach der Kontrolle der Einhaltung der mitgliedstaatlichen Einhaltung der Kriterien. Das Bedürfnis einer am KGRE orientierten verfahrensmäßigen Kontrolle durch den Ausschuß selbst erscheint äußerst fraglich, zumal dieses Verfahren mit der mitgliedstaatlichen Organisationshoheit kollidiert. Durch die Einfügung der

---

531 Vgl. *Medicus,* Bürgerliches Recht, Rn. 173 ff.

532 So ja auch die Lösung des deutschen Zivilrechts nach der Schuldrechtsmodernisierung, § 311a Abs.1 BGB.

533 *Seidl-Hohenveldern/Loibl,* Das Recht der internationalen Organisationen, Rn. 1601b ff.: im Mittelpunkt stehen stets die Ziele der Organisation.

Merkmale in einen Verfassungsvertrag unterliegen sie der Auslegung durch den Gerichtshof, der zur Wahrung seiner Rechte durch den AdRK selbst angerufen werden können muß. Ergänzend wird eine interne Einrichtung, zum Beispiel ein Benennungsprüfungsausschuß, nötig sein, die jedoch keine politische Funktion anstelle des EuGH haben darf.

Notwendiger Bestandteil ist die strukturelle Abbildung der Vielfalt der regionalen und kommunalen Gebietskörperschaften. Eine wichtige Rolle, besonders für die großen Flächenstaaten, spielt auch die geographische Ausgeglichenheit der Ausschußbesetzung, die in einem besonderen Spannungsfeld zum Spiegelbildlichkeitsprinzip steht. Mit der Berücksichtigung politischer Besonderheiten soll die parteipolitische Ausgeglichenheit gewährleistet werden. Die Orientierung an den parteipolitischen Ausrichtungen der Kommunal- und Regionalparlamente verhindert die politische Einseitigkeit. Solange solche Tendenzen nicht die Überhand vor den regional-kommunal geprägten Sachauseinandersetzungen nehmen, können sie die Organstellung stützen, indem sie über die Fraktionen Kontakte zum Europäischen Parlament knüpfen. Die parteipolitische Orientierung bleibt notwendiger Bestandteil nach einer zukünftigen Aufwertung. Gesellschaftliche Kriterien, wie die Repräsentanz des Geschlechterverhältnisses, können ergänzend berücksichtigt werden.

(2) Auswirkungen des Kammersystems

Die strikte Aufteilung der kommunalen und regionalen Mandatsträger auf zwei Kammern bringt weitere Besonderheiten der mitgliedstaatlichen Auswahl mit sich. Wäre – wie in der bisherigen Praxis – den Mitgliedstaaten die Gewichtung zwischen kommunalen und regionalen Sitzen auch weiterhin nahezu freigestellt[534], so würde daraus resultieren, daß eine der beiden Kammern über eine größere Anzahl von Delegierten verfügt, womit das Ziel der gleichberechtigten Mitsprache der kommunalen und regionalen Gebietskörperschaften untergraben werden würde. Angesichts der in manchen Staaten fehlenden Regionalebene würde meist die kommunale Kammer größenmäßig bevorteilt sein. Daher ist es notwendig, einen Ausgleichsmechanismus zu schaffen, was durch die Bildung von Ausgleichsmandaten geschehen könnte.

An der Gesamtzahl der Delegierten im Ausschuß ist zunächst nichts zu ändern. Es bleibt[535] bei 222 Mandaten, die sich in jedem Mitgliedsland in der Regel je zur Hälfte auf die kommunalen und regionalen Körperschaften aufteilen. Eine Abweichung darf nur dann gewährt werden, wenn wichtige Gründe der er-

534 Zu dieser im Einzelfall vertragswidrigen Praxis S. 106.
535 Vor der Osterweiterung.

örterten Aufteilungskriterien für eine Ungleichbehandlung sprechen.[536] Durch die ausdrückliche Nennung im überarbeiteten Artikel sollte jedwede Beliebigkeit seitens der Mitgliedstaaten ausgeschlossen und gegebenenfalls der Judikatur des EuGH unterworfen werden. Das System geht demzufolge von einer flexiblen Zuteilungsquote aus, die ausreichend Platz zur Berücksichtigung nationaler Besonderheiten läßt.[537]

Die auf 222 festgelegte Anzahl von Grundmandaten ist dann zu erhöhen, wenn sich nach der mitgliedstaatlichen Vergabe der Mindestsitze ein Ungleichgewicht zwischen beiden Kammern ergibt. Hier soll vom System des KGRE abgewichen werden, wo die Alternative der Entsendung kommunaler Delegierte in die regionale Kammer, die dort kein Stimmrecht haben, besteht. Dort geschieht dieser Ausgleich ausschließlich durch ergänzende kommunale Delegierte, was damit zusammenhängt, daß von der hälftigen Aufteilung der Mandate auf die Regionen und die Kommunen nicht abgewichen werden kann.[538] Beim Ausschuß der Regionen und Kommunen sollen zur Anzahl der Grundmandate zusätzliche Mandate kommen, sofern nach der flexiblen Lösung Ausgleichsmandate nötig werden, um die Gleichgewichtung der Kammern aufrechtzuerhalten.

Praktisch kann die Ergänzung erfolgen, indem die einzelnen Mitgliedstaaten nach ihrer Einwohnerzahl weitere regionale Vertreter in die regionale Kammer entsenden. Problematisch hieran gestaltet sich, daß dann beispielsweise das weniger regionalisierte Frankreich[539] gegenüber Österreich und dessen Bundesländer mit gesetzgebenden Befugnissen den Vorzug erhält. Von der Größe der Mitgliedstaaten kann nicht auf deren Regionalisierungsgrad geschlossen werden. Die Einführung einer Wertigkeit der Regionen widerspricht aber der Achtung mitgliedstaatlicher Strukturen, so daß eine Ungleichbehandlung nur durch eine Anwendung dieser Grundsätze über mehrere Mandatsperioden garantiert werden könnte. So käme über mehrere Mandatsperioden jeder Mitgliedstaat zum Zug. Andererseits bevorzugt die momentane Mandatsaufteilung ohnehin

---

536 Gedacht wird hierbei an übergeordnete Gründe der territorialen Repräsentanz, wenn den Mindestanforderungen der deutschen Mitgliederaufteilung auf die kommunalen Gebietskörperschaften und den Bundesländern von 8:16 Mandaten angestrebt wird, um allen Bundesländern die Chance einer Beteiligung zu geben.

537 Die letztendliche Formulierung wäre dann *lex specialis* zur Achtung der nationalen Identität nach Art. 6 Abs. 3 EUV.

538 Dieses starre Kammersystem soll – wie soeben erörtert – zugunsten des Spiegelbildlichkeitsgrundsatzes aufgeweicht werden, um der Berücksichtigung nationaler Besonderheiten Raum zu lassen.

539 Das bisher eine paritätische Aufteilung von 12:12 seiner Mandate vorgenommen hat, sofern man die Départements der kommunalen Seite zurechnet; vgl. auch *Waechter,* Kommunalrecht, Rn. 018.

schon die kleineren Mitgliedstaaten.[540], die verglichen mit ihrer vom Grundsatz der Diskontinuität der Mandatsperiode soll also auch hier keine Ausnahme zugelassen werden.[541]

dd) Schematische Darstellung des Kammersystems

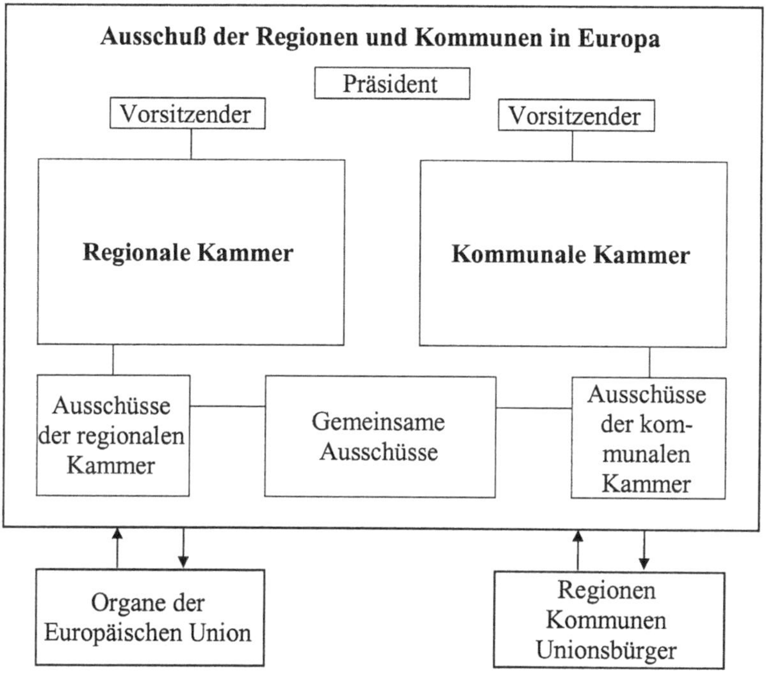

540 Vgl. nochmals CONV 518/03.

541 Vgl. das Parallele Beispiel der Besetzung der 21 Mandate der Bundesländer nach dem EUZBLG. Die Gesamtzahl der Bundesländer von 16 übersteigenden Sitze werden im Rotationsverfahren vergeben, das über mehrere Mandatsperioden Anwendung findet. Erst mit Beginn der vierten Mandatsperiode hat jedes Bundesland mindestens einmal über eine Doppelbesetzung mit zwei Mandatsträgern im Ausschuß verfügt. Die Reihenfolge bemißt sich nach der Einwohnerzahl, beginnend mit dem größten Bundesland. Auch hier ist das System kritisierbar. Zeitweise sind die Stadtstaaten Hamburg und Bremen mit jeweils zwei Mitgliedern vertreten, während die großen Bundesländer wie Nordrhein-Westfalen oder Bayern nur einen Vertreter stellen. Angesichts der Bedeutung für die europäische Interessenvertretung ist diese Lösung als politischer Kompromiß wohl nachvollziehbar, vor dem Hintergrund des Grundsatzes der territorialen Repräsentativität sehr in Frage zu stellen. Mit der hier vorgeschlagenen Neuordnung würden die *„Rotationsmandate"* ohnehin der Vergangenheit angehören.

c) Die zukünftigen Rechte des Ausschusses der Regionen und Kommunen

Die starke institutionelle Stellung äußert sich letztlich in den Einflußnahmerechten des Ausschusses. Die seinem Zweck entsprechende Zusammensetzung, innere Struktur und die Stellung bildet nur den Rahmen, innerhalb dessen der AdRK agiert. Jetzt geht es darum, die ihm auch die nötigen Mittel der Einflußnahme zur Verfügung zu stellen.

aa) Neustrukturierung der Anhörungsrechte

(1)Initiierung eines übergreifenden regional- und kommunalbezogenen Äußerungsrechts

Die institutionelle Aufwertung erfordert die Erweiterung der Anhörungsrechte des Ausschusses, wie sie mit dem Amsterdamer Vertrag begonnen wurde.[542] Die entscheidende Frage ist, ob Erweiterung in diesem Sinn die Aufnahme weiterer Politikfelder bedeutet oder eine strukturelle Neuordnung der obligatorischen, fakultativen und akzessorischen Anhörung sowie dem Recht auf Initiativstellungnahmen erfolgen muß. Im Fokus steht vor allem die akzessorische Stellungnahme.[543] Mit der Verleihung des Organstatus kann die abgeleitete Mitsprache nicht von einer beratenden Einrichtung wie dem Wirtschafts- und Sozialausschuß abhängen.

Die Beschränkung der Beteiligung des Ausschusses hat Vor- und Nachteile. Auf der einen Seite ermöglicht sie die Konzentration seiner Tätigkeit auf die für die Kommunen und Regionen wesentlichen Politikfelder, auf der anderen Seite beschränkt er die Äußerungsmöglichkeit, die der ihm beigemessenen Bedeutung widerspricht.[544] In erster Linie ist hier das Weißbuch „Europäisches Regieren" zu rekapitulieren, das einen Dialog mit allen dezentralen mitgliedstaatlichen Gliederungen vorsieht, ohne einen Bezug zu Gemeinschaftspolitiken vorzunehmen.[545] Wichtig ist auch die zukünftige übergreifende Betrachtung im Vorfeld einer Maßnahme, welche die Ziele der Gemeinschaft über mehrere Politikbereiche einbeziehen will, was dem Anhörungssystem des Ausschusses der Regionen fremd ist. Das zukünftige Ineinandergreifen ist mit dem bisherigen Art. 265 EG nicht vereinbar.

---

542 Vgl. die Aufzählung auf S. 140 ff.

543 Vgl. S. 144.

544 *Streinz,* Europarechtliche Bewertung, in: Tomuschat (Hrsg.), Mitsprache der dritten Ebene in der Europäischen Integration, S. 66.

545 KOM (2001) 428 endg., ABl. 2001 C 287/1.

Wie beim Kongreß der Gemeinden und Regionen ist daher die systematische Begrenzung der Anhörungsrechte des Ausschusses der Regionen aufzuheben. Der AdRK muß sich zu allen Vorhaben äußern können, ohne daß dies von der Zuordnung zu einem bestimmten Politikbereich abhängen kann. Maßstab muß alleine der kommunale oder regionale Bezug sein. Die Entscheidung über die kommunale oder regionale Betroffenheit kann nur ihm selbst obliegen. Hierdurch erhält er die Chance, innerhalb seiner eigenen Möglichkeiten zu agieren. Praktisch kann dies umgesetzt werden, indem ein gemeinsamer Ausschuß beider Kammern innerhalb von zwei Wochen nach der Mitteilung des Rechtsetzungsprojekts gegenüber dem Präsidenten die Abgabe einer Stellungnahme durch den AdRK ankündigen kann.

So wird von Beginn an der kommunal- und regionalspezifische Zusammenhang festgehalten, worauf sich die anderen Organe einstellen können. Der Ausschuß wird in dieser Mitteilung begründen, warum er sein Kompetenzfeld für eröffnet hält, wodurch einer Ausuferung der Beteiligung bzw. eine Überforderung des AdRK vorgebeugt wird. Hierdurch wird zudem klar, auf welchen Gebieten die Regionen und Kommunen tangiert sind, was die weiteren Konsultationen des Ausschusses und der anderen EU-Organe erleichtert. Für die ausschußinterne Zuständigkeitsverteilung ermöglicht es die Zuordnung zu einer der beiden Kammern oder dem Ausschuß als solchem.

(2) „Außenkompetenz" des AdRK

Über den internen Rahmen des gemeinschaftlichen Meinungsbildungsprozesses sollte der AdRK eine ausdrückliche „Außenkompetenz" erhalten, die ihm die regionalen und kommunalen Gebietskörperschaften als Adressatenkreis eröffnet. Damit kann er die dezentralen mitgliedstaatlichen Gliederungen direkt ansprechen und mit ihnen in einen Dialog treten, um dem Ziel der Bürgernähe und Transparenz der europäischen Rechtsetzung näher zu kommen. Die Stellungnahmen dürfen Gemeinschaftsvorhaben nicht untergraben, wohl aber die Regionen und Kommunen sowie deren Verbände in laufende Entscheidungen einbeziehen. Im Kern wird die Außenwirkung die Versorgung mit spezifischen Informationen betreffen, die den gegenseitigen Dialog beflügelt.

Sie lehnt sich zudem an die dem KGRE – im Rahmen des Monitorings der EKC – obliegende Aufgabe an, die Situation der kommunalen und regionalen Gebietskörperschaften zu beschreiben und in einen regen Austausch mit ihnen zu treten. Angesichts der ständigen Einbindung des AdRK in den Rechtsetzungsprozeß der Europäischen Union und der damit verbundenen mittelintensiven Aufgaben wird diese übergreifende Beobachtung und konkrete Hilfestellung wohl eher in der zweiten Prioritätenreihe anzusiedeln sein. Dieses Tätigkeitsfeld wird auch mit der Aufwertung vom Kongreß der Gemeinden und Regionen Europas wahrgenommen und kann daher ein gutes Beispiel des Ineinandergreifens europakommunalschützender institutioneller Mechanismen sein.

bb) Begründungspflicht und Vetorecht

Ein großes Manko des AdR stellt die mangelnde Bindungswirkung seiner Stellungnahmen dar. Zur Überwindung der immanenten Schwäche sollen zwei Vorschläge unterbreitet werden, die dem bisherigen System der Gemeinschaftsrechtsetzung fremd sind. Die Bindungswirkung der Stellungnahmen des Ausschusses soll durch die Einführung einer Begründungspflicht gegenüber dem Ausschuß und die Einführung eines Vetorechts erhöht werden. Ziel ist die Sicherung der Beachtung der inhaltlichen Eingaben. Was nicht ersetzbar ist, ist die Überzeugungskraft der vorgebrachten Argumente, die zu einer tatsächlichen Beeinflussung führen. Entsprechend den vertretenen Thesen steigt mit der institutionellen Aufwertung auch die Einflußnahme, so daß die Vorschläge in den Kontext des Reformbedarfs einzuordnen sind.

(1) Begründungspflicht

Die Begründungspflicht gegenüber dem AdRK ist die konsequente Fortführung der bisherigen Praxis, welche die Kommission dazu veranlaßt hat, den Ausschuß regelmäßig über die Behandlung seiner Stellungnahmen zu informieren.[546] Darüber hinaus hatte das Präsidium des Ausschusses Sorge dafür zu tragen[547], daß die Einbringung in den Rechtsetzungsprozeß von Erfolg gekrönt war.[548]

Die Begründungspflicht ähnelt einer prozessualen Beweislastverteilung: Die Kommission muß sich rechtfertigen, warum sie von regional- und kommunalberücksichtigenden Vorschlägen abweicht.[549] Die Begründung muß im Einzelfall klar und nachvollziehbar sein, so daß sie nicht pauschal über einen bestimmten

---

546 Diese Informationspflicht ergibt sich bereits aus dem Grundsatz der Organtreue, *Blanke*, in: Grabitz/Hilf, Das Recht der Europäischen Union, Art. 265 EG, Rn. 6.

547 Art. 43 GO-KGRE:

> *"Le Bureau est chargé de s'assurer du suivi des avis émis par le Comité" / „The Bureau shall ascertain what action has been taken on the Committee's opinions".*

548 Über Erfolg und Mißerfolg hat der Präsident einmal jährlich sowie am Ende der Mandatsperiode Bericht, Art. 43 S. 2 GO-AdR.

549 Vgl. zu diesem Vorschlag bereits KOM [90] 600, BullEG, Beilage 2/91.

Zeitraum erfolgen kann, sondern gesondert für jedes Projekt, zu dem sich der Ausschuß aus regionaler oder kommunaler Sicht geäußert hat. Dies wäre ein erster Schritt zu einer engeren *„Berücksichtung im Rechtssinne"*.[550]

(2) Vetorecht

Zur Verbesserung der Einflußnahmestruktur soll dem Kommunal- und Regionalvertretungsorgan ein Veto- oder Widerspruchsrecht[551] eingeräumt werden. Der AdRK soll dem Erlaß einer Gemeinschaftsmaßnahme widersprechen können. Voraussetzung hierfür ist, daß der Maßnahme besondere regionale oder kommunale Interessen entgegenstehen. Denkbar sind beispielsweise finanzielle Folgen für die dezentralen Gliederungen, welche die Kommission und der Rat nicht ausreichend beachtet haben. Nicht entgegenstehen kann die bloße inhaltliche Nichtberücksichtigung einer Stellungnahme. Dies wird an der Formulierung „besondere Interessen" deutlich. Der Ausschuß soll keinesfalls die Möglichkeit bekommen, durch eine übermäßige Ausübung des Rechts den Rechtsetzungsprozeß zu verlangsamen.

Genau in diesem Spannungsfeld zwischen Verlängerung des Inkrafttretens und berechtigter regionaler und kommunaler Mitsprache steht das Vetorecht. Wie lange die Maßnahme verzögert wird, hängt von den Fristen und Folgen der Widerspruchseinlegung ab. Für die Erhebung eines Vetos scheint eine Frist von einem Monat nach der Mitteilung der Maßnahme als angemessen.[552] Dem AdRK ist dann ein weiterer Monat zur eingehenden Begründung zuzubilligen.[553] Dieser Zeitraum scheint angesichts der Befassung mit dem in Frage stehenden Sachverhalt in der bereits abgegeben Stellungnahme[554] geeignet zu sein, eine sachgemäße Arbeit in angemessenem zeitlichem Rahmen zu ermöglichen.[555]

---

550 Vgl. *Konow,* Überlegungen zum AdR, in Streinz (Hrsg.), Der Ausschuß der Regionen, S. 91, der eine „Berücksichtigungspflicht" einfordern will.

551 So die Terminologie von *Konow,* Überlegungen zum AdR, in Streinz (Hrsg.), Der Ausschuß der Regionen, S. 91.

552 Die Übermittlung muß in allen 11 Amtssprachen der Europäischen Union erfolgen.

553 Vgl. die Monatsfirst als Mindestanforderung des Art. 265 Abs. 2 EG.

554 Nach der Ausweitung der Anhörungsrechte und dem Wegfall der Kategorisierung des Art. 265 EG ist anzunehmen, daß das Vetorecht nur solche Fälle betrifft, in denen auch im Vorfeld der Maßnahme vom Recht der Stellungnahme gebrauch gemacht wurde. Keinesfalls darf das Vetorecht dazu dienen, eine versäumte Einlassungsfrist zur Abgabe einer Stellungnahme im Nachhinein zu heilen.

555 *Wiedmann,* in: Schwarze, EU-Kommentar, Art. 265 EG, Rn. 17; eine Verlängerung der Frist aus dem Grundsatz der Organtreue kann daher nur im absoluten Ausnahmefall erfolgen.

Im Anschluß daran können Kommission und Rat den Vorschlag hinsichtlich der Berücksichtigung regionaler und kommunaler Interessen nochmals überdenken. Vermieden werden soll eine erneute Aufrollung des Rechtsetzungsprozesses unter der Beteiligung weiterer Einrichtungen.[556] Eine grundlegende Diskussion ist schon deshalb entbehrlich, weil die Verordnung, Richtlinie, Mitteilung oder Empfehlung nun ausschließlich auf die dem Ausschuß eigenen Rechte überprüft wird. Eine weitergehende Mitsprache widerspräche der organschaftlichen Aufteilung, die gerade dem AdRK die Wahrung der regionalen und kommunalen Interessen zuweist.

Geht man davon aus, daß eine weitere Überprüfung des fertigen Dokuments weitere zwei Monate braucht, so kommt maximal eine Verzögerung von vier Monaten in Betracht, die angesichts der Gesamtdauer des gemeinschaftlichen Rechtsetzungsprozesses zwar nicht vernachlässigbar, wohl aber hinzunehmen sind. Das Weißbuch „Governance" betont ausdrücklich die Notwendigkeit einer besseren europäischen Gesetzgebung[557], auch unter ausdrücklicher Einbeziehung der dezentralen mitgliedstaatlichen Ebenen. Zur Verwirklichung dieses Ziels sind vier Monate in Kauf zu nehmen, zumal nicht ausgeschlossen ist, daß Ungenauigkeiten ausgemerzt werden oder Schaden von den regionalen und kommunalen Gebietskörperschaften oder der Gemeinschaft abgewandt wird. Ein zweiter oder mehrfacher Widerspruch bezüglich ein und derselben Maßnahme ist nicht zulässig.[558]

Solche drastischen Konsequenzen werden in der Masse aller Rechtsakte einen geringen Teil ausmachen. Daher muß auch der Widerspruch die Ausnahme sein. Die Betonung der „besonderen regionalen Interessen" soll hierbei genügen. Dem Ausschuß selbst wird daran gelegen sein, das politische Mittel behutsam auszuschöpfen, um seine Glaubwürdigkeit im Meinungsbildungsprozeß zu wahren.

(3) Rechtsfolgen

Nochmals zu betonen ist, daß das Widerspruchsrecht wie auch die Begründungspflicht nicht die Rechtsverbindlichkeit der Stellungnahmen herstellen. Nach wie vor steht die Berücksichtigung der Sachargumente ausschließlich im

---

556 Bei der Beteiligung von Rat und Kommission sollte es daher bleiben. Das Parlament hatte bereits die Möglichkeit, die ihm eröffneten institutionellen Rechte wahrzunehmen.

557 Vgl. den Titel der deutschen Übersetzung.

558 Dies bedeutet zugleich, daß auch nach einer eventuellen Korrektur aufgrund eines Widerspruchs ein erneuter Widerspruch ausgeschlossen ist. Das Aufgreifen der Argumente des Ausschusses kann nicht zu einer Erweiterung seiner Rechte führen.

Ermessen des Rats und der Kommission.[559] Durch die beiden Rechte und Pflichten wird die Wahrscheinlichkeit erhöht, daß die regionalen und kommunalen Anliegen zum einen ernst genommen und zum anderen tatsächlich berücksichtigt werden.[560] Die Begründungspflicht bewirkt, daß die entscheidenden Organe sich inhaltlich mit den Argumenten auseinandersetzen müssen. Das Vetorecht hat zur Folge, daß sich Kommission und Rat die regionalen und kommunalen Folgen genau ansehen, um einen späteren Widerspruch zu vermeiden. Hierdurch werden in jedem Fall die Wirkung der Ausschußrechte und damit die institutionelle Stellung des AdRK gestärkt.

cc) Klagerecht

Zur Durchsetzung der ihm nach dem Verfassungsvertrag garantierten Rechte muß der AdRK die Möglichkeit bekommen, zur Wahrung seiner Mitwirkungsrechte Klage vor dem EuGH zu erheben.[561] Im Zuge der Gleichstellung mit den bisherigen EU-Organen ist es konsequent, ihn in den Kreis der privilegierten Klagebefugten der Nichtigkeitsklage aufzunehmen. Hierdurch erhält er ein beschränktes Klagerecht ausschließlich bezogen auf die ihm eigene Beteiligung am Rechtsetzungsprozeß. Davon zu unterscheiden ist die Klageeinlegung wegen einer behaupteten Verletzung des Subsidiaritätsprinzips.

d) Formulierungsvorschlag der Verfassungsbestimmungen über den AdRK[562]

Art. xxx EVV[563] *[Bildung; Zusammensetzung des Ausschusses der Regionen und Kommunen]*

(1) Der Ausschuß der Regionen besteht aus kommunalen und regionalen Mandatsträgern der Mitgliedstaaten, die selbst direkt gewählt sind oder einer Versammlung oder einem Rat gegenüber direkt verantwortlich sind.

(2) Der Ausschuß der Regionen verfügt über 222 Mitglieder (Grundmandate), die sich wie folgt auf die Mitgliedstaaten aufteilen:[564]

559 Zur derzeitigen Situation *Blanke,* in: Grabitz/Hilf, Das Recht der Europäischen Union, Art. 265 EG, Rn. 7.

560 Vgl. die bisherige „Bezugnahme" nach Art. 253 EG auf die Stellungnahmen des Ausschusses der Regionen, die nur formell, nicht aber inhaltlich zu verstehen ist, *Fischer,* Der Ausschuß der Regionen nach den neuen EG-Vertrag, NWVBl. 1994, 163.

561 Zur Ablehnung der Klagerechte nach dem derzeitigem Stand, S. 148 ff.; zur *„Streithelferschaft"* der Kommission *Theissen,* Der Ausschuß der Regionen, S. 244 ff.

562 Der Formulierungsvorschlag orientiert sich an der bisherigen Struktur des Art. 263 EG.

563 Europäischer Verfassungsvertrag.

564 Vor der Osterweiterung.

Belgien	*12*
Dänemark	*9*
Deutschland	*24*
Griechenland	*12*
Spanien	*21*
Frankreich	*24*
Irland	*9*
Italien	*24*
Luxemburg	*6*
Niederlande	*12*
Österreich	*12*
Portugal	*12*
Finnland	*9*
Schweden	*12*
Vereinigtes Königreich	*24*

(...) [Vergrößerung der Mitgliederzahl nach der Osterweiterung]

(3) Die Mitglieder des Ausschusses sowie eine gleiche Anzahl von Stellvertretern werden vom Rat auf Vorschlag der jeweiligen Mitgliedstaaten durch einstimmigen Beschluß auf vier Jahre ernannt. Der mitgliedstaatliche Vorschlag muß den geographischen, strukturellen, politischen und gesellschaftlichen Begebenheiten der regionalen und kommunalen Gebietskörperschaften in den Mitgliedstaaten Rechnung tragen.

(4) Der Ausschuß der Regionen setzt sich aus zwei mit der gleichen Anzahl von Vertretern besetzten Kammern zusammen: Einer regionalen Kammer und einer lokalen Kammer, der jeweils die mitgliedstaatlichen Vertreter angehören. Verfügt ein Mitgliedstaat über keine Regionalebene, so entsendet er nur Delegierte in die Kammer der Kommunen. Die Kammer der Regionen ist im Rotationsverfahren nach der Einwohnerzahl der Mitgliedstaaten mit regionalen Vertretern auszugleichen (Augleichsmandate).

(5) Während der Ausübung ihres Mandats sind sie an keine Weisungen gebunden. Sie üben ihre Tätigkeit in voller Unabhängigkeit zum allgemeinen Wohl der Gemeinschaft aus.

Art. xxx + 1 EVV [Präsidium, Arbeitsgruppen, Geschäftsordnung, Einberufung]

(1) Die Organe des Ausschusses sind der Präsident, das Präsidium, die Vorsitzenden der Kammern und die Arbeitsgruppen.

(2) Der Ausschuß wählt aus seiner Mitte seinen Präsidenten und dessen Stellvertreter für zwei Jahre. Außer ihnen gehören dem Präsidium die beiden Vorsitzenden der Kammern und deren Stellvertreter an, die von den Vorsitzenden der politischen Fraktionen und Gruppierungen unterstützt werden.

(3) Er gibt sich eine Geschäftsordnung.

(4) Der Ausschuß wird von seinem Präsidenten, die Kammern von ihren Vorsitzenden einberufen oder von sich aus zusammentreten. In der Regel tagen der Ausschuß und die beiden Kammern im Rahmen derselben Tagung.

Art. xxx + 2 EVV [Rechte des Ausschusses]

(1) Der Ausschuß kann sich, wenn er dies für zweckdienlich erachtet, zu allen Fragen der regionalen und kommunalen Gebietskörperschaften äußern. Zu diesem Zweck muß er der Kommission innerhalb von zwei Wochen nach Mitteilung eines Vorhabens die Abgabe einer Stellungnahme anzeigen. In die Mitteilung sind die Gründe, insbesondere die regionale oder kommunale Betroffenheit, darzulegen.

(2) Darüber hinaus steht es ihm frei, allgemeine Berichte zur Situation der regionalen oder kommunalen Gebietskörperschaften in den Mitgliedstaaten abzugeben oder sich durch die Abgabe einer Empfehlung unmittelbar an die regionalen oder kommunalen Gebietskörperschaften in den Mitgliedstaaten zu wenden.

(3) Der Ausschuß kann innerhalb eines Monats nach Erlaß einer Maßnahme einmalig Widerspruch erheben, sofern besondere regionale oder kommunale Interessen dem Erlaß der Maßnahme entgegenstehen. In der Folge ist der Ausschuß erneut anzuhören, indem er innerhalb eines weiteren Monats die Widerspruchseinlegung begründet.

(4) Weicht die Kommission oder der Rat von den Stellungnahmen des Ausschusses ab, so sind ihm die Gründe der Abweichung darzulegen.

(5) Zur Wahrung seiner Rechte steht ihm die Erhebung der Klage nach xxx EVV[565] *offen.*[566]

565 Die momentane Nichtigkeitsklage nach Art. 230 EG.

566 Auf Abs. 4 könnte dadurch verzichtet werden, daß die Einfügung der privilegierten Klagebefugnis des Ausschusses der Regionen und Kommunen in Art. 230 Abs. 3 EG genügt. Hier soll das Klagerecht als ein für die Einrichtung neues Recht aufgeführt werden.

3. Wirksamer Ausgleich mangelnder institutioneller Interessenvertretung durch außerinstitutionelle Verbände?

Die komplexe Problematik kommunaler Interessenvertretung in Europa findet über die interinstitutionelle Auseinandersetzung der Kommunen z.B. mit den regionalen Hegemonieansprüchen hinaus eine Steigerung in der einbeziehenden Betrachtung der außerinstitutionellen Strukturen. An mehreren Stellen wurde bereits auf die Parallelität von Ausschuß der Regionen und Brüsseler Kommunallobbyistentätigkeit[567] hingewiesen, auch die Aufnahme der lokalen Gebietskörperschaften in das Boot der gemeinschaftlichen Institutionen.[568] Ein diesbezüglicher Bezug, daß der Ausschuß der regionalen und lokalen Gebietskörperschaften das Ende der außerinstitutionellen Arbeit der Kommunen mit sich bringen sollte, ist nicht herstellbar. Vielmehr ging die Einrichtung des beratenden Ausschusses einher mit der Eröffnung einer Reihe von kommunalen Informations- und Kontaktbüros, mit der Folge, daß sich mit der Zeit ein gemeinsames Neben- oder zaghaftes Miteinander entwickelt hat.

Zur Erklärung dieses Phänomens kann folgender Ansatz dienen. Aus der sprunghaften Intensivierung der gemeinschaftlichen Politikbereiche resultiert nach den Maastrichter und den Amsterdamer Verträgen eine weitreichende Betroffenheit der kommunalen Gebietskörperschaften[569], man denke nur an die Marktöffnungsaktivitäten im Rahmen der lokalen Aufgaben der Daseinsvorsorge und deren Tragweite. Durch eine entsprechende ortsnahe Aktivität sollen hinzunehmende Einbußen im eigenen Rechtskreis, denen die Gliederungen nahezu schutzlos ausgeliefert sind, kompensiert werden.[570]

Diese notwendige Einflußnahme wird an der Aufnahme der Art. 263 bis 265 in den EG-Vertrag deutlich. Der Grad der mit dem Ausschuß zu erreichenden Beeinflussung der Gemeinschaftsaktivität reicht aber offensichtlich nicht aus, um das kommunale Mitsprachebedürfnis zu befriedigen. Daraus abgeleitet ergibt sich das Bedürfnis eines Ausgleichs der strukturellen Defizite und Fesseln,

---

567 Zur Definition und Abgrenzung des Lobbyismus *Prunzel,* Die Rolle des Europabüros der deutschen kommunalen Selbstverwaltung, in: Henneke (Hrsg.), Kommunen und Europa – Herausforderungen und Chancen, S. 58; vgl. auch *von Ameln,* Nur Nadelstreifen und Moneten, Europa kommunal 1998, 55.

568 Wenn es sich - dem Bild treu bleibend - um ein Beiboot handelt. In Hinblick auf die Ziele der Bürgernähe und Subsidiarität der Union könnten die kommunalen Gebietskörperschaften bald zum Rettungsboot der Integration werden, sofern die versprochenen Wellen der Reformbedürftigkeit tatsächlich Wirkung haben werden.

569 Ausführlich S. 387 ff.

570 Zum Kompensationsgedanken *Heberlein,* Maastricht - ein Erfolg für die kommunale Selbstverwaltung?, DVBl. 1994, 1213 ff:

an denen die kommunale Interessenvertretung im AdR nach dem derzeitigen Stand der Integration leidet.

Folgerichtig könnte die These aufgestellt werden, daß durch die Ausweitung der Befugnisse des Vertretungsorgans auf den europäischen Rechsetzungsprozeß die kommunale Lobbytätigkeit sich erübrigen würde. Umgekehrt ließe sich zur Ehrenrettung der außerinstitutionellen Interessenvertreter folgern, daß die Lobbyistentätigkeit neben einem schwachen institutionellen Rahmen gerade gewollt ist. Die politische Einflußnahme außerhalb des Ausschusses der Regionen ließe sich gerade mit der Absichtserklärung der Europäischen Kommission stützen, vermehrt lokale Verbände und Zusammenschlüsse im Vorfeld gesetzgeberischer Maßnahmen zu konsultieren.

Diesem Problemkreis sollen die folgenden Gedanken gewidmet sein. Bedarf es auch in Zukunft der außerinstitutionellen Interessenvertretung? Ist eventuell die momentane Situation der unterstützenden außerinstitutionellen Tätigkeit so gangbar, daß sie das gerade vorgestellte Konzept einer Verstärkung des kommunalen Einflusses durch die institutionelle Weiterbildung und Aufwertung des Ausschusses der Regionen überflüssig macht?

a) Außerinstitutionelle Interessenvertretung in der EU-Rechtswirklichkeit

Bis jetzt wurde die Struktur der europakommunalen außerinstitutionellen Interessenvertretung weitgehend außen vor gelassen. Aus diesem Grund werden die wichtigsten Akteure kommunaleuropäischer Interessenvertretung in ihren unterschiedlichen Ausprägungen vorgestellt. Selbstbeschränkend sollen als Beispiel der spitzenverbandlich organisierten Kommunalvertretung die deutschen Modelle im Vordergrund stehen.

aa) Der Rat der Gemeinden und Regionen Europas

(1) Entstehung und Struktur

Der Rat der Gemeinden und Regionen Europas (RGRE) ist der größte Kommunalinteressenverband, der auf europäischer Ebene[571] kommunale Anliegen vertritt.[572] Der RGRE wurde 1951 in Genf als Rat der Gemeinden Europas

571 Vom RGRE existiert auch eine deutsche Sektion, deren Vorsitzende die Bonner Oberbürgermeisterin *Bärbel Dieckmann* ist. Mitgliederzeitschrift und offizielles Verlautbarungsorgan ist die vielfach zitierte europakommunale Zeitschrift „Europa kommunal".

572 *Kleffner-Riedel,* Regionalausschuß und Subsidiaritätsprinzip, S. 139.

(RGE) gegründet.[573] 1984 erfolgte die Umbenennung zum Rat der Gemeinden und Regionen Europas, mit dem Ziel, die institutionelle Aufspaltung von Regionen und Kommunen zu verhindern.[574] Trotz der entgegenstehenden Bezeichnung ist der RGRE ein kommunaler Verband geblieben.[575] Seit 1991 ist der europäische RGRE zugleich die europäische Sektion des Internationalen Gemeindeverbands IULA.[576] Nach der Fusion, die vor allem auf Druck der britischen Kommunalverbände zustande kam[577] und mit einigen Schwierigkeiten verbunden war, bleiben beide Organisationen rechtliche selbstständig. Auf dieser Basis sollte ein Spitzenverband geschaffen werden, der gegenüber den europäischen Institutionen geballt kommunale Interessen vertritt.[578]

Der RGRE vertritt als kommunaler Interessenverband 100.000 Gemeinden[579] aus 40 europäischen Staaten, wobei sowohl die nationalen Sektionen als auch die Gemeinden, Städte und höheren Kommunalverbände Mitglied im europäischen Verband sind.[580] In Deutschland sind ungefähr 850 kommunale Gebietskörperschaften im RGRE verbandlich organisiert.[581] Die Mitglieder müssen Staaten zuzuordnen sein, welche die Grundsätze nach der Charta des Europarats anerkennen und in denen sich die kommunalen Gremien sich aus freien Wahlen rekrutieren.[582] Leitendes Gremium ist die Generalversammlung[583], die einen politischen Ausschuß einsetzt.[584]

---

573 *Weinberger, Internationale* Gemeindeverbände und Städtepartnerschaften, HKWP, S. 509; vgl. auch Leitermann, Der Städtetag 1991, 157.

574 Was dem RGRE letztlich nicht gelang, vgl. *Seele,* Der Kreis aus europäischer Sicht, S. 404.

575 *Kleffner-Riedel,* Regionalausschuß und Subsidiaritätsprinzip, S. 139; *Nazarek,* Kommunale Selbstverwaltung und Europäische Integration, S. 205.

576 *Dedy,* Kommunale Einflußnahme auf die Politik der Europäischen Gemeinschaften, VR 1991, 351.

577 *Nazarek,* Kommunale Selbstverwaltung und Europäische Integration, S. 205.

578 *Schmitt-Egner,* Handbuch der Regionalorganisationen, S. 413 f.

579 *Gateau,* Interessen auf europäischer Ebene bündeln, Europa kommunal 1998, 62.

580 *Schmitt-Egner,* Handbuch der Regionalorganisationen, S. 414.

581 Die deutsche Sektion ist eng mit dem DStGB verbunden, dessen nordrhein-westfälische Geschäftsstelle zugleich die Geschäftstelle des nationalen RGRE ist.

582 Daher ist der russische Städtebund momentan lediglich assoziiert.

583 Dem RGRE steht der Präsident vor, derzeit *Valérie Giscard d'Estaing*, der zugleich Konventspräsident ist (dessen Stellvertreter im RGRE ist der renommierte deutsche Interessenvertreter *Heinrich Hoffschulte*). Von dieser Personalunion erhoffen sich die Kommunen freilich Anstöße, die die Integration kommunalschützender Gedanken in den Konventsarbeiten voranbringen, vgl. *Baltsch,* Grundsteinlegung für die Zukunft der EU, Europa kommunal 2002, 65.

584 Weiterführend zur Struktur des RGRE die Publikation des Europäischen Parlaments, Vertretungsanspruch der Gemeinden und Regionen auf europäischer Ebene, Arbeitsdokument W 8, 1994, S. 25 f.

(2) Wahrnehmung europakommunaler Interessen

Die Existenz eines politischen Ausschusses deutet bereits die politische Ausrichtung des RGRE an. Dies unterscheidet ihn vom Internationalen Gemeindeverband IULA, der vornehmlich fachlich ausgerichtet war.[585] Die Arbeit des Verbands geht in zweierlei Richtung. Einerseits leistet der RGRE schwerpunktmäßig seinen Mitgliedssektionen Hilfestellungen bei Bildung von Städtepartnerschaften[586] zur kommunaldemokratischen Verwurzelung des europäischen Einigungswerks.[587] Als politischer Arm der Kommunen vertritt er deren Interessen, z. B. bei der Zuteilung von Fördermitteln, gegenüber den europäischen Organen. In die andere Richtung versorgt der RGRE seine Mitglieder mit den nötigen Informationen der EU-Rechtsetzung und Förderungsmöglichkeiten.

Zum anderen geht mit der singulären Interessenwahrnehmung für die Mitgliedsgemeinden der Versuch einher, darüber hinaus einen generellen Vertretungsanspruch in die europäischen Organe hinein zu erheben.[588] So richtete der RGRE mehrmals Initiativen an die europäischen Entscheidungsträger.[589] Das Engagement zeigt sich auch im Konvent, wo der RGRE als Vertreter der kommunalen Gebietskörperschaften aufgetreten ist. Seit seiner Gründung war Ziel die Verankerung kommunaler Selbstverwaltungsgedanken in den europäischen Verträgen. Ob die Durchsetzung diese Anspruchs gelungen ist, kann hier (noch) offen bleiben.

bb) Versammlung der Regionen Europas (VRE)

Schon begrifflich fällt es schwer, die Versammlung der Regionen Europas als kommunalvertretende Organisation einzuordnen.[590] In der Tat hat sich die

585 *Nazarek,* Kommunale Selbstverwaltung und Europäische Integration, S. 206.

586 Vgl. auch den Weltbund der Partnerstädte (UTO), der sich seit 1957 dem Austausch kommunaler Erfahrungen und der weltweiten Verbreitung kommunaler Selbstverwaltungsfragen verschrieben hat; er arbeitet wie der IULA eher im fachlichen als im politischen Bereich, vgl. Europäisches Parlament, Vertretungsanspruch der Gemeinden und Regionen auf europäischer Ebene, Arbeitsdokument W 8, 1994, S. 15; zu den Fusionsplänen von UTO und IULA *Leitermann,* Kommunen rücken zusammen, Europa kommunal, 2001, 123 ff., 127.

587 *Seele,* der Kreis aus europäischer Sicht, S. 405.

588 *Seele,* der Kreis aus europäischer Sicht, S. 404.

589 Vgl. *Heberlein,* Europa der Kommunen, S. 33.

590 Zu deren Entwicklung *Schmitt-Egner,* Die Versammlung der Regionen Europas (VRE): Scharnier zwischen horizontaler Kooperation und vertikaler Integration in Europa?, in: Europäisches Zentrum für Föderalismus-Forschung Tübingen, Jahrbuch des Föderalismus 2000. Föderalismus, Subsidiarität und Regionen in Europa, 2000, S. 553 ff.

VRE der regionalen Interessenwahrnehmung verschrieben.[591] Nur in wenigen Dokumenten des großen Regionalverbandes finden sich Anhaltspunkte für eine Aufnahme kommunaler Positionen.[592] Die Versammlung der Regionen kann daher hier außen vor bleiben.[593]

cc) Eurocities

Eurocities ist entsprechend seiner Bezeichnung ein großer Verband europäischer Großstädte.[594] Der 1986[595] gegründeten Vereinigung gehören über 70 Städte[596] aus 14 Mitgliedstaaten der Europäischen Union sowie 10 anderen europäischen Staaten an.[597] Eine Reihe von osteuropäischen Städten gehören Eurocities als assoziierte Mitglieder an. Voraussetzung für eine Mitgliedschaft[598] ist eine Einwohnerzahl von mindesten 250.000 Einwohnern, die Eigenschaft als wichtiges regionales Zentrum und ein internationaler Bezug der Städte[599].

Die wesentliche Arbeit vollzieht sich in Fachausschüssen sowie in zweckorientierten Untervereinigungen.[600] Eurocities hat sich der Einforderung kommunaler Rechte, kommunaler Selbstverwaltung und einer auf die Städte ausgerichteten Gemeinschaftspolitik verschrieben. Ihr Zusammenschluß ist vielmehr Resultat gleichgelagerter Probleme in den urbanen Gebieten. Schwerpunktmäßig konzentriert sie sich auf die Europäische Struktur- und Städte-

---

591 Vgl. *Knemeyer,* Subsidiarität – Föderalismus, Dezentralisation, DVBl. 1990, 449 ff.

592 *Borchmann,* Versammlung der Regionen Europas fordert eine föderative verfaßte Europäische Union, VR 1991, 160 ff. zur Zusammenarbeit mit den kommunalen Gebietskörperschaften.

593 Ausführlich hierzu *Schmitt-Egner,* Handbuch der Europäischen Regionalorganisationen, S. 471 ff.

594 *Schmitt-Egner,* Handbuch der Regionalorganisationen, S. 315 ff.

595 Als französische *„Association sans but lucratif"*.

596 Darunter die deutschen Städte Berlin, Bonn, Dortmund, Frankfurt a.M., Köln, Leipzig, München und Nürnberg.

597 1996 fusionierten die beiden Verbände Eurocities und Eurometropols, der neben den Städten selbst auch die Handelskammern und Universitäten angehörten, vgl. Eurocities-Magazine, 1996, Ausgabe 5, S. 13.

598 Vgl. die Charta von Eurocities.

599 Der sich beispielsweise im Standort großer Wirtschaftsunternehmen oder besonderen Aktivitäten der Städte (Engagement für Städtepartnerschaften etc.) äußern kann.

600 Hierzu gehören z. B. das *„Car Free Cities"-Programm* zur wirtschaftlichen Hilfe der Städte im ehemaligen Jugoslawien oder die Programme *„Telecities"* und *„Tacis City Twinning"*, die teilweise von der Europäischen Union finanziell mitgetragen werden, vgl. *Nazarek,* Kommunale Selbstverwaltung und Europäische Integration, S. 183.

politik Auf diesem Weg soll die Lebensqualität in den Metropolen Europas für die dort lebenden Menschen verbessert werden.[601] Wichtiger Bestandteil der Organisation ist auch die Hilfestellung gegenüber osteuropäischen Städten zur Integration in das demokratisch-marktwirtschaftlich orientierte System. Zur Erreichung dieser Ziele arbeitet Eurocities eng mit den anderen Kommunalvertretungseinrichtungen, vor allem dem RGRE, zusammen.[602] Sie versteht sich als lobbyistischer Zusammenschluß mit gleich gelagerten soziokulturellen, wirtschaftlichen und finanziellen Problemen konfrontierter Großstädte.[603] Für die Aktivität nicht entscheidend ist die rechtliche Stellung der Städte im staatlichen Gesamtsystem, wenn auch die Forderungen nach einer Stärkung der Städte[604] allen kommunalen Gebietskörperschaften zugute kommen wird.

dd) Vertretungen der deutschen kommunalen Spitzenverbände

Neben den übergreifenden europäischen Verbänden RGRE und Eurocities spaltet sich die kommunale Interessenvertretung in Brüssel in eine Vielzahl einzelner Informationsbüros[605], die sich in spezifischer Art und Weise der Beeinflussung des Rechtsetzungsprozesses verschrieben haben. Je nach Auftrag können sie verschiedenen Zwecken dienen.[606] Es existieren zum Teil Büros, die ausschließlich den entsendenden Spitzenverbänden zuarbeiten und Informationen an die Europäischen Behörden weitergeben.[607] Andere Einrichtungen dienen darüber hinaus als unmittelbare Ansprechpartner für die betroffenen Mitgliedskommunen und damit auch der Abkürzung der Informationswege.[608] Als Beispiel aus einer Vielzahl von organisatorischen Zusammenschlüssen soll hier die Vorstellung zweier Modelle genügen, wie kommunale Gebietskörper-

---

601 Vgl. *Krätke,* Internationales Städtesystem im Zeitalter der Globalisierung, in: Wollmann/ Roth (Hrsg.), Kommunalpolitik, S. 378 ff.

602 Zu den städtespezifischen Aktivitäten der UNO *Dieckmann,* Probleme der Städte diskutiert, Europa kommunal 2001, 128 f.

603 *Nazarek,* Kommunale Selbstverwaltung und Europäische Integration, S. 186.

604 Vgl. die *„Charta der europäischen Städte"*, die von der Generalversammlung von Eurocities am 24.11.1995 verabschiedet wurde. Diese enthält neben Forderungen, die Gemeinschaftspolitik auf ein „Europa der Städte" auszurichten, auch eine Forderung nach der Anerkennung kommunaler Selbstverwaltung, vgl. *Eurocities,* A Charter of the European Cities towards the Revision of the Treaty on Eurpean Union, S. 6 ff., Nr. 8, vgl. auch *Leitermann,* Ein Europa der Städte, Europa kommunal 1995, 59 ff.

605 Vgl. *Heberlein,* Kommunale Europapolitik, S. 33.

606 *Thränhardt,* Die Kommunen und die Europäische Union, in: Wollmann/Roth (Hrsg.), Kommunalpolitik, S. 370.

607 So das inzwischen aufgelöste Spitzenbüro der deutschen kommunalen Selbstverwaltung der drei deutschen kommunalen Spitzenverbände.

608 *Heberlein,* Kommunale Europapolitik, S. 34.

schaften Einfluß auf den Meinungsbildungsprozeß nehmen.[609] Es geht an dieser Stelle ausschließlich um die institutionellen Voraussetzungen einer kommunalen Lobbyarbeit, weniger um die inhaltliche Positionierung. Dies hängt damit zusammen, daß die Brüsseler Büros weniger der Ursprung der kommunalen Ideen sind als der Transmitter, der bereits gefaßte Beschlüsse den Entscheidungsträgern vermittelt.[610]

(1) Spitzenbüro der deutschen kommunalen Selbstverwaltung

Die Nennung einer Mehrzahl von Büros der deutschen kommunalen Selbstverwaltung rechtfertigt sich mit der Auflösung des seit 1991[611] existierenden gemeinsamen Informationsbüros der deutschen kommunalen Spitzenverbände und der deutschen Sektion des RGRE.[612] Nunmehr gehen nach etwaigen Differenzen die Verbände unterschiedliche Wege.[613] Die bisherige Vertretung wird aber (noch) unter alleiniger Regie des Deutschen Landkreistags weitergeführt. Dessen wesentliche Aufgabe ist die Versorgung der deutschen Kommunen mit ausreichenden Informationen über die kommunalrelevante Tätigkeit der Gemeinschaftsorgane. In diesem Sinne ist das Informationsbüro „Bindeglied" zwischen beiden Ebenen.[614] Verwirrend ist in diesem Zusammenhang, daß die Mitgliedsgemeinden der beteiligten Verbände sich nicht selbst an das Büro wenden können, sondern stets den Umweg über den Spitzenverband gehen müssen.[615]

---

609 Zur „Außenpolitik" der kommunalen Spitzenverbände, *Heberlein,* Kommunale Außenpolitik als Rechtsproblem, S. 50 ff.; vgl. auch *Blumenwitz,* Kommunale Außenpolitik, FS von Unruh, S. 747 und *Thränhardt,* Die Kommunen und die Europäische Union, in: Wollmann/Roth (Hrsg.), Kommunalpolitik, S. 376.

610 Als Beispiel kann die sogenannte Europainitiative der bayerischen Gemeinden, Städte, Landkreise und Bezirke aus dem Jahr 1996 dienen, die Forderungen für die Amsterdamer Regierungskonferenz enthielt, vgl. *Poth-Mögele,* Die Rolle der Gemeinden in Europa, O-ÖGZ 1995, 276; der Schwerpunkt der gemeindlichen Initiativen wird aber eher auf der Positionierung im Einzelfall liegen als auf umfassenden Forderungen. Genau aus diesem Grund ist auch der Erfolg der Lobbyarbeit nur schwer zu messen.

611 Zum Vorläufer *Seele,* Der Kreis aus europäischer Sicht, S. 371; das Büro wurde seit 1964 von den drei bundesdeutschen Spitzenverbänden, dem Verband kommunaler Unternehmen und einer Wirtschaftsberatungseinrichtung unterhalten.

612 Vgl. *Kleffner-Riedel,* Regionalausschuß und Subsidiaritätsprinzip, S. 149.

613 Vgl. schon die Kontroversen bei der Bildung des Büros 1991, dazu *Seele,* Der Kreis aus europäischer Sicht, S. 375 f.

614 *Von Ameln,* Auswirkungen des Europäischen Binnenmarktes auf Kommunalpolitik und Kommunalrecht der EG-Mitgliedstaaten – Am Beispiel der Bundesrepublik Deutschland, DVBl. 1992, 478, der das Büro in Brüssel selbst jahrelang leitete.

615 Vgl., Europabüro der kommunalen Selbstverwaltung, Die Niedersächsische Gemeinde 1991, 175.

Hieraus erklärt sich der rein informelle Status der Einrichtung[616], zu deren Aufgaben auch die typischen Felder des sogenannten *Inside-Lobbyings*[617] gehören, also die Pflege informeller Kontakte mit entscheidenden Stellen der EU-Organe, also vor allem zu Kommissionsbeamten, aber auch dem Europäischen Parlament, um diese für die Besonderheiten der deutschen kommunalen Selbstverwaltung zu sensibilisieren.[618] So kann der Versuch unternommen werden, das Fehlen etwaiger Schutzmechanismen in den europäischen Verträgen auszugleichen.[619]

(2) Europabüros der bayerischen, sächsischen und baden-württembergischen Kommunen

Im Gegensatz zum Spitzenbüro der deutschen kommunalen Selbstverwaltung sind die Europabüros dreier deutscher Bundesländer[620], die 1992 in Brüssel eröffnet wurden, Ansprechpartner für die EU-Organe wie für die Mitgliedsgemeinden. Das bayerische Büro vertritt die europäischen Interessen von ca. 2.000 Kommunen und wird von den vier kommunalen Spitzenverbänden getragen.[621] Die Büros informieren ihre Verbände und deren Mitglieder über gemeinschaftliche Fördermaßnahmen und Projekte.[622]

Die sich im Anschluß daran stellende Frage ist die nach dem Grund für den kommunalen Alleingang der drei Bundesländer. Rein praktisch soll der abgekürzte Informationsweg und die direkte Ansprache den Kommunen unmittelbar zugute kommen[623], indem sie von auszuschüttenden Geldern aus den Brüsseler

---

616 *Von Ameln,* Europabüro der kommunalen Selbstverwaltung, Die Niedersächsische Gemeinde 1991, 175; auch *ders.,* Die Tätigkeit des Europabüros der Deutschen kommunalen Selbstverwaltung, Der Bayerische Bürgermeister 1992, 302.

617 *Thränhardt,* Die Kommunen und die Europäische Union, in: Wollmann/Roth (Hrsg.), Kommunalpolitik, S. 369; vgl. auch die Unterscheidung *von Amelns* nach *„Gesetzes- und Projektlobbying"* in: Nur Nadelstreifen und Moneten?, Europa kommunal 1998, 56 f.

618 *Dedy,* Kommunale Einflußnahme auf die Politik der Europäischen Gemeinschaften, VR 1991, 351.

619 *Heberlein,* Europa der Kommunen, S. 34.

620 Die beiden Freistaaten Bayern und Sachsen sowie Baden-Württemberg, die eine Bürogemeinschaft bilden und ihre Arbeit untereinander koordinieren.

621 Bayerischer Gemeindetag, Bayerischer Landkreistag, Bayerischer Städtetag, Verband der Bayerischen Bezirke; hinzu kommt der Bayerische Kommunale Prüfungsverband.

622 Vgl. den vormaligen Leiter des Büros *Leiß,* Die bayerischen Kommunen in Brüssel, EG-Magazin 1993, Heft 7/8, S. 42 ff.

623 Zur Bedeutung für die Spitzenverbände selbst und der Ausrichtung ihrer Europapolitik, *Heberlein,* Kommunale Europapolitik, BayVBl. 1992, 418 und *ders.,* Europa der Kommunen, S. 34.

Töpfen rasch erfahren[624] und sich bei der Durchführung von Fördermaßnahmen an die Fachleute in Brüssel wenden können.[625] Mit der Gründung des bayerischen Büros sollten zudem die Besonderheiten der bayerischen kommunalen Landschaft betont werden, die eine so behauptete Sonderstellung gegenüber den übrigen deutschen Kommunen einnehmen[626], ein Argument, dessen Bedeutung nach der Bildung weiterer Büros eher in die zweite Reihe zu rücken ist. Überzeugender scheint die Betrachtung, daß die bayerischen Gemeinden, Kreise und Bezirke einen Gegenpol zum Anfang der 90er Jahre aufgebauten Europa-Engagement der deutschen Bundesländer, allen voran des Freistaats. Abgeschwächter ließe sich die Annahme einer *„Sogwirkung der Dezentralisierung"* vertreten, von der die Kommunalverbände sich eine Stärkung ihrer Position gegenüber den europäischen Entscheidungsträgern parallel mit der Regionalebene erhofften.[627] In jedem Fall ist an den institutionellen Initiativen zweierlei bemerkenswert. Zum einen, daß sie eine direkte Information der kommunalen Gebietskörper-schaften über die europäische Rechtsetzung[628] ermöglicht, also ein Stückweit das geforderte Ideal eines bürgernahen oder zumindest bürgernäheren Europas verwirklichen, und zum anderen, daß die bisherigen drei Spitzenverbände der aufgeführten Bundesländer mit ihrem Projekt eines Verbindungsbüros in Brüssel für den deutschen Raum alleine geblieben sind und damit die europakommunale Interessenwahrnehmung weiter aufsplitten .

b) Strukturelle Folgerungen und Vergleich mit den regionalen Aktivitäten

aa) Wertende Betrachtung der derzeitigen Parallelstruktur

(1) Aufspaltung einheitlicher Interessen?

Die Reihe von kommunalvertretenden außerinstitutionellen Interessenvertretungen ließe sich sicherlich noch fortführen. Dabei können in einem umfassenden Bild weitere Aktivitäten nicht außen vor bleiben, die allem einzelne Konferenzen, Konferenzserien oder einzelne Initiativen der kommunalen Spitzenverbände. Hier geht es aber vornehmlich um die Vermittlung bzw. die Über-

---

624 *Heberlein,* Europa der Kommunen, S. 34.

625 *Leiß,* Die bayerischen Kommunen in Brüssel, EG-Magazin 1993, Heft 7/8, S. 42 ff.

626 Vgl. *Poth-Mögele,* Das Europabüro der bayerischen Kommunen in Brüssel, Der Bayerische Bürgermeister 1993. 389.

627 Dies andeutend *Nazarek,* Kommunale Selbstverwaltung und Europäische Integration, S. 166 f.

628 Z. B. informiert das bayerische Büro seine Mitgliedsgemeinden in einem vierzehntäglichen Rundschreiben *„Brüssel Aktuell"*.

mittlung der bereits ausgeführten inhaltlichen Positionen, weniger um die generelle Wahrnehmung kommunaler Interessen. Die temporären Zusammenschlüsse zur Positionierung gegenüber den europäischen Entscheidungsträgern sind nicht in der Lage, kontinuierlich und rechtsverbindlich gegenüber den Gemeinschaftsorganen, besonders der Kommission, aufzutreten. Genau dieses Ziel verfolgt der RGRE, der hier als der bedeutendste Spieler um die europäische Gunst bezeichnet werden soll.[629] Zwar ist fraglich, ob sein eigener umfassender Anspruch in die Realität umgesetzt werden kann – gleiches gilt auch für Eurocities[630]; solange aber die erörterten Schwierigkeiten um den AdR fortexistieren, bleibt den kommunalen Gebietskörperschaften keine andere Wahl, als den außerinstitutionellen Weg zu gehen.

Die großen Verbände Eurocities und RGRE sind den Vertretungsbüros der Kommunalverbände gegenüberzustellen. Als regionale begrenzte kommunale Zusammenschlüsse sind letztere nicht geeignet, generell für die europäischen kommunalen Gebietskörperschaften zu sprechen. Der Natur nach sind sie mit der Wahrnehmung eines beschränkten Mandats beauftragt. Im Unterschied zu den „Großen" sprechen sie dafür meist für einen Großteil der Körperschaften, wie z. B. das Europabüro der bayerischen Kommunen für die verbandlich organisierten Gemeinden im Freistaat. Für die hier gewählte übergreifende europakommunale Betrachtungsweise sind sie am europaweiten Maßstab als unausgegorene Struktur weitgehend außen vor zu lassen. Es gilt, nach verbandlichen Mechanismen zu suchen, die in weitem Umfang der Arbeit des Ausschusses der Regionen entgegengesetzt werden können. In ihrer Gesamtheit können die Organisationen aber Ansprechpartner der Europäischen Organe sein.[631]

Das momentane Bild der kommunalen außerinstitutionellen Landschaft ist ein zersplittertes, geradezu unüberschaubares. Ständige Neueröffnungen, Veränderungen zeugen von einer uneinheitlichen Basis der Interessenvertretung, die so der gemeinsamen Sache nicht dienlich sein kann.

---

629 Zum RGRE als Dachorganisation *Fiedler*, 25 Jahre Europakonferenz der Gemeinden und Regionen, Der Städtetag 1982, 325.

630 Der schon deshalb interessant ist, da häufig statt von Regionen und Kommunen von Regionen und Städten die Sprache ist. Dies zeigt sich z. B. an der 1997 vom AdR abgehaltenen Konferenz des „Europäischen Gipfels der Regionen und Städte" und den in diesem Zusammenhang erarbeiteten Arbeitspapieren. Ansprechpartner für die vierte Ebene sind daher häufig die Städte, die mit Eurocities gesprochen die europäischen Großstädte meinen, vgl. *Bore,* Die Europäische Union muß ein demokratisches Netzwerk werden, Der Städtetag 2002, 16 f.

631 Vgl. die entsprechenden Absichten der Kommission nach dem Governance-Weißbuch, KOM (2001) 428 endg., ABl. 2001 C 287/1.

Die Kritik betrifft die deutschen Lobbyistenbüros, denen nationale Alleingänge vorgeworfen werden.[632] Ursprüngliche Aufgabe ist neben der Informationsbeschaffung[633] für die Mitgliedsverbände oder die Mitglieder selbst die Einflußnahme auf den Rechtsetzungsprozeß zur Erreichung kommunalgünstiger Entscheidungen im Einzelfall. Eine solche kommunale Aktivität ist dort notwendig, wo systemimmanente Strukturen institutioneller Art versagen. Solange weder kommunalschützende Mechanismen noch eine den Bedürfnissen entsprechende Einrichtung besteht, mag diese einzelfallorientierte Lobbyarbeit ihre Existenzberechtigung haben. Dennoch ist auf Dauer die Zersplitterung der potentiellen Einflußnehmer nicht ratsam.

Der fehlenden Kompromißbereitschaft der europäischen kommunalen Spitzenverbände und den unterschiedlichen Kommunalstrukturen[634] ist es zu verdanken, daß bisherige Initiativen einer vermehrten Koordinierung und Bündelung der Europaarbeit in Brüssel gescheitert sind.[635] Zwar ist fraglich, ob die kommunalen Lobbyisten zur „Eigenwilligkeit" oder sogar zu „Eigennutz" neigen[636], wenn es darum geht, sich aus einem Rechtfertigungsbedürfnis gegenüber den entsendenden Organisationen heraus mit den individuellen Vorgaben durchsetzen zu wollen. In jedem Fall ist das ungeordnete Nebeneinander, das die Landschaft der Vertretungen prägt, ein unbefriedigender Zustand.

Die im Einklang mit dem Subsidiaritätsprinzip getroffenen Maßnahmen der Gemeinschaft betreffen einen übergreifenden Kontext, der sich an eine Vielzahl von Kommunen richten kann. Der zuständige Kommissionsbeamte sieht sich mit einer Reihe von Lobbyisten konfrontiert, die möglicherweise ähnliche Anliegen vorbringen. Es ist sehr fraglich, ob die denkbare Überforderung der entscheidenden Behörden der Europäischen Kommission der Sache dienlich ist. Die zersplitterte Interessenwahrnehmung in bezug auf die außerinstitutionelle Situation ist daher äußerst kritisch zu beäugen.

---

632 *Dedy,* Kommunale Einflußnahme auf die Politik der Europäischen Gemeinschaften, VR 1991, 351.

633 *Heberlein,* Europa der Kommunen, S. 34.

634 *Nazarek,* Kommunale Selbstverwaltung und Europäische Integration, S. 169

635 Vgl. *Seele,* Der Kreis aus europäischer Sicht, S. 380 f. zum Vorstoß des niederländischen Gemeindeverbands, dessen Einigungsversuch im Ergebnis scheiterte.

636 So *Seele,* Der Kreis aus europäischer Sicht, S. 381.

(2) Kommunale vs. regionale Vertretung?

Zu beobachten ist ein weiteres Phänomen. Während die kontinuierliche verbandliche kommunale Interessenvertretung überschaubar ist, positionieren sich die Regionen seit den 90er Jahren in einer Unmenge von Organisationen und Zusammenschlüsse zur Wahrnehmung regionenspezifischer Anliegen.[637] Darin begründet sich ein weiteres strukturelles Problem der Kommunen. Sie können im derzeitigen Umfeld nur bestehen, wenn sie über ausreichende Finanz- und Sachmittel verfügen, welche das regionale Engagement kompensieren können. Ob dies möglich ist, erscheint zweifelhaft. Betrachtet man beispielsweise das Europaengagement der deutschen Bundesländer einschließlich der Landesvertretungen, so erscheint eine gleichaufwendige Vorgehensweise praktisch unmöglich.[638]

Wegen der unterschiedlichen Interessenlage, die sich vor allem im Ausschuß der Regionen zeigt[639], ist es, wie gelegentlich vorgetragen, auch nicht ratsam, die kommunalen Interessenvertretungen in die Landesvertretungen der deutschen Bundesländer zu integrieren.[640] In der Sache geht es vielmehr darum, die nationalen Fesseln zu sprengen und eine kommunale Europaarbeit vor Ort in Brüssel zu initiieren. Trotz divergierender Kommunalstrukturen und damit unterschiedlicher Voraussetzungen der Spitzenverbände bietet die festgestellte Einheit in der Betroffenheit der bürgernahsten Ebene die Chance, gemeinsame Interessen zu bündeln. Die Vorstellung eines europäischen kommunalen Spitzenverbands ähnelt der Divergenz im Zusammenschluß der Großstädte Eurocities, der mehr auf der Grundlage gemeinsamer Probleme als auf verwaltungs- und staatstheoretischen Gemeinsamkeiten basiert.

---

637 Genannt seien die Zusammenschlüsse und Konferenzen der europäischen Randregionen, der peripheren Küstenregionen, der Regionen der Alpenländer, der Regionen mit Industrietradition. Fraglich ist natürlich, inwieweit dahinter auf Dauer angelegte politische Interessenorganisationen stehen oder lediglich ein punktueller Zusammenschluß zur Wahrnehmung gleichgelagerter Interessen.

638 Gleiches gilt auch im Verhältnis zu Wirtschaftsunternehmen und –verbänden. So ist die Vertretung der Daimler Chrysler AG um ein vielfaches größer als die Vertretung des Raumes (bzw. der „Region") Stuttgart (vgl. *Kreher,* Internationale Arbeit als zentrale Aufgabe, Europa kommunal 2001, 15 ff.), sowohl was die personelle, als auch die finanzielle Ausstattung angeht. *Prunzel,* Die Rolle des Europabüros der deutschen kommunalen Selbstverwaltung, in: Henneke (Hrsg.), Kommunen und Europa – Herausforderungen und Chancen, S. 60, nennt eine Schätzung, daß einige Großunternehmen mehr als 1,5 Mio. € für ihre Lobbyistenarbeit ausgeben. Das Gesamtbudget der „Eurolobbyisten" beliefe sich auf 1 Mrd. € jährlich.

639 S. 138.

640 So *Benz,* Regionen als Machtfaktor in Europa?, VerwArch (84) 1993, 343.

Die nicht neue Idee eines Europäischen kommunalen Spitzenverbands könnte obsolet sein, falls man dem RGRE eine derartige Qualität beimißt. Ohne auf die Definitionen und (rechtlichen) Grundlagen der kommunalen Verbandsbildung einzugehen[641], soll dies klar verneint werden. Ein übergeordnetes verbandliches Gebilde ist vermittelt über die nationalen Kommunalvereinigungen nur über die einzelnen Verbände herzustellen, die ihre Legitimation von den Mitgliedsgemeinden ableiten. Der RGRE als reiner Interessenverein genügt den Anforderungen nach seiner derzeitigen Mitgliederstruktur nicht, um dem Anspruch zu genügen, alle europäischen lokalen Gebietskörperschaften als Spitzenverband zu vertreten.[642] Davon zu unterscheiden ist die eigene Zielsetzung des RGRE wie auch dessen Erscheinung auf der europäischen Bühne. Momentan scheint es, als käme dem Rat – wie auch Eurocities – die Uneinheitlichkeit und nationale Zersplitterung der Interessenverbände zugute, ohne daß sich hieraus ein übergreifender Anspruch ableiten ließe.

Betont sei, daß die praktizierte Lobbyarbeit mit der nötigen und ausreichenden Einbeziehung der kommunalen Gebietskörperschaften in den gemeinschaftlichen Rechtsetzungsprozeß über die institutionellen Möglichkeiten ihre Existenzgrundlage verlieren wird. Die hier getroffenen Aussagen über parallele und einheitliche Organisation der Kommunalvertretung stehen unter der Prämisse der zur verbesserten Einbindung des AdR erörterten Vorschläge.

Hier stellen sich wieder die aufgeworfenen Ausgangsfragen. Hat der RGRE seine Existenzberechtigung wegen der strukturellen Defizite des Ausschusses der Regionen, der mit den ureigensten Aufgaben des RGRE betraut sein sollte? Oder: Wird der RGRE mit der Ausweitung der Befugnisse des AdR überflüssig? Kann die Wunschvorstellung in einem Tandem der kommunalen Interessenvertretung liegen, wobei der AdR die interne Meinungsbildung des EU-Rechtsetzungsprozesses beeinflußt und der RGRE und Eurocities nach außen gegenüber den Kommunen auftreten? Werden dann alle europäischen Kommunen konkludent mitvertreten? – Diese Fragen sollen nun beantwortet werden.

bb) Institutionelle und außerinstitutionelle Interessenvertretung – Kooperatives Miteinander oder gegenläufiges Nebeneinander?

Die abschließende Beurteilung von Sinn und Unsinn lobbyistischer Tätigkeit im Verhältnis zur Einbindung in die „offiziellen" Entscheidungswege einer

---

641 Vgl. *Jaedike/Wollmann,* Kommunale Spitzenverbände, in: Wollmann/Roth (Hrsg.), Kommunalpolitik, S, 306 ff.

642 *Fiedler*, 25 Jahre Europakonferenz der Gemeinden und Regionen, Der Städtetag 1982, 325, bezeichnet ihn daher als Dach-, und nicht als Spitzenverband.

integrierten Institution erfordert eine Betrachtung des kommunalschützenden Idealmodells, in dessen Mittelpunkt ein mit adäquaten Rechten ausgestattetes institutionelles Vertretungsorgan steht. Es geht also um die Zukunft der außer-institutionellen Interessenvertretung, deren für und wider in einzelnen Argumenten abschließend erörtert werden soll.

(1) Konsequenzen einer zersplitterten Interessenwahrnehmung

Die derzeitige defizitäre institutionelle Wahrnehmungsmöglichkeit kommunaler Interessen hat – wie aufgezeigt – zur Folge, daß sich um die Brüsseler Entscheidungsträger eine Reihe von Kommunallobbyisten positioniert haben, deren Zahl und Aktivität im europaweiten Kontext nur schwer überschaubar ist. Hinzu kommt, daß etwaige Überschneidungen seitens der Interessenvertreter billigend in Kauf genommen werden.[643] Die Schwierigkeit der Unterscheidung setzt sich in der Sacharbeit konsequent fort. Fraglich ist, ob nicht der Ausspruch einer Vielzahl dem Grunde nach gleichgelagerter Interessen dem gemeinsamen Anliegen schadet. Entgegen dem eingangs des Kapitels gewählten Beispiel sieht sich der Kommissionsbeamte K nicht einer einzigen, sondern einer ganzen Latte von Lobbyisten gegenübersteht.

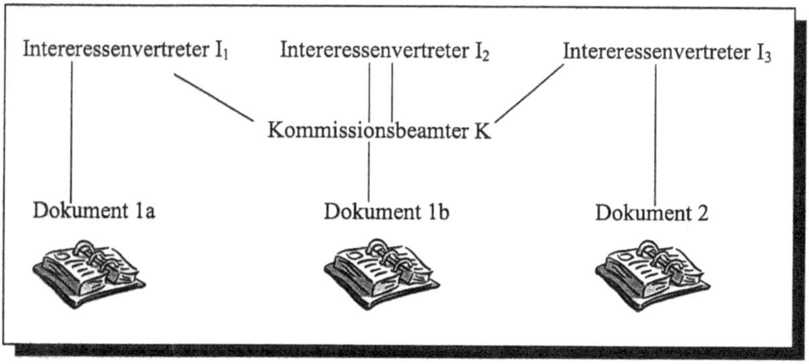

Im Idealfall wird K sich von den Sachargumenten von I_1, I_2 und I_3 überzeugen lassen. Im Normalfall werden darüber hinaus persönliche Kontakte eine Rolle spielen, die zu einer bewußten oder unbewußten Bevorzugung oder Be-

643 Vgl. *Dedy,* Kommunale Einflußnahme auf die Politik der Europäischen Gemeinschaften, VR 1991, 351, der die Existenz des Europabüros der deutschen kommunalen Selbstverwaltung als Mißtrauensbekundung gegenüber dem Rat der Gemeinden und Regionen Europas wertet. Dagegen spricht, daß der RGRE bzw. dessen deutsche Sektion unter anderen Träger des Büros war.

nachteiligung eines Interessenvertreters führen kann. Eine solche Subjektivität läßt sich bei realistischer, d.h. menschlicher, Betrachtung nie ausschalten, schadet aber dem Einflußnahmeprozeß als solchem. Das Einfließen subjektiver Elemente ist ein erstes Gegenargument gegen die außerinstitutionelle Einflußnahme. Im gleichen Moment spricht dies für institutionelle Elemente des Entscheidungsprozesses. Verfasser des entscheidenden Dokuments ist die Institution selbst. Hinter den Sachargumenten steht also nicht die Bereitschaft des Beamten, sich im Einzelfall den Anliegen des einzelnen Interessenvertreters zu öffnen. Der Beamte nimmt die Institution als solche wahr, in deren Hand es liegt, schlagkräftige Positionen einzubringen.

(2) Legitimation und inhaltliche Ausgewogenheit der Einflußnahme

Das einem in bezug auf ein und dieselbe Sachentscheidung vorgelegte Dokument ist je nach Urheber unterschiedlich legitimiert. Je größer der Kreis der dahinter stehenden Interessengruppen, desto größer die Chance einer Rezeption durch die Entscheidungsträger. Die bereits jetzt in der Praxis stattfindenden und in Zukunft noch zu intensivierenden außerinstitutionellen Anhörungsmöglichkeiten richten sich in erster Linie an Einrichtungen, die in der Lage sind, eine bereits ausdiskutierte und zustimmungsfähige Kompromißvorlage einzubringen. Gerade dies ist bei einzelnen Interessenverbänden fraglich, die nur eine geringe Anzahl betroffener Gebietskörperschaften repräsentieren. Nach dem Beispiel hat K infolge einer – im Falle der außerinstitutionellen Interessenwahrnehmung meist informellen – Konsultation eine Reihe von mehr oder weniger divergierenden Vorschlägen übermittelt bekommen. Im Rahmen der institutionellen inhaltlichen Auseinandersetzung wird ein Beschluß einer einzigen Institution vorliegen, der eine gemeinschaftsweite und daher übergreifende Betrachtung zugrunde liegt.

Der Nachteil des institutionellen Beitrags kann darin liegen, daß bei der Verfassung der inhaltlichen Direktive die persönlichen Möglichkeiten oder eigennützigen Vorstellungen des Berichterstatters eine Rolle spielen. Dem ist aber durch eine korrigierende Plenumsdiskussion sowie möglicherweise der Bestellung von mehreren Berichtsautoren, also durch die Ausgestaltung der institutionellen Möglichkeiten vorzubeugen. Zumindest ist die Chance einer ausgewogenen Kommunalvertretung nicht zu unterschätzen. Die übergreifende Auseinandersetzung birgt aber auch die Gefahr, daß ein nötiger Konsens bei begrenzten Entscheidungen nicht zustande kommen kann.

Zurecht läßt sich diese inhaltliche Ausgewogenheit in der derzeitigen Konstellation des Ausschusses der Regionen anzweifeln. Der AdR ist dort stark, wo allgemeine Positionen vertreten werden, welche die dezentralen Körperschaften in ihrer Gesamtheit berühren. Im Fall einer konkreten Maßnahme mit Kommunalbezug müssen sich die kommunalen Gebietskörperschaften mit den regionalen Gliederungen auseinandersetzen, deren divergierende Interessen die aus kommunaler Sicht gebotene Beschlußlage untergraben können.[644] Nötig ist die einheitliche Sicht der kommunalen Anliegen, die nur durch eine Trennung der kommunalen und regionalen Entscheidungen, wie sie in der einheitlichen Institution des Kongresses der Gemeinden und Regionen Europas praktiziert wird, erreicht werden kann. Eine andere Ansicht mochte zeitweise politisch geboten gewesen sein, leugnet aber aus heutiger Sicht die existierenden und sich in der Vergangenheit als hinderlich erwiesenen Gegensätze kommunaler und regionaler Interessen gegenüber den europäischen Entscheidungsorganen.

(3) Verbindlichkeit der verfahrensrechtlichen Beteiligung

Der entscheidende Vorteil der institutionellen Mitsprache kommunaler Gebietskörperschaften am EU-Rechtsetzungsprozeß liegt in der verbindlichen Ausgestaltung seiner Mitwirkungsrechte.[645] Während lobbyistische Zusammenschlüsse auf die Bereitschaft der Entscheidungsträger angewiesen sind, sie mit ihren Positionen zu hören, erfolgt eine in das Institutionensystem eingebundene Kommunalbeteiligung verbindlich, d.h. sie ist in jedem Fall durchzuführen. Der Ausschuß der Regionen bzw. die kommunalen Gebietskörperschaften erhalten hierdurch die Möglichkeit, in einer festgeschriebenen Anzahl von kommunalrelevanten Politikfeldern ihre Argumente in den Meinungsbildungsprozeß einzubringen.

Der Adressatenkreis ist dabei nicht von vornherein beschränkt, beispielsweise auf den zuständigen Kommissionsbeamten, sondern grundsätzlich unbeschränkt auf alle Akteure, die eine Einflußmöglichkeit haben. Der AdR kann sich auf diesem Weg Bündnispartner suchen, die gleichgelagerte oder ähnliche Positionen vertreten, wie er es mehrmals mit dem Europäischen Parlament getan hat. Die rechtsverbindliche Einbindung in den Kreis der entscheidungserheblichen Einrichtungen sichert ihm eine Ausgangsposition zur Verfolgung weitreichender Kommunalinteressen. Im Rahmen der institutionellen Reform

---

644 Vgl. *Mietsch,* Die erste Amtszeit des Ausschusses der Regionen – eine Bilanz, Der Städtetag 1998, 294.

645 Davon zu unterscheiden ist die Wirkung der abgegebenen Stellungnahmen. Die institutionelle Mitwirkung garantiert die verfahrensrechtliche Mitsprache beim Erlaß einer Maßnahme. Dagegen betrifft die inhaltliche Verbindlichkeit die rechtliche oder politische Beeinflussung des Meinungsbildungsprozesses. Zur Bindungswirkung der Dokumente des AdR S. 169 ff.

sind ausreichenden Vorkehrungen zu treffen, daß Stellungnahmen des Ausschusses auch justiziabel werden, um die nötigen Einflußnahmerechte durchsetzen zu können. Die hier aufgedeckten Defizite sind zu beheben.

(4) Außenwirkung und Bürgernähe

(a) Bürgernähe und Außerinstitutionelle Interessenvertretung

Die kommunalen Gebietskörperschaften spielen bei den mit dem Weißbuch „Europäisches Regieren" verfolgten Zielen der Europäischen Kommission eine ausdrücklich erwähnte Rolle auf dem Weg zu einem bürgernahen Europa.[646] In Hinblick auf eine derartige Ausgestaltung der kommunalinstitutionellen Voraussetzungen muß dies bedeuten, daß die eingerichtete und gestärkte Vertretung kommunaler Interessen diesen hehren Anforderungen genügen muß.[647] Genau hier trifft der Ausschuß der Regionen an seine Grenzen. In der Vergangenheit hat sich gezeigt, wie schwer es ist, eine funktionale Einrichtung zu schaffen, die einen repräsentativen Querschnitt aller dezentralen Einheiten der Mitgliedstaaten umfaßt.[648] Nur dann können die Vorstellungen einer bürgernahen Einrichtung verwirklicht werden, die bereits bei der Schaffung des Ausschusses der Regionen für eine Vertretung der regionalen und kommunalen Gebietskörperschaften ins Feld geführt wurden.[649] Bedingung für den Erwerb der Mitgliedschaft ist das Innehaben eines regionalen oder kommunalen Wahlmandats.

Alle Delegierte vertreten im AdR zugleich die regionalen oder lokalen Gliederungen ihres Herkunftslandes. Diese Rückkopplung verleiht ihrer Arbeit a priori ein besonders Gewicht. Zugleich ist es aber angesichts der aus funktionalen Gründen begrenzten Gesamtzahl der Mandatsträger im Ausschuß nicht möglich, gleichzeitig alle Interessenströmungen darzustellen. Hinzu kommt der häufig angeführte und mit der Bürgernähe eng verknüpfte Aspekt der Vermittlung des europäischen Gedankens im allgemeinen und der kommunalrelevanten Gemeinschaftsrechtsetzung im besonderen gegenüber den Unionsbürgern. Die Bürgernähe Europas projiziert auf den AdR umfaßt daher zwei Dimensionen:

---

646 KOM (2001) 428 endg.; vgl. auch *Bohr,* Europa auf dem Weg zum bürokratischen Zentralismus, 1991 und *Leitermann,* Bürgernähe ohne Kommunen?, Europa kommunal 1995, 114 ff.

647 Vgl. *Chabert,* Europa braucht ein festes Fundament, Der Städtetag 12/2000, 34.

648 So das Konsultationsdokument des Konvents *„Die regionale und lokale Dimension Europas"*, CONV 518/03.

649 Vgl. *Baltsch,* AdR schließt demokratische Lücke, Europa kommunal 1994, 110 ff., die ihrerseits den griechischen Außenminister und damaligen Ratspräsidenten *Tschochatozopoulou* zitiert.

Die demokratische Verwurzelung der Ausschußmitglieder in den dezentralen, bürgernahen Gebietskörperschaften und die Distanz europäischer Stellen zum Bürger einschließlich der Akzeptanz der für den Bürger wahrnehmbaren Entscheidungen.

Die interne Wahrnehmungsebene gegenüber den Gemeinschaftsorganen muß aus den genannten Ursachen ein in seinen Mitwirkungsrechten gestärkter und neu ausgerichteter Ausschuß der regionalen und lokalen Gebietskörperschaften besetzen. Spielraum für kommunale Interessenverbände besteht dort, wo die Beteiligung außerhalb der institutionellen Möglichkeiten liegt. Nötig ist es, hierfür die ansatzweise skizzierte außerinstitutionelle Schiene nach ihren einzelnen Schwerpunkten aufzugliedern.

(b) Zukünftige Rolle der Informationsbüros

Bei der Verwirklichung der eben aufgezählten Ideale können die Informationsbüros als Vertretungen einzelner Teile der Gesamtheit der lokalen Gliederungen, wie sie im Ausschuß der Regionen repräsentiert werden, eine wichtige Rolle einnehmen. Durch die teilweise unmittelbare Rückkopplung ihrer Tätigkeit mit den kommunalen Gebietskörperschaften dienen sie der Informationsvermittlung[650], auch über die kommunalspezifische Tätigkeit des Ausschusses der Regionen. Sofern der AdR an seine Grenzen stößt, können die Interessenvertreter Bindeglied zwischen der lokalen Ebene und der für sie geschaffenen Einrichtung sein. Die institutionelle und außerinstitutionelle Vertretungsebene stehen dann in einem Subsidiaritätsverhältnis zueinander. Die Lobbyisten werden nur dann tätig, wenn der Ausschuß der Regionen seine Aufgaben nicht ausreichend wahrnehmen kann und daher die Vermittlung besser durch die außerinstitutionellen Stellen geschehen kann. Davon unberührt bleibt die interne inhaltliche Auseinandersetzung mit den Entscheidungsträgern, die ausschließlich dem institutionellen, formellen Weg vorbehalten bleibt, wohlwissend, daß damit die lobbyistischen Besitzstände ihrer ureigensten Aufgabe beraubt werden. Die nationalen oder regionalen Spitzenverbände bleiben aber aufgefordert, ihren Beitrag zur bürgernahen Ausgestaltung des Integrationsprozesses zu leisten, indem sie die Informations- und Verständnisvermittlung über die einschlägigen Stellen in Brüssel „vor Ort“ voranbringen.

(c) Existenzberechtigung eines europäischen Spitzenverbandes?

Von den reinen Informationsbüros zu unterscheiden sind die politischen Verbände Eurocities und der Rat der Gemeinden und Regionen Europas. Beide

---

650 *Heberlein,* Europa der Kommunen, S. 34.

nehmen für sich in Anspruch, die europäischen Großstädte bzw. kommunalen Gebietskörperschaften auf europäischer Ebene zu repräsentieren.[651] Daß dies zumindest quantitativ nicht der Realität entspricht, wurde bereits festgestellt.[652] Dennoch nehmen sie eine allgemeinpolitische Funktion wahr, die zum derzeitigen Stand der Beteiligung dezentraler Ebenen im Einigungswerk wichtig ist, ohne zugleich europäischer kommunaler Spitzenverband zu sein, dessen Bildung mehrfach versucht, letztlich aber gescheitert ist. Ihre kommunale Interessenvertretung wird sich einer verstärkten Legitimationsprüfung unterziehen müssen. Das Scheitern der Bildung eines europaweiten Spitzenverbands zeigt ja gerade, daß eine wünschenswerte Einheitlichkeit kommunaler Interessenvertretung auf europäischer Ebene nicht herzustellen ist. In der Konsequenz hieraus sind die Delegierten der kommunalen Gebietskörperschaften, die über die nationalen Benennungsmechanismen häufig zugleich Positionen innerhalb der nationalen kommunalen Spitzenverbände einnehmen[653], letztlich nationale Vertreter der Spitzenverbände. Die nationalen Verbände und der Ausschuß der Regionen erzeugen daher bereits jetzt gegenseitig Wechselwirkungen, die für den kommunalen Dialog im AdR nur fruchtbar sein können. Die Bildung eines europäischen kommunalen Spitzenverbands in enger Verknüpfung und Ergänzung zum institutionellen Weg kann der Meinungs- und Konsensbildung sowie der Untermauerung oder Verbreitung der gefaßten Beschlüsse im Ausschuß nicht abträglich sein. Die verbandliche Seite fungiert dann wiederum als Transmitter gegenüber den betroffenen kommunalen Gebietskörperschaften, ähnlich wie im gerade gezeichneten Modell die gegenüber der jetzigen Form reduzierten kommunalen Informationsbüros.

Mit der Stärkung des Ausschusses der Regionen nach dem oben vorgestellten Modell werden die inoffiziellen Stellen der Kommunalvertretung zwar weiter existieren, aber in ihrer Rolle als übergreifende europäische Kommunalverbände in der Europäischen Union neben den Spitzenverbänden an Bedeutung verlieren. Eine Lücke könnte sich aber dort ergeben, wo die Europäische Union sprichwörtlich an ihre Grenzen stößt. Sowohl der RGRE als auch Eurocities haben sich der Integration osteuropäischer Kommunen verschrieben, sei es durch die verwaltungsmäßige Unterstützung oder politische Hilfestellungen. Auch nach der EU-Osterweiterung könnten sie die kommunale Europaarbeit, z.

651 Dem offensichtlich zustimmend *Thränhardt,* Die Kommunen und die Europäische Union, in: Wollmann/Roth (Hrsg.), Kommunalpolitik, S. 369 f.

652 Zu dieser Unterscheidung auch *Heberlein,* Europa der Kommunen, S. 33.

653 So zum Beispiel die Benennung in der Bundesrepublik, wo die drei kommunalen Spitzenverbände sich je ein Mandat und ein Stellvertretermandat im AdR teilen; gleiches gilt in den anderen Mitgliedstaaten, wie z. B. in Frankreich mit der Association des Maires de France (AMF).

B. in Hinblick auf Städtepartnerschaften[654] oder die interkommunale grenznachbarschaftlich Zusammenarbeit an den EU-Außengrenzen, stützen.[655] Davon zu unterscheiden ist der Austausch der europäischen kommunalvertretenden Institutionen untereinander, allen voran des KGRE und des AdR. Hier sind die bereits vorzufindenden institutionellen Voraussetzungen[656] über gemeinsame Arbeitsgruppen oder ähnliches zu intensivieren.

(5) Zusammenfassung

Mit der vorgestellten Reform des Ausschusses der Regionen und der Stärkung der kommunalen Rechte im Ausschuß wird sich auch die außerinstitutionelle Landschaft verändern. Der AdR muß der Ort werden, in dem alle europakommunalen, die europäische Union betreffenden Stränge zusammenlaufen. Hierfür sprechen die Verbindlichkeit der durchzuführenden Konsultation gegenüber den entscheidenden Stellen mit dem Versuch des Ausschlusses der der außerinstitutionellen Einflußnahme beiwohnenden Subjektivität und die Einheitlichkeit der kompromittierten Stellungnahmen, die in einem übergreifenden Konsens einer europaweiten Betrachtung aus der Sicht der gemeinschaftlichen und der nationalen Interessen entspringen, gegen die zersplitterte und unüberschaubare Tätigkeit der lobbyistisch konzipierten Vertretungen.

Die Tätigkeit der außerinstitutionellen Interessenvertretungen kann auch in Zukunft neben einem kommunal-gestärkten AdR koexistieren, während die übergreifenden europäischen Kommunalverbände wie Eurocities und der RGRE nur über die Einbindung in den Ausschuß berechtigterweise die europakommunalen Interessen wahrnehmen sollten. Aus der bisherigen Zersplitterung der Interessenvertretung, die letztlich Konsequenz der schwachen strukturellen Ausstattung des Ausschusses der Regionen ist, muß eine möglichst geballte, nicht notwendigerweise einheitliche, wohl aber kompromißfähige kommunale Arbeit auf europäischer Ebene werden. Als Leitbild kann dabei nur der Ausschuß der Regionen dienen, der, eingebunden in das Institutionensystem der Europäischen Union, Ausgangs- und Endpunkt aller Bestrebungen der kommunalen Gebietskörperschaften sein soll, mit dem Ziel einer der Betroffenheit Rechnung tragenden Mitsprache im Europäischen Einigungsprozeß.

---

654 Vgl. *Fiedler*, 25 Jahre Europakonferenz der Gemeinden und Regionen, Der Städtetag 1982, 326.

655 Vgl. *Baltsch*, Mehr Rechtssicherheit und weniger Bürokratie, Europa kommunal 2002, 3 ff.

656 Mit der gemeinsamen Kontaktgruppe; vgl. auch *Link*, Europarat und EG – Arbeitsteilung oder Konkurrenz?, in: Schmuck (Hrsg.), Vierzig Jahre Europarat, S. 99 ff.

Die schon bisherige Verknüpfung der Ausschußdelegierten mit den kommunalen nationalen Spitzenbänden legt den Schluß nahe, zur Begleitung der Arbeiten im Ausschuß einen europäischen kommunalen Spitzenverband zu initiieren, der durch die enge Beziehung mit der Institution den Ausschuß zusätzlich legitimiert. Umgekehrt dient der Verband der flächendeckenden Vermittlung der Arbeiten des AdR und der nötigen Informationsvermittlung über die Wechselwirkungen der europäischen und kommunalen Gebietskörperschaften. Nur so wird der allseitigen Forderung nach Bürgernähe und demokratischer Rückkopplung wirklich entsprochen.

c) Einbindung der Zivilgesellschaft am Beispiel des KGRE beim Europarat

Um eine Aufrechterhaltung der bisherigen Parallelstruktur zu vermeiden, bedarf es einer Einbindung der außerinstitutionellen Verbände in die Arbeit des Ausschusses der Regionen. Als Modell kann hier die Praxis der Kongresses der Gemeinden und Regionen Europas beim Europarat dienen, bezüglich derer auf die im dritten Kapitel gemachten Ausführungen verwiesen werden soll.[657]

Nach Art. 5 seiner Charta hat der KGRE die Möglichkeit, Verbände und Vereinigung über die Verleihung eines Gaststatus[658] in seine Arbeit einzubeziehen.[659] Konsequenz der Verbindung institutioneller und außerinstitutioneller Elemente ist die weitgehende Beteiligung an den Sitzungen des Kongresses und seiner Gliederungen mit Ausnahme des Stimmrechts. Hierdurch findet ein reger Informationsaustausch zwischen den Verbänden und Vereinigungen einerseits und den europäischen Kommunalvertretern des Kongresses andererseits statt.

Eine entsprechende Forderung läßt sich aus Sicht der Europäischen Union mit der im Governance-Weißbuch geäußerten Absicht der Europäischen Kommission begründen, Transparenz und Bürgernähe auch durch die Einbindung von Akteuren der Zivilgesellschaft herstellen zu wollen. Für die kommunalen Lobbyisten kann dies die Eröffnung eines geordneten Forums zur Äußerung ihrer Anliegen bedeuten, was angesichts der derzeitigen kommunalspezifischen Schwächen des AdR auch konsequent erscheint.[660] Mit einer Stärkung des AdR

657 Vgl. die Ausführungen auf S. 254 ff.

658 Zu den aktuellen Gästen im KGRE vgl. S. 254.

659 Vgl. schon *Fiedler*, 25 Jahre Europakonferenz der Gemeinden und Regionen, Der Städtetag 1982, 325.

660 Dabei ist nochmals zu betonen, daß die Europäische Kommission, allen voran ihr Präsident, mit der Vorstellung des zitierten Weißbuchs, zwar eine Lawine mit Ideen zur Neuordnung der europäischen Entscheidungsmechanismen losgetreten hat, sich das Weißbuch selbst aber ausschließlich auf die Verbesserung des Rechtsetzungsprozesses nach dem zum Zeitpunkt seines Erscheinens vorherrschenden institutionellen Systems

einher muß auch der Alleinvertretungsanspruch als kommunale Institution der Europäischen Union einhergehen, woraus zugleich eine Zurückdrängung des außerinstitutionellen Engagements resultiert. Die Konsultation der Lobbyisten durch die Kommission oder andere Organe kann dann nur noch subsidiär erfolgen. Die Berücksichtigung kommunaler Anliegen, auch der Interessenverbände, ist dann Teil der umfassenden Aufgabe des Ausschusses der Regionen. Die Einbindung kommunaler außerinstitutioneller Interessenvertreter der Zivilgesellschaft erfolgt sachnah beim AdR, welcher ihnen die Möglichkeit einer Mitsprache im Rechtsetzungsprozeß eröffnet und selbst die Chance bekommt, die möglicherweise spezielleren Argumente der Verbände und Vereinigungen zu berücksichtigen. Auch hier muß ein Umdenken stattfinden.

IV. Inhaltliche Neuorientierung hin zu einem Europa der Kommunen

1. Finalität, Rationalität und Verhältnismäßigkeit kommunalen Einflusses

a) Einführung

Was kann Europa der Kommunen bedeuten? Welche Faktoren müssen hinzukommen, daß die hier schlagwortartige Forderung erfüllt werden kann? In welchem Verhältnis stehen die kommunalen Gebietskörperschaften dann zu den anderen staatlichen Ebenen?

Mit der Subsumtion unter die Begriffe Forderung, Wunschvorstellung, Zielgerichtetheit ist ein Teil der Antworten schon vorweggenommen. Es kann sich dabei nur um mehr oder weniger realistische Ziele handeln, also um ein Bündel von Ideen, welche eine aktive Mitwirkung der kommunalen Gebietskörperschaften in diametraler Relation zu ihrer Betroffenheit im europäischen Einigungsprozeß voraussetzen. Das Schlagwort der Finalität steht dabei zunächst im Vordergrund. Bis in die 90er Jahre hinein wurde die offene Definition des Ziels und der weiten Zukunft des Europäischen Einigungswerks gescheut, ging es doch bisher immer – wenn auch teils in kleinen Schritten – nach vorne. Mit der Rede Außenminister *Fischers* in Berlin war dieser Bann gebrochen.[661] Seitdem

---

gründet. Der Entwurf eines übergreifenden Zukunftsentwurfs bleibt nach der Kompetenzordnung der Union dem Vertragsgeber selbst überlassen.

661 „*Vom Staatenverbund zur Föderation Gedanken über die Finalität der europäischen Integration*“, Rede am 12. Mai 2000 in der Humboldt-Universität in Berlin; veröffent-

ist ein Prozeß der intensiven Diskussion angebrochen, der in der Bildung des Konvents zur Zukunft Europas gipfelte. Nach der Ausarbeitung der Europäischen Grundrechtecharta ist dies der zweite Anlauf, im Rahmen einer derartigen Versammlung die Zukunft der Europäischen Union zu gestalten.

Machten die kommunalen Gebietskörperschaften entsprechend dem europäischen Zeitgeist lange den punktuellen Fortschritt mit, so gilt es nun, sich in der Debatte mit ganzheitlichen Konzepten zu beteiligen, die die Position der Kommunen im zukünftigen Europa beschreiben. Der Blick kann hier auch über den Konvent hinausgerichtet werden, da die Forderungen nach einer optimalen Beteiligung über die Konventsresultate hinaus Bestand haben sollen. Freilich wird sich mit einem Europäischen Verfassungsvertrag[662] die längerfristige Perspektive verschieben. Geht man bei dem derzeitigen Stand davon aus, daß auch nach der Verabschiedung des Entwurfs eines solchen Vertrags die Stellung der kommunalen Gebietskörperschaften verbesserungsbedürftig bleibt, so ist die derzeitige Diskussion guter Ausgangspunkt für ein längerfristiges Konzept kommunaler Beteiligung in Europa.

Dabei ist aber noch nichts über die tatsächliche Gestalt der Beteiligung der Kommunen am europäischen Aufbauwerk gesagt. Vernünftig im Sinne eines rational gesteuerten Handelns ist aber noch lange nicht jede Äußerung eines Kommunalpolitikers und Interessenvertreters, die ins Blaue hinein von der Rolle der Kommunen in Europa sprechen. Natürlich ist es gerade Aufgabe der Lobbyisten und Praktiker, sich gegenüber den Entscheidungsträgern vehement für die kommunalen Positionen einzusetzen, sofern es *die* kommunale Position überhaupt gibt. Es macht wenig Sinn, nur das erwünschte Mindestmaß an Einfluß einzufordern und sozusagen das punktuelle Ziel zur Handlungsmaxime zu erheben. Zu einer Einigung unter dem denkbaren realistischen Maß würde es dann stets kommen, wenn die entsprechenden Forderungen mit dem jeweiligen Ziel gleichzusetzen wären oder sogar noch darunter bleiben würden. Wissenschaftlich aufbereitet läßt sich dieses Phänomen in folgender Graphik zusammenfassen:

---

licht unter http://www.auswaertiges-amt.de/www/de/infoservice/download/pdf/reden/2000/r000512a.pdf.

662 Zur Diskussion um einen Europäischen Verfassungsvertrag *Blumenwitz,* Wer gibt die Verfassung Europas, Politische Studien, Sonderheft 1/2003, 47 ff. m.w.N.; *Schwarze,* Auf dem Wege zu einer europäischen Verfassung, DVBl. 1999, 1677 ff.; *Flauss,* Auf dem Wege zu einer europäischen Verfassung – Wechselwirkungen zwischen europäischem und nationalem Verfassungsrecht aus französischer Sicht, in: Schwarze/Müller-Graff, Europäische Verfassungsentwicklung, EuR Beiheft 1/2000, 31 ff.; zum Begriff *Cromme,* Verfassungsvertrag der Europäischen Union – Begriff und Konzept –, DÖV 2002, 593 ff.; *Stein, Torsten,* Europas Verfassung, FS Krause, S. 233 ff.

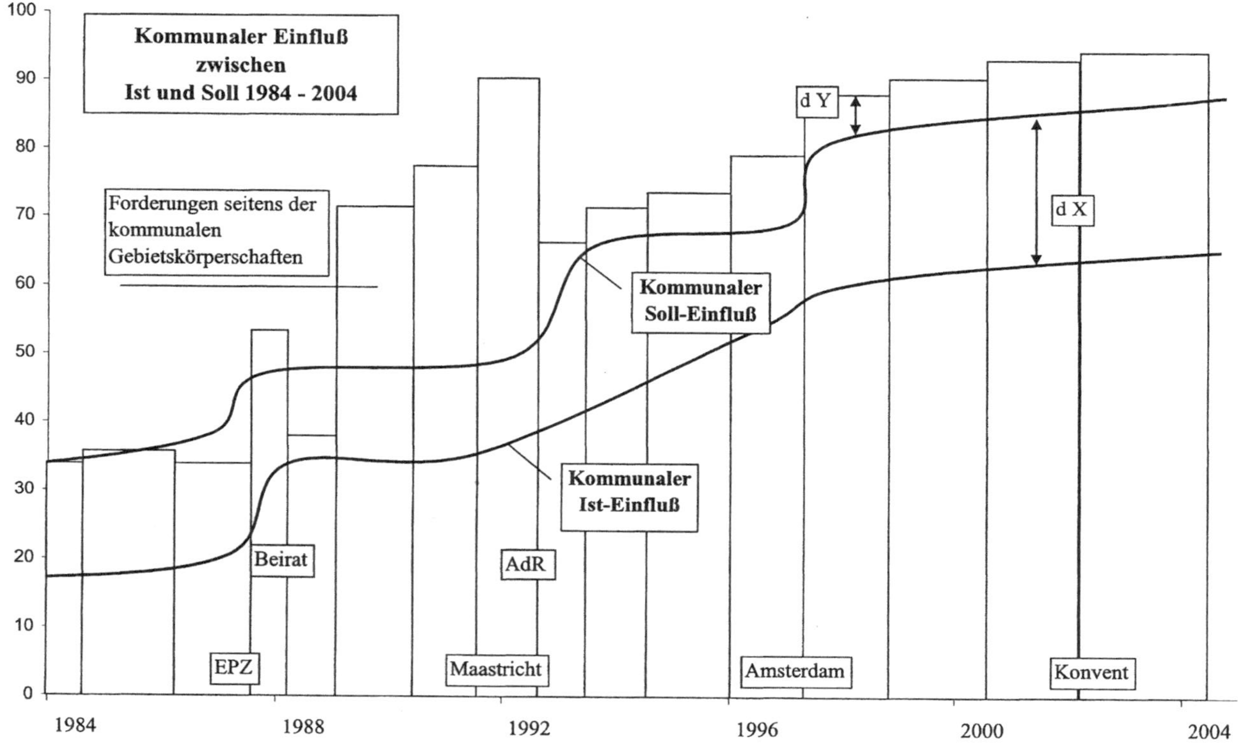
Kommunaler Einfluß
zwischen
Ist und Soll 1984 - 2004
Forderungen seitens der
kommunalen
Gebietskörperschaften
Kommunaler
Soll-Einfluß
Kommunaler
Ist-Einfluß
d Y
d X
Beirat
AdR
EPZ
Maastricht
Amsterdam
Konvent
100
90
80
70
60
50
40
30
20
10
0
1984
1988
1992
1996
2000
2004

b) Modell des kommunalen Einflusses im fortschreitenden Einigungsprozeß

Für die einleitende Problematisierung und Sensibilisierung eignet sich die eher ökonomisch-mathematische Darstellungsweise insofern, als sie bestimmte Prämissen setzt, die ohne das Ergebnis vorwegzunehmen, als Leitlinien für die nachstehenden Ausführungen gelten können.

Betrachtet man die Zeitachse der europäischen Einigung seit den 80er Jahren, so blieb über einen gewissen Zeitraum der kommunale Einfluß mehr oder weniger konstant. Die Einflußnahme war auf eine außerinstitutionelle oder innerstaatliche Mitwirkung begrenzt. Erst die Europäische Politische Zusammenarbeit (EPZ) nach der Einheitlichen Europäischen Akte (EEA) 1986 und nach der Installation des Beirates der regionalen und lokalen Gebietskörperschaften bei der Kommission führte zu einem Anwachsen des kommunalen Einflusses. Die Graphik geht also davon aus, daß der kommunale Einfluß mit der institutionellen Interessenvertretung stetig wächst, wobei nach einer gewissen Zeit nach der Einrichtung des Beirats ein Sättigungseffekt eintritt, der einerseits auf die – hier vorausgesetzte – Ausnutzung der strukturellen Möglichkeiten und andererseits auf die Akzeptanz durch die Entscheidungsträger zurückzuführen ist. Eine weitere, proportional größere Steigerung des Einflusses ist mit dem Maastricht-Vertrag zu vermelden, dem bisher größten Schritt auf dem Weg zu einem Soll-Zustand.

Daß der Anstieg des kommunalen Einflusses nach der Einrichtung des AdR weniger sprunghaft war als bei der des Beirats ist darauf zurückzuführen, daß die Position des Beirats von Anfang an viel klarer war mit der Zuordnung zur Kommission. Der AdR hingegen wurde in der Anfangszeit seines Wirkens als neues Nebenorgan der Gemeinschaft kritisch beäugt und mußte sich seine Position im institutionellen Gefüge erst sichern. Dieser Behauptungsprozeß geht einher mit einem leichten Anstieg der Einflußnahmekurve. Unberücksichtigt bleibt dabei, daß auch mit der Institutionalisierung die außerinstitutionelle Interessenvertretung nicht weggefallen ist, sondern zumindest quantitativ intensiviert wurde. Die Frage, ob eine Ausweitung der außerinstitutionellen Vertretung eine Stärkung oder eine Schwächung des kommunalen Einflusses angesichts der insynergetischen Parallelstruktur bewirkt, kann nicht problematisiert werden. „Statistisch“-empirisch erfaßt werden soll im grundlegenden analytischen Modell lediglich ein angedeuteter Mittelwert. Genauso wird vernachlässigt, daß der AdR wie zuvor der Beirat sowohl die kommunale als auch die regionale Seite umfaßt. Die Einflußnahmekurve ist das geschätzte kommunale Exzerpt aus dem Gesamteinfluß des Ausschusses. Unerheblich ist in der modellhaften Darstellung ohnehin, auf welche Faktoren die absolute Einflußnahmegröße zurückzuführen ist. Ziel ist der Versuch der Darstellung einer relativen Bezugsgröße im Verlauf der europäischen Einigung seit den 80er Jahren.

Der hier angenommene Soll-Zustand bemißt sich nicht an den durchschnittlichen Forderungen, sondern am Ausgleich der von den Kommunen hinzunehmenden Einbußen. Dies ist insofern von Bedeutung, als daß der kommunale Soll-Einfluß als dynamische Größe betrachtet wird, die vom jeweiligen Stand der Integration abhängig ist. Daß von diesem Level auch die Tragweite der erhobenen Forderungen abhängt, zeigt die stetige Differenz Δ y, die zum Teil im negativen Bereich angesiedelt werden kann. Die kommunalen Vertreter haben dann angesichts der politischen Realisierbarkeit weniger gefordert, als dem eigentlichen Standpunkt der kommunalen Gebietskörperschaften hätte zustehen müssen.

Klarer ersichtlich ist, daß lange Zeit die Forderungen unter dem heutigen Ist-Zustand lagen. Gerade hieran wird die Dynamik des Integrationsprozesses deutlich, nämlich, daß innerhalb kürzerer Zeitperioden neue Facetten auftreten können und sich neue Perspektiven eröffnen.

Zur Verdeutlichung sollen nochmals die Differenzen Δ y und Δ x beschrieben werden. Dies ist notwendig, da im Laufe der Integration die relativen Werte immer kleiner werden. Daraus ließe sich schließen, daß durch die immer größere relative Differenz zwischen dem Ist-Zustand als der tatsächlichen kommunalen Mitsprache im europäischen Entscheidungsprozeß und dem Soll-Zustand wie auch der Differenz zu den erhobenen Forderungen der Prozeß kommunalfreundlich bzw. -erfreulich verlaufen ist. Hier muß noch einmal die Relativität des Modells betont werden. Mit der Steigerung des kommunalen Einflusses einher geht immer eine engmaschigere europäische Entscheidungszuständigkeit, die – wie oben dargestellt – auch zu Lasten der Kommunen geht, was die Soll-Kurve aufzeigt. Das bedeutet zugleich, daß sich auch die Bezugsgrößen ständig verändern, die Ausgangsbasis stets größer wird und relativ dazu eine Steigerung in der zunächst realen Dimension schwieriger wird.[663]

Hinzu kommt, daß auch die Ansprüche an die europäische Einigung steigen. Zwar ist die Zukunft der Union noch immer unklar, d. h. die herauszubildenden Strukturen des politischen Fusionsprozesses sind noch offen. Doch die momentane Situation läßt durchaus eine Bestandaufnahme zu, die sich am Ideal (=Soll) orientieren kann. Es handelt sich bei der Union also nicht mehr um ein bloßes Experiment, bei dem die Versuchsabfolge nicht bestimmbar ist, sondern um ein

663 Diese Überlegung erinnert an die Sättigungskurve des Wirtschaftswachstums, bei der mit jedem Jahr Wachstum die Ausgangsbasis größer wird, die Beibehaltung des Wachstumsniveaus also noch größerer Expansionsanstrengungen bedarf.

konkretes Gebilde, dessen unterschiedliche Interessens- und Organisationsströme bestimmbar und damit auch einer zielgerichteten Kritik und Lenkung offen sind. Daher scheidet das Argument der scheinbar nur geringen Differenz zwischen Soll und Ist als Rechtfertigung eines Stillstandes der Integration kommunaler Gebietskörperschaften aus. Die Bestrebungen müssen sich unter Berücksichtigung aller gegenläufigen Interessen genau dem Soll-Zustand annähern.

Mit der Einrichtung einer institutionellen Basis geht ein weiteres Phänomen einher. Durch die Einbindung in vorgegebene Strukturen, als echten Fortschritt verstanden, werden auch die erhobenen Forderungen an den Soll-Zustand angenähert, die Differenz Δ y wird also kleiner, die die Relation der geäußerten Vorstellungen von kommunalem Einfluß und dem gerechtfertigten Einfluß darstellt. Dieser in der Politikwissenschaft beim Wechsel von Oppositionspolitikern auf die Regierungsbank häufig zu findende Prozeß der relativen Anpassung an realistische Ziele kommt auch hier zum Tragen. In anderer Hinsicht ist auch verständlich, daß sich nun kommunale Forderungen zunächst eher auf die Verbesserung des bereits Erreichten als ersten Schritt beschränken, als den nächsten zweiten großen Schritt zu wagen. Daß ein solcher Überhang Δ y aber in jedem Fall aus politischen Gründen notwendig ist für die Konsensbildung, wurde schon ausgeführt.

Für die weitere Unterscheidung wird nicht das politische Ideal von Seiten der kommunalen Interessenvertreter, sondern die Differenz zwischen Ist- und Soll-Zustand Δ x von Interesse sein, mit dem Ziel, beide relative Werte anzunähern. Dabei ist es wohl kein Zufall, daß die mathematische Berechnung dieser Werte bezogen auf den fortdauernden Einigungsprozeß als Integration bezeichnet wird. So ausgedrückt ist also die Integration im mathematischen Sinne

$$\int_{t=0}^{\infty} \text{Soll } t \, dt \quad - \quad \int_{t=2003}^{\infty} \text{Ist } t \, dt$$

Gegenstand des weiteren Diskurses.

c) Kommunale Gebietskörperschaften als Teil des gemeinschaftsrechtlichen Abwägungsprozesses

aa) Verhältnismäßigkeit des kommunalen Einflußnahmemodells

Im juristischen und nicht im mathematischen Sinn sind bei der Normbildung die unterschiedlichsten Interessen zu berücksichtigen, untereinander abzuwägen und sich dann für das eine oder andere Rechtsgut zu entscheiden. Solche widerstreitenden Interessen sind aus der nationalen Rechtssphäre bekannt, treffen aber im europäischen Einigungsprozeß noch geballter aufeinander. Versinnbildlichen läßt sich dies an der Zahl der verschiedensten Interessenvertreter, deren Zahl in Brüssel mittlerweile auf über 50.000 geschätzt wird.[664] All diese Interessen gilt es im gemeinschaftsrechtlichen Rechtsetzungsprozeß zu berücksichtigen. Diese Annahme ist deshalb äußerst wichtig, weil sie zur Selbstbeschränkung mahnt, die selbst bei einer kommunalfreundlichen Ausrichtung zu wahren ist. Die kommunalen Gebietskörperschaften sind ein Puzzleteil im Europäischen Einigungswerk. Nicht mehr und nicht weniger. Alle Forderungen sind daher einer Verhältnismäßigkeitsprüfung[665] zu unterwerfen, in dem die kommunalen Interessen mit anderen abgewogen werden. Sie müssen inhaltlich

- einem legitimen Zweck dienen,
- geeignet sein, kommunalschützende Zwecke zu verfolgen,
- erforderlich sein, also unter mehreren zur Verfügung stehenden Maßnahmen das kommunalschützendste sein und
- geboten sein, d. h. verhältnismäßig i. e. S. sein, also einer umfassenden Abwägung aller zu berücksichtigenden Interessen zugeführt werden.

Für die folgende Prüfung ist vor allem die Gebotenheit zu beachten. Welche Aspekte müssen für einen Kommunalschutz vorgebracht werden? Welche Einschnitte haben die kommunalen Gebietskörperschaften in Hinblick auf sie treffende Entscheidungen hinzunehmen, um andere schützenswerte Güter und Ziele zur Geltung zu bringen?

Als Maßstab im Abwägungsprozeß kann auf die kommunale Betroffenheit zurückgegriffen werden. Sie kann Richtschnur jeder kommunalen Innovation

664 Vgl. *Prunzel,* Die Rolle des Europabüros der deutschen kommunalen Selbstverwaltung, in: Henneke (Hrsg.), Kommunen und Europa – Herausforderungen und Chancen, S. 60.

665 Die Verhältnismäßigkeit ist im Gemeinschaftsrecht als allgemeiner Rechtsgrundsatz anerkannt.

im europäischen Gefüge sein. Hierdurch wird auch eine klare Abgrenzung zu privaten Interessengruppen ermöglicht, indem die hervorgehobene Rolle der kommunalen Gebietskörperschaft als die unterste staatliche Einheit, die allen Mitgliedstaaten gemeinsam ist[666], verdeutlicht wird. Diese Bedeutung messen nicht nur Kommunalvertreter, sondern auch andere Akteure des Entscheidungsprozesses den Kommunen zu. Bestes Beispiel ist das Europäische Parlament – wenn auch zum Teil aus altruistischen Gründen – bei der Bildung des Ausschusses der Regionen. Aber auch die Kommission hat in jüngster Zeit auf die Rolle der Kommunen in einem bürgernahen und demokratischen Europa hingewiesen.[667] Diese Schlagworte verdeutlichen zugleich die besondere Ausgangssituation der kommunalen Gebietskörperschaften, die in die Abwägungsprozesse der Entscheidungsfindung eingebracht werden muß.

bb) Regional-kommunales Tandem?

Häufig werden die Regionen und Kommunen als dezentrale Einheiten im Staatsaufbau der meisten EU-Mitgliedstaaten in einem Atemzug genannt. Im Integrationsprozeß ist der beiderseitige Zusammenhang praktisch und historisch bedingt. Nur im Verbund war das bisher Erreichte möglich. So verhalfen die Regionen – namentlich vor allem die deutschen Bundesländer – den Kommunen in den Ausschuß der Regionen. Beim Europarat ist der kommunale Schutz durch die Europäische Kommunalcharta Vorbild für die künftige Europäische Regionalcharta[668], die das Recht auf regionale Selbstverwaltung hervorheben soll. Teilweise wird dies von vehementen Regionalvertretern anders gesehen, die die Kommunen als Trittbrettfahrer sehen.[669] Dies ist schon deshalb fragwürdig, weil viele Mitgliedstaaten über überhaupt keine regionale Ebene verfügen und eine Einrichtung, in der bestimmte Mitgliedstaaten durch ihre innerstaatliche Struktur von vornherein ausgeschlossen sind, seitens der Vertragsgeber nicht gewollt war. Die kommunalen Gebietskörperschaften nehmen demzufolge als in allen Mitgliedsländern vorhandene dezentrale Ebene eine starke Rolle ein, die nicht einfach mit der politischen Stärke der Regionen mit Legislativbefugnissen, allen voran den deutschen Bundesländern, abgetan werden kann.[670]

---

666 Zur europäischen Kommunalstruktur oben S. 48 ff.

667 Vgl. das Governance-Weißbuch, KOM (2001) 428 endg., ABl. 2001 C 287/1.

668 Vgl. zur Gemeinschaftscharta der Regionalisierung *Knemeyer,* Die Europäische Regionalcharta – ein Meilenstein auf dem Weg zu einem Europa der Regionen, in: Knemeyer (Hrsg.), Europa der Regionen – Europa der Kommunen, S. 69 ff.

669 *Kalbfleisch-Kottsieper,* Fortentwicklung des Föderalismus in Europa – vom Provinzialismus zur stabilen politischen Perspektive, DÖV 1993, 541 ff.

670 Vgl. *Würtenberger,* Auf dem Weg zu lokaler und regionale Autonomie in Europa, in: Geis/Lorenz (Hrsg.), Staat, Kirche, Verwaltung, FS Maurer, 2001, S. 1053 ff.

Im Zuge der Integration haben sich Kommunen und Regionen trotz teilweise gegenläufiger Interessen zu einem wirkungsvollen Tandem entwickelt, das sich gegenseitig fördert und fordert. Daß eine Mitwirkung der kommunalen und regionalen Gebietskörperschaften am gemeinschaftlichen Rechtsetzungsprozeß keine Selbstverständlichkeit ist, zeigen die historischen Zusammenhänge. Aus diesem Grund soll nicht versucht werden, das Postulat eines Europas der Kommunen aufzustellen.

Die Zukunft liegt vielmehr in einem – wie auch immer gearteten – Europa der Kommunen und Regionen.[671] Etwaige singuläre und isolierte Betrachtungen wären als unrealistisch und abgehoben, mit Blick auf das oben erörterte Modell wegen zu großer Differenz Δ y, abzulehnen. Ergebnis soll aber keinesfalls die Auflösung oder Vermengung der unterschiedlichen wie auch gemeinsamen Interessen von Regionen und Kommunen sein. Auf die jeweiligen Spezifikationen der einen oder anderen Seite ist notwendigerweise Rücksicht zu nehmen. Ihr kann durch eine Verbesserung des bestehenden institutionellen Systems Rechnung getragen werden.[672]

cc) Hervorhebung spezifischer Schutzmechanismen

Dies impliziert, auch einseitig die jeweiligen notwendigen Schutzmechanismen hervorzuheben. Die Überlegenheit der kommunalen Gebietskörperschaften versinnbildlicht die Stellung, die ihnen in den Staatsmodellen der Mitgliedstaaten der EU zukommt. Maßgebliches Prinzip ist die vielschichtige Garantie der kommunalen Selbstverwaltung, das den kommunalen Rechtskreis in besonderem Maße vor Einwirkungen von staatlicher Seite schützt. Das Ordnungs- und Gestaltungsprinzip soll im Mittelpunkt der folgenden Ausführungen stehen. Der Schwerpunkt ist darauf zu legen, wie es sich in das europäische Rechtssystem einfügt. Voraussetzung hierfür ist ein supranationales Verständnis von kommunaler Selbstverwaltung. Allzu häufig wird von der Geltung im nationalen Recht, insbesondere der deutschen Standards, ausgegangen. Daß dies verfehlt ist, wird ebenso aufzuzeigen sein, wie die Formulierung eines gemeineuropäischen Selbstverwaltungsverständnisses wie es in der Europäischen Kommunalcharta Ausdruck gefunden hat.

---

671 Vgl. den Titel der Publikation von *Knemeye (Hrsg.),* Europa der Regionen – Europa der Kommunen.

672 Dazu unten S. 475 ff.

2. Kommunale Selbstverwaltung im europäischen Gemeinschaftsrecht

Der besondere Schutz, der den Kommunen in den europäischen Staaten nicht zuletzt dank der EKC zuteil wird, soll nun in Hinblick auf seine Entfaltung im europäischen Gemeinschaftsrecht untersucht werden. Eine solche rechtliche Sicherung liegt schon deshalb nicht fern, weil die EKC von allen EU-Mitgliedstaaten unterzeichnet wurde.[673] Die Frage nach der Existenz kommunaler Selbstverwaltung in der Gemeinschaft, besser gesagt, im Gemeinschaftsrecht, war schon Gegenstand mehrerer Untersuchungen, die schwerpunktmäßig allgemeine Rechtsgrundsätze nachzuweisen versuchten.[674] Aus heutiger Sicht scheint eine Frage aber viel interessanter zu sein, die sich daraus ableitet, nämlich nach den Konsequenzen bei Bejahung der Existenz eines solchen Grundsatzes nach den einschlägigen Findungsmethoden.[675]

Es wird also darum gehen, was der Schutz durch einen (möglichen) Selbstverwaltungsgrundsatz im (ungeschriebenen) Gemeinschaftsrecht den Kommunen in den Mitgliedstaaten tatsächlich bringt, welches „Mehr" an rechtssätzlichem kommunalem Einfluß damit einhergeht.

Diese Problematisierung ist mit dem aktuellen Rechtspositivismus im Zuge der Neuordnung der Union auf dem Weg zu einem Verfassungsvertrag in Relation zu setzen. Die Feststellung allgemeiner Rechtsgrundsätze mag dann nicht mehr ausreichen, um einen adäquaten Kommunalschutz zu gewährleisten. Von welcher Qualität der Schutzmechanismus sein muß, wurde oben eingehend dargestellt. Unabhängig von der Frage, ob der ungeschriebene Schutz der effektiv zu fordernde ist, ist zu fragen, ob nicht rechtspolitisch ein klares Signal für ein Europa der Kommunen und Regionen nötig ist[676], um etwaige Pläne eines bürgernahen und demokratischen Europas Realität werden zu lassen.[677] Zunächst ist aber ein klarer Trennungsstrich zwischen politischen Absichten und rechtlichen Voraussetzungen zu machen, deren Grundlagen zuerst erörtert werden sollen.

---

673 Zu den Ratifikationsproblemen in Belgien und Frankreich *Engel,* Struktur und Umsetzung der EKC, in: Knemeyer (Hrsg.), Kommunale Selbstverwaltung in Ost und West, S. 46.

674 Vgl. *Martini,* Gemeinden in Europa; *Schäfer,* Die deutsche kommunale Selbstverwaltung.

675 *Martini/Müller,* Der Schutz der kommunalen Selbstverwaltung in der europäischen Integration, BayVBl. 1993, 161 ff.

676 Vgl. *Heberlein,* Europa der Kommunen, S. 20 f.

677 KOM (2001) 428 endg., ABl. 2001 C 287/1.

a) Inhalt einer europäischen kommunalen Selbstverwaltung

Vorab aber zwei allgemeine Bemerkungen zur europäischen kommunalen Selbstverwaltung.

aa) Begriff der europäischen kommunalen Selbstverwaltung

Wie selbstverständlich wurde soeben von einer europäischen kommunalen Selbstverwaltungsgarantie gesprochen. Dies bedarf schon wegen der Versuchung, nationale Vorstellungen auf die europäische Begriffsfindung zu projizieren, einer kurzen Erläuterung.

Die europäische kommunale Selbstverwaltung ist nicht ein aus nationalem Blickwinkel zu bestimmender Rechtsatz. Sie ist gemeinschaftsrechtlich zu definieren, wobei die nationalen Garantien vergleichend herangezogen werden können. Das Procedere ähnelt der der Feststellung eines allgemeinen Rechtsgrundsatzes und soll daher nur angedeutet werden. Entscheidend ist alleine die gemeinschaftsrechtliche Begriffshoheit, losgelöst von nationalen Spezifikationen und Nuancen.

Nach den bisherigen Ausführungen ist es in diesem Zusammenhang nur folgerichtig, auf den bereits geschaffenen Konsens der Europäischen Kommunalcharta zurückzugreifen. In diesem Sinne ist europäische kommunale Selbstverwaltung entsprechend Art. 3 EKC das Recht und die tatsächliche Fähigkeit, einen wesentlichen Teil der öffentlichen Aufgaben selbstverantwortlich den Kommunen zu ihrer freien Gestaltung zu überlassen.[678] Eine solche Annahme hängt natürlich mit dem Verhältnis der EKC zum Gemeinschaftsrecht zusammen. Daher können die Bestimmungen der EKC nicht ohne weiteres auf die Gemeinschaft übertragen werden.[679] Zumindest im Rahmen der grundlegenden Bestimmung des Inhalts der europäischen kommunalen Selbstverwaltung ist auf die EKC Bezug zu nehmen. In einzelnen Details der aus diesem Prinzip fließenden Folgerungen mögen größere Streitfragen auftauchen. An dieser Stelle genügt der Hinweis auf die europäische Begriffsfindung, die in zwei Punkten mit Leben gefüllt werden soll.

Zum einen in der Beziehung zu allgemeinen kommunalschützenden Rechtsgrundsätzen, die nicht von vornherein mit der Definition der EKC parallel laufen müssen. Interessant ist also auch die Unterschiedlichkeit allgemeiner Rechtsgrundsätze und Art. 3 EKC, und das ausschließlich in bezug auf das erstrebte

---

678 Vgl. die Ausführungen zu Art. 3 Abs. 1 EKC.

679 Dazu S. 563 ff.

Ergebnis kommunalschützender Inhalte. Zum anderen im Verhältnis der EKC als Konvention des Europarats zum Europäischen Gemeinschaftsrecht, wobei der Vergleich mit der Entwicklung der Menschenrechtskonvention und den aktuellen Problemstellungen des künftigen europäischen Verfassungsvertrags gewagt wird.

bb) Verhältnis mitgliedstaatlichen Rechts zum Gemeinschaftsrecht in Hinblick auf die nationale kommunale Selbstverwaltung

Ein zweiter Aspekt ist vorab herauszugreifen. Die EU-Mitgliedstaaten kennen alle Prinzipien der kommunalen Selbstverwaltung mit unterschiedlichen nationalen Traditionen. Dem trägt die Kommunalcharta Rechnung, z. B. durch die *„à la carte"*-Auswahl der rechtsverbindlichen Bestimmungen bei der Unterzeichnung durch die Vertragsstaaten. Fraglich ist, ob die nationalen Besonderheiten bei einer europäischen kommunalen Selbstverwaltung weiterhin Bestand haben werden. Grundlegend stellt sich hier das Problem der Geltung des Gemeinschaftsrechts im Verhältnis zum nationalen Recht. Würde die europäische kommunale Selbstverwaltung mangels Flexibilität die spezifische mitgliedstaatliche Ausgestaltung, wie sie die Europäische Kommunalcharta gewährleistet, verdrängen?

Zu berücksichtigen ist, daß die anzustrebende Diskussion sich keinesfalls um die Harmonisierung mitgliedstaatlicher Standards drehen kann. Das wäre weder opportun noch erstrebenswert. Es geht in erster Linie um die Bindung der Gemeinschaftsorgane an kommunalschützende Normen. Solange solche Grundsätze fehlen, bedeutet dies, daß auf die supranationale Ebene mitgliedstaatliche Kompetenzen übertragen werden, deren Ausübung den kommunalschützenden Schranken im Recht der Mitgliedstaaten vor der Übertragung unterliegt. Mit der Zuständigkeitsverlagerung fällt ein solcher Schutz weg, sofern das nationale Recht samt Selbstverwaltungsgarantie bei der Ausübung der Kompetenzen durch die Gemeinschaft vom Gemeinschaftsrecht verdrängt wird.

Die Vorrangfrage war in der Bundesrepublik Gegenstand einer weit um sich greifenden wissenschaftlichen Kontroverse.[680] Zwar sollen auch hier die wesent-

680 Vgl. *Scheuing,* Deutsches Verfassungsrecht und europäische Integration, EuR 1997, 7 ff.; *Commichau,* GG und EU, JA 1994, 600 ff.; *Lenz,* Entwicklung und unmittelbare Geltung des Gemeinschaftsrechts, DVBl. 1990, 903 ff.; *ders.,* Der Vertrag von Maastricht nach dem Urteil des BVerfG, NJW 1993, 3038 ff.; *Everling,* Zum Vorrang des EG-Rechts vor nationalem Recht, DVBl. 1985, 1201 ff.; *Oppermann/Claasen,* Erfüllung des GG, APUZ B 28/93, S. 11 ff.; *Kirchhof,* Das Maastricht-Urteil des BVerfG, in: Hommelhoff/Kirchhof, Der Staatenverbund der EU, 1994, S. 11 ff.; *ders.,* Die Gewaltenbalance zwischen staatlichen und europäischen Organen, JZ 1998, 965 ff.;

lichen Grundsätze nicht vernachlässigt werden, es bietet sich jedoch in gesamteuropäischer Perspektive an, einen Blick auf andere EU-Mitgliedstaaten und deren Behandlung der dieser Frage zu werfen.[681] Die transnationale Perspektive läßt die deutsche Diskussion in einem anderen Licht erscheinen und ist daher für ein europäisches Verständnis unabdingbar.

Entscheidend ist der Ansatz, daß das Gemeinschaftsrecht eine eigenständige Rechtsordnung darstellt, die die Mitgliedstaaten durch den Gründungsakt mit eigener Hoheitsgewalt ausgestattet haben. Für das auf Grundlage der völkerrechtlichen Verträge erlassene Recht (Sekundärrecht) bedeutet das, daß es in den Mitgliedstaaten unmittelbar wirken kann und es keinerlei nationalen Umsetzungsakts bedarf. Eine solche konstitutive Errichtung der Gemeinschaft ist allen Mitgliedstaaten deshalb möglich, weil ihre innerstaatliche Verfassungsordnung – ob geschrieben oder ungeschrieben – dies vorsieht.[682] Aus dieser Unabhängigkeit des Gemeinschaftsrechts vom nationalen Recht leitet sich eine europäische Lösung der Vorrangfrage ab, die sehr schnell in der Rechtsprechung des Europäischen Gerichtshofs aufgegriffen wurde.[683] Der EuGH geht davon aus, daß das übergeordnete Gemeinschaftsrecht auf jeder Stufe vorrangig ist, also auch nationalem Verfassungsrecht vorgeht.

Dieses Verständnis des Gemeinschaftsrechts setzte sich auch in den Mitgliedstaaten in Lehre und Rechtsprechung durch, wobei hier Anlaß zur Differenzierung geboten ist. Während die kleineren Mitgliedsländer die Vorrangthese weitgehend in ihre Rechtsprechung übernahmen, hatten insbesondere Großbritannien[684], Frankreich[685] und Deutschland zunächst verfassungsrechtliche Be-

---

Frowein, Das Maastricht-Urteil und die Grenzen der Verfassungsgerichtsbarkeit, ZaöRVR 1994, 1 ff.; *Heintzen,* Der Vertrag über die EU und seine Auswirkungen auf die Verfassungen der Mitgliedstaaten, DÖV 1994, 368 ff.; *Giegerich,* Europarecht und deutsches Recht, JuS 1997, 619 ff.; vgl. auch die ältere Darstellung von *Grabitz,* Gemeinschaftsrecht bricht nationales Recht, 1966.

681 Zur Begründung eines Vorrangs *Jarass,* Grundfragen der innerstaatlichen Bedeutung des EG-Rechts, S. 1 ff.

682 Vgl. Art. 11 der italienischen Verfassung von 1947; die Präambel, Art. 1 der französischen Verfassung von 1946 und Art. 88 Abs. 1 bis 4 im Zuge der Verfassungsergänzung von 1992; Art. 93 der spanischen Verfassung; § 20 der dänischen Verfassung; Art. 39 der luxemburgischen Verfassung; Art. 8 der Verfassung von Portugal; Art. 25 der belgischen Verfassung; Art. 29 Abs. 4 Nr. 3 der irischen Verfassung.

683 EuGH Slg. 1963, 1 ff., Rs. 26/62 (Fall Van Gent & Loos); EuGH Slg. 1964, 1251 ff., Rs. 6/64 (Fall Costa/ENEL); EuGH Slg. 1978, 629 ff., Rs. 106/77 (Fall Internationale Handelsgesellschaft).

684 *Oppenheimer,* The relationship between European Community Law an National Law: the cases; Band 2; *Schmitt/Steinhauser,* Geltung und Anwendung von EGR im Vereinigten Königreich.

denken. Die deutsche Kontroverse wurde besonders geprägt durch die Rechtsprechung des Bundesverfassungsgerichts in den Solange-Beschlüssen, den Urteilen zum Maastrichtvertrag und zur Bananenmarktordnung, die immer wieder Unsicherheiten in der Interpretation der Position des Gerichts aufkommen ließen, hier aber nicht weiter ausgeführt werden können.

Die europarechtliche Lösung scheint sich mittlerweile weitgehend durchgesetzt zu haben und wird so von den Mitgliedstaaten akzeptiert[686], wenn dieses Modell auch kein Dogma für alle Zeiten ist und seine Grundlage aus der allseitigen Akzeptanz und faktischen Unumkehrbarkeit des Integrationsprozesses schöpft.[687]

Für den Schutz kommunaler Interessen bedeutet dies, daß die Kommunen der sie betreffenden gemeinschaftlichen Gesetzgebung schutzlos ausgeliefert sind, die nationalen Mechanismen der kommunalen Selbstverwaltung ihre Grenzen finden und versagen, anders als bspw. im Bereich der Grundrechte, wo weitgehende, ausgefeilte Standards durch die Rechsprechung des EuGH entwickelt wurden und nun in der Grundrechtecharta verankert sind.

In Hinblick auf die deutsche Verfassungslage, die die Übertragung von Hoheitsrechten in Art. 23 GG vorsieht, ist dann Einhalt zu gebieten, wenn der unabdingbare Kern und die Identität der Verfassung durch Einbruch in die konstituierenden Strukturen gefährdet sind.[688] Hierzu gehören insbesondere die Prinzipien des Art. 79 Abs. 3 GG, die durch die Ewigkeitsklausel in ihrem Bestand gesichert sind.[689] Hierzu gehört nach überwiegender Ansicht nicht das grundgesetzliche Recht der kommunalen Selbstverwaltung des Art. 28 Abs. 2 GG: Das kommunale Selbstverwaltungsrecht ist nicht europafest.[690] Einem europäischen,

---

685 *Jacqué,* Commentaire de la décision du Conseil Constitutionnel no. 92-308 du 9 Avril 1992, RTDE 1992, 251 ff.; *Fromont,* Frankreich und die Europäische Union, DÖV 1995, 481 ff.

686 Vgl. zur Entwicklung in den Beneluxstaaten *Pescatore,* Das Zusammenwirken der Gemeinschaftsrechtsordnung in den nationalen Rechtsordnungen, EuR 1970, 307 ff.; in Italien *Capelli,* Die Anwendung des Gemeinschaftsrechts in Italien; in Österreich *Schäffer*, Europa und die österreichische Bundesstaatlichkeit, DÖV 1994, 181 ff.

687 Vgl. *Jacobs,* The interaction of European law and national law: A comment with special reference to the United Kingdom, in: Schwarze/Müller-Graff, Europäische Verfassungsentwicklung, EuR Beiheft 1/2000, 41 ff.

688 BVerfGE 37, 229 (Solange I); 73, 375 (Solange II).

689 Als alleiniger Maßstab, *Waechter,* Kommunalrecht, Rn. 013a.

690 *Siedentopf,* Europäische Gemeinschaft und kommunale Beteiligung, DÖV 1988, 983; *von Lennep,* Die Gemeinden und die Europäischen Gemeinschaften, S. 7; *Knemeyer,* Kommunale Selbstverwaltung in Europa, – die Schutzfunktion des Europarats –, BayVBl. 2000, 449 ff.; *ders.*, Kommunale Selbstverwaltung in Deutschland unter euro-

in die kommunale Rechtssphäre eingreifenden Rechtsakt kann also nicht entgegengehalten werden, daß eine Übertragung der entsprechenden Kompetenzen wegen nicht ausreichendem Kommunalschutz gegen das Grundgesetz verstößt. Aus deutscher Sicht scheint die allgemeine Forderung nach einer kommunalschützenden Klausel schon aus diesem Grund begründet, sofern sich der Kommunalschutz im Gemeinschaftsrecht nicht aus anderen Instituten ableiten läßt.

b) Schutz kommunaler Selbstverwaltung in den Europäischen Verträgen

Kennt das Gemeinschaftsrecht einen Grundsatz der kommunalen Selbstverwaltung oder nicht? Wenn ja, ist dieser Schutz so stark, daß er den aufgestellten Anforderungen genügen kann?

Mit Blick auf die erste Frage läßt sich anführen, daß der Begriff der kommunalen Selbstverwaltung im europäischen Primärrecht nicht vorkommt. Viele der Rechtsprinzipien und Grundsätze des Gemeinschaftsrechts haben ihre heutige Gestalt durch die langjährige Anwendungspraxis erhalten. Durchaus denkbar ist also, daß sich in einem der zahlreichen Rechtsprinzipien ein solcher Gestaltungsgrundsatz wiederfindet.

Zu denken ist hier unter anderem an das Subsidiaritätsprinzip (Art. 5 Abs. 2 EG), den Grundsatz der Gemeinschaftstreue[691], das Verhältnismäßigkeitsprinzip und das Prinzip der Wahrung der nationalen Identitäten (Art. 6 EUV).

---

päischem Einfluß, in: Pitschas/Kisa (Hrsg.), Internationalisierung von Staat und Verfassung, S. 252; *Faber,* Die Zukunft kommunaler Selbstverwaltung und der Gedanke der Subsidiarität in den Europäischen Gemeinschaften, DVBl. 1991, 1133 m. w. N.; *Martini,* Gemeinden in Europa, S. 135; *Spannowsky,* Der Einfluß europäischer Rechtsentwicklungen auf den kommunalen Handlungsrahmen, DVBl. 1991, 1123; *Mombaur/von Lennep,* Selbstverwaltung und EG-Recht, DÖV 1988, 990 f.; *Stober,* Der Einfluß des europäischen Rechts auf die Vergabe öffentlicher Aufträge, in: Hoppe/Schink (Hrsg.), Kommunale Selbstverwaltung und europäische Integration, S. 119; *Schäfer,* Die deutsche kommunale Selbstverwaltung, S. 234 ff.; für einen Schutz *Seele,* Der Kreis aus europäischer Sicht, *von Mutius,* Ein Sieg für die gemeindliche Selbstverwaltung?, Städte- und Gemeindebund 1989, 304; offen bei: *Krautzberger,* EG-Binnenmarkt: Bedeutung für den Städtebau, AfK 1989, 220; *Heinemann,* Deutsche kommunale Selbstverwaltung und Europäische Gemeinschaft, Das Rathaus 1990, 57 f.; *Heberlein,* Kommunale Selbstverwaltung, Grundgesetz und Europa, BWGZ 1994, 359 ff.

691 Grundlegend zur Bedeutung des Prinzips *Jarass,* Grundfragen der innerstaatlichen Bedeutung des EG-Rechts, S. 6 ff.

Das Ergebnis soll vorweggenommen werden: Ein solches kommunales Selbstverwaltungsrecht findet sich weder im EGV noch im EUV.[692] Daher soll die Betrachtung auf die wesentlichen Punkte der herrschenden Auffassungen beschränkt werden.[693]

aa) Subsidiaritätsprinzip

Das Subsidiaritätsprinzip wird in seiner Fortschreibung und Bedeutung noch Gegenstand der ausführlichen Untersuchung sein. Das gegenwärtige Prinzip in Art. 5 Abs. 2 EG[694] wird weit überwiegend als Kompetenzausübungsschranke im Rahmen der bestehenden Kompetenzen[695] verstanden. Daher könnte das Subsidiaritätsprinzip insofern kommunalschützend wirken, als die Kommunen in den Schutzbereich der Kompetenzausübung mit einbezogen werden. Dies würde wiederum voraussetzen, daß die kommunalen Gebietskörperschaften in den Anwendungsbereich eines dreigliedrig verstandenen und angewandten Subsidiaritätsverständnisses (Gemeinschaft – Mitgliedstaaten – dezentrale Ebenen) fallen.

Aber auch hier ist davon auszugehen, daß das Prinzip in seiner gegenwärtigen Form nur das Verhältnis der Gemeinschaft zu den Mitgliedstaaten betrifft.[696] Eine Gewährleistung kommunaler Selbstverwaltung durch das Subsidiaritätsprinzip scheidet daher mit der h.M. aus.[697]

---

692 *Knemeyer,* Kommunale Selbstverwaltung in Deutschland unter europäischem Einfluß, in: Pitschas/Kisa (Hrsg.), Internationalisierung von Staat und Verfassung, S. 253.

693 Vgl. *Martini/Müller,* Der Schutz der kommunalen Selbstverwaltung in der europäischen Integration, BayVBl. 1993, 161 ff.; *Schäfer,* Die deutsche kommunale Selbstverwaltung, S. 234 ff.

694 Zuvor Art. 3b Abs. 2 EGV in der Maastrichter Fassung.

695 *Schäfer,* Die deutsche kommunale Selbstverwaltung, S. 289.

696 Vgl. unter Vielen *Schmidhuber,* Das Subsidiaritätsprinzip im Vetrag von Maastricht, DVBl. 1993, 419 f.; *Schäfer,* Die deutsche kommunale Selbstverwaltung, S. 291; *Thies,* Zur Situation der gemeindlichen Selbstverwaltung in Europäischen Einigungsprozeß unter besonderer Berücksichtigung der Vorschriften des EG-Vertrags über staatliche Beihilfen und der EG-Umweltpolitik, S. 44.

697 An den Formulierungen „überwiegend", „herrschend" zeigt sich, daß hier zahlreiche Unwägbarkeiten bestehen, die durchaus ihre wissenschaftliche Berechtigung haben mögen; im folgenden können aber überwiegende Auffassungen, insbesondere der Entscheidungsträger, ebensowenig ausgeklammert werden wie politische Realitäten, ohne eine Einordnung der kommunalen Gebietskörperschaften in den strukturellen Gesamtzusammenhang nicht möglich ist, was zugleich bedeutet, daß den Kommunen mit Mindermeinungen nicht zu helfen ist, sondern mit einem an den bestehenden kommunalen Absicherungsmöglichkeiten orientierten Auslegungsverständnis – was keineswegs mit einer unkritischen und bedingungslosen Übernahme der (vermeintlich) h. M. verwechselt wer-

bb) Grundsatz der Gemeinschaftstreue

Schwieriger zu beurteilen als das Subsidiaritätsprinzip ist der in Art. 10 EG[698] niedergelegte Grundsatz der Gemeinschaftstreue. In der Formulierung des Art. 10 Abs. 1 EG findet sich zunächst nur die Forderung an die Mitgliedstaaten, *„alle geeigneten Maßnahmen allgemeiner oder besonderer Art zur Erfüllung der Verpflichtungen, die sich aus diesem [EG-] Vertrag oder aus Handlungen der Organe der Gemeinschaft ergeben"*, zu treffen. Daraus werden neben der Kooperationspflicht Schutzpflichten der Gemeinschaft gegenüber den Mitgliedstaaten und den Mitgliedstaaten untereinander abgeleitet.[699] Eine einseitige Pflicht wird kaum bestehen[700] gleich ob man diese Art. 10 EG oder ungeschriebenen Rücksichtnahmepflichten entnimmt.[701]

Inhaltlich wird diese in einem diametralen Sinne verstanden, den Staaten gegenüber die Schwelle des Zumutbaren nicht zu überschreiten und zu berücksichtigen, was den Mitgliedstaaten überhaupt möglich ist.[702] Die Gemeinschaft muß rechtliche und tatsächliche Schwierigkeiten der Mitgliedsländer beachten[703], wozu auch die innere Verfassungsstruktur gehört.[704]

So ausgelegt würde der Grundsatz der Gemeinschaftstreue die Achtung bestimmter nationaler verfassungsrechtlicher Prinzipien umfassen. Ein Schutz der kommunalen Selbstverwaltung wäre aber nur dann gewährleistet, wenn das Recht auf kommunale Selbstverwaltung zu diesen Grundsätzen gehören würde.

---

den darf, sofern eine klare Definition des oft nicht klar nachweisbaren Phänomens „h.M." in der Rechtswissenschaft überhaupt möglich sein sollte.

698 Vgl. auch Art. 192 EAGV und Art. 86 des ausgelaufenen EGKS.

699 *Bleckmann*, in: GTE, Art. 5 EGV, Rn. 27 ff.; *ders.*, Europarecht, Rn. 401 ff.

700 *Frenz*, Kommunale Selbstverwaltung und europäische Integration, S. 23 f.; *Schäfer*, Die deutsche kommunale Selbstverwaltung, S. 281; anders die deutschen föderalen Elemente, vgl. *Streinz*, Der Verfassungsstaat als Glied einer europäischen Gemeinschaft, DVBl. 1990, 962; *Epiney*, Gemeinschaftsrecht und Föderalismus: „Landesblindheit" und Pflicht zur Berücksichtigung innerstaatlicher Verfassungsstrukturen, EuR 1994, 309 ff.; abgelehnt bei *Geiger*, Die Stellung der Bundesländer im europäischen Gemeinschaftsrecht und ihre Rechtsschutzmöglichkeiten gegen Rechtsakte der Gemeinschaft, in: Heubl (Hrsg.), Die Landesparlamente im Spannungsfeld zwischen europäischer Integration und europäischem Regionalismus, S. 62.

701 *Martini*, Gemeinden in Europa, S. 138.

702 *Bleckmann*, Europarecht, Rn. 4172.

703 Vgl. *Zuleeg*, in: GTE, Art. 5 EGV, Rn. 41.

704 *Von Meibom*, Der EWG-Vertrag und die Grundrechte des Grundgesetzes, DVBl. 1969, 439; *ders.*, Die Berücksichtigung nationalen Rechts durch Organe der Europäischen Gemeinschaft, NJW 1970, 980 ff.; *Martini*, Gemeinden in Europa, S. 139; vgl. *Blanke*, Das Subsidiaritätsprinzip als Schranke des Europäischen Gemeinschaftsrechts, ZG 1991, 148; *Heintzen*, Subsidiaritätsprinzip und Europäische Gemeinschaft, JZ 1991, 321.

Dies wird grundsätzlich für das kommunale Selbstverwaltungsrecht abgelehnt.[705]

Als schlagkräftiges Argument für die Ablehnung dient das erörterte Vorrangprinzip europäischen Rechts auch vor nationalem Verfassungsrecht. Durch die Anerkennung eines weit zu fassenden Gemeinschaftstreuegrundsatzes zur Beachtung kommunaler Selbstverwaltung[706] würde das Vorrangprinzip wieder unterlaufen, indem materielle nationale Normen bei der Gemeinschaftsgesetzgebung zu berücksichtigen sind. Hier sind die aufzunehmenden Pflichten stark einzugrenzen. Solche Grundsätze, die allen Mitgliedstaaten gemeinsam sind und sich nicht ohne weiteres aus dem Gemeinschaftsrecht ableiten lassen, haben durch die Figur allgemeiner Rechtsgrundsätze in das ungeschriebene Primärrecht Eingang gefunden. Letztlich bedarf es eines Rückgriffs auf das Prinzip der Gemeinschaftstreue überhaupt nicht.

cc) Verhältnismäßigkeitsgrundsatz

Nach Art. 5 Abs. 3 EG, dem allgemeinen Verhältnismäßigkeitsgrundsatz, gehen die Maßnahmen der Gemeinschaft nicht über das für die Erreichung der Ziele des Vertrages erforderliche Maß hinaus. Trotz seiner engen Verknüpfung mit den anderen Bestimmungen des Art. 5 EG gilt das Verhältnismäßigkeitsprinzip in Abs. 3 als eigenständiger Rechtsgrundsatz.[707] Durch die Beachtung geeigneten, erforderlichen und angemessenen Handelns gegenüber den Mitgliedstaaten[708] liegt eine Beachtung zugunsten der kommunalen Gebietskörperschaften näher als beim allgemeinen Prinzip der Gemeinschaftstreue.[709]

Wie das Subsidiaritätsprinzip wird auch der Verhältnismäßigkeitsgrundsatz überwiegend als Kompetenzausübungsschranke verstanden,[710] da nichts dafür

705 Anders das deutsche Föderalismusprinzip, vgl. *Ress,* Die Europäischen Gemeinschaften und der deutsche Föderalismus, EuGRZ 1986, 550; *Birke,* Die deutschen Bundesländer in den Europäischen Gemeinschaften, S. 73 ff.; a. A. *Hailbronner,* Die deutschen Bundesländer in der EG, JZ 1990, 152 f.; *Steinberger,* Der Verfassungsstaat als Glied einer Europäischen Gemeinschaft, DÖV 1990, 1052.

706 Vgl. die Grundrechtsproblematik, EuGH, Rs. 4/73, Slg. 1974, 491, 507; *Pernice,* Grundrechtsgehalte im Europäischen Gemeinschaftsrecht. Ein Beitrag zum gemeinschaftsimmanenten Grundrechtsschutz durch den Europäischen Gerichtshof, S. 216 f.

707 *Langguth,* in: Lenz, EG- Kommentar, Art. 3 b EGV, Rn. 2.

708 *Geiger,* EG-Kommentar, Art. 3 b EGV, Rn. 2; *Streinz,* Europarecht, Rn. 145b aF?.

709 *Schäfer,* Die deutsche kommunale Selbstverwaltung, S. 281.

710 *Blanke,* Die kommunale Selbstverwaltung im Zuge fortschreitender Integration – Aspekte internationaler und supranationaler Verfassungsentwicklung –, DVBl. 1993, 827, vgl. *Scherer,* Subsidiaritätsprinzip und Agrarreform, DVBl. 1993, 283; *Schmidhuber/Hitzler,* Die Verankerung des Subsidiaritätsprinzips im EWG-Vertrag – ein wichtiger Schritt auf

ersichtlich ist, daß die Kompetenzverteilung zwischen Gemeinschaft und Mitgliedstaaten tangiert werden soll. Gegen eine Schutzwirkung zugunsten der Kommunen kann angeführt werden, daß sich das allgemeine Verhältnis zunächst nicht auf eine bestimmte mitgliedstaatliche Ebene bezieht.[711] Die Verhältnismäßigkeit eines Eingriffs der Gemeinschaft in die kommunale Selbstverwaltung setzt aber voraus, daß ein solches Prinzip überhaupt existiert.[712] Ein unmittelbarer Kommunalschutz läßt sich daher aus Art. 5 Abs. 3 EG nicht herleiten.

Eine solche Wirkung kommt allenfalls mittelbar in Betracht, wenn die Gemeinschaft im Rahmen der Abwägung weniger in die mitgliedsstaatliche Rechtssphäre eingreifende Mittel wählt[713] und beispielsweise bei der Wahl zum milderen Mittel der Richtlinie statt zur Verordnung greift, wo der Mitgliedstaat bei der Umsetzung des Richtlinienrechts die nationale Selbstverwaltungsgarantie zu berücksichtigen hat.[714] Als grundlegende, originäre Schutznorm eignet sich das Verhältnismäßigkeitsprinzip des Art. 5 Abs. 3 EG daher nicht.

dd) Achtung der nationalen Identität

Etwas weiter hergeholt scheint die Herleitung der kommunalen Selbstverwaltung im Gemeinschaftsrecht aus Art. 6 Abs. 3 EUV, nach dem die Union die nationale Identität der Mitgliedstaaten achtet. Voraussetzung hierfür ist, daß die kommunale Selbstverwaltung Bestandteil der nationalen Identität ist.[715] Unab-

---

dem Weg zu einer föderalen Verfassung der Europäischen Gemeinschaft, NVwZ 1992, 722.

711 *Schäfer,* Die deutsche kommunale Selbstverwaltung, S. 283; *Frenz,* Kommunale Selbstverwaltung und europäische Integration, S. 22; anders *Kraußer,* Das Prinip begrenzter Ermächtigungen im Gemeinschaftsrecht als Strukturprinzip des EWG-Vertrages, S. 154 ff.

712 *Spannowsky,* Der Einfluß europäischer Rechtsentwicklungen auf den kommunalen Handlungsrahmen, DVBl. 1991, 1123 f.

713 Bei der Richtlinie kann der Mitgliedstaat seinen ihm zustehenden Spielraum gestalterisch ausnutzen; vielfach sind die Richtlinienvorgaben – insbesondere im Bereich des technischen Umweltschutzes – relativ konkret, so daß die Abgrenzung zur Verordnung schleichend verwischt wird. Dies kann im Extremfall bedeuten, daß die Kommission aus Verhältnismäßigkeitsgründen zur Richtlinie greifen muß, diese aber verordnungsgleich formuliert. Die Unterscheidung wird dann ad absurdum geführt. Dabei ist natürlich zu beachten, daß Richtlinienbestimmungen nie einzeln zu betrachten sind, sondern in den Kontext der ganzen Richtlinie einzuordnen sind.

714 *Langguth,* in: Lenz, EGV-Kommentar, Art. 3 b EGV, Rn. 25; *Geiger,* EGV, Kommentar, Art. 3 b EGV, Rn. 12; vgl. auch *Schäfer,* Die deutsche kommunale Selbstverwaltung, S. 283 f.

715 Vgl. zur regionalen Identität auch *Knemeyer,* Die Region – Europa-Raum des Rechts, in: FS Würzburger Juristenfakultät, S. 87 ff.; *Hrbek,* Europapolitik und Bundesstaatsprinzip.

hängig von der Feststellung der jeweiligen nationalen Identität, scheidet ein derartiger Bezug schon deshalb aus, weil sich aus der bloßen Beachtung keine Garantie, Sicherung oder Gewährleistung kommunaler Selbstverwaltung ergeben kann.[716] Ein Vorrang der nationalen Identität vor den Gemeinschaftszielen ist darunter nicht zu verstehen.[717]

ee) Zusammenfassung

Aus keinem der geschriebenen Unions- und Gemeinschaftsrechtsgrundsätze läßt sich ein effektiver Schutz kommunaler Selbstverwaltung – auch bei extensiver Auslegung – herleiten.[718] Die Gemeinschaftsverträge werden daher zu Recht als „kommunalblind" bezeichnet. Ein kommunaler Schutzmechanismus ist daher im ungeschriebenen Recht der allgemeinen Rechtsgrundsätze zu suchen.

c) Kommunale Selbstverwaltung als allgemeiner Rechtsgrundsatz

Zu prüfen ist folglich die Inkorporation eines Grundsatzes der kommunalen Selbstverwaltung in das Gemeinschaftsrecht über die Feststellung allgemeiner Rechtsgrundsätze.

Die Existenz und Geltung von allgemeinen Rechtsgrundsätzen war ursprünglich dem Völkerrecht, und dort insbesondere Art. 38c) des Statuts des Internationalen Gerichtshofs (IGH) zu entnehmen.[719] Sie sind in der Europäischen

---

Die „Europafähigkeit" Deutschlands und seiner Länder im Vergleich mit anderen Föderalstaaten, 2000; *ders.*, Bürger und Europa, 1994.

716 *Schäfer*, Die deutsche kommunale Selbstverwaltung, S. 278.

717 Hilf, in: Grabitz/Hilf, Das Recht der Europäischen Union, Art. F EUV, Rn. 11.

718 So auch *Knemeyer*, Kommunale Selbstverwaltung in Deutschland unter europäischem Einfluß, in: Pitschas/Kisa (Hrsg.), Internationalisierung von Staat und Verfassung, S. 257.

719 Art. 38 des Statuts lautet:
„1. Der Gerichtshof, dessen Aufgabe es ist, die ihm unterbreiteten Streitigkeiten nach dem Völkerrecht zu entscheiden, wendet an
(a) internationale Übereinkünfte allgemeiner oder besonderer Natur, in denen von den streitenden Staaten ausdrücklich anerkannte Regeln festgelegt sind;
(b) das internationale Gewohnheitsrecht als Ausdruck einer allgemeinen, als Recht anerkannten Übung;
(c) die von den Kulturvölkern anerkannten allgemeinen Rechtsgrundsätze;
(d) vorbehaltlich des Artikels 59 richterliche Entscheidungen und die Lehrmeinung der fähigsten Völkerrechtler der verschiedenen Nationen als Hilfsmittel zur Feststellung von Rechtsnormen. (...)."

Gemeinschaft fester Bestandteil des ungeschriebenen Primärrechts[720] und bilden sich aus den Rechtsgrundsätzen, die den Rechtsordnungen der Mitgliedstaaten gemeinsam sind.[721] Waren sie zum Teil in ihrem Ursprung Gewohnheitsrecht[722], finden sich in Art. 288 Abs. 2 EG und Art. 188 Abs. 2 EAGV ausdrücklich Bezugnahmen, die für die Verträge Beispielcharakter haben. Sie zeigen letztlich auch den unvollkommenen Stand des Integrationswerks, indem mangels Regelung in den Gemeinschaftsstatuten nach allgemeingültigen Rechtssätzen gesucht werden muß. Eine Aberkennung dieser Rechtsschöpfung würde in vielen Fällen – was der EuGH so auch offen zugegeben hat[723] – zur Rechtsverweigerung führen.[724] Die allgemeinen Rechtsgrundsätze können also dabei helfen, vorhandene Vertragslücken zu schließen. Im Gemeinschaftsrecht nehmen sie einen festen, nahezu unumstrittenen Platz ein, der im folgenden auch vorausgesetzt werden soll.[725]

aa) Allgemeine Rechtsgrundsätze und EKC

Vorsorglich ist zunächst auf das Verhältnis zum europäischen Selbstverwaltungsverständnis einzugehen, das in Relation zu Art. 3 Abs. 1 EKC zu setzen ist. Die folgende Prüfung bezieht sich auf die Suche nach einem Selbstverwaltungsschutz im Gemeinschaftsrecht als allgemeinem Rechtsgrundsatz, der strikt von der Geltung der Europäischen Kommunalcharta zu unterscheiden ist.[726] Das Verhältnis der EKC zum Gemeinschaftsrecht kann hier völlig ausgeklammert

720 *Oppermann,* Europarecht, Rn. 482.

721 Anerkannt sind beispielsweise der Gedanke der Verhältnismäßigkeit (EuGH Slg. 1979, 677 ff.; EuGH Slg. I, 3681 ff.); allgemeine Grundsätze ordnungsgemäßer Verwaltung (EuGH Slg. 1980, 1677 ff.), das Prinzip des Vertrauensschutzes (EuGH Slg. 1978, 169 ff.), die Berufung auf höhere Gewalt (EuGH Slg. 1978, 353 ff.), der Begründungszwang bei Rechtsakten (EuGH 1978, 1991 ff.), vgl. die Übersicht bei *Oppermann,* Europarecht, Rn. 485.

722 *Bleckmann,* Europarecht, Rn. 282 ff.

723 Zum Allgemeinen Rechtsgrundsatz des Widerrufs von Verwaltungsakten EuGH, Rs. 7/56 und 3/57, Slg. 1957, 85, 118 (Fall Algera u.a. gegen Gemeinschaftsversammlung der EGKS).

724 Dazu kritisch *Lecheler,* Die allgemeinen Rechtsgrundsätze in der Rechtsprechung des Europäischen Gerichtshofs, S. 177.

725 Vgl. *Lecheler,* Die allgemeinen Rechtsgrundsätze in der Rechtsprechung des Europäischen Gerichtshofs, S. 149 ff.; *Ress,* Die Bedeutung der Rechtsvergleichung für das Recht internationaler Organisationen, ZaÖRV 1976, 227 ff.; *Meesen,* Zur Theorie allgemeiner Rechtsgrundsätze, S. 287 ff.

726 Vgl. *Blanke,* Die kommunale Selbstverwaltung im Zuge fortschreitender Integration – Aspekte internationaler und supranationaler Verfassungsentwicklung, DVBl. 1993, 819 ff., 925 und *Wieland/Hellermann,* Der Schutz des Selbstverwaltungsrechts der Kommunen gegenüber Einschränkungen ihrer wirtschaftlichen Betätigung im nationalen und europäischem Recht, S. 125.

werden. Zwar können die den Rechtsordnungen der Mitgliedstaaten gemeinsame Bestandteile durch die EKC in ihrer innerstaatlichen, vertragsstaatlichen Umsetzung nachhaltig beeinflußt worden sein. Maßstab bleibt aber dennoch nur das jeweilige nationale Recht. Dies wird deutlich, wenn man sich den Fall vor Augen führt, daß alle Mitgliedstaaten der EU in europaratsrechtswidriger Weise trotz ihrer völkerrechtlichen Verpflichtungen unter dem Schutzlevel kommunaler Selbstverwaltung der EKC bleiben würden. Zur Festlegung eines allgemeinen Rechtsgrundsatzes wäre auch dann das mitgliedstaatliche Niveau heranzuziehen und nicht der unerreichte Stand der EKC.

Es ist also strikt zu trennen: Handelt es sich um einen allgemeinen Rechtsgrundsatz kommunaler Selbstverwaltung, der über die Mitgliedstaaten zu bestimmen ist und auf den die EKC gegenüber dem Gemeinschaftsrecht nur mittelbar wirkt, oder um die Frage nach der Wirkung der EKC im Gemeinschaftsrecht bzw. unmittelbar auf das Gemeinschaftsrecht, was im Anschluß an die allgemeine Untersuchung geprüft werden soll. Schon hier soll auf die Parallele zur EMRK hingewiesen werden, auf die nach jahrelanger Rechtsprechung des EuGH[727] in Art. 6 Abs. 2 EUV ausdrücklich Bezug genommen wird. Diese beiden Problemkreise sind auseinanderzuhalten. Nicht abschließend beurteilbar ist die Frage, welcher der beiden Alternativen einen effektiveren Kommunalschutz bieten würde.[728] Zwar ist zuzugeben, daß eine gänzlich ausdifferenzierte Geltung der Chartabestimmungen eine umfassende Gewährleistung ermöglichen würde[729]; diese Auffassung geht aber von der Prämisse einer solch differenzierten Geltung aus, wogegen erhebliche Bedenken geäußert werden müssen.

Die nach Art. 12 EKC flexible Geltung der EKC in den Mitgliedstaaten soll an späterer Stelle herangezogen werden, um die Tauglichkeit der EKC-Entfaltung in den Mitgliedstaaten auf die Unionsebene zu untersuchen.[730] Für die damit einhergehenden Probleme einer einheitlichen Wirkung kommunaler Selbstverwaltung im Sinne einer gemeinschaftsrechtlichen Ausgangsbasis soll aber schon jetzt sensibilisiert werden.

---

727 Zuerst 1969 im Fall Stauder, Rs. 29/69, EuGH Slg. 1969, 425, und im Fall Rutili, Rs. 36/75, EuGH Slg. 1975, 1219 ff.; vgl. *Pauly,* Strukturfragen des unionsrechtlichen Grundrechtsschutzes, EuR 1998, 242 ff.; *Everling,* Der Beitag des EuGH zur europäischen Grundrechtsgemeinschaft, 1995, und *Oppermann,* Europarecht Rn. 494.

728 Vgl. *Heberlein,* Die Europäische Charta der kommunalen Selbstverwaltung, in: Ipsen/Rengeling (Hrsg.), Gemeinden und Kreise in einem vereinten Europa, S. 65.

729 *Schaffarzik,* Handbuch der EKC, S. 619.

730 Vgl. *Tettinger,* Absicherung kommunaler Selbstverwaltung, in: Henneke (Hrsg.), Kommunale Perspektiven in einem zusammenwachsenden Europa, S. 152.

bb) Die kommunale Selbstverwaltung als allgemeiner Rechtsgrundsatz

(1) Feststellung allgemeiner Rechtsgrundsätze im Gemeinschaftsrecht

(a) Grundsätzliche Problematik der Feststellung allgemeiner Rechtsgrundsätze

Allgemeine Rechtsprinzipien als ungeschriebene Bestandteile des gemeinschaftlichen Primärrechts sind also nicht vom Vertragsgeber vorgegeben, sondern aus gemeinen Grundsätzen der Mitgliedstaaten zu ermitteln. Die vorherrschende Methode ist dabei die Rechtsvergleichung. Die unterschiedlichen nationalen Rechtsordnungen sind auf ihre Geltung kommunaler Selbstverwaltung zu reduzieren. Existiert ein solches Prinzip in allen Staaten, so wird man einen entsprechenden Grundsatz anerkennen müssen.[731]

Fraglich ist, welche Kriterien als Ergebnis einer rechtsvergleichenden Betrachtung angesetzt werden müssen, um einen Grundsatz zu entdecken. Möglicherweise sind hier Qualitätskriterien bezüglich der flächendeckenden Geltung eines Prinzips aufzustellen, vielleicht auch Abstriche zu machen. Genügt es, daß der überwiegende Großteil der Mitgliedstaaten konsensfähig ist? Muß ein entsprechendes allgemeines Selbstverwaltungsprinzip in allen Staaten gleichermaßen abgesichert sein? Reicht die reine deklaratorische Anerkennung oder ist die Rechtspraxis gleichermaßen zu untersuchen?

In einem zweiten Schritt ist dann zu betrachten, was ein entsprechender allgemeiner Rechtsgrundsatz, der durch rechtvergleichende Studien ermittelt wurde, überhaupt in Hinblick auf einen effektiven Kommunalschutz bringt. Es ist offensichtlich, daß es nicht genügt, überhaupt von der Existenz eines Rechtsprinzips zu sprechen, wenn dieses in den Tiefen der europäischen Rechtsordnung[732] nur von wenigen Auserwählten entdeckt schlummert.[733] Das Schutzziel kann also nur dann erreicht werden, wenn der Grundsatz nicht nur existiert, sondern auch in der Schaffung und Anwendung europäischen Rechts Niederschlag findet. Ein bloßes Phantom genügt den Anforderungen eines notwendigen Kommunalschutzes nicht.

---

731 Davon ist freilich dessen tatsächliche Geltung zu unterscheiden, wie sie in der alltäglichen Arbeit der adressierten Organe und Einrichtungen Verwirklichung findet.

732 *Martini/Müller,* Der Schutz der kommunalen Selbstverwaltung, BayVBl. 1993, 166.

733 Vgl. *Tettinger,* Absicherung kommunaler Selbstverwaltung, in: Henneke (Hrsg.), Kommunale Perspektiven in einem zusammenwachsenden Europa, S. 151.

(b) Grundsatz der gemeinsamen Verfassungsüberlieferungen

Bei der Feststellung allgemeiner Rechtsgrundsätze in der Europäischen Gemeinschaft spielt der Europäische Gerichtshof eine entscheidende Rolle. Er stellt zugleich auch die Kriterien für die rechtsvergleichende Primärrechtsergänzung, indem er von den *„gemeinsamen Verfassungsüberlieferungen der Mitgliedstaaten"* spricht.[734] Die Metamorphose vom allgemeinen Rechtsgrundsatz zur gemeinsamen Verfassungsüberlieferung hilft nur ein kleines Stück weiter. Die Allgemeinheit des Prinzips als Hauptkriterium wird durch die Gemeinsamkeit ersetzt. Unstreitig ist, daß es sich bei der kommunalen Selbstverwaltung um einen Rechtsgrundsatz handelt. Nach dem EuGH muß dieser aber von besonderer Qualität sein, nämlich der Verfassungstradition der Mitgliedstaaten entnehmbar sein. Hier schließt sich der Kreis zur gerade angestellten Überlegung des Verhältnisses der bloßen rechtstheoretischen Anerkennung zur Anwendungspraxis. Einer Tradition entsprechend muß der allgemeine Rechtsgrundsatz demzufolge mehr sein als das bloße Normzitat im Verfassungstext.[735]

(c) Anforderungen an die Existenz entsprechender Rechtstraditionen

Gleichermaßen ist zu fragen, wie die Gesamtheit der rechtsvergleichenden Ergebnisbildung zu bewerten ist. Wird ein bestimmter Grundsatz in allen Verfassungsüberlieferungen der Mitgliedstaaten anerkannt, so wird sich in den allermeisten Fällen ein breitgefächertes Spektrum unterschiedlicher Geltung des ein und desselben Rechtsprinzips ergeben. Die Unterscheidung wird meist an der Intensität des nationalen Schutzes festzumachen sein.

Im Anschluß daran könnte der Minimalkonsens aller Mitgliedstaaten als der nun als allgemeiner Rechtsgrundsatz geltende festzumachen sein, sogenannte Theorie des kleinsten gemeinsamen Nenners.[736] Die Geltung eines Prinzips würde sich danach nach dessen Intensität in den geringsten Mitgliedstaaten richten. In bezug auf einen allgemeinen Rechtsgrundsatz des Vertrauensschutzes würde dies beispielsweise bedeuten, daß in der Gemeinschaft Vertrauensschutz nur soweit gewährleistet werden würde, wie dies der Mitgliedstaat mit dem geringsten Schutzniveau praktiziert, und der möglicherweise weit unter dem durchschnittlichen Standard liegt. Dieses Beispiel belegt eindrucksvoll, daß eines derartige Minimalthese nicht weiterhelfen kann.

---

734 Grundlegend EuGH Slg. 1970, 1135; Slg. 1979, 3744 f.

735 Davon abgesehen, daß nicht alle Mitgliedstaaten über einer schriftlich verfaßten Verfassungstext verfügen, dazu gleich.

736 Vertreten durch *Thies,* Zur Situation der gemeindlichen Selbstverwaltung im Europäischen Einigungsprozeß, S. 50; vgl. *Schweitzer/Hummer,* Europarecht, Rn. 15.

Die gegenpolige Extremposition wäre die Installation eines hohen Schutzniveaus durch die Übernahme der weitestgehenden mitgliedstaatlichen Verfassungstradition[737], sogenannter Maximalgrundsatz.[738] Konsequenz wäre eine Ergänzung der anderen mitgliedstaatlichen Rechtsprinzipien nötig.[739] Der gemeinschaftsrechtliche Grundsatz gilt dann nicht in allen Staaten, im Gegensatz zur ersteren Ansicht, bei der die Standards aller Mitgliedstaaten anerkannt werden.[740] Sofern ein Staat die ausfüllende Spitze der jeweiligen Garantie einnimmt, so würde die Geltung eines einzigen Verfassungsgrundsatzes zur Anerkennung des bestimmten allgemeinen Rechtsgrundsatzes führen. Solche Errungenschaften dann als allgemein oder gemeinsam zu bezeichnen, würden zur Ablehnung der hier nur skizzierten These führen.

Durchgesetzt hat sich daher aristotelisch die vermittelnde Ansicht, nach der die Existenz eines zu bildenden allgemeinen Rechtsgrundsatze in nur einem einzigen Mitgliedstaaten dessen Anerkennung verhindert, umgekehrt aber das Fehlen in einem Mitgliedstaat die Bildung einer Prinzips nicht von vornherein ausschließt.[741] Nur so wird der vom EuGH bekundeten Flexibilität bei der Feststellung allgemeiner Rechtsgrundsätze im Gemeinschaftsrecht im Einzelfall Rechnung getragen. Einer Anerkennung steht aber entgegen, daß der Grundsatz der Rechtsordnung eines Mitgliedstaats widerspricht.[742] Ein solcher Widerspruch kann nicht dadurch hergeleitet werden, daß die in Frage stehende Rechtsordnung bezüglich des Grundsatzes schweigt. Gleichermaßen kann hieraus aber nicht abgeleitet werden, daß ein fehlender Widerspruch die Anerken-

737 Vgl. *Rengeling,* Grundrechtsschutz in der Europäischen Gemeinschaft, S. 224; *Streinz,* Bundesverfassungsrechtlicher Grundrechtsschutz und Europäisches Gemeinschaftsrecht, S. 434 ff.

738 *Martini/Müller,* Der Schutz der kommunalen Selbstverwaltung, BayVBl. 1993, 166; *Meesen,* Zur Theorie allgemeiner Rechtsgrundsätze des internationalen Rechts: Der Nachweis allgemeiner Rechtsgrundsätze des Europäischen Gemeinschaftsrechts, JIR, Band 17 (1974), 299 ff.

739 Vgl. *Schaffarzik,* Handbuch der EKC, S. 625.

740 Vgl. *Pernice,* in: Grabitz/Hilf, Das Recht der Europäischen Union, Art. 164 EG, Rn. 44; *Pernice,* Gemeinschaftsverfassung und Grundrechtsschutz – Grundlagen, Bestand und Perspektiven, NJW 1990, 2414.

741 *Thies,* Zur Situation der gemeindlichen Selbstverwaltung im Europäischen Einigungsprozeß, S. 50 f.; *Pauly,* Strukturfragen des Unionsrechtlichen Grundrechtsschutzes, EuR 1998, 253 f.; *Rengeling,* Grundrechtsschutz in der Europäischen Gemeinschaft, S. 224; *Rengeling,* Rechtsgrundsätze beim Verwaltungsvollzug des Europäischen Gemeinschaftsrechts, S. 76 f; *Schaffarzik,* Handbuch der EKC, S. 625; *Beutler,* Grundrechtsschutz, Rn. 30; *Weber,* Die Grundrechte im Integrationsprozeß der Gemeinschaft in vergleichender Perspektive, JZ 1989, 969.

742 *Thies,* Zur Situation der gemeindlichen Selbstverwaltung im Europäischen Einigungsprozeß, S. 402; *Martini,* Gemeinden in Europa, S. 151; *Streinz,* Bundesverfassungsrechtlicher Grundrechtsschutz und Europäisches Gemeinschaftsrecht, S. 402.

nung des Rechtsprinzips nach sich ziehen kann. Zu fordern ist für die gemeinsame Verfassungstradition vielmehr eine positive Verankerung im Rechtssystem der Mitgliedstaaten.[743]

(2) Gemeinsame Verfassungstradition und kommunale Selbstverwaltung

(a) Grundsatz der wertenden Rechtsvergleichung

Diese Grundsätze gilt es auf das kommunale Selbstverwaltungsrecht als allgemeiner Rechtsgrundsatz des europäischen Gemeinschaftsrechts zu übertragen. Die kommunale Selbstverwaltung müßte Teil der gemeinsamen Verfassungsüberlieferung der Mitgliedstaaten der Europäischen Union sein. Hier kann auf die kommunale Landschaft, wie sie im ersten Kapitel dargestellt wurde, zurückgegriffen werden. Im gleichen Zug müssen aber auch die unterschiedlichen Traditionen und Anwendungsfelder berücksichtigt werden. Alleine die Tatsache, daß eine kommunale Grundebene existiert und den Kommunen zumindest bei der Umsetzung, meist darüber hinaus auch bei der Rechtsgestaltung ein unmittelbarer Spielraum und eine daraus abgeleitete Bedeutung zukommt, kann für die Annahme der Allgemeinheit des Rechtsprinzips nicht ausreichen.

Was darüber hinaus notwendig erscheint, ist eine normative Betrachtung aller gegebenen Umstände, die für die Feststellung des Grundsatzes sprechen, also eine erweiterte Betrachtung aller Erkenntnisebenen, in diesem Sinne eine wertende Rechtsvergleichung[744], und dabei der Forderung einer *„strikten und anerkannten Methode"* zu entsprechen, um die für die Gemeinschaft *„hochbedeutenden Prinzipien zu wirklicher Geltungskraft zu bringen und ihnen jeden „schillernden"* oder *„nebelhaften"* Charakter zu nehmen."[745]

(b) Divergierende europäische Verfassungstraditionen

Dies alles hilft aber nicht darüber hinweg, eine rechtsvergleichende Darstellung vorzunehmen. In Hinblick auf die Geltung kommunaler Selbstverwaltung ist darauf zu achten, daß die Anforderungen des Gerichtshofs auf die Existenz einer gemeinsamen Verfassungsüberlieferung abzielt.[746] Eine fundierte

---

743 So auch *Lecheler,* Rechtsgrundsätze, S. 189.

744 *Zweigert,* zit. bei Oppermann, Europarecht, Rn. 483.

745 *Oppermann,* Europarecht, Rn. 483.

746 Vgl. Art. 2 EKC, der in bestimmten Fällen auch eine mögliche einfachgesetzliche Regelung des kommunalen Selbstverwaltungsrechts ausreichen läßt; zu dessen Anwendung und Auslegung S. 291.

Rechtsvergleichung kann hier nicht Ziel und Zweck sein. Insoweit sei auf die spärlichen, zum Teil auch weiter zurückreichenden rechtsvergleichenden Studien verwiesen.[747] Hier sind es neuerdings die kommunalen und regionalen Interessenvertretungen, die eine Klassifizierung der dezentralen Ebenen europäischer Staaten vornehmen.[748]

Fakt ist, daß die europäische kommunale Landschaft trotz ihrer flächendekkenden Ausbreitung große Unterschiede vorweist. Ohne Zweifel erinnert Art. 3 Abs. 1 EKC wie auch eine Reihe weiterer EKC-Bestimmungen in ihrer spezifischen Ausprägung an das deutsche Vorbild des Art. 28 Abs. 2 GG.[749] Die deutsche Verfassungsgarantie der kommunalen Selbstverwaltung steht nicht alleine. Die überwiegenden Anzahl der EU Mitgliedstaaten kennt mittlerweile eine verfassungsrechtliche Absicherung der kommunalen Selbstverwaltung.[750] Lediglich Irland und Großbritannien fallen mangels geschriebener Verfassung aus der Reihe.[751] Die bloße Anerkennung einer kommunalen Selbstverwaltungsklausel alleine läßt jedoch nicht auf eine entsprechende gemeinsame Verfassungsüberlieferung schließen.

Zum einen ist die Praxis kommunaler Selbstbestimmung über die geschriebenen Verfassungsgrundsätze hinaus zu berücksichtigen.[752] Zum anderen impliziert das Dogma des gemeinsamen die Einhaltung einer gewissen Bandbreite, in die die einzelnen Gewährleistungen einzuordnen sind. Genau diese rechtlichen und praktischen Divergenzen zwischen der stärksten und der schwächsten

---

747 Die Länderberichte in *Knemeyer,* Europäische Charta der kommunalen Selbstverwaltung; *Galette,* Europäische Aspekte der kommunalen Selbstverwaltung, Festgabe von Unruh, S. 1077 ff.; *Blair,* Die Gestaltung der kommunalen Selbstverwaltung in den europäischen Staaten, DÖV 1988, 102 ff.; *Deubert/Liegmann,* Rechtsgrundlagen kommunaler Selbstverwaltung und regionale Strukturen in Europa; *Delcamp,* Les institutions locales en Europe, 1990; *Martini,* Gemeinden in Europa, S. 187 ff.; *Seele,* Der Kreis aus europäischer Sicht, S. 207 ff.; Erichsen/Hoppe/Leidinger, Kommunalverfassungen in Europa, 1988.

748 Beispielsweise die Studie der Versammlung der Regionen Europas, The regional situation in Europe in the year 2000.

749 Zur Vorreiterrolle der Bundesrepublik *Stüer,* Diskussionsbeitrag, in: Hoppe/Schink, Kommunale Selbstverwaltung und Europäische Integration, 1990, S. 52.

750 So Art. 140 ff. der spanischen Verfassung, Art. 82 und 86 der dänischen Verfassung, Art. 15 und 115 ff. der österreichischen Verfassung, Art. 162 ff. der belgischen Verfassung, Art. 114 ff, 128 ff. italienische Verfassung, § 51 finnische Verfassung, I. Kap. § 7, VIII. Kap. § 5, XI. Kap. §§ 6 und 7 schwedische Verfassung, Art. 102 griechische Verfassung, Art. 2, 107 f. luxemburgische Verfassung.

751 Vgl. *Lagroye/Wright,* Les structures locales en Grande-Bretagne et en France, 1982.

752 Was so auch *Martini* und *Müller,* Der Schutz der kommunalen Selbstverwaltung, BayVBl. 1993, 166, als Verfechter eines allgemeinen Rechtsgrundsatzes der kommunalen Selbstverwaltung sehen.

Garantie sind zu betrachten. Daher ist der bundesdeutsche kommunale Selbstverwaltungsartikel des Grundgesetzes als ganz an der Spitze anzusiedelnde Klausel ein allzu schlechtes und unpassendes Beispiel. Im Vergleich dazu sind die selbstverwaltenden Ausgestaltungen in Frankreich, Irland, dem Vereinigten Königreich und der Niederlande denkbar schwach.[753] Die kommunale Ebene hat dort eher den Charakter einer subzentralen Verwaltungseinheit mit *„punktuellen Eigenkompetenzen"* als den einer Selbstverwaltungskörperschaft.[754]

(c) Beispiel: Verfassungswidrigkeit des französischen Korsika-Gesetzes

Als Beispiel können hier die fehlgeschlagenen Dezentralisierungsversuche[755] um das Korsika-Gesetz in Frankreich angeführt werden, die im Ergebnis durch den obersten Verfassungsgerichtshof gestoppt wurden.[756] Eine Verlagerung örtlicher Angelegenheiten auf die problemnäheste Ebene widerspricht danach der französischen Verfassung, nach der ein gesetzgeberisches Tätigwerden ausschließlich der Nationalversammlung und dem Senat als dafür vorgesehenen Organe vorbehalten sind.[757] Angelegenheiten der örtlichen Gemeinschaft bedürfen zu ihrer verfassungskonformen Regelung der Rücksprache mit dem französischen Innenministerium. Das spezielle, traditionelle zentralistisch ausgerichtete französische Staatssystem zeigt deutlich die abweichenden Vorstellungen von kommunaler Selbstverwaltung in einem der großen europäischen Staaten.[758] Die Feststellung der Verfassungswidrigkeit durch die französische Judikative zeigt zudem, zu welch unterschiedlichen Ergebnissen die verfassungstraditionelle Ausrichtung einer kommunalen Selbstverwaltungsklausel führen kann.

Weitere Beispiele für die differenzierte Geltung der kommunalen Selbstverwaltung in den EU-Mitgliedstaaten liefern die detaillierten Berichte des Kongresses der Gemeinden und Regionen Europas, in denen – mit Bezug auf die EKC – die Eigenarten der Kommunalverfassungen der Mitgliedstaaten beschrieben werden. Hierin ergibt sich ein differenziertes Bild der kommunalen Selbstverwaltung, welches das hier gefundene Ergebnis stützt.

---

753 *Tettinger,* Absicherung kommunaler Selbstverwaltung, in: Henneke (Hrsg.), Kommunale Perspektiven in einem zusammenwachsenden Europa, S. 152.

754 *Tettinger,* Absicherung kommunaler Selbstverwaltung, in: Henneke (Hrsg.), Kommunale Perspektiven in einem zusammenwachsenden Europa, S. 152.

755 Vgl. *Waechter,* Kommunalrecht, Rn. 018.

756 Sinn und Zweck des Gesetzes sollte die dauerhafte Befriedung der französischen Region Korsika sein, u.a. durch die Verleihung eigener Zuständigkeiten und Befugnisse.

757 Vgl. *Franzke,* Die Unteilbarkeit der Republik und des französischen Volkes, EuGRZ 2002, 6 ff.

758 *Tettinger,* Absicherung kommunaler Selbstverwaltung, in: Henneke (Hrsg.), Kommunale Perspektiven in einem zusammenwachsenden Europa, S. 152.

(d) Zusammenfassung

Die europäische kommunale Landschaft ist zweifellos von gemeinsamen Grundtendenzen geprägt. Ob solche gemeinsamen Grundwerte zur Anerkennung eines allgemeinen Grundsatzes ausreichen, erscheint mehr als fraglich. Ein Schluß von der Existenz kommunaler Gebietskörperschaft auf die kommunale Selbstverwaltungsgarantie kann gerade nicht gezogen werden.[759]

Verneint man ein einheitliches Verständnis von kommunaler Selbstverwaltung reicht alleine die Berufung auf die Verfassungstradition im jeweiligen Staat nicht, da *„sich ein abstraktes Selbstverwaltungsverständnis zum einen im Laufe der Zeit verändern kann und zum anderen über den konkreten Inhalt und die Ausgestaltung der Selbstverwaltung keinerlei Auskunft gibt."*[760] Dies ist insbesondere in Hinblick auf Großbritannien[761], Frankreich[762] und Belgien[763], die auf eine entsprechende Entwicklung zurückblicken können, fraglich.

Grundlegend soll daher ein allgemeiner Rechtsgrundsatz der kommunalen Selbstverwaltung im europäischen Gemeinschaftsrecht abgelehnt werden, was so wohl der weit überwiegenden Ansicht entspricht.[764] Die verfassungsrechtliche Absicherung in den europäischen Staaten kann als alleiniges Indiz nicht ausreichen, um die Allgemeinheit des Rechtsprinzips zu bejahen. Zwar müssen – wie erörtert – die Voraussetzungen nicht notwendigerweise in allen Mitgliedsländern gleichermaßen vorliegen. Bei zu großer Divergenz von einer gemeinsamen Verfassungsüberlieferung, mithin eines Rechtsgrundsatzes von allgemeiner Tragweite zu sprechen, erscheint mehr als gewagt und hat sich da-

759 *Thies,* Zur Situation der gemeindlichen Selbstverwaltung im Europäischen Einigungsprozeß, S. 52; *Schäfer,* Die deutsche kommunale Selbstverwaltung, S. 272 f.

760 *Schäfer,* Die deutsche kommunale Selbstverwaltung, S. 273.

761 Vgl. *Martini/Müller,* Der Schutz kommunaler Selbstverwaltung, BayVBl. 1993, 166.

762 *Fromont,* Die französische Kommunalverfassung, in: Erichsen/Hoppe/Leidinger, Kommunalverfassungen in Europa, S. 81.

763 *Aerts/Siegemund,* Der Bürger im Staat, 1994, S. 217.

764 *Faber,* Die Zukunft kommunaler Selbstverwaltung und der Gedanke der Subsidiarität in den Europäischen Gemeinschaften, DVBl. 1991, 1129; *Heberlein,* Der Schutz der kommunalen Selbstverwaltung in der europäischen Integration – eine Replik, BayVBl. 1993, 678; *Mandelartz,* Europäische Integration, Gefährdungen und Chancen für die kommunale Selbstverwaltung, FS Böckenförde, S. 170; *Frenz,* Kommunale Selbstverwaltung und europäische Integration, in: Hoffmann/Kromberg/Roth/Wiegand, Kommunale Selbstverwaltung im Spiegel von Verfassungsrecht und Verwaltungsrecht, S. 24; *Blanke,* Die kommunale Selbstverwaltung im Zuge fortschreitender Integration, DVBl. 1993, 825; *Tettinger,* Absicherung kommunaler Selbstverwaltung, in: Henneke (Hrsg.), Kommunale Perspektiven in einem zusammenwachsenden Europa, S. 151; *Schäfer,* Die deutsche kommunale Selbstverwaltung, S. 272.

her in der einschlägigen Literatur auch nicht durchsetzen können. Angesichts der zahlreichen Dezentralisierungstendenzen und Aufgabenverlagerungen kann dieses Ergebnis in wenigen Jahren auch anders ausfallen. Dennoch gehen die jetzigen Vorstellungen von kommunaler Selbstverwaltung noch weit auseinander.[765] Welche Konsequenzen sich dann aus der grundsätzlichen Feststellung ziehen lassen, soll noch erörtert werden.

(3) Weitere Bedenken gegen die Anerkennung eines allgemeinen Rechtsgrundsatzes

(a) Allgemeine Rechtsgrundsätze und der Stand der Integration

Dies soll durch die Anführung eines grundsätzlichen Gedankens gestützt werden. Die Positionierung eines modernen Staatswesens bringt eine Reihe von Implikationen mit sich, deren Ausgestaltung zweckmäßiger- wie historischerweise in den europäischen Staaten auf eine vergleichbare Basis gestellt werden. In den nationalen Rechtsordnungen existieren unzählige Rechtsprinzipien, die allen Mitgliedstaaten der Europäischen Union gemeinsam sind, in diesem Sinne also als allgemein bezeichnet werden können.

Aus der Vielzahl solcher Normen ergibt sich, daß nicht alle dieser – im Sinne der einengenden Kriterien des Gerichtshofs – Verfassungsprinzipien zugleich Bestandteil des Unionsrechts werden können.

Insofern ist auf den grundsätzlichen Sinn und Zweck allgemeiner Rechtsgrundsätze zurückzugreifen. Sie sollen als Rechtsquelle das Gemeinschaftsrecht ergänzen. So werden sie ungeschriebener Bestandteil des europäischen Primärrechts und beanspruchen umfassende Geltung. Der Ergänzungsfunktion entsprechend sollen sie die Anwendung des Rechts unter Berücksichtigung der vom Vertragsgeber aufgestellten Grundsätze ermöglichen. Keinesfalls sollen sie ein über den aktuellen Stand der Integration hinausgehendes Konzept schaffen und so Schwerpunkte im politischen Bereich bilden. Hieran gilt es sich im Rahmen der kommunalen Selbstverwaltung zu erinnern. Die Methodik der Feststellung allgemeiner Rechtsgrundsätze darf nicht dazu gebraucht werden, einen Quasi-Vertragsgebungsmechanismus mit einer neuen Ausrichtung der Gemeinschaftspolitiken zu bilden.

---

765 Vgl. *Blanke,* Die kommunale Selbstverwaltung im Zuge fortschreitender Integration, DVBl. 1993, 825.

(b) Feststellung von allgemeinen Rechtsgrundsätzen und Vertragsrevision

Dies gilt funktionell für den Europäischen Gerichtshof, der die maßgeblich die Geltung der Rechtsgrundsätze vorangetrieben hat. Dies schließt aber nicht aus, daß auch andere EU-Organe solche Prinzipien für sich in Anspruch nehmen, also sich selbst auf sie berufen. Gleiches muß konsequenterweise dem einzelnen Bürger zugebilligt werden. Der Rückgriff auf die Gemeinsamkeiten der Mitgliedstaaten verhindert die freie Bildung von allgemeinen Rechtsgrundsätzen. Zu verhindern – und das ist hier entscheidend – ist, daß die Findung allgemeiner Grundsätze an die Stelle der Vertragsgebung tritt. Daher ist zu fordern, daß diese nicht an die Stelle des Gemeinschaftsgesetzgebers treten dürfen, wenn dieser selbst zum entsprechende Handeln fähig ist.[766]

Problematisch gestaltet sich die dogmatische Begründung eines solchen Gedankens. Wohl ist es einleuchtend, das Vorliegen einer Vertragslücke als notwendige Voraussetzung für die Feststellung eines allgemeinen Rechtsgrundsatzes zu fordern.[767] Sofern eine solche nicht vorliegt, kann das Primärrecht nicht durch ein allgemeines Rechtsprinzip korrigiert werden, mögen die gefundenen Ergebnisse auch noch so befremdend wirken[768], was in diesem Zusammenhang bedeuten kann, daß die Kommunen mit Gemeinschaftsrecht konfrontiert werden, innerstaatliche Schutzmechanismen versagen und sie so den Einwirkungen faktisch schutzlos ausgeliefert sind.

Dies muß in besonderem Maße auf die kommunale Selbstverwaltung projiziert werden. Bisher hat es der Vertragsgeber, die Mitgliedstaaten, abgelehnt, eine (europäische) kommunale Selbstverwaltungsgarantie in die Rechtsakte aufzunehmen. Die kommunale Selbstverwaltung betrifft daher eine politische Zielsetzung, die trotz entgegenstehender Forderungen bisher nicht ganz oben auf der Tagesordnung der Vertragsrevisionen stand. Eine Anerkennung als allgemeiner Rechtsgrundsatz würde eine Aufnahme in die Gemeinschaftsverträge „durch die Hintertür" bedeuten, die in diametralen Gegensatz zur politischen Schwerpunktsetzung steht.

Dies bedeutet nicht zugleich, daß die politische Durchsetzbarkeit ein Kriterium für die Feststellung allgemeiner Rechtsgrundsätze sein kann. Sie ist vielmehr Indiz für den Willen des Vertragsgebers, der bei der Auslegung des Gemein-

766 *Oppermann,* Europarecht, Rn. 483.

767 *Mandelartz,* Europäische Integration, Gefährdungen und Chancen für die kommunale Selbstverwaltung, FS Böckenförde, S. 170.

768 Allgemeine Rechtsgrundsätze existieren nach der Rechtsprechung des EuGH ja, um unbillige Ergebnisse zu vermeiden.

schaftsrechts mit einzubeziehen ist und davor mahnen kann, vorschnell die Geltung der kommunalen Selbstverwaltung anzunehmen. Insofern ist bisher auch noch keine diesbezügliche Entscheidung des Gerichtshofs oder einer der anderen EU-Organe, welche die kommunale Selbstverwaltung wohl thematisieren, gefallen. Ein solcher *„progressiver Schritt“*[769], sofern er überhaupt gemeinschaftsrechtlich und -systematisch geboten scheint, was hier stark angezweifelt wird, ist nicht absehbar.

cc) Die EKC als Ausdruck eines allgemeinen Rechtsgrundsatzes

Bei aufmerksamer Betrachtung fällt auf, daß bisher die Europäische Charta der kommunalen Selbstverwaltung ausgespart wurde. Der allgemeine Rechtsgrundsatz der kommunalen Selbstverwaltung wurde unabhängig der völkerrechtlichen Verpflichtungen der einzelnen Mitgliedstaaten zur innerstaatlichen Umsetzung der darin verkörperten Rechtsprinzipien gesucht. Zunächst ist dies auch konsequent. Die gemeinsamen Verfassungsgrundsätze sind alleine an den nach der oben geschilderten normativ-rechtsvergleichenden Methode zu finden[770], bei der in erster Linie die realpolitischen Gegebenheiten, also wie sich die Situation kommunaler Selbstverwaltung in der alltäglichen Rechtspraxis darstellt, von Bedeutung sind. Wie sich zeigen soll, können auch völkerrechtliche Verpflichtungen für die Gewinnung allgemeiner Rechtsgrundsätze herangezogen werden.

(1) Bedeutung der EKC für die Gewinnung allgemeiner Rechtsgrundsätze

Von den völkerrechtlichen Vertragsverpflichtungen zu unterscheiden sind die allgemeinen Regeln des Völkerrechts. Letztere sind ungeschriebene Rechtsquellen des Gemeinschaftsrechts. Dies ergibt sich aus der völkerrechtlichen Natur der Gemeinschaft, die den Grundsätzen der Völkerrechtsverpflichtungen unterliegt.[771] Hierzu zählen beispielsweise allgemeine Vertragsauslegungsregeln, wobei eine Überschneidung mit den ansonsten anerkannten allgemeinen Rechtsgrundsätzen möglich ist.

Die EKC ist ein multilateraler Vertrag im Rahmen des Europarats, der von allen Mitgliedstaaten der Europäischen Union unterzeichnet wurde. Als solcher kann er Rechtsquelle des Gemeinschaftsrechts sein, mit deren Hilfe allgemeine Rechtsgrundsätze gewonnen werden können.[772] Insoweit ist zu unterscheiden,

769 *Nazarek,* Kommunale Selbstverwaltung und Europäische Integration, S. 37.
770 Und nicht zu erfinden!
771 Vgl. Art. 38 Abs. 1 c des Internationalen Gerichtshofs.
772 Vgl. *Streinz,* Europarecht, Rn. 360 f.

ob die Prüfung dahingehend erfolgt, die Wirksamkeit der Chartabestimmungen im Gemeinschaftsrecht selbst zu untersuchen[773], oder die Heranziehung der Kommunalcharta zur Unterstützung der oben angeführten Feststellung eines allgemeinen Rechtsgrundsatzes erfolgt. Die bloße Existenz eines kommunalschützenden Dokuments alleine spricht noch nicht für eine gemeinsame Überlieferung der kommunalen Selbstverwaltung.[774] Andererseits ist fraglich, inwieweit die Grundsätze der EKC gegen das oben gefundene Ergebnis sprechen.

Aus der Systematik der hier gewählten Prüfung[775] ergibt sich bereits, daß die unterstützende Heranziehung an der ablehnenden Haltung nichts ändert. Zwar spricht ein solch einheitliches internationales Dokument für eine gemeinsame Tradition, derer sich die unterzeichnenden Staaten verpflichtet fühlen[776], gegen eine derartige Anerkennung sprechen aber vor allem zwei Gesichtspunkte:

(a) Bindungswirkung der Charta in den Ratifikationsstaaten

Fraglich ist die allgemeine Bedeutung der EKC angesichts ihrer Bindungswirkung, wie sie in Art. 12 EKC zum Ausdruck kommt.[777] Das flexible „à la carte“-System ermöglicht anstatt der Einrichtung eines festen Schutzniveaus die Beteiligung einer Vielzahl von Staaten durch die lediglich Verbürgung von Mindeststandards. Die Bindung an die Inhalte der Charta kann daher in den einzelnen Vertragsstaaten durchaus differenziert ausfallen.[778]

Ein Argument läßt sich hieraus nur in abgeschwächter Form ableiten, da alle Vertragsstaaten sich schon nach den einleitenden Formulierungen zu den grundlegenden Prinzipien kommunaler Selbstverwaltung bekennen. Dennoch stehen die weitgehenden Freiräume, die ja von den Vätern der Charta gerade beabsichtigt waren, der Allgemeinheit der Chartagrundsätze in den Gemeinschaftsstaaten entgegen.

---

773 So der Ansatz bspw. bei *Schaffarzik,* Handbuch der EKC, S. 619 ff., insbesondere S. 619.

774 *Schäfer,* Die deutsche kommunale Selbstverwaltung, S. 271.

775 Meist werden die Feststellung eines allgemeinen Rechtsgrundsatzes der kommunalen Selbstverwaltung und die inhaltlichen Einflüsse der EKC vermengt, also eine genaue Unterscheidung des allgemeinen Grundsatzes unter Übergehung der Geltung der Chartabestimmungen als allgemeine Rechtsgrundsätze des Gemeinschaftsrechts in den Vordergrund gestellt.

776 Vgl. insoweit die Einleitungssätze der EKC.

777 Dazu S. 337.

778 Vgl. *Tettinger,* Absicherung kommunaler Selbstverwaltung, in: Henneke (Hrsg.), Kommunale Perspektiven in einem zusammenwachsenden Europa, S. 153.

Als extremer Beleg hierfür kann das Beispiel Italiens angeführt werden, das zwar die Kommunalcharta unterzeichnet und ratifiziert hat[779], die Implementierung der Verpflichtungen bisher aber weitgehend versäumt hat.[780] Hier wurde eine Realisierung der Chartavorstellungen vertrags- und damit völkerrechtswidrig mißachtet.[781] Gleichermaßen schwierig äußert sich die Umsetzung in Großbritannien.

(b) Stellenwert der bisherigen Ratifikation

Von der Bindungswirkung in den einzelnen Ratifikationsstaaten zu trennen ist die Anzahl der Mitgliedstaaten in der Europäischen Union, die die Charta überhaupt noch nicht ratifiziert haben. Hierzu gehören große bzw. bedeutende Staaten wie Frankreich und Belgien.[782] Nicht überzeugend ist das Argument, daß alle Mitgliedstaaten der Gemeinschaft an der Aushandlung der Charta beteiligt waren und damit der Geist der Charta ihrer Überzeugung entsprechen soll.[783] Eine solche Beratungsagilität in der Vergangenheit wird für die Feststellung im aktuellen Gemeinschaftsrecht nicht ausreichen.[784] Als statisches kommunales Schutzinstrument ist bei der Bemessung des übergreifenden Schutzniveaus nicht die einstige Mitarbeit bei der Ausarbeitung der Charta maßgeblich, sondern der jeweilige Stand des innerstaatlichen Schutzes.

Die Betrachtung des aktuellen Verpflichtungsstands, der nichts an den Erfolgen der EKC ändert, wohl aber die Besonderheiten der einzelnen Staaten bei der Anpassung ihrer inneren Strukturen der Kommunalverfassung herausstellt[785], zeigen sich in der Konsequenz die unterschiedlichen Schutzniveaus,

---

779 Vgl. *Candido de Martin*, Länderbericht Italien, in: Knemeyer, Europäische Charta der kommunalen Selbstverwaltung, S. 147 ff.; vgl. auch *Groß*, Selbstverwaltung angesichts von Europäisierung und Ökonomisierung, DVBl. 2002, 1185.

780 Dazu *Seele*, Der Kreis aus europäischer Sicht, S. 343 ff.; *Blumenstein*, Die Europäische Charta der kommunalen Selbstverwaltung, BayGT 1994, 3; vgl. zur Änderung des italienischen Wahlgesetzes *Caciagli*, Die Skandale haben erstmals zu Reformen geführt – Italien –, Bürger im Staat 1994, 249 ff.

781 *Schäfer*, Die deutsche kommunale Selbstverwaltung, S. 271.

782 Zu den Gründen der Nichtratifikation der beiden Staaten S. 357 ff.

783 *Martini*, Gemeinden in Europa, S. 208.

784 *Nazarek*, Kommunale Selbstverwaltung und Europäische Integration, S. 37 ohne weitere Begründung.

785 In der Berücksichtigung der Besonderheiten durch eine flexible Vertragsbindung und die dennoch erfolgte Umsetzung in zahlreichen Staaten des Europarats, insbesondere der neueren Mittel- und Osteuropäischen Demokratien, liegt ja gerade der Grund für den großen Erfolg der Kommunalcharta, deren Absicht es von anfang an nicht war, einen einheitlichen Schutzstandard zu installieren.

welche die Europäische Kommunalcharta gewährleisten kann. Sie stützen daher das oben gefundene Ergebnis.[786]

(2) Bindung der Gemeinschaft an die EKC

Der Gedanke einer Geltung der Charta der kommunalen Selbstverwaltung im Gemeinschaftsrecht rührt von der grundsätzlichen Feststellung allgemeiner Rechtsgrundsätze her. Die völkerrechtlichen Vereinbarungen können als Gedanken von allgemeiner Tragweite Teil des ungeschriebenen Primärrechts werden, weil sie Ausdruck eines gemeinsamen Willen der Vertragsstaaten sind, zu der die Mitgliedstaaten der Gemeinschaft zählen.[787]

(a) Beitritt der Gemeinschaft zu Europaratsübereinkommen

In erster Linie denkt man hierbei an die Europäische Menschenrechtskonvention (EMRK). Die Menschenrechtsverbürgungen des Europarats wurden sehr früh als Grundsätze von allgemeiner Tragweite und fester Bestandteil der mitgliedstaatlichen Verfassungstradition zur Feststellung von Grundrechtsverbürgungen im ungeschriebenen EU-Primärrecht herangezogen. Die Geschichte der Implikation der EMRK in das Europäische Gemeinschaftsrecht kann und soll hier nicht aufgezeigt werden.

Es stellt sich die grundlegende Frage, inwieweit die beiden Fälle – EKC und EMRK – überhaupt vergleichbar sind. Zwar handelt es sich jeweils um völkerrechtliche Verträge, die im Rahmen der zwischenstaatlichen Europaratsarbeit ausgearbeitet und abgeschlossen wurden. Genauso könnte man hier für die Grundrechtsnähe der kommunalen Selbstverwaltung plädieren. Jedoch ist fraglich, ob in der Historie der Gemeinschaft die Menschenrechtsgehalte und deren Entwicklung im Gemeinschaftsrecht in einen Zusammenhang mit dem Grundsatz kommunaler Selbstverwaltung stellen lassen. Dies bedeutet keineswegs automatisierend eine Herabstufung des kommunalen Selbstverwaltungsrechts.

(aa) Parallelität zwischen EMRK und EKC?

Die im Zusammenhang mit der Geltung eines kommunalen Selbstverwaltungsrechts häufig zitierte Entwicklung der Bezugnahme auf die Europäische Menschenrechtskonvention soll vorangestellt skizziert werden, unter dem Ge-

---

786 Vgl. *Gern,* Rechtsschutz der Kommunen in der Europäischen Union, NVwZ 1996, 533.
787 Vgl. *Martini/Müller,* Der Schutz der kommunalen Selbstverwaltung, BayVBl. 1993, 166.

sichtspunkt, die tatsächliche Vergleichbarkeit mit der Europäischen Kommunalcharta und deren Aufnahme in das Europäische Gemeinschaftsrecht zu untersuchen.

Der EuGH hat Gemeinschaftsgrundrechte zunächst in den Verfassungsüberlieferungen der Mitgliedstaaten gesucht, sie also nicht genuin der EMRK entnommen hat.[788] Erst später erfolgte deren Zitat unter Hinweis auf die in der Europaratskonvention verankerten Rechte als Ausdruck eines gemeinsamen Gedankens der mitgliedstaatlichen Verfassungstradition. Die Menschenrechtskonvention diente als *„Quelle der Inspiration"*[789] neben anderen internationalrechtlichen Übereinkommen wie die Europäische Sozialcharta. In Hinblick auf die EMRK erfolgte eine offene Anerkennung der darin verbürgten Recht und der gemeinsamen Verfassungsüberlieferungen 1993 in Art. 6 Abs. 2 EUV.[790] Hierdurch wurde die langjährige Rechtsprechung des EuGH in das geschriebene Gemeinschaftsrecht übernommen. Ein Beitritt zur EMRK erfolgte aber nicht.[791]

Die Bezugnahme auf die EMRK schließt aber nicht zugleich aus, daß der EuGH bei der Weiterentwicklung und Lückenschließung die Konvention durch die Berücksichtigung der gemeinsamen Verfassungsüberlieferungen abändert oder den Erfordernissen der Gemeinschaftsrechtsordnung anpaßt.[792]

Festzuhalten ist, daß der Prozeß der Entwicklung der Gemeinschaftsgrundrechte auf der Basis der Feststellung allgemeiner Rechtsgrundsätze erfolgte. Erst später erfolgte eine Berufung auf die in der EMRK verankerten Grundrechtsgehalte.[793] Mit der Maastrichter Vertragsrevision wurde dieser Hinweis auch in den EU-Vertrag übernommen. Später kam die rechtlich unverbindliche Europäische Grundrechtecharta hinzu.[794] Nach wie vor beruft sich der EuGH auf die gemeinsamen Verfassungsüberlieferungen und stellt daher die gemeinschaftliche Grundrechtsprechung auf eine breite Grundlage.

---

788 Vgl. die Aufzählung der einschlägigen Rechtssprechung bei *Oppermann,* Europarecht, Rn. 492.

789 *Oppermann,* Europarecht, Rn. 491.

790 *Schwarze,* Europapolitik unter deutschem Vefassungsrichtervorbehalt, NJ 1994, 53 ff.

791 Zu den Problemen eines Beitritts der Gemeinschaft zur Europäischen Menschenrechtskonvention vgl. das Gutachten der EuGH in EuZW 1996, 307 ff.; dazu *Häde/Puttler,* Zur Abgrenzung des Art. 235 EGV von der Vertragsänderung, Neue Erkenntnisse durch das Gutachten 2/94 des EuGH vom 28.3.1996?, EuZW 1997, 13 ff.

792 *Pauly,* Strukturfragen des Unionsrechtlichen Grundrechtsschutzes, EuR 1998, 242 ff.; *Oppermann,* Europarecht, Rn. 491.

793 *Rengeling,* Grundrechtsschutz in der Europäischen Gemeinschaft.

794 Zur Grundrechtecharta vgl. die Entschließung des AdR CdR 381/2000.

Für die Geltung der EKC kann dies bedeuten, daß auch hier ein differenziertes Vorgehen geboten ist, das die vorschnelle Annahme einer entsprechenden Parallelität verwehrt. Betrachtet man hypothetisch die Entwicklung einer kommunalen Selbstverwaltung nach dem Leitbild der EMRK im Gemeinschaftsrecht, so müßte zunächst die Feststellung eines allgemeinen Grundsatzes der kommunalen Selbstverwaltung im Vordergrund stehen. Erst in einem zweiten Schritt kann eine Bezugnahme auf die EKC zur Untermauerung und Konkretisierung der aufgrund der gemeinsamen mitgliedstaatlichen Verfassungsüberlieferung gefundenen Prinzipien erfolgen. Diese Unterscheidung soll hier deutlich gemacht werden. Die Gemeinschaftsgrundrechte konnten nicht deshalb Bestandteil des ungeschriebenen Gemeinschaftsrechts werden, weil sie[795] in der EMRK verbürgt waren, sondern weil sie Teil der mitgliedstaatlichen Verfassungstradition waren.[796]

Umgekehrt muß diese ineinandergehende Entwicklung nicht zwangsläufig auch auf die EKC projiziert werden. Dies wäre ohnehin nicht möglich, weil ein gemeinschaftsweiter Standard kommunaler Selbstverwaltung, der zur Begründung eines allgemeinen Rechtsgrundsatzes vonnöten ist, im momentanen Stadium der europäischen Integration nicht existiert. Der erste Schritt ist daher unmöglich. Die nun folgende Überlegung soll darlegen, warum auch der zweite Schritt der Anerkennung der Europäischen Kommunalcharta nach der derzeitigen völkerrechtlichen Konzeption nicht gangbar ist.

(bb) Beitritt der Europäischen Gemeinschaft zur EKC

Was beide völkerrechtlichen Verträge zum momentanen Zeitpunkt gemeinsam haben, ist, daß die Europäische Gemeinschaft weder dem einen noch dem

795 Seit 1950, also lange vor den Römischen Verträgen.

796 Die Problematik der Entwicklung von Grundrechtsgehalten dürfte bei früherem Stand der Integration eher in der Forderung nach einer Kompetenzgrundlage der Gemeinschaft liegen. Setzt man eine solche nicht voraus, so ist auf Art. 220 EG zu verweisen, der die Wahrung des Rechts (der Gerechtigkeit und damit auch der gemeinsamen Verfassungsüberlieferungen) zur Aufgabe des Gerichtshofs macht; vgl. ausführlich *Streinz,* Europarecht, Rn. 356 ff. Die Evidenz der gemeinschaftsrechtlichen Grundrechtsprechung ergibt sich ohne Rückgriff auf Art. 220 EG aus dem integrativen Fortschritt der Bildung einer supranationalen Rechtsordnung, die aufgrund der Dichte ihrer Regelungsbefugnisse ein solches rechtsstaatliches Korrektiv, wie es ihren Mitgliedstaaten eigen ist, benötigt. Zum Grundrechtsschutz auch *Gerstner/Göbel,* Grundrechtsschutz in Europa, Jura 1993, 626 ff.; *Zuleeg,* Die Europäische Gemeinschaft als Rechtsgemeinschaft, NJW 1994, 545 ff.; *Weber,* Die Grundrechte im Integrationsprozeß der Gemeinschaft in vergleichender Perspektive, JZ 1989, 965 ff.; *Pernice,* Gemeinschaftsverfassung und Grundrechtsschutz, NJW 1990, 2409 ff.

anderen Übereinkommen beigetreten ist.[797] Grundsätzlich wäre der Abschluß sogenannter gemischter Abkommen, an denen sowohl die einzelnen Mitgliedstaaten als auch die Gemeinschaft beteiligt sind, denkbar[798], also auch der Beitritt der Gemeinschaft[799] zu einem europaratsrechtlichen Vertrag, sofern dieser dies zuläßt.[800]

Genau an dieser Stelle scheitert ein Beitritt der Gemeinschaft an Art. 15 EKC, nach dem es nur Mitgliedstaaten des Europarats möglich ist, der EKC beizutreten. Art. 15 Abs. 1 S. 1 EKC lautet: *„Diese Charta liegt für die Mitgliedstaaten des Europarats zur Unterzeichnung auf"*.[801] Damit stellt sich dasselbe, parallele Problem wie bei der EMRK.[802]

(b) Tragweite europaratsrechtlicher Dokumente im Gemeinschaftsrecht

Mit der Anerkennung der EKC als Teil des gemeinschaftlichen Primärrechts geht ein weiteres Problem einher, nämlich, daß durch die Inkorporation gemeinschaftsfremder internationaler Schutzbestimmungen das tatsächliche Schutzniveau in den Mitgliedstaaten und daher auch das Schutzniveau im Verhältnis zur Gemeinschaft verzerrt wird. Die fremde Rechtsordnung würde dann der Gemeinschaft die – so von den Mitgliedstaaten, möglicherweise in nicht völkerrechtskonformer Weise[803] – nicht praktizierten Standards aufdrängen würde, sogenannte Fremdbestimmung.

(aa) Gedanke der Fremdbestimmung des Gemeinschaftsrechts

Die Tragweite der Kommunalcharta in ihrer europaweiten Ausdehnung stand schon ausführlich im Mittelpunkt der Diskussion. Dies bringt aber nicht zugleich fatalistische Zwänge für die Gemeinschaftsrechtsordnung mit sich. Die

---

797 Die grundsätzliche Möglichkeit eines Beitritts zu völkerrechtlichen Verträgen ergibt sich aus der Völkerrechtsfähigkeit der Internationalen Organisation der Europäischen Gemeinschaft, vgl. Art. 300 EG; grundlegend hierzu *Krück,* Völkerrechtliche Verträge im Recht der Europäischen Gemeinschaften, 1977; *Oppermann,* Europarecht und Völkerrecht, AöR 1966, 114 ff.

798 *Oppermann,* Europarecht, Rn. 1711 ff.

799 Zur Völkerrechtsfähigkeit der Gemeinschaft *Streinz,* Europarecht, Rn. 591.

800 Zur Völkerrechtsfähigkeit der Europäischen Union und dem damit einhergehenden Streit *Streinz,* Europarecht, Rn. 121b.

801 *„This Charter shall be open for signature by the member States of the Council of Europe"* in der englischen und *„ La présente Charte est ouverte à la signature des Etats membres du Conseil de l'Europe"* in der französischen Fassung.

802 *Hoffschulte,* Kommunale und regionale Selbstverwaltung im Europa der Regionen, in: Knemeyer (Hrsg.), Europa der Regionen – Europa der Kommunen, S. 155.

803 Was für die Gemeinschaft zunächst unerheblich ist.

EKC ist in erster Linie ein Dokument des Europarats, dessen Wirkungsebene sich zunächst auf die Europaratsebene und die nationale Ebene der Mitgliedstaaten des Europarats in deren Umsetzung bezieht. Gleiches gilt für die EMRK und die weiteren Konventionen des Europarats.[804]

Erst in einem zweiten Schritt kann die Rezeption durch das Gemeinschaftsrecht zum Gegenstand der Diskussion gemacht werden. Im Rahmen dieser Untersuchung ist der Zusammenhang mit der Feststellung allgemeiner Rechtsgrundsätze zu berücksichtigen. Läßt man die Besonderheit der flexiblen Annahme von einigen Europaratsübereinkommen beiseite, so werden die europaratsrechtlichen Inhalte nach der Ratifikation einheitlicher Bestandteil der nationalen Rechtsordnungen. Es liegt daher nahe, sie – unangezweifelt Rechtsgrundsätze –, als allgemeine Prinzipien vorschnell in das Gemeinschaftsrecht transferieren zu wollen. Dies stützt auch den Gedanken, daß die Mitgliedstaaten sich durch die Schaffung einer supranationalen Rechtsordnung ihren völkerrechtlichen Verpflichtungen nicht entziehen können. Die ist soweit unstreitig, soweit es um die Sicherung gemeinsamer Verfassungsgrundsätze geht.

Problematisch gestaltet sich aber der Vergleich des europaratsrechtlich vorgegebenen Schutzniveaus mit den tatsächlichen verfassungsrechtlichen Gewährleistungen der Mitgliedstaaten. Fraglich ist, welches Schutzniveau nach der Ratifikation eines völkerrechtlichen, außerhalb der Gemeinschaft entstandenen Dokuments nach der Ratifikation für die Feststellung allgemeiner Rechtsgrundsätze maßgebend ist. Hier wird zum Teil vertreten, daß auch bei niedrigerem Niveau in den Verfassungen der Mitgliedstaaten für die Festlegung des gemeinschaftsrechtlichen Prinzips der höhere einheitliche Standard des Übereinkommens gelten muß.[805]

Dem ist entgegenzuhalten, daß dann tatsächlich die Gemeinschaft ein der innerstaatlichen Rechtspraxis fremdes Schutzniveau aufnimmt.[806] Die Grundsätze des Dokuments sind zwar mehr als bloße Hinweise, aber zugleich auch nicht die alleinige Direktive unter Außerachtlassung der innerstaatlichen Realisierung. Zu

---

804 Zur Autonomie der Rechtordnungen im Zusammenhang mit der EKC *Faber,* Die Zukunft kommunaler Selbstverwaltung und der Gedanke der Subsidiarität in den Europäischen Gemeinschaften, DVBl. 1991, 1128; auch *Kaltenborn,* Der Schutz der kommunalen Selbstverwaltung, S. 58.

805 *Bleckmann,* Die Bindung der Europäischen Gemeinschaft an die Europäische Menschenrechtskonvention, S. 79 ff.; *Schaffarzik,* Handbuch der EKC, S. 638; *Rodriguez Iglesias,* Zur Stellung der Europäischen Menschenrechtskonvention im europäischen Gemeinschaftsrecht, FS Bernhardt, S. 1280; *Meesen,* Zur Theorie allgemeiner Rechtsgrundsätze des internationalen Rechts, JIR 1974, 302.

806 Vgl. *Ress/Ukrow,* Neue Aspekte des Grundrechtsschutzes in der Europäischen Gemeinschaft, EuZW 1990, 501.

beachten ist, daß für die Bestimmung des Gemeinschaftsrechts nicht alleine die völkerrechtlichen Verpflichtungen entscheidend sind, sondern auch deren innerstaatliche Umsetzung. Nur so kann dem Grundsatz der normativen Rechtsvergleichung Rechnung getragen werden. Die Feststellung gemeinsamer Verfassungsprinzipien, wie sie der EuGH fordert, ist mehr als nur der reine Blick auf die völkerrechtlichen Übereinkommen, die innerstaatlich möglicherweise nur einfachgesetzlich Geltung beanspruchen.[807] Ansonsten wird das Gemeinschaftsrecht von der ihm fremden Rechtsordnung bestimmt. Die völkerrechtswidrige Umsetzung der europaratsrechtlichen Verpflichtungen gehen sie dabei nichts an.

Ginge man von einer einheitlichen Geltung der EKC in den Ratifikationsstaaten ohne flexible Bindungswirkung aus, ließe sich schwerlich begründen, warum in der Gemeinschaft alleine die nicht ausgeschöpften Normpotentiale[808] dominieren sollen. Die Maßstäbe der EKC können für die Findung allgemeiner Rechtsgrundsätze also insofern nicht von Bedeutung sein und ändern nichts an dem gefundenen Ergebnis.[809]

(bb) Parallele Justiziabilität durch EuGH und Europaratsorgane?

Hinzu käme das seltsam anmutende Phänomen, daß mit der Inkorporation in das Gemeinschaftsrecht eine Unterwerfung der europaratsrechtlichen Maximen unter die Judikatur des Europäischen Gerichtshofs einherginge. Durch die gemeinschaftsrechtliche Rezeption unterläge das Dokument zwei verschiedenen Auslegungsmechanismen, die möglicherweise voneinander abweichen.[810] Im Rahmen des Europarats kommen danach sowohl die Parlamentarische Versammlung, das Ministerkomitee und vor allem der Kongreß der Gemeinden und Regionen Europas in Betracht. Dabei zielt die Schutzrichtung beider Rechtsschutzsysteme zunächst in eine völlig andere Richtung. Die Überprüfung der europaratsrechtlichen Einrichtungen bezieht sich zunächst auf die Umsetzung der Vorgaben in innerstaatliches Recht. Gegenstand ist die nationale Rechtsordnung. Der EuGH hingegen ist in erster Linie für die Auslegung des Gemeinschaftsrechts zuständig. Die nationale Rechtsordnung wird nur soweit Gegenstand eines Verfahrens vor dem Gerichtshof, wie die Anwendung von umgesetztem Gemeinschaftsrecht im nationalen Recht in Frage steht.

---

807 Wie in der Bundesrepublik.

808 Vgl. zur Gegenansicht *Schaffarzik,* Handbuch der EKC, S. 638.

809 *Martini,* Gemeinden in Europa, S. 154; *Ress/Ukrow,* Neue Aspekte des Grundrechtsschutzes in der Europäischen Gemeinschaft, EuZW 1990, 501.

810 Vgl. zur EMRK *Ress,* Menschenrechte, Europäisches Gemeinschaftsrecht und nationales Verfassungsrecht, FS Winkler, S. 915 ff.; *Ress/Ukrow,* Neue Aspekte des Grundrechtsschutzes in der Europäischen Gemeinschaft, EuZW 1990, 501.

Es kann also durchaus zu Überschneidungen im Tätigwerden beider Kontrollinstanzen geben. Hinzu kommt, daß, gleich ob es um welche Rechtsanwendungssphäre es geht, jeweils die Interpretation der Chartabestimmungen nötig ist, Gegensätzlichkeiten auch auf diesem Weg auftreten können.

Letztlich lassen sich hieraus aber keine Konsequenzen für die Festlegung materieller Inhalte im europäischen Gemeinschaftsrecht ableiten.[811] Für die Kommunalcharta muß gleichermaßen wie für die EMRK gelten[812], daß in erster Linie die materiellen Gewährleistungen im Vordergrund stehen und zweitrangig Konkurrenzen in den Rechtsdurchsetzungsmechanismen zu klären sind.

3. Das Subsidiaritätsgrundsatz als Leitprinzip eines effektiven Kommunalschutzes

a) Gesellschaftstheoretische und historische Zusammenhänge

aa) Grundlegende Gedanken zu einem kommunalbezogenen Subsidiaritätsverständnis

Gleich vorweggenommen: Es soll hier nicht ein weiterer Beitrag über Bedeutung des Subsidiaritätsgedankens in der europäischen Integration zu der umfangreichen und unüberschaubaren Literatur geleistet werden.[813] Dennoch kommt man im Rahmen einer Untersuchung der kommunalen Selbstverwaltung nicht umher, die wesentlichen Grundzüge der bisherigen Entwicklung zu skizzieren.

Bisweilen ist das Subsidiaritätsprinzip als wichtiger Schutzmechanismus zugunsten der kommunalen Gebietskörperschaften erkannt worden, oft ist es aber bei der schlagwortartigen Nennung geblieben. Diese Verkürzung ist problematisch. Sie kann sogar der Erreichung des kommunalschützenden Ziels entge-

---

811 *Schaffarzik*, Handbuch der EKC, S. 639.

812 Vgl. *Frowein/Peukert*, EMRK-Kommenar, Einführung Rn. 14 f.

813 Vgl. unter der endlosen Auswahl *Schmidhuber*, Das Subsidiaritätsprinzip im Vertrag von Maastricht, DVBl. 1993, 417 ff.; *Jarass*, EG-Kompetenzen und das Prinzip der Subsidiarität nach Schaffung der Europäischen Union, EuGRZ 1994, 209 f.; *Lecheler*, Das Subsidiaritätsprinzip, 1993; *Blanke*, Normativität und Justiziabilität des gemeinschaftsrechtlichen Subsidiaritätsprinzip, ZG 1995, 193 f.; *Ronge*, Legitimität durch Subsidiarität, 1997; *Winter*, Subsidiarität und Deregulierung im Gemeinschaftsrecht, EuR 1996, 247; *Schmidhuber/Hitzler*, Die Verankerung des Subsidiaritätsprinzips im EWG-Vertrag – ein wichtiger Schritt auf dem Weg zu einer föderalen Verfassung der Europäischen Gemeinschaft, EuR 1996, 247 f.

genwirken, wird das Prinzip der Subsidiarität doch allzu oft unreflektiert zitiert, ohne die ursprüngliche und tatsächliche Tragweite zu verdeutlichen. Nicht umsonst wird an verschiedener Stelle auf verschiedene Art und Weise angemahnt, was Subsidiarität eigentlich bedeutet.[814]

An dieser Stelle ist daher eine Rückbesinnung auf die Wurzeln des Grundsatzes erfolgen. Dies vor dem Hintergrund der Fragestellung, welche Zusammenhänge zwischen dem europaratsrechtlichen Kommunalschutz und dem Subsidiaritätsgedanken im Einigungswerk der Europäischen Union bestehen. In erster Linie betrifft dies die inhaltliche Ausgestaltung des Integrationsprozesses. Konsequenterweise kann es dann nur um das Leitbild der Europäischen Charta der kommunalen Selbstverwaltung gehen.

Dem gerade aufgestellten Postulat breitgetretener Literaturbesprechungen zum Trotz kann auch hier nicht auf eine kurze, dafür aber grundlegende Darstellung der Entwicklung verzichtet werden. Mit einem bestimmten Vorzeichen: Sprechen soernannte Experten von Subsidiarität, so wird schon mit deren Betonung der Bezug zur Europäischen Ebene hergestellt. Dies rührt daher, daß den europäischen Staaten ein solches Prinzip, reduziert auf seine Grundaussage, zwar bekannt ist, die Begrifflichkeit dem Staatsaufbau aber fremd ist.[815] Es stellt sich also die Frage, wie der Zusammenhang mit den innerstaatlich praktizierten Rechtstraditionen und -prinzipien herzustellen ist. Das darzustellende Grundethos der Subsidiarität findet möglicherweise Parallelitäten in föderativ-regionalen Elementen wie auch der kommunalen Selbstverwaltung.[816] Dies könnte denkbarerweise historisch begründet werden, so daß am Ende der Untersuchung eine Korrelation zwischen der kommunaler Selbstverwaltung und dem Subsidiaritätsgedanken hergestellt würde.

Dies würde der Dynamik des Integrationsprozesses wie auch den Erscheinungsformen und Entwicklungen kommunaler Selbstverwaltung in den Mitgliedstaaten der Europäischen Union (alleine) nicht Gerecht werden. Um eine dauerhafte Absicherung kommunaler Rechte gegen die europäischen Übergriffe in die kommunale Rechtssphäre zu empfehlen, bedarf es einer darüber hinausgehenden Begründung. Maßstab hierfür soll die EKC sein, deren Inhalte auf ihren Subsidiaritätsgehalt untersucht werden. Konkret geht es darum, einzelne in

814 *Herzog,* Was bedeutet Subsidiarität wirklich?, Rede am 16.2.1993 in Brüssel, abgedruckt in: Hierl (Hrsg.), Europa der Regionen, S. 122 ff.; *Schilling,* Subsidiarity as a rule and a principle, or: Taking subsidiarity seriously, in: Harvard Jean Monnet Working Paper, 10/95.

815 *Langguth,* in: Lenz, EG-Kommentar, Art. 5 EG, Rn. 9.

816 Vgl. *Schilling,* Subsidiarity as a rule and a principle, or: Taking subsidiarity seriously, in: Harvard Jean Monnet Working Paper, 10/95, S. 5.

der Kommunalcharta dargelegte Bestimmungen dahingehend zu überprüfen, ob sie von einem kommunalbezogenen Subsidiaritätsverständnis erfaßt werden. Eine herausragende Rolle spielt dabei die kommunale Finanzautonomie, die unter dem Stichwort der Konnexität Gegenstand des Diskurses sein wird.

bb) Entwicklung des Subsidiaritätsgedankens

Das moderne Subsidiaritätsverständnis verdanken die heutigen Staatswesen der katholischen Soziallehre. Darüber hinaus sind schon früher entsprechende Formulierungen nachweisbar[817], beispielsweise bei *Aristoteles*[818], denen allen gemeinsam ist, daß sie ein Phänomen zu beschreiben versuchen, auf das das heutige Strukturprinzip[819] der Europäischen Union fußt.

(1) Ältere Dokumente eines Subsidiaritätsgedankens

Die Schwierigkeit, die sich bei der Untersuchung älterer Quellen stellt, ist die Formulierung des Subsidiaritätsprinzips im heutigen Sinne wegen des fehlenden Begriffsbezugs ausfindig zu machen. Trotzdem lassen sich erste Gedanken schon 700 v. Chr. im biblischen Buch Exodus[820] nachweisen. Geht es dort um eine arbeitsteilige Aufgabenwahrnehmung, hat *Aristoteles* versucht, im 4. Jahrhundert v. Chr. eine Art kommunalgesellschaftlichen Bezug herzustellen, indem er formuliert:

> *„Die für jeden Tag (...) bestehende Gemeinschaft ist naturgemäß das Haus (...). Doch die erste Gemeinschaft, die sich wegen eines über den Tag hinausreichenden Bedürfnisses zusammensetzt, ist das Dorf. Am ehesten scheint das Dorf naturgemäß eine Erweiterung des Hauses zu sein (...). Doch die aus mehreren Dörfern zusammengesetzte vollkommene Gemeinschaft ist der Staat, der sozusagen bereits über die Grenze der vollen Selbstgenügsamkeit verfügt“.*[821]

Die Bildung übergeordneter Gemeinschaften ist auf die Unvollkommenheit des staatsbezogenen Menschen zurückzuführen, dessen Fähigkeiten nicht ausreichen, alle Bedürfnisse zu decken. Ähnlich auch der große Kirchenlehrer *Thomas von Aquin*, der die Ordnung aller vernunftbegabter und daher nach dem Ge-

817 Vgl. das Bibelzitat in Exodus, Kapitel 18, Vers 17-23.
818 *Münkler*, Subsidiarität, Zivilgesellschaft und Bürgertugend, S. 70 ff.
819 Dazu sogleich.
820 Kapitel 18, Verse 17 ff.
821 *Aristoteles*, Politik, 1252 b, 13 ff.

meinwohl strebenden Menschen unter Berücksichtung der Verschiedenartigkeit der sich zusammenschließenden Gebilde beschreibt.[822]

In der weiteren Erforschung der anthropologischen Grundlagen soll eine Nennung der Namen bekannter Vordenker wie *Althusius*[823], *Montesquieu*, *Hegel*, *Humboldt*[824], *Tocqueville* und *Mohl*[825] genügen, die in unterschiedlichen Ausprägungen die Bedeutung der Individualität gegenüber den übergeordneten Ebenen betonen.

(2) Wurzeln der katholischen Soziallehre

Seit Mitte des 19. Jahrhunderts gingen wesentliche Schritte hin zum heutigen Subsidiaritätsverständnisses von der katholischen Kirche aus. Die Wurzeln und die Namensfindung[826] in der katholischen Lehre zeigen die übergeordnete sozialphilosophische Bedeutung des tragenden Gesellschaftsprinzips. Diese Tragweite, die häufig vernachlässigt wird[827], lenkt den Blick von der heute zum Teil verkürzten Auffassung von Subsidiarität ab, der zur Begründung eines umfassenden europäischen Verständnisses entgegenzuwirken ist.

In diesem Zusammenhang ist der Name des Mainzer Bischofs *Wilhelm Emmanuel von Ketteler* (1811-1877) zu nennen, der vor der Nationalversammlung in Frankfurt 1848 von einem *„subsidiären Recht"* des einzelnen gegenüber dem Staat spricht:[828]

> *„Meine Ansicht geht von dem einfachen Satz aus, daß jedes Individuum seine Rechte, die es selbst ausüben kann, auch selbst ausüben darf. Der Staat ist keine Maschine, sondern ein lebendiger Organismus mit lebendigen Gliedern, in dem jedes Glied sein eigenes Recht, seine eigene Funktion hat, sein eigenes Leben frei gestaltet. Solche Glieder sind mir das Individuum, die Familie, die Gemeinde usw. Jedes niedere Glied bewegt sich frei in seiner Sphäre und genießt das Recht der freien Selbstbestimmung und*

---

822 *Freiling,* Das Subsidiaritätsprinzip im kirchlichen Recht, S. 16 ff.; *Höffner,* Christliche Gesellschaftslehre, S. 54.

823 *Hüglin,* Althusius – Vordenker des Subsidiaritätsprinzips.

824 Zum Subsidiaritätsprinzip als Gegenstand des Liberalismus auch *Isensee,* Subsidiaritätsprinzip und Verfassungsrecht, S. 44 ff.; *Millon-Delsol,* Le principe de subsidiarité, S. 19 ff.

825 *Isensee,* Subsidiaritätsprinzip und Verfassungsrecht, S. 58 ff.

826 Vgl. *Höffner,* Christliche Gesellschaftslehre, S. 50; *Millon-Delsol,* Le principe de subsidiarité, S. 25 ff.

827 *Ronge,* Legitimität durch Subsidiarität, S. 137.

828 Vgl. *Freiling,* Das Subsidiaritätsprinzip im kirchlichen Recht, S. 19.

Selbstregierung. Erst wo das niedere Glied dieses Organismus nicht mehr imstande ist, seine Zwecke selbst zu erreichen oder die seiner Entwicklung drohenden Gefahr selbst abzuwenden, tritt das höhere Glied für es in Wirksamkeit, dem es dann von seiner Freiheit und Selbstbestimmung das abgeben muß, was dieses, das höhere Glied, zur Erreichung seines Zweckes bedarf.

Was daher die Familie, die Gemeinde zur Erreichung ihres natürlichen Zweckes sich selbst gewähren kann, muß ihr zu freien Selbstregierung bleiben.[829]

Vier Jahrzehnte später erscheint unter *Papst Leo XIII.* die erste katholische Sozialenzyklika *„Rerum novarum"*, welche die Inhalte der Subsidiarität ohne dessen ausführliche Nennung auf die Situation des Individuums vor dem Hintergrund der industriellen Revolution im Verhältnis zum Staatswesen beschreibt.[830] Eine ausdrückliche begriffliche Bezugnahme erfolgte wiederum vierzig Jahre später in der so benannten Enzyklika *„Quadragesimo anno"* von *Papst Pius XI.*, in der wie in den folgenden päpstlichen Lehrschreiben[831] das Subsidiaritätsverständnis als ein die menschliche Eigenverantwortung stärkender Leitgedanke verfeinert wird.[832]

Keinesfalls darf aus der katholischen Dominanz geschlossen werden, daß nicht auch paralleles Wirken die Akzeptanz des Subsidiaritätsprinzips in den Köpfen der Entscheidungsträger geprägt hat. Gleichermaßen soll der Grundsatz nicht zu einem alleinigen Phänomen der katholischen Soziallehre gemacht werden.[833] Die Betonung des päpstlichen Engagements rechtfertigt sich vielmehr mit der Dimension, in der die Soziallehre die Subsidiaritätsidee stellte. Durch die Anerkennung der katholischen Soziallehre wurde die *„weltweite Beschäftigung mit dem Subsidiaritätsprinzip ausgelöst."*[834] Die kirchliche Deutung wurde zum *„Kristallisationskern, um den sich Deutungen, Anerkennungen und Ableh-*

829 *Wilhelm Emmanuel von Ketteler,* Schriften, Band 1, S. 403; vgl. *Höffner,* Christliche Gesellschaftslehre, S. 55.

830 *Hoffschulte,* Kommunale und regionale Selbstverwaltung im Europa der Regionen, in: Knemeyer (Hrsg.), Europa der Regionen – Europa der Kommunen, S. 151.

831 So die definitorische Umschreibung von „Enzyklika". Die sogenannten Sozialenzykliken betreffen Themen des gesellschaftlichen Miteinanders.

832 Vgl. auch die Enzyklika *Papst Johannes Paul II. Centesimus annus*, S. 57.

833 Vgl. *Pieper,* Subsidiarität. Ein Beitrag zur Begrenzung der Gemeinschaftskompetenzen, S. 45; *Isensee,* Subsidiaritätsprinzip und Verfassungsstaat, S. 71 ff.; *Ronge,* Legitimität durch Subsidiarität, S. 143.

834 *Isensee,* Subsidiaritätsprinzip und Verfassungsrecht – Eine Studie über das Regulativ des Verhältnisses von Staat und Gesellschaft, S. 16.

nungen des Grundsatzes ordnen lassen“[835], was gleichermaßen für die rechtliche Entwicklung gilt.[836]

(3) Beeinflussung des frühen europäischen Integrationsprozesses

Die zahlreichen Anstöße der katholischen Wertordnung hinterließen nachhaltigen Eindruck für die Gestaltung des europäischen Einigungsprozesses.[837] Wie sich herausstellen wird, existieren zahlreiche Vorstellungen einer Subsidiaritätsordnung, die mehr oder weniger das gleiche Prinzip umschreiben. Die katholische Soziallehre bildet hier einen Rahmen, der in seiner nachhaltigen Orientierung nicht vor dem europäischen Einigungswerk halt machte.

So wurde schon im Vorfeld der Gründungsverträge von Rom 1957 das Subsidiaritätsprinzip als Ordnungsprinzip der Gemeinschaft diskutiert, letztlich aber nicht in das Vertragswerk aufgenommen.[838] Es fanden sich dennoch in den Verträgen Formulierungen, die den Geist des Subsidiaritätsprinzips widerspiegeln.[839] Hierfür werden beispielsweise die Überlassung des gemeinschaftlichen Verwaltungsvollzugs an die Mitgliedstaaten, Art. 235 EGV a. F.[840] und die nur hinsichtlich des Zieles verbindliche Richtlinienvorgabe nach Art. 189 EWG a. F.[841] genannt.

Ausdrücklich erwähnt wurde der Subsidiaritätsbezug erstmals in einem Dokument der Kommission über die Bürgernähe der Gemeinschaft, nachdem zuvor eine entsprechende Überprüfung der immer enger werdenden Gemeinschaftsstrukturen vom Europäischen Gipfel der Staats- und Regierungschefs 1972 gefordert wurde.[842] Darin hob die Kommission die Rolle dezentraler Staatsverwaltung hervor, *„mit dem Ziel, die Entscheidungszentren näher an den Bürger heranzurücken und den regionalen und lokalen Behörden größere Befugnisse zu übertragen“.*[843] Dem Subsidiaritätsprinzip soll insofern entsprochen werden, als

835 *Isensee,* Subsidiaritätsprinzip und Verfassungsrecht, S. 16.

836 Vgl. *Pieper,* Subsidiarität. Ein Beitrag zur Begrenzung der Gemeinschaftskompetenzen, S. 45; *Ronge,* Legitimität durch Subsidiarität, S. 144.

837 Vgl. *Mederer,* Das Subsidiaritätsprinzip und seine Entdeckung durch die EG, ÖJZ 1991, 589.

838 Vgl. *Lecheler,* Das Subsidiaritätsprinzip, S. 21 f.

839 *Constantinesco,* Subsidiarität: Zentrales Verfassungsprinzip für die Europäische Union, S. 168 f.; *Ronge,* Legitimität durch Subsidiarität, S. 147; vgl. *Heintzen,* Subsidiaritätsprinzip und Europäische Gemeinschaft, S. 322.

840 308 EG n.F.

841 249 EG n.F.

842 Vgl. zur Entwicklung der europäischen Spitzentreffen *Wessels,* Der Europäische Rat.

843 Europäische Kommission, Bericht über die Europäische Union, 1975, S. 469.

der Gemeinschaftsebene nur diejenigen Aufgaben zufallen, die der einzelne Mitgliedstaat nicht selbst wirksam erfüllen kann.[844]

Angesichts des aufkeimenden Bewußtseins der Bürgerferne und Zentralisierung europäischer Entscheidungen war es daher nicht verwunderlich, daß weitere Anstößen folgten.[845] Maßgeblich anzuführen ist das Engagement des Europäischen Parlament, das nach einzelnen Initiativen[846] eine Aufnahme des Subsidiaritätsgedankens in die Europäische Verfassung – ohne dessen ausdrückliche Nennung – vorschlug.[847]

Bei der Unterzeichnung der Einheitlichen Europäischen Akte fand ein derartiges Projekt keinen Anklang. Statt dessen erfolgt die Aufnahme in den speziellen Politikbereich der gemeinschaftlichen Umweltpolitik des Art. 130 r Abs. 4 EWG.[848] Die Ausübung der dort formulierten Kompetenzen darf danach nur erfolgen, wenn die Verwirklichung der Ziele auf Gemeinschaftsebene besser verfolgt werden kann.

Im Vorfeld der Maastricht-Konferenz waren es maßgeblich die deutschen Bundesländer, die sich für eine regionalschützende Klausel stark machten.[849] Wichtigstes Forderungsdokument waren die sogenannten *„10 Münchener Thesen zur Europapolitik"* der Ministerpräsidenten vom 27.10.1988, mit der sie sich im Kern wie folgt positionierten:

> *„Die Europäische Gemeinschaft soll neue Aufgaben nur übernehmen, wenn ihre Erfüllung auf europäischer Ebene im Interesse der Bürger unabweisbar notwendig ist und ihre volle Wirksamkeit nur auf Gemeinschaftsebene erreicht werden kann. (...) Auch zukünftig sollen die* Länder [der Bundesrepublik Deutschland] *alle Fragen Regeln, die von ihnen sachgerechter, bürgernäher und besser gelöst werden können."*

Hinter den Forderungen der Bundesländer stecken im Wesentlichen zwei Neuerungen, die im weiteren Diskurs noch zu diskutieren sind. Zum ersten die

844 Europäische Kommission, Bericht über die Europäische Union, 1975, S. 469.
845 Vgl. z. B. den bekannten *„Tindemanns-Bericht"* an den Europäischen Rat über die Europäische Union, 1975.
846 Vgl. Europäisches Parlament, Entschließung zu den Leitlinien der Europäischen Parlaments für die Reform der Verträge und die Verwirklichung der Europäischen Union, 1982.
847 Europäisches Parlament, Entwurf eines Vertrages zur Gründung der Europäischen Union, 1986, S. 325 ff.
848 Genauer: Des Umweltschutzes, des Gesundheitsschutzes und der Ressourcenschonung.
849 *Ronge,* Legitimität durch Subsidiarität, S. 150.

Bürgernähe und demokratische Rückkopplung im Integrationsprozeß als Faktor der übergreifenden Kompetenzverteilung und zum zweiten die Erweiterung des Subsidiaritätsprinzip über das Verhältnis der mitgliedstaatlichen Ebene zur Gemeinschaftsebene hinaus, hin zu einer dreistufigen[850] Subsidiaritätsgestaltung.[851] Wohlgemerkt ging es im Vorfeld der Maastrichter Vertragsverhandlungen überhaupt um eine grundsätzliche Verankerung des Subsidiaritätsprinzips im EG-Vertrag.

Aus diesem Grund suchten sich die Bundesländer Unterstützung, die sie unter anderem durch Kommissionspräsident *Jacques Delors* fanden. Dieser sah im Subsidiaritätsprinzip vor allem einen Schutzmechanismus *„vor ungerechtfertigten Kompetenzansprüchen der Gemeinschaftsinstitutionen."*[852] Zusammen mit dem Engagement des Europäischen Parlaments[853] führte dieses Bemühen zu einer grundsätzlichen Anerkennung des Gestaltungsprinzips auf dem Europäischen Rat von Rom 1990[854] und schließlich zu einer Aufnahme in den EG-Vertrag.[855]

cc) Inhalt und Grenzen des Subsidiaritätsprinzips

Zunächst soll eine abstraktes Begriffsverständnis, in enger Anlehnung an die eben dargestellten sozialphilosophischen Grundlagen erfolgen. Die Entscheidung für dieses Vorgehen und gegen eine erschöpfende Darstellung des Art. 5 Abs. 2 EG als vornehmlichen Ausdruck des gemeinschaftsspezifischen Subsidiaritätsgedankens erfolgt aufgrund der über die gemeinschaftsrechtliche Normierung hinausgehenden Tragweite einer Neuinterpretation eines natürlichen Subsidiaritätsverständnisses. Die Konkretisierung des Art. 5 EG bedingt gerade eine umfangreiche Auseinandersetzung über den bisherigen Staus quo hinaus, der im Anschluß daran beschrieben wird. Aus dem Vergleich beider Betrachtungsebenen können neue Konzepte in den Integrationsprozeß eingebracht werden.

---

850 *Böhm,* Europa der Regionen – Bausteine einer Europäischen Union, in: Knemeyer (Hrsg.), Europa der Regionen – Europa der Regionen, S. 107.

851 *Hilz,* Das Subsidiaritätsprinzip im Maastricht-Prozeß: Eine europapolitische Karriere, S. 15.

852 *Delors,* Die künftige Europäische Union, eine Gemeinschaft von Völkern, Staaten und Regionen, S. 18.

853 Vgl. die Entschließung des Parlaments zum Grundsatz der Subsidiarität.

854 Vgl. die Schlußfolgerungen des Vorsitzes.

855 Zu den Vorschlägen der luxemburgischen und dänischen Ratspräsidentschaft *Ronge,* Legitimität durch Subsidiarität, S. 153.

(1) Die inhaltliche Umschreibung der Subsidiarität und die Kirche im Dorf

In Rezeption der eben zitierten aristotelischen Gedanken läßt sich erahnen, daß sich diese Ideen in Hinblick auf einen neuen Kommunalschutz nicht neutral verhalten werden. Gleich ob vom *„Dorf"* (*Aristoteles*) oder der modernen Dienstleistungskommune die Rede ist, in jedem Fall – und das ist schon jetzt klar – muß sich die Subsidiarität als übergreifendes Prinzip ausgehend vom einzelnen auf alle Ebene beziehen.

Parallel hierzu läßt sich für eine inhaltliche Deutung des Subsidiaritätsprinzips ein Sprichwort angeführt werden: *„Die Kirche nicht aus dem Dorf tragen"*.[856] Nach *Nell-Breuning*[857] soll das an seinem Platz bleiben, wo es hingehört, gerade die Kirche in das gemeindliche Umfeld. Hierdurch wird aber mehr als der Kommunalbezug des Kirchenbauwerks deutlich. Allgemein formuliert steckt dahinter die Forderung, daß bestimmte Vorgänge in ihrem gesellschaftlichen und politischen Umfeld belassen werden und an der Stelle zu behandeln sind, an denen eine sachnahe und effiziente Erledigung möglich ist. Dahinter verbirgt sich ein Postulat für die kleinere Einheit, ausgehend von der Betonung der Eigenverantwortlichkeit des Individuums. In einem natürlichen Sinne stellt das Sprichwort eine Forderung auf, eine derartige Übertreibung zu lassen und den Konfliktpunkt auf vernünftige Art und Weise an der Wurzel zu packen. Mehr aber auch nicht. Nicht zu entnehmen ist eine generelle Pflicht, diese sachnahe, rational begründbare Verortung einzuhalten. Dafür besteht eine generelle Vermutung, die derjenige widerlegen muß, der die Kirche nicht im Dorf belassen will.

Genau auf diesem – zugegebenermaßen wenig wissenschaftlichen – Grundgedanken basiert das Subsidiaritätsprinzip.

Das Zitat einer Fülle von Philosophen zeigt deutlich, daß *„das Subsidiaritätsprinzip"* nicht existiert. In seinen zahlreichen Ausformungen, deren sozialphilosophische Grundlagen in den verschiedensten gesellschaftlichen Umfeldern gelegt wurden, ist es schwer in einen einheitlichen Rahmen zu pressen. Daher soll versucht werden, ausgehend von den Errungenschaften der katholischen Soziallehre und den Gegebenheiten des europäischen Integrationsprozesses, wesentliche Gemeinsamkeiten eines einheitlichen Ordnungsmodells herauszuarbeiten.

---

856 Nach: *Nell-Breuning,* Gerechtigkeit und Freiheit, S. 55.

857 Der wie *Gustav Gundlach* maßgeblichen Einfluß auf die Enzyklika *„Quadragesimo anno"* nahm.

(2) Umschreibungen des Subsidiaritätsprinzips

(a) Inhaltliche Ausführungen der katholischen Soziallehre

Die wichtige katholische Soziallehre im allgemeinen und die Papstenzyklika „*Quadragesimo anno*" von 1931 im besonderen benennt das Subsidiaritätsprinzip und füllt es grundlegend mit Inhalten. Vorangestellt werden soll die für die Untersuchung entscheidende Aussage, die zunächst so für sich stehen soll:

> *„78. (...) In Auswirkung des individualistischen Geistes ist es soweit gekommen, daß das einst blühend und reichgegliedert in einer Fülle verschiedenartiger Vergemeinschaftungen entfaltete menschliche Gesellschaftsleben derart zerschlagen und nahezu ertötet wurde, bis schließlich fast nur noch die Einzelmenschen und der Staat übrigblieben – zum nicht geringen Schaden für den Staat selbst. Das Gesellschaftsleben wurde ganz und gar unförmlich; der Staat aber, der sich mit all den Aufgaben belud, welche die von ihm verdrängten Vergemeinschaftungen nun nicht mehr zu leisten vermochten, wurde unter einem Übermaß von Obliegenheiten und Verpflichtungen zugedeckt und erdrückt.*
>
> *79. Wenn es nämlich auch zutrifft, was ja die Geschichte deutlich bestätigt, daß unter den veränderten Verhältnissen manche Aufgaben, die früher leicht von kleineren Gemeinwesen geleistet wurden, nur mehr von großen bewältigt werden können, so muß doch allezeit unverrückbar jener höchst gewichtige sozialphilosophische Grundsatz festgehalten werden, an dem nicht zu rütteln noch zu deuteln ist: was dasjenige, wie der Einzelmensch aus eigener Initiative und mit seinen eigenen Kräften leisten kann, ihm nicht entzogen und der Gesellschaftstätigkeit zugewiesen werden darf, so verstößt es gegen die Gerechtigkeit, das, was die kleineren und untergeordneten Gemeinwesen leisten und zum guten Ende führen können, für die weitere und übergeordnete Gemeinschaft in Anspruch zu nehmen; zugleich ist es überaus nachteilig und verwirrt die ganze Gesellschaftsordnung. Jedwede Gesellschaftstätigkeit ist ja ihrem Wesen und Begriff nach subsidiär; sie soll die Glieder des Sozialkörpers unterstützen, darf sie aber niemals zerschlagen oder aufsaugen.*
>
> *80. Angelegenheiten von untergeordneter Bedeutung, die nur zur Abhaltung von wichtigen Aufgaben führen müßten, soll die Staatsgewalt also den kleineren Gruppen überlassen. Sie selbst steht dadurch nur um so freier, stärker und schlagfertiger da für diejenigen Aufgaben, die in ihre ausschließliche Zuständigkeit fallen, weil alleine sie ihnen gewachsen ist: durch Leitung, Überwachung, Nachdruck und Zügelung, je nach Umständen und Erfordernis. Darum mögen sich die staatlichen Machthaber überzeugt halten: je besser durch strenge Beobachtung des Prinzips der Subsdiarität die Stufenordnung der verschiedenen Vergesellschaftungen innegehalten wird, um so stärker stehen gesellschaftliche Autorität und gesellschaftliche*

Wirkkraft da, um so besser und glücklicher ist es auch um den Staat bestellt.“[858]

(b) Sprachgeschichtliche Klärung des Begriffs

Wie der Begriff der Einflußnahme[859] ist der Begriff der Subsidiarität grundlegend zu klären. Erste Aussagen lassen sich aus der Wortbedeutung entnehmen. Sprachgeschichtlich leitet sich die Subsidiarität vom Lateinischen *„subsidium“* ab, was mit Zuflucht, Rückhalt, Beistand oder Hilfe übersetzt werden kann. Im ursprünglichen Sinne war es Umschreibung für die römischen Hilfstruppen.[860] Dem landläufigen Sinn eines ersatzweisen, eben subsidiären Eingreifens der einen oder anderen Verantwortungsebene ist demzufolge eine Absage zu erteilen.[861]

Als solche formuliert die Übersetzung einen Grundsatz, der festzuhalten ist. Die Subsidiarität betrifft nicht nur den Abwehranspruch eines einzelnen Gesellschaftsglieds gegenüber der höherstufigen Ebene zur eigenen Aufgabenwahrnehmung, sondern weit darüber hinausgehend eine grundlegendes Beistandspflicht.[862] Die übergeordnete Einheit hat vielmehr eine Hilfsfunktion, um die Übernahme der Aufgaben durch die kleinere Einheit zu ermöglichen.

(3) Folgerungen

(a) Subsidiarität als Ausdruck der freiheitssichernden Individualverantwortlichkeit

Aus beiden vorgenannten Hilfestellungen zur inhaltlichen Präzisierung des Subsidiaritätsbegriffs ergeben sich die wesentlichen Prinzipen der Subsidiarität vor dem Hintergrund ihrer soziokulturellen Einordnung. Die katholische Sozialenzyklika betont die Eigenverantwortlichkeit des Individuums, dessen gemeinschaftsorientierte Selbstentfaltung im Vordergrund der gesellschaftlichen Einordnung stehen muß. Hieraus ergibt sich der überwiegende Freiheitsgedanke.

Zwar ist klar, daß eine moderne Gesellschaftsstruktur eine übergeordnete Aufgabenteilung bedingen kann. Dies entbindet die höhere Ebene aber nicht von

---

858 *Papst Pius XI.*, Sozialenzyklika „Quadragesimo anno“, 1931, Nr. 78-80.
859 Siehe S. 74 ff.
860 *Höffner*, Christliche Gesellschaftslehre, S. 52.
861 *Ronge*, Legitimität durch Subsidiarität, S. 156.
862 Vgl. *Ronge*, Legitimität durch Subsidiarität, S. 156; *Nell-Breuning*, Erwägungen zum Subsidiaritätsprinzip, S. 68.

ihrer vornehmlichen Pflicht, aus Gründen der Freiheitssicherung und der Effektivität die Aufgabe an die niedrigere Ebene abzugeben. Umgekehrt kann sie sich dann im Fall der untergeordneten Aufgabenübernahme nicht auf ihre Schuldbefreiung berufen, sondern bleibt im Anschluß nach dem natürlichen Wortsinn der Subsidiarität in der Pflicht der Hilfestellung und Unterstützung.

Eine Gemeinschaft ist dann kleiner, wenn der einzelne direkter mitentscheiden kann. Die Skala der Eigenverantwortlichkeit beginnt demzufolge beim einzelnen selbst. Das Subsidiaritätsgebot ist daher ein Schutzmechanismus zugunsten der kleineren Einheit, mithin aller Individuen vor staatlicher Bevormundung. Dem Subsidiaritätsprinzip liegt eine wesentliche Ausrichtung auf das Individuum zugrunde.[863] Daher kann es auch nicht auf die größenmäßige Betrachtung der zu bemessenden Gemeinschaft ankommen.[864] Die Eigenverantwortlichkeit des einzelnen ist nicht nur in Beziehung zur nächsthöheren Ebene zu setzen. Nach *„Quadragesimo anno"* ist vielmehr alleine zu betrachten, was *„der Einzelmensch aus eigener Initiative und mit seinen eigenen Kräften leisten kann."*[865] Im Gegenteil: Je zentraler die Aufgabenwahrnehmung erfolgt, desto größer das Rechtfertigungsbedürfnis, sofern die Vermutung nicht widerlegt ist, daß der einzelne als *„Glied des Sozialkörpers"* keines höhergemeinschaftlichen Beistands bedarf.

(b) Subsidiarität und Gerechtigkeit

Dieses Ordnungsprinzip von „unten nach oben" wird nicht begründungslos im luftleeren Raum belassen, sondern mit einem weiteren, dem grundlegendsten rechtsstaatlichen und demokratischen Prinzip der Gerechtigkeit begründet. Die Gerechtigkeit, funktional als Ziel der Gesellschaftsordnung verstanden, wird als Maßstab des freiheitssichernden Menschenbildes verstanden. Hierdurch wird ein bis dato nur angedeuteter Wirkzusammenhang zwischen Gerechtigkeit und Subsidiarität hergestellt. Die reinen Effektivitäts- und Eigenverantwortlichkeitsgedanken der bisherigen Gesellschaftsmodelle werden untermauert durch einen aus dieser Gerechtigkeitsnotwendigkeit fließenden Absolutheitsanspruch des Subsidiaritätsprinzips.

---

863 Vgl. den noch zu erläuternden europarechtlichen Topos der Bürgernähe, der mit dem Maastrichter Vertrag in den EG-Vertrag aufgenommen wurde und in seiner Wirkung einen Gegenpol gegen die zunehmend zentralere Aufgabenwahrnehmung durch die europäische Ebene bilden soll.

864 *Ronge,* Legitimität durch Subsidiarität, S. 159.

865 *Papst Pius XI.,* Sozialenzyklika „Quadragesimo anno", Nr. 78.

Je konsequenter das Ordnungsprinzip durch die staatlichen Verantwortlichen verwirklicht wird, desto *„besser und glücklicher ist es um den Staat bestellt."*[866]

(c) Kriterien Überwachung der Einhaltung in modernen Staatswesen

Unmittelbar daraus leitet sich die Fragestellung ab, wer über die Anwendung des Subsidiaritätsprinzips zu wachen hat, wer also die „Kriterien der Gerechtigkeit" aufzustellen hat. Die Schwierigkeit der Zuständigkeitsbestimmung liegt darin begründet, daß durch eine zentrale Steuerung der Eigenverantwortlichkeit entgegengewirkt werden könnte, die das Prinzip ja gerade in den Mittelpunkt stellt. Dann bleibt ein Rest von Willkür, der die Anwendung des Subsidiaritätsprinzips in die Beliebigkeit der staatlichen Machthaber stellt. Dennoch wird es dem Einzelmenschen meist nicht möglich sein, die übergreifende Regelungsnotwendigkeit zu erfassen.[867] Letztlich wird man an die staatliche Willkür appellieren müssen und die *„Kompetenzkompetenz"* den höheren Ebene überlassen müssen.[868] Hierdurch wird ein Anti-Subsidiaritätsprinzip postuliert, das den Aufbau der Gesellschaft von „unten nach oben" der „obersten bis zu untersten" Ebene überläßt.

Genau dieser Gefahr wird in modernen Staaten durch die Einrichtung dezentraler, mit eigenverantwortlichen Aufgaben bedachter Einheiten vorgebeugt. Die Subsidiaritätsabwägung bezieht sich dann auf die zwischengeschaltete Ebene. Die unnachgiebige Beachtung des Subsidiaritätsprinzips könnte sogar mit der Kommunalisierung und Regionalisierung der Staaten fallen. Ein weiteres Mal wird hier eine unmittelbare Relation zwischen den kommunalen Gebietskörperschaften und dem Subsidiaritätsgedanken hergestellt.

(d) Universalität des Subsidiaritätsprinzips

Dem scheinen in einer Zeit der Ausdehnung globaler Strukturen und damit der Notwendigkeit vereinheitlichter und übergreifender Ordnungsmechanismen[869] die Grenzen staatlicher Gewalt gegenüberzustehen. Der zu fordernde Einsatz der subsidiären Ordnung würde an der nationalen Grenze enden. Unschwer läßt sich erkennen, daß diese strukturelle Verkürzung der bisherigen Darstellung als umgreifendes Gesellschaftsmodell widersprechen würde. Auf

---

866 *Papst Pius XI.*, Sozialenzyklika „Quadragesimo anno", 1931, Nr. 80.

867 *Nell-Breuning*, Baugesetze der Gesellschaft, S. 111 ff.

868 *Ronge*, Legitimität durch Subsidiarität, S. 161.

869 Vgl. *Papst Johannes Paul II.*, Sollucitudo rei socialis, Nr. 43; dazu *Ronge*, Legitimität durch Subsidiarität, S. 164.

die Europäische Union bezogen bedeutet dies, daß die staatliche Ebene sich ihrer gesellschaftlichen Verantwortung nicht durch die Übertragung von Hoheitsrechtsrechten entledigen kann, ein Argumentationsstrang, der an vielen Stellen gleichermaßen zum Tragen kommt.

Hierdurch wird in der theoretischen Auseinandersetzung die Entstehung eines subsidiaritätsfreien Raums vermieden.

Die katholische Soziallehre begründet dies mit dem Prinzip der Universalität des Subsidiaritätsprinzips mit dem Ziel der Schaffung eines dauerhaften Weltfriedens.[870] Die Papstenzyklika *„Pacem in terris" Papst Johannes Paul XXIII.* aus dem Jahr 1963 formuliert ein politisches Gebot der Einsetzung einer universalen politischen Gewalt[871]:

> *„Wie den Einzelstaaten die Beziehungen zwischen der staatlichen Gewalt und den Bürgern, den Familien und den zwischen ihnen und dem Staat stehenden Verbänden durch das Subsidiaritätsprinzip gelenkt werden müssen, so müssen durch dieses Prinzip natürlich auch jene Beziehungen geregelt werden, welche zwischen der Autorität der universalen politischen Gewalt und den Staatsgewalten der einzelnen Nationen bestehen."*[872]

Überstaatliche Mechanismen können daher das „Weltprinzip" Subsidiarität nicht eliminieren.[873] Für die Europäische Union fordert dies über die Begrenzung seiner Aufgabenwahrnehmung hinaus eine positive Begründung des supranationalen Zusammenschlusses.[874] Aus dem Subsidiaritätsgedanken kann auch die Notwendigkeit fließen, eine effektivere und gemeinwohlorientierte Gemeinschaftskompetenz wahrzunehmen, die Übergeordnetheit letztlich dem Weltfrieden[875] dienen.

Ziel und Zweck des Subsidiaritätsprinzip lassen sich daher mit verschiedenen hohen Gütern der Menschheit als solche in Verbindung bringen. Die Hilfestellung der höheren Ebene ist Ausdruck der Solidarität zur Schaffung eines dauerhaften Weltfriedens durch die universale Geltung des Gerechtigkeitsgedankens. Diese Überlegungen gilt es in die folgende Untersuchung des Subsidiaritätsprinzips im Europäischen Gemeinschaftsrecht einzubeziehen.

---

870 Vgl. *Weiler*, Einführung in die katholische Soziallehre.

871 *Papst Johannes Paul XXIII.*, Pacem in terris, Nr. 137.

872 *Papst Johannes Paul XXIII.*, Pacem in terris, Nr. 140.

873 *Ronge*, Legitimität durch Subsidiarität, S. 163 f.

874 Vgl. *Hoffschulte*, Kommunale und regionale Selbstverwaltung im Europa der Regionen, in: Knemeyer (Hrsg.), Europa der Regionen – Europa der Kommunen, S. 150 ff.

875 Genau dieser Absicht entspringt die eben angeführte Papstenzyklika.

b) Bestandsaufnahme: Subsidiarität im Gemeinschaftsrecht

aa) Art. 5 EG und das weite Subsidiaritätsverständnis

Im Europäischen Gemeinschaftsrecht lassen sich verschiedene Kategorien als Ausdruck des Subsidiaritätsgedankens feststellen, wie sie in die europäischen Verträge Einzug erhalten haben. Zunächst ist entsprechend der Überschrift Art. 5 EG näher zu betrachten. Darüber hinaus ist zu untersuchen, welche weiteren Gedanken sich dem Subsidiaritätsprinzip in dem beschriebenen Sinn zuordnen lassen.

(1) Systematik des Art. 5 EG

Die momentane Ausgestaltung des Subsidiaritätsprinzips des EG-Vertrags dient in erster Linie der Kompetenzabgrenzung zwischen der Gemeinschaft und den Mitgliedstaaten. Grundlegend wurde es mit dem Maastrichter Vertragswerk in das europäische Regelwerk aufgenommen. Diese Notwendigkeit rührt aus dem gemeinschaftlichen Kompetenzverteilungssystem. Solange es an einer genauen Abgrenzung der Zuständigkeiten fehlt, ist die Zielorientiertheit[876] die alleinige Direktive[877] für ein Tätigwerden der Gemeinschaft. Insbesondere bei den konkurrierenden Kompetenzen, im Rahmen derer sowohl die europäische als auch die nationale Ebene tätig werden können, besteht ein Bedürfnis einer klareren Abgrenzung der Rechtsetzungszuständigkeiten, die den Gemeinschaftsorganen über die Finalität hinaus weitere Kriterien zur Lösung der Schwierigkeiten liefern soll.[878] Aus dieser Motivation heraus erfolgte die Installation eines Subsidiaritätsprinzips im Gemeinschaftsvertrag.

Das umfassende Verständnis von Subsidiarität im Gemeinschaftsrecht erschließt sich über die Normierung in Art. 5 EG, der auch so überschrieben ist und lautet:

> *(1) Die Gemeinschaft wird innerhalb der Grenzen der ihr in diesem Vertrag zugewiesenen Befugnisse und gesetzten Ziele tätig.*
>
> *(2) In den Bereichen, die nicht in ihre ausschließliche Zuständigkeit fallen, wird die Gemeinschaft nach dem Subsidiaritätsprinzip nur tätig, sofern und soweit die Ziele der in Betracht gezogenen Maßnahme nicht ausrei-*

876 Vgl. die Aufzählung der Ziele in Art. 2 EUV.
877 *Weiler,* The Constitution of Europe, S. 24.
878 *Langguth,* in: Lenz, EG-Kommentar, Art. 5 EG, Rn. 2.

chend erreicht werden können und daher wegen ihres Umfangs oder ihrer Wirkungen besser auf Gemeinschaftsebene erreicht werden können.

(3) Die Maßnahmen der Gemeinschaft gehen nicht über das für die Erreichung der Ziele dieses Vertrags erforderliche Maß hinaus.

Das Subsidiaritätsprinzip des EG-Vertrags besteht demzufolge aus drei Elementen. Zunächst die grundsätzliche Kompetenzzuteilung nach dem Prinzip der begrenzten Einzelermächtigung (Art. 5 Abs. 1 EG)[879], das sich auf das gesamte Handeln der Gemeinschaft bezieht. Zum zweiten dem landläufig als Subsidiaritätsprinzip im engeren Sinne als die eigentliche und grundlegende Normierung verstandenen Art. 5 Abs. 2 EG, der sich nach seinem Wortlaut auf die konkurrierenden Gesetzgebungszuständigkeiten nach dem EG-Vertrag bezieht, also einen Teil der Kompetenzen nach Abs. 1 erfaßt. Wird eine Gemeinschaftszuständigkeit bejaht, so verpflichtet Art. 5 Abs. 3 EG zur Beachtung des Grundsatzes der Verhältnismäßigkeit.

(2) Das Subsidiaritätsprinzip des Art. 5 Abs. 2 EG

Der theoretischen Einordnung des Subsidiaritätsprinzips entspricht am ehesten die Formulierung des Art. 5 Abs. 2 EG. Die Norm wird daher zurecht als die grundlegende Normierung des Subsidiaritätsprinzips im Gemeinschaftsrecht verstanden. An ihm sind die aufgestellten Kriterien zu messen. Hierzu gehört die Erörterung der Norm und deren Einbettung in den Gemeinschaftsvertrag, die zunächst im Mittelpunkt stehen soll.

(a) Begriff und Prüfung der Subsidiarität nach Art. 5 Abs. 2 EG

(aa) Begriff

Nach Art. 5 Abs. 2 EG wird die Gemeinschaft nur tätig, wenn sie die Ziele der potentiellen Maßnahme auf mitgliedstaatlicher Ebene nicht ausreichend und daher aufgrund ihres Umfangs besser auf Gemeinschaftsebene erreicht werden können. Die Gemeinschaftsebene hat danach den Beweis zu erbringen, daß die tatbestandlichen Voraussetzungen für eine gemeinschaftsrechtliche Rechtsetzung gegeben sind.[880] Die Begriffsumschreibung zwingt zu einer Abgrenzung der Zuständigkeitsbereiche in positiver und negativer Hinsicht, wobei es sich um

879 Dazu *Borchardt,* Die rechtlichen Grundlagen der EU, S. 56.
880 *Langguth,* in: Lenz, EG-Kommentar, Art. 5 EG, Rn. 12.

eine doppelte Bedingung handelt.[881] Die Gemeinschaft wird gerade deshalb tätig, weil die Mitgliedstaaten dem angestrebten Ziel nicht in gleichem Maße gerecht werden können. Dieser „qualitative Mehrwert" erfordert eine zweistufige Prüfung[882]: Zunächst sind die den Mitgliedstaaten möglichen Mittel zu untersuchen und im Anschluß daran der Mehrwert des supranationalen Tätigwerdens.[883]

(bb) Abschließende Festlegung der Interpretationsvoraussetzungen?

Fraglich ist, ob die Begriffumschreibung des Abs. 2 in seinen Voraussetzungen abschließend ist. Denkbar ist es, die Aufnahme des Subsidiaritätsprinzips in den Gemeinschaftsvertrag als Ausdruck eines umfassenden Verständnisses zu sehen.[884] Die praktische Anwendung der positiven und negativen Abgrenzung könnte dann von allgemeinen Gedanken der katholischen Soziallehre[885] und Föderalismustheorien[886] überlagert werden.[887] Die Einordnung des Subsidiaritätsprinzips würde dann ein *„Vorverständnis"*[888] bedingen, das sich nicht ohne weiteres aus dem EG-Vertrag ergibt.

Zu beachten ist jedoch, daß die Gestaltung der Europäischen Verträge der Konsensbildung der Mitgliedstaaten unterliegt. Daß über die gesellschaftstheoretische Einordnung des Subsidiaritätsprinzips im Vorfeld der vertragsgebenden Gipfeltreffen in irgendeiner Weise über eine derartige Einbeziehung beraten wurde, ist nicht nachweisbar.

Nicht weiterbringend ist der Verweis des Art. 2 Abs. 2 EUV, nach dem die Europäische Union das Subsidiaritätsprinzip beachtet, wie es in Art. 5 Abs. 2 EG bestimmt ist.[889] Hierbei handelt es sich um eine Rechtsgrundverweisung, die sich auf Art. 5 Abs. 2 EG bezieht, zugleich aber keine inhaltlichen Vorgaben zu

---

881 *Schmidhuber/Hitzler,* Die Verankerung des Subsidiaritätsprinzips im EWG-Vertrag – ein wichtiger Schritt auf dem Weg zu einer föderalen Verfassung der Europäischen Gemeinschaft, NVwZ 1992, 722.

882 *Langguth,* in: Lenz, EG-Kommentar, Art. 5 EG, Rn. 12.

883 Das supranationale „Plus": *Blanke,* Normativität und Justiziabilität des gemeinschaftsrechtlichen Subsidiaritätsprinzip, S. 202.

884 Vgl. *Schima,* Das Subsidiaritätsprinzip im Europäischen Gemeinschaftsrecht, S. 102.

885 *Lecheler,* Das Subsidiaritätsprinzip, S. 29 ff.

886 *Lecheler,* Das Subsidiaritätsprinzip, S. 33 ff.; *Stewing,* Subsidiarität und Förderalismus in der Europäischen Union, S. 22 ff.

887 Vgl. *Böhm,* Europa der Regionen – Bausteine einer Europäischen Union, in: Knemeyer (Hrsg.), Europa der Regionen – Europa der Regionen, S. 109.

888 *Von Borries,* Das Subsidiaritätsprinzip im Recht der Europäischen Union, EuR 1994, 272 f.

889 A.A. ebd.

dessen Interpretation macht. Daher könnte der EU-Vertrag auch auf ein weitläufiges Subsidiaritätsverständnis unter Einbeziehung grundlegender Gesellschaftstheoretischer Grundlagen verweisen.

Mangels positiver Anhaltspunkte, insbesondere in der Entstehungsgeschichte der Vertragsbestimmung, und der klaren Umschreibung der Voraussetzungen des Art. 5 Abs. 2 EG ist aber davon auszugehen, daß die gemeinschaftsvertragliche Absicherung der Subsidiarität grundsätzlich abschließend ist. Dies bezieht sich nicht auf Art. 5 Abs. 2 EG alleine. Der eben erwähnte Verweis auf Art. 5 Abs. 2 EG zeigt vielmehr die Interpretationsoffenheit des Leitprinzips durch die dem Vertrag eigenen Ziele und Grundsätze[890], auf die noch einzugehen sein wird.

(cc) Prüfung

Eingebettet in den Art. 5 Abs. 2 EG ist der Gemeinschaft eine rechtsetzende Inanspruchnahme einer ihr zugewiesenen nicht ausschließlichen Kompetenz dann möglich, wenn folgenden Prüfungsschritte bejahend nachvollzogen werden können.[891] Dabei ist das Vorliegen der einzelnen Voraussetzungen für jede Maßnahme getrennt zu prüfen.[892]

Die Prüfung des Subsidiaritätsprinzips bedingt zunächst die Festlegung des erwünschten Ziels. Art. 5 Abs. 1 EG als erste Stufe der Kompetenzfeststellung orientiert sich an den gemeinschaftsrechtlichen Zielvorgaben, aufgrund derer eine Rechtsgrundlage für das entsprechend beabsichtigte Handeln vorliegen muß. Die ins Auge gefaßte Kompetenznorm muß die besondere Qualität einer nichtausschließlichen Zuständigkeitsvorschrift haben. Liegt eine ausschließliche Zuständigkeit der Gemeinschaft vor, ist im weiteren Vorgehen die Verhältnismäßigkeit der Maßnahme zu prüfen, vgl. Art. 5 Abs. 3 EG.

Ansonsten ist darüber hinaus die oben angedeutete Prüfung des Subsidiaritätsprinzips nach Art. 5 Abs. 3 EG durchzuführen. Zu diesem Zweck wurden im sogenannten Subsidiaritätsprotokoll zum EGV[893] Leitlinien aufgestellt, welches die Beachtung des Subsidiaritätsgebots durch die Gemeinschaftsorgane sicherstellen soll und die Anforderungen präzisiert.

---

890 Vgl. *Herzog,* Was bedeutet Subsidiarität wirklich?, Rede am 16.2.1993 in Brüssel abgedruckt in: Hierl (Hrsg.), Europa der Regionen, S. 122 ff.; *Lecheler,* Das Subsidiaritätsprinzip, S. 39.

891 *Langguth,* in: Lenz, EG-Kommentar, Art. 5 EG, Rn. 14.

892 *Langguth,* in: Lenz, EG-Kommentar, Art. 5 EG, Rn. 14.

893 Vgl. BT-Drs. 13/9339, S. 54 f.

(b) Anwendungsbereich

(aa) Ausschließliche und nicht ausschließliche Gemeinschaftszuständigkeiten

Der Scheideweg der Prüfung besteht also in der Feststellung einer ausschließlichen Zuständigkeit. Der Begriff der ausschließlichen Zuständigkeit wird im Vertrag nicht eigens definiert. Ob eine solche ausschließliche Zuständigkeit vorliegt, ist im Einzelfall abhängig vom jeweiligen Sachbereich.[894] Dabei ist zu berücksichtigen, daß der Grundsatz die nicht-ausschließliche, die Ausnahme die ausschließliche Zuständigkeit ist. Hat die Gemeinschaft die Kompetenz, einen bestimmten Sachbereich auszufüllen, deutet diese umfassende Regelungsbefugnis auf eine ausschließliche Zuständigkeit hin.[895] Die Gemeinschaft ist dann alleinige Instanz zur Wahrnehmung der entsprechenden Aufgabe unter Ausschluß eines mitgliedstaatlichen Tätigwerdens.[896] Die Gemeinschaftsinitiative entfaltet insofern eine Sperrwirkung[897], wenn und soweit die Gemeinschaft gehandelt hat.[898]

Angenommen wird dies vor allem im Rahmen der vier Grundfreiheiten[899] bei der Schaffung eines gemeinsamen Binnenmarkts.[900] In weiteren Fällen hat eine Bestimmung nach der Formulierung und den Kriterien der Gemeinschaftspolitik zu erfolgen. Der EuGH hat dies für die Handelspolitik[901], die Festlegung des Zolltarifs und des Zollrechts, die Regelung der Fischereiressourcen[902] oder für die Währungspolitik[903] bestätigt. Wird dies bejaht, spielen die Abwägungs-

894 *Langguth,* in: Lenz, EG-Kommentar, Art. 5 EG, Rn. 19.

895 *Zuleeg,* in: GTE, Art. 3b EGV, Rn. 5.

896 Vgl. EuGH Slg. 1975, 1355; Abl. 1993 C 109.

897 EuGH EuR 1992, 453 f.; vgl. *Schima,* Das Subsidiaritätsprinzip im Europäischen Gemeinschaftsrecht, S. 39.

898 Ihm wird zum Teil auch trotz seiner Existenz keine Bedeutung zugeschrieben, vgl. *Stewing,* Subsidiarität und Föderalismus in der Europäischen Union, S. 106. Fraglich ist in diesem Zusammenhang, inwieweit eine ausschließliche Zuständigkeit durch ein gemeinschaftliches Tätigwerden aufgrund einer nicht-ausschließlichen Zuständigkeit begründet werden kann. Vgl. *Pieper,* Subsidiarität. Ein Beitrag zur Begrenzung der Gemeinschaftskompetenzen, S. 263 und *Ehlermann,* Rezension Stenzing, Subsidiarität und Föderalismus in der Europäischen Union, EuR 1992, 452 f.

899 KOM [94] 533.

900 Str., dazu *von Borries,* Das Subsidiaritätsprinzip im Recht der Europäischen Union, EuR 1994, 275.

901 EuGH Slg. 1975, 1355.

902 EuGH EuR 1977, 151.

903 Mit der 3. Stufe der Wirtschafts- und Währungsunion, *Weber,* Die Wirtschafts- und Währungsunion nach dem Maastricht-Urteil des BVerfG, JZ 1994, 530.

kriterien des Subsidiaritätsprinzips i.e.S. keine Rolle. Die ausschließlichen Zuständigkeiten sind expressis verbis von dessen Prüfung ausgenommen.

Ist dagegen lediglich ein Ziel Teil der gemeinschaftlichen Kompetenzgrundlage, so spricht dies für eine nicht-ausschließliche Gemeinschaftszuständigkeit, so daß grundsätzlich die Gemeinschaft und die Mitgliedstaaten handlungsbefugt sind.[904] Dies kann eine konkurrierende, bei der die Regelungszuständigkeit nicht endgültig auf die Gemeinschaft übertragen wurde[905], eine parallele[906] oder nach Art. 100a a.F. oder 235 a.F. EGV subsidiäre Kompetenz sein.

(bb) Umfang

Art. 5 Abs. 2 EG gilt für die gesamte Gemeinschaftstätigkeit *„und zwar sowohl für die Rechtsetzung im engeren Sinne, für Verwaltungsmaßnahmen, Entwicklung der Gemeinschaftspolitiken und deren Finanzierung, als auch für die Kontrolle der Anwendung des Gemeinschaftsrechts.“*[907] Dies ergibt sich aus dessen spezifischer Stellung im Kapitel „Grundsätze“ des EG-Vertrags. Es gilt für alle Bereiche der konkurrierenden Zuständigkeit mit horizontaler Wirkung, wo aufgrund der eingeschränkten Anwendungsbreite ein Großteil der Zuständigkeitskonflikte auftreten wird.[908]

(cc) Adressaten

Im Rahmen der gesellschaftstheoretischen Einordnung wurde festgestellt, daß die Entscheidung über die Kompetenzverteilung unter Beachtung des Subsidiaritätsgedankens der höheren Ebene obliegt.[909] Dieses Prinzip findet sich auch im europäischen Gemeinschaftsrecht wieder. Adressat des Subsidiaritätsprinzips ist die Gemeinschaft, die ihre Tätigkeit unter das Subsidiaritätsprinzip zu stellen hat. Der EuGH hat für etwaige Rechtsstreitigkeiten die ausschließliche Kom-

---

904 *Von Borries,* Das Subsidiaritätsprinzip im Recht der Europäischen Union, EuR 1994, 274.

905 Z. B. in der Agrarpolitik, der Verkehrspolitik und teilweise auch der Wettbewerbspolitik.

906 In der Kultur-, Gesundheits-, Verbraucherschutzpolitik, der Umwelt-, Kohäsions- oder Entwicklungspolitik, vgl. Art. 149 ff. EG.

907 *Langguth,* in: Lenz, EG-Kommentar, Art. 5 EG, Rn. 16.

908 *Lambers,* Subsidiarität in Europa – Allheilmittel oder juristische Leerformel?, EuR 1993, 229 ff.; *Langguth,* in: Lenz, EG-Kommentar, Art. 5 EG, Rn. 18; *Schmidhuber/ Hitzler,* Die Verankerung des Subsidiaritätsprinzips im EWG-Vertrag – ein wichtiger Schritt auf dem Weg zu einer föderalen Verfassung der Europäischen Gemeinschaft, NVwZ 1992, 721.

909 S. 569 ff.

petenz[910], das Handeln der anderen Organe unter Beachtung des Art. 5 EG zu überprüfen.

Klar definierbar ist der Adressatenkreis der Gemeinschaftsebene. Problematischer gestaltet sich der Gegenpol der mitgliedstaatlichen Ebene.[911] Fraglich ist hier insbesondere, ob auch dezentralen Ebenen die Wirkung des Subsidiaritätsprinzips zugute kommt.[912] Dies ist im Ergebnis mit dem klaren Wortlaut des Art. 5 Abs. 2 EG zu verneinen.[913] Auch nach der Einfügung des Subsidiaritätsgedankens in den EG-Vertrag bleibt die innerstaatliche Organisationsgewalt der Mitgliedstaaten unberührt.[914] Es ist ihnen daher freigestellt, die Regeln der Subsidiarität dezentralen Einheiten unterhalb der staatlichen Ebene weiterzugeben.[915] Besondere Vorgaben für eine sensible Weitergabe an die Regionen[916] oder Kommunen ergeben sich daraus nicht und sind aus gemeinschaftsrechtlicher Sicht irrelevant.[917] Entsprechende Erklärungen einiger Staaten blieben daher von der Amsterdamer Regierungskonferenz unkommentiert.[918]

Im weiteren Verlauf wird das zweigliedrige Subsidiaritätsverständnis auf den Prüfstand zu stellen sein. Dabei sind nicht nur die sozialhistorischen Wurzeln, sondern darüber hinaus auch die allgemeine politische Bedeutung, die dem Ordnungsprinzip in der aktuellen Diskussion beigemessen wird[919], einzubeziehen.

---

910 *Zuleeg,* in: GTE, Art. 3b EGV, Rn 26.

911 Vgl. *Hoffschulte,* Kommunale und regionale Selbstverwaltung im Europa der Regionen, in: Knemeyer (Hrsg.), Europa der Regionen – Europa der Kommunen, S. 153 f.

912 Fraglich ist weiter, ob hierzu auch der private Bereich zählt.

913 So die weit überwiegende Meinung, z. B. *Langguth,* in: Lenz, EG-Kommentar, Art. 5 EG, Rn. 22.

914 *Lecheler,* Das Subsidiaritätsprinzip, S. 94; *Schima,* Das Subsidiaritätsprinzip im Europäischen Gemeinschaftsrecht, S. 158; *Badura,* Der Bundesstaat Deutschland im Prozeß der europäischen Integration, 1993, S. 24; *Stauffenberg/Langenfeld,* Maastricht - ein Fortschritt für Europa, ZRP 1992, 256; *Lambers,* Subsidiarität in Europa – Allheilmittel oder juristische Leerformel?, EuR 1993, 235; *Pieper,* Subsidiaritätsprinzip – Strukturprinzip der europäischen Union, DVBl. 1993, 708.

915 *Zuleeg,* in: GTE, Art. 3b EGV, Rn. 26.

916 So *Hailbronner,* Die deutschen Bundesländer in der EG, JZ 1990, 153.

917 *Von Borries,* Das Subsidiaritätsprinzip im Recht der Europäischen Union, EuR 1994, 276.

918 Vgl. die dem Amsterdamer Vertrag beigefügte Erklärung zur Schlußakte Belgiens, Deutschlands und Belgiens, nach der die Staaten festhalten, *„daß die Maßnahen der Gemeinschaft nicht nur die Mitgliedstaaten betreffen, sondern auch deren Gebietskörperschaften, soweit diese nach nationalem Verfassungsrecht eigene gesetzgeberische Befugnisse besitzen".*

919 Die Bedeutung findet auch Ausdruck in der Einrichtung einer eigenen Arbeitsgruppe „Subsidiarität" des Europäischen Konvents.

(c) Effizienz- und Mehrwerttest

Die Besonderheiten der Prüfung des Art. 5 Abs. 2 EG wurde bereits erwähnt. Die tatbestandlichen Voraussetzungen sollen in ihrer dogmatischen Ausprägung in zweierlei Hinsicht genauer aufgeschlüsselt werden. Eine weitere Konkretisierung erfahren diese aus dem Vertrag ableitbaren Grundsätze seit dem Amsterdamer Vertrag durch das Subsidiaritätsprotokoll.

(aa) Effizienztest

Auf der ersten Stufe steht die Untersuchung der betroffenen Organe, ob keine Verwirklichung des angestrebten Gemeinschaftsziels durch die Mitgliedstaaten erreicht werden kann. Der sogenannte Effizienztest (negative Abgrenzung[920]) hat zum Ziel, herauszubekommen, ob den Mitgliedstaaten ihrerseits Mittel zur Erreichung der Ziele zur Verfügung stehen.[921]

Dabei genügt es, wenn die Mitgliedstaaten in der Lage sind, das Ziel in Zukunft zu erreichen, ohne bereits aktiv geworden zu sein.[922] Qualitative Merkmale für das „Ausreichen" finden sich im EG-Vertrag nicht. Die Verwirklichung des Subsidiaritätsgedankens bedingt daher ein Bündel an qualitativen und quantitativen Merkmalen[923], die den Umfang und die rechtliche Wirkung in den Mittelpunkt stellen.[924] Hierzu gehört die wirtschaftliche Leistungsfähigkeit gleichermaßen wie die rechtlichen Möglichkeiten.[925] Aus einer Gesamtbetrachtung einschließlich der Formulierung des Normtextes wird darüber hinaus ein Handlungsvorrang[926] der Mitgliedstaaten, zum Teil sogar eine widerlegbare Zuständigkeitsvermutung der Nationalebene abgeleitet.[927]

---

920 *Langguth,* in: Lenz, Art. 5 EG, Rn. 24.

921 Vgl. *Schmidhuber/Hitzler,* S. 723.

922 *Zuleeg,* in: GTE, Art. 3b EGV, Rn. 21.

923 Vgl. *Herzog,* Was bedeutet Subsidiarität wirklich?, Rede am 16.2.1993 in Brüssel abgedruckt in: Hierl (Hrsg.), Europa der Regionen, S. 122 ff.

924 *Schima,* Das Subsidiaritätsprinzip im Europäischen Gemeinschaftsrecht, S. 11.

925 *Von Borries,* Das Subsidiaritätsprinzip im Recht der Europäischen Union, EuR 1994, 277.

926 *Pieper,* Subsidiarität. Ein Beitrag zur Begrenzung der Gemeinschaftskompetenzen, S. 273; *Lambers,* Subsidiarität in Europa – Allheilmittel oder juristische Leerformel?, EuR 1993, 236.

927 *Bleckmann,* Der Vertrag über die Europäische Union, Eine Einführung, DVBl. 1992, 336; *Ress,* Menschenrechte, Europäisches Gemeinschaftsrecht und nationales Verfassungsrecht, FS Winkler, S. 990.

Anders, wenn die Mitgliedstaaten Anstrengungen zur Erreichung des Ziels verweigern.[928] Der Auftrag zur Rechtsgestaltung im Rahmen des Art. 5 Abs. 1 EG setzt sich dann bei der Prüfung des Art. 5 Abs. 2 EG fort, so daß im Ergebnis ein oder mehrere Mitgliedstaaten einem Tätigwerden der Gemeinschaft nicht im Weg stehen können.[929]

(bb) Mehrwerttest

Wird ein gemeinschaftliches Tätigwerden nach der Effizienzthese bejaht, muß darüber hinaus das europäische Handeln einen „Mehrwert" vorweisen können (positive Abgrenzung[930]). Der von der Kommission eingeführte Test klärt – nachdem festgestellt wurde, daß eine mitgliedstaatliche Verwirklichung des Gemeinschaftsziels nicht in ausreichendem Maße möglich ist – die Frage, ob eine Maßnahme gegenüber den Mitgliedstaaten eine bessere Zielerreichung mit sich bringt, also ein „Mehr" enthält. Im Rahmen dessen sind mehrere Gesichtspunkte wie die Kosten und der Umfang des Tätigwerdens, die Notwendigkeit einer grenzüberschreitenden Regelung, Wettbewerbs- und Beschäftigungsfragen zu klären.[931]

Ist eine Maßnahme durch die Mitgliedstaaten besser erreichbar, so müssen diese tätig werden und der Gemeinschaft bleibt ein rechtsetzendes Einschreiten verwehrt.[932] Bei grenzüberschreitenden Sachverhalten wird wohl eine faktische Vermutung dahingehend aufzustellen sein, daß die besondere Rechtsqualität der gemeinschaftsrechtlichen Rechtsakte für eine Entscheidung zugunsten der europäischen Ebene spricht.[933]

(3) Wertung: Gemeinschaftsrechtliche Einordnung des Subsidiaritätsprinzips

An verschiedenen Stelle wurde in der bisherigen Untersuchung synonyme Bezeichnungen für das Subsidiaritätsprinzip verwendet (*„Ordnungsprinzip"*, *„Strukturprinzip"*, etc.), die auf eine gemeinschaftsrechtliche Einordnung hin-

---

928 *Lambers,* Subsidiarität in Europa – Allheilmittel oder juristische Leerformel?, EuR 1993, 236.

929 Vgl. *Schima,* Das Subsidiaritätsprinzip im Europäischen Gemeinschaftsrecht, S. 764.

930 *Langguth,* in: Lenz, Art. 5 EG, Rn. 29.

931 SEK [92] 1990.

932 *Schima,* Das Subsidiaritätsprinzip im Europäischen Gemeinschaftsrecht, S. 109, *Von Borries,* Das Subsidiaritätsprinzip im Recht der Europäischen Union, EuR 1994, 277.

933 *Pieper,* Subsidiarität. Ein Beitrag zur Begrenzung der Gemeinschaftskompetenzen, S. 235; *Von Borries,* Das Subsidiaritätsprinzip im Recht der Europäischen Union, EuR 1994, 277.

deuten. Für dessen Umschreibung kursieren zahlreiche Begriffe, die allesamt Art. 5 Abs. 2 EG beschreiben.

Aus dem Regelungszusammenhang des EG-Vertrags ergibt sich die kompetenzbegrenzende Wirkung des Subsidiaritätsprinzips. In diesem Sinne nimmt es eine Stellung als Schutzprinzip zugunsten der mitgliedstaatlichen Ebene ein. Dieses Bedürfnis ist maßgeblich auf die Kompetenzordnung im Gemeinschaftsrecht zurückzuführen, deren zielorientierte Anordnung die Gefahr einer grenzenlosen Ausdehnung der europäischen Regelungskompetenzen birgt. In diesem Sinn wird das Subsidiaritätsprinzip als Kompetenzausübungsschranke verstanen.[934] Als solche schränkt es weder die Zuständigkeitszuweisung, die nach dem Vertrag gegeben ist, selbst ein, noch wird eine konkurrierende Zuständigkeit zurückgenommen.[935]

Der hier angestrebte Kommunalschutz wird durch die Aufnahme des Art. 5 Abs. 2 EG in seiner jetzigen Form nicht erreicht. Eine Wirkung zugunsten der kommunalen mitgliedstaatlichen kommunalen Gebietskörperschaften ist im Einzelfall zwar denkbar. Grundsätzlich macht das Subsidiaritätsprinzip vor den deentralen Ebenen halt. Es betrifft die Kompetenzausübung der Mitgliedstaaten im Verhältnis zur Gemeinschaft. Betrachtet man die Nationalebene verkürzend als notwendige, aber unnatürliche, bis zu einem gewissen Grad willkürlich gewählte Einheit der Ausübung freiheitsbeschränkender Hoheitsgewalt, so ist es angesichts der philosophischen Grundlagen nicht einsichtig, die Wirkung der Subsidiarität bei den Mitgliedstaaten enden zu lassen. Eine solche Begrenzung läßt sich nur mit den ursprünglich politischen Erwägungen einer Zuständigkeitsbeschränkung rechtfertigen.

Dem kann nicht entgegengehalten werden, daß im Einzelfall auch durch das Subsidiaritätsprinzip kommunalschützende Aspekte zum Tragen kommen. Im Rahmen der Prüfung der Voraussetzungen, insbesondere des Effizienztests, kann eine ausreichende mitgliedstaatliche Zielumsetzung auch mit der Begründung angenommen werden, daß die Erreichung der Ziele durch ein innerstaatiches Handeln der dezentralen Verantwortungsträger möglich ist.

Soweit es um den weit überwiegenden Teil der grenzüberschreitenden Sachverhalte geht, wird eine Gesamtschau der mitgliedstaatlichen Möglichkeiten an der differenziert ausgestalteten innerstaatlichen Organisationsstruktur scheitern. Eine zusätzliche Betrachtung der dezentralen Möglichkeiten solcher mit eigenen Kompetenzen ausgestatteten Teileinheiten findet daher in der Regel nicht statt.

934 *Möschel,* Zum Subsidiaritätsprinzip im Vertrag von Maastricht, NJW 1993, 3025 ff.

935 *Langguth,* in: Lenz, Art. 5 EG, Rn. 3.

Hier ist das Subsidiaritätsprinzip von der Beachtung der nationalen Identität der Mitgliedstaaten abzugrenzen, die in erster Linie für einen solchen singulären Test zur Verfügung steht.[936]

Je dichter die Regelungskompetenz der Gemeinschaft wird, desto größer auch der Schrei nach Demokratie, damit verbundener Legitimität und Bürgernähe des Gemeinschaftshandelns. Einer solchen Annäherung der europäischen Entscheidungsträger an grundsätzlich-demokratische und -rechtstaatliche Bedürfnisse kann ein eingeschränktes, beengtes Subsidiaritätsprinzip nicht gerecht werden, obwohl es entsprechend seiner Idee sehr häufig mit diesen Grundsätzen in Verbindung gebracht wird.[937]

bb) Weitere Subsidiaritätsgedanken in den europäischen Verträgen

Die bisher nur angeklungene weitere Verwurzelung des Subsidiaritätsgedankens in den europäischen Verträgen bedarf einer genaueren Betrachtung. Teilweise enthalten Regelungen den Geist der Subsidiarität, ohne daß sie im einzelnen auf Art. 5 EG als Basisnorm Bezug nehmen. Die umfassende Ausprägung des europäischen Subsidiaritätskonzepts ist auch Gegenstand der aktuellen Diskussion im Rahmen des Konvents zur Zukunft Europas. Zwar bildet Art. 5 Abs. 2 EG den Kern des Strukturprinzips; er wird jedoch von weiteren Vorschriften ergänzt, die als ganzes betrachtet das zukünftige Architekturprinzip der europäischen Ordnung ergeben könnten.[938]

(1) Präambel

Die Bedeutung der Präambel für die Interpretation der Verträge ist insofern in Zweifel zu ziehen, als deren Rechtsqualität äußerst fraglich ist. Es ist davon auszugehen, daß es sich bei der Formulierung von einleitenden Gedanken um keine Rechtsnorm handelt. Dennoch kann ihr Inhalt Anhaltspunkte für die Prioritätensetzung und Auslegung der Europäischen Verträge geben.[939]

In diesem Sinn ist auch die Bezugnahme in der Präambel zu verstehen, die den Aufbau der Union nach den Prinzipien der Subsidiarität eigens betont. Die

---

936 Vgl. S. 616 ff.

937 *Blanke,* Subsidiaritätsprinzip als Schranke des Europäischen Gemeinschaftsrechts, ZG 1991, 133 ff., 145; *Ronge,* Legitimität durch Subsidiarität, S. 131 ff.

938 *Knemeyer,* Subsidiarität – Förderalismus – Dezentralisation, Initiativen zu einem „Europa der Regionen", DVBl. 1990, 454.

939 *Von Borries,* Das Subsidiaritätsprinzip im Recht der Europäischen Union, EuR 1994, 266.

ausdrückliche Rahmenregelung gibt die mit dem Vertrag vornehmlich anzustrebenden Ziele vor. In diesem Zusammenhang erlangt das Subsidiaritätsprinzip über die Bestimmung des EG-Vertrags hinaus Bedeutung für die gesamte Europäische Union. Bezüglich der inhaltlichen Ausfüllung ist aber auf die konkretisierenden Vertragsartikel zu verweisen.[940]

(2) Subsidiarität und Bürgernähe

Ein weiterer Ausdruck des Subsidiaritätsprinzips könnte die Betonung eines bürgernahen Europas in Art. 1 Abs. 2 EUV sein. Nach den philosophischen Grundgedanken der Subsidiarität ist der Einzelmensch Ausgangspunkt jeder freiheitsbegrenzenden Betrachtung. Der Zusammenhang liegt deshalb nicht fern, weil das ursprünglich verstandene Subsidiaritätsprinzip untrennbar mit dem Eigenverantwortlichkeitsprinzip verbunden war. Daher ist die Forderung nach Bürgernähe einer rechtsetzenden Entscheidung letztlich Ausfluß einer subsidiären Ordnung, die „die Kirche im Dorf läßt".

Zugegebenermaßen ist die Einfügung der Bürgernähe in den EG-Vertrag als Ausdruck eines allgemeinen Programmsatzes auf eine ähnlich gelagerte Motivation des Vertragsgebers zurückzuführen. Aufgrund des zur Beschränkung der europäischen Entscheidungsträger nötigen niedrigeren Abstraktionsgrades eignet sich die Subsidiaritätsregel des Art. 5 Abs. 2 EG grundsätzlich besser zur Beschreibung einer dezentralen europäischen Normsetzung, sofern sie sich entsprechend ihres Grundgedankens für eine Berücksichtigung unterer Entscheidungsebenen öffnet.[941] In Anlehnung an letzteren Gedanken ist festzustellen, daß zwischen der gesellschaftstheoretischen Konzeption des Subsidiaritätsprinzips unter dem Stichwort der Bürgernähe europäischer Entscheidungen und der derzeitigen Formulierung und der darauf basierenden Praxis ein deutlicher Widerspruch besteht, den es im Laufe der Zeit aufzulösen gilt.

(3) Subsidiarität in der „2. und 3. Säule" der Europäischen Union

Durch den rechtsverbindlichen[942] Verweis in Art. 2 Abs. 2 EG erlangt das in Art. 5 EGV verankerte Subsidiaritätsprinzip auch Bedeutung im Rahmen der

---

940 Ansonsten wäre fraglich, welchen Inhalt ein für sich stehendes Subsidiaritätsprinzip hätte.

941 Dazu sogleich.

942 *Von Borries,* Das Subsidiaritätsprinzip im Recht der Europäischen Union, EuR 1994, 285; *Schima,* Das Subsidiaritätsprinzip im Europäischen Gemeinschaftsrecht, S. 142.

„2.[943] und 3.[944] Säule" der Europäischen Union.[945] Diese derivative Ausbreitung macht das Subsidiaritätsprinzip zu einem grundlegenden Ordnungsprinzip des gesamten Rechts der Europäischen Union, wobei auf Besonderheiten im Rahmen der zwischenstaatlichen Zusammenarbeit der GASP und der PjZS zu achten ist.

Der zwischenstaatliche Charakter der 2. und 3. Säule der EU scheint auf den ersten Blick der Gestaltung des Subsidiaritätsprinzips nach dem EG-Vertrag zu widersprechen. Art. 5 EG setzt der Gemeinschaft übertragene – supranationale – Zuständigkeiten voraus[946], die im Bereich der intergouvernementalen Zusammenarbeit gerade nicht existieren. Das Subsidiaritätsprinzip kann deshalb keine Wirkung als Kompetenzausübungsschranke entfalten. Die Normierung des Art. 31 des EU-Vertrags ist lediglich als *„komparativer Effizienztest"*[947] zu verstehen.[948] In vielerlei Hinsicht wird die strikte Anwendung des Subsidiaritätsprinzips geradezu kontraproduktiv sein. Eine generelle Vermutung zugunsten des mitgliedstaatlichen Vorgehens hätte zur Konsequenz, daß das Ziel einer gemeinsamen Vorgehensweise in den erweiterten Bereichen untergraben würde.[949] Die Einfügung des Subsidiaritätsprinzips ist hier als nicht zu unterschätzender Legitimationsfaktor zu verstehen[950], indem es für bestimmte Maßnahmen die höhere, gemeinschaftliche Ebene zur besseren[951] Lösung vorgegebener Politikfelder für zuständig erklärt.

cc) Anwendung des Subsidiaritätsprinzips in der europäischen Rechtswirklichkeit

Aus den bisher erörterten Grundsätzen wird deutlich, daß die Beurteilung über die Anwendung des Subsidiaritätsprinzips in der europäischen Rechtswirklichkeit in großem Maße von der Praxis der europäischen Organe abhängt. Deren Einschätzung ist entscheidend für das gemeinschaftliche Tätigwerden und

---

943 Gemeinsame Außen- und Sicherheitspolitik, Art. 11 ff. EUV.

944 Polizeiliche Zusammenarbeit in Justiz und Strafsachen, Art. 29 ff. EUV:

945 BBPS, S. 85.

946 Da Art. 5 EG ja selbst keine eigene Kompetenzen begründet.

947 Vgl. den von die Europäische Kommission zurückgehenden Effizienztest des Art. 5 Abs. 2 EG.

948 *Von Borries,* Das Subsidiaritätsprinzip im Recht der Europäischen Union, EuR 1994, 286.

949 Vgl. *Von Borries,* Das Subsidiaritätsprinzip im Recht der Europäischen Union, EuR 1994, 286.

950 Vgl. *Ronge,* Legitimität durch Subsidiarität.

951 Vgl. den Mehrwerttest des Art. 5 Abs. 2 EG. In diesem Sinne werden die im EGV vorgegebenen Mechanismen genau reziprok verstanden.

damit auch für die letztendliche Zuständigkeitsverteilung zwischen der Gemeinschaft und ihren Mitgliedstaaten. Mit der historisch-philosophischen Subsidiarität ist dies insofern in Einklang zu bringen, als die Mehrheit der theoretischen Abhandlungen aus Zweckmäßigkeitsgründen die Einschätzungsprärogative der höheren Ebene zuweist. So hat sich in den Jahren nach der Aufnahme in die europäischen Verträge eine entsprechende Praxis der Interpretation und Anwendung des Subsidiaritätsprinzips herausgebildet. Diese ist im Lichte des Kommunalschutzes zu durchleuchten. Der Konkretisierung der Vertragsvorgaben dient seit dem Amsterdamer Vertrag ein Zusatzprotokoll zum EG-Vertrag[952], das Leitlinien für die Subsidiaritätsprüfung aufstellt.

(1) Die Anwendung des Subsidiaritätsprinzips vor dem Amsterdamer Vertrag

Ein Gesamtkonzept für die Anwendung des Subsidiaritätsprinzips wurde schon früh nach der Regierungskonferenz von Maastricht durch den Europäischen Rat von Edinburgh im Dezember 1992 verabschiedet.[953] In dessen Umsetzung sollte es die *„Subsidiaritätsdisziplin“*[954], insbesondere der Europäischen Kommission, in den darauffolgenden Jahren durch die verpflichtende Berücksichtigung im Rahmen der gesamten Rechtsetzungstätigkeit nachhaltig beeinflussen. Dies betrifft zum einen die Anzahl der von der initiativbefugten Kommission eingebrachten Vorschläge. Zum anderen hat die Erklärung auch auf den Gegenstand und die inhaltliche Ausgestaltung der Vorschläge Einfluß genommen[955], was beispielsweise die Auswahl der Regelungsgegenstände und das ausgewählte Handlungsmittel betrifft.[956]

Auf dieser Grundlage entstand die *„Interinstitutionelle Vereinbarung zwischen dem Rat, der Kommission und dem Europäischen Parlament über die Verfahren zur Anwendung des Subsidiaritätsprinzips“*[957], die alle Organe bei der Ausübung ihrer verfahrensmäßigen Rechte zur Einhaltung des Subsidiaritäts-

952 *„Protokoll über die Anwendung der Grundsätze der Subsidiarität und der Verhältnismäßigkeit“*, Nr. 43.

953 *„Gesamtkonzept des Europäischen Rats für die Anwendung des Subsidiaritätsprinzips und des Art. 3 b des Vertrags über die Europäische Gemeinschaft“*, BullEG 12/1992; abgedruckt auch in: Bulletin der Bundesregierung Nr. 140 vom 28.12.1992, S. 1277 ff.

954 *Langguth,* in: Lenz, EG-Kommentar, Art. 5 EG, Rn. 42.

955 *Langguth,* in: Lenz, EG-Kommentar, Art. 5 EG, Rn. 42.

956 Vgl. KOM [92] 1990, wonach für die Kommission die Verordnung im Verhältnis zur Richtlinie die Ausnahme sein muß, vgl. *Winter,* Subsidiarität und Deregulierung im Gemeinschaftsrecht, EuR 1996, 251.

957 ABl. 1993 C 329/135 vom 6.12.1993; abgedruckt auch in: EuGRZ 1993, 603 f.

grundsatzes verpflichtet.[958] Darüber hinaus wird die Kommission als *„Träger der Hauptlast“*[959] angehalten, dem Rat und dem Parlament im jährlichen Turnus einen *„Bericht über die Anwendung des Subsidiaritätsprinzips“* vorzulegen.[960]

Die Beurteilung der Subsidiaritätspraxis in den ersten Jahren fiel je nach betroffenem Organ unterschiedlich aus. Die Kommission zog eine weitgehend positive Bilanz, wies jedoch auch auf Schwierigkeiten bei der Beurteilung ausreichender Zuständigkeitswahrnehmung durch die einzelnen Mitgliedstaaten hin.[961] Die eher negative Einschätzung des Parlaments[962] kritisierte die Praxis zielte auf eine Rückbesinnung auf die eigentliche Aufgabe des Subsidiaritätsprinzips, dessen Sinn es gerade nicht ist, der Gemeinschaft systematisch Kompetenzen zu entziehen, sondern mit den übertragenen Zuständigkeiten verantwortungsvoll umzugehen.[963]

Der Amsterdamer Vertragskonferenz ging eine Reihe von Diskussionsbeiträgen der europäischen Institutionen voraus, die die Anwendung des Subsidiaritätsprinzips aus ihrer Sichtweise durchleuchten. An dieser Stelle von Interesse ist die Auffassung des Ausschusses der Regionen, der eine weitergehende Fassung des Art. 3b EGV a.F. hin zu einer Beachtung der innerstaatlichen Verwaltungsstruktur vorschlug.[964] Großen Einfluß hatte auch eine zur Vorbereitung eingesetzte Reflexionsgruppe[965], die zur Vereinheitlichung der Anwendungspraxis eine klärende Regelung im Vertrag befürwortete.[966] Eine inhaltliche Änderung des Art. 3b EGV a.F. wurde aber weitgehend abgelehnt.

(2) Das Subsidiaritätsprotokoll nach dem Amsterdamer Vertrag

(a) Inhaltliche Vorgaben

Das sogenannte Subsidiaritätsprotokoll wurde dem EG-Vertrag mit dem Amsterdamer Vertrag angefügt. Auf der Basis der Schlußerklärung von Edin-

---

958 Vgl. *Blanke,* Normativität und Justiziabilität des gemeinschaftsrechtlichen Subsidiaritätsprinzip, ZG 1995, 203.

959 *Langguth,* in: Lenz, EG-Kommentar, Art. 5 EG, Rn. 42.

960 Der Bericht stand seit 1995 unter dem Titel „Eine bessere Rechtsetzung“, KOM [94] 533.

961 SEK [95] 731 vom 10.5.1995.

962 Vgl. die Stellungnahme des Institutionellen Ausschusses zum Bericht A4-0155/97; zur Auffassung des Europäischen Parlaments auch *Langguth,* in: Lenz, Art. 5 EG, Rn. 42.

963 Vgl. auch A4-0102/95 in der Vorbereitung des Gipfels von Amsterdam.

964 CdR 136/95 vom 3.7.1995.

965 Eingesetzt durch den Europäischen Rat von Korfu, 24./25.6.1994.

966 Vgl. SN 520/1/95/Rev. 1.

burgh und der interinstitutionellen Vereinbarung entstanden so rechtsverbindliche Leitlinien des Primärrechts.[967]

In inhaltlicher Hinsicht werden Vorgaben für den Erlaß gemeinschaftlicher Rechtsvorschriften gemacht, so daß jedem erlassenen Rechtsakt eine Erklärung beigefügt werden muß, welche die Beachtung des Subsidiaritätsprinzip nachweist.[968] Es erfolgt eine Klarstellung, daß eine Maßnahme nur dann mit Art. 5 Abs. 2 EG konform geht, wenn beide Bedingungen des Effizienz- und des Mehrwerttests erfüllt sind: Das gemeinschaftliche Ziel darf nicht durch ein ausreichendes Tätigwerden der Mitgliedstaaten und daher besser auf Gemeinschaftsebene erreichbar sein. Zur Konkretisierung der in Art. 5 Abs. 2 EG geforderten Teste werden drei Leitlinien zur Vereinfachung der notwendigerweise zu treffenden Feststellungen vorgegeben:[969]

- Erste Weichenstellung ist der transnationale Bezug der in Aussicht genommenen Maßnahme und die Tatsache, daß die Mitgliedstaaten zur Lösung des transnationalen Sachverhalts außerstande sind.
- Zum zweiten die Frage, ob eine Aufgabenwahrnehmung durch den Mitgliedstaat bzw. das Nichthandeln der Gemeinschaft gegen den Gemeinschaftsvertrag verstoßen würde.
- Weiter auch die Entscheidung, ob eine gemeinschaftliche Maßnahme gegenüber dem Tätigwerden der Mitgliedstaaten deutliche Vorteile mit sich bringt.

Nunmehr ist auch der Vorrang des Mittels der Richtlinie vor der Verordnung ausdrücklich normiert.[970]

In verfahrensrechtlicher Hinsicht[971] hat die Kommission eine Begründungspflicht bezüglich der Einhaltung des Subsidiaritätsprinzips. Im Rahmen ihrer Abwägung hat sie eine Folgenabschätzung der dem Gemeinschaftshaushalt abverlangten Kosten sowie des Verwaltungsaufwands durchzuführen. Um die Einhaltung der Kriterien zu ermöglichen, hat sie mit Ausnahme bestimmter Fälle der Dringlichkeit und Vertraulichkeit umfassende Anhörungspflichten. In diesem Zusammenhang kann auch die Beteiligung dezentraler Körperschaften eine Rolle spielen. Über ihre Bemühungen hat die Kommission nach dem

967 *Langguth,* in: Lenz, EG-Kommentar, Art. 5 EG, Rn. 56.
968 Nr. 4 des Protokolls.
969 Vgl. Nr. 5 des Protokolls.
970 Nr. 6 des Protokolls.
971 Nrn. 9 ff. des Protokolls.

Protokoll einen jährlichen Bericht an den Rat, das Europäische Parlament und den Europäischen Rat (Art. 4 EUV) zu verfassen.

(b) Subsidiaritätsprotokoll und Kommunalschutz

Durch die Normierung des Subsidiaritätsprinzips im europäischen Primärrecht ist in rechtsverbindlicher Weise[972] die bisherige Praxis bestätigt worden. Es bleibt daher bei den Grundsätzen des Art. 5 Abs. 2 EG als zweigliedriges und zweistufiges Subsidiaritätsprinzip. Zweistufig, weil die Frage der gleichzeitigen Erfüllung der Effizienz- und Mehrwertthese eindeutig geklärt wird. Zweigliedrig, weil es sich auch weiterhin als Kompetenzausübungsschranke zur klareren Zuständigkeitsabgrenzung zwischen Gemeinschaft und Mitgliedstaaten äußerst. Die kommunalen Gebietskörperschaften spielen nach dem ausdrücklichen Willen des Vertragsgebers nur eine untergeordnete Rolle.[973]

Lediglich durch den nicht unmittelbar dem Art. 3b Abs. 2 EGV a.F. entnehmbaren Verweis auf die verwaltungsmäßige Durchführung der Gemeinschaftsrechtsakte durch die Mitgliedstaaten und deren verfassungsrechtlicher Ordnung wird die Bedeutung der lokalen und regionalen Gebietskörperschaften bei der Umsetzung des Gemeinschaftsrecht angedeutet.[974] Ob sich damit ein inhaltlicher Richtungswechsel andeutet, ist äußerst fraglich. Zu beachten ist besonders die Erklärung der drei Bundesstaaten Belgiens, Deutschlands und Österreichs[975], welche die Errungenschaften des Subsidiaritätsprinzips auch ihren Gliederungen zugute kommen lassen wollen und so ihrer innerstaatlichen Struktur gerecht werden.

Dies ändert aber nichts daran, daß für die Adressaten, vor allem die Kommission, alleine die Mitgliedstaaten maßgebend sind. Insbesondere in Hinblick auf die Darlegung der finanziellen Auswirkungen auf die mitgliedstaatlichen Einheiten stehen die Gebietskörperschaften der gemeinschaftlichen Tätigkeit schutzlos gegenüber. Etwaige Sicherungsmechanismen ergeben sich auch nicht aus dem Subsidiaritätsprinzip.

---

972 Zur Justiziabilität der Recht unten S. 614 ff.

973 Daher auch die Aufrechterhaltung der Zweigliedrigkeit trotz entgegenstehender Forderungen nach dem Amsterdamer Vertrag.

974 Mit dem Verweis auf die Kompetenzlage in Bundesstaaten *Langguth,* in: Lenz, EG-Kommentar, Art. 5 EG, Rn. 60.

975 Vgl. *Bauer,* Österreich und die Europäische Einigung, in: Merten (Hrsg.), Föderalismus und Europäischen Gemeinschaften, S. 263 ff.

c) Inhaltliche Erweiterung des Subsidiaritätsprinzips im Sinne der europarechtlichen Vorgaben

Im folgenden geht es darum, den Widerspruch zwischen der gesellschaftstheoretischen Konzeption und den Grundgedanken der Subsidiarität einerseits und der europäischen Rechtswirklichkeit aufzulösen. Das Verständnis des Subsidiaritätsprinzips als Kompetenzausübungsschranke soll erweitert werden zu einem weitgehenden Strukturprinzip der Europäischen Union. Teil dieses Konzepts müssen auch die dezentralen Körperschaften sein. Es soll dem Standpunkt entgegengewirkt werden, daß die faktische Ausgestaltung des Gedankens im aktuellen Gemeinschaftsrecht in Übereinstimmung mit den rechtlichen und tatsächlichen Rahmenbedingungen einhergeht. Vorsicht ist insofern zu genießen, als die philosophischen Grundlagen nicht Selbstzweck sind und neben der sich entwickelnden Gemeinschaftsordnung stehen, sondern der Untermauerung der erarbeiteten Thesen dienen können. So verstanden können sie sich auf die sich aus Notwendigkeitsüberlegungen ergebenden Konsequenzen stützen. Am Ende soll ein Subsidiaritätsmodell stehen, das möglicherweise mit den aktuellen politi-schen Mehrheiten – auch im Europäischen Konvent und dessen Arbeitsgruppe „Subsidiarität" – kollidiert. Nur so kann der verkürzten Auffassung der Zwei-Ebenen-Subsidiarität entgegengewirkt werden.[976]

aa) Subsidiarität und die Europäische Kommunalcharta

Entsprechend der gewählten Aufgabenstellung sollen bei der Untersuchung der Verstärkung kommunalschützender Inhalte in der Europäischen Union die Errungenschaften des Europarats im Vordergrund stehen. Sie können helfen, das umfassende Subsidiaritätsverständnis zu erklären und dabei die Bedeutung kommunaler Rechte zu stärken, immer vor dem Spiegel, daß alle EU-Mitgliedstaaten unabhängig von den innerstaatlichen Umwandlungsproblemen Unterzeichnerstaaten der Europäischen Charta der kommunalen Selbstverwaltung sind. Zwar entfaltet die EKC aufgrund der realen Unterschiede in den Vertragsstaaten momentan noch keine Wirkung im Gemeinschaftsrecht.[977] Dies hindert aber nicht daran, die Staaten an ihre freiwillig eingegangene völkerrechtliche Pflicht zu erinnern und daraus kommunalschützende Elemente in anderen Rechtssphären abzuleiten. Vor dem Hintergrund des hier aufzustellenden Zukunftsmodells soll eine Orientierung nicht an der momentan unbefriedigen-

976 In diesem Sinne wäre es in diesem Stadium auch ratsam, im Zusammenhang mit Art. 5 Abs. 2 EG von einer Kompetenzausübungsregel zu sprechen und den Gebrauch des *„Modeworts"* (*Von Borries,* Das Subsidiaritätsprinzip im Recht der Europäischen Union, EuR 1994, 263) Subsidiarität einzuschränken.

977 S. 563 ff.

den Situation erfolgen, sondern an den an die zukünftige Notwendigkeit angelehnten Maßstäben.

(1) Kommunale Selbstverwaltung und Subsidiarität

In diesem Zusammenhang gilt es grundlegend zu klären, in welchem Zusammenhang kommunale Selbstverwaltung und Subsidiarität überhaupt stehen. Fraglich ist, ob die Gemeinde als lokaler Entscheidungsträger notwendiges Element einer subsidiären Ordnung ist. Damit ist ein Teil der Antwort auch schon vorweggenommen. Die kommunale Selbstverwaltung ist letztlich Teil des Subsidiaritätsgedankens. Wiederum ausgehend vom Einzelmenschen als – im europarechtlichen Sinn bürgernahes – Zentrum gehören die private familiäre und die gemeindliche Sphäre zum unmittelbaren Lebensumfeld des einzelnen. Kern des freiheitssichernden Subsidiaritätsprinzips ist die Stärkung der Eigenverantwortung durch die möglichst unmittelbare Wahrnehmung gesellschaftlicher und politischer Aufgaben. Diesem Auftrag wird das Prinzip nur gerecht, wenn die Gemeinde als eine Ebene in der Entfernungsskala eigenverantwortlichen Tätigwerdens anerkannt ist.

Darüber hinaus muß das lokale Umfeld mehr als nur ein reiner Aufgabenträger sein. Um der Bedeutung der Freiheit des einzelnen staatsorganisatorisch gerecht zu werden, bedarf es einer Ausstattung aller Ebenen mit eigenen Rechten. Dies sind dann sozusagen die Rechte des einzelnen projiziert auf die jeweils nächsthöhere Stufe zur unmittelbaren Regelung seines Lebensraums.

Darauf aufbauend sei noch angemerkt: Was hier wohl allzu nachvollziehbar, nach der Erörterung der philosophisch-theoretischen Basis sogar selbstverständlich klingt, wird durch die gemeinschaftsrechtliche zweistufige und zweigliedrige Subsidiaritätsordnung torpediert. Die Wichtigkeit des Subsidiaritätsprinzips wird in seinem Gehalt anerkannt, jedoch in seiner Wirkung inkonsequent und verkürzend auf die nationalstaatliche Ebene beschränkt. Die Staatsebene als vom Bürger weit entfernte Ebene soll danach Maßstab für die eigenverantwortliche, freiheitssichernde Umfeldgestaltung des einzelnen sein? Es scheint, als werde hier der Begriff der Subsidiarität mißbraucht, um die komplexe Zuständigkeitsverteilung zwischen zwei Ebenen zu entwirren. Dies stellt anschaulich das folgende Schaubild dar:

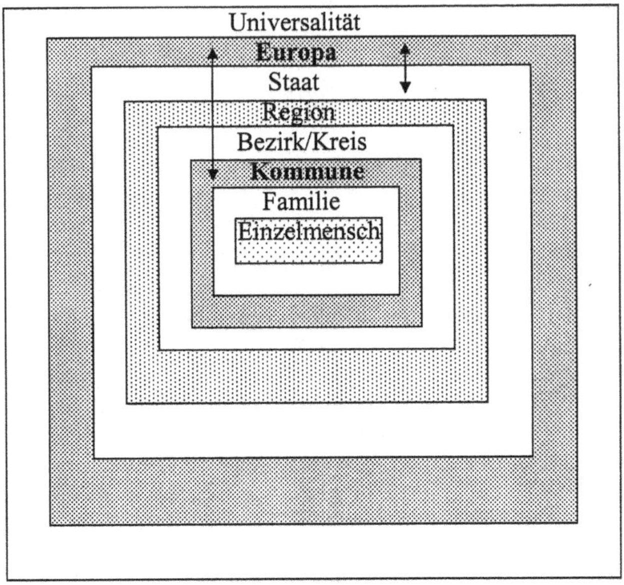

Eine organisatorische, parallele Darstellung der Wirkebenen ist insofern problematisch, als sich historisch nicht alle Einheiten gleich bedeutend herauskristallisiert haben. Als übergeordnete Entscheidungsträger sind die Nationalstaaten gleichermaßen wie die europäische Ebene hervorzuheben. Auch ist die Zuordnung der Kreise und Regionen unterschiedlich ausgeprägt. Der Grundkonzeption der Subsidiarität entspricht ein Mehrstufigkeitsprinzip, an dem die untere Ebene zunächst die entscheidende ist. So ist der Zusammenhang zwischen kommunaler Selbstverwaltung und Subsidiarität zu verstehen.

Voraussetzung für eine für den einzelnen stellvertretende Wahrnehmung der von der Gemeinde leistbaren und zu leistenden Aufgaben ist deren Ausstattung mit wichtigen, die Eigenverantwortung stärkenden Rechten. Die kommunale Eigenverantwortung im subsidiären Sinne ist die vermittelte Eigenverantwortung des einzelnen, in deren Mittelpunkt das natürliche Freiheitsrecht des vernunftbegabten Menschen steht. Diesem Gedanken entspringt auch die Forderung der Präambel des Unionsvertrags nach einer steten Beachtung des Subsidiaritätsprinzips, das bürgernahe Entscheidungen ermöglicht. Zur abschließenden Verdeutlichung soll dieser elfte Erwägungsgrund zur Schaffung der Europäischen Union nochmals in seinem Wortlaut zitiert werden:

„Schaffung einer immer engeren Union der Völker Europas, in der die Entscheidungen entsprechend dem Subsidiaritätsprinzip möglichst bürgernah getroffen werden (...)"

(2) Subsidiaritätsvorstellung nach Art. 4 Abs. 3 EKC

„Die Wahrnehmung öffentlicher Aufgaben obliegt im allgemeinen und vorzugsweise den Behörden, die den Bürgern am nächsten sind."

Die für die chartaspezifische Subsidiaritätsvorstellung einschlägige Bestimmung des Art. 4 Abs. 3 EKC nennt das Prinzip der Subsidiarität nicht ausdrücklich. Dennoch läßt sich die Grundaussage der eher versteckten Norm auf das Subsidiaritätsprinzip reduzieren.[978] Er umschreibt die vorzugsweise Aufgabenwahrnehmung durch die Behörden, die dem Bürger am nähesten ist, die eine Ordnung des Gemeinwesens von unten nach oben vorsieht. Bei der Zuordnung ist nach Art. 4 Abs. 3 S. 2 EKC den Kriterien der Wirksamkeit und Wirtschaftlichkeit Rechnung zu tragen. Über die geäußerten Bedenken gegen die Formulierung des Wortlauts ist fraglich, ob die Aufzählung von Abgrenzungskriterien der weitgreifenden Bedeutung des Ordnungsprinzips gerecht werden kann.

Tatsächlich gibt es weitere Argumente, die ein Verbleiben der Aufgabe auf der untersten Ebene begründen können. Art. 4 Abs. 3 EKC enthält daher eine Ausschnitt aus der Subsidiaritätswirklichkeit, der durch weitere Aussagen gestützt werden muß.[979] Eine bloße Ausfüllung dieses Grundsatzes würde nicht genügen, um die kommunale Rechtssphäre gegen Zentralisierungstendenzen zu schützen.[980]

---

978 So auch *Fromont,* Länderbericht Frankreich, in: Knemeyer (Hrsg.), Europäische Charta der kommunalen Selbstverwaltung, S. 101; *Heinemann,* Deutsche kommunale Selbstverwaltung und Europäische Gemeinschaft, Das Rathaus 1990, 60; *Parejo,* La Charte européenne de l'autonomie locale dans l'ordre juridique espagnol, in: Conseil de l'Europe, Conférence sur la Charte européenne de l'autonomie locale, S. 61; *Häberle,* Das Prinzip der Subsidiarität aus der Sicht der vergleichenden Verfassungslehre, AöR 1994, 188; *Weiß,* Einführung und Umsetzung der EKC, S. 107 ff.; *Lecheler,* Das Subsidiaritätsprinzip, S. 128; *Schaffarzik,* Handbuch der EKC, S. 339; *ders.,* Die Tätigkeit des Europarats im Jahr 1985, GYIL 29 (1986), 487; *Samara,* Die verfassungsrechtliche Stellung der griechischen kommunalen Selbstverwaltung im Rahmen der europäischen Integration, S. 221; *Lock,* Plädoyer für die Europäische Gemeindecharta, Forum Europarat 1986/1, 6.

979 *Schaffarzik,* Handbuch der EKC, S. 339.

980 *Heberlein,* Die Europäische Charta der kommunalen Selbstverwaltung, in: Ipsen/ Rengeling (Hrsg.), Gemeinden und Kreise in einem vereinten Europa, S. 58.

(3) Reduktion kommunalschützender Inhalte auf das Subsidiaritätsprinzip

Darüber hinaus kommen weitere Bestimmungen der Kommunalcharta in Betracht, deren Gehalt sich auf das Subsidiaritätsprinzip reduzieren läßt. Dies bedeutet, daß die bloße Geltung des Subsidiaritätsgrundsatzes die in der Charta verbürgten Rechte – zumindest teilweise – garantieren soll. Hier zeigt sich der enge Wirkzusammenhang zwischen Subsidiarität und kommunaler Selbstverwaltung, wie sie in der EKC zum Ausdruck kommt. Bezüglich der materiellen Ausführungen ist auf das 4. Kapitel zu verweisen.

(a) Subsidiaritätsprinzip und Wesentlichkeitsdoktrin

In erster Linie ist hier der Begriff der kommunalen Selbstverwaltung nach Art. 3 Abs. 1 EKC. Danach haben die kommunalen Gebietskörperschaften das Recht und die tatsächliche Fähigkeit, einen wesentlichen Teils der öffentlichen Aufgaben in eigener Verantwortung zum Wohl der Einwohner zu regeln und zu gestalten. Im Mittelpunkt steht auch hier der Bezug zum Bürger, der offensichtlich eine demokratischere und legitimierte, sachnahe und effektive Aufgabenwahrnehmung ermöglicht. Auch die kommunale Selbstverwaltung setzt ein grundsätzliches Wirken auf der niedrigsten, d. h. der Gemeindeebene voraus. Im Gegensatz zum Subsidiaritätsprinzip äußert sich der Wesentlichkeitsgrundsatz nach Art. 3 Abs. 1 EKC zum Umfang der Aufgaben, den das Subsidiaritätsprinzip nicht quantitativ fordert, sondern von einem grundsätzlichen Vorrang der kleineren Einheit ausgeht. Danach sollen alle Aufgaben kommunal erfüllt werden, die naturgemäß dort angesiedelt sind[981] und dort auch geleistet werden können.[982] Die jeweils höhere Gliederung muß sich rechtfertigen, falls sie eine zentralere Zuständigkeit für erforderlich hält.

Entgegen Art. 4 Abs. 3 EKC existiert für die Abgrenzung kein feststehender Katalog von Kriterien. Die Übernahme durch die eine oder andere öffentliche Stelle bedarf einer genauen Einzelfallprüfung und Abwägung, bei der eine Vermutung zugunsten der kommunalen Gebietskörperschaft besteht. In diesem Sinn macht auch die Subsidiaritätsordnung keine qualitativen Vorgaben der Aufgabenverteilung.

Sofern eine Aufgabe von der Gemeinde zu erfüllen ist, verbleibt ihr das Recht zur Ausgestaltung der Materie eigenverantwortlich (Art. 3 Abs. 1 EKC).

---

981 Was nicht zugleich bedeuten muß, daß diese örtlicher Natur sind.

982 Daher auch der Bezug zur „*tatsächlichen Fähigkeit*"; zum Zusammenhang zwischen „*dem Recht und der tatsächlichen Fähigkeit*", S. 293.

Die untere Einheit ist daher vor übergeordneter Bevormundung geschützt, was nach dem Subsidiaritätsprinzip bedeutet, daß die „Stufenordnung" hoheitlicher Machtausübung fordert, *„freie, starke und schlagfertige"*[983], d.h. mit eigenen Entscheidungsspielräumen ausgestattete Gliederungen existieren[984]. Dieser Gedanke findet sich in Art. 8 EKC wieder, der die staatliche Aufsicht, also die Eingriffsmöglichkeiten des Staates in die kommunale Rechtssphäre, begrenzt.

In diesem Zusammenhang sind auch Art. 4 Abs. 2, 4 und 5 zu nennen, die den Umfang kommunaler Selbstverwaltung betreffen.[985] Die kommunalen Gebietskörperschaften verfügen als untere Einheit über ein grundsätzliches Befassungsrecht mit allen Angelegenheiten, die nicht von ihrer Zuständigkeit ausgeschlossen sind (Art. 4 Abs. 2 EKC). Umgekehrt können ja nur solche Aufgaben ausgeschlossen werden, die selbst den Anforderungen des Art. 3 Abs. 1 EKC genügen. Dies bestätigt die Vermutung zugunsten der bürgernäheren Gliederung. Die vom Subsidiaritätsprinzip geforderte Eigenverantwortlichkeit stützt Art. 4 Abs. 4 EKC, nachdem die den Kommunen übertragenen Zuständigkeit umfassend und ausschließlich sind. Die Ausübung dieser Aufgaben muß grundsätzlich eine Anpassung an die örtlichen Gegebenheiten ermöglichen, Art. 4 Abs. 5 EKC.

Den Gedanken der Bürgernähe entsprechend, die Akzeptanz und Vermittlung von Entscheidungen ermöglichen sollen, spricht sich Art. 3 Abs. 2 EKC für die demokratische Wahl der kommunalen Entscheidungsträger aus, die den Willen der Einwohner repräsentieren. Hierdurch wird der einer subsidiären Ordnung eigenen Unmittelbarkeit der Legitimationskette entsprochen.

(b) Materielle Ansprüche der unteren Gliederung auf materielle Unterstützung

Subsidiarität im ureigensten Sinn[986] umfaßt nicht nur Abwehraspekte gegenüber Übergriffen in einen geschützten Regelungsbereich, sondern zugleich die Pflicht der höheren Einheit zur Unterstützung der kleineren bzw. unteren Einheit, die notwendige Voraussetzung der Existenz einer subsidiären Ordnung sein kann.[987] Im Recht der Subsidiarität findet sich eine materielle Begründung

983 Vgl. *Papst Pius XI.*, Sozialenzyklika „Quadragesimo anno", Nr. 80.

984 Das Subsidiaritätsprinzip fordert – was häufig vorausgesetzt wird – natürlich die bloße Existenz unterer, kleinerer Einheiten. Das Bekenntnis zur Subsidiaritätsordnung kann daher Dezentralisierungstendenzen nicht nur fördern oder beschleunigen, sondern gerade verlangen, um den aufgestellten und aufzustellenden Anforderungen zu genügen.

985 So – trotz der komplexen Struktur – auch die Überschrift des Art. 4 EKC.

986 Zur Wortbedeutung S. 578.

987 Nochmals *Ronge*, Legitimität durch Subsidiarität, S. 156.

für die Bedingungen zur Geltung kommunaler Selbstverwaltung.[988] Eine Reihe von EKC-Bestimmungen verwirklichen die Anforderungen, indem sie Vorgaben für die vom Staat zu leistende Unterstützung aufstellen, die der Staat entsprechend Art. 2 EKC anzuerkennen hat. Hierzu gehören insbesondere:

- die Garantie einer angemessene Verwaltungsstruktur und die Ausstattung mit qualifiziertem Personal, Art. 6 EKC und
- die Bedingungen für die freie Ausübung kommunaler Mandate, Art. 7 EKC, die in erster Linie die Eigenverantwortlichkeit und Freiheit vor staatlichen Übergriffen zur bürgernahen Erfüllung der Aufgaben zum Ziel haben;
- die finanzielle Ausstattung der kommunalen Gebietskörperschaften, Art. 9 EKC: Das Erscheinungsbild und die Möglichkeiten kommunaler Selbstverwaltung hängt in großem Ausmaß von den finanziellen Spielräumen der Kommunen ab.[989] Die Finanzgarantie nimmt daher innerhalb der Europäischen Kommunalcharta eine zentrale Stellung ein. Gerade die Finanzschraube eignet sich zur kontraproduktiven staatlichen Bevormundung und Einengung kommunaler Handlungsspielräume. Die Ausstattung mit den zur kommunalen Aufgabenerfüllung nötigen Geldern[990] läßt sich auch mit dem Subsidiaritätsgedanken begründen.[991] Das Gestaltungsprinzip von unten nach oben kann nicht seitens der staatlichen Verantwortungsträger mit der Begründung außer Kraft gesetzt werden, die untere Einheit sei mangels finanzieller Möglichkeiten, auf die die staatlichen Stellen selbst maßgeblichen Einfluß nehmen, außerstande, ihren Aufgaben nachzukommen. Der subsidiär-organisatorische Aufbau fordert vielmehr eine ausgewogene Finanz-

---

988 Die Natur der Subsidiaritätsordnung bleibt bis jetzt unbeantwortet. Hier wurden Begriffe wie Gestaltungs- oder Ordnungsprinzip verwendet, oder der Begriffszusammenhang teilweise auch einfach vorausgesetzt. Hier soll die Kategorie der Subsidiarität als Recht eingeführt werden, das alle Phänomene beschreibt, die in Rechtsregeln formuliert, eine (Rechts-) Ordnung ergeben. Hierdurch wird versucht, Tendenzen entgegenzuwirken, die das Subsidiaritätsprinzip als abstrakt und schwer faßbar abzuwerten versuchen.

989 Vgl. ausführlich S. 319 ff.

990 Davon zu unterscheiden ist die Übernahme der Aufgabenerfüllung durch eine höhere Einheit aus wirtschaftlichen Aspekten, vgl. die Ausführungen zu Art. 4 abs. 3 S. 2 EKC.

991 Nicht verwunderlich ist daher, daß im Rahmen der Diskussion im Europäischen Konvent intensiv darüber diskutiert wird, die Kommission bei ihren Rechtsetzungsvorhaben dazu zu verpflichten, auch die finanziellen Auswirkungen auf die mitgliedstaatlichen kommunalen Gebietskörperschaften abzuschätzen und in den Abwägungen zu berücksichtigen; vgl. *Hoffschulte,* Globalisierung der Lokalen Demokratie. Die Bedeutung Kommunaler Selbstverwaltung in der aktuellen Verfassungsdebatte der Europäischen Union, in: Knemeyer (Hrsg.), Kommunale Selbstverwaltung in Ost und West, S. 93 ff.

struktur, bei der die Umsetzung des Subsidiaritätsprinzip im Vordergrund steht, um kommunale Selbstverwaltung zu fördern.

(c) Vereinigungsrechte der kommunalen Gebietskörperschaften

Bevor eine übergeordnete Ebene eine Aufgabe übernimmt, ist mit dem Subsidiaritätsprinzip zu fragen, ob eine Erledigung entweder von einer oder mehrerer unterer Gliederungen zusammen erfolgen kann. Der Zusammenschluß mehrerer kommunaler Gebietskörperschaften trägt dem Gedanken der eigenverantwortlichen, unmittelbaren Aufgabenwahrnehmung in größerem Maße Rechnung als die Übernahme durch eine Region.[992] Aus dem Subsidiaritätsprinzip läßt sich das materielle Vereinigungsrecht der kommunalen Gebietskörperschaften (Art. 10 EKC) ableiten. Hierzu gehört sowohl die zweckgerichtete Zusammenarbeit zur Erfüllung von Aufgaben[993] als auch die gebündelte Interessenvertretung gegenüber übergeordneten Stellen, die darauf gerichtet ist, die Geltung des Subsidiaritätsgrundsatzes anzumahnen und zu verbessern.

(d) Zusammenfassung

Der dargestellte Wirkzusammenhang soll noch einmal zusammengefaßt werden. Wie bewiesen werden konnte, lassen sich die grundlegendenden Inhalte der kommunalen Selbstverwaltung auf das Subsidiaritätsprinzip reduzieren, sofern das Verhältnis der kommunalen Gebietskörperschaften zu höheren Gliederungsebenen betrachtet wird. Die Selbstverwaltungsaspekte greifen begrifflich weiter, indem sie die herausragende Stellung der Kommunen für die Ordnung demokratischer Gemeinwesen herausstellen, während sie in der Subsidiaritätskette ein einzelnes Glied darstellen, welchem nur aufgrund seiner Bürger- und Problemnähe freiheitssichernde Bedeutung zukommt. Funktional dienen beide dazu, ein kommunalgünstiges Agieren aller staatlichen Stellen einzufordern. Unabhängig einer Selbstverwaltungstradition oder dem momentanen Standard kann das Subsidiaritätsprinzip herangezogen werden, um eine zeitlich und räumlich unbegrenzte Geltung lokaler Zuständigkeit und Eigenverantwortlichkeit zu begründen. Es kann daher dazu dienen, wesentliche Aspekte des Kommunalschutzes[994]

---

992 Auf die Diversität des Regionenbegriffs sei hier nochmals hingewiesen.

993 Zweckverbänden o. ä., oder auch die bloße Koordination von Aufgaben als lose Zusammenarbeit; in europarechtlichem Rahmen ist die grenzüberschreitende Zusammenarbeit von besonderer Bedeutung.

994 In diesem Zusammenhang wäre genauer zu untersuchen, warum es überhaupt eines Kommunalschutzes bedarf. Das Subsidiaritätsprinzip geht unter Betonung der freiheitssichernden Eigenverantwortlichkeit des einzelnen davon aus, daß grundsätzlich die untere Ebene Aufgabe n der Allgemeinheit wahrnimmt, es sei denn, es bestehen besondere Gründe einer übergeordneten Aufgabenerfüllung. Diese Vermutung zugunsten der unter-

zu erfassen, auf die EU bezogen immer mit der Prämisse einer Öffnung des Art. 5 EG auf die kommunalen Gebietskörperschaften in einem zukünftigen Verfassungsvertrag.

Nicht ausdrücklich von der kommunalen Selbstverwaltung nach der Kommunalcharta erfaßt wird dagegen das Verhältnis des einzelnen Bürgers zur kommunalen Gebietskörperschaft.[995] Lediglich Art. 3 Abs. 1 EKC deutet die Grenze der Aufgabenwahrnehmung an, indem er die Gemeinde verpflichtet, ihr Handeln am Wohl ihrer Einwohner auszurichten. Eine Bezugnahme auf die Eigenverantwortlichkeit auch des Bürgers erfolgt jedoch nicht. Zugegebenermaßen sprengt diese Betrachtung den zu erörternden Rahmen. Dennoch ist die gesamte Tragweite des Subsidiaritätsprinzips nicht aus dem Auge zu verlieren, die eine Abkehr vom bisherigen verkürzenden System erst ermöglicht.

bb) Erweiterung des Art. 5 Abs. 2 EG zu einem inklusiven Subsidiaritätsprinzip

An verschiedenen Stellen werden immer wieder Forderungen nach einer Ausweitung des Subsidiaritätsverständnisses hin zu seiner ureigensten Ausprägung gemacht. Solche Modelle gehen weg von der reinen Kompetenzausübungsregel, welche die europäischen Rechtsetzungsorgane zur Selbstbeschränkung mahnt. Die Notwendigkeit einer solchen Öffnung wurde bereits erörtert. Nun sollen diese Gedanken in ihrer Gesamtheit aufgegriffen werden und in ein Konzept eines Subsidiaritätsprinzips einfließen, das den Anforderungen der Bürgernähe und dezentralen Entscheidungsfindung genügt, die der Vertragsgeber selbst formuliert und wiederholt betont hat.

Nicht selbstverständlich wurde die Benennung des Konzepts mit der Forderung eines „inklusiven" Subsidiaritätsprinzips übertitelt. Diese Auffassung impliziert, daß der momentane Stand der Dinge der „normale" Fall von Subsidiarität ist. Dem Grunde nach ist die jetzige Konstellation aber die Verkürzung des ursprünglichen Geists der Subsidiarität. Daher könnte auch eine Hinwendung

---

en Einheit müßte eigentlich zur Konsequenz haben, daß die kommunale Rechtssphäre *a priori* einem ausreichenden Schutzniveau unterliegt, das eine staatliche Rechtfertigung der asubsidiären Zuständigkeit ausschließt. Gegenwärtig stellt sich die Situation aber genau umgekehrt dar: Die kommunalen (und regionalen) Gebietskörperschaften müssen – aus der Defensive heraus – die Berücksichtigung ihrer schutzwürdigen Belange begründen. Den deutschen Gebietskörperschaften steht hierfür die materielle Garantie des Art. 28 Abs. 2 GG zur Seite, auf europäischer Ebene bleiben sie – trotz entgegenstehender Bekundungen der Notwendigkeit einer verstärkten Einbindung kommunaler Belange – in der Rechtfertigungspflicht.

995 Vgl. die ursprüngliche Aufgabe des Subsidiaritätsprinzips, die Eigenverantwortlichkeit des einzelnen nachhaltig zu stärken S. 579 ff.

vom „exklusiven“ bzw. verkürzenden hin zum ursprünglichen Subsidiaritätsprinzip formuliert werden.

(1) Schutzwirkung

Im Verhältnis der Gemeinschaft zu den Mitgliedstaaten haben die Gemeinschaftsorgane bei der Wahrnehmung der Gemeinschaftsaufgaben die sich aus dem Vertrag ergebenden Kompetenzverteilung, ausgelegt im Licht des Art. 5 Abs. 2 EG, zu berücksichtigen. Die Gemeinschaft respektiert die mitgliedstaatliche Rechtssphäre im Sinne der auferlegten Selbstbeschränkung. Nach dem sich an der Notwendigkeit eines Einflusses orientierenden Modell eines Kommunalschutzes gibt der Mitgliedstaat im (momentanen) Idealfall diesen Schutz der Eigenverantwortlichkeit an die dezentralen Gliederungen weiter. Wie aufgezeigt wurde, ist dies für den zukünftigen Idealfall nicht mehr ausreichend. Die innerstaatliche Struktur muß bei dem Erlaß von Gemeinschaftsmaßnahmen zu berücksichtigen sein. Dabei genügt es nicht nur, in Art. 5 Abs. 2 EG die „Mitgliedstaaten“ wie „die Mitgliedstaaten und ihre Körperschaften“ zu lesen. Dem widerspricht schon der eindeutige Wortlaut der Vorschrift.[996]

Genauso ist die „verkürzende Erweiterung“ zu sehen, den Wirkbereich eines inklusiven Subsidiaritätsprinzips auf der Ebene der Regionen enden zu lassen. Als politische Forderungen – insbesondere der deutschen Bundesländer – entsprechen diese Vorstellungen einer Einbeziehung dezentraler Gebietskörperschaften zwar in größerem als dem bisherigen Maße dem Grundgedanken der Subsidiaritätslehre, verweigern aber den entscheidenden Schritt einer durchlässigen Anwendungspraxis, die alle Ebenen einbezieht. Ein solches Modell widerspricht zudem den realpolitischen mitgliedstaatlichen Begebenheiten. Es mißachtet die übergreifende europäische Regionalstruktur und stellt die Regionen mit legislativen Kompetenzen unter einseitiger Auslassung weiterer dezentraler mitgliedstaatlicher Ebenen in den Mittelpunkt der Betrachtung.

Im Verhältnis zu anderen Instrumenten ist die Anerkennung der inklusiven Dimension der Subsidiarität ein wichtiger Schritt zur Achtung der kommunalen Selbstverwaltungssphäre. In einer „Stufenskala“ kommunaler Forderungen sind die entsprechenden Vorschläge weit oben anzusiedeln. Hinzu kommt die anthropologische Wertigkeit der Subsidiarität, welche deren grundlegende Bedeutung für die demokratische Ordnung des Gemeinwesens legt. Das Subsidiaritätsprinzip ist daher kein Selbstzweck oder Reflex zentralistisch-bürokratischer Tendenzen des Integrationsprozesses, sondern ein von allen Rechtssystemen zu achten-

---

996 Vgl. *Von Zimmermann-Wienhues,* Kommunale Selbstverwaltung in einer Europäischen Union, S. 247 f.

der, allgemeingültiger Grundsatz, der die Eigenverantwortlichkeit des einzelnen und damit eine Minimalisierung der zu rechtfertigenden Freiheitseinschränkungen betont. In diesem freiheitssichernden Aufbau hoheitlicher Strukturen nimmt das kommunale Selbstverwaltungsrecht eine herausragende Stellung ein. Die philosophische Einordnung unterscheidet die Forderung nach einer Erweiterung des Subsidiaritätsprinzips von anderen Vorstellungen, beispielsweise über die institutionelle Fortbildung. Letztlich lassen sich aus dem Subsidiaritätsgedanken zahlreiche Aspekte des Kommunalschutzes ableiten, deren Verwirklichung unabdingbare Aufgabe demokratisch legitimierter Entscheidungsträger ist.

(2) Neuordnung und EKC

Wie am Beispiel der Europäischen Kommunalcharta gezeigt wurde, läßt sich über dessen Beachtung ein effektiver Kommunalschutz erreichen, der über die reine Kompetenzabgrenzungsfrage hinausgeht.

Bei der Neuordnung des Subsidiaritätsgedanken in den Europäischen Verträgen ist der eigenständigen Bedeutung der kommunalen Gebietskörperschaften nach der Europäischen Kommunalcharta Rechnung zu tragen. Die eigenverantwortliche Aufgabenwahrnehmung eines Großteils der öffentlichen Aufgaben nach Art. 3 Abs. 1 EKC erfordert eine strikte Anerkennung der unteren Entscheidungs- durch die supranationale Ebene.

Die bisherige Bipolarität zwischen Gemeinschaft und ihren Mitgliedstaaten muß daher zugunsten der kommunalen Gebietskörperschaften aufgelöst werden. Die mit der Kommunalcharta rechtliche und mit der vielseitigen Betroffenheit einhergehende faktische Bedeutung der kommunalen Aufgabenträger wird durch eine solche Anerkennung lediglich konsequent weitergeführt. Anderslautenden Forderungen der Beibehaltung der mitgliedstaatlichen Dominanz sei gegenübergestellt, daß ein gegen das Gemeinschaftshandeln zu stellendes umfangreiches Schutzprinzip zugunsten der Kommunal- und Regionalebene keinesfalls eine Schwächung der mitgliedstaatlichen Ebene mit sich bringt. Der erweiterte Art. 5 Abs. 2 EG ist ein Schutzmechanismus, der sich unmittelbar an die Gemeinschaftsorgane wendet, also diese bindet und die Nationalebene außen vor läßt.

(3) Vorschläge eines inklusiven Subsidiaritätsprinzips

Seit der Aufnahme des Subsidiaritätsprinzips in den EG-Vertrag sind eine Reihe von Verbesserungs- bzw. Ergänzungsvorschlägen formuliert worden.

Gleich, ob es sich um eine *„Nachsatz-Lösung"* oder eine *„Besser-Klausel"* handelt, geht es um das Ziel der Erreichung eines effektiven Schutzes der regionalen und kommunalen Gebietskörperschaften durch eine Neuformulierung des Subsidiaritätsgedankens. Die *„Nachsatzlösung"* betrifft die Frage, in welchen syntaktischen Zusammenhang die ausdrückliche Nennung dezentraler mitgliedstaatlicher Einheiten erfolgen soll. Die *„Besser-Klausel"* versucht, Auslegungsschwierigkeiten um das „bessere" Erreichen des Gemeinschaftsziels durch ein mitgliedstaatliches oder regionales und kommunales Tätigwerden zu beseitigen. Daran angelehnt soll eine Lösung angeboten werden, die sich einerseits am bisherigen Wortlaut orientiert und auch weiterhin eine Kompetenzausübungsschranke enthält. Andererseits bedarf es über diese Funktion hinaus einer grundlegenden Betonung des Ordnungsprinzips, an dem sich jegliches Gemeinschaftshandeln zu orientieren hat.

Art. xxx [Subsidiaritätsprinzip]

(1) Jegliche Tätigkeit der Europäischen Union ist an den Grundsätzen der Subsidiarität auszurichten. Dies betrifft das sowohl das Handeln gegenüber den Mitgliedstaaten wie auch gegenüber den regionalen und kommunalen Gebietskörperschaften.

(2) Sie wird nur tätig, soweit und sofern die Ausübung der Kompetenz zur Erreichung des Unionsziels nicht ausreichend durch die Mitgliedstaaten, deren regionale oder kommunale Gebietskörperschaften erreicht werden können.

(3) Die Maßnahmen der Gemeinschaft gehen nicht über das erforderliche Maß hinaus.

cc) Fragen der Justiziabilität

Im Rahmen eines gegenüber der jetzigen Formulierung des Art. 5 Abs. 2 EG erweiterten Subsidiaritätsverständnisses wird sich auch weiterhin die vieldiskutierte Frage nach der Justiziabilität stellen. Dies ist deshalb von Relevanz, weil ohne die Kontrolle der Einhaltung des Subsidiaritätsprinzips eine Verwirklichung der darin verkörperten Rechte kaum möglich sein wird. Bereits an anderer Stelle wurde festgestellt, daß die Entscheidung über die Aufgabenwahrnehmung der höheren Ebene obliegt. Um die erwünschte Schutzwirkung verbindlich zu erreichen, müssen die entsprechenden Befugnisse einer gerichtlichen Überprüfung unterzogen werden können.

Selbst wenn neue Mechanismen geschaffen werden, ist fraglich, wer diese in Anspruch nehmen kann. So müssen die vom (neuen) Subsidiaritätsprinzip geschützten kommunalen Gebietskörperschaften mit in die Justiziabilitätsüberlegungen einbezogen werden. Die Voraussetzungen für eine solche Erweiterung seien abschließend dargelegt.

(1) Umfang der gerichtlichen Kontrolle

(a) Grundsatz der vollen gerichtlichen Überprüfbarkeit

Zuständig für die gerichtliche Auslegung des Vertrags und damit auch für Art. 5 Abs. 2 EG ist der Europäische Gerichtshof (vgl. Art. 220 EG), der im Rahmen der ihm zugewiesenen Überprüfungsmöglichkeiten über die Einhaltung des EG-Vertrags wacht. Aus der Stellung des Art. 5 Abs. 2 EG und seiner Bedeutung für die gemeinschaftsrechtliche Kompetenzverteilung besteht auch eine Notwendigkeit, es dem Richterspruch des Gerichtshofs zu unterwerfen.[997] Eine Maßnahme kann daher vor dem Gerichtshof mit der Begründung angegriffen werden, daß sie unter Verletzung des Subsidiaritätsprinzips zustande gekommen ist. In Betracht kommen zur gerichtlichen Durchsetzung die zur Verfügung stehenden Klagearten der Nichtigkeitsklage (Art. 230 f. EG) und des Vorabentscheidungsverfahrens (Art. 234 EG), nach der die getroffenen Rechtsakte für nichtig erklärt werden können.

(b) Ermessens- und Beurteilungsspielräume der politischen Organe

Die grundsätzliche Unterordnung unter das gerichtliche System des EuGH ist aber nicht gleichzusetzen mit einer umfassenden Überprüfungsmöglichkeit aller Tatbestandsvoraussetzungen des Art. 5 Abs. 2 EG.[998] Den Entscheidungsträgern kommen bei der Beurteilung des Vorliegens der Voraussetzungen des Art. 5 Abs. 2 EG Entscheidungs- und Ermessensspielräume zu, die der gerichtlichen Durchsetzbarkeit entzogen sind.[999] Dies rührt aus der Aufgliederung der Bestimmung in zahlreiche komplexe Einzelbegriffe, deren Ausfüllung ein politisches Urteil bedingt. Einer solchen Einschätzung unterliegen Tatbestandsvoraussetzungen wie die *„Fähigkeit der Mitgliedstaaten"* oder der *„Mehrwert des Ge-*

---

997 *Lambers,* Subsidiarität in Europa – Allheilmittel oder juristische Leerformel?, EuR 1993, 240; *Langguth,* in: Lenz, EG-Kommentar, Art. 5 EG, Rn. 32.

998 *Von Borries,* Das Subsidiaritätsprinzip im Recht der Europäischen Union, EuR 1994, 283.

999 *Lambers,* Subsidiarität in Europa – Allheilmittel oder juristische Leerformel?, EuR 1993, 241; *Von Borries,* Das Subsidiaritätsprinzip im Recht der Europäischen Union, EuR 1994, 283.

meinschaftshandelns".[1000] Aus der politischen Natur der Prärogativen leitet sich das eindringliche Bedürfnis ab, die politische Beurteilung auch den politischen Organen zu überlassen.[1001] Dies bedeutet nicht zugleich, daß komplexe Sachverhalte dem EuGH von vornherein entzogen sind. Dessen Aufgabe kann es aber nicht sein, politische Entscheidungen der dafür legitimierten politischen Organe zu ersetzen.[1002] Aus diesem Grund wird den Gemeinschaftsorganen ein politischer Ermessenspielraum zugebilligt, der im Kern[1003] einer gerichtlichen Kontrolle entzogen ist.[1004] Es handelt sich um ein Ermessen der rechtsetzenden Organe.

(c) Bedeutung der gerichtlichen Überprüfung des EuGH

Die Überprüfbarkeit des EuGH beschränkt sich daher auf die formellen Voraussetzungen der Subsidiaritätsprüfung und die Kontrolle der Einhaltung der Grenzen der Ermessensprüfung.[1005] Hierbei können Erklärungen der Einrichtungen der Europäischen Union als *„soft law"*[1006] eine Rolle spielen[1007], obwohl sie nicht zum eigentlichen Gemeinschaftsrecht gehören. In erster Linie ermöglicht die Begründungspflicht beim Erlaß von gemeinschaftlichen Rechtsakten nach Art. 190 EG ein potentielles Eingreifen des EuGH.

Zu den formellen Voraussetzungen zählt in erster Linie die bei der Rechtsetzung zu beachtende Prüfungspflicht über die Einschlägigkeit und die Anwendung des Subsidiaritätsprinzips. Die Entscheidung, ob eine ausschließliche oder eine nicht-ausschließliche Gemeinschaftszuständigkeit vorliegt, unterliegt der Überprüfung des EuGH. Im Fall der Anwendbarkeit des Art. 5 Abs. 2 EG kann er Anforderungen an die Begründungsnotwendigkeit der Organe stellen.[1008] Er kann verlangen, daß mit der Bedeutung des Prinzips die Tiefe und Tragweite der

---

1000 Nicht damit zu verwechseln ist die aus dem deutschen Justizsystem bekannte Unterscheidung zwischen der vollen gerichtlichen Überprüfung auf Tatbestandsseite und der eingeschränkten Kontrolle auf der Rechtsfolgenseite (Ermessensseite), vgl. auch Art. 114 S. 2 VwGO. Eine solche Unterscheidung ist dem EuGH fremd, indem er auch bei der Auslegung von Rechtsgrundsätzen den politischen Organen eine Ermessenspielraum zubilligt.

1001 *Langguth,* in: Lenz, EG-Kommentar, Art. 5 EG, Rn. 36.

1002 *Langguth,* in: Lenz, EG-Kommentar, Art. 5 EG, Rn. 36.

1003 *Von Borries,* Das Subsidiaritätsprinzip im Recht der Europäischen Union, EuR 1994, 284.

1004 Vgl. EuGH Slg. 1994, I, 4973, 5068 (Bundesrepublik Deutschland gegen Rat).

1005 Also einer Art Willkürkontrolle.

1006 *Oppermann,* Europarecht, Rn. 403.

1007 Vgl. *Kaltenborn,* Der Schutz der kommunalen Selbstverwaltung, S. 38.

1008 *Schima,* Das Subsidiaritätsprinzip im Europäischen Gemeinschaftsrecht, S. 764.

Begründung korrespondiert.[1009] Hierzu gehört die Darlegung der Tatsachen, von denen bei der Subsidiaritätsprüfung ausgegangen wurde, die Einhaltung der Verfahrensregeln wie auch die tragenden Gründe der Ermessensentscheidung.[1010]

Auf der Grundlage der begründungspflichtigen Voraussetzungen des letztendlichen Tätigwerdens beurteilt der Gerichtshof die ordnungsgemäße Anwendung des Subsidiaritätsprinzips. Trotz der aus der Einräumung von Ermessensspielräumen resultierenden Einschränkungen der Justiziabilität und des damit von vornherein reduzierten Einschreitens in wenigen, eklatanten Fällen besteht die Möglichkeit der Überprüfung, die *„in Hinblick auf die fortschreitende Demokratisierung und verbesserte Transparenz innerhalb der Gemeinschaft ein wichtiges Element ist und auch ein politisches Signal setzt."*[1011]

(2) Konsequenzen für das erweiterte Subsidiaritätsverständnis

(a) Aktivlegitimation für ein kommunalschützendes Klagerecht

Die mangelnde Justiziabilität ist angesichts der Bedeutung des Grundsatzes unbefriedigend.

Mit der erweiternden Einbeziehung der regionalen und kommunalen Gebietskörperschaften muß nach Mechanismen Ausschau gehalten werden, welche die klageweise Geltendmachung des Subsidiaritätsgrundsatzes auch ihnen eröffnet. Diskutiert wird, dem Ausschuß der Regionen und Kommunen und/oder den mitgliedstaatlichen Ebenen ein Klagerecht einzuräumen, das ausschließlich die Einhaltung des Prinzips zum Inhalt hat.

Zwei Aspekte sind auseinanderzuhalten. Zum einen die bisherige Kompetenzverteilungsregel zwischen den Mitgliedstaaten und der Gemeinschaft; zum anderen die zwingende Berücksichtigung der regionalen und kommunalen Rechtssphäre. Eine Differenzierung nach der mitgliedstaatlichen Ebene und den dezentralen Ebenen ist nicht nur geboten, sondern betont darüber hinaus die Stellung und Eigenheiten der dezentralen Gliederungen. Die Union kann zukünftig nur dann tätig werden, wenn eine Maßnahme nicht ausreichend auf mitgliedstaatlichem Niveau einschließlich der regionalen und kommunalen Ge-

---

1009 *De Búrca,* The principle of proportionality and its application in the EC law, Yearbook of European Law 13 (1993), 225; *Langguth,* in: Lenz, EG-Kommentar, Art. 5 EG, Rn. 37.

1010 *Pipkorn,* Das Subsidiaritätsprinzip im Vertrag über die EU – rechtliche Bedeutung und gerichtliche Überprüfbarkeit, EuZW 1992, 700.

1011 So *Langguth,* in: Lenz, EG-Kommentar, Art. 5 EG, Rn. 38.

bietskörperschaften und daher besser durch die Europäische Union wahrgenommen werden kann. Dem gilt es auch im Rahmen der Rechtsdurchsetzung gerecht zu werden.[1012]

In Betracht kommen verschiedene Ansätze, die entweder ein generelles Klagerecht aller Gebietskörperschaften der Mitgliedstaaten oder eine Wahrnehmung des Ausschusses der Regionen und Kommunen, stellvertretend für alle mitgliedstaatlichen, dezentralen Einheiten vorschlagen. Dies wird häufig vermengt, indem ein generelles Klagerecht für das Regional- und Kommunalvertretungsorgan gefordert wird. Dem ist entgegenzuhalten, daß der Ausschuß nicht für die Kompetenzverteilung zwischen den Mitgliedstaaten und der Gemeinschaft zuständig ist und auch in Zukunft nicht zuständig werden wird. Der AdRK kann dabei nur innerhalb seiner Befugnisse tätig werden. Dies bedeutet, daß ihm ausschließlich die Beurteilung des Handelns unter Beachtung des Subsidiaritätsprinzips in bezug auf die Gebietskörperschaften obliegt. Entsprechend eingeschränkt muß die Klagemöglichkeit sein.

Für das „stellvertretende“ Klagerecht durch die europäische Einrichtung sprechen Aspekte der Klarheit und Übersichtlichkeit. Die Einklagbarkeit durch alle betroffenen Gebietskörperschaften[1013] könnte in ihrem Umfang und ihrer Komplexität den notwendigen Rahmen sprengen. Die Überprüfung der unionsrechtlichen Vorgaben erfordert eine übergeordnete Betrachtung, die den einzelnen Einheiten nicht möglich ist. Vorzuziehen ist daher die Wahrnehmung eines Klagerechts durch den Ausschuß der Regionen und Kommunen. Nach dem oben vorgestellten Modell ist ein Durchsetzungsrecht vor dem EuGH

1012 Der Aufgabenstellung soll insofern Rechnung getragen werden, als daß hier ausschließlich das Klagerecht der dezentralen Gliederungen im Mittelpunkt stehen soll. Zur Durchsetzung einer unionsrechtskonformen Abgrenzung der mitgliedstaatlichen und europäischen Kompetenzausübung wird im Konvent intensiv über eine Einschaltung der mitgliedstaatlichen Parlamente nachgedacht, was angesichts dessen Besetzung nicht verwunderlich erscheint. Das Klagerecht bezüglich der Einhaltung des Subsidiaritätsgrundsatzes auch gegenüber den regionalen und kommunalen Gebietskörperschaften muß sich daran nicht zwangsläufig orientieren. Dies ergibt sich nicht durch deren eigenem Rechtskreis, sondern durch die vielfältige Regional- und Kommunalstruktur, die den klar abgrenzbaren Mitgliedstaaten in diesem Zusammenhang gegenüber gestellt werden muß.

1013 Zur Erhebung der Klage wird wohl die Behauptung der Betroffenheit ausreichen; in diesem Zusammenhang die Kriterien der unmittelbaren und individuellen Betroffenheit im Rahmen der Nichtigkeitsklage nach Art. 230 Abs. 4 EG nicht privilegierten natürlicher oder juristischer Personen. Mangels Ablehnung eines „Individualklagerechts“ der regionalen und kommunalen Gebietskörperschaften kann die Frage einer qualifizierten Klagebefugnis offen bleiben. Genau hieran könnte ohnehin die Umsetzung eines Vorschlags scheitern.

Korrelat der Stärkung der institutionellen Stellung des Ausschusses. Als konsequente Fortsetzung der umfassenden Mitsprache an allen die Regionen oder Kommunen treffenden europäischen Entscheidungen ist das Klagerecht ein notwendiges Mittel eines einflußreichen Kommunal- und Regionalvertretungsorgans.

(b) Formulierungsvorschlag zum Klagerecht des AdRK

An geeigneter Stelle[1014] im Verfassungsvertrag ist daher folgender Passus aufzunehmen:

> *„Der Ausschuß der Regionen und Kommunen ist unbeschadet seines Klagerechts wegen Verletzung der ihm nach diesem Vertrag zugesicherten Mitwirkungsrechte befugt, den Gerichtshofs mit der Behauptung anzurufen, eine Maßnahme der Europäischen Union verletze die nach Art. xx garantierten Grundsätze der Subsidiarität, sofern die Klage den Schutz der regionalen oder kommunalen Gebietskörperschaften zum Ziel hat."*

4. Nationale Identität und mitgliedstaatliche Untergliederung

An anderer Stelle wurde am deutschen Beispiel aufgezeigt, daß der Schutz der nationalen Identität nach Art. 6 Abs. 3 EUV nicht auch die deutschen kommunalen Gebietskörperschaften mitumfaßt. Anders, wenn eine Änderung dahingehend erfolgen würde daß die mitgliedstaatliche Identität einschließlich ihrer Untergliederungen zu beachten ist. Diese Variante soll schon deshalb ins Auge gefaßt werden, weil auch in den Dokumenten des Europäischen Konvents ähnliche Vorschläge kursieren.[1015] Die Formulierung einer weitgefaßten Identitätsklausel ist deshalb wahrscheinlicher, weil eine entsprechende Formulierung über die Grundrechtecharta in das Gemeinschaftsrecht inkorporiert werden könnte. Dort betont die Präambel in der sogenannten *„Herzog"-Formel*[1016], daß das Handeln der Gemeinschaft unter *„Achtung der Vielfalt der Kulturen (...) sowie der nationalen Identität der Mitgliedstaaten und der Organisation ihrer staatlichen Gewalt auf nationale, regionaler und kommunaler Ebene"* erfolgen soll.

1014 Im Zusammenhang mit den zukünftigen Rechten der nationalen Parlamente.

1015 Vgl. den Vorentwurf der ersten Verfassungsartikel des Präsidiums, der natürlich einer breiten Diskussion im Konvent unterliegen wird.

1016 Benannt nach dem Vorsitzenden des Konvents zur Schaffung der Grundrechtecharta, *Roman Herzog*, der die Aufnahme eines entsprechenden regional- und kommunalfreundlichen Passus maßgeblich initiierte.

In diesem Zusammenhang sind drei Fragen zu klären:

1.) Was verbirgt sich hinter dem Begriff der nationalen Identität und welche Auswirkungen hat er auf die bisherige Gemeinschaftsrechtsgebung gehabt?
2.) Welche Wirkung hat die Achtung der mitgliedstaatlichen Identität?
3.) Welche Konsequenzen hätten etwaige Änderungsvorschlage auf einen notwendigen Kommunalschutz?

a) Begriff der nationalen Identität

In einem Ausschlußverhältnis wurde an anderer Stelle festgestellt, daß die kommunale Selbstverwaltung nach Art. 28 Abs. 2 GG nicht zur deutschen nationalen Identität gehört. Der Verweis auf Art. 79 Abs. 3 GG als Maßstab der Abgrenzung solcher identitätsstiftenden Verfassungsgrundsätze – auch in Abgrenzung zu sonstigen, überragenden[1017] Gütern – kann hier auch unter Verweis auf das Maastricht-Urteil des BVerfG nicht in Frage gestellt werden, wo das BVerfG ausschließlich auf den Verweis nach Art. 23 Abs. 1 S. 3 GG und dessen Verweis auf die Ewigkeitsklausel abstellt.[1018]

Weitere Aussagen zur nationalen Identität lassen sich der deutschen Verfassungssituation nicht entnehmen. Es besteht daher das Bedürfnis nach einer übergreifenden Begriffsdefinition. Bereits vor Art. 6 Abs. 3 EUV existierten Hinweise auf die demokratischen und rechtsstaatlichen Grundsätze der Mitgliedstaaten der Gemeinschaft. Die Erklärung des Europäischen Rats zur Demokratie 1978[1019] verwies erstmals auf die nationale Vielfalt der Gemeinschaftsstaaten. Aufgrund des Entwicklungstempos der europäischen Integration lassen sich hieraus kaum Aussagen über den Inhalt der neuen Beachtensklausel treffen.[1020]

Zu berücksichtigen könnte ferner Art. 151 EG sein, der gleichzeitig mit Art. 6 EUV eingefügt wurde und einen Verweis auf die nationale Vielfalt enthält.[1021]

1017 Zu denen in der Bundesrepublik zweifelsohne die kommunale Selbstverwaltung gehört, vgl. die Bestimmungen aller Bundesländer (außer der drei Stadtstaaten): Art. 71 BW-Verf, Art. 11 BV, Art. 97 BbgVerf, Art. 137 HessVerf, Art. 72 VerfM-V, Art. 57 NdsVerf, Art. 78 NWVerf, Art. 49 VerfR-P, Art. 117 SaarlVerf, Art. 87 SächsVerf, Art. 46 VerfS-A, Art. 91 ThürVerf.

1018 BVerfGE 89, 155, 181.

1019 Bull. EG 3/1978, S. 5.

1020 So auch *Bengt Beutler*, in: GTE, Art. F EUV, Rn. 9.

1021 Vgl. *Bleckmann*, Der Vertrag über die Europäische Union, Eine Einführung, DVBl. 1992, 336.

Unter die nationale Identität könnten alle Faktoren fallen, die zur Bildung eines Selbstverständnissen und der Findung einer Selbstbestimmung nötig sind.[1022] Hierzu gehört auch ein Mindestbestand an Werten des menschlichen Zusammenlebens, die den Staaten in seiner historisch gewachsenen Form, seiner wirtschaftlichen Ordnung oder seines kulturellen und sozialen Zusammenhalts prägen.[1023]

Die nationale Identität als Ausdruck des Zusammengehörigkeitsgefühls dient auch dem für die europäische Integration interessanten Aspekt der Abgrenzung der Nationalstaaten untereinander.[1024] In seinem wesensmäßigen Umfang geht er über die Umschreibung der Verfassungsidentität[1025] hinaus.[1026] Die Bestimmung dieser Kriterien unterliegt der Definitionsgewalt des betroffenen Staates.[1027]

Zur Konkretisierung des losen Begriffsrahmens macht der EUV Vorgaben, welche Mindestanforderungen an die Identität eines Mitgliedstaats zu stellen sind. Hierunter fallen gemeinsame Grundwerte wie das Bekenntnis zu den Grundrechten, der Freiheit, der Demokratie und der Rechtsstaatlichkeit, Art. 6 Abs. 1 EUV. Nach Art. 6 Abs. 3 EUV öffnen die Mitgliedstaaten der Europäische Union ihre nationale Identität gegenüber der Union und den Gemeinschaften und üben ihre Souveränitätsrechte im Sinne der eingegangenen Verpflichtungen aus.[1028] Nationale Identität und Gemeinschaftsverfassung stehen also nicht nebeneinander, sondern bedingen und beeinflussen sich gegenseitig.

Art. 6 Abs. 3 EG ist eindeutig zu entnehmen, daß im Verhältnis zur Union die nationale Identität, die den Mitgliedstaaten als Gesamtstaat betrifft[1029], maßgebend ist. Nicht erfaßt werden die mitgliedstaatlichen Untergliederungen einschließlich der kommunalen Gebietskörperschaften[1030], sofern diese nicht Ge-

---

1022 *Bleckmann,* zit. in Calliess S. 113 Fn. 7.m S. 265.

1023 *Puttler,* in: Calliess/Ruffert, EUV, EGV, Art. 6 EUV, Rn. 191.

1024 *Hilf,* zit. In Calliess/Ruffert, EUV, EGV, Art. 6 EUV, Fn. 2, S. 163

1025 Dazu *Kirchhof,* Die Identität der Verfassung in ihren unabänderlichen Inhalten, HbdStR I, 1987, § 19, Rn. 47 ff.

1026 *Epiney,* Gemeinschaftsrecht und Föderalismus: „Landesblindheit“ und Pflicht zur Berücksichtigung innerstaatlicher Verfassungsstrukturen, EuR 1994, 301 ff., 307.

1027 *Hilf,* in: Grabitz/Hilf, Das Recht der Europäischen Union, Art. F EUV, Rn. 8; *Puttler,* in: Calliess/Ruffert, EUV, EGV, Art. 6 EUV, Rn. 191.

1028 *Puttler,* in: Calliess/Ruffert, EUV, EGV, Art. 6 EUV, Rn. 192.

1029 *Puttler,* in: Calliess/Ruffert, EUV, EGV, Art. 6 EUV, Rn. 192.

1030 So auch *Heberlein,* Maastricht – ein Erfolg für die kommunale Selbstverwaltung, DVBl. 1994, 1213 ff., 1220 f. m.w.N.; *Tettinger,* Absicherung kommunaler Selbstverwaltung, in: Henneke (Hrsg.), Kommunale Perspektiven in einem zusammenwachsenden Europa, S. 160; *Hellermann,* Örtliche Daseinsvorsorge und gemeindliche Selbstverwaltung, 2000, S. 129; a. A. *Martini/Müller,* BayVBl. 1993, 161.

genstand des nationalen Identitätskerns sind, wie dies für die deutschen Kommunen trotz ihrer innerstaatlichen Stellung im Grundgesetz und den Verfassungen der Länder verneint wurde.[1031]

b) Wirkung der Achtensverpflichtung

Fraglich ist, wie sich diese 15, bald 25 und 27 nationalen Identitäten in das europäische Recht einfügen. Art. 6 Abs. 3 EUV gibt die Antwort. Die für die Union und ihre Gemeinschaften agierenden Organe haben bei der Ausübung ihrer Befugnisse die nationale Identität zu achten. Die gegenüber einer Sicherungs- oder Bewahrungspflicht deutlich schwächere Formulierung zeigt, daß den nationalen Werten kein Vorrang gegenüber der Gemeinschaftsrechtsposition eingeräumt wird.[1032] Im Kollisionsfall hat die EU die mitgliedstaatliche Position daher lediglich in einen Ausgleich zu bringen[1033], der die beiderseitig zu beachtenden Inhalte berücksichtigt.[1034] Nicht überzeugend ist die Vereinigung nationaler und europäischer Grundsätze zu einer *„europäischen Kooperationsverfassung"*, in der den nationalen Verfassungsordnungen stets Vorrang eingeräumt werden müssen.[1035] Eine solche fiktive Verfassungsfusion unter vornehmlicher Beachtung der nationalen Verfassungssphäre ist den Vorgaben des EUV nicht zu entnehmen.

Durch die rechtsverbindliche Pflicht werden nationale, identitätsstiftende Elemente in der europäischen Verfassungswirklichkeit zwingend zu beachten sein. Ein weitgehender Schutzmechanismus läßt sich daraus aber nicht ableiten.

Die Definitionsgewalt der Mitgliedstaaten in bezug auf die ihnen eigenen, der Identität zuzuordnenden Werte und Ordnungsregeln ist mit Blick auf die europäische Integration nicht zu unterschätzen, richten sich doch die Grundsätze des EUV an die Organe der Europäischen Union und der Gemeinschaften über die Einbindung des Art. 1 Abs. 3 EUV.

1031 Anders die deutsche Bundesstaatlichkeit, also der Gliederung des Bundes in Länder; die deutschen Bundesländer werden über Art. 20 GG in den Schutzbereich einbezogen. Eine sogenannte „Förderationsklausel" war zunächst im Entwurf des EUV vorgesehen.

1032 *Puttler,* in: Calliess/Ruffert, EUV, EGV, Art. 6 EUV, Rn. 195.

1033 *Puttler,* in: Calliess/Ruffert, EUV, EGV, Art. 6 EUV, Rn. 192.

1034 *Hilf,* Europäische Union und nationale Identität, FS Börner, 194, S. 165.

1035 So aber *Schmitt Glaeser,* Grundgesetz und Europarecht als Elemente Europäischen Verfassungsrechts, 1995, S. 238 f.

c) *Konsequenzen für den Kommunalschutz*

aa) *Kommunale Selbstverwaltung und mitgliedstaatliche Identität*

Die kommunalen Gebietskörperschaften und ihre durch das kommunale Selbstverwaltungsrecht geschützte Rechtssphäre werden von der Beachtensklausel nur dann erfaßt, wenn ihre innerstaatliche Position zum Kernbereich der nationalen Identität gehört. Dies ist – wie festgestellt – weder in der Bundesrepublik, noch in anderen Unionsstaaten der Fall. Die Vorschrift des Art. 6 Abs. 3 EUV wirkt daher nicht kommunalschützend.

bb) *Beachtung der kommunalen Selbstverwaltung durch Erweiterung des Schutzbereichs?*

Etwas anderes könnte sich dann ergeben, wenn der bisherige Bezug zur mitgliedstaatlichen Ebene um einen ausdrücklichen Hinweis auf die *„Mitgliedstaaten einschließlich ihrer regionalen und kommunalen Gebietskörperschaften"* erweitert werden würde. Um die Vorschlag der Aufnahme einer derartigen er-weiterten Bestimmung wird auch der Europäische Konvent nicht umherkommen, soll doch die Europäische Grundrechtecharta Bestandteil des Verfassungsdokuments werden. Die Bezugnahme auf die nationale Identität der Mitgliedstaaten *„und der Organisation staatlicher Gewalt auf nationaler, regionaler und lokaler Ebene"* in der Präambel wird es schwer machen, unter diesem Standard zu bleiben.[1036]

Die entscheidende Frage ist, welche Konsequenzen sich hieraus für den notwendigen Kommunalschutz in der Europäischen Union ergeben. Es sei nochmals betont, daß die Garantie des Art. 6 Abs. 3 EUV auch nach der Ergänzung eine reine Beachtensklausel bleibt. Sie entfaltet keine exklusive Schutzwirkung, sondern verpflichtet die Adressaten auf Unionsebene lediglich zur Einbeziehung der Vorgaben in den Rahmen eines übergreifenden Abwägungskontexts. Die mitgliedstaatliche Gliederung in kommunale Gebietskörperschaften ist als ein singuläres Kriterium einzubeziehen.

1036 *Hoffschulte,* Globalisierung der Lokalen Demokratie. Die Bedeutung Kommunaler Selbstverwaltung in der aktuellen Verfassungsdebatte der Europäischen Union, in der Globalisierungsdebatte und in der Debatte um eine „Weltcharta der Lokalen Selbstverwaltung" der UNO, in: Knemeyer (Hrsg.), Kommunale Selbstverwaltung in Ost und West, S. 93 ff.

Den kommunalen Gebietskörperschaften wird hierdurch ein Stellenwert beigemessen, der sie von anderen privat- oder öffentlichrechtlichen Institutionen abgrenzt. Die Zur-Kenntnisnahme der Existenz und die bloße Beachtung eines nicht näher definierten lokalen Rechtskreises reicht aber nicht aus, um ein mit der Europäischen Kommunalcharta vergleichbares Schutzniveau zu erreichen.[1037] Es bedarf eines rechtlich verbindlichen Bekenntnisses, das die europäische Kompetenzausübung zugunsten der kommunalen Gebietskörperschaften und der kommunalen Selbstverwaltung begrenzt, indem die Entscheidungsträger zwingend kommunalschützende Vorgaben zu berücksichtigen haben. Die Achtung der mitgliedstaatlichen Identität einschließlich ihrer regionalen und kommunalen Gliederung kann hierbei nur ein erster Schritt sein.

1037 Wobei zu beachten ist, daß das „Lokale" sich nicht auf die Eingrenzung eines örtlichen Wirkbereiches bezieht, sondern den kommunalen Gebietskörperschaften, unabhängig des örtlichen Bezugs der Maßnahme, der Schutzumfang des Art. 3 Abs. 1 EKC zu gewähren ist.

6. Kapitel: Zusammenfassung und Thesen

1. Kommunale Gebietskörperschaften

In allen Mitgliedstaaten der Europäischen Union und den Beitrittskandidaten existierten kommunale Gebietskörperschaften, deren Wirkungskreis durch ihre Orts- und Bürgernähe charakterisiert wird. Problematisch gestaltet sich vor allem die Einordnung der „zweiten Kommunalebene“, beispielsweise der deutschen Landkreise. Sie sind als bürgernahe Ebene von den Regionen, die durch eine staatsnahe Ansiedelung unterhalb der Staatsebene geprägt sind, zu unterscheiden. Im Gegensatz zur regionalen Ebene ist die Ausgestaltung der kommunalen Ebene weit homogener, wenn auch nur vorsichtig Gemeinsamkeiten herausgearbeitet werden können. Unterschiedlich ist vor allem die Intensität des Schutzes der territorialen Einheiten vor staatlicher Bevormundung und Übergriffen, letztlich also der Schutz der den Kommunen eigenen Rechtssphäre durch Selbstverwaltungsrechte. Dezentralisierungstendenzen in allen europäischen Staaten werden die kommunalen Gebietskörperschaften nachhaltig stärken.

2. Einflußnahme

Einflußnahme ist eine allzu häufig vorausgesetzte Kategorie, die verschiedene Bezugsebenen aufweist. Im europäischen Kontext ist die Differenzierung nach der personalisierten und der rechtssätzlichen Einflußnahme von Relevanz.

Die personalisierte Einflußnahme gliedert sich in die institutionelle und die außerinstitutionelle Einflußnahme, je nachdem, ob die Wahrnehmung der Interessenvertretung in ein institutionelles System, wie das der Europäischen Union, eingebettet ist. Der häufigste Fall der außerinstitutionellen Einflußnahme ist das sogenannte Lobbying, das aus der momentanen Rechtswirklichkeit der Europäischen Union nicht wegzudenken ist. Die außerinstitutionelle Vertretung kommunaler Interessen ist notwendige Konsequenz einer mangelnden institutionellen Absicherung in der EU durch den defizitären Ausschuß der Regionen. Je stärker also die Einbindung, desto überflüssiger eine darüber hinausgehende, flankierende Parallelstruktur.

Die rechtssätzliche Einflußnahme umschreibt ein zwingend zu beachtendes Schutzniveau durch Rechtsnormen. Bestes Beispiel ist die Europäische Charta der kommunalen Selbstverwaltung. Zumeist sind die normativen Absicherungen Folge einer personalisierten Einflußnahme, zumindest wird die Wahrscheinlichkeit der Verabschiedung und Einhaltung kommunalschützender Direktiven erheblich vergrößert. Die rechtssätzlichen Absicherungen sind ein effektives Mittel, Interessen dauerhaft und durchsetzbar zu schützen. Die darin verankerten Gedanken stellen zugleich Standards auf, die über den eigentlichen Adressatenkreis hinauswirken können. Der Kommunalschutz wird damit nicht zum Selbstläufer, wohl aber in das Bewußtsein übergeordneter Entscheidungsträger gerückt.

3. Notwendigkeit

Der Kommunalschutz bedarf einer Begründung. Die häufige Übergehung kommunaler Selbstverwaltungsrechte, die letztlich zur *„Kommunalblindheit"* der Europäischen Verträge geführt hat, und die damit unverweigerlicherweise einhergehende Bürgerferne zentraler Machtstrukturen müssen in Zukunft durch eine Einflußnahme der Gemeinden und Kreise ausgeglichen werden. Die Notwendigkeit von Schutzmechanismen ergibt sich vor allem aus der Betroffenheit, die zugleich Richtmaß des Einflußnahmegrads sein kann. Häufig wird lediglich eine Mitsprache der kommunalen Gebietskörperschaften gefordert, ohne die Intensität und Kontinuität zu beschreiben. Die Frage ist also, wieviel Einfluß gerechtfertigt ist, ohne die einerseits ein entsprechender Mindeststandard nicht entfiele und andererseits andere schutzwürdige Interessen nicht übergangen werden. Es bedarf einer Standortbestimmung. Hier ist festzustellen, daß die kommunale Rechtssphäre durch die supranationale Gemeinschaftsrechtssetzung eine Reihe von Einbußen hinzunehmen hat, ohne daß ein Ausgleich in Form von Mitwirkungsrechten erfolgt. Aus der vielfältigen Betroffenheit (Stichwort: Leistungen der Daseinsvorsorge) und dem Fehlen wirkungsvoller Schutzmechanismen ergibt sich die Notwendigkeit einer Verbesserung des Einflußnahmeprozesses mit dem Ziel einer systematischen Berücksichtigung kommunaler Selbstverwaltungsrechte.

4. Ausschuß der Regionen

Mit dem Ausschuß der Regionen ist ein erster Schritt getan. Der AdR ist die institutionelle Basis, auf der ein Kommunalschutz in der Europäischen Union aufbauen muß. Er wurde mit dem Maastrichter Vertragswerk 1992, vor allem auf Druck der deutschen Bundesländer, gebildet, nachdem zuvor ein bei der Kommission angesiedelter Beirat bestanden hatte. Seine Aufgabe besteht darin, die regionalen und kommunalen Anliegen im Rechtsetzungsprozeß der Gemeinschaft zu vertreten. Zu diesem Zweck verfügt er über Anhörungsrechte, die ihm in bestimmten kommunal- und regionalrelevanten Fällen eine Äußerungsmöglichkeit geben.

Die grundsätzliche Anerkennung der dezentralen mitgliedstaatlichen Ebene darf nicht darüber hinwegtäuschen, daß der Ausschuß der Regionen strukturelle Defizite aufweist, Dies zeigt sich vor allem an der Existenz zahlreicher kommunaler Interessenvertretungen außerhalb des institutionellen Rahmens, die offensichtlich für eine mangelnde Mitsprache durch das Nebenorgan sprechen. Für die kommunale Seite im Ausschuß ist es nur sehr rudimentär möglich, sich ein eigenes Profil zu erarbeiten, das wiederum unabdingbare Voraussetzung einer absoluten Akzeptanz als zentrale Wahrnehmungseinheit kommunaler Interessen ist. Dies wiederum ist auf die verschiedenen realpolitischen Strömungen und die Dominanzansprüche der Regionalvertreter, insbesondere der Vertreter der Regionen mit legislativen Kompetenzen zurückzuführen. Der auch in anderen Einrichtungen der EU schwelende Nord-Süd-Konflikt, die Förderung der Fraktionsbildung und die nachvollziehbare Vereinigung in nationalen Delegationen überdecken die regional-kommunalen Interessengegensätze.

Hinzu kommt, daß die Einordnung als Nebenorgan der Gemeinschaft die Wirkung der Stellungnahmen und Entschließungen des AdR von vornherein schwächt. Reduziert auf die reine Beratungsfunktion, ist er auf das Wohlwollen der Entscheidungsträger angewiesen. Aufgrund der mangelnden Bindungswirkung steht er faktisch auf einer Stufe mit einer Reihe von anderen, vor allem außerinstitutionellen Akteuren. Übersehen wird dabei einerseits die Bedeutung der kommunalen Ebene im Einigungsprozeß als solche und die Legitimation und Bürgernähe der in ihm versammelten Vertreter.

5. KGRE

Der Kongreß der Gemeinden und Regionen Europas (KGRE) ist die institutionelle Vertretung der regionalen und kommunalen Gebietskörperschaften beim Europarat. Er kann auf eine langjährige Entwicklung zurückblicken, die den Kommunen im Rahmen der rein zwischenstaatlichen Zusammenarbeit eine wichtige Position einräumt. Durch ein ausgeklügeltes Kammer- und Ausschußsystem ist es möglich, daß sowohl die kommunale als auch die regionale Seite ihre spezifischen Interessen vertreten kann, ohne daß dabei der Charakter einer gemeinsamen Einrichtung verloren geht. Die Aufteilung in eine regionale und kommunale Kammer ermöglicht eine Beratung dort, wo die Probleme angelegt sind, womit eine enorme Steigerung der Effektivität einhergeht. Hierdurch wird den grundlegenden Unterschieden lokaler und regionaler Strukturen Rechnung getragen. Eine gemeinsame Arbeit erfolgt nur bei gemeinsamen Betroffenheiten. Verantwortlich bleibt nach außen stets der Gesamtkongreß, so daß a priori einer gespalteten Wahrnehmung entgegengewirkt wird, die letztlich schädlich wäre.

Wie der AdR auch, ist der KGRE kein Hauptorgan der Gesamtorganisation, sondern nimmt lediglich Zuarbeitungs- und Beratungsfunktionen wahr. Der Unterschied zum Ausschuß der Regionen liegt aber darin begründet, daß eine im Rahmen der Ziele des Europarats umfassende, nicht durch einen enumerativen Aufgabenkatalog beschränkte Arbeit möglich ist. Zu beachten ist zudem die Möglichkeit, sich unmittelbar an die Gemeinden in den Mitgliedstaaten zu wenden. Dennoch ist es dem KGRE seit seiner Konstitution 1994 nicht gelungen, einer breiten Öffentlichkeit bekannt zu werden.

6. Außerinstitutionelle Einflußnahme

Neben den institutionellen Einflußnehmern existieren eine Reihe von Kommunalverbänden und kommunalen Interessengemeinschaften, die gleichermaßen um eine Beeinflussung europäischer Entscheidungsprozesse buhlen. Die außerinstitutionelle Einflußnahme kann in den unterschiedlichsten Formen auftreten, z. B. als reine Informationsbüros oder als europaweiter Zusammenschluß von Gemeinden oder als Gemeindeverbände, allen voran die großen Verbände, der Rat der Gemeinden und Regionen Europas (RGRE) und Eurocities. Es existiert aber kein europäischer Spitzenverband, der generell einen Vertretungsanspruch aller kommunalen Gebietskörperschaften für sich in Anspruch nehmen kann. Häufig erfolgen kontinuierliche Zusammenschlüsse zur Wahrung der Interessen auf einem spezifischen Gebiet, wobei zu beachten ist, daß die regionale Vertretungsstruktur auf diesem Gebiet weit ausgeprägter ist.

Der KGRE hat dem insofern Rechnung getragen, als daß er die maßgeblichen Verbände in seine Arbeit eingebunden hat. Über die Verleihung von Beobachtermandaten können sie ihre Vorstellungen unmittelbar in die Institution einbringen. Hierdurch werden die zu vertretenden Interessen gebündelt und der Meinungsbildungsprozeß bereichert und auf eine breite Basis gestellt.

Im Gegensatz dazu ist es dem Ausschuß der Regionen nicht gelungen, sich als übergreifende Kommunalinteressenvertretung zu installieren. Im Umfeld der Gemeinschaftsorgane haben sich zahlreiche Lobbyisten versammelt, die über die Arbeit des Ausschusses hinaus versuchen, Einfluß auf den Rechtsetzungsprozeß zu nehmen.

7. Die Europäische Charta der kommunalen Selbstverwaltung

Die Europäische Charta der kommunalen Selbstverwaltung des Europarats ist das bedeutendste kommunalschützende internationale Dokument. Es wurde von den meisten europäischen Staaten unterzeichnet, unter ihnen alle momentanen und zukünftigen Mitgliedstaaten der Europäischen Union, und ratifiziert. Sie formuliert einen europaweiten Standard kommunaler Selbstverwaltungsrechte und geht dabei von einem grundlegenden Recht der Kommunen aus, einen wesentlichen Teil der öffentlichen Aufgaben wahrzunehmen (Art. 3 Abs. 1 EKC). Das grundlegende Bekenntnis zugunsten der untersten Ebene wird in den folgenden Vorschriften detailliert aufgeschlüsselt.

Die EKC stellt so einen Gradmesser für den Schutz lokaler Demokratie dar, an dem sich die verpflichteten Staaten messen lassen müssen. Aufgrund dieser Bedeutung muß die Kommunalcharta Einfluß auf die Rechtsordnung der Europäischen Union haben, wenn sie auch zum momentanen Zeitpunkt noch nicht als allgemeiner Rechtsgrundsatz anerkannt werden kann.

8. Notwendigkeit einer Einflußnahme und Schutz der Kommunen

Die kommunalen Gebietskörperschaften der Mitgliedstaaten der Europäischen Union sind durch eine Vielzahl von Rechtsakten auf einer Reihe von Politikbereichen in ihrem Selbstverwaltungsrecht durch die supranationale Rechtsetzung betroffen. Eine wichtige Rolle spielen sie bei der verwaltungsmäßigen Umsetzung des EU-Rechts. Hieraus resultiert die Notwendigkeit einer unmittelbaren Mitsprache bei sie betreffenden Entscheidungen.

Aus diesem Grund hat die Untersuchung ein Modell entwickelt, wie eine notwendige Einflußnahme aussehen könnte. Dies beruht auf der Feststellung, daß kommunale Rechte im derzeitigen Gemeinschaftsrecht nicht zu finden sind. Die Kommunen stehen den europäischen Entscheidungsträgern weitgehend schutzlos gegenüber. Es fehlt an einer angemessenen, mit wirkungsvollen Rechten ausgestatteten Institution und an einem materiellen Schutz ihrer Rechte.

9. Institutionelles Einflußnahmemodell

Der Ausschuß der Regionen muß im Zentrum einer institutionellen Einflußnahme der kommunalen Gebietskörperschaften stehen. Um die kommunale Einflußnahme zu stärken, bedarf es struktureller Reformen, die mit einer Aufwertung im Institutionensystem der EU einhergehen. In erster Linie muß es den

Kommunen möglich sein, sich gegenüber den Regionen ein eigenes Profil zu erarbeiten. Hierzu bedarf es nach dem Vorbild des KGRE der Einrichtung eines Kammersystems, das eine effektive Arbeit des Ausschusses ermöglicht. Anstatt der bisherigen Untergliederung der begrenzten Anhörungsrechte müssen ihm bei regionaler und kommunaler Betroffenheit weitgehende Äußerungsmöglichkeiten offen stehen. Voraussetzung für eine Steigerung des Einflußnahmepotentials ist die Anerkennung als Organ der Europäischen Union, das die Anliegen der dezentralen mitgliedstaatlichen Einheiten vertritt. Dann stehen ihm auch zur Wahrung seiner Rechte entsprechende Klagerechte zu. Die bis dato defizitäre Bindungswirkung kann durch die Einräumung eines Widerspruchsrechts gegen Entscheidungen des Rats und der Kommission verbessert werden. Mit der Neuorientierung werden die Voraussetzungen einer optimierten, effektiven Einflußnahme geschaffen.

Mit der grundlegenden Umgestaltung der institutionellen Einflußnahme wird die außerinstitutionelle Interessenvertretung nicht überflüssig, wohl aber eingeschränkt. Die kommunalen Gebietskörperschaften finden im Ausschuß der Regionen eine verbindliche Säule des Kommunalschutzes, die ihre Interessen vertritt. Sie können flankierend eine Mittlerfunktion zu den europäischen Kommunen einnehmen und die Arbeit des Ausschusses ergänzen.

10. Inhaltliche Neuorientierung

Der Fokus der inhaltlichen Neuorientierung kann sich auf drei verschiedene Bereiche erstrecken: Auf die Verankerung eines ausdrücklichen Schutzes kommunaler Selbstverwaltung im Gemeinschaftsrecht, einer Neuinterpretation des Subsidiaritätsprinzips und der Einbeziehung der dezentralen mitgliedstaatlichen Einheiten in den nationalen Identitätsschutz einer europäischen Verfassung. Einer Anerkennung der EKC durch die Europäische Union stehen grundlegende Bedenken gegenüber, die in Parallele zur EMRK gesehen werden können.

Eine Formulierung der kommunalen Selbstverwaltung stellt das effektivste Mittel dar, gemeindliche Rechte verbindlich abzusichern, ist politisch aber auch nur schwer durchzusetzen. Dagegen ist die Beachtensklausel der nationalen Identität nicht geeignet, den erforderlichen Kommunalschutz zu gewährleisten. Durch die bloße Abwägung zwischen gemeinschaftlichen und lokalen Interessen kann ein notwendiges Schutzniveau nicht erreicht werden, erst recht nicht, wenn bloß die Existenz kommunaler Einheiten und nicht die Bedeutung kommunaler Selbstverwaltung anerkannt wird.

Der Schwerpunkt muß daher auf einer Neuinterpretation des Subsidiaritätsprinzips liegen, in dem eine ausdrückliche Einbeziehung der kommunalen Gebietskörperschaften erfolgt. Die momentane bipolare Subsidiaritätsauffassung *Gemeinschaft – Mitgliedstaaten* widerspricht der grundlegenden Bedeutung und den philosophischen Grundlagen einer subsidiären Gesellschaftsordnung. Diese Auffassung wird insbesondere durch Äußerungen der EU-Organe gestärkt, die zuhauf eine bürgernahe Ausrichtung der Gemeinschaftspolitik fordern, mit dem Ziel der allseitigen Akzeptanz und Legitimation ihrer Entscheidungen gegen zentralistische Tendenzen des laufenden Integrationsprozesses. Das Subsidiaritätsprinzip ist geeignet, kommunale Rechte zu sichern. Aus ihm lassen sich die elementaren Rechte der EKC ableiten, die über das Subsidiaritätsprinzip Einzug in das Gemeinschaftsrecht erhalten. Die Europäische Charta der kommunalen Selbstverwaltung ist und bleibt so die wichtigste Säule des inhaltlichen Kommunalschutzes als Richtmaß für die Sicherung kommunaler Rechte in Europa.

Literaturverzeichnis

Akkermans, Piet, The European Charter of Local Self-Government, in: Institut du fédéralisme de l'Université de Fribourg (Hrsg.), The Territorial Distribution of Power in Europe, 1990, S. 271 ff.

Allemann, Ulrich von, Aufstand der Regionen, in: Hennis, Wilhelm/Graf Kielmannsegg, Peter/Matz, Ulrich (Hrsg.), Regierbarkeit, Band. 2, 1979, S. 279 ff.

Ambrosius, Gerold, Services Publics, Leistungen der Daseinsvorsorge oder Universaldienste? Zur historischen Dimension eines zukünftigen Elements europäischer Gesellschaftspolitik, in: Cox, Helmut (Hrsg.), Daseinsvorsorge und öffentlich-rechtliche Dienstleistungen in der Europäischen Union, 2000, S. 15 ff.

Ameln, Ralf von, Auswirkungen des Europäischen Binnenmarktes auf Kommunalpolitik und Kommunalrecht der EG-Mitgliedstaaten, DVBl. 1992, 477 ff.

Ameln, Ralf von, Benennung der Mitglieder, in: Tomuschat, Christian (Hrsg.), Mitsprache der dritten Ebene in der europäischen Integration: der Ausschuß der Regionen, 1995, S. 54 ff.

Ameln, Ralf von, Die Tätigkeit des Europabüros der Deutschen kommunalen Selbstverwaltung, Der Bayerische Bürgermeister 1992, 302 ff.

Ameln, Ralf von, Europabüro der kommunalen Selbstverwaltung, Die Niedersächsische Gemeinde 1991, 175

Ameln, Ralf von, Nur Nadelstreifen und Moneten?, Europa kommunal 1998, 55 ff.

Ameln, Ralf von, Öffentliche Auftragsvergabe im Gemeinsamen Markt aus kommunaler Sicht, Der Städtetag 1989, 7 ff.

Aristoteles, Politik, hrsg. von Bender, Georg Friedrich, Band 1, 1970

Auby, Jean-Bernard/ Auby Jean-François, Droit des collectivités locales, 2. Aufl. 1998

Ausschuß der Regionen, Schlußerklärung zur ersten Konferenz der kommunalen und regionalen Gebietskörperschaften zur Bürgernähe, 2001

Badura, Peter, „Die Kunst der föderalen Form", Der Bundesstaat in Europa und die europäische Förderation, in: Badura, Peter (Hrsg.), Wege und Verfahren des Verfassungslebens, Festschrift Peter Lerche, 1993, S. 379 ff.

Badura, Peter, Der Bundesstaat Deutschland im Prozeß der europäischen Integration, 1993

Badura, Peter, Dienste von allgemeinem wirtschaftlichen Interesse unter Aufsicht der Europäischen Gemeinschaft, in: Classen, Claus Dieter/Dittmann, Armin/Fechner, Frank/Gassner, Ulrich/Michael, Kilian (Hrsg.), In einem vereinten Europa dem Frieden der Welt zu dienen, Liber amicorum Thomas Oppermann zum 70. Geburtstag, 2001, 571 ff.

Badura, Peter, Wandlungen der europäischen Wirtschaftsverfassung, in: Schwarze, Jürgen/ Müller-Graff, Peter-Christian, Europäische Verfassungsentwicklung, EuR Beiheft 1/2000, 45 ff.

Bahlmann, Kai, Zur Notwendigkeit einer Beteiligung der lokalen Gebietskörperschaften im „Ausschuß der Regionen" der Europäischen Gemeinschaft nach Titel II Art. 198a-c des Vertrages von Maastricht, nicht veröffentlichte gutachterliche Stellungnahme für die Bundesvereinigung der kommunalen Spitzenverbände, 1992.

Balducci, Massimo, La Charte européenne de l'autonomie locale et le principe de subsidiarité: une nouvelle philosophie dans la relation entre l'Etat et les collectivités territoriales, in: Conseil de l'Europe, Conférence à l'occasion du 10e anniversaire de la Charte de l'autonomie locale, 1997, S. 35 ff.

Baloup, Gérard, Le représetation de l'Europe des régions et des communes aus Conseil de l'Europe, Annuaire européen 26 (1978), 68 ff.

Baltsch, Barbara, AdR schließt demokratische Lücke, Europa kommunal 1994, 110 ff.

Baltsch, Barbara, Grundsteinlegung für die Zukunft der EU, Europa kommunal 2002, 65 ff.

Baltsch, Barbara, Hüter der Menschenrechte, Europa kommunal 1999, 57 ff.

Baltsch, Barbara, Mehr Rechtssicherheit und weniger Bürokratie, Europa kommunal, 2002, 3 ff.

Bassot, Etienne, Le Comité des Régions. Régions Françaises et Länder Allemands face à un nouvel organ communautaire, Revue du marché commun et de l'Union européenne 1993, 729 ff.

Battis Ulrich (Hrsg.), Europäischer Binnenmarkt und nationaler öffentlicher Dienst, 1989

Battis, Ulrich, Europäische Integration und nationales Verfassungsrecht in der Bundesrepublik Deutschland, in: Battis, Ulrich/Tsatsos, Dimitris Stefanou, Europäische Integration und nationales Verfassungsrecht, 1995, S. 81 ff.

Bauer, Joachim, Europa der Regionen – zwischen Anspruch und Wirklichkeit, 1994

Bauer, Joachim, Europa der Regionen: aktuelle Dokumente zur Rolle und Zukunft der deutschen Länder im europäischen Integrationsprozeß, 2. Auflage 1992

Bauer, Joachim, Österreich und die Europäische Einigung, in: Merten, Detlef (Hrsg.), Föderalismus und Europäischen Gemeinschaften unter besonderer Berücksichtigung von Umwelt und Gesundheit, Kultur und Bildung, 1990, S. 263 ff.

Baur, Jürgen F. (Hrsg.), Die leitungsgebundene Energie und der gemeinsame Markt, 1990

Baur, Jürgen F., Die Europäische Gemeinschaft und das Recht der leitungsgebundenen Energie, 1993

Baur, Jürgen F., Normative Grundlagen für die europäische Politik im Energiebereich, in: Baur, Jürgen F. (Hrsg.), Die leitungsgebundene Energie und der gemeinsame Markt, 1990, S. 59 ff.

Baur, Jürgen F./Müller-Graf, Peter-Christian/Zuleeg, Manfred (Hrsg.), Europarecht, Energierecht, Wirtschaftsrecht, Festschrift für Bodo Börner zum 70. Geburtstag, 1992

Becet, Jean-Marie, Les institutions administratives, 4. Aufl. 1997

Beckedorf, Ingo/Henze, Thomas, Neuere Entwicklungen in der Bildungspolitik der Europäischen Gemeinschaft, NVwZ 1993, 125 ff.

Becker, Bernd, Einführung in künftige Rechts- und Vollzugsprobleme des neuen Bundesgesetzgebers über die Umweltverträglichkeitsprüfung, BayVBl. 1990, 353 ff.

Becker, Peter, Der Ausschuß der Regionen als Dritte Ebene – Zusammenfassung der Diskussion, in: Tomuschat (Hrsg.), Mitsprache der dritten Ebene in der europäischen Integration: der Ausschuß der Regionen, S. 119 ff.

Behrendt, Wolfgang, Signal an gesamte Balkanregion, Europa kommunal 2002, 106

Bender, Georg Friedrich (Hrsg.), Aristoteles, Politik, Band 1, 1970

Benz, Arthur, Kooperative Verwaltung, 1994

Benz, Arthur, Regionen als Machtfaktor in Europa?, VerwArch (84) 1993, 328 ff.

Benz, Arthur, Der Ausschuß der Regionen der Europäischen Union: Entstehung und Organisation, in: Hesse, Joachim Jens (Hrsg.), Regionen in Europa, Band 1: Die Institutionalisierung des Regionalausschusses, 1995/1996, S. 229 ff.

Bergmann, Jan, Recht und Politik in der Europäischen Union – Der Integrationsverbund vor der Osterweiterung, 2001

Bergmann, Jan/Kenntner, Markus (Hrsg.), Deutsches Verwaltungsrecht unter europäischem Einfluß, 2002

Bernhardt, Rudolf, Vertragsauslegung, in: Seidl-Hohenveldern, Ignaz (Hrsg.), Lexikon des Rechts, 2. Aufl. 2001, S. 387

Beutler, Bengt/Bieber, Roland/Pipkorn, Jörn/Streil, Jochen, Die europäische Gemeinschaft, Rechtsordnung und Politik, 4. Aufl. 1993

Beyerlein, Ulrich, Neuere rechtliche Entwicklungen der regionalen und lokalen grenzüberschreitenden Zusammenarbeit, in: Brunn, Gerhard/Schmitt-Egner, Peter, Grenzüberschreitende Zusammenarbeit in Europa. Theorie, Empirie, Praxis, 1998, S. 118 ff.

Beyerlin, Ulrich, in: Thürer, Daniel/Weber, Rolf H./Zäch, Roger (Hrsg.), Schweiz und Europa – Beiträge zur Integration, 1993, S. 131 ff.

Birk, Hans-Jörg, Kommunale Selbstverwaltungshoheit und überörtliche Planung, NVwZ 1989, 905 ff.

Birke, Hans Eberhard, Die deutschen Bundesländer in den Europäischen Gemeinschaften, 1973

Blair, Philip, Die Gestaltung der kommunalen Selbstverwaltung in den europäischen Staaten, DÖV 1988, 1002 ff.

Blair, Philip, Vorbereitung der Charta im Rahmen des Europarats und gegenwärtiger Stand der Unterzeichnung und Ratifikation, in: Knemeyer, Franz-Ludwig (Hrsg.), Die Europäische Charta der kommunalen Selbstverwaltung, 1989, S. 43 ff.

Blanke, Hermann-Josef, Das Subsidiaritätsprinzip als Schranke des Europäischen Gemeinschaftsrechts?, ZG 1991, 133 ff.

Blanke, Hermann-Josef, Die kommunale Selbstverwaltung im Zuge fortschreitender Integration – Aspekte internationaler und supranationaler Verfassungsentwicklung, DVBl. 1993, 819 ff.

Blanke, Hermann-Josef, Normativität und Justiziabilität des gemeinschaftsrechtlichen Subsidiaritätsprinzip, ZG 1995, 193 ff.

Bleckmann, Albert, Der Vertrag über die Europäische Union, Eine Einführung, DVBl. 1992, 335 ff.

Bleckmann, Albert, Die Bindung der Europäischen Gemeinschaft an die Europäische Menschenrechtskonvention, 1986

Bleckmann, Albert, Die kommunale Leistungsverwaltung insbesondere die Subventionsvergabe im europäischen Binnenmarkt, in: Hoppe, Werner/Schink, Alexander (Hrsg.), Kommunale Selbstverwaltung und europäische Integration, S. 105 ff.

Blümel, Willi, Gemeinden und Kreise vor den öffentlichen Aufgaben der Gegenwart, VVDStRL 36 (1978), 17 ff.

Blumenstein, Gerhard, Die Europäische Charta der kommunalen Selbstverwaltung, BayGT 1994, 1 ff.

Blumenwitz, Dieter, Die Ostverträge im Lichte des internationalen Vertragsrechts, 1982

Blumenwitz, Dieter, Wer gibt die Verfassung Europas?, Politische Studien, Sonderheft 1/2003, 44 ff.

Bocklet, Reinhold, Der Ausschuß der Regionen – Ein parlamentarisches Gremium mit wechselnden Mehrheiten, in: Hierl, Hubert (Hrsg.), Europa der Regionen, S. 134 ff.

Bocklet, Reinhold, Die Idee des Regionalismus an der Schwelle des 21. Jahrhunderts, in: Streinz, Rudolf (Hrsg.), 50 Jahre Europarat. Der Beitrag des Europarats zum Regionalismus, 2000, S. 89 ff.

Bocklet, Reinhold, Leistungen der Daseinsvorsorge im Verhältnis zum EG-Binnenmarkt- und Wettbewerbsrecht, Der Landkreis 2001, 427 ff.

Böhm, Johann, Europa der Regionen – Bausteine einer Europäischen Union, in: Knemeyer, Franz-Ludwig (Hrsg.), Europa der Regionen – Europa der Regionen, S. 101 ff.

Bohne, Eberhard, Informales Verwaltungs- und Regierungshandeln als Instrument des Umweltschutzes, VerwArch 75 (1984), 343 ff.

Bohner, Ulrich, Entstehung und Bedeutung der Europäischen Charta der kommunalen Selbstverwaltung unter besonderer Berücksichtigung ihrer Rezeption in den Reformstaaten Mittel- und Osteuropas in: Knemeyer, Franz-Ludwig (Hrsg.), Kommunale Selbstverwaltung in Ost und West, S. 19 ff.

Bohr, Sebastian, Europa auf dem Weg zum bürokratischen Zentralismus, 1991

Bonner Kommentar zum Grundgesetz, Loseblatt, Stand: 2001

Borchardt, Klaus-Dieter, Die rechtlichen Grundlagen der europäischen Union, 2. Aufl. 2002

Borchmann, Michael, Mitwirkung der Länder im EG-Ministerrat, in: Borkenhagen, Franz u.a. (Hrsg.), Die deutschen Länder in Europa – Politische Union und Wirtschafts- und Währungsunion, 1992, S. 36 ff.

Borchmann, Michael, Regierungskonferenz 1996 – das Positionspapier der deutschen Länder, EuZW 1993, 570 ff.

Borchmann, Michael, Versammlung der Regionen Europas fordert eine föderativ verfaßte Europäische Union, VR 1991, 160 ff.

Bore, Albert, Die Europäische Union muß ein demokratische Netzwerk sein, Der Städtetag 2002, 16 ff.

Borkenhagen, Franz u.a. (Hrsg.), Die deutschen Länder in Europa – Politische Union und Wirtschafts- und Währungsunion, 1992

Borkenhagen, Franz, Aufgaben und Perspektiven der Regionen in Europa, in: Borkenhagen, Franz (Hrsg.), Die deutschen Länder in Europa – Politische Union und Wirtschafts- und Währungsunion, 1992, S. 220 ff.

Borrás Rodriguez, Alegria, Die Mitgliedschaft Spaniens in der EG in ihrer Auswirkung auf die Autonomen Gemeinschaften, in: Merten, Detlef (Hrsg.), Föderalismus und Europäischen Gemeinschaften unter besonderer Berücksichtigung von Umwelt und Gesundheit, Kultur und Bildung, 1990, S. 47 ff.

Borries, Reimer von, Das Subsidiaritätsprinzip im Recht der Europäischen Union, EuR 1994, 263 ff.

Bothe, Michael, Die Kompetenzstruktur des modernen Bundesstaates in rechtsvergleichender Sicht, 1977

Böttcher, Winfried, Europafähigkeit durch Regionalisierung, ZRP 1990, 329 ff.

Bourdon, Jacques/Pontier, Jean-Marie/Ricci, Jean-Claude, Droit des collectivités territoriales, 2. Aufl. 1998

Bowring, Bill, The Committee of the Regions: Europe and British Local Governement, European Public Law 1995, 395 ff.

Braconnier, Stépahne, Politique culturelle locales français et principe communautaire de libre-concurrence, RTDE 31 (1995), 771 ff.

Brede, Helmut (Hrsg.), Wettbewerb in Europa und die Erfüllung öffentlicher Aufgaben, 2001

Brenner, Michael/Huber, Peter, Europarecht und Europäisierung in den Jahren 2000/2001, DVBl. 2001, 1018 ff.

Breucking, Dorthe, Schutz der Menschenrechte und der sozialen Grundrechte, in: Holtz, Uwe (Hrsg.), 50 Jahre Europarat, 2000, S. 139 ff.

Breuer, Rüdiger, EG-Richtlinien und deutsches Wasserrecht, WiVerw 1990, 79 ff.

Brohm, Winfried, Beschleunigung der Verwaltungsverfahren – Straffung oder konsensuales Verwaltungshandeln?, NVwZ 1991, 1025 ff.

Brohm, Winfried, Sachverständige Beratung des Staates, in: Isensee, Josef/ Kirchhof, Paul (Hrsg.), Handbuch des Staatsrechts der Bundesrepublik Deutschland, Band II, 1987 (zit.: *Brohm,* HbdStR II)

Bryde, Brun-Otto, Ausländerwahlrecht und grundgesetzliche Demokratie, JZ 1989, 257 ff.

Burgi, Martin, Kommunale Alleingänge in der Umwelt- und Sozialpolitik, VerwArch 90 (1999), 70 ff.

Buschor, Ernst, Die europäische Charta der kommunalen Selbstverwaltung, ZBl. 1983, 97 ff.

Caciagli, Mario, Die Skandale haben erstmals zu Reformen geführt – Italien –, Bürger im Staat 1994, 249 ff.

Calliess, Christian, Das gemeinschaftsrechtliche Subsidiaritätsprinzip als „Grundsatz der größtmöglichen Berücksichtigung der Regionen", AöR 1996, 514 ff.

Calliess, Christian, Subsidiariät und Solidaritätsprinzip in der EU – Vorgabe für die Anwendung von Art. 3b EGV am Beispiel der gemeinschaftlichen Wettbewerbs- und Umweltvorschriften, 2. Aufl. 1999

Calliess, Christian/Ruffert, Matthias (Hrsg.), Kommentar des Vertrags über die Europäische Union und des Vertrages zur Gründung der Europäischen Gemeinschaft, 2. Aufl. 2002 (zit.: *Bearbeiter,* in: Calliess/Ruffert, EUV/EGV)

Candido de Martin, Gian, Länderbericht Italien, in: Knemeyer, Franz-Ludwig (Hrsg.), Die Europäische Charta der kommunalen Selbstverwaltung, 1989, S. 147 ff.

Capelli, Fausto, Die Anwendung des Gemeinschaftsrechts in Italien, 1993

Cathaly-Sielkens, Anne, Kommunale Selbstverwaltung und Ingerenz des Gemeinschaftsrechts, 1996

Chabert, Jos, Europa braucht ein festes Fundament, Der Städtetag 12/2000, 34

Chauvin, Francis, Administration de l'Etat, 6. Aufl. 2002

Chiner, Maria Jésus Montoro, Landesbericht Spanien, in: Ossenbühl Fritz (Hrsg.), Föderalismus und Regionalismus in Europa, 1990, S. 167 ff.

Claussen, Bernd, Teilprivatisierung kommunaler Sparkassen?, 1990

Clement, Wolfgang, Der Ausschuß der Regionen. Kritik und Ausblick – Politische Bewertung, in: Tomuschat, Christian (Hrsg.), Mitsprache der dritten Ebene in der europäischen Integration: der Ausschuß der Regionen, 1995, S. 97 ff.

Clement, Wolfgang, Der Regionalausschuß - mehr als ein Alibi?, Staatswissenschaft und Praxis, 1993, 164 f.

Clement, Wolfgang, The Comittee of the Regions – More than an Alibi?, in: Hesse, Konrad/Renzsch, Wolfgang (Hrsg.), Regionen in Europa – Regions in Europe – Régions en Europe, 1991, S. 13 ff.

Clostermeyer, Claus-Peter, Die Mitwirkung der Länder in EG-Angelegenheiten, in: Borkenhagen u.a. (Hrsg.), Die deutschen Länder in Europa – Politische Union und Wirtschafts- und Währungsunion, 1992, S. 171 ff.

Coase, Ronald, The Firm, 1937

Commichau, Michael Friedrich, GG und EU, JA 1994, 600 ff.

Conseil de l'Europe, Allocation of powers to the local and regional levels of government in the member States of the Coucil of Europe, 1988

Conseil de l'Europe, Conférence à l'occassion du 10e anniversaire de la Charte de l'autonomie locale, 1997

Conseil de l'Europe, Kongreß der Gemeinden und Regionen Europas, Der Kongreß der Gemeinden und Regionen Europas, 2001

Conseil de l'Europe, Rapport explicatif sur la Charte européenne de l'autonomie locale, 1986

Conseil de l'Europe, The Conference of Local an Regional Authorities, 1980

Constantinesco, Vlad, Subsidiarität: Zentrales Verfassungsprinzip für die Politische Union, Integration, Beilage zur Europäischen Zeitung 1990, 165 ff.

Craig, Paul, Administrative Law, 4. Aufl. 1999

Cromme, Franz, Verfassungsvertrag der Europäischen Union – Begriff und Konzept –, DÖV 2002, 593 ff.

Dammeyer, Manfred, Das Verhältnis zwischen Nationalstaaten und Regionen in der (erweiterten) Europäischen Union, 1999, S. 59 ff.

Dästner, Christian, Zur Aufgabenverteilung zwischen Bundesrat, Landesregierungen und Landesparlamenten in Angelegenheiten der Europäischen Union, NWVBl. 1994, 1 ff.

De Búrca, Gráinne, The principle of proportionality and its application in the EC law, Yearbook of European Law 13 (1993), 105 ff.

De Lobkowicz, Wenceslas, Ein europäisches Kommunalwahlrecht für alle EG-Bürger, DÖV 1989, 519 ff.

Dedy, Helmut, Kommunale Einflußnahme auf die Politik der Europäischen Gemeinschaften, VR 1991, 351 ff.

Degen, Manfred, Die Unionsbürgerschaft nach dem Vertrag über die Europäische Union unter besonderer Berücksichtigung des Wahlrechts, DÖV 1993, 749 ff.

Delcamp, Alain, Le Contrôle de l'application de la Charte par le Congrès des pouvoirs locaux et régionaux de l'Europe, in: Conseil de l'Europe, Conférence sur la Charte européenne de l'autonomie locale. L'application de la Charte par les Cours de Justice, 1997, S. 18 ff.

Delcamp, Alain, Les institutions locales en Europe, 1990

Delcamp, Alain, Synthèse des rapports nationaux, in: Conseil de l'Europe, Congrès des pouvoirs locaux et régionaux de l'Europe, CG (1) 3, II., S. 5 ff.

Delors, Jacques, Die künftige Europäische Union, eine Gemeinschaft von Völkern, Staaten und Regionen,

Delors, Jacques, in: Hesse, Konrad (Hrsg.), Regionen in Europe – Regions in Europe, Bd. 1: Die Institutionalisierung des Regionalausschusses, S. 284 ff.

Derenbach, Rolf, Europäische Strukturpolitik und die kommunalen Handlungsfelder und Aktionsprogramme im Überblick, in: Bunz (Hrsg.), EU-kommunal, Handbuch zu europäischen Themen für Kommunalpolitiker und lokale Medien, S. 390 ff.

Deubert, Michael/Liegmann, Gabriele, Rechtsgrundlagen kommunaler Selbstverwaltung und regionale Strukturen in Europa, 1989

Deutscher Städte- und Gemeindebund, Kommunale Selbstverwaltung in der europäischen Verfassung verankern – Leistungen der Daseinsvorsorge sichern, BWGZ 2002, 341.

Dieckmann, Jochen, Zur Organisation kommunaler Spitzenorganisationen, DÖV 2000, 458 ff.

Dieckmann, Martin, Das Abfallrecht der europäischen Gemeinschaft. Systematische Darstellung der gemeinschaftlichen Vorgaben für die nationale Rechtsetzung und Rechtspraxis, 1994

Diederich, Christian, Länderbericht Luxemburg, in: Knemeyer, Franz-Ludwig (Hrsg.), Die Europäische Charta der kommunalen Selbstverwaltung, 1989, 165 ff.

Dockter, Hellmut, Die innerstaatliche Ratifikation – Mitwirkungsmöglichkeiten der dritten Ebene, in: Borkenhagen, Franz u.a. (Hrsg.), Die deutschen Länder in Europa – Politische Union und Wirtschafts- und Währungsunion,, 1992, S. 161 ff.

Doehring, Karl, Allgemeine Staatslehre, 1991

Dohmes, Johannes, Die Bedeutung des Europarats für Deutschland, in: Holtz, Uwe (Hrsg.), 50 Jahre Europarat, 2000, S. 185 ff.

Dollinger, Franz-Wilhelm, Kommunalrecht, Sozialsachen und Wohngeldrecht, Städtebauförderung, in: Bergmann, Jan/Kenntner, Markus (Hrsg.), Deutsches Verwaltungsrecht unter europäischem Einfluß, 2002, S. 807 ff.

Dörr, Dieter, Das deutsche Beamtenrecht und das europäische Gemeinschaftsrecht, EuZW 1990, 565 ff.

Draf, Dieter, Die bayerischen Bezirke: Aufgaben und Perspektiven für die Zukunft, 1992

Dreher, Olaf, Steuereinnahmen für die Kreise, 1990

Drosdowski, Günter (Hrsg.), Duden. Das große Wörterbuch der deutschen Sprache in sechs Bänden, Band 2 (Bin-Far), 2. Aufl. 1993, S. 537 ff.

Düsterdiek, Bernd, Mehrbelastungen befürchtet, Europa kommunal 2001, 231.

Eckert, Lutz, Die Gesetzgebungsvorschläge der EG-Kommission vom Juli 1989 für den Gassektor, in: Baur, Jürgen F. (Hrsg.), Die leitungsgebundene Energie und der gemeinsame Markt, 1990, S. 11 ff.

Ehlermann, Claus-Dieter, Rezension Stenzing, Subsidiarität und Föderalismus in der Europäischen Union, EuR 1992, 452 f.

Ehlers, Dirk (Hrsg.), Allgemeines Verwaltungsrecht, 10. Auflage 1995

Ehlers, Dirk (Hrsg.), Kommunale Wirtschaftsförderung, 1990

Ehlers, Dirk, Kommunale Wirtschaftsförderung und kommunale Selbstverwaltung, in: Ehlers, Dirk (Hrsg.), Kommunale Wirtschaftsförderung, 1990, S. 103 ff.

Ehlers, Dirk, Verwaltung und Verwaltungsrecht im demokratischen und sozialen Rechtsstaat, in: Ehlers, Dirk (Hrsg.), Allgemeines Verwaltungsrecht, 10. Auflage 1995, S. 1 ff.

Eichenberger, Kurt, Landesbericht Schweiz, in: Ossenbühl, Fritz (Hrsg.), Föderalismus und Regionalismus in Europa, 1990, S. 17 ff.

Eid, Volker, Politische Partizipation ausländischer Mitbürger – Statement aus ethischer und auch theologischer Sicht, in: Sieveking, Klaus/Barwig, Klaus/Lörcher, Klaus/Schumacher, Christoph (Hrsg.), Das Kommunalwahlrecht für Ausländer, 1989, S. 13 ff.

Elverfeld, Dirk Johannes, Europarecht und kommunales öffentliches Auftragswesen, 1992

Engel, Christian, Regionen in der Europäischen Gemeinschaft – eine integrationspolitische Rollensuche, in: Borkenhagen, Franz u.a. (Hrsg.), Die deutschen Länder in Europa, 1992, S. 183 ff.

Engel, Christoph, Die Einwirkungen des Europäischen Gemeinschaftsrechts auf das deutsche Verwaltungsrecht, Die Verwaltung 1992, 437 ff.

Engel, Christoph, Regionen in der EG, 1993

Engel, Christoph, Regionen in der Europäischen Gemeinschaft: Eine integrationspolitische Rollensuche, Integration 1991, 9 ff.

Engel, Gerhard, Fundament und Meßlatte für echte Demokratie, Europa kommunal 1999, 67 ff.

Engel, Gerhard, Struktur und Umsetzung der EKC in den Mitgliedsstaaten des Europarats und die Kontrolle durch den Kongreß der Gemeinden und Regionen Europas, in: Knemeyer, Franz-Ludwig (Hrsg.), Kommunale Selbstverwaltung in Ost und West, 2003, S. 41 ff.

Epiney, Astrid, Gemeinschaftsrecht und Föderalismus: „Landesblindheit" und Pflicht zur Berücksichtigung innerstaatlicher Verfassungsstrukturen, EuR 1994, 301 ff.

Erbguth Wilfried/Schink, Alexander, Das Gesetz zur Umweltverträglichkeitsprüfung, Allgemeine Konsequenzen für die Zulassung von Vorhaben, EuZW 1990, 531 ff.

Erichsen Hans-Uwe/Hoppe, Werner/Leidinger, Adalbert (Hrsg.), Kommunalverfassungen in Europa, 1988

Esterbauer, Fried, Der europäische Regionalismus, BayVBl. 1979, 328 ff.

Esterbauer, Fried, Europa der Regionalstaaten und Regionen, in: Esterbauer, Fried/Héraud, Guy/Pernthaler, Peter (Hrsg.), Föderalismus als Mittel permanenter Konfliktregelung, 1977, S. 223 ff.

Esterbauer, Fried, Grundzüge der Formen und Funktionen regionaler Gliederung im politischen System, Eine Einführung, in: Esterbauer, Fried (Hrsg.), Regionalismus, Phänomen, Planungsmittel, Herausforderung, 1978, S. 43 ff.

Esterbauer, Fried, Regionalismus. Phänomen – Planungsmittel – Herausforderung für Europa, 1978

Esterbauer, Fried/Héraud, Guy/Pernthaler, Peter (Hrsg.), Föderalismus als Mittel permanenter Konfliktregelung

Eurocities, A Charter of the European Cities towards the Revision of the Treaty on Eurpean Union, 1996

Europäischen Kommission, Generaldirektion für Regionalpolitik, Europa 2000, Perspektiven der künftigen Raumordnung der Gemeinschaft, Vorläufiger Überblick, 1991

Europäische Kommission, Bericht über die Europäische Union, 1975

Europäisches Parlament, Entschließung zu den Leitlinien der Europäischen Parlaments für die Reform der Verträge und die Verwirklichung der Europäischen Union, 1982

Everling, Ulrich, Der Beitag des EuGH zur europäischen Grundrechtsgemeinschaft, 1995

Everling, Ulrich, Die Rechtsprechung des Europäischen Gerichtshofs zur Freizügigkeit im öffentlichen Dienst, in: Battis Ulrich (Hrsg.), Europäischer Binnenmarkt und nationaler öffentlicher Dienst, 1989, S. 23 ff.

Everling, Ulrich, Zum Vorrang des EG-Rechts vor nationalem Recht, DVBl. 1985, 1201 ff.

Faber, Angela, Die Zukunft kommunaler Selbstverwaltung und der Gedanke der Subsidiarität in den Europäischen Gemeinschaften, DVBl. 1991, 1126 ff.

Faber, Angela, Europarechtliche Grenzen kommunaler Wirtschaftsförderung, 1992

Fastenrath, Ulrich, Die Struktur der erweiterten EU, EuR 1994 (Beiheft 1), 101 ff.

Fastenrath, Ulrich, Länderbüros in Brüssel, DÖV 1990, 125 ff.

Ferrari, Erminio, Die italienische Kommunalverfassung, in: Erichsen, Hans-Uwe/Hoppe, Werner/Leidinger, Adalbert (Hrsg.), Kommunalverfassungen in Europa, 1988, S. 65 ff.

Fiedler, Klaus Peter, 25 Jahre Europakonferenz der Gemeinden und Regionen, Der Städtetag 1982, 321 ff.

Fiedler, Klaus Peter, Umweltmanagement der kommunalen Gebietskörperschaften, Der Landkreis 1993, 18 ff.; 163 ff.; 218 ff.

Fischer, Hans Georg, Der Ausschuß der Regionen nach den neuen EG-Vertrag, NWVBl. 1994, 161 ff.

Fischer, Hans Georg, Die Unionsbürgerschaft, EuZW 1992, 566 ff.

Fischer, Peter/Köck, Heribert Franz, Europarecht, 4. Aufl. 2002

Fischer, Reinfrid, Selbstverwaltung durch und in kommunalen Sparkassen, in: von Mutius, Albert (Hrsg.), Festgabe zum 70. Geburtstag Georg Christoph von Unruh, 1983, S. 835 ff.

Flauss, Jean-François, Auf dem Wege zu einer europäischen Verfassung – Wechselwirkungen zwischen europäischem und nationalem Verfassungsrecht aus französischer Sicht, in: Schwarze, Jürgen/Müller-Graff, Peter-Christian, Europäische Verfassungsentwicklung, EuR Beiheft 1/2000, 31 ff.

Forsthoff, Ernst, Die Verwaltung als Leistungsträger, 1938

Forsthoff, Ernst, Rechtsfragen der leistenden Verwaltung, 1959

Franzke, Hans-Georg, Die Unteilbarkeit der Republik und des französischen Volkes, EuGRZ 2002, 6 ff.

Französischer Senat, La décentralisation française vue d'Europe, 2001

Freiling, Paul-Stefan, Das Subsidiaritätsprinzip im kirchlichen Recht, 1995

Frenz, Walter, Kommunale Selbstverwaltung und europäische Integration, in: Hoffmann, Markus/Kromberg, Christian/Roth, Verena/Wiegand, Bodo (Hrsg.), Kommunale Selbstverwaltung im Spiegel von Verfassungsrecht und Verwaltungsrecht, 1996, S. 9 ff.

Friesen, Alexander von, Staatliche Haftungszusagen für öffentliche Kreditinstitute aus europarechtlicher Sicht, 1998

Fröhlings, Johannes, Auswirkungen des EG-Binnenmarktes auf die kommunalen Sparkassen, Städte- und Gemeinderat 1989, 106 ff.

Fromont, Michel, Die französische Kommunalverfassung, in: Erichsen, Hans-Uwe/Hoppe, Werner/Leidinger, Adalbert (Hrsg.), Kommunalverfassungen in Europa, 1988, S. 81 ff.

Fromont, Michel, Länderbericht Frankreich, in: Knemeyer (Hrsg.), Die Europäische Charta der kommunalen Selbstverwaltung, 1989, S. 97 ff.

Fromont, Michel, Frankreich und die Europäische Union, DÖV 1995, 481 ff.

Frowein, Jochen Abraham, Das Maastricht-Urteil und die Grenzen der Verfassungsgerichtsbarkeit, ZaöRVR 1994, 1 ff.

Frowein, Jochen Abraham/Peukert, Wolfgang, EMRK-Kommentar, 2. Aufl. 1996

Gallette, Alfons, Bericht über regionale Institutionen in Europa, in: Europakonferenz der Gemeinden und Regionen, CPL (15) 5 fin., 1980

Gallette, Alfons, Europäische Aspekte der kommunalen Selbstverwaltung. Zum Entwurf einer Europäischen Kommunal-Charta der Europakonferenz der Gemeinden und Regionen, in: von Mutius, Albert (Hrsg.), Selbstverwaltung im Staat der Industriegesellschaft, Festgabe zum 70. Geburtstag Georg Christoph von Unruh, 1983, 1077 ff.

Gallette, Alfons, Frankreich, in: Regionalverwaltung in Europa (Manuskript), S. 131 ff.

Gallette, Alfons, The Draft European Charter of Local Self-Government Submitted by the Conference of Local and Regional Authorities of Europe, GYIL 25 (1982), 309 ff.

Gasser, Adolf, Gemeindefreiheit als Rettung Europas, 2. Auflage 1947

Gateau, Elisabeth, Interessen bündeln auf europäischer Ebene, Europa kommunal 1998, 62 ff.

Gebecke, Franz, Beratung durch Behörden, DVBl. 1994, 147 ff.

Geiger, Rudolf, Die Stellung der Bundesländer im europäischen Gemeinschaftsrecht und ihre Rechtsschutzmöglichkeiten gegen Rechtsakte der Gemeinschaft, in: Heubl, Franz (Hrsg.), Die Landesparlamente im Spannungsfeld zwischen europäischer Integration und europäischem Regionalismus, Band 2, 1988, S. 51 ff.

Geiger, Rudolf, EUV/EGV, Kommentar, 3. Aufl. 2000

Geiss, Marcus, Rechtsstaatliche Grundsätze im Beihilfenrecht der Europäischen Gemeinschaft, 2001

Gensler, Frank, Mit dem Ausschuß der Regionen ins Europa der Regionen, Europa kommunal 1994, 106 ff.

Gerdes, Dirk, Aufstand der Provinz. Regionalismus in Westeuropa, 1980

Gern, Alfons, Deutsches Kommunalrecht, 2. Aufl. 1997

Gern, Alfons, Rechtsschutz der Kommunen in der Europäischen Union, NVwZ 1996, 532 ff.

Giannini, Massimo Severo, Diritto administratio, Bd. 1, 3. Aufl. 1993.

Giegerich, Thomas, Europarecht und deutsches Recht, JuS 1997, 619 ff.

Gornig, Gilbert/Trüe, Christiane, Die Rechtsprechung des EuGH zum allgemeinen Verwaltungsrecht, Teil 1, JZ 1993, 884 ff.

Göttrup, Bernd, Die kommunale Leistungsverwaltung, 1973

Grabitz, Eberhard, Gemeinschaftsrecht bricht nationales Recht, 1966

Grabitz, Eberhard/Hilf, Meinhard, Das Recht der Europäischen Union, Kommentar, Loseblatt, Stand: September 2001 (zit.: *Bearbeiter,* in: Grabitz/Hilf, Das Recht der Europäischen Union)

Grimm, Jacob/Grimm, Wihelm, Deutsches Wörterbuch, Neubearbeitung durch die Berlin-Brandenburgische Akademie der Wissenschaften (Hrsg.), 2000

Grom, Ingrid, Regionalgrenzüberschreitende Zusammenarbeit als Beitrag zur Förderung der Europäischen Integration, 1995

Groß, Bernd, Selbstverwaltung angesichts von Europäisierung und Ökonomisierung, DVBl. 2002, 1185 ff.

Groß, Bernd/Schmitt-Egner Peter, Europas konkurrierende Regionen. Rahmenbedingungen und Praxis transnationaler Zusammenarbeit deutscher Grenzregionen in Europa, 1994

Große Siemer, Stephan, Die kommunale Wirtschaftsförderung und die Regionalpolitik der Europäischen Gemeinschaften, 1993

Grüll, Stefan M., Kommunalwahlrecht für Bürger der Mitgliedstaaten der Europäischen Gemeinschaft in der Bundesrepublik Deutschland – Die Auswirkungen des Richtlinienvorschlags der EG-Kommission sowie Bestimmungen des Vertrags über die Europäischen Union auf innerstaatliches Recht, 1993

Gundel, Jörg, Probleme der Umsetzung des EG-Kommunalwahlrechts und ihre gerichtliche Kontrolle in Frankreich und Deutschland, DÖV 1999, 353 ff.

Häberle, Peter, Das Prinzip der Subsidiarität aus der Sicht der vergleichenden Verfassungslehre, AöR 1994, 169 ff.

Häberle, Peter, Föderalismus, Regionalismus, Kleinstaaten – in Europa, Die Verwaltung 1992, 1 ff.

Häde, Ulrich/Puttler, Adelheid, Zur Abgrenzung des Art. 235 EGV von der Vertragsänderung, Neue Erkenntnisse durch das Gutachten 2/94 des EuGH vom 28.3.1996?, EuZW 1997, 13 ff.

Haft, Fritjof, Verhandlung und Mediation, 2. Aufl. 2000

Hailbronner, Kay, Die deutschen Bundesländer in der EG, JZ 1990, 149 ff.

Hailbronner, Kay, Die Vergabe öffentlicher Aufträge nach europäischem Gemeinschaftsrecht, in: Wirtschaftsverwaltung 1994, 173 ff.

Haller, Herbert, Grundsätze der Finanzverfassung in Österreich, VVDStRL 52 (1993), 111 ff.

Haneklaus, Winfried, Zur Frage der funktionsgerechten Regionalisierung in einer föderal verfaßten Europäischen Union, DVBl. 1991, 295 ff.

Hangartner, Yvo, Grundzüge des schweizerischen Staatsrechts, I. Band: Organisation, 1980

Hans-Martin-Schleyer-Stiftung (Hrsg.), Europäische Integration – Schon eine „Union des Rechts“?. Zwischen Erfolgsbilanz und Balanceverlust, 1996

Harms, Jens, in: Brede, Helmut (Hrsg.), Wettbewerb in Europa und die Erfüllung öffentlicher Aufgaben, 2001, S. 25 ff.

Hasselbach, Kai, Der Ausschuss der Regionen in der Europäischen Union: die Institutionalisierung der Regionalbeteiligung in der Europäischen Union unter besonderer Berücksichtigung der regionalen und dezentralen Verwaltungsstrukturen in den EU-Mitgliedstaaten, 1996

Hayder, Roberto, Philosophie der Governance, in: Henneke, Günter, (Hrsg), Kommunale Perspektiven in einem zusammenwachsenden Europa, 2002, S. 114 ff.

Heberlein, Horst, Aktuelle Rechtsprobleme „kommunaler Außenpolitik“, Die Verwaltung 1993, 211 ff.

Heberlein, Horst, Der Schutz der kommunalen Selbstverwaltung in der europäischen Integration – eine Replik, BayVBl. 1993, 676 ff.

Heberlein, Horst, Europa der Kommunen, 1995

Heberlein, Horst, Kommunale Außenpolitik als Rechtsproblem, 1989

Heberlein, Horst, Kommunale Europapoltik, BayVBl. 1992, 417 ff.

Heberlein, Horst, Kommunale Selbstverwaltung, Grundgesetz und Europa, BWGZ 1994, 359 ff.

Hoffschulte, Kommunale und regionale Selbstverwaltung im Europa der Regionen, in: Knemeyer (Hrsg.), Europa der Regionen – Europa der Kommunen, S. 135 ff.

Heberlein, Horst, Maastricht – ein Erfolg für die kommunale Selbstverwaltung?, DVBl. 1994, 1213 ff.

Heide,Hans-Jürgen von der, Stellung und Funktion der Kreise, in: Wollmann, Hellmut/Roth, Roland (Hrsg.), Kommunalpolitik. Politisches Handeln in den Gemeinden, 2. Aufl. 1999, S. 123 ff.

Heiermann, Wolfgang, Rückzahlungsverpflichtungen bei gemeinschaftswidrig gewährten Beihilfen, EWS 1994, 145 ff.

Heinemann, Klaus Maria, Deutsche kommunale Selbstverwaltung und Europäische Gemeinschaft, Das Rathaus 1990, 56 ff.

Heinrichs, Friedrich-Wilhelm, Grundprinzipien des Sparkassenwesens unverzichtbar, Städte- und Gemeinderat 1988, 111 ff.

Heintzen, Markus, Der Vertrag über die EU und seine Auswirkungen auf die Verfassungen der Mitgliedstaaten, DÖV 1994, 368 ff.

Heintzen, Markus, Subsidiaritätsprinzip und Europäische Gemeinschaft, JZ 1991, 317 ff.

Hellermann, Johannes, Mitgliedstaatliche Daseinsvorsorge im gemeinschaftlichen Binnenmarkt, Der Landkreis 2001, 434 ff.

Hellermann, Johannes, Örtliche Daseinsvorsorge und gemeindliche Selbstverwaltung, 2000

Hellmann, Rainer, Ade, harmonisierte Mehrwertsteuer, EZ 1996, 2 ff.

Hennecke, Hans-Günter (Hrsg.), Kommunale Perspektiven in einem zusammenwachsenden Europa, 2002

Henneke, Hans-Günter, Kommunale Perspektiven in einem zusammenwachsenden Europa, VBlBW 2002, 271 f.

Henneke, Hans-Günter, Öffentliches Finanzwesen, Finanzverfassung, 2. Aufl. 2000

Henrich, Franz Walter, Kommunale Beteiligung in der Raumordnung und Landesplanung, Band I: Verfassungsrechtliche und rahmenrechtliche Grundlagen, 1981

Herzog, Roman, Was bedeutet Subsidiarität wirklich?, Rede am 16.2.1993 in Brüssel, abgedruckt in: Hierl, Hubert (Hrsg.), Europa der Regionen, 1995, S. 122 ff.

Hierl, Hubert (Hrsg.), Europa der Regionen, 1995

Hilf, Meinhard, Die Organisationsstruktur der Europäischen Gemeinschaften: rechtliche Gestaltungsmöglichkeiten und Grenzen, 1982

Hilf, Meinhard, Europäische Union und nationale Identität, in: Baur, Jürgen F./ Müller-Graf, Peter-Christian/Zuleeg, Manfred (Hrsg.), Europarecht, Energierecht, Wirtschaftsrecht, Festschrift für Bodo Börner zum 70. Geburtstag, 1992, S. 165 ff.

Hilz, Wolfram, Subsidiaritätsprinzip und EU-Gemeinschaftsordnung Anspruch und Wirklichkeit am Beispiel des Maastricht-Prozesses, 1998

Hirsch, Günter, Europarechtliche Perspektiven der Verwaltungsgerichtsbarkeit, VBlBW 2000, 71 ff.

Hochbaum, Ingo, Kohäsion und Subsidiarität, DÖV 1992, 285 ff.

Hoffmann, Markus/Kromberg, Christian/Roth, Verena/Wiegand, Bodo (Hrsg.), Kommunale Selbstverwaltung im Spiegel von Verfassungsrecht und Verwaltungsrecht, 1996

Hoffmann-Riem, Wolfgang, Konfliktmittler in Verwaltungsverhandlungen, 1989

Höffner, Joseph, Christliche Gesellschaftslehre, 8. Aufl. 1983

Hoffschulte, Heinrich, Demokratie globalisieren, Europa kommunal 2001, 124 f.

Hoffschulte, Heinrich, Globalisierung der Lokalen Demokratie. Die Bedeutung Kommunaler Selbstverwaltung in der aktuellen Verfassungsdebatte der Europäischen Union, in der Globalisierungsdebatte und in der Debatte um eine „Weltcharta der Lokalen Selbstverwaltung" der UNO, in: Knemeyer (Hrsg.), Kommunale Selbstverwaltung in Ost und West, S. 91 ff.

Hoffschulte, Heinrich, Kommunale Selbstverwaltung im „Europa der Kommunen", Der Städtetag 1995, 244

Hoffschulte, Heinrich, Kommunale Selbstverwaltung im Europa der Kommunen. Die vierte Ebene der Europäischen Union und die Reform 1996 Maastricht II, Der Städtetag 1995, 244 ff.

Hoffschulte, Heinrich, Kommunale und regionale Selbstverwaltung im Europa der Regionen, in: Knemeyer, Franz-Ludwig (Hrsg.), Europa der Regionen – Europa der Kommunen, 1994, S. 135 ff.

Hoffschulte, Heinrich, Trotz Widerstände auch viele Fortschritte, Europa kommunal 2001, 130 ff.

Hofmann, Josef, Gemeinden und Regionen „Dritte Säule" im Europarat, Stadt- und Gemeinderat 1999, 11 ff.

Hofmann, Josef, Maastricht ein Erfolg für die kommunale Selbstverwaltung, Der Landkreis 1992, 373 ff.

Holtz, Uwe (Hrsg.), 50 Jahre Europarat, 2000

Holtz, Uwe, 50 Jahre Europarat – Eine Einführung, in: Holtz Uwe (Hrsg.), 50 Jahre Europarat, 2000, S. 11 ff.

Holtz, Uwe, Nord-Süd-Arbeit und Entwicklungspolitik im Europarat, in: Holtz Uwe (Hrsg.), 50 Jahre Europarat, 2000, S. 283 ff.

Holznagel, Bernd, Der Einsatz von Konfliktmittlern und Verfahrenswaltern im amerikanischen Umweltrecht, Die Verwaltung 1989, S. 421 ff.

Hoppe, Ursel/Schulz, Günther, Der Ausschuß der Regionen, in: Borkenhagen, Franz u.a. (Hrsg.), Die deutschen Länder in Europa, 1992, S. 26 ff.

Hoppe, Werner, Der Einfluß des europäischen Binnenmarktes auf die kommunale Bauleitplanung und das Bauordnungsrecht, NVwZ 1990, 816 ff.

Hoppe, Werner, Umweltschutz in den Gemeinden, DVBl. 1990, 609 ff.

Hoppe, Werner/Grotefels, Susan, Öffentliches Baurecht, 1995

Hoppe, Werner/Menke, Rainard, Raumordnungs- und Landesplanungsrecht des Bundes und des Landes Rheinland-Pfalz, 1986

Hrbek, Rudolf, Bundesländer und Regionalismus in der EG, in: Magiera, Siegfried/Merten, Detlef (Hrsg.), Bundesländer und Europäische Gemeinschaft, 1988, S. 127 ff.

Hrbek, Rudolf, Bürger und Europa, 1994

Hrbek, Rudolf, Der Ausschuß der Regionen, in: Weidenfeld, Werner/Wessels, Wolfgang (Hrsg.), Jahrbuch der Europäischen Integration 1997/98, S. 105 ff.

Hrbek, Rudolf, Der Ausschuß der Regionen, in: Weidenfeld, Werner/Wessels, Wolfgang (Hrsg.), Jahrbuch der Europäischen Integration 1998/99, 108 ff.

Hrbek, Rudolf, Der Ertrag der „Verfassungsdebatte“ von Maastricht, in: Baur, Jürgen F./Müller-Graf, Peter-Christian/Zuleeg, Manfred (Hrsg.), Europarecht, Energierecht, Wirtschaftsrecht, Festschrift für Bodo Börner zum 70. Geburtstag, 1992, S. 140 ff.

Hrbek, Rudolf, Europapolitik und Bundesstaatsprinzip. Die „Europafähigkeit“ Deutschlands und seiner Länder im Vergleich mit anderen Föderalstaaten, 2000

Hrbek, Rudolf/Weyand, Sabine, Betrifft: Das Europa der Regionen. Fakten, Probleme, Perspektiven, 1994

Hüglin, Thomas O., Althusius - Vordenker des Subsidiaritätsprinzips, in: Riklin, Alois/Batliner, Gerard (Hrsg.), Subsidiarität: ein interdisziplinäres Symposium, 1994, S. 99 ff.

Hummer, Waldemar, Verfassungs-Konvent“ und neue Konventsmethode, Politische Studien, Sonderheft 1/2003, 53 ff.

Hummer, Waldemar/Bohr, Sebastian, Die Rolle der Regionen im Europa der Zukunft – Subsidiarität – Föderalismus – Regionalismus in vergleichender Betrachtung, in: Eisenmann/Rill (Hrsg.), Das Europa der Zukunft. Subsidiarität, Föderalismus, Regionalismus, 1992, S. 65 ff.

Hyltoft, Christian, Die Arbeit des Europarats-Ausschusses für lokale Strukturen, in: Knemeyer, Franz-Ludwig (Hrsg.), Die Europäische Charta der kommunalen Selbstverwaltung, 1989, S. 49 ff.

Ipsen, Knut, Völkerrecht, 4. Aufl. 1999

Isensee, Josef, Außenvertretung der deutschen Rechnungshöfe in der Europäischen Union: bundesstaatliche Fragen der Mitwirkung in informellen Gremien der zwischen- und überstaatlichen Zusammenarbeit, 2001

Isensee, Josef, Subsidiaritätsprinzip und Verfassungsrecht – Eine Studie über das Regulativ des Verhältnisses von Staat und Gesellschaft, 1968

Isensee, Josef, Der Föderalismus und der Verfassungsstaat der Gegenwart, AöR 1990, 48 ff.

Jacobs, Francis G., The interaction of European law and national law: A comment with special reference to the United Kingdom, in: Schwarze, Jürgen / Müller-Graff, Peter-Christian, Europäische Verfassungsentwicklung, EuR Beiheft 1/2000, 41 ff.

Jacqué, Jean-Pierre, Commentaire de la décision du Conseil Constitutionnel no. 92-308 du 9 Avril 1992, RTDE 1992, 251 ff.

Jaedike, Wolfgang/Wollmann, Hellmut, Kommunale Spitzenverbände, in: Wollmann, Hellmut/Roth, Roland (Hrsg.), Kommunalpolitik. Politisches Handeln in den Gemeinden, 2. Aufl. 1999, S. 306 ff.

Jahn, Ralf/Riedel, Norbert K., Der Vorschlag der Europäischen Kommission für ein Kommunalwahlrecht für EG-Ausländer und seine Auswirkungen auf das innerstaatliche Recht, ZAR 1989, 58 ff.

Jahn, Ralf/Riedel, Norbert K., Kommunales Wahlrecht für EG-Ausländer, NVwZ 1989, 716 ff.

Janik, Heiner, Entwicklungen im deutschen Verkehr: Ziele, Interessen und Politikansätze, Der Landkreis 2001, 508.

Jarass, Hans Diether, Grundfragen der innerstaatlichen Bedeutung des EG-Rechts, 1994

Johnson, Nevil, Die kommunale Selbstverwaltung in England, in: Erichsen, Hans-Uwe/Hoppe, Werner/Leidinger, Adalbert (Hrsg.), Kommunalverfassungen in Europa, 1988, S. 19 ff.

Johnson, Nevil, Länderbericht Großbritannien, in: Knemeyer, Franz Ludwig (Hrsg.), Die Europäische Charta der kommunalen Selbstverwaltung, 1989, S. 121 ff.

Joyau, Marc, De l'autonomie des collectivités territoriales françaises, 1998

Kalbfleisch-Kottsieper, Ulla, Die Europakommission der Länder und die Verhandlungen in Brüssel – auf dem Weg zu einer neuen Staatspraxis, in: Borkenhagen, Franz u.a. (Hrsg.), Die deutschen Länder in Europa, 1992, S. 9 ff.

Kalbfleisch-Kottsieper, Ulla, Fortentwicklung des Föderalismus in Europa – vom Provinzialismus zur stabilen politischen Perspektive?, DÖV 1993, 541 ff.

Kalbfleisch-Kottsieper, Ulla, Geburtswehen einer dritten Kammer, EG-Magazin 1993, 30 ff.

Kaltenborn, Jens, Der Schutz der kommunalen Selbstverwaltung, 1996

Kämmerer, Jörn A., Daseinsvorsorge als Gemeinschaftsziel oder: Europas soziales Gewissen, NVwZ 2002, 1041 ff.

Kant, Immanuel, Metaphysik der Sitten, 1797

Kant, Immanuel, Zum ewigen Frieden. Ein philosophischer Entwurf, Ersttext, 1795

Karpen, Ulrich, Kommunalwahlrecht für Ausländer, NJW 1989, 1012 ff.

Kaufmann-Bühler, Werner, Die Entstehung der Vertragsartikel über den Ausschuß der Regionen, in: Tomuschat, Christian (Hrsg.), Mitsprache der dritten Ebene in der europäischen Integration: der Ausschuß der Regionen, 1995, S. 23 ff.

Keßler, Erich, Die Europäische Gemeindekonferenz, Rückblick und Ausblick, Der Landkreis 1961, 111

Keßler, Erich, Die vierte Sitzung der Europäischen Kommunalkonferenz in Straßburg, Der Landkreis 1962, 187

Keßler, Erich, Die Zukunft der Sparkassen, Städte- und Gemeinderat 1988, 239 ff.

Ketteler Wilhelm Emmanuel von, Schriften, Band 1, hrsg. von Iserloh, Erwin, 1977

Kirchhof, Paul, Das Maatricht-Urteil des BVerfG, in: Hommelhoff, Peter/ Kirchhof, Paul (Hrsg.), Der Staatenverbund der EU, 1994, S. 11 ff.

Kirchhof, Paul, Die Identität der Verfassung in ihren unabänderlichen Inhalten, in: Isensee, Josef/Kirchhof, Paul (Hrsg.), Handbuch des Staatsrechts der Bundesrepublik Deutschland, Band I, 1987, § 19 (zit.: *Kirchhof,* HbdStR I)

Kirchhof, Paul, Der Staat im Prozeß der europäischen Integration, in: Isensee, Josef/Kirchhof, Paul (Hrsg.), Handbuch des Staatsrechts der Bundesrepublik Deutschland, Band VII, Normativität und Schutz der Verfassung – Internationale Beziehungen, 1992, § 183 (zit.: *Kirchhof,* HbdStR VII)

Kisker, Gunter, in: Hesse, Joachim Jens/Renzsch, Wolfgang (Hrsg.), Föderalstaatliche Entwicklung in Europa, 1991, S. 129 ff.

Klebes, Heinrich, Demokratieförderung durch den Europarat, in: Holtz, Uwe (Hrsg.), 50 Jahre Europarat, 2000, S. 111 ff.

Klebes, Heinrich, Die Rechtsstruktur des Europarats und insbesondere der Parlamentarischen Versammlung, 1996

Kleffner-Riedel, Angelika, Regionalausschuß und Subsidiaritätsprinzip, 1993

Klein, Eckart, Der Verfassungsstaat als Glied einer europäischen Gemeinschaft, VVDStRL 50 (1991), 56 ff.

Klepsch, Egon A./Schleicher, Ursula, Europa der Regionen – Die Position des Europäischen Parlaments, in: Knemeyer, Franz-Ludwig (Hrsg.), Europa der Regionen – Europa der Kommunen, 1994, S. 115 ff.

Kloepfer, Michael, Spannungslagen zwischen deutschem und europäischem Umweltrecht, NVwZ 2002, 645 ff.

Kluge, Friedrich, Ethymologisches Wörterbuch der deutschen Sprache, 22. Auflage 1989

Knemeyer, (Hrsg.), Die Europäische Charta der kommunalen Selbstverwaltung, 1989

Knemeyer, Franz-Ludwig (Hrsg.), Europa der Regionen – Europa der Kommunen, 1994

Knemeyer, Franz-Ludwig (Hrsg.), Kommunale Selbstverwaltung in Ost und West, 2003

Knemeyer, Franz-Ludwig, Die Europäische Regionalcharta – ein Meilenstein auf dem Weg zu einem Europa der Regionen, in: Knemeyer, Franz-Ludwig (Hrsg.), Europa der Regionen – Europa der Kommunen, 1994, S. 69 ff.

Knemeyer, Franz-Ludwig, Die Region – Europa-Raum des Rechts, in: Dreier, Horst/Forkel, Hans/Laubenthal, Klaus (Hrsg.), Raum und Recht, FS 600 Jahre Würzburger Juristenfakultät, 2002, S. 87 ff.

Knemeyer, Franz-Ludwig, Die Vorgeschichte der Europäischen Kommunalcharta, in: Knemeyer, Franz-Ludwig (Hrsg.), Die Europäische Charta der kommunalen Selbstverwaltung, 1989, S. 39 ff.

Knemeyer, Franz-Ludwig, Europa der Regionen – Bestandsaufnahme, in: Knemeyer (Hrsg.), Europa der Regionen – Europa der Kommunen, 1994, S. 55 ff.

Knemeyer, Franz-Ludwig, Inhalt und allgemeine Bedeutung der Europäischen Kommunalcharta, in: Knemeyer, Franz-Ludwig (Hrsg.), Die Europäische Charta der kommunalen Selbstverwaltung, 1989, S. 59 ff.

Knemeyer, Franz-Ludwig, Kommunale Selbstverwaltung in Deutschland unter kommunalen Einfluß, in; Pitschas, Rainer/Kisa, Shigeo (Hrsg.), Internationalisierung von Staat und Verfassung im Spiegel des deutschen und japanischen Staats- und Verwaltungsrechts, S. 245 ff.

Knemeyer, Franz-Ludwig, Kommunale Selbstverwaltung in Europa – Die Schutzfunktion des Europarats –, BayVBl. 2000, 449 ff.

Knemeyer, Franz-Ludwig, Kommunalrecht, 10. Aufl. 2000

Knemeyer, Franz-Ludwig, Rechtliche Rahmenbedingungen und Aspekte räumlicher Planung in einem Europa der Regionen, in: Schliephake, Konrad (Hrsg.), Kleinräumliche Planung im Europa der Regionen, Würzburger Geographische Arbeiten 85 (1992), S. 19 ff.

Knemeyer, Franz-Ludwig, Region – Regionalismus. Ein schillernder Begriff – ein facettenreiches politisches Prinzip, in: Knemeyer, Franz-Ludwig, (Hrsg.), Europa der Regionen – Europa der Kommunen, 1994, S. 25 ff.

Knemeyer, Franz-Ludwig, Russland und die „Europäische Charta der kommunalen Selbstverwaltung", in: Knemeyer, Franz-Ludwig (Hrsg.), Kommunale Selbstverwaltung in Ost und West, 2003, S. 73 ff.

Knemeyer, Franz-Ludwig, Subsidiarität – Föderalismus – Dezentralisation – Initiativen zu einem Europa der Regionen, DVBl. 1990, 449 ff.

Knemeyer, Franz-Ludwig/ Jung, Ottmar, Im Blickpunkt: Direkte Demokratie, 2001

Knemeyer, Franz-Ludwig/Heberlein, Horst, Der Ausschuß der Regionen, in: Knemeyer (Hrsg.), Europa der Regionen – Europa der Kommunen, S. 89 ff.

Knemeyer, Franz-Ludwig/Wehr, Matthias, Die Garantie der kommunalen Selbstverwaltung nach Art. 28 Abs. 2 GG in der Rechtsprechung des Bundesverfassungsgerichts, VerwArch 2001, 339 ff.

Köck, Heribert Franz, Vertragsrechtsinterpretation und Vertragsrechtskonvention, 1976

Köhler, Heinz/Becker-Birk, Hans-Henning, Die Kommunen nehmen in legitimer Weise Einfluß auf das europäische Geschehen, Der Landkreis 1992, 351 ff.

Kohlhepp, Kay H., Das europäische Recht des Auftragswesens, NVwZ 1989, 338 ff.

Köller, Henning von/Klett, Wolfgang/Konzak, Olaf, Abfallverbringungsverordnung, Abfallwirtschaft in Forschung und Praxis, 1994

König, Christian, Öffentlich-rechtliche Anstaltslast und Gewährträgerhaftung als staatliche Beihilfen gemäß Art. 92 EGV, EuZW 1995, 595 ff.

König, Christian/Kühling, Jürgen, Grundstücksveräußerung der öffentlichen Hand, planerischer Wandel und EG-Beihilfenrecht, NZBau 2001, 409 ff.

Konow, Gerhard, Überlegungen zum Ausschuß der Regionen, in: Tomuschat, Christian (Hrsg.), Mitsprache der dritten Ebene in der europäischen Integration: der Ausschuß der Regionen, 1995, S. 79 ff.

Körner, Hans, Rat der Gemeinden Europas – Internationale Organisation, 1985

Kössinger, Winfried, Die Durchführung des Europäischen Gemeinschaftsrechts im Bundesstaat – Bund-Länder-Verhältnis und Europäisches Gemeinschaftsrecht, 1989

Köstering, Heinz, Kommunale Selbstverwaltung und kommunale Planung, DÖV 1981, 689 ff.

Kottmann, Alois, Modell fürs Europa von morgen, Europa kommunal 2002, 9 ff.

Kotzmann, Edith, Zweiter Länderbericht Österreich, in: Knemeyer, Franz-Ludwig (Hrsg.), Die Europäische Charta der kommunalen Selbstverwaltung, 1989, S. 70 ff.

Krätke, Stefan, Internationales Städtesystem im Zeitalter der Globalisierung, in: Wollmann, Hellmut/Roth, Roland (Hrsg.), Kommunalpolitik. Politisches Handeln in den Gemeinden, 2. Aufl. 1999, S. 378 ff.

Kraußer, Hans Peter, Das Prinzip begrenzter Ermächtigungen im Gemeinschaftsrecht als Strukturprinzip des EWG-Vertrages, 1991

Krautzberger, Michael, EG- Binnenmarkt und Städtebau, Städte- und Gemeinderat 1989, 111 ff.

Krautzberger, Michael, EG-Binnenmarkt: Bedeutung für den Städtebau, AfK 1989, 201 ff.

Krautzberger, Michael/Koncekicaritz, Manfred, Europäische Gemeinschaft und Städtebau, DÖV 1991, 617 ff.

Kreher, Alexander, Internationale Arbeit als zentrale Aufgabe, Europa kommunal 2001, 15 ff.

Kreiner, Wilhelm, Europarecht und Selbstverwaltungsrecht der Gemeinden, RiA 1989, 141 ff.

Krings, Michael, Der Abfallbegriff nach geltendem und künftigem Abfallrecht aus europäischer und deutscher Sicht, WiVerw 1995, 103 ff.

Krück, Hans, Völkerrechtliche Verträge im Recht der Europäischen Gemeinschaften, 1977

Kuhn, Herbert, Kommunales Wahlrecht für EG-Ausländer?, Der Bayerische Bürgermeister 1989, 214 ff.

Kunig, Philip/Rublack, Susanne, Aushandeln statt entscheiden?, Jura 1990, 1 ff.

Kuntze, Stefan, Allgemeines Verwaltungsrecht, in: Bergmann, Jan/Kenntner, Markus (Hrsg.), Deutsches Verwaltungsrecht unter europäischem Einfluß, 2002, S. 133 ff.

Kusche, Rudolf, Ausschuß der Weisen legte Empfehlungen vor, Europa kommunal 1999, 60 ff.

Lagroye, Jacques/Wright, Vincent, Les structures locales en Grande-Bretagne et en France, 1982

Lambers, Hans Jürgen, Subsidiarität in Europa – Allheilmittel oder juristische Leerformel?, EuR 1993, 229 ff.

Lange, Christian, Gesetzesfolgenabschätzung auf der Ebene der Europäischen Union, ZG 2001, 268

Lappenküper, Ulrich, Rolle und Zusammenwirken der Organe des Europarats, in: Schmuck, Otto (Hrsg.), Vierzig Jahre Europarat; Renaissance in gesamteuropäischer Perspektive?, 1990, S. 84 ff.

Lattmann, Jens, Die Bürger zahlen drauf, Europa kommunal 2002, 13.

Lecheler, Die Versorgung mit Strom und Gas, RdE 1996, 212 ff.

Lecheler, Helmut, Das Subsidiaritätsprinzip, 1993

Lecheler, Helmut, Der Europäische Gerichtshof und die allgemeinen Rechtsgrundsätze, 1971

Lecheler, Helmut, Öffentliche Verwaltung nach Maßgabe der „Dynamik der europäischen Integration", liegt die Kompetenz-Kompetenz bereits in Brüssel?, Die Verwaltung 1989, 137 ff.

Lecheler, Helmut/Gundel, Jörg, Die Umsetzung der Elektrizitäts-Binnenrichtlinie in Frankreich: Hat der französische Gesetzgeber die gemeinschaftsrechtlichen Vorgaben erfüllt?, RdE 2000, 165 ff.

Leidinger, Adalbert, Die Mitwirkung der kommunalen Spitzenverbände an der Gesetzgebung im Bund und in den Ländern, in: Jekewitz, Jürgen/Melzer, Michael/Zeh, Wolfgang (Hrsg.), Politik als gelebte Verfassung, Festschrift für Friedrich Schäfer, 1980, S. 162 ff.

Leiß, Dieter, Aktuelle Vorschriften und Maßnahmen der EU im Abfallbereich, BayVBl. 1994, 329 ff.

Leiß, Dieter, Die bayerischen Kommunen in Brüssel, EG-Magazin 1993, Heft 7/8, 42 ff.

Leitermann, Walter, Bürgernähe ohne Kommunen?, Europa kommunal 1995, 114 ff.

Leitermann, Walter, Die Auswirkungen des Europäischen Binnenmarktes auf die Kommunen in der Bundesrepublik Deutschland, VR 1989, 185 ff.

Leitermann, Walter, Ein Europa der Städte – Die Rolle der Städte in der Europapolitik der EG-Kommission, Europa kommunal 1995, 59 ff.

Leitermann, Walter, Europäische Charta der kommunalen Selbstverwaltung in Kraft, Der Städtetag 1988, 678.

Leitermann, Walter, Europäische Städtecharta gebilligt, Der Städtetag 1982, 368 ff.

Leitermann, Walter, Gemeinsamkeit statt Konkurrenz. Die Fusion von IULA und RGRE ist vollzogen, Der Städtetag 1991, 157

Leitermann, Walter, Kommunen müssen vor Ort und in Brüssel präsent sein, Europa kommunal 1998, 58 ff.

Leitermann, Walter, Kommunen rücken zusammen, Europa kommunal 2001, 123 ff.

Leitermann, Walter, Konturen einer europäischen Verfassung nehmen Gestalt an, Der Städtetag 2003, 24 ff.

Leitermann, Walter, Neue Regelungsstruktur in der Europäischen Kommission – Subsidiaritätsprinzip zeigt Wirkung, Europa kommunal 1996, 224.

Leitermann, Walter, Rolle der Städte in einer globalisierten Welt. Chance auf Renaissance der kommunalen Selbstverwaltung, Der Städtetag 2002, 24 ff.

Leitermann, Walter, Sprachrohr der europäischen Kommunen und Regionen, Europa kommunal 1996, 276 ff.

Leitermann, Walter, Stadt und Region im Europarat, Der Städtetag 1994, 273.

Lennep, Hans Gerd von, Die Gemeinden und die Europäischen Gemeinschaften, 1987

Lennep, Hans Gerd von, Gemeinsames Erbe in Leitsätze gegossen, Städte- und Gemeinderat 1999, 6 ff.

Lenz, Carl Otto, Der Vertrag von Maastricht nach dem Urteil des BVerfG, NJW 1993, 3038 ff.

Lenz, Carl Otto, Entwicklung und unmittelbare Geltung des Gemeinschaftsrechts, DVBl. 1990, 903 ff.

Lenz, Carl Otto/Borchardt, Klaus Dieter/Bardenhewer, Angela, Kommentar zu dem Vertrag zur Gründung der Europäischen Gemeinschaften, in der durch den Amsterdamer Vertrag geänderten Fassung, 2. Aufl. 1999 (zit.: *Bearbeiter,* in: Lenz, EG-Kommentar)

Leonardy, Uwe, Angelegenheiten im Bund/Länder-Verhältnis, in: Evers, Tilmann (Hrsg.), Chancen des Föderalismus in Deutschland und Europa, 1994, S. 156 ff.

Lepsius, Rainer M., Zwischen Nationalstaatlichkeit und westeuropäischer Integration, in: Kohler-Koch, Beate, (Hrsg.), Staat und Demokratie in Europa, 1994, S. 180 ff.

Liegmann, Gabriele, Kommunales Wahlrecht für Ausländer in den Bundesländern und Europäischer Union, 1990

Lindner, Franz, Der Konvent zur Zukunft Europas – Ein Überblick über die aktuelle europäische Reformagenda BayVBl. 2002, 513 ff.

Link, Georg, Europarat und EG – Arbeitsteilung oder Konkurrenz?, in: Schmuck, Otto (Hrsg.), Vierzig Jahre Europarat; Renaissance in gesamteuropäischer Perspektive?, 1990, S. 99 ff.

Lippert, Barbara, Der Europarat und Osteuropa: Brücken bilden für Gesamteuropa, in: Schmuck, Otto (Hrsg.), Vierzig Jahre Europarat; Renaissance in gesamteuropäischer Perspektive?, 1990, S. 117 ff.

Lock, Duncan, Plädoyer für die Europäische Gemeindecharta, Forum Europarat 1986/1, 5 f.

Lörcher, Klaus, Anforderungen, Defizite und Durchsetzungsmöglichkeiten bei der Umsetzung der Euro-Betriebsräte Richtlinie 94/45/EWG in innerstaatliches Recht, ArbuR 1996. 48 ff.

Lübbe, Hermann, Abschied vom Superstaat, 1994

Lübbe, Hermann, in: Kaltenbrunner, Gerd-Klaus (Hrsg.), Was anders werden muß, 1982, S. 75 ff.

Lück, Michael, Die Gemeinschaftstreue als allgemeines Rechtsprinzip, 1991

Luster, Rudolf, Bundesstaat Europäische Union. Ein Verfassungsentwurf, 1988

Lwowski, Harald, Der Kongreß in Straßburg, Der Städtetag 1995, 837.

Lwowski, Harald, e-Europe auf dem Vormarsch, Europa kommunal 2002, 83 ff.

Lwowski, Harald, Europa-Beauftrage für die Städte, Der Städtetag 1993, 778 ff.

Madejczyk, Otto, Das Selbstverwaltungsrecht der bayerischen kreisangehörigen Gemeinden, 1995

Magiera, Siegfried, in: Schneider, Heinrich/Wessels, Wolfgang (Hrsg.), Föderale Union – Europas Zukunft?, 1994, S. 72

Magiera, Siegfried, Kommunale Selbstverwaltung in der Europäischen Union, in: Grupp, Klaus/Ronellenfitsch, Michael (Hrsg.), Kommunale Selbstverwaltung in Deutschland und Europa, Symposion zum 65. Geburtstag von Willi Blümel, 1995, S. 13 ff.

Magiera, Siegfried, Kommunalwahlrechte für nichtdeutsche Inländer, ZAR 1989, 51 ff.

Maier, Hans, Der Föderalismus – Ursprung und Wandlungen, AöR 1990, 226 ff.

Malchus, Viktor von, Partnerschaft an europäischen Grenzen, Integration durch grenzüberschreitende Zusammenarbeit, 1975

Mandelartz, Herbert, Europäische Integration, Gefährdungen und Chancen für die kommunale Selbstverwaltung, in: Gravert, Rolf/Schlink, Bernhard/Wahl, Rainer/Wieland, Joachim (Hrsg.), Offene Staatlichkeit, Festschrift für Ernst Böckenförde, 1995, S. 163 ff.

Martini, Alexander, Gemeinden in Europa. Kommunale Selbstverwaltung und Gemeinschaftsrecht – Einwirkungen der Europäischen Gemeinschaften auf die deutschen Gemeinden und Schutz der kommunalen Selbstverwaltung im Gemeinschaftsrecht, 1992

Martini, Alexander/Müller, Wolfgang, Zum Schutz der kommunalen Selbstverwaltung in der europäischen Integration durch nationales Verfassungsrecht und gemeinschaftsrechtliche allgemeine Rechtsgrundsätze, BayVBl. 1993, 161 ff.

Mayer, Ernst Georg, Auslandsbeziehungen deutscher Gemeinden, 1986

Meyer-Ladewig, Jens, Konvention zum Schutz der Menschenrechte und Grundfreiheiten, 2003

Mayntz, Renate, Föderalismus und die Gesellschaft, AöR 1990, 232 ff.

McCarthy, Rosarie E., The Committee of the Regions: an advisory body's tortuous path to influence, JEEP 1997, 439 ff.

Mederer, Wolfgang, Das Subsidiaritätsprinzip und seine Entdeckung durch die EG, ÖJZ 1991, 589 ff.

Medicus, Dieter, Bürgerliches Recht, 19. Aufl. 2002

Meesen, Karl Matthias, Zur Theorie allgemeiner Rechtsgrundsätze des internationalen Rechts: Der Nachweis allgemeiner Rechtsgrundsätze des Europäischen Gemeinschaftsrechts, JIR, Band 17 (1974), 283 ff.

Meibom, Hanspeter von, Der EWG-Vertrag und die Grundrechte des Grundgesetzes, DVBl. 1969, 437 ff.

Mestmäcker, Ernst-Joachim, Durchleitungspflichten aus dem Binnenmarkt für Erdgas, in: Baur, Jürgen F. (Hrsg.), Die leitungsgebundene Energie und der gemeinsame Markt, 1990, S. 39 ff.

Mestmäcker, Ernst-Joachim, in: Ruland u.a. (Hrsg.), Verfassung, Theorie und Praxis des Sozialstaates, Festschrift für Hans F. Zacher, 1998, S. 635.

Metzenthin, Andreas, Kommunen und EG-Binnenmarkt für Energie, EuR 1990, 71 ff.

Meyberg, Eckart, Auslandsrelevanten Verhalten auf Gemeindeebene, 1990

Meyer, Albert, Die europäische Integration und das deutsche Beamtenrecht, BayVBl. 1990, 97 ff.

Michaelis, Hans, Der Weg zu einem europäischen Binnenmarkt für Energie, ET 1996, 214 ff.

Middecke, Andreas, Nationaler Umweltschutz im Binnenmarkt, 1994, S. 43 f.

Mietsch, Oliver, Die erste Amtszeit des Ausschusses der Regionen – eine Bilanz, Der Städtetag 1998, 290 ff.

Mietzsch, Oliver, Institutionalisierte Interessenvertretung der Regionen und Kommunen in Europa – Eine Bilanz des Ausschusses der Regionen, Aus Politik und Zeitgeschichte 1998, 34 ff.

Millon-Delsol, Chantal, Le principe de subsidiarité, 1992

Möckl, Karl, Der Regionalismus und seine geschichtlichen Grundlagen, in: Esterbauer, Fried (Hrsg.), Regionalismus, Phänomen, Planungsmittel, Herausforderung, 1978, S. 17 ff.

Modeen, Tore, Länderbericht Nordische Staaten, in: Knemeyer, Franz Ludwig (Hrsg.), Die Europäische Charta der kommunalen Selbstverwaltung, 1989, S. 174 ff.

Mombaur, Peter Michael, Kommunalpolitik in der Europäische Union, 2. Aufl. 1992

Mombaur, Peter/von Lennep, Hans Gerd, Die deutsche kommunale Selbstverwaltung und das Europarecht, DÖV 1988, 988 ff.

Mombaur, Peter/von Lennep, Hans Gerd, Fortentwicklung des EG-Rechts, Europa kommunal, Sonderheft 1992

Möschel, Wernhard, An der Schwelle zur Europäischen Währungsunion, JZ, 1998, 217 ff.

Möschel, Wernhard, Zum Subsidiaritätsprinzip im Vertrag von Maastricht, *NJW* 1993, 3025 ff.

Müller, Gustav, Zur Geschichte des Wortes Landschaft, in: Hartlieb von Wallthor, A., Quirin, H. (Hrsg.), Landschaft als interdisziplinäres Forschungsproblem, 1977, S. 4 ff.

Münkler, Herfried, Subsidiarität, Zivilgesellschaft und Bürgertugend, in: Riklin, Alois/Batliner, Gerard (Hrsg.): Subsidiarität. Ein interdisziplinäres Symposium des Liechtenstein-Instituts, 1994

Mutius, Albert von (Hrsg.), Selbstverwaltung im Staat der Industriegesellschaft, Festgabe zum 70. Geburtstag Georg Christoph von Unruh, 1983

Mutius, Albert von, Ein Sieg für die gemeindliche Selbstverwaltung?, Städte- und Gemeindebund 1989, 299 ff.

Mutius, Albert von, Kommunalrecht, 1996

Nazarek, Jürgen, Kommunale Selbstverwaltung und Europäische Integration, 2001

Nell-Breuning, Oswald von, Erwägungen zum Subsidiaritätsprinzip, Stimmen der Zeit 157 (1955/1956), 1 ff.

Nell-Breuning, Oswald von, Gerechtigkeit und Freiheit, Grundzüge katholischer Staatslehre, 1980

Nettesheim, Martin, Europäische Beihilfeaufsicht und mitgliedstaatliche Daseinsvorsorge, 2002, 253 ff.

Neukum, Otto, Die Erwartungshaltung der Kreise an Maastricht, Der Landkreis 1995, 491 ff.

Nierhaus, Michael, Zur kommunalen Bindung und Aufgabenstellung der Sparkassen, DÖV 1984, 662 ff.

Nierhaus, Michael/Stern, Klaus, Regionalprinzip und Sparkassenhoheit im Europäischen Binnenmarkt, 1992

Onestini, Maria, in: Hesse, Joachim Jens (Hrsg.), Regionen in Europa, Band 2: Das regionale Potential, 1996, S. 219 ff.

Onida, Valerio, Landesbericht Italien, in: Ossenbühl, Fritz (Hrsg.), Föderalismus und Regionalismus in Europa, 1990, S. 239 ff.

Oppenheimer, Andrew, The relationship between European Community Law an National Law: the cases, Band 2, 1994

Oppermann, Thomas, Europarecht und Völkerrecht, AöR 1966, 114 ff.

Oppermann, Thomas, Europarecht, 2. Aufl. 1999

Oppermann, Thomas/Claasen, Claus Dieter, Die Gewaltenbalance zwischen staatlichen und europäischen Organen, JZ 1998, 965 ff.

Oppermann, Thomas/Claasen, Claus Dieter, Erfüllung des GG, APUZ B 28/93, S. 11 ff.

Oschatz, Georg-Bernd, EG-Rechtsetzung und deutscher Föderalismus, in: Merten, Detlef (Hrsg.), Föderalismus und Europäischen Gemeinschaften unter besonderer Berücksichtigung von Umwelt und Gesundheit, Kultur und Bildung, 1990, S. 63 ff.

Oschatz, Georg-Bernd, Exportartikel Föderalismus. Zur Mitsprache und Mitgestaltung der deutschen Länder auf EG-Ebene, Der Landkreis 1992, 370 ff.

Oschatz, Georg-Bernd/Risse, Horst, Bundesrat und Europäische Gemeinschaften, DÖV 1989, 509 ff.

Ossenbühl, Fritz, Daseinsvorsorge und Verwaltungsprivatrecht, DÖV 1971, 513 ff.

Ossenbühl, Fritz, Maastricht und das Grundgesetz – eine verfassungsrechtliche Wende?, DVBl. 1993, 629 ff.

Paladin, Livio, Diritto constituzionale, 3. Aufl. 1998

Papst Johannes Paul II., Sollucitudo rei socialis, 1987

Papst Johannes Paul XXIII., Pacem in terris, 1963

Papst Leo XIII., Rerum Novarum, 1891

Papst Pius XI., Sozialenzyklika „Quadragesimo anno", 1931

Parejo, Luciano, La Charte européenne de l'autonomie locale dans l'ordre juridique espagnol, in: Conseil de l'Europe, Conférence sur la Charte européenne de l'autonomie locale, 1993, S. 58 ff.

Passavant, Oliver, Mittlerunterstützte Kooperation in komplexen Verwaltungsprojekten, DÖV 1987, 516 ff.

Paul, Hermann, Deutsches Wörterbuch, Bedeutungsgeschichte und Aufbau unseres Wortschatzes, 10. Auflage 2002

Pauly, Walter, Strukturfragen des unionsrechtlichen Grundrechtsschutzes, EuR 1998, 242 ff.

Pechstein, Matthias, Die Mitgliedstaaten der EG als „Sachwalter des gemeinschaftlichen Interesse" – Gesetzgebungsnotstand im Gemeinschaftsrecht, 1987

Pernice, Ingolf, Deutschland in der EU, in: Isensee, Josef/ Kirchhof, Paul (Hrsg.), Handbuch des Staatsrechts der Bundesrepublik Deutschland, Band VII, 1992, S. 767 ff. (zit. *Pernice,* HbdStR VII)

Pernice, Ingolf, Gemeinschaftsverfassung und Grundrechtsschutz – Grundlagen, Bestand und Perspektiven, NJW 1990, 2409 ff.

Pernice, Ingolf, Grundrechtsgehalte im Europäischen Gemeinschaftsrecht. Ein Beitrag zum gemeinschaftsimmanenten Grundrechtsschutz durch den Europäischen Gerichtshof, 1979

Pernice, Ingolf, Umweltschutz und Energiepolitik, RdE 1993, 45 ff.

Pescatore, Pierre, Das Zusammenwirken der Gemeinschaftsrechtsordnung in den nationalen Rechtsordnungen, EuR 1970, 307 ff.

Petersen, Ulrich, Zur Rolle der Regionen im künftigen Europa, DÖV 1991, 278 ff.

Petri, Franz, Die Funktion der Landschaft in der Geschichte, 1969

Pfeifle, Ulrich, Erwartungen an das Ausländerwahlrecht aus kommunaler Sicht, in: Sieveking, Klaus/Barwig, Klaus/Lörcher, Klaus/Schumacher, Christoph (Hrsg.), Das Kommunalwahlrecht für Ausländer, 1989, S. 137 ff.

Pfetsch, Frank, Die Europäische Union. Eine Einführung, 1997

Pieper, Stefan Ulrich, Subsidiarität. Ein Beitrag zur Begrenzung der Gemeinschaftskompetenzen, 1994

Pieper, Stefan Ulrich, Subsidiaritätsprinzip – Strukturprinzip der europäischen Union, DVBl. 1993, 708

Pipkorn, Jörn, Das Subsidiaritätsprinzip im Vertrag über die EU – rechtliche Bedeutung und gerichtliche Überprüfbarkeit, EuZW 1992, S. 697 ff.

Poth-Mögele, Angelika, Das Europabüro der bayerischen Kommunen in Brüssel, Der Bayerische Bürgermeister 1993, 389

Poth-Mögele, Angelika, Die Rolle der Gemeinden in Europa, O-ÖGZ 1995, 276 ff.

Probst, Klemens, Regionale Selbstverwaltung: die bayerischen Bezirke als Modell für ein bürgernahes Europa, 1994

Prunskiene, Kazimiera/Alber, Siegbert, (Hrsg.), Europa: Ein Kontinent gewinnt Gestalt. Die geistige Auseinandersetzung um das neue Europa, 1992

Prunzel, Regine, Die Rolle des Europabüros der deutschen kommunalen Selbstverwaltung, in: Henneke, Hans-Günter (Hrsg.), Kommunen und Europa – Herausforderungen und Chancen, 1999, S. 58 ff.

Pünder, Tilmann, Die Gemeinden und die europäische Integration, AfK 10 (1971), 102 ff.

Purbach, Volker, Die Auswirkungen des Binnenmarktes auf die Sparkassen und ihre öffentlich-rechtliche Verankerung, Privatisierung der Sparkassen, 1994

Püttner, Günter, Daseinsvorsorge und sevice public im Vergleich, in: Cox, Helmut (Hrsg.), Daseinsvorsorge und öffentlich-rechtliche Dienstleistungen in der Europäischen Union, 2000, S. 45 ff.

Quaritsch, Helmut, Staatsangehörigkeit und Wahlrecht, DÖV 1983, 1 ff.

Rabe, Peter/Semmelroggen, Bernd, Der Kongreß der Gemeinden und Regionen Europas und seine „Europäische Charta der kommunalen Selbstverwaltung", NdsVBl. 1998, 105 ff.

Radwan, Alexander, Daseinsvorsorge aus der europäischen Perspektive, BayGTZ 2002, 175.

Rehbinder, Eckard, Der europäische Binnenmarkt und das Umweltrecht, in: Hoppe, Werner/Schink, Alexander (Hrsg.), Kommunale Selbstverwaltung und europäische Integration, 1990, S. 17 ff.

Reich, Norbert, Kommunen auf dem Weg nach Europa, Integration 1993, 179 ff.

Rengeling, Hans-Werner, Die Garantie der kommunalen Selbstverwaltung in Zeichen der europäischen Integration, DVBl. 1990, 893 ff.

Rengeling, Hans-Werner, Die Zusammensetzung der Ständigen Konferenz der Gemeinden und Regionen des Europarats, insbesondere aus deutscher Sicht, DVBl. 1985, 600 ff.

Rengeling, Hans-Werner, Europa der Regionen, in: Becker, Bernd/Bull, Peter/ Seewald, Otfried (Hrsg.), Festschrift für Werner Thieme zum 70.Geburtstag, 1993, S. 445 ff.

Rengeling, Hans-Werner, Grundrechtsschutz in der Europäischen Gemeinschaft, 1993

Rengeling, Hans-Werner, Rechtsetzung der Europäischen Gemeinschaft und Kommunen, ZG 1994, 277 ff.

Rengeling, Hans-Werner, Rechtsgrundsätze beim Verwaltungsvollzug des Europäischen Gemeinschaftsrechts, 1977

Ress, Georg, /Ukrow, Jörg, Neue Aspekte des Grundrechtsschutzes in der Europäischen Gemeinschaft, EuZW 1990, 499 ff.

Ress, Georg, Die Bedeutung der Rechtsvergleichung für das Recht internationaler Organisationen, ZaÖRV 1976, 227 ff.

Ress, Georg, Die Europäischen Gemeinschaften und der deutsche Föderalismus, EuGRZ 1986, 549 ff.

Ress, Georg, Die neue Kulturkompetenz der EG, DÖV 1992, 944 ff.

Ress, Georg, Menschenrechte, Europäisches Gemeinschaftsrecht und nationales Verfassungsrecht, in: Haller, Herbert/Kopetzki, Christian/Novak, Richard/ Paulson, Stanley L/Raschauer/Ress, Georg/Wiederin, Ewald (Hrsg.), Staat und Recht, Festschrift für Günther Winkler, 1997, S. 897 ff.

Rhein, Kay-Uwe, Interkommunale Zusammenarbeit, Der Städtetag 1994, 725 ff.

Rittner, Fritz, Das deutsche öffentliche Auftragswesen im europäischen Kontext, NVwZ 1995, 313 ff.

Rodriguez Iglesias, Gil Carlos, Zur Stellung der Europäischen Menschenrechtskonvention im europäischen Gemeinschaftsrecht, in: Beyerlin, Ulrich/Bothe,

Michael/Hofmann, Rainer/Petersmann, Ernst-Ulrich (Hrsg.), Recht zwischen Umbruch und Bewahrung, Festschrift für Rudolf Bernhardt, 1995, S. 1269 ff.

Röger, Ralf, Zum Begriff des „Vorverfahrens“ im Sinne der Umweltinformationsrichtlinie, UPR 1994, 216 ff.

Ronellenfitsch, Michael, Die Verkehrsmobilität als Grund- und Menschenrecht, JöR 44 (1996), 168 ff.

Ronellenfitsch, Michael, Mobilität, Vom Grundbedürfnis zum Grundrecht?, DAR 1992, 321 ff.

Ronge, Frank, Legitimität durch Subsidiarität, 1998

Roters, Wolfgang, Kommunale Mitwirkung an höherstufigen Entscheidungsprozessen, 1975

Roth, Wulf-Henning, Der rechtliche Rahmen der Wirtschafts- und Währungsunion, EuR 1994 (Beiheft 1), 45 ff.

Roux, André, Droit constitutionnel local, 1995

Rydelski, Michael Sanchez, Umweltschutzbeihilfen, EuZW 2001, 458 ff.

Saller, Raymond, Möglichkeiten und Grenzen der Beteiligung der Kommunen und Regionen an den Entscheidungen der Europäischen Union, 1999

Samara, Chryssanthe, Die verfassungsrechtliche Stellung der griechischen kommunalen Selbstverwaltung im Rahmen der europäischen Integration, 1995

Schäfer, Mathias J., Mehr Wettbewerb im Bereich des öffentlichen Auftragswesens nach Erlaß der europäischen Vergaberichtlinien? – Rechtliche und praktische Probleme der Richtlinienumsetzung, 1994

Schäfer, Thomas, Die deutsche kommunale Selbstverwaltung in der Europäischen Union, 1998

Schaffarzik, Bert, Die Tätigkeit des Europarates im Jahre 1986, GYIL 30 (1987), 356 ff.

Schaffarzik, Bert, Die Tätigkeit des Europarats im Jahr 1985, GYIL 29 (1986), 487 ff.

Schaffarzik, Bert, Handbuch der Europäischen Charta der kommunalen Selbstverwaltung, 2002

Schäffer, Heinz, Europa und die österreichische Bundesstaatlichkeit, DÖV 1994, 181 ff.

Schambeck, Herbert, Landesbericht Österreich, in: Ossenbühl, Fritz (Hrsg.), Föderalismus und Regionalismus in Europa, 1990, S. 167 ff.

Schellhorn-Grupp, Ursula, Dienst am Aufbau Europas, Europa kommunal 2001, 48 f.

Scherer, Josef, Subsidiaritätsprinzip und Agrarreform, DVBl. 1993, 281 ff.

Scheuing, Dieter, Deutsches Verfassungsrecht und europäische Integration, EuR 1997, 7 ff.

Schieder, Peter, Die Rolle der Fraktionen im Europarat, in: Holtz, Uwe (Hrsg.), 50 Jahre Europarat, 2000, S. 101 ff.

Schilling, Theodor, Subsidiarity as a rule and a principle, or: Taking subsidiarity seriously, in: Harvard Jean Monnet Working Paper, 10/95

Schima, Bernhard, Das Subsidiaritätsprinzip im Europäischen Gemeinschaftsrecht, 1994

Schink, Alexander, /Kuhn, Marco/Rühl, Christiane, „Leistungen der Daseinsvorsorge" aus kommunaler Sicht, Der Landkreis 2001, S. 438 ff.

Schink, Alexander, Die Europäische Regionalisierung, DÖV 1992, 385 ff.

Schink, Alexander, Kommunalwahlrecht für Ausländer?, DVBl. 1988, 417 ff.

Schlierbach, Helmut/Püttner, Günter, Das Sparkassenrecht in der Bundesrepublik Deutschland, 1994

Schlögel, Birgit, Grenzüberschreitende interkommunale Zusammenarbeit, 1982

Schmidhuber, Peter, Das Subsidiaritätsprinzip im Vertrag von Maastricht, DVBl. 1993, 417 ff.

Schmidhuber, Peter, Europa der Regionen – Die Position der EG-Kommission, in: Knemeyer, Franz-Ludwig (Hrsg.), Europa der Regionen – Europa der Kommunen, 1994, S. 123 ff.

Schmidhuber, Peter/Hitzler, Gerhard, Die Planungskompetenz der Europäischen Gemeinschaft beim Ausbau der europäischen Infrastrukturen, DÖV 1991, 271 ff.

Schmidhuber, Peter/Hitzler, Gerhard, Die Verankerung des Subsidiaritätsprinzips im EWG-Vertrag – ein wichtiger Schritt auf dem Weg zu einer föderalen Verfassung der Europäischen Gemeinschaft, NVwZ 1992, 720 ff.

Schmidhuber, Peter/Hitzler, Gerhard, Die Verankerung des Subsidiaritätsprinzips im EWG-Vertrag – ein wichtiger Schritt auf dem Weg zu einer föderalen Verfassung der Europäischen Gemeinschaft, EuR 1996, 247 ff.

Schmidt Glaeser, Alexander, Grundgesetz und Europarecht als Elemente Europäischen Verfassungsrechts, 1995

Schmidt-Aßmann, Eberhard, Der Umweltschutz im Spannungsfeld zwischen Staat und Selbstverwaltung, NVwZ 1987, 265 ff.

Schmidt-Aßmann, Eberhard, Verfassungsrechtliche und verwaltungspolitische Fragen einer kommunalen Beteiligung an der Landesplanung, AöR 101 (1976), 520 ff.

Schmidt-Jortzig, Edzard, Der Kreis als Funktionsträger im sozialen Rechtsstaat, Der Landkreis 1980, 388 ff.

Schmidt-Jortzig, Edzard, Kommunale Organisationshoheit, 1979

Schmidt-Jortzig, Edzard, Kommunalrecht, 1982

Schmidt-Jortzig, Edzard/Makswit, Jürgen, Die Selbstverwaltungsbereiche von Kreisen und kreisangehörigen Gemeinden nach der Verfassung, DÖV 1984, 821 ff.

Schmidt-Jortzig, Edzard/Makswit, Jürgen, Handbuch des kommunalen Finanz- und Haushaltsrechts, 1991

Schmitt Glaeser, Walter, Partizipation an Verwaltungsentscheidungen, VVDStRL 31 (1973), 179 ff.

Schmitt-Egner, Peter, Handbuch der Regionalorganisationen, 2000

Schmitt-Steinhauser, Burkhard, Geltung und Anwendung von europäischem Gemeinschaftsrecht im Vereinigten Königreich, dargestellt vornehmlich anhand der englischen Judikatur und Literatur, 1994

Schmuck, Otto, Vierzig Jahre Europarat: Was wurde erreicht? Wie geht es weiter?, in: Schmuck, Otto (Hrsg.), Vierzig Jahre Europarat; Renaissance in gesamteuropäischer Perspektive?, 1990, 243 ff.

Schneider, Catherine, La réforme de la C.P.L.R.E. du Conseil de l'Europe ou l'irruption du principe de legitimité transposé aux collectivités infraétatiques dans le droit des organisaitions internationales, AFDI 40 (1994), 597 ff.

Schneider, Hannes/Busch, Torsten, Anstaltslast und Gewährträgerhaftung als Beihilfen im Sinne von Art. 92 EGV, EuZW 1995, 602 ff.

Schneider, Jens-Peter, Flexible Wirtschaftsregulierung durch unabhängige Behörden im deutschen und britischen Telekommunikationsrecht, ZHR 2000, 513 ff.

Schneider, Jens-Peter, Kooperative Verwaltungsverfahren, VerwArch 87 (1996), 38 ff.

Schneider, Matthias Werner, Die Vorbildfunktion der EKC für eine Weltcharta der kommunalen Selbstverwaltung, in: Knemeyer, Franz-Ludwig (Hrsg.), Kommunale Selbstverwaltung in Ost und West, 2003, S. 125 ff.

Schöbel, Norbert, Der Ausschuß der Regionen – eine erste Bilanz nach zwei Jahren seines Bestehens, 1997

Schoch, Friedrich K., Der Beitrag des kommunalen Wirtschaftsrechts zur Privatisierung öffentlicher Aufgaben, DÖV 1993, 577 ff.

Schoch, Friedrich K., Kommunale Selbstverwaltung, in: Henneke, Hans-Günter (Hrsg.), Kommunen und Europa – Herausforderungen und Chancen, 1999, S. 19 ff.

Schoch, Friedrich K., Regionen Europas und kommunale Selbstverwaltung, NLT-Informationen, 1992 (2), 20 ff.

Scholz, Rupert, Zum Verhältnis von europäischem Gemeinschaftsrecht und nationalem Verwaltungsverfahrensrecht, DÖV 1998, 261 ff.

Schoo, Johann, in: Hesse, Joachim Jens/Renzsch, Wolfgang (Hrsg.), Föderalstaatliche Entwicklung in Europa, 1991, S. 158 ff.

Schotten, Thomas, Der Zugang von Unionsbürgern zum deutschen Beamtenverhältnis, DVBl. 1994, 567 ff.

Schrader, Christian, Das Kooperationsprinzip – ein Rechtsprinzip?, DÖV 1990, 326 ff.

Schrapper, Ludger, Die Richtlinie 94/80 EG zum aktiven und passiven Kommunalwahlrecht für Unionsbürger, DVBl. 1995, 1167 ff.

Schüller, Alfred, Weisungsrechte der EG nach dem EWG-Vertrag bei nationalem Verwaltungsvollzug von EG-Recht, RIW 1985, 36 ff.

Schultze, Claus J., Die deutschen Kommunen in der Europäischen Union, 1997

Schulz, Norbert, Neue Entwicklungen im kommunalen Wirtschaftsrecht Bayerns, BayVBl. 1996, 97 ff.

Schwanenflügel, Matthias von, Die Richtlinie über den freien Zugang zu Umweltinformationen als Chance für den Umweltschutz, DÖV 1993, 95 ff.

Schwarze, Jürge/Bieber, Roland, Eine Verfassung für Europa. Von der Europäischen Gemeinschaft zur Europäischen Union. Vom Vertrag zur Verfassung?, 1984

Schwarze, Jürgen, Auf dem Wege zu einer europäischen Verfassung, DVBl. 1999, 1677 ff.

Schwarze, Jürgen, Daseinsvorsorge im Lichte des europäischen Wettbewerbsrechts, EuZW 2001, 334 ff.

Schwarze, Jürgen, EU-Kommentar, 2000

Schwarze, Jürgen, Europapolitik unter deutschem Vefassungsrichtervorbehalt, NJ 1994, 1 ff.

Schweitzer, Heike, Daseinsvorsorge, „service public", Universaldienst : Art. 86 Abs. 2 EG-Vertrag und die Liberalisierung in den Sektoren Telekommunikation, Energie und Post, 2002

Schweitzer, Michael, Beteiligung der Bundesländer an der europäischen Gesetzgebung, BayVBl. 1992, 609 ff.

Schweitzer, Michael, EG-Kompetenzen im Bereich von Kultur und Bildung, in: Merten, Detlef (Hrsg.), Föderalismus und Europäischen Gemeinschaften unter besonderer Berücksichtigung von Umwelt und Gesundheit, Kultur und Bildung, 1990, S. 147 ff.

Schweitzer, Michael/Hummer, Waldemar, Europarecht, 5. Aufl. 1996

Seele, Günter, Der Kreis aus europäischer Sicht, 1991

Seele, Günter, Europa der Regionen – ein Holzweg, Der Landkreis 1992, 364 ff.

Seewald, Otfried, Kommunalrecht, in: Steiner, Udo (Hrsg.), Besonderes Verwaltungsrecht, 6. Aufl. 1999, S. 1 ff.

Seidl-Hohenveldern, Ignaz, Völkerrecht, 10. Aufl. 2000

Seidl-Hohenveldern, Ignaz/Loibl, Gerhard, Das Recht der Internationalen Organisationen einschließlich der Supranationalen Gemeinschaften, 6. Aufl. 1996

Siedentopf, Heinrich, Europa 1992, Traum oder Träume für die kommunale Selbstverwaltung?, Vortrag anläßlich der Jahresversammlung 1989 des Hessischen Landkreistags, 17.11.1989

Siedentopf, Heinrich, Europäische Gemeinschaft und kommunale Beteiligung, DÖV 1988, 981 ff.

Sieveking, Klaus/Barwig, Klaus/Lörcher, Klaus/Schumacher, Christoph (Hrsg.), Das Kommunalwahlrecht für Ausländer, 1989

Soell, Hermann/Dirnberger, Franz, Wieviel Umweltverträglichkeit garantiert die UVP? Bestandsaufnahme und Bewertung des Gesetzes zur Umsetzung der EG-Richtlinie über die UVP-Prüfung, NVwZ 1990, 705 ff.

Sommermann, Karl-Peter, Das System des Europäischen Menschenrechtsschutzes, in: Schmuck, Otto (Hrsg.), Vierzig Jahre Europarat; Renaissance in gesamteuropäischer Perspektive?, 1990, S. 221 ff.

Sosa Wagner, Francisco, Erster Länderbericht Spanien, in: Knemeyer, Franz-Ludwig (Hrsg.), Die Europäische Charta der kommunalen Selbstverwaltung, 1989, S. 91 ff.

Spannowsky, Willy, Der Einfluß europäischer Rechtsentwicklungen auf den kommunalen Handlungsrahmen, DVBl. 1991, 1120 ff.

Spautz, Jean, Die Stellung der Kommunen im europäischen Einigungswerk, in: Knemeyer, Franz-Ludwig (Hrsg.), Die Europäische Charta der kommunalen Selbstverwaltung, 1989, S. 12 ff.

Spiekermann, Bernd/Malchus, Viktor von/Ortmeyer, August, Europäische Regionalpolitik, Empfehlungen zur Weiterentwicklung, 1995

Spyropoulos, Philippos, Länderbericht Griechenland, in: Knemeyer, Franz-Ludwig (Hrsg.), Die Europäische Charta der kommunalen Selbstverwaltung, 1989, S. 137 ff.

Staudenmayer, Dirk, Europäische Bildungspolitik – vor und nach Maastricht, BayVBl. 1995, 321 ff.

Stauffenberg, Franz Ludwig/Langenfeld, Christine, Maastricht – ein Fortschritt für Europa, ZRP 1992, 252 ff.

Steenbrecker, Andrea, Politisches Monitoring im Europarat, in: Holtz, Uwe (Hrsg.), 50 Jahre Europarat, 2000, S. 171 ff.

Stegen, Joern, Die Rolle der Parlamentarischen Versammlung als Motor des Europarats, in: Holtz (Hrsg.), 50 Jahre Europarat, 2000, S. 79 ff.

Stein, Torsten, Europäische Integration und nationale Reservate, in: Merten, Detlef (Hrsg.), Föderalismus und Europäischen Gemeinschaften unter besonderer Berücksichtigung von Umwelt und Gesundheit, Kultur und Bildung, 1990, S. 91 ff.

Stein, Torsten, Europas Verfassung, in: Timmermann, Heiner/Metz, Hans Dieter (Hrsg.) Europa – Ziel und Aufgabe, FS für Arno Krause zum 70. Geburtstag, 2000, S. 233 ff.

Steinberger, Helmut, Der Verfassungsstaat als Glied einer Europäischen Gemeinschaft, Leitsätze zur Staatsrechtlehrertagung 1990, DÖV 1990, 1052 ff.

Stewing, Clemens, Subsidiarität und Förderalismus in der Europäischen Union, 1992

Stich, Rudolf, Probleme der Umsetzung der EG-Richtlinie über die Umweltverträglichkeitsprüfung in das Planungs-, Bau-, und Umweltschutzrecht des Bundes und der Länder, UPR 1990, 121 ff.

Stober, Rolf, Der Einfluß des europäischen Rechts auf die Vergabe öffentlicher Aufträge, in: Hoppe/Schink (Hrsg.), Kommunale Selbstverwaltung und europäische Integration, S. 116 ff, 124

Stober, Rolf, Der Einfluß des europäischen Rechts auf die Vergabe öffentlicher Aufträge, in: Hoppe, Werner/Schink, Alexander (Hrsg.), Kommunale Selbstverwaltung und europäische Integration, 1990, S. 116 ff.

Stober, Rolf, Neuregelung des Rechts der öffentlichen Unternehmen?, NJW 2002, 2357 ff.

Stoker, Gerry, La réponse aux principes définis dans la Charte européenne de l'autonomie locale de la part des Etats membres qui ne l'ont pas ratifiée. L'experience des pays d'Europe occidentale, in: Conseil de l'Europe, Conférence à l'occassion du 10e anniversaire de la Charte de l'autonomie locale, 1997, S. 83 ff.

Streinz, Rudolf, Bundesverfassungsrechtlicher Grundrechtsschutz und Europäisches Gemeinschaftsrecht – Die Überprüfung grundrechtsbeschränkender deutscher Begründungs- und Vollzugsakte von Europäischem Gemeinschaftsrecht durch das Bundesverfassungsgericht, 1989

Streinz, Rudolf, Der Einfluß des europäischen Verwaltungsrechts auf das Verwaltungsrecht der Mitgliedstaaten, in: Schweitzer, Michael (Hrsg.), Europäisches Verwaltungsrecht, 1991, S. 241 ff.

Streinz, Rudolf, Der Verfassungsstaat als Glied einer europäischen Gemeinschaft, DVBl. 1990, 949 ff.

Streinz, Rudolf, Der Vollzug des Europäischen Gemeinschaftsrechts durch deutsche Staatsorgane, in: Isensee, Josef/ Kirchhof, Paul (Hrsg.), Handbuch des Staatsrechts der Bundesrepublik Deutschland, Band VII, 1987, S. 817 ff. (zit.: *Streinz,* HbdStR VII)

Streinz, Rudolf, Die Stellung des Ausschusses der Regionen im institutionellen Gefüge der EU – eine Europarechtliche Bewertung, in: Tomuschat, Christian (Hrsg.), Mitsprache der dritten Ebene in der europäischen Integration: der Ausschuß der Regionen, 1995, S. 55 ff.

Streinz, Rudolf, Europarecht, 4. Aufl. 1999

Streinz, Rudolf/Fixson, Oliver, Subsidiarität und Regionalismus in der Europäischen Gemeinschaft, JURA 1992, S. 579 ff.

Studt, Detlef, Rechtsfragen einer Europäischen Zentralbank, 1993

Stüer, Bernhard, Diskussionsbeitrag, in: Hoppe, Werner/Schink, Alexander, Kommunale Selbstverwaltung und Europäische Integration, 1990, S. 124 ff.

Suetens, Louis Paul, Landesbericht Belgien, in: Ossenbühl, Fritz (Hrsg.), Föderalismus und Regionalismus in Europa, 1990, S. 263 ff.

Tarschys, Daniel, 50 Jahre Europarat: Der Weg nach einem Europa ohne Trennungslinien, in: Holtz, Uwe (Hrsg.), 50 Jahre Europarat, 2000, S. 39 ff.

Tarschys, Daniel, Wandel in Mittel- und Osteuropa und die Stellung des Europarats, 1996

Tetsch, Friedemann, Entwicklung von unten stärken, Europa kommunal 2002, 6 f.

Tettinger, Peter, Absicherung kommunaler Selbstverwaltung, in: Henneke, Hans-Günter (Hrsg.), Kommunale Perspektiven in einem zusammenwachsenden Europa, 2002, S. 152 ff.

Tettinger, Peter, in: Cox, Helmut (Hrsg.), Daseinsvorsorge und öffentlich-rechtliche Dienstleistungen in der Europäischen Union, 2000, S. 108.

Thallmair, Heribert, Keine Beteiligung der Kommunen an den Beratungen des Bundesrates, BayGTZ 1999, 157 f.

Theissen, Robert, Der Ausschuß der Regionen (Artikel 198 a - c EG-Vertrag): Einstieg der Europäischen Union in einen kooperativen Regionalismus?, 1996

Thies, Martin, Zur Situation der gemeindlichen Selbstverwaltung im Europäischen Einigungsprozeß unter besonderer Berücksichtigung der Vorschriften des EG-Vertrags über staatliche Beihilfen und der EG-Umweltpolitik, 1995

Thiry, Öffentliche Dienstleistungen – Konzepte und Realitäten, in: Cox, Helmut (Hrsg.), Daseinsvorsorge und öffentlich-rechtliche Dienstleistungen in der Europäischen Union, 2000, S. 29 ff.

Thodde, Zur Gewährträgerhaftung und Anstaltslast bei Sparkassen und Landesbanken, Die Sparkasse 1994, 134 ff.

Thränhardt, Dietrich, Die Kommunen und die Europäische Union, in: Wollmann, Hellmut/Roth, Roland (Hrsg.), Kommunalpolitik. Politisches Handeln in den Gemeinden, 2. Aufl. 1999, S. 373 ff.

Thun-Hohenstein, Christoph/Cede, Franz, Europarecht : das Recht der Europäischen Union unter besonderer Berücksichtigung der EU-Mitgliedschaft Österreichs, 3. Aufl. 1999

Thürer, Daniel, Bund und Gemeinden, 1986

Thürer, Daniel, Erster Länderbericht Schweiz, in: Knemeyer, Franz-Ludwig (Hrsg.), Die Europäische Charta der kommunalen Selbstverwaltung, 1989, S. 79 ff.

Thürer, Daniel, Schweizerische Gemeindeautonomie und die Europäische Charta der kommunalen Selbstverwaltung, in: Cagianut, Francis/Geiger, Rudolf/ Hangartner, Yvo/Höhn, Ernst (Hrsg.), Aktuelle Probleme des Staats- und Verwaltungsrechts, Festschrift für Otto K. Kaufmann, 1989, S. 221 ff.

Tiemann, Jürgen, Richtlinien des Rates über die Behandlung kommunaler Abwässer, Europa kommunal 1990, 28 ff.

Tomuschat, Christian (Hrsg.), Mitsprache der dritten Ebene in der europäischen Integration: der Ausschuß der Regionen, 1995

Tomuschat, Christian, Die Vertretung lokaler Gebietskörperschaften nach Art. 198a EGV, unveröffentlichtes Rechtsgutachten, 1992

Tornos, Joaquin, Pour un meilleur système de contrôle de la Charte européenne de l'autonomie locale, in: Conseil de l'Europe, Conférence la Charte européenne de l'autonomie locale, 1983, S. 185 ff.

Treffer, Gerd, Frankreich strebt dezentrale Verwaltung an, Der Städtetag 2002, 38 ff.

Treffer, Gerd, Mehr Macht den Regionen, Europa kommunal 2003, 8 ff.

Trossen, Nils, Staat und Gemeinden in England, 1999

Turiaux, André, Zugangsrechte zu Umweltinformationen nach der EG-Richtlinie 90/313 und dem deutschen Verwaltungsrecht, 1995

Uebersohn, Gerhard, Europarechtliche Einwirkungen im Bildungsrecht und in der Bildungspolitik, RdJ 1995, 100 ff.

Unruh, Georg Christoph von, Regionalismus in Europa, BayVBl. 1993, 10 ff.

Valticos, Nicolas, Des parallèles qui devraient se rejoindre: les méthodes de contrôle international concernant les conventions sur les droits de l'homme, in: Beyerlin, Ulrich/Bothe, Michael/Hofmann, Rainer/Petersmann, Ernst-Ulrich (Hrsg.), Recht zwischen Umbruch und Bewahrung, Festschrift für Rudolf Bernhardt, S. 647 ff.

Versammlung der Regionen Europas, The regional situation in Europe in the year 2000

Villiger, Mark Eugen, Handbuch der europäischen Menschenrechtskonvention (EMRK) unter besonderer Berücksichtigung der schweizerischen Rechtslage, 2. Aufl. 1999

Vogelsang, Klaus/Lübking, Uwe/Jahn, Helga, Kommunale Selbstverwaltung, 1991

Voigt, Rüdiger, Europäischer Regionalismus und föderalistische Staatsstruktur, Aus Politik und Zeitgeschichte 1989, S. 3 ff.

Voigt, Rüdiger, Kommunale Partizipation am staatlichen Entscheidungsprozeß, 1976

Volkert, Wilhelm, Landesparlamentarismus im Prozeß der europäischen Einigung, in: Merten, Detlef (Hrsg.), Föderalismus und Europäischen Gemeinschaften unter besonderer Berücksichtigung von Umwelt und Gesundheit, Kultur und Bildung, 1990, S. 251 ff.

Vontz, Andrea, Zusammenarbeit erweitert, Europa kommunal 2001, 228 ff.

Vorbeck, Michael, Der Beitrag des Generalsekretariats zur europäischen Einigung, in: Schmuck, Otto (Hrsg.), Vierzig Jahre Europarat; Renaissance in gesamteuropäischer Perspektive?, 1990, S. 47 ff.

Voß, Dirk Hermann, Regionen und Regionalismus im Recht der Mitgliedstaaten der europäischen Gemeinschaft, Strukturelemente einer Europäischen Verfassungsordnung, 1989

Waechter, Kay, Kommunalrecht, 3. Aufl. 1997

Walter, Robert/Mayer, Heinz, Grundriß des österreichischen Bundesverfassungsrechts, 5. Aufl. 1985

Ward, Colin, All power to the Regions, New Statesmen und Society, 1991

Weber, Albert/Hellmann, Ulrich, Das Gesetz über die Umweltverträglichkeitsprüfung, NJW 1990, 1625 ff.

Weber, Albrecht, Die Grundrechte im Integrationsprozeß der Gemeinschaft in vergleichender Perspektive, JZ 1989, 965 ff.

Weidenfeld, Werner /Wessels, Wolfgang, Wege zur Europäischen Union. Vom Vertrag zur Verfassung?, 1986

Weidenfeld, Werner, Europas neues Gesicht, IntPol 1997, 1 ff.

Weiler, Joseph, The Constitution of Europe, 1999

Weiler, Robert, Einführung in die katholische Soziallehre, 1991

Weinberger, Bruno, Das Europa der Gemeinden, Der Städtetag 1976, 241 ff.

Weinberger, Bruno, Internationale Gemeindeverbände und Städtepartnerschaften, in: Püttner, Günter (Hrsg.), Handbuch der kommunalen Wissenschaft und Praxis, Band 2, 1982, S. 506 ff.

Weiß, Bernd, Einführung und Umsetzung der Europäischen Charta der kommunalen Selbstverwaltung in Deutschland, 1996

Wendenburg, Helge, Die Umsetzung des europäischen Abfallrechts, NVwZ 1995, 833 ff.

Wessels, Wolfgang, Der Europäische Rat, 1980

Weyreuther, Felix, Einflußnahme durch Anhörung, in: Franßen, Everhardt/ Redeker, Konrad/Schlichter, Otto/Wilke, Dieter (Hrsg.), Bürger – Richter – Staat, Festschrift für Horst Sendler, 1991, S. 183 ff.

Wiedmann, Thomas, Der Ausschuß der Regionen nach dem Vertrag von Amsterdam, EuR 1999, 49 ff.

Wiedmann, Thomas, Föderalismus als Utopie. Die Rolle der Regionen aus rechtsvergleichender Sicht. Das Beispiel Deutschland und Frankreichs, AöR 1992, 46 ff.

Wiedmann, Thomas, Idee und Gestalt der Region in Europa, Rechtsvergleichende Untersuchung zu Unitarismus und Föderalismus, unter besonderer Berücksichtigung des Vereinigten Königreichs, Frankreichs, Spaniens und Deutschland, 1996

Wiegand, Bodo, Umweltschutz als Aufgabe der Europäischen Gemeinschaften – Zur Bedeutung des Umweltschutzes für die europäische Integration, DVBl. 1993, 533 ff.

Wieland Joachim/Hellermann, Johannes, Das Verbot ausschließlicher Konzessionsverträge und die kommunale Selbstverwaltung, DVBl. 1996, 401 ff.

Wieland Joachim/Hellermann, Johannes, Der Schutz des Selbstverwaltungsrechts der Kommunen gegenüber Einschränkungen ihrer wirtschaftlichen Betätigung im nationalen und europäischem Recht, 1995

Wigger, Heinrich, Förderprogramme der Gemeinschaft für Regionen und Gemeinden Europas, in: Ipsen, Jörn/Rengeling, Hans-Werner (Hrsg.), Gemeinden und Kreise in einem vereinten Europa, 1999, S. 83 ff.

Winter, Gerd, Subsidiarität und Deregulierung im Gemeinschaftsrecht, EuR 1996, 251 ff.

Winter, Matthias, Institutionelle Strukturen in der EU, DÖV 1993, 173 ff.

Winter, Stefan, Die neue Abfallverbringungsverordnung der EG, UPR 1994, 161 ff.

Wohltmann, Matthias, Europäisches Konzept zur Daseinsvorsorge nötig? Kommunale Daseinsvorsorge im Kontext des europäischen Wettbewerbsrecht, Der Landkreis 2001, 430 ff.

Wolff, Hans/Bachof, Otto, Verwaltungsrecht, Band II, 4. Aufl. 1976

Wollenschläger, Michael/Schraml, Alexander, Kommunalwahlrecht für nichtdeutsche Unionsbürger. Die EG-Richtlinie 94/80 und ihre Umsetzung in Bayern, BayVBl. 1995, 385 ff.

Wollmann, Hellmut/Roth, Roland (Hrsg.), Kommunalpolitik. Politisches Handeln in den Gemeinden, 2. Aufl. 1999

Woyke, Wichard, Europäische Organisationen. Einführung, 1995

Wuermeling, Joachim, Das Ende der „Landesblindheit“: Der Ausschuß der Regionen nach dem neuen EG-Vertrag, EuR 1993, 196 ff.

Wuermeling, Joachim, Streicht die Räte und rettet den Rat! Überlegungen zur Reform des Ministerrats, EuR 1996, 167 ff.

Würtenberger, Thomas, Auf dem Weg zu lokaler und regionale Autonomie in Europa, in: Geis, Max-Emanuel/Lorenz, Dieter (Hrsg.), Staat, Kirche, Verwaltung, Festschrift für Hartmut Maurer, 2001, S. 1053 ff.

Zahn, Karl-Christian, Der Kongreß der Gemeinden und Regionen Europas beim Europarat: Sprachrohr der regionalen und lokalen Gebietskörperschaften, Europa kommunal 1999, 64 ff.

Zielke, Beate, Zwischengemeindliche Zusammenarbeit, 1993

Zimmermann, Uwe, Appell für mehr Bürgerbeteiligung, Europa kommunal 2002, 107 ff.

Zimmermann-Wienhues, Sigrid von, Kommunale Selbstverwaltung in der Europäischen Union, 1997

Zippelius, Reinhold, Geschichte der Staatsideen, 9. Aufl. 1974

Zuleeg, Manfred, Deutsches und europäisches Verwaltungsrecht – wechselseitige Einwirkungen, VVDStRL (53) 1994, 154 ff.

Zuleeg, Manfred, Die Europäische Gemeinschaft als Rechtsgemeinschaft, NJW 1994, 545 ff.

Zuleeg, Manfred, Selbstverwaltung und Europäischen Gemeinschaften, in: von Mutius Albert (Hrsg.), Selbstverwaltung im Staat der Industriegesellschaft, Festgabe zum 70. Geburtstag Georg Christoph von Unruh, 1983, S. 91 ff.

Schlagwortverzeichnis

„So eine Arbeit wird eigentlich nie fertig,
man muß sie für fertig erklären,
wenn man nach Zeit und Umständen
das Möglichste getan hat."

Johann Wolfgang von Goethe
Italienische Reise

AUGSBURGER SCHRIFTEN ZUM STAATS- UND VÖLKERRECHT

Herausgegeben von Professor Dr. Dieter Blumenwitz

Band 1 Fritz-Harald Wenig: Rechtsprobleme des innerdeutschen Handels.

Band 2 Wilfried Niedermeier: Der Beitritt der Bundesrepublik Deutschland zum Statut des Internationalen Gerichtshofes unter besonderer Berücksichtigung der obligatorischen Gerichtsbarkeit.

Band 3 Johann G. Gleich: Die Anerkennung der DDR durch die Bundesrepublik.

Band 4 Matthias Weigand: Der Vertrag über die gegenseitigen Beziehungen zwischen der Bundesrepublik Deutschland und der Tschechoslowakischen Sozialistischen Republik vom 11. Dezember 1973 - Eine völkerrechtliche Analyse.

Band 5 Werner Trützschler von Falkenstein: Die sich ändernde Bedeutung der Feindstaatenartikel (Artikel 53 und 107 der Satzung der Vereinten Nationen) für Deutschland.

Band 6 Reiner Schenk: Die Viermächteverantwortung für Deutschland als Ganzes, insbesondere deren Entwicklung seit 1969.

Band 7 Wolfgang Wagner: Die Verwirklichung der Menschenrechte im Pakt der Vereinten Nationen über bürgerliche und politische Rechte vom 16. Dezember 1966, im Grundvertrag und den ihn begleitenden Nebeninstrumenten.

Band 8 Ulrich Wacker: Der Konflikt verschiedener Rechtssysteme vor, während und nach der Kolonialzeit in Kenia.

Band 9 Wolfgang Enders: Der mexikanische Bundesstaat. Die politische und sozioökonomische Problematik eines föderalen Verfassungssystems in einem Land der "Dritten Welt".

Band 10 Heiner Hasford: Die Jurisdiktion der Europäischen Gemeinschaften. Zur extraterritorialen Wirkung des Gemeinschaftsrechts.

SCHRIFTEN ZUM STAATS- UND VÖLKERRECHT

Band 11 Wolf Dieter Remmele: Die Selbstdarstellung der Bundesrepublik Deutschland im Ausland durch den Rundfunk als Problem des Staats- und Völkerrechts.

Band 12 Elisabeth Lichtenstern: Die Gesetzgebung im Spannungsverhältnis zwischen Bund und Ländern.

Band 13 Peter Gassner: Kollektivmacht und Individualschutz im amerikanischen Arbeitsrecht.

Band 14 Helga Walter: Das Selbstverständnis des modernen Algeriens. Die historisch-nationalen und islamischen Elemente.

Band 15 Dieter Schütz: Der internationale ordre public. Der Ausschluß völkerrechtswidrigen fremden Rechts im Internationalen Privatrecht der Bundesrepublik Deutschland.

Band 16 Klaus-Peter Kißler: Die Zulässigkeit von Wirtschaftssanktionen der Europäischen Gemeinschaft gegenüber Drittstaaten.

Band 17 Rainhardt Freiherr von Leoprechting: Die neue Rohrwaffen-Artillerie-Munition im Lichte des I. Genfer Zusatzprotokolles vom 12. Dezember 1977. Zur Frage der Völkerrechtskonformität der Verteidigung der Bundesrepublik Deutschland mit modernen konventionellen Artilleriesystemen.

Band 18 Roland Steinmeyer: Die Schiffsgläubigerrechte im südafrikanischen nationalen und internationalen Privatrecht. Eine rechtsvergleichende Darstellung unter Einbeziehung des englischen und deutschen internationalen Privatrechts und unter besonderer Berücksichtigung des ordre public.

Band 19 Martin C. Ney: Der Einsatz von Atomwaffen im Lichte des Völkerrechts. Summary: The Use of Nuclear Weapons and International Law.

Band 20 Teodoro Ribera Neumann: Das chilenische Verfassungsgericht und das deutsche Bundesverfassungsgericht - Ein Rechtsvergleich -. 1985.

Band 21 Theodora Antoniou: Europäische Integration und griechische Verfassung. 1985.

Band 22 Georg Teyssen: Deutschlandtheorien auf der Grundlage der Ostvertragspolitik. 1987.

Band 23 Karin Klüpfel: Selbstbestimmung durch Assoziation. Die Assoziation als Verwirklichung des Selbstbestimmungsrechts der Völker - dargestellt am Beispiel von Puerto Rico. 1987.

Band 24 Friedrich Dehner: Die Stellung Berlins im Bundesrat. 1987.

Band 25 Thilo Morhard: Die Rechtsnatur der Übereinkommen der Internationalen Arbeitsorganisation. Zugleich ein Beitrag zur Lehre vom "soft law". 1988.

Band 26 Ralf Jahn: Ansiedlung von Einzelhandelsgroßprojekten (§ 11 Abs. 3 BauNVO 1977). Zur Frage der Bestimmtheit grundrechtsbeschränkender Eingriffsnormen. 1988.

Band 27 Wolfgang Götzer: Der völkerrechtliche Status der Donau zwischen Regensburg und Kelheim. Eine völkerrechtliche Untersuchung des Donauabschnittes Regensburg - Kelheim unter Einbeziehung der gesamten deutschen Donau. 1988.

Band 28 Michael Hakenberg: Die Iran-Sanktionen der USA während der Teheraner Geiselaffäre aus völkerrechtlicher Sicht. 1988.

Band 29 Renate Oxenknecht: Der Schutz ethnischer, religiöser und sprachlicher Minderheiten in Art. 27 des Internationalen Paktes über bürgerliche und politische Rechte vom 16. Dezember 1966. 1988.

Band 30 Raphael Quarshie Avornyo: Deutschland und Togo. (1847-1987). 1988.

Band 31 Friedrich Frhr. Waitz von Eschen: Die völkerrechtliche Kompetenz der Vier Mächte zur Gestaltung der Rechtslage Deutschlands nach dem Abschluß der Ostvertragspolitik. 1988.

Band 32 Gisela Süß: Die Zulassung von Zahnärzten aus dem EG-Bereich zur deutschen Kassenarztpraxis. Ein Beitrag zu Standort und Bedeutung der Grundrechte im Europäischen Gemeinschaftsrecht. 1988.

Band 33 Meggy Steffens: Die deutsche Ostpolitik im Spiegel publizistischer Stellungnahmen in den USA 1969-1973. 1988.

Band 34 Norbert Karl Riedel: Der Einsatz deutscher Streitkräfte im Ausland - verfassungs- und völkerrechtliche Schranken -. 1989.

Band 35 Heidi Dünisch: Der Mundatwald - Zur Bereinigung letzter Kriegsfolgenprobleme zwischen Deutschland und Frankreich.1989.

Band 36 Sabine Niedermeyer-Krauß: Kommunalwahlrecht für Ausländer und Erleichterung der Einbürgerung. Integrationsmöglichkeiten für Ausländer aus verfassungs- und europarechtlicher Sicht. 1989.

Band 37 Dirk-Hermann Voß: Regionen und Regionalismus im Recht der Mitgliedstaaten der Europäischen Gemeinschaft: Strukturelemente einer Europäischen Verfassungsordnung. 1989.

Band 38 Tilo Klinner: Satellitenfernerkundung im Völkerrecht. Inwieweit existiert ein völkerrechtlicher Datenschutz? 1989.

Band 39 Barbara Schmidt: Die Erweiterung der seewärtigen Hoheitsrechte der Bundesrepublik Deutschland und der DDR unter besonderer Berücksichtigung deutschlandrechtlicher Probleme. 1989.

Band 40 Hans-Joachim Brauns: Wiedervereinigung und europäische Integration. 1990.

Band 41 Gilbert-Hanno Gornig: Der Hitler-Stalin-Pakt. Eine völkerrechtliche Studie. 1990.

Band 42 Gudrun Lehnberger: Kommunale Entwicklungshilfe. Eine Aufgabe der Gemeinden? - Bestandsaufnahme und rechtliche Würdigung unter besonderer Berücksichtigung der bayerischen Verwaltungspraxis. 1990.

Band 43 Heike Kaup: Der Schwangerschaftsabbruch aus verfassungsrechtlicher Sicht. Eine rechtsvergleichende Untersuchung anhand des deutschen und des amerikanischen Rechts. 1991.

Band 44 Bernadette Steinmeyer: Verfassungsrechtliche Ansätze zur Neuordnung der multirassischen Gesellschaft Südafrikas unter Berücksichtigung des Vorschlages des Verhandlungsforums der "KwaZulu/Natal Indaba". 1991.

Band 45 Burkhard Schöbener: Die amerikanische Besatzungspolitik und das Völkerrecht. 1991.

Band 46 Christian Raap: Die Souveränität der Bundesrepublik Deutschland unter besonderer Berücksichtigung des militärischen Bereichs und der deutschen Einheit. 1992.

Band 47 Andrea Wagner: Der argentinisch-chilenische Konflikt um den Beagle-Kanal. Ein Beitrag zu den Methoden friedlicher Streiterledigung. 1992.

Band 48 Ralf Wittkowski: Die Staatensukzession in völkerrechtliche Verträge unter besonderer Berücksichtigung der Herstellung der staatlichen Einheit Deutschlands. 1992.

Band 49 Michael Piazolo: Das Recht auf Abtreibung als Teilaspekt des Right of Privacy. 1992.

Band 50 Silke Wenk: Das konfiszierte deutsche Privatvermögen in Polen und der Tschechoslowakei. Die Rechtslage nach Abschluß des deutsch-polnischen und deutsch-tschechoslowakischen Nachbarschaftsvertrages. 1993.

Band 51 Antje Kießwetter: Die Verfassungsentwicklung in Namibia. 1993.

Band 52 Angelika Kleffner-Riedel: Regionalausschuß und Subsidiaritätsprinzip. Die Stellung der deutschen Bundesländer nach dem Vertrag über die Europäische Union. 1993.

Band 53 Jerzy Kranz: Entre l'influence et l'intervention. Certains aspects juridiques de l'assistance financière multilatérale. 1994.

Band 54 Knut Kettwig: Rechtsgrundlagen dezentraler grenzüberschreitender Zusammenarbeit im deutsch-polnischen und deutsch-tschechischen Grenzraum. 1994.

Band 55 Ulrich Seidenberger: Die diplomatischen und konsularischen Immunitäten und Privilegien. Ein Beitrag zur Diskussion über die Reformbedürftigkeit des Diplomaten- und Konsularrechts aus staats- und völkerrechtlicher Sicht. 1994.

Band 56 Christian Schede: Bundesrat und Europäische Union. Die Beteiligung des Bundesrates nach dem neuen Artikel 23 des Grundgesetzes. 1994.

Band 57 Florian Prugger: Die Nachfolge in das Vermögen der ehemaligen DDR. Ein Beitrag zu Art. 21 ff Einigungsvertrag unter besonderer Berücksichtigung der Firma F.C. Gerlach des Bereichs Kommerzielle Koordinierung. 1994.

Band 58 Mark Zimmer: Einsätze der Bundeswehr im Rahmen kollektiver Sicherheit. Staats- und völkerrechtliche Grundlagen unter Berücksichtigung des BVerfG-Urteils vom 12.07.1994. 1995.

Band 59 Gerd von Laffert: Die völkerrechtliche Lage des geteilten Zypern und Fragen seiner staatlichen Reorganisation. 1995.

Band 60 Wolfram Schneeweiß: Die rechtliche Stellung der Indianerstämme innerhalb der Vereinigten Staaten von Amerika. Ein Modell für den Schutz der *indigenous peoples*. 1995.

Band 61 Marianne Janik: Möglichkeiten und Grenzen einer gemeinsamen Exportkontrolle für sensitive Waren und Dienstleistungen im Lichte des europäischen Gemeinschaftsrechts. 1995.

Band 62 Michael Brems: Die politische Integration ethnischer Minderheiten aus staats- und völkerrechtlicher Sicht. 1995.

Band 63 Martin Vocke: Verfassungsinterpretation und Normbegründung - Grundlegung zu einer prozeduralen Theorie der Verfassungsgerichtsbarkeit. 1995.

Band 64 Stefan von der Beck: Die Konfiskationen in der Sowjetischen Besatzungszone von 1945 bis 1949. Ein Beitrag zu Geschichte und Rechtsproblemen der Enteignung auf besatzungsrechtlicher und besatzungshoheitlicher Grundlage. 1996.

Band 65 Stephanie Baer: Der Zerfall Jugoslawiens im Lichte des Völkerrechts. 1995.

Band 66 Christine Sauerwald: Die Unionsbürgerschaft und das Staatsangehörigkeitsrecht in den Mitgliedstaaten der Europäischen Union. 1996.

Band 67 Silke Buchner: Die Rechtswidrigkeit der Taten von "Mauerschützen" im Lichte von Art. 103 II GG unter besonderer Berücksichtigung des Völkerrechts. Ein Beitrag zum Problem der Verfolgung von staatlich legitimiertem Unrecht nach Beseitigung des Unrechtssystems. 1996.

Band 68 Bernd Weiß: Einführung und Umsetzung der Europäischen Charta der kommunalen Selbstverwaltung in Deutschland, insbesondere in Bayern und Nordrhein-Westfalen. 1996.

Band 69 Gesine Katharina Neumann: Boliviens Recht auf freien Zugang zum Pazifik. Zur völkerrechtlichen Problematik des Zugangs der Binnenstaaten zum Meer. 1997.

Band 70 Elvira Pfrang: Das Verhältnis zwischen Europäischem Gemeinschaftsrecht und deutschem Recht nach der Maastricht-Entscheidung des Bundesverfassungsgerichts. Eine Studie zu den Konflikten beider Rechtsordnungen auf dem Gebiet des Grundrechtsschutzes und der Kompetenzen. 1997.

Band 71 Dieter Blumenwitz / Burkhard Schöbener: Stabilitätspakt für Europa. Die Sicherstellung mitgliedstaatlicher Haushaltsdisziplin im Europa- und Völkerrecht. 1997.

Band 72 Matthias Weinberg: Schutz der deutschen Minderheit in Polen nach den Weltkriegen. Ein Vergleich unter Berücksichtigung der aktuellen Rechtslage. 1997.

Band 73 Reinhard Müller: Der "2+4-Vertrag und das Selbstbestimmungsrecht der Völker. 1997.

Band 74 Stefan Strobl: Das Nichtverbreitungsregime für Kernwaffen nach 1995 und der freie Zugang zu nuklearen Technologien und Materialien. 1997.

Band 75 Christine Weber: Das Gegenzeichnungsrecht unter besonderer Berücksichtigung der Verfassung des Fürstentums Liechtenstein. 1997.

Band 76 Stephan Semrau: Die Gemeinsame Außen- und Sicherheitspolitik der Europäischen Union. 1998.

Band 77 Marcus Schultz: Die Auslandsentsendung von Bundeswehr und Bundesgrenzschutz zum Zwecke der Friedenswahrung und Verteidigung. Völker- und verfassungsrechtliche Analyse unter besonderer Berücksichtigung der Entscheidung des Bundesverfassungsgerichtes zum Einsatz deutscher Streitkräfte vom 12. Juli 1994. 1998.

Band 78 Benedikt P. Kuttenkeuler: Die Verankerung des Subsidiaritätsprinzips im Grundgesetz. Ein Beitrag zur Bedeutung des Subsidiaritätsprinzips für die Kompetenzabgrenzung im Bundesstaat. 1998.

Band 79 Winfried Bausback: Verfassungsrechtliche Grenzen des Wahlrechts zum Deutschen Bundestag. 1998.

Band 80 Elvira Pfrang: Towards Liberalisation of the European Electricity Markets. The Directive concerning Common Rules for an Internal Market in Electricity in the Frame of the Competition and Internal Market Rules of the EC-Treaty. 1999.

Band 81 Alexander Wolf: Prozessuale Probleme des „Maastricht"-Urteils des Bundesverfassungsgerichts. 1999.

Band 82 Jürgen Bartl: Die humanitäre Intervention durch den Sicherheitsrat der Vereinten Nationen im "Failed State". Das Beispiel Somalia. 1999.

Band 83 Thomas Gnielinski: Die Reform des deutschen Staatsangehörigkeitsrechts. Eine Analyse und Bewertung der vorliegenden Gesetzesvorhaben. 1999.

Band 84 Margarita González: Der völkerrechtliche Status des Panamakanals nach Ablauf der Übergangszeit im Jahr 1999. 2000.

Band 85 Petra Johnen: Die Verfassungsentwicklung Südafrikas unter besonderer Berücksichtigung der verfassunggebenden Gewalt des Volkes. 2001.

Band 86 Markus Allstadt: Die offene Völkerrechtslage im deutsch-tschechischen Verhältnis und ihre Bedeutung für die Osterweiterung der Europäischen Union. Zugleich Überlegungen zu den Auswirkungen zwingenden Völkerrechts in der Vertriebenenfrage. 2000.

Band 87 Gerrit Aschmann: Europol aus Sicht der deutschen Länder. 2000.

Band 88 Mark Weber: Der Berlin-Status im intertemporalrechtlichen Konflikt. Dargestellt am Beispiel von Grundstücksenteignungen im Ostteil Groß-Berlins. 2001.

Band 89 Heidi Hellwig: Die Staatsangehörigkeit als Anknüpfung im deutschen IPR. Unter besonderer Berücksichtigung des Gesetzes zur Reform des Staatsangehörigkeitsrechts. 2001.

Band 90 Aline Bruer-Schäfer: Der Internationale Strafgerichtshof. Die Internationale Strafgerichtsbarkeit im Spannungsfeld von Recht und Politik. 2001.

Band 91 Andreas Rosenfeld: Die Verfassungsentwicklung von Mosambik. Ein Beitrag zur rechtsstaatlichen Transformation im südlichen Afrika. 2001.

Band 92 Markus Pallek: Der Minderheitenschutz im deutschen Verfassungsrecht. Eine analytische Untersuchung des Begriffs sowie der bundes- und landesverfassungsrechtlichen Stellung der ethnischen, nationalen, sprachlichen, kulturellen und religiösen Minderheiten in der Bundesrepublik Deutschland vor dem Hintergrund der völker- und europarechtlichen Rahmenbedingungen. 2001.

Band 93 Ansgar Firsching: Die Samen, ihre Rechtsstellung in Schweden und ihre Rechtsstellung im Lichte der Indigenous Peoples weltweit. 2002.

Band 94 Jörg Dunker: Regionale Integration im System des liberalisierten Welthandels. EG und NAFTA im Vergleich. 2002.

Band 95 Katharina Wodarz: Gewaltverbot, Menschenrechtsschutz und Selbstbestimmungsrecht im Kosovo-Konflikt. 2002.

Band 96 Grit Hokema: Immunität von Staatsoberhäuptern. 2002.

Band 97 Tido Oliver Hokema: Mehrfache Staatsangehörigkeit. Eine Betrachtung aus völkerrechtlicher und verfassungsrechtlicher Sicht. Unter Berücksichtigung des Staatsangehörigkeitsreformgesetzes vom 15. Juli 1999. 2002.

Band 98 Janet Kerstin Butler: Die Beteiligung von Privatpersonen am WTO-Streitbeilegungsverfahren. Bestandsaufnahme und Entwicklungsperspektiven. 2002

Band 99 Tobias H. Irmscher: Die Behandlung privater Beschwerden über systematische und grobe Menschenrechtsverletzungen in der UN-Menschenrechtskommission. Das 1503-Verfahren nach seiner Reform. 2002.

Band 100 Markus Voltz: Menschenrechte und ordre public im Internationalen Privatrecht. 2002.

Band 101 Sabine Schorer: Das Konsensprinzip in der internationalen Gerichtsbarkeit. 2003.

Band 102 Anja Weisgerber: Das Beweiserhebungsverfahren parlamentarischer Untersuchungsausschüsse des Deutschen Bundestages. 2003.

Band 103 Stephan Anstötz: Perspektiven zur staatlichen Neuordnung Zyperns. 2003.

Band 104 Eva Stumpf: Kulturgüterschutz im internationalen Recht unter besonderer Berücksichtigung der deutsch-russischen Beziehungen. 2003.

Band 105 Christian Malzahn: GATT-widrige *Treble Damages*-Klagen auf der Grundlage des US Antidumping Act 1916. Eine Untersuchung der Rechtsstellung beklagter deutscher Unternehmen im US-amerikanischen und deutschen Recht. 2003.

Band 106 Susanne Giannios: Ein Wasserregime im Nahen Osten. Rechtliche und politische Grundlagen und Perspektiven der internationalen Wasserverteilung im Jordanbecken. 2004.

Band 107 Jan Hübner: Das Verbrechen des Völkermordes im internationalen und nationalen Recht. 2004.

Band 108 Benjamin Krenberger: Deutschland im Spannungsfeld zwischen Europäischer Menschenrechtskonvention und nachzubefolgendem Besatzungsrecht. Reichweite der Verpflichtungen des souveränen Deutschlands nach der Liechtenstein-Entscheidung des Europäischen Gerichtshofes für Menschenrechte. 2004.

Band 109 Matthias Werner Schneider: Kommunaler Einfluß in Europa. Die Einflußnahme der Kommunen beim Europarat als Modell für die Europäische Union. KGRE, AdR und EKC als Säulen eines europäischen Kommunalschutzes. 2004.

Regine Schunda

Das Wahlrecht von Unionsbürgern bei Kommunalwahlen in Deutschland

Frankfurt am Main, Berlin, Bern, Bruxelles, New York, Oxford, Wien, 2003.
409 S.
Europäische Hochschulschriften: Reihe 2, Rechtswissenschaft. Bd. 3586
ISBN 3-631-50246-X · br. € 68.50*

Die Einführung des kommunalen Wahlrechts der ausländischen Unionsbürger in Deutschland hat schwierige Fragen im Schnittbereich von Europarecht, Verfassungsrecht und Kommunalrecht aufgeworfen. Wie hat sich die Verfassungsänderung in Art. 28 Abs. 1 GG auf die demokratische Legitimation in den Kommunen ausgewirkt? Haben die Länder die EG-Richtlinie zum Kommunalwahlrecht ordnungsgemäß umgesetzt und die Rechtsprobleme beim Konflikt von europäischem Recht, Bundesrecht und Landesrecht befriedigend gelöst? Wie sehen die praktischen Erfahrungen mit dem Kommunalwahlrecht für Unionsbürger aus? Die Arbeit sucht Antworten auf diese und andere wichtige Fragen des kommunalen Wahlrechts der Unionsbürger in Deutschland.

Aus dem Inhalt: Das Kommunalwahlrecht für Unionsbürger im Gemeinschaftsrecht · Das Kommunalwahlrecht für Unionsbürger im deutschen Verfassungsrecht · Rechtsprobleme bei der Umsetzung der Richtlinie durch die Länder · Die Teilnahme von Unionsbürgern an kommunalen Abstimmungen · Das passive Wahlrecht der Unionsbürger zu den kommunalen Exekutivorganen · Die Rechtsstellung der Unionsbürger in den Kommunen · Überblick über die Umsetzung der Richtlinie in den einzelnen Ländern · Erfahrungen mit dem Kommunalwahlrecht für Unionsbürger in der Praxis

FSC
www.fsc.org
MIX
Papier | Fördert
gute Waldnutzung
FSC® C083411

Kolibri 360 GmbH
Ferdinand-Jühlke-Straße 7
99095 Erfurt, Deutschland
produktsicherheit@kolibri360.de

Druck:
CPI Druckdienstleistungen GmbH
im Auftrag der
Kolibri 360 GmbH
Ferdinand-Jühlke-Str. 7
99095 Erfurt